凤鸣街道志

凤鸣街道志编纂委员会　编

方志出版社
Publishing House of Local Records

图书在版编目(CIP)数据

凤鸣街道志/《凤鸣街道志》编纂委员会编. —北京：方志出版社，2017.9

ISBN 978-7-5144-2550-5

Ⅰ.①凤… Ⅱ.①凤… Ⅲ.①区(城市)—地方志—桐乡 Ⅳ.①K295.54

中国版本图书馆CIP数据核字(2017)第235325号

凤鸣街道志

编　　者：《凤鸣街道志》编纂委员会
责任编辑：丛　珺

出 版 人：冀祥德
出 版 者：方志出版社
地址　北京市朝阳区潘家园东里9号（国家方志馆4层）
邮编　100021
网址　http://www.fzph.org
发　　行：方志出版社图书经销中心
电话（010）67110500
经　　销：各地新华书店
设计排版：杭州美迪图文设计有限公司
印　　刷：浙江海虹彩色印务有限公司

开　　本：889×1194　　1/16
印　　张：46.25
字　　数：1278千字
版　　次：2017年9月第1版　2017年9月第1次印刷
印　　数：0001～2000册

ISBN 978-7-5144-2550-5　　定价：180.00元

◇凤鸣街道办事处

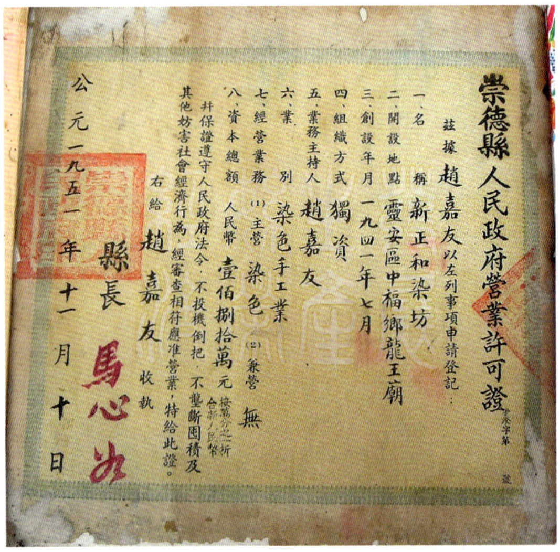

◇1951年龙王庙新正和染坊营业许可证

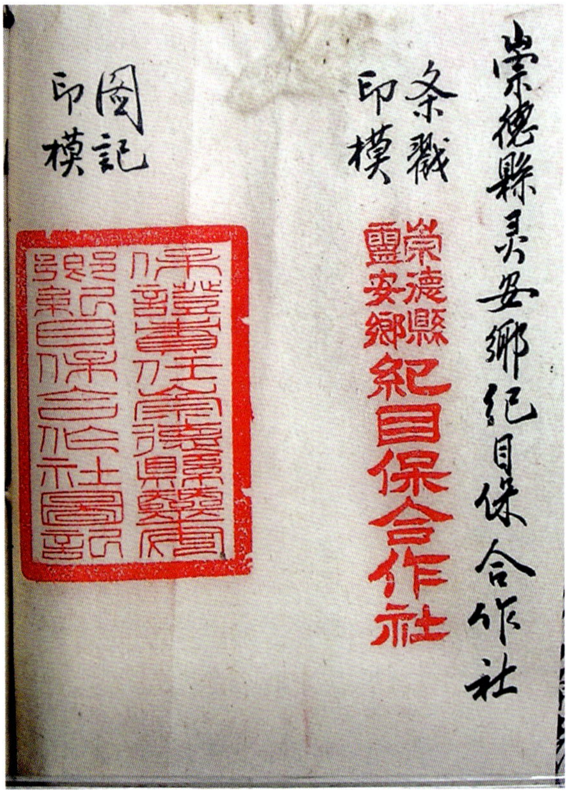

◇民国三十六年（1947）灵安乡纪目保合作社印鉴

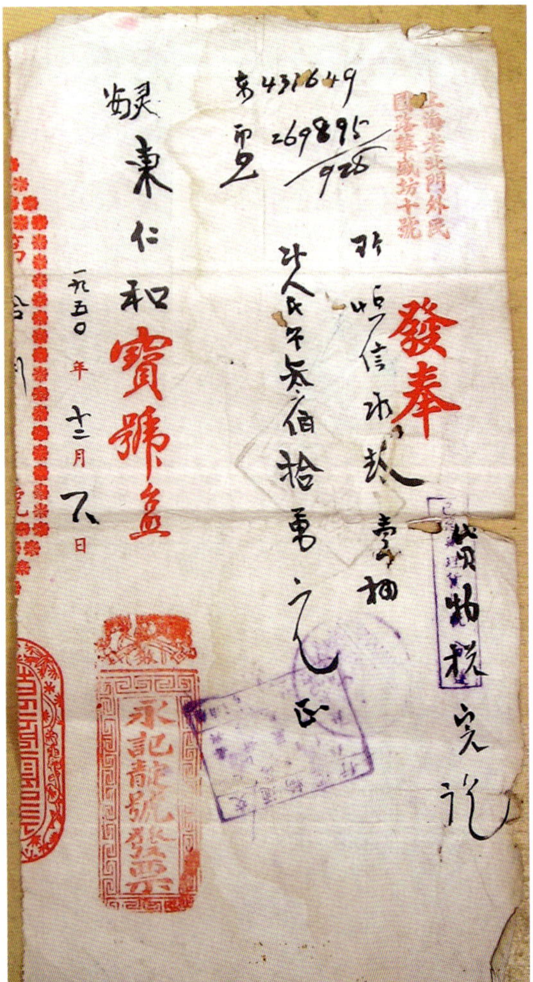

◇1950年灵安东仁和染坊在上海永记靛号购买靛蓝的发票

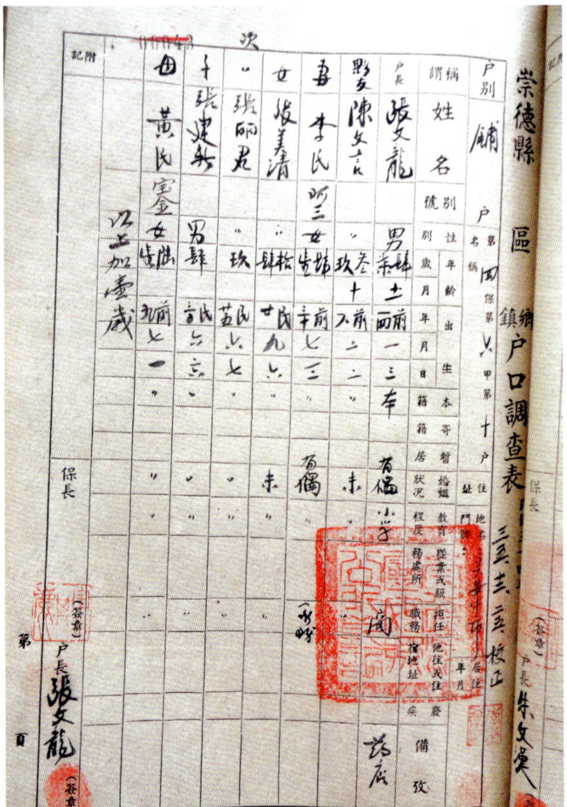

◇民国35年（1946）户口调查表（灵安中市张文龙）

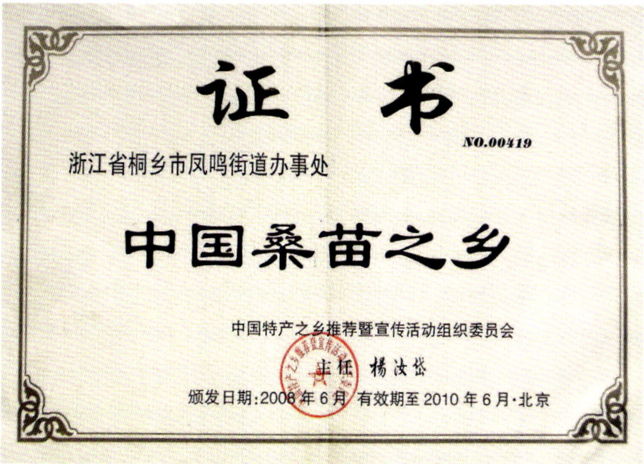

◇中国桑苗之乡

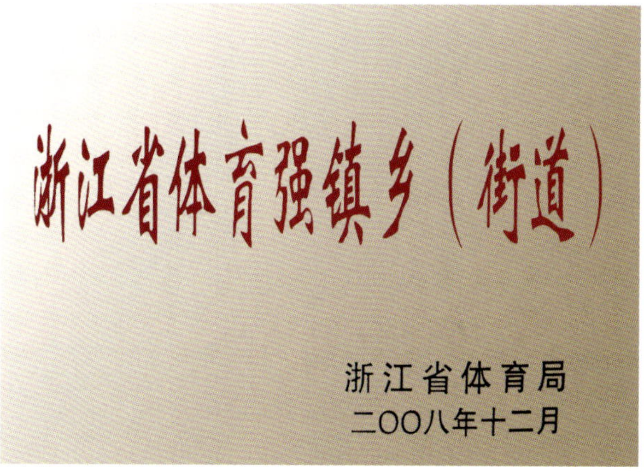

◇浙江省体育强镇乡（街道）

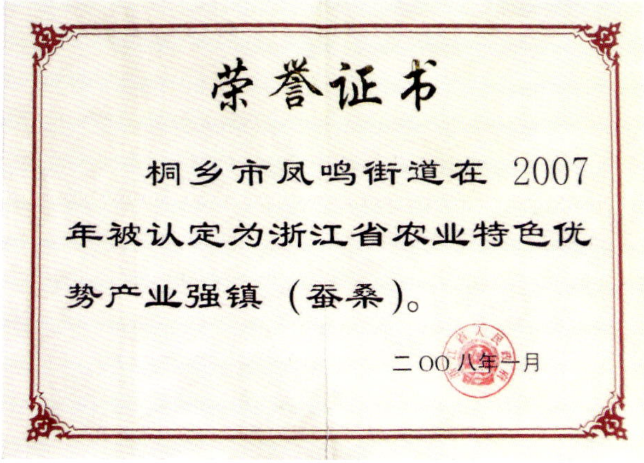

◇浙江省农业特色优势产业强镇（蚕桑）

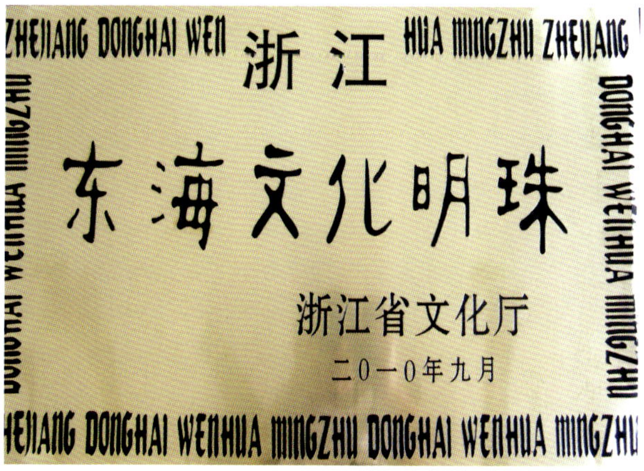

◇浙江东海文化明珠

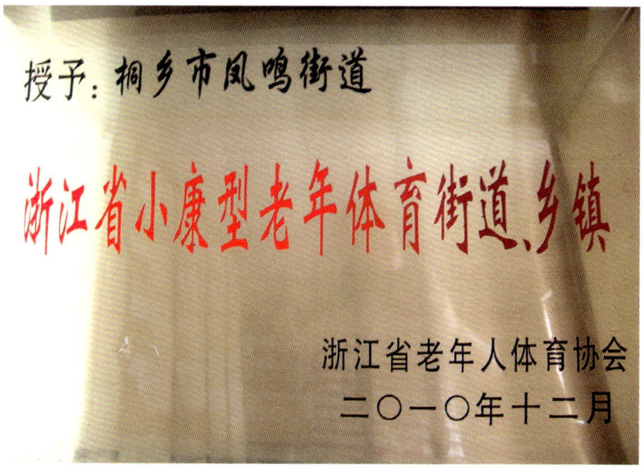

◇浙江省小康型老年体育街道、乡镇

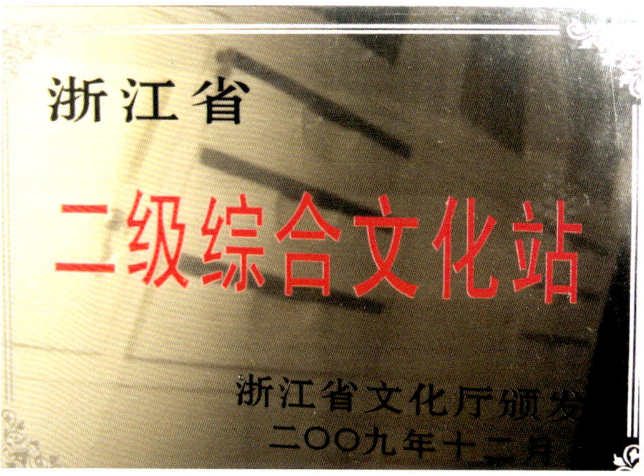

◇浙江省二级综合文化站

◇浙江天女集团公司

◇浙江天女制漆有限公司聚氨酯树脂连接料生产车间

◇豪庭灯饰有限公司生产的产品展示之一

◇浙江嘉名控股有限公司

◇浙江汇丰经编有限公司

◇浙江方圆聚合纤有限公司

◇浙江方圆聚合纤有限公司锦纶项目签约仪式

◇新东方油墨有限公司

◇阳光针织制衣有限公司

◇春发菊业杭白菊产品参展省农博会

◇同新食品有限公司生产的“田野菊海”杭白菊

桑苗之乡

晒红烟主产区

稻田机械化收割

凤鸣春耕蛋鸡养殖专业场

◇2007年新建的同福乡合星村综合服务社

◇2011年，灵安供销社西牛桥农资服务站

◇凤鸣街道农贸市场（2010年拍摄）

◇“菊韵人家”经营管理的
杭州绕城高速西湖服务区

◇“菊韵人家”经营管理的
广州西二环高速炭步服务区

◇同鑫公司经营管理的
汉十高速枣阳服务区

◇同辉公司经营管理的甬舟高速舟山服务区

◇同辉公司经营管理的京港澳高速驻马店服务区

◇凯通公司经营管理的盐靖高速兴泰服务区

◇嘉通公司经营管理的济聊高速齐河服务区

◇1984年开挖的长山河境内段

◇福原驾校

◇村道

◇劝农桥(又称寺桥、凤桥)，位于福严禅寺正门前，始建于清代。2010年被列为桐乡市文物保护单位

◇凝秀桥，位于桑园桥村石匠浜上，建于清代，桥长18米

◇油车桥，位于长新村油车桥港上，建于清代，桥长14.4米。

◇1992年建造的桐乡市农村信用合作联社凤鸣信用社

◇2012年，凤鸣变220千伏母线扩容更换改造工程现场

◇桐乡九中

◇桐乡市凤鸣同福初级中学

◇2009年，为预防“非典”，同福初中教师每天义务为学生测量体温

◇天女小学

◇2009年，天女小学承办市级语文教学研究活动

◇凤鸣同福小学

◇凤鸣街道中心幼儿园

◇2008年12月31日，桐乡市图书馆凤鸣街道分馆开馆

◇伍社庙古戏台（桐乡市文物保护单位）邀团演出传统戏剧

◇2008年11月1日，凤鸣街道彩凤队参加第九届中国·桐乡菊花节民俗文化行街活动

◇2007年，凤鸣街道举行迎元旦暨"嘉兴市文化大篷车下乡"广场文艺演出

◇2008年，凤鸣街道举办首届全民体育运动会

◇1995年建造的凤鸣街道卫生院

◇2010年，开展防艾日宣传活动

◇福严佛教文化苑

◇福严禅寺

◇福严禅寺大雄宝殿

◇文殊殿（鼓楼）

◇圆通宝殿

◇国画《虎啸图》 吴海山

◇国画《春日赏花》 吴大红

◇水彩画《春忙》 商守箴
（以新农村春忙时节实景为创作素材）

◇路家园遗址为良渚文化遗址，桐乡市文物保护单位

◇位于红旗村新屋里的毛主席语录碑，桐乡市文物保护单位

《凤鸣街道志》编纂委员会

2012 年—2013 年 5 月

组　长　张建根

副组长　吴霞萍

组　员　都林强　韩莎里　章彩兴　邵国良　姚秋英

2013 年 5 月—2014 年 7 月

组　长　张建平

副组长　吴霞萍

组　员　都林强　韩莎里　章彩兴　邵国良

2015 年 1 月—2016 年 9 月

组　长　蒋　凡

副组长　吴霞萍

组　员　韩莎里　章彩兴　夏小敏

2016 年 9 月—2017 年

组　长　沈国峰

副组长　顾琴琴

组　员　韩莎里　　章彩兴　　夏小敏

《凤鸣街道志》编纂人员

主　编　俞尚曦

编　辑　朱瑞民　　杨承禹　　陆荣兴　　沈玉明　　夏小敏

序

志书存“资治、教化、存史”之功能，对于记载过去，启迪未来，具有十分重要的意义。本次首编《凤鸣街道志》，直面基层，乡土气息浓郁深厚，信息量大，内容丰富。凤鸣的历史有了系统的文字记载，这是凤鸣儿女文化生活中的一件大喜事。

《诗经·大雅》有诗句说，“凤凰鸣矣，于彼高冈；梧桐生矣，于彼朝阳。”“凤鸣”之名，从来都寄托着人们美好的理想和向往。凤鸣街道位于桐乡市中部，城区近郊，如凤凰一翼。春秋时期，这里是吴越两国交界处，一望平畴的天花荡，正是两国征战的主战场之一。经历了历史的纷繁变迁，今日之街道全境，由灵安、同福、史桥三个乡镇合并而成。1985 年，灵安撤乡建镇；1998 年，史桥乡并入灵安镇；2001 年，撤销灵安镇建制，设置凤鸣街道，办事处设置灵安集镇；2007 年，同福乡并入凤鸣街道，办事处迁驻同福集镇(草庵头)。320 国道斜贯境内，长山河横穿全境，自南而北的京杭大运河，承载着悠悠历史和沧桑岁月，沿街道西侧缓缓流过。凤鸣地灵人杰，先贤名士足迹遍布。有元末明初乡试第一的鲍恂，清朝任广东感恩知县的朱芬，清末和民国时期知名书画家陆宗游，钱介山、钱中父子，吴海山，被誉为“民国才女”的女作家张憬等。

进入 21 世纪以后，凤鸣街道深化改革开放，加快产城融合，全街道各项事业发展态势良好。工业经济基础扎实，初步形成以纺织服装、化学制品及化纤制造业为主体，机械器材等产业共同发展的工业格局；农业产业特色鲜明，被评为“中国桑苗之乡”，拥有国家级项目——桐乡市现代蚕业特色园；旅游人文禀赋优厚，以始建于南朝梁天监二年(503)的福严禅寺为核心的福严寺景区成为全市最早的两个国家 AAA 级景区之一；学校、卫生院、养老中心等民生基础设施日渐完善。境内又有路家园良渚文化遗址、伍社庙古戏台、毛主席诗词语录碑等文物保护单位……历史遗产如此丰厚，时代馈赠这般慷慨，纂修《凤鸣街道志》，翔实记载街道境内数千年文明史，浓墨重彩实录凤鸣街道改革开放和现代化建设的骄人业绩，承前启后，昭往彰来，乃是凤鸣儿女的共同心声。自决定纂修《凤鸣街道志》以来，历届党委、政府对修志工作十分重视，全力推动。数载耕耘，终于喜获丰收。

《凤鸣街道志》如实记载凤鸣街道改革开放以来的光辉历程，客观记录凤鸣儿女励精图治、奋发图强的人和事，系统梳理凤鸣街道的政治环境、社会经济、自然风貌、人文景观、民俗风情。本志体例完备，资料丰富，明白晓畅，严谨切实，既继承了地方志书的传统特色，又与时俱进，反映了当今凤鸣街道的时代风貌，具有很高的存史价值，是我们鉴往知来、把握现在、立足长远发展的宝贵精神财富。它的问世，必将为世人解读凤鸣、认识凤鸣提供一个足资参考、借鉴的资料平台，必将在助推“精致凤鸣”建设的各个方面发挥积极作用。

首编志书，是一项系统而繁杂的文化工程。积长期之功，竟数年之业。几年来，编纂人员遍查档案，博采典籍，几经核实，殊为不易；全街道各部门、各单位通力协作，社会各界人士热心襄助。此外，还得到上级地方志办公室领导、专家的大力指导与帮助。在此，谨向所有编纂人员，以及关心支持修志工作的各界人士，致以衷心的谢忱和敬意！

一志在手，洞烛风情；一志相传，教益民众。以史为鉴，兴利除弊；彰善黜恶，和衷共济。这是街道党委、政府和凤鸣人民编纂此志的初衷。《凤鸣街道志》有幸在本届党委、办事处领导班子任内编竣，这是历史的厚爱。“后之视今，犹今之视昔。”值此《凤鸣街道志》出版发行之际，作为凤鸣街道的党政主要领导，我们深感到，责任与担当同在，使命与挑战并存！我们愿与凤鸣儿女一起，解放思想，团结共进，攻坚克难，昂首阔步，为建设“精致凤鸣”，为建设“产城融合”的现代化新城而努力奋斗，谱写凤鸣街道新一轮跨越式发展新篇章。

中共凤鸣街道委员会书记　蒋　凡

凤鸣街道办事处主任　沈国峰

2017年8月28日

凡　　例

一、本志以马克思列宁主义、毛泽东思想、邓小平理论、“三个代表”重要思想和科学发展为指导，贯彻落实习近平总书记系列重要讲话精神和治国理政新理念新思想新战略，坚持辩证唯物主义和历史唯物主义的立场、观点和古法。以史实为依据，力求全面、系统、真实、深刻地记述街道的历史和现状，反映其特有的地域风貌、社会经济发展状况和特色鲜明的人文底蕴。

二、本志卷首设序言、凡例、概述、大事记，正文设二十四编，横排门类，纵述史实。另设附录《历史资料纂辑》。

三、本志纵贯古今，追溯历史，上限起于事物发端，下限一般至2012年。若干史实，根据记述需要适当延伸。大事记延伸至2014年。

四、今凤鸣街道区域，含原灵安乡（镇）、同福乡、史桥乡。上述乡镇，历史上名称、隶属多变，志中均根据当时名称、隶属关系行文，必要时予以注明。

五、入志人物，人物传遵循“生不立传”原则，所载均为历代有重要影响或作出较大贡献、社会知名度较高的已故人物；在世人物有突出事迹或重要影响者，另设“当代人物选介”一章；革命烈士，省（部）级以上先进或劳模，境内获得高级职称知识分子名录，在外地获得高级职称或硕士、博士学位的本籍知识分子名录，行政副处及以上级别干部名录，分别列表载明。所有入志人物，除特别载明者外，均以出生年月为序，所载人物以本街道籍为主，酌收客籍而有重要影响者。

六、志中纪年，中华民国以前用旧纪年，用汉字书写；民国时期纪年，用阿拉伯数字书写。以上两种书写均夹注公元纪年。中华人民共和国建立后，用公元纪年。凡中华民国以前纪年，其日月皆系农历。本志所称“建国前”“建国后”，特指1949年10月1日中华人民共和国建立前和建立后；“解放前”“解放后”，特指1949年5月5日崇德、桐乡两县解放前和解放后；“‘文化大革命’期间”的时间跨度特指1966年5月至1976年10月；“改革开放以来”指1978年12月中国共产党第十一届中央委员会第三次会议召开以来。本志“××年代”，凡未注明世纪者，均指20世纪的年代。

七、本志所用数据，民国及民国以前数据，均据所引文献资料；中华人民共和国建立以后的数据，大多出自统计部门，部分来自法定专业技术部门和档案馆（存档资料）。度量衡表述，一般采用习惯名称，必要时换算成法定计量单位。法定计量单位按《中华人民共和国法定计量单位》表述。货币均按各个历史时期的称谓记载，人民币除注明旧币外，均为新币。考虑到社会使用习惯，全书中亩不统一换算。

八、本志资料，均取自档案、旧志、正史、专著、报刊、文物考古发现、调查采访所得。所有资料，再三考证核实，力求无误。直接引用资料原文的，皆注明其出处。

目　　录

概　　述

一

凤鸣街道地处桐乡市主城区的西南部，东与梧桐街道为邻，南界高桥、崇福两镇，西连崇福镇、石门镇，北接石门镇与梧桐街道。地理坐标为东经120°34′20″～120°25′48″，北纬30°37′6″～30°33′36″，总面积58.6平方公里。320国道斜贯境内，长山河横穿全境，京杭运河沿西侧而过。2012年年末，凤鸣街道辖14个村、1个社区，常住人口55543人，其中户籍人口50875人。境内人口分属20个民族，其中汉族人口占总人口的98.9%。

桐乡城区西南的这片土地，宛如凤凰之一翼，承载着悠悠岁月和历史沧桑。明清时期，境内区域分属崇德县（石门县）千乘乡、桐乡县募化乡。民国21年（1932），崇德县蒋主乡、灵南乡、灵北乡、圆通乡、纪目乡、同福乡以及萧圣乡、中塔乡部分区域，以及桐乡县北日乡、史桥乡部分区域属今凤鸣街道。此后，区、乡建制经多次调整撤并，至民国35年（1946），又分属崇德县之灵安乡、同福乡，桐乡县之北日乡。1949年5月，桐乡、崇德两县解放后，灵安、同福两乡为石门区政府管辖，隶于崇德县；北日乡为城关区所辖，隶于桐乡县。8月，灵安、同福、钱林三乡从石门区划出，建立灵安区人民政府，隶于崇德县，驻地灵安集镇。后经1950年和1956年两次区域建制调整，今凤鸣街道区域分属崇德县之同福乡、灵安乡，桐乡县之丰桥乡。1958年10月，崇德、桐乡两县建立人民公社，实行政社合一体制。今凤鸣街道区域分属崇德县灵安人民公社及桐乡县南日人民公社。11月，崇德县并入桐乡县，今凤鸣街道仍分隶灵安、南日两公社。1961年同福公社从灵安公社析出后，境内区域分属灵安、同福、南日三个公社。1984年1月，撤销人民公社建制，仍改为乡建制。11月，南日乡分设为南日、晏城、史桥、亭桥四乡，时境内分属灵安、同福、史桥3乡。1985年11月，灵安撤乡建镇。1998年10月，史桥乡并入灵安镇。2001年10月，撤销灵安镇建制，设置凤鸣街道，街道办事处设在灵安集镇。2007年10月，同福乡并入凤鸣街道，街道办事处由灵安集镇迁驻同福集镇（草庵头）。

凤鸣街道地处长江三角洲冲积平原东南部，杭嘉湖水网腹地，地势平坦。海拔高程（吴淞高程），田面高为2.2米左右，地面高为4.1米左右。春秋时的吴越古战场天荒荡即在境内，一望平畴，面积最大时有2000余亩。隋代开挖的运河，南宋及以后围圩造田、挑土培桑，使境内形成众多低洼的圩田镶嵌于高垄的桑埂地之间。70年代后，通过大规模人工和机械平整土地，原来大平小不平的桑基圩田地貌不复存在，全境粮田桑园（果园）成片，一马平川的沃土，为机械化农耕创造了条件。境内属亚热带海洋性季风气候，温和湿润，雨量充沛，日照充足，四季分明，为动植物资源的生长繁衍提供了优越的自然环境，是杭白菊、小桑苗、晒红烟等著名土特产的主产区，被誉为桐乡的“百花地面”。

二

境内农耕历史悠久，传统农业经济发达，不仅生产粮食，而且经济作物门类众多。水稻栽培史可追溯至新石器时代。解放初期，农民个体农耕，传统种植，耕作技术和工具落后，粮食作物种植主要品种是水稻、小麦、大麦等，由于受耕作条件限制，单位面积产量低。1956年后，随着农田水利设施的逐步改善，境内水田种植发生新的变化，由传统的单季稻改种双季稻。70年代至80年代，全境连作早稻面积保持1万亩左右，其中三熟制早稻占早稻总面积的74%。中共十一届三中全会后，农村实行联产承包责任制，按照市场需求和经济效益，调整产业结构，逐步调减连作稻，扩种单季稻。至2006年，境内已不再种植连作早稻，成为纯单季晚稻地区。2012年，凤鸣街道粮食耕地面积11176亩，总产4627吨，其中晚稻2679吨，亩产556公斤。其他粮食作物还有小麦、玉米、豆类、薯类和其他谷物。

明万历年间始，境内农业结构出现变化，从传统粮食作物逐步转变为注重经济作物种植。种桑养蚕，杭白菊、晒红烟等经济作物的栽植渐成农户的重要经济收入来源。清代，境内开始出现专业性桑苗圃。民国年间，同福、灵安成为海宁、崇德、桐乡等地桑苗行的主要采购地。解放后，小桑苗生产逐步发展成境内的特色产业。2007年，境内嫁接苗种植面积15587亩，总产43644万株。2008年6月，凤鸣街道被授予“中国桑苗之乡”称号。此外，境内的杭白菊、晒红烟、蚕茧等大宗农副产品均远近闻名。民国时期，农户的杭白菊传统蒸晒加工技术已趋成熟。解放后，种植面积逐步增加，栽菊技术不断改进，良种推广普及，总产和单产水平均领先于全县（市）各乡镇。2008年，杭白菊种植面积18587亩，总产量2764吨，分别占全市总面积、总产量的近三分之一。是年，凤鸣街道被命名为“中国杭白菊之乡”。民国时期，同福、灵安两乡已成为晒红烟的主要产区。解放后，境内的晒红烟生产在全县（市）仍具有举足轻重的地位。1960年，上海卷烟二厂在灵安公社天花荡试种制作雪茄的包皮烟，烟叶品质优良，专家评议接近印度尼西亚苏门答腊雪茄外包烟的质量。蚕茧生产连年发展，1992年达到峰值，灵安、同福、史桥一镇两乡饲养蚕种11.88万张，蚕茧总产3413吨，占全市总产量的13.73%。此外，境内所产经济作物还有油菜籽、榨菜、瓜果等。

清代和民国时期，随着蚕桑业的发展，境内的家庭手工业日渐兴盛，缫土丝、织土布、剥丝绵、腌榨菜已相当普遍。铁器、竹器、木器、裁缝、印染等手工业工匠遍布各个集镇和农村集市。解放后，政府引导手工业者实行合作化，组织各种手工业合作社（组）。此后，随着手工生产向半机械化和机械化过渡，手工业逐步发展为二轻工业。1958年以后，大办人民公社，实行“大跃进”，拔苗助长式的大办工业、大炼钢铁，劳民伤财，农村经济受到严重损害。1962年，中央推行“调整、巩固、充实、提高”的八字方针，对工业进行整顿，境内初步形成以农副产品加工为主体的社队工业。中共十一届三中全会后，改革开放的春风为境内工业带来蓬勃生机，社（乡、镇）、队（村）办工业，不断调整产业结构和产品结构，加大生产性投入和技改步伐，工业规模快速发展，经济效益不断提高，灵安造漆厂、同福丝厂、史桥精毛纺织厂等一批骨干企业先后诞生。1989年，经省人民政府批准，灵安镇被增列为重点工业卫星镇。进入90年代，凭借境内独特的区位优势和特色产业，成为对外开放的一方热土，一批中外合资企业应运而生。1993年开始，境内工业企业逐步推进产权制度改革，原乡镇、村集体企业改制为股份合作制、有限责任公司或私营企业等多种形式，明晰产权关系，盘活存量资产，乡镇、村公有资本有序退出。到2000年，境内乡镇、村两级集体所有制工业企业完成民营化改制。同时，形成了浙江天女、银凤来等一批在全省、全市有一定影响力的企业集团。同时，个体私营工业迅速发展，乡镇工业园区成为工业集聚发展的重心。至2012年末，凤鸣街道有工业园区2个，工业企业598家。其中规模以上企业59家。基本形成以纺织服装、有色金属压延加工、化学制品及化纤制造业为主体，以及床上用品、农副产品加工等多种产业共同发展的工业格局。2012年，全街道工业企业实现总产值80.03亿元，主营业务收入78.52亿元，利税总额5.68亿元。个私工业户2922家，从业人员7786人。

境内商贸服务业起始较早，灵安在清光绪三十三年（1907）就已经有振昌泰酱园等商家。民国年间，灵安镇的商业已成气候，经营门类较全，交易购销渐盛。抗日战争期间，在日本侵略军的扫荡中，灵安、史桥的商铺被焚毁，集镇商业遭受重创。战后，境内商业稍显复苏。解放后，贯彻“发展经济，保障供给”方针，组建供销合作社，对原有私营商业进行社会主义改造，建立粮管所、食品站等国营商业机构，形成以供销合作社为主体，合作商店为辅助，并有国营商业站（店）的商贸服务业构架。进入80年代，随着商业流通领域改革开放的进程，以及国有、城镇集体企业改制，个体私营商业迅速发展，成为境内商贸服务业的主体。超市、连锁店、综合服务社等新型业态的出现，使商贸流通更显活跃。90年代末开始，同福乡的一批农民企业家，从推销杭白菊产品起步，走出家门，经营承包各地的高速公路服务区，足迹遍及全国20余个省、市、自治区。同福乡农民“掌柜”天下服务区，成为境内特色经济的一大亮点和社会关注的一大奇观。2007年，凤鸣街道办事处迁址同福集镇后，带动了同福集镇三产的发展，商贸服务业布局迅速改观；同时还启动灵安、史桥的老集镇改造，完善集镇功能布局，境内商贸服务业日趋繁荣，形成了小桑苗市场、农贸市场、便民菜场等商品集散体系。据2008年经济普查资料，凤鸣街道有批发零售业法人单位35个，从业人员162人。2012年底，在工商部门登记的个体服务业单位2099户，从业人员3253人。

1956年，境内各乡分别建立乡一级财政。1958年实行政社合一的人民公社后，撤销乡财政。1985年至1986年，境内两乡一镇先后复建乡财政。此后，随着乡镇经济发展和财政体制改革，乡镇财政的收支规模逐年扩张，对社会各项事业的投入快速增长，促进了乡镇经济和社会的发展。2012年，凤鸣街道财政总收入8733.29万元，财政总支出8491.87万元。全街道缴纳国税、地税合计19035万元。境内的金融业以信用合作社为主。解放初，中国人民银行在灵安设立营业所，1963年撤销。各乡镇的信用社帮助农民解决资金困难，支持工农业生产，发展商品经济，发挥了积极作用，存贷业务从小到大，稳步发展。2012年，凤鸣信用社年末存款余额12.20亿元、贷款余额9.14亿元。

解放前，境内交通十分不便，居民出行全靠航船或步行。民国25年（1936），杭善公路崇德段通车，境内始有公路。邮政仅有灵安邮政代办处，代办民间信札往来传递。36年（1947）后，崇德县乡村电话管理所在境内架设电话线路，灵安、同福与崇德、桐乡之间先后开通电话。解放后，境内交通、邮政、电信逐步改善，但发展缓慢，设施建设水平低下。1961年，境内始有灌溉用电，随后陆续用上生活照明电。中共十一届三中全会后，地方经济发展加快，推动境内交通、邮电和电力等基础设施建设的快速发展。320国道拓宽，桐乡至洲泉公路通车，境内交通明显改善。90年代实现村村通公路，2000年后实现村村通公交。国道、省道、县道、乡道、村道，编织成网，交通日趋方便。邮政和通信事业也迅速发展，通信工具不断升级换代，互联网宽带进入寻常百姓家。农村电气化建设成效卓著，节约用电、有序用电、安全用电渐成共识，电力事业促进经济发展，造福人民生活。2008年，境内实现村村电气化。2012年，全街道总用电量20320万千瓦时。

三

建国初期，境内的科技事业发展缓慢。60年代开始，农业科技推广得到重视，建立群众性的科技组织,开展农业科学实验活动。中共十一届三中全会后,科技成为发展生产力的重要抓手,境内各乡镇健全完善各级科技组织,企业专业技术人员以及农民技术人员积极参加科协组织的活动。科技经费的投入逐年增加,科技工作的考核形成制度化。贯彻落实创业富民、创新兴企战略,诸多规模企业与大专院校开展科技合作交流,加快高新技术产业发展。1995 年,灵安镇、同福乡双双被市政府评为“科技达标先进乡镇”。此后,又陆续涌现出一批种植业、养殖业的省级农业科技示范户。2010 年,春发菊业有限责任公司被认定为省级农业科技企业,同新食品有限公司被认定为桐乡市级农业科技企业。至 2013 年,有 12 家企业被认定为市级以上高新技术研究开发中心,其中省级 4 家。天女集团、嘉名公司等企业有 15 个科技项目先后获得国家级、省级、嘉兴市级的科技进步奖;累计有 26 家企业和个人进行自主知识产权的申报,累计申报国家专利 250 项。获专利示范企业省级 1 家、嘉兴市级 2 家、桐乡市级 5 家。

境内历来尊师重教。民国前期,主要以私塾教育为主。抗日战争期间,一些爱国人士自发创办小学,收读战时失学学生并进行抗日教育,出现纪目墩小学、瓜塔庙小学、同福乡荣河小学等。战后,推行国民教育,各小学均改称国民小学。民国 34 年(1945),境内有乡保国民小学 10 所。次年,启新国民小学更名为私立启新学校,被桐乡县政府定为全县唯一的示范学校。该校第一、第二届毕业生成绩均名列全县榜首。1949 年,崇德、桐乡两县解放,人民政府接管学校,时境内有完全小学 2 所(灵安、启新),初级小学 7 所。1953 年,教育事业纳入国家建设计划轨道,整顿巩固、稳定发展,教育质量逐渐提高。1958 年创办崇德四中(后改名为灵安初中)。1960 年,李家弄小学被评为全国社会主义建设先进单位,派代表赴北京参加全国文教群英会。1965 年,同福小学开设初中班,校名改为同福公社中小学。1966 年,“文化大革命”开始,各地中小学成立红卫兵、红小兵组织,“停课闹革命”,学校教育处于瘫痪状态。1969 年,学校贯彻毛泽东“五七”指示,开展学工、学农、学军活动。1976 年,粉碎“江青反革命集团”,境内各公社撤销学校贫管会。是年,灵安、同福、史桥均办起高中部。中共十一届三中全会以后,拨乱反正,建立正常的教学秩序,不断调整办学布局,加大投资改扩建学校,教育事业获得新发展。1986 年,《中华人民共和国义务教育法》颁布,境内逐步实施九年制义务教育规划。1996 年,灵安初中学生升学率在全市名列前茅,在星级评比中获得“两星级学校”称号,灵安镇被市政府授予“希望杯”金杯。2004 年,同福初中毕业生中有 15 人达到桐乡市高级中学公费生录取线,重点班以上 55 人,普高上线 149 人,教育质量名列农村初中前茅。2012 年,桐乡九中被评为桐乡市教育科研基地学校,并授予“桐乡市三星级学校”称号。是年,凤鸣街道有初中 2 所,在校学生 1006 人;小学 4 所,在校学生 3557 人;中心幼儿园 1 所,入园幼儿 1163 人。

解放前,境内是血吸虫病重灾区。大疫之年,贫病交加,虽有郎中悬壶济世,行医施药,但却难以妙手回春。灵安一带不少村坊“瘟神”肆虐,几乎毁于一旦,死于血吸虫病者众多,人亡田荒,一片凄惨景象。新中国成立后,医疗卫生事业逐步发展,1952 年,灵安成立联合诊所,后改为公社医院。1961 年,同福组建联合诊所,后改为公社卫生院。1971 年,灵安公社作为全县血防工作试点,配合军区医疗队,开展血吸虫综合防治,取得阶段性成果。1985 年,灵安乡被评为“全县血防工作先进集体”。此后,境内乡镇加大投入,实施农村饮水改革,同福、灵安先后建起自来水厂,改变了有史以来村民直接饮用河水的习惯。90 年代开始,进一步加强乡镇卫生院和村级卫生室(卫生服务站)建设,引进先进医疗设备,提高医疗技术水平。同福乡和灵安镇卫生院先后达到二级卫生院等级标准。落实农村环境整治,开展爱国卫生运动,实施垃圾集中收集处理,无害化厕所改造,加强农村食品卫生监管等一系列措施,极大地改善了境内的环境卫生和食品卫生状况,各种疾病的发生率随之减少。2010 年,凤鸣街道被评为“浙江省卫生街道”。2012 年，全街道有卫生院 2 个、社区卫生服务站（中心）12 个、民营医疗机构 1 家，有卫生专业技术人员 106 人，中级职称以上 16 人。

境内历史悠久，民间文化丰厚淳朴。路家园村南部有良渚文化遗址，1981 年被列为桐乡县第一批文物保护单位。梁天监二年（503）创建的福严禅院，历经沧桑，屡毁屡建。80 年代改革开放后，福严禅寺经恢复建设，已成为远近驰名的 AAA 级佛教文化旅游胜地。天花荡、纪目坂、游屯泾等系春秋时代吴越争战遗址。清代古建筑伍社庙戏台为桐乡市重点文物保护单位。皮影戏、蚕歌、福严寺传说、杭白菊传统加工技艺等被列入桐乡市非物质文化遗产名录。清光绪三十二年（1906），灵安路家园人钱介山与释允中等人在本地创办钱林印社，较西泠印社的创建仅晚两年。新中国成立后，文化事业得到各级党委政府的高度重视。1952 年后灵安、同福先后成立文化站，组织辅导群众文化活动的开展。中共十一届三中全会以后，文化事业快速发展，文化设施逐年增多，群众性文化体育活动日趋活跃。2006 年以后，文化示范户应运而生。2008 年年底，桐乡市图书馆在凤鸣街道开设分馆，拥有各类图书 3 万余册。2009 年，在同福集镇新建体育广场和路家园文化茶馆，有 8 个村的村级文化活动室升级为活动中心，嘉名公司获桐乡市首个“企业文化建设标兵单位”称号；全街道有文化示范户 88 户，其中 4 户被推选为桐乡市级“特色文化示范户”。2010 年，凤鸣街道创建成为省级“东海文化明珠”。群众文化体育活动丰富多彩，2003—2012 年凤鸣街道组团参加桐乡市会演和比赛，屡屡获奖，其中群众文艺会演两次获金奖，一次获银奖；桐乡市第十五届运动会获镇、乡、街道组团体总分第三名。古老的历史文化和全民参与的文体活动为凤鸣街道增光添彩。

境内地灵人杰，运河之畔，村落之间，依稀能找到先贤名哲的足迹。有元末浙江乡试第一，登进士第，朝廷多次举荐官职而坚辞不出的鲍恂；有清朝廪贡生，官至广东感恩知县的朱芬；清末和民国时期有书画家陆宗游、钱介山钱中父子、吴海山；有被誉为“民国才女”的 40 年代女作家张憬。在新中国解放事业中有为之献出生命的俞麦浪等英雄烈士。在社会主义建设和改革开放中，涌现出姚贵松等一批劳动模范、乡镇企业家；另有其他先进人物和各路英才，在各自的工作岗位上为国家建设添砖加瓦。

四

小集镇和农村集市多，是凤鸣街道的一大特色。除了灵安镇外，还有草庵头、徐家庙、龙王庙、伍社庙、史家桥等小集镇或农村集市，周边散布着上百个自然村落。集镇、集市历经沧桑，日本侵略军入侵期间，灵安、史桥等集镇曾被焚毁，一片废墟，战后重建。解放初至 70 年代前，境内集镇和村庄发展一直处于自然状态，变化甚小。70 年代后，政府加大对水利和交通建设的投入，开河筑路带动了集镇和村庄的建设。70 年代疏拓灵安港，80 年代长山河出海工程，灵安和史桥集镇因之改变面貌，1980 年桐洲公路建成通车，促成同福（草庵头）集镇的兴起。中共十一届三中全会后，境内经济加快发展，人民生活水平明显提高，政府鼓励小集镇建设和村宅集聚，编制建设规划，分期实施，有序推进。镇、村公用事业和配套设施日趋完善。进入 21 世纪后，新农村建设成为政府为民办实事的重要内容，“两新工程”将镇村建设与城乡一体化接轨。农民住宅楼鳞次栉比，农民新村和集镇社区建设发展迅速，镇村面貌焕然一新。截至 2012 年年底，全街道 3 个集镇和文华小区已初具规模，7 个村级社区中心点建设方兴未艾。

随着境内工农业生产的发展，众多污染源不断侵蚀原生态环境，环境保护成为新时期迫待解决的重要工作。80 年代后，境内各乡镇党委政府，执行国家关于环境保护的法律法规，逐步形成环保监管网络，查处各种环保违法违规行为。加大除尘、废水处理、污水管网、畜禽粪便综合利用、生活垃圾无害化处理等环保设施的投入，加强对各种污染的治理，在人居环境、农业、工业和生态文化等方面全力打造“生态凤鸣”。2011 年，凤鸣街道创建为省级生态街道。

境内经济快速发展的同时，人民生活水平大幅提高。2012 年，凤鸣街道农村居民人均纯收入 1.81 万元，比 1990 年增长 7.65 倍。信用社年末储蓄存款余额 107912 万元，人均 2.12 万元。数字电视用户 9927 户，有线电视 708 户，调频音箱入户 10852 只，互联网宽带接入 913 户。社会福利事业不断发展，城乡合作医疗制度不断改善，筹资水平和报销比例不断提高，受惠城乡居民，全街道参加合作医疗 30002 人，参保率 98.7%。参加城乡居民养老保险人数累计 11083 人；享受最低生活保障对象 186 户，409 人，农村“五保”人员供养率 100%，拥有敬老院 2 所，可容床位 62 张；还在各村和灵安社区设立居家养老服务站，老有所养、老有所乐已成为现实。残疾人受到社会的尊重和关心。全街道 3 家福利企业安排残疾人就业 117 人，享受优惠政策从事个体经营和种养殖业的残疾人 647 人，残疾人就业率 96%。生活困难符合条件的残疾人享受低保或补助、救济等照顾。

大 事 记

唐

乾符三年(876)

境内建千乘院,宋大中祥符元年(1008),改名福严禅院。

明

正德八年(1513)

崇德县知县洪异组织民工挖掘天长十字河,“千乘乡芜土化为膏腴者数千亩”(明万历《崇德县志》)。

清

嘉庆六年(1801)

福严寺大殿毁于火,后殿坍圮,殿后罗汉亦不复存在。道光十四年(1834)动工修复,历时七年,至道光二十二年(1842)竣工,耗钱三千六百万有奇。

道光二十九年(1849)

早春,蔡锡琳以千金自海宁马家购得绉云石,置于福严寺天中山。1963年,绉云石移置杭州花圃盆景园。

是年春,福严禅院扩建竣工,新添碑石十块。其中有蔡锡琳撰文,余杭董炆书丹,蔡锡恭篆额之《重修福严禅院碑记》,应时良撰《挂瓢亭记》,蔡锡琳绘图,桐乡冯浩题词之《费隐禅师像》,蔡载樾所绘《观音大士像》,蔡锡琳之《梅花石刻》,刘喜海所撰《绉云峰记》,杭人戴醇士绘图,蔡锡琳题额,金石僧达受(六舟和尚)书丹之《绉云石碑》。

咸丰十年(1860)

初冬,太平军与清军激战,桐乡县知县方铨病殁灵安舟中,宰凤翼接任后亦暂避灵安舟中。

咸丰十一年(1861)

5月,秀水武举冯宝三时侨居石门县东乡天荒荡,集合乡团在高塘庙等地与太平军激战,为太平军所杀。

光绪三十二年(1906)

是年,石门县钱林印社成立,是为石门县首个印学篆刻团体,社长灵安路家园人钱介山。

中华民国

民国12年(1923)

是年,灵安、钱林一带晒红烟产量近四万担,其中顶烟(一等烟)约占一半,运往远东各国销售。但被日商伊藤洋行垄断，日商在桐乡、屠甸等地设庄收购。

民国18年(1929)

6月28日，崇德县第五区纪目村无限责任信用合作社成立，为崇德县最早的信用合作社。

民国19年(1930)

是年，崇德马昭懿兼任浙西水利议事会会员(每县一人)。曾从上海“甲戌全浙救灾会”募来善款法币数千元，用以工代赈的办法(每工发米两升)，疏浚羔羊至灵安段河道。

是年，程芸生等人在桐乡县长生桥合伙创办长兴茧行。30年(1941)被日军焚毁。

民国20年(1931)

2月，纪目乡路家园人钱中(字端父，钱介山子)被选为国民党崇德县党部监察常务委员。民国22年(1933)，钱中复任国民党崇德县党部监察常务委员，直至民国25年(1936)。

民国24年(1935)

4月，浙江省办杭善公路崇德段开始修筑，崇德县负担灵安镇至海宁科同桥段，全长17公里。各乡镇划段包干，民工经费采取“以工代赈”“义务摊派”两种办法处置。翌年7月公路建成，灵安设站。

民国25年(1936)

9月8日，崇德县邮政局在徐家庙开办邮政村柜。后由于日军侵占，邮路不通，即停业。

民国26年(1937)

6月13日，崇德县邮政局在灵安集镇周生源商号开设灵安代办所。后由于邮路不通，即停业。

民国27年(1938)

3月29日，盘踞桐乡县城之日军某部窜犯灵安，途经蒋子庙桥，遭国民革命军六十二师三六八团某部拦击，毁日军军车二辆，日军窜回桐乡。

3月30日，日军在杭善公路灵安段两侧村庄使用火焰喷射器纵火，徐家湾、安全村、朱家角等十多个自然村，千余户民舍顷刻间化为灰烬。随后，中国军队某部炸毁灵安公路桥。

10月，国民革命军六十二师三六八团某部在灵安镇与来犯日军激战两昼夜，重创日军，后退守太平桥附近继续与敌周旋。

民国28年(1939)

5月24日，日军分三路进犯灵安，国民革命军六十二师三六八团某部设计诱敌自相混杀，日伪军死二十余名。中方无一伤亡。

民国29年(1940)

10月1日，驻防灵安之日伪军连长孙英杰率20名士兵携械反正，击毙日军21名。

民国31年(1942)

2月，孙英杰率部攻击灵安日军碉堡，俘获日军1名。

民国33年(1944)

4月，伪崇德县县长张志梁借“清乡”之名，在全县设立城区、洲泉、石湾、肇昌、灵安五区日伪政权，伪区公所集中于县城内。

8月1日，崇德县自卫大队在游击区发动民工500余人，快速突击，破坏杭善公路外姚庙至灵安段约五公里路基。

同月23日，日军依藤部300余人配合伪区政权在灵安一带流窜征赋，遭崇德县自卫队袭击，激战二小时，互有伤亡。

9月10日，依藤率日伪军150余名又窜至灵安征赋，崇德县自卫队一大队利用有利地形予以拦击，毙伤日伪军57名，自卫队伤亡16名。

9月10日，崇德县县长关震东呈文浙西行署，崇德县原设洲泉、石湾、梵山三区，拟增设灵安区，辖灵安、大众、钱林、中塔、同福、纪目六乡。

是年，由桐乡县政府主办之塘南文化社成立，社长沈昌间。社址设于日石区史家桥。

民国34年(1945)

6月1日，在中塔乡瓜塔庙召开崇德县临时参议会成立会。

6月16日，国民党崇德县党部在同福乡举行“总理广州蒙难纪念”，3500余人参加。

7月9日，国民党崇德县党部在纪目庙举行“国民革命军誓师纪念”，1000余人参加。

8月29日，国民党崇德县党部在纪目庙举行孔子诞辰纪念活动。

8月，裁撤灵安区署。

12月16日，纪目乡合作社经整顿后重新设立，时称“复员登记”。

12月20日，境内进行户口总清查暨保甲编查。

12月底，同福等地乡民殴打原日伪乡保长，并捣毁其房屋。

民国35年(1946)

1月10日，同福乡乡民聚合出发至杭州省政府“告荒”。事发前二日，在青石桥、伍社庙等处张贴纸条，上书“告荒：同福乡十二月初八日在杭州省政府告荒……”是日，200余乡民蓑衣箬帽，打锣为号，先集聚崇福南门外，再去杭州。同福乡乡长陆毅人一边派人阻止，一边火速报告县政府。该乡政府事后报告称，整个事件，参与者有2000多乡民。

2月至7月，中塔乡合作社、史桥乡合作社、同福乡合作社、灵安乡合作社相继成立。

4月，灵安邮政代办所复设。

7月18日，《东南日报》载，灵安镇于日前自西北方面突来匪徒十余人，身穿便衣，持有短械，挨户洗劫，一小时后鸣枪示威而去。损失在千万元以上。

12月20日，疏浚同福乡徐家庙港。

12月，同福乡成立调解委员会。

民国36年(1947)

2月，崇德县参议会正式成立并举行成立大会。灵安乡人朱济被选为参议会正议长。

3月，崇德县乡村电话管理所架设崇德至灵安电话线路建成通话，全长12公里。

4月7日，崇德县农村之迎神赛会，处处发动，村村响应。是日起至本月中旬，先后有芦母桥、草庵等“旱会”进崇德县城，芝村则有“水会”之举。是为抗日战争胜利后规模最大的一次庙会。

4月，中塔乡合作社因业务不振，社务废弛，崇德县政府遂下令解散。

7月，运河太公渡小羔羊清除阻塞工程竣工，挖土1.2万余立方米。

12月，灵安乡、同福乡办理普发国民身份证。同福乡应发身份证总数约6200张。至12月5日，灵安乡已领国民身份证1328张，约占总数的20%。

民国37年(1948)

6月7日，同福乡采取联合行动，取缔一贯道，警局拘捕部分传道人员。

10月，崇德县合作社联合社决定增设柏子加工运销处，灵安镇为第二集柏处，开展柏子收购业务。

11月11日，国军第十二伤兵医院三百余名伤兵分配至崇德县，次日转赴福严寺安置。

是年冬，崇德县举办农产品展览会。“灵安晒红烟”获优胜奖。

是年，同福乡发起重建在抗战期间被敌拆毁的上羊石桥，经费由地方劝募并呈请县政府拨补。

是年，同福及其附近地区一贯道猖獗，其时同福乡公所曾在马家桥、周家木桥、王家村、孙家门、柴家兜等地查获一贯道布道案件多起，并责令信徒退道。参加一贯道者须写具《保证书》，改过自新。

中华人民共和国
（含解放后至中华人民共和国成立的阶段）

1949 年

5 月初，崇德县解放。时同福乡成立“临时人民解放委员会”，维持地方秩序。

5 月 31 日，土匪抢劫灵安乡 10 户农家。6 月 4 日，该乡又有一户农家遭抢劫。

5 月，崇德县粮食局下设 4 个区支粮库，灵安是其中之一。1951 年改称灵安区粮库，1957 年改称灵安粮管所。

5 月，崇德县建立区委、区人民政府。灵安、同福乡隶于石门区。8 月，建立灵安区委、灵安区人民政府，辖同福、钱林、灵安 3 乡。

7 月，灵安、同福乡人民政府成立。

1950 年

3 月，崇德县开始划区建乡、民主建政。5 月，崇德全县 5 区调整为城关、洲泉、石门、灵安 4 区。6 月，区人民政府改为区公所。9 月，县政府公布各区所辖乡镇。灵安区辖灵安、纪目、惠桥、钱林、太平、大众、同福、中福、天福 9 乡。随后整顿村级行政组织，建立村行政委员会。

12 月 14 日，崇德县灵安乡供销合作社成立。

是年，境内开始实行土地改革。

是年，崇德县税务局下设灵安税务所。

是年，政府将福严寺天王殿、大雄宝殿、观音殿、罗汉堂、地藏殿、宏法堂、祖堂等殿宇划给粮食部门，作粮库使用。土地改革时，将六和堂三间平房分给古华、智功、九阿太三个僧人使用，其余房屋全部作为公共财产收归国有，曾先后由蚕种场、疗养院、农业中学使用。

1951 年

4 月至 6 月，纪目乡、永丰乡、同福乡、中福乡、天福乡相继成立供销合作社。

9 月，崇德县供销合作总社在灵安、龙王庙设络麻收购站。

10 月，永丰乡成立信用合作社。

是年，灵安区对私营商业开展重估资产和工商登记发证，核准登记的私商 177 户。

是年，境内出现以工换工形式的“帮工组”，称“临时互助组”。

1952 年

4 月，灵安乡、纪目乡、同福乡、中福乡、太平乡、钱林乡供销合作社等 6 个以乡建社的供销社合并，称灵安供销合作社。

6 月，崇德县供销合作总社在灵安分设土丝收购站，收购量在全县 3 个收购站中居首位。

10 月，中国人民银行崇德县支行在灵安集镇设立灵安营业所。

1953 年

春节前，灵安镇召开冬季物资交流会。3 月 18 日，灵安镇召开春季物资交流会。

1954 年

4 月，纪目乡一贯道道首闻宝庆自封“皇帝”，组建“白阳军”，企图暴乱，活动区域涉及崇德县 30 个乡镇、桐乡县 6 个乡镇以及德清、海宁等县的 3 个乡镇。中共崇德县委、崇德县人民政府即予以严厉打击。

9 月，根据中共崇德县委指示，中共灵安区委在纪目乡试办信用合作社，同时在天福乡试办信用部。

10 月，灵安、惠桥、钱林、中福、同福等乡先后组建信用合作社(信用部)。

是年，灵安邮电所成立，服务范围除灵安乡(镇)外，兼管同福乡。

1955 年

8 月，灵安农业技术推广站成立，又称第二农业技术推广站。1959 年 7 月撤销。7 月 31 日，成立灵安人民公社农业技术推广站。

9 月 3—6 日，灵安区召开秋季物资交流大会。

12 月，灵安镇竹器生产合作社成立，为境内最早成立的手工业生产合作社。

是年，由灵安区党委统一部署，城工组牵头，组建商改工作组，对境内私营商业实施“社会主义改造”，至 1956 年年底基本结束。

是年，辖区贯彻《中华人民共和国兵役法》，开始实行义务兵役制。

1956 年

2 月 10 日，崇德县撤区并乡，撤销 4 个区，将原 36 个乡并为 17 个乡，属今凤鸣街道的有同福乡、灵安乡。

是年，境内水田种植制度发生新变化，改单季稻为双季连作稻。当年试种双季早稻 809 亩。

1957 年

10 月，灵安、同福等乡建立乡党委。

12 月 25 日—28 日，灵安供销合作社召开第三届第一次社员代表大会。

是年，桐乡县永丰乡供销社与亭桥乡供销社合并，称丰桥供销合作社。

是年，丰桥供销社在史桥召开物资交流会。

1958 年

10 月 2 日，崇德县、桐乡县实行人民公社化。今凤鸣街道辖区分属崇德县灵安人民公社、桐乡县南日人民公社。

11 月，撤销崇德县建制，将崇德县的行政区划并入桐乡县。灵安人民公社改隶桐乡县。

12 月，杭(州)(嘉)善公路崇德至桐乡段修复通车。灵安设停靠站。

12 月，以原灵安供销合作社为基础，接收灵安镇及其周围几个小集镇的 7 个合营、合作商店和全部小商小贩，合并组成灵安人民公社供销部，由公社直接领导，成为国营商业的基层组织。

1959 年

是年，由联民大队投资和群众集资，在靠近杭申公路的竹人浜空地上，统一建造两排平房共 50 余间。此举开创境内农村统一建房的新模式，同福“新农村”之名由此而得。

1960 年

是年，原县手工业联社系统的灵安铁器、竹器、木器、缝纫、上鞋、制面、饴糖、印染、水作(原为供销社归口合作商店)等 9 个合作社(组、店)合并成的灵安手工业联合厂，正式下放给灵安人民公社，改称灵安人民公社综合厂。

1961 年

5 月，中共桐乡县委财贸部在灵安开展恢复基层供销社试点工作。从灵安供销部划出一部分小商贩组织合作商店(小组)，同时着手恢复供销合作社组织形式。

6 月 17—18 日，召开灵安供销社第四届社员代表大会，选举产生理、监事会，正式恢复建立供销合作社。

6 月，根据中共中央《农村人民公社工作条例(修正草案)》，调整社队规模，实行公社、大队、生产队三级所有、队为基础的体制。灵安人民公社分设为灵安、同福、钱林 3 个公社。

8 月，撤销灵安粮管所。

是年，新安江—杭州电网延伸至桐乡县，境内始有农业排灌用电，随后陆续用上生活照明电。

1962 年

9 月，同福供销合作社并入崇福供销合作社，为崇福供销社下属的同福综合性商店。

10 月，贯彻中央指示，境内社队规模再次调整，管理体制实行变革，原生产队改称生产大队，原生产小队改称生产队，生产队为基本核算单位。

是年，灵安等 4 个集镇的原手工业合作社(组)，公社化时转为社办工业的，恢复为手工业合作社(组)。

1963 年

5 月 28 日，中共桐乡县委发出《禁鸡禁鸭之风必须立即纠正的通知》。指出“春季以来，在留良、南日……灵安等许多公社都发现有部分生产队限制社员养鸡养鸭的情况。……县委要求坚决按照《六十条》政策办事，防止再次发生类似错误。”

5 月，中国人民银行桐乡县支行下文撤销灵安营业所。

1964 年

12 月 13 日，桐乡县人民委员会发出《关于加强市场管理，取缔投机倒把活动的规定》。其中第三条规定：“黄麻、蚕茧、烤(晒)烟、牛皮、羊毛、木材、桐子、柏子等重要工业原料，其商品部分由国家收购，不得在集市上交易；其他统购、派购的农产品，在没有完成国家收购任务以前，也不许在集市上进行交易。”该规定对境内烤(晒)烟、蚕茧、柏子等农副产品交易产生直接影响。

是年，同福公社联民大队在丁相公庙建办土丝厂，为境内最早的队办丝厂。

1965 年

9 月 3 日，桐乡县人民委员会批准，将福严寺的产权，划给县粮食部门。

1966 年

是年，同福公社丝厂建成，是全县较早建成的社办丝厂之一。

1967 年

1 月，受上海“一月风暴”影响，全县“全面的夺权斗争”此起彼伏，各级党政领导干部一律靠边；各造反派组织之间派性膨胀，互相争斗，形成“打倒一切，全面内战”局面。9 月 21 日，灵安发生派性武斗事件。

1968 年

1 月 26 日，桐乡县财政局呈文桐乡县人武部生产办公室，鉴于福严寺农校于(1967 年)12 月 24 日未经批准擅自拆移公房二间六披，提出该校已拆除材料，应立即负责运回福严寺妥加保管，迁校、拆建等问题应按正式批复办理；这种错误做法，应责成主要人员作出书面检讨，承认错误等意见。

8月13日，桐乡县财税局革命委员会批复同福公社革委会，一、同意将福严寺天中山平屋三间，及农校已拆掉三间一并由公社建造丝厂宿舍之用，但产权仍归国家所有，由公社丝厂使用。二、平屋六间所拆下的材料不得移作其他之用，也不得对外出售一瓦一木，如有多余，上交崇福税务所革命领导小组。三、改建新屋后，必须向崇福税务所革命领导小组签具产权合同，并按月付一定低额折旧费，今后修理由丝厂负责。

1969年

6—9月，灵安公社、同福公社先后创办建筑社，主要承建农民建房和乡村小型建筑工程。

是年冬，灵安公社组织疏浚灵安港1.8公里，开挖土方2.5万立方米。

1970年

是年，录安、同福两个公社共安置知识青年220人。

1971年

3月，同福供销社从崇福供销社划出，重新单独组建供销社。

是年，县粮食局在灵安陈家漾建战备仓1座。

是年，县供销社在同福开展贫下中农管理农村商业试点，由公社派驻工作组。1975年，不再实行贫下中农管理。

1972年

是年，灵安公社灵安大队被中共桐乡县委树为农业先进典型，推动“农业学大寨”运动进一步开展。

1973年

在全国外贸出口烟片专业会议上，桐乡县晒红烟被列为出口名烟，并定为全国名烟出口基地。

1974年

是年，灵安公社创办烟叶加工厂。

1975年

1月30日，桐乡县财政税务局批复同福公社革委会，福严寺粮仓迁移塘口后，除调换部分土地外，尚余公地5.653亩，同意调给同福公社卫生院作中草药基地使用。1975年度农业税任务由公社卫生院缴纳代金，计税产量可比较所在生产队计征。

1976年

11月15日，中共桐乡县委组织第二批农业学大寨工作队，到炉头、灵安等9个公社深入开展“农业学大寨”。

是年，同福乡与羔羊乡之间跨京杭运河的羔羊大桥建成。

1977年

1月，县委、县革委会授予同福公社“一九七六年度‘农业学大寨’先进单位”称号。

1978年

9月，同福丝厂女民兵班出席嘉兴军分区表演赛，表演队列、刺杀、打拳、射击等项目。班长姜雪宝成绩显著，立三等功。

是年，省邮电局实施农话更新改造工程，桐乡县涉及4个公社，灵安为其中之一。

是年，嘉兴地区有18个公社小湖羊皮收购万张以上，同福公社为其中之一，年收购量1.23万张。

1979年

9月，以联产计酬为主要形式的生产责任制在境内逐步推行。

1980 年

4 月 5 日，中共浙江省委批准桐乡县设乌镇、城关、石门、洲泉、高桥 5 个区委，灵安公社党委隶于城关区委；崇福不设区委，由崇福镇领导留良、芝村、虎啸、上市、同福等 5 个公社，作为城乡结合领导体制的试点。1984 年 8 月 3 日，省委同意撤销崇福镇领导 5 个公社（乡）体制的试点，建立崇福区委。1986 年 5 月 17 日，撤销区委，改设县委联络组。1992 年 6 月，撤销县委联络组。

4 月，灵安知青造漆厂（1982 年更名为桐乡造漆厂）建成投产，以此解决灵安公社老知青安置问题，

是年，桐乡至洲泉公路通车，同福乡境内长 6.31 公里。

1981 年

是年，灵安公社建福大队列为嘉兴市第一批农村水改试点单位之一，建成县内第一家大队（村）办自来水厂。

是年，史桥私营企业主縻海球开办海球工艺品厂，生产儿童学习、智力开发用品——磁力写字板。

1982 年

是年，同福公社在草庵头集镇新建电影院。

1983 年

12 月，全县实行“政社分设”，撤销人民公社体制，以公社建乡，以生产大队建村。灵安乡、同福乡、南日乡建立乡人民政府和乡经济联合社，各村建立村民委员会和村经济合作社。

是年冬，灵安乡、同福乡、南日乡普遍推行家庭联产承包责任制。

是年，长山河二期工程史家桥段（新日桥至史桥砖瓦厂）疏拓。

1984 年

1 月，中共同福乡第五次代表大会召开，选举产生中共同福乡第五届委员会。

3 月，中共灵安乡第六次代表大会召开，选举产生中共灵安乡第六届委员会。

6 月上旬，同福乡联中村种子场 1.649 亩油菜高产试验田经省油菜高产攻关协作组实地考察和桐乡县、乡两级验收，平均亩产 231.7 公斤，创全省油菜单产最高纪录。

8 月，灵安供销社的企业整顿先后达到规定要求，经验收合格，由县企业整顿领导小组审核发证。11 月，同福供销社通过企业整顿验收。

9 月，产地集中在灵安、同福一带的桐乡晒红烟被列为全国名晾（晒）烟。

11 月 5 日，桐乡县政府通知，根据省民政厅批复，南日乡分为南日、亭桥、史桥、晏城 4 乡。今凤鸣街道部分辖区属史桥乡。

11 月，境内第一次推行农业承包合同。

12 月 1—16 日，开挖长山河出海工程第二期工程（自百桃乡起龙桥至灵安乡蒋主庙桥以西 300 米处）。

是年，同福乡政府投资 3 万元，在全县乡一级率先将部分农村电话线路由明线改为光缆。

是年，同福水泥厂被嘉兴市政府评为先进集体。

是年，福严寺僧人智功、开先等四处奔走，呼吁修复、重建福严寺。入冬，中共桐乡县委责成有关部门对福严寺的历史和现状进行联合调查，历经三月。

1985 年

10 月，开挖面丈港作为长山河配套工程，缩短灵安港至长山河的航程。

11 月 6 日，灵安乡撤乡建镇，设灵安镇。

12月4—22日，开挖长山河第三期工程(从灵安镇蒋主庙公路桥以西300米处至京杭运河段)。

是年，根据财政部《关于颁发乡(镇)财政管理试行办法的通知》和浙江省人民政府《关于建立乡(镇)财政的暂行办法》精神，桐乡县在灵安乡进行建立乡财政试点。翌年，灵安镇、同福乡、史桥乡分别建立乡镇财政。

是年，同福乡被嘉兴市政府命名为“桑苗之乡”。

是年，同福乡菊花晶厂建成投产，其产品精包装杭白菊供不应求。

1986年

8月，灵安供销社召开第八届社员代表大会，社务委员会替代原理监事会职能，社务委员会会长由农民社员担任，社务委员会下设社员代表小组，加强社员群众的民主管理机制。

是年，浙江海球磁力写字板有限公司生产的“海球”牌磁力写字板获“全国十佳儿童用品金奖”。

是年，史桥乡沿长山河修筑东西向的集镇大街(新日桥北堍至史桥茧站)。

1987年

3月18日，县政府发布《桐乡县殡葬管理暂行规定》(以下简称《规定》)。《规定》要求自4月1日起城镇一律推行火葬，7月1日起全县全面推行火葬。境内自此推行火葬。

4月4日，灵安镇第三建筑工程队发生13米井字架倒塌砸死2人的严重事故，根据有关规定，县计经委、乡镇企业局、劳动局研究决定，对灵安乡第三建筑工程队集体和有关责任人予以处罚。

10月，桐高公路桐乡至南日段竣工通车，泥结碎石路面，史桥乡始通公路。

是年，中共嘉兴市委农工部、农林局组成调查组，在同福乡联建村试点，在处理原生产队集体资金、资产过程中，将40%～60%的资金拨给农户作为家庭经营铺底，所有权归集体，其余部分平衡入社资金上交村经济合作社。

是年，同福丝厂被中共嘉兴市委、市政府评为先进集体。

是年，同福供销社新商场建成开业，营业面积653平方米。

1988年

2月，境内首家汽车修配厂——灵安浙北汽车修配厂通过竣工验收正式投产。

7月25日，桐乡县遭受狂风暴雨袭击。辖区受灾严重。

是年底，同福乡政府投资5万元，在毛纺厂至小羔羊大桥长度为3.3公里的公路旁，安装高压路灯68盏，为夜间的车辆和行人照明。乡间公路装路灯，在全县尚属首例。

是年，同福交通机械厂生产全套船用挂机，在全县独此一家，被列为嘉兴市级新产品。

是年，同福乡工农业总产值11700余万元，人均收入1906元，列嘉兴全市第一名。

是年，境内实现农村电话中继线路电缆化。

是年，同福乡用电管理站和该站站长朱春华分别获国家能源部授予的“全国优秀乡电管站”和“全国优秀电工称号”荣誉。

1989年

3月24日，经省政府批准，灵安镇与大麻镇、洲泉镇、屠甸镇、炉头镇一起增列为重点工业卫星镇，享受沿海经济开放区的优惠政策。

5月，浙江海球磁力写字板有限公司总经理糜海球被浙江省人民政府授予1988年度“浙江省劳动模范”称号。

7月，灵安镇创办集贸市场。

1990 年

6 月 12 日，经中共嘉兴市委、嘉兴市人民政府批准，开放福严禅寺，作为佛教活动场所。

12 月，同福乡开通程控电话。

是年冬，对灵安港西段进行开挖，东与面丈港配套工程相接，西与龙王庙长山河相连。发动民工 4000 余人进行拓浚。

是年，梧桐工商所与灵安蚕桑场村联合投资建立桑苗专业市场，占地 5.2 亩。

是年，同福乡被评为全省“计划生育工作红旗单位”。

1991 年

3 月，县供销社在灵安供销社试办的庄稼医院开业，为农民使用农药、化肥提供技术咨询与服务。

是年，浙江海球磁力写字板有限公司投资新建的史桥乡教育中心投入使用。

是年，灵安镇启动自动电话建设，所有电话全部开通全国直拨。

是年，史桥乡在老集镇北面建新史桥大街，并在街道两侧规划建设新的商业区。原史桥集镇大街改称文化街。

1992 年

9 月，境内各村实现程控电话联网，进入全国长途自动网，并在嘉兴市范围内实现电话等位拨号。

9 月，桐乡市政府第二十七次政府常务会议作出“修复福严禅寺，开辟旅游景点，发展第三产业，振兴桐乡经济”的决定。中共同福乡党委、政府成立宗教行政管理领导小组。

10 月 1 日，境内各镇、乡机要传真开通。

11 月，同福农贸市场开业。

是年，同福中学从同福乡中心小学迁出，新校区择址联庄村孙家浜。

是年，银凤来床上用品有限公司真丝绵被床上系列产品获国优精品博览会金奖。

是年，嘉兴松翔化学有限公司、桐乡市银凤来床上用品有限公司、桐乡国际途杭白菊制品有限公司、嘉兴凤鸣毯业有限公司、嘉兴海河蔬菜食品有限公司等相继成立，成为境内首批中外合资企业。

是年，史桥乡内电话纳入自动电话交换网，并开通全国长途直拨。至此，境内一镇二乡全部实现程控电话联网。

是年，灵安镇在朱家门村开展首个用电标准村建设，多方筹资投入改造村级低压线路和用电设施，并通过县农电总站的验收。

是年，太公渡停止渡运。

是年，灵安、同福两个供销社蚕茧收购总量创历史最高，达到 2467.8 吨。

1993 年

4 月 25 日，桐乡造漆厂跻身全国 500 家最大乡镇企业行列。

8 月 1 日，浙江省人大常委会副主任李德葆到桐乡造漆厂视察。

10 月，桐乡机械厂下岗职工沈明明、金属丝网厂下岗职工陆建林合作投资 20 多万元，创办崇福兴兴花木园艺场，场址崇福镇青阳路东端。至 1998 年，园艺场占地面积 34 亩，扩展到灵安、梧桐等地。

11 月，史桥乡政府率先在史桥羊毛衫厂进行股份合作制试点，将其改制为股份合作制企业。

是年，同福乡党委、政府确定将福严寺的开发开放和恢复修建、天花荡工业园区的设立，以及草庵头小集镇的开发作为全乡工作的重要内容。

是年，建设开通崇福—同福农话光缆，基本实现境内农话中继传输光缆化。

是年,同福乡政府投资新建小羔羊农贸市场。

1994 年

4 月 15 日,史桥集镇新建的农贸市场开业。

7 月 18 日,桐乡市政府批准建立同福经济园区。

7 月 21 日,320 国道沿线经济开发工作会议在同福乡举行。320 国道穿越今凤鸣街道。

10 月,省委常委梁平波视察同福经济园区,并为园区题词:桐乡市同福经济开发区。

12 月,位于同福乡新农村的桐乡市第一座 220 千伏变电所凤鸣变电所建成投运。

是年,320 国道拓宽,其中今凤鸣街道段 12 公里。

是年,浙江天女集团的“天女”牌商标被认定为浙江省著名商标。

是年,市计生委将同福乡列为计划生育工作微机化管理试点乡。

是年,同福乡投资建造桑苗市场,占地 20 余亩。

1995 年

4 月,浙江天女集团有限公司党支部书记、董事长、总经理姚贵松被国务院授予“全国劳动模范”称号。

7 月,同福集镇农贸市场易地新建。

8 月,经桐乡市农经委批准,同福乡农村合作基金会成立。

同月,嘉兴市体改委、计委、经委批复同意组建浙江桐乡银风来集团。由桐乡银风来床上用品有限公司为核心层、桐乡家具厂等 4 家企业为紧密层,并由多家参股企业共同组成。

9 月,桐乡市第一座采用全微机保护、具有综合自动化功能的 35 千伏同福变电所建成投运。

10 月 17 日,浙江省副省长鲁松庭到浙江天女集团有限公司视察。

是年,灵安镇卫生院在灵安集镇东首易地新建。

是年,经桐乡市政府批复同意,同福乡在全市农村率先实施新村规划。凡农户移地、新建房屋都必须按照新村规划的要求进行建设,禁止无规划移地建房。

是年,全市新建 7 个农村程控电话交换点,同福乡为其中之一。同福乡被桐乡市人民政府授予“支持邮电通信建设先进乡镇”称号。

是年,境内二乡一镇全部被评为“桐乡市计划生育工作先进单位”。

是年,浙江糜老大时装有限公司被国家工商行政总局评为全国 500 家最大私营企业之一。

是年,同福乡政府与福严寺合计出资 18 万元多,铺设进寺的沙石公路。在原有基础上收回土地 38 亩,以利重建。投资 112 万元,重建天王殿。

是年,嘉兴双飞龙铜材有限公司被国家农业部、乡镇企业局、中国乡镇企业协会评为行业最大规模乡镇企业。

是年,桐乡国际途杭菊制品有限公司生产的“国际途”牌杭白菊在第二届中国科技新产品名优产品博览会上获金奖。

是年,境内先后建立黄金祥养鸽场、灵安村野鸭养殖场、太湖荡生态草鸡养殖园、史桥村启新生态蛋鸡养殖园、西牛桥村蛋鸡养殖区,形成规模养殖,并实行产供销一条龙服务。

1996 年

4 月 20 日,中共浙江省委副书记、省政协主席刘枫视察浙江天女集团有限公司。

5 月 5 日,浙江天女集团公司等被省政府列为“五个一批”重点骨干企业。

同月,市体改委选择浙江天女集团公司进行试点,规范乡镇企业改制。按照《中华人民共和国公司法》要求，将浙江天女集团公司改制为规范的有限责任公司。

5月始，灵安镇实施镇级公路黑色化工程，将原碎石公路全部拓宽，改造成沥青路面公路。

6月11日，副省长刘锡荣视察同三茧站收茧情况，了解茧价，听取农民反映，以及推广方格蔟等情况。

9月始，同福乡实施环乡公路建设，总长12.08公里，途经全乡8个村。

12月24日，桐乡市政府公布桐乡市第三批名牌产品。浙江天女集团公司的“天女”牌油漆名列其中。

是年，境内开始推行“两田制”。

是年，灵安集镇新兴路建成。

是年，新组建的縻老大集团成为桐乡首家私营企业集团。

1997年

3月14日，中共嘉兴市委书记王国平、副书记徐良骥一行视察同福乡。

3月，在同福集镇宏通路88号新建同福乡文化活动中心。

4月28日，开始实施镇、乡、村集体企业转制，至2001年3月完成。

7月10日，灵安镇洪灾受淹农田5128亩，经济损失150.35万元。

8月27日，浙江省副省长叶荣宝视察浙江天女集团有限公司。

10月，新建的灵安集镇农贸市场开业。

12月2日，桐乡市计划与经济委员会批复同意，福严禅寺建造大雄宝殿，总建筑面积805平方米，计划总投资220万元。

12月8日，京杭运河同福乡水域发生沉船事故。一艘满载蚕沙的5吨水泥挂机船因进水沉没，船上乘客全部落水，其中5人溺水身亡。

12月31日，市交通局批复同意撤销福严渡。至此，摆渡这种古老的交通方式在境内不再存在。

是年，经农业部审定，浙江天女集团为第三批全国乡镇企业集团。

是年，灵安镇被命名为“浙江省农业特色优势产业强镇(蚕桑)”。

是年，同福乡政府建立湖桑苗市场管委会，加强桑苗市场管理。

是年，春发杭白菊制品厂引进全套微波——气流式组合杀青、干燥设备和新技术。

1998年

4月10日，桐乡市缫丝行业拆机压台第一锤现场会在同福乡新农村丝厂召开，省级有关部门、嘉兴市政府、桐乡市委、市政府的领导到会讲话，桐乡市各有关部门、乡镇领导出席现场会。

4月，创建同福经济园区。

5月27日，全市工业经济形势分析会在同福乡召开。

6月，桐乡市旅游局与浙江旅游经济发展公司签订协议，编制《桐乡市福严寺园林旅游区规划》，启动福严寺景区旅游开发。11月，《桐乡市福严寺园林旅游区规划》(以下简称《规划》)通过专家评审会评审。该《规划》以福严寺悠久的佛教文化为主题，通过挖掘和展现佛教历史与文化内涵，打造佛教文化主题旅游景区。是为桐乡市首个旅游开发专项规划。

6月，桐乡市贯彻落实中央办公厅、国务院办公厅《关于在农村普遍实行村务公开和民主管理制度的通知》和农业部、监察部关于《村集体经济组织财务公开暂行规定》，中共桐乡市委组织部、农经委、监察局组成调研工作组，在灵安镇进行政务村务公开试点。各村先后建立村务公开民主监督小组，并实行统一公开表格、统一公开内容、统一公开时间、统一公开方式的“四个统一”，摸索出一套完整的政务、村务、财务公开办法。

7月27日，浙江省副省长鲁松庭、浙江省卫生厅厅长李兰娟到灵安镇考察调研基层卫生院建设情况。

7—9月，同福乡和灵安镇分别制定《社会主义新农村建设三年规划(1998—2000)》。

10月28日，省民政厅《关于同意桐乡市部分行政区域调整的批复》决定将全市30个乡镇调整为24个乡镇。其中包括“撤销史桥乡建制，并入灵安镇”。

11月，市计生委在同福乡开展计划生育优质服务试点，把计划生育工作从孕期管理转到五期全程服务上来。

12月，同福乡、灵安镇先后成立杭白菊专业合作社。31日，全市6个专业合作社以市土特产公司为依托，成立桐乡市杭白菊专业合作社联合社，形成生产、加工、销售一条龙格局。

12月21日，同福乡农村合作基金会并入同福农村信用合作社。

是年始，灵安、同福、史桥的供销社经营门店和归口合作商店陆续改制，转为私营个体经营。

是年，浙江天女制漆有限公司生产的“天女”牌油漆被认定为“浙江名牌产品”。另有9个产品获省优、部优称号。

是年，桐乡市运河水泥有限公司生产的“古运河”牌硅酸盐水泥，被国家农牧渔业部评为优质产品，在第二届科技名优新产品博览会上获金奖，并获得中国消费者协会“信得过产品”等荣誉称号。

是年，同福乡被嘉兴市委市政府命名为“桑苗之乡”。

是年，境内关停非定点缫丝企业3家，拆机压台288台，圆满完成市定计划。

1999年

2月，中群路同福集镇段动工建设，全长620米，同年9月完工。

4月，同福乡中心幼儿园新建。

6月21日，福严寺文化旅游发展有限公司召开第一次股东大会，选举产生董事会、监事会。

6月30日，发生百年未遇的特大洪涝灾害。

6月，经市长办公会议协调，市计经委批复同意，新农村至洲泉公路同福段改建工程先实施同福集镇路段。全长1034米，路基宽度18米，行车道宽15米，水泥砼路面。

9—12月，市委、市政府决定开展土地第二轮承包，同福乡联建村为第二轮土地承包工作试点村之一。至翌年5月，同福乡全面完成第二轮土地承包。

10月，市政府批准建立同福经济园区。

11月7日，市政府召开杭白菊深度开发信息发布会。

11月8日，原中国摄影家协会主席徐肖冰偕夫人侯波应中国桐乡首届菊花节组委会邀请，到同福“田野菊海”观光。

是年，建成灵安集镇至史桥集镇公路，长3500米。

是年，灵安镇、同福乡先后建定点屠宰场，实行生猪定点屠宰集中检疫、统一纳税、分散经营。

是年，春发菊业从南京农业机械厂引进桐乡第一套杭白菊微波干燥设备，加工成的杭白菊产品档次大为提升。

2000年

1月24日，嘉兴市在同福乡召开全市依法治乡镇现场会，介绍推广同福乡依法治乡的经验。

6月,浙江省人大常委会副主任斯大孝视察浙江天女集团有限公司。

11月,同福乡由8个村调整为5个村。

同月,市政府批复同意灵安镇创办桐乡市化学工业园区。

是年,境内乡镇、村两级集体所有制工业企业完成民营化改制。

是年,同福乡被市委、市政府评为“乡镇经济争先单位”。

是年,灵安砖瓦厂生产的精品砖获“上海市场新世纪特别推荐产品”称号。

2001年

1月,灵安镇20个村调整为9个村。

同月,福严寺旅游开发配套工程——福严佛教文化苑建成开放。

4月2日,浙江天女集团稀土永磁有限公司开发的“高性能钐钴稀土永磁材料”项目被列入2001年国家级火炬计划项目。

7月4日,中共嘉兴市委书记陈加元一行视察银凤来中药材基地。

7月,灵安邮政所升格为邮政支局。

9月8日始,同福、灵安等乡镇相继发生中秋蚕中毒事件。

10月11日,撤销灵安镇建制,原灵安镇区域设凤鸣街道。

11月12日,“春发”牌杭白菊获“2001年中国国际农业博览会名牌产品”称号。

12月上旬,浙江天女集团稀土永磁公司开发的钐钴永磁材料通过省高新技术产业化成果鉴定验收。

12月18日,桐乡俊人马针织服饰有限公司以770万元的价格获得“糜老大”商标三年使用权。

12月,桐(乡)洲(泉)公路同福段6.3公里拓宽亮化工程竣工。

是年,同福乡被嘉兴市计生委评为“九五”期间计划生育先进集体。

是年,灵安初级中学改名为桐乡九中。

是年,灵安建筑工程公司承建的桐乡市梧桐完全小学教育实验楼工程被嘉兴市城乡建设委员会、嘉兴市建筑业协会授予“南湖杯”工程奖。

是年末,灵安邮政支局更名为凤鸣邮政支局。

2002年

1月,福严佛教文化苑被评为AA级旅游景区。

4月16日,同福乡桑苗营销户朱建如带领21名小桑苗嫁接能手赴宁夏回族自治区银川市农场,进行为期20天的小桑苗嫁接。

5月25日,桐乡杭白菊通过浙江省原产地域产品保护专家技术审查。此为嘉兴市通过该项审查的第一个农产品。

6月,同福初中获浙江省“农村示范初中”称号。

7月1日,配合市经济开发区三期工程、绕城公路工程、高速公路高桥接口线工程,凤鸣街道征地共涉及6个村、40个村民组。此项工作至翌年11月30日结束。

11月8日,春发杭白菊制品厂成为桐乡市首批获得杭白菊原产地域产品专用标志使用权的9家企业之一。

11月14日,举行开光仪式,各地香(游)客2000余人参加仪式。

12月14日,同福乡通过省级卫生乡检查验收,成为嘉兴市首个“省级卫生乡”。

12月15日,“春发”牌杭白菊获得“浙江省绿色农产品”称号。

是年，开始实施3万亩无公害杭白菊标准化生产。2002年全年全市无公害栽培面积3.16万亩。市、镇、乡(街道)二级示范方12个，面积3495亩。

是年，凤鸣街道被省农业厅命名为“浙江省桑苗新品种繁育基地”。

是年，拓宽改造同(福)石(门)公路福严寺段工程开工，2003年竣工。

是年，国家取消农业税，境内农户不再缴纳农业税。

是年下半年开始，根据市政府的统一部署，凤鸣街道和同福乡政府在境内淘汰拆解水泥船舶。

是年，同福乡中群村被省计生委列为全省计划生育、生殖健康抽样调查点，乡计生办组织开展调查工作。

是年，投资168万元的同福小学教学综合楼竣工。

是年，同新食品有限公司首家开发胎菊加工，胎菊成为使消费者和菊农双赢的升级换代产品，当年成功申报桐乡市科技新产品。

2003年

1月14日，按照桐乡市政府第三期炸窑计划，境内前进砖瓦有限公司实施炸窑。

2月26日，红旗村、灵安村、路家园村、长新村等新社区卫生服务站同时开业。

3月，桐乡市绿色运河造林工程开工建设，涉及包括同福乡在内的7个镇乡(街道)的42个村，宜林河岸52.06公里。至10月底全部竣工，共营造生态防护林1060.5亩，林带宽13.5米。

4月下旬，浙江天女集团有限公司获“浙江省诚信示范企业”称号。

4—5月，境内全民动员防治“非典型肺炎”。

7月12日，浙江天女集团稀土永磁有限公司研制的“高性能钐钴稀土永磁材料”通过省科技厅组织的国家科技型中小企业创新基金和国家级火炬计划项目验收。这是桐乡市获得的第一个国家创新基金资助项目。产品经国家磁性材料质量监督检验中心检测，达到国外同类产品先进水平。

10月1日，凤鸣工业园区整体纳入桐乡市经济开发区，称桐乡市经济开发区凤鸣分区。

10月，“春发”牌、“圣富德”牌、“阿牛”牌杭白菊获国家无公害农产品认证。

11月5日，福严禅寺举行建寺1500周年庆典。同时举行福严佛教历史文化展馆揭牌仪式和焰火晚会。550多位各界人士应邀参加。

12月15日，“春发”牌杭白菊获国家A级绿色食品认证并取得绿色食品标志使用权。

12月17日，凤鸣街道养猪专业技术协会举行第一次会员大会，选举产生第一届理事会，审议通过《凤鸣街道养猪专业技术协会章程》。

12月，建于清代的伍社庙戏台，被列为桐乡市文物保护单位并立碑。

12月，境内第一条三级公交K309开通(崇福小商品市场至同福集镇，后延伸至中群村)，为全市首批开通的三级公交线路。

是年，同福乡建立省级优质桑苗基地，面积1500亩。

是年，同福乡设立人口与计划生育基金。

2004年

2月7日，凤鸣街道整体合入桐乡市经济技术开发区协同管理，街道办事处驻地不变。

3月，民营企业桐乡市福原驾驶员培训中心有限公司(桐乡福原驾校)成立。

4月1日，新加坡国立大学医学院教授、博士生导师王俊南率新加坡杭白菊科技考察团到凤鸣街道考察杭白菊深度开发与科研情况。

5月12日，因市内个别企业超标排放废气，导致桑叶污染。灵安村、李家弄村、西牛桥村发生春蚕中毒事件。

5月14日，市政府召开协调会议，商讨决定对受损蚕农给予赔偿。

6月，灵安供销社、同福供销社分别由梧桐供销社、崇福供销社托管，保留被托管供销社牌子。

8月3日，凤鸣街道农村信用社第一届社员代表大会举行，讨论通过《凤鸣街道农村信用社章程》，选举产生理事会和监事会。

10月18日，灵安中心小学新教学楼落成。校名改为桐乡市凤鸣天女中心小学。新校投资1300万元，占地46亩，可容纳28个班级、1500名学生就学。

11月3日，灵安港拓宽并生态河岸修筑工程完工。拓宽后的灵安港总长1公里，宽30米，两岸规划建10米宽绿化带。

11月，《浙江日报》报道《桐乡农民“掌柜”天下服务区》，称全国700多个高速公路服务区中，有十分之一被同福乡农民承包经营，为过往旅客提供餐饮、超市、修理等系列服务。随后，多家新闻媒体竞相采访报道，一度成为社会关注的热点。

12月23日，凤鸣街道召开建设生态墓地深化殡葬改革动员大会。全街道投资230万元，征用土地860亩，建史桥、李家弄、西牛桥3个生态墓地。

12月25日，经过同福乡的桐德公路桐乡段改建工程竣工。此次改建按一级公路标准施工，路基宽26米，设计行车速度80公里/小时。工程总投资3.86亿元。

12月26日，浙江俊人马针织服饰有限公司和宁波人头鸟服饰有限公司联手，以752万元的价格竞拍获得“糜老大”商标，成为“糜老大”的新主人。

是年，桐乡新筑从高桥镇至市区的迎宾大道。其中凤鸣段3.27公里。

是年，新建同福乡卫生院门诊住院综合楼。

是年，建成灵安集镇灵安大道，全长631米，宽18米。

是年，福严寺景区改变以往“守株待兔”式的接待方式，主动出击，先后与上海、杭州等地旅游集散中心签订带团协议。平均每天有两辆旅游大巴开进福严寺景区，共接待来自上海、杭州的旅游团队500多个，团队游客达2万余人次，加上大量香客的涌入，福严寺景区一年的接待量首次超过30万人，实现从香客为主向游客与香客并重的转变。

2005年

1月1日，凤鸣街道实施第二次殡葬制度改革，新死亡居民的骨灰将统一安放在生态墓地。

6月6日，凤鸣街道新型合作医疗工作启动。

6月20日，灵安(梧桐)供销社与凤鸣街道西牛桥村村委会联合创办的综合服务社开业，服务项目有农资供应(包括庄稼医院)、生活资料零售(东兴连锁超市)、农副产品产前产中产后服务、电信代理、老年活动室、科普学校、医务室、茶室等。

8月，环南村、红旗村村庄整治列入全市规划，并通过市级验收。全街道村庄整治投入资金506.97万元，基本实现道路硬化、环境洁化、民居美化、河道净化、村庄绿化的“五化”要求。

9月，灵安苗木专业合作社与贵州省毕节市建立对外销售合作项目，全年供应小桑苗1000万株，销售金额288万元。

11月15日，凤鸣街道举办劳动力转移培训。共有112人参加培训，其中女性59人，培训专业工种有挡车、机修、装配、绕线、缫丝等。培训时间3个月。接受培训的人员均已实现就业转移，分别在史桥工艺丝织有限公司、灵安轶球电器有限公司和桐乡华灵丝绸有限公司安排就业。

11 月，同新食品有限公司首次尝试加工胎菊并获得成功。19 日，中央电视台第七频道《致富经》栏目作专题报道。

12 月，凤鸣街道实施农村垃圾集中处理。共建垃圾箱 513 只、收集房 2 处；购置保洁车 5 辆、清运车 1 辆；成立专门的保洁员队伍；投资 108 万元，日处理垃圾 80 吨的压缩式垃圾中转站投入使用，历年堆积的 453 吨垃圾得以清理。

是年，福严寺景区于年初成立营销部，在江、浙、沪开展形式多样的促销活动，巩固与上海旅游集散中心、杭州旅游集散中心的合作，并先后与上海等地 19 家旅行社签订合作协议，团队游客数量增长。

是年年底，历时三年多的桐乡市经济开发区三期凤鸣街道区块征迁工作基本完成。三期征迁涉及环南村 29 个村民小组，搬迁农户 889 户，其中基本户 805 户，调产安置 45 户，特殊户 39 户；拆迁安置人员 3379 人，农转非人员 3387 人。

是年，市电信分公司在凤鸣街道新建无线市话（小灵通）网络，境内居民用上价格低廉的小灵通。

是年，灵安村 630 亩蔬菜基地，被省农业厅认定为无公害农产品基地。

是年，糜老大时装有限公司关闭。

2006 年

3 月 11 日，凤鸣街道首次实行“村主任助理”招考。

3 月，桐乡市经济技术开发区第三期扩征涉及灵安村 21 个村民组，征迁面积 3800 亩。

4 月 15 日，福严寺圆通殿开光。殿内供奉浙江省内最大的一座四面千手千眼观音坐像。

6 月 13 日，浙江省人大常委会副主任、民盟浙江省主委、全国政协常委、浙江大学控制工程科学研究院院长孙优贤率省人大安全生产视察团到浙江天女集团视察安全生产状况。

7 月 31 日，桐乡市第一家桑苗合作社——同福桑苗合作社成立。118 户苗农加入该合作社，经营桑苗种植、销售等业务。此后，注册“同福”牌商标。桑苗销售至 20 个省（自治区），并外销越南等国家。

8 月 3 日，在省工商局召开的推进品牌大省建设工作会议上，桐乡市春发菊业有限公司生产的“春发”牌杭白菊获“浙江省十大特色农产品”品牌称号，此为桐乡市唯一一家获奖的农业龙头企业。

10 月底，桐乡市区至同福供水管线铺设工程完工。

12 月 31 日，浙江省旅游区质量评定委员会公布福严寺景区为国家 AAA 级旅游景区。

12 月，新建凤鸣街道凤凰路小学投入使用。

12 月，市公安局交警大队一中队在凤鸣街道设立道路交通安全警务站。

是年，市计生委在同福乡合星村开展全市计划生育村民自治工作试点，探索建立“属地管理、村级负责、村民自治、优质服务”的计划生育基层管理机制。

是年，启动灵安集镇功能区建设。至 2009 年完成灵安港整治开挖景观河岸工程。

是年，旅游局组织酒店技能比武活动，与同福乡政府联合举办主题为“品绿色佳肴，游福严景区”的全市星级饭店素菜烹饪比赛。

2007 年

2 月 8 日，灵安砖瓦厂烟囱实施定向爆破。至此，凤鸣街道完成砖瓦行业清理整顿任务。

8 月 10 日，凤鸣街道第二次妇女代表大会召开。

8月23日，浙江省人大领导调研凤鸣街道村级组织换届工作。

10月9日，凤鸣街道路家园蔬菜专业合作社成立。此为凤鸣街道成立的首家村级专业合作社。

10月11日，浙江省人民政府浙政函〔2007〕148号文件批复，撤销同福乡建制，其行政区域并入凤鸣街道，街道办事处驻地由灵安集镇迁至草庵头集镇同福路118号。29日，举行新凤鸣街道组建成立揭牌仪式。

11月，嘉名染整有限公司通过嘉兴市排污权储备交易中心平台，达成两项排污权交易。此为桐乡市第一桩交易成功并实施的排污权调剂。

12月20日，凤鸣街道通过由嘉兴市经贸委、市农办、市电力局组成的新农村电气化考评验收组的考核验收。

同日，浙江天女集团研发环保型高固绝缘漆(三组份)列入国家火炬计划项目。

是年，浙江省人民政府认定桐乡市凤鸣街道为“农业特色优势产业强镇(蚕桑)”。

是年，桐九线域内段的新日桥被列为危桥改造重点工程，改建为跨径58米、宽度8米的公路中桥。

是年，合星村被授予“全国计划生育协会先进集体”称号。

是年，浙江天女制漆有限公司“天女”商标被认定为中国驰名商标。

是年，卓怡鞋业有限公司的“卓怡”商标被认定为中国驰名商标。

是年，新建浙北地区最大的现代化畜禽生态养殖园区——新农村双丰畜牧生态养殖专业合作社，占地50亩，建筑面积13000平方米。

2008年

1月，新建成凤鸣街道新区中心幼儿园。

同月，凤鸣街道对70岁以上高龄老人实施生活补助。

2月14日，包括凤鸣街道在内的桐乡市环太湖流域城镇污水收集处理工程动工。该工程埋设直径800毫米、600毫米污水管道约30公里，建设污水提升泵站4座。

3月13日，桐乡市慈善总会凤鸣街道分会成立。

3月，桐乡九中获“浙江省示范初中”荣誉。同福小学获“浙江省示范小学”荣誉。

4月，经市创建办核查，报省级生态市创建工作领导小组审议通过，凤鸣街道被授予“市级生态街道”称号。

6月21日，凤鸣街道首届全民体育运动会举行。

6月，凤鸣街道被中国特产之乡推荐及宣传活动委员会授予“中国桑苗之乡”荣誉称号。

6月，凤鸣街道成立新居民事务所。随后，在新居民较为集中村(企业)陆续组建新居民事务站。

7月8日，桐乡市体育总会凤鸣街道分会成立。

9月27日，凤鸣街道实施城乡居民社会养老保险制度。

12月28日，桐乡市运河水厂至凤鸣街道供水管道连接工程启动。供水管线总长16.7公里，工程投资5800万元。

12月30日，凤鸣街道创建为桐乡市级生态街道。

12月31日，原同福乡文化中心改扩建为凤鸣街道体育文化中心和桐乡市图书馆凤鸣分馆，并举行开馆仪式。

12月，浙江省体育局授予凤鸣街道“浙江省体育强镇乡(街道)”称号。

同月，浙江嘉名控股有限公司被中国纺织工业协会国家纺织产品开发中心认定为国家纬编针织面料开发基地。

是年，新建成同福集镇体育广场。

是年，凤鸣街道志愿者服务站被评为“浙江省志愿服务杰出集体”。

是年至2009年，“田野菊海”先后被认定为中国驰名商标和浙江省著名商标。

2009年

3月29日，日本阿含宗中国事务局局长史学军、阿含宗北京事务所首席代表洪峰等到福严寺访问。

4月，浙江天女集团制漆有限公司被国家科技部火炬中心认定为国家火炬计划重点高新技术企业。同年，被列为嘉兴市实施企业技术标准战略试点单位。

5月18日，市委、市政府作出《关于建设健康城市的决定》。建设健康城市的空间范围为包括凤鸣街道在内的桐乡市区。

6月5日，桐乡市新居民和谐促进会成立。凤鸣街道建立相应组织。

7月9日，副省长茅临生视察凤鸣街道双丰畜牧生态养殖园区。

7月21日，凤鸣街道召开街道科学技术协会第三次代表大会，选举产生街道科协第三届委员会主席、副主席、秘书长和出席桐乡市科协第九届代表大会代表。

9月12日，凤鸣街道党委在山东省济宁市梁山服务区举行嘉兴市同辉高速公路经营管理有限公司党总支成立暨山东支部揭牌仪式。凤鸣街道党委与山东省济荷高速公路有限公司党委签订流动党员双向管理协议书。该党总支共设山东、金华、公司总部3个党支部。

9月29日，嘉兴市佛教界庆祝中华人民共和国成立60周年祈福法会在福严禅寺举行。

10月29日，凤鸣街道举行首届老年运动会。全街道18支代表队200多名老年运动员参赛。

10月，凤鸣街道编制完成7个村中心新社区规划，对村域布局、基础设施、居民点建设、新建措施等方面进行详细规划。

11月，同福新社区（联庄村）完成规划编制，分三期实施。该新社区作为凤鸣街道的新社区试点工作启动，第一期80亩土地进入基础设施建设。

12月24日，桐乡市工商联合会凤鸣分会及桐乡市凤鸣商会第三次会员大会召开，选举产生第三届理事会。

12月，凤鸣街道首个新居民和谐促进会在灵安村成立。

是年，浙江嘉名染整有限公司被省科技厅认定为第二批浙江省高新技术企业，嘉名针织面料省级高新技术企业研究开发中心被认定为第二批省级高新技术企业研究开发中心，浙江省嘉名染整有限公司技术中心被省中小企业局认定为第九批省级中心企业技术中心。

是年，凤鸣街道办事处与14个村签订《国土资源管理工作目标责任书》。

是年，凤鸣街道种植杭白菊846.2公顷，约占全市杭白菊种植总面积的1/4。全街道有省级有机无公害杭白菊基地366.67公顷，桐乡市星火特色产业基地80公顷，杭白菊基地种植户6500户，从业人员4000多人。

是年，建成建胜村、史桥村两个蛋鸡养殖小区。其中建胜村春耕蛋鸡场为全市蛋鸡养殖精品示范小区。

是年，“田野菊海”“伊好”两个商标被评为浙江省著名商标。

是年，灵安村、红旗村、中群村和路家园村省级整治村创建工作启动。

是年，西牛桥村建成为农村信息化示范村。

是年,“银凤来”商标被评为浙江省著名商标和嘉兴名牌产品。

是年,凤鸣街道计生办开展以“情系新居民,关爱在凤鸣”为主题的服务管理年活动。

2010 年

1 月,凤鸣街道对辖区内 60 周岁以上老人实施生活补助。

4 月 8 日,在李家弄村蔡家弄组发现一座明代石骨亭,高 74 厘米,宽 20 厘米,分亭盖、亭座两部分,上有“蔡公之位”字样,两侧刻有“太平”等字及吉祥图案。

5 月 18 日,中共嘉兴市委书记陈德荣到凤鸣街道督察“两新”工程建设,并视察灵安新社区建设情况。

5 月,浙江天女集团制漆有限公司与武汉理工大学签约,成立武汉理工大学—浙江天女涂料技术研究院。

8 月,梧桐供销合作社(灵安供销社)、路家园村经济合作社、路家园与中群村村民以及供销社职工共同发起成立桐乡市路家园蚕业专业合作社。

9 月 6 日,浙江省文化厅授予凤鸣街道“浙江省东海文化明珠”称号。

9 月 20 日,按照上级部署,凤鸣街道召开全街道第六次全国人口普查工作会议。街道与各村、社区签订《第六次全国人口普查工作目标任务书》。

9 月,桐乡市人民政府将境内毛主席语录牌、福严寺桥、福严寺方丈厅列为桐乡市文物保护单位并立碑。

10 月 21 日,凤鸣街道成立企业计划生育协会联合会,并召开首届会员大会,选举产生理事会成员。

10 月 28 日,桐乡市经济技术开发区新能源产业园李家弄村农户拆迁工程启动。

10 月 28 日,凤鸣街道召开“纳税人之家”第一届代表委员会第一次会议。

10 月,“春发”牌 50 克千年菊坊胎菊王获第八届中国国际农产品交易会金奖。

12 月 27—31 日,凤鸣街道举办首届新居民文化活动周。

12 月,浙江省爱国卫生运动委员会授予凤鸣街道“浙江省卫生街道”称号。

12 月,浙江省老年人体育协会授予凤鸣街道“浙江小康型老年体育街道乡镇”称号。

是年,撤销凤鸣、同福屠宰场。

是年,凤鸣街道路家园村蚕业合作社成立,中秋茧开始实行蚕茧自收、自烘、自售。

是年,桐乡新东方油墨有限公司生产的环保型无苯无酮油墨和醇水型油墨被国家发改委列为十二五规划产业结构调整中央预算支持项目,并获中国印刷技术协会授予的“全国百佳科技创新成果奖”。

2011 年

3 月 17 日,桐乡市新居民服务管理工作会议在凤鸣街道召开。

5 月 13 日,凤鸣街道召开机关公务员、事业单位负责人双向选择动员大会。

5 月,经市编委研究同意,市环境保护局在凤鸣街道设立环境保护所,兼桐乡市环境监察大队凤鸣中队,由市环保局实行垂直管理。

6 月 28 日,凤鸣街道召开纪念建党 90 周年暨先进表彰大会。

10 月 1 日,第三(同福)水厂开工建设。

12 月 10 日,中国共产党凤鸣街道第三次代表大会召开。街道党委书记葛柏金作题为《凝心聚力开拓进取 为建设和谐繁荣新凤鸣而努力奋斗》的工作报告。

同月，凤鸣街道被省环保厅命名为“省级生态街道”。

是年，路家园蚕业专业合作社建立桐乡市凤鸣蚕业主导产业示范区。该建设项目主要包括：建立高标准丰产桑叶基地200公顷，其中核心示范区域面积53.33公顷；新建2个小蚕饲育中心；新建鲜茧收购站1275平方米，蚕业合作社办公楼2300平方米，购置鲜茧自动烘干机及相应配套设施；推广蚕业新技术等。项目总投入456.2万元。

是年，灵安新社区建设启动。该社区是桐乡市最大的城乡一体新社区建设示范点，总规划用地162公顷，其中规划居住用地106公顷，首期入住居民约1000户，是嘉兴市100个农村土地综合整治示范项目(其中桐乡市33个)试点区域之一。灵安新社区建设成为桐乡经济开发区“两新”工程建设的重要组成部分。(2011年3月完成规划编制)

是年，凤鸣街道被授予“全省第三周期婚育新风进万家活动先进集体”荣誉；新农村村被授予“省级人口计生基层群众自治示范村”称号。

是年，投入资金1150万元，完成史桥村、长新村185.6公顷土地整理划分到户及基础设施建设。

是年，环南村、灵安村、联庄村被评定为嘉兴市级生态村，为境内首批嘉兴市级生态村。

是年，凤鸣街道在全市率先推行“新居民居住证QQ平台申报”，获得桐乡市、嘉兴市两级领导的肯定，并在嘉兴全市推广。

2012年

4月22日，凤鸣街道第二届全民体育运动会举办。

5月，凤鸣街道在全市率先开展农业养殖污染全面整治行动。

6月9日，街道组队参加嘉兴市创强乡镇乒乓球比赛。

8月31日，全市深化农村“三小”(党小组长、村民组长、妇女组长)组长先锋行动，助推“网格化管理、组团式服务”现场会在凤鸣街道召开。

8月，凤鸣街道在新居民集聚区率先实施《新居民协管员工作手册》试点。11月16日，全市《新居民协管员工作手册》推广现场会在凤鸣街道召开。

9月20日，凤鸣街道举行首次排舞大赛。

12月，举办凤鸣街道首届新居民艺术节。

是年，长新村、红旗村创建为桐乡市级“绿化示范村”。

是年，凤鸣街道制定《药品安全示范街道创建工作实施方案》，完成嘉兴、桐乡两级药品安全示范街道联创。

是年，全市首个婚育新风传播站在新农村村设立。

是年，投入资金2200万元，改造村级管网324公里，基本完成农村饮水安全工程。投入资金近400万元，铺设二、三级管网9.5公里，新入网企业18家。

是年，全街道14个村均设立村邮站，实现邮政公共服务在村一级全覆盖。

是年，浙江嘉名控股有限公司被命名为“嘉兴市专利示范企业”，并获中国针织优秀品牌行业大奖。

是年，桐乡市运河水泥有限公司的“古运河”商标获省、市著名商标称号。

2013年

1月4日，凤鸣街道召开十八大精神宣讲及党风廉政建设教育大会。中共桐乡市委常委、常务副市长吴炳泉宣讲十八大精神。市纪委常委、市监察局副局长徐世鸿作党风廉政建设专题报告。

1月16日，召开中国共产党凤鸣街道第三届代表大会第二次会议。

1月，政府惠民实事工程——农村饮水安全工程完工并交付使用。该工程可解决灵安、史桥两个集镇、9个村，4万多人的饮水安全问题。工程总投资2200多万元。

5月9日，市委、市政府印发《关于调整市区开发管理体制的实施意见》，明确开发区在现有开发范围基础上整村托管凤鸣街道李家弄村、桑园桥村、长新村等4个村。受托管的村保留原有的行政建制，征地开发、社会事务管理事项由经济开发区负责。凤鸣街道行政区域纳入开发区总体规划区域，作为开发区远期开发建设备用地。

7月12日，同福水厂供水工程建成投产，完成投资5490万元。

7月，嘉兴市首家生产锦纶6切片的企业——浙江方圆聚合纤维有限公司一期年产7万吨锦纶6切片生产线投产。该项目于2012年1月开工建设，投资11.5亿元，年生产能力为14万吨锦纶6切片。至年底，共生产锦纶6切片1.5万吨，实现产值3亿元。

8月，凤鸣街道中心幼儿园竣工并交付使用。该幼儿园总投资2000多万元，占地面积12100平方米，建筑面积7238.96平方米，可容纳18个班级。9月1日，举行2013学年第一学期开学典礼暨新园启用揭牌仪式。

9月29日，桐乡市新居民党建工作现场推进会在凤鸣街道嘉名控股有限公司召开。与会人员参观位于文华小区的凤鸣街道新居民党建服务中心、灵安村新居民党员先锋站、嘉名控股有限公司新居民党员先锋站。

9月，新东方油墨有限公司经过答辩、评审、实地考察等遴选程序，被认定为桐乡市首家省级工程技术研究中心。

11月14日，凤鸣街道举办红十字救护培训。

11月27日，开展凤鸣街道驻村干部民情大比武活动。14名驻村干部参加。

11月28日，凤鸣街道党委举行党的群众路线暨十八届三中全会精神辅导报告会。

12月10日，凤鸣街道管辖的11个村进行村级党组织换届选举，选举产生新一届村党组织（纪检组织）。

12月31日，凤鸣街道文学艺术界联合会成立大会召开。市文联主席王士杰为凤鸣街道文联授牌。街道文联下设文学创作、音乐舞蹈、曲艺戏曲、书法美术、摄影5个组。

同日，中共桐乡市委政法委员会全体（扩大）会议暨“村民法治驿站”建设现场会在凤鸣街道召开。市委副书记、市政法委书记蒋惠玲到会。

是年，凤鸣街道配合市级重点工程，征地47.8公顷，拆迁农房3万平方米，签约农户488户。

是年，凤鸣街道通过省级生态街道复查。史桥村获“嘉兴市级生态村”称号。建胜村建成微动力集中式生活污水处理设施。

2014年

1月15日，召开中共凤鸣街道第三届代表大会第三次会议。

3月4日，召开凤鸣街道党的群众路线教育实践活动暨“五水共治”推进会。

4月25日，召开凤鸣街道科学技术协会第四次代表大会。

5月1—3日，桐乡市旅委、凤鸣街道办事处联合举办首届福严寺景区（国际）素食文化旅游艺术节，以“品素食之妙、论养生之道”为主题，将素食展销、素食表演、民俗表演融为一体。三天共吸引游客2.3万人。

5 月 4 日，市委书记卢跃东等市领导到路家园参加“清三河”活动，并召开“五水共治”座谈会。

7 月 30 日，凤鸣街道百姓百星表彰大会在街道文化活动中心影剧院举行，共表彰 85 位“百姓百星”。市领导卢跃东、蒋惠玲、吴炳泉、沈建坤等出席，并为“百姓百星”颁奖。

8 月 29 日，2014 年桐乡市老年棋类比赛开幕式在凤鸣街道举行。

9 月 2 日，市委书记卢跃东到凤鸣街道调研，与街道党委、办事处班子成员就“凤鸣如何发展”进行座谈。

11 月 27 日，桐乡市人民法院一审判决沃某有期徒刑九个月，缓刑一年，并处罚金 25000 元。沃某于年初承包位于凤鸣街道的美坚金属有限公司一车间从事铝件电镀作业，将污水直接排放至外环境，其中重金属含量超过国家污染物排放标准 3 倍以上，严重污染环境。

11 月，桐乡市人民法院经数次开庭审理，对“2·20”火灾作出判决，被告无锡红月亮电动车厂赔偿两名死者家属共计 180 余万元。凤鸣街道文华小区在 2 月 20 日发生一起火灾，租住者张某、郎某母子二人死亡，苏某受伤。

11 月，经清华大学长三角研究院检测认定，路家园村生活污水净化后，COD 等四项主要指标达到国家一级 B 排放标准，10 项检测指标均达到国家农田灌溉水质标准(GB5084－2005)。

11 月，中群村结合全国小型水利水电第五批重点县建设，投资 289 万元，修建排灌闸站 3 座，新建泵站 5 座，修建排灌沟渠 4297 米。

是年，浙江乐麦科技发展有限公司成为桐乡市电子商务行业协会会长单位。该公司建有独立的 B2C 商城、跨平台订单处理系统、广告投放管理系统、电子商务呼叫中心和仓储分拣系统等，成为集战略、技术和品牌体验于一体的电子商务第三方服务基地，全年实现电商服务营业收入 205 万元，网络销售额 3398 万元。

是年，桐乡市科协在凤鸣街道路家园村建成全市首个“五水共治”科普教育基地。

是年，凤鸣街道第二中心幼儿园竣工并投入使用；同福初中食堂及风雨操场、天女小学凤凰路校区实验楼动工兴建。

第一编　建置区划

凤鸣街道，位于桐乡市中部，东与梧桐街道为邻，南界高桥、崇福两镇，西连崇福镇、石门镇，北接石门镇与梧桐街道。320国道斜贯境内，长山河横穿全境。总面积58.6平方公里。

街道管辖区域内乡镇的设置在历史上多有变化。1984年，为同福、灵安、史桥三乡。1998年，史桥乡撤销，其部分区域并入灵安镇。2001年，改灵安镇为凤鸣街道。2007年，同福乡并入凤鸣街道。2012年，街道辖史桥村、环南村、灵安村、红旗村、路家园村、西牛桥村、新农村村、联庄村、建胜村、合星村、中群村、灵安社区等14个村、1个社区。

第一章　历史沿革

凤鸣街道区域明清时分属崇德县(石门县)千乘乡、桐乡县募化乡。千乘乡领十一都、十二都、十三都，凡29图。其地域大致为后来钱林、灵安、同福、羔羊等乡。清光绪《石门县志》载："千乘乡，在县东北十二里，辖十一都、十二都、十三都。古里名九：纪目、羔羊、上蔡、游屯、钱林、令墅、五社、双林、新城。十二都村十四：五社村、安前村、高桥村、池园村、篾竹村、萧家村、纪目墩、路家村、花果兜、上蔡村、黄降村、查家兜、胡家村、羔羊村。十三都村十四：养鹅村、钱林村、杨园村、钱家村、马王村、乐保村、杨李村、北罗村、北沈村、锦树园、香师村、大庄村、文桥村、百亩村。"从原史桥乡并入的史桥村、桑园桥村、长新村原属募化乡西八都。清光绪《桐乡县志》卷一："募化乡，在县南十五里。宋管义政、尊贤、永新、清平四里，分属第五都、第八都。二都各管十保。明仍管二都。……本朝康熙十年，编造黄册，销去五都之十一图。"

民国21年(1932)，崇德县划为3镇46乡，分隶5区。第五区辖蒋主乡、集钱乡、大利乡、众善乡、灵南乡、灵北乡、圆通乡、纪目乡、同福乡。其中蒋主乡、灵南乡、灵北乡、圆通乡、纪目乡、同福乡，以及萧圣乡、中塔乡之部分区域属今凤鸣街道。桐乡县划为5镇21乡，分隶4区。第四区(日石区)辖北日乡、史桥乡、晏城乡、南日乡、檇李乡、屠甸镇、分水乡、殳山乡。今凤鸣街道部分区域属北日乡、史桥乡。

民国25年(1936)，崇德县第五区辖钱林乡(蒋主乡、集钱乡并合)、大众乡(大利乡、众善乡并合)、灵安乡(灵南乡、灵北乡并合)、纪目乡(圆通乡、纪目乡并合)、同福乡、中塔乡。其中灵安乡、纪目乡、同福乡为今凤鸣街道区域。桐乡县也改设为5区，今凤鸣街道部分区域属塘南实验区。

民国27年(1938)，崇德县设洲泉、石湾、梵山3区，纪目乡、灵安乡、同福乡隶于石湾区。

民国28年(1939)，桐乡县设城濮、青玉、日石3区，今凤鸣街道部分区域属日石区北日乡、史桥乡。

民国33年(1944)9月10日，崇德县县长关震东呈文浙西行署主任贺灵扬，崇德县由原来的洲泉、石湾、梵山三区改设为洲泉、石湾、梵山、灵安四区，灵安区辖钱林乡、大众乡、灵安乡、纪目乡、同福乡、中塔乡。今凤鸣街道除原史桥、桑园桥、长新三村外，分属灵安乡、纪目乡、同福乡、中塔乡。时各乡保数如下：同福乡11保，中塔乡13保，纪目乡9保，灵安乡10保。

民国34年(1945)7月，抗日战争胜利后崇德县重新划区，裁撤灵安区，全县重设为石湾、梵山、洲泉三区。中塔、纪目两乡划归梵山区，灵安、同福等乡划归石湾区。史桥乡仍隶于日石区。年底，崇德、桐乡两县各区署奉令裁撤。

民国35年(1946)7月，实行并乡，崇德县原31乡镇并为15乡镇。纪目乡、灵安乡并为灵安乡。同福乡、中塔乡并为同福乡。桐乡县并为16个乡镇。今凤鸣街道区域分属崇德县之灵安乡、同福乡，桐乡县之北日乡。

时灵安、同福两乡所辖村庄小地名：

灵安乡：李家弄、郑家门、沈家浜、梧桐村、双坟村、灵安市、西千步圩、余祥桥、江南桥、蒋主庙、李王庙、钱家门、南环桥、景树村、西牛桥、陈家谷。共15保，185甲，2448户，10377人。乡公所驻地，陈家谷。四至：东南邻桐乡县境，西连同福乡，北毗钱林乡。

同福乡：龙王庙、西石桥、黄家谷、福严寺、顾家埭、吕家埭、永昌庙、鹞子墩、钟夫庙、徐家庙、西长浜、山斗村、王家村、瓜塔庙。共15保，191甲，2656户，10817人。乡公所驻地，徐家庙。四至：东接灵安乡，南至虎啸乡暨桐乡县属史桥乡，西壤羔羊乡，北连石门镇、钱林乡。

民国36年(1947)，《浙江省崇德县乡镇编制报告表》载灵安乡、同福乡保甲户数及村庄、街市小地名如下：(桐档M3—13—4)

乡镇名称	内辖村庄、街市小地名	
灵安乡	保甲户口数	15保191甲2656户10817人
		李家弄、郑家门、沈家浜、梧桐村、双坟村、灵安市、西千步兜、余祥村、江南桥、蒋主庙、李王庙、钱家门、南环桥、景树村、西牛桥、陈家谷
同福乡	保甲户口数	14保179甲2549户10450人
		龙王庙、西石桥、黄家谷、福严寺、顾家埭、吕家埭、永昌庙、鹞子墩、钟夫庙、徐家庙、西长浜、山斗村、王家村、瓜塔庙

1949年5月，桐乡、崇德两县解放后，灵安、同福两乡为石门区政府管辖，隶于崇德县；北日乡为城关区所辖，隶于桐乡县。8月，灵安、同福、钱林3乡从石门区划出，建立灵安区人民政府，隶于崇德县，驻地灵安集镇。

1950年，原同福乡境域分为同福、中福、天福3乡；原灵安乡境域分为灵安、惠桥、纪目3乡。5月，灵安区人民政府改称灵安区公所，辖灵安、纪目、惠桥、同福、中福、天福、钱林、太平、大众9个乡。

1956年2月撤区并乡，灵安乡、惠桥乡、纪目乡合并为灵安乡。同福乡、中福乡、天福乡及虎啸乡第六、第七两村合并为同福乡。今凤鸣街道区域分属崇德县之同福乡、灵安乡，桐乡县之丰桥乡。

1958年10月，崇德、桐乡两县建立人民公社，实行政社合一体制。今凤鸣街道区域分属崇德县灵安人民公社及桐乡县南日人民公社。11月，崇德县并入桐乡县。今凤鸣街道区域仍分隶灵安人民公社和南日人民公社。

1961年4月，根据中共中央《农村人民公社工作条例》(修正草案)，调整人民公社规模和生产队规模，实行公社、大队、生产队三级所有，队为基础的体制，全县除5个建制镇外，分设29个人民公社。今凤鸣街道区域分属灵安、同福、南日3个人民公社。

1979年，今凤鸣街道区域分属灵安、同福、南日三个人民公社。时灵安公社有12个生产大队，100个生产队，同福公社有8个生产大队，108个生产队，南日公社有21个生产大队，215个生产队，其中部分区域属今凤鸣街道。

表 1—1　　1979 年境内农村人民公社组织情况一览表

公社名	大队个数	生产队个数	其中:实行四定一奖五统一生产队个数	参加粮食分配的	
				户　数	人　数
灵　安	12	100	9	3992	18148
南　日	21	215	60	6833	33247
同　福	8	108	—	4203	19557

资料来源:《1979 年度桐乡县农业统计资料汇编》

1984 年 1 月,撤销人民公社建制,全县设 29 个乡。今凤鸣街道区域分属灵安、同福、南日 3 乡。11 月,南日乡分设为南日、晏城、史桥、亭桥 4 乡,今凤鸣街道部分区域属史桥乡。

1985 年 11 月,改灵安乡为灵安镇。

1998 年 10 月,乡镇区域调整,史桥乡之史桥、桑园桥、长新 3 村并入灵安镇。

2001 年 10 月,撤销灵安镇建制,原灵安镇区域设置凤鸣街道,街道办事处驻灵安集镇。

2007 年 10 月 11 日,撤销同福乡建制,其行政区域并入凤鸣街道,区域总面积 59.8 平方公里。街道办事处由灵安集镇迁驻同福集镇(草庵头)同福路 118 号,距桐乡市人民政府驻地 10.9 公里。凤鸣街道辖 1 个社区(设 3 个居民小组)、14 个村(设 414 个村民小组),共 12704 户,常住人口 50963 人。

第二章　集镇　村　社区(片区)

第一节　集　镇

同福集镇

旧称草庵头。草庵头地名甚古,宋朝时,福严寺真觉禅师即有《草庵歌》。中华人民共和国成立初,中福乡政府驻于此。1956 年,同福、中福、天福三乡合并为同福乡后,即为同福乡政府驻地。1969 年后,有商店开设,逐渐形成集镇。2007 年同福乡并入凤鸣街道后,为凤鸣街道办事处驻地。成为街道政治、经济、文化的中心。同福初级中学、同福中心小学、同福卫生院、凤鸣信用社、凤鸣街道广播电视站等企事业单位均设于此。新(农村)洲(泉)公路经此,设停靠站。2012 年,集镇建成区面积 0.4 平方公里,户籍人口 304 人。

灵安集镇

位于凤鸣街道中部,曾为灵安乡(镇)政府及凤鸣街道办事处驻地。2007 年同福乡并入凤鸣街道,街道办事处迁至同福集镇后,灵安集镇即为灵安社区居委会的所在地。因旧时镇上有灵安禅寺,镇以寺名。灵安集镇有 320 国道沿西境而过,有新兴路贯穿中部,凤鸣街道卫生院、凤鸣信用社灵安分社等单位设于此,是一个比较有规模的农村集镇。2012 年,集镇建成区面积 0.59 平方公里,户籍人口 374 人。

史桥集镇

位于凤鸣街道东部,据光绪《桐乡县志》记载,清初有史姓夫妇从外地迁来,开设酒坊,并出资建桥，取名史家桥。后渐形成史桥小镇。1998 年前为史桥乡乡政府驻地，史桥乡并入凤鸣街道后，集镇依然存在。有小学、信用社、商铺等若干。桑园桥村委会也驻于集镇。2012 年，集镇建成区面积 0.3 平方公里，户籍人口 157 人。

徐家庙集镇

北距街道办事处 3.1 公里。地处 320 国道东南侧。旧时此地有徐家庙，地以庙名。抗日战争期间，此地即开设茶店、酒店、染店、药店、缸甏行等，街长约 300 米。日军占领崇福镇后，徐家庙即为当地村农主要的出市地点。民国时期，同福乡政府驻于此。1953 年开设供销分社。

龙王庙集镇

西距街道办事处 2.8 公里。旧时此地建有龙王庙，地以庙名。抗日战争前，有钟氏在此开设茧行，而后有商家若干在此设店，渐成小集镇规模。同福供销社、乡办农具厂曾设于此。附近五龙漾为水路交叉点，舟楫往还，颇见热闹。

第二节　村

史桥村

地处凤鸣街道东部，东界梧桐街道百福村，南邻高桥镇迎丰村，西接长新村，北靠桑园桥村。因境内有史桥集镇，故名。村委会驻地在桐高公路旁的邱家埭自然村，西距街道办事处驻地 11 公里。2012 年年底，辖 21 个村民小组，854 户，3280 人。村域面积 4.23 平方公里，其中耕地 3513 亩。2001 年 1 月由官溇村、史桥村、金太庙村合并而成。官溇村，解放初属桃园乡长山村。1957 年为百桃乡第八高级农业生产合作社。1958 年 10 月与自由合并为南日人民公社自由大队。1962 年 3 月单独设立官溇大队。1968 年与自由、新民、联丰合并称东风大队。1974 年重新分设，称官溇大队。1983 年 12 月，为官溇村，设村民委员会。1984 年 10 月，为史桥乡官溇村。史桥村，解放初属永丰乡新民村。1956 年为丰桥乡第六高级农业生产合作社。1958 年 10 月与新和高级社合并为南日人民公社新民大队。1961 年又分设，仍称新民大队。1968 年，与联丰、官溇、自由大队合并称东风大队。1974 年重新分设。1981 年 8 月，更名为史桥大队。1983 年 12 月，为南日乡史桥村，设村民委员会。1984 年 10 月，为史桥乡史桥村。金太庙村，解放初属亭桥乡八村。1951 年划归南日乡。1956 年为南日乡第八高级农业生产合作社。1958 年 10 月为南日人民公社联丰大队。1968 年与自由、官溇、新民合并为东风大队。1974 年重新分设，复称联丰大队。1981 年改称金太庙大队。1983 年 12 月为金太庙村，设村民委员会。1984 年 10 月，为史桥乡金太庙村。

自然村简介

牛桥头，自然村。原属钟家弄自然村。分村后，以村前有石桥，称牛桥，村以桥名。24 户，95 人。

钟家弄，自然村。旧时建有集镇，镇上有钟家弄，村以弄名。47 户，172 人。

泥司门，自然村。昔日，村民多业泥水匠，故名。49 户，183 人。

岳家木桥，自然村。村中多岳姓，散居河两岸，河上建岳家木桥，村以桥名。28 户，126 人。

唐家木桥，自然村。旧时村中有唐、曹二姓，散居河港两侧，后由唐姓捐资建木桥，称唐家木桥，村以桥名。64 户，237 人。

薛家埭，自然村。村民中皆薛姓，故名。36 户，134 人。

姚家门前，自然村。村中姚姓人家虽不多，但位于原史桥村中心偏后，故名。55 户，237 人。

俞家门,自然村。村民中多俞姓,故名。37 户,143 人。

庙前村,自然村。因该村位于金太庙前,故名。64 户,219 人。

赵家门,自然村。因由赵姓人氏先来定居,后繁衍成村落,故名。66 户,217 人。

王家门前,自然村。村民中皆王姓,故名。25 户,86 人。

桑园村

地处凤鸣街道东北部,东界梧桐街道百福村,南邻史桥村,西接长新村,北靠梧桐街道桐南小区。原村委会驻地有桑园桥,村以桥名。村委会驻地文化路(原史桥乡政府内)。西距街道办事处驻地 10 公里。2012 年年底,辖 26 个村民小组,705 户,2769 人。村域面积 2.79 平方公里,其中耕地 2995 亩。

2001 年 1 月由桑园桥村、自由村合并而成。

自由村,解放初属永丰乡自由村。1956 年,为丰桥乡第七高级农业生产合作社。1958 年 10 月,与官溇合并为南日人民公社自由大队。1962 年,官溇又划出。1968 年,与官溇、联丰、新民合并为东风大队。1974 年重新分设,复称自由大队。1983 年 12 月,为自由村,设村民委员会。1984 年 10 月,为史桥乡自由村。

桑园桥村,解放初属永丰乡永丰村。1956 年,为丰桥乡第八高级农业生产合作社和九分社。1958 年 10 月,为南日人民公社永丰大队。1981 年 10 月,更名为桑园桥大队。1984 年 1 月,为南日乡桑园桥村,设村民委员会。1984 年 10 月,为史桥乡桑园桥村。2013 年桑园桥村由市经济开发区托管。

自然村简介

章南汇,自然村。原称陈吴章家里,后因陈吴二姓分别以自姓在该村北另建陈家里、吴家里自然村。章姓则仍居原处,称章南汇。21 户,85 人。

祝家埭,自然村。据传为祝姓从海宁袁花迁至,繁衍成为村落,故名。41 户,167 人。

野鹅兜,渐作野和兜,自然村。昔日有成群雁鹅来此栖息,故名。34 户,125 人。

桂花浜,自然村。原称王家门、魏家门。后因村中浜边种栽植桂树,枝叶繁茂,花开如锦,故名。36 户,145 人。

杨家门,自然村。据传该地原系荡地,后有杨氏兄弟来此定居,繁衍成村,故名。63 户,266 人。

桑园桥地心里,自然村。该村处在旱地中心,故名。为有别于联庄村的地心里,故冠村名。36 户,140 人。

浜西,自然村。村中有浜,村民多宋姓,故名宋家浜,人家居住浜之西侧,故名。33 户,122 人。

八士桥,自然村。村前石泾塘上有桥,与东侧竹港桥港上一桥相近,成八字形,人称八字桥,后讹作八士桥,村以桥名。27 户,103 人。

钱家兜,自然村。村中有浜兜,又多钱姓,故名。28 户,112 人。

土城里,自然村。据传,据传旧时此处四周有土城墙,故名。34 户,160 人。

新日桥,自然村。村中有新日桥,村以桥名。16 户,48 人。

熊家村,自然村。据传,昔有江西熊氏迁来,繁衍成村,故名。19 户,74 人。

长新村

位于凤鸣街道东部,东界史桥村,南邻高桥镇永宁村,西接新农村村和李家弄村,北靠桐乡市经济开发区。出海工程长山河横贯村中。驻地有长新桥(又名长生桥),村以桥名。村委会驻踏断浜自然村,距街道办事处驻地 8 公里。2012 年底,辖 29 个村民小组,826 户,3152 人。村域面积 4.39 平方公里,其中耕地 3900 亩。解放初属永丰乡长新村(河北)和太平村(河南)。西张村时属亭桥乡。1956

年，两村合并成立丰桥乡第五高级农业生产合作社。1958 年 10 月，为南日人民公社新民大队。1984 年 1 月，改名为长新村、西张村，分别设村民委员会。1984 年 10 月，为史桥乡长新村、西张村。2000 年，西张村并入长新村。2001 年，为凤鸣街道长新村。2013 年，长新村由桐乡市经济开发区托管。

自然村简介

东木桥，自然村。村中有桥，名东木桥，村以桥名。44 户，166 人。

沈家门前，自然村。据传村人沈万年曾在朝为官，显赫一时，后人定居旧宅之前，成为村落，故名。32 户，131 人。

魏家塘，自然村。据传该村原是一片荡田，落户村民皆魏姓，“荡”与“塘”方言音近，故名。36 户，129 人。

踏断浜，自然村。原名夏家浜，浜浅常淤，人们抄近路时常跨浜而过，日久踏出一条断浜的坝路，故名。24 户，88 人。

西章村，自然村。据传，昔日有富户章姓兄弟俩，死后分葬东、西两坟，西坟的章姓后裔取村名为西章村。36 户，116 人。

小里桥，自然村。昔日村中有石桥，名小里桥，村以桥名。43 户，194 人。

东冯家木桥，自然村。村中有冯家木桥，村以桥名。又为有别于李家弄村之冯家木桥，故名。20 户，82 人。

凌家舍，自然村。昔日该村前有凌谷寺，寺前有凌家石桥，村依寺、桥而得名。18 户，69 人。

善罗头，自然村。昔日此村村舍布局形似“鳝箩”，人称鳝箩头，后渐谐作今名。37 户，137 人。

水路上，自然村。该村村边有一条大水沟，俗称“水路”，故名。15 户，68 人。

长新油车桥，自然村。昔日村中曾开设油车，故有油车桥，村以桥名。冠村名，以别于他村同名自然村。57 户，219 人。

秀花浜，自然村。村中有秀花浜，村以浜名。36 户，135 人。

大竹园，自然村。相传村中曾有十八亩大竹园，民谣曰“大竹园，竹笋透，桐乡豆腐臭”。村因竹园得名。32 户，120 人。

范家浜，自然村。据传昔日村中有范姓老妪捐资建范太昌桥，桥下水浜因名范家浜，村以浜名。28 户，92 人。

笏板桥，自然村。原名东章村。村前曾有关帝庙，庙前有桥，名笏板桥，村以桥名。38 户，148 人。

严家里，自然村。曾称姜家埭，村民多严姓，故名严家里。13 户，55 人。

长庆桥，自然村。村中有桥，名长庆桥，村以桥名。26 户，93 人。

西张，自然村。村民多张姓，且与东张村相对，故名。40 户，152 人。

东张，自然村。村民多张姓，村舍又与西张村相对，故名。28 户，113 人。

李家弄村

位于凤鸣街道东北部，东南与长新村交界，南临新农村村，西接红旗村，东北靠近桐乡市经济开发区。因“文化大革命”前村驻地在李家弄村，故名。村委会驻严家荡自然村，距街道办事处驻地 5.5 公里。2012 年年底，辖 6 个村民小组和 2 个新建的拆迁小区，村域面积 4.36 平方公里，1009 户，4034 人。

2001 年 1 月由玲群村、李家弄村合并而成。

玲群村，解放初属永丰乡后玲村。1956 年，为丰桥乡第九高级农业生产合作社。1958 年 10 月，为南日人民公社玲群大队。1962 年春，并入永丰大队。1963 年上半年，又单设为玲群大队。1984 年

1月，为玲群村，设村民委员会。

李家弄村，解放初属惠桥乡一村、二村。1956年，为惠桥乡第七高级农业生产合作社。1958年10月，为灵安人民公社李家弄大队。“文化大革命”期间称东风大队。1981年复称李家弄大队。1983年2月，为李家弄村，设村民委员会。2013年李家弄村由市经济开发区托管。

自然村简介

西冯家木桥，自然村。村中有冯家木桥，村以桥名。东有长新村冯家木桥，故名。49户，190人。

双鱼池，自然村。村前村后各有鱼池，故名。27户，123人。

郑家门，自然村。村中多郑姓，故名。49户，181人。

高家门，自然村。村多高姓，故名。22户，96人。

李家弄沈家门，自然村。村中有坍石桥，村以桥名。清末该桥重修后易名兴龙桥，而村人仍习惯称坍石桥。村中多沈姓，故又名沈家门。为别于他村同村名，故冠村名。54户，211人。

漤上，自然村。村中有漤池，村民散居漤池四周，故名。23户，92人。

李家弄，自然村。据传，该村总管堂桥北堍旧时有长弄，住户皆李姓，故名李家弄，村以弄名。

环南村

位于凤鸣街道北部，桐乡市城区南部。东临康泾塘，南界环城南路，西接环城西路，北靠梧桐街道三新村。驻地靠近环城南路，故名。村委会驻桐乡市城区文华小区内，距街道办事处驻地9.5公里。2012年年底，辖2个村民小组和1个居民新村。859户，3375人。区域面积3.74平方公里，村内耕地已全部征完。

2001年1月由红胜村、茶家兜村合并而成。

红胜村，解放初属灵安乡一村。1956年，为灵安乡第一高级农业生产合作社。1958年10月，为灵安人民公社梧桐大队。1959年3月，为梧桐生产队。1961年5月，为梧桐大队。“文化大革命”期间称红胜大队。1984年1月，为红胜村，设村民委员会。

茶家兜村，解放初属灵安乡二村。1956年，为灵安乡第二高级农业生产合作社。1958年10月为灵安人民公社茶家兜大队。1959年3月，为茶家兜生产队。1961年4月，为茶家兜大队。“文化大革命”期间称红光大队。1981年，复称茶家兜大队。1983年12月，为茶家兜村，设村民委员会。

自然村简介

思嘉桥，自然村。村中有石桥名思嘉桥，村以桥名。20户，73人。

李店桥，自然村。村中有石桥，昔日有李姓开店桥堍，故名李店桥，村以桥名。11户，42人。

灵安村

位于凤鸣街道中部。东界路家园村，南邻李家弄村，西接西牛桥村，北靠梧桐街道钱林村。因原村所在地为灵安集镇上，故名。村委会驻钟家浜自然村，距街道办事处驻地6.5公里。2012年底，辖31个村民小组，其中董家里等16个自然村已拆迁至文华小区。1191户，4760人。区域面积5.65平方公里，其中耕地1645亩。2001年1月，由灵安村、朱家门村、红联村合并而成。

灵安村，解放初为灵安乡三村。1956年，为灵安乡第三高级农业生产合作社。1958年10月，为灵安公社灵安大队。1959年3月，为灵安生产队。1961年4月，复为灵安大队。1962年4月，分设为灵安、蔡家村、顾家坝三个大队。“文化大革命”期间称红武大队。1983年12月，为灵安村，设村民委员会。

朱家门村，解放初属纪目乡四村。1956年，属灵安乡第四高级农业生产合作社。后并入建福高级农业生产合作社。1959年3月，为朱家门生产队。1960年5月，为朱家门大队。1961年4月，仍称朱家门大队。

“文化大革命”期间称红卫大队。1981年复称朱家门大队。1983年12月,为朱家门村,设村民委员会。

红联村,解放初属灵安乡四村、五村。1956年,属灵安乡第三高级农业生产合作社。1958年0月,属灵安人民公社顾家坝、蔡家村两个大队。1966年9月,为红联大队。1983年2月,为红联村,设村民委员会。

自然村简介

朝北屋,自然村。据传昔时村中某户大门朝北,人称朝北屋,后引为村名。33户,99人。

东牛桥,自然村。村中有东牛桥,村以桥名。66户,250人。

西潘家里,自然村。村中多潘姓,故名。为别于他村同名自然村,故名。22户,84人。

景树园,自然村。相传,昔日村中有一园林,人称景树园,后移作村名。54户,130人。

灵安陆家门,自然村。村中多陆姓,故名。1983年钱家鱼池和李家门并入该自然村。为别于他村同名自然村,故冠村名。17户,69人。

天仁桥,自然村。昔日有天仁桥,村以桥名。24户,120人。

夏家角,自然村。村落一角,其东、南皆临河,且村中多夏姓,故名。21户,113人。

秀才桥,自然村。村中有小石桥,相传为一秀才捐造,故名,村以桥名。27户,105人。

钟家木桥,自然村。村中有木桥,桥北村民多钟姓,故名钟家木桥,村以桥名。20户,78人。

白墙里,自然村。原名白蔷里。清光绪《石门县志》载此村名。清乾隆时太学生朱绂一族居此。

密竹村,自然村。原名篾竹村,渐讹作今名。民国33年(1944),中国军队曾在此与日军激战。

红旗村

位于凤鸣街道中部。东界李家弄村,南邻新农村村,西接路家园村,北靠灵安村。此村原名蒋主庙,“文革”期间,原灵安人民公社所辖的生产大队均以“红”字开头命名。蒋主庙被拆除后,改称为红旗村。村委会驻陆家木桥自然村,距街道办事处驻地4.5公里。2012年年底,辖30个村民小组,981户,3942人。区域面积4.68平方公里。其中耕地3885亩。

2001年1月,由红旗村、蚕桑场村、惠桥村合并而成。

红旗村,解放初为惠桥乡四村。1956年,为灵安乡第九高级农业生产合作社。1958年10月,为灵安人民公社蒋主庙大队。1959年,为蒋主庙生产队。1960年3月,惠桥生产队并入,又称蒋主庙大队。1961年4月,与惠桥分设。“文化大革命”期间称红旗大队。1984年1月,为红旗村,设村民委员会。

蚕桑场村,解放前属纪目乡五村。1956年属灵安乡第八高级农业生产合作社。1958年10月,为灵安人民公社惠桥大队。1961年,从惠桥大队划出,作为农业局定点饲养种蚕基地,故名蚕桑场大队。“文化大革命”期间称红合大队。1981年,复称蚕桑场大队。1983年12月,为蚕桑场村,设村民委员会。

惠桥村,解放初为惠桥乡五村。1956年,为灵安乡第八高级农业生产合作社。1958年10月,为灵安人民公社惠桥大队。1959年1月,为惠桥生产队。1960年3月,并入蒋主庙生产队。1961年4月,与蒋主庙大队分设后为惠桥大队。“文化大革命”期间称立新大队。1983年12月,为惠桥村,设村民委员会。

自然村简介

卜角落,自然村。原名濮角落,渐讹作今名。旧称老乌窟,意谓荒凉之地、乌鸦聚居之处。后有濮姓迁入,村落在东南角,故名濮角落。20户,69人。

金家门,自然村。村民中多金姓,故名。33户,133人。

沙泥浜,自然村。村中有一浜,浜中多泥沙,故称沙泥浜,村以浜名。住户多章姓,71户,259人。

钟家角,自然村。村东、西、北三面河港环绕,独留南角建村落。有钟姓村民最先定居,故名。45

户,162人。

曹蒋门,自然村。村中曹、蒋两姓为多,故名。25户,93人。

羊眼庄,自然村。村民中多姚姓,原叫姚家里。44户,171人。

红旗木桥头,自然村。昔日村中有木桥,村落在桥的东北向,故名。为别于他村同名自然村,故冠村名。53户,192人。

高家浜,自然村。村中有浜,高姓定居于此,浜名高家浜,村以浜名。84户,336人。

红旗郎家里,自然村。村中多郎姓,故名。曾名徐家埭,后郎姓渐多,1983年郎家里从徐家埭析出。为别于他村同名自然村,故冠村名。20户,83人。

徐家埭,自然村。村民中多徐姓,故名。32户,121人。

陈家角,自然村。陈姓先定居于此,故名。27户,104人。

唐家村,自然村。昔日村中有唐、金两大户,民间有"唐半天""金百万"之传,故名唐家村,或称金家门。29户,119人。

管家里,自然村。村中多管姓,故名。22户,79人。

沈家里,自然村。村中多沈姓,故名。29户,119人。

陆家木桥,自然村。村多陆姓,故有陆家木桥,村以桥名。22户,90人。

万代桥,自然村。村中有石桥名万代桥(1985年开挖面丈港时拆除),村以桥名。35户,133人。

新屋里,自然村。村民多从西边村落迁来,新建村舍,故名。27户,105人。

沈家浜,自然村。昔日有炉头沈姓迁来定居,村中河浜因名沈家浜,村以浜名。39户,171人。

西昌桥,自然村。村中有西昌石桥,村以桥名。18户,74人。

溇园里,自然村。村中有一圆形溇潭,村民大多围溇潭而居,故名。村中多汪姓,故又称汪家里。43户,191人。

路家园村

位于凤鸣街道中部。东界红旗村,南邻联庄村,西接中群村,北靠西牛桥村。出海工程长山河横贯村中。村委驻地路家园自然村,故名。西距街道办事处驻地3公里。2012年年底,辖23个村民小组和一个新建小区。707户,2848人。区域面积3.3平方公里,其中耕地2996亩。

2001年1月,由路家园村、建福村合并而成。

路家园村,解放初为纪目乡一村。1956年,为灵安乡第五高级农业生产合作社。1958年10月,为灵安人民公社三大队。1959年3月,为路家园生产队。1961年4月,为路家园大队。1970年9月,为红心大队。1983年2月,为路家园村,设村民委员会。

建福村,解放初为纪目乡二村。1956年,为灵安乡第四高级农业生产合作社。1958年10月,与朱家门分设,为灵安人民公社建福大队。1959年2月,为建福生产队。1960年5月,并入朱家门大队。1961年4月,为建福大队。1970年8月,为红民大队。1983年12月,为建福村,设村民委员会。

自然村简介

俞家里,自然村。村中多俞姓,故名。13户,52人。

路家石桥东,自然村。位于路家石桥东侧,故名。33户,133人。

路家石桥西,自然村。位于路家石桥西侧,故名。45户,181人。

屋嘉桥,自然村。村中有屋嘉桥,解放初重修时易名禾嘉桥,但人们习用旧名。村以桥名。27户,109人。

路家园钱家门，自然村。村中多钱姓，故名。为别于他村同名自然村，故冠村名。42户，169人。

李王庙后，自然村。旧时村中有李王庙，村在庙后，故名。82户，330人。

路家木桥，自然村。村中有路家木桥，村以桥名。37户，149人。

唐家汇，自然村。旧时村中多唐姓住户，故名。28户，113人。

全德庙河西，自然村。村中有全德庙，村以庙名。并以河为界，析为东、西自然村，该村在河西。20户，81人。

全德庙河东，自然村。村在全德庙河东，故名。16户，64人。

石皮弄王板桥，自然村。由石皮弄和王板桥两村合并而成，故名。49户，197人。

小桥头田北横，自然村。由小桥头和田北横两村合并而成，故名。45户，181人。

路家园，自然村。古时常有海水经钱塘江溢入农田，村民因筑堤堰，住户多路姓，故称路家堰，后改作今名。29户，117人。

潘家漾，自然村。旧时村中有潘姓大户，其宅后之漾因名潘家漾，村名缘此而得。25户，101人。

梅家埭，自然村。旧时村中多梅姓，故名。18户，73人。

路家园黄家角，自然村。村中多黄姓，该村三面临河浜，独处一角，故名。为别于他村同名，故冠村名。18户，73人。

西高家浜，自然村。村中有一长浜，西岸村民多高姓，得名高家浜，村以浜名。为别于红旗村高家浜，故名西高家浜。65户，263人。

西牛桥村

位于凤鸣街道西北部。东界灵安村，南邻路家园村，西接中群村，北靠梧桐街道同心村。因村委会驻地在西牛桥自然村而得名。西距街道办事处3.5公里。2012年年底，辖15个村民小组，511户，2062人。区域面积2.4平方公里，其中耕地2233亩。

解放初为纪目乡五村。1956年，为灵安乡第六高级农业生产合作社。1958年10月，为灵安人民公社西牛桥大队。1959年3月，为牛桥生产队。1960年9月，为西牛桥大队。1970年9月，为庆丰大队。1981年复称西牛桥大队。1983年12月，为西牛桥村，设村民委员会。

自然村简介

南闻埭，自然村。村中多闻姓，为别于村北之闻家角，故名。35户，132人。

南木桥，自然村。村中有南木桥，村以桥名。43户，178人。

南环桥，自然村。当地有石环桥两座，位于此村之桥在南，故名南环桥。村以桥名。34户，91人。

闻家角，自然村。村落两面临水，形似一角，村中多闻姓，故名。35户，132人。

乐家门，自然村。村中乐姓，故名。34户，134人。

林家木桥，自然村。村中原有一木桥，相传为林氏所建，称林家木桥，村以桥名。22户，91人。

三官堂，自然村。旧时村中有圣堂，供奉三个总管菩萨，人称三官堂，村以此得名，流传至今。23户，132人。

王家兜，自然村。该村三面临水，地形似兜，住户多王姓，故名。34户，119人。

牛桥南，自然村。村中有西牛桥，村在桥南，故名。33户，129人。

牛桥北，自然村。村中有西牛桥，村在桥北，故名。33户，96人。

三家村，自然村。昔日村中仅李、王、姚三姓，故名。30户，130人。

崔家浜，自然村。相传有海宁崔姓来此定居，村中之浜即称崔家浜，村以浜名。51户，221人。

蒲鞋桥，自然村。村中有一小石桥，据传为村民卖蒲鞋所得建造，故名。53 户，200 人。

屠家村，自然村。据传村落由屠姓先来定居，故名。28 户，124 人。

新农村村

位于凤鸣街道中部。东界高桥镇三村村，南邻崇福镇店街塘村，西接联庄村，北靠红旗村。该村 20 世纪 60 年代作为建设新农村试点，故名。村委会驻凌家门自然村，距街道办事处驻地 3 公里。2012 年年底，辖 30 个村民小组和 2 个新村居民点。1086 户，3892 人，区域面积 4.54 平方公里，其中耕地 2730 亩。

解放初为天福乡一、二、三村。1956 年，为同福乡联民高级农业生产合作社。1958 年 10 月，为灵安人民公社联民大队。1961 年为同福人民公社联民大队。1981 年改名新农村大队。1983 年 12 月，为新农村村，设村民委员会。

自然村简介

太湖荡，自然村。村周围 600 余亩荡田，极目远眺，若太湖之浩瀚，故名。39 户，153 人。

周家石桥，自然村。旧时有周姓居此，其宅旁石桥因称周家石桥，村以桥名。56 户，194 人。

荡心桥，自然村。其地原为湖荡一片，水退造田形成村落，后人在荡中河道上建桥，称荡心桥，村以桥名。37 户，115 人。

徐家门，自然村。旧称东倪家埭，解放后，以村中多徐姓，更名为徐家门。30 户，115 人。

虞家埭，自然村。村中多虞姓，故名。44 户，143 人。

唐庵村，自然村。旧时村中有唐庵，村以庵名。52 户，171 人。

姚家角，自然村。往时村之形状呈三角形，住户以姚姓居多，故名。20 户，74 人。

新农村姚家里，自然村。村中多姚姓，故名。为别于他村同名自然村，故冠村名。21 户，72 人。

邵家浜，自然村。村前有浜，住户多邵姓，浜名邵家浜，村以浜名。39 户，112 人。

南墙门，自然村。据传，有凌姓富户所建宅第有南北墙门，后北墙门倒坍，仅留南墙门，遂为村名。37 户，120 人。

新农村邵家里，自然村。村中多邵姓，故名，为别于他村的同名自然村，故冠村名。37 户，122 人。

坟漾里，自然村。村边漾潭湾处有坟，相传为宋朝某进士之墓，故名。42 户，137 人。

凌家浜，自然村。村民多凌姓，村边有浜，得名凌家浜，村以浜名。23 户，86 人。

凌家门，自然村。村中多凌姓，故名。47 户，126 人。

羊眼桥东，自然村。村西有羊眼桥，村在桥东，故名。35 户，120 人。

羊眼桥西，自然村。村东有羊眼桥，村在桥西，故名。32 户，111 人。

倪家埭，自然村。村中多倪姓，故名。41 户，112 人。

陆安兜，自然村。旧名乐安兜，后来村民中多陆姓，故名。41 户，141 人。

金家浜，自然村。村中有金家浜，村以浜名。52 户，180 人。

东长浜南，自然村。村中有东长浜，村在浜南，故名。33 户，102 人。

东长浜北，自然村。村中有东长浜，村在浜北，故名。22 户，85 人。

新农村沈家门前，自然村。村民中多沈姓，故名沈家门。而此村在村漤南面，故名沈家门前，为有别于他村同名再冠行政村名。36 户，118 人。

沈家门后，自然村。此村在沈家门村漤之北，故名沈家门后。40 户，96 人。

俞家桥，自然村。村中有俞家桥，村以桥名。49 户，204 人。

新农村田心里，自然村。该村屋舍多建于田中，故名。为有别于他村之同名村落，故冠以行政村名。41 户，129 人。

查林桥，自然村。村中有查林桥，村以桥名。27 户，94 人。

新农庄，自然村。原名徐家庙，又名花园木桥。1958 年改为今名。87 户，194 人。

铁店埭，自然村。相传旧时有南京某户迁至，开店打铁，故名。58 户，174 人。

蔡家门，自然村。村中多蔡姓，故名。43 户，141 人。

联庄村

位于凤鸣街道中西部。东界新农村村，南邻崇福镇中夫村，西接建胜村，北隔长山河与中群村为邻。20 世纪 50 年代同福成立人民公社时所属大队均以“联”字开头，寓“康庄”之意，故名。村委会驻桑园埭自然村，距街道办事处驻地 1 公里。2012 年年底，辖 24 个村民小组和 1 个新村居民点。1048 户，4237 人。区域面积 5.3 平方公里，其中耕地 4380 亩。

解放初为中福乡三村、四村及天福乡五村。1956 年，为同福乡联庄高级农业生产合作社。1958 年 10 月，为灵安人民公社联庄大队，1961 年，为同福人民公社联庄大队。1983 年 2 月为联庄村，设村民委员会。

自然村简介

堰坝头，自然村。该村西北方向的河浜口有一大坝，其形似堰，故名。65 户，274 人。

紫竹园，自然村。旧时村中有紫竹墩小地名，村因名紫竹园。30 户，95 人。

三斗村，自然村。村境北濒长山河，西临金家浜，村前有东西向河浜，其形似三只坍，原称三坍村，渐作三斗村。58 户，248 人。

桑园埭，自然村。昔日此处栽植大片桑树，故名。114 户，427 人。

孙家门，自然村。旧时有孙姓富户居住此村，故名。53 户，170 人。

新木桥，自然村。因村后有新木桥，村以桥名。33 户，125 人。

沈其村，自然村。村中多沈姓，故名。25 户，94 人。

联庄顾家埭，自然村。村中多顾姓，故名。为别于他村之同名自然村，故冠村名。62 户，167 人。

联庄油车桥，自然村。旧时有朱姓在此开设油车坊，附近石桥即为油车桥，村以浜名。为别于他村同名自然村，故冠村名。56 户，185 人。

孙家浜，自然村。村中多孙姓，村中水浜冠姓得名，村以浜名。88 户，344 人。

杨家村，自然村。村中皆杨姓，故名。38 户，146 人。

王家村，自然村。村中皆王姓，故名。75 户，277 人。

南梅家村，自然村。旧时村中某氏性喜植梅，因称梅家村。又因梅家村被横贯村中的陆家浜分为南、北两地，该村在浜南，故名。44 户，183 人。

北梅家村，自然村。村在浜北，故名。28 户，76 人。

陈会角，自然村。该村形似角状，村民多陈姓，故名。32 户，124 人。

联庄地心里，自然村。初建村时，屋舍多建在农地之中，故名。为别于他村同名自然村，故冠村名。25 户，92 人。

石桥头，自然村。村中有石桥，自然村在桥边，故名。35 户，136 人。

羊湾里，自然村。村在两条浜汇合之漾湾处，原名漾湾里，后谐渐写作今名。28 户，101 人。

田上头，自然村。村早时从夏丝角析出，村舍四周皆为农田，故名。47 户，150 人。

平家岗，自然村。初时有平氏从外地迁居于此，屋前有大土岗，故名。42 户，180 人。

竹园里，自然村。旧时此地修竹千竿，遍地翠绿，故名。28 户，137 人。

西长浜，自然村。村边有西长浜，村以浜名。61 户，246 人。

建胜村

位于凤鸣街道西南部。东界联庄村，南邻崇福镇李家坝村，西隔京杭大运河与崇福镇联丰村和石门镇的羔羊村相望，北靠合星村。由原联建村和联胜村合并而成，因取两村村名中之后一字，名建胜村。村委会驻郑家埭自然村，东距街道办事处驻地 2.2 公里。2012 年年底，辖 29 个村民小组和 2 个新村居民点。990 户，3765 人。村域面积 4.2 平方公里，其中耕地 4180 亩。

2000 年 11 月，由联建村、联胜村合并而成。

联建村，解放初为虎啸乡六村和中福乡五村。1956 年，为同福乡联建高级农业生产合作社。1958 年 10 月，为灵安人民公社联胜大队。1961 年 4 月，为同福人民公社联建大队。1983 年 12 月，为联建村，设村民委员会。

联胜村，解放初为虎啸乡七村及中福乡二村之一部分。1956 年为同福乡联胜高级农业生产合作社。1958 年 10 月为灵安人民公社联胜大队。1961 年，从联建大队分设，为联胜大队。1983 年 12 月，为联胜村，设村民委员会。

自然村简介

边界桥，自然村。村中有桥名边界桥，村以桥名。61 户，267 人。

庙东村南，自然村。旧时村西有瓜塔庙，庙东村浜将此村一分为二，此村在浜南，故名。

庙东村北，自然村。村在瓜塔庙东，庙东村浜之北，故名。35 户，152 人。

杨园村，自然村。旧时村中多植杨树，故名。16 户，57 人。

庙河南，自然村。该村紧邻瓜塔庙，村舍多在庙浜南侧，故名。43 户，173 人。

庙西村，自然村。村在瓜塔庙西侧，故名。36 户，149 人。

桂花树下，自然村。旧时村旁长一大桂树，村因此得名。19 户，56 人。

俞家湾，自然村。旧时村前河道多湾，河湾处有一大榆树，原名榆家湾，后渐作今名。44 户，183 人。

建胜金家村，自然村。村中多金姓，故名。为别于他村之同名自然村，故冠村名。67 户，275 人。

照户村南，自然村。据传旧时村中某富户，房前屋后均无树木遮荫，阳光直射屋内，村因此得名。又因有浜将村一分为二，该村在浜南，故名。54 户，215 人。

照户村北，自然村。村在浜北，故名。53 户，210 人。

郑家埭，自然村。村中均为郑姓，故名。30 户，113 人。

葛家埭，自然村。村中多葛姓，故名。16 户，71 人。

钱加李，自然村。原名钱家跳板头，成立互助组后，以钱姓与李姓合为一组，故名。

王家门，自然村。村中多王姓，故名。46 户，193 人。

东葛村南，自然村。该村在葛家埭之东，因称东葛村，又因村中有浜将村一分为二，此村在浜南，故名。49 户，202 人。

东葛村北，自然村。村在浜北，故名。33 户，147 人。

建胜陈家兜，自然村。旧有陈姓居此，故名。为别于他村同名自然村，故冠村名。38 户，166 人。

港成埭，自然村。村前有边家桥港，村舍沿港而筑，成一长埭，故名。村附近有八字桥，故又名八字桥。42 户，151 人。

鱼池上，自然村。旧时村前有鱼池，大约二亩，村民平时饮用，尽赖此池，故名。18户，66人。

建胜陆家门，自然村。村中多陆姓，故名。为别于他村同名自然村，故冠村名。26户，96人。

上阳桥，自然村。村中有上阳桥，村以桥名。31户，126人。

姚家浜，自然村。村中有浜，建村初有姚姓居此，浜冠姚姓，村以浜名。36户，136人。

宋家浜，自然村。村中有浜，建村初有宋姓居此，浜冠宋姓，村以浜名。43户，167人。

合星村

位于凤鸣街道西北部。东界中群村，南隔长山河与建胜村相邻，西临京杭大运河，北靠石门镇桂花村。因由联合村和联星村合并而成，两村中各取一字，故名。村委会驻钱家湾自然村，东距街道办事处3公里。2012年年底，辖28个村民小组和2个新村居民点。1058户，3961人。村域面积4.5平方公里，有耕地4794.6亩。千年古刹福严寺坐落在该村中。

2000年11月，由联合村、联星村合并而成。

联合村，解放初为同福乡一村。1956年，为联合高级农业生产合作社。1958年10月，与联星合并，为灵安人民公社联合大队。1961年5月，与联星分设后，为同福人民公社联合大队。1983年12月，为联合村，设村民委员会。

联星村，解放初为同福乡三村、四村。1956年，为联星高级农业生产合作社。1958年为灵安人民公社联合大队。1961年5月为同福人民公社联星大队。1983年12月，为同福乡联星村，设村民委员会。

自然村简介

三圣堂，自然村。此地曾建三圣堂，村以此得名。38户，114人。

合星金家村，自然村。村中多金姓，故名。为别于他村同名自然村，故冠村名。77户，269人。

长横埭，自然村。村舍一字横列，形成长埭，故名。27户，73人。

藤桥头，自然村。村旁有藤桥，村以桥名。45户，203人。

田横庄，自然村。村在田头，俗称田横头，故名。66户，203人。

永昌庙，自然村。此处旧时有永昌庙，村以庙名。56户，197人。

太公渡，自然村。此处旧时有运河渡口，相传摆渡人为一古稀老人，人称太公，故称太公渡，村以渡口得名。40户，115人。

同家浜，自然村。村中浜上原有一座小洞桥，故名洞家浜，后讹作同家浜。40户，117人。

三界桥，自然村。附近有桥，为原联合村、联星村及羔羊乡三处界桥，故称三界桥，村以桥名。62户，218人。

伍社桥西，自然村。村在伍社桥之西，故名。33户，121人。

伍社桥东，自然村。村在伍社桥之东，故名。31户，94人。

蔡家桥，自然村。村中原有万魁桥，桥东有蔡氏墓，桥圮后蔡氏后人重建，易名为蔡家桥，村以桥名。15户，57人。

合星马家桥，自然村。往时，村中有崇德县城内（今崇福镇）马氏墓葬，称马家堤头，村中石桥即称马家桥，村以桥名。为别于他村同名自然村，故冠村名。40户，162人。

合星黄家角，自然村。村处一角，住户多董姓，故名。为别于他村同名自然村，故冠村名。60户，226人。

姚家埭，自然村。村中多姚姓，故名。42户，167人。

大道地，自然村。昔时该村屋宇相连，屋前有一大晒场，俗称大道地。村因此得名。51户，170人。

平家埭，自然村。村中多平姓，故名。44户，168人。

合星钟家浜，自然村。村中有浜，冠钟姓得名，为别于他村同名自然村，故冠村名。39户，149人。

蔡家埭，自然村。村中多蔡姓，故名。41户，114人。

寺前埭，自然村。村在福严寺前，故名。58户，170人。

庙前埭，自然村。村在伍社庙前，故名。28户，79人。

伍社桥南，自然村。旧时有伍社庙，庙近处有伍社桥，村在桥南，故名。26户，100人。

中群村

位于凤鸣街道西部。东界路家园村，东北与西牛桥村为邻，西接合星村，北靠石门镇桂花村。因由联中村和联群村合并而成，各取一字，故名。村委会驻荡家角自然村，距街道办事处驻地1.5公里。2012年底，辖29个自然村和1个新村居民点。1132户，4326人。村域面积4.75平方公里，其中耕地4080亩。

2000年11月，由联中村、联群村合并而成。

联中村，解放初为同福乡五村之大部分及中福乡一村、二村之大部。1956年，为联中高级农业生产合作社。1958年10月，为灵安人民公社联中大队。1961年，为同福人民公社联中大队。1983年12月，为联中村，设村民委员会。

联群村，解放初为同福乡二村及五村之一部分。1956年，为联群高级农业生产合作社。1958年10月，为灵安人民公社联中大队。1961年，为同福人民公社联群大队。1983年12月，为联群村，设村民委员会。

自然村简介

姚家汇，自然村。旧时村中多姚姓，故名。22户，85人。

渔船汇，自然村。村前河中，每到薄暮时分，渔舟唱晚，群集于此，故名。29户，185人。

青石桥东，自然村。村中建有青龙桥，相传曾有青龙在此吸水，故名，后渐作青石桥，村在桥东，故名。27户，96人。

青石桥西，自然村。村在桥西，故名。27户，110人。

谈家门，自然村。村中多谈姓，故名。32户，105人。

中群钱家门，自然村。村中多钱姓，故名。为别于他村同名自然村，故冠村名。24户，98人。

李家角，自然村。村处一角，三面临水，住户多李姓，故名。81户，325人。

蒋官桥，自然村。村中有蒋官桥，村以桥名。30户，112人。

北顾家埭，自然村。村中多顾姓，为别于联庄村同名自然村，以方位称北顾家埭。村上曾有圣堂，堂前有漾，村名又称圣堂漾。42户，170人。

罗家桥，自然村。村中有罗家桥，村以桥名。20户，83人。

中群范家角，自然村。村处一角，村中多范姓，故名。为别于他村同名自然村，故冠村名。63户，237人。

罗家浜，自然村。村中有浜，村民多罗姓，称罗家浜，村以浜名。36户，131人。

颜家门，自然村。村民中多颜姓，故名。40户，157人。

沈家木桥，自然村。村旁有木桥，村中多沈姓，桥名沈家木桥，村以桥名。27户，108人。

北沈埭，自然村。村中多沈姓，地处北侧，故名。38户，143人。

道士庄，自然村。旧时村中有崇德县内(今崇福镇)城隍庙道士富珍、会年等三人墓葬，每年清明，常有道士扫墓，村因名道士庄。25 户，91 人。

洞桥头，自然村。旧时村内浜上有一洞桥，村因而得名。39 户，137 人。

中群郎家里，自然村。村中多郎姓，故名。为别于他村同名自然村，故冠村名。45 户，188 人。

小李家埭，自然村。昔时村中多李姓，故名。吴方言中，“吕”“李”同音，为别于本村之吕家埭，古称小李家埭。26 户，132 人。

马家湾，自然村。地处河湾兜，村中多马姓，故名。30 户，132 人。

双木桥，自然村。村旁有两座木桥，称双木桥，村以桥名。26 户，117 人。

大吕家埭，自然村。村民中多吕姓，故名。称“大吕家埭”，以示“小李家埭”之区别。56 户，219 人。

柴家兜，自然村。村三面临水，地处湾兜，往时有柴姓富户居此，故名。72 户，300 人。

水车头，自然村。村形颇似水车，故名。1983 年时南水车头、北水车头和南蔡桥合并一村，用今名。57 户，223 人。

庙浜，自然村。旧时此处有庙，村旁有水浜，因称庙浜，村以浜名。44 户，171 人。

鲇鱼兜，自然村。村形长似鲇鱼，故名。39 户，164 人。

第三节　社区（片区）

灵安社区

东界凤鸣信用社灵安分社，南临经济开发区新能源园区，西至面丈港，北靠灵安港。因社区居委会设在灵安集镇新兴路 118 号，故名。居委会距街道办事处驻地 7 公里。有居民 210 户，994 人。

2001 年史桥乡并入后，原史桥集镇的居民并入灵安镇居委会。2002 年撤镇设街道后，命名为灵安社区。2007 年同福乡并入凤鸣街道后，原属 3 个居民小组，59 户 381 人也一起并入灵安社区。

文华小区

位于桐乡城区西部，东界东板桥港，南邻环城南路，西至环城西路，北靠校场西路。曾名环南小区，该小区除门牌 703－906 号，1828－2087 号属梧桐街道分管外，其余 1－702 号，907－1827 号均分别由凤鸣街道环南村和灵安村分管。2004 年环南村所属庙后头等 30 个自然村和灵安村所属董家里等 21 个自然村因桐乡经济开发区第三期开发征地，作为拆迁安置点被安排在环南小区。整个小区占地 0.866 平方公里，住宅楼 1044 幢，常住人口 2087 户，7088 人。2007 年更名为文华小区。

宏运东苑

位于同福集镇宏运路东侧，属灵安社区。南邻同福路，北靠宏通路，因近宏运路，故名。占地 0.08 平方公里，建筑面积 18000 平方米，18 户，63 人。

宏运西苑

位于同福集镇宏运路西侧，属灵安社区。东界宏运路，南邻同福路，北靠宏通路。因建在宏运路西侧，故名。小区占地 0.08 平方公里，建筑面积 18000 平方米，24 户，81 人。

宏民苑

位于同福集镇宏运路东侧，属灵安社区，东界宏泰路，南临宏民路，西接宏运路。因与宏民路为邻，故名。占地 0.04 平方公里，建筑面积 3600 平方米，24 户，84 人。

高新北苑

位于灵安集镇新兴路路北，属灵安社区，东界灵安路，西接安全路，北靠赵家角路。因其地理位置寓高新技术开发能源之意,故名。占地0.11平方公里,建筑面积10800平方米,70户,198人。住户都为开发新能源产业园的农户安置点。

高新南苑

位于灵安集镇新兴路南,属李家弄村,东临新板桥港,南至长山河,西接面太港,北靠灵安集镇,因位于新兴路南面,又是新能源产业园农户征迁安置点,故名。区域面积0.38平方公里,安置了24个村民小组,840户,2438人。

高新东苑

位于李家弄村北部,新兴路的东端,属李家弄村和桑园村管辖。东临新板桥港,南至桐乡经济开发区新能源产业园,西接灵安集镇,北靠灵安港。因其地理位置,故名。区域面积0.113平方公里,小区内安置了7个村民组的169户,703人。

新乐家园

位于新农村村中东部,属新农村村。东、南和北面均与南墙门自然村相邻,西接坟漾里自然村。因寓快乐家园之意,故名。小区是"两新建设"的新居民点。区域面积0.169平方公里,36户,145人。

新福家园

位于新农村村中西部,属新农村村。东界金家浜,南邻陆安兜,西接俞家桥,北靠东长浜。寓幸福家园之意,故名。区域面积0.169平方公里,6户,25人。

庄和苑

位于联庄村西部,属联庄村。东界宏泰南路,南邻王家村,西接孙家浜,北靠同福集镇。"庄"字代表联庄村,又寓祥和之意,故名。

胜丰新村

位于建胜村中部,属建胜村。东界王家门,南邻杨园新村,西至俞家湾,北靠桂花树下,因小区附近有胜丰桥,故名。区域面积0.15平方公里,8户,30人。

双福家园

位于合星村中部,属合星村。东、南皆与姚家埭为邻,西接桐石公路,北靠黄家角自然村。因该新村附近有福严村,又处于同福集镇上,故名。区域面积0.033平方公里,30户,125人。

顾蒋新苑

位于中群村中部,紧靠村委会驻地。东界范家角,南邻蒋官桥,西接北顾家埭,北靠庙浜。因小区坐落在顾家埭和蒋官桥地界内,故名。区域面积0.01平方公里,16户,64人。

路家园新村

位于路家园村中北部,东和南与小桥头田北横自然村相邻,西接周家园村,北靠李王庙,因是路家园村新建的居民点,故名。区域面积0.07平方公里。22户,71人。

杨园新村

位于建胜村南部,东界庙西村,南邻杨园村,西接港成埭自然村,北靠鱼池上自然村,因是杨园村新建的居民点,故名。区域面积0.076平方公里,42户,118人。

陈钱新村

位于合星村中部,东界经济开发区同福分区,南邻陈家埭,西接蔡家埭,北靠寺前埭,该居民点多数为陈家埭、钱家埭搬迁过来的村民,故名。区域面积0.021平方公里,39户,174人。

附一：

民国36年(1947)浙江省崇德县同福乡保甲编制报告表

	内辖村庄、街市小地名						
第一保	燕坝头	龙王庙	颜家埭	朱家门	颜家门	沈家木桥	洞桥头
	东北沈埭	西北沈埭	道士庄				
第二保	姚家会	青石桥	小桥头	陈家兜	宋家浜	渔船会	谈家门
	六家头	会谷里	杨树浜	李家谷	孙家谷		
第三保	大道地	平家埭	姚家埭	黄家谷	马家桥	许家浜	蔡家桥
第四保	姚家桥	钟家门	上羊桥	钱家埭	陈家埭	徐家门	王家浜
	蔡家埭	福严寺前	钱家湾	袱家谷	庙前埭	伍社庙	大家湾
第五保	东罗家浜	金家浜	周家木桥	范家谷	南水车头	北水车头	南尺桥
	胡家浜	鲇鱼兜	蒋官桥	顾家埭	顾家浜	旱溇里	
第六保	罗家浜	里浜	庙浜	柴家阧	大吕家埭	马家湾	小吕家埭
	双木桥	陈家会					
第七保	伍社桥	三界桥	同家浜	太公渡	永昌庙	田横庄	藤桥头
	长横埭	南浜头	三圣堂	金家村			
第八保	蔡家门	北旱浜	鹞子墩	榆树浜	中范桥	南市桥	玉湾村
	花园木桥	东村角	章家桥	吴家埭			
第九保	吕家埭	卜家埭	北徐村	徐香桥	升洞桥	钟夫桥	朱家门
	钟家埭	南孙家峤	金家埭	假山头	北孙家村		
第十保	金家浜	于家浜	东长浜	茶林桥	徐家庙	保先桥	
第十一保	西长浜	竹园村	石桥头	杨湾里	画书谷	田上头	平家港
第十二保	桑园埭	田心里	紫竹园	山斗村	孙家门	南顾家埭	草庵
	沈具村	新木桥					
第十三保	陈会角	南地心里	成官桥	油车桥	俞杨角	南梅家村	王家村
	盛家里	南梅家村	王家村	盛家里	杨家村	孙家浜	
第十四保	卞家桥	秒东村	庙西村	杨元村	夏家兜		

附二：

民国36年(1947)《浙江省崇德县乡镇编制报告表》

乡镇名称	内辖村庄、街市小地名	
灵安乡	保甲户口数	15保191甲2656户10817人
		李家弄、郑家门、沈家浜、梧桐村、双坟村、灵安市、西千步兜、余祥村、江南桥、蒋主庙、李王庙、钱家门、南环桥、景树村、西牛桥、陈家谷

同福乡　保甲户口数　14 保 179 甲 2549 户 10450 人
龙王庙、西石桥、黄家谷、福严寺、顾家埭、吕家埭、永昌庙、鷂子墩、钟夫庙、徐家庙、西长浜、山斗村、王家村、瓜塔庙

民国 35 年(1946)10 月 10 日同福、中塔两乡合并后,原同福乡自第一保至第八保暂不更改,仍用原衔。前中塔乡第一保改为同福乡暂编第九保,第二保为第十保,第三保为第十一保,第四保为第十二保,第五保为第十三保,第六保为第十四保,第七保为第十五保,第八保为第十六保。

(资料来源:桐乡市档案馆馆藏档案,卷宗号 M3—2—127《同福乡通知》)

附三:

1990 年内部出版的《桐乡县地名志》所载史桥乡、灵安乡镇、同福乡资料

史桥乡

位于县境南部,北距县城约 7.5 公里。东和东北与百桃接壤,南与南日乡相邻,西和西北与亭桥乡、同福乡、灵安镇相邻,北与城南乡交界。

现域清朝时属慕化乡。民国 21 年(1932)属北日、史桥两乡。35 年(1946),史桥分别并入南日、亭桥、北日诸乡。1949 年解放后属北日乡。1950 年改建为永丰乡。1956 年永丰乡与亭桥乡合并为丰桥乡。1958 年丰桥乡与城南乡合并组建南日人民公社后为南日人民公社史桥管理区。1983 年属南日乡。同年 11 月从南日乡析出,复称史桥乡。

全乡总面积 9.5 平方公里。辖 8 个村民委员会,102 个村民小组,2579 户,10345 人,其中非农业人口 276 人。全乡非农业产业就业人员 1504 人,约占全乡总劳动力的 24.31%。

南日港自北而南纵贯乡境。新开挖的出海工程长山河自东而西穿越乡境,与南日港相交与乡境中部。境南有店街塘。桐乡至高桥、桐乡至硖石 2 条航道交汇与史桥集镇。桐(乡)高(桥)公路贯穿全乡。

1990 年,全乡工农业总产值 5835 万元。

农业经济以粮食和蚕桑生产为主。有耕 11172 亩,其中水田 6165 亩。有桑地 2983 亩。1990 年产粮食 5231 吨,饲养蚕种 18585 张,产蚕茧 529 吨。

现有砖瓦、蔬菜、毛纺、丝织等行业的各类企业 18 家。私营企业浙江海球磁力写字板有限公司建于此。

乡设有邮电所。全乡有初级中学和中心小学个一所、村级小学 7 所。文化设施有文化站、广播站等。

灵安镇

位于县境中部,东北距县城 4.8 公里,东连城南乡,东南靠史桥乡,南面和西面均与同福乡为邻,西北与石门镇交界,北与钱林乡相接。现域清朝时属于乘乡。民国 22 年(1933)为灵南、灵北、蒋至、纪目等乡。抗战期间为灵安、纪目两乡。35 年(1946)为灵安乡。1950 年为灵安、惠桥、纪目 3 乡。1956 年为灵安乡。1958 年为灵安人民公社灵安管理区。1961 年为灵安人民公社。1984 年为灵安乡。1985 年 11 月改称灵安镇。

全镇总面积 21.8 平方公里,辖 1 个居民委员会,12 个村民委员会,168 个村民小组,4863 户,

19459人,其中非农业人员994人,全镇农业人口中,非农产业就业人员2994人,约占全镇农村劳动力的26.76%。

灵安港横贯镜境中部,康泾塘、新板桥港、中路过桥港、黑板桥港均纵穿镜境,与灵安港垂直相交;出海工程长山河斜贯镜境南部。320国道杭枫公路段自东北至西南斜贯镜境。

1990年,全镇工农业总产值9553万元。

农业经济以种植业、养殖业为主,是桐乡境内著名的百花地面之一,是小桑苗、杭白菊、晒红烟的主产区,有耕地19458亩,其中水田10654亩,有桑地5266亩。1990年产粮食8008吨,杭白菊445吨,晒红烟282吨。饲养蚕种36895张,产蚕茧1053吨。

镇区灵安港两侧为镇之主要商业区,建有供销社、信用社、税务所、邮电所等单位。镇南和320国道西侧为新兴工业区,桐乡造漆厂、灵安丝厂、福利皮鞋厂等主要企业均集中于此。

灵安原设有邮政代办所,1954年改邮电所。

镇区有初级中学、中心小学各1所,村级小学12所,镇卫生院设于镇南。文化设施有影剧院、文化站、广播站等。

镇西偏南2.5公里处有路家园古文化遗址,属新石器时代良渚文化类型。现为县级重点文物保护单位。

同福乡

位于县境中部,东北距县城10.2公里。东连史桥、亭桥两乡,南接虎啸乡,西沿京杭大运河与羔羊、芝村两乡交界,北邻石门、灵安两镇。

现域清朝时属于乘乡。辛亥革命后改称同福乡。民国21年(1932)分为中塔、同福两乡。35年中塔乡并入同福乡。1950年分为同福、中福、天福三乡。1956年并为同福乡。1958年为灵安人民公社同福管理区。1961年为同福人民公社。1983年为同福乡。

全乡总面积22平方公里。辖8个村民委员会,171个村民小组,5071户,20838人,其中非农业人员另有450人。全乡非农业就业人员5020人,约占全乡总劳力的40.76%。

境内南有六里港,北有牛德金港,中间为青龙、伍龙两河,西傍京杭大运河。320国道和新(农村)德(清)公路交会于新农村村。

1990年,全乡工农业总产值9587万元。

乡境素以“百花地面”著称,除粮食、蚕桑生产外,小桑苗、杭白菊、晒红烟等经济作物在农业经济中占有举足轻重的地位。有耕地19205亩,其中水田12302亩。有桑地6994亩。1990年产粮食12714吨,杭白菊263吨,晒红烟59吨,栽植小桑苗3073亩。饲养蚕种52940张,产蚕茧15230吨。

建材业是乡办工业的一个重要门类。主要企业有同福丝厂,毛毯厂、同福水泥厂、运河水泥厂等。

乡设邮电所、卫生院。现有初级中学一所,小学九所。文化设施有影剧院、图书室、游戏室等。

乡境东部天花荡,旧称天霍荡,春秋时吴越古战场之一。现为杭白菊、晒红烟和小桑苗的主要生产基地。

第二编　自然环境

风鸣街道地处杭嘉湖平原腹地，桐乡市中部，地势平坦，无一山丘，地质构造为第四纪沉积物掩盖，土壤母质为江、海、湖沉积物。微地貌深受人为影响，隋大业六年(610)，隋炀帝杨广下令开凿京杭运河江南段。大运河从境域西侧穿过，长山河横贯全境，连接众多干支河道，构成杭嘉湖平原水乡独特的河网水系。南宋以来，扩大栽桑养蚕，年复一年叠土栽桑，围圩造田，挖河筑埂，形成田地交错、大平小不平的“桑基圩田”人工地貌，有“平原丘陵”之称。1970年代开始，境域先后通过人工和机械方法进行大规模土地平整，通过改造“箱子田”和中低产田，微地貌特征发生明显变化。至2012年，境内已建成能灌、能排，渠、林、路配套的连片标准化农田和园地，大平小不平的“桑基圩田”微地貌结构已不复存在。

境域为亚热带季风性气候。其特点是日晒充足，气候温暖，降水充沛，温和湿润，冬夏季风交替显著，四季分明。生物种类繁多，名产荟萃。但水、旱、风、雹等灾害性天气时有发生。

第一章　地形地貌与气候

第一节　地形地貌

风鸣街道地处长江三角洲冲积平原东南部，杭嘉湖水网腹地，地势平坦，土壤母质为第四纪江、海、湖沉积物，冲积层厚约100米。距今一万多年，在海相沉积层基础上形成陆地，以后又经历沼泽化的过程。古太湖逐渐缩小的同时，又承受天目山诸水的冲击，使境内地形渐趋平坦低洼。境域地势平均海拔高程(吴淞高程，下同)，田面高为2.2米左右，地面高为4.1米左右。

境内的微地貌深受人为的影响。隋代，开挖运河。南宋及以后，加快围圩造田、挑土培桑，因而形成许多低洼的圩田和高垄的桑埂地，水田镶嵌于桑埂之间，小部分土地成为零星分布又大小不一的高爽、平坦、开阔的荡田。至明清时期，田地结构发生明显变化，年复一年的挑土培桑，形成在杭嘉湖中部特有的大平小不平的桑基圩田人工地貌。同福天花荡古称天荒荡，为春秋时吴越古战场，一望平畴，面积最大时有2000余亩。

70年代后，通过大规模人工和机械方法平整土地，微地貌结构逐步发生新的变化，至2012年，全境大平小不平的微地貌结构基本不复存在，已建设成为成片平坦的农田、桑园(或果园)。

第二节 气　　候

日照

年日照时数　凤鸣街道属于日照较为丰富的地区。据1971—2000年桐乡市气象局统计资料，年日照为1842.3小时，日照百分率为42%。年际间有较大差异，年日照时数最多出现在1978年，达2309.9小时，日照百分率为52%。年日照时数最少出现在1999年，仅1429.5小时，日照百分率为32%。1970年代后，日照时数呈现下降趋势，90年代的平均日照时数为1620.4小时，2012年的年日照时数为1599.1小时，比常年平均少200.3小时。

月日照变化　70年代后，从时程看，各月均有不同程度减少，减少幅度最大的是8月，平均每天减少2.7小时，其次是1月和6月，这与暖冬现象和工业废气排污造成的大气透明度下降有较大关系。日照变化幅度最小的是4月和5月。

表2—1　　1971—2000年各月日照时数及日照百分率一览表

单位：小时、%

项　目	月份												合　计
	1	2	3	4	5	6	7	8	9	10	11	12	
日照时数	117	110.7	120.8	149.9	169.1	149.9	211.7	220	154.6	154.1	143.4	141.3	1842.5
日照百分率	36	36	33	39	40	36	46	54	42	44	45	45	42

资料来源：桐乡市气象局提供

气温

气温的分布　凤鸣街道历年平均气温为16℃，年际变化幅度不大，但受温室效应影响，气温呈逐年递增趋势。月平均气温的年际变化较大。1月份的气温最低，常年平均为3.8℃，最高是1999年，为5.3℃，最低是1977年，为0℃。7月份的气温最高，平均气温为28℃，最高是1994年，为30.6℃，最低是1999年，为25.6℃。春秋两季的4月和10月，平均气温为15.1℃和17.9℃，变化幅度在13.6℃～18.5℃和15.7℃～19.3℃之间。最热月（7月）和最冷月（1月）的年较差为24.2℃，一年内春夏秋冬气温变化明显，四季分明。

表2—2　　1971—2000年境内月平均气温一览表

单位：℃

月　份	1	2	3	4	5	6	7	8	9	10	11	12	全年
平均气温℃	3.8	5.2	9.0	15.1	20.1	24.1	28	27.7	23.1	17.9	11.9	6.1	16

资料来源：桐乡市气象局提供

初、终霜期　早霜初日，平均在11月16日，最早在10月30日，最晚在12月14日。晚霜终日，平均在3月17日，最早在2月20日，最晚在4月4日。见霜日数平均为40.1日，最多为51日，最少为

27日。

降雪日数及初、终期　平均日数10.6日，最多25日，最少2日。初日，平均在12月20日，最早为11月27日，最晚为1月18日。终日，平均在3月7日，最早1月11日，最晚4月19日。

春季平均为77天(稳定通过界限气温为10℃～22℃)。据气象资料记载，受强冷空气影响24小时最大降温可达10℃以上。春季为多阴雨天气，是一年中相对雨日较多的一个季节，常造成早稻秧苗冻害和大小麦湿害。1973年和1975年这两年，4月中旬至5月中旬，雨日超过25天，雨量超过170毫米，因湿害导致大麦严重减产。

夏季平均为95天(稳定通过界限气温为22℃以上)。初夏，冷暖空气交锋于境内上空，造成雨日集中，形成梅雨天气，常会出现不同程度的洪涝灾情，1983年梅雨量多达438.6毫米，因排洪不及，部分农田形成洪涝。1983年后，梅雨量明显增多，至2000年的18年中，年平均梅雨量高达303毫米，比1960年代和1970年代分别增加67.2%和53.7%，梅汛期发生洪涝频率明显增加，梅涝成为农业生产最严重的自然灾害。一般年份6月中旬入梅，7月上旬出梅。出梅后进入盛夏，气温明显升高，年极端最高气温大都在36℃～38℃之间，由于受副热带高压控制，除地方性雷雨和台风带来阵性降雨外，多晴热天气，气温高，日照足，蒸发量大，常有伏旱发生。1967年境内出现连续35天不下雨，干旱严重，旱地作物产量受损。

秋季是一年中最短的季节，平均仅63天(稳定通过界限气温为22℃～10℃)，不到冬季的一半。常年"立秋"过后又10天～20天的秋热天气，俗称"十八只秋老虎"，但降温速度较快。通常在"秋分"前后，有冷空气南下侵袭境域，农谚"白露秋分夜，一夜凉一夜"。

冬季平均为130天(稳定低于10℃时期)，常有北方南下冷空气侵袭境域，气候寒冷干燥，年极端最低气温一般在－5℃～－6℃之间。大约每三年出现一次较大降雪天气。低温冻害会严重影响春花作物，果蔬作物正常生长。

降水

1971—2000年，年平均降水量为1223.6毫米，年际间差异较大。降水量最多的是1999年，降水量达1755.6毫米，降水量最少的是1978年，全年降水量仅774.4毫米。年雨日平均为145.3天，雨日最多的为1977年达183天，最少的为1971年仅114天。最长连续无降水42天，出现在1971年11月10日至12月21日。日最大降水量为149.6毫米，出现在1997年8月13日，第二位是145.8毫米，出现在1984年6月14日。

表2—3　　1971—2000年各月降水量、年降水量和平均雨日情况表

单位：毫米、天

年份	月份												全年	雨日
	1	2	3	4	5	6	7	8	9	10	11	12		
1971	12.7	72.8	49.6	64.8	154.9	275.4	23.4	30.1	189.4	124.4	0.6	42.6	1040.7	114
1972	13.1	142.1	68.0	92.1	82.2	133.5	38.3	86.2	61.8	97.6	72.5	70.0	957.4	156
1973	62.6	205.7	89.7	149.9	228.5	255.0	95.9	45.2	230.7	50.6	2.3	0.0	1416.1	165
1974	70.2	65.8	69.4	73.1	108.4	169.2	166.3	90.9	23.9	87.7	142.6	123.5	1191.0	159
1975	33.2	152.6	64.6	95.3	123.7	151.3	180.3	178.3	91.0	124.5	47.3	83.7	1325.8	174

续表

年份	月份												全年	雨日
	1	2	3	4	5	6	7	8	9	10	11	12		
1976	24.2	66.6	143.8	161.7	78.0	133.5	91.5	88.8	166.9	96.7	39.0	37.4	1128.1	143
1977	118.2	37.0	61.7	163.8	182.8	120.6	39.6	213.9	211.0	36.7	48.6	77.9	1311.8	183
1978	72.2	46.6	73.4	82.5	176.0	38.0	22.1	13.9	123.6	50.8	43.3	32.0	774.4	121
1979	48.0	30.3	92.2	115.4	64.2	159.9	153.7	170.9	97.0	0.5	52.8	47.0	1031.9	132
1980	59.4	42.7	211.2	81.2	92.8	145.0	201.0	230.9	89.7	91.7	41.4	7.7	1294.7	159
1981	61.6	67.7	191.6	112.6	97.6	88.1	154.4	135.0	73.1	139.8	170.2	8.9	1300.6	153
1982	30.1	55.1	119.9	78.1	76.4	144.1	279.0	85.1	47.1	42.2	109.7	28.0	1094.8	148
1983	31.8	43.5	55.2	194.6	211.0	347.1	172.3	88.0	215.5	257.8	15.1	20.7	1652.3	148
1984	85.6	41.3	94.6	103.5	92.7	351.6	119.4	98.4	81.2	60.1	40.3	56.2	1224.9	150
1985	47.8	123.7	160.6	36.9	145.8	108.1	112.2	169.5	98.6	130.9	68.0	46.3	1248.4	150
1986	9.1	22.0	97.4	151.2	112.1	136.8	127.8	51.9	158.7	60.5	40.2	20.4	988.1	120
1987	46.2	40.9	156.8	197.0	70.9	172.7	260.8	76.7	160.5	77.4	22.4	0.0	1282.3	135
1988	37.8	117.6	137.3	48.3	103.6	152.5	142.0	109.9	67.2	12.0	3.8	10.1	942.1	131
1989	113.5	108.1	82.7	158.4	122.1	153.7	225.1	155.8	203.5	21.0	36.2	48.0	1428.1	151
1990	55.8	149.6	84.6	119.5	94.2	157.8	21.1	197.1	152.9	38.7	94.2	71.1	1236.6	156
1991	47.5	87.7	152.0	126.5	157.6	328.0	164.4	91.0	59.8	24.3	30.0	41.2	1310.0	151
1992	73.1	11.3	267.2	54.9	113.8	136.7	68.2	83.0	177.7	2.7	10.7	51.6	1050.9	132
1993	90.6	74.6	158.3	71.9	205.2	169.6	284.7	281.6	124.2	93.2	71.1	28.3	1653.3	145
1994	66.5	102.3	62.0	74.2	54.6	282.6	36.1	97.8	24.4	59.0	22.0	89.2	970.7	139
1995	79.9	34.4	120.1	112.5	185.0	248.9	228.4	82.7	6.3	117.2	2.8	19.8	1238.0	123
1996	111.2	23.4	215.7	90.8	33.1	293.5	204.4	81.2	22.6	80.1	46.3	15.7	1218.0	144
1997	56.2	38.1	53.6	67.1	82.9	134.3	291.2	369.5	52.1	30.8	127.7	109.6	1413.1	143
1998	221.4	75.0	191.7	132.1	99.9	123.2	214.2	178.6	138.7	29.7	17.7	44.4	1466.6	146
1999	48.8	37.0	175.7	130.7	83.3	632.0	148.4	377.5	31.1	55.2	29.9	6.0	1755.6	140
2000	119.8	91.0	103.3	65.0	153.5	128.6	54.9	102.9	22.3	64.6	133.5	21.5	1060.9	147
平均	64.9	73.6	120.1	106.9	119.6	195.7	144.0	135.4	106.8	71.9	52.7	42.0	1233.6	145.3
最多	221.4 1998	205.7 1973	267.2 1992	197.0 1987	228.5 1973	632.0 1999	291.2 1997	377.5 1999	230.7 1973	257.8 1983	170.2 1981	123.5 1974	1755.6 1999	183 1977
最少	9.1 1986	11.3 1992	49.6 1971	36.9 1985	33.1 1996	38.0 1996	21.1 1990	13.9 1978	6.3 1995	0.5 1979	0.6 1971	0.0 2年	774.4 1978	114 1971

资料来源:桐乡市气象局提供

第二章 自然资源

第一节 土 壤

境域地势较高，土壤质地疏松，据考查是属长江南岸古沙嘴的一部分，成陆后经过淋溶、淀积作用较强的草甸化过程。境内土壤分水稻土和潮土两种，土壤肥沃，宜种性广。水稻土类有黄斑田、加土黄斑田；小粉田、粉砂田、加土小粉田；荡田并松田、荡田并泥用等土种。潮土类（旱地上）有潮土亚类，堆叠土属，分壤质堆叠土小粉质堆叠土、夜潮性堆叠土等土种。水田水稻土类主要代表土壤为黄斑田。但常穿插东西走向分布并呈条带状的小粉田。荡田主要有灵安荡田和天花荡田。荡田粉砂性较强，多为荡田并松田。堆叠泥田是70年代经人工改土造田的产物（俗称加土田）。境域加土层浅薄，一般30厘米左右，以薄层土田为主。但大部分田地高差较小，客土来源少，也有小部分田地高差较大，客土多，加土层较厚，一般为40厘米以上，成为厚层加土田。

旱地土壤，大部分是历史上长期挑田泥堆土培桑和开挖河道的土块堆叠而成，土壤质地大都与就近水田相似。境内黄斑田区多为壤质堆叠土；小粉田区的旱地，多为粉砂质堆叠土。

土壤断面同福、灵安段为河海相沉积物和浅海沉积物，穿插分布。同福、灵安依次分布为荡田并松田、小粉田、小粉质堆叠土、粉砂质加土田等。灵安至石门又依次出现黄斑田、壤质堆叠土、壤质加土田等。

第二节 动植物资源

一、动物资源

境内家畜家禽有猪、羊、牛、兔、狗、猫、鸡、鸭、鹅、鹌鹑、鸽等。湖羊是境内特色家畜。野生兽类有黄鼠狼、野兔、松鼠、鼬、田鼠等。鸟类有鹊、鸦、杜鹃、鸡、麻雀、八哥、啄木鸟、白头翁、画眉、猴面鹰、鹁鸪、黄莺等，水生动物鱼类有青鱼、草鱼、鲢鱼、鳙鱼、鲤鱼、白鲫、鳊鱼、团头鲂、乌鳢、鳝鱼、泥鳅等，甲壳类有白虾、青虾、石蟹、河蟹、克氏螯虾（俗名小龙虾）等。经济价值较低的鱼类有鳑鱼、麦穗鱼、华泉、小泉、吻虾虎、刺鳅等。底栖软体动物有椎实螺、扁螺、田螺、黄蚬等。爬行动物主要有乌龟、鳖（甲鱼）、蛇等，两栖动物主要有牛蛙、大蟾蜍、泽蛙等。

二、植物资源

粮食作物　有水稻、大麦、小麦、玉米、高粱、甘薯、大豆、赤豆等。

油料作物　有油菜、花生、芝麻、向日葵。

经济作物　有杭白菊、晒红烟、棉花、络麻、大麻、苎麻、荸荠。

肥料、饲料作物　有紫云英、黄花苜蓿、水花生、水葫芦、水浮莲、绿萍、黑麦草、马齿苋、狗尾草、繁缕、看麦娘、浮萍等。

蔬菜作物　元时，常见蔬菜有"菘、荠、葱、韭、蒜、芥、芹、苋、蒿、生菜、甜菜、苦卖菜、莴苣、芦菔、葫芦、冬瓜、箔瓜、茭白、茄、笋、胡萝卜"。民国时期，以白菜、芋艿、榨菜、瘤芥菜、慈姑、萝卜等为大宗。

当代大宗蔬菜有30余种，分为叶菜类、根菜类、白菜类、甘蓝类、芥菜类、葱蒜类、茄果类、瓜类、豆类、薯芋类、水生蔬菜类、多年生蔬菜类、野生蔬菜类等13类。境内以榨菜最有名。

药用植物(包括果实)　主要有黄菊花、菖蒲、半夏、夏枯草、香附子、瓜蒌、陈皮、百合、薄荷、车前子、枸杞子、杜仲、益母草、天花粉、天门冬、侧柏叶、艾、桔梗、茅根、紫胡、桑白皮、淡竹叶、女贞子等。

林木　元时，境内果类树种主要有"桃、李、梅、杏、橙、枣、柿、梨"(《至元嘉禾志》)。清代，据光绪《石门县志》记述，木类有"桑、柘、梓、松、桂、槐、黄杨、榆、檀、桧、杨、枫、乌桕、梧桐、楝、樗、椿、槿、冬青、紫荆、石楠、花椒、南天竹、雀梅藤"；竹类有"胖竹、旱竹、哺鸡竹、苦竹、刚竹、猫竹、腹竹、紫竹、木竹、篾竹、细竹、石竹、淡竹(有黄、白两种)、猴竹、凤尾竹、桃枝竹、水竹"。果树主要有桃、李、柿、枣、梨等。民国时期，以桑树，乌柏、麻栎、黄榉、枣树、竹类为多。50年代，仍以桑树、乌柏、麻栎，竹类为主。70年代先后引进白榆、泡桐、水杉、池杉、落羽杉、杜仲等。1980—2012年，新增香樟、山杜英、法国梧桐、雪松、广玉兰、垂柳、银杏等。

第三章　自然灾害

水灾

明

嘉靖四十年(1561)五月初旬，石门恒雨至九月终止，水溢禾淹，明万历《崇德县志》："五月初旬至九月终止，水溢淹禾，民庐多没，岁大饥。"

万历三十六年(1608)夏，大雨水。明万历《崇德县志》："四五月间，大雨如倾者彻五十昼夜，田圩淹没，农家以门扇堤之。五月十九夜，余杭南湖塘决，一时水涨数尺，四望无涯，灶沉蛙产，庐舍俱倾，田秧腐烂，盖二百年来未有之灾也。"

崇祯十三年(1640)五月十三日，大雨水。清康熙《石门县志》："一时水溢，舟行高岸，田禾淹死，民不聊生。"

清

顺治六年(1649)五月大雨，水溢，麦无收。

顺治八年(1651)自春至夏淫雨，大水，麦淫浸死，民多流离，大饥。

康熙三年(1664)八月境域大水。

康熙十五年(1676)桐乡等县，夏大雨水，田禾没，民庐坏，冬大饥。

康熙三十年(1691)六月，桐乡大水，平地水深三尺。

康熙三十八年(1699)八月，桐乡、石门淫雨为灾。

康熙四十七年(1708)四月，境域淫雨伤麦；五月，境域大水，田禾淹尽；六月，桐乡恒雨淹禾，民大饥。

乾隆三十七年(1772)八月十一日，大雨。清嘉庆《石门县志》："自辰至午，水涨丈余。"

道光二十九年(1849)夏，大涝，民大饥。四月间，阴雨连绵。至闰五月十四日，大雨如注，计有旬日，河水溢岸，平地涌水数尺，一望如湖面。灶沉蛙产，舟牵岸上，秧苗淹腐，仓廒不开。

中华民国

民国8年(1919)5月12日起，大雨多日，田野成浸，饥。

民国10年(1921)8月大水,河水陡涨六尺、七尺,农田被淹。

民国20年(1931)大水。

民国35年(1946)6月,淫雨连绵。

中华人民共和国

1949年夏季,大水害稼。

1951年夏、秋,大水害稼,洼田受淹。

1954年梅雨期淫雨80余天,春花尽淹,大部腐烂,田间水深4尺～7尺,政府救济灾民,发放贷款,恢复生产。

1956年6月、7月大水,害稼。

1957年6月、7月淫雨。

1961年4月大水。

1973年6月中旬至下旬淫雨半月,早播连作晚播秧苗被淹,引起烂秧。

1983年6月13—15日三天暴雨,桐乡、崇德、石门、乌镇四个水文站测定平均降雨214.8毫米,崇福水位5.02米,境内早稻和旱地经济作物、水产、运输、企业损失严重。

1999年6月30日发生特大洪涝灾害,灾情之严重,百年未遇。

旱灾

北宋

建隆二年(961),吴越自五月不雨至于七月。

熙宁八年(1075)八月,吴越大旱,饥馑疾疫,死者殆半。

南宋

淳熙十四年(1187),桐乡旱。

嘉定八年(1215)夏,五月,大燠,草木枯槁。

元

至元二年(1265),江浙自春至八月不雨,民大饥。

明

景泰六年(1455),嘉兴府自三月不雨至六月,石门旱,斗米百钱,饥,民饿死者甚多。

天顺元年(1457),嘉兴大旱,运河竭。

成化二十三年(1487),桐乡秋大旱,禾稼尽槁,河底龟坼。

嘉靖二十三年(1544),嘉兴府各县夏秋大旱,无禾,民大饥。

嘉靖二十四年(1545),杭、嘉、湖、三府大旱,民大饥。

万历十七年(1589),夏大旱,运河龟坼,野无青草,五谷不登,民从远方购入绿豆、小麦、黑豆、荞麦糊口。咽糟糠,茹树皮,卖妻鬻子,饿殍载道。

万历三十三年(1605),桐乡大旱。

万历三十四年(1606),桐乡大旱,伤稼。

万历四十八年(1625),桐乡春秋大旱,禾尽槁。

崇祯十六年(1643),六月,大旱。清康熙《石门县志》:“运河坼裂,田禾尽枯,男妇哀号祈祷,阅两月始雨。”

清

顺治十八年(1661)八月,桐乡旱。

康熙元年(1662),桐乡大旱。

康熙十六年(1677),桐乡等地,四月大旱,水田坼。

康熙十七年(1678)夏秋,桐乡大旱,秋无收,岁饥。

康熙三十二年(1693),五月、六月,桐乡大旱,田不获播。

康熙四十六年(1720)夏,石门、桐乡大旱,河港皆涸。

康熙六十年(1721),桐乡夏秋俱大旱,河底龟坼,至八月始雨。

康熙六十一年(1722)夏,桐乡亢旱。

雍正元年(1723)夏,桐乡等县继上年大旱,大饥。

乾隆二十一年(1756)五月,桐乡旱,民杂食榆皮,甚有抢攘者,闾巷有殍,疫疠盛行。

中华民国

民国23年(1934),大旱,六月梅雨不发,大旱至9月始雨。河港干涸,土地龟坼,田禾大半枯萎,秋收无望,农民生计已陷绝境。

民国36年(1947),旱灾。土地龟裂,河床干涸,饮水只能饮混浊的泥浆水。

中华人民共和国

1953年,旱,崇德水位仅2.18米。

1958年,旱。

1963年,夏旱。

1967年7月29—9月1日滴雨不下。

1971年,旱,6月23—9月3日降雨仅53.5毫米。

1978年夏旱。6月25日—9月9日,降雨36.4毫米,旱情超过民国23年(1934),崇德水文站7月14日水位仅1.75米,由于拓浚河道,旱地作物受损,水田基本无害。

1988年,7月1—22日持续高温干旱,7月17日最高气温达38.3℃,旱地作物损失,早稻因高温空瘪谷增加。

1990年,7月11—8月10日,晴热久旱,崇德水文站水位3.02米,夏收夏种期间部分圩田引水灌溉发生困难,旱地作物旱情较重。

风灾

元

至顺元年(1330)闰七月,嘉兴府境内大风烈雨,崇德尤甚,坏民田,民饥。

明

嘉靖十一年(1532)六月,崇德县大风雨,发屋拔木,尽夜大雨如注。

嘉靖四十三年(1564),石门大雹,八月狂风终日,拔木扬沙;十一月。十二月,雷电大风。

万历四十一年(1613)三月十四日,桐乡大风,雨雹。崇祯元年(1628)七月二十三日,飓风拔木,境域大风雨成灾。

清

顺治十四年(1657)六月,境域大风,民居多坏。

康熙三十五年(1696)七月二十三日,暴雨至九月大疫。

乾隆三十九年(1774)六月,桐乡大风雨,坏室庐无算。

光绪二年(1875)六月十三日,飓风。至十四日巳刻止。民居倾圮,间有伤人。

光绪三十二年(1906)六月十四日午后,桐乡大风,并雨加雪。

中华民国

民国3年(1914)5月11日,大风,下雹,大如拳,历两小时始息。

中华人民共和国

1956年8月1日午夜,遭强台风袭击,最大风力达10级(指台风影响境内时的最大风力不同),普降大到暴雨,崇、桐两县吹倒房屋1618间,草房1730间,死10人,伤122人。早稻、桑叶、烟片场有20%～30%损失。

1957年6月11日下午4时30分始,境域遭大风、暴雨、冰雹袭击,下雹历时10分钟,雹直径约2厘米。

1957年9月,5号台风影响境域,最大风力为8级,降雨量92.3毫米。

1962年9月19日,境域遭大风、冰雹袭击。

1963年9月11—13日,遭12号台风侵袭,最大风力达10级,过程雨量达337.9毫米。晚稻田积水深65厘米左右,旱地甘薯受损,并有部分人畜房屋倒塌。

1965年8月,台风,最大风力8级。

1971年9月,台风,最大风力7级。

1977年6月26日4时30分至15时,境域遭狂风袭击,同时遭冰雹袭击10分钟,雹大似鸡蛋。

1989年8月,台风,最大风力7级。

1989年9月,台风,最大风力7级。

1997年8月,11号台风,最大风力9级,造成倒房倒树,局部供电中断,农田受灾。

2005年8月,9号台风"麦莎",最大风力9级,过程降水量90.6毫米,持续时间12小时,造成房屋倒塌等严重灾害。

低温　雪灾

唐

天复三年(903)三月,大雪,平地三尺,其气如烟,其味苦。

明

正德四年(1509)十一月,恒寒,坚冰。

清

嘉庆元年(1796),桐乡大风雪,寒甚,冰凝不解。

光绪三十二年(1906)六月十四日午后,桐乡地区大风,并雨加雪。

中华民国

民国19年(1930)1月,连日朔风怒号,寒风刺骨。8日河流均被冰封。

中华人民共和国

1976年冬,连续冰雪至次年1月,供电中断,农作物冻害严重。

1980年3月、4月,出现两次连续3天日平均气温≤11℃,致使早稻烂秧。

1984年1月17—20日,境内普降大雪,降雪量达64.2毫米,积雪厚度18厘米,大雪造成严重损失。农村低压电网大面积断杆断线停电,省、市长途电信中断,公路运输中断。部分民房和企业生产用房倒塌，农作物受损。

1991 年 12 月 27—28 日，大雪严寒，降雪量 17.1 毫米，积雪深度 13 厘米，最低气温－9.5℃。严寒冰冻造成人员伤害，客运班车停驶。

2008 年 2 月 1—2 日，暴雪，最大积雪深度超过 26 厘米，超历史极值，造成房屋倒塌、农作物受灾、公路交通中断、输电线路通信线路损坏等灾害。

第三编　人　　口

境内行政区域多变，历代人口数据记载未详。民国 37 年(1948)，灵安、同福两乡总人口 21705 人。建国初至 70 年代，境内人口增长较快。据 1953 年第一次全国人口普查，境内灵安、纪目、惠桥、天福、中福、同福 6 个乡总人口 24359 人。1964 年第二次全国人口普查，灵安、同福两公社总人口 30488 人，人口年均增幅达到 2.06%。70 年代始，实行计划生育政策，层层落实各项措施，群众的生育观念也随之逐步改变，人口增长始得有效控制。1982 年第三次人普数据，灵安、同福两公社人口年均增幅回落到 1.38%。此后继续回落，至 2010 年第六次人普，凤鸣街道人口年均增长率仅为 0.40%。随着改革开放和经济的发展，人口流动日趋活跃，外来流动人口急剧增长，2012 年在凤鸣派出所办证、登记的新居民达 23444 人，户籍来源地遍及全国 30 个省、市、自治区。从 80 年代以前单一的汉族聚居地，转变为拥有 20 余个民族共同生活的家园。2012 年年末，凤鸣街道常住人口 55543 人，其中户籍人口 50875 人。

第一章　人口数量和分布

第一节　人口数量

民国 34 年(1945)，灵安、纪目、同福三乡共有 3577 户，总人口 14919 人，其中男 8196 人、女 6723 人。

民国 35 年(1946)10 月，同福乡公所呈报《户口异动报告表》中显示，中塔乡并入同福乡后户口变化情况，至 9 月份止，前同福乡户口人数计 1143 户，男 2727 人，女 2167 人；前中塔乡计 1375 户，男 3175 人，女 2542 人。两乡合并后，共 2518 户，男 5902 人，女 4709 人。是年 11 月，史桥乡(原桐乡县日晖区第十四图、二十六图)人口数为 460 户，1858 人。

民国 37 年(1948)，灵安乡有 2664 户，10999 人；同福乡有 2553 户，10706 人。

表 3—1　　民国 34 年(1945)灵安、纪目、同福三乡人口数量情况表

乡　名	保	甲	户	人口		
				共计	男	女
灵安乡	9	111	1328	5366	2893	2473
纪目乡	9	91	1108	4750	2644	2106
同福乡	10	92	1141	4803	2659	2144

资料来源：桐乡市档案馆馆藏档案，卷宗号 M2—5—46

表 3—2 民国 35 年(1946)11 月日晖区第十四、二十六图(史桥乡)户口情况表

都图别	所辖保甲	户数	口数
日晖区第 14 图	第 6 保第 1 甲至 10 甲 第 7 保第 1 甲至第 9 甲	209	835
日晖区第 26 图	第 8 保第 1 甲至第 4 甲 第 9 保第 1 甲至第 12 甲 第 14 保第 1 甲至第 4 甲	251	1023

资料来源:桐乡市档案馆馆藏档案,卷宗号 M5—3—13

表 3—3 民国 37 年(1948)灵安、同福两乡人口统计表

乡名	保	甲	户	人口		
				共计	男	女
灵安乡	15	191	2664	10999	6155	4844
同福乡	14	179	2553	10706	5975	4731

资料来源:桐乡市档案馆馆藏档案,卷宗号 M2—6—12
注:此表数据为民国 37 年度年终办理户口校正后用条子整理法统计

解放初和第一个五年计划期间,社会秩序基本稳定,卫生保健条件得到改善,国家政策鼓励生育,人口出现较快增长。1953 年第一次全国人口普查,境内灵安、纪目、惠桥、天福、中福、同福 6 个乡总人口 24359 人,其中男 13405 人,女 10954 人。同年桐乡县公安局户口年报,永丰乡总户数 1423 户,总人口 5351 人,其中男 2891 人,女 2462 人。至 1964 年二次全国人口普查,人口年均增长率在 2%以上。此后,境内人口增长率逐步回落。特别是 70 年代实行计划生育后,人口增速得到有效控制,年均增幅逐步回落到 1%以下。

表 3—4 1953 年第一次全国人口普查境内灵安区 6 个乡人口数统计表

单位:人

地区别	总人口	其中:		地区别	总人口	其中:	
		男	女			男	女
灵安乡	4391	2413	1978	天福乡	4102	2261	1841
纪目乡	3652	1990	1662	中福乡	4864	2688	2176
惠桥乡	3591	1975	1616	同福乡	3759	2078	1681
6 个乡合计					24359	13405	10954

资料来源:桐乡市档案馆馆藏档案,卷宗号 41—5—23

1964 年第二次全国人口普查,境内灵安公社、同福公社合计总人口 30488 人,其中男 16151 人,女 14337 人。同区域总人口比 1953 年增加 6129 人,11 年间增长 25.16%,年均增幅 2.06%。

表 3—5　　1964 年第二次全国人口普查灵安、同福公社户数、人口数统计表

单位：人

地区别	总户数	总　人　口			其中：非农业人口
		合计	男	女	
灵安公社	3301	14509	7645	6864	429
同福公社	2441	15979	8506	7473	74
合　计	5742	30488	16151	14337	503

资料来源：桐乡市档案馆馆藏档案，卷宗号 41—6—246，《桐乡统计局第二次全国人口普查人口变动情况统计表一》

1982 年第三次全国人口普查，境内灵安公社、同福公社合计总人口 39025 人，其中男 20569 人，女 18456 人。总人口比 1964 年增加 8537 人，18 年间增长 28%，年均增幅 1.38%。

表 3—6　　1982 年第三次全国人口普查灵安、同福公社户数、人口数统计表

单位：人

地区别	总户数	总　人　口			家　庭　户		集　体　户	
		合计	男	女	户数	人数	户数	人数
灵安公社	4214	18951	9947	9004	4202	18792	12	159
同福公社	4265	20074	10622	9452	4258	19845	7	229
合　计	8479	39025	20569	18456	8460	38637	19	388

资料来源：桐乡市档案馆馆藏档案，卷宗号 41—8—192，《桐乡统计局第三次全国人口普查汇总表一》

1990 年第四次全国人口普查，境内灵安镇、同福乡合计总人口 39929 人，其中男 20751 人，女 19178 人。同区域总人口比 1982 年增加 904 人，8 年增长 2.32%，年均增幅 0.29%。

表 3—7　　1990 年第四次全国人口普查境内乡镇户数、人口数统计表

单位：人

地区别	总户数	总　人　口			家　庭　户		集　体　户	
		合计	男	女	户数	人数	户数	人数
灵安镇	4646	19236	10058	9178	4633	19108	13	128
同福乡	4986	20693	10693	10000	4966	20561	20	132
史桥乡	2522	10185	5281	4904	2514	10150	8	35
合　计	12154	50114	26032	24082	12113	49819	41	295

资料来源：桐乡市档案馆馆藏档案，卷宗号 41—10—263，《桐乡统计局第四次全国人口普查汇总表一》

2000 年第五次全国人口普查，境内灵安镇(1998 年 10 月史桥乡并入灵安镇)、同福乡合计总人口 52910 人，其中：男 26852 人，女 26058 人。同区域总人口比 1990 年增加 2796 人，年均增长率 0.54%。

表 3—8　　　　2000 年第五次全国人口普查境内乡镇户数、人口数统计表

单位:人

地区别	户　　数			人　口　数			
	合　计	家庭户	集体户	合　计	男	女	性别比（女＝100）
灵安镇	7956	7781	175	31207	15871	15336	103.49
同福乡	5196	5119	77	21703	10981	10722	102.42
合　计	13152	12900	252	52910	26852	26058	103.05

资料来源:桐乡统计局《桐乡市 2000 年第五次全国人口普查资料》

2010 年第六次全国人口普查资料记载,凤鸣街道总户数 17219 户,其中家庭户 16808 户、集体户 411 户。总人口 55061 人,其中男 27893 人、女 27168 人,性别比(女＝100)102.67。同区域总人口比 2000 年五次全国人口普查增加 2151 人,年均增长率 0.40%。

2012 年年末,凤鸣街道常住人口 55543 人,户籍人口 50875 人。全年出生人口 438 人,出生率 8.61‰。死亡人口 403 人,死亡率 7.92‰,人口自然增长率 0.69‰。

表 3—9　　　　1985—2012 年域内人口统计年报户数人口数统计表

年　份	乡　镇（街道）	年末总户数（户）	年末总人数（人）	其　中:		其　中:
				男(人)	女(人)	非农业人口(人)
1985	灵安镇	4408	18894	9984	8910	1843
	同福乡	4511	19959	10533	9426	566
	史桥乡	2342	10026	5250	4776	343
1986	灵安镇	4562	19063	10064	8999	1357
	同福乡	4672	20088	10616	9472	563
	史桥乡	2377	10104	5292	4812	287
1987	灵安镇	4709	19274	19156	9118	1202
	同福乡	4752	20275	10695	9580	543
	史桥乡	2437	10183	5349	4834	290
1988	灵安镇	4756	19303	10174	9129	1147
	同福乡	4797	20316	10687	9629	454
	史桥乡	2537	10222	5357	4865	288
1989	灵安镇	4810	19356	10212	9144	1123
	同福乡	4920	20541	10731	9810	466
	史桥乡	2539	10265	5352	4913	294
1990	灵安镇	4863	19459	10151	9308	994
	同福乡	5071	20838	10807	10031	450
	史桥乡	2579	10345	5366	4979	276

续表

年　　份	乡　镇（街道）	年末总户数（户）	年末总人数（人）	其　　中：		其　中：
				男(人)	女(人)	非农业人口(人)
1991	灵安镇	4898	19547	10182	9365	971
	同福乡	5132	20978	10851	10127	438
	史桥乡	2587	10400	5376	5024	272
1992	灵安镇	4884	19590	10194	9396	917
	同福乡	5310	21111	10915	10196	411
	史桥乡	2589	10377	5369	5008	265
1993	灵安镇	4932	19691	10242	9449	912
	同福乡	5322	21273	10958	10315	411
	史桥乡	2761	10402	5372	5030	262
1994	灵安镇	4953	19724	10223	9501	878
	同福乡	5311	21422	11015	10407	405
	史桥乡	2761	10415	5369	5046	258
1995	灵安镇	4968	19718	10226	9492	854
	同福乡	5342	21569	11052	10517	397
	史桥乡	2750	10368	5363	5005	253
1996	灵安镇	5020	19874	10239	9635	851
	同福乡	5337	21586	11065	10521	388
	史桥乡	2750	10488	5371	5077	242
1997	灵安镇	5267	19780	10141	9639	812
	同福乡	5335	21501	10974	10527	379
	史桥乡	2722	10408	5311	5097	244
1998	灵安镇	7978	30045	15349	14696	1061
	同福乡	5338	21407	10867	10540	395
1999	灵安镇	7964	29872	15244	14628	1038
	同福乡	5357	21411	10821	10590	392
2000	灵安镇	7838	29782	15164	14618	931
	同福乡	5159	21334	10772	10562	385
2001	凤鸣街道	7837	29726	15097	14629	921
	同福乡	5166	21236	10718	10518	371
2002	凤鸣街道	7784	29720	15041	14679	811
	同福乡	5172	21156	10670	10486	367
2003	凤鸣街道	7821	30256	15141	15115	4053
	同福乡	5188	21056	10611	10445	384
2004	凤鸣街道	7851	30454	15188	15266	4045
	同福乡	5187	21012	10595	10417	398

续表

年 份	乡 镇（街道）	年末总户数（户）	年末总人数（人）	其 中：男(人)	女(人)	其 中：非农业人口(人)
2005	凤鸣街道	7815	30458	15131	15327	4026
	同福乡	5184	20949	10545	10404	434
2006	凤鸣街道	7773	30539	15099	15440	6469
	同福乡	5167	20900	10518	10382	454
2007	凤鸣街道	7727	30523	15057	15466	6480
	同 福	5122	20772	10425	10347	460
2008	凤鸣街道	12793	51129	25348	25781	51129
2009	凤鸣街道	12744	51015	25223	25792	51015
2010	凤鸣街道	12704	50963	25168	25795	50963
2011	凤鸣街道	12665	50845	25121	25724	50845
2012	凤鸣街道	12634	50875	25123	25752	50875

资料来源：桐乡统计局各年度《统计资料》《统计年鉴》
说明：2008 年始，街道全部人口均按非农人口统计。

第二节 人口分布

人口密度

建国后，境内人口密度不断上升，1964 年第二次全国人口普查数据，灵安、同福两公社的人口密度分别为每平方公里 666 人和 726 人。1982 年三次全国人口普查数据，两公社的人口密度分别为 896 人和 912 人。1990 年四次全国人口普查数据，境内人口密度最高的是史桥乡，每平方公里 1072 人，其余依次为同福乡 941 人、灵安镇 882 人，均在全县平均人口密度 857 人以上。

表 3—10　　1964 年、1982 年、1990 年境内各公社（乡镇）人口密度统计表

单位：人/平方公里

	1964 年人口普查			1982 年人口普查			1990 年人口普查		
	户数	人口	密度	户数	人口	密度	户数	人口	密度
灵 安	3301	14509	666	4223	18951	869	4646	19236	882
同 福	3441	15979	726	4265	20074	912	4986	20693	941
史 桥	—	—	—	—	—	—	2522	10185	1072

资料来源：桐乡市（县）统计局各次全国人口普查汇总资料
说明：1984 年史桥从南日乡析出建乡。

2000 年第五次全国人口普查，境内人口密度为：灵安镇人口 31207 人，人口密度为每平方公里 997.03 人；同福乡人口 21703 人，人口密度为 986.5 人。

2012 年，凤鸣街道常住人口 55543 人，人口密度为 928.81 人。

户籍分布

据民国 37 年(1948)《崇德县农民概况调查》，灵安乡全乡总户数 2673 户，其中农民户数为 2486 户，占全乡总户口数的 93%。同福乡全乡总户数 2552 户，总人口数 10679 人；其中农民户数为 2334 户，农民人口数为 9789 人，分别占全乡总户数和总人口数的 91.5%和 91%。

表 3—11　　民国 37 年(1948)8 月崇德县同福乡农民概况调查情况表

<table>
<tr><td colspan="2" rowspan="2">全乡总户口数</td><td rowspan="2">户数</td><td colspan="2" rowspan="2">2552 户</td><td colspan="2" rowspan="2">口数</td><td colspan="2">男 5925 人</td><td rowspan="2">共 10679 人</td></tr>
<tr><td colspan="2">女 4754 人</td></tr>
<tr><td rowspan="4">全乡农民户口数</td><td rowspan="2">总计</td><td>户数</td><td colspan="4">2334 户</td><td colspan="2">占全乡总户数百分比</td><td>91.5%</td></tr>
<tr><td>口数</td><td colspan="2">男 5468 人
女 4321 人</td><td colspan="2">共 9789 人</td><td colspan="2">占全乡总人口百分比</td><td>91%</td></tr>
<tr><td colspan="2">自耕农</td><td colspan="2">男 4885 人
女 3904 人</td><td colspan="2">共 8789 人</td><td>佃农</td><td>男 9 人
女 6 人</td><td>共 15 人</td></tr>
<tr><td colspan="2">半自耕农</td><td colspan="2">男 532 人
女 406 人</td><td colspan="2">共 938 人</td><td>雇农</td><td>男 42 人
女 5 人</td><td>共 47 人</td></tr>
<tr><td>农民籍贯</td><td>土著</td><td colspan="2">男 5465 人
女 4320 人</td><td colspan="2">共 9785 人</td><td>客籍</td><td>男 3 人
女 1 人</td><td colspan="2">共 4 人(本省绍兴县 3 人、江苏新化县 1 人)</td></tr>
<tr><td>备注</td><td colspan="9">客籍农民：佃农 2 人、雇农 2 人</td></tr>
</table>

资料来源：桐乡市档案馆馆藏档案，卷宗号 M3—13—56(同福乡公所填报)

1952 年，境内灵安、纪目、惠桥、中福、天福、同福等 6 个乡，总人口为 24310 人，其中农业人口 23671 人，占 97.37%，非农人口 639 人，占 2.63%。1962—1963 年，城镇职工精简下放；1970 年后，城镇知识青年下乡插队，境内各村先后承担接收安置任务，农业人口的比例略有增加。至 1977 年，境内灵安、同福两公社总人口 38530 人，其中农业人口 37748 人，占 97.97%；非农人口 782 人，占 2.03%。1978 年后，知识青年陆续返城，62、63 精简下放人员落实政策，农村学生进城就读大专院校的人数明显增加，以及城镇企事业单位招工等，上述因素促使境内农业人口占比呈缓慢下降趋势。1990 年第四次全国人口普查，境内一镇两乡农业人口占总人口的 97.62%。2000 年第五次全国人口普查，境内一镇一乡农业人口占总人口的 97.53%。

凤鸣街道地处桐乡市郊，因国家基础设施建设和市经济开发区建设，2000 年后陆续征用土地，失地农民转为非农人口。2003 年，因国家建设征用土地，市政府批准撤销环南村孛蓝兜等 19 个村民组建制，3383 名村民由农业户口转为非农业户口。2006 年，因市经济开发区建设征用土地，市政府同意灵安村千步兜等 21 个村民组 2365 名村民由农业户口转为非农户口。其中 5 个村民组撤销建制，相应组建为居民组。2007 年，灵安村白墙里(白蔷里)等 13 个村民组撤销建制，改为居民组，原系农业户口的 1490 人就地转为非农户口。2008 年，灵安村赵家角 2 个村民组撤销建制转为居民组，农业户口 20 人转为非农户口。2010 年第六次全国人口普查数据，凤鸣街道农业人口占常住人口总数的 84.83%，农业人口占比与五次全国人口普查比较，下降 12.7 个百分点。此后，国家实行户籍制度改革，不再区分农业户口和非农户口。

地域分布

民国 37 年(1948)，崇德县政府为明瞭各乡镇主要村镇及户数分布情形，以作施政参考，开展各乡镇联合户数调查。7月，同福、灵安二乡由户籍干事填表，经乡长签名盖章后上报。同福、灵安二乡共有4439户，分布在38个村镇。其中200户以上的有徐家庙、灵安街，100户以上未满200户的有青石桥、西牛桥、高道庙、李王庙、路家园、龙王庙等20个村，50户以上未满100户的有白墙里、金家木桥、柴家斗、全德菴等16个村。

表3—12　　民国37年(1948)崇德县同福乡人口户数分布表

标准户数	村镇联合名称	实有户数	内辖村庄街市小地名	所属保别
50户以上未满100户	上羊桥	86	徐家门、钟家埭、钱家埭、陈家埭、王家浜	第四保
	三圣堂	45	南浜头、马家湾、陈家会、双木桥	第六、七保
	柴家斗	91	大吕家埭、小吕家埭、庙浜	第六保
	顾家埭	83	旱溇里、范家谷、西罗家浜	第五、六保
	鹞子墩	62	俞树浜	第八保
	王湾村	80	朱家埭、南市桥、中范桥	第八保
	金家木桥	93	北孙家村、假山头、北徐村	第九保
100户以上未满200户	龙王庙	151	紫竹院、堰坝头、颜家门、朱家门、沈家木桥、洞桥头	第一、十二保
	青石桥	177	姚家会、鱼船会、小桥头、陈家斗、谈家门、杨树浜、大道地	第二、三保
	黄家谷	125	姚家埭、李家谷、马家桥、许家浜	第三保
	五社庙	138	钱家湾、寺前埭、庙前埭、三界桥、大家埭、五社桥	第四、七保
	永昌庙	106	田旺庄、金家村、长旺埭、藤桥头	第七保
	锺夫庙	125	南孙家村、吕家埭、朱家木桥、钟家埭、徐香桥	第九保
	高道庙	167	西长浜、平家港、竹园村、杨湾里、石桥头	第十一保
	金家桥	107	孙家门、双元埭、三斗村	第十二保
	草庵	110	油车桥、南顾家埭、陈会角、沈其村	第十二保
	孙家浜	140	盛家里、杨家村、王家村、梅家村、陈会谷	第十三保
	瓜塔庙	126	庙西村、庙东村、杨元村、夏家斗	第十四保
200户以上	徐家庙	281	东长浜、东村角、花园木桥、蔡家门、章家桥、北旱浜	第十、八保

资料来源：桐乡市档案馆馆藏档案，卷宗号M3—13—56(同福乡公所37年7月16日填报)

表3—13　　民国37年(1948)崇德县灵安乡人口户数分布表

标准户数	村镇联合名称	实有户数	内辖村庄街市小地名	所属保别
50户以上未满100户	郑家门	88	沈家门、高家门、程家里、严家荡、沈家里、钱家里	第一、二保
	沈家浜	85	西昌桥、柳元里、朱家里、卫家木桥	第三保
	双坟头	82	南木桥、思嘉桥、白果树下	第五保
	荼家兜	80	蔡家村	第七保
	白墙里	96	范家里、王家墙门、千步兜、朱家谷	第七保
	馀祥桥	66	施家里、中路过桥、劳家里、时家浜、都家埭、樸树下、董家里	第八保
	沙泥浜	56	钟家角、禾木桥	第九保

续表

标准户数	村镇联合名称	实有户数	内辖村庄街市小地名	所属保别
50户以上未满100户	江南桥	84	蒋家浜、墙圈里、吕家角、新桥头、曹蒋门、王家浜、桃园里、羊眼庄	第九、十保
	全德菴	91	唐家汇、周家园、陆家埭、河泥浜、南闻埭	第十三保
100户以上未满200户	李家弄	107	田心门、朱鱼池、花果兜、溇上、麻皮兜、吴家门	第一保
	张家村	111	新庙桥、姚家门、世官木桥、韩家村	第四保
	湾里村	110	梧桐村、白云桥、姚家溇	第四、五保
	顾家坝	121	钟家浜、密竹村、钱家鱼池	第八保
	高家浜	140	蒋主庙、陆家木桥、年家坝、姚家里	第九、十保
	路家园	153	黄家谷、潘家漾、草棚屋、王板桥、庙前头、小桥头、石皮弄、田北横、西高家浜	第十一保
	李王庙	154	庙后村、钱家里、路家石桥、路家木桥	第十二保
	陆家门	120	秀才桥、潘家里、道士门、李家门、史家埭、朝北屋、景树园	第十四保
	西牛桥	176	三家村、崔家浜、沈家浜、西园村、王家兜、蒲鞋桥、南环桥、南木桥、纪目桥	第十三、十五保
200户以上	灵安街	226	长溇上、万代桥、孙家门、郎家里、徐家埭、泥家浜、朱家车、徐家湾、赵家谷、陈家漾	第二、六、三保

资料来源：桐乡市档案馆馆藏档案，卷宗号M3—13—56（灵安乡公所37年7月20日填报）

建国初期，境内分布在崇德、桐乡两县，灵安、惠桥、纪目、同福、天福、中福等6个乡的人口归属崇德县，永丰乡归属桐乡县。1956年撤区并乡，1958年崇德、桐乡两县合并。虽然行政区域调整频繁，而人口分布实际变化并不大。1958年前按乡、村统计分布情况，人民公社化后按公社、大队统计，1983年10月以后，又按乡（镇）、村统计人口分布情况。

表3—14　　1968年灵安公社、同福公社人口分布统计表

单位：人

公　社	大队（集镇）	人口数	公　社	大队（集镇）	人口数
灵　安	梧　桐	1613	同　福	联　民	3234
	茶家斗	1176		联　庄	3667
	灵　安	1373		联　建	1729
	红　联	1428		联　胜	1803
	李家弄	1878		联　星	2071
	惠　桥	1073		联　合	1451
	红　旗	1424		联　群	1352
	朱家门	1093		联　中	2313
	建　福	1056		集镇非农	202
	路家园	1341		—	—

续表

公　　社	大队(集镇)	人口数	公　　社	大队(集镇)	人口数
灵　安	西牛桥	1708	同　福	—	—
	蚕桑场	689		—	—
	灵安镇	535		—	—
合　计		16387	合　计		17822

资料来源:桐乡市档案馆馆藏档案,卷宗号41—6—368,《灵安公社革委会1968年度人口统计年报》

表3—15　　　　1982年第三次全国人口普查灵安公社人口分布统计表

单位:户、人

地　区　别	总户数	总　人　口			家　庭　户		集　体　户	
		合　计	男	女	户　数	人　数	户　数	人　数
总　　计	4214	18951	9947	9004	4202	18792	12	159
公社居委会	218	526	271	255	216	515	2	11
红胜大队	399	1853	958	895	399	1853	—	—
茶家兜大队	289	1358	729	629	289	1358	—	—
灵安大队	360	1630	824	806	360	1630	—	—
红联大队	358	1653	852	801	358	1653	—	—
李家弄大队	460	2190	1138	1052	460	2190	—	—
蚕桑场大队	171	774	401	373	171	774	—	—
惠桥大队	278	1220	655	565	278	1220	—	—
红旗大队	343	1599	864	735	343	1599	—	—
朱家门大队	281	1276	671	605	281	1276	—	—
建福大队	262	1256	657	599	262	1256	—	—
路家园大队	336	1509	777	732	336	1509	—	—
西牛桥大队	444	1949	1022	927	444	1949	—	—
集体户	15	158	128	30	5	10	10	148

资料来源:桐乡市档案馆馆藏档案,卷宗号41—8—192,《桐乡统计局第三次全国人口普查汇总表一》

表3—16　　　　1982年第三次全国人口普查同福公社人口分布统计表

单位:户、人

地　区　别	总户数	总　人　口			家　庭　户		集　体　户	
		合　计	男	女	户　数	人　数	户　数	人　数
总　　计	4265	20074	10622	9452	4258	19845	7	229
新农村	796	3689	1968	1721	796	3689	—	—
联庄	839	4129	2187	1942	839	4129	—	—

续表

地区别	总户数	总人口			家庭户		集体户	
		合计	男	女	户数	人数	户数	人数
联建	397	1838	960	878	397	1838	—	—
联胜	397	1963	1031	932	397	1963	—	—
联星	511	2245	1167	1078	511	2245	—	—
联合	346	1594	832	762	346	1594	—	—
联群	320	1521	796	725	320	1521	—	—
联中	550	2621	1399	1222	550	2621	—	—
同福居委会	35	76	35	41	35	76	—	—
集体户	74	398	247	151	67	169	7	229

资料来源:桐乡市档案馆馆藏档案,卷宗号41—8—192,《桐乡统计局第三次全国人口普查汇总表一》

表3—17　　1982年第三次全国人口普查南日公社(史桥部分)人口分布统计表

单位:户、人

地区别	总户数	总人口			家庭户		集体户	
		合计	男	女	户数	人数	户数	人数
总计	2120	9956	5163	4793	2116	9949	3	5
长新大队	522	2475	1290	1185	521	2473	—	—
西张大队	118	505	265	240	117	504	1	1
史桥大队	300	1450	762	688	300	1450	—	—
自由大队	267	1227	622	605	267	1227	—	—
官漤大队	127	646	330	316	127	646	—	—
金太庙大队	229	1089	576	513	228	1086	1	3
桑元桥大队	311	1429	728	701	311	1429	—	—
玲群大队	246	1135	590	545	245	1134	1	1

资料来源:桐乡市档案馆馆藏档案,卷宗号41—8—192,《桐乡统计局第三次全国人口普查汇总表一》

表3—18　　2000年第五次全国人口普查境内乡镇人口分布统计表

单位:户、人

地区别		总户数			总人口		
		小计	家庭户	集体户	小计	男	女
灵安镇	灵安居委	273	251	22	782	409	373
	灵安村	413	390	23	1663	871	792
	自由村	401	397	4	1412	725	687
	红胜村	454	454	—	1913	978	935

续表

地区别		总户数			总人口		
		小计	家庭户	集体户	小计	男	女
灵安镇	茶家兜村	352	348	4	1444	734	710
	红联村	400	399	1	1651	816	835
	李家弄村	655	645	10	2519	1287	1232
	蚕桑场村	202	202	—	868	426	442
	惠桥村	313	313	—	1324	673	651
	红旗村	431	430	1	1736	875	861
	朱家门村	330	318	12	1356	685	671
	建福村	301	301	—	1246	646	600
	路家园村	462	439	23	1753	923	830
	西牛桥村	498	498	—	2048	1033	1015
	长新村	780	732	48	2984	1513	1471
	西张村	125	125	—	479	249	230
	史桥村	474	456	18	1767	910	857
	金太庙村	292	283	9	1121	540	581
	官楼村	159	159	—	600	302	298
	桑园桥村	365	365	—	1471	731	740
	玲群村	276	276	—	1070	545	525
	小计	7956	7781	175	31207	15871	15336
同福乡	联庄村	1219	1180	39	4924	2528	2396
	新农村村	960	959	1	4060	2030	2030
	联建村	467	465	2	1937	976	961
	联胜村	491	491	—	2099	1047	1052
	联星村	597	564	33	2529	1292	1237
	联合村	410	409	1	1716	859	857
	联群村	388	388	—	1650	829	821
	联中村	664	663	1	2788	1420	1368
	小计	5196	5119	77	21703	10981	10722

资料来源:桐乡统计局《桐乡市2000年第五次全国人口普查资料》

表3—19　　2010年第六次全国人口普查凤鸣街道人口分布统计表

单位:人

地区	常住人口	现住人口	户籍人口	附:户口待定
全街道合计	55061	59616	50900	372
灵安社区	1589	1826	429	5
灵安村	2179	2253	2333	9

续表

地　　区	常住人口	现住人口	户籍人口	附:户口待定
长新村	2872	3091	3170	18
史桥村	2967	2920	3271	9
桑园桥村	2980	2672	2947	26
李家弄村	1627	1021	3625	1
红旗村	3512	3443	3933	7
路家园村	2386	2321	2827	8
环南村	14529	19416	5751	225
西牛桥村	1699	1665	2067	3
建胜村	3460	3527	3767	18
合星村	3350	3259	3952	9
中群村	3966	3914	4325	14
联庄村	4440	4706	4600	10
新农村村	3505	3582	3903	10

资料来源:桐乡统计局《桐乡市2010年第六次全国人口数据简要本》

第二章　人口结构

第一节　性别结构

境内人口的性别比例,历来为男性高于女性。民国37年(1948),灵安、同福两乡总人口21705人,其中男12130人、女9575人,人口性别比为127(以女性为100,下同)。

表3—20　　民国37年灵安、同福两乡人口性别统计表

单位:人

区　域	性别	共　计	本　籍	非本籍	
				本省他县	外　省
灵安乡	男	6155	6072	68	15
	女	4844	4805	30	9
同福乡	男	5975	5933	33	9
	女	4731	4702	26	3
合　计	男	12130	12005	101	24
	女	9575	9507	56	12

资料来源:桐乡市档案馆馆藏档案,卷宗号M2—6—12

注:此表数据为37年度年终办理户口校正后用条子整理法统计

1953 年第一次全国人口普查,境内灵安区 6 个乡总人口 24359 人,其中男 13405 人,女 10954 人,性别比 122.38。此后,境内人口的性别比差呈逐步缩小趋势。1964 年,第二次全国人口普查,境内灵安、同福两乡总人口 30488 人,其中男 16151 人,女 14337 人,性别比 112.65。1982 年,第三次全国人口普查,境内灵安、同福两公社总人口 39025 人,其中男 20569 人,女 18456 人,性别比 111.45。1990 年,第四次全国人口普查,境内灵安镇和同福、史桥两乡总人口 50114 人,其中男 26032 人,女 24082 人,性别比 108.10。至此,境内人口性别比开始回归到正常水平。2000 年,第五次全国人口普查,境内灵安镇(史桥 1998 年并入灵安)、同福乡总人口 52910 人,其中男 26852 人,女 26058 人,性别比 103.05。2010 年,第六次全国人口普查,凤鸣街道总人口 55061 人,其中男 27893 人,女 27168 人,性别比 102.67。

第二节 年龄结构

解放前,天灾频仍,战乱不断,各种疾病流行,百姓生存条件差,导致人口平均寿命短,60 岁即谓"古稀"。民国 37 年(1948),灵安、同福两乡总人口 21705 人,其中 60 岁及以上人口仅占 8%。按性别分,大多数年龄组都是男性多于女性,而 60 岁以上年龄组则女性人数远多于男性,数据显示女性寿命明显长于男性。由于医疗水平低下、卫生条件差、生育观念落后,导致婴幼儿年龄段的死亡率居高。据民国 37 年 4 季度灵安、同福两乡人口死亡年龄统计数据,未满 1 岁和 1 岁至未满 5 岁年龄组的死亡人数占死亡总人数的 30%。

表 3—21　　民国 37 年(1948)灵安、同福两乡人口年龄统计表

单位:人

乡名	性别	共计	未满1岁	1岁至未满6岁	6岁至未满12岁	12岁至未满20岁	20岁至未满30岁	30岁至未满40岁	40岁至未满50岁	50岁至未满60岁	60岁至未满70岁	70岁以上
灵安	男	6155	158	672	727	1027	918	845	879	588	265	76
	女	4844	83	484	441	619	732	704	748	521	350	162
同福	男	5975	183	669	705	1058	928	797	708	540	295	92
	女	4731	127	413	471	621	776	657	694	460	338	174
合计	男	12130	341	1341	1432	2085	1846	1642	1587	1128	560	168
	女	9575	210	897	912	1240	1508	1361	1442	981	688	336
	合计	21705	551	2238	2344	3325	3354	3003	3029	2109	1248	504

资料来源:桐乡市档案馆馆藏档案,卷宗号 M2—6—12

说明:此表为 37 年度年终办理户口校正后用条子整理法统计,编辑时类目有归并

表 3—22　　民国 37 年(1948)第四季度灵安、同福两乡人口死亡年龄统计表

单位:人

乡　名	死亡者性　别	各年龄组共计	未满1岁	1岁至未满5岁	5岁至未满10岁	10岁至未满20岁	20岁至未满30岁	30岁至未满40岁	40岁至未满50岁	50岁至未满60岁	60岁至未满70岁	70岁至未满80岁	80岁以上
灵　安	男	56	5	9	1	8	5	5	6	7	4	6	
	女	39	3	13	2	2	1	3	1	3	4	6	1
同　福	男	44	8	5	8	—	2	4	4	9	—	3	1
	女	34	4	5	7	2	—	3	2	3	4	4	—
合　计	男	100	13	14	9	8	7	9	10	16	4	9	1
	女	73	7	18	9	4	1	6	3	6	8	10	1
	合计	173	20	32	18	12	8	15	13	22	12	19	2

资料来源:桐乡市档案馆馆藏档案,卷宗号 M2—6—12,《崇德县三十七年第四季死亡统计报告表(死亡者年龄)》

说明:编辑时类目有归并

表 3—23　　民国 37 年(1948)第四季度灵安、同福两乡人口死亡原因统计表

单位:人

死亡原因	两　乡　合　计		灵安乡	同福乡	死亡原因	两　乡　合　计		灵安乡	同福乡
伤寒或类伤寒	合计	8	1	7	产褥病	合计	29	7	22
	男	4	—	4		男	16	3	13
	女	4	1	3		女	13	4	9
斑　疹伤　寒	合计	3	2	1	肺　病	合计	3	—	3
	男	2	2	—		男	—	—	—
	女	1	—	1		女	3	—	3
赤　痢	合计	2	—	2	其　他痨　病	合计	11	2	9
	男	2	—	2		男	8	1	7
	女	—	—	—		女	3	1	2
天　花	合计	4	3	1	呼　吸系统病	合计	6	6	—
	男	3	3	—		男	6	6	—
	女	1	—	1		女	—	—	—
肠　泻及肠炎	合计	7	5	2	其　他肠胃炎	合计	4	3	1
	男	7	5	2		男	2	2	—
	女	—	—	—		女	2	1	1
心肾病	合计	3	3	—	流行性脑膜炎	合计	5	—	5
	男	2	2	—		男	2	—	2
	女	1	1	—		女	3	—	3
老　衰及中风	合计	39	20	19	猩红热	合计	11	8	3
	男	18	9	9		男	8	6	2
	女	21	11	10		女	3	2	1

续表

死亡原因	两乡合计		灵安乡	同福乡	死亡原因	两乡合计		灵安乡	同福乡
麻疹	合计	13	13	—	疡毒	合计	2	2	—
	男	7	7	—		男	2	2	—
	女	6	6	—		女	—	—	—
其他发热发冷病	合计	22	20	2					
	男	10	8	2					
	女	12	12	—					
死因不明	合计	1	—	1	以上各种原因死亡总计	合计	173	95	78
	男	1	—	1		男	100	56	44
	女	—	—	—		女	73	39	34

资料来源：桐乡市档案馆馆藏档案，卷宗号M2—6—12，《崇德县三十七年第四季死亡统计报告表(死亡原因)》

新中国成立后，随着境内经济发展、人民生活质量提高和医疗卫生设施设备不断更新，医疗技术水平提高，人均寿命逐渐延长。70年代实行计划生育后，少年儿童人口占比下降，老年人口占比加快上升。

据1953年第一次全国人口普查，境内灵安、纪目、惠桥、天福、中福、同福6个乡总人口24359人。其中0～14岁人口7468人，占总人口的30.66%，15～59岁15046人，占61.77%，60岁以上老年人口1845人，占7.57%。

表3—24　　1953年第一次全国人口普查灵安等6个乡人口年龄构成表

单位：人

乡名	人口数							
	合计		0—14岁		15—59岁		60岁及以上	
	人数	%	人数	%	人数	%	人数	%
灵安	4391	100	1311	29.86	2762	62.90	318	7.24
纪目	3652	100	1117	30.59	2264	61.99	271	7.42
惠桥	3591	100	1107	30.83	2205	61.40	279	7.77
同福	3759	100	1231	32.75	2275	60.52	253	6.73
中福	4864	100	1449	29.79	3003	61.74	412	8.47
天福	4102	100	1253	30.55	2537	61.85	312	7.61
合计	24359	100	7468	30.66	15046	61.77	1845	7.57

资料来源：桐乡市档案馆馆藏档案，卷宗号41—5—25

说明：此表据崇德县第一次人口普查资料摘录整理

1990年，第四次全国人口普查数据，境内两乡一镇0～14岁9204人，占18.37%；15～59岁34732人，占69.31%；60岁及以上6178人，占12.33%。2000年第五次全国人口普查，灵安镇、同福乡合计

0～14 岁人口 10290 人，占总人口 19.45%；15～59 岁 35068 人，占 66.28%；60 岁及以上 7552 人，占 14.27%。与四次全国人口普查相比，0～14 岁少年儿童占比上升 1.08 个百分点，15～59 岁人口占比下降 3.03 个百分点，60 岁以上老年人占比上升 1.94 个百分点。

表 3—25　　1990 年第四次人口普查境内人口年龄状况一览表

单位：人

乡　镇	总人口	0—4 岁	5—9 岁	10—14 岁	15—19 岁	20—24 岁	25—29 岁	30—34 岁	35—39 岁	40—44 岁	45—49 岁
合　计	50114	3791	2611	2802	4033	6006	5122	4239	4352	3553	2719
灵安镇	19236	1492	1018	1151	1536	2237	1928	1573	1686	1390	994
同福乡	20693	1585	1060	983	1610	2599	2211	1716	1741	1450	1170
史桥乡	10185	714	533	668	887	1170	983	950	925	713	555
—	—	50—54 岁	55—59 岁	60—64 岁	65—69 岁	70—74 岁	75—79 岁	80—84 岁	85—89 岁	90—94 岁	95—99 岁
合　计	—	2451	2257	2163	1690	1124	686	359	122	31	3
灵安镇	—	928	857	862	639	446	277	162	48	11	1
同福乡	—	1061	954	869	722	451	290	146	56	17	2
史桥乡	—	462	446	432	329	227	119	51	18	3	—

资料来源：《桐乡县 1990 年人口普查资料》电子计算机汇总（县全国人口普查办）
说明：第四次全国人口普查时境内无 100 岁以上老人

2010 年第六次全国人口普查，凤鸣街道 0～14 岁人口 7372 人，占总人口 13.39%；15～59 岁 37913 人，占 68.86%；60 岁及以上 9776 人，占 17.75%。与五次全国人口普查相比，0～14 岁儿童占比下降 6.96 个百分点，15～59 岁人口上升 3.86 个百分点，60 岁及以上老年人占比上升 3.1 百分点。

1990—2010 年，境内人口的年龄结构，总体上呈少年儿童人口占比下降，劳动力人口占比基本持平，老年人口占比明显上升。体现人民生活和健康水平的提高，使人口寿命延长，境内人口年龄结构趋向老龄化。

表 3—26　　2000 年第五次全国人口普查境内乡镇人口年龄构成指数

单位：人、%

乡　镇	人口数								年龄构成指数		
	合　计		0—14 岁		15—59 岁		60 岁及以上		总抚养比	少儿抚养比	老年抚养比
	人数	%	人数	%	人数	%	人数	%			
灵　安	31207	100	5873	18.82	20962	67.17	4372	14.01	48.87	28.02	20.86
同　福	21703	100	4417	20.35	14106	65.00	3180	14.65	53.86	31.31	22.54

资料来源：桐乡统计局《桐乡市 2000 年第五次全国人口普查资料》

表 3—27　　2010 年第六次全国人口普查凤鸣街道人口性别、年龄统计表

单位:人

	总人口	0 岁	1—4 岁	5—9 岁	10—14 岁	15—19 岁	20—24 岁	25—29 岁	30—34 岁	35—39 岁	40—44 岁	45—49 岁
合计	55061	457	1752	2364	2799	2839	4284	3620	3568	4641	5998	5180
男	27893	256	907	1250	1412	1507	2205	1860	1883	2318	2974	2617
女	27168	201	845	1114	1387	1332	2079	1760	1685	2323	3024	2567
		50—54 岁	55—59 岁	60—64 岁	65—69 岁	70—74 岁	75—79 岁	80—84 岁	85—89 岁	90—94 岁	95—99 岁	100 岁以上
		3790	3993	3165	2245	1801	1352	846	291	66	10	—
		2023	2018	1563	1029	877	705	377	89	21	2	—
		1767	1975	1602	1216	924	647	469	202	45	8	—

资料来源:桐乡统计局《桐乡市 2010 年人口普查资料》

表 3—28　　1991—2012 年境内百岁老人名录

年　份	姓　　名	性　　别	出生年月	家　庭　住　址
2002	陆宝英	女	1901.03	凤鸣街道史桥村
2003	陈润生	女	1903.06	凤鸣街道灵安村

资料来源:街道计生办提供

说明:1991—2000 年,2004—2012 年境内无百岁老人

第三节　职业结构

境内大多为农村地区,间有若干小集镇,人口的职业结构历来以第一产业(农业)为主。民国 37 年(1948),灵安、同福两乡总人口 16572 人,其中从事农业 8292 人,占 50.04%;无业人口 7504 人,占 45.28%(农村妇女以从事家务为主,大多统计为无业);其次为商业、工业、自由职业,分别占 1.86%、1.33%和 0.63%。

表 3—29　　民国 37 年(1948)灵安、同福两乡人口职业分布统计表

单位:人

乡　名	性别	共计	农业	工业	商业	交通运输业	公务	自由职业	人事服务	其他	无业
灵　安	男	4598	4192	81	217	3	40	36	5	18	6
	女	3836	—	1	4	1	—	4	14	—	3812
同　福	男	4418	4059	138	87	9	17	61	20	—	27
	女	3720	41	1	—	—	4	4	11	—	3659

续表

乡　　名	性别	共计	农业	工业	商业	交　通 运输业	公务	自由 职业	人事 服务	其他	无业
合　　计	男	9016	8251	219	304	12	57	97	25	18	33
	女	7556	41	2	4	1	4	8	25	—	7471
	合计	16572	8292	221	308	13	61	105	50	18	7504

资料来源：桐乡市档案馆馆藏档案，卷宗号 M2—6—12
说明：此表为37年度年终办理户口校正后用条子整理法统计

50—60年代，境内人口仍以从事农业为主。70年代初，社队办工业逐渐兴起，人口从业状况开始改变。改革开放后，人口的职业状况发生根本性变化。1982年，灵安、同福两公社在业人口合计24623人，其中从事农牧林渔业20427人，占82.96%；制造业在业人口2683人，占10.90%；其次为建筑业、商业餐饮、教育文化艺术业，分别占1.98%、1.82%和1.04%；其余行业占比甚微。1990年，灵安镇、同福乡、史桥乡在业人口合计35995人，其中从事农林牧渔水利业27200人，占75.57%；工业在业人口2683人，占18.25%；其次为商业餐饮、建筑业、教育文化艺术广电事业，分别占2.36%、1.75%和0.92%；行业占比排在其后的还有机关党政群团、交通运输和邮电通信、公用事业管理和居民服务业、卫生体育和社会福利事业等。第四次全国人口普查与第三次全国人口普查比较，从事农林牧渔业的人口占比减少7.39个百分点，而从事工业的人口占比增加7.35个百分点。

表3—30　　1982年第三次人口普查境内在业人口行业状况一览表

单位：人

公　社	在业人口	农牧林渔业	矿业及木材采运业	制造业	建筑业	交通运输邮电通信	商业餐饮物资仓储	公用事业管理居民服务业	卫生体育社会福利	教育文化艺术	科研和技术服务	金融保险	机关党政群团	其他行业
合　计	24623	20427	1	2683	488	91	447	26	99	256	2	22	80	1
灵　安	11756	9630	—	1420	164	19	266	12	57	133	2	12	40	1
同　福	12867	10797	1	1263	324	72	181	14	42	123	—	10	40	—

资料来源：《桐乡市第三次人口普查资料汇编》

表3—31　　1990年第四次人口普查境内在业人口行业状况一览表

单位：人

乡　镇	在业人口	农、林、牧、渔、水利业	工业	建筑业	交通运输邮电通讯	商业餐饮物资仓储	房地产管理公用事业居民服务业	卫生体育社会福利事业	教育文化艺术广播电视事业	科研和技术服务	金融保险业	机关党政群团	其他行业
合　计	35995	27200	6570	630	194	851	159	97	331	3	58	298	—
灵安镇	13842	10623	2267	149	74	372	80	20	140	1	16	100	—

续表

乡　镇	在业人口	农、林、牧、渔、水利业	工业	建筑业	交通运输邮电通讯	商业餐饮物资仓储	房地产管理公用事业居民服务业	卫生体育社会福利事业	教育文化艺术广播电视事业	科研和技术服务	金融保险业	机关党政群团	其他行业
同福乡	14794	10885	3030	324	72	181	14	42	111	1	28	136	—
史桥乡	7359	5692	1273	157	48	298	65	35	80	1	14	62	—

资料来源:《桐乡县1990年人口普查资料》电子计算机汇总(县全国人口普查办)

2000年,第五次全国人口普查长表按人口10%抽样调查数据,灵安镇和同福乡按行业门类,从事农林牧渔业占60.74%、从事制造业和建筑业占29.34%、从事批发零售餐饮业占4.25%,从事交通运输和邮电通信业占2.0%,其它占3.71%。与第四次全国人口普查相比,从事农林牧渔业的人口占比减少14.83个百分点,而从事制造业和建筑业的人口占比增加9.34个百分点,从事商业餐饮业的人口占比增加1.89个百分点。2010年第六次全国人口普查抽样调查数据,凤鸣街道15周岁及以上常住人口中,经济活动参与率为87.69%,失业率仅为1.62%。15周岁及以上常住人口就业按产业门类统计,第一产业(农林牧渔业)占31.08%,第二产业占50.83%,第三产业占18.08%。与五次全国人口普查相比,从事二、三产业的人口占比大幅上升,而从事第一产业(农林牧副渔)的人口数首次退居第二位,从事第二产业人口数位居第一。

表3—32　2010年全国人口普查长表抽样调查凤鸣街道常住人口就业情况一览表

单位:人

抽样人口总计	第一产业(农林牧副渔)	第二产业				第三产业								
		小计	其中:			小计	其中:							
			制造业	建筑业	其他		批发和零售业	住宿和餐饮业	交通运输邮政	居民和其他服务业	租赁和商务服务业	房地产业	教育	其他
4015	1248	2041	1717	313	11	726	324	87	109	47	29	27	25	78

资料来源:桐乡统计局《桐乡市2010年人口普查资料》

说明:长表调查户按10%的抽样比例,在每个普查小区中的户编号随机等距抽取

第四节　婚姻家庭结构

婚姻结构

旧时,青年男女的婚姻大多由父母作主,早婚现象较多。民国37年(1948),灵安、同福两乡未婚人口2407人,占总人口的15.78%。已婚12844人,其中:丧偶3079人,占23.97%;离婚46人,占0.36%。

表 3—33　　民国 37 年(1948)灵安、同福两乡人口婚姻状况统计表

单位:人

区　域	性　别	共　计	未　婚	有配偶	丧　偶	离　婚
灵安乡	男	4179	989	2442	742	6
	女	3584	273	2394	915	2
同福乡	男	4003	912	2491	565	35
	女	3485	233	2392	857	3
合　计	男	8182	1901	4933	1307	41
	女	7069	506	4786	1772	5
	合计	15251	2407	9719	3079	46

资料来源:桐乡市档案馆馆藏档案,卷宗号 M2—6—12

说明:此表为 37 年度年终办理户口校正后用条子整理法统计

新中国成立后,《中华人民共和国婚姻法》颁布实施,废除封建婚姻制度,实行男女平等,婚姻自由,法定结婚年龄定为男 20 周岁,女 18 周岁。1980 年,国家颁布新《中华人民共和国婚姻法》,法定结婚年龄改为男 22 周岁,女 20 周岁,同时实行计划生育,鼓励晚婚晚育。据 1982 年第三次人口普查资料,灵安、同福两公社 15 岁以上人口 29544 人,未婚 7341 人,占 24.85%,离婚人口占已婚人口的 0.96%。

表 3—34　　1982 年第三次人口普查境内 15 岁及以上人口婚姻状况一览表

	15 岁及以上人口	未　婚	有　配　偶	离　婚	丧　偶
合　计	29544	7341	19772	213	2218
灵安公社	14221	3518	9529	100	1074
同福公社	15323	3823	10243	113	1144

资料来源:《桐乡市第三次人口普查资料汇编》(县全国人口普查办)

表 3—35　　1990 年第四次人口普查境内 15 岁及以上人口婚姻状况一览表

	15 岁及以上人口	未　婚	有　配　偶	离　婚	丧　偶
合　计	40910	8663	29303	256	2688
灵安镇	15575	3315	11101	102	1057
同福乡	17065	3516	12321	103	1125
史桥乡	8270	1832	5881	51	506

资料来源:《桐乡县 1990 年人口普查资料》电子计算机汇总(县全国人口普查办)

进入 21 世纪后,境内离婚、再婚人数呈上升趋势。据 2000 年五次全国人口普查长表抽样调查,凤鸣街道和同福乡离婚人口占已婚人口的 0.84%。2010 年六次全国人口普查长表抽样调查,凤鸣街道离婚人口占已婚人口的 1.23%。

表 3—36　　2000 年全国人口普查长表抽样调查
凤鸣街道 15 岁及以上人口婚姻状况一览表

	15 岁及以上	未　婚	初婚有配偶	再婚有配偶	离　婚	丧　偶
合　计	4157	474	3305	67	31	280
凤鸣街道	2459	310	1919	37	19	174
同 福 乡	1698	164	1386	30	12	106

资料来源:桐乡统计局《桐乡市 2000 年人口普查资料》
说明:长表调查户按 10%的抽样比例,在每个普查小区中的户编号随机等距抽取

表 3—37　　2010 年全国人口普查长表抽样调查
凤鸣街道 15 岁及以上人口婚姻状况一览表

单位:人

	15 岁及以上人口	未　婚	有 配 偶	离　婚	丧　偶
合　计	4654	659	3670	49	276
男	2299	363	1838	29	69
女	2355	296	1832	20	207

资料来源:桐乡统计局《桐乡市 2010 年人口普查资料》
说明:长表调查户按 10%的抽样比例,在每个普查小区中的户编号随机等距抽取

家庭结构

新中国成立后,随着经济的发展和社会的变革,境内的家庭户数量不断增加,家庭户规模逐步缩小。1964 年,灵安、同福两公社的家庭户 5742 户,1982 年为 8479 户。1990 年,灵安镇、同福乡的家庭户 9632 户。由于实施计划生育后,独生子女家庭占比大幅上升,农民新建住房不断增加,居住条件改善,促使家庭户规模趋向小型化。2010 年,境内家庭户规模,一人户、二人户、三人户的占比分别为 14.54%、22.75%、22.18%,比 2000 年和 1990 年数据均有较大幅度的上升,而四人户以上的占比均呈明显下降。

表 3—38　　1990 年全国第四次人口普查境内各种规模家庭户所占比例一览表

单位:户、%

乡　镇	合　计	一人户	二人户	三人户	四人户	五人户	六人户	七人户	八人户	九人户	十人及以上
灵　安	100	4.88	8.03	18.09	31.71	21.02	10.75	3.93	1.25	0.28	0.06
同　福	100	4.05	7.23	21.61	29.90	20.44	11.06	4.01	1.11	0.46	0.14
史　桥	100	6.09	7.20	21.04	30.27	20.92	9.39	3.22	1.47	0.28	0.12

资料来源:《桐乡县 1990 年人口普查资料》电子计算机汇总(县全国人口普查办)

表 3—39　　　　2000 年全国第五次人口普查境内家庭户规模一览表

单位：户、%

乡镇	家庭户户数	一人户		二人户		三人户		四人户		五人户	
		户数	比重	户数	比重	户数	比重	户数	比重	户数	比重
灵安	7781	387	4.97	757	9.73	1757	22.58	2019	25.94	1897	24.37
同福	5119	154	3.01	346	6.27	1030	20.12	1490	29.11	1385	27.06
乡镇		六人户		七人户		八人户		九人户		十人及以上	
		户数	比重	户数	比重	户数	比重	户数	比重	户数	比重
灵安		694	8.92	138	1.77	29	0.37	12	0.15	1	0.01
同福		571	11.15	113	2.21	24	0.47	6	0.12		

资料来源：桐乡统计局《桐乡市 2000 年人口普查资料》

表 3—40　　　　2010 年全国人口普查凤鸣街道家庭户规模一览表

单位：户、%

家庭户户数	一人户		二人户		三人户		四人户		五人户	
	户数	比重	户数	比重	户数	比重	户数	比重	户数	比重
16808	2439	14.54	3824	22.75	3728	22.18	3048	18.13	2612	15.54
	六人户		七人户		八人户		九人户		十人及以上	
	户数	比重	户数	比重	户数	比重	户数	比重	户数	比重
	925	5.50	190	1.13	31	0.18	10	0.06	1	0.01

资料来源：桐乡统计局《桐乡市 2010 年人口普查资料》

第五节　姓氏结构

自古以来，先民们在境内繁衍生息。由于人口迁徙等因素，居民中姓氏逐步增多。同姓一族聚居生活，出现了不少以姓氏命名的村庄、街市小地名。据民国 37 年(1948)灵安、同福两乡《村镇联合名称户数调查》，以姓氏命名的村庄、街市小地名有 120 个之多，如：柴家斗、顾家埭、王家村、黄家角、金家桥、孙家浜、郑家门、沈家浜、李家门、陆家门等，地名中涉及姓氏的除前例中的 10 个外，还有徐、钟、钱、陈、马、吕、范、罗、俞、朱、颜、姚、谈、李、许、平、盛、杨、梅、夏、蔡、章、唐、周、吴、蒋、潘、高、路、崔、郎、赵等 30 余个。

解放后，随着经济的复苏和发展，部分手工业者和生意人流入境内定居，国家陆续安排若干外地党政干部和工作人员、医生、教师到境内任职和工作，姓氏数量因此继续增加。1978 年后，外来人口激增，主要来自四川、云南、贵州、河南、安徽、重庆、江西、湖南等地，通过婚嫁、打工、经商、办企业等途径在境内定居落户，导致境内的姓氏数量大幅增加。

据凤鸣派出所提供的数据，2015 年年末全街道常住人口(户籍人口)50884 人，共有姓氏 319 个，其中复姓 2 个(诸葛、欧阳)，其余都为单姓。人口数量排列前十位的姓氏分别为沈、朱、张、王、陈、徐、吴、姚、钱、钟。列首位的沈姓人数5817人，十大姓氏人数合计26959人，占人口总数的53%。除了十大姓氏外，人口在1000人以上的姓氏还有陆、顾、李，在500人以上的姓氏有孙、黄、周、高、范、杨、吕、夏、俞、金。

表3—41　　2015年境内居民姓氏一览表

姓　氏	沈	朱	张	王	陈	徐	吴	姚	钱	钟	陆	顾
人　数	5817	3995	3849	2876	2138	1771	1714	1606	1601	1592	1256	1120
姓　氏	李	孙	黄	周	高	范	杨	吕	夏	俞	金	章
人　数	1063	896	792	776	645	624	594	593	559	554	508	483
姓　氏	赵	平	闻	许	曹	蔡	倪	郑	魏	凌	唐	胡
人　数	425	416	407	382	380	360	346	341	320	317	306	281
姓　氏	祝	颜	蒋	潘	方	邵	姜	史	汤	鲍	卫	莫
人　数	257	256	244	240	230	225	217	208	208	197	195	194
姓　氏	邱	严	董	费	路	盛	郎	都	谢	梅	刘	时
人　数	188	185	163	160	158	154	148	146	145	143	143	142
姓　氏	冯	崔	罗	孟	商	虞	何	马	汪	庄	谈	宋
人　数	140	137	135	130	128	128	126	113	112	108	106	104
姓　氏	葛	管	韩	屠	龚	包	施	江	程	丁	于	洑
人　数	99	98	97	88	86	85	83	79	78	77	71	69
姓　氏	熊	邬	叶	伍	乐	尤	茅	戴	邢	薛	成	雷
人　数	63	62	62	60	58	53	57	57	55	54	51	51
姓　氏	邓	苏	卜	郭	宗	肖	余	毛	田	彭	梁	谭
人　数	46	43	42	42	39	38	36	34	31	29	29	28
姓　氏	廖	岳	嵇	濮	林	钮	袁	项	陶	劳	芮	邹
人　数	27	27	26	24	23	23	19	19	19	18	18	16
姓　氏	相	糜	段	石	申	舒	文	山	乔	阮	秦	诸
人　数	16	16	15	14	14	14	14	14	13	13	13	13
姓　氏	韦	曾	覃	计	洪	缪	闵	付	任	卢	左	贺
人　数	12	12	12	12	11	11	10	10	10	10	10	10
姓　氏	傅	刁	华	尹	戚	杜	殷	童	翁	黎	龙	孔
人　数	9	9	9	9	9	9	9	9	9	9	8	8
姓　氏	季	柏	翟	迟	郁	郝	殳	单	席	欧	母	苗
人　数	7	7	7	7	7	7	6	5	5	5	5	5

续表

姓　氏	茹	裘	鲁	骆	鞠	阳	代	侯	向	喻	奚	宣
人　数	5	5	5	4	4	4	4	4	4	4	4	4
姓　氏	寿	帅	庞	康	易	滕	符	艾	褚	候	万	仰
人　数	4	4	4	4	4	4	4	4	4	4	3	3
姓　氏	吉	宁	居	屈	常	应	强	晏	束	查	武	焦
人　数	3	3	3	3	3	3	3	3	3	3	3	3
姓　氏	祁	穆	聂	贾	闫	饶	丰	伏	兰	冉	凡	别
人　数	3	3	3	3	3	3	2	2	2	2	2	2
姓　氏	匡	卓	占	奉	岑	廉	惠	戈	敖	柳	桂	毕
人　数	2	2	2	2	2	2	2	2	2	2	2	2
姓　氏	淡	温	游	甘	皮	盈	瞿	祖	纪	臧	荣	菊
人　数	2	2	2	2	2	2	2	2	2	2	2	2
姓　氏	蓝	解	詹	赖	连	门	靳	兀	全	仇	伟	佐
人　数	2	2	2	2	2	2	2	1	1	1	1	1
姓　氏	卞	冷	呙	壮	妙	姬	安	官	富	封	尉	巨
人　数	1	1	1	1	1	1	1	1	1	1	1	1
姓　氏	巩	幸	忻	懂	房	敬	断	於	晁	景	暨	权
人　数	1	1	1	1	1	1	1	1	1	1	1	1
姓　氏	桑	欧阳	樊	沙	泮	浦	涂	漆	牛	牟	用	甫
人　数	1	1	1	1	1	1	1	1	1	1	1	1
姓　氏	白	皇	盘	眭	禹	稽	米	索	练	耿	胥	花
人　数	1	1	1	1	1	1	1	1	1	1	1	1
姓　氏	茱	莆	萧	蒙	蒲	藩	裴	贝	诸葛	过	郜	钦
人　数	1	1	1	1	1	1	1	1	1	1	1	1
姓　氏	闭	阙	阿	颉	麻	齐						
人　数	1	1	1	1	1	1						

资料来源：据凤鸣派出所提供的数据整理

第六节　民族结构

境内历来为汉族聚居区，至1982年第三次全国人口普查，境内人口全部为汉族。1990年，第四次全国人口普查，境内首次出现少数民族人口，有6个民族共11人，其中畲族4人，回族、彝族各2人，苗族、壮族、土家族各 1 人。2000 年第五次全国人口普查时，境内的少数民族人口增加到 11 个民族共 136 人。新增的民族有蒙古族、布依族、侗族、黎族。人口最多的为苗族 68 人，10 人以上的有彝族、布依族、黎族。

表 3—42　　1990 年第四次全国人口普查境内人口民族结构情况一览表

单位：人

乡　镇	合　计	汉　族	回　族	苗　族	彝　族	壮　族	土家族	畲　族
灵安镇	19236	19230	—	1	—	—	1	4
同福乡	20693	20690	—	—	2	1	—	—
史桥乡	10185	10183	2	—	—	—	—	—
合　计	50114	50103	2	1	2	1	1	4

资料来源：桐乡市档案馆馆藏档案，卷宗号 41—10—263，《桐乡统计局第四次全国人口普查汇总表四》

表 3—43　　2000 年第五次全国人口普查境内人口民族结构情况一览表

单位：人

乡　镇	合计	汉族	蒙古族	回族	苗族	彝族	壮族	布依族	侗族	土家族	黎族	畲族	其他未识别的民　族
灵安镇	31207	31091	1	2	68	7	1	7	3	6	13	5	3
同福乡	21703	21683	—	1	—	9	2	4	1	—	—	1	1
合　计	52910	52774	1	3	68	16	3	11	4	6	13	6	4

资料来源：桐乡统计局《桐乡市 2000 年第五次全国人口普查资料》

随着经济发展，外来人口的不断流入，民族结构日益多元化。到 2010 年第六次全国人口普查时，凤鸣街道已拥有 20 个民族。全街道总人口 55061 人，其中汉族 54455 人、少数民族 606 人。少数民族中，人数最多的是土家族 266 人，其次为彝族 93 人、壮族 78 人、苗族 75 人、回族 23 人、布依族 21 人、侗族 15 人、畲族 8 人、瑶族 6 人、白族 5 人、水族 5 人、哈尼族 2 人，蒙古族、藏族、维吾尔族、满族、黎族、仫佬族、仡佬族各 1 人。

第七节　文化结构

民国 37 年(1948)，灵安、同福两乡总人口 18916 人，其中不识字者 16391 人，占 86.65%；私塾 752 人，占 3.98%；初小 1639 人，占 8.66%；高小 69 人，占 0.36%；初中 51 人，占 0.27%；高中 14 人，占 0.07%；没有一人受过高等教育。

表 3—44　　民国 37 年(1948)灵安、同福两乡人口教育程度统计表

单位:人

区域	性别	共计	受高等教育者	受中等教育者		受初等教育者		私塾	不识字者
				高中	初中	高小	初小		
灵安乡	男	5325	—	11	28	45	1122	369	3750
	女	4277	—	1	2	2	224	136	3912
同福乡	男	5123	—	2	17	18	254	243	4589
	女	4191	—	—	4	4	39	4	4140
合计	男	10448	—	13	45	63	1376	612	8339
	女	8468	—	1	6	6	263	140	8052
	合计	18916	—	14	51	69	1639	752	16391

资料来源:桐乡市档案馆馆藏档案,卷宗号 M2—6—12

说明:1. 此表为 37 年度年终办理户口校正后用条子整理法统计

2. 受高等教育、中等教育、初等教育者中包括毕业和肄业

解放后,教育事业不断发展,普及初等教育,开展成人扫盲,人民文化水平逐年提高。1986 年,国家颁布《中华人民共和国义务教育法》,以法律形式规定适龄儿童和青少年必须接受 9 年义务教育。境内受过小学、初中教育的人数占比大幅上升。1990 年第四次全国人口普查,境内具有小学、初中文化程度的共 32351 人,占总人口的 64.55%,比 1982 年第三次全国人口普查时的 57%增长 7.55 个百分点。2000 年第五次全国人口普查,境内具有小学、初中文化程度的共 39803 人,占总人口的 80.83%,比 1990 年第四次全国人口普查时增长 16.28 个百分点。此后 9 年义务教育成果保持稳定。

90 年代后期开始,随着高等教育的快速发展,境内受过高等教育的人数成倍增长。2000 年第五次全国人口普查数据,境内具有大学专科、本科学历的共 158 人,是 1990 年第四次全国人口普查时的 2.5 倍。2010 年第六次全国人口普查,境内具有大学专科、本科、研究生学历的共 1380 人,是第五次全国人口普查的 8.7 倍。

表 3—45　　1964 年第二次全国人口普查灵安、同福公社人口文化程度统计表

单位:人

公社	合计	12 岁以下不在校儿童	不识字或初识字	初小	高小	初中	高中	大学	文化程度不详
灵安	14509	3801	7895	2002	519	238	46	8	—
同福	15979	4221	9231	1811	485	174	34	5	18
合计	30488	8022	17126	3813	1004	412	80	13	18

资料来源:桐乡市档案馆馆藏档案,卷宗号 41—6—246,《桐乡统计局第二次全国人口普查人口文化程度统计表四》

表 3—46　　　1982 年第三次全国人口普查灵安、同福公社人口文化程度统计表

单位:人

公　社	合　计	大　学 毕　业	大学肄业 或在校	高　中	初　中	小　学	不识字或识字很少	
							合　计	其中: 12 周岁以上
灵安公社	17435	2	7	597	2264	7895	6670	6325
同福公社	18680	4	4	540	2472	7954	7706	7454
合　计	36115	6	11	1137	4736	15849	14376	13779

资料来源:桐乡市档案馆馆藏档案,卷宗号 41—8—192,《桐乡统计局第三次全国人口普查汇总表》

表 3—47　　　1990 年第四次全国人口普查境内人口文化程度统计表

单位:人

乡　镇	合　计	大　学 本　科	大　学 专　科	中　专	高　中	初　中	小　学	不识字或 识字很少	0—5 周岁 人　口
灵安镇	19236	1	20	49	668	3337	8931	4634	1596
同福乡	20693	1	24	46	711	3426	9609	5195	1684
史桥乡	10185	2	14	40	373	1859	5189	1938	770
合　计	50114	4	58	135	1752	8622	23729	11767	4050

资料来源:桐乡市档案馆馆藏档案,卷宗号 41—10—263,《桐乡统计局第四次全国人口普查汇总表五》

表 3—48　　　2000 年全国人口普查凤鸣街道 6 岁及以上人口受教育程度统计表

单位:人

乡　镇	6 岁 及以上	未　上 过　学	扫盲班	小　学	初　中	高　中	中　专	大　学 专　科	大　学 本　科	研究生
灵　安	29090	1673	2276	15061	8506	1292	214	60	8	—
同　福	20152	888	1973	10527	5709	846	119	74	16	—
合　计	49242	2561	4249	25588	14215	2138	333	134	24	—

资料来源:桐乡统计局《桐乡市 2000 年第五次全国人口普查资料》

说明:境内一乡一镇文盲人口 2414 人,占 15 岁及以上人口的 5.66%。其中:男性 747 人,占比 3.45%,女性 1667 人,占比 7.94%

表 3—49　　　2010 年全国人口普查凤鸣街道 6 岁及以上人口受教育程度统计表

单位:人

	6 岁及 以上人口	未上过学	小　学	初　中	高　中	大学专科	大学本科	研究生
合　计	52421	6190	20918	19485	4448	1053	319	8
男	26501	2031	10333	10590	2786	584	170	7
女	25920	4159	10585	8895	1662	469	149	1

资料来源:桐乡统计局《桐乡市 2010 年人口普查资料》

说明:全街道文盲人口 5779 人,占 15 岁及以上人口的 12.12%。其中:男性 1829 人,占比 7.6%,女性 3950 人,占比 16.72%

第三章 生育与计划生育

第一节 生 育

旧时，受传统观念影响和生产力的束缚，人们信奉“多子多福”“养子防老”。父母包办婚姻、“娃娃亲”、早婚早育、多子女等现象习以为常，育龄妇女大多数无业，生育间隔短，年龄跨度大。民国37年(1948)第四季度，灵安、同福两乡出生婴孩160人，其中母亲15岁至未满18岁的有4人，40岁以上高龄妇女生育的有22人。一户人家四五个孩子的普遍存在，甚至多至十来个孩子，妇女无节制生育。当时生存环境差，医疗卫生设备差，天灾、瘟疫、战乱，多种因素叠加，造成婴孩夭折、成人暴死，死亡率高，人口增长缓慢。

表3—50 民国37年(1948)第四季度灵安、同福两乡出生婴孩之父母年龄统计表

单位：人

区域				灵安乡	同福乡
出生婴孩数	合计		160	73	87
	男		101	53	48
	女		59	20	39
出生者父母之年龄	15岁至未满18岁	父	5	2	3
		母	4	2	2
	18岁至未满20岁	父	5	3	2
		母	7	3	4
	20至未满25岁	父	20	5	15
		母	41	19	22
	25岁至未满30岁	父	34	18	16
		母	45	24	21
	30岁至未满35岁	父	32	19	13
		母	26	11	15
	35岁至未满40岁	父	31	17	14
		母	25	10	15
	40岁至未满45岁	父	17	5	12
		母	20	4	16
	45岁以上	父	12	4	8
		母	2	1	1

资料来源：桐乡市档案馆馆藏档案，卷宗号M2—6—12，《崇德县三十七年第四季度出生统计报告表(出生者父母之年龄)》

说明：同福乡数据内有非婚生子2人，其父不列入统计；还有孪生子1人

表 3—51　民国 37 年(1948)第四季度灵安、同福两乡出生婴孩之父母职业统计表

单位:人

区域				灵安乡	同福乡
出生婴孩数	合计	160		73	87
	男	101		53	48
	女	59		20	39
出生者父母之职业	农业	父	143	65	78
		母	—	—	—
	工业	父	5	4	1
		母	—	—	—
	商业	父	6	3	3
		母	—	—	—
	交通运输业	父	—	—	—
		母	—	—	—
	公务	父	1	—	1
		母	1	—	1
	自由职业	父	1	1	—
		母	—	—	—
	人事服务	父	1	—	1
		母	1	—	1
	其他	父	—	—	—
		母	—	—	—
	无业	父	—	—	—
		母	157	73	84

资料来源:桐乡市档案馆馆藏档案,卷宗号 M2—6—12,《37 年第四季度出生统计报告表(出生者父母之职业)》
说明:同福乡数据内有非婚生子 2 人,其父不列入统计;还有孪生子 1 人

新中国成立初,政局稳定,经济复苏,境内出现战后生育的补偿性增长。民间崇尚“多子多福”的传统观念,生育无节制,政府也鼓励多生,育龄妇女争当“光荣妈妈”,境内人口快速增长,形成生育高峰。1957 年,灵安、同福两乡出生 542 人,出生率为 19.2‰。后逢三年困难时期,粮食等人们赖以生存的生活必需品的匮乏抑制了人口增长。60 年代中后期,出现第二次生育高峰。1964 年,灵安、同福两公社合计出生 1343 人,出生率为 43.41‰。1967 年,灵安、同福两公社合计出生 926 人,出生率为 27.8‰。

70 年代开始,国家鼓励晚婚,实施计划生育,境内人口出生率呈明显下降态势。1970 年,灵安、同福两公社合计出生人口 903 人,出生率 25.2‰;1971 年,出生 794 人,出生率 21.7‰;1972 年出生率 20.9‰,1973 年出生率降到 9.2‰。进入 80 年代,境内人口出生率仍处于较低水平。1984 年,灵安、同福两乡出生 205 人,出生率 5.24‰。1985 年出生 291 人,出生率 7.49‰。1986 年,桐乡县出现新一轮生育高峰,全县出生率达到 16.52‰,灵安镇、同福乡、史桥乡合计出生 779 人,生育率为 15.82‰,

略低于全县平均水平。1987年，境内一镇两乡出生率达到峰值19.61‰，随后逐年回落。90年代，境内人口出生率在14‰上下波动，人口自然增长率在5‰上下波动，且整体均呈下降趋势。2001年后，出生率降至10‰以下，自然增长率降至1‰左右，2005—2011年，一直处于负增长。2012年，凤鸣街道人口出生率为8.61‰，自然增长率0.69‰。

表3—52　　1983—2012年境内人口变动情况一览表

年份	境内乡、镇（街道）	总人口	迁入	迁出	出生		死亡		自然增长率‰
					人口数	出生率‰	人口数	死亡率‰	
1983	灵安镇	19071	102	107	186	9.75	153	8.02	1.73
	同福乡	20108	173	177	174	8.65	158	7.86	0.80
1984	灵安镇	19021	66	91	105	5.52	136	7.15	−1.62
	同福乡	20074	53	91	100	4.98	154	7.67	−2.69
1985	灵安镇	18894	68	208	142	7.52	132	6.99	0.53
	同福乡	19959	309	423	149	7.47	147	7.37	0.10
	史桥乡	10026	64	218	70	6.98	68	6.78	0.20
1986	灵安镇	19063	74	88	315	17.52	129	7.18	10.34
	同福乡	20088	92	127	319	15.93	152	7.59	8.34
	史桥乡	10104	78	71	145	14.41	77	7.65	6.76
1987	灵安镇	19274	—	—	399	20.82	156	8.14	12.68
	同福乡	20275	—	—	369	18.28	141	6.99	11.29
	史桥乡	10183	—	—	207	17.41	59	7.90	9.51
1988	灵安镇	19303	—	—	291	15.09	172	8.92	6.17
	同福乡	20316	—	—	299	14.73	167	8.23	6.50
	史桥乡	10222	—	—	121	11.86	87	8.53	3.33
1989	灵安镇	19356	—	—	255	13.19	141	7.29	5.90
	同福乡	20541	—	—	314	15.37	154	7.54	7.83
	史桥乡	10265	—	—	128	12.50	87	8.49	4.00
1990	灵安镇	19459	—	—	253	13.04	134	6.90	6.14
	同福乡	20838	—	—	356	17.21	173	8.36	8.84
	史桥乡	10345	—	—	154	14.94	84	8.15	6.79
1991	灵安镇	19547	92	115	270	13.81	164	8.39	5.42
	同福乡	20978	91	89	305	14.59	166	7.94	6.65
	史桥乡	10400	50	54	134	12.92	73	7.04	5.88
1992	灵安镇	19590	88	196	309	15.79	162	8.28	7.51
	同福乡	21111	119	192	363	17.25	149	7.08	10.17
	史桥乡	10377	30	133	154	14.82	74	7.12	7.70

续表

年　份	境内乡、镇（街道）	总人口	迁　入	迁　出	出　生		死　亡		自然增长率‰
					人口数	出生率‰	人口数	死亡率‰	
1993	灵安镇	19691	90	82	265	13.49	175	8.91	4.58
	同福乡	21273	90	94	337	15.90	171	8.07	7.83
	史桥乡	10402	45	69	131	12.61	84	8.08	4.63
1994	灵安镇	19724	79	130	264	13.40	168	8.52	4.88
	同福乡	21422	106	107	330	15.46	181	8.48	6.98
	史桥乡	10415	46	97	142	13.64	80	7.69	5.95
1995	灵安镇	19718	90	233	289	14.65	156	7.91	6.74
	同福乡	21569	177	164	319	14.84	179	8.33	6.51
	史桥乡	10368	50	161	136	13.09	73	7.02	6.07
1996	灵安镇	19874	215	188	291	14.70	159	8.03	6.67
	同福乡	21586	51	191	303	14.04	148	6.86	7.18
	史桥乡	10448	144	157	172	16.53	79	7.59	8.94
1997	灵安镇	19780	115	174	218	11.00	154	7.77	3.23
	同福乡	21501	50	179	265	12.30	181	8.40	3.90
	史桥乡	10408	44	124	120	11.51	78	7.48	4.03
1998	灵安镇	30045	89	265	297	9.86	260	8.63	1.23
	同福乡	21407	56	199	236	11.00	190	8.86	2.14
1999	灵安镇	29872	190	348	219	7.31	234	7.81	—0.50
	同福乡	21411	187	188	196	9.16	192	8.97	0.19
2000	灵安镇	29782	94	269	323	10.83	236	7.91	2.92
	同福乡	21334	49	189	226	10.57	161	7.53	3.04
2001	凤鸣街道	29726	166	246	278	9.34	254	8.54	0.80
	同福乡	21236	59	187	189	8.86	157	7.36	1.50
2002	凤鸣街道	29720	224	194	237	7.97	273	9.18	—1.21
	同福乡	21156	49	149	187	8.82	160	7.55	1.27
2003	凤鸣街道	30256	666	143	274	9.14	256	8.54	0.60
	同福乡	21056	81	174	147	6.96	156	7.39	—0.43
2004	凤鸣街道	30454	199	90	308	10.15	218	7.18	2.96
	同福乡	21012	77	97	124	5.90	144	6.85	—0.95
2005	凤鸣街道	30458	146	135	229	7.52	236	7.75	—0.23
	同福乡	20949	99	97	129	6.15	191	9.10	—2.96
2006	凤鸣街道	30539	195	116	206	6.75	203	6.66	0.10
	同福乡	20900	95	88	112	5.35	152	7.26	—1.91

续表

年份	境内乡、镇(街道)	总人口	迁入	迁出	出生		死亡		自然增长率‰
					人口数	出生率‰	人口数	死亡率‰	
2007	凤鸣街道	30523	148	136	192	6.29	220	7.21	−0.92
	同福乡	20772	112	104	112	5.38	237	11.37	−6.00
2008	凤鸣街道	51129	239	234	288	7.05	453	11.09	−4.04
2009	凤鸣街道	51015	238	231	293	5.74	415	8.13	−2.39
2010	凤鸣街道	50963	256	201	319	6.26	429	8.41	−2.16
2011	凤鸣街道	50845	206	257	297	5.83	364	7.15	−1.32
2012	凤鸣街道	50875	212	216	438	8.61	403	7.92	0.69

资料来源:桐乡市(县)统计局各年度《统计资料(年鉴)》以及人口年报

据2000年第五次人口普查长表资料,境内育龄妇女的总和生育率在0.86—1.30之间,处于低生育水平。

2010年第六次全国人口普查长表抽样调查数据,凤鸣街道15～64岁妇女2018人,生育子女2718人,平均生育子女数1.33人。15～49岁妇女1480人,2009年11月1日至2010年10月30日生育子女49人,生育率为33.11‰,总和生育率为1.25。

表3—53　2000年第五次全国人口普查长表抽样调查境内育龄妇女生育率一览表

单位:‰

乡镇	15—19岁	20—24岁	25—29岁	30—34岁	35—39岁	40岁及以上	总和生育率
灵安镇	—	164.56	70.11	24.79	—	—	1297.31
同福乡	—	56.18	62.20	43.32	9.85	—	857.77

资料来源:摘自桐乡统计局《桐乡市2000年第五次全国人口普查资料》

第二节　计划生育

1962年,中共中央、国务院发出《关于认真提倡计划生育的指示》。70年代初,境内各公社将提倡和动员青年晚婚晚育作为计划生育的重点。成立计划生育领导机构,配备专职人员、公社妇女主任主管,大队建立计划生育领导小组,大队妇女主任和各生产队妇女队长负责计划生育工作,制定人口规划,落实"晚、稀、少"政策,提倡一对夫妇只生育一个,不得超过两个。1979年9月,贯彻实施《浙江省计划生育若干问题的规定》,对只生一个孩子并采取可靠节育措施的,发给《独生子女优待证》(后改称《独生子女光荣证》),每年可领取独生子女保健费30元或记工分300～500分(至年满14周岁止)。对不满生育间隔期限生育第二个子女的夫妇征收子女抚养费,干部职工按每月工资5%征收,农村社员按年工分总额5%征收。1972—1979年,8年间灵安公社出生1097人,比前8年(1964—1971)少生1771人。人口自然增长率由1972年的14.54‰下降到1979年的7.45‰。

1980年3月开始,执行县人民政府《关于计划生育若干问题的补充规定》,大力提倡一对夫妇只生一个孩子,"奖一、罚二、不生三"。对无计划生育者,不予享受产假的待遇,医药费自理,一年内不得参加评奖;对无计划生育二胎者,夫妇双方每年征收无计划生育费30～50元。是年,灵安公社出生率9.79‰,人口自然增长率5.29‰,独生子女率20.77%,一胎率47.54%,节育率84%,晚婚率76.62%。

1982年,执行《浙江省计划生育条例(试行)》。规定城镇居民一对夫妇只生一个孩子,有特殊情况的经镇人民政府批准,可生第二个,生育间隔至少4年。农村普遍提倡一对夫妇只生一个孩子,严格限制生二胎,不论何种情况均不能生三胎。境内各公社管委会结合当地实际,相继出台《计划生育条例》和《关于计划生育的补充规定》,明确奖惩办法。

表3—54　　1984年境内各乡独生子女领证及晚婚情况一览表

乡名	已婚育龄妇女人数	独生子女领证人数	领证率%	已婚育龄妇女只有一孩人数	一孩率%	女性新婚人数		
						合计	28周岁以后结婚人数	晚婚率%
灵安	3405	451	13.25	839	24.64	71	24	33.88
同福	3809	927	24.34	973	25.54	57	95	61.40

资料来源:桐乡市档案馆馆藏档案,卷宗号41—8—824

表3—55　　1984年境内各乡已婚育龄妇女采取各种节育措施情况一览表

单位:人

乡名	已婚育龄妇女人数	采取各种节育措施								节育率%
		合计	输精管结扎	输卵管结扎	宫内节育器	口服或注射避孕药	避孕套	外用药	其他	
灵安	3405	3184	12	1933	1102	124	8	—	5	93.51
同福	3809	3665	50	2195	1201	216	3	—	—	96.22

资料来源:桐乡市档案馆馆藏档案,卷宗号:同表3—53

表3—56　　1984年境内各乡已婚育龄妇女节育手续情况一览表

单位:人

乡名	手续例数						取环数
	合计	男扎	女扎	放环	人工流产	引产	
灵安	614	2	182	321	82	27	19
同福	390	3	23	271	81	12	83

资料来源:桐乡市档案馆馆藏档案,卷宗号:同表3—53

1985 年，执行《浙江省计划生育条例》，干部职工的独生子女保健费每年不低于 50 元（1990 年调整为不低于 60 元）。生育计划外第二个子女的，征收夫妻双方年总收入不低于 15%的超生子女费，连续 5 年。除贯彻执行《浙江省计划生育条例》和省市县有关政策规定外，境内各乡镇还根据当地实际，制定补充规定、乡规民约，群众的生育观念也逐步改变。

1988—1989 年，境内各乡镇先后成立计划生育协会。由有关单位领导、热心计划生育的各界人士和积极分子、各条战线上的计划生育志愿工作者等组成，是为计划生育服务的群众团体，协助政府推行计划生育。1989 年，实行计划生育目标管理，境内各乡镇政府与县政府签订责任书，各村民委员会、企业与乡镇政府签订责任书，确定年度出生率、计划生育符合率、晚婚率、独生子女领证率、计划外怀孕率、放环率、结扎率、计生协会会员占总人口比例等八项指标，层层落实责任，年度考核，兑现奖惩。是年，同福乡计生协会在联建村开展联系户试点，随后在全乡推广，取得较好成效。1990 年，同福乡被评为“全省计划生育工作红旗单位”。

90 年代初，境内各乡镇进一步完善执行《浙江省计划生育条例》的补充规定。明确奖惩措施，内容涉及乡村办企业员工的产假节育假待遇、独生子女保健费发放、建房面积计算办法、违规生育的经济处罚、党纪政纪处分等。

1994 年，市计生委将同福乡列为计划生育工作微机化管理试点乡，对全乡 6241 名育龄妇女进行一次全面调查摸底，上门填写育龄妇女信息卡。是年，境内各乡镇继续开展争创计划生育达标村活动（1995 年称合格村）。1995—1996 年，开展以“少生优生，富裕文明”为基本标准的“新家庭计划”活动。1995 年度，境内二乡一镇均被评为“桐乡市计划生育工作先进单位”。1998 年 11 月，市计生委在同福乡开展计划生育优质服务试点，把计划生育工作从孕期管理转到五期全程服务上来。

2001 年，灵安镇政府根据当地经济发展以及开发区建设吸收大量外来务工人员的现状，加强对流动人口的计划生育管理工作。加大综合治理力度，明确派出所、经管办、企业、行政村、卫生院、计生办的职责，分工协作，落实计划生育目标管理。

2002 年，同福乡中群村被省计生委列为全省计划生育、生殖健康抽样调查点，乡计生办组织对该村 88 名育龄妇女就婚育观念、生孕情况、避孕情况、生殖健康服务情况等项进行调查，保质保量地完成省级调查任务。2003 年，同福乡全面推进计划生育工作综合改革，建立“依法管理，村民自治，优质服务，政策推动，综合治理”的管理体制，实现人口与计划生育工作思路和工作方法的转变。实行一孩生育时间自愿选择，避孕措施知情选择，将原来以户籍地为主的管理模式改为以现居住地为主，将原来乡村两级行政管理为主逐步转变为村民自治、民主管理。是年，同福乡设立人口与计划生育基金，基金主要来源为乡政府首期拨款 3 万元，并每年投入；争取社会各界赞助、募捐等多渠道筹集。主要用于人口与计划生育方面的帮扶、资助、奖励等。

2005 年，凤鸣街道加强对流动人口的计划生育管理，在外来人员聚集的场所进行计划生育宣传，在街道流动人口管理中心配备专职计生协管员，在环南村增配专职流动人口计生联络员，强化街道流动人员管理中心的计生管理和服务职能，取得较好效果。

2006 年，全市计划生育村民自治工作试点在同福乡合星村开展，主要内容是：建立“属地管理、村级负责、村民自治、优质服务”的基层管理机制，推行“四项民主”（民主参与、民主决策、民主管理、民主监督），实现“三个自我”（自我教育、自我管理、自我服务），通过规范计划生育村民自治工作，落实各项优惠政策，保障育龄群众合法权益，确立群众在计划生育工作中的主人公地位。

2007—2009 年，凤鸣街道办事处出台《加强人口和计划生育工作意见》，加大奖惩力度，对连续 3

年无计划外出生的村，村计生服务员享受村副职待遇。2009年，街道计生协会开展生育关怀行动，通过宣传发动，菊韵人家投资管理公司以冠名500万元成立“菊韵人家”生育关怀基金，按基金500万元每年1%利息作为捐资款，每年5万元，连续捐赠3年，合计15万元。其他企业捐资1.3万元，共筹资16.3万元，用于补助计划生育关怀对象。是年，街道计生办开展“情系新居民，关爱在凤鸣”为主题的服务管理年活动，依法维护和保障流动人口享有国家政策规定的计划生育、生殖健康基本项目免费服务的权益，为其免费孕环情检查，报销计划生育四项手术费，对困难的流动人口计生家庭给予补助，为其排忧解难，免费提供避孕药具和基本项目的计划生育技术服务。

2010年10月21日，凤鸣街道成立企业计划生育协会联合会，召开首届会员大会，审议通过联合会章程，选举产生第一届理事会以及会长、副会长、秘书长，并聘请名誉会长。是年至2012年，开展人口计生基层群众自治示范活动，创新管理机制，获得全市计生工作创新项目二等奖。2012年，全市首个婚育新风传播站在新农村村设立。传播站设“六个一”（一牌子、一桌椅、一书橱、一架子、一药具箱、一台账），把婚育文明的宣传、服务引入家庭，开展各类活动、谈心交流、免费避孕药具上门，为群众提供方便、快捷的服务，延伸宣传服务阵地，实现婚育新风进万家。

2012年4月，凤鸣街道在中群村开展组级计生员调整试点工作

2012年，凤鸣街道加强基层计生队伍建设，进行大幅度调整、选聘，从原来的平均年龄60岁下降到40岁，形成一支年轻化、知识化、技能化的基层计生队伍。街道首次配套专项资金，下拨到村，用于组级计生员基本待遇。是年，凤鸣街道计划生育率99%，一孩率76.25%，综合节育率71.62%，长效节育率71.92%，人口自然增长率−0.0589‰。

历年来境内获得市级以上计划生育工作奖项及荣誉称号：

2001年，同福乡被嘉兴市计生委评为“九五”期间计划生育先进集体。2007年，合星村被授予全国计划生育协会先进集体。2010—2012年，连续三年被桐乡市政府授予计划生育优胜单位称号。2011年，凤鸣街道被授予全省第三周期婚育新风进万家活动先进集体；新农村村被授予省级人口计生基层群众自治示范村。2012年，联庄村被授予省级人口计生基层群众自治示范村。

表3—57　　凤鸣街道若干年份计划生育主要数据一览表

年份	计划生育率%	晚婚情况			独生子女情况			节育率%	落实避孕措施情况						
		女性初婚数	晚婚数	晚婚率%	一孩夫妇数	独生子女领证数	领证率%		输精管结扎	输卵管结扎	放环	皮埋	服药	外用避孕药避孕套	其他措施
2007	99.7	202	75	37.85	7547	6294	55	92.45	16	3029	6136	191	73	1145	1
2008	99.67	210	76	36.19	7511	6335	56.29	91.71	13	2831	6058	167	53	1191	1
2009	99.09	235	93	39.57	7447	6355	57.28	91.50	11	2693	5923	154	48	1314	1

续表

年份	计划生育率%	晚婚情况			独生子女情况			节育率%	落实避孕措施情况						
		女性初婚数	晚婚数	晚婚率%	一孩夫妇数	独生子女领证数	领证率%		输精管结扎	输卵管结扎	放环	皮埋	服药	外用避孕药避孕套	其他措施
2010	98.97	244	128	52.46	7362	6322	57.64	90.99	11	2564	5773	144	41	1442	1
2011	99.04	298	182	61.07	7314	6261	57.36	90.04	9	2453	5572	130	3	1654	1
2012	97.75	336	217	64.58	7363	6230	56.84	89.22	9	2369	5386	118	2	1888	1

资料来源：凤鸣街道计生办提供

附录：

凤鸣街道人口与计划生育相关政策

（2007年10月）

生育政策

依据：《中华人民共和国人口与计划生育法》第十八条；《浙江省人口与计划生育条例》第十七条、第十八条、第十九条、第二十一条、第二十三条、第二十六条；《浙江省计划生育特殊情况生育审批办法》第四条。

一、鼓励公民晚婚、晚育，提倡一对夫妻生育一个子女；

二、男女双方均未生育，经依法登记结婚后，可以自愿安排生育第一个子女的时间；

三、符合下列条件之一的夫妻，经批准，可以再生育一个子女：

（一）双方均为独生子女，已生育一个子女的；

（二）双方均为农村居民（农业人口，下同），已生育一个女孩的，但一方为机关、团体、事业单位和其他组织职工或一方从事工商业一年以上以及双方与企业建立劳动关系一年以上的除外；

（三）双方均为农村居民，一方两代以上均为独生子女，已生育一个子女的；

（四）双方均为农村居民，女方父母只生育一个或两个女儿，男到女家落户，并赡养女方父母，已生育一个子女的（只适用于姐妹中一人）；

（五）双方均为少数民族，已生育一个子女的；

（六）双方均为农村居民，一方是少数民族并具有本省两代以上户籍，已生育一个子女的；

（七）一方为烈士的独生子女，已生育一个子女的；

（八）一方未生育过，另一方再婚前已生育一个子女的；

（九）一方未生育过，另一方再婚前丧偶并已生育两个子女的；

（十）已生育一个子女，经设区的市以上病残儿童鉴定机构确诊为非遗传性残疾，不能成长为正常劳动力的；

（十一）一方连续从事矿井井下作业五年以上，已生育一个女孩，并继续从事井下作业的；

四、除以上规定外，对确有特殊情况的夫妻生育子女，必须符合以下条件：

（一）夫妻双方提出生育申请；

（二）无违反生育政策多生育子女；

（三）家庭环境有利于子女的健康成长；

（四）具备下列条件之一的：

1. 夫妻依法收养一个子女后又怀孕的；

2. 再婚前一方已生育过二个子女，另一方未生育过，现家庭无子女的再婚夫妻；

3. 再婚前双方各生育过一个子女，现家庭无子女的再婚夫妻；

4. 再婚前双方各生育过一个子女，其中一方丧偶，现家庭只有一个子女的再婚夫妻；

家庭无子女，是指夫妻新组合的家庭无未成年子女，再婚前所生的未成年子女依法院判决或离婚协议随前配偶生活。

5. 夫妻生育的第一胎子女为双胞胎，经设区的市以上病残儿童鉴定机构确诊，两个子女都为非遗传性残疾、不能成长为正常劳动力的。

6. 夫妻生育的第一胎子女为遗传性残疾，不能成长为正常劳动力，根据国家《病残儿医学鉴定诊断标准及其父母再生育的指导原则》（国家计生委第7号令附件），通过产前诊断和筛选可以再生育的。

7. 再婚夫妻再婚前双方曾生育子女合计不超过两个、再婚后现家庭有一个经设区的市以上病残儿童鉴定机构确诊为病残儿，不能成长为正常劳动力的。

五、在户籍制度改革和城市建设用地中农村居民转为城镇居民的，在转为城镇居民之日起五年内，可继续享受《省条例》规定的适用于农村居民的生育政策。

六、严禁弃婴、溺婴、非法收养子女。弃婴、溺婴、非法收养子女的，不再安排生育。

七、严禁非医学需要的胎儿性别鉴定或选择性别的人工终止妊娠。选择性别人工终止妊娠的，原生育安排失效，并不再安排生育第二个子女。

计划生育收费项目、依据、标准、程序

（一）收费项目：社会抚养费

（二）收费依据：《中华人民共和国人口与计划生育法》、《社会抚养费征收管理办法》、《浙江省人口与计划生育条例》。

（三）收费标准：

违反《浙江省人口与计划生育条例》规定生育的，对男女双方分别按照桐乡市统计部门公布的上一年城镇居民人均可支配收入或农村居民人均纯收入的下列倍数征收社会抚养费：

1. 多生一胎的，按照二倍至四倍征收；

2. 多生二胎以上的，按照前一胎的征收标准加倍征收；

3. 符合再生育条件但未经批准生育的，按照零点五倍至一倍征收；

4. 未婚男女已满法定婚龄未办理结婚登记生育第一胎满六个月，仍未办理结婚登记的，按照零点五倍至一倍征收；

5. 未满法定婚龄生育的，按照一点五倍至二点五倍征收；

6. 有配偶的一方与他人非婚生育的，按照第一项、第二项规定的标准加倍征收；

7. 民政部门、计划生育行政部门、镇乡（街道）发现收养子女不符合《中华人民共和国收养法》规定的，应当责令当事人在五个月内改正；当事人未在五个月内改正的，按照第一项、第二项规定的标准征收。

个人年实际收入高于当地城镇居民人均可支配收入或农村居民人均纯收入的，还应当按照其超过部分的一倍至二倍加收社会抚养费。

当事人应当自收到征收决定之日起30日内一次性缴纳社会抚养费，未在规定的期限内缴纳社会抚养费的，自欠缴之日起每月加收欠缴社会抚养费的千分之二的滞纳金。

（四）收费程序：

1. 调查取证，查明不符合法定条件生育的事实；

2. 在查明基本违法事实作出征收决定之前，告知当事人作出决定的事实、理由及依据，并告知当事人依法享有的权利；

3. 送达当事人征收社会抚养费决定书；

4. 收费时开具《浙江省非税收入统一票据》。

计划生育优先优惠奖励措施

依据：《浙江省人口与计划生育条例》《桐乡市关于实行计划生育优先优惠政策的若干意见》《桐乡市农村计划生育夫妇参加职工基本养老保险实施办法》《桐乡市计划生育公益金管理办法（试行）》《桐乡市关于农村部分计划生育家庭奖励扶助制度的实施意见》。

（一）持有《独生子女父母光荣证》的国家机关、团体、企业、事业单位和其他组织职工每年可领取不低于100元的独生子女父母奖励费，从领取《独生子女父母光荣证》当年起至子女十四周岁止。

（二）农村居民持有《独生子女父母光荣证》的，在审批宅基地、村级集体经济收益分红等利益分配时，独生子女按两人计算。农村承包土地在同等条件下，优先照顾独生子女家庭。农村扶贫应当把贫困的独生子女户和女儿户作为重点对象。

（三）以下计划生育家庭，经确认，可享受有关优先优惠或奖励：

1. 农村放弃二孩生育指标夫妇可按城镇职工标准参加养老保险；

2. 享受农村居民和城镇待业人员的独生子女父母奖励费；

3. 农村放弃二孩生育指标家庭的独生子女在中考时给予加分照顾；

4. 农村放弃二孩生育指标的独生子女年满14周岁给予一次性奖励500元；

5. 在事业单位招考中独生子女在同等条件下优先照顾；

6. 14周岁以下的独生子女在就诊时凭《独生子女父母光荣证》免挂号费；

7. 低保户独生子女考取高校后，给予一定的学费补助；

8. 独生子女因意外亡故、致残，其父母不再生育或领养，且无人赡养、没有固定收的，男方60周岁、女方55周岁后按低保标准给予全额补助；

9. 对列入低保对象的农村独生子女户，享受种养大户有关优惠政策，给予重点扶持，使其脱贫致富。

（四）符合以下条件的家庭，经申请，行政村（社区）审查，镇乡（街道）审核，市人口和计划生育局确认，可享受计划生育公益金：

1. 因计划生育手术引起并发症，生活较为困难的计划生育家庭；

2. 父母发生意外伤残或死亡，其独生子女年龄未满18周岁，生活有特殊困难的计划生育家庭；

3. 独生子女因意外伤残或死亡，其父母不再生育或领养，没有享受社会养老保险且生活困难的计划生育家庭；

4. 其他有特殊困难的计划生育家庭。

（五）符合以下条件，经申请，行政村审查，镇乡（街道）审核，市人口和计划生育局确认，可享受农村部分计划生育家庭奖励扶助金：

1. 本人及配偶均为本省农业户口或界定为农村居民户口；

2. 1973 至 2001 年期间没有违反计划生育法规、规章或政策规定生育；

3. 现存一个子女或子女死亡现无子女；

4. 1933 年 1 月 1 日以后出生，年满 60 周岁。

享受标准：每人每年 600 元；独生子女意外死亡不再生育、不再收养的夫妇每人每年 3000 元。已经享受城镇职工养老保险待遇的不再享受奖励扶助金。

第四章　人口迁徙与流动

解放前，境内的人口迁徙与流动呈自发状态，主要是往来商贩、婚嫁，以及灾荒、战乱期间的逃荒与避难人群。建国后，实行严格的户口登记管理制度，户口迁移须经审批，凭证落户。境内的户口迁入、迁出主要是工作调动、招工、升学、参军、婚嫁等。一些较大规模的人口迁徙由政府组织实施，如支宁支边、知识青年上山下乡等。正常年景下境内人口的迁入迁出，总体上看，2003 年前迁出人数大于迁入人数，2003 年后，迁入人数略大于迁出人数。改革开放后，境内经济迅速发展，经济开发区（工业园区）的开发建设，吸引大批外来务工人员和技术人员，流动人口数量剧增（参见本编第三章表 3—52）。

第一节　支援宁夏与精简下放

支援宁夏

1959 年，为解决边疆和少数民族地区在社会主义建设中劳动力不足的困难，根据浙江省政府的统一部署，桐乡县成立“支宁委员会”（动员青年支援宁夏地区社会主义建设委员会），在全县范围内发动城镇青年到宁夏去支援建设，当时的口号是“响应党的号召，到最艰苦的地方去建功立业！”“好儿女志在四方，宁夏欢迎浙江青年去建设！”全县第一批支宁 436 人，由梧桐、濮院、屠甸、南日、灵安、留良等 6 个公社组织动员。3 月份开始，大张旗鼓宣传发动，党、团员带头报名，公社党委审批上报，第一批支宁工作 4 月底结束。赴宁前，每人发干粮 13 斤、棉被、大衣、棉袄、棉鞋各一件。支宁人员按军事编制，以县为单位设立营，营以下设连、排、班，灵安与梧桐合编一个连（灵安公社支宁人数不详）。支宁人员的户口和粮油供应关系迁移至宁夏自治区宁朔县。5 月 2 日，送支宁人员至海宁县硖石镇，4 日，从硖石上火车直达宁夏。1960 年 4 月，全县又批准 1000 余人支宁，其中灵安公社 95 人（男 27 人、女 34 人、家属 34 人）。

灵安蔡家村陈德金、沈云珍夫妇，曾是 1959 年首批支援宁夏的带头人

1962 年后，由于气候及生活习惯不适应等因素，境内大部分支宁人员陆续返回原籍。

精简下放

1961 年开始，桐乡县贯彻中共浙江省委关于“缩短战线，保证重点，整顿劳动力，加强农业第一线”的指示，动员城镇职工精简下放。1961—1963 年境内企业职工和城镇居民共精简下放 725 人，其中灵安 494 人、同福 194 人、史桥 37 人。1965 年前后，政府针对精简下放中存在的实际问题，先后进行过三次调整，一小部分精简下放人员返回城镇。80 年代开始，六二、六三精简下放人员逐步落实政策，部分精简下放人员户口陆续迁返原籍，符合条件的转知青待遇，有的由政府发给生活补贴。

第二节　知识青年上山下乡与支援边疆

上山下乡

桐乡县的知识青年上山下乡始于 1964 年。1964—1966 年，境内农村开始接收安置外地知青。

1969 年后，国家开始有组织、大规模地开展知识青年上山下乡运动，当时在校的初、高中毕业生（1966、1967、1968 年三届毕业生，后被称为“老三届”），几乎全部被动员去农村或边疆。1969 年，境内接收安置外地知青 18 人（主要来自上海、江苏），其中灵安公社安置 6 人，同福公社安置 12 人。

1970 年是知青上山下乡人数最多的一年。境内以农业人口为主，集镇非农人口不多，支农支边迁出人口仅 26 人，当地政府的工作重点是做好外地知青安置工作。灵安公社安置 103 人，其中桐乡县知青 100 人，外县知青 3 人；同福公社安置 117 人，均为桐乡县知青；南日公社东风、长新、西张、玲群等大队安置 45 人，均为桐乡县知青。下乡插队知识青年的安置经费 230 元、安置木材 0.5 立方米；回乡知青安置经费 50 元。此后，境内每年均有桐乡县和外地（上海、江苏及浙江省其他县市）知青前来插队落户（或回乡），直至 1978 年。

表 3—58　　　　1970 年境内安置知识青年情况一览表

单位：人

安置地		人数	其中		安置地		人数	其中	
公社	大队		插队落户	回乡	公社	大队		插队落户	回乡
同福	联民	21	21	—	灵安	红光	9	8	1
	联庄	23	23	—		红胜	12	12	—
	联建	14	14	—		红心	8	8	—
	联胜	15	15	—		东风	14	14	—
	联星	11	9	—		红旗	10	10	—
	联合	9	9	—		红卫	9	9	—
	联勤	10	10	—		庆丰	10	10	—
	联中	15	15	—		立新	9	8	1
南日	东风	21	21	—		红合	6	6	—
	长新	21	20	1		红武	8	8	—
	西张	2	2	—		红联	8	8	—
	玲群	1	—	1					

资料来源：桐乡市档案馆馆藏档案，卷宗号 93—3，根据《1970 年下（回）乡知识青年名册》整理

1972年开始，根据中央和省的有关政策，境内的下乡知青通过病退、照顾家庭、顶替、推荐上大学、参军等途径，陆续返城安置。1978年10月，国家决定停止上山下乡运动，并妥善处理知识青年回城安置和就业问题。此后，除少数在农村结婚"落户"外，境内的知识青年陆续返回原籍。

支援边疆

1970年11月，桐乡县动员青年支援边疆建设，接收单位为黑龙江省大兴安岭阿木尔区，灵安镇有3名青年支边，其中男2人、女1人。

第三节　改革开放后的人口流动

改革开放后，境内的人口流动日趋活跃。外来流动人口急剧增长。云南、四川、贵州等地多名女性因婚嫁而落户境内，外来务工人员到境内打工的人数不断增多。人口外流的主要途径是经商、打工、创业、求学、参军。90年代末开始的同福乡农民在全国各高速公路服务区承包经营管理，吸引了大批境内农民外出从事经营管理工作。

表3—59　　1982年第三次全国人口普查户口登记状况一览表

公　社	常住本地一年以上户口在外地	人住本地户口待定	有常住户口已外出一年以上
灵　安	24	18	43
同　福	18	17	55

资料来源：桐乡市档案馆馆藏档案，卷宗号41—8—194，桐乡统计局《第三次全国人口普查资料》

表3—60　　1990年第四次全国人口普查境内外出人口统计表

单位：人

乡　　镇	合　　计	省　　内	省　　外
灵安镇	72	38	34
同福乡	47	21	26
史桥乡	40	26	14

资料来源：桐乡市档案馆馆藏档案，卷宗号41—10—263，桐乡统计局《第四次全国人口普查资料》

表3—61　　2000年第五次全国人口普查境内外出人口统计表

单位：人

乡　　镇	合　计	县内其他乡镇	省内其他县市	省　外
灵安镇	910	647	106	157
同福乡	357	217	50	90

资料来源：桐乡统计局《第五次全国人口普查资料》

1996—2000 年，外地来境内居住的人口逐年增长，据五次全国人口普查资料，2000 年在境内居住，户口登记在外地的人口 2832 人，其中本县市其他乡镇 584 人、本省其他县市区 234 人、省外 2014 人。外省以四川、贵州、云南、湖南、安徽等省居多。

表 3—62　2000 年第五次全国人口普查境内按暂住地、户口登记地分的暂住人口统计表

单位：人

暂住地	户口登记地												
	合计	江苏	浙江	安徽	江西	河南	湖北	湖南	广西	四川	贵州	云南	陕西
灵安镇	101	10	16	19	1	11	5	4	1	15	11	7	1
同福乡	54	1	9	3	—	2	2	2	—	9	12	14	—
合　计	155	11	25	22	1	13	7	6	1	24	23	21	1

资料来源：桐乡统计局《桐乡市 2000 年第五次全国人口普查资料》

据 2010 年第六次人口普查统计，凤鸣街道户籍人口中外出半年以上的 8165 人，外出去向：其他镇（街道）5892 人、其他县（市、区）2273 人（其中嘉兴市内 364 人、市外省内 880 人、省外 1029 人）。户口在本街道，居住在港澳台或国外的 38 人（其中男 27 人、女 11 人）。常住人口中，外来人口 11955 人，户口在其他镇（街道）的 951 人，户口在其他县（市、区）的 11004 人（其中嘉兴市内 51 人、市外省内 362 人、省外 10591 人）。

第五章　户籍制度

第一节　户籍管理

户籍登记

民国 18 年（1929），境内实行乡镇闾邻户口管理制度。23 年（1934），改为保甲制。抗日战争胜利后，进行户口总清查暨保甲编查的基础上，建立户籍人口统计制度。各乡公所设户籍主任，由乡长兼任，配户籍干事，具体办理户籍登记事项。同时在全县各乡镇开展户政工作竞赛，制定相应的奖惩办法，推动户政工作的开展。

表 3—63　灵安、同福二乡参加崇德县 37 年度（1948）第一期户政工作竞赛成绩报告表

境内参赛单位	乡镇长兼户籍主任	户籍干事	工作竞赛项目得总分	奖　惩
灵安乡公所	钟　汉	施哲夫	84	拟记功
同福乡公所	陆毅仁	陈惠昌	79	拟嘉奖

资料来源：桐乡市档案馆馆藏档案，卷宗号 M2－6－14，《崇德县各乡镇三十七年度第一期户政工作竞赛成绩报告表》

表 3—64　　民国 37 年(1948)7 月份灵安、同福两乡办理流动人口登记月报表

单位:人

乡名	第一保	第二保	第三保	第四保	第五保	第六保	第七保	第八保	第九保	第十保	第十一保	第十二保	第十三保	第十四保	第十五保
灵安	1	3	6	2	1	7	2	2	2	1	2	2	1	2	1
同福	6	11	13	7	3	8	2	2	4	4	2	16	6	4	—
备注	两乡合计:办理流动人口登记 123 人,抽查漏登 4 人,均无形迹可疑人。														

资料来源:桐乡市档案馆馆藏档案,卷宗号同表 3—62

新中国成立后,境内的户籍管理归并公安部门统一管理,由公安派出所设置户籍机构,负责户籍登记和管理。各村和社区配备兼职户籍工作人员,协助办理相关事宜。

2008 年 10 月 1 日起,按照国家有关户籍制度改革的统一部署,境内取消农业户口和非农户口的分类管理模式,建立按居住地登记户口的新型户籍管理制度,城乡居民统一登记为“居民户口”。

居民身份证

境内居民身份证始于民国 36 年(1947),时称国民身份证,纸质。是年 9 月,崇德、桐乡县政府在户口总清查暨保甲编查基础上,推行国民身份证制度,对年满 18 岁的居民制发国民身份证,每本收取工本费国币 600 元。初始,境内乡民对身份证效用不了解,拍摄照片常有迟缓拖延,办证工作推进困难。后经宣导,分保挨户上门拍摄照片,乡民陆续请领。至民国 37 年(1948)10 月,同福乡应发 6600 份,已发 6400 份,占应发数的 97%。未请领者系生病或外出等种种原因而未拍照办证。桐档(卷宗号 M3－13－76)收入灵安乡公所逐批向崇德县政府领取、呈送国民身份证的呈文。至民国 37 年(1948)11 月 15 日,已是第二十批奉办,每批次办理国民身份证 300 人左右。

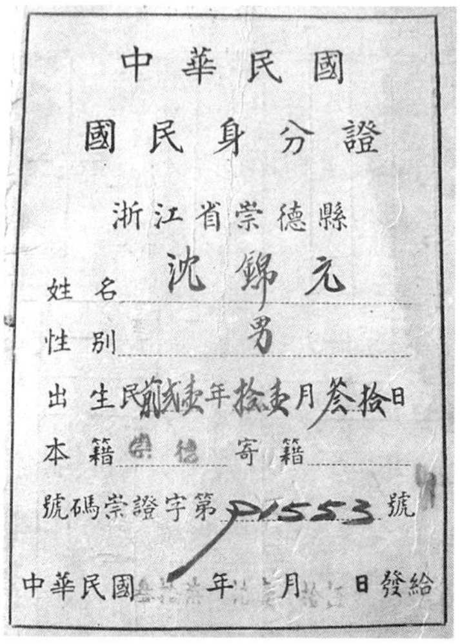

民国 37 年(1948)同福乡大道地村民沈锦元的国民身份证

1987 年 4 月至 1989 年 4 月,根据《中华人民共和国身份证条例》,境内各乡镇分批发放居民身份证,此为新中国建立后发放的第一代居民身份证。登记项目包括姓名、性别、民族、出生日期、住址和有效期(分为 10 年、20 年、长期三种)。样式为聚酯薄膜密封单页式,照片翻拍聚酯后塑封。1989 年 4 月 15 日起,实施使用查验居民身份证制度。1999 年 11 月至 2000 年 8 月,居民身份证号码升位,从 15 为升至 18 位。

2006 年开始,凤鸣派出所、同福派出所根据《中华人民共和国身份证法》在境内换发第二代居民身份证,至 2008 年底结束。第二代身份证登记项目不变,采用多项防伪和数字加密技术,安全性大为提高。

第二节　新居民管理

凤鸣街道地处桐乡城郊接合部,与市经济开发区毗邻。进入 21 世纪后,经济开发区建设迅速发展,境内拥有市经济开发区凤鸣分区和凤鸣同福分区,同时规模以上企业、劳动密集型企业集中,外来

2008年11月11日，市新居民事务局等部门在环南村组织“情系新居民”志愿者服务活动

流动人口快速增长。外来流动人口一般在原籍保留常住户口，但又常年在外工作、生活，在现住地被称为外来民工、农民工等，2008年前后改称“新居民”。

2007年8月，凤鸣街道党委、办事处编印《融入新凤鸣，建设新家园》——新凤鸣人文明手册，通过风俗习惯、乡风文明、法律常识、健康卫生、婚姻生育等5个方面对外来流动人口进行宣传、引导和教育。

2008年6月，凤鸣街道成立新居民事务所，进一步加强对新居民的管理。7月，在新居民较为集中的环南村、灵安村、嘉名公司率先组建新居民事务站。9月，又组建第二批新居民事务站，其中有史桥等12个村、灵安社区和雅意服饰等4个公司，构建新居民管理工作的组织网络。至2012年年底，全街道有新居民事务站19个，配备新居民协管员24人。

2009年12月，凤鸣街道首个新居民和谐促进会在灵安村成立，旨在促进该村新老居民和谐相处，共同构建和谐新农村。成立大会通过了《凤鸣街道灵安村新居民和谐促进会章程》，选举产生第一届理事会。

2011年，全街道新居民占户籍总人口的47.1%，其中以文华小区最为集中，登记在册外来人口1.2万余人，为桐乡市外来人口最多的农民小区，且人员流动性大，管理难度大。是年，凤鸣街道按照《省流动人口居住登记条例》，强化新居民信息采集和居住证发放管理，在全市率先推行“新居民居住证QQ平台申报”，并在嘉兴全市推广。

2012年，街道新居民管理实施“网格化管理，组团式服务”，在灵安村文华小区开展平安和谐新居民集居区建设试点，建立全市首支新居民和谐促进员队伍，成立矛盾调处、公益事业、宣传教育等3个工作组，促进新老居民的相互融合。不断优化服务举措，保障新居民子女入公办学校就学的权利，共接收1893名新居民子女入学、街道的2所幼儿园接收750名新居民子女入园；为300名新居民开办劳动技能培训，提高新居民的就业能力；投资20万元在文华小区扩建新居民文化活动场所，以满足新居民的精神文化需求。是年，凤鸣派出所共为新居民发证、登记23444人。其中居住事由为务工的22698人，占96.82%；经商485人，占2.07%；服务业100人，占0.43%；其他还有务农、借读、投靠亲友等，占比微小。境内新居民的户籍来源地遍及全国30个省、市、自治区，人数最多的是四川3255人、云南3145人，2000人以上的有贵州、河南、安徽，1000人以上的有重庆、江西、湖南。

表3—65　　2012年凤鸣街道新居民发证登记情况统计表

单位：人

单位名称	合计	临时居住证	居住证	登记人员
灵安社区	518	497	19	2
史家桥集镇	239	234	5	0

续表

单位名称	合　　计	临时居住证	居　住　证	登记人员
环南村	18954	17925	381	648
灵安村	1156	1102	32	22
红旗村	151	150	0	1
路家园村	34	34	0	0
西牛桥村	23	23	0	0
史桥村	152	149	3	0
新农村村	1141	1089	16	36
联庄村	131	128	2	1
建胜村	170	159	6	3
中群村	185	155	4	26
合星村	198	143	0	55
同福集镇	392	386	6	0
总计	23444	22174	476	794

资料来源:凤鸣派出所提供

说明:1.包括办理签证(地址变动)的迁入人员

　　2.儿童的发证情况归入“登记人员”栏

表 3—66　　　　2012 年凤鸣街道新居民户籍来源情况统计表

单位:人

户籍地	人　数	户籍地	人　数	户籍地	人　数	户籍地	人　数	户籍地	人　数
北　京	6	吉　林	22	福　建	142	广　东	69	云　南	3145
天　津	2	黑龙江	51	江　西	1501	广　西	214	陕　西	198
河　北	51	上　海	18	山　东	510	海　南	3	甘　肃	74
山　西	49	江　苏	685	河　南	2769	重　庆	1842	青　海	11
内　蒙	19	浙　江	970	湖　北	904	四　川	3255	宁　夏	1
辽　宁	22	安　徽	2499	湖　南	1449	贵　州	2955	新　疆	8
总　计	23444								

资料来源:凤鸣派出所提供

第四编　土　　地

凤鸣街道地处水乡平原，新石器时期是一片浅海、湖沼地，春秋战国时期水多于田，汉以后，农田逐渐多于水域。宋元至明清时期，田地结构发生明显变化，总趋势是水田渐有减少，旱地（桑地）逐步增多。《桐乡土地志》载，宋熙宁十年(1077)，千乘乡（大致为后来的灵安、同福、羔羊等乡）田地总面积104837 亩，其中田 91095 亩，地 13742 亩。1962 年，同福公社耕地面积 27937 亩，人均占有耕地 1.8 亩。1979 年度《桐乡县农业统计资料汇编》载，当年，灵安公社耕地总面积 25814 亩，其中水田 9891 亩，荡田 1400 亩，旱地 8485 亩，社员自留地 1303 亩，饲料地 518 亩，集体经营专桑面积 4216 亩；同福公社耕地总面积 27244 亩，其中水田 10336 亩，荡田 2444 亩，旱地 6963 亩，社员自留地 1255 亩，饲料地 433 亩，集体经营专桑面积 5813 亩。1984 年，境内全年各类田地面积为 52747 亩，人均占有耕地 1.1 亩。之后，因建设用地急增，耕地明显减少。1990 年，境内耕地面积 49835 亩，人均占有面积 1.01 亩。1997 年，境内耕地面积减少到 43055 亩，比 1990 年减少 6780 亩，人均占有耕地面积仅 0.85 亩，至 2012 年，境内耕地保有量不低于 31212.3 亩，超过上级下达的 24862.9 亩耕地保有量指标。

第一章　土地制度

第一节　土地个体所有制

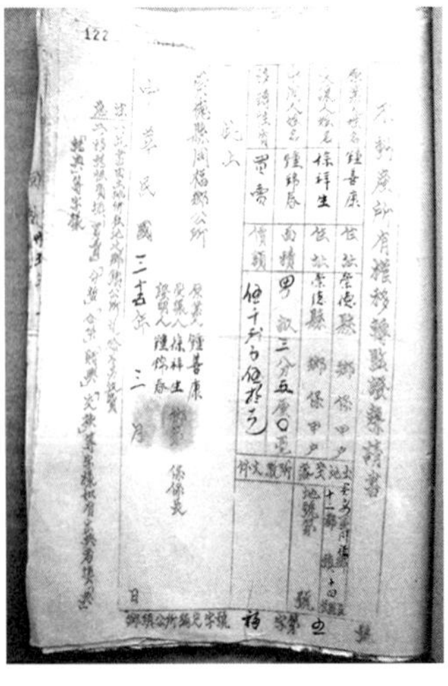

民国 35 年(1946)不动产所有权移转监证声请书

土地改革前的土地所有制

历代以来，土地大都为个体所有。准许业主有买卖、典当、抵押等自由处置的权利。土地买卖，分卖绝与典卖两种。清代以后，凡土地买卖，皆须用官制契纸立约，并呈验缴纳契税。

民国 19 年(1930)6 月 30 日，国民政府公布《土地法》，对土地实行"地权限制"，凡公共交通道路、公共需用水源地、名胜古迹等共 10 种土地不得为私有土地，附着于土地之矿产等资源，也不因所有权之取得而成为私有。

自封建时代直至民国时期，境内之土地买卖现象，时有发生。抗日战争胜利以后数年，不仅农户之间常有田地买卖，福严寺亦多次从附近农户手中买入田地。

土地改革

1950 年 6 月 28 日，中央人民政府委员会第 8 次会议通过《中华人民共和国土地改革法》。7 月 10 日，中共崇德县委根据省、地委指示精神，制定《关于对土地改革的意见》，并将县、区、乡 271 名干部分成 13 个工作组，深入到各乡、村领导和组织土地改革调查工作。灵安区纪目乡 1951 年 2 月 19 日统计，全乡被划为地主的有 22 户，占全乡总户数的 2.58%。全乡各村成立没收征收分配小组，并根据没收对象、居住地点等具体情况，统一安排，上门执行。依法没收和征收土地 933.803 亩，没收地主房屋 13 间，农具 9 件，家具 106 件。其中分配给无田少地的雇贫农土地 788.911 亩，房屋 13 间。

表 4—1　　　　1949 年、1950 年灵安区土地登记对照表

单位：亩

年　份	自耕田	自耕地	租出田	租出地	租入田	租入地
1949 年	28857708	52595370	3445520	1225500	5600330	1552440
1950 年	31110783	51881347	3895006	1736549	5679281	1746230

资料来源：湖州档案馆馆藏档案，卷宗号 89—2—16《崇德县土地登记对照表》

互助合作

1951 年，境内开始出现以工换工形式的"帮工组"，时称临时互助组。至年底，全境有临时互助组 34 个，参加农户 238 户。其中中福乡顾家埭自然村是县委农业合作化试点村，在全乡建立首个常年互助组，入组农户 18 户，占该自然村总农户的 56.3%。临时互助组缺乏持久性，存在"春组织，夏垮台，明年春耕再重来"的现象。

1953 年，境内通过丰产经验交流和举办互助合作骨干训练班，宣传互助合作优越性，贯彻县委提出的"加强领导，巩固提高，稳步发展的方针"，推动境内互助组的发展。是年春，灵安乡李家弄村有 110 户农户组织起常年互助组。至年底，灵安乡全境共有常年互助组 203 个，临时互助组 78 个。入组农户 724 户。到 1954 年春，灵安区各乡已有常年互助组 137 个，入组农户 1080 户，临时互助组 209 个，有农户 2515 户。已散伙的临时互助组又重新恢复建立互助组，共 93 个，农户 1060 户。单干户新入组的农户 43 户。

互助组实行自愿结合、等价交换、民主管理三大原则。临时互助组比较松散，属季节性互助，缺乏持久性。常年互助组比较稳固，有一定的民主管理制度和生产计划，有简单的分工协作和比较合理的记工评分办法。

表 4—2　　　　1954 年灵安区各乡互助组情况统计表

统计日期：1954 年 3 月 4 日

乡别	常年互助组					临时互助组					已恢复互助组				
	组数	户数	劳动力		单干户新入组户数	组数	户数	劳动力		单干户新入组户数	组数	户数	劳动力		单干户新入组户数
			正	半				正	半				正	半	
灵　安	18	217	220	58	3	26	281	289	71	—	—	—	—	—	—
纪　目	28	274	289	104	8	10	91	95	44	—	26	276	325	130	18
惠　桥	13	218	262	63	12	44	727	694	281	—	—	—	—	—	—
天　福	11	156	175	54	7	37	422	487	132	—	9	136	153	45	—

续表

乡别	常年互助组					临时互助组					已恢复互助组				
	组数	户数	劳动力		单干户新入组户数	组数	户数	劳动力		单干户新入组户数	组数	户数	劳动力		单干户新入组户数
			正	半				正	半				正	半	
中福	3	55	51	25	7	20	227	241	45	2	37	413	466	160	19
同福	8	129	135	43	12	20	248	281	21	—	—	—	—	—	—
钱林	32	417	412	147	21	20	243	255	72	—	—	—	—	—	—
太平	16	221	227	53	4	15	135	141	40	5	13	149	109	42	5
大众	8	121	128	38		17	141	188	107	—	8	86	96	31	1
合计	137	1080	1899	585	74	209	2505	2671	813	7	93	1060	1049	408	43

资料来源：桐乡市档案馆馆藏档案，卷宗号1—1—205

初级农业生产合作社

1953年12月16日，中共中央《关于发展农业生产合作的决定》下达后，县委对试办初级农业生产合作社作出全面规划。1954年夏，中福乡顾家埭互助组酝酿办社。当年，经县委批准成为较早成立的顾家埭初级农业生产合作社。该社初建时仅18户，至年底，全自然村32户农民全部入社。之后，全境初级社加快发展，至年底，参加初级社农户占总农户数的78%。1955年春，贯彻浙江省委“全力巩固，坚决收缩”方针，对合作社进行整顿收缩。至年底，个别初级社转回互助组。

1956年春，扩社、建社形成高潮。初级社向高级社升级过渡，其中不少单干户或互助组直接加入高级社。

第二节　土地集体所有制

高级农业生产合作社

1955年秋，省、地委派出办社专职干部到崇德县帮助工作，至1956年底，境内高级社入社农户已占总农户数的99.5%。高级社取消土地评产定租分红，社员入社的土地无偿归高级社集体所有，按土(地)劳(力)比例筹措生产资料作为股金，农具也折价入社抵股金，缺少资金者可向信用合作社贷取贫农合作基金。高级社实行土地由社统一经营，社员收益完全按劳动工分进行分配，评工论分，多劳多得。对劳动弱、吃口重、生活有困难的社员给予照顾。对鳏、寡、孤、独的社员实行“五保”。至1957年底，高级社进行规模调整，过小的高级社进行合并。其时，原同福乡建有联民、联庄、联建、联合、联中等高级农业生产合作社。原灵安乡建有丰桥乡第九高级社，灵安乡第一、第三、第五、第六、第八、第九等高级农业生产合作社。原史桥乡划入凤鸣街道的区域建有百桃乡第八高级社，丰桥乡第五、第七高级社等高级农业生产合作社。

人民公社

1958年8月，根据中共中央《关于农村建立人民公社问题的决议》，崇德、桐乡两县县委各派出一个工作组，分别赴洲泉、梧桐两地，进行人民公社办社试点。9月27日和28日，先后成立洲泉人民公社和梧桐人民公社。至10月5日，崇德、桐乡两县实现人民公社化。原有的31个乡、7个镇，改建为

12个政社合一、工农商学兵五位一体的人民公社。原同福乡归属崇福人民公社，史桥乡归属南日人民公社，灵安镇包括钱林乡则建立灵安人民公社。

公社化后，原属高级社的土地、农具、粮食、物资和公共积累，全部无偿归人民公社所有，由公社统一调配使用。

人民公社以"一大二公"为特点，下设管理区（大队）、生产队、操作组等层次，公社化初期实行营、连、排、班等军事化编制，保持高度集中的机制，收益分配以公社为核算单位，粮食实行供给制，办大食堂，"吃饭不要钱"。其时，全境每个生产队都先后办起大食堂，公社建起保健院、托儿所、幼儿园、敬老院、缝纫组、公共理发店、红专场（农业试验场）等。

由于人民公社"一大二公"的体制不适应中国农村经济、社会发展的客观需要，同时也由于在指导思想和具体工作中脱离群众、脱离实际，计划高指标，生产瞎指挥，分配"共产风"，严重挫伤干部群众的积极性，造成人力、物力的严重浪费，农业生产和农民生活水平均出现下降。

1960年11月，传达贯彻中共中央《关于人民公社当前政策问题的紧急指示信》（即"12条"）。接着进行整风整社，对"一平二调"进行彻底退赔。1961年6月，根据中共中央制定的《农村人民公社工作条例（修正草案）》，调整社队规模，全境划分为同福、灵安两个公社，撤管理区，设生产队和生产小队，实行三级所有，队为基础。确定以生产队为基本核算单位，由生产小队直接组织生产。生产队对生产小队实行"三包一奖四固定"，即包工、包产、包成本，超产奖励，劳力、土地、农具、耕牛划归生产小队支配。同时，解散大食堂和办不好的牧场，公社对平调的财务进行算账退赔，给社员划分少量自留地，允许社员经营小量家庭副业。

1962年2月，中共中央发出《关于改变农村人民公社基本核算单位问题的指示》，中共八届十中全会通过《关于进一步巩固人民公社集体经济，发展农业生产的决定》。10月，贯彻中央指示，境内社队规模再次调整和变更，将原来的生产队改为生产大队，原生产小队改称为生产队。同时，基本核算单位下放到生产队，生产队实行独立经营，自负盈亏，收入除上缴国家税金、大队提取一定比例的积累和管理费外，其余全部由生产队进行分配，即实行大包干和按劳分配加照顾的分配政策。

1966年，"文化大革命"开始，农村中大张旗鼓开展"两条道路斗争"，割"资本主义尾巴"。1967年，以"三献一并"（献自留地、宅基地、饲料地和并队升级）为名，限制社员搞家庭副业，取消自留地。劳动计酬推行大寨式评分，取消定额管理。实行"穷过渡"，实行以大队为基本核算单位，农民生产积极性受到挫伤。

1976年10月，"文化大革命"结束。1978年12月，中共十一届三中全会通过《关于加快农业发展若干问题的决定（草案）》。境内农村贯彻中央决定，生产、生活状况逐渐改善。

表4—3　　1979年境内每一农业人口负担耕地面积及全年复种指数一览表

单位：亩

	每一农业人口负担耕地				集体耕地全年复种面积	集体耕地全年复种指数%
	全部耕地面积	其中：集体耕地面积				
		合计	田	地		
灵安	1.19	1.09	0.62	0.47	48182	243.63
南日	1.25	1.16	0.71	0.45	96106	247.79
同福	1.09	1.005	0.65	0.355	46135	233.68

资料来源：1979年度《桐乡县农业统计资料汇编》

1983年实行政社分设,废除人民公社体制,复建同福乡、灵安乡人民政府,建立经济联合体,大队改建为村,成立经济合作社,生产队改为村民小组。

第二章　改革开放以后农村土地经营体制变革

第一节　农村家庭联产承包责任制

1979年2月,中共桐乡县委召开三级干部大会。学习贯彻中共十一届三中全会精神,同时学习中共中央《关于加快发展农业若干问题的决议(草案)》和《农村人民公社工作条例(试行草案)》,县委肯定部分生产队推行联产计酬到组的生产责任制基本符合改革精神。

9月,中共十一届四中全会正式通过《关于加快农业发展若干问题的决定》,"应该允许他们在国家统一计划的指导下,因地制宜,保障他们在这方面的自主权,发挥他们的主动权"。9月起,以联产计酬为主的生产责任制在境内逐步推开。

1980年5月,邓小平发表《关于农村政策问题》的谈话,指出"农村政策放宽以后,一些适宜搞包产到户的地方搞了包产到户,效果很好,变化很快"。9月27日,中共中央下发《关于进一步加强和完善农业生产责任制的几个问题》的文件,指出"在生产队领导下实行的包产到户是依存于社会主义经济,而不会脱离社会主义轨道的,没有什么复辟资本主义的危险。"中共中央的文件精神和邓小平的谈话,为农村推行家庭联产承包责任制定下基调。是年冬种期间,境内部分生产队划分为2～3个操作组,实行任务到组,责任到人的劳动管理形式。

1982年8月,全省农村工作会议后,县委先后召开蚕桑生产责任制会议,区、公社书记会议和全县三级干部大会。在9月召开的三级干部大会上,县委对部分生产队将水田、旱地(包括桑园)全部承包到户的做法给予充分肯定。对推行土地分为口粮田、责任田、饲料地、旱地(白地)和专桑地五个部分,按吃饭底数、人口、劳动底分和个人承包意愿四个要素承包到户,签订合同的责任制形式,提出"可以全面推广"的指导性意见。

1983年,推行家庭联产承包责任制后,农业发展,农民增收。1984年,全街道农业生产得到恢复性增长。全街道粮食总产量30550吨,为历史最高水平。同时,小桑苗、杭白菊等经济作物和家庭副业全面发展。1983年至2007年,全街道家庭联产承包责任制不断得到完善。

根据县委《关于稳定和完善土地承包期的决议》,稳定和完善土地承包期,土地承包期从3年延长到15年,并发放《农村集体土地承包证》;承包期内,人口增减,劳动力进出,用调整粮食任务和经济补偿的办法来解决,俗称"动粮动钱不动田";在土地承包期间,在生产队(村民组)同意和见证下,允许承包户转让土地,自找对象,自愿协调。

1990年9月起,土地"大稳定,小调整"工作全面铺开。采用"两田制"的形式,口粮田按人员口粮底分计算,责任田按劳动底分来划,村干部、乡镇村企人员,外出经商务工人员及民办教师等则按40%～60%的比例划分责任田。该项工作10月底结束,全街道各村都因地制宜作土地小调整。

1996年起,境内开始推行"两田制",除口粮田外,责任田通过土地流转,由农户承包经营,时称"粮田适度规模经营"。

1999年，市委、市府决定开展土地第二轮承包。同福乡为第二轮土地承包工作试点乡之一。根据市委《关于稳定完善家庭联产承包责任制，搞好第二轮土地承包工作的若干意见》，工作中提出确保农民均有土地承包权，因地制宜、分类指导、积极稳妥、合同有效，公开、公平、公正、民主，坚持“大稳定、小调整”，合理负担等六条原则，并明确具体政策。第二轮土地承包期为30年，到2029年12月31日止。是年9月，凤鸣街道结合实际，制定方案，划分土地，签订合同，经审核报批，发放权证。到12月底，全街道的土地第二轮承包工作结束。经过验收，每户农户都核发《浙江省农民集体土地承包权证》，承包合同签订率100%。

第二节 统分结合的双层经营体制

1984年底，境内在农村经济体制改革过程中，坚持“宜统则统，宜分则分”原则，实行统分结合为特征的双层经营体制，大部分集体资产赖以保存。并以农民集体所有的土地、工农业生产设施和其他共有财产为基础，以村为区域范围，推行家庭经营和集体统一经营的双层经营体制。同时进行农工商综合经营，为农民的生产、流通和生活提供综合服务。

村经济合作社建立各项制度和明确其职责，共有八条：一是村经济合作社实行社员代表大会制度，执行民主办社原则，制订社条，选举成立管理委员会，对农业承包合同和村级集体经济实行统一服务和管理。二是土地及其他生产资料（包括村办企业）属集体所有，由村经济合作社统一发包或经营管理。三是收缴的承包款归村经济合作社所有，由村级合作社管委会支配和管理。四是农田水利建设，农村电网建设及机耕、灌溉等农业服务工作和公益福利事业，由合作社统一筹办或组织。五是村级经济由合作社统一核算。六是合作社管理小组帮助做好农业承包合同的签订和履行，做好农田基本建设和生产项目共同用工的安排、记载，帮助安排落实公益事业和农业服务组织人员，以及其他方面协调和管理工作，反映社员对合作社的意见、要求和建议等。七是健全农业承包合同，维护集体提留制度。坚持执行定期和不定期的民主理财制度，增加财务工作的透明度，实行民主监督。八是组建生产服务体系。主要有机耕服务、灌溉服务、植保服务和农技服务。搞好示范方建设。1997年后，技术服务渐由村干部兼职。

第三节 土地承包经营管理及土地流转

土地承包经营管理

1984年11月，境内第一次实行农业承包合同，村经济合作社与农户签订承包合同后，一式四份，双方各执一份，县及乡（镇）农经组织备案各一份。1984年12月，桐乡县人民政府向各承包户发放《浙江省农村集体土地使用证》。农业承包合同在土地面积上与《土地使用证》保持一致，详细记录土地面积以及四至（东南西北）界限，应承担的农业税、国家粮食任务，应缴纳村经济合作社的承包款（即公积金、公益金、管理费，简称“三上交”）。若土地有变更或转让等，由村、户双方重新签订农业承包合同。

至1999年下半年，第一轮土地承包期已满15年，土地承包合同也同时到期。是年，市委、市政府根据省委、省政府《关于搞好第二轮土地承包工作、稳定完善家庭联产承包责任制的若干意见》，在全市推开第二轮土地承包工作。制订《第二轮土地承包试点计划》，同福乡联建村是市委、市政府第二轮土地承包工作试点之一。试点工作于4月开始，至5月中旬结束。联建村在6月17日举行承包权证

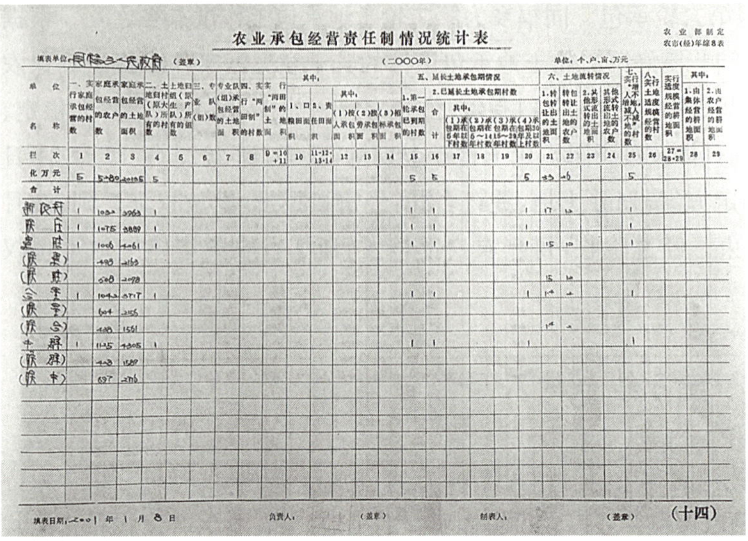
农业承包经营责任制情况统计表

（二〇〇〇年）

农业部制定

单位：个、户、亩、万元

填表日期：2001年1月8日

（十四）

2000年同福乡农业承包经营责任制情况统计表

发放仪式。9月至12月，境内各村全面开展第二轮土地承包。贯彻落实中共中央关于延长土地承包期30年，即到2029年底止的指示精神。至12月底，市政府向境内12572户农户发放《浙江省农村集体土地承包权证》，发证率达到100%。至2000年5月，全面完成第二轮土地承包，做到承包面积、四至、合同、权证"四到户"，规范承包土地流转、整理、征用行为，进一步稳定农村土地承包关系。与此同时，村经济合作社分别与农户签订新的《农业承包合同》。农户在土地承包权证登记的土地范围以外，有的农户向村经济合作社要求再向其他农户转包土地，只享有经营权，不发给土地承包权证。

2004年，桐委办印发《关于进一步稳定完善农村土地承包关系的实施意见》，境内凤鸣街道、同福乡分别成立领导小组，具体组织实施。同福乡有5个村开展此次完善二轮土地承包的工作，涉及66个村民小组，占全乡村民小组总数的48.5%；变更（换发）承包权证1970户，占全乡总户数的37.6%；完善二轮土地承包面积6885亩，收回（注销）土地承包权证1450户，原土地承包权证遗失520户。因工业区规划及土地整理，有4个村暂缓开展此项工作，涉及34个村民小组、1153户农户、3837亩土地。实施过程中，乡党委、乡政府印发《实施意见》，制订《同福乡完善二轮土地承包工作计划》。对1999年实施二轮土地承包的《实施方案》以及各村的《具体实施细则》进行认真检查；严格按照"合同、权证、面积、四至"到户的要求，完善二轮土地承包工作。是年9月10日止，全乡1970户的变更合同、经营权证全部发放到户，同时收回原权证。

表4—4　　同福乡完善二轮土地承包汇总表

村　名	完善组数	完善户数	完善面积	变更户数	收回户数	遗失户数
合　计	66	1970	6885.294	1450	—	520
新农村	4	142	481.994	113	—	29
联庄村	16	524	1808.869	524	—	—
建胜村	4	124	505.932	68	—	56
合星村	18	488	1594.526	53	—	435
中群村	24	692	2493.973	692	—	

资料来源：凤鸣街道国土所提供

土地流转

土地流转是在土地承包者自愿的基础上经营权依法实行转包、出租、互换、转让。由于部分劳动

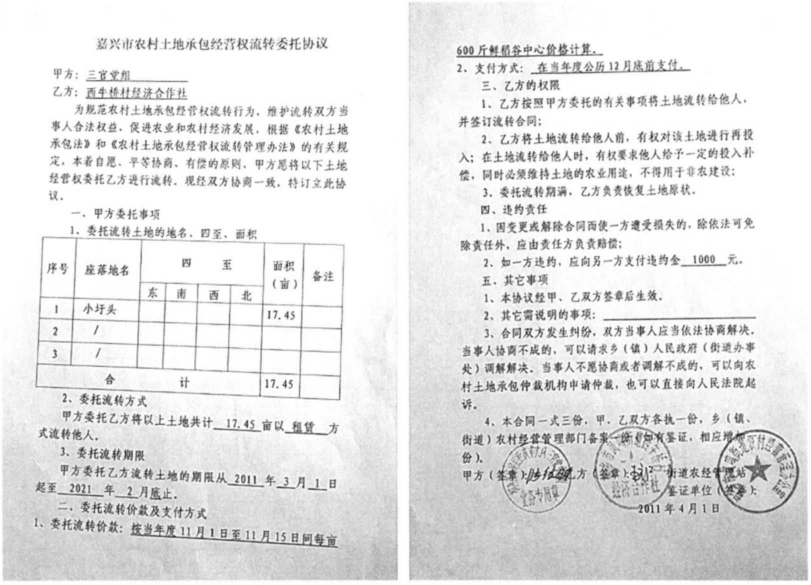

嘉兴市农村土地承包经营权流转委托协议

甲方：三官堂组

乙方：西牛桥村经济合作社

为规范农村土地承包经营权流转行为，维护流转双方当事人合法权益，促进农业和农村经济发展，根据《农村土地承包法》和《农村土地承包经营权流转管理办法》的有关规定，本着自愿、平等协商、有偿的原则，甲方愿将以下土地经营权委托乙方进行流转，现经双方协商一致，特订立此协议。

一、甲方委托事项

1、委托流转土地的地名、四至、面积

序号	座落地名	四至				面积（亩）	备注
		东	南	西	北		
1	小圩头					17.45	
2	/						
3	/						
合计						17.45	

2、委托流转方式

甲方委托乙方将以上土地共计 17.45 亩以 租赁 方式流转他人。

3、委托流转期限

甲方委托乙方流转土地的期限从 2011 年 3 月 1 日起至 2021 年 2 月底止。

二、委托流转价款及支付方式

1、委托流转价款：按当年度11月1日至11月15日间每亩600斤鲜稻谷中心价格计算。

2、支付方式：在当年度公历12月底前支付。

三、乙方的权限

1、乙方按照甲方委托的有关事项将土地流转给他人，并签订流转合同；

2、乙方将土地流转给他人前，有权对该土地进行再投入；在土地流转给他人时，有权要求他人给予一定的投入补偿，同时必须维持土地的农业用途，不得用于非农建设；

3、委托流转期满，乙方负责恢复土地原状。

四、违约责任

1、因变更或解除合同而使一方遭受损失的，除依法可免除责任外，应由责任方负责赔偿；

2、如一方违约，应向另一方支付违约金 1000 元。

五、其它事项

1、本协议经甲、乙双方签章后生效。

2、其它需说明的事项：

3、合同双方发生纠纷，双方当事人应当依法协商解决。当事人协商不成的，可以请求乡（镇）人民政府（街道办事处）调解解决。当事人不愿协商或者调解不成的，可以向农村土地承包仲裁机构申请仲裁，也可以直接向人民法院起诉。

4、本合同一式三份，甲、乙双方各执一份，乡（镇、街道）农村经营管理部门备案一份（如有鉴证，相应增加份）。

甲方（签章）：　乙方（签章）：　街道农经管理站鉴证单位（签章）：

2011 年 4 月 1 日

2011 年西牛桥村土地承包经营权流转委托协议

力转移、外出、丧失等原因，1996 年开始，境内全面推行"两田制"（即口粮田和责任田），并逐步实施在保证口粮田前提下，责任田以土地流转形式向大户集中。1999 年开始，境内逐步建立起新的土地使用权流转机制，重点是发展经济作物为小桑苗、杭白菊和养殖业。2009 年起，土地流转逐步形成规模化、产业化、区域化。在坚持农户家庭联产承包经营制度和稳定土地承包关系的基础上，遵循平等协商、依法、自愿、有偿的原则，采取转包、出租、互换等形式，有序流转土地。土地流转由村经济合作社主持，明确土地流出户与流入户双方权利与义务，签订土地流转合同，或者由土地承包户以书面形式，委托村集体组织或其他服务组织统一办理转包手续，规范有序地建立起土地流转机制。

2012 年，境内全年流转土地 5335 亩，流转涉及农户 2381 户。

表 4—5　　2011 年西牛桥村各小组户数及流转面积一览表

单位：户、亩

序　号	组　　别	户　　数	流转面积
1	三官堂	22	17.45
2	林家木桥	22	18.5
3	乐家门	33	24.5
4	闻家角	34	26.2
5	南闻埭	32	24.35
合计		143	111

资料来源：凤鸣街道农经中心提供

表 4—6　　2012 年凤鸣街道土地流转情况统计表

单位：亩、户

年　份	流转土地	涉及农户	年　份	流转土地	涉及农户
2009	611	392	2012	5335	2381
2010	3935	2244	2013	5214	2344
2011	4579	2377			

资料来源：凤鸣街道财务所统计年报表

表 4—7　　1984—2012 年耕地和桑园面积情况统计表

单位：亩、人

年　份	镇乡、街道	合　计 耕地面积	水田面积	旱地面积	桑园面积	农村人口	人　均 占有耕地
1984	灵安乡	20318	11567	8751	5318	18325	1.11
	同福乡	20645	12542	8103	6162	19642	1.05
	史桥乡	11784	6470	5314	3405	9947	1.08
1990	灵安镇	19458	10654	8804	5266	18877	1.03
	同福乡	19205	12302	6903	6994	20540	0.94
	史桥乡	11172	6165	5007	2983	10075	1.11
1991	灵安镇	19410	10557	8853	4964	18920	1.03
	同福乡	19152	12257	6895	6943	20717	0.92
	史桥乡	11161	6165	4996	2983	10125	1.10
1992	灵安镇	19290	10533	8757	5209	18951	1.02
	同福乡	19129	12246	6883	6994	20817	0.92
	史桥乡	11111	6148	4963	3384	10110	1.10
1993	灵安镇	19164	10541	8623	5197	19042	1.01
	同福乡	18911	12063	6848	6961	20939	0.90
	史桥乡	11086	6139	4947	3384	10132	1.09
1994	灵安镇	18790	10405	8385	5197	19069	0.99
	同福乡	18779	11947	6832	6961	21070	0.89
	史桥乡	11083	6139	4944	3384	10158	1.09
1995	灵安镇	18734	10384	8350	5197	19058	0.98
	同福乡	18645	11897	6748	6903	21173	0.88
	史桥乡	11083	6139	4944	3384	10115	1.10
1996	灵安镇	18584	10322	8262	5231	19222	0.97
	同福乡	13277	11556	1721	6886	21202	0.63
	史桥乡	11078	6139	4939	2978	10204	1.09
1997	灵安镇	18658	10322	8336	5186	19326	0.97
	同福乡	13325	11555	1770	6915	21139	0.63
	史桥乡	11072	6138	4934	2978	10157	1.09
1998	灵安镇	29766	16434	13332	8164	29411	1.01
	同福乡	13425	11555	1870	6815	21024	0.64
1999	灵安镇	29764	16434	13330	7807	28832	1.03
	同福乡	13521	11555	1966	6713	21059	0.64
2000	灵安镇	29769	16439	13330	7807	28782	1.03
	同福乡	13699	11733	1966	6436	20985	0.65

续表

年 份	镇乡、街道	合 计 耕地面积	水田面积	旱地面积	桑园面积	农村人口	人 均 占有耕地
2001	凤鸣街道	30155	16825	13330	6707	28805	1.05
	同福乡	14030	11942	2088	7097	21101	0.66
2002	凤鸣街道	29578	16248	13330	7803	28909	1.02
	同福乡	14029	11991	2038	7172	20977	0.67
2003	凤鸣街道	30122	16285	13837	6686	26195	1.15
	同福乡	14148	12110	2038	6905	20673	0.68
2004	凤鸣街道	30310	16675	13635	6686	26401	1.15
	同福乡	14136	12098	2038	6895	20544	0.69
2005	凤鸣街道	29899.7	16675.0	13224.7	6686.0	26440	1.13
	同福乡	14130.9	12099.9	2031.0	6960.0	20368	0.69
2006	凤鸣街道	29697.0	16675.0	13022.0	6686	24076	1.23
	同福乡	14239.5	12213.6	2025.9	7020	20322	0.70
2007	凤鸣街道	29436	16675	12761	6686	23833	1.24
	同福乡	14727	12633	2094	6996	20310	0.73
2008	凤鸣街道	43844	29088	14756	13620	43968	0.99
2009	凤鸣街道	43419	28974	14444	13897	43968	0.99
2010	凤鸣街道	43419	28975	14444	13008	49963	0.87
2011	凤鸣街道	30751	18488	12263	14090	56304	0.55
2012	凤鸣街道	34515	22258	12256	13253	55543	0.62

资料来源:《桐乡县农业生产统计年报》1984 年;1990—2013 年《桐乡统计年鉴》
说明:1984 年旱地面积包括农户经营的自留地和饲料地

第三章 土地管理与整理

第一节 土地管理

1990 年,灵安镇有 687 户农户申请建房,土管人员到场放样 651 户,占 95%。1992 年,史桥乡共清除非法违章建房 96 户,面积 3360 平方米。

1996 年,灵安镇全面完成新村总体规划,对农户建房严格实行四统一,全年共审批农户建房 271 户,乱占滥用耕地和违法超面积建房现象基本得到控制。9 月 8 日,因 320 国道拓宽,征用土地 81.624 亩。同日,建造灵安中心小学之需,同意用地 14.53 亩。1998 年 3 月 6 日,史桥乡验收 106 户建房户,处理违章农户 71 户。当年同福乡共审批农户建房 89 户,开展农村宅基地专项治理,完成省级土地整理项目报批工作,取得 18 公顷建设用地启动指标。

配合市开发区三期工程、绕城公路工程、高速公路高桥接口线工程(2002年7月1日到2003年11月30日),凤鸣街道征地共涉及6个村,40个村民组,27个村民组的耕地全部征用,洽谈面积4751.592亩,人均耕地0.45亩以下的村民组4个。

凤鸣街道规划工业园区用地面积33平方公里,符合土地利用总体规划面积13.81平方公里,已建成面积2.2平方公里,入园项目13个,面积407.5亩。土地储备二宗,总面积3949.2平方米,公开出让土地一宗,面积2.355亩,出让金收入397.8万元。

农户建房共审批77户,面积14245平方米。验收15户,面积2775平方米,合格率100%。临时用地共审批29户,面积23084.8平方米。

土地整理2255.8亩,补充耕地480亩,建成标准农田1721.25亩。

2007年,共审批农户建房80户,新增面积726.94平方米,退耕3364.77平方米。全年放样户数113户,面积15200平方米,验收户数167户,面积24040平方米(其中同福定点26户、放样18户,验收15户。)临时用地全年新增审批户数59户,用地面积6532平方,续办户数14户,面积2462.8平方米。宅基地整理复垦项目2个,涉及7个村,实际立项面积7.1903公顷,新增耕地7.1372公顷。

农用地转用项目9个(其中同福片7个,总用地面积5.5793公顷;灵安片2个,面积0.6889公顷)。涉及工业用地6个项目,面积5.8767公顷,商业服务业用地2个项目,面积0.2855公顷,教育事业用地1个项目,面积0.1060公顷。办理供地项目18个,面积27.0023公顷。挂牌成交18宗地,面积27.0023公顷。

查处闲置地6宗,其中灵安片4宗,面积4.1062公顷。

2008年,进一步规范农户建房管理。凤鸣街道连续对农户建房实行指标化管理,全街道共审批农户建房77户,拆建面积10248.92平方米,严格执行“先拆后建、四到场”的原则。严格三期扩征调产安置,讨论审定,共审定征地开发涉及的安置户1次39户。同时加强临时用地管理。随着农村“效益农业”和家庭作坊式加工业的发展,全年共新增审批户数85户,用地面积2340平方米。企业登记发证5宗地,面积71.79亩,预登记发证18个,面积267.58亩。建设用地报批及管理工作,2008年已报项目用地7宗,面积67.14亩。收储土地1宗,面积2.33亩,进入拍卖程序。闲置土地清理5宗,面积计77.53亩,经过督察和监管,其中2宗地已开工建设,1宗地已被收回,重新出让。

2009年,联合执法巡查和自行组织巡查共计83次,同时开展农村土地专项整治,共查处违法占地(属历史遗留问题)51户,面积2228.2平方米,收取使用费76820元,查处违章搭建(属历史遗留问题)1179户,面积61193.1平方米,收取临时使用集体土地补偿费569424元。全年共审批农户118户,拆建面积1888平方米。查实违法占地4起,占地面积6261.17平方米。

2010年,街道国土所参与桐乡市国土局联合执法大队巡查和自行组织巡查共85次,查实违法占地25宗,占地面积6191.82平方米。

是年,凤鸣街道上报农转用批次2件,涉及项目2个,总面积56.4亩。公开出让国有建设用地5宗,出让面积113.295亩,成交金额3697.8763万元,办理协议出让项目1宗,出让面积25亩。

2011年,共执法检查82次,责令退耕一宗,面积5400平方米,补办手续一宗,面积61333.64平方米,发出责令停工通知52份,占地面积146707.95平方米。通过卫星遥感,上半年发现违法用地图斑2处,位于路家园村、联庄村。下半年亦发现违法用地图版2处,涉及新农村、建胜村。

境内先后开展三期扩征、东宗线(巨石110千伏)架线工程、绕城公路、同石公路改造工程、灵安港拓宽工程、新能源产业园、桐乡市凤栖供水有限公司同福水厂供水工程等征迁工作。三期扩征、绕城公路、东宗线(巨石 110 千伏)架线工程、同石公路改造工程、灵安港拓宽工程等征迁工作已处置完毕。新能源产业园征迁从 2009 年开始,是近年来最大的一次征迁工作,共涉及李家弄村、桑园桥村 31 个村民小组、总户数 877 户,征用土地 5318.2 亩。已经全部完成土地协议签订,基本完成农户签约工作。拆迁农户房屋总面积 40.6 万平方米,分流安置被征地人员 3132 人。

2012 年,结合农村用地综合整治项目,局部修订规划,涉及 7 个项目,其中工业用地 4 个,用地总面积 38.5246 公顷,规划调整面积 20.555 公顷;农户安置用地 3 个,用地总面积 20.9536 公顷,其中规划调整面积 13.0728 公顷。是年,合星村土地综合整治项目相应调整。调整后复垦面积 89.2 亩,搬迁农户 96 户,划定新区安置面积 34.7 亩,挂钩用地 6 块,面积 54.5 亩,累计已完成建设用地复垦面积 43.85 亩。建胜、联庄、新农村土地综合整治项目划定拆旧区面积 232.76 亩,涉及拆旧农户 292 户,安置人数 208 人,落实建新区面积 115.3 亩,挂钩用地面积 117.46 亩。

是年,制止违法用地 37 起,发出责令停工通知 37 份,占地面积 7982.32 平方米;劝阻自行拆除和强制拆除违法用地、违法建筑 16 处,拆除违法建筑面积 1 万余平方米。通过 2011 年遥感监测,有违法用地图斑 16 个,面积 106.3 亩。

年内结合农村土地综合整治项目,对街道土地利用总体规进行局部修改,涉及 7 个项目,其中工业用地 4 个,用地面积 38.5246 公顷,规划调整面积 20.555 公顷;农户安置地块 3 个,用地面积 20.9536 公顷,规划调整面积 13.0728 公顷。办理上报农用地转用手续共涉及 5 宗地,面积 162.7 亩。办理供地手续 2 宗,其中凤鸣街道中心幼儿园 18.3 亩,卓怡鞋业 6.24 亩。办理临时用地手续 3 宗,面积 5608.88 平方米;办理土地预登记、变更登记 7 宗,面积 157758.27 平方米;预审用地 2 宗,面积 32322.7 平方米。办理设施农用地 10 宗,面积 24.427 亩,其中同福双丰畜业生态养殖专业合作社 4.5 亩,凤鸣红冠禽业专业合作社 1.6 亩,建胜杭白菊专业合作社 4.66 亩,合星杭白菊基地 1.75 亩,荣盛杭白菊专业合作社 0.672 亩,胜丰粮油合作社 1.78 亩,地盛苗木专业合作社 0.9 亩,蚕业管理站 2.2 亩,路家园蚕业专业合作社 3.32 亩,春耕蛋鸡专业合作社 3.04 亩。

第二节　土地整理

1997 年下半年,对建福村(涉及 7 个村民小组)实施平土造地改田,经实地丈量测量测算,涉及面积水田 125 亩,旱地 115 亩,改土田 30 亩,总面积为 270 亩,现有水田高程在 3.5 米左右,改造计划高程在 4.5 米以上,共计工程土方量为 83375 立方米,土方投资 265490 元,水利设施配套完善和工程电线搬迁 10 万元,总投资 365490 元。同年,灵安村朱家车、白墙里、徐家湾、篾竹村南、篾竹村北、史家门前、史家门后等 7 个自然村共 550 亩土地划为蔬菜基地,减免国家粮食任务 30800 公斤。

1998 年,共审批农户建房 89 户,开展农村宅基地专项治理,完成省级土地整理项目报批工作,取得 18 公顷建设用地启动指标。

1999 年,同福乡土地整理项目涉及联胜村、联星村、联合村、联群村、联中村 5 村,整理总面积 485.53 公顷(7283 亩),位于京杭大运河东,长山河南北两侧,主要包括耕地、废弃地、坑塘水面、宅基地等,增加有效耕地 117.9 公顷(1768 亩),每亩增效益 700 元左右。

2001 年,土地整理主要项目为联庄村、中群村区域,总面积 64.56 公顷,其中联庄村 17.49 公顷,中群村 47.06 公顷。现状耕地面积 36.88 公顷,通过实施土地整理,耕地面积达到 47.9 公顷,净增耕地面积 11.02 公顷。总土方量 253787 立方米,新筑道路 4.536 公里,新砌沟渠 9.938 公里,新建机埠

3座,项目投资概算为206.0307万元。

2006年,土地整理涉及4个村,5个区块,合星村寺前埭1300亩,联庄村顾家埭650亩、杨家村900亩,中群村蒋官桥500亩,新农村田心里600亩,合计3950亩,土方1218500平方米。建胜村建设用地(宅基地)整理复垦项目于2006年4月底完成整理复垦,区块总面积2.0871公顷,整理后新增耕地2.01525公顷,项目工程总投资95万元。全年实施区域面积187.05公顷,其中联庄村24.52公顷、合星村98.43公顷、中群村64.10公顷,土方工程量58.25万立方米,建成高标准农田139.67公顷。

2007年,土地开发整理项目为建胜村、联庄村、中群村。总面积54.1344公顷(812亩),改造废弃园地54.1344公顷。至2008年12月中旬工程完工,道路、渠道、绿化配套齐全,总投资805.8万元,土方量72万立方米,灌溉衬砌32.2公里,新建机房8座,新增水泵8台,排渠衬砌19.3公里,建造制闸及涵洞160座,铺设主干路80000平方米,绿化36.9公里。

2008年,做好宅基地整理复垦工作及土地整理工作,当年整理复垦项目涉及9个村,13个区块,面积102.36亩,新增耕地101.73亩。此项目至10月底完工。新农村、联庄村土地开发项目申请立项。项目涉及新农村、联庄村,总面积12.3727公顷,通过土地开发整理新增耕地12.3727公顷,其中废弃园地新增耕地12.3727公顷,项目投资概算157.18万元。是年,土地整理项目位于凤鸣街道新农村、联庄村两个村,共分两个区块,项目总面积1250亩,总土方量45万方,总投资300万元。同年,建胜村、史桥村建立农业生态型蛋鸡、草鸡养殖园区,建胜村、史桥村分别流转土地51.953亩、52亩。当年企业登记发证5宗地,面积71.79亩;预登记发证18个,面积267.58亩。

2009年,市政府下达凤鸣街道建设用地(宅基地)整理复垦新增建设用地面积不少于80亩。经过前期现状踏勘、核对图版,测量、论证、会审,最后确定宅基地整理复垦项目共涉及10个村17个区块,面积82.69亩。最后验收新增耕地81.267亩,项目通过嘉兴市级验收及省国土厅复核认定。是年,土地整理项目主要涉及新农村、联庄、西牛桥、路家园等四个村。新农村村土地整理楷法项目560亩系上年立项,年内完成。联庄村、路家园村、西牛桥村土地整理开发项目面积5150亩,当年立项,年内完工。

2010年,完成10000亩农综项目规划及5260亩土地整理项目的测量及机械平土工作,同时完成新农村、联庄村2008年度土地整理项目田间设施工程,新筑沙石道路4.6公里,新筑U型渠道1.2公里。是年土地整理项目主要涉及联庄村、路家园村、西牛桥村三个村,面积5500亩,项目已竣工。此外,史桥村、长新村土地整理项目2850亩,已完成土方测量、项目论证等基础性工作。

2011年,合星村土地综合整治项目经获省政府立项审批。按项目要求,涉及整治区域面积7645亩,整治后新增耕地439.4亩。

2012年,继续实施合星村土地综合整治项目以及建胜、联庄、新农村土地综合整治项目。

年内,合星村项目作相应调整,调整后复垦面积89.2亩,搬迁农户96户,划定建新区安置面积34.7亩,挂钩用地6块,面积54.5亩,累计完成建设用地复垦面积43.85亩。建胜、联庄、新农村项目划定拆旧区面积232.76亩,涉及拆旧农户292户,安置人数208人,落实建新区面积115.3亩,挂钩用地一块117.46亩。

第三节　基本农田保护

2009年,凤鸣街道办事处与14个村签订《国土资源管理工作目标责任书》,明确耕地保有量、基本农田保护面积，落实保护责任，并将耕地保护与基本农田保护纳入各村目标责任考核，同时，完善落实土地用地管理制度和基本农田监督检查制度，禁止随意占用基本农田。

根据上一轮基本农田保护划区定界成果，进一步完善全街道的基本农田基础数据和档案标志，对基本农田保护区的每个区块逐一核对、量算、登记造册，相关数据录入电脑。补设已缺失的保护桩，13块村级保护牌、2块街道级保护牌置于交通主干线。注重基本农田标准化建设。全街道33729.6亩基本农田已建设成标准化基本农田，并投入建设资金86.5万元，标准化率达到82.96%。

2010年末，全街道耕地保有量不少于56748.9亩，基本农田保护面积不少于40653.6亩。

2011年，开基本农田划定工作，划定的基本农田按照永久保护的原则，落实新一轮土地利用总体规划确定的基本农田保护目标和任务，具体落实到地块，落实到户。展涉及新农村等13个村规划落实面积23481亩的外业占用调查，其中占用400平方米以上的有37宗地，面积188.9亩。

2012年，进一步加大耕地保护力度，从紧控制建设用地占用耕地。在规划期内，确保耕地保有量不低于31212.3亩，超过上级下达的24862.9亩耕地保有量任务。

2012年，将新一轮土地利用总体规划确定的基本农田图斑逐块落实到地块，登记地类、面积、质量等信息以及块编号。其中主要是通过外业调查，划出占用37宗，面积188.9亩，在西牛桥村划补相应的保护面积；落实地块的基本农田，编制标准分幅基本农田保护图，填写基本农田划定平衡表、现状登记表、保护责职一览表，并形成相应的统计汇总表；基本农田划定后，在史桥等13个村设立统一规范的基本农田保护标志牌14块，保护界桩57个。

第五编　水　　利

凤鸣街道水域属长江流域太湖运河水系。地势西高东低，田面高程（吴淞）在 3 米～4.5 米以上，是县域内易受洪涝、台风侵袭和发生干旱的地区之一。吴越王钱镠时，境内已构筑水利灌溉设施，先民们已在这块土地上围田引水，耕种水稻，并在漫长的治水岁月里，逐步形成圩圩相承的塘浦圩田系统。

历代以来，境内百姓注重水利建设，排涝抗旱，保一方平安。历届政府亦多有兴修水利的举措。中华人民共和国成立后，人民政府重视水利建设，在自力更生的基础上，通过以工代赈，依靠集体的力量，兴修水利，消弭水害。50 年代中期，境内开展两次小规模河道拓浚，并按照 1954 年型洪涝标准整修圩堤、堤坝和蓑衣漏，减轻内涝，增强抵御洪涝灾害的能力。同时，发展机械排灌，提高生产效率。60 年代，发展电力排灌，建造电力机埠。1962 年，灵安、同福两公社共有电力排灌机埠 11 座，电动机 21 台，268 千瓦。同时，继续开展圩堤、圩区整修，兴建防洪水闸，防洪能力不断增强。70 年代，组织民工，拓浚境内骨干河道中路过桥港、灵安港，提高泄洪能力，引水灌溉通畅。同时，调整电力排灌机埠布局，增容补点，修筑机耕路、建机耕桥、整修渠道，排灌分系等。80 年代，完成杭嘉湖南排工程长山河境内段、六里港和面丈港等主要河段的拓浚。1983 年，农村推行联产承包责任制后，农村改革不断深化，机埠建立承包责任制和用水管理责任制，从点到面，推进泵站改造。灵安镇 1987 年至 1989 年，共建排灌机埠 20 座，修筑水泥渠道 5.3 公里。90 年代后，境内全面开展市级、镇级河道拓浚和村级河道的疏浚、整治，“箱子田”改造，并圩造田，土地整理以及圩区建设，老泵站、老水闸、老水泵等“三老工程”改造相继实施。1991 年起，结合农业综合开发项目，开展圩区整治工程，更新除涝机电设备，进一步改善农业基础设施。对境内 28979 亩水田和 20744 亩旱地进行水、田、路、渠、林、村庄综合治理，基本实现农田和排灌渠道标准化。2002 年，凤鸣街道（原灵安镇）建设标准圩堤 6.73 公里；新建标准农田 7800 亩。至 2012 年，境内已建成标准化农田 15000 亩，新建标准化泵站 85 座、防洪水闸 49 座，建标准化圩堤 113 公里，建成圩区 9 个。

第一章　水利工程

第一节　河道拓浚

境内河道

清光绪《石门县志》卷一载，今凤鸣街道一带，河道分布情况如下：

十二都区，浜河二十八：

柴家兜港，西蒋家浜，土地浜，小桥浜，宋家浜，乌金浜，天花荡，严家坝港，西河坝港，钟家浜，铜蛇浜，菱塘浜，萧家浜，申家浜，南浜，黑板桥港，太平桥港，高家浜，沙泥浜，祝家浜，郑家浜，沈家浜，宛醉浜，金家浜，严家港，钱家浜，章家浜，寺前港。

十三都区，浜河二十五：

游屯泾港，茅桥港，漾月浜，花神港，裏山浜，连树浜，孙家浜，泥师浜，枯树庵浜，三家村港，络丝娘港，阿弥桥港，钟家浜，邵家浜，螺蛳浜，铁店港，罗家浜，灶家浜，砖街浜，高家港，闻桥港，泗夏浜，曲尺浜，香橼树下浜，昌家浜。

2012 年，境内有京杭运河桐乡段、长山河 2 条省级河道，总长度 19.45 公里，市级河道 10 条，总长度 35.573 公里，镇、村级河道 221 条，总长度 122.757 公里，市、镇、村三级河道水域面积 4339.81 亩。长山河、灵安港横贯境内，泄洪引水通畅，灌溉航行便捷。

市、镇级河道拓浚

清嘉庆《石门县志》卷八《水利》引明正德《崇德县志》云，当时境内曾开挖天长河。“千乘乡原有荒土一区，即古吴越屯兵之所，俗称天长河。向因旱涝无所蓄洩，名为积荒田，税累一县赔纳。县令洪异询得之，于正德十一年三月二十四日躬督万夫，财力兼济，开为十字河。三月而就，通沙木等泾。东西七八里，南北五六里，广五丈余，总若干□，计田可灌溉者四千余亩。编籍招民开耕，限三年成熟起科，补衲荒粮。民感其惠，又称为‘洪河’云。”清嘉庆《石门县志》卷一亦载，“（明）正德十一年，洪令异开天长河，通运河塘、沙木等泾，以为民利。”

民国 19 年（1930），崇德马昭懿时兼任浙西水利议事会会员（每县 1 人）。曾从上海“甲戌全浙救灾会”募来善款法币数千元，以工代赈（每工发米两升），疏浚羔羊至灵安段河道。

民国 35 年（1946）12 月，同福乡成立水利协会。常务理事：陆毅人，理事：邵庆山、徐坤年、孙其昌、吴甫仁、张万茂、张宝敬、沈宝祺、黄宝全、黄松乾、金甫卿、张贵卿，负责全乡河道疏浚、水利建设等事项。

民国 35 年（1946）后，疏浚同福乡七（戚）家桥至陞洞（圣同）桥、杨树湾港等，总长度 2490 米，起土 4520 立方米，民工人数 3392 人，开工日期：35 年 12 月 20 日，完工日期 36 年 4 月 5 日，受益田亩 2144 亩（载民国 38 年（1949）2 月编竣的《崇德县经济建设概要》）。时崇德县政府多向民工发放面粉，以工代赈。

民国 36 年（1947）5 月 23 日，灵安乡乡长钟汉致函崇德县县长吴耐冰，报告“杭善公路灵安段桥坝，系崇桐往来船只之水路交通要道，经八年敌伪摧残，此道全部阻塞……于上月中旬征集各保民夫发起开掘，经 15 天之工程，费千余名民夫，始竣其事。测量开掘面积，计阔 2 丈 4 尺，深度 2 丈 1 尺。致所征民夫，全属义务。为鼓励计，呈请准予赐拨赈工面粉，俾以转发。”（资料来源：桐乡档案馆馆藏档案，卷宗号 M3－8－115）

中华人民共和国成立后，河道拓浚规模不断扩大。1952 年冬拓浚六里港，1957 年冬拓浚中路过桥港。60 年代末至 70 年代初，由县统一组织拓浚过境骨干河道。1969 年冬拓浚南日港，1973 年冬和 1978 年冬两次拓浚中路过桥港，1973 年冬拓浚灵安港。

1983 年冬还拓浚六里港。1984 年拓浚面丈港。面丈港南接长山河，北通灵安港，全长 2.1 公里。土方开挖和砌石护岸经费，从长山河工程款中补助 37 万元（其中河道等补助 20 万元，护岸补助 17 万元）。疏浚后，面丈港河道断面原设计河面为 30 米，实施为两头 30 米，中间 25 米。

长山河南排出海（杭州湾）水利工程，属太湖流域综合治理的骨干工程。工程全长 56.22 公里，其中桐乡境内长23.06公里。1984年开始动工的第二期工程,东起原百桃乡起龙桥与一期工程衔接处,经史桥、灵安乡(今属凤鸣街道),穿320国道蒋主庙桥,至桥西300米处,长度7.29公里。拆迁民房8.57万平方米,建造干河桥梁12座,沿塘桥梁18座,块石护岸16公里,总投资204万元。工程以史桥集镇为界分东西两段施工。开挖标准河底宽20米,河面高程—1米,标高2.5米处设0.5宽平台,标高2.5米以下边坡1∶3,2.5米以上边坡1∶1.5,河道两旁设10米宽护林带。挖土170.9万立方米,投工59.6万工。12月1日东西两段同时封坝,西段于14日下午炸坝放水,东段施工略慢,恰遇雨雪两天,冒寒施工,至16日上午开坝放水。

1985年冬,开挖长山河第三期工程

1985年冬,实施第三期工程。从蒋主庙公路桥往西,经灵安、同福两乡镇(今属凤鸣街道),在小羔羊处开挖到距运河300米处,总长度6.70公里。开挖河道以原石泾塘为基础疏拓,原河面宽仅15～20米,河底高程1.5～2米。疏拓到5米高程处河面宽49.5米。河底高程—1米,底宽20米,二级边坡,上坡1∶1.5,下坡1∶3,高程2.5米处设0.5米宽平台,工程拆迁民房7.28万平方米,建造干河桥梁10座、沿塘桥梁12座、块石护岸16.16公里。征用土地490亩。12月22日下午开坝放水。

灵安港横贯全境,属市级河道之一。1990年12月5日,灵安镇发动4000多民工疏浚3.8公里灵安港,最高日出勤民工5000多人,占正半劳力的50%以上,至当月15日全面完成。1997年,机械拓浚康泾塘热电厂至灵安港河道段,2004年,拓浚灵安港运河到龙王庙段,2006年,又拓浚新板桥港到灵安集镇河道段,2007年,完成灵安港拓宽整治工程,全长1.5公里,其中集镇段0.4公里,河面从23米拓宽到35米,房屋拆迁涉及单位8家,居民户20户,拆迁房屋6804.9平方米,征地11743平方米。2009年,启动灵安港拓宽工程,灵安港集镇段市级第三期防洪工程全面竣工。是年7月,桐乡市第四期防洪工程开工,综合整治灵安港西段,2010年竣工,并投入使用,提高城市防洪能力。

村级河道拓浚

50年代初,境内先后疏浚和新开太平乡的“翻身浜”和“丰产浜”、大众乡的湾里浜、中福的马边河、天福的太湖港、同福的庙浜和农场浜,以及惠桥的严家堂浜等30多条小河小浜,共投入劳力71832工,受益田地12504亩。1976年冬,同福公社联胜大队新开一条河道,长0.41公里,加上大小水利工程,完成总土方28.5万方,总投工10.7万工。1989年冬,灵安镇惠桥、红旗两个村联合拓浚严家坝河道,长0.6公里,李家弄村拓浚李家浜,长0.42公里,由受益的7个村民小组投工,蚕桑场村、建福村、灵安村拓浚河浜共计1.1公里。90年代后,境内部分村级河道河泥淤积加厚,河床抬高,河道水面积减少,水环境质量下降,其间,作为河道整治的一项重要工程,全面开展农村河道清淤为主的疏浚。1992年,史桥乡疏浚村级河道21条。1994年,灵安镇疏浚村级河道总长度17.8公里。2003年,凤鸣街道共疏浚村级河道4条,总长4.8公里。是年,同福乡疏浚河道2.1公里。2005年,凤鸣街道、同福乡共疏浚村级河道17条,总长17.1公里。并建设三界桥生态河道1条,长4.5公里。2008年,凤鸣街道全年累计整治村级河道151.7公里,其中河道疏浚17公里。2011年,史桥、长新、新农村和西牛桥等4个村共疏浚村级河道5条,总长7公里、土方4.83万立方米。2002—2012年,共疏浚村级河道129.48公里。

表 5—1　　境内主要市、镇级河道拓浚情况表

河道名称	长度（公里）	起止地点	疏拓规模			土方（万立方米）	疏拓年月	流经地点（乡、镇、街道）
			面宽（米）	底宽（米）	河底高程（米）			
六里港	10.5	运河到江道桥港	25	3	0	15.6	1952 年冬 1983 年冬	经虎啸、同福、灵安
中路过桥港	7.8	运河单桥到灵安镇	24	2.5	0	39.4	1957 年冬 1973 年冬 1978 年冬	经过灵安、梧桐
南日港	9.0	古店桥到中沙渚塘	26	3	−0.5	56	1969 年冬	经凤鸣、高桥
南日新港	4.0	康泾塘古店桥到店街埭	30	6.5	−0.5	36.0	1980 年冬	
灵安港	9.6	古店桥到龙王庙	25	4	0	22.6	1973 年冬 1990 年冬	经同福、灵安
长山河第二期工程	7.29	百桃起龙桥起到蒋主庙桥西 300 米处	49.5	20	−1	170.90	1984 年冬	境内
长山河第三期工程	6.70	蒋主庙公路桥起到小羔羊距运河 300 米处	49.5	20	−1	186.89	1985 年冬	境内
面丈港	2.0	灵安港到长山河	23	7	0	14.5	1985 年冬	境内
康泾塘	5.31	热电厂起至灵安港	35	8	−0.1	26.63	1997 年	经梧桐街道、凤鸣街道
南日港	6.27	长山河起中沙渚塘止	29.5	7	0	14	1998 年	
灵安港	3.94	龙王庙到运河	—	—	—	4.7	2004 年	境内
灵安港	3.0	新板桥港到灵安集镇	—	—	—	6.0	2006 年	境内
六里港	7.57	同福到三条子港	—	—	—	8.58	2006 年	经虎啸、同福、灵安
灵安港	1.50	新板桥港到灵安 320 国道桥	—	—	—	7.82	2007 年	境内
灵安港	3.74	灵安集镇到龙王庙	—	—	—	16.9	2010 年	境内

资料来源：1996 年版《桐乡县志》、《水利区划》、1991～2010 年《桐乡市志》资料

附：

桐乡档案馆馆藏档案卷宗号 M3—13—51 载，“民国 35 年（1946）12 月 20 日，同福乡开始疏浚七（戚）家桥至陞洞（圣同）桥河港，分段筑坝。翌年 4 月，疏浚杨树港。征募民工，发放面粉，以工代赈。翌年 2 月，同福乡乡长陆毅人向县政府报告，“本乡奉令以工代赈，疏浚戚家桥至圣同桥段河港，业已本年一月十七日全部竣工……共计募民工 1145 工，机工 40 工。……由本乡水利协会制定工赈（面）粉票一种，以工作一天发给是种工赈票一纸，凭票发粉。计发出工赈票 1185 纸，拟定本月十五日为发放日。”经县政府批示，每张工赈票发放面粉 2 市斤。

同年，该乡疏浚杨树港，至 4 月 23 日竣工，共计用工 1571 工，发出工赈票 1571 张。5 月 5 日发放

赈粉。每届发粉日，县政府即派出专员，临场监发。

其时，同福乡共领到工赈面粉 564 包，疏浚戚家桥港工赈 52 包又 18 斤，戚家桥港开坝工 1 包又 12 斤，疏浚杨树港工赈 75 包又 1 斤，付抽水机船工资 40 包，虎啸乡领去 370 包，县政府提单 2915 号 17 包，堆粉处稻草及上卸搬工 4 包，合计 559 包又 31 斤，结存 4 包 13 斤。"

又，卷宗号 M3—13—88 载，疏浚虎啸乡、同福乡店家塘芦家木桥至徐香桥一段，长度 2250 米，起土 42900 立方米，民工 21783 人，技工 769 人，发动虎啸、同福、灵安三乡民工疏浚，开工日期 37 年(1948)3 月 25 日，完工日期 37 年 4 月 30 日，受益田亩 5000 亩。开掘灵安乡洋桥坝，坝长 12 米，起土 500 立方米，民工 1200 人，开工日期 35 年(1946)4 月 20 日，完工日期 36 年(1947)5 月 14 日，受益田亩 500 亩。

37 年(1948)，同福乡共发放面粉 564 包，其中 5 月 18 日至 20 日，领取工赈面粉 17 包。时雇用抽水机船工资亦以面粉抵充。36 年(1947)3 月 21 日，抽水机船主人邹双全向崇德县政府领取"疏浚塘东河港抽水机船工资面粉四十包整"，并特别注明，"在同福乡公所保管工赈粉项下提取"。

第二节　河道护岸

中华人民共和国成立前，仅灵安和史桥集镇沿河两岸筑有护岸，结构简单，多为木桩基础和直立式条石或块石砌筑护岸。随着水上机械运输船舶的发展，尤其是 70 年代至 90 年代中期农用挂桨机船的大量增加，对河岸的冲击逐年加重，部分河岸因水浪冲刷而坍塌掉入水中，影响泄洪和引水灌溉。21 世纪后，随着经济社会的快速发展和农村改革的深化，各级政府不断加大对农村河道的治理力度，并结合万里清水河建设，护岸工程不断创新发展，由原来的砌石(块石)护岸逐步向生态型护岸、植物型护岸发展。

砌石护岸

境内灵安集镇和史家桥集镇沿河岸而建的屋舍，多采用条石或块石构筑石帮岸加以保护。随着长山河史桥段和灵安集镇段老河道的拓浚，此类石帮岸已不再存在。70 年代中期后，境内农用挂桨机船大量增加，河岸频受水浪冲击，引发河岸和圩堤严重塌损。境内各乡镇陆续砌建块石护岸。至 1990 年，灵安镇已建有块石护岸 5.4 公里，其中斜式和直立式各为 2.7 公里；同福乡已建直立式块石护岸 1.83 公里；史桥乡已建直立式块石护岸 5.4 公里。1991—1993 年，桐乡市第二期农业综合开发项目建设中，境内同福联群村新建砌石护岸 0.4 公里。2007 年，凤鸣街道新筑块石护岸 7.6 公里。2008 年境内新筑砌石护岸 0.4 公里，2010 年，在新农村村跳鱼浜投资 14.74 万元，构筑砌石护岸 1.07 公里。

和尚桥港生态型护岸

生态型护岸

2003—2006 年，开展规范生态型河岸建设。从河道护岸的下部即吴淞高程 2.75 米起筑直立式或斜式砌石护岸至吴淞高程 3.5 米，其上部系生态护岸，设 4 米宽斜土坡，至吴淞高程 5.5 米，以栽种植物，为行洪安全带。2008 年，境内筑生态型护岸 13.1 公里，2012 年，在联庄村田上头浜和路家园、西牛桥村黑板桥港共投资 48.33 万元，构筑生态型护岸 2.2 公里。

植物型护岸(俗称生物护岸)

构筑植物型护岸时需要对常水位以上的河岸首先进行 1∶1.15 或 1∶1.3 的坡面切削处理，再栽上水杉、香樟、杨、柳等树种，是农村河道护岸建设的一大创新。凤鸣街道建设植物型护岸始于 2009 年。是年，在红旗村和尚桥港始筑植物型护岸长度 3 公里。2012 年，在新农村村、中群村、西牛桥村共投资 44.0 万元，筑植物型护岸总长度 6.55 公里，其中西牛桥村牛德金港和黑板桥港总投资 24.65 万元，构筑植物型护岸 3.8 公里。

第三节 圩区建设

圩堤是圩田御洪的屏障。境内圩堤修筑盛于唐、宋，元、明继之。清至民国时期，境内农民习惯利用冬闲季节挖泥培修堤坝和加固圩堤。但往时外河圩堤大都低矮、单薄，发生较大洪涝灾害时常坍损，农田受淹频仍。

中华人民共和国成立后，由政府贷款辅助，以工代赈，修筑圩堤、堤坝，堵塞漏洞，确保堤坝安全。1954 年梅涝，外河水位居高不下，圩堤水位过顶，漏水，甚至倒塌，特别是大众、同福、太平一带农田地势较低，最深水位有 5 尺以上，最浅的在 1 尺 2 寸左右，灾情严重，田里春花大都未收。受灾水稻田 36513 亩，每天最多出动水车 1470 部(平均每天 1030 部)，使用抽水机 12 台，部分小乡向外地租用抽水机 5 台进行抗洪排涝。1955 年，在吸取 1954 年梅涝教训的基础上，通过以工代赈形式，发动农民再次加高加宽圩堤，并且整修蓑衣漏。是年，推广永秀打坝并圩、建立内河、减少外河圩堤的经验，同时发展机械排灌。1958 年上半年，境内全面开展防洪大包围建设，联圩并圩，小圩变大圩，提高圩堤建设标准。60 年代至 70 年代，重点发展电力排灌，疏拓县级、公社级河道，并结合冬春农田水利基本建设，圩堤逐年加高加固。1984 年，境内灵安镇和同福乡共有外河圩堤 11.18 公里，水田旱涝保收面积 26540 亩，易涝面积 14136 亩，已处理面积 13006 亩，易旱面积(旱地)9025 亩。1986 年 8 月，县政府重新修订的《关于保护圩堤的暂行规定》发布后，境内开展防汛大检查，发现境内不安全圩堤 450 米，影响面积 500 亩，灵安、史桥有危险圩堤 110 米，威胁面积 20 亩(史桥)，并采取相应的加固补救措施。1988 年开展圩区普查，境内有圩区 16 个，并对圩内田面吴淞高程进行分级。

表 5—2　境内圩区水田田面高程分级情况一览表

乡镇街道	圩数	水田面积(亩)	其中:圩内田面吴淞高程分级(亩)						
			3.0～3.2	3.2～3.4	3.4～3.6	3.6～3.8	3.8～4.0	4.0～4.5	4.5 米以上
灵安	7	15151	—	162	346	1872	2654	5739	4378
同福	3	13722	—	2400	2400	5175	2092	1655	—
史桥	6	8210	992	980	530	170	1626	2164	1748

资料来源:1996 年版《桐乡县志》

表 5—3　　　　1988 年圩区现状普查情况表

乡镇名称	村名	圩区数(个)	圩区面积(平方公里)	面积组成(亩) 其中耕地面积 总面积	水田	旱地	合计	占总面积的%	水面 合计	水面 占总面积的%	防洪堤长(公里)	机械排灌设备 排涝 面积(亩)	排涝 动力(千瓦)	灌溉 面积(亩)	灌溉 动力(千瓦)	排灌结合(千瓦)	变压器(千伏安)
合计		16	60.81	91205	37083	21992	59075	64.7	1349	1.50	179.07	86894	69	37083	520	1048	3865
灵安		7	23.02	34526	15151	7355	22506	65.2	356	1.0	83.19	32074	55	15151	148	415	1575
	红　胜	1	1.60	2405	1002	527	1529	63.6	12	0.5	6.70	1345	14	1002	—	49	120
	灵　安	1	0.67	1003	400	220	620	61.8	6	0.6	4.77	993	—	400	—	31	60
	朱家门	1	2.19	3292	1296	763	2059	62.5	43	1.3	9.79	3213	14	1296	—	60	230
	西牛桥	1	4.92	7375	3245	1840	5085	68.9	49	0.6	18.62	7325	—	3245	34	71	350
	李家弄	1	3.70	5548	2416	1172	3588	64.7	33	0.5	10.66	5479	—	2416		106	240
	惠　桥	1	3.84	5756	2558	1074	3632	63.1	125	2.1	11.45	5489	14	2558	24	60	195
	茶家兜	1	6.10	9147	4234	1759	5993	65.5	88	0.9	21.20	8230	13	4234	90	38	380
同福		3	23.58	35384	13722	9191	22913	64.8	560	1.58	41.48	35334	14	13722	270	294	1440
	联　群	1	5.75	8629	2992	2462	5454	63.2	176	2.0	11.58	8534	—	2992	58	39	320
	联　星	1	3.79	5687	2075	1405	3480	59.1	131	2.2	10.10	5837	—	2075	27	89	200
	联　庄	1	14.04	21066	8655	5324	13979	66.4	253	1.2	19.80	20963	14	8855	185	166	920
史桥		6	14.21	21295	8210	5446	13656	64.1	433	2.0	54.40	19486	—	8210	102	339	850
	自　由	1	5.68	8514	3530	2597	6127	72	145	1.7	20.85	8190	—	3530	15	163	330
	马家桥	1	0.33	491	259	54	313	63.8	19	3.8	2.85	462	—	259	10	—	80
	古店桥	1	2.86	4283	1655	943	2598	60.7	85	1.9	13.15	3810	—	1655	—	74	100
	金太庙	1	2.20	3305	1225	704	1929	58.4	87	2.7	6.61	2854	—	1225	26	62	125
	严家桥	1	1.81	2711	853	783	1636	60.3	65	2.3	5.65	2300	—	853	14	40	115
	西张村	1	1.33	1991	688	3650	1053	52.9	32	1.6	5.29	1870	—	688	37	—	100

资料来源:桐乡市水利局提供

1989 年开始,分期实施圩区整治工程(后称农业综合开发项目)。1991—1993 年,灵安镇和同福乡使用圩区建设专项资金和粮食专项资金,结合桐乡市第二期农业综合开发项目,开展圩区整治工程。受益水田面积包括:同福乡中格局圩区 2366 亩,小格局圩区 80 亩;灵安镇中格局圩区 626 亩,小格局圩区 3389 亩,两个乡镇共计 6461 亩。至 1993 年 5 月,灵安镇朱家门、西牛桥等村圩区工程建设全面完成扫尾工作。颜井桥、联群、朱家门、西牛桥 4 个开发片共投入农业综合开发资金 59.114 万元,其中 58.644 万元用于圩区水利建设,0.47 万元用于农林建设。投入资金中,省以上补助 20.155 万元,市配套 13.482 万元,乡镇配套 6.332 万元、村民自筹 19.145 万元。共改建水闸(单闸)2 座、维修 2 座,新建排灌泵站 6 座 122.5 千瓦,改建排灌泵站 9 座 108 千瓦,明渠衬砌 9.58 公里等。圩区主要治理标准:防洪采用 1954 年雨型(即 20 年一遇)设计洪水位,外河圩堤顶高达到 5.50 米～6.50 米,除涝采用 1963 年 9 月台风雨型一日暴雨 140 毫米两天排出,水稻不成灾,装机排涝模数平均达到

0.83m^3/S/km^2。圩区整治重点是改造老工程，提高防洪涝标准，更新除涝机电设备，完善圩区内配套设施，合理布局，适当联圩并圩，缩短外河圩堤。是年，灵安镇朱家门、西牛桥等村圩区整治工作更新改造泵站 27 座，修筑渠道 24.40 公里，新浇水泥渠道 9.9 公里，加固圩堤 0.3 公里。

1994—1996 年，桐乡市实施第三期农业综合开发，同福乡联庄村开发片（联建、联胜两个村），受益水田面积 2000 亩，圩区建设投入专项资金 30.30 万元。至 1996 年年底，联庄开发片圩区工程全面完成，新建水闸 2 座，新建排灌泵站 2 座 20.5 千瓦，改建排灌泵站 2 座 79 千瓦，加固圩堤 1.1 公里，疏浚河道 0.5 公里。1997 年，史桥乡长新、玲群村圩区工程总投资 29 万元，新增变压器容量 70KVA，受益面积 2534 亩。

2001 年，凤鸣街道继续加大农田水利建设投入力度，街道财政用于农田水利建设资金 700 万元，修建水闸 5 座、泵站 4 座、加高加固圩堤 6 公里。2004 年，境内圩区综合整治根据桐乡市水利工程布局要求向中格局发展，采取“宜大则大、因地制宜”的原则。2008 年，投入资金 2160 万元，完成建胜村 5000 亩国家级土地整理项目及合星村、中群村 10000 亩国家级农业综合开发项目建设。同时，全面推进圩区内水利基础设施建设，投资 227 万元，新建水闸 1 座，维修水闸 5 座，新建标准化泵站 30 座，维修泵站 20 座。2011 年，圩区工程投入 250 万元，新建标准化泵站 15 座，维修排灌泵站 25 座，完成新建水闸 2 座，在建 3 座。2012 年，红旗、联庄、史桥 3 个圩区整治项目：水田受益面积 15577 亩，投入资金 485 万元，新建水闸 5 座，新建排灌泵站 16 座 166 千瓦，明渠衬砌 9.35 公里。是年，境内建成中群、合星、联庄、史桥、桑园桥、长新、李家弄、红旗、灵安共 9 个圩区。圩区面积为 54338.6 亩，其中水田 28381 亩、旱地 19640.4 亩，涉及人口 34989 人，工业产值 17.3132 亿元，防洪堤总长 164.77 公里。2013 年，桑园桥、长新、李家弄共 3 个圩区转入桐乡市经济开发区管理。

表 5—4　　2012 年凤鸣街道主要农田水利工程分布情况表

村名	外河圩堤			水闸（座）				泵站（座）				动力及配套		外河落河缺		外河土坝	排涝干渠		灌溉干渠		地下暗管（公里）
	总长度（公里）	其中：标准圩堤（公里）	圩内面积（亩）	合计	其中：闸站	单闸	上提式	合计	其中：排灌两用	单排	单灌	电动机（千瓦）	水泵（台）	总数（个）	已建永久性涵洞（个）		合计（公里）	明渠衬砌（公里）	合计（公里）	明渠衬砌（公里）	
史桥村	7	7	3200	5	4	1	5	12	—	2	10	338.5	20	20	4	—	30	30	30	30	0.8
桑园桥村	8	7.7	4500	3	3	—	3	18	1	6	11	292.5	21	40	5	1	18	10	15	10	0.5
长新村	14	6.9	5860	5	4	1	5	19	1	6	12	349	2	20	20	—	8	5	18	13	0.8
李家弄村	15	15	180	3	3	—	3	7	—	2	5	145.5	8	2	—	—	3	3	10	9.5	0.5
环南村	—	—	—	—	—	—	—	—	—	—	—	—	—	—	—	—	—	—	—	—	—
灵安村	8	4	1100	5	5	—	5	31	2	16	13	230.5	31	26	26	—	8	4	10	7	3
红旗村	13	8	1800	6	5	1	6	33	—	16	17	422.5	25	96	48	2	30	25	40	35	20
路家园村	12.4	12.4	3000	2	2	—	2	22	3	3	16	259.5	21	59	59	—	10	9.5	15	15	0.4
西牛桥村	7.8	7.8	2100	2	2	—	2	18	4	7	7	202	18	18	18	—	19	19	28	28	0.2
新农村	5.3	5.2	1550	2	2	—	2	16	—	1	15	1375	16	3	—	—	9	6	11	11	0.8
联庄村	2.5	2.5	600	3	3	—	3	29	3	8	18	584	30	12	12	—	21	18	15	15	0.4

续表

村名	外河圩堤			水闸(座)				泵站(座)				动力及配套		外河落河缺		外河土坝	排涝干渠		灌溉干渠		地下暗管(公里)
	总长度(公里)	其中:标准圩堤(公里)	圩内面积(亩)	合计	其中 闸站	单闸	上提式	合计	其中 排灌两用	单排	单灌	电动机(千瓦)	水泵(台)	总数(个)	已建永久性涵洞(个)		合计(公里)	明渠衬砌(公里)	合计(公里)	明渠衬砌(公里)	
建胜村	9.5	9.5	4166	6	6	—	6	26	2	9	15	478.5	31	15	15	—	35	9	43	12	0.5
合星村	7.3	7.3	3903	5	5	—	5	25	9	3	13	399	25	53	24	—	56	8	53	13	0.2
中群村	19.7	19.7	4184	2	2	—	2	25	2	6	17	317	20	45	39	2	58	50	56	52	1
合计	129.5	113	36143	49	46	3	49	281	27	85	169	4156	268	409	270	5	305	196.5	344	250.5	29.1

资料来源:凤鸣街道农业经济服务中心提供

说明:本志编纂时,补充了史桥村外河落河缺、外河土坝和排涝、灌溉干渠、西牛桥村排涝干渠等资料

防洪水闸兴建与改造

水闸古代称斗门或水门。其作用是外河水位高时闭闸拦洪,内河水位高时开闸泄涝,有利于排灌,航行也不受影响。

1955年,崇德县推广永秀经验,打坝并圩,建立内港,缩短外河圩堤,同时发展机械排灌,洪涝时降低内港水位。之后,境内开始建闸代坝(堰),巩固内河包围圈。

1962年,长新村凌家舍建造防洪水闸1座,水闸形式为摇臂式,水闸净孔径为3米,闸内机埠装机容量为2台20千瓦,受益水田面积578亩。该水闸是境内最早建造的水闸之一。

1965年,全县推广钢筋混凝土拱形薄壳摇闭水闸门。之后,对原有的水闸进行适当调整,逐步改建新建,管理维修,确保其安全运行。1986年,境内共有水闸41座,其中灵安镇13座,同福乡18座,史桥乡10座。

1988年后,全县水闸开始推广适应性更好的元宝形水闸,该类型水闸净孔4米,闸板高程－1米,设计防洪标准20年一遇,钢筋混凝土上提门,启闭方式采用双葫芦人力启闭,也有采用卷扬机和螺杆启闭机启闭。1990年,灵安、同福、史桥三个乡镇共有防洪水闸39座,其中灵安镇有水闸11座,水闸净孔4米以上为11座;同福乡有水闸18座,水闸净孔3米以下4座、3～3.5米14座;史桥乡有水闸10座,水闸净孔3～3.5米9座、4米以上1座。

羊眼庄闸站

90年代后,开始推广经济型和标准化两个系列防洪水闸,其质量和防洪标准不断提高。此后,新建防洪水闸和改建老水闸,普遍采用平底板式水闸,水闸净孔径4米,闸门采用4米×4.3米钢筋砼闸门和并装式(热镀锌)钢闸门,上提式,启闭机械采用落地式卷扬机。1994—1999年,灵安镇共修建防洪水闸9座。2000—2009年,境内共新建防洪水闸6座,改建21座,维修水闸56座次。2010年防汛防旱大检查统计,境内共有防洪水闸50座,其中上提式44座。2012年

度实施重点县、重点村工程建设项目和史桥村土地综合整理配套项目中，史桥、长新、合星、灵安4个村共新建标准化和经济型防洪水闸5座，其中排灌两用闸站2座，单排闸站3座，受益面积10400亩，装机231千瓦。水泵单排采用600～500ZLB系列轴流泵，单灌采用250HW系列混流泵。红旗村2012年度土地整理区水利设施项目中，新建经济型和标准化防洪水闸4座，其中单闸1座，排涝闸3座，投入资金202.32万元，其中市补助146.58万元、街道补助27.87万元，村自筹27.87万元。是年，境内共有防洪水闸49座，其中闸站46座、单闸3座，闸门启闭全部采用上提式。每座水闸均建立责任制，并落实专人管理。原有的元宝形水闸已改建为平底板式水闸，安全性、适应性、美观性更好。

第二章 农田排灌

第一节 农田灌溉

明清时，境内农田排灌主要靠人力脚踏水车。民国37年(1948)，原同福乡曾成立合作社，以农田抵押方式借款购买抽水机。

桐乡市档案馆藏民国档案(卷宗号M3－9－50)载：时同福、灵安等乡都成立合作社。民国37年(1948)间，同福合作社曾以1—7保农田1848.7亩为抵押，向中国农民银行杭州分行借入法币5.6亿元购买抽水机。期限三年，到期连本带利一并归还。

50年代初，柴油抽水机灌田逐步推广。60年代开始，发展电力排灌，至60年代后期，基本实现电力排灌，从根本上改变并淘汰落后的传统排灌方式。70年代至80年代，不断调整电力排灌布局，补点增容，以适应农业生产快速发展的需要，至2012年，境内共完成新建改建电力排灌泵站281座。

水车排灌

境内农田历来用人力脚踏的木制龙骨水车灌溉和排涝。1949—1954年的6年中，境内有3年大水，1年大旱。1951年7月17日倾盆大雨，灵安区被淹农田34101亩，区委召开各乡长会议发动群众全力以赴抢救被淹农田，出动男正半劳动力12652人，女正半劳动力1536人，使用人力水车2002部。至月底，全部农田补种移苗基本完成。1954年春雨紧连梅雨，崇德水文站实测梅雨期连续降雨51天，累计雨量972.3毫米，5—7月降雨1162.9毫米，6月30日崇德水位4.88米，灵安区受淹水稻田36513亩，区委在6月30日召开扩大干部会议，贯彻县委指示精神，以互助合作为中心，突击排涝，完成插秧。全区出动水车1470部(平均每天出动1030部)，每天参加排水的有4000～8500人(其中儿童妇女占40%)，机关干部、商业工作者106人也投入排水。同时，出动抽水机12台，有的乡向外地租用抽水机5台。在排涝中统一劳力、工具，合理评分，如纪目乡一村，车水一天，1丈8尺车踏1000转记工分7分、2丈车记8分、2丈2尺车记9分、2丈4尺车记10分；工具评分，一付幅板记5分、轴头记2分、车壳记3分。到7月15日止，全区已插秧32486亩，占水田总数的87%。1962年、1966年，境内同福公社分别有水车402部和389部。之后，人力水车逐步被机电排灌取代，至70年代初全部淘汰。

机械排灌

合作化时期(1954—1958年)，灵安乡仅有17台柴油抽水机。该乡原红光村第二高级合作社购买1台8匹马力柴油抽水机，抽水灌田，邻近几个村庄的男女老少纷纷前来围观。

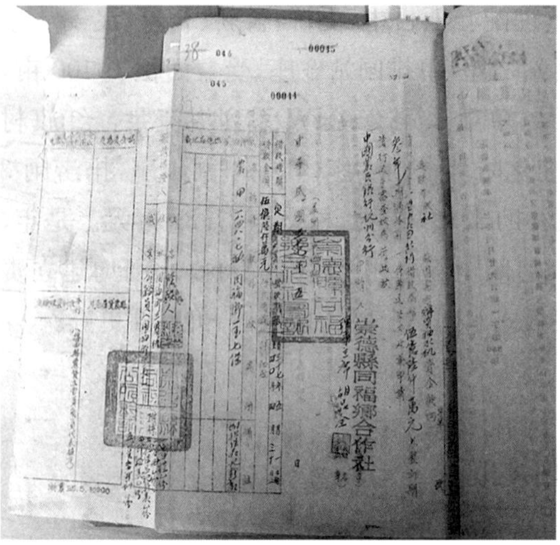

民国37年(1948)五月同福乡合作社购买抽水机向中国农民银行杭州分行借款的申请

1955年,崇德县率先在灵安天花荡创建灵安民办抽水机站,建站初期拥有柴油抽水机6台52.92千瓦(72马力),至1958年,民办抽水机站撤站前达到23台203千瓦(276马力),建立临时机座7个,流动抽水机船17只,排灌范围有纪目、天福、中福、惠桥、灵安、钱林等乡,农田受益面积29000亩。是年冬,归属于灵安公社农业机械管理站(也称“公社抽水机站”)。1958年下半年,新农村大队在凌家浜建造固定机械排灌机埠1座,柴油机动力12马力,受益面积400亩至500亩。该机埠是灵安公社最早的固定机灌机埠之一。1959年春,灵安公社抽水机站相继撤除。是年,境内开始打坝并圩实现渠网化,达到能排能灌。并开始修建固定机械排灌机埠。1960年后,境内电力排灌机埠开始发展,机械排灌逐渐减少。1970年,同福公社农业统计年报统计,全社有柴油机动力20台203千瓦(276马力),其中流动抽水机船16只,机械动力比1966年减少82%。是年,境内灵安、同福两公社共有机械排灌专用内燃机动力323千瓦(440马力)。

电力排灌

《桐乡县电力工业志》载,1961年4月,35千伏桐乡变电所建于县城梧桐镇东南,原杭枫公路南侧(今环城南路),首期工程1961年4月动工,35千伏电源进线由110千伏石门变电所输入,是年9月15日投入运行,有10千伏出线向灵安境内供电。是年,新农村大队凌家浜固定机械排灌机埠改建为电力排灌机埠,配变容量50KVA,2台12×12英寸离心泵,配套动力2台20千瓦,受益水田面积1040亩。是境内最早的电力排灌机埠之一。1962年,灵安、同福两公社共有电力排灌机埠11座,变压器11台360千伏安,电动机21台268千瓦。至1975年,灵安、同福两公社共有变压器43台,1420千伏安,电动机141台895千瓦。1983年,全县农村推行家庭联产承包责任制后,生产经营单位变小,各村因地制宜适当调整电力排灌机埠布局,合理配套,大机埠分小机埠,有计划地增变扩容,增加补点机埠。1983年,灵安、同福两公社(乡)共有电力排灌机埠87座,变压器79只,2860千伏安,电动机104台1193千瓦,其中灌溉用电动机39台390.5千瓦,排涝受益面积28491亩,灌溉受益面积27028亩。1990年,灵安、同福、史桥3个乡镇电力排灌机埠达到156座,以后改称泵站,有变压器78台4049千伏安,电动机154台1891.5千瓦,受益面积排涝为20480亩,灌溉为22053亩。1993—1998年,境内结合低产田改造工程和农业综合开发项目的实施,新建改建电力排灌泵站53座。1999年,境内经受“6·30”特大洪涝灾害后,加大圩区建设力度,农业综合开发和土地综合整理项目相结合,继续调整电力增容补点。是年,同福乡投入农业水利基本建设资金360万元,其中联中、联星、新农村等3个村“箱子田”改造、土地整理项目通过验收,全乡共

蚕桑场灌溉泵站

新建改建电力排灌泵站、水闸共12座。2004年,凤鸣街道按照市水利建设围绕农业产业化和城市化两大发展主题,兴水利、除水害,开展节水灌溉和泵站标准化建设,新建标准化泵站5座,维修泵站55座。2006年,境内共兴建标准化排灌泵站11座,2008年又新建标准化泵站30座。2012年度水利工程重点县、重点村泵站改造建设项目涉及史桥、桑园桥、长新、红旗等9个村,共新建改建泵站24座,其中排灌两用2座,单排5座,单灌17座,受益面积单灌6140亩、单排1560亩,装机247.5千瓦,配高效节能水泵24台。同时,灵安和路家园村土地整治区水利设施配套新建泵站2座,总投资20.8万元,受益面积灌溉280亩,排涝260亩。是年,境内共新建和改建标准化泵站281座,其中单排85座,装机1787.5千瓦,水泵88台;单灌169座,装机1749.5千瓦,水泵140台。

节水灌溉

境内发展节水灌溉始于70年代后期,随着农村集体经济积累的增加,有经济实力的大队、生产队开始购买固定和移动的喷灌机械,主要用于专桑地喷灌。1978年,灵安公社拥有喷灌机械10套,同福乡1套。1979年,灵安、同福两公社喷灌机械大量增加。灵安、同福分别达到124套353.54千瓦(481马力)和61套165.38千瓦(225马力),也是喷灌机械最多的一年。农村推行家庭联产承包责任制之后,喷灌机械逐年减少停用。同福公社联民大队推广试用地下暗管渠道灌溉,总长6.8公里,受益面积1950亩。80年代末至90年代,境内推广渗漏水少,节水明显的明渠衬砌节水渠道(习惯称水泥渠道)。1987—1989年,灵安镇共修筑水泥渠道5.53公里。1990年,境内排涝渠道浇筑水泥渠道仅为0.7公里;灌溉渠道浇筑水泥渠道43.4公里,占灌溉渠道总长140.8公里的31%。

1991—1993年,启动桐乡市第二期农业综合开发项目水利工程,灵安镇颜井桥开发片完成明渠衬砌0.95公里;利用桐乡市圩区专项资金同福、灵安联群圩区新筑明渠衬砌3.9公里;利用粮食专项资金灵安镇朱家门、西牛桥圩区新筑明渠衬砌5.23公里。

1997年,同福乡始用工厂化生产明渠衬砌U型混凝土模块,施工安装维修方便,经济实用易推广。1999—2004年,同福乡新筑水泥渠道79公里,其中U型渠道13.8公里。

2003年,凤鸣街道完成2200.5亩节水灌溉工程,2004年,同福乡合星村太公渡兴建节水泵站1座,铺设节水管道4.82公里,受益面积700亩。是年全乡节水灌溉面积为0.23万亩。2010年,境内新筑U形水泥渠道50公里。

2012年,境内11个村推广地下暗管渠道总长29.1公里,其中,红旗村地下暗管渠道长度20公里。是年,西牛桥村有节水灌溉设施喷灌80亩,有明渠衬砌(U)排涝干渠196.5公里、灌溉干渠250.5公里。

第二节 水利建设与服务

泵站改造

80年代后,境内大部分机埠及机泵设备老化,效率下降,开始进行泵站更新改造。1987年4月,县机电排灌管理站在芝村乡开展泵站测试培训试点,继而由点到面在全县推广。1990年,同福乡新农村凌家浜泵站(机埠)投资4万元,更新电动机2台,20千瓦,受益面积500亩,是境内最早改造的泵站(机埠)之一。其主要措施:选用高效率的电动机;合理选配节能高效水泵替代老旧水泵;科学合理安装好水泵,减少弯头,提高管路效率;尽量降低出水池和水渠首部位置,取消“高炮出水”;合理确定水泵转速,调节水泵工况,确保水泵处于高效区运行。

1991年，史桥乡加强泵站改造，共对6只机埠进行改造，更新4台水泵，1992年，又投入农业基础设施建设资金44.3万元，其中泵站改造电动机和水泵共18台套。排涝泵由原桐乡通用机器厂（桐乡煤矿机械厂）和桐乡农业机械修造厂生产的老式皮带传动的14英寸、18英寸、20英寸轴流泵改为萧山水泵厂生产的直接传动ZLB系列轴流泵；灌溉泵由原来的离心泵改为HW系列混流泵。1993年，灵安镇朱家门、西牛桥等村圩区整治工程中，共更新改造泵站27座。2000年，同福乡改造泵站2座。2003年，同福乡继续进行"三老工程"改造，新建改建泵站5座，更新老旧水泵8台。2012年，境内史桥、红旗、西牛桥、合星等9个水利工程重点县、重点村建设新建改建泵站24座，水田受益面积7700亩，装机247.5千瓦，水泵24台，其中改建泵站21座，占总数的88%。西牛桥村南木桥泵站、西元村和庵后头泵站改建后，受益水田面积分别为灌溉160亩，排涝500亩，装机共33千瓦。单灌泵站1座，单排泵站2座，改建泵房3间共32平方米，水泵采用单灌为250HW，单排250ZLB。

渠系建设

历代以来至中华人民共和国成立初期，境内田间沟渠短而浅，排灌沟渠未成系统。1954年后，灵安乡开始推广使用抽水机，灌溉面积不断扩大，逐步开始修筑田间水渠，以适应机械排灌的需求。1958年起，境内开始建造固定机埠，修筑排灌两用的干渠（也称大水渠）和支渠。之后，节约用水，减少串灌，提高肥效，推广沿田边地边修筑毛渠，初步形成三级配套渠系。60～70年代中期，境内全面开展农田基本建设，平整土地，建设高产稳产粮田，发展农业机械化。机耕路和机耕桥亦因之修筑或建造。1976年，同福公社联胜大队修筑机耕路0.4公里。1979年，同福公社联民大队进行"三暗"工程（即地下暗管、暗排、暗降）试点，并建地下暗渠6.8公里，受益面积1950亩。至1980年，灵安、同福两公社共修筑机耕路97公里，建造机耕桥63座，达到路、渠、树成一线，实现排灌分系，节约灌溉用水。1983年，推行家庭联产承包责任制后，按照水利统一服务和农户分散经营的特点，进一步加强管理和完善渠网。1986年起，贯彻"巩固改造，适当发展"方针，排灌渠网建设开始向防渗、高效、节能方向发展，修筑混凝土浆砌防渗灌渠。1987—1989年，灵安镇共新建排灌机埠20座，修筑水泥渠道5.53公里，农业基础设施不断改善。1990年，境内灵安、同福、史桥3个乡镇共修筑排涝渠道16.5公里，其中明渠衬砌渠道0.7公里；灌溉渠道总长140.8公里，其中明渠衬砌渠道43.4公里，占灌溉渠道总长的31%。基本实现排得出、灌得上、降得下、防得住的渠网化目标。之后，境内渠系逐步实现硬化，全面推广明渠衬砌。1991年，灵安镇镇财政用于农业方面的投资36.9万元，新浇筑水泥渠道5.6公里，新建排灌机埠14座，新开挖灵安港3.8公里等，农业水利设施进一步改善。1993—1997年，境内新筑水泥渠道（明渠衬砌，群众习惯称水泥渠道）共计33.4公里，改建灌溉渠道5.7公里，修筑渠道26.4公里。1997年，同福乡始用工厂化生产明渠衬砌U型混凝土模块。1999—2004年，同福乡共新筑水泥渠道79公里，其中U型渠道13.8公里，并铺设节水管道4.82公里。2007—2010年，境内新筑U型渠道55.7公里，其中2010年为50公里。2012年，有桑园桥、长新、灵安、中群、新农村、西牛桥等6个村10处新筑灌溉衬砌渠道6.75公里、排涝衬砌渠道8.4公里。是年，境内共有排涝干渠总长305公里，其中明渠衬砌196.5公里，灌溉干渠344公里，其中明渠衬砌渠道250.5公里，地下暗管（渠）29.1公里。

管理与服务

50年代以前，用水管理主要实行圩长（或称圩头人）管理制度。1955年3月，境内创建灵安民办抽水机站（民间习称"天花荡"抽水机站）。机站管理由成立的灌区委员会负责，人员由各农业社社长组成。站内建立机务、财务、水利3组，设社长1人。在灌区委员会领导下，安排各乡排灌事务。1959年～1961年，灵安公社成立公社农业机械管理站（也称公社抽水机站或排灌站），统一管理机械灌溉及维修等各项工作。1962年冬,恢复健全境内各公社机电排灌管理站,每个站配站长、机修工、电工等3～5人。1965年,灵安、同福两公社机电排灌管理站各有管理服务人员2人。1972年,两个站的管理服务人员增加到15人,主要维修设备有车床2台、钻床1台。1975年,境内各公社机电排灌管理站根据上级有关文件精神,建立和健全公社农机水电管理站(以下简称"公社机电站")。公社机电站属公社事业单位,经费开支以集体为主,国家补助为辅,配有站长和专职农机、水利、农电等管理人员3～5人。业务受上级水利部门指导,行政关系隶属所在公社。在公社党委的统一领导下,由公社机电站统一管理服务本公社范围内的水利管理和小型农田水利基本建设等。是年,灵安、同福两公社及其所属大队两级农机水电管理维修服务人员中,公社机电站人员有23人,机埠人员109人,农电工110人,机埠加工厂人员37人,公社桥梁队5人。1978—1979年,公社机电站与农电站分设后,更名为公社农机水利管理站。1980年,贯彻落实排灌用电定额管理(每年每亩25度电),实行多用多负担,少用少负担,并推广六定(定人员、定面积、定成本、定电耗、定劳保、定报酬),两保(保证灌水质量、保证安全生产)和一奖赔(节电奖励、超用酌赔)用水管理责任制。1981年,推广机埠用水管理办法,实行一级放水、二级管理。推行家庭联产承包责任制后,机埠实行承包管理责任制,建立村级常年或季节性专业服务队,推行机埠一级放水到田的管理制度。1984年,境内各乡镇农机水利管理站再次更名为水利农机管理服务站(以下简称"水机站")。1985年,灵安、同福、史桥3个乡镇水机站共有水利农机管理维修服务人员37人,其中水利技术人员3人,拥有车、刨、钻、铣、焊等主要维修设备19台件,其中车床8台,钻床5台。是年,灵安水机站维修各类水泵60余台。1986年4月,同福乡有29座机埠由集体承包管理,并实行一级放水管理;史桥乡有19座机埠由集体承包管理,5座机埠实行专人管理,24座机埠全部实行二级放水。

1990年,灵安镇有80座电力机埠(以下统称"泵站"),均落实承包责任制,并全部实行一级放水管理制度。1993年,灵安镇水机站全面完成朱家门、西牛桥等村圩区工程建设,更新改造泵站27座,修理渠道24.6公里,新筑水泥渠道9.9公里,加高加固圩堤0.3公里等服务项目。1996年,同福乡投资46万元,用于农业基础设施建设,全面完成联胜、联建的圩区工程,并开工建设联庄圩区工程。1997年,史桥乡全年用于农田水利设施建设的资金合计50余万元,完成长新、玲群村圩区工程建设和西张村排涝泵站建设等服务项目。1999年,灵安镇与史桥乡合并后改称为灵安水机站。是年,同福乡农业水利基本建设总投资360万元。联中、联星、新农村3个村的"箱子田"改造和土地整理项目通过验收;加高加固圩堤8.22公里;新建改建泵站、水闸共12座;新筑水泥渠道5公里;农田水利工程共投工21.8万工日,完成土石方40万立方米。

2002年,随着乡镇行政机构的改革调整,境内分别成立凤鸣街道和同福乡农业经济服务中心,负责本区域的水利技术推广工作。2005年,凤鸣街道农田水利建设服务项目有新建标准化泵站3座、维修泵站16座;维修水闸8座;疏浚村级河道5条长5公里,总土方8.2万立方米。是年,同福乡完成930亩标准农田建设和1750.5亩土地整理任务;疏浚村级河道12条,长12.1公里,其中建设三界桥生态河道1条,长4.5公里。2007年,同福乡并入凤鸣街道后,改称为凤鸣街道农业经济服务中心。当年境内小型农田水利建设服务项目主要有新建标准化泵站30座,维修泵站20座;新建防洪水闸1座、维修水闸5座;新建生态护岸13.1公里;全年整治河道151.7公里,其中疏浚村级河道17公里;完成5000亩国家级土地整理项目和10000亩农综项目的田间设施工程。2010年,已承包泵站167座,占总数的100%,水田承包面积:灌溉24120亩、排涝8410亩。2012年,境内共有泵站281座,防洪水闸49座,责任制已全部落实。

表 5—5　　　　若干年份境内小型农田水利工程主要服务项目情况表

年份	乡镇街道	泵站(座)			水闸(座)			河浜疏浚			渠系建设		护岸工程(公里)			加高加固防洪圩 堤(公里)	土地整理(亩)	标准农田建设(亩)
		新建标准化泵站	新建改建泵站	维修泵站	新建水闸	新建改建水闸	维修水闸	条数	长度(公里)	土方(万立方米)	新筑水泥渠道(衬砌)(公里)	暗管(公里)	块石护岸	生态护岸	植物型护岸			
2000	灵安	21	—	—	—	5	—	—	—	—	—	—	—	—	—	6.886	425	—
	同福	—	2	1	—	2	—	—	—	—	13.9	—	—	—	—	—	3037	—
2001	凤鸣	—	4	—	—	5	—	—	—	—	—	—	—	—	—	6.0	3681	—
	同福	—	6	—	2	—	—	—	—	—	9.8	—	—	—	—	2.50	1881	—
2002	凤鸣	—	—	—	—	6	—	—	4.5	—	—	—	—	—	—	6.73	—	7800
	同福	—	10	—	2	—	—	—	—	—	34.70	—	—	—	—	2.50	—	—
2003	凤鸣	—	6	—	—	3	—	4	4.8	—	—	—	—	—	—	2.25	—	—
	同福	—	5	—	1	—	—	—	2.1	—	1.80	—	—	—	—	2.8	1000	—
2004	凤鸣	5	—	55	—	—	25	4	5.1	5.0	—	—	—	—	—	—	—	—
	同福	3	—	—	—	—	—	7	—	1.14	13.8(U)	4.82	—	—	—	2.5	1054.65	1200
2005	凤鸣	3	—	16	—	—	8	5	5.0	8.20	—	—	—	—	—	—	—	—
	同福	—	—	—	—	—	—	12	12.1	—	—	—	—	—	—	—	1750.50	930
2006	凤鸣	7	—	25	—	—	13	11	16.30	20.30	5.0	—	—	—	—	—	—	—
	同福	4	—	—	—	—	—	9	13.80	—	—	—	—	—	—	—	1557.0	—
2007	凤鸣	10	—	—	—	—	—	—	17.90	—	4.50(U)	—	7.60	—	—	—	2500	—
	同福	—	—	—	—	—	—	—	—	—	—	—	—	—	—	—	—	—
2008	凤鸣	30	—	20	1	—	5	—	17.0	—	—	—	0.4	13.1	—	—	15000	—
2009	凤鸣	8	—	20	—	—	5	—	9.6	20.0	1.2(U)	—	—	4	3	—	—	—
2010	凤鸣	8	—	30	—	—	5	7	9.6	—	50.0(U)	—	1.07	—	7	—	5260.50	—
2011	凤鸣	15	—	25	2	—	—	5	7.0	4.83	—	—	—	3	3.3	—	2784	—
2012	凤鸣	5	—	21	9	—	—	8	7.0	5.53	15.15	27.8	—	2.2	6.55	—	—	—

资料来源:历年《桐乡年鉴》、街道农业经济服务中心提供的资料、凤鸣街道历年《政府工作报告》

第六编　环境保护

70年代以前，域内以传统的农业经济为主，没有像样的工厂，集镇上仅有少量手工业作坊，各种污染较少，生态环境尚好，白云蓝天常见，清清河水长流。进入70年代后，砖瓦、缫丝、化工、水泥等行业渐兴。乡村工业发展过程中，大量工业废气、废水未经处理的排放，严重影响域内环境。农业生产化肥、农药使用量的不断增加，畜牧养殖业的污水排放，管理无序的生活垃圾等等，产生的众多污染源，不断侵蚀域内的原生态环境。80年代开始，县委县政府成立环境保护机构，制定和实施环境保护规划，采取措施逐步治理污染源。域内各乡镇党委政府，执行国家关于环境保护的法律法规，贯彻落实上级党委政府的环保决策，在县（市）环保部门的指导下，逐步形成环保监管网络，加强对各种污染的治理。2005年度，凤鸣街道被评为桐乡市生态建设和环境保护工作先进集体。2011年成立凤鸣环境保护所后，监管力度进一步强化，管理制度更加规范，治理措施更加到位，域内的环境污染逐步得到有效控制，环境质量不断改善，在人居环境、农业、工业和生态文化等方面全力打造“生态凤鸣”。2011年12月，凤鸣街道成功创建为省级生态街道，以更高的标准，步入生态环保建设的新起点。

第一章　环境质量

第一节　大气环境

70年代起，乡村工业兴起，机动车船增多。特别是砖瓦、水泥、化工、丝绸等工厂投产，工业废气排放迅速增加。主要是工业粉尘和燃煤烟气，含二氧化硫、氮氧化物、总悬浮微粒、一氧化碳、氟化物等，污染大气环境。县环保部门1987年开始对大气质量实施监测，但域内无大气监测点，重点是监测县城梧桐镇，以1987—1990年监测数据的年平均值来看，县城大气质量综合污染程度属轻微污染，二氧化硫浓度稳中有升，氮氧化物和总悬浮微粒浓度有升有降。域内地处县城西南郊，城区的大气质量指标具有一定的参考价值。

表6—1　　1987—1990年桐乡城区大气质量状况统计表

浓度单位：毫克/立方米

年　份	二氧化硫	氮氧化物	总悬浮微粒	污染程度
1987	0.040	0.018	0.168	微污染

续表

年　份	二氧化硫	氮氧化物	总悬浮微粒	污染程度
1988	0.043	0.022	0.268	微污染
1989	0.053	0.011	0.160	微污染
1990	0.056	0.027	0.162	微污染

资料来源:《桐乡县志》1996 年版
说明:数据为年平均值

砖瓦厂、水泥厂排放的氟化物,对蚕桑生产特别是春蚕危害较大。1992 年全县发生大面积春蚕氟中毒事故,蚕农蒙受较大经济损失。翌年起,县政府规定,每年春蚕饲养期间,砖瓦厂、水泥厂的各种窑、炉一律采取停火防氟的措施。县环保监测站每年春蚕饲养期间开展桑叶含氟量例行监测。监测点位分省控和县(市)控两种,域内 2006 年省控监测点位为同福联庄,市控监测点位为李家弄村楼下、麻皮兜、灵安村史家门、朱家门、东牛桥等 5 个。

表 6—2　　2010 年凤鸣街道各监测点位桑叶含氟量监测结果一览表

采样点名称	控制级别	平均浓度	超标次数	超标率%
联庄	省控	20.9	0	0
李家弄古店桥	市控	40.1	5	45.5
灵安村史家门	市控	33.5	2	22.2

资料来源:市环保监测站《桐乡市“十一五”环境质量报告书》2006—2010 年度
说明:省控桑叶含氟量监测时间为 4 月 23 日至 5 月 23 日,采样 11 个批次;市控监测时间为 4 月 29 日至 5 月 23 日,采样 9 个批次

表 6—3　　2012 年凤鸣街道各监测点位桑叶含氟量监测结果一览表

采样点名称	控制级别	平均浓度	超标次数	超标率%
联庄	省控	23.3	0	0
李家弄高家门	市控	27.4	0	0
灵安村史家门	市控	33.2	1	9.1
灵安村顾家坝	市控	21.1	0	0

资料来源:市环保监测站《桐乡市 2012 年度环境质量报告书》

2009 年 11 月,市环境保护监测站,对凤鸣街道进行环境空气采样监测,监测结果显示,SO_2、NO_2、TSP(二氧化硫、氮氧化物、总悬浮微粒)均符合《环境空气质量标准》(GB3095—1996)二级标准。

表 6—4　　2009 年 11 月凤鸣街道环境空气质量监测情况一览表

分析项目	样品性状	样品编号	结果(mg/m^3)
SO_2	无色透明吸收液	气 091104025	0.066
		气 091104028	0.065
		气 091104030	0.061
		气 091104032	0.064
NO_2	淡紫色吸收液	气 091104026	0.027
		气 091104029	0.023
		气 091104031	0.025
		气 091104033	0.023
TSP	淡灰色滤膜	气 091104027	0.172

资料来源:桐乡市环境保护监测站《监测报告》(桐环监(2009)监字第 733 号)

2011 年 6 月底,市环境保护监测站,对桐乡经济开发区凤鸣分区和同福工业园区的环境空气质量进行了检测。结果显示,两个园区内环境空气常规污染因子 SO_2、NO_2、PM10(空气可吸入颗粒物)和特殊污染因子苯、甲苯的检测值均未出现超标现象,大气环境质量状况良好。

表 6—5　　2011 年 6 月桐乡经济开发区凤鸣分区环境空气质量监测情况一览表

项　目	检测时间	监　测　点　位	均值(mg/m^3)	标准值(mg/m^3)	超标%
PM10	2011.6.29	恒立化工(上风向)	0.081	0.15 (日均值)	0
		天女镜业(下风向)	0.089		
		宝马经编(下风向)	0.095		
	2011.6.30	恒立化工(上风向)	0.078		
		天女镜业(下风向)	0.085		
		宝马经编(下风向)	0.098		
SO_2	2011.6.29	恒立化工(上风向)	0.053	0.50 (小时值)	0
		天女镜业(下风向)	0.065		
		宝马经编(下风向)	0.069		
	2011.6.30	恒立化工(上风向)	0.046		
		天女镜业(下风向)	0.055		
		宝马经编(下风向)	0.051		
NO_2	2011.6.29	恒立化工(上风向)	0.042	0.24 (小时值)	0
		天女镜业(下风向)	0.036		
		宝马经编(下风向)	0.047		
	2011.6.30	恒立化工(上风向)	0.031		
		天女镜业(下风向)	0.035		
		宝马经编(下风向)	0.036		

续表

项　目	检测时间	监　测　点　位	均值(mg/m³)	标准值(mg/m³)	超标%
苯	2011.6.29	恒立化工(上风向)	未检出	2.40 (一次浓度值)	0
		天女镜业(下风向)	未检出		
		宝马经编(下风向)	未检出		
	2011.6.30	恒立化工(上风向)	未检出		
		天女镜业(下风向)	未检出		
		宝马经编(下风向)	未检出		
甲苯	2011.6.29	恒立化工(上风向)	未检出	0.6 (一次浓度值) (前苏联《居民区大气中有害物质的最大允许浓度》标准)	0
		天女镜业(下风向)	未检出		
		宝马经编(下风向)	未检出		
	2011.6.30	恒立化工(上风向)	未检出		
		天女镜业(下风向)	未检出		
		宝马经编(下风向)	未检出		
二甲苯	2011.6.29	恒立化工(上风向)	未检出	0.30 (一次浓度值)	0
		天女镜业(下风向)	未检出		
		宝马经编(下风向)	未检出		
	2011.6.30	恒立化工(上风向)	未检出		
		天女镜业(下风向)	未检出		
		宝马经编(下风向)	未检出		

资料来源:桐乡市环境保护监测站《监测报告》(桐环监(2011)监字第233号)

表6—6　　2011年6月凤鸣街道同福工业园区环境空气质量监测情况一览表

项　目	检测时间	监　测　点　位	均值(mg/m³)	标准值(mg/m³)	超标%
PM10	2011.6.29	新农村村委会(上风向)	0.069	0.15 (日均值)	0
		丝尔服饰(下风向)	0.071		
		方圆聚合纤(下风向)	0.079		
	2011.6.30	新农村村委会(上风向)	0.072		
		丝尔服饰(下风向)	0.077		
		方圆聚合纤(下风向)	0.076		
SO_2	2011.6.29	新农村村委会(上风向)	0.048	0.50 (小时值)	0
		丝尔服饰(下风向)	0.059		
		方圆聚合纤(下风向)	0.054		
	2011.6.30	新农村村委会(上风向)	0.044		
		丝尔服饰(下风向)	0.054		
		方圆聚合纤(下风向)	0.053		

续表

项目	检测时间	监测点位	均值(mg/m³)	标准值(mg/m³)	超标%
NO_2	2011.6.29	新农村村委会(上风向)	0.035	0.24 (小时值)	0
		丝尔服饰(下风向)	0.049		
		方圆聚合纤(下风向)	0.056		
	2011.6.30	新农村村委会(上风向)	0.038		
		丝尔服饰(下风向)	0.043		
		方圆聚合纤(下风向)	0.051		
苯	2011.6.29	新农村村委会(上风向)	未检出	2.40 (一次浓度值)	0
		丝尔服饰(下风向)	未检出		
		方圆聚合纤(下风向)	未检出		
	2011.6.30	新农村村委会(上风向)	未检出		
		丝尔服饰(下风向)	未检出		
		方圆聚合纤(下风向)	未检出		
甲苯	2011.6.29	新农村村委会(上风向)	未检出	0.6 (一次浓度值) (前苏联《居民区大气中有害物质的最大允许浓度》标准)	0
		丝尔服饰(下风向)	未检出		
		方圆聚合纤(下风向)	未检出		
	2011.6.30	新农村村委会(上风向)	未检出		
		丝尔服饰(下风向)	未检出		
		方圆聚合纤(下风向)	未检出		
二甲苯	2011.6.29	新农村村委会(上风向)	未检出	0.30 (一次浓度值)	0
		丝尔服饰(下风向)	未检出		
		方圆聚合纤(下风向)	未检出		
	2011.6.30	新农村村委会(上风向)	未检出		
		丝尔服饰(下风向)	未检出		
		方圆聚合纤(下风向)	未检出		

资料来源:桐乡市环境保护监测站《监测报告》(桐环监(2011)监字第232号)

第二节 水环境

域内地处水网地带,京杭大运河沿境西侧流过,长山河贯穿全境,大小河流众多。80年代前,河水是居民主要饮用水源。据县卫生防疫站1974—1981年资料,大运河和长山河域内段,水质均为2级。此后,地表水受上游过境水污染,以及域内产生的各种污染影响,水质明显下降。据县环境保护监测站1988—1990年监测评定,大运河、长山河等主要水系,接纳污染物过量,自净能力减低,部分断面受汞、酚、氰等有毒物质污染,综合质量评价为3级。

表 6—7　　1988－1989 年域内水系地面水综合质量级情况一览表

年份	水系	综合质量级			
		平水期	丰水期	枯水期	全年综合
1988	大运河	3.74	4.43	3.93	4.03
	长山河	3.49	4.10	3.25	3.61
1989	大运河	4.13	4.29	3.35	3.92
	长山河	3.84	3.91	2.59	3.45

资料来源：桐乡市档案馆馆藏档案，卷宗号 171－1－28

2001 年 5 月开始，灵安镇政府在全镇开展水环境整治工作。突击在全镇所有河道实施“三清”（清除杂草、障碍物、垃圾）；进行河道疏浚，增强水域的自净能力；开展水污染防治，减少污染物排放总量，改善全镇的水环境，重点是灵安港、面丈港的整治。

表 6—8　　2008－2012 年桐乡长山河入口监测断面项目监测结果一览表

年份	高锰酸盐指数（mg/L）	氨氮（mg/L）	总磷（mg/L）	化学需氧量（mg/L）	水质类别
2008 年	5.71	1.78	0.173	21.9	V 类
2009 年	5.86	1.47	0.256	19.4	IV 类
2010 年	5.77	1.53	0.188	20.7	V 类
2011 年	6.00	1.51	0.260	19.1	V 类
2012 年	5.16	1.82	0.280	19.1	V 类

资料来源：凤鸣环保所提供

2011 年 5 月，在创建省级生态街道过程中，凤鸣街道办事处委托市环境保护监测站对域内长山河水质进行采样监测。

表 6—9　　2011 年 5 月凤鸣街道长山河水质监测情况一览表

采样日期	样品编号	监测点位	样品形状	pH 值	溶解氧 mg/L	氨氮 mg/L	高锰酸盐指数 mg/L	总磷 mg/L	水温 ℃
2011.5.3	水 110503004	长山河入口（上游）	无色微浑	6.78	1.63	1.88	6.92	0.311	21.8
2011.5.20	水 110520008	史桥集镇新日桥（下游）	无色浑浊	7.04	1.70	2.00	6.10	0.200	27.2

资料来源：桐乡市环境保护监测站《监测报告》（桐环监〔2011〕监字第 124 号）

2011 年 6 月 30 日—7 月 1 日，在工业园区环境整治中，市环保监测站对桐乡经济开发区凤鸣分区和同福工业园区的地表水环境质量进行了监测。根据《浙江省水功能区、水环境功能区划分方案》，域内主要河流为长山河及其支流，地表水属于Ⅲ类水环境功能区。监测结果显示，桐乡经济开发区凤鸣分区内地表水除PH(酸碱度)、CODmn(化学需氧量)、氯化物、硫盐酸和氟化物达标外，其余指标均超标，其中氨氮和石油类超标严重。同福工业园区地表水除PH、CODmn、氯化物和硫盐酸达标外，其余指标均超标，其中总磷和石油类超标严重。监测结果表明两个园区内水体存在较重的磷、氮和有机污染。主要原因是当地地表水上游整体水质较差，以及村庄居民生活污水的直排污染影响。

表6—10　　2011年桐乡经济开发区凤鸣分区地表水环境质量监测情况一览表

单位：mg/L(PH除外)

采样日期	监测点位	PH	DO	氨氮	COD_{mn}	COD_{cr}	TP	氯化物	硫酸盐	石油类	氟化物
2011.6.30 上午	新板桥港与灵安港交界处	7.25	1.71	2.29	6.40	22.2	0.247	27.5	56.5	0.43	0.484
	阳光制衣前大桥	7.31	1.90	1.20	5.59	19.4	0.227	29.9	78.7	0.35	0.496
2011.6.30 下午	新板桥港与灵安港交界处	7.29	1.75	2.11	6.27	23.3	0.255	27.1	54.3	0.40	0.508
	阳光制衣前大桥	7.28	1.85	1.34	5.38	20.8	0.227	28.7	55.8	0.29	0.467
2011.7.1 上午	新板桥港与灵安港交界处	7.31	1.71	2.33	6.38	22.4	0.239	28.5	58.4	0.41	0.489
	阳光制衣前大桥	7.27	1.90	1.17	5.86	18.5	0.223	30.8	80.9	0.29	0.509
2011.7.1 下午	新板桥港与灵安港交界处	7.29	1.75	2.46	6.35	22.6	0.247	28.5	52.0	0.40	0.488
	阳光制衣前大桥	7.29	1.85	1.05	5.70	18.0	0.235	27.1	54.3	0.31	0.469
平　均　值		7.29	1.80	1.74	5.99	20.9	0.238	28.5	61.4	0.26	0.489
标　准　值		6—9	≥5	≤1.0	≤6	≤20	≤0.2	250	250	≤0.05	≤1.0
超标(%)		0	—	74	0	4.5	19	0	0	420	0

资料来源：桐乡市环境保护监测站《监测报告》(桐环监〔2011〕监字第233号)

表6—11　　2011年6月凤鸣街道同福工业园区地表水环境质量监测情况一览表

单位：mg/L，PH除外

采样日期	监测点位	PH	DO	氨氮	COD_{mn}	COD_{cr}	TP	氯化物	硫酸盐	石油类
2011.6.29 上午	姚家桥	7.42	1.79	1.52	5.26	26.7	0.178	24.9	47.3	0.25
	老长山河入口	7.34	1.46	1.61	6.35	19.4	0.319	24.3	47.7	0.47
2011.6.29 下午	姚家桥	7.45	1.78	1.58	5.62	27.2	0.174	25.0	48.8	0.24
	老长山河入口	7.32	1.51	1.62	6.26	22.2	0.315	26.0	49.4	0.34
2011.6.30 上午	姚家桥	7.38	1.82	0.768	5.78	16.7	0.311	24.2	48.7	0.30
	老长山河入口	7.45	1.51	0.267	6.11	21.1	0.311	24.2	48.7	0.30
2011.6.30 下午	姚家桥	7.42	1.91	0.902	5.62	19.4	0.148	25.2	48.2	0.24
	老长山河入口	7.40	1.57	0.224	6.35	22.2	0.327	24.6	48.4	0.31
平　均　值		7.40	1.67	1.06	5.92	21.9	0.260	24.8	48.4	0.31
标　准　值		6—9	≥5	≤1.0	≤6	≤20	≤0.2	250	250	≤0.05
超标(%)		0	—	6	0	9.5	30	0	0	520

资料来源：桐乡市环境保护监测站《监测报告》(桐环监〔2011〕监字第232号)

污水处理厂(2008年12月摄)

凤鸣街道通过加强工业污染治理,农业面源污染和生活污水治理,采取河道保洁等一系列措施,使域内上下游水质基本保持稳定,其中总磷、溶解氧,高锰酸钾指数等指标较上游来水均有改善。

第三节 声环境

域内的环境噪声主要来自工业生产,其中以水泥、纺织等行业的机械噪声为最。随着经济的发展,建设项目的增加,建筑工地搅拌机、振荡机、打桩机等机械施工产生噪声污染。此外,320国道、桐洲公路穿境而过,且车流量急剧增加,交通噪声影响环境也不可小觑。

2011年5月,在创建省级生态街道过程中,市环境保护监测站对凤鸣街道声环境质量进行采样监测,监测结果显示,域内声环境质量按不同功能区(居民区、混合区、工业区)均符合《城市区域环境噪声标准》(GB3096—1993)标准。

表6—12　　2011年凤鸣街道声环境质量监测情况一览表

监测日期:2011年5月20日

测点位置	主要声源	昼　间	Leq[dB(A)]	夜　间	Leq[dB(A)]
史桥集镇	社会噪声	15∶04	50.3	—	—
杨家门	社会噪声	14∶46	43.1	—	—
凤鸣工业园区	生产噪声	14∶28	62.0	—	—

资料来源:桐乡市环境保护监测站《监测报告》(桐环监〔2011〕监字第124号)

注:Leq为噪声指标。

2011年6月30日至7月1日,市环境保护监测站,对桐乡经济开发区凤鸣分区和同福工业园区的声环境质量进行了检测。两者均为工业区,属3类声环境功能区。监测结果显示,两个园区内的声环境质量较好,基本符合3类标准的要求,其中桐乡经济开发区凤鸣分区昼间偶有轻微超标,主要原因是测点靠近320国道,受交通噪声的影响所致。

表 6—13　　2011 年桐乡经济开发区凤鸣分区声环境质量监测情况表

单位:dB(A)

测量日期	测　点　位　置	主要声源	昼间 Leq		夜间 Leq	
			测量值	标准值	测量值	标准值
2011.6.30	迅意纺织大门前	生产噪声	58.0	65	47.3	55
	华琦针织大门前	交通噪声	62.3		50.3	
	人禾电器大门前	生产噪声	55.4		47.5	
	天女镜业大门前	生产噪声	55.6		40.8	
2011.7.1	迅意纺织大门前	生产噪声	53.6		48.2	
	华琦针织大门前	交通噪声	65.5		51.9	
	人禾电器大门前	生产噪声	52.1		47.4	
	天女镜业大门前	生产噪声	57.5		47.9	

资料来源:桐乡市环境保护监测站《监测报告》(桐环监〔2011〕监字第 233 号)

表 6—14　　2011 年凤鸣街道同福工业园区声环境质量监测情况表

单位:dB(A)

测量日期	测　点　位　置	主要声源	昼间 Leq		夜间 Leq	
			测量值	标准值	测量值	标准值
2011.6.30	同润纺织大门前	生产噪声	52.7	65	47.1	55
	创益彩印大门前	生产噪声	56.1		50.5	
	Dcr 家具大门前	生产噪声	63.1		53.6	
	丝尔服饰大门前	生产噪声	56.4		47.0	
2011.7.1	同润纺织大门前	生产噪声	52.6		44.6	
	创益彩印大门前	生产噪声	61.2		52.5	
	Dcr 家具大门前	生产噪声	53.5		49.2	
	丝尔服饰大门前	生产噪声	51.2		49.4	

资料来源:桐乡市环境保护监测站《监测报告》(桐环监〔2011〕监字第 232 号)

第二章　污染治理

第一节　工业污染治理

域内的工业主要以化工、建材、化纤等行业为主,工业能源主要依靠电和煤。随着乡镇企业的发展,工业污染问题越来越严重,治理工业污染势在必行。

1985 年 10 月,县乡镇企业局与县环保办商定,同福水泥厂被确定为典型污染治理点(土窑烟尘治理)，与技改项目同步进行。治理方案技术上委托省环保服务公司负责。直径2.2米土立窑烟尘治理工程总投资15万元，其中由上缴到县的排污费中拨款解决6.9万元，企业自筹4.8万元，其余7.1万元从乡镇企业上缴排污费中予以低息贷款解决。

1989年，桐乡造漆厂针对漂油车间排放废水超标严重的情况，根据县环保部门的要求，积极落实治理措施，投资2万元，购置废水处理设备，使废水排放符合环保标准。

1990年，同福水泥厂采用矩形自激式水膜除尘装置，除尘率在91%～95%。但废气排放总量仍居高不下，1991年同福水泥厂废气排放总量A1气25982.663万标立方米/年、A2气12270.282万标立方米/年、A3气12270.282万标立方米/年，被县环保部门列为B类重点污染企业。

1992年，桐乡造漆厂结合企业技改总体规划，组织力量对污水废水进行综合治理，投资10万元，在原有环保设施的基础上进行改造，并修筑河岸，开掘污水处理池，完善净化、过滤等配套设施。

1995年11月，桐乡市政府决定在灵安镇创建烟尘控制区。灵安镇政府十分重视，指定专人负责，落实各项措施，经过一年多的工作，于1997年12月通过市环保局验收。灵安镇烟尘控制区面积0.77平方公里，各种炉、窑、灶共45台，其中锅炉3台、窑炉1座、灶41眼。经过改造治理，烟尘控制达标43台，占总数的95.6%。创建烟尘控制区面积比例和烟尘排放达标率均符合验收要求。

1999年，创建沪杭甬高速公路、320国道两侧烟尘控制区工作列入市政府环境保护目标责任书。灵安镇的阳光针织制衣有限公司、经编厂、天女集团、水利农机站，同福乡的华强合成纤维厂、三利亚铝型材料厂属该烟尘控制区范围。是年，根据省环境保护"一控双达标"工作安排，域内有运河水泥厂和嘉兴市白水泥厂列入气污染重点源治理单位，其主要气污染物烟尘为国控、省控，粉尘为嘉兴市控。治理项目享受贴息优惠政策。

2000年9月，同福水泥厂投资150万元实施粉尘治理项目，窑尾除尘采用布袋除尘技术。是年，嘉兴白水泥厂投入420万元，先后对生磨、熟磨、石破、熟配、大包房等水泥扬尘点进行治理，安装除尘设备。2台白水泥回转窑烟尘治理委托国家建设材料工业局合肥水泥研究设计院设计，采用静电除尘技术，10月安装完毕投入运行。11月经市环保局、环保监测站验收，其回转窑废气治理设施(1#、2#)、熟配电除尘、熟磨电除尘、包装袋除尘等10台(套)除尘设备(除2#生磨袋除尘排放量超标外)均运行稳定，处理效果良好，排放的烟尘浓度和吨产品排放量均符合GB4915—1996《水泥厂大气污染物排放标准》(表3)二级标准;除尘设备管理制度和操作规程均符合环保要求。

2001年，桐乡市华灵丝绸有限责任公司投资21.53万元，实施废水治理项目，对汰头废水、煮茧废水进行治理。采用ABR—调节—SBR的治理工艺。废水排放量执行GB8978—1996《污水综合排放标准》(表2)一级标准。即:HP值6—9，COD_{cr}(化学需氧量)≤100mg/L，BOD_5(生化需氧量)≤30mg/L，NH_3—N(氨氮含量)≤15mg，SS(固体悬浮物)≤70mg/L。

2004年3月，桐乡市凤鸣富尔达针织整理部废水治理改造工程竣工，其废水治理工程在原有基础上进行改造扩容，设计废水处理能力为360吨/日。经市环保局、环保监测站验收，废水处理后各项污染物指标分别符合GB4287－92《纺织染整工业水污染物排放标准》(表3)一级标准和GB8978－1996《污水综合排放标准》(表4)一级标准。

2006年，针对嘉铭染整公司污水通过雨水管道少量流入东板桥港的问题，街道投入10余万元重新铺设一条长250米的污水专用管道，使污染物排放总量控制在目标范围以内，工业废水排放达标率达到90%以上，工业固废处置利用率达到80以上，无危险废物排放。是年，同福乡的新开源制衣有限公司被市环保局列为全市首批环境重点监管企业。

2008年4月，嘉铭染整公司投资1200多万元的中水回用工程竣工，正常运行后可减少COD排放2吨。是年底，华灵丝绸有限公司的中水回用工程完工，2009年投入运行。2010年，雪松丝绸有限公司实施中水回用工程。

据统计，2009年全街道用煤量为32729吨，废水排放量约为120万吨。其中5家主要排污企业（天女制漆、嘉铭染整、运河水泥、嘉兴白水泥、新开源制衣）占全街道污染负荷的81%。2009年，重点工业污染源达标率为80%。此后，通过对重点企业的集中整治，其污水全部接入市级污水管网，且达到排放标准。同时，完善和实施嘉名染整的中水回用工程，并对嘉名染整和新开源两企业排污实现在线监测。至2010年年底，全街道有51家企业接入市级污水管网。

2011年，根据市政府桐政办发〔2010〕169号印发《桐乡市市镇工业园区环境整治工作方案》的通知精神，凤鸣街道专门成立工业园区环境整治工作领导小组，对域内2个工业园区（经济开发区凤鸣分区、凤鸣街道同福工业区）进行全面的整治和完善工作。按照国家环保法律法规的要求，进一步落实污染减排责任制，严厉查处各类企业非法排污行为，遏制非法排污，严格执行项目环保审批制度，提高“三同时”制度执行率，经过半年时间的集中整治，基本达到园区环境整治9条验收标准的要求。是年，又新增污水入网企业32家。

表6—15　　2011年凤鸣街道2个工业园区环境整治主要验收指标量化一览表

单位		经济开发区凤鸣分区	凤鸣街道同福工业区
建设项目	环评审批	项目数27个，环评执行率100%	项目数15个，环评执行率100%
	执行“三同时”	项目数27个，“三同时”执行率100%	项目数15个，“三同时”执行率100%
	竣工验收	项目数27个，已通过26个，验收率96.3%	项目数15个，已通过14个，验收率96.3%
环境基础设施	污水收集处理	已铺设管网11.98公里，入网企业23家，收集率100%	铺设管网数已计入开发区凤鸣分区，入网11家，收集率78%
	污水排放企业	23家（含生活污水），达标排放23家，达标排放率100%	14家（含生活污水），达标排放11家，达标排放率78%
	集中供热	桐乡泰爱斯热电厂，需供热企业6家，集中供热率100%	—
	固废处置	生产废物合理分类利用，危险固废委托资质单位处理	生产废物合理分类利用，危险固废委托资质单位处理
重点污染源	废水排放	排放企业23家，达标率100%，监测厂次达标率100%	排放企业11家，达标率100%，监测厂次达标率100%
	废气排放	—	—
	污染源在线监测	废水在线监测监控装置1套，重点污染源企业安装率100%	—
主要污染物减排	COD减排	减排任务18.6万吨，已完成减排100%，新增入网企业30家（含同福工业区）	减排任务18.6万吨，已完成减排100%，新增入网企业30家（含经济开发区凤鸣分区）
	SO_2减排	—	—
环境质量	大气环境	设监测点3个，监测因子SO_2、NO_2、PM10，监测结果：达标	设监测点3个，监测因子SO_2、NO_2、PM10，监测结果：达标
	声环境	设监测点4个，监测结果：达标	设监测点4个，监测结果：达标

续表

单　　位		经济开发区凤鸣分区	凤鸣街道同福工业区
环　境 质　量	主要特征因子	苯、甲苯、二甲苯，监测结果：达标	苯、甲苯、二甲苯，监测结果：达标
	地表水环境	设监测断面 2 个，监测结果：水质基本以 V 类为主，主要超标为氨氮、总磷、石油类，上下游对比情况基本保持稳定	设监测断面 2 个，监测结果：水质基本以 V 类为主，主要超标为氨氮、总磷、石油类，上下游对比情况基本保持稳定
清洁生产与质量体系	清洁生产审核	省控以上企业 1 家，已通过审核 1 家	—
	ISO14001 认证	已完成认证 2 家	—
事故与 信　访	重特大污染事故	无	无
	环境污染上访投诉	上半年上访投诉 4 件，上年同期 5 件，下降率 20%	上半年上访投诉 5 件，上年同期 10 件，下降率 50%

资料来源：桐乡经济开发区凤鸣分区和凤鸣街道同福工业区《环境整治工作总结》，填表日期：2011 年 12 月 28 日

第二节　农业污染治理

70 年代以前，农业生产用肥以大粪、羊垃圾（羊圈肥）、河泥等有机肥料为主，化学肥料、化学农药用量不多，对环境造成的污染尚不明显。随着现代农业的逐步发展，化肥、农药大量使用，导致地下水污染加剧，农产品中的农药残留现象日益严重。90 年代后期，畜牧业规模养殖迅速崛起，牲畜粪便污染呈加重趋势。

2001 年 5 月开始，灵安镇在水环境整治工作中，实施农业污染治理，采取各种措施，防治养殖业对环境的污染，积极发展生态农业，推广使用高效低毒农药，提倡使用生物农药，减少化学物流失对水体的污染。

2004 年，街道对所有养猪户全部实行猪粪沼气化处理，共建沼气池 93 只，遏制猪粪的随意排放，保护生态和生活环境。

2007—2008 年，凤鸣街道在生猪养殖重点村——新农村村开展养殖面源污染治理试点工作。该村有 22 户生猪养殖户，生猪存栏 2398 头。原来大量的养殖面源随意排放，造成村庄内环境脏乱不堪，河浜成为臭水浜。在市农经、科协、水利、环保等部门的指导下，制订包括养殖污水、生活污水集中处理、河道综合整治、道路硬化、生活垃圾集中收集、村庄绿化等综合治理方案，投入资金 600 多万元，建设占地面积 60 亩的省级生态双丰生猪养殖基地，又投入 210 万元资金用于基地生态、环境卫生、污染物排放等治理，提高畜禽粪便的就地综合利用率，改善生态环境。

2009 年，全街道畜禽饲养量为生猪 55890 头、湖羊 46506 头、兔 20898 头、家禽 251849 羽。养殖畜禽产生的粪便除少量建有沼气池外，一般都只作简单的发酵处理后便用作肥料还田。当年，全街道化肥施用量为 5888 吨，农药施用量 74308 公斤，施用农药面积 4940 公顷。主要施用农药为毒斯威、井冈霉素、氟唑磷等，无国家禁用类农药。在全街道养猪超过 50 头的养殖户中推广沼气池建设和生态菌种养殖。

2011 年，投入资金 84.1 万元，进一步加强对畜禽养殖污染治理工作，完善 22 户养猪治污设施，新

建(扩建)贮液池 1458 立方米、沼气池 2 只(45 立方米)、干粪场 474.7 平方米、污水沟 1056 米。

2012 年 5 月,凤鸣街道在全市率先开展农业养殖污染全面整治行动。凤鸣环保所和街道农经中心联合向养殖场(户)发放告知书,要求在规定时间内做好畜禽污染整治工作,对其中进度较慢的养殖户发出书面检查单,对治理无望或不愿治理的 3 个养殖户执行环保处罚。12 月,又针对养殖污染进行一次较大范围的环境执法检查,对发现的问题分别作出查处。至年底,对 2 家整治无望的养殖户予以关闭。

2012 年 5 月,街道农经中心和凤鸣环保所组成联合调查组,调查畜禽养殖污染防治情况

第三节　生活污染治理

改革开放后,随着人民生活消费水平的不断提高,生活污染源增多。居民生活污水、生活垃圾、固体废物,以及住宿餐饮业的各种污染物排放等,对环境的影响程度也越来越严重。

2005 年,凤鸣街道党委、办事处印发《农村垃圾集中收集处理及环境卫生整治实施办法》,明确农户把自家垃圾收集存放到垃圾箱,由保洁员负责把本村范围的农户和企事业的垃圾收集后清运到垃圾收集房,再由各村负责将本村垃圾收集房的垃圾清运到指定的中转站或填埋场。同时,落实相关资金配套政策和考核督察措施,全面推进环境整治。是年,原位于阳光制衣南老 320 国道西侧的凤鸣垃圾中转站,于 11 月由桐乡经济开发区移交给凤鸣街道。该垃圾中转站用地 1.77 亩,建筑面积250 平方米,安装垃圾压缩设备 1 台,土建和设备投资 80 万元。同福乡也新建压缩式垃圾中转站一个。域内 2 个压缩式垃圾中转站将收集的垃圾压缩后清运至崇福垃圾焚烧热电厂进行无害化处理。

2008 年,西牛桥村治理生活污水 100 户。2009 年,凤鸣街道把农村生活污水治理工程列为实事工程之一。至年底,凤鸣街道红旗村 20 个村民小组已新建生活污水处理池 450 只,其中单户 300 只,联户 150 只,总容积 1132.2 立方米。受益农户 600 户,占全村总户数的 61%。但全街道污水处理率仅 60%,卫生厕所建设与管理未达标。此后,按照市统一规划,加快污水管网建设,街道二级污水管网 5106.2 米,污水泵站 1 座,途径同福路、宏运路、宏泰路、宏峰路、宏盛路、宏盛北路、宏通路等主要路段,集中收集后经集污泵站排入城市污水处理厂。至 2010 年年底,集污管网铺设范围已覆盖街道建成区,受益人口 356 人,日处理生活污水 37 吨,生活污水收集处理率达 90%。农村生活污水在原有六格式污水处理池技术进行处理的基础上,结合新社区建设,在各村新社区、集镇中心点和几个拆迁房安置点对生活污水处理后进入市级污水管网,开展生活污水处理的行政村比例达到 50%以上。同时在街道区和农村新建区建造一批公共厕所,整修集贸市场公厕,安排专人管理,落实保洁工作。

根据省农业农村面源污染调查,人均生活污水产生系数为 33.5 吨、人均人粪尿产生系数 0.821 吨估算,2009 年全街道生活污水产生总量为 170 万吨。同时,全街道生活垃圾产生量约为 17875 吨。

至 2010 年 8 月,全街道各村、居委会建垃圾收集房 101 间、垃圾收集箱 1471 只、垃圾桶 4102 只、垃圾运输车 17 辆，有从业保洁人员 97 名。2011 年，全街道已实现生活垃圾日常日清，垃圾无害化处理率达到 100%。

表 6—16　　2010 年凤鸣街道垃圾收集一体化基本情况一览表

村　　名	生活垃圾保洁员	河　道保洁员	拖拉机清运车	三轮车手拉车	垃圾房	垃圾箱	垃圾桶
史桥村	2	4	1	—	—	105	—
桑园桥村	2	4	1	—	—	48	—
长新村	7	4	—	2	1	168	832
李家弄村	—	4	1	—	—	40	—
环南村	35	—	5	35	51	—	—
灵安村	7	5	3	7	35	25	
红旗村	1	4	1	—	—	130	—
路家园村	1	3	1	—	—	43	—
西牛桥村	1	3	1	—	—	152	—
新农村	4	2	—	4	2	—	1020
联庄村	4	3	—	4	1	157	—
建胜村	4	4	—	4	2	198	—
合星村	4	2	—	4	3	232	1040
中群村	5	2	—	3	4	138	1080
街道	20	—	3	20	2	40	130
合计	97	44	17	83	101	1476	4102

资料来源：《凤鸣街道创建省级生态街道申报资料》

注：统计日期为 2010 年 8 月 1 日

表 6—17　　2010 年 11 月凤鸣街道农村卫生户厕情况一览表

序　号	行政村	总户数	总人数	卫生厕所户　　数	普及率%	无害化厕所户数（一格、六格、集中式）	普及率%
1	史桥村	854	3275	827	96.8	427	50
2	桑园桥村	703	2752	669	95.2	353	50.3
3	长新村	823	3169	794	96	676	81.8
4	李家弄村	884	3626	871	98.5	492	55.7
5	环南村	857	3402	857	100	857	100
6	灵安村	1192	4719	1182	99.2	982	82.4
7	红旗村	979	3942	962	98.3	658	67.2
8	路家园村	709	2849	699	98.6	482	68

续表

序　号	行政村	总户数	总人数	卫生厕所户　数	普及率%	无害化厕所户数（一格、六格、集中式）	普及率%
9	西牛桥村	510	2066	507	99.2	451	88
10	新农村	1086	3875	1082	99.6	918	84.5
11	联庄村	1046	4254	1041	99.5	698	66.7
12	建胜村	990	3811	983	99.3	544	55
13	合星村	1058	3989	1055	99.7	874	82.6
14	中群村	1058	4336	1054	99.6	760	71.8
15	合计	12754	50065	12583	98.7	9172	71.7

资料来源:《凤鸣街道创建省级生态街道申报资料》

至2011年,街道建成区内产生的生活垃圾,按照“户集、村收、街道运、区域集中处理”的生活垃圾收集处理运行机制,全部实现袋(桶)装化收集。集镇区内生活垃圾由专门人员收集,各行政村由村保洁员收集,集中清运至街道垃圾中转站经压缩处理后,用加盖密封的专用汽车统一运送至崇福垃圾焚烧热电厂进行无害化处理。全街道生活垃圾日常日清,垃圾无害化处理率达100%,农村生活垃圾集中收集行政村覆盖率达100%。是年8月底,完成草庵集镇至福严寺,以及灵安集镇的二级管网建设,共长6496.2米,投入资金440.43万元,涉及2个居民区,新增污水入网400户。

域内平均日照为2017小时,太阳能资源充足,不少居民和单位都装上太阳能热水器。

第三章　机构与管理

第一节　机　　构

2005年以前,域内无专设的环保机构,环境质量直接由桐乡市环境监察大队管辖。2005年11月起,凤鸣街道由市环境监察大队市区中队管辖,同福乡由市环境监察大队石门中队管辖。2009年4月,凤鸣街道(含原同福乡区域)由市环境监察大队开发区中队管辖。2011年5月,经市编委研究同意,市环境保护局设立凤鸣街道环境保护所及桐乡市环境监察大队凤鸣中队,由市环保局实行垂直管理。凤鸣街道环保所实行所长负责、条块结合的工作管理模式,主要负责凤鸣街道辖区内的环境保护工作,依法实施对辖区内工业企业、农业农村和第三产业环境污染的执法监管,组织开展环保宣传,企业“三同时”(即建设项目中环境保护设施必须与主体工程同步设计、同时施工、同时投产使用)管理,环保信访和“110”调处,依法征收排污费,配合市环保局处理辖区内各类重大环境污染突发事件等。环保所配备工作人员3名,环保执法车1辆。

2006年,成立凤鸣街道生态建设及创建省级生态街道工作领导小组,由街道办事处主任担任组长,分管工业、农业、城建、文卫、宣传的领导任副组长,农经、经发、环保、卫生等职能部门参加。领导小组全面负责生态建设的组织、决策、协调。下设办公室(设在生态环保办),具体负责生态建设的规划编制、技术指导、工程实施和监督等工作。

第二节　管　　理

一、排污费征收

自 1983 年开始,县环保部门先后对电镀、造纸、酿酒、制革、水泥制造等行业,以及烟尘排放超标和废水排放超标的企业开征排污费。征收的排污费纳入地方财政,由环保和财政部门统筹安排,用于企业污染源的治理。

表 6—18　　1989 年县环保部门征收域内企业排污费情况一览表

企业名称	污染物	排放量	浓　度	超标倍数	征收标准	征收金额
同福水泥厂	水泥粉尘	229.2T/日	—	—	0.02 元/kg	4583 元/月
运河水泥厂	水泥粉尘	166.7T/日	—	—	0.04 元/kg	6666.6 元/?
同福丝厂	缫丝废水	160T/日	1000～2000	10～20	0.15 元/kg	1800 元/季

资料来源:桐乡市档案馆馆藏档案,卷宗号 171—1—27

凤鸣环保所成立前的排污费征收,域内原灵安镇范围由市环境监察大队开发区中队征收,同福乡范围由石门中队征收。2011 年起,环保费征收为凤鸣环保所的职能工作之一。

排污申报和排污费征收工作流程

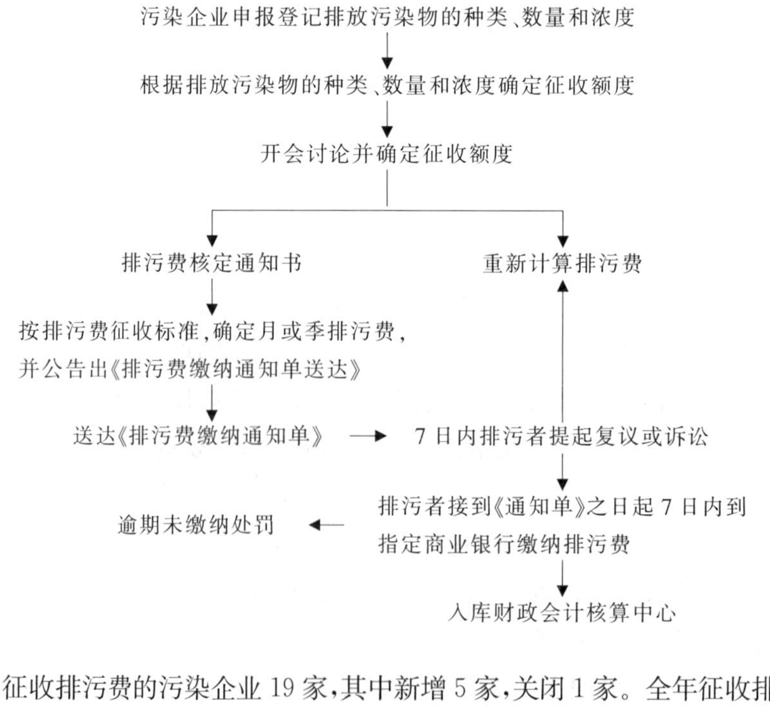

2011 年,域内征收排污费的污染企业 19 家,其中新增 5 家,关闭 1 家。全年征收排污费 51 万余元。2012 年,域内征收排污费企业 18 家,全年征收排污费 53.4 万元。

二、排污权交易和有偿使用

2007年，嘉名染整有限公司随着市场和产品结构的不断调整，决定增加染色产量130万米(200)吨/年，此项技改需增污水排放量39.39万吨/年，二氧化硫25吨/年，烟尘排放量15吨/年。公司通过内部调整染色设备，脱硫除尘设备，新建中水回用项目等减排措施，落实了部分排污指标，但最终尚有二氧化硫排放量0.275吨/年，烟尘6.15吨/年无法解决。为此，公司向环保部门申报，于11月通过嘉兴市排污权储备交易中心平台，以0.55万元达成了二项排污权交易(只交易化学需氧量和二氧化硫，烟尘未开展交易)，由已关停的桐乡市灵安砖瓦有限公司和桐乡市羔羊水泥有限公司已停止的机立窑生产线腾出相关量排污指标。此为桐乡市第一桩排污权调剂交易成功实施。

2008年6月18日，《桐乡市主要污染物排污权交易实施细则(试行)》施行。市场主体可将经市环保主管部门确认拥有的可交易排污权，以及经市环保主管部门审批同意的建设项目(包括新建、改建、扩建)需要获取的排污许可权，通过桐乡市排污权储备交易中心实行有偿交易。

2009年7月，浙江爽溜溜食品有限公司通过桐乡市排污权储备交易中心购买二氧化硫(SO_2)2吨，交易费4万元；2010年6月，嘉兴天女镜业有限公司通过桐乡市排污权储备交易中心购买化学需氧量(COD)1.13吨，交易费9.04万元。

2011年8月，经市环保局同意，桐乡华灵丝绸有限责任公司实施年产5万米超纤仿真面料技改项目，污染物总量控制指标：化学需氧量(COD)1.731吨/年，调剂量：化学需氧量(COD)2.08吨/年。从嘉兴市下达的排放总量区域指标尚有结余中调剂入华灵公司，并通过桐乡市排污权储备交易中心，以4.16万元交易成功。

2012年5月，经市环保局同意，浙江方圆聚合纤有限公司实施年产12万吨差别化锦纶项目，污染物总量控制指标：需新增化学需氧量(COD)5.38吨/年，氨氮(NH_3-N)0.72吨/年，二氧化硫(SO_2)19.82吨/年，氮氧化物(NOx)25.1吨/年。其中，化学需氧量(COD)从嘉兴市下达的排放总量区域指标尚有结余中调剂入，氨氮(NH_3-N)从桐乡市南日制丝有限公司关停项目结余指标中调剂入，二氧化硫(SO_2)和氮氧化物(NOx)从桐乡市先马建材有限公司关停项目结余指标中调剂入。至2012年年底，凤鸣街道相关企业通过桐乡市排污权储备交易中心调剂购入的总量控制指标的，还有浙江天女化工有限公司年产2万吨高性能水性化功能涂料新建项目，以及桐乡市泛亚复合材料有限公司、桐乡市大祥化工有限公司等企业。累计调剂购入总量控制指标化学需氧量(COD)3.698吨，$SO_2$2.24吨，交易费18.296万元。

三、初始排污权有偿使用

2011年，桐乡市政府颁布《桐乡市初始排污权有偿使用暂行办法》，在区域排污总量控制的前提下，排污单位依法取得排污权指标，并交纳排污权有偿使用费。采取政府指导下的市场化运作方式，初始排污权有偿使用指导价为：化学需氧量(COD)4000元/吨·年，二氧化硫(SO_2)1000元/吨·年，有偿使用有效期限5年。2011年12月至2012年5月申购的执行阶梯式优惠价格。2012年2月底前申购的优惠80%；5月底前申购的优惠60%；6月1日后申购的不再给予优惠。域内企业在优惠期内积极申购，2月13—28日，共有11家企业申购初始排污权。其中化学需氧量(COD)交易量76.41吨·年，交易额30.57万元；SO_2交易量190.1吨·年，交易额19.01万元；合计交易额49.58万元。

表 6—19　　2012 年 2 月凤鸣街道企业初始排污权申购情况统计统计表

金额单位：元

单位全称	COD交易量	COD交易单价	COD交易额	SO_2交易量	SO_2交易单价	SO_2交易额	合计交易额	交易时间
桐乡市新开源制衣有限公司	13.9	4000	55600	63.6	1000	63600	119200	2012—2—13
桐乡市恒立化工有限公司	0.03	4000	120	0.66	1000	660	780	2012—2—14
浙江天女集团制漆有限公司	3.5	4000	14000	19.076	1000	19076	33076	2012—2—24
浙江方圆聚合纤有限公司	0.402	4000	1608	5.98	1000	5980	7588	2012—2—28
浙江嵘月包装有限公司	—	—	—	13.44	1000	13440	13440	2012—2—21
桐乡市凤鸣富尔达针织整理厂	10.8	4000	43200	4.45	1000	4450	47650	2012—2—21
浙江省嘉兴白水泥厂	0.211	4000	844	36.15	1000	36150	36994	2012—2—22
桐乡市新蝶木业有限公司	0.063	4000	252	2.16	1000	2160	2412	2012—2—24
桐乡市华灵丝绸有限责任公司	2.894	4000	11576	—	—	—	11576	2012—2—27
桐乡市舒乐橡塑材料有限公司	0.014	4000	56	6.52	1000	6520	6576	2012—2—27
浙江嘉名染整有限公司	44.6	4000	178400	38.067	1000	38067	216467	2012—2—28
合计	76.414	—	305656	190.103	—	190103	495759	—

资料来源：市环保局总量办（交易中心）提供

说明：交易单价均为第一档优惠期按 2 折计算的每吨 5 年的有偿使用费价格

第三节　信访调处与环境执法

2011 年 4 月，查处位于合星村的非法经营的皮革下脚料油脂加工厂

2011 年，凤鸣环保所成立后，对服务对象实行首问负责制、服务承诺制、信访“24 小时实名答复”制度。是年，凤鸣环保所调查处理市长电话转办信访 18 件、市环保局受理信访 8 件、上级转办（群体性）信访 5 次（其中省厅 2 件、嘉兴市局 1 件、市人民政府信访局 2 件）。

环保信访处理工作流程

来电/来信/来访/上级批转→登记录入→受理交办→各管理组办理（24 小时内到现场处理）→回复信访人（受理后 24 小时内）→提交办理结果→结案归档→结果反馈

2011 年 4 月，经群众举报，市环境监察大队开发区中队会同凤鸣街道有关部门查实，合星村内有一家无照经营的皮革下脚料油脂加工厂，老板是山东人，原料来自海宁，使用简陋的炼油工艺，从皮革废料、下脚料中提炼制成劣质油脂，刚生产仅半个月。非法加工厂面积约 3300 平方米，有炼油炉 5 只、储油罐

15个、冷却水池一个。其有害废气和高浓度废水未经任何处理直接排入空气中和运河河道。此处位于桐乡市饮用水源取水口上游，危害性极大，执法人员迅即对该非法加工厂进行查封，并将此案移交公安部门处理。是年，凤鸣环保所还积极参与市环保局组织的“飞鹰一号”“飞鹰二号”“飞鹰三号”执法行动，对涉及本所管辖内的某制衣公司和某彩印公司依法作出相应的处罚。全年共罚款15万元。

2012年，凤鸣街道对乱倒工业污泥的违法行为实施奖励措施，每抓到一起案件奖励3000元(由环保部门负责取证与调查处理的)。是年，经派出所的巡防人员发现，并协助环保部门查处了2起乱倒污泥案件(涉及嘉兴的，资料由市监察大队移交)。凤鸣环保所还配合市环保局与街道办事处开展多项执法检查与调查工作，主要有放射辐射专项检查、建设项目环境风险排查、小锅炉专项调查以及印染行业调查等。

通过2011—2012年的环境执法与服务，促使企业选用较好的废气治理技术，并加强废气治理的运行管理，基本解决辖区内某彩印公司长期以来废气信访投诉问题。2012年共查处环境违法案件15件(其中取消2件)，处罚案件13件，处罚金额48.8万元。全年关停取缔非法酸洗电镀加工、废旧塑料造粒、废毛炼油及养猪污染户等共计10个污染源，消除了安全与污染隐患，改善了当地环境质量。调查处理市长电话及环境信访15件，比上年下降50%以上。全年无上级转办信访。

2012年12月，凤鸣街道环保所和街道农经中心联合开展畜禽养殖污染专项检查，共检查养殖户120余家，对群众投诉较多的部分养殖户展开重点检查。针对检查中发现的未按规定建设环保设施、未充分利用已建设施、将畜禽粪便偷排入河(池塘、农田)等情况，分别对12家养殖户发出整改通知书；并根据相应的环保条例进行调查取证，确定违法、违规的，予以处罚。通过增强执法力度，督促养殖户治理畜禽粪便污染，做到干湿分离，雨污分流。

环境执法案例

案例一　当事人严某某于2009年7月未经环境影响评价及环保部门审批，擅自在史桥村马家桥埫南侧，马家桥河东侧，建成废旧塑料加工作坊并投入生产。主要生产设备有粉碎机1台，塑熔机1台，清洗池1个，原料主要为塑料打包带，生产工艺为原料—粉碎—熔化—拉丝—切割—成品，其生产过程中的废水、废气等污染物危害周边环境。接群众举报，市环保局执法人员对其立案调处。经现场勘察，调查取证，确认其行为已违反国务院《建设项目环境保护管理条例》之规定，依法作出行政处罚：责令其立即停止生产，并处罚款5万元。

案例二　2009年8月，市环保局执法人员对位于凤鸣街道长新村的某蔬菜食品厂(主要从事咸蛋的加工和销售)进行执法检查，发现该厂在咸蛋加工过程中产生的废水经厂区大门北侧沉淀池沉淀后直接排入周边河道，水量为1吨/天。在废水排放口采样后，经市环保监测站检测分析：水中污染物化学需氧量(CODcr)浓度为1.16×10^3mg/L，已超过国家规定的排放标准，污染当地水域环境。其行为已违反《浙江省环境污染监督管理办法》，按照国家法律、法规及有关执法标准，市环保局对其作出罚款1万元的行政处罚。

案例三　2012年3月14日，接群众举报，凤鸣街道合星村旧铁桶加工作坊在排放大量含刺激性很强的雾气和废水。环境执法人员迅即赶到现场，发现位于合星村较偏僻之处，有一旧铁桶翻新、电镀的非法作坊，其在操作过程中排放大量含盐酸的酸雾，地面污水横流，没有经任何污染防治措施直接排入西侧仅10米左右的京杭大运河，污染河流水质，且没有申请办理环保与工商的审批手续。对此，环境执法人员责令其立即停止加工与排污，拆除相关生产设备等。17日，环保部门联合凤鸣派出所再次赴现场检查，对违法人员进行询问核实。对加工点生产原料——盐酸实施强制扣压，异地保存；用石灰等材料对高浓度酸性现场进行中和处理，防止污染扩大，并清理场地。根据调查情况及市环保监测站现场采样检测结果，分别对凤鸣旧铁桶加工作坊和电镀作坊进行立案查处，按《建设项目环境保护管理条例》和《浙江省水污染防治条例》相关条款予以10万元的罚款，取缔该旧铁桶加工作坊（包括电镀作坊）。又因该非法作坊使用的盐酸属危险化学品和易制毒化学品，由公安部门立案，对非法作坊负责人依法追究刑事责任。

案例四　2012年5月，环保执法人员对位于凤鸣街道中群村的刘某某养猪场进行检查时，发现该养猪场存栏生猪194头，未按照环保规定处理畜禽养殖废弃物，造成环境污染，即对其提出整改要求。6月6日检查时又责令其限期半个月做好干湿分离，封堵排污口等整改。8月29日第三次现场检查时，该养猪场仍未按要求落实雨污分流、干湿分离，养殖过程中产生的猪尿液等废水未经治理，通过养猪场东侧的渠道及暗管直接排放到南侧的小河道中，污染当地的水域环境。市环保局对该养猪场涉嫌违反畜禽养殖废弃物处理规定的行为予以立案查处。经现场勘察，调查取证，确认其行为已违反《中华人民共和国水污染防治法》《浙江省农业废弃物处理与利用促进办法》等相关法律法规，责令其立即停止违法行为，并处以罚款1万元的行政处罚。

第四章　生态建设

2000年开始，同福乡和凤鸣街道按照《桐乡市生态示范区建设规划》，逐步开展生态示范区建设。党委政府列入重要工作日程，建立领导小组和工作班子，发动群众积极参与，采取各项措施，优化生态环境。2002年，同福乡中群村被评定为桐乡市级生态村，成为域内首个市级生态村。以“生产发展、生活富裕、生态良好”为目标，坚持走可持续发展道路，2006年，凤鸣街道根据市政府《关于加快生态乡镇、生态村建设的实施意见》，按照有关标准，全面实施创建生态村、生态街道工作。从实际出发，精心编制生态建设规划，分近期（2009—2010年）、中期（2011—2015）、远期（2016—2020）三个阶段，明确工作计划、主要任务和重点工程。创新机制，多方筹资，坚持谁受益谁投资的原则，本着办事处引导适当补助，企业技改自筹，农民自愿投资的多元化生态保护投入机制。投入大量人力财力，充分发挥街道区位、资源、人文等优势，狠抓重点工程和示范点建设，在人居环境、农业、工业和生态文化等方面全力打造“生态凤鸣”。2005—2012年，西牛桥村、合星村、新农村、环南村、联庄村、长新村、灵安村、路家园村、建胜村等11个村，先后被评定为市级生态村。2008年4月，经市创建办核查，报省级生态市创建工作领导小组审议通过，凤鸣街道被授予“市级生态街道”称号。2011年12月，凤鸣街道被省环保厅命名为“省级生态街道”。是年，环南村、灵安村、联庄村被评定为嘉兴市级生态村，为域内首批嘉兴市级生态村。2012年，又有长新村、红旗村、中群村相继被评定为嘉兴市级生态村。至年底，全街道已创建成功嘉兴市级生态村6个。

第一节　人居环境建设

2001—2003年，同福乡中群村实施生态示范村建设，总投资500余万元。其中，修筑柏油路2800米，通村民小组砂石公路3000米，并在道路两旁栽种银杏、桧柏等树木3.45万株，绿化环境，优化生态。组建保洁员队伍，设置垃圾箱120只，垃圾房4间，改变原来的脏、乱、差状况。

2003—2005年，凤鸣街道西牛桥村开展生态示范村建设，通过街道拨款、村集体出资、村民自筹等办法，总投资630余万元，用于生态建设。其中，完成小集镇整治和危房拆建工程、疏浚小河、小浜、河道淤泥2500米，改善水质，净化河面。成立村级保洁队，建垃圾收集房1座、垃圾填埋场1个，购置垃圾洗污车1台，在各组设垃圾收集箱100只。开发利用太阳能光源，屠家村小组农户安装太阳能热水器22台。

2004年，凤鸣街道和同福乡先后建成史桥、李家弄、西牛桥、太湖荡等4处生态墓地，种植树木花草，总占地面积102.2亩，绿化覆盖率在80.5%～90%。

2007年，实施灵安村、桑园桥村、建胜村的村庄整治，长新村、合星村的污水治理，长新村、合星村、新农村的扩面提升，新农村、合星村、建胜村的省级整治村工作，并全面通过上级部门的验收。完成道路硬化45.2公里，整治河道151.68公里，新增绿化面积12.65万平方米，粉刷赤膊墙5.97万平方米，完成配套建设项目12个。同时，按照"村容整洁、道路畅通、河道洁净、绿化养护、路灯亮化、配套设施完好"的要求，完善14个整治村的长效管理。

2008年，凤鸣街道创建成为桐乡市灭鼠灭蟑达标街道。在灵安、同福、史桥等3个小集镇建设方面投入资金10余万元，完成集镇道路修缮和雨水、污水管网工程。2009年，投资250万元，完成红旗村等6个村的16.5公里污水一级、二级管网，投资80万元，实施建胜村8公里自来水三级管网工程。2010年，投入110万元，修复塌损路面并硬化通村道路2.4公里。投资300万元，完成同福集镇5140米二级污水管网建设，新建6000吨级污水泵站1座。实施桐乡市污水收集及尾水外排线凤鸣段工程，全长3681米，涉及史桥、桑园桥、李家弄等3个村。投资70万元，改建同福农贸市场。同时，完成灵安、同福两个集镇绿化工程。

2011年，全街道新建生态河岸2.2公里、植物型河岸2.3公里。

2012年12月，街道办事处印发《关于开展"森林凤鸣"建设的实施意见》(以下简称《实施意见》)，全面开展百里长廊森林路、植物型河岸"千里绿色堤防工程"和村庄绿化工程建设，改善居民的生产生活环境，为推进"美丽乡村"建设提供生态保障。《实施意见》指出，对"森林凤鸣"建设中按照标准组织实施的项目经费，给予一次性补助或奖励。

第二节 生态农业建设

从2000年起，域内乡镇加强对生态农业建设的投入，调整优化农业种植结构，向无公害蔬菜、无公害杭白菊、优质品种桑、高档苗木等新品种方向发展。中群村黄鳝网箱养殖基地，给黄鳝喂食蚯蚓、小鱼、青草等不含激素的食物，为市场提供绿色水产品。灵安村630亩蔬菜基地，逐步按照无公害生产标准运作，控制氮肥、农药的施用量，减少作物上的农药残留，设立绿色农产品检测室，上市前对农产品实施监测。2005年被省农业厅认定为无公害农产品产地。是年基地生产新鲜无公害蔬菜4993.4吨。此外，街道建设的无公害基地还有西牛桥村730亩的杭白菊生产基地、红旗村400亩的杭白菊生产基地。新开发的绿色农产品有"伊好"牌无铅皮蛋、红心咸蛋，"凤栖"牌小包装杭白菊，"伟江"牌小包装榨菜等。全街道新筑植物型护岸7公里，疏浚河浜9.6公里。开展河道专项整治和长效保洁工作。与各村签订《2008—2010年畜禽养殖业污染整治工作目标责任书》。在畜牧养殖业环保治理中推广绿色能源的利用，建成户用沼气池112只，其中双丰畜牧园区建造沼气池980立方米，免费供给周边50户人家使用沼气。

2005年，购置吸粪车、泥浆泵等专用设施，收到明显的治理效果。2005—2008年，街道共投资20万元，为养猪户建造沼气池130只。生态黄鸡养殖小区采用干湿分离方式，建造800平方米鸡粪堆埋场，堆放晒干后售给蔬菜种植大户，畜禽便综合利用率达到95%。推广平衡施肥技术面积占农田种植面积的50%以上。

2007年，新建浙北地区最大的现代化畜禽生态养殖园区——新农村双丰牧业园，在实施生态农业发展上迈出了一大步。

2009年8月底，全街道治理养殖户22家，投入资金66.31万元，建造干粪堆积场254平方米，隔栅式化粪池和沼气储存池730立方米，雨污分离设施1602.7米。

2011年，全街道粮食作物播种面积575.3公顷。种植苗木136.8公顷、杭白菊1193.3公顷。饲养蚕种58243张。年内出栏生猪3.94万头、湖羊4.56只、家禽25.62万羽、獭兔1.84万只。粮经比例18∶82，主要向无公害蔬菜、无公害杭白菊、优质品种桑、高档苗木等生态农业方向发展。

第三节　生态工业建设

90年代起，域内乡镇以工业区建设为抓手，打造工业产业集群，结合工业技改，加大生态环保基础设施投入，减少工业污染，倡导循环经济，促进生态工业的发展。

进入21世纪，域内乡镇按照"既要发展经济，更要注重生态环保"的原则，鼓励企业依靠先进科技，创建节能环保型企业。2003年，结合河道整治，鼓励相关企业将河道清淤的淤泥进行再利用，开发淤泥制砖工艺。工业园区的污水管道接入城市污水管网。对园区企业的2个烟囱进行水膜除尘处理，实现达标排放。

至2005年，街道已爆破关闭3个砖瓦厂，关停1个助剂厂(立新黏合剂公司)，2个丝厂完成废水治理，2个小型羊绒整理厂建立污水处理设备，街道的生态环境明显改善。

2007年，天女制漆有限公司完成废水循环利用工程，有效降低COD排放。

2008年，由桐乡泰爱斯热电厂向经济开发区凤鸣分区供热的管网工程全部完工，5家企业用上蒸汽关停锅炉3台，减少燃煤对环境产生的污染。

2008—2010年，在工业区基础设施建设中，每年完成企业污水入网任务，51家企业接入管网。2011年，又有32家企业接入管网。

第四节　生态文化建设

凤鸣街道在生态建设中，注重以生态文化为载体，增强全体干部群众的环保生态意识，利用广播电视、宣传橱窗、广告、横幅标语、文化示范户等形式，宣传生态建设的重要意义，培育公众的生态意识和保护生态的行为规范。

2003年6月，福严寺及其周围4平方公里范围被市政府列入生态环境受保护地区之一，其主要保护对象为民族宗教文化。2006年，福严佛教文化旅游发展有限公司开展创建福严"AAA"级生态旅游景区，新建生态停车场、改建生态厕所、新建生态垃圾箱、补植绿化、浇制护栏等，按生态要求提升文化旅游景区建设档次。福严佛教文化苑将佛教文化与江南园林融合一体，苑内有石有水，绿草如茵，遍植花木，尤以桂树为多，春来绿荫如盖，秋至桂香四溢，成为生态旅游佳境。

2008年，桐乡市图书馆凤鸣分馆开馆，为生态文化的传播开启了一个新的平台。街道和各村相继设立生态宣传栏，街道还设立多张大型生态宣传牌。举办新居民文化活动周暨生态环保文艺会演，丰富新居民的精神文化生活，带动新居民共同努力创建生态家园。完成李家弄村、中群村农村社区服务中心建设，开展农村居家养老服务建设试点工作。

2009—2010年，在创建省级生态街道的过程中，街道办事处加强宣传发动，利用广播电视、宣传橱窗、公益广告、横幅标语、文化示范户等宣传阵地，宣传培育公众的生态意识和行为规范，提高创建生态街道的主动性和自觉性。召开动员会、专题研究会

2012年，凤鸣环保所加强环境生态宣传，全年完成7次电视报道，举办一次环保法律法规知识讲座，与驻村干部一起开展"绿色出行"宣传活动。

表6—20　2001—2003年同福乡中群村生态示范村建设重点工程实施情况一览表

工程项目	实施期限	计划投入（万元）	实际投入（万元）	完成情况
无公害杭白菊基地	2001—2002	18	18	已完成
柏油路	2001	80	78	已完成
防护林	2001—2002	10	10	已完成
垃圾箱	2002—2003	7	7	已完成
无害化沼气池	2002	2	2	已完成
河道清淤	2002	6	6	已完成
省级品种桑示范基地	2002	30	30	已完成
无公害蛋鸡养殖场	2003	25	25	已完成

资料来源：桐乡市档案馆馆藏档案，卷宗号110－007－280　2003年9月《同福乡中群村生态示范村建设总结》

表6—21　2002—2012年域内评定为市级生态村名单一览表

评定年份	桐乡市级生态村	嘉兴市级生态村
2002	中群村	—
2005	西牛桥村	—
2006	合星村	—
2007	新农村村	—
2008	环南村、联庄村	—
2009	长新村、灵安村	—
2010	红旗村	—
2011	—	环南村、灵安村、联庄村
2012	路家园村、建胜村	长新村、红旗村、中群村

资料来源：凤鸣环保所提供

第七编　农　　业

凤鸣街道农耕历史悠久，并具有优越的自然资源和社会经济技术条件，十分有利种养业的发展，传统农业比较发达，农桑兴旺，素有“鱼米之乡”“丝绸之府”“百花地面”之美称。

1972年发掘的灵安镇路家园文化遗址，属新石器时代晚期的良渚文化类型，曾出土豆把、石网坠等生产工具，先民已在这块土地上从事生活生产活动。自古至今，境内农田种植制度几经变革，不断进步，从汉代前的撩荒制到汉以后进入犁耕时期，水田从一年一熟水稻向一年稻麦(油菜)两熟复种制度转变。旱作也有很大发展，但粮食收成低下。南宋时，境域栽桑养蚕渐兴，桑苗栽植也有很大改良，并有桑苗出售。清初丝价远贵于粮价，刺激了农民栽桑养蚕的积极性，“多种田不如多治地”，蚕桑生产不断发展，桑苗商品化更趋活跃，外销量不断增加，并逐步发展成为全国著名的桑苗主产地。民国时期，灵安、同福、史桥一带盛产晒红烟、杭白菊，棉花也有种植。但粮食收成不稳不高。

新中国成立后，农业进入一个新的发展时期，广大农民实现“耕者有其田”，政府采取多种政策措施，发动农民多养猪羊，增积肥料，粮、畜、桑生产不断发展。1983年，农村全面推行家庭联产承包责任制，农业生产开始向商品化、专业化转化，农村经济日益活跃和繁荣，之后又逐步建立和完善统分结合、双层经营的联产承包经营新体制，推进土地经营权有序流转，扩大适度规模经营，发展商品生产。1990年代后，先后建立一批杭白菊、桑苗、花卉苗木、晒红烟、蔬菜、水果、畜禽、水产等特色农产品基地，发展“一优两高”农业、效益农业和生态高效农业。同时，强化农业社会化服务，为农业增效、农民增收、农业可持续发展奠定坚实基础。

2000—2012年，按照市委、市政府提出的“高产、优质、高效、生态、安全”的要求和“调粮、扩经、增养、提效”的总体思路，不断创新农作制度，调整优化产业结构，发展提升特色农业产业基地，并逐步向精细化、专业化、生态化、产业化方向发展。

第一章　种植业

第一节　种植制度

水田种植制度

汉代前，境内农田种植是火耕水耨的撩荒制。“楚越之地，地广人稀，饭稻羹鱼，或火耕水耨”(《史记·货殖列传》)。通过人工排水，待田晒干后举火烧草、垦田；种稻时，灌水入田，除草施肥，水稻生产实现由水耕水耨向火耕水耨转变。汉以后，农业进入犁耕时期，种植业逐渐趋向精耕细作。唐代始，水田从一年一熟制向一年两熟复种制转变。南宋时，旱地广辟桑园，白地减少，小麦开始从旱地扩种到水田，逐步形成麦稻两熟制。元明时，水田以春花(小麦、油菜、蚕豆)—中、晚稻一年两熟制度为主，部分为冬闲田或紫云英(花草)—单季中、晚稻一年一熟制。明末清初，农业经济重心转移到蚕桑生产方面，部分水田又回复到冬闲田—单季中、晚稻一年一熟制。部分地势较高的水田辟为桑苗地。清末和民国时期，境内水田种植制度以一年两熟的水、旱复种制度为主，冬季作物以小麦、大麦、蚕豆、油菜或紫云英为多，夏季作物则以单季中、晚稻为主，部分水田只种一季早稻，后作栽种经济作物。也有部分低洼田实行冬季休闲，一年只种一季单季中、晚稻。这一传统种植制度一直沿袭至1955年。

1956年起，互助合作化快速发展，随着农田水利设施的逐步改善，同福、灵安的水田种植制度发生新的变化，重点抓改制，夺高产，推广"三改"，即单季稻改双季稻，间作稻改连作稻，中籼稻改晚粳稻。1956年，首次试种双季早稻809亩。1958年，两熟制早稻面积369亩，1959年扩大到496亩，1960年早稻面积盲目猛增，因播种季节紧，加上肥料不足，导致早、晚稻减产。连作早稻亩产273公斤，连作晚稻亩产299公斤。1962年，同福公社早稻改制面积调减至6032亩，亩产回升到368公斤。之后，生产条件有所改善，改制面积又有所回升，1963年同福公社早稻面积为6147亩，亩产133.5公斤，总产量820.62吨。

1964年起，农田水利建设进一步完善，畜力、机器的推广，发展三熟制有了良好的物质条件。开始发展土油菜三熟制连作稻。耕地复种指数逐步提高。同福公社1964年粮地面积4.39万亩，粮食总产量(不包括大豆)6474.8吨，总产比1961年的5308.4吨增加162.4吨。同年同福公社早稻改制面积达8259亩，其中三熟制连作稻1433亩。之后，三熟制连作稻进一步发展。1966年，同福公社栽种早稻9590亩，其中三熟制早稻5466亩。70年代至80年代，同福、灵安全境连作早稻面积保持1万亩左右，其中三熟制早稻占早稻总面积的74%。1973年早稻面积9590亩，其中三熟制7480亩，占78%。是年，亩产409公斤。1984年，灵安、同福、史桥三乡粮地面积33119亩，平均亩产922.4公斤，总产量30548吨，达历史最高水平。1988年起，逐步调减连作稻，扩种单季稻。是年，境内开始推行粮食作物与经济作物结合的多样化复种制。主要种植方式有：蔬菜—嫁接桑苗一年两熟；早稻—广秧(秋播)；麦/烟—晚稻；榨菜—稻稻；麦瓜(乳黄瓜、胡瓜、西瓜)—稻等粮经结合、水旱轮种的新三熟制。至1993年，连作稻调减到7574亩，单季晚稻面积1439亩。至2006年，全境已不再种植连作早稻，成为纯单季晚稻地区，单季晚稻面积3148亩。2012年，单季晚稻4816亩，亩产556公斤，总产量2679吨。

旱地种植制度

春秋时期，旱地开始种植藜、黍、大豆、麦、赤豆等。南宋时，旱地广辟桑园，白地减少。其时，主要种植"黍、粟、麦、豆、稷、油(菜)、麦"(《至元嘉禾志》)。明末清初，栽桑育蚕进一步发展。桑园面积增多，白地和花白桑地大都以种植豆、麦、棉、麻、菜、菊为主。有的花白桑地套种乌桕。麻常与萝卜搭配种植，一年两熟。

1949—1957年，白地以蚕豆——大豆或小麦——大豆一年两熟为主，部分白地为蚕豆——烟叶/菊花一年两熟。花白桑地小部分套有乌桕，大部分与麦、豆和经济作物间作、混栽。1958年后，旱地作物品种调整，低产粮食作物改高产作物，大豆面积减少，主要扩大小麦——甘薯一年两熟制。1962年，同福公社全境旱地栽种甘薯面积4922亩，总产量3445吨，成为这一时期旱地的主要粮食作物。

1963年起，境内桑园开始退出不合理间作、套种，主要是退出南瓜、甘薯等作物，开始抓桑园建设，桑园内有45%以上面积套种蚕豆，大部分作绿肥。

1978年后，通过种植业结构调整，桑园改单一经营为综合利用，冬季套种榨菜、青蒲头菜或套种蚕豆，采青蚕豆作菜肴，蚕豆梗当绿肥。白地发展粮经结合、菜经结合等多样化、高效益的多熟制。2002—2012 年，境内大面积推广榨菜—胡瓜/菊花或榨菜—胡瓜/秋豇豆等种植模式，一般亩产值 3000～4200 元。

第二节　粮食作物

罗家角出土文物显示，新石器时期，先人已使用石器、骨耜、木耜和木锄，从事稻作生产，开创境内水稻栽培历史。春秋战国时期，已大面积种植稻、黍、稷、菽、麦（小麦）等十余种作物，并基本掌握“春种八谷，夏长而善，秋收而聚，冬蓄而藏”的农事规律。隋唐时期，耕作技术渐趋精细。明清后，境内相继引入大麦、蚕豆、豌豆、甘薯等粮食作物，并基本形成粮、畜、桑全面发展的传统农业格局。民国时期，境内粮食生产仍以稻、麦为主，其次为大豆、甘薯、蚕豆、豌豆等，其他还有赤豆、绿豆、玉米、高粱等小杂粮。粮食产量不高不稳。日军入侵时期，农业生产遭受严重破坏，粮食不能自给。抗日战争胜利后，粮食生产有所恢复。

1979 年，灵安公社粮食作物栽种面积 13018 亩，比上年减少 663 亩，全年粮食总产量 1002.20 万公斤；同福公社粮食作物栽种面积 14665 亩，比上年减少 64 亩，全年粮食总产量 1332.44 万公斤。90 年代起，重点是调整粮食和经济作物种植面积比例和推行“一优两高”（品质优、产量高、经济效益高）农业，实现农业增效，农民增收。1999 年全境粮食作物和经济作物种植面积分别调整为 33119 亩和 29092 亩，粮经作物面积比例为 53.2∶46.8。至 2012 年，境内粮食作物种植面积调减到 11176 亩，总产量 4627 吨。

表 7—1　　　　1984—2012 年主要粮食作物面积、产量统计表

年份	镇乡、街道	粮食总产（吨）	水稻						春粮						旱地杂粮			
			总产（吨）	早稻面积（亩）	早稻亩产（公斤）	晚稻面积（亩）	晚稻亩产（公斤）	总产（吨）	小麦面积（亩）	小麦亩产（公斤）	大麦面积（亩）	大麦亩产（公斤）	蚕（豌）豆（吨）	旱粮总产（吨）	大豆总产（吨）	甘薯总产（吨）	其他（吨）
1984	灵安	10334	8708	9405	419	11711	407	1404	2524	158	5030	180	103	221	141	80	—
	同福	14061	11938	11616	469	14017	463	1893	2519	187	6344	204	133	230	221	10	—
	史桥	6155	4869	5179	423	6349	422	1066	2388	192	2944	192	44	221	65	155	—
1990	灵安	8067	6784	7628	411	9546	382	1204	2066	157	3283	229	129	79	59	20	—
	同福	12813	10839	10829	454	13216	444	1869	1922	217	5324	260	67	105	103	2	—
	史桥	5283	4503	4802	406	6128	417	619	2230	143	1143	205	67	161	52	94	15
1991	灵安	5418	4614	5216	327	7248	401	755	1558	139	2654	162	107	49	49	—	—
	同福	10152	8415	9930	373	10423	452	1637	1885	197	5184	232	64	100	92	1	7
	史桥	5043	4291	4678	378	5795	435	588	2256	152	877	202	67	155	54	85	16
1992	灵安	4323	3334	4306	356	4960	365	942	1522	155	2646	227	104	47	43	4	—
	同福	11856	9989	11000	419	13500	398	1805	1801	229	5177	259	50	62	53	1	8
	史桥	4900	4149	4627	383	6020	395	602	1975	188	725	241	56	149	54	71	24

续表

年份	镇乡、街道	粮食总产(吨)	水稻					春粮						旱地杂粮			
			总产(吨)	早稻面积(亩)	早稻亩产(公斤)	晚稻面积(亩)	晚稻亩产(公斤)	总产(吨)	小麦面积(亩)	小麦亩产(公斤)	大麦面积(亩)	大麦亩产(公斤)	蚕(豌)豆(吨)	旱粮总产(吨)	大豆总产(吨)	甘薯总产(吨)	其他(吨)
1993	灵安	4024	3474	4683	384	3944	425	397	1192	154	457	206	118	153	63	85	5
	同福	2080	1288	1793	419	1280	418	711	1983	242	686	251	60	81	45	32	4
	史桥	3442	2812	3582	370	3837	388	210	981	175	—	—	38	420	59	340	21
1994	灵安	4211	3339	4680	397	3613	410	740	2102	162	1166	213	150	132	116	1	15
	同福	5025	4118	4639	424	5023	429	886	1767	243	1542	253	67	21	21	—	—
	史桥	3901	3560	3773	390	4984	419	148	804	167	98	230	—	193	62	80	51
1995	灵安	4206	3452	4437	362	4622	400	635	1965	177	712	204	143	119	41	78	—
	同福	4170	3646	4448	372	4820	413	497	1714	201	217	230	103	27	27	—	—
	史桥	4046	3677	4305	353	5203	415	202	855	178	70	200	36	167	69	60	38
1996	灵安	5512	4473	5013	375	6511	398	926	2813	230	521	240	154	113	113	—	—
	同福	5230	4602	5505	435	5012	440	606	1861	241	366	243	69	22	22	—	—
	史桥	4365	3850	4306	386	5204	421	349	1687	180	87	218	27	166	63	61	42
1997	灵安	2582	1089	65	401	2066	515	1211	3416	265	697	251	131	282	214	11	57
	同福	2527	1466	1419	414	1763	498	1026	2561	285	960	248	59	35	25	—	10
	史桥	2342	1782	1450	419	2649	443	413	1797	205	70	214	29	147	68	45	34
1998	灵安	3721	2757	717	421	4814	510	579	3104	157	25	200	86	385	261	38	86
	同福	2635	1857	430	414	3229	520	768	2898	196	576	196	86	10	6	—	4
1999	灵安	4245	3063	935	299	5321	523	758	5053	219	4	250	88	424	294	28	102
	同福	2277	1049	248	387	1816	525	1102	3388	276	252	262	101	126	56	39	31
2000	灵安	3838	2702	461	440	4823	518	657	2510	223	6	333	95	479	351	48	80
	同福	1963	851	100	420	1402	577	875	3117	246	—	—	108	237	172	21	44
2001	凤鸣	2302	1706	80	425	3253	514	319	953	213	—	—	116	277	107	107	63
	同福	1035	253	45	422	407	575	608	1850	260	—	—	127	174	94	57	23
2002	凤鸣	2237	1668	—	—	3130	533	132	537	184	—	—	33	437	109	184	144
	同福	853	417	15	400	730	563	216	915	236	—	—	—	220	64	40	116
2003	凤鸣	1701	979	—	—	1956	501	83	154	247	—	—	45	639	96	183	360
	同福	1131	285	14	429	505	552	391	860	284	60	300	129	455	186	68	201
2004	凤鸣	2781	2295	85	400	4110	550	53	71	254	—	—	35	433	149	244	40
	同福	1084	427	98	400	680	571	330	770	287	—	—	109	327	109	65	153
2005	凤鸣	2596	2216	—	—	4302	515	85	125	256	—	—	53	295	141	91	63
	同福	1150	460	188	447	733	512	283	568	285	—	—	123	407	144	105	158

续表

年份	镇乡、街道	粮食总产（吨）	水稻					春粮						旱地杂粮			
			总产（吨）	早稻面积（亩）	早稻亩产（公斤）	晚稻面积（亩）	晚稻亩产（公斤）	总产（吨）	小麦面积（亩）	小麦亩产（公斤）	大麦面积（亩）	大麦亩产（公斤）	蚕（豌）豆（吨）	旱粮总产（吨）	大豆总产（吨）	甘薯总产（吨）	其他（吨）
2006	凤鸣	1891	1334	—	—	2469	540	72	73	260	—	—	53	485	167	120	99
	同福	899	353	—	—	679	520	287	333	258	—	—	201	259	65	57	137
2007	凤鸣	1439	1096	—	—	1975	555	84	80	263	—	—	63	259	64	151	44
	同福	758	270	—	—	539	501	136	70	257	—	—	118	352	120	72	160
2008	凤鸣	2952	1926	10	500	3606	533	207	100	260	—	—	181	819	231	248	340
2009	凤鸣	2985	1438	—	—	2628	547	259	111	288	—	—	227	1288	323	563	402
2010	凤鸣	3447	1362	—	—	2486	548	251	100	266	—	—	224	1834	682	747	405
2011	凤鸣	3660	1696	—	—	3293	524	296	398	261	—	—	186	1668	327	361	980
2012	凤鸣	4626	2679	—	—	4816	556	298	308	330	—	—	197	1649	333	536	780

资料来源：1984年为桐乡县农林局《农业生产统计年报》；1990—2012年《桐乡统计年鉴》

一、水稻

面积与产量　凤鸣街道农业生产历来以稻为主，粮、畜、桑综合发展。稻谷产量在古近代占粮食总产65%以上，中华人民共和国成立后占85%左右。

6000多年前，先民已开始人工种植水稻。罗家角文化遗址出土文物中除石器、陶器、木器、骨器外，还有碳化稻谷等。经考证，当时已有人工栽培籼稻和粳稻。春秋末，境内开垦圩田，发展水稻生产。明末清初，水田植桑极为普遍，水稻面积压缩，以稻谷为主的粮食总产量明显减少，“崇邑田地相埒，故田收仅足支民间八月之食，其余月余易米以供”（顾炎武《天下郡国利病书》卷八十）。其时，水稻面积虽有减少，但每亩产量已达较高水平，“田极熟，米每亩三石”（《补农书》）。民国时期，水稻面积、产量起落不稳，抗日战争前（1932）水稻每亩产量约370斤左右，日军入侵期间农业生产遭受严重破坏，产量下降。抗日战争胜利后，水稻生产缓慢恢复。

新中国成立后，兴修水利，增施肥料，水稻生产不断发展。1955年，同福乡水稻面积11422亩，亩产213公斤，总产2432.9吨。1956年起，水田熟制改革，改单季稻为双季连作稻，连作早稻809亩，亩产195公斤，总产157.8吨。“大跃进”期间，脱离客观条件，盲目扩种连作早稻，导致水稻减产。至1961年，早稻面积5794亩，因肥料不足，亩产降至179公斤，比1957年每亩减产16公斤。之后，生产条件不断改善，调熟制夺高产成为主改方向，水稻改制面积逐步扩大，在稳定两熟制连作稻的基础上，积极发展三熟制。1964—1969年，逐步增加三熟制连作稻栽种面积。1964年早稻面积8259亩，其中三熟制早稻面积5366亩，占64.9%。1973年，早稻面积10478亩，亩产417公斤，实现早稻一季亩产超《农业发展纲要》。之后，逐步扩大三熟制早稻，1980年，早稻面积11488亩，其中三熟制早稻占80%，早稻亩产429公斤，总产量4928吨。1984年境内早稻栽种面积26200亩，亩产442公斤，总产量11580吨，晚稻栽种面积32077亩，亩产434.4公斤，总产量13935.5吨。全年水稻总产量25515.5吨，创造水稻种植熟制改革以后单产、总产的最高水平。1993年后，乡镇企业崛起，农业劳动力逐步向

二、三产业转移，开始调整粮食和经济作物种植面积比例，逐年压缩连作稻，发展单季稻。2006年起，境内已不再种植连作早稻，各村大都栽种单季晚稻。至2012年，凤鸣街道栽种单季晚稻4816亩，亩产556公斤，总产量2677.7吨。

联合收割机收割水稻

品种演变　隋唐时，境内水稻已有籼、粳、糯之别，时间有早、中、晚之分。北宋时，盛产稻米、河蟹等水产品，“稻蟹之利，转徙数州”（沈括《崇德县儒学记》）。宋真宗年间（998—1022年），本地栽植的水稻品种有六十日、八十日、百日赤等，引种自占城，为异地引种推广之始。明清时期，水稻品种大致可分为红稻、黄稻、青稻三大类型，近120多个品种。

民国时期，籼稻品种主要有六十日（观音尖）、八十日、大叶广籼、胜利籼、龙凤尖、大黄胖、小黄胖等；晚粳品种主要有荔枝红、霜打青、太湖青及晚粳纯系129等；糯稻品种主要有鸡爪糯、白壳糯、香粳糯、中秋糯等。

新中国成立后，水稻品种引种、推广加快，1949—1950年，早稻品种主要有耐脊早熟的嘉兴白皮、503、团头天花落等，亩产150～200公斤。1957年后，又从广东、福建、江西先后引种莲塘早、南特号、陆财号等耐肥早籼品种。晚稻品种有八五三、一字种等。1960年后，早稻推广迟熟、矮秆、高产的矮脚南特，1963—1970年，矮脚南特成为主栽品种，一般亩产350多公斤。其时还搭配种植一批不同熟期的矮秆品种青小金早、矮南早193、二九南二号、圭陆矮8号等，早稻品种由高秆向矮秆转变。其时，晚稻引进种植推广的主要品种有农垦五八、苏稻一号和农虎6号等。70年代起，早稻逐步推广迟熟矮秆高产良种广陆矮四号，并搭配早熟二九青和中熟品种中秆早，形成以迟熟品种为主，早、中、迟熟品配套种植的状况。其时，广陆矮四号种植面积比例达60%以上。1978年早稻广陆矮四号面积占80%，早稻亩产达348公斤。1987年后，早稻栽种面积逐步调减，并先后引种种植一批中熟品种二九丰、嘉籼222、嘉籼758等。晚稻以矮粳23、嘉湖四号为当家品种，晚稻品种由高秆向矮秆转变，其特点是矮秆、穗大粒多、抗病高产。80年代至90年代初，晚稻主要推广晚粳秀水系列和晚粳祥湖系列品种为主，其间，开始引进推广杂交粳稻组合寒优1027等。2000年后，秀水系列品种不断推陈出新，水稻栽种品种3—5年更新一次，以秀水110为主栽品种。至2012年，秀水128品种种植面积逐步扩大，杂交晚粳品种主要推广八优161。

栽培技术　水稻生产在唐以前是直播稻，基本不育秧。宋时，已有“处处稻分秧，家家麦上场”之谚，表明宋代时，境内已普及水稻育秧移栽的方法，水稻栽种有播种、出苗、秧田施肥、拔秧四个环节。但是直到民国时期，秧田仍是采用密播水育大秧。民国后期，境内开始试验推广合式秧田，提高秧苗素质。

中华人民共和国成立后，农民和农业技术干部充分认识“通气秧田”的道理，在秧田质量、育秧方式、种子处理、秧田培育管理等方面均有较大改进，着重应用推广半旱秧田、药剂清毒、稀播、薄膜保温、适龄、化学调控、精心管理等各项技术措施，秧苗素质明显提高，促进水稻增产。

50年代初期，种子处理推广晒种、泥水选种、西力生浸种。到70年代初，停止使用西力生，改用“401”浸种消毒。1984年后改用“402”浸种消毒。1987年后推广线菌清浸种消毒，消灭种子带菌与杀灭线虫病。

中华人民共和国成立初，境内水稻育秧仍沿用“水育密播长秧龄”方式，每亩秧田播种量高达150公斤，秧龄40天左右，秧苗细弱，俗称“牛毛秧”、“铜丝秧”，影响早发。1953年后，早稻提倡精做通气秧田、浸种催芽，落谷稀(亩播量90公斤左右)，1954年起，有80%农户推广泥水或盐水选种，播种量降至75公斤左右，并普及通气秧田。

境内早稻推广尼龙薄膜保温育秧始于1965年春。薄膜保温育秧，比露地育秧提早5—7天播种，可防止烂秧，提高成秧率，并能提早成熟，具有“以迟代中”、“以中代早”，缓解季节矛盾，提高产量的功能。70年代初，部分早稻搞小苗带土移栽，1975年起改为薄膜打洞保温育秧，1982年全境早稻薄膜保温育秧种植大田面积占两熟制早稻总面积80%，其中薄膜打洞育秧面积占总秧田面积45%。1979年起，推广“一扩两降”，即扩大秧田面积、降低秧田播种量和大田用种量。之后，秧田播种密度逐年放稀，根据不同熟制、不同茬口实行分批稀播，大田用种量也相应减少。1983年开始推广地膜平盖保温育秧，主要用于两熟制和部分早三熟早稻培育壮秧。是年，境内地膜平盖保温育秧秧田面积860亩，共种植大田6025亩，占早稻总面积的23%。1991年，境内地膜平盖保温育秧秧田面积增加到14474亩，占73%。并开始试验示范旱育秧，面积逐步扩大，至2000年，在两熟制和早、中三熟制全面推广。

连作晚稻育秧，50年代至60年代一直采用适当推迟播种和放稀播量的水育大秧方法。1972年起为缓和季节矛盾，有利晚稻稳中求高，采取了水育大秧、旱育带土两段育秧、拔秧留苗等多种育秧方式配套技术。

1988年，境内开始试用多效唑和烯效唑育秧，防止连作晚播秧苗徒长，培育矮壮秧，连作晚稻秧苗一叶一心期喷施125ppm浓度多效唑(或烯效唑)液，促使秧苗矮化增蘖。之后，逐步扩大应用面积。1996年，境内连作晚稻秧苗推广应用多效唑(或烯效唑)化控，占连作晚稻总秧田面积65%。单季晚稻育秧，从1994年开始，重点推广“早播稀播、化学调控、早栽稀植”的“二早二稀”栽培技术和机械化育播秧技术。2012年，凤鸣街道推广“二早二稀”面积3082亩，占单季晚稻总面积64%。

直至近代，秧田管理较为粗放，全部采用水育，秧苗素质差。中华人民共和国成立后秧田管理逐步精细，尤其在灌水、施肥、化学除草三方面有长足进步。1956年开始，农民已掌握“三叶期间秧沟灌水，三叶期后秧板上水，晴天灌浅水，低温阴雨灌满水”的管水技术，秧田提倡“三叶期施断奶肥，拔秧前施起身肥”的施肥技术。1982年后，逐步完善“适施氮磷钾基肥，二叶前保持秧板滋润，二叶一心保持薄水层施好断奶肥，3～4叶期施尿素，促分蘖，拔秧前3天至4天施起身肥，并做到带药下田。单季晚稻秧田的化学除草与化控技术改变较多，1995年秧田曾使用除草剂“杀草丹”，1996年至1999年改用“幼禾葆”，2000—2005年又改用“直播净”(杂交稻仍用“幼禾葆”)，2006—2007年，在播后2～3天，常规品种用“隆苗”，杂交稻用“幼禾葆”。2003年开始，烯效唑化控由浸种改为苗期喷雾。旱育秧播后覆盖细土，用“幼禾葆”除草，一叶一心期用50ppm烯效唑喷苗。当秧苗叶色褪淡缺肥时，在傍晚用1%～2%尿素溶液泼浇，起秧前一天傍晚浇一次透水。水田旱育拔秧困难的秧田，采用灌水上秧板。

插秧季节　50年代末至60年代初两熟制早稻大都于4月底“开秧门”，“立夏”前后旺插。70年代至80年代初，三熟制比例扩大，加上迟熟品种增加，季节矛盾突出，连作早晚稻插秧经常出现“大部适时，部分偏迟”。90年代，单季晚稻插秧常规品种大都在6月15日至20日，2004年后，插秧期开始提早到6月5日至10日，单晚直播稻一般在5月底至6月10日。2006年后，单季晚稻常规品种和杂交粳稻均提早在5月25日至6月5日播种。2012年,单季晚稻开始推广机插,面积300亩。

明清时期,一般亩插1.2万丛。民国时期,亩插0.9万丛至1.4万丛不等。1953年开始,逐步改大株稀植为小株密植,亩插2.5万丛左右,小株密植比大株稀植一般增产8%左右。70年代,连作早晚稻全面提倡匀株密植。早稻亩插4.5万丛左右。80年代至90年代,插秧密度略有下降,亩插4万丛左右,1999年开始改用旱育秧,插秧密度进一步放稀到3.5万丛。单季晚稻从1990年代中后期开始,常规品种移栽稻亩插2.5万丛,每亩8～12万基本苗;2000年起亩插2万丛至2.2万丛,每亩6万～9万落田苗;杂交粳稻在2000年前亩插1.8万丛至2万丛,每亩落田苗3万;2003年开始调整为每亩1.4万丛至1.5万丛。

大田施肥　50年代至70年代,境内以施用有机肥为主,农家肥主要来源是发展猪、羊,增积栏肥,扩种花草。凤鸣土杂肥资源丰富,农民又有吃苦耐劳的习惯,主要土杂肥种类采取罱河泥、割青草、积垃圾等三项。60年代初,大搞河、塘、沟泥,沤制草绞泥作早晚稻基肥,早晚稻基本达到"一亩一塘"。1966年开始,试验推广稻田养绿萍作为有机肥补充。1974年至1977年推广化肥深施技术,1977年全境早晚稻较大面积推广化肥深施技术,占总面积的29.8%。施肥方法为"施足基肥,早施追肥、巧施穗肥"。80年代后,施肥方法一度推广"足、早、补"施肥法。1986年起早晚稻探索推广配方施肥,但范围不广。1989年开始,大面积推广全层基施补穗施肥法。90年代中期至2012年,单季晚稻推广"二旱二稀"配套技术后,普遍推广前促、中控、后保的配套施肥方法,并做到氮、磷、钾配合施用。

大田水浆管理　东汉时境内水稻耘田已用耘田器。元时,农业技术向精细化方向发展,耘耥已经出现。清代至民国时期,境内耘田已极为普及,"耘者膝跪于苗间,两手匍匐而前,细剔苗根之草"。50年代至60年代,一般以徒手或木制耥耙耘田。80年代开始广泛使用除草剂除草,耘田已不复存在。古时稻田灌溉用的是水车。唐宋以后境内已普及使用。明清时期,农民十分重视"干田",古人云"六月不干田,无米莫怨天"。唯此一干,则根派深远,苗干苍老,结秀成实。但到了处暑水稻做胎时不可缺水,古人云:"处暑根头白,农夫吃一吓。"民国时期,排灌工具不充足,低田经常漫灌,高田又常因缺水而受旱。50年代开始,农田水利设施逐步改善,浅灌勤灌和适时搁田得到普及。60年代后,农村实现电力排灌,田间渠系也相应配套,特别是70年代至2012年,通过平整土地和排灌工程的进一步完善,水渠管理水平不断提高,大面积推行"浅水插秧、寸水护苗、薄露分蘖、够苗搁田、薄水养胎(孕穗)抽穗、齐穗后活水灌溉"的管水方法。

治虫防病　境内的水稻生产常遭病虫为害,历史上屡有蝗害、螟害发生。民国时期,螟虫、蝗虫、稻苞虫、稻瘟病是水稻主要病虫害,尤以三化螟为烈。民国12年(1923)杭嘉等地"田禾螟虫危害较往年更甚"(《浙江公报》),18年(1929)因螟灾"崇德、桐乡两县的水稻产量仅为丰年的五至六成"(《浙江省建设月刊》,民国18年,第36期)。

1949—1956年,政府发动群众连续几年的灯(火)诱螟蛾、摘卵块、掘稻根、拔枯心苗,削除田边杂草等人工治虫,降低了螟灾损失。1957年起,境内开始推广六六六粉治螟,1965年后改用乙基1605、苏化203等化学农药。1975年贯彻"预防为主,综合防治"的植保工作方针后,结合农事和病虫发生及为害情况,以采取农业防治和化学防治等综合防治措施为主。农业防治主要是选用抗病品种、培育无病壮秧、清除田边杂草等;化学防治70年代主要是推广甲基1605、马拉松、甲胺磷、杀螟松;80年代主要是氧化乐果、三唑磷;90年代广泛使用毒死蜱。由于甲胺磷毒性大,农民常超登记范围使用,对农产品质量安全造成极大威胁,至2006年底境内已停止出售和使用。2012年境内水稻生产上使用的农药主要有已唑醇、毒死蜱、吡蚜酮等。

二、大小麦

宋代之前，境内小麦很少栽培。南宋起，因北方移民骤增，面食普遍，麦子身价抬高，农获其利，倍于种稻，于是竞种春花，出现“家家麦上场”的盛况。官府也重视麦子生产，月令仲秋劝种麦毋失时，农民在新谷未登时以屑麦作饭赖以济饥，麦的重要性仅次于稻。清代，虽然境内已引进玉米、甘薯等旱地作物，但种麦已很普及。民国时期，以种植小麦为主。中华人民共和国成立后，大小麦成为全境第二大宗粮食作物。

明清时期，境内以生产小麦为主，大麦为辅以作度荒，常年小麦播种面积1300亩左右。当时小麦产量已不低，据《补农书》记载：“田极熟，米每亩三石，春花一石有半，然间有之，大约共三石为常身。”小麦分赤白二类，具体品种不详。其次，还有稷麦，无芒色黄，可作饭及饼饵，蒸之成烧酒味最烈。民国时期，大麦以六棱、四棱类型为多。民国后期，政府动员农民扩大冬种，多种大小麦，主要推广新品种纯系小麦浙农9号、并推广农家品种洋麦、和尚麦、白蒲头等。民国37年(1948)，全境种植大小麦299.6亩，占水田总面积23%，亩产37公斤，总产量11.1吨。

新中国成立后，随着生产条件改善和三熟制的发展，大小麦面积扩大，结构调整，单产提高、品质改善、总产增加。大小麦总面积由1949年6415亩扩大到1992年的13846亩，大小麦亩产由1949年39公斤增至1992年的281公斤，其中大麦亩产247.6公斤，小麦亩产192.4公斤，总产量从1949年11.7吨增至1992年3135.7吨。品种结构由50年代初以小麦为主，70年代后，为适应三熟制争季节，发展为以大麦为主，1950年全境大小麦面积比为1∶7，到1992年大麦与小麦面积比为68∶32。2004年后，连作稻不再种植，成为纯单季晚稻地区，季节矛盾不突出，加上小麦价格远高于大麦，境内已不再种植大麦。2012年，凤鸣街道栽植小麦308亩，亩产330公斤，总产量101.60吨。

50年代，种植的小麦品种有浙农9号、和尚麦、金华白蒲、矮粒多等；大麦品种主要有二棱大麦、立夏黄(米大麦)等。

60年代至70年代，境内大小麦品种类型增多，小麦品种主要有矮粒多、金华白蒲、介吉、红壳三月黄、吉利、矮秆红、阿勃、阿夫、九兰、万年二号、杨麦一号、镇74—95、镇74—29、浙麦1号(即“908”)、杨麦3号等。1975年起，九兰、万年二号、杨麦一号成为主栽品种。大麦主要品种有立夏黄、二棱大麦、无芒六棱、矮白洋、米麦757、浙农12、757、早熟3号等，1979年开始，逐步推广沪麦4号、沪麦6号、沪麦10号。80年代小麦杨麦一号、镇74—95、杨麦3号、镇76—29为主栽品种。80年代大麦早熟3号仍长盛不衰，直到1987年，仍为主栽品种。90年代初，小麦品种以镇76—29、镇74—95、钱江1号等为主，同时示范推广杨麦5号、杨麦158等。1995年后杨麦5号、杨麦158成为主栽品种。之后秀水3号为当家品种。2007—2012年小麦以杨麦10号为主，大麦品种主要是花30、秀97—1等。

清代以前，大小麦生产技术不讲究，县知事只发布月令，仲秋劝种麦。民国时期，政府组织农业推广所人员下乡，在推广良种、选种、播种技术及施用畜粪等方面做了一定工作。中华人民共和国成立之初，大小麦皆以狭畦宽沟、点播的传统耕作播种方法为主，一般畦面宽1米，沟宽0.5米，土地利用率仅为60%左右。虽然中耕除草和施肥比民国时改进，但因土地利用率不高等原因，亩产量不足50公斤。60年代后，逐步推广宽畦、深沟、条播种麦法。1968年后，参观学习江苏苏州地区三麦高产技术，针对境内水田土粘、缺气、地下水位高、以及老习惯的条播，土地利用率低等问题进行技术改革，推广深沟、阔畦、散播技术，提倡开好“三沟”(直沟、横沟、丰产沟)，坚持深翻、全层碎土，并实行“三改”即改狭畦为阔畦(畦宽2～3米)，改阔沟为狭沟(沟宽0.2米)，改条播为散播；土地利用率高达90%以上。1973年后，境内阔畦、深沟、散播全面推开，麦田开沟工具全部应用深沟撬，后又学习苏州唐桥薄片深翻、全层施肥,“三暗”(暗沟、暗管、暗洞)配套,大大降低了地下水位,土地利用率提高到95%以上,大小麦亩产量从1967年的63公斤提高到1974年的145公斤。1984年开始推广大小麦免耕法。1987年后,推行机械化开沟,土地利用率92%左右。并推广大小麦高产模式栽培,改分散种麦为连片种麦,建立丰产方,以便于管理、防止渍害,同时普遍采用免耕栽培,采用“前促、中控、后补”施肥法,并普遍推广施用钾肥、复合肥,并对有机肥缺乏田块,提倡晚稻草切碎还田。其间,还推广增产菌拌种与喷苗,优化了施肥技术,促进了大小麦增产。民国时期小麦施肥以堆肥及人粪尿等农家肥为主。民国末期,推广过磷酸钙,但施肥面积很小。50年代初,大小麦肥料仍以人畜粪为主,但已开始应用“基肥足,芽肥轻、适施拔节肥”的施肥方法。60年代初开始,广泛推广“麦浇芽、菜浇花”的施肥经验。70年代学习推广晚村公社坝桥大队麦田浇水河泥和施稀人粪尿抗旱保苗的经验。1984年推广稻板麦后,为防止大小麦后期早衰,推行“基肥、苗肥、穗肥并重”的施肥原则。

民国后期,境内的麦粘虫、小麦锈病、黑穗病、赤霉病、麦蚜虫时有发生危害。为了防治麦类种子带菌,县政府通过农业推广所推广种子消毒处理等措施。麦田繁缕、看麦娘等杂草一直危害大小麦的生长。中华人民共和国成立之初,麦田除草以中结合削草为多。50年代,境内大小麦黑穗病、赤霉病、小麦锈病、大麦网斑病及麦蚜、粘虫等“四病二虫”时有发生为害。1956年已经掌握选用抗病良种,推广泥盐水选种、药剂拌种、种子冷浸日晒或石灰水浸种,以消灭黑穗病与线虫。60年代起,贯彻“以农业防治为主,药剂防治为辅”的植保工作方针,通过开沟排水、降低田间湿度,选好对口农药,适时喷施等综合防治措施。70年代末,开始用绿麦隆进行麦田除草。推广稻板麦后,对除草要求更高,全面推广化学除草。1988年起,推广“402”浸种。2012年小麦种子处理采用戊唑醇拌种。

三、旱杂粮

境内旱杂粮栽培历史悠久,明清时期已种植甚广。主要有蚕豆、大豆、甘薯、高粱、赤豆、绿豆等。

蚕豆　主要品种有桐乡小青豆、平湖牛踏扁等,桐乡小青豆为当家品种。农民大都在10月下旬至11月初播种,最迟不过11月下旬,农谚:“小雪不见叶,老来不见荚。”以打潭点播为多。农民习惯与其他冬季蔬菜间作套种。5月初嫩蚕豆上市作菜肴,老蚕豆多用以酿制土酱或作粉丝原料。

大豆　俗称黄豆、毛豆、晚豆等。品种类型有春大豆、夏大豆、秋大豆之分。1950—1969年为农家品种为主。如五月拔、十家香等。80年代后,先后引进浙春一号、台湾75等。50年代至90年代,大豆以收老豆为主。2000年后,大豆大都采嫩荚,作菜肴。长期以来主要栽植于白地和花白桑地。1964年开始,境内蚕桑和桑苗生产迅速发展,间作物逐步退出桑园,从而大豆种植面积也相应减少。1964年后大豆面积进一步缩小,总产下降。1979年,灵安公社大豆总产量9.3万公斤,同福公社大豆总产量12.34万公斤。至2012年,境内大豆总产量333吨。

甘薯　甘薯俗名番薯、山茹。品种类型有白皮白心、红皮白心、黄皮黄心等,1966年初推广胜利百号高产品种,延续推广应用多年。一般亩产1500公斤。尼龙薄膜保温育苗,6月上旬扦插。以有机肥作基肥追肥分提苗肥、结薯肥和催薯肥三次施用,做好中耕培土等。甘薯在境内栽培历史并不长,但其适应性广,产量高,既可作粮食又可当点心,还可作家畜饲料和粉丝原料。60年代初,粮食紧缺,旱地低产作物改高产作物,扩种甘薯,1962年同福管理区甘薯栽种4922亩,亩产215公斤(甘薯产量1.55:1折成原料计算),总产量1058.2吨。之后,种植面积有波动。1993年,灵安、同福、史桥全境甘薯面积397.4亩,鲜薯总产457吨。1999年,灵安、同福全境甘薯面积983亩,总产67吨。至2012年全境甘薯为466亩,总产量536吨。

第三节　经济作物

凤鸣境域有发展多种经济作物的良好自然条件和悠久的种植历史，自古以来经济作物丰富多样，主要有油菜、杭白菊、桑苗、晒红烟、棉、麻以及芝麻等种类。

油菜

油菜，古代称芸薹，可分为白菜型和甘蓝型两种，前者起源于中国北方，后者源于欧洲地中海沿岸。白菜型油菜又称土油菜、本地油菜。油菜是榨油、蔬菜两用作物。境内油菜在南宋时已广为栽培，宋陆游诗《菜羹》中提到的“薹心”，以花薹入蔬，就是指土油菜的嫩菜心，当时桑地里已广为栽种，但未见有关榨油的记载。民国时，直至50年代，境内以白菜型油菜为主。甘蓝型油菜始于1956年，水田改制后，油菜—早稻—晚稻成为水田三熟制的重要组成部分，菜油已成为桐乡居民的主要食用油。

面积与产量　民国时期，境内油菜大都栽种于花白桑地，产量水平较低，亩产约27斤左右。1949年，油菜亩产仅36公斤。1962年同福管理区油菜面积2625亩，油菜籽亩产39.5公斤，总产量103.69吨。1964年高产良种甘蓝型胜利油菜面积扩大，亩产提高到42.5公斤。1967年后，由于技术改进，产量不断提高。1980年代初，灵安、同福、史桥全境水田油稻稻面积逐步扩大，促进了油菜面积的增加。1984年面积达7864亩，总产量911.32吨。是年同福乡联中村种子场的1.45亩油菜高产攻关试验田，经省级验收，平均亩产高达231.7公斤，创全省油菜单产最高纪录。1985年起，国家不再向农民下达农副产品统派购任务，因而调动了农民栽培油菜的积极性。1991年，境内栽种油菜面积恢复到9574亩，亩产94.84公斤，总产量908吨。1992年后，推广效益农业，由于油菜经济效益不及其他经济作物，栽培面积逐年减少，至2012年，凤鸣街道油菜面积1447亩，亩产193公斤，总产量279吨。

表7—2　　**1984年至2012年油菜面积、产量情况统计表**

年份	镇乡、街道	面积（亩）	单产（公斤）	总产量（吨）	年份	镇乡、街道	面积（亩）	单产（公斤）	总产量（吨）
1984	灵安	3354	117	392	1995	合计	2268	114	259
	同福	2969	120	356	2000	灵安	1039	144	150
	史桥	1541	105	163		同福	1865	124	232
	合计	7864	115.8	911		合计	2904	131.5	382
1990	灵安	4088	95	388	2005	凤鸣	104	154	16
	同福	4154	133	553		同福	566	157	89
	史桥	2526	99	251		合计	670	156.7	105
	合计	10768	110	1192	2010	凤鸣	1113	165	184
1995	灵安	759	99	75	2011	凤鸣	549	170	93
	同福	1039	127	132	2012	凤鸣	1447	193	279
	史桥	470	111	52					

资料来源：1984年桐乡县农林局农业生产统计年报，1990—2012年《桐乡统计年鉴》

品种　1955年以前，油菜品种皆为白菜型，主要品种有黄籽油菜、小塘菜、三月红和长梗白等。1956年试种甘蓝型胜利油菜获得成功。虽然其花薹作蔬菜食用不及土油菜的好，但茎秆粗，分枝多，结荚紧，籽粒多，出油率高，且抗毒素病、耐肥抗例、产量高，亩产量比土油菜高出34%，深受农民欢迎，因而面积迅速扩大，1964年后成为全境当家品种。1980年引进九二13系油菜种植，1984年发展到6291亩，占油菜面积80%。之后又引进种植九二58油菜种植，至1997年九二13系和九二58系仍为主栽品种。1999年后，先后引进推广浙双72、沪油15和浙双6号等低芥酸、低硫甙（简称"双低"）的油菜新品种。

栽培技术　南宋时，境内在花白桑地有套种油菜的习惯，以浅沟阔畦套种为多，民国时期，采用直播或育苗移栽都有，对播种季节比较重视，以早播为多，农谚："寒露油菜霜降麦。"新中国成立之初，传统种植方式是狭畦（1米）、宽沟（0.4米）、打潭栽，每亩5000株左右。50年代至70年代，白菜型油菜大都在10月上、中旬播种育苗，秧龄30～35天。甘蓝型油菜一般在9月20日至10月初播种育苗，秧龄35～45天，秧大田比1∶5～6，播后注意抗旱保苗，及时间苗、定苗，亩留苗8万～10万，1987年开始喷施多效唑育苗，培育矮壮苗，一般增产10%左右。1997年后改用烯效唑喷苗，同时做好苗期施肥和治蚜防病工作。

油菜多安排在晚稻的后作栽植，1980年代后期，推广稻田全层翻耕、精整、阔畦深沟，亩栽0.9万～1.2万株，90年代开始扩大稻板油菜，1995年推广稻板"双垄"种植。油菜是需肥较大的作物，80年代后油菜施肥水平不断提高，注重适当增施氮肥，配施磷、钾、硼砂作基肥，早施苗肥。并改"重施腊肥"为"重施薹肥，看苗补施临花肥"，促进油菜年内早封行，以达到冬壮春发。在施好肥料的同时，及时清沟排水，结合中耕除草，开好冬季"金沟"和早春"银沟"，并及时防治油菜蚜虫和菌核病，确保丰产丰收。这一适用栽培技术一直沿用至今。

晒红烟

产量　凤鸣境内栽烟历史悠久。明万历二十八年（1600）烟叶栽培技术传入崇德。至清康熙三十年（1691），石门县已成为全国主要烟叶产地之一。其时，烟区主要分布在京杭运河南岸的千乘乡、募化乡、千金乡、梧桐乡，即今濮院、屠甸、梧桐3个镇（街道）和凤鸣街道境内的灵安、同福、史桥一带。民国时期，同福乡（含中塔乡）、灵安乡为晒红烟主要产区之一。民国21年（1932），崇德县种植烟叶15154亩。35年（1946），中塔乡上报崇德县政府，全乡当年种植晒红烟839.5亩，烟叶产量为80910斤，需向中国农民银行贷款购买肥料18830斤。同年，同福乡种植晒红烟519亩，纪目乡种植晒红烟790亩。新中国成立后，晒红烟产区仍较集中。50年代至80年代，主要分布于灵安、钱林、史桥、百桃、同福等乡（公社）。50年代至60年代，农家品种主要有柳条尖秆、铁叶尖秆、密叶子尖秆、稀叶子尖秆、大叶红种、蒲扇种、黑大种、畚箕种等。其间，通过提线复壮和筛选，从中选育出督叶尖秆软叶子和督叶尖秆硬叶子两个新品种，至70年代成为主栽品种，其中督叶尖秆软叶子种植面积占65%以上。70年代末起逐步推广种植"桐乡三〇三"新品种。1979年，灵安公社栽植晒红烟2791亩，亩产86公斤，总产240.60吨；同福公

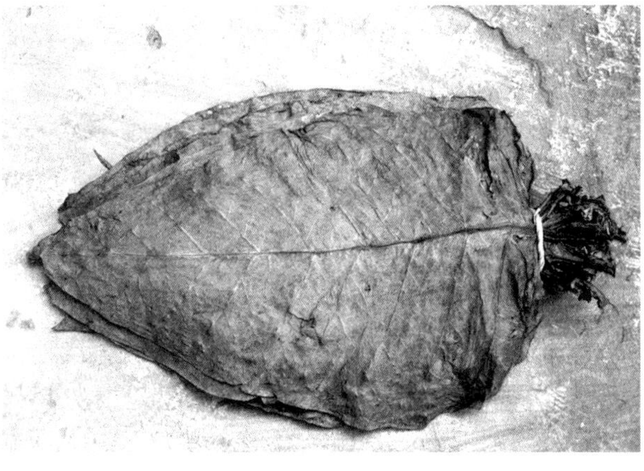
晒红烟

社晒红烟1889亩，亩产87.50公斤，总产165.30吨。90年代至2012年，主产区开始向运河北岸的石门、龙翔发展，但凤鸣(原灵安镇)一带仍是晒红烟种植面积较多的镇(街道)之一。1992年，烟价看好，境内烟叶种植面积有所增加，是年，全境烟叶种植面积4729亩，亩产103公斤，总产量487吨。1993年，境内栽烟面积开始回落，降至587亩，亩产109公斤，总产量64吨。2012年，境内晒红烟种植28亩。

育苗　晒红烟育苗分为露地育苗和塑料薄膜保温育苗。古近代至60年代采用传统的露地育苗，烟农大都选择避风向阳、地势平坦、土壤潮润疏松、排水良好的地块作苗床，一般在1月下旬播种，出苗后分次浇施稀薄人粪尿和少量化肥，并保持床土湿润，移栽前一天浇透水，便于起苗。烟农习惯人垦作畦种烟。畦宽130～140厘米，沟宽30厘米左右。畦一般为南北向。古近代烟叶移栽大都在立夏前后。50年代后，一般在4月中下旬开始移栽，5月中旬结束。行株距一般为100厘米×35厘米～45厘米，每亩1600～2000株。70年代初起，逐步推广薄膜覆盖保温育苗。播种期露地育苗相近，但保温育苗出苗快，一般能提早10～15天移栽。苗床管理分为密封保温保湿、通气降温和揭膜炼苗三个阶段。

1982年，灵安公社红光大队率先试行地膜覆盖栽培，该项新技术具有保湿、保温、抑草扬烟、避蚜防病、早发增产的作用，之后在全县产烟区推广应用。

田间管理　烟地施肥大都采取施足基肥、早施追肥、看苗补肥的方法，提倡氮、磷、钾配合施用，忌施氯化钾化肥。并注意保湿防旱，及时中耕除草和“坞烟”，并在叶片14～16张叶摘心、抹叉，50年代至80年代采用人工打顶，90年代起推广“灭芽灵”打顶灭芽。习惯以“三皮、四脚、七顶叶”作为高产优质留叶标准。

烟农一般在打顶后20～30天作为采叶适期，一般需采3～4次。晒红烟传统晒制，将采回的青烟叶放在屋内釉两天，再上烟帘或先上烟帘再釉1～2天。调制需15～20天。存放烟叶处保持通风，防以止烂叶、霉变。晒制后的烟叶按采摘部位、叶片大小和外观质量，进行分级整理，然后出售。

棉花

境内植棉始于元代，据《至元嘉禾志》(卷六)记载，“丝、绵、绢、绫、罗、纱、木棉……”等“多出崇德”。明清时，境内植棉较为普遍。民国时期，棉花种植又有发展，但年际间波动较大。50年代前期，境内所产棉花以自产自用为主。1958年后重点发展粮食生产，棉花种植面积逐渐减少，至70年代，境内棉花只有零星种植。1970年，同福公社种植棉花156亩，亩产54公斤，总产8424公斤。80年代后，境内植棉面积甚少。2000年起，农户为了家内弹棉絮，在地边、路边杂地零星种植棉花，并逐年扩大，2012年，全境植棉面积增加到457.2亩，总产27.4吨。

棉花品种，民国时期大都为中棉，也有少量斯字棉、珂字棉。境内棉花种植沿袭传统经验，谷雨前播种，一般亩栽4000～8000株。施肥掌握“施足基肥，早施轻施苗肥，稳施蕾肥，补施长桃肥”的原则，同时及时除草、打顶整枝和防治红蜘蛛等虫害。

第四节　蔬　　菜

境内蔬菜资源丰富，栽培历史悠久。宋元时，花白桑地常套种蔬菜。《元至元嘉禾志》载，常见蔬菜有“菘、芥、葱、韭、蒜、荠、芹、苋、蒿、生菜、甜菜、苦买菜、莴苣、芦菔、波薐、葫芦、冬瓜、稍瓜、茭白、茄、笋、胡萝卜”。民国时期，以白菜、芋艿、榨菜、瘤芥菜、慈姑、萝卜等为大宗。50年代后，境内大宗蔬菜有50余种,可分为14类,有名蔬菜为榨菜、瘤芥菜、雪梨种萝卜、矮蒲头青菜、大头菜等。1995年,开始建立专业蔬菜基地,涉及灵安镇灵安村6个村民组,212户农户,基地面积630亩,有标准钢管设施大棚365亩,防虫网180只。2003年,基地共生产无公害新鲜蔬菜4886余吨,总产值702.51万元,亩效益10158.80元,基地农民净收入640万元。2004年,基地生产新鲜无公害蔬菜5123.3吨,总产值647.61万元,基地农民净收入541.4万元。2005年,基地生产新鲜无公害蔬菜4993.4吨,总产值831.3万元,亩效益10930.40元,基地农民净收入688.6万元。1984年至2012年蔬菜面积产量情况见表7—3。

表7—3　　1984年至2012年蔬菜面积、产量情况统计表

年份	镇乡、街道	蔬菜合计		其中:榨菜	
		面积(亩)	总产量(吨)	面积(亩)	总产量(吨)
1984	灵安	2669	4566	2547	4357
	同福	926	2805	653	983
	史桥	1708	5154	1685	2679
	合计	5303	12525	4885	8019
1990	灵安	3837	1586	2792	4025
	同福	3652	2931	1481	991
	史桥	4574	9963	3921	7767
	合计	12063	14480	8194	12783
1995	灵安	—	—	2685	4229
	同福	—	—	1105	1435
	史桥	—	—	5840	12933
	合计	—	—	9630	18597
2000	灵安	—	—	10898	24292
	同福	—	—	1666	5742
	合计	—	—	12564	30034
2005	凤鸣	20342	43704	13154	3830
	同福	4324	6345	1915	4444
	合计	24666	50049	15069	8274
2010	凤鸣	22659	60683	16625	48212
2011	凤鸣	20690	52741	13839	40065
2012	凤鸣	22638	50101	12507	36270

资料来源:根据1984年桐乡县农林局《农业生产统计年报》、历年《桐乡统计年鉴》整理

说明:1.1984年蔬菜总面积包括其他蔬菜面积4187亩,其中灵安122亩、同福273亩、史桥23亩。品种为慈姑、茭白、芋艿等

2.1995—2000年蔬菜面积、产量未统计

品种

境内大宗蔬菜可分为叶菜类、根菜类、白菜类、甘蓝类、芥菜类、葱蒜类、茄果类、瓜类、豆类、薯芋类、水生蔬菜类、多年生蔬菜类、野生蔬菜类和食用菌类等14类。其中榨菜、瘤芥菜、大头菜、雪梨种萝卜为名优品种。

栽培

古近代，境内蔬菜栽培大都利用花白桑地、田边地角零星种植。50年代末开始，蔬菜生产由生产队集体安排，连片种植较多。70年代蔬菜育苗逐步改露地为薄膜保温育苗。育苗技术的改进使播种季节提前，成苗率提高，为调节上市季节和扩大商品蔬菜生产规模经营创造条件。栽培方式从70年开始逐步普及保护地栽培。1992年后全面推广钢管大棚、遮阴网、小拱棚保温或避雨栽培等，部分蔬菜品种推广反季节栽培，丰富了市场的蔬菜供应。2002年起，灵安村专业蔬菜基地开始实施农业标准化生产，确保了蔬菜安全优质供应。

蔬菜基地

古近代，境内蔬菜农户均有零星种植，以自食为主，余者上集市设地摊交易，靠近城镇农民，亦有以种菜为家庭主要副业。50年代至80年代，商品蔬菜生产逐步建立由生产队集体经营，按计划种植面积和品种，产品自产自销或由供销社和蔬菜公司收购，主要销往江苏、上海、杭州、湖州、嘉兴等大中城市。榨菜由当地蔬菜加工厂收购。1992年起，市政府在灵安等镇乡建立专业蔬菜基地。灵安村有6个村民组，212户农户，建立630亩蔬菜基地，其中，灵安村朱家门村民组先后共投入资金221.5万元，开辟土地，平整沟、渠、路，完成机埠基础设施建设，建有标准钢管设施大棚面积365亩，防虫网180只。蔬菜基地推广选用优质品种、实施无公害蔬菜标准化生产和季节栽培等适用新技术，使基地生产从原来的单一种植番茄、茄子发展到优质适销对路的芹菜、地蒲、莴苣、日本南瓜、以色列番茄等20多个品种。栽种技术从过去的露地栽培为主转向设施化、反季节栽培，产品质量达到优质、安全。2003年基地共生产无公害新鲜蔬菜4886吨，总产值702.577万元，基地212户农民蔬菜净收入640万元。2005年，基地生产新鲜无公害蔬菜4993.4吨，总产值831.3万元，基地农民净收入达688.6万元。是年，基地还成立绿色农产品检测，2005—2012年为本地农民及时检测上市的近1万个蔬菜样品种，为城乡居民提供了大量优质蔬菜，丰富了居民的“菜篮子”。

第五节　小桑苗

小桑苗培育

古代桑秧大都为桑籽自然落地出苗，到时挖取定植。明清时期，境内农民已采取收取桑葚籽育苗，这一方法一直沿袭至当代。50年代起，培育实生苗方式以夏播为多。50年代至70年代前期，春播在4月中、下旬播种，夏播一般在5月下旬至6月初播种。播种方式以点播、括幅条播为多，70年代末开始，改为撒播。播后一般在苗床上施农家肥、砻糠、麦壳等覆盖。出齐苗后及时揭草，保持苗床湿润，并及时施肥、疏苗、定苗、补苗、松土、除草和防治病虫害等。每亩定苗数约8.5万株，用作嫁接的定苗数减至3万株左右。1993年起，采用以春播为主，春、夏播结合的方法。2002年后，境内已很少培育实生苗。

桑苗“袋接法”始于清咸丰十年(1860)，一直沿袭至今，并有改进。“袋接法”培育嫁接苗又可分为广接、火焙接、起接(又称室内袋接或根接)。嫁接时间习惯上集中在3月中旬至4月上旬。80年代开始，嫁接时间明显提早，一般提早10—20天，有的提早30—60天，用“袋接法”在室内嫁接，嫁接成的嫁接体在室内贮存愈合，待到春季气温较暖时，移植到苗地，一般当年可以成苗出圃。70年代后嫁接苗苗期管理，苗农十分注重苗床揭膜、检查壅土、剥除砧芽和肥水管理，同时充分利用苗叶养蚕。

小桑苗产销

清咸丰十年至同治九年(1860—1870年)，苗农就应用“袋接法”大量培育嫁接苗，并开始出现专业性桑苗圃。民国初，天花荡一带为产苗中心，俗称“北区”，嫁接苗最多年份在1000万株以上。海宁、崇德、桐乡等地桑苗行常来同福、灵安、史桥采购桑苗。

表7—4　　民国25年(1936)营业量较大的桑苗行及桑苗交易来源地调查表

地　址	行　名	桑苗交易来源地
海宁县长安镇	本滋桑苗公司	上市、崇福、同福、灵安
海宁县周王庙	赵泰昌桑苗行	上市、崇福、同福、灵安
海宁县周王庙	义茂鸿桑苗行	上市、崇福、同福、灵安
崇德县石门湾	祥记桑苗行	同福、灵安、羔羊、石门、安兴等乡
崇德县石门湾	鼎丰桑苗行	同福、灵安、羔羊、石门、安兴等乡
桐乡县乌镇	陈复昌桑苗行	乌镇、民兴、炉头、石门、灵安、钱林等
桐乡县乌镇	陆三泰桑苗行	乌镇、民兴、炉头、石门、灵安、钱林等
桐乡县乌镇	仁泰甡桑苗行	乌镇、民兴、炉头、石门、灵安、钱林等
桐乡县乌镇	协记桑苗行	乌镇、民兴、炉头、石门、灵安、钱林等

资料来源：桐乡市农经局档案室资料

新中国成立后，境内嫁接苗生产、销售更是久盛不衰。1949年桑苗销售大都以大米交换，大号嫁接苗，一升米约可换购桑苗5株，境内桑苗一度出现供不应求。1953年，一升大米可换大号嫁接桑苗14～15株。50年代在同福乡的龙王庙和灵安、史桥、虎啸等乡分别建立桑苗站，由崇德、桐乡两县土产公司根据需方提出的数量、规格，按规定的价格签订合同收购。1960年为扩种粮食作物，境内桑苗一度受到影响，外调苗明显减少。苗价也从1959年的0.08元/株降至1960年的0.04元以下/株。1965年后出现产苗高峰。1979年起，桑苗生产走上了兴盛阶段。1984年，境内培育桑苗5448亩，产嫁接苗1.53亿株，其中外销苗1.3亿株。占总产苗量的85%。1985—1999年桑苗生产有所回落。之后，引进优良桑品种，逐步培育“大中华”“农桑8号”“农桑12号”等新品种桑苗。其时，省农业厅确定同福乡、灵安镇、史桥乡为浙江省品种桑苗繁育、中试基地。

表7—5　　1989年桑苗生产大户调查情况统计表

乡　名	村　名	户　名	面积(亩)	产苗数(万株)	收益(元)	备　注
同福	新农村	沈庭忠	3.0	11.0	11000	平均每株苗价为0.1元
同福	联庄村	徐文迁	2.8	8.5	8500	
同福	联庄村	李龙夫	2.5	7.5	7500	

续表

乡　名	村　名	户　名	面积(亩)	产苗数(万株)	收益(元)	备　　注
灵安	红旗村	沈章法	2.3	8.0	8000	平均每株苗价为0.1元
灵安	红旗村	沈惠龙	2.6	9.0	9000	
灵安	蚕桑场	闻春华	2.1	7.0	7000	
灵安	路家园	王月加	2.5	8.5	8500	

资料来源：桐乡市农业经济局档案室资料

表7—6　　　　1984—2012年桑苗、实生苗面积、株数统计情况统计表

年　份	镇乡、街道	嫁接苗面积(亩)	实生苗面积(亩)	嫁接苗数(万株)	实生苗苗数(万株)
1984	灵安	2017	729	—	—
	同福	2150	520	—	—
	史桥	842	410	—	—
1986	同福	1875	—	4687	—
1987	同福	1369	—	2188	—
1988	同福	1926	—	5785	—
1990	灵安	3054	1067	—	—
	同福	3073	503	—	—
	史桥	818	568	—	—
1991	灵安	4404	1420	—	—
	同福	3776	1713	—	—
	史桥	1063	861	—	—
1992	灵安	5783	1445	—	—
	同福	3860	945	—	—
	史桥	1255	689	—	—
1993	灵安	4139	984	11472	5689
	同福	5073	1203	15368	7390
	史桥	1115	509	2783	3079
1994	灵安	4396	1931	12199	10058
	同福	5748	1781	17219	9607
	史桥	1037	814	2757	4569
1995	灵安	5078	1867	14258	10118
	同福	5866	1804	16326	10650
	史桥	1390	643	3572	4041
1996	灵安	4965	398	10689	1798
	同福	5398	470	13630	2782
	史桥	1283	134	3277	609

续表

年 份	镇乡、街道	嫁接苗面积（亩）	实生苗面积（亩）	嫁接苗苗数（万株）	实生苗苗数（万株）
1997	灵安	4863	1867	12569	11681
	同福	4820	1515	16446	11790
	史桥	1771	609	4515	3334
1998	灵安	7156	1415	18300	9992
	同福	5252	717	17787	4000
1999	灵安	6401	1478	16207	10615
	同福	5120	715	17213	4365
2000	灵安	7157	1924	19863	13439
	同福	5880	1305	21755	11073
2001	凤鸣	8734	2066	24455	17561
	同福	6815	1205	22325	11060
2002	凤鸣	—	—	—	—
	同福	7760	—	25600	—
2003	凤鸣	6945	—	19446	—
	同福	7605	—	26100	—
2004	凤鸣	6002	—	16806	—
	同福	6336	—	17741	—
2005	凤鸣	3209	285	8664	2422
	同福	5643	—	15800	—
2006	凤鸣	6116	1140	15291	9690
	同福	5833	—	16338	—
2007	凤鸣	15587	—	43644	—
2008	凤鸣	10350	—	27946	—
2009	凤鸣	3073.5	—	8606	—
2010	凤鸣	2052	—	5740	—
2011	凤鸣	3742	—	10477	—
2012	凤鸣	7800	—	21840	—

资料来源:《桐乡县农业生产统计年报》;1990年—2009年《桐乡统计资料》、《桐乡统计年鉴》,2010年—2012年《桐乡年鉴》统计数据为花卉苗木面积,包括小桑苗面积

说明:嫁接苗一般每亩种植苗数为2.5万株—3万株(平均2.8万株);实生苗每亩种植平均8.5万株

境内培育的桑苗,除供应当地培桑育桑之需以外,还销往外地。改革开放以后,外销规模逐渐扩大。2005年,灵安苗木专业合作社与贵州省毕节市签订市外销售合作项目,至12月10日完成此项目,共销售该地小桑苗1000万株,销售额288万元。

附：专记

凤鸣街道被授予“中国桑苗之乡”称号

2008年6月，凤鸣街道被中国特产之乡推荐暨宣传活动组织委员会授予“中国桑苗之乡”称号。

桑苗是凤鸣街道的传统优势产业，据记载，至今已有150多年的繁育桑苗历史。1985凤鸣街道被嘉兴市政府命名为“桑苗之乡”；1997年被命名为“浙江省农业特色优势产业强镇(蚕桑)”；2002年被浙江省农业厅命名为“浙江省桑苗新品种繁育基地”。2006年7月，凤鸣街道成立了桑苗专业合作社，建立了桑苗专业交易市场，并注册了“同福”牌商标。桑苗产业不断做大，销售到全国20个省的29个县市，并出口到越南等国，桑苗生产已成为凤鸣街道增加农民收入的支柱，并具有较强的发展潜力。凤鸣街道以建设“中国桑苗之乡”为契机，对桑苗生产给予高度重视，采取实施桑苗生产规模经营、扩大桑苗专业合作社规模、提高“同福”牌桑苗知名度、普及“嫁接体”繁苗技术、不断引进与更新桑苗品种等有效措施，使繁苗面积常年稳定在670公顷左右，年生产嫁接桑苗2.5亿株左右。

凤鸣街道桑苗繁育依据独特的地理条件和生产优势，已形成良好的商品生产基础、规范的专业合作社和专业市场及成熟的销售网络。2012年，凤鸣街道种植小桑苗520公顷，1.95亿株，蚕茧和桑苗总收入达到1.47亿元，占农业总收入的39.3%；桑苗收入7410万元，占农业总收入的19.8%。

第二章　杭白菊

第一节　杭白菊的引进

杭白菊，又名杭菊、茶菊。清初赵学敏《本草纲目拾遗》卷七谓“茶菊较家菊朵不多，心有黄、白二色，杭州钱塘所属良渚桧莽地方，乡人多种菊为业，秋十月采取花，紫蒂者名紫蒂盘，白色千叶名千叶玉玲珑，徽人茶铺多买焙干作点茶用”。

杭白菊由良渚桧莽一带逐渐移栽浙北各地。境内地处古运河畔，四季分明，气候温和，水甘而土肥，种植杭白菊正得其宜。所产菊花，质量上乘，驰誉遐迩。民国21年(1932)，浙江省建设厅举办国货馆茶行农产品展览，桐乡茶菊获“甲级产品”称号。桐乡杭白菊栽培历史悠久，据明末清初学者张履祥《补农书》记载，距今已有360多年。

杭白菊每年5月扦插，11月上旬采摘头花。桐乡干菊味甘纯正，素净馨香，清雅生津，质地优良，主要作饮料，部分作药用。其药用功能为散风去热、平肝明目，主治风热头痛、赤目等，是浙江著名的“浙八味”中药材之一。清赵学敏《本草纲目拾遗》中又有“黄菊花，即甘菊花，苦，微甘，性平，益肝肾，去风除热，补血养目，清眩晕头风；白菊花，千叶者佳，通肺气，止咳逆，清三焦郁火，疗肌热入气……”之载。《神农本草经》列菊花为上品，称其“久服利血，轻身耐老延年。”现代医药药理试验证明，白菊煎剂，具有抗炎降压、通气和脉、养血益神之效。民间历来还有洗菊花浴、睡菊花枕的习俗。若常以菊汤沐浴，可收去痒爽身、护肤美容之功效。

杭白菊在1999年中国国际农博会上被评为“名牌产品”，以杭白菊为原料开发的产品有菊花麦乳晶、银菊晶、菊花露、菊花酒、菊花汽水等，桐乡还与浙江中医药研究院联合开发“宫庭菊宝茶”，部分产品已打入国际市场。杭白菊又能入菜，菊花肉、菊花夹肉饼、菊花鱼球、菊花羹、菊花鱼片粥等菊花食品营养丰富、鲜香可口。原同福乡（今属凤鸣街道）、石门镇等地是杭白菊的集中产区，有“田野菊海”自然景观，十分迷人。

桐乡境内数家上规模的杭白菊加工企业亦多择址于此。境内杭白菊商品栽培始于明末，距今已近400年历史。据清时张履祥撰《补农书》记载，“若种之数亩，其利视种豆自倍”。民国时期，杭白菊传统蒸晒家喻户晓，技术渐趋成熟。50年代起，栽培面积逐步增加。90年代后，种植面积稳中有增，栽菊技术改进，良种普及，并推广标准化生产，亩产水平明显提高。2000年后，逐步推广应用菊花加工新工艺，菊花品质明显提高。2009年，凤鸣街道种植杭白菊12693亩，约占全市杭白菊种植总面积的1/4。2009—2012年，凤鸣街道十分重视杭白菊特色产业的培育和发展，出台相关政策措施，积极培育扶持杭白菊加工龙头企业，发展专业合作社，推动杭白菊加工规范化、标准化，普及栽培、加工新技术，提高了杭白菊产业的科技含量，建立街道—村—组三级杭白菊产业科技服务网络体系。2012年，境内栽植无公害杭白菊基地5500亩。产品畅销国内外市场，成为优势产业。

境内先后推广的品种主要有3个。

小洋菊

又称迟小洋菊、小白菊、荷菊、湖菊。该品种是从农家品种群中系统选育而成。50—80年代栽培面积较少，90年代后期起，面积逐步扩大，2000年后成为主栽品种。小洋菊具有花朵品质好，生育期适中，丰产性好，适应性广、品质好等优点。开花期适中，且花期较集中，花瓣玉白色，花蕊金黄色，蒸制加工后干花呈玉白色稍带黄色，泡饮略带甜味，芳香味浓，花形完整，品质极佳。

早小洋菊

从迟小洋菊中选育出的新品种。始花期早于迟小洋菊一周左右，花瓣玉白色，花朵品质较好。90年代后成为主栽品种之一。

大洋菊

又名大白菊。80年代种植面积较多，占55%～65%，90年代后，种植比例有所下降。大洋菊植株直立，茎秆较粗且硬脆，容易折断，茎秆颜色呈紫色，耐肥性好，不易倒伏，不抗叶枯病和病毒病。花瓣玉白色，花蕊金黄色。因花瓣薄且层数、瓣数较少，菊花蒸后容易晒干。干花稍带玉白色，香味浓，泡饮后味微甘甜，花形完整，品质较佳。

2007年后，部分菊农示范试种新品种金菊1号、金菊2号。

第二节　杭白菊的栽培

育苗

杭白菊育苗分有根蘖苗培育、扦插繁殖和压条繁殖三种方法，90年代后，以根蘖苗移栽为主。

菊花采收前，及早选定留种地块，采收后及时做好割茎和护理工作。菊农一般选在离地面2～3厘米处割去上部的菊茎，并清除枯枝败叶和各类杂草，然后覆盖柴草或灰泥等，以利防冻保暖，安全越冬。入春回暖后做好防病治虫及松土除草等护理工作，促使蘖苗旺发，以供分苗栽种。

栽种

明末清初时期，境内栽菊粗放，栽植密度较稀，栽后任其自然生长。直至70年代，部分菊农开始

菊海壮观

采用园艺化篱棚式栽培，每亩栽苗4000株左右。80年代初，同福公社联中大队社员在自留地里试种压条栽培。此法不仅可节省菊苗，又有利于挖掘土地潜力和充分利用光能，促进早活苗、早分枝。这是一项高产栽菊技术，一般比传统栽培增产37%以上。90年代后，同福的压条栽培法在全市全面推广。压条栽培因其立地条件不同可分为纯作压条和套种压条两种。一是纯作压条，每亩插苗4500株左右，一般在定植后直接进行第一次压条，也可以在菊苗长到30～40厘米高时进行第一次压条，以后再进行第二次压条。二是套种压条。扦插密度每亩3000～3500株，前期管理以促为主，不摘心，到7月中旬套种作物(如烟叶、玉米、大豆等)采收后压条。如果菊苗长出的新枝已基本布满全田，就不必再行压条；如果菊枝不旺，苗数不足，菊地还留有较多空间，则进行第二次压条摘心。

管理

施肥方法　大田施肥大都掌握“施足基肥、轻施苗肥、追施分枝肥、重施蕾肥”的方法。基肥提倡施用有机肥料，以利其稳健生长；苗期需肥不多，故应轻施；分枝肥能增加菊枝数量，形成高产群体，故要及时追肥；现蕾期处于生殖生长和营养生长两旺时期，群体需肥量大，故需重施。基肥大都在定植前结合土地翻耕时施入，增施有机肥，配施磷肥。活苗肥在定植后及早施用，以有机肥为主，宜轻不宜重。分枝肥施用结合摘心进行，使用次数常与摘心相对应，肥料用量根据菊地肥力和菊苗长势而定。吊蕾肥在9月下旬即杭白菊现蕾及花蕾开始膨大的时期施用。

水分管理　杭白菊生育前期，适逢春末多雨季节或黄梅季节，应保持排水沟渠通畅，避免出现烂根僵苗。在夏秋季节，菊株逐渐进入生长旺季，此时气温高，菊株蒸腾量大，需要有足够的水分。8月中下旬，杭白菊花芽开始分化，菊株进入营养生长和生殖生长的生理转折期，对水分反应敏感，需要有足够的水分。9～10月份是杭白菊现蕾及花蕾膨大期，需要大量的水分以满足其生理需求。出现干旱或秋旱时，及时采用喷灌、泼浇或灌溉等抗旱措施。一般在傍晚放水，次日早晨排干沟水。

摘心　因栽种方法不同，摘心时间和次数有所区别，菊农一般在6月上旬至8月中旬这一段时间内进行摘心。具体摘心时间，一是于每次压条后4—5天，待压条菊枝顶梢开始朝上翘起时摘除嫩头；二是在末次压条后，待新枝苗高10～15厘米时进行摘心，之后，如果菊苗长势旺盛，可不再摘心。如果菊枝苗数不足，可再次当新枝长到10～15厘米高时摘心，最迟一次摘心应在8月底前结束。采用套种压条的最后一次摘心适当提早。

菊花采收

采收适期

杭白菊一般在10月下旬末、11月初进入始花期，在立冬前后进入盛花阶段。盛花期出现的早迟及其持续时间，与杭白菊品种、栽种方式和气候状况有关。在正常情况下，一个花蕾从花瓣展露到花蕊全展，历时7～10天。

杭白菊采收分有朵花和胎菊(蕾菊)两种。传统采农全部是朵花，2005年后才逐步推广胎菊采收方法。优质朵花采收适期是：舌状花(花瓣)舒展平直，筒状花(花蕊)有30～50%散开，花色莹润洁白，花蕊金黄橙亮，花香清新浓郁。此时采收，花形最美，花质最优。胎菊清香味重，一般在10月下旬采摘，以花蕾顶端露白、花瓣尚未开放时采摘最佳，并做到现采现卖。菊农为了确保花朵质量，一天内采花时间大都安排在晴天上午露水干后或下午进行。胎菊采收以花蕊初露为最佳时期。

采摘批次

胎菊在10月下旬开始陆续采收；朵花采花，安排在立冬前后到11月中旬这段时间，按照“头花早、二花旺、三花少”的要求，分三批基本采完。

第三节　杭白菊干制工艺

传统工艺干制

古近代至80年代，境内杭白菊干制由千家万户采取传统蒸晒干制，工艺流程为：晾干→上簩→蒸花→晒花。蒸灶一般利用现成的农家灶台，也有在门前晒场近处临时搭砌新灶，并配上照明设备。家用灶蒸锅一般用直径78厘米的铁锅（俗称二尺锅），配上高度为15～20厘米的木制锅盖。蒸制前，蒸锅和蒸盖都用清水冲洗干净，除尽油污，保证无油味、无异味。蒸花的容器为圆形竹制品，俗称“菊花簩”。其直径为30～40厘米，边高7厘米，底部留有小孔，孔径为1.5厘米，簩的底部插有两条小竹横杆，便于架空蒸簩。每户蒸簩数量不等，一般小户菊农备有6～9只，大户菊农12～16只。蒸制前，先在锅内放入清水约3公斤左右，水深为蒸锅高度的三分之一。每簩放鲜花0.3～0.4公斤。每锅一次蒸3簩，蒸簩搁置高度掌握下层竹簩的底部离水面5～6厘米，随即盖上锅盖，用火猛蒸，直至锅水沸腾（蒸簩部位保持温度约90℃），待蒸汽笔直上扬后即可揭盖将蒸簩取出，换上第二批。蒸制一次约需4～5分钟，蒸制数批后，要及时加水，若发现锅水浑浊，必须更换清水。蒸后的薄片花饼，轻轻摊于门前场地竹帘上暴晒，半干后及时翻花，晒至花蕊变硬，无滑心，干燥为止，一般暴晒6—7天。若遇到雨天，把花饼摊置在室内通风处晾干，防止霉变。

境内农户采用蒸、晒的传统工艺加工杭白菊

80年代前后，境内部分菊农借用蚕室地火龙烘焙菊花，用这种方法烘焙费时费料，工效低，劳动强度大，到90年代中期，已停止使用。其时，若遇上连续阴雨，有的菊农利用烘茧设备烘焙菊花。茧灶烘焙菊花，规模大，速度快，但烘干的菊花光泽往往较黄，香味较淡，花朵皱缩，品质略有下降，泡沏后容易散瓣。这只能说是菊农的一种应急措施。

新工艺干制

1999年采菊时节，春发杭白菊制品厂首次引进微波杀青干燥设备，新工艺干制取得初步成立，之后，加工设备和工艺流程经过改进，2006年境内各个杭白菊加工企业全面推广烘道全自动杀青干制新工艺，制成的菊花产品，其色、香、味、形，保持原有的特色，品质有了提升，满足了消费者对杭白菊质量、卫生、安全的要求。2010年，春发菊业有限公司（原春发杭白菊制品厂）拥有2套新鲜杭白菊大型气流干燥加工设备，年加工能力2300吨，订单农户1996户，面积3897.3亩，总产值1807万元。其中外销杭白菊450吨，销售收入1807万元，利税108万元。同新食品有限公司应用大型气流干燥加工设备，提高了干燥加工能力。至2012年，杭白菊加工企业在技术部门的指导下，全面推进标准化生产加工，并分别与广大菊农联结，建立杭白菊标准化生产加工基地，由于全面采用新工艺干制加工，扩大了杭白菊产业的发展空间。是年，同新公司与2662户菊农签订协议，面积4332.6亩，加工销售干菊136吨，总产值2149万元，利税161万元。

基地建设

2000年起，境内杭白菊栽培和加工在科技和农技部门指导下，全面实行标准化生产。2002年桐乡市春发杭白菊制品厂建立15850亩无公害杭白菊生产基地，2003年无公害杭白菊产品总产1645吨。其中799.5亩收购的杭白菊产品共90吨得到国家级绿色有机食品认证。2004年，桐乡市同新食品有限公司建有4999.5亩无公害杭白菊基地，2005年产出无公害杭白菊550吨。

第四节　杭白菊收购

境内是桐乡著名特产杭白菊(传统称谓:菊花)主产区。收获季节在秋末冬初，一般立冬前后可以开始采摘，第一批采摘的菊花，肉厚朵大，颜色洁白，为甲级花；二次采摘的，花朵较小，肉质较薄，为乙级花；三次采摘的，花朵更小，肉质单薄，呈微黄色，经初加工后，酌情将较好的归入乙级花，较次者作为丙级花。因菊花极易吸潮致变质生虫，冬季气候干燥，包装销售只需用竹篓散装；春季则必须用纸封装后放入甏里，并用生石灰吸潮。

菊花经营为常年营销，冬季为收购交易旺季，夏季为销售旺季。解放前，秋后干菊上市，私商设庄收购。解放初期，菊花收购由国营公司、供销社、私商分别经营或联手经营。其销路以出口外销为主，内销为次。因国内土产市场不断扩大交流，内销需求量逐步增加，内销地域也有所扩展。一般销于国外市场者多数为甲、乙级，而国内市场以乙、丙级为多数。

1954年，因遭水灾，菊花秧苗被淹死，种植面积减少。是年，永丰乡供销社仅收菊花50担。

1956年起，菊花一律由供销社收购。次年，灵安供销社收购菊花2590担；丰桥供销社收购菊花612担。

1962年，菊花列入国家药材收购计划。是年，县委、县人委对菊花实行奖售办法，白菊花每收购100斤，奖售化肥100斤、粮食100斤；黄菊花每收购100斤，奖售化肥60斤、粮食60斤。是年，灵安供销社收购菊花100担。(奖售政策至1966年取消)

1963年和1964年，灵安供销社菊花收购量分别为316担和346担。

1978年，同福供销社收购菊花3712担。

1983年，菊花仍属二类中药材，国家实行计划管理。由县计委下达收购计划，在派购基数内，一律按牌价收购，在完成派购任务前，社队和个人的菊花不准上市，不准运销；除医药公司委托供销社代购外，不准任何单位和个体商贩插手收购。是年，同福供销社收购菊花919担。

1984年，菊花在完成国家计划派购任务后，放开市场经营。是年同福供销社收购3036担，比上年增长2.3倍。此后，政府不再下达菊花派购计划，形成市场化多渠道收购，价格出现大幅波动，从1984年的每担700元跌至1985年每担139元，是年同福供销社仅收736担，1988年又恢复到3379担。

1991—1993年，灵安、同福供销社的菊花年收购总量为568.1吨、454.2吨、766.7吨。此后，供销社农副产品收购门店逐步实施改革改制，转为私营个体经营，供销社在菊花收购行业渐渐淡出。

1999 年，灵安供销社依托新的服务平台，又恢复了菊花收购业务。是年，其领办的杭白菊专业合作社为菊农收购推销菊花 216 吨，金额 280 万元。

2006 年开始，灵安（梧桐）供销社组织凤鸣杭白菊专业合作社和凤鸣街道西牛桥村综合服务社，联合在西牛桥村开展杭白菊收购、加工业务，2007 年进一步整合资源，扩大经营能力，以股份合作的形式，在西牛桥村组建凤鸣杭白菊专业合作社收购加工服务基地。2007—2012 年，共收购鲜杭白菊 1222 吨，年均收购量为 203.67 吨。

2008 年供销社采用蒸汽杀青气流烘干新工艺处理鲜菊花

第五节 杭白菊的产业链延伸

90 年代起，杭白菊生产、加工技术不断改进和创新，市场需求量增长，栽培面积不断扩大，产量和质量明显提高，并逐步形成产业化经营。1984 年，同福乡筹建菊花晶厂，1985 年投产精包装杭白菊，产品供不应求，远销广州、深圳，出口东南亚等地区。随后又新建桐乡县杭白菊制品厂，生产精选杭白菊，年产值 232.8 万元。1992 年，进入全市产值 500 万元以上的食品生产企业行列，年产值 631 万元。

1992 年 12 月，三资企业国际途杭菊制品有限公司投产。是年，灵安建福村建办同源堂精制菊厂，生产精制小包装袋泡茶。1995 年，桐乡国际途杭菊制品有限公司生产的“国际途”牌杭白菊在第二届中国科技新产品名优产品博览会上获金奖。1998 年，国际途公司生产杭白菊制品 84.21 吨，产值 313 万元，销售收入 200 万元。

1999 年 11 月，桐乡市举办首届菊花节，以节兴菊，杭白菊发展空间进一步扩大，杭白菊的区域化、规范化生产，加工技术创新以及现代化产、加、销运营体系得以加速形成。春发杭白菊制品厂（春发菊业有限公司前身）于 1999 年引进微波技术设备加工杭白菊。当年，同福乡有杭白菊加工企业 25 家，年产值 3200 余万元。2001 年，春发杭白菊制品厂在中群、合星两个村建立 2020 亩无公害杭白菊基地，大面积推广优良品种小洋菊，并应用微波新技术加工出色、香、味、形独特，品质优良的成品，深受消费者青睐。是年，“春发”牌杭白菊在中国农业国际博览会上被评为“中国名牌产品”，市场竞争力和知名度迅速提升。当年，该厂年产值 628 万元，出口交货值 148 万元。同年，同新食品有限公司成立。2002 年首家开发胎菊加工，新引进微波干燥气流设备 5 条，日加工生产能力鲜胎菊 5000 斤。胎菊产品的色、香、味、形均明显优于传统朵菊产品，经济效益数倍于传统菊花，成为使消费者和菊农双赢的升级换代产品，当年成功申报桐乡市科技新产品。公司主要产品胎菊、菊宝茶、袋泡茶等，年销售量 7 吨。

2003 年，春发杭白菊制品厂变更为春发菊业有限公司，并与中群、合星等村 1312 户菊农合作建立 800 亩绿色食品杭白菊生产基地，“春发”牌杭白菊通过中国绿色食品发展中心认证，获得“国家 A 级绿色食品”称号。同年，同新食品有限公司开发胎菊加工生产，新引进微波干燥气流设备 5 条，日加工生产鲜胎菊 2500 公斤。2004 年，同新食品有限公司开发研制“桑宝茶”，以嫩桑叶为原料，经发酵、杀青、摇青、烘干、揉软、炒制等20道工序，制成“延寿客”牌桑宝茶，被认定为省级新产品。随后，春发菊业与浙大农学院、中国茶研究会合作研制成功杭白菊大型机械化气流干燥工艺，通过自动化控制，将杀青、灭菌、干燥等加工环节一次性完成，不仅提高了生产效率，并解决了传统加工过程中的二次污染和其他不卫生因素，产品的色、香、味、形大大优于传统的加工产品。同新食品有限公司也投入300多万元进行全面技改，采用大型机械化气流干燥工艺，加工杭白菊。

2005年1月，春发菊业有限公司的“春发”牌商标获浙江省著名商标。2006年8月，“春发”被省工商局命名为浙江省十大特色农产品品牌。“春发”杭白菊首批获准使用杭白菊原产地域产品专用标志。产品销往北京、上海、重庆、广州等大中城市，并出口新加坡、马来西亚、澳大利亚、英国等国家和中国香港等地区。2006年和2007年，同新食品有限公司的“同新”和“田野菊海”分别于被评为嘉兴市著名商标。2006年，浙江远福茶业有限公司在市经济开发区凤鸣分区创建，经营杭白菊、茶叶(绿茶)、桑叶、草本植物等产品的加工销售，拥有完整、科学的质量管理体系。2009年实现工业总产值1644万元，创税利217.6万元。2007年，春发、同新两家公司与5992户农户签订9910亩杭白菊订单。销售收入3154万元。2008年，市政府对农产品加工企业实施“强龙兴农”工程，境内同新食品有限公司(嘉兴市级龙头企业)和春发菊业有限公司与5943户菊农签订杭白菊订单10305亩，逐步完善农业产业化经营模式。2008—2009年，“田野菊海”先后被认定为“中国驰名商标”和“浙江省著名商标”；“田野菊海”胎菊王获“国际森林博览会”和“浙江省农业博览会”优质奖。产品通过绿色食品、有机食品认证，销往北京、上海、广州、香港及东南亚、马来西亚等地。2010年，春发菊业有限公司和同新食品有限公司分别实现销售产值1715万元和879万元，利税92.1万元和70.7万元。至2012年年末，境内有规模以上杭白菊加工企业2家(远福茶业、春发菊业)，从业人员37人，资产合计3962万元。2012年实现工业总产值6160万元，主营业务收入6149万元，利税总额876万元。规模以下企业还有同新食品有限公司、御菊堂菊业有限公司、新亚杭白菊制品厂等7家。

同新食品有限公司生产的“田野菊海”牌杭白菊

第三章　养殖业

第一节　养殖业发展概况

罗家角文化时期，境内先人已经饲养猪等家畜。西晋时，已普遍圈养猪、狗、鸡等。南宋后，湖羊养殖渐兴。明清时期，已形成“一户几羊几猪，鸡鸭成群”的小规模家畜家禽生产形式。民国时期，农户以饲养猪、羊、鸡、鸭为主，其次是牛、兔、鹅等。历受军阀战争、抗日战争的影响，粮食生产不足，民食困难，制约养殖业的发展。解放后，境内养殖业逐渐恢复和发展。1959年灵安公社购进耕牛195头。1961年，同福公社饲养生猪4336头、羊7453头。1962年，同福公社生猪饲养量增加到5197头、羊10169头。1964年，同福公社生猪饲养量达6975头，羊13044头。1965年后，水田改制面积逐年扩大,耕作任务重,耕牛增多。90年代起,境内开始规模养猪、养鸡、养鸭。2012年全境50头以上规模养猪户152户,1000羽以上养鸡户8户,1000羽以上养鸭户8户。生猪全年饲养量67395头。羊全年饲养量57319头,年内出栏28911头。家禽年终存栏305455羽,其中蛋禽134809羽,年内出栏524762羽。兔年终存栏4306只,年内出栏10373只。

表7—7　　1984—2012年生猪、羊、禽、兔饲养情况统计表

年份	镇乡、街道	猪年饲养量(头)	猪年终存栏(头)	猪年出栏(头)	羊年终存栏(只)	羊年内出栏(只)	禽年终存栏(只)	禽年内出栏(只)	兔年终存栏(只)	兔年内出栏(只)
1984	灵安	14934	5957	8977	14412	79	30036	15401	4746	—
	同福	15107	5402	9705	12822	349	49944	49510	1890	—
	史桥	7062	3004	4058	7018	27	12180	8005	5791	—
1990	灵安	5272	2661	2611	14085	390	29600	7700	750	—
	同福	15237	5330	9907	14715	934	32800	22400	588	118
	史桥	3583	1829	1754	7183	502	16700	6600	1393	130
1991	灵安	4714	2188	2526	13613	672	24893	8718	1582	286
	同福	14120	4971	9149	15055	710	34449	17485	331	95
	史桥	3116	1612	1504	6515	578	15320	11360	1027	187
1992	灵安	5004	2622	2382	14663	1039	26138	9729	1159	81
	同福	13701	4665	9036	15918	722	35582	16366	441	90
	史桥	3031	1453	1578	6892	621	13328	9684	740	157
1993	灵安	6016	2855	3161	16233	1225	25562	14087	1737	180
	同福	10887	4215	6672	16260	1129	31560	13780	192	20
	史桥	2971	1626	1345	7129	770	11490	8507	715	58
1994	灵安	5876	2123	3753	15807	1883	23739	11810	260	130
	同福	8988	3524	5464	16345	1439	36692	8218	42	—
	史桥	2662	1356	1306	7353	982	12106	8509	320	91
1995	灵安	4962	1393	3569	16208	3943	28630	24810	—	—
	同福	6903	2609	4294	15938	1596	31942	8610	42	—
	史桥	2564	1246	1318	7335	1488	11638	9581	383	80
1996	灵安	3104	774	2330	16474	2631	18909	23261	108	80
	同福	6368	2408	3960	16079	1718	29843	10042	30	—
	史桥	2392	1168	1224	7610	1963	11505	8880	470	67
1997	灵安	3119	737	2382	17050	3380	18326	11007	320	—
	同福	6616	2590	4026	17367	10979	25817	10979	430	—
	史桥	2116	966	1150	7932	5695	10850	5695	430	86

续表

年份	镇乡、街道	猪年饲养量（头）	猪年终存栏（头）	猪年出栏（头）	羊年终存栏（只）	羊年内出栏（只）	禽年终存栏（只）	禽年内出栏（只）	兔年终存栏（只）	兔年内出栏（只）
1998	灵安	3596	817	2779	24416	5495	26909	18888	764	178
	同福	9544	2933	3011	16609	3042	25675	12285	203	—
1999	灵安	5973	2334	3639	25297	7095	25806	22757	520	133
	同福	5352	1638	3714	16981	5671	27002	14025	—	—
2000	灵安	14584	6959	7625	24836	7221	35836	20992	2322	557
	同福	8140	3311	4829	18316	5100	21989	15478	1730	762
2001	凤鸣	25866	9141	16725	27314	9422	22212	18388	25912	9369
	同福	11386	3166	8220	16665	6753	24537	18275	4835	1870
2002	凤鸣	27342	7584	19758	27781	20153	37944	18083	4050	7885
	同福	34499	12204	22295	20001	9094	48012	42328	2620	2584
2003	凤鸣	49218	13114	36104	27873	20356	32832	89312	870	7322
	同福	13150	3769	9381	19828	16788	69579	68386	1843	1071
2004	凤鸣	56445	17885	38560	31825	34218	54228	61458	1680	3140
	同福	14414	4082	10332	22511	17102	73761	70200	2100	2000
2005	凤鸣	53306	7709	45597	31237	36596	83006	197481	3072	12510
	同福	15614	4275	11339	22030	17845	79379	76171	2777	3428
2006	凤鸣	26947	7975	18972	23534	29815	58162	116515	3280	17107
	同福	14775	4275	10500	20385	15771	88563	90467	2988	3728
2007	凤鸣	25801	7924	17877	22963	30455	68133	94450	2299	13315
	同福	14857	4802	10073	18767	14937	72781	99372	2390	1775
2008	凤鸣	44812	15852	28960	39236	45509	151822	224590	3861	3861
2009	凤鸣	55890	20394	35496	39253	46506	227265	251849	1320	20848
2010	凤鸣	37285	19426	17859	35653	46506	273449	256208	1320	18439
2011	凤鸣	62984	22089	40895	33875	37769	243477	288606	885	20140
2012	凤鸣	67395	18845	48550	28408	28911	305455	524762	4306	10373

资料来源：1984 年为桐乡县农林局《农业生产统计年报》；1990—2012 年《桐乡统计年鉴》。
说明：生猪年终存栏数包括能繁殖的母猪

第二节　家　　畜

猪

传统养猪是农户的副业，受生产方式的制约，形成长期不变的简单饲养方法，即米糠加残羹、泔水、青菜，有的农户再辅以一定数量的糟渣（豆腐渣、酱渣、酒渣），大都为熟喂。

中华人民共和国成立后，随着农业生产的发展，猪饲养量逐步增加，饲料供应需求脱节，于是广辟饲料来源，1957 年开始推广“猪吃百样草”的群众经验。充分利用可作为猪食的野草、农作物的茎、秆、叶、瓜、藤、根等副产品。60 年代初的“三年自然灾害”期间，粮食、饲料严重不足，政府发动农户大种“三水一绿”（水浮莲、水葫芦、水花生、绿萍），广辟青饲料来源。一般养一头 70 公斤的肉猪约需一年时间。

同福双凤生态养殖专业合作社

70 年代开展以推广良种为基础的四化（肉猪杂交化、棚猪硬栏化、饲料多样化、防疫制度化）养猪法。其时，部分农户对青粗饲料调制采取发酵、青贮等方法来提高适口性和营养价值，养猪业开始向科技要效益。1989 年后，开始推广应用生猪生产配套技术。重点是“五改”：一改传统的“吊架子”养猪为“一条龙”肥育法，以缩短商品猪饲养周期。一般可提前 30～60 天出栏；二改熟料汤喂为生干料干喂或湿喂，既省工、省料，又可保持饲料营养物质不易损失；三改喂单一饲料为混合或配合饲料、全价饲料，促使商品猪日增重量可增加 50～100 克；四改暗棚软栏为明棚硬栏，有利猪舍清洁卫生，降低猪的发病率和死亡率；五改单一饲养肉猪或母猪，推广自繁自养，减少生猪疫病感染机会，提高养猪经济效益。90 年代后，进一步推广科学养猪，经济效益明显提高，陆续出现养猪专业户、生猪养殖场。1991 年境内生猪存栏 8771 头，年内出栏 13179 头，饲养量 21950 头。2006 年起，西牛桥村成为养猪生态村，全年饲养生猪 15318 头，年内出栏 12056 头，存栏 3262 头，产值 1145 万元。2009 年，新农村村双丰生态养猪场的畜禽污染综合治理示范点启动，建造中型沼气池 13 只，共 980 立方米，畜禽粪便资源利用率达到 95%。2010 年双丰工厂化生态养殖场已成规模饲养，该场占地 50 亩，建筑面积 13000 平方米，全年出栏 1 万多头，产值 1300 多万元。是年境内生猪全年饲养量 37285 头，年终存栏 19426 头，年内出栏 17859 头，全街道生猪销售总收入 5764 万元。至 2012 年，全年生猪饲养量 67395 头，年内出栏肉猪 48550 头，年终存栏 18845 头。

羊

境内农户素有养羊的传统，品种有湖羊、改良羊（半细毛羊）、山羊等，以湖羊为主。湖羊血缘来自蒙古羊，它以生长快、成熟早、母性好、繁殖力强著称，小湖羊皮是国内特有的白色羔皮品种。湖羊的发展与境内“百花地面”密切相关。自古至今，境内农家以青草、枯桑叶、蚕沙喂羊，羊粪肥田培桑，互为促进。明末清初，境内羊比猪多。民国时期，灵安镇上湖羊交易十分繁荣，有羊行 2 家。日军侵华时期，羔羊皮出口受阻，饲养量减少，战后逐步恢复。中华人民共和国成立后，养羊业得以较快发展。1957 年，政府调高羔羊皮收购价格，饲养量迅速增加。公社化初期，将农户私养湖羊集中到生产队公养，因管理粗放，饲料短缺，饲养量下降。1960 年，境内羊饲养量下降。1962 年起，改公养为私养，调动社员养羊积极性，饲养量猛增，1965 年，羊毛价格提升，农户扩大饲养部分改良羊（长尾绵羊），是年，同福公社饲养湖羊 15820 头。70 年代，水田三熟制面积扩大，需肥量增加，公社实行羊肥记工分，以工分分给粮食等政策，以鼓励农户养羊积肥，农户养羊积极性明显提高。1983 年后，农村推行家庭联产承包责任制，养羊奖励政策随之取消，且乡镇企业逐步发展，养羊劳力缺少，饲养量回落。1984 年境内羊年终存栏 34252 头，年内出栏 455 头。至 1991 年，羊年终存栏 43152 头，年内出栏 12321 头。之后，养羊从传统的以增积肥料、出售羔皮为主逐步转变为出售羊肉为主。但因养羊经济效益欠高，加上劳力、饲料、环境诸多因素影响，饲养量难以增加。2010 年，境内羊年终存栏 33541 头，年内出栏 45623 头，年销售湖羊总收入 2851 万元。至 2012 年，境内羊年终存栏 28408 头。

牛

境内耕牛历来较少，品种以水牛为主，用于耕田。1956 年后，开始推广双季稻，土劳负担加重，政府号召农民发展养牛，耕牛数量有所增加，1959 年灵安公社当年购进耕牛 195 头。水田耕、耙、耖以牛力为主。70 年代初开始，手扶拖拉机逐步取代牛力耕作，耕牛饲养数量逐年下降。80 年起已不再饲养耕牛。

兔

中华人民共和国成立前，境内家兔主要作为观赏动物或肉食品，少量饲养，品种大都为草兔（中国白兔）。1952 年后农村家庭副业逐步发展，开始重视养兔。1956 年后，供销社挂牌收购兔毛、兔皮和肉用兔。70 年代后期，国际兔毛市场行情看好，外销量增加，县畜产公司免费为农户的长毛兔人工授精，配种或提供种兔，境内养兔量增加。90 年代起，养兔农户根据市场行情，调整家兔品种，以发展獭兔为主，并建立规模化养兔场。1996 年，建胜村沈顺宝，引进种兔 28 只，建造兔棚 220 只，办起境内首个养兔场，2004 年该兔场存栏 220 只，产值 10000 元。2001 年，中群村建立獭兔养殖场，饲养规模 3000 多只。至 2012 年，境内兔全年饲养量 10373 只。

第三节　家　　禽

境内家禽养殖，以鸡、鸭为主，鹅次之。明清时期，不少农户以禽蛋换取木炭，作为养蚕成本开支之补充，张履祥《补农书》载："秋天初生之卵，伏出蛋鸡，到清明边换炭，每只一钱四、五分，不惟胤息甚多，且可备一年蚕炭之用"。民国 33 年（1944），境内饲养家禽 20412 羽，户均 6 羽。1950 年至 1957 年，境内家禽以单家独户放养为主，白天户外觅食，略补充一些谷物，饲养周期较长，所获报酬低，常有"斗米斤鸡"之说。所养鸡、鸭，以农家自孵为多，清明前后孵苗鸡，养到秋冬出售，每户 10 羽～20 羽，作为家庭副业之一。公社化后，生产队限制社员饲养家禽，集体也基本不养鸡、鸭，因此，家禽发展缓慢，时起时落。80 年代起，个体规模养鸡兴起，出现大批养禽专业户。1983 年，同福乡联合村农民孵坊专业户陈浩轩开始利用沼气孵小鸡获得成功，1986 年建造沼气池 46 立方米，年孵化苗鸡 80 余万羽，年净收入 1.8 万元。

90 年代后，家禽养殖由农家零星散养逐步发展为规模饲养。1995 年，先后建立灵安村野鸭养殖场、太湖荡生态草鸡养殖场、史桥村启新生态蛋鸡养殖园、西牛桥村蛋鸡养殖区，形成规模养殖。2002 年，成立伊好食品有限公司，主要从事鸭蛋加工生产，"伊好"牌咸蛋、国标皮蛋、土鸡烤蛋、酱香蛋获得国家 11 项专利，并获得"浙江省著名商标"称号。形成产销一条龙经营。2008 年 10 月，建胜村创建全市首家规模化机械化全自动生态蛋鸡养殖园，占地 52 亩，投资 323 万元，常年存栏蛋鸡 4.3 万羽。2010 年，伊好公司与 12 户养鸭大户签订收购协议，加工销售鸭蛋 3348 吨，创收 3576 万元。2012 年，凤鸣街道家禽年末存栏 261849 只，年内出栏 256208 只，其中鸡出栏 180943 只，鸭出栏 75220 只。

第四节 特种养殖

人工养鸽

鸽有肉鸽、信鸽之分。元代，鸽已列为“禽之品”(元《至元嘉禾志》卷六)。乡间熟知鸽肉有收敛功效，故习俗大都在病人外科手术后炖汤服用。70年代后，境内鸽的饲养数量从少到多，品种有信鸽、肉鸽之分。

境内信鸽规模饲养始于70年代。1973年，灵安公社朱家门大队农民黄金祥从无锡引进种信鸽饲养繁殖，至90年代初，信鸽数量达300余羽，并多次参加过国际、全国、省、市举办的信鸽公棚和特比环赛，并获得名次和奖励。2000年，在江苏宜兴举办的全国信鸽速度比赛中黄金祥参赛的信鸽获得第41名。2003年，由杭州赛鸽中心举办的世界级比赛中，黄金祥参赛的2只信鸽分别获得第20名和66名。2005年在杭州参加世界指定参赛鸽冠军赛中，获得冠军。2006年，由嘉兴市举办的有2000多只信鸽参赛的综合比赛中获得第五名。至2012年，黄金祥的信鸽数量仍保持200余羽。

1995年，黄金祥开始发展肉鸽生产，并形成规模饲养。1998年全年养肉鸽总量达5000余羽，肉鸽品种大都为美国落地王鸽。肉用乳鸽主要销往杭州、嘉兴及桐乡本地的饭店、宾馆，年销售量达4400余羽，销售收入达11万元。至2012年，全年肉鸽饲养数量保持4000羽。

网箱养黄鳝

黄鳝在境内原系自然生衍繁殖，长期以来，过度捕捉，自然资源日趋萎缩。2000年，同福乡联群村农民吕掌发、吕玉明开始引进黄鳝小规模网箱养殖。当年，吕掌发的一只网箱长宽高分别为7米、3.6米、1.2米，放养规格为每尾50～100克，鳝苗总重25公斤，第二年黄鳝总产达60公斤，平均每尾重200～250克，总产值5000多元，总利润3800元。2001年开始，同福境内黄鳝网箱养殖规模逐步扩大，采用池塘套养网箱。2008年，吕雪凤网箱养黄鳝面积4亩，投入成本4.1万元，产黄鳝2160公斤，产值10.8万元，利润6.91万元。之后，因黄鳝苗种和饲料来源较为困难，2007年后，养殖面积逐年减少，至2012年，黄鳝网箱养殖已不再推广应用。

第四章 蚕桑业

第一节 历代蚕桑

境内栽桑养蚕历史悠久，早在4700多年前，先民们就已掌握栽桑养蚕、缫丝织绸技术。入宋，栽桑养蚕业渐兴，明代，确立以农业为立国之本后，更促进了种桑养蚕业的发展。明洪武元年(1368)至宣德十年(1453)，境内已是桑柘成荫。至正德七年(1512)，境内桑园面积约占旱地25%左右，明末清初，桑树品种有晚青桑、白皮桑、荷叶桑、尖叶桑、鸡脚桑、鸡窠桑、扯皮桑、红头桑、乌桑、槐头青、木竹青、密眼青以及火桑、山桑等14种，桑树栽植较稀，每亩约二百株。明末清初，虽因海禁，生丝出口量受到限制，但境内桑业仍然保持繁荣，民国初年，一般一年饲育春、秋蚕二期。蚕桑生产出现一个短暂兴盛时期。日军入侵期间，蚕桑生产受到严重影响。抗日战争胜利后，蚕农仍无力恢复蚕桑生产。

表 7—8　　民国 36 年(1947)灵安、同福两乡蚕桑生产数字统计表

乡别	桑田亩数	亩均产叶(市担)	桑苗产量(株)	养蚕户数	饲改良种数(张)	饲土种数(张)	合作社饲养数(张)	改良茧产量(市担)	土种茧产量(市担)	合作社产茧(市担)	鲜茧总产(市担)	土丝产量(市担)
灵安	2500	3	250000	2384	300	2400	2386	42	168	334	544	2.63
同福	4000	2	300000	2284	500	9150	130	70	640	18	728	2.39

资料来源:桐乡市档案馆馆藏档案,卷宗号 M3－8－248

抗日战争胜利以后,境内蚕桑业始有恢复,当时农户所饲蚕种,除农户自行孵化外,多由育蚕指导所(场)供应。桐档(卷宗号 M3－13－235)曾载民国 36 年(1947)11 月 8 日中国蚕丝公司第一实验育蚕指导总所致同福乡公所的一封公函,谓“查本公司所制蚕种为辅导民营及减轻农民负担起见,其配价当较其他场所种价为廉,以订种时期已届时,参酌浒关方面一般种场情形,将本公司蚕种配价,规定自十一月份起,每张六万元(本公司不制旧品种,上项价值指新品种而言),于订种时先缴半数。”

1950 年,县蚕桑指导所派员到境内指导农民养蚕。1952 年开始推广小蚕共育,1954 年开始饲养夏蚕。1958 年至 1960 年的“大跃进”时期,挤桑夺粮,蚕茧产量滑坡。据湖州档案馆馆藏档案(1－12－118)载,1959 年,灵安公社收购蚕茧 8817 担,比 1958 年减少 11%。1962 年后,加强桑地肥管理,低产桑园变为丰产桑园,饲养量增加。是年,同福公社全年饲养蚕种 4186 张,其中春蚕种 3156 张,夏蚕种 556 张,秋蚕种 474 张,全年蚕茧总产量 69 吨,亩桑产茧 21.3 公斤,比 1961 年略有增长。1964 年起,境内已形成春蚕、夏蚕、早秋蚕、中秋蚕和晚秋蚕一年饲养五期的格局。1971—1974 年推广长新大队老桑园改造,大种绿肥,加强管理,提高产叶量的经验。对地块小、零星分散、高低不平、产叶量低的桑园进行平整改造,其时,全境共改造和新建桑园 973 亩。1979 年至 1992 年,境内蚕桑稳定发展。1979 年,灵安公社饲养蚕种 7486 张,比上年增加 887 张,全年产蚕茧 240.80 吨,比上年增加 39.70 吨;同福公社饲养蚕种 11533 张,比上年增加 1664 张,全年产蚕茧 385 吨,比上年增加 65.70 吨。1988 年,灵安镇桑园面积 5311 亩,亩桑产茧 142.4 公斤。全年饲养蚕种 21943 张,张产 34.5 公斤,蚕茧总产量 756 吨。1984 年,灵安、同福、史桥三乡全年饲养蚕种 36491 张,总产茧 1352.2 吨,桑园面积 14885 亩,亩桑产茧 90.84 公斤。总产量 1322.40 吨。1988—1990 年,同福乡由县农技部门确定为“亩桑产茧 150 公斤高产技术模式”研究基地之一,开展为期三年的攻关,亩桑产叶量从 1987 年的 2288 公斤提高到 1990 年的 2921 公斤,增长 28.11%。1996 年后,国际蚕丝市场疲软,销路受阻,蚕茧价格随之下滑,农民培桑养蚕积极性受到挫伤,蚕桑生产进入调整期。1996 年全境桑园面积 15095 亩,全年饲养蚕种 68797 张,张产 30.74 公斤,蚕茧总产量 2114.8 吨。2012 年,境内桑园面积 13253 亩,全年饲养蚕种 51645 张,张产 47 公斤,蚕茧总产量 2427 吨。比 2011 年桑园面积减少 837 亩,饲养蚕种减少 4827 张,但蚕茧总产量减少基本持平。

2010 年 4 月凤鸣街道举办蚕桑培训班

表 7—9 **1984—2012 年境内蚕茧生产情况统计表**

单位:张、公斤、吨、亩

年份	镇乡、街道	全年合计			春蚕			夏蚕			秋蚕			桑园产茧	
		饲养张数	张产	总产	饲养张数	张产	总产	饲养张数	张产	总产	饲养张数	张产	总产	桑园面积	每亩产茧
1984	灵安	12387	37.5	463.1	4192	39.5	165.5	160	25.5	4.1	8035	35.7	293.5	5318	87.08
	同福	17191	38	652.7	5019	38.5	192.7	755	35	26.5	11417	38	433.6	6162	105.93
	史桥	6913	34	236.4	2553	39	100.2	171	33.5	5.7	4187	30.2	130.4	3405	69.42
1990	灵安	36895	29	1053	10324	36.2	374	1228	27.7	34	25343	25	645	5266	199.96
	同福	52940	29	1523	14662	35	508	3525	28	97	34753	26	918	6994	217.76
	史桥	18585	28	529	5711	39	223	950	28	27	11924	23	279	2983	177.34
1991	灵安	39479	27	1085	10146	31	319	2077	25	51	27256	26	715	4964	218.57
	同福	52159	30	1586	13641	32	437	4164	26	109	34354	30	1040	6943	228.43
	史桥	20313	28	574	5876	34	200	1320	25	33	13117	26	341	2983	192.42
1992	灵安	41226	28	1159	9257	43	394	2199	37	81	29770	23	684	5209	222.50
	同福	55729	29	1614	13550	39	524	4637	38	176	37542	24	914	6994	230.77
	史桥	21857	29	640	5607	42	235	1395	35	49	14855	24	356	3384	189.13
1993	灵安	33353	31	1033	9412	41	390	2254	31	71	21687	26	572	5197	198.77
	同福	46055	34	1568	13388	38	514	4163	36	150	28504	32	904	6961	225.25
	史桥	18602	31	581	5892	42	245	1421	32	45	11289	26	291	3384	171.69
1994	灵安	36123	34	1236	9928	37	363	2786	36	100	23409	33	773	5197	237.83
	同福	47307	35	1660	12233	38	462	5241	36	188	29833	34	1010	6961	238.47
	史桥	17941	30	539	5706	34	195	1338	28	38	10987	28	306	3384	159.28
1995	灵安	40357	26	1050	10159	27	279	4496	33	152	25702	24	619	5197	202.04
	同福	49396	29	1443	13292	29	392	5501	40	221	30603	27	803	6903	209.04
	史桥	20157	27	554	5626	32	178	2041	33	68	12490	25	308	3384	163.71
1996	灵安	24159	31	745	8799	42	368	3400	21	72	11960	26	305	5231	142.42
	同福	32326	31	1014	10617	39	418	4012	34	136	17697	26	460	6886	147.26
	史桥	12312	27	337	5048	34	171	1460	32	47	5804	21	119	2978	110.81
1997	灵安	27845	39	1092	8388	45	376	3551	38	135	15906	37	581	5186	210.57
	同福	40518	38	1520	11652	42	490	5388	41	219	23478	35	811	6915	219.81
	史桥	12950	39	503	3890	47	184	1540	40	61	7520	34	258	2978	168.91
1998	灵安	47324	39	1843	13277	42	553	5476	35	192	28571	38	1098	8164	225.75
	同福	48095	38	1850	13913	40	561	6064	32	193	28118	39	1096	6815	271.46
1999	灵安	44757	39	1748	13115	46	600	4828	37	181	26814	36	967	7807	223.90
	同福	46016	39	1779	12474	45	562	5515	35	193	28027	37	1024	6713	265.01

续表

年份	镇乡、街道	全年合计			春蚕			夏蚕			秋蚕			桑园产茧	
		饲养张数	张产	总产	饲养张数	张产	总产	饲养张数	张产	总产	饲养张数	张产	总产	桑园面积	每亩产茧
2000	灵安	46894	39	1835	14017	45	635	4902	42	208	27975	35	992	7807	235.05
	同福	46724	40	1886	12398	46	568	5201	48	248	29125	37	1070	6436	293.04
2001	凤鸣	56940	41	2320	16257	47	757	7831	40	314	32852	38	1249	6707	345.91
	同福	51298	40	2067	12813	46	590	7391	39	287	31094	38	1190	7097	291.25
2002	凤鸣	50269	41	2040	15898	44	698	5147	49	252	29224	37	1090	7803	261.44
	同福	48592	43	2067	14483	45	648	4875	47	227	29234	41	1192	7172	288.20
2003	凤鸣	35593	40	1424	12667	48	613	5564	44	243	17362	33	568	6686	212.99
	同福	41690	43	1789	12459	50	629	5397	42	224	23834	39	936	6905	259.09
2004	凤鸣	31882	43.5	1388	12570	45.3	569	4483	42.8	192	14829	42.3	627	6686	207.60
	同福	42568	42.7	1819	13598	48.2	656	5898	46.5	274	23072	38.5	888	6895	263.81
2005	凤鸣	52566	36	1890	18788	40	759	5996	22	133	27782	36	998	6686	282.68
	同福	39455	42	1657	13150	51	672	4401	29	129	21905	39	855	6960	238.07
2006	凤鸣	51123	39	1980	18793	44	835	4965	41	204	27365	34	941	6686	296.11
	同福	41035	42	1741	14888	47	707	4509	43	192	31637	39	842	7020	247.95
2007	凤鸣	44528	36	1625	18930	39	733	5009	29	145	20589	36	747	6686	243.05
	同福	36902	44	1616	14102	46	649	3971	43	170	18829	42	797	6996	230.99
2008	凤鸣	70188	41	2864	24477	47	1150	7288	38	277	38423	37	1437	13620	210.28
2009	凤鸣	60667	46	2765	23955	51	1210	5638	42	237	31074	42	1319	13897	198.96
2010	凤鸣	58243	49	2854	20753	52	1081	8204	45	396	29286	48	1404	13008	219.40
2011	凤鸣	56472	43	2419	21945	49	1069	4948	42	210	29579	39	1139	14090	171.68
2012	凤鸣	51645	47	2443	23889	50	1186	4586	47	217	23171	45	1041	13253	184.34

资料来源：1984 年为桐乡县农林局农业生产统计年报，1990—2012 年为《桐乡统计年鉴》

第二节　栽　桑

1951 年冬，政府号召农民改造老桑园，对亩桑 150～300 株的高干桑地进行补植、施肥、削草、治虫。史桥、灵安一带不少农民还采取草桑嫁接、退出桑地中的乌桕，以增加桑叶产量。1957 年，桑园主要通过积极补植缺株，稀桑加密，增拳增条，以提高密度。1963 年后，各个生产队对桑园主要采取“一退、二进、三增”（即退出桑园有害间作，进优良品种小桑苗、进绿肥，增株、增条、增肥）等措施，并全面推广种植荷叶白、桐乡青等良种桑。积极推广桑园浇八月河泥、冬季挑稻秆泥的经验。大部分低产桑园逐渐恢复生机，低产桑园变为丰产桑园。70 年代，结合农田基本建设，进一步更新改造老桑园。长新大队从 1971 年开始，历经 3 个冬春，投入劳力 8.6 万工，整平 18 万土方，填平 20 个废浜漾，挑掉 18 条横埂，同时桑园里普遍挑上稻秆泥，或浇上河泥，更新改造桑园 317 亩，占桑园总面积的 50%，并在全县率先试行无杆密植桑栽培法。桑树长势明显趋旺。1973 年，全大队平均亩桑产茧 89 公斤，比 1970 年的 44 公斤增长一倍。之后，长新大队改造老桑园经验在境内逐步推开。1999 年起，境内逐步推广新一代高产优质桑品种，主要有丰田 2 号、农桑 12 号等。1986—2012 年，今凤鸣街道年均种桑 1037 万株，改造和新种桑园 1441 亩，占桑园总面积 10%。

第三节　养　　蚕

养蚕设施

蚕室

自古至今，对蚕室的选择和建设都有严格要求。明末清初，对蚕室选址和规格就要求“蚕房固宜邃密，龙宜舒爽。”民国时期，蚕室也大都以东南向为上，分有小蚕房和大蚕房，农户生产与生活混用。境内是养蚕主产区，历来饲养量多、期数多，房屋结构独特实用，前间通常装有双扇大门，两侧装有边门。其中一侧边门上层装有小窗，下层装有小门，须弯腰进出，如此则方便进出，且有利于换气、采光。农业合作化后，境内养蚕由稚蚕共育逐步发展为全程共育，称共育室。共育室大都利用空闲房屋改建而成，加门、加窗，以利蚕期采光、加温或补湿、通风。60 年代，开始推广坑床育。之后，推广坑房育，即在普通的小蚕房内砌一单灶或双灶地火弄加温，稚蚕饲养后还可用作壮蚕房。70 年代至 80 年代初，境内全面推广稚蚕“地火弄大坑房育”。至 1982 年，每个生产队都建有稚蚕坑房。1983 年起，开始推广消毒方便，保温、保湿性能良好的“靠壁灶”“天火弄”“地火弄”及“家庭式节能小坑房”。1989 年起，一度推广 HL90－1 型蚕用保温保湿炉。因该灶成本高，不耐用，1992 年后不再推广。

蚕具

蚕架　俗称蚕台，古称蚕槌或植。宋代蚕槌有 4 柱，横档 8～9 层，构成长方形，清代蚕植为三角形。民国至当代，蚕台架构基本相同。蚕台高约 230 厘米，结构为多层次丁字形木架，横档中间联结处可左右活动，能折叠，有稀层台、密层台、高脚台三种。

蚕匾　宋前蚕槌采用长方形蚕箔，用竹制成。清代的三角蚕植多用圆形蚕箔。当代境内蚕匾有大圆匾和腰子形匾两种。大圆匾直径三尺七八寸，边高二寸半；小者直径二尺或尺半，边高二寸。养小蚕用的有一尺、二尺、三尺三个规格。

给桑架　俗称饲蚕凳。清代形制面方尺余，脚高二尺，凳面凿一圆孔，凳脚左右两档中另设一横档，上凿浅穴与凳面之孔相对，用圆木为柱，高三尺，纵横平置二档于顶如十字形，就凳面之孔贯下，竖于横档的穴内，可以左右转动，以便于置筐饲蚕。当代大都推广折叠式给桑架，用两长木两短木构成长方形筐，两筐结合，在长木中间部位钉入长钉成交叉，在两短木之间系绳索，使用时两框展开成“X”形，即可在两短木置蚕匾给桑，使用后折叠置于一边，不占蚕室地位。现今农村都采用。

给桑架

蔟箔　宋代，蔟箔为杉木解枋，长六尺，阔三尺，以箭竹作马眼槅，插茅，疏密得中，复以无叶竹箓，纵横相搭，又蔟背铺以芦箔，而以蔑透背而缚。清代蔟放置在帘上，帘以芦苇织成，长短阔无定制，视室之大小。至2012年，农户仍采用芦帘。

叶篰　采小蚕叶用，为四角篰，明代已普遍采用。四角篰用竹编织紧密，篰高和篰径均为50厘米左右，采大蚕叶用叶篰，用竹编成胡椒眼，口径约为60厘米左右，高约70厘米。

切桑板　明清以来，切叶用叶砧，俗称叶墩。砧用稻草做成，芟净蒿叶，草秆纵向排列，用篾箍三层紧束，高四寸，径尺余，用以切叶，不伤刀，亦不伤叶。50年代—70年代，农户仍大都沿用叶砧，90年代后则改为切桑板。

蚕网　据《蚕桑辑要》载："网绩麻为之，如鱼网之制，视筐之大小。网眼有疏密，蚕小宜密眼，大宜疏眼。"民国时期蚕网与明清时期大同小异。当代第一龄—三龄网用棉线经机械织成后再涂以猪血而成；大蚕网用麻皮人工织成，境内农户都采用。小蚕网亦用作防蝇网。80年代起改用塑料制作。

喷雾器　背包喷雾器，60年代后推广。供桑园治虫用以及蚕室蚕具消毒和桑叶补湿用。手提喷雾器，给蚕体蚕座消毒用。

消毒及蚕病虫害防治

病虫害种类

境内蚕主要病害有病毒病、细菌病和真菌病之分。病毒病有血液型脓病、中肠型脓病和空头性软化病3种；细菌性病主要有败血病、卒倒病及细菌性中毒症；真菌病主要是僵病。另外，还有污染物造成的蚕中毒。主要虫害有鼠、蝇、蚂蚁、癞蛤蟆等。

环境消毒

蚕区的蚕室即生活用房，养蚕前和养蚕期间与其他农活交叉进行，并且蚕农也没有蚕病感染由室外传入病原的概念，故一向忽视环境清洁，养蚕期间场地上晒蚕沙、乱丢病死蚕等现象常见，这更是夏秋蚕多发病的主要原因。50年代至2012年，蚕农大都在养蚕前做好环境消毒，具体是：(一)将室外四周的杂草、垃圾、污泥、浊水等消除干净，室内外扫除出来的污物集中至远离蚕室的地方制作堆肥；(二)蚕室外四周泥地刮去表层污泥，连同室内刮出的地表污泥至远离蚕室处堆积；(三)用石灰浆或漂白粉喷洒场地。

蚕室蚕具消毒

明清时期，境内蚕农已知蚕病有传染性。例如，发现脓病蚕即"择而去之，勿使败群"，"勿食水叶，食则放白水而死"。

民国时期，蚕室、蚕具一般只打扫洗涤，间有少数因蚕病蔓延，用石灰浆消毒、日晒。民国15年(1926)起，推广新式消毒法，用洗涤、蒸汽、日晒、熏烟，或用福尔马林、升汞、漂白粉、石灰、硫黄等消毒，对各种蚕病有较好的防治效果。

50年代，因白僵病多发，蚕室、蚕具都经"三洗、三晒"和福尔马林、漂白粉及硫黄消毒；蚕室、蚕体大都用冰醋酸和漂白粉、防僵粉消毒。

福尔马林液　50年代—2012年，蚕室蚕具，农户大都用1%甲醛浓度喷洒约20分钟，每10平方米用量为1300毫升。

漂白粉液　50年代至2012年一直使用，用含25%有效氯的漂白粉5份加水100份，即1.25%有效氯液，每平方米蚕室面积喷洒2200毫升澄清液。

硫黄　50年代起一直使用，至2012年每100立方米容积蚕室用50克硫黄燃烧熏蒸。但仅对僵病消毒有效。

60年代起普遍使用漂白粉液喷布、赛力散石灰浆浸渍或消毒散和硫黄烟熏作为蚕室蚕具消毒。一度推广过属于氯制剂的优氯净(有水剂和烟熏剂)、百菌清和熏毒净等,甲醛制剂的有毒消散和蚕病净熏烟剂。前者与漂白粉一样,消毒效果好,但对金属有腐蚀性,后者消毒须有密闭的条件。

80年代主要推广药剂为省农科院蚕研所和中国农科院蚕研所研制的表面活性洗涤剂新洁尔灭、洁尔灭和1231等,分别混入对杀灭病毒有特效的新鲜石灰粉,制成新洁尔灭石灰浆、洁尔灭(蚕季安2号)石灰浆和1231(蚕康宁)石灰浆。该类药剂具有杀菌范围广、药性稳定、腐蚀性小、成本低和宜喷宜浸等优点。境内建造立式消毒池或平铺式消毒池,采用蚕季安石灰浆或消特灵对蚕具进行浸渍消毒。1989年推广应用浙江农大蚕学系研制成功的蚕室蚕具消毒新药"消特灵",由漂白粉和增效剂组成,对病毒、细菌、真菌、微孢子原虫等的杀灭作用强,且对蚕具、家具等的腐蚀性较低,90年代起被大面积推广应用。2000—2012年,境内大面积推广使用省农科院蚕研究所研制的蚕室蚕具消毒剂——消力威、熏消净和蚕体防病添加剂——脓病清、福安菌克、蚕宝康。

蚕体蚕座消毒

漂白粉　50年代起一直使用。采取混水法在50克漂白粉中兑入2.5公斤的清水,配成2%的稀释药水,取上面的澄清液喷洒到撒了焦糠的蚕座和蚕体上,停半小时后,再加糠后给桑除沙,壮蚕期每日1次—2次。为防止簇中发生僵病,可把熟蚕浸入这种配成的药水中,随时取出,干燥后上蔟。采取混石灰法给蚕体消毒,大都在每两漂白粉中加消石灰0.3公斤,充分混合,装在细孔筛中或包入疏粗布中,筛到蚕体上,直至出现一层白色状为止,停留10分钟后再加糠给桑除沙。每1.1平方米须用1升配成的药粉。

硫黄　每37立方米蚕室用300克~500克硫黄,熏烟半小时以上,之后开门窗排出臭气。

福尔马林　蚕种场常用药品。对一、二龄小蚕,配成3‰~4‰的药水,对大蚕期,配成5‰~10‰的药水,给桑前30分钟喷播到蚕座上,至湿润为止,干燥后给桑除沙。

冰醋酸　是蚕种场常用消毒药品,配成5%~10%的药水,喷射到蚕体上,经半小时加糠给桑除沙,对每11.1平方米用2升配成的药水喷洒。

消特灵　主剂一袋125克加水25公斤溶解后,再加辅剂1瓶25毫升,取澄清液浸渍或喷洒消毒,保持湿润20~30分钟。

蚕季安石灰浆　用74克蚕季安1号加水50公斤,或50克50%蚕季安2号加水50公斤稀释,并加入新鲜石灰1公斤,充分搅拌均匀,即可使用。90年代后,该药已停止使用。

消力威　90年代起广泛使用。使用时先将大包药粉(主剂)加水25~28公斤,稍加搅拌后再加入小包药粉(辅剂),充分搅拌溶解后取药液进行喷雾消毒,每平方米用量225毫升,一包药可喷雾110平方米,保持湿润30分钟以上。

熏消净　90年代起普遍使用。方法是先将小包辅剂倒入大包主剂中,捏紧袋口,摇匀,点燃袋角或药粉。用于蚕期前的蚕室蚕具消毒,用量为每立方米1克,密闭熏消30分钟,再通风换气。

防僵粉　小蚕用有效氯2%的防僵粉,大蚕用3%有效氯防僵粉,蚕座每1.1平方米用50克。

硫黄　每1000立方尺蚕室容积用硫黄300克熏烟30分钟,保持室温24℃,给桑前半小时进行。

醋酸　用冰醋酸的5%稀释液,蚕座每1.1平方米用150~200毫升,喷洒农药,待干燥后,除沙给桑。

1955年起,蚕体消毒推广赛力散防僵粉和西力生防僵粉,蚕农将赛力散或西力生混入消石灰的制剂中使用,对防治僵病效果良好。因汞化物对人畜有害,70年代中期停止使用。

70年代中后期，蚕农使用的蚕体蚕座消毒剂有防病1号、蚕座净等。防病1号，由省农科院蚕桑所研制，以固体甲醛与苯甲酸复配，分1龄～2龄用的小蚕防病1号和3～5龄用的大蚕防病1号2种。蚕座净由省农科院蚕桑所等单位研制，由福尔马林与抗菌剂复配而成，用酸性白土作为掺和剂。消特灵液为主剂，1袋125克加水25公斤使之溶解后，喷洒于蚕座和蚕体。

1998—2012年，桐乡市一直推广应用省农科院蚕研究所生产的蚕药蚕宝康、敌菌灵、克僵灵、消力威、熏消净、福安菌克等。

蚕期布局与饲养技术

境内古代仅饲养一期春蚕，宋时，广泛应用体温暖种。明清时期，稚蚕期已普遍采用加温法，以“顶头火”为多。民国17年(1928)起，开始饲养改良种。是年开始一年饲养春秋两期蚕。民国36年(1947)11月，中国蚕丝公司第一实验指导总所发函预订蚕种，每张6万元(法币)，农户订种时须先交半数。尔后同福乡公所致函该所，以农户收入不敷支出，要求每张先付1.5万元，余款待来年蚕茧收成时再付。

中华人民共和国成立后，每年蚕种饲养的期数逐渐增加。1954年开始饲养夏蚕，1956年开始饲养晚秋蚕。1958年至1960年发种量盲目增加，由于违反客观规律，蚕茧产量反而下降。1963年开始恢复正常养蚕布局，并加强桑园培育，蚕茧实现恢复性增长。1964年始养早秋蚕，形成春蚕、夏蚕、早秋蚕、中秋蚕和晚秋蚕一年饲养五期的格局。

饲养技术

小蚕饲养

蚕种孵化至四龄，称稚蚕或小蚕。元代，蚕的饲育技术已总结出寒、热、饥、饱、稀、密、眠、起、紧、慢“十体”经验。明末至民国时期，春蚕收蚁时间较早，饲育技术较为讲究。1952年起逐步推广“高温干燥，通风换气，多回薄饲，广舒蚕座”四大技术环节。之后，普遍推广“稚蚕防干育”养蚕法。1960年代，先是应用“塑料薄膜覆盖育”，之后推广“坑床育”和“坑房育”，并配以“地火”加温的饲养方法。1982年，全境有32842张蚕种推广坑房育，采用稚蚕房和坑床育的蚕种占总饲养量的90%。农村推行家庭联产承包责任制后，加温方法逐步推广靠壁灶和“节能小坑房”。1992年后逐步推广“稚蚕平面1日2回育省力化养蚕法”，2012年全境采用1日2回育饲养量占小蚕饲养总量的98%。

大蚕饲养

四龄以后，称壮蚕或大蚕。元时，已提倡壮蚕期蚕室内要通风凉爽，初步掌握“蚕大并起时宜明宜凉，向食宜有风，宜加叶紧饲，新起时怕风，宜薄叶慢饲，五龄期饱食”的饲养方法。清中后期，境内广泛采用养地蚕(落地铺)。养蚕场地上架跳板或条板，便于喂蚕。大蚕时，蚕吃条叶，俗称“青杆叶”。民国19年(1930)起，改为台饲为多。50年代境内台饲与地蚕饲养两种方法兼有，60年代推广室内、室外地蚕条桑育，以室内为主。桑叶新鲜，无污染，且不多采，因多采叶易干，蚕不欲食，但又不可缺叶，以防蚕饥。若遇大雨、大雾天气，叶湿，须置于檐前风干，若遇尘沙天，叶有灰尘，则用水清洗，干后方可饲喂。70年代起，推广多回薄饲、通风干燥等技术。

上蔟

明清时期，境内逐步采用湖州把、伞形蔟，用麦秆或稻草切齐，随手纠捩成山，顿插箔上，搭山棚，上高山。民国时期，蔟具除采用“湖州把”“伞形蔟”和“和尚头”外，也有蚕农采用菜花梗上蔟。60年代起，全面推广“蜈蚣蔟”，并提倡适熟蚕分批上蔟、分批采茧。70年代，境内部分农户试用纸板方格蔟，但未全面推广。90年代中期起，改捉熟蚕上蔟为自动上蔟，这一方法既省劳力，又提高茧质。

第五章　林木果业

第一节　新中国成立前的林木果业

明清至民国时期，境内树种资源繁多，有桑、桕、栎、楝、樟、松、桂、榆、榉、朴、柏、枫、柳、槿、石楠、冬青等。乌桕以史桥、灵安一带为多，常与花白桑混栽，并有桕子出售。宅旁竹园栽有早竹等，有九成以上是笋用竹，鲜笋多为农家自家采食，或上市出售。成竹多用于制作小农具、小家具和编制烟帘等。在史桥、灵安、同福一带主干河道旁，常栽有芊芒，芊芒除了护堤外，主要用作薪柴。境内果树以桃、枣、梨为多，但只在宅旁零星种植，果品产量少，只供农家自食。日军侵占时期，桑树被大量砍伐，蚕桑生产一落千丈，抗日战争胜利后，蚕桑生产渐有回升，乡土各类树种栽植和利用渐有恢复。

第二节　新中国成立后的林木果业

新中国成立初，境内林木、果树仍以桑、桕、栎、楝、无患子为多，农家房前屋后大都栽种桃、枣、梨、枇杷、橘子、葡萄和竹类。当时，史桥、灵安一带为桐乡、崇德两县乌桕主要产区之一，1954 年，农户出售桕子 70 多吨。1959 年，大办钢铁、大办食堂，乌桕树大量被砍，桕子产量大幅下降。之后，因桕子产品市场不景气，政府号召重点发展蚕桑生产，因此，乌桕栽种面积逐年减少，至 60 年代末，桕树几乎绝迹。70 年代至 2010 年，由 60 年代零星植树逐步发展为平原绿化建设，先后引进白榆、泡桐、刺槐、杜仲等，树木种植渐有增加。1973 年后引进的白榆树种，主要解决用材、烧柴的需要。白榆虽然适应性强、生长快、育苗容易，试种初期，群众反映较好。但白榆易遭受金花虫、刺蛾和大袋蛾等虫害危害，严重影响林木生长，而且人接触后，皮肤会过敏发痒，甚至发生肿痛。因此，白榆逐步被淘汰，主要引进"三杉"、法国梧桐等树种，随后还引进广玉兰、石榴、枇杷、葡萄等。果树大都在房前屋后栽种，90 年代后，部分农户已有葡萄上市销售，但数量不多。至 2012 年，境内创建 2 家苗木专业合作社，共有育苗面积 338 亩，培育苗木 35.5 万株，主要供应本地绿化。按照城乡一体化要求，河岸、道路两旁植树和"四旁"绿化进度进一步加快。据 2009—2012 年统计，4 年内农田林网共有"三杉"面积 726 亩，栽树 4.36 万株，河岸绿化 866 亩，栽树 5.19 万株(包括长山河)。320 国道、省道、市乡级道路和村级道路栽树 2285 亩，栽树 13.71 万株，其中，桐九公路史桥段，1986 年栽种的 1000 多株法国梧桐，生长甚为繁茂。中群大道 2.4 公里林带，1985 年栽的 2400 株水杉，速生，耐湿，生长普遍良好，至 2012 年，平均树高 16.3 米，胸径 24 厘米。至 2012 年，全街道绿化造林 8556 亩，共栽植各类树种 51.34 万株。其中公益林栽植面积 586 亩(包括福严寺林地 74 亩。福严寺景区有百年古树 6 株，其中银杏 4 株，香樟 2 株。)。另有桑园 11550 亩、小桑苗 7800 亩、花卉苗木基地 338 亩，林木覆盖率 28%。

第六章　农业结构调整与产业化经营

第一节　农业产业结构

传统农业

境内传统农业，向以种植业的粮畜桑为主，当地自然条件优越，宜种性广，农作物开发利用早，种类多，早在距今7000年前后，已开始种植水稻。春秋吴越时期（前770—前476）已较大面积种植稻、粟、黍、稷、菽、麦（小麦）等十余种粮油作物，并基本掌握"春种八谷，夏长而养，秋收而聚，冬蓄而藏"的农事规律。隋唐时期，农作栽培技术日趋精细，粮食倍增。南宋时，栽桑育蚕逐渐发展，至明末清初，蚕桑生产保持旺盛势头，"桐乡田地相匹，蚕桑利厚"。咸丰年间（1851—1861），境内桑苗渐负盛名。湖桑已被日本引种栽植。民国14年（1925）至18年（1929），水田以麦—稻一年两熟为主，旱地扩种桑树，蚕桑生产出现一个短暂兴盛时期。26年（1937），日军入侵期间，农业，特别是蚕桑生产遭受破坏。抗日战争胜利后，农民无力经营农业，大片田地荒芜，生产水平低下。

中华人民共和国成立后，党和政府把粮、畜、桑列为发展农村经济的重点产业，并制定一系列扶持政策，兴修水利，推广省农业厅提出的发展连作稻、发展三熟制、发展高产作物的改制意见。1956年起，境内逐步改革耕作制度，水稻由单季改双季，一年两熟改三熟，粮食稳步高产。至1984年，全境粮食总产量30551吨，创历史最高水平。但由于农业结构单一，优势资源没有充分利用，农村经济发展缓慢，1984年，农村人均收入500余元。

农业结构调整

90年代起，境内通过农作制度创新，按照"调粮、扩经、增养、提效"的总思路调整农业结构，从以种植粮食作物为主向种植业、养殖业发展，并与二、三产业协调发展。重点发展"一优两高"农业、效益农业和高效生态农业。种植业结构调整重点是调整粮经作物种植面积比例。1984年，粮经面积比例为46.8∶53.2，1992年调整为40.7∶59.3，到2012年粮经面积比例为20.7∶79.3。杭白菊种植面积不断增加，1984年为3859亩，1999年增加到13114亩，2012年保持16275亩。嫁接桑苗1984年为5009亩，1999年扩至11521亩，2007年为15587亩。之后，因茧丝绸市场行情回落，小桑苗面积调减。90年代起，家禽养殖由农家零星散养逐步发展为规模饲养。1995年后，先后建立黄金祥养鸽场、灵安村野鸭养殖场、太湖荡生态草鸡养殖、史桥村启新生态蛋鸡养殖园、西牛桥村蛋鸡养殖区，形成规模养殖，并实行产销一条龙经营。2002年，全境生猪年饲养量61841头，比1990年的24092头增加37749头，羊年终存栏47782头，比1990年的35483头增加11799头。家禽年终存栏85956羽，比1990年的79100羽增加6856羽。兔年内出栏10469只，比1990年的248只增加10221只。2005年起，境内高效生态农业加快实施。2006年，西牛桥村的生态养猪量达15318头，年内出栏12056头，年终存栏3262头，产值1145万元。成立于2007年的双丰畜牧生态养殖专业合作社，占地50亩，建筑面积13000平方米，其中肉猪舍9000平方米，种猪舍4000平方米，管理用房及仓库800平方米，常年存栏母猪650头，存栏生猪5000余头，年出栏生猪10000余头，销售总产值1300多万元。2012年，凤鸣街道养殖业产值120323万元，占农业总产值的46.6%。

第二节 农业产业化经营

境内的农业产业化源于80年代初，1983年农业由集体经营向家庭联产承包经营责任制转变，之后，各村种植业、养殖业、营销业和加工业等方面的专业大户应运而生。继后农民专业合作社、农业龙头企业逐步发展，形成农业产业化雏形。通过不断实践，推行以市场为导向，以经济效益为中心，围绕凤鸣境域杭白菊、小桑苗、生猪、家禽、禽蛋等资源优势，开发主导产业，通过农业龙头企业、当地交易场所，把农户生产与国内外市场联合起来，实现种养加、产供销、贸工农一体化经营，龙头企业与农民结成利益共沾，风险同担的经济共同体，促进农业向商品化、专业化、现代化转变。

至2012年，凤鸣街道共有农业龙头企业4家，主要有桐乡市春发菊业有限公司、桐乡市同新食品有限公司和桐乡市伊好食品有限公司。农民专业合作组织共有8个，主要有灵安苗木专业合作社、同福蚕业专业合作社等。

表7—10　　2007年主要农业龙头企业经营情况一览表

单位：万元、户、亩、吨

企业名称	资产总额	固定总产总额	年销售收入	订单农户数	订单基地规模	主要产品	注册商标
桐乡市春发菊业有限公司	1242	474	1639	2457	3781	杭白菊	春发
桐乡市同新食品有限公司	838	307	1515	3535	6129	杭白菊	同新 田野菊海
桐乡市伊好食品有限公司	769	249	1571	12	蛋2020吨	咸蛋 皮蛋	伊好

资料来源：桐乡市农业产业化经营办公室统计资料。

小桑苗是同福、灵安、史桥一带历史悠久的传统优势产业，至今已有140多年的繁苗历史。1985年起，随着蚕桑业的发展，加快嫁接苗的繁育，其时，通过政策引导，科技支持，促进桑苗业的不断发展和提升。80年代中期至90年代，常年培苗面积1.2～2万亩，产苗2～2.5亿株，约占全市桑苗总产量的25%左右。1998年，同福乡被嘉兴市委、市政府命名为“桑苗之乡”。1991年，县政府拨款12万元，在灵安集镇建起19间房屋作为桑苗交易市场。2002年，同福乡被浙江省农业厅命为“浙江省桑苗新品种繁育基地”。2006年7月，境内成立“浙江省同福桑苗专业合作社”，入社农户281户，并以合作社为纽带，以苗农为主体，以规模生产基地为基础，形成“合作社—基地—苗农”三者利益共沾、风险同担的经济共同体。在此基础上自筹资金，成立桐乡市桑苗调剂市场，市场占地1350平方米，有营销专业户30多户，并打造品牌，注册“同福”牌商标，年成交量1.8亿株左右，产值6000万元以上。2005年建立的灵安苗木专业合作社与贵州省毕节市建立市外销售合作项目，销售本地小桑苗、苗木1000多万株，销售额288万元。桑苗收入比例不断提高，同年，同福乡农业总收入1.91亿元，其中桑苗收入8722万元，占农业总收入的45.7%。桑苗业成为农户的主要经济来源。之后，境内小桑苗更是芳名远播，产品行销全国20个省、市、自治区，并出口越南、加拿大等国家。2007年，被省政府认定为“浙江省农业特色优势产业强镇(蚕桑)”。2008年6月,凤鸣街道被中国特产之乡推荐暨宣传活动组织委员会授予“中国桑苗之乡”称号。

第七章　农业机具与管理服务

第一节　历代农机具的演变

境内农耕历史久远。1972年,灵安镇路家园村以南发现面积为6000平方米的新石器时代晚期文化遗址,曾出土丁字形鼎足、豆把、石网坠等,属良渚文化类型。

春秋战国时期,青铜器农具开始替代石制、骨制、木制农具,同时也开始使用戽水工具,至战国中期出现铁制农具。东汉灵帝时(186—189)龙骨水车开始逐渐应用,几经改良,成为境内传统人力脚踏提水农具。宋元时期农具种类增多,铁耙、铁锹等耕整农具广泛应用。明清时期,清咸丰年间(1860—1864)境内已有耕牛,畜力农具犁、耙、耖开始在境内应用。清光绪《桐乡县志》卷七记载:“农具耒自耜外,戽水有车,取泥有罱,芟草有耥,筑场有轴,割稻有镰,曝稻有迁,击稻有床,翻谷有耙,脱谷有砻,去秕有筛,扇栗有车,去屑有枷。”从耕作播种到收获加工各种农具齐全。

中华人民共和国成立后,政府重视农业技术推广,改良农具,50年代初,境内开始推广使用手动单管压缩喷雾器,用于防治病虫。1955年,随着农业合作化运动和农业耕作制度改革,崇德县首先在灵安公社“天花荡”创办第一个民办抽水机站,实行机械流动排灌,同时推广使用脚踏打稻机等新式农机具。1956年推广双铧犁,后因双铧犁适应性差而停止推广使用。1958年,全社主要农机具有柴油抽水机32台258千瓦,脚踏打稻机366台、木农船433只。1959年,按照县委要求,境内开展工具改革,大搞农具革新,实现农具滚珠轴承化,但大多农具不适用。1961年始,境内实现电力排灌,至1962年,境内灵安、同福两个公社共有电力排灌机埠11座,电动机21台268千瓦。同时,电力也开始用于农副产品加工。60年代中期推广使用电耕犁,稻谷加工机械、机动喷雾机、农用水泥船,胶轮手推车等农机具,据境内同福公社1966年统计,全社主要农机具拥有量为机械动力36台368千瓦(501马力)、碾米机10台、磨粉机10台、饲料粉碎机6台、打稻机269台、农用船250只等。随着农业机具的广泛使用,使一部分大、中、小传统农具开始被机械所取代,也有一部分传统农具沿用至今。1968年和1970

传统农具(组图)

年，同福乡机电站共购进丰收—27型中型拖拉机2台。70年代，境内掀起农业机械化热潮，加速推广以手扶拖拉机为重点的耕作机械，同时发展收获、植保、排灌、农副产品加工和运输机械。据1975年灵安、同福两个公社统计，农业机械总动力为3253千瓦。1979年，灵安公社有农用拖拉机5台，马力152匹，手扶拖拉机33台，马力396匹，机引农具94台，当年机耕面积9392亩，机械化程度达到43.49%；同福公社有农用拖拉机7台，马力223匹，手扶拖拉机53台，马力636匹，机引农具98台，当年机耕面积12119亩，机械化程度达到56.55%。至1981年，灵安、同福两公社农机总动力达到9878千瓦，7年间年均增长29%。

1980年代，根据农业生产需要，重点发展耕作和脱粒机械。1982年，农村推行家庭联产承包责任制后，农民有了购买使用农业机械自主权。同时，随着乡村企业的兴起和农村商品经济的发展，农村劳动力大量转移，户购户营的拖拉机、打稻机、喷雾器等农机具大量增加。1985年，境内灵安、同福、史桥3个镇乡农机总动力为19191千瓦，耕作、排灌、脱粒、植保、农副产品加工和运输等作业基本实现农业机械化和半机械化。

1990年代，结合境内实际，有选择地发展农业机械化。同时进一步完善农机经营管理和提高农机生产效率。1990年，境内农机总动力为24206千瓦，比1985年增加26%。2000年后，随着国民经济的发展，国家对农业的投入不断增加，境内农业经营组织和农民个人购买国家规定的先进适用农机具给予补贴，极大地调动了购机积极性。特别是2000年，境内农业机械总动力达到24680千瓦，为历史新高。随着境内农业种植结构的调整，小桑苗、杭白菊等经济作物增加和农机社会化服务的发展，耕作机械、脱粒打稻机械逐渐减少，至2012年，农机总动力比2005年减少3846千瓦。

第二节 耕作与种植机具

耕作机具

铁耙、锄头、铁锹均为人力翻垦、碎土、培土工具。一直沿用至今。60年代末，境内始用电耕犁、手扶拖拉机、大中型拖拉机耕田，经过20多年的发展，至1995年，耕田拖拉机达到282台。之后，随着境内农业产业结构的不断优化调整，耕田拖拉机渐趋减少。

铁耙　用熟铁锻打而成，常用为4齿铁耙，长约25厘米，宽约20厘米，上部有铆用于安装竹柄或木柄。按用途分，境内常用有垦地用的散齿铁耙，作麦塄用的鸭脚铁耙，用于翻耕烂水田的扒塄铁耙和散装猪羊垃圾的尖齿铁耙(俗称“丁耙”)。

锄头　(俗称“刮子”)熟铁锻打而成，刃口加钢，口薄锋利，半月形，上部弯管内装有竹柄或木柄。用于削草、松土、培土和下种兒潭的常用工具。

铁锹　(俗称“千步”)熟铁锻打而成，刃口加钢，口薄锋利，有平口和舌尖状两种。正面中间凸起，背面凹进形成梁形，两侧向上折边强固，长约25厘米，宽约15厘米，整体呈长方形，上部中间有管，管内装有竹柄或木柄，是开沟、撬泥、培土的常用工具。

畜力农具　犁耙耖是耕牛牵引的翻耕、碎土、平土工具。境内使用牛耕在清咸丰年间，外来客民始用牛耕，之后牛耕逐渐扩大。适用于南方水田翻耕的犁耙耖几经改制，其结构日趋完善。传统的木犁是起到把土壤翻转的作用，其犁头、犁壁为铁制，犁辕、犁底板及操作手柄均为木制。一般耙、耖均为铁齿木架，但耖齿也有木制和竹制。使用时耙和耖互相配合，是碎土、平土工具。中华人民共和国成立后，50年代—60年代，牛耕是境内水田主要翻耕工具。随着农业技术的推广和水田耕作制度的改革，复种指数提高，劳动力日趋紧缺，耕牛渐增，灵安公社（大公社）1952年为33头，到1958年增加到205头。1958年，牛耕面积达到水田总面积42931亩的70%，约3万亩。60年代中期，随着农业机具增多，牛耕逐渐减少，至70年代中期牛耕渐被手扶拖拉机取代。

耕作机械

60年代中期，始用电犁耕田，同福公社1969年联民、联庄、联建等6个村共有电耕犁10台。至1972年灵安、同福两个公社有电犁16套，1979年达到26套。因受低压线路和电力不足的制约，发展较慢，1980年后被手扶拖拉机取代。

60年代后期，因手扶拖拉机操作灵活，适应性好，发展较快。1969年，同福公社联民大队有手扶拖拉机1台。至1971年底，灵安、同福两公社共有手扶拖拉机10台、中型拖拉机3台（东方红—20型1台、丰收—27型2台）。至1975年，两公社共有手扶拖拉机28台、中型拖拉机6台，机耕动力为559千瓦，占农机总动力的17%。之后公社、大队、生产队三级集体经济不断壮大，至1981年，灵安、同福两公社共有手扶拖拉机144台、中型拖拉机13台，机耕船32只。1982年，农村推行家庭联产承包责任制后，一部分先富裕起来的农民率先购买手扶拖拉机，在耕好自己的承包田外，对缺机户开展代耕服务，农闲进行短途运输作业。至1995年，境内灵安、同福、史桥3个乡镇共有手扶拖拉机447台，中型拖拉机13台。1998年后，调整粮经种植面积比例，早稻种植面积明显减少，水稻种植双季改单季以及境内果蔬、菊花、小桑苗等经济作物的增加，耕作机械开始渐减。至2000年，境内手扶拖拉机263台，中型拖拉机4台，总台数比1995年减少223台。2008年，随着农机社会化服务的开展，境内外一些农机专业合作社、农机专业户跨地区进行机耕、旋耕、机插、机收等作业，送服务上门，极大地方便了种粮农户。是年，境内耕田手扶拖拉机持续减少，仅为128台。至2012年仍保持128台手扶拖拉机，1120.0千瓦。

种植机械

水稻手工插秧“面朝泥土背朝天”是项辛苦农活。1959年，境内推广始用手动插秧机。因插秧机机具制造性能不过关，插秧质量不稳定，农艺要求高，1961年后逐步停用。

机动水稻插秧机由动力传动机构、行走机构、机架、秧箱、船底、送秧和分秧机构等组成。1978年，同福公社联胜大队率先始用浙江—3型机动水稻插秧机。是年，早稻生产2台插秧机共插早稻118亩。其中联胜农科队0.867亩机插早稻田经产量验收，产量比手插略低。后也因插秧机质量欠佳加上育秧方式不配套，插后缺课多、补秧费工时，增产不多，经济也不合算，至1980年代初停止使用。

第三节　排灌与植保机具

排灌机具

50年代，境内重点发展以柴油机为动力的抽水机，60年代发展电力排灌。80年代后，开始对装置效率低，机泵设备老化的泵站进行更新改造，提高机泵效率，达到节水、节电、节成本。1995年，境内机械排灌动力占排灌总动力15%，2008年，机械排灌动力被电力排灌取代，至2012年，排灌动力电动机为1149台7772千瓦。

传统排灌农具　戽斗提水是最古老的排灌工具。使用时用绳缚在木桶上，两人对立，手中各执一绳，以协调一致的动作将水戽入田间。

龙骨水车。也称人力水车（木制品），利用人力或畜力提水，沿用历史已久。清咸丰年间，境内除了大量使用人力水车外，用畜力替代人力的牛盘水车也开始应用。车水时以木制齿轮带动循环的木链（龙骨），由装在木链上的刮板（车幅板）将水刮入车厢，水沿着车厢提升到高处流入田间。人力水车的规格有一丈八尺、二丈、二丈二尺和二丈四尺（鲁班尺，一尺等于28厘米）等四种。民国期间，建立圩长制即一只圩头中水田最多的农户推荐为圩长，水车一般由圩长购置、拆装和维修，圩长按水车使用时间提成水工。1951年7月17日，境内大雨成灾，全区共出动男女劳力14188人，出动人力水车2002部，全力抢救被淹农田。1954年5月11日至7月底，阴雨连绵，梅雨成灾，全区每天出动男女劳力8500～4000人，每天出动人力水车1470部抗洪排涝，减少洪涝灾害造成的损失。1958年，境内新购柴油抽水机6台，发展机械排灌。1961年发展电力排灌，传统的人力水车作为抗旱排涝的辅助工具。1962年，境内同福公社有人力水车402部，至1966年减少到389部。70年代人力水车被机电排灌机具取代并淘汰。

排灌机械　1955年，境内灵安公社在“天花荡”创建崇德县第一个民办抽水机站，建站时由县帮助调拨柴油抽水机6台53千瓦（72马力），实行流动排灌。1958年冬归属于灵安公社农业机械管理站（俗称公社抽水机站或机灌站）。是年，灵安公社共有柴油抽水机32台258千瓦（351马力）。1959年春，民办抽水机站撤除前有抽水机23台203千瓦（276马力），有临时机座7个，流动机船17只，受益范围有纪目、天福、惠桥、钱林和灵安，排灌范围2.9万亩。1962年，境内同福公社拥有柴油抽水机17台190千瓦（258马力），用于农田排灌作业。是年6月，以石门、桐乡、崇福等3个变电所为枢纽，向全县5个大镇29个公社供电。是年，境内灵安、同福两公社共建有11个电灌机埠，变压器11台，配变容量360千伏安，电动机21台268千瓦，控制面积1.75万亩。

1972年，灵安、同福两公社共有排灌配套机械柴油机38台351千瓦；电动机130台1027千瓦。1975年，共有柴油机动力323千瓦；电动机141台899千瓦。1980年，灵安、同福两公社共有排灌机械334台，排灌动力2130千瓦，其中柴油机47台393千瓦；电动机287台1737千瓦。1985年，灵安、同福、史桥有排灌配套柴油机210台828千瓦；电动机648台3693千瓦，柴油机动力占排灌动力的18%。1995年，境内有排灌柴油机214台843千瓦；电动机973台4615千瓦，柴油机动力占排灌动力的15%。之后，排灌柴油机逐步由电动机取代。2005年，境内有排灌柴油机15台131千瓦；电动机1409台7582千瓦，电动机动力占排灌机械动力的98%。2008年，境内排灌机械柴油机已被电动机取代。是年有排灌电动机1142台7533千瓦。2012年，境内有排灌动力1149台7772千瓦，其中电动机动力占100%。

农用水泵　水泵是抽水工具。中华人民共和国成立之前，境内抽水机具甚少。1955年在灵安公社创建民办抽水机站，1962年灵安、同福两公社建立电力排灌机埠11座，主要配置的农用水泵是离心泵、轴流泵和混流泵。水泵是在动力机的带动下，通过叶轮的连续转动，产生离心力或轴向推力，将水抛出或推出，1972年，两公社共有农用水泵156台。1975年，共有农用水泵269台，其中离心泵188台、轴流泵39台、混流泵15、潜水泵17，其他10台。离心泵占总台数的69.00%。1982年，推行家庭联产承包责任制后，机埠等水利设施仍归集体所有。1985年，境内农用水泵有659台。1987年—1990年代初，境内按县水利农机局的要求，以灵安水机站为主，大力开展以轴流泵为主的大修更新改造，优化水泵结构，提高水泵节能增效。1990年，境内有各类大小农用水泵880台，其中与电力排灌机埠配套的194台，受益灌溉面积2.21万亩，排涝面积2.04万亩。1995年达到945台，2005年和2012年境内农用水泵分别达到1466台和1149台，2012年机电排灌面积为2.16万亩。

节水喷灌机械　俗称喷灌机械，1978年境内灵安、同福两公社开始推广使用喷灌机械共11套，其中灵安10套。之后在境内大力推广使用。1980年，灵安、同福两公社共推广171套498千瓦。1986年，境内推广数量达到200套，为历史最多的一年。1995年减少到123套，至1999年节水喷灌机械已停止使用。

植保机具

境内植保机具分人力喷雾器和机动喷雾机。人力喷雾器始于50年代。随着科技的进步，70年代推广使用工农一16型背包喷雾器，至1999年，境内达到12578台，平均每个农户不少于1台可正常作业。机动喷雾机境内始于1960年代，70年代推广使用东方红一18型机动喷雾机，1985年，境内机动喷雾机达到221台。之后，因保管、维修困难，生产规模小，机械作业效率低，1995年减少到67台。2000年后，随着土地规模经营的不断扩大，机动喷雾机又开始回升。

人力喷雾器　50年代初境内推广使用单管压缩喷雾器，主要用于蚕具、蚕室消毒防病虫。1958年，推广使用手摇喷粉器，防治水稻病虫害。70年代初推广使用工农—14型和工农—16型背包式喷雾器，至1974年，灵安、同福两个公社共有手动喷雾器1706台。1980年，共有手动喷雾器1818台。1982年农村推行家庭联产承包责任制后，农户大量购买手动喷雾器，1983年，灵安、同福两公社共有手动喷雾器达到5422台，已基本满足农业生产需要。比1980年增加3604台，增加198%。1985年，灵安、同福、史桥3个镇乡有手动喷雾器9271台，至1999年，境内手动喷雾器达到12578台，确保每户至少有1台手动喷雾器可正常使用，不误农时。

机动喷雾机

机动喷雾机　60年代末，境内开始推广机动喷雾机。1974年，灵安、同福两公社共有柴油喷雾机5台，汽油喷雾机4台。1978年境内推广使用东方红—18型机动喷雾机，1980年，两公社共有柴油机机动喷雾机86台177千瓦；汽油喷雾机5台11千瓦。同福公社的东方红—18型机动喷雾机有40台。该机型1982年后逐步停止使用。

1985年，境内有机动喷雾机221台391千瓦。1995年，灵安镇有机动喷雾机67台118千瓦，其中柴油机动力39台80千瓦；汽油机动力28台38千瓦。2008年，境内推广使用国家补助农机背负式电动喷雾机357台，该机其有省力，雾化好，喷射远等优点。至2012年，境内推广使用国家补助的植保机具17台，动力为汽油机47.5千瓦。

第四节　收割机具

收割机具

境内传统收获农具主要有有齿镰刀、大镰刀、铦子、稻桶、风车、廪条、谷箩、畚箕和拉耙等。大镰刀、谷箩、畚箕等少数收获农具至今农家仍在使用。50年代境内始用脚踏打稻机。70年代以推广使用电动打稻机为主。电动打稻机一直是境内主要收获后处理机械。2000年，境内机动脱粒(打稻)机达到1566台4144千瓦。之后，机动脱粒(打稻)机逐步减少，至2012年，境内农户已经很少使用或停用，被联合收割机取代。

传统农具

镰刀　收割稻麦常用工具。镰刀弯月形，刃口有细齿，长约30厘米，末端管子内装有木制短柄。

60年代初苏北大镰刀传入境内适用于稻麦收割，刀长刃口锋利无齿。当时灵安公社通过下田现场比试，特显大镰刀优越，很快在全县推广使用。之后，有齿镰刀逐步停止使用，大镰刀沿用至今。

钴子　熟铁锻打而成，刃口加钢，刀口锋利，长约20厘米，刀头微弯，背弓略厚，管子与刀刃成90°，管内装有木柄。常用于割草，也可割稻麦。一直沿用至今。

稻桶　木制方桶，是脱粒农具。上口大底部小，桶内四角装有铁环，作业时环内插入竹竿，三面围有草荐、麻布或塑料编织布，减少谷粒飞溅损失，桶内斜放用竹木制成的稻床，用人力在其上面掼打稻(麦)头，使谷粒脱落于桶内。90年代后，机械收获增多，稻桶、稻床很少使用，现今已很少见到。

风车　木制品。主要有车身、车腹、车轴、风叶、风道、进料口、出料口等组成，分上下两层，内装木制扇叶，手摇生风，利用风力清除谷粒中秕谷、空壳及轻质杂物。80年代逐步被电动扬谷扇取代，现今已很少见到。

谷箩　细竹篾编成，圆形中间略大，底部比上口略小。是农家常用的装载谷物的工具。

廪条　薄竹篾编成，高约70厘米，长约400厘米～500厘米，是农家贮藏粮食的常用工具。90年代后，农家普遍采用塑料编织袋贮藏粮食。

畚箕　薄竹篾编制，常用于搬运谷物等，也有农家使用白铁皮制成的畚箕。

拉扒　有竹制和铁制两种。用于清理谷物中撒乱的杂物、柴火等杂物。

收割机械

脚踏打稻机　亦称"人力打稻机"，分单人和双人两种。脚踏打稻机由机架、齿轮、踏板、铁齿木制滚筒等组成。境内50年代中期推广使用脚踏打稻机。1958年，灵安大公社有脚踏打稻机366台，每台管田114亩。至1972年，灵安、同福两公社共有脚踏打稻机402台，1974年共有266台，比1972年减少136台。之后大部分脚踏打稻机被灵安、同福机电站改装成电动打稻机。

机动脱粒(打稻)机　按动力分有柴油机和电动机两种。按用途分有落田打稻机、场上打稻机和自动脱粒机3种。灵安、同福两公社1972年共有3马力柴油机动打稻机74台。之后，推广使用电动打稻机。1975年，两公社共有机动脱粒(打稻)机242台621千瓦。其中稻麦二用脱粒机100台，落田打稻机30台，1800型长滚筒打稻机112台。1981年灵安、同福两公社共有机动脱粒(打稻)机730台2021千瓦，其中落田打稻机增加到319台。1982年推行家庭联产承包责任制后，多数农户自购落田打稻机。1985年，灵安、同福、史桥3个镇乡共有机动脱粒(打稻)机1350台3762千瓦。1990年，境内3个镇乡共有机动脱粒(打稻)机1856台4788千瓦，机械脱粒面积6.81万亩。之后，稻麦两用脱粒机因不适合家庭小规模生产而逐步停止使用。2000年，灵安、同福共有机动脱粒(打稻)机1566台4144千瓦，机械脱粒面积1.32万亩。2008年，境内有机动脱粒(打稻)机1427台3284千瓦，机械脱粒面积0.28万亩。2012年，机动脱粒打稻机已很少使用或停用，被联合收割机取代。

联合收割机　集收割、脱粒、清洗、输送、装粮等作业一次完成的机器。1978年，境内同福公社联庄大队推广试用湖州产100－12型联合收割机1台，至80年代初停止使用。2006年，凤鸣街道引进联合收割机1台。2008年，境内有联合收割机2台48千瓦，机收晚稻面积为0.29万亩(含外地机收割)。至2012年，境内有联合收割机3台70千瓦，机收晚稻面积0.468万亩(含外地收割机收割)。

第五节　设施农业设备

灵安村蔬菜钢管塑料大棚

境内设施农业设备发展起步较早，始于80年代。2000年，灵安镇有塑料大棚25413平方米。之后，随着境内农业规模化、产业化的快速发展，设施农业设备不断增加，以适应现代农业的需要。

凤鸣街道灵安无公害蔬菜生产基地始于1995年，在市政府的大力支持下，基地不断发展，从原来以露地栽培为主逐步转向设施农业栽培。2000年，灵安镇有蔬菜塑料大棚25413平方米。2001年，蔬菜种植基地逐步扩大，2002—2005年，灵安村等6个村民小组，212户农户，基地总面积达到630亩，其中朱家门组建有350亩。之后，基地产品的数量、品种和质量不断增加和提高。产品主要供应桐乡市区，部分产品还销往嘉兴、上海等邻近城市。2008年，凤鸣街道有设施农业塑料大棚27500平方米，至2012年，街道共有设施农业简易大棚30000平方米，钢管大棚566600平方米以及收获后处理设备冷藏保鲜设备2套，容积为900立方米。

第六节　农副产品加工与运输机具

加工机具

境内传统加工工具主要有木砻、石臼、石磨、筛子等，大多沿用至50年代末期，随着农副产品加工机械的快速发展而逐步淘汰。60年代中期，电力通向境内各公社、大队和生产队，以电动机为动力的加工机具得到广泛应用。2000年～2012年，粮食加工和畜禽饲料加工实现商品化，加工机具渐趋减少。

传统加工工具

木砻　加工糙米之用。上下盘(俗称臼)，用韧木箍成，圆形，直径约80厘米，厚度10厘米左右，中心有砻轴，上臼侧面有砻耳，与丁字形手把配合使用，臼中有加料口；下臼固定在砻脚上，上下臼合拢面凿有斜槽。使用时，一边推拉丁字把，使上臼转动，一边从加料口投入稻谷，使稻谷搓碾去壳后得糙米。60年代已淘汰。

石磨　俗称磨子，用于加工米、麦和豆粉。石磨，石块凿成，分上下两盘，上盘和下盘合拢面凿有斜槽，上盘有进料口、耳柄、木制丁字形操作杆，下盘固定，中间镶有铁轴等。使用时用手推拉操作杆，使上盘绕中心铁轴转动，不断地加入粮食碾磨成粉。60年代后被磨粉机取代。

石臼　俗称杵臼，石块凿成，用于舂米或打年糕。石臼内呈半球形，外形大都为圆形，有大小之分，境内以三斗臼、五斗臼为多，配有杵(亦称石槌或石蒲柱)，可一人舂，也可两人对对舂，需无数次的反复舂，方成白米，功效甚低。60年代后被碾米机取代，石臼不再用于舂米。现今境内有用石臼打年糕的习惯。

筛子　竹篾编成，圆形，大小不等，筛目规格有多种。境内常用有谷筛、米筛、粉筛等。用于清除稻、麦脱粒后混入的柴禾、糙米中的谷粒、白米中的碎米、米糠和米（麦）粉中的粗粒等，是农家谷物加工的常用工具，一直沿用至今。

加工机械

农副产品机械加工主要有粮食、饲料、油料、棉花等（以下简称“加工机械”）。中华人民共和国成立之前，境内加工机械甚少，大都使用传统工具加工。50年代开始以柴油机作加工机械动力，开展碾米等加工。1955年，境内灵安“天花荡”民办抽水机站创建后，增添兼营砻谷机加工稻谷副业。60年代开始，电动机首先应用于农副产品加工机械，冬季机埠不打水的空闲时间，利用机埠电动机开展稻谷、饲料等加工，服务农户。1972年，灵安、同福两公社共有加工机械115台，其中砻谷机2台、碾米机21台、磨粉机32台、轧花机27台、饲料粉碎机26台和青饲料打浆机7台。1980年，灵安、同福两公社共有加工机械326台1994千瓦，其中砻谷机4台、碾米机25台、磨粉机45台、轧花机25台、榨油机1台、饲料粉碎机59台、青饲料打浆机172台，总台数比1972年增加211台，增加183%，基本满足农户需要。1982年，农村推行家庭联产承包责任制后，灵安、同福两公社加工机械主要以碾米机和饲料粉碎机为主，农户将碾米后的谷壳及米糠随之加工成饲料喂猪。1985年，灵安、同福、史桥有加工机械392台2741千瓦，其中碾米机63台、饲料粉碎机195台，共计258台，占总台数的65%。1995年，境内有加工机械220台2713千瓦，其中碾米机81台，饲料粉碎机66台。2000年，随着境内禽畜养殖业结构的调整，禽畜饲料实现商品化，加工机械逐渐减少，饲料粉碎机械统计数据也划入其他机械。2005年，境内有加工机械115台1494千瓦，其中粮食加工机械113台，加工粮食数量0.116万吨。至2012年，农产品加工机械有48台756千瓦，其中粮食加工机械为45台。

运输机具

传统的运输农机具主要有土埭，竹篰、扁担、杠子、农船、手推车等，除水泥农船在90年代后期被淘汰，其余多数运输农具境内农家仍在使用。运输机具分陆上运输和水上运输机具。境内陆上运输机具1990年以前以手扶拖拉机拖带挂车作短途运输工具。之后，以运输型拖拉机为主，至2012年，境内运输型拖拉机为327辆，其中大中型运输型拖拉机100辆。水上运输机械以农用机动船为主（俗称：农用挂桨机船），1990年境内达到309艘，至1999年后农用机动船逐步淘汰，被陆上运输机械取代。

传统运输农具

土埭　用竹或竹木结合编制而成。是用人力运送栏内畜粪、泥土的常用工具。80年代后，境内使用竹木及塑料包扎带编织的土埭，具有韧性好、寿命长的优点，现今农家仍在使用。

粪桶　木制品，是农家清理畜粪、施肥、浇水的专用工具，有弯板、直口两种，使用时与粪勺配合。一般粪桶口径约38厘米、底径30厘米、高33厘米。90年代初开始推广塑料粪桶，是现今农家常用的挑运工具之一。

竹篰　竹篾编成，按用途分有柴篰、叶篰、草篰等多种。现今农家仍在使用。

农船　有木农船和水泥农船两种。是农家传统河道积肥（捻河泥）和水上运输工具，也可用于捕鱼和行人过河摆渡等。境内常用农船大都为3吨、5吨，使用时配有橹、跳板、竹篙、缆绳等。民国时期至1950年代初使用的都是木农船，制造、维修成本较高，一般上中农以上的较富裕农户才有船。中华人民共和国成立后，特别是农业合作化后，由集体购买农船或者农户私船作价归集体，公有公用。1958年，境内灵安公社有木农船433只，每只农船积肥管田96亩。1965年，桐乡推广始用水泥农船，其有维修成本低等优点,发展很快。1972年,灵安、同福两公社共有木农船352只,水泥农船190只,此后木农船逐渐减少。1975年,灵安、同福两公社共有木农船300只,水泥农船282只。1982年,农村推行家庭联产承包责任制后,水泥农船发展很快。1983年,灵安、同福两公社木农船减少到157只而水泥农船增加到818只,比1975年增加536只,增加190%。1985年,境内有木农船29只,水泥农船有990只。1991年,境内木农船已淘汰,水泥农船达到1001只。1999年,境内水泥农船拥有量仅存101只,比1991年减少约10倍。2000年后,随着乡村道路建设的快速发展,交通条件不断改善,以及政府统一部署拆解淘汰水泥船,2005年起水泥农船停止使用,并由农用运输车和运输型拖拉机所取代。

运输机械

农用汽车　俗称农用载重汽车,境内始于80年代初,主要运输农产品、化肥、农药等农用物资,专门服务于"三农"。1984年,境内灵安镇有农用汽车1辆,1993年灵安镇有9辆,同福乡1辆,至1999年,境内共有农用汽车16辆,其中灵安镇15辆,同福乡1辆。之后农机化统计年报对农用汽车不再统计。

农用运输车　分三轮车和四轮车两种。1987年,境内灵安镇始用农用运输车2辆。1995年,境内有农用运输车44辆,其中三轮车39辆、四轮车5辆,2000年,境内有农用运输车47辆1375千瓦,其中三轮车33辆、四轮车14辆。2002年开始逐步减少,至2008年,境内农用运输车已停止使用。

大中型运输型拖拉机　有大中型方向盘式胶轮拖拉机带挂车和功率在14.7千瓦以上的变型运输机,专门从事道路运输作业。1973年,境内沿320国道的灵安、同福两公社的大中型拖拉机在农闲拖拉机不耕田时,开展道路运输作业,为当地农村建设提供服务。据1976年统计,灵安、同福两公社拖拉机运输作业量为0.036万吨/公里。80年代末,境内灵安、同福两镇乡的大中型方向盘式拖拉机带挂车因机组体积大,行驶速度慢(每小时在30公里以下),经济效益差而逐步停用,被大中型变型运输型拖拉机取代。1990年,境内有大中型变型运输机3辆,1995年增加到13辆。2005年达到124辆2187千瓦,至2012年,境内有大中型变型运输型拖拉机100辆1838千瓦。

小型运输型拖拉机　分手扶拖拉机带挂车、小型方向盘式运输拖拉机(简称"小方拖")和小型手扶变型运输机3种。1974年,灵安、同福两公社共有手扶拖拉机带挂车9辆,1980年,境内灵安、同福两公社共有与手扶拖拉机配套的挂车30辆,36.5吨。1983年前,手扶拖拉机主要用于在当地乡村道路搞农业运输作业。1984年开始,上道路行驶的手扶拖拉机境内只有同福乡1辆(由交通部门移交到农业部门管理)。1990年,境内有方向盘式小型运输型拖拉机41辆。1999年有小型运输型拖拉机327辆,其中手扶拖拉机运输机14辆。之后,手扶拖拉机上路运输作业基本停止。2005年,境内有小型运输型拖拉机315辆3614千瓦。2012年,为227辆3024瓩。

农用机动船　俗称农用挂桨机船,境内始于1974年,灵安、同福两公社共有挂桨机船7艘67.62千万(92马力),经过10多年发展,1985年境内灵安、同福、史桥3个乡镇共有农用机动船133艘1204千瓦,1990年达到309艘,为最多的一年。之后,逐步减少,至1999年后农用机动船逐步淘汰,被运输型拖拉机所取代。

第七节　农机管理与服务

随着境内农业机械的不断增加,对于管好用好现有的农业机械,充分发挥农业机械效能,促进农业生产发展,各级政府把建立和健全农机管理机构作为一项重要任务给予落实。特别是1975年后,境内各公社(乡、镇、街道)大队(村)把搞好农机化管理与服务作为重点工作之一。建立和健全乡、镇、街道农业机械管理服务站,村农机化服务组织和农机安全示范村建设等。

机构

1962年,境内在恢复、健全灵安、同福两公社机电排灌管理站(史桥在南日公社)的基础上,1975年,按照嘉兴地区革命委员会生产指挥组43号和94号文件精神,在县农机水利局的指导下,境内灵安、同福两公社在公社机电排灌管理站的基础上建立和健全了公社农机水电管理站(简称"公社机电站")。公社机电站是人民公社管理农业机械工作的专门机构,一般为3～5人,属公社事业单位经济上以集体为主,国家补助为辅,配有农机、水利、农电专职管理人员,在业务上接受上级农机、水利、电力等部门的指导。在公社党委的直接领导下,具体实施公社农业机械化发展规划的制订;抓好兴修水利、农村用电和农田基本建设;做好农机队伍思想建设和技术培训工作,指导社队搞好农业机械劳动、计划、机务、财务四大管理和社队群众性农业机械的科学实验、农具改革和推广。之后,灵安、同福公社各大队也相应建立起农机水电管理领导小组(也有称农机管理领导小组)。1976年,灵安公社已成立农机管理领导小组的有12个大队,同福公社有8个大队。是年,同福公社联胜大队派一名副书记和一名支委担任大队农机管理小组领导,1977年3月,大队为管好用好农业机械,建立了农机管理10项规章制度即:政治学习制度、生产责任制、单机核算制、维修保养制、油料保管制和总结评比制度等。1978—1979年,公社机电站与农电站分设。之后,灵安、同福两公社机电站改称为农机水利管理站。1984年,随着县农机水利局的更名,灵安、同福两公社农机水利管理站分别更名为灵安镇和同福乡水利农机管理服务站(以下简称水机站)。是年,史桥属南日乡,同年11月从南日乡析出,复称史桥乡。1985年,建立了史桥乡水利农机管理服务站,配备农机、水利管理人员共2名。1999年,史桥乡行政机构变动,乡水机站与灵安镇水机站合并,合并后称灵安水机站。2000年,根据桐乡市委、市政府要求,灵安镇和同福乡水机站下属的综合经营企业被改制成独立法人,自负盈亏的乡镇企业,水机站内部人员和机电设备开始分流。2002年7月,随乡镇、街道行政机构的调整,原灵安镇和同福乡水机站的农机监督管理职能分别并入新成立的凤鸣街道和同福乡农业经济服务中心。服务中心负责本地区的还有种植、林业、渔业、水利技术推广和蚕桑辅导等工作。2008年,同福乡与凤鸣街道合并后,组成包括畜牧业在内的凤鸣街道农业经济服务中心,综合服务能力有了新的提升,至2012年,农业经济服务中心共有各类专业技术服务人员20人,其中农机管理人员1人。

农机服务组织与人员

乡镇(公社)农机服务组织与人员　1955年,境内灵安乡创办灵安民办抽水机站,站内设有机务、财务、水利3个组,建立初期有抽水机手12人。机站内分工明确,责任到组到人,有序安排各乡农田灌溉,为农户服务。1962年,境内灵安、同福两公社机电排灌管理站管理服务人员4人。1972年增加到15人。1975年,灵安、同福两公社农机水电管理站共有管理服务人员23人,1980年增加到44人。1985年,灵安、同福、史桥3个乡镇水机站共有管理服务人员37人,1990年增加到54人,其中灵安水机站40人、同福12人、史桥2人,是职工人数最多的一年。之后,境内各乡镇农机管理服务人员逐年减少。2002年～2012年,凤鸣街道和同福乡农业经济服务中心,服务范围扩大到农机、水利、种植业、渔业、林业和蚕桑辅导和畜牧业,以适应发展现代农业的需要。

村(大队)农机服务组织与人员　农机服务队有常年固定农机服务队和农忙机耕队。1981年,灵安、同福两公社始办大队农机服务队,分别为9个42台拖拉机和1个8台拖拉机,开展代耕作、代脱粒、代运输、代修理等服务项目。1987年,灵安镇路家园村建立常年农机服务队,有拖拉机15台,机手

10人，管理人员3人；同福乡联建村建立常年农机服务队，有拖拉机10台，机手20人，管理人员3人。是年，灵安镇茶家兜、灵安、惠桥、朱家门、建福等5个村建立农忙机耕队，有拖拉机38台，机手76人，管理人员14人；同福乡有联庄、联胜、联星、联合、联勤、联中、联民等7个村建立农忙机耕队，有拖拉机117台，管理人员17人，机手234人。农忙机耕队，实行村管理制、机手承包制。村管的内容为“五统一”，即统一落实机耕责任制、统一收费、统一调度使用、统一油料管理和统一维修保养。1990年，灵安、同福、史桥3个乡镇共有农忙机耕队22个484人。1995年，灵安、同福两个乡镇有农机专业服务组织20个203人。1999年，境内农机专业服务组织有20个208人。2000年境内有各类农机服务组织28个91人。2007年，有各类农机服务组织13个296人，之后由农机户和农机专业户转向农机社会化服务。

农机户及农机专业户　境内户有户营农机始于1985年。是年灵安、同福、史桥3个乡镇共有农机户18户33人。1995年，境内有农机户388个389人，其中农机专业户304个305人。2000年，有农机户671个671人，其中农机专业户241个241人，2007年农机户增加到698个698人，其中农机专业户248个248人，占总户数的36%。2008年后，随着境内农业种植结构的调整和农机社会化服务的发展，农机户渐减。至2012年，农机户为302个，人数302人。

农机服务项目

境内主要农机服务项目有机械耕作、机械种植、机械收获与脱粒、机电灌溉、农副产品加工和农机运输作业等。

机械耕作　境内机械耕作始于60年代中期，电耕犁、拖拉机等耕作机具渐增，机械耕作已成为发展农业生产的一项重要服务。1975年，灵安、同福两公社机耕服务面积共计1.65万亩，占耕地面积的40.50%。1983年，灵安、同福两公社机耕面积共计2.44万亩，比1975年增加47%。1985年，灵安、同福、史桥3个乡镇机耕面积为3.10万亩。之后，随着境内农业种植结构的调整，机耕面积有所下降。至2005年，机耕面积下降到1.46万亩。2012年，机耕面积为2.33万亩，比2005年略有回升。

机械种植　境内机械种植始于1978年，同福公社联胜大队引进浙江一3型机动插秧机2台。是年，共插种双季早稻118亩，于80年代初停止使用。2012年，境内第二次依托农机社会化跨区服务始用机动插秧机种植水稻332亩。

机械收获　境内机械收获水稻、大小麦始于1978年，同福公社l联庄大队引进湖州产100-12型联合收割机1台，推广使用，并于80年代初停止使用。2006年，境内凤鸣街道再次引进联合收割机1台，当年机械收获面积为0.12万亩，2008年机械收获水稻面积为0.29万亩，2012年，机械收获水稻面积为0.468万亩，占水稻种植面积的97%。

机械脱粒　境内机械脱粒始于50年代中期。1975年，境内机械脱粒打稻机大量增加。是年，机械脱粒早稻面积灵安、同福两公社总数为0.28万亩，占种植面积的11.7%，晚稻脱粒面积为2.34万亩，占种植面积的95%。1990年，境内机械脱粒面积为6.81万亩，1999年为4.22万亩。2000年，机械脱粒服务项目改为机械脱粒粮食数量。是年，境内机械脱粒粮食数量为1.32万吨，2010年为1.66万吨。

机电灌溉作业　境内机电灌溉作业始于50年代中期。据1990年统计，境内灵安镇、同福乡、史桥乡机电灌溉作业面积[①]分别为4.60万亩、9.02万亩和2.69万亩，总共为16.31万亩。2000年，境

① 机电灌溉作业面积：一年内在同一亩耕地上灌溉几遍，则按几遍计算。

内机电灌溉作业面积为12.33万亩，2006年为6.26万亩。2008年起，机电灌溉作业面积服务项目改为机电灌溉面积①服务项目。是年，境内机电灌溉面积为2.16万亩，2012年为2.33万亩。

机械加工粮食　境内始于50年代初，利用流动抽水机船冬季不再抽水时，用柴油机带动碾米机加工粮食。60年代后，利用电力机埠的电动机作动力，开展轧谷、碾米、磨粉等机械加工粮食。据1991年统计数，境内机械加工粮食总数为2.39万吨，1995年为1.4万吨，2012年为0.2万吨。

农机安全管理

70年代初期，境内灵安、同福两公社农田作业拖拉机渐增，320国道穿越境内，交通方便，农闲时灵安、同福两公社机电站各安排1～2台大中型拖拉机上公路跑运输，为农村建设提供砂石料。1984年以前，农机安全管理以加强机务管理为主，由公社机电站和大队农机服务队对农机具进行统一维修和技术培养，提高机械完好率，达到安全生产。1987年后，由乡镇农机监理员（管理员）负责组织各村拖拉机驾驶员开展农机“安全日”学习，一般每月学习一次，学习交通安全知识，交流安全行车经验，提高驾驶人员安全意识，确保农机交通安全。1990年，境内上道路行驶的运输型拖拉机47辆，1995年增加到275辆，其中应参加年度检验的拖拉机268辆，应参加年度审验的驾驶人员232人。

2000年，境内上道路行驶的运输型拖拉机380辆，经年审合格的拖拉机驾驶员为297人。2005年，运输型拖拉机达到439辆，其中大中型运输型拖拉机为124辆，上公路行驶的驾驶人员433人。是年，同福乡的中群村、新农村开展创建“农机安全村”示范活动，中群村被评为嘉兴市级农机安全示范村。2007年，联庄村又被市农业经济局列为农机安全示范村建设。之后，境内运输型拖拉机逐年有所减少，至2012年，境内共有运输型拖拉机327辆，其中大中型运输型拖拉机100辆，有证驾驶人员211人。

表7—11　　境内主要农业机械拥有量统计表

年份	农机总动力（千瓦）	耕作机械		收获机械		机动喷雾剂（架）	排灌机械				粮食加工机械			运输机械			饲料粉碎机（台）
		大中型拖拉机（台）	手扶拖拉机（台）	联合收割机（台）	机动脱粒（打稻）机（台）		柴油机（千瓦）	电动机（千瓦）	农用水泵（台）	喷灌机械（套）	合计（台）	其中 碾米机（台）	其中 磨粉机（台）	运输型拖拉机（台）	其中 大中型运输型拖拉机（台）	农用机动船（艘）	
1975	3235	3	15	—	242	15	323	899	269	—	57	23	31	—	—	3	30
1981	9878	13	144	1	730	150	1008	1702	601	168	75	21	50	—	—	92	52
1983	11760	13	223	—	951	189	939	1953	505	181	106	53	52	—	—	105	54
1985	19191	15	313	—	980	221	828	3693	659	193	174	63	111	—	—	133	65
1988	21941	13	357	—	1470	224	840	4403	807	176	142	74	68	—	—	265	64
1990	20972	9	373	—	1856	224	843	3978	880	180	150	81	69	47	—	309	70
1993	22346	11	329	—	1913	224	843	4352	909	180	150	81	69	132	—	275	66

① 机电灌溉面积：一年内在同一亩耕地上无论灌溉几遍，则按一亩计算。

续表

年份	农机总动力(千瓦)	耕作机械		收获机械		机动喷雾剂(架)	排灌机械				粮食加工机械			运输机械			饲料粉碎机(台)
		大中型拖拉机(台)	手扶拖拉机(台)	联合收割机(台)	机动脱粒(打稻)机(台)		柴油机(千瓦)	电动机(千瓦)	农用水泵(台)	喷灌机械(套)	合计(台)	其中 碾米机(台)	其中 磨粉机(台)	运输型拖拉机(台)	其中 大中型运输型拖拉机(台)	农用机动船(艘)	
1995	20218	13	269	—	1189	67	843	4615	945	123	150	81	69	275	—	162	66
1997	20719	7	271	—	1193	67	904	4811	999	123	150	81	69	288	—	154	66
2000	24680	4	263	—	1566	—	634	8393	1519	—	126	以下不再统计		380	—	以下不再统计	62
2003	22190	—	245	—	1447	—	131	7378	1492	—	128	—	—	405	52	—	57
2005	22205	—	245	—	1252	—	131	7582	1466	—	113	—	—	439	124	—	58
2008	17953	—	128	2	1427	—	—	7533	1140	—	45	—	—	327	100	—	24
2010	17986	—	128	2	1427	16	—	7516	1140	—	45	—	—	327	100	—	24
2012	18359	—	128	3	—	17	—	7772	1149	—	45	—	—	327	100	—	不作统计

资料来源:《桐乡市农机化统计年报》

1975—1983 年为灵安公社、同福公社统计数

1985—2012 年为(灵安镇、同福和史桥乡)凤鸣街道统计数

第八编　工　　业

境内工业始于旧时的手工业作坊，民国时即有灵安的人和油坊、龙王庙的新正和染坊等。铁器、竹器、木器、裁缝、上鞋等手工业工匠分布在各个集镇和农村集市。农村家庭缫土丝、织土布、剥丝绵、腌榨菜等传统手工业形态则具有更久远的历史。

解放初期，人民政府积极扶持私营个体手工业恢复和发展生产，引导手工业者组织起来，走合作化道路。到1956年，境内基本完成私营个体手工业的社会主义改造，组建了灵安镇竹器生产合作社等6个手工业合作社（组），产品主要是铁、竹、木农具和生活用具，以及印染、裁缝、上鞋等加工业务。此后，随着手工生产向半机械化和机械化过渡，手工业逐步发展为二轻工业。

1958年开始的人民公社、“大跃进”时期，拔苗助长式的大办工业、大炼钢铁，看似热火朝天，实为劳民伤财。1962年，贯彻落实中央“调整、巩固、充实、提高”的八字方针，对工业进行整顿后，境内初步形成以农副产品加工为主体的社队工业。进入70年代，纺织、建材等行业逐渐兴起。至1978年，灵安、同福两个公社共有乡办企业15家，年产值330万元。

中共十一届三中全会后，改革开放的春风为境内工业带来蓬勃生机，社（乡镇）、队（村）办工业，不断调整产业结构和产品结构，加大工业性投入和技改步伐，工业规模快速发展，经济效益不断提高。至1988年，灵安、同福、史桥等3个乡，已有乡办工业企业36家，工业总产值9948.66万元（史桥1772.74万元、同福5059.97万元、灵安3115.95万元），灵安造漆厂、同福丝厂、史桥精毛纺织厂等一批上规模的骨干企业先后崛起于阡陌之中。1989年，经省人民政府批准，灵安镇被增列为重点工业卫星镇。

随着国家鼓励个体私营经济健康发展，逐步放开对个体私营办工业的限制，境内个私工业开始恢复和发展。1981年，史桥乡糜海球创办海球工艺品厂，后更名为浙江海球磁力写字板有限公司。1986年，其生产的海球牌磁力写字板获全国十佳儿童用品金奖，企业快速发展，产品畅销全国。1988年产值达到925万元，占史桥全乡工业总产值的一半有余。

进入90年代，外向型工业应运而生。1992年，嘉兴松翔化学有限公司和桐乡市银凤来床上用品有限公司，成为境内首批中外合资企业。是年成立的“三资”（中外合资经营、中外合作经营、外商独资经营等三类外商投资企业）企业还有桐乡国际途杭白菊制品有限公司、嘉兴凤鸣毯业有限公司、嘉兴海河蔬菜食品有限公司等。此后，随着招商引资力度的加大，外资和港澳台资源源不断进入，在境内注册成立独资或合资公司，成为新时期工业经济的重要组成部分。

1993年开始，根据市委市政府关于企业改革改制的一系列部署，境内工业企业逐步推进产权制度改革，原乡镇、村集体企业改制为股份合作制企业。后又进一步深化改革，因企制宜，采取资产转让、拍卖重组、改制为有限责任公司或私营企业等多种形式，明晰产权关系，盘活存量资产，乡镇、村公有资本有序退出。到2000年，境内乡镇、村两级集体所有制工业企业完成民营化改制。同时，形成了浙江天女、银凤来等一批在全省、全市有一定影响力的企业集团。

1999年，境内乡镇工业园区建设进程加快。是年10月，市政府批准建立同福经济园区。2000年

11 月,市政府批复同意灵安镇创办桐乡市化学工业园区(2006 年改名桐乡市经济开发区凤鸣分区)。工业园区成为境内工业集聚发展的重中之重。

表 8—1　　2004 年凤鸣街道全部工业企业主要经济指标一览表

单位:万元

指标名称	数据	指标名称	数据
企业数(个)	105	法人资本	3004
其中:亏损企业	14	个人资本	10095
工业总产值(当年价)	94543	港澳台资本	8237
工业销售产值(当年价)	92057	外商资本	4169
出口交货值	21258	主营业务收入	91377
年初存货	7929	主营业务成本	79174
年末存货	11156	主营业务税金及附加	363
固定资产原价	38286	费用合计	5790
本年折旧	2104	营业利润	6342
资产总计	102805	利润总额	6670
负债合计	53110	亏损企业亏损额	268
实收资本	26169	从业人员劳动报酬	5767
国家资本	—	劳动、待业保险费	35
集体资本	663	从业人员年均人数(人)	4429

资料来源:《桐乡经济普查年鉴》(2004)

表 8—2　　2004 年同福乡全部工业企业主要经济指标一览表

单位:万元

指标名称	数据	指标名称	数据
企业数(个)	70	法人资本	1290
其中:亏损企业	9	个人资本	3275
工业总产值(当年价)	93593	港澳台资本	1011
工业销售产值(当年价)	93334	外商资本	579
出口交货值	11433	主营业务收入	94047
年初存货	6853	主营业务成本	89368
年末存货	7699	主营业务税金及附加	288
固定资产原价	32222	费用合计	3286
本年折旧	1681	营业利润	1174
资产总计	41225	利润总额	1375
负债合计	25467	亏损企业亏损额	55
实收资本	6540	从业人员劳动报酬	4221
国家资本	100	劳动、待业保险费	5
集体资本	284	从业人员年均人数(人)	3415

资料来源:《桐乡经济普查年鉴》(2004)

2007年，凤鸣街道党委、办事处建立并完善班子成员联系企业制度，对企业技改投入、新批项目进展情况进行跟踪联系，定期汇报。是年，凤鸣街道有10个项目列入市级千万元以上重点工业项目。

表8—3　　2008年凤鸣街道全部工业企业主要经济指标

单位：万元

指标名称	数据	指标名称	数据
企业数(个)	261	本年折旧	50184
其中：亏损企业	44	主营业务收入	910463
工业总产值(当年价)	969529	主营业务成本	739373
固定资产原价	999931	主营业务税金及附加	1572
所有者权益合计	565943	主营业务利润	169517
实收资本	340536	其他业务利润	4162
国家资本	—	费用合计	83961
集体资本	191	营业利润	89718
法人资本	169952	职工工资和福利费	51674
个人资本	26565	本年应缴增值税	27977
港澳台资本	36575	年末存货	138046
外商资本	107253	从业人员年均人数(人)	19475

资料来源：《桐乡经济普查年鉴》(2008)

至2012年年末，凤鸣街道有工业园区2个，工业企业598家。其中规模以上企业59家，含销售收入超亿元企业13家，超5亿元企业2家，超10亿元企业1家。基本形成以纺织服装、有色金属压延加工、化学制品及化纤制造业为主体，机械器材、制鞋业、农副食品加工等产业共同发展的工业格局。主要产品有油漆、涂料、稀土永磁材料、化纤丝、铜材、白厂丝、丝绵羽绒制品、经纬编织品、床上用品系列、皮鞋、羊毛衫、镜子玻璃、杭白菊系列产品等。2012年，规模以上工业企业实现总产值60.04亿元，主营业务收入59.59亿元，利税总额4.60亿元(其中利润2.28亿元)，从业人员6044人；工业增加值5.23亿元，工业生产性投入4.51亿元，8个市级重点工业项目完成投资1.9亿元，外贸出口产品交货值0.47亿元，引进外资实绩3.44亿元。2012年，有规下企业540家，工业总产值19.99亿元，产品销售收入18.93亿元，利税总额1.08亿元。个私工业户达2922家，从业人员7786人。

表8—4　　2012年凤鸣街道规模以上工业企业主要指标表

单位：万元

	企业数(个)	工业总产值	资产合计	主营业务收入	利税总额	全部从业人员平均人数(人)
总　计	59	600412	334705	595890	46026	6044
农副食品加工业	1	3237	1022	2525	79	17

续表

	企业数（个）	工业总产值	资产合计	主营业务收入	利税总额	全部从业人员平均人数（人）
纺织业	26	184990	146607	185420	15077	2901
纺织服装、服饰业	4	11442	5735	10948	582	382
皮革、毛皮、羽毛及其制品和制鞋业	3	9061	3686	9031	431	343
木材加工和木、竹、藤、棕、草制品业	1	3810	554	3474	316	48
造纸和纸制品业	1	14046	10843	13963	775	143
化学原料和化学制品制造业	2	95695	64934	94042	14656	762
医药制造业	2	6160	3962	6149	876	37
化学纤维制造业	6	67039	38923	66534	3979	383
橡胶和塑料制品业	3	7526	5648	7362	761	99
非金属矿物制品业	4	16496	10337	16435	1458	201
黑色金属冶炼和压延加工业	1	2374	965	2524	121	65
有色金属冶炼和压延加工业	1	151821	9287	151771	4497	55
通用设备制造业	1	2361	3317	2269	55	85
电气机械和器材制造业	1	19906	18785	19317	2198	358
计算机、通信和其他电子设备制造业	2	4450	10103	4127	166	165

资料来源:《桐乡市统计年鉴》(2013)

说明:利税总额指企业主营业务税金及附加与应交增值税、利润总额之和

表 8—5　　2012 年凤鸣街道规模以上工业企业主要产品产量统计表

指标名称	计量单位	企业个数	年度产量	比上年同期增减%
布	万米	3	2166.28	87.68
化学纤维布	万米	3	2166.28	87.68
印染布	万米	2	15277	−12.42
蚕丝	吨	1	158.75	77.72
服装	万件	5	367.27	36.02
梭织服装	万件	1	50.6	61.93
针织服装	万件	4	316.67	32.46
皮革鞋靴	万双	3	116.85	−9.87
人造板	立方米	1	8265.68	112.44
其中:胶合板	立方米	1	8265.68	112.44
机制纸及纸板(外购原纸加工除外)	吨	1	38647.71	−47.59
箱纸板	吨	1	38647.71	−47.59

续表

指　标　名　称	计量单位	企业个数	年度产量	比上年同期增减%
涂料	吨	1	34268	13.95
化学纤维	吨	2	58632.62	97.74
合成纤维	吨	2	58632.62	97.74
涤纶纤维	吨	2	58632.62	97.74
塑料制品	吨	1	1827	0.00
其中:塑料薄膜	吨	1	1827	0.00
水泥	吨	2	492447	9.30
其中:散装水泥	吨	1	327925	21.19
钢材	吨	1	1339	248.00
焊接钢管	吨	1	1339	248.00
铜材	吨	1	33769.7	56.00
灯具及照明装置	套(台、个)	1	7649148	41.09

资料来源:《凤鸣街道2012年经济和社会发展统计公报》,由街道统计中心提供

第一章　工业体制

第一节　私营、个体手工业

境内的手工业起源于农村家庭副业,农民在农作之余兼营手工业产品,如缫土丝、织土布、剥丝绵、腌榨菜、做豆腐等,其产品除农民自用之外,会拿到附近城镇或集市上出售,成为农村家庭的副业收入。后来,随着绍兴、萧山等外地工匠迁入桐乡、崇德两县,城镇上的手工业作坊渐见盛行,并逐步向小集镇发展,灵安、徐家庙、五社庙、龙王庙等地的手工业作坊也陆续开业经营。有史料记载,灵安的人和油坊、龙王庙的新正和染坊等,在1945年以前即已存在。

百年老店——灵安染店(原东仁和染坊)

解放后,人民政府十分重视恢复经济,扶持私营手工业的发展。1952年,灵安镇有私营手工业39户。1954年,灵安区有私营手工业53户,从业人员76人;资本净值19252万元,其中固定资产6205万元,流动资金13047万元;行业涉及木作、材铺、箍桶、竹器、打铁、白铁、染坊、糖坊、上鞋等17个门类;分布在灵安镇和各个农村集市。

表 8—6　　1954 年灵安区私营手工业基本情况统计汇总统计表

地属	业别	商号户数	从业人员(人)				资本净值(元)			备注
			合计	资方	家属	职工	合计	流动	固定	
灵安镇	工业	木作 1	1	1	—	—	132	96	36	
		箍桶 2	3	2	1	—	220	178	42	
		竹器 1	1	1	—	—	107	92	15	
		染坊 1	5	1	1	3	6209	4979	1230	
		轧花 4	4	4	—	—	378	7	371	
		成衣 3	3	3	—	—	372	67	305	
		豆腐 2	5	2	3	—	615	170	445	
		茶食 1	5	3	—	2	3457	2395	1062	
		糖坊 1	2	1	1	—	880	665	215	
		面梗 2	4	2	1	1	1657	704	953	
		肠衣 1	1	1	—	—	200	200	—	
	手工摊	铁竹鞋 11	12	11	1	—	648	315	333	白铁豆腐
农村集市	工业	材铺 5	5	5	—	—	1561	1212	349	
		染坊 2	5	2	2	1	1778	1542	236	
		成衣 2	3	3	—	—	268	36	232	
		面梗 1	1	1	—	—	53	46	7	
		竹器 1	1	1	—	—	12	2	10	
		豆腐 7	7	7	—	—	491	173	318	
	手工摊	豆腐 5	8	7	1	—	214	168	46	打铁
合计	—	53	76	58	11	7	19252	13047	6205	
其中:	摊贩	16	—	—	—	—	—	—	—	

资料来源:桐乡市档案馆馆藏档案,卷宗号 1—1—216《崇德县灵安区私营工商业 1954 年末基本情况调查综合表》

表 8—7　　灵安区私营工商业 1954 年末基本情况调查统计表(手工业)

地属	业别	商号名称	从业人员(人)				资本净值(元)		
			合计	资方	家属	职工	合计	流动	固定
灵安镇	木作	义兴	1	1	—	—	132	96	36
灵安镇	箍桶	顺昌	1	1	—	—	16	10	6
灵安镇	箍桶	陈万顺	2	1	1	—	204	168	36
灵安镇	竹器	永兴	1	1	—	—	107	92	15
灵安镇	染坊	东仁和	5	1	1	3	6209	4979	1230
灵安镇	轧花	永隆	1	1	—	—	153	7	146
灵安镇	轧花	宏昌	1	1	—	—	75	—	75

续表

地属	业别	商号名称	从业人员(人)				资本净值(元)		
			合计	资方	家属	职工	合计	流动	固定
灵安镇	轧花	洽泰	1	1	—	—	75	—	75
灵安镇	轧花	祥安	1	1	—	—	75	—	75
灵安镇	成衣	友农	1	1	—	—	166	24	140
灵安镇	成衣	春记	1	1	—	—	90	35	55
灵安镇	成衣	南新	1	1	—	—	116	6	110
灵安镇	豆腐	梅福昌	2	1	1	—	445	45	400
灵安镇	豆腐	沈黎润	3	1	2	—	170	125	45
灵安镇	茶食	泰昌	5	3	—	2	3457	2395	1032
灵安镇	糖坊	勤益	2	1	1	—	880	665	215
灵安镇	面梗	朱益昌	2	1	1	—	1064	477	587
灵安镇	面梗	朱洪昌	2	1	—	1	593	227	366
灵安镇	腸衣	泰生	1	1	—	—	200	200	—
灵安镇	铁器	杨石坤	1	1	—	—	91	71	20
灵安镇	白铁	金振华	2	1	1	—	115	57	58
灵安镇	竹器	李根生	1	1	—	—	6	5	1
灵安镇	上鞋	倪爱伟	1	1	—	—	53	11	42
灵安镇	上鞋	钟德龙	1	1	—	—	27	13	14
灵安镇	上鞋	徐子伦	1	1	—	—	23	3	20
灵安镇	上鞋	张永鈿	1	1	—	—	45	19	26
灵安镇	豆腐	沈方治	1	1	—	—	73	36	37
灵安镇	豆腐	顾金荣	1	1	—	—	82	42	40
灵安镇	豆腐	郑桂荣	1	1	—	—	62	27	35
灵安镇	豆腐	俞才生	1	1	—	—	71	31	40
钱林乡	材铺	久昌	1	1	—	—	200	180	20
中福乡	材铺	大昌	1	1	—	—	243	223	20
天福乡	材铺	协大	1	1	—	—	379	349	30
天福乡	材铺	森泰	1	1	—	—	380	247	133
天福乡	材铺	森昌	1	1	—	—	359	213	146
龙王庙	染坊	新正和	2	1	1	—	113	72	41
徐家庙	染坊	何仁泰	3	1	1	1	1665	1470	195
徐家庙	成衣	新生	2	2	—	—	121	26	95
徐家庙	成衣	天福	1	1	—	—	147	10	137
徐家庙	面梗	顾聚茂	1	1	—	—	53	46	7
惠桥乡	竹器	盛茂	1	1	—	—	12	2	10

续表

地　　属	业　别	商　号 名　称	从业人员(人)				资本净值(元)		
			合　计	资　方	家　属	职　工	合　计	流　动	固　定
太平乡	豆腐	吴兴	1	1	—	—	113	43	70
纪目乡	豆腐	恒茂	1	1	—	—	53	23	30
纪目乡	豆腐	茂兴	1	1	—	—	47	17	30
五社庙	豆腐	永茂	1	1	—	—	65	25	40
五社庙	豆腐	永昌	1	1	—	—	67	25	42
徐家庙	豆腐	姚贵荣	1	1	—	—	58	25	33
龙王庙	豆腐	龙兴	1	1	—	—	88	15	73
灵安乡顾家坝	豆腐	顾雨龙	1	1	—	—	42	42	—
徐家庙	豆腐	范贵忠	1	1	—	—	27	25	2
徐家庙	豆腐	杨全宝	1	1	—	—	21	19	2
徐家庙	豆腐	王子华	1	1	—	—	27	25	2
中福乡	打铁	周明沅	4	3	1	—	97	57	40

资料来源:桐乡市档案馆馆藏档案,卷宗号1—1—216《崇德县灵安区私营工商业1954年末基本情况调查综合表》
说明:表中的泰生肠衣店系硖石肠衣作灵安收货庄

1955年,灵安镇工商联在当地党委、政府领导下,组织私营个体手工业者开展以合作化为中心的增产节约运动,引导手工业生产者组织起来,走合作化道路,逐步建立手工业生产合作社(小组)。是年12月,灵安镇竹器生产合作社成立。1956年1月和2月,灵安镇铁器生产合作社、木器生产合作社相继成立。同期成立的合作组织还有灵安镇制鞋生产小组、缝纫生产小组,以及由印染、制面、饴糖三业合并组建的综合生产小组,境内私营个体手工业的社会主义改造基本完成。

第二节　集体工业

二轻工业

二轻工业由私营个体手工业合作化后组建的手工业生产合作社(组)发展而来。1957年,境内有竹器生产合作社等6个手工业合作社(组),有社(组)员65人,从业人员71人,全年生产总值110380元,年末自有资金11823元,其中固定资产2892元。主要产品是铁、竹、木小农具,以及一些生活资料。

表8—8　　　1957年灵安镇手工业生产合作社(组)一览表

生产社、组名称	生产社组地址	成立日期	社组员数	从业人员数	全年总产值(元)	年末自有资金(元)		主要产品或修理作业
						合　计	固定资产	
灵安镇铁器生产合作社	灵安镇南直街	1956.1.1	20	21	19197	4273	515	铁耙1664把、鉆子2801把及农具修理

续表

生产社、组名称	生产社组地址	成立日期	社组员数	从业人员数	全年总产值（元）	年末自有资金（元）		主要产品或修理作业
						合　计	固定资产	
灵安镇木器生产小组	灵安镇南市	1956.2.1	5	5	2040	319	—	料子50只、粪桶62只、锅盖800只
灵安镇竹器生产合作社	灵安镇满鱼桥	1955.12.1	22	27	20970	3150	2002	蚕匾741只、土埭234双、泥箕2064双
灵安镇综合生产小组	灵安镇东横街	1956.2.1	5	5	50349	3616	—	代农民印染布12434公尺
（制面）			3	3	—	—	—	机面条
（饴糖）			2	2	—	—	—	饴糖
灵安镇制鞋生产小组	灵安镇西横街	1956.1.22	3	3	3900	73	—	代上鞋子
灵安镇缝纫生产小组	灵安镇桥堍	1956.1.22	5	5	13924	392	375	代加工服装

资料来源：桐乡市档案馆馆藏档案，卷宗号32—1—21

1957年11月4日—7日，崇德县手工业生产合作社联合社召开第一届第一次社员代表大会，通过手工业联社章程，选举产生理、监事会。灵安镇推选铁器、综合、竹器、上鞋、建筑等5个生产合作社（小组）的代表各一人出席县手工业联社首届社员代表大会。

1958年，人民公社实行“政社合一”“工农商学兵五位一体”，灵安区各手工业合作社（组），全部归人民公社领导，业务主管部门仍为县工交局。1959年1月1日，铁、竹、木、缝纫、上鞋、制面、饴糖、印染、水作（原为供销社归口合作商店）等9个合作社（组、店）合并成灵安手工业联合厂。3月，铁器业从联合厂划出，并入灵安公社机械厂。是年，灵安手工业联合厂总产值18.78万元（1957年不变价）。年末职工数109人，其中生产工人73人，学徒20人。1960年，灵安手工业联合厂正式下放给灵安人民公社。

1962年，根据中央“调整、巩固、充实、提高”的八字方针，对社办工业作出调整。原灵安区各手工业社（组），公社化时转为社办工业的，恢复为手工业合作社（组），实行独立核算、自负盈亏。本次灵安恢复的手工业社（组）有竹器社、木器组（原木器社与圆木组合并而成）、白铁组、水作社、综合社（服装、印染）。

表8—9　　　　1962年灵安手工业企业概况一览表

企业名称	总产值（万元）（1957不变价）	年底职工数（人）		利润总额（元）	主　要　产　品		
		全部职工	其中工人		名　　称	计算单位	产　　量
灵安竹器社	2.24	23	17	626	蚕匾	只	1451
灵安综合社	3.86	10	8	1109	服装	件	4280
灵安水作社	1.90	9	6	531		公斤	9297
灵安白铁组	0.44	6	4	—	铁水桶	只	—
灵安木器组	0.999	9	4	1052	料子	只	218

资料来源：桐乡市档案馆馆藏档案，卷宗号49—53—5

说明：机械设备，竹器社有劈篾机4台，综合社有缝纫机5台、纳鞋底机1台

1963年5月和6月，灵安白铁组、灵安木器组先后关闭，人员下放农村。

1965年，灵安水作社由手工业联社系统划归商业系统，由灵安供销社归口管理，恢复为商办工业企业。是年，灵安综合社改称灵安服装印染社。此后至1979年，灵安的集体手工业仅剩竹器社和服装印染社两家。1979年，两社全部职工31人，总产值6.07万元(1970年不变价)；竹器社有电动机7台/13千瓦，服装印染社有电动机1台/3千瓦。手工生产逐步向半机械化和机械化过渡。

1980年9月，灵安服装印染社并入桐乡纺织厂，为不影响灵安周边地区农民对印染业务的需要，在灵安集镇仍保留印染车间及门市部。灵安镇的集体手工业企业仅存竹器社1家。

1983年3月，为有利于推行经济责任制，打破“大锅饭”，调动职工积极性，县二轻工业局决定，将桐乡纺织厂一分为三(桐乡棉纺厂、桐乡针织服装厂、桐乡灵安印染厂)。时隔两年半，灵安印染厂又重新成为独立核算自负盈亏企业。是年4月，经县二轻工业局批准，灵安竹器社更名为桐乡县灵安二轻塑料厂，开始转产聚乙烯打包带。12月与灵安印染厂合并，仍沿用灵安二轻塑料厂名称。

90年代后期，灵安二轻塑料厂由于企业人员老化，设备落后，在市场经济中缺乏竞争能力，致使连年亏损，至2001年已无法维持正常生产和职工基本生活，无力偿还到期债务。是年9月10日，经职工大会讨论通过，决定采取解散的改制方案。在职职工发给一次性经济补偿金后，与企业解除劳动合同，分流安置；退休职工移交市社保中心管理；企业债权债务按企业清算程序进行。2002年5月，经市产权制度改革领导小组批复同意，境内最后一个二轻集体企业——灵安二轻塑料厂实施解散。

社(镇、乡)办工业

境内的社办工业起始于1958年人民公社化，全党全民大办工业。灵安人民公社1958年初，已有3个纸浆厂，分别称灵安公社第一、第二、第三纸浆厂，主要生产坑边、纸浆。是年10月，在大办钢铁的热潮中，灵安公社新建了钢铁厂，主要产品有生铁、炒钢、木炭等。同月建厂的还有稻谷加工厂、酿酒厂。随后，蔬菜厂、化工厂、机械厂先后建成开工。到年底，灵安公社有社办企业9家，职工227人(其中生产工人220人)，总产值20.04万元(1957年不变价)。是年7月，南日公社永丰管理区农具厂在史桥集镇建成开工，主要生产深耕犁、绳索牵引机等，到年底，总产值9030元。

表8—10　　1959年灵安人民公社社办工业基本情况一览表

企业名称	厂　址	职工数(人)		总产值(万元)1957年不变价	主　要　产　品
		总　数	其中：生产工人		
化工厂	灵安镇	—	—	3.9	土化肥1120吨，活性炭135公斤
机械厂	灵安镇南市	58	55	18	深耕犁15部，插秧机98台
稻谷加工厂	同福路家园	34	33	3.7	碾米3358吨，面粉20.3吨
建筑联合厂	灵安镇河南	83	82	3	普通砖47.82万块，石灰592吨
酿酒厂	灵安南门直街	8	7	0.9	白酒(折50度)15.23吨
蔬菜厂	灵安东市梢	37	36	16.9	酱菜198.63吨，腌菜1214.29吨

资料来源：桐乡市档案馆馆藏档案，卷宗号41—5—413　1959年《灵安人民公社工业年报》

1960年，原县手工业联社系统的灵安铁器、竹器、木器、缝纫、上鞋、制面、饴糖、印染、水作(原为供销社归口合作商店)等9个合作社(组、店)合并成的灵安手工业联合厂，正式下放给灵安人民公社，改称灵安人民公社综合厂。此外，灵安公社还办了农具厂等企业。社办企业的产品以铁、竹、木制品为主，基本上都是小农具、生活资料以及农产品加工。是年底，灵安公社有农具厂、稻谷加工厂、化肥蔬菜厂（由化工厂、蔬菜厂、建筑联合厂合并而成）、综合厂等4家，职工数232人，其中生产工人177人，总产值68.4万元（1957年不变价）。1962年，根据中央"调整、巩固、充实、提高"的八字方针，对社办工业进行整顿。灵安等4个集镇的原手工业合作社（组），公社化时转为社办工业的，恢复为手工业合作社（组）。同时停办公社木农厂和农产品加工厂。1963年5月，灵安公社蔬菜厂停止生产。此后，境内社办工业经整顿后又逐步恢复和发展。

1966年，同福公社丝厂建成，是全县较早建成的社办丝厂之一，为国营丝厂代缫加工"农工丝"（土丝）。1969年，灵安公社社办工业企业有稻谷加工厂、工农兵纺织厂（1970年改称灵安公社纺织厂）；同福公社有农具厂、同福丝厂（主要产品为农工丝）。1970年灵安公社建五七工厂（1971年改称农具厂），主要生产铁制、木制农具，以及农船修理。1971年，灵安公社、同福公社的机电站列入社办工业。其主要经营业务是修理农业机械，以及为县物资公司等单位加工机械零部件。

表8—11　　1972年灵安、同福公社社办工业情况一览表

金额单位：万元

公　社	企业名称	地　　址	职工人数	总　产　值（1970不变价）	生产（加工）主要产品
灵安	机电站	灵安镇	9	1.14	加工机械零部件、为农业加工
	农具厂	灵安镇	48	4.64	铁制农具16268件、木制农具968件
	纺织厂	灵安镇	35	4.38	土布29543米
	稻谷加工厂	灵安东郊	16	4.03	加工稻谷3820吨、饲料858吨
	蔬菜厂	灵安东郊	10	7.03	榨菜2502担
同福	丝厂	徐家庙	191	67.7	白厂丝17.03吨
	机电站	同福公社	6	1	机械零部件加工、农机修理
	农具厂	东风社	55	6.35	铁器32158件、木器4140件、竹器36963件
	砖瓦厂	顺管桥	62	20.79	砖461万块、土瓦223万张、平瓦13万张

资料来源：桐乡市档案馆馆藏档案，卷宗号41－6－472　《灵安、同福人民公社社办工业企业1972年统计年报》

1974—1978年，境内新增的社办工业企业有灵安公社烟叶加工厂、生活服务站（生产皮鞋和刨烟）、工程塑料厂、绸厂，同福公社预制厂（生产建筑水泥构件）、蔬菜厂等。

社办企业职工大多为本乡农民，农闲务工，农忙务农。实行家庭联产承包责任制以前，职工工资中大部分返回所在生产队，参加生产队分配。土地联产承包后，社办企业工资由职工直接领取。

中共十一届三中全会后，境内各公社党委贯彻县委有关指示精神，把发展社队企业作为振兴地方经济和发展商品生产的突破口，社办企业开始出现加快发展的势头。1979年投产的企业有同福蔬菜厂、同福菌种厂等。1980年4月，为解决灵安公社老知青安置问题，灵安知青造漆厂（1982年更名为桐乡造漆厂）建成投产。厂址在灵安镇永兴路。是年新建的社办厂还有灵安服装厂、同福水泥厂等。1981年3月，灵安公社前进砖瓦厂建成投产；6月，同福公社砖瓦二厂建成投产。

1983年，境内社办企业开始实行经济责任制。是年，灵安公社实行“五定一奖”上缴利润包干制度，超额部分除单位提留外，可作奖励。

1984年，同福乡的水泥制品厂和灵安乡的美尔西式服装厂等先后建成投产。是年12月，史桥从南日乡析出，设史桥乡建制。史桥乡有农具厂、砖瓦厂、海河蔬菜调味厂、稻谷加工厂等4家乡办企业，固定职工196人，年总产值150.2万元，工业基础相对薄弱。

1985年10月，灵安乡改为建制镇。是年，灵安镇先后新办了福利皮鞋厂和家具厂。同福乡的经编厂、杭白菊制品厂、玻纤厂等先后建成投产。1986年，同福乡又新建了福利弹力丝厂、交通机械厂、毛纺厂等，史桥乡新建了皮鞋厂、毛纺厂。

表8—12　　1986年境内乡办工业总产值、人均创产值情况统计表

乡　名	企业个数	年平均人数	工业总产值(万元)	人均创产值(元)
灵　安	16	1403	1125	8019
同　福	14	2240	1584	7071
史　桥	3	332	238	7169
合　计	33	3975	2947	22259

资料来源：桐乡市档案馆馆藏档案，卷宗号41—9—288《1986年县乡镇企业局统计资料汇编》

表8—13　1986年境内工业总产值、产品销售收入百万元以上乡办企业情况统计表

单位：万元

企业名称	年末从业人员数	工业产值	销售收入	应交税金	利润总额	工资总额	年末固定资产原值
灵安菜厂	88	122	141	2	10	7	52
同福丝厂	760	285	349	16	8	45	159
同福弹力丝厂	109	214	201	3	20	6	98
灵安丝织厂	147	122	108	7	5	8	69
桐乡造漆厂	108	315	604	108	10	11	44
同福农具厂	165	106	112	2	4	11	78
灵安砖瓦一厂	251	129	221	22	46	26	59
灵安砖瓦二厂	295	150	275	27	71	44	77
史桥砖瓦厂	292	146	193	40	63	34	70
同福砖瓦厂	282	160	237	49	59	46	92

资料来源：桐乡市档案馆馆藏档案，卷宗号41—9—288　《1986年县乡镇企业局统计资料汇编》

80年代中期开始，境内乡镇企业引入家庭联产承包的机制，先后实行承包责任制。1986年，根据县乡镇企业局《关于完善乡镇企业承包责任制的实施意见》，各乡镇工业公司对下属乡镇企业实行《工资总额分指标包干责任制》，以工资总额按百分比分解于不变价产值、产品质量指标、利润总额指标、全额流动资金创利率、自有资金增长率、设备完好率、精神文明建设等各项指标含量计算考核。

1987 年开始，乡镇党委政府支持企业间横向经济联合。5 月，经嘉兴市乡镇企业局批复同意，史桥工艺品厂与嘉兴市地方工业技术开发部联合组建“嘉兴市工艺品厂”，开发磁力写字板系列产品。该厂属双方联营的集体所有制企业，由史桥乡工业公司领导，隶属县乡镇企业局管理。经济独立核算，自负盈亏。注册资金 11 万元，其中，史桥工艺品厂出资占 55%；嘉兴地方工业技术开发部出资加技术投资共占 45%。随后，境内一批联营企业相继建立，有灵安纺织厂与杭州第三棉纺厂联办的杭州第三棉纺厂灵安联营厂、同福毛纺厂与上海南汇县百货公司联办的桐乡第一毛毯厂、史桥毛纺厂与杭州佳乐贸易公司联办的桐乡县精毛纺织厂、灵安麻纺厂与省经济协作公司联营的桐乡县灵安麻纺织厂等。这些联营企业，有的是国有经济与集体经济的联营，有的是不同集体经济之间的联营，在境内均按社办企业管理，独立核算，自负盈亏，以各方投资比例分摊盈亏。

1988 年，根据县人民政府有关文件精神，以劳养武，为民兵训练等活动经费自给，经县人武部审核，乡镇企业局批复同意，一批劳武企业应运而生。是年，境内新建或转为劳武企业的有史桥乡食用菌菌种厂、同福水泥制品厂。劳武企业性质仍属乡办集体，行政上由乡人武部领导，业务上由乡工办管理，隶属于县乡镇企业局，企业内部实行厂长负责制。批准新办或转办劳武企业后，到有关部门办理劳武企业开业登记。

1989 年 8 月，经县乡镇企业局同意，建办灵安床上用品厂。是年，境内乡镇企业进一步完善以厂长负责制为代表的集体承包经营责任制，实行工效挂钩，“层层包，人人包”，调动经营者和生产者的积极性，增强企业活力。

表 8—14　　1982—1990 年境内乡镇企业荣誉录

企业名称	评定年份	荣誉称号	荣誉级别	授证部门
同福农具厂	1982	嘉兴地区社队企业先进企业	地市级	嘉兴地区社队企业局
同福水泥厂	1984	嘉兴市先进集体	地市级	嘉兴市人民政府
桐乡造漆厂	1986	质量工作先进单位	省　级	省乡镇企业局
同福丝厂	1987	嘉兴市级先进企业	地市级	嘉兴市人民政府
桐乡造漆厂	1988	省乡镇企业系统质量管理奖	省　级	省乡镇企业局
桐乡造漆厂	1988	嘉兴市级先进企业	地市级	嘉兴市人民政府
灵安福利皮鞋厂	1988	嘉兴市民政系统先进企业	地市级	嘉兴市民政局
桐乡造漆厂	1989	省乡镇企业技术进步优秀企业	省　级	省人民政府
桐乡造漆厂	1989	嘉兴市科技进步优秀企业	地市级	嘉兴市人民政府
桐乡造漆厂	1990	全国乡镇企业先进集体	部　级	国家农业部
桐乡造漆厂	1990	省技术进步优秀企业	省　级	省人民政府
桐乡造漆厂	1990	企业档案管理省级先进	省　级	省档案局
桐乡造漆厂	1990	安全生产先进单位	省　级	省乡镇企业局
灵安福利皮鞋厂	1990	省先进福利企业	省　级	省民政厅
桐乡造漆厂	1990	嘉兴市质量管理奖	地市级	嘉兴市经委、质协

资料来源：《桐乡县乡镇企业志》1994 年油印本（县乡镇企业局编）

1991年，市人民政府印发《关于进一步扶持乡镇集体企业稳定发展若干政策措施的通知》，鼓励企业兼并，鼓励经济联合和技术协作。是年9月，经县乡镇企业局批复同意，由同福丝厂兼并已处于瘫痪状态的丝毯厂和玻纤厂。兼并三方均为同福乡办集体企业，采取以优并劣，以强并弱的资产重组，优化生产要素，促进企业发展。兼并后其所有制性质和隶属关系均不变。次年，又有桐乡运河水泥厂兼并同福交通机械厂，同福建筑工程公司兼并同福水泥制品厂。

1992年，同福乡党委、政府，出台《关于鼓励乡办企业大发展大提高的若干规定》，鼓励企业增效益、上规模、"外引内联"(引进外资、内资紧密型联营)，以及开发省级以上新产品等，并给予一定额度的奖励。是年，同福乡乡办企业与上海、杭州等外地企业携手联营的有上海镀锌铁丝厂桐乡联营厂、桐川联营水泥制品厂、杭丝联同福丝绸联营厂等。是年始，乡办企业成为对外开放招商引资的主力军。嘉兴松翔化学有限公司、桐乡银凤来床上用品有限公司、桐乡国际途杭菊制品有限公司、嘉兴海河蔬菜食品有限公司等合资企业的建立，成为境内乡办企业嫁接外资(港澳台资)的先行者。

随着市场化进程的加快，乡镇企业原有的经营承包激励机制逐步弱化，产权不清、权责不明、管理粗放、监管不严等问题显现，已无法解决企业短期行为和负盈不负亏的体制性弊病，亏损企业增多，资产负债率高企，不少企业陷入困境，举步维艰。1994年，境内一镇二乡有亏损企业40家(其中：乡镇办15家、村办25家)，亏损总额885.14万元。

根据县人民政府颁发的《城乡股份合作制试行办法》，1993年，史桥乡政府率先在史桥羊毛衫厂进行股份合作制试点，11月改制为股份合作制企业。是年，还对7家小微亏企业作出处置，停办史桥皮鞋总厂，拍卖转让史桥印刷厂。1994年初，灵安镇将7家小微亏企业分别采取全额转让、"踢脚承包"、兼并等形式，加大改革力度。灵安建筑工程公司兼并灵安水泥构件厂，灵安床上用品厂兼并灵安农家具厂，灵安电器厂实行拍卖。5—8月，经市乡镇企业局批复同意，境内先后有运河水泥厂、同福丝绸总厂、嘉兴白水泥厂、凤鸣毯业公司、同福砖瓦厂(含铜材厂)、桐乡市杭白菊制品厂等改组为股份合作制企业。股本结构一般由乡(镇)公股、职工个人股、社会法人股等构成(其中桐乡杭白菊制品厂为全部职工股)。乡(镇)公股中的10%量化到入股职工，量化股作为一种激励机制，盈利时享受分红，亏损时不承担风险，所有权不变。企业建立股东代表大会(股东会)，实行董事会领导下的厂长负责制。乡(镇)公股的股东代表由乡(镇)农工商实业总公司委派。

表8—15　　1995年境内乡镇独立核算工业企业主要财务状况统计表

金额单位：万元

乡　镇	企业个数	其中：亏损企业	总产值(90不变价)	年　末所有者权益	亏损企业亏损总额	利　润总　额	所得税	净利润
灵　安	12	2	32670.3	7429.3	302.9	1401.8	376	1025.8
同　福	20	3	57009.4	7199.8	409.3	380.8	211.1	169.7
史　桥	10	9	4177.2	1009.7	562.2	−561.2	−25.6	−535.6

资料来源：《桐乡市第三次工业普查资料》(1995)

1996年，市体改委选择浙江天女集团公司进行试点，按照《中华人民共和国公司法》逐步规范乡镇企业改制。是年5月，市人民政府同意浙江天女集团公司按照公司法要求，改制为规范的有限责任公司。1997年6月，根据市委〔1997〕21号文件精神，天女集团公司与灵安镇资产经营总公司签订转制协议。以 1996 年 12 月 31 日为基准日,经评估确认,公司所有者权益为 5016 万元,其中,界定给镇资产经营总公司的股权占 51%,为 2558 万元;界定给企业的股权占 49%,为 2458 万元。在界定为企业的股权中,一次性提出 14.97%界定给经营者,享有所有权和收益权;一次性提出 23.59%作为职工养老保险基金,不参与收益分配;余下的 61.44%归资产经营总公司所有,由企业无偿使用,分期归还。

1997 年 4 月 28 日,灵安镇党委政府颁发《关于深化完善我镇集体企业改制工作的若干意见》,对改制的形式、改制范围作出规定,并确定改制企业资产界定基准日为 1996 年 12 月 31 日。是年,史桥乡因厂制宜,采取拍卖、租赁、资产重组等不同形式对工艺丝织厂、墙体材料厂、毛纺厂等企业实施转制。根据市政府协调会议精神,史桥乡资产经营公司将已陷入经营困境、资不抵债的桐乡市精毛纺织厂(鸿运精纺针织厂)的部分资产,经评估后作价 485 万元转让给浙江新澳纺织集团桐乡华信发展有限公司;厂区土地使用权由新澳集团华信公司租用;资产重组后的华信发展有限公司由史桥乡属地管理,享受原鸿运精纺针织厂的福利企业待遇。

1998 年,灵安镇党委、政府,按照“因企制宜、形式多样、分类指导”的方针,深化完善镇(乡)办企业改制工作,坚持“公开、公正、公平”的原则,做到规范、有序、合法。是年 9 月 29 日,经市产权制度改革领导小组办公室批复同意,将灵安镇资产经营总公司在浙江天女集团有限公司所占的 51%股权全额转让给企业,扣除镇资产经营总公司已抽回的 2397 万元,实际转让金额为 161 万元,由企业一次性付清。至此,天女集团有限公司的灵安镇公有股全部退出。同时,灵安镇资产经营总公司还将其在银凤来集团公司享有的 51%股权,全额转让给公司的其他股东,镇公股全部退出。灵安镇两家最大的集团公司,完成民营化改制进程。是年 9—10 月,经市产权制度改革领导小组办公室批复同意,先后对资不抵债的灵安经编厂和灵安丝厂,实施零资产转让后组建股份制企业。灵安经编厂改制后企业性质为股份制民政福利企业,灵安丝厂改制后组建华灵丝绸有限责任公司(私营企业)。

1998 年,同福乡深化企业改制工作加快步伐。8—9 月,嘉兴白水泥厂和桐乡市运河铜管厂先后实施资产转让。经市产权制度改革领导小组办公室批复同意,嘉兴白水泥厂将其所有的桐乡市天龙铝材厂(该企业濒临倒闭)全部固定资产和土地使用权,全额转让给哈尔滨三利亚实业发展有限公司,转让额为人民币 528 万元。桐乡市运河铜管厂(该企业竞争能力弱,债务沉重,经营陷入困境)将全部设备转让给诸暨海亮集团公司,转让价为人民币 730 万元;由受让方租用原运河铜管厂的厂房,组建桐乡海亮铜业有限公司,进行生产和经营。资产重组后,新组建企业产销势头良好。

1998 年,境内改制为私营企业的还有桐乡市前进砖瓦厂(灵安)、灵安工程塑料厂、灵安砖瓦厂、桐乡市嘉梧丝厂(史桥)等;改制为股份合作制的有嘉兴金都丝绸实业公司(同福)、嘉兴市第二毛毯厂(同福)、桐乡市天一塑料制品厂(史桥);实行租赁形式改制的有桐乡市华强合成化学纤维厂等。

1999 年后,企业改制主要转入后续工作。改制企业办理“一照两证”(变更或重新办理工商执照、土地证换证、房产证换证),以及债权债务处理等。镇、乡政府相关职能部门分工负责,做好督促、指导、协调、服务。

至 2001 年,境内镇、乡办集体企业已完成民营化改制。

队(村)办工业

境内的队(村)办企业起始于农业合作化的高级社和人民公社化时期。1957 年,灵安乡第五高级社(路家园)建有砖瓦厂,公社化后称同福砖瓦厂,属灵安公社同福管理区路家园生产队。1957 年建厂的队办企业还有同福龙王庙的造纸厂,公社化后称灵安公社同福造纸厂(联民生产队办)。

1964 年,同福公社联民大队在丁相公庙建办土丝厂,从农家筹集土丝车 20 余部,利用丁相公庙殿字作为车间，生产农工丝（土丝）。1966年12月，由公社牵头成立社、队联办丝厂，联民大队占一半股份，其他7个大队占一半股份，并在徐家庙筹建新厂房，安装44台木质丝车，1967年4月正式投产。1968年转为公社所有。

1970年，灵安公社红胜大队砖瓦厂，主要生产青砖、土瓦，有职工16人。同福公社联民、联庄、联建等8个大队机埠从事碾米、轧饲料等农产品加工业务。

1975—1979年间，同福公社联庄大队曾办过布厂和制钉厂，因产销不对路，结果亏本7万多元，厂倒闭。

1976年9月，同福公社联胜大队建立金属拉丝厂，主要经营金属拉丝、织网。联中大队办起蔬菜加工厂。次年，灵安公社茶家斗大队办起电器五金厂。

中共十一届三中全会后，境内各乡党委、政府贯彻县委有关指示精神，把发展队办企业，作为解决剩余劳动力出路、增加社员收入的有效途径，队办企业开始出现加快发展的势头。

1979年，路家园大队筹建水泥构件厂，承接来料加工和自营加工业务。9月，经县社队企业局批准正式建办建筑水泥构件厂。

1980年，灵安公社灵安大队在灵安镇公路口建办煤球厂，除承接灵安、同福两公社商业分配煤球和农村分配煤球的生产供应外，解决社员生活用煤，方便当地社员群众购买煤球（原来要到桐乡去买）。是年建办的队办企业还有灵安茶家斗大队服装厂、同福联建大队日光灯管厂、联合大队土瓦窑等。

1983年，在党的富民政策鼓舞下，同福乡联庄大队筹办电镀厂，聘请上海技术师傅来厂指导，由上海外贸公司提供部分加工业务，电镀锌、铬部件，用于出口自动刀柄、衣架。次年，灵安乡西牛桥村投资2.5万元（其中带息集资1万元、员工进厂自愿带资1万元，村集体资金5000元），办起了五金厂，聘请技术师傅，生产民用电器部件，解决23人就业。

1985年2月，史桥乡桑园村投资29万元，建办粮食化工厂，用淀粉和大米生产葡萄糖和饴糖，由苏州市二轻研究所工业开发公司提供技术协作（培训和技术指导）。

表8—16　　1986年境内各乡镇村办企业主要财务指标一览表

金额单位：万元

乡　镇	企业个数	其中亏损个数	总收入	费用支出	税　金	利　润	亏损金额	固定资产原值	职工人数
灵　安	22	3	239	213	9	16	2	73	688
同　福	20	—	591	511	21	49	—	125	860
史　桥	12	4	106	94	5	6	2	37	274

资料来源：县乡镇企业局《1986年乡镇企业统计汇编资料》

1987年开始，境内村级经济通过横向联合求发展，一批联营企业应运而生。11月，灵安村与县广播电视服务公司合资联办桐乡县广播电视设备厂，企业性质为村办联营集体，独立核算，自负盈亏。厂址利用灵安村原种子场的房子和场地，不新征土地。生产设备投资1089元，双方各出资50%。根据中央广播电视部规定农村有线广播收听工具更新换代的要求，生产有线广播音箱，年产5万余只。同月，同福乡联胜村与桐乡水泥制品厂合资联办“桐乡水泥制品厂同福金属拉丝织网联营分厂”，总投资30万元，联胜村出资20万元，桐乡水泥制品厂出资10万元。利用联胜村原有旧厂房和场地，不新征土地。主要生产金属拉丝织网。是年，同福乡有建材、轻纺、制革等行业的村办企业17家，年产值共计819.5万元，占全乡工业总产值的22.3%。

1989年年底，原为李家弄村与灵安供销社联营的灵安建筑防水材料厂，联营终止(供销社退出联营)，由李家弄村继续经营，更名为“桐乡建筑防水材料厂”。

1991年，同福联群村根据市场行情和销路情况，利用原玻璃拉丝厂(已停业关闭)的厂房设备，开办皮鞋厂。联庄村对产品销售困难、经营维艰的同福机械配件厂，通过转产环保产品“消烟节能燃煤机”以摆脱困境。转产后的同福机械配件厂更名为“桐乡县同福环保节能配件厂”，经济性质仍为村办集体企业。是年，灵安路家园村筹办灵安包装织造用品厂，主营麻袋、包装用品。

1992年，境内一镇二乡有村办企业41家，产品销售收入1550.3万元，固定资产原值840.85万元。

表8—17　　1992年境内各乡镇工办归口的村办工业企业一览表

乡镇	企业名称	企业地址	主要产品	产品销售收入(万元)	固定资产原值(万元)
灵安镇	灵安制罐厂	红旗村	铁桶	750	130
	广播电视设备厂	灵安村	音箱	117.9	11.5
	灵安商标织造厂	灵安村	商标	7.67	11.17
	建筑防水材料厂	李家弄村	KG型冷胶	120.74	55.68
	灵安纺织厂	路家园村	布	12.74	10.77
	灵安红光家用电器厂	茶家斗村	家用电器	32.8	8.4
	红卫预制场	朱家门村	水泥构件	14.86	8.4
	灵安镇路家园预制场	路家园村	水泥构件	7.89	4.66
	灵安镇红联预制场	红联村	水泥构件	8.34	6.8
	灵安镇包装用品厂	路家园村	麻布	86.1	16.01
同福乡	金新丝织厂	新农村	绸缎	9.98	84
	同福新农村预制场	新农村	水泥构件	4.34	8.6
	同福砖瓦二厂	联庄村	红砖	156.79	187.6
	同福环保节能配件厂	联庄村	生铁铸件	22.84	20
	同福运河沟管厂	联建村	水泥管	28.56	23.1
	同福联建纸袋厂	联建村	纸袋	9.07	12.6
	同福联建预制场	联建村	水泥构件	17.04	10.9
	金属拉丝织网联营厂	联胜村	金属丝网	21.23	22.2
	同福包装纸箱厂	联胜村	纸箱	150.4	8.2
	同福踏运皮鞋厂	联胜村	皮鞋	9.03	2.5
	同福星建预制场	联星村	水泥构件	17.22	9.1
	同福奇丽特皮鞋厂	联星村	皮鞋	11.93	1.6
	同福沙发厂	联合村	沙发	40.4	6.9

续表

乡镇	企业名称	企业地址	主要产品	产品销售收入（万元）	固定资产原值（万元）
同福乡	同福联合纸制品厂	联合村	纸袋	179.04	10.3
	同福联合皮件厂	联合村	皮革制品	25.1	1.3
	同福联群皮鞋厂	联群村	皮鞋	31.51	3.5
	联营电子器材厂	联群村	日光灯	12.03	23.5
	同福龙王酒菜厂	联中村	酒、榨菜	127.05	5.12
	同福床上用品厂	联中村	丝绵被	12.1	4.3
	桐饶杭白菊联营厂	联中村	精制杭白菊	426.5	97.5
	同福联合皮鞋厂	联合村	皮鞋	29.18	11.7
史桥乡	史桥综合厂	史桥村	五孔板等预制件	0.4	0.41
	金太庙福利雨具厂	金太庙前	伞、雨披	6.18	0.06
	海球公司	史桥集镇	写字板	21.89	15.32
	长河蔬菜副食品加工厂	西张菜厂	小包装榨菜	4.35	1.41
	环球伞厂	史桥集镇	伞、雨披	—	0.02
	自由蓄电池厂	自由村	电瓶	3.26	1.47
	史桥村菜厂	史桥村	小包装榨菜	8.76	1.73
	永丰菜厂	桑园桥村	榨菜	1.4	0.82
	长新菜厂	长新村	榨菜	3.23	0.67
	佳进菜厂	史桥村	榨菜	0.45	1.03

资料来源：桐乡市档案馆馆藏档案，卷宗号41—11—169　桐乡县统计局《1992年村办工业企业一览表》

1993年，灵安镇党委政府作出《关于扶持和加快村办企业发展若干问题的决定》，采取以厂带村、村厂结对、政策扶持等办法加快村办企业发展。是年，村办企业产值2452.6万元，比上年增长120.2%。史桥乡政府也制定了《对村办企业的若干规定》，明确村办企业的集体所有制性质，对其在财产处置、资金运作、财务管理、经营承包、检查监督等方面予以规范，促进村办企业的健康发展。

根据县人民政府颁发的《城乡股份合作制试行办法》，1993年，灵安镇率先在红旗制罐厂实施村办企业股份合作制试点，吸收村公股、职工股127.2万元，通过改革转换经营机制，增强企业活力。

1994年5月，经市乡镇企业局批复同意，桐宁联营皮鞋厂改组为股份合作制企业。总股本50.2万元，其中村公股（同福乡联群村经济合作社）15.16万元，占30.2%；职工个人股14.56万元，占29%；社会法人股（南京皮革公司）20.49万元，占40.8%。至11月，境内村办企业先后有同福新农村丝线厂、同福乡砖瓦三厂（联群村办）、同福包装纸箱厂（联胜村办）、桐饶杭白菊联营厂（联中村办）、龙王酒菜厂（联中村办）、同福金属拉丝织网厂（联胜村办）等改组为股份合作制企业。

表 8—18　　1995 年境内村办工业企业主要财务状况统计表

金额单位:万元

乡　镇	工业企业数	工业总产值（当年价）	年　末从业人员	实收资本	本　年应缴税金
灵　安	22	2697.2	731	509.6	71
同　福	18	4824.5	1024	563.9	171.4
史　桥	10	13537	1137	3986.7	70

资料来源:《桐乡市第三次工业普查资料》(1995)

1997 年起,境内村办集体企业改制进一步深化完善。是年 1 月 1 日,原同福乡联合村办集体企业桐乡市春发杭白菊制品厂实施转制。经评估后,其资产 69.84 万元(不包括土地使用权、房屋建筑物)以受让人承担相应债务方式全额转让。改制后注册资本 50 万元,其中经营者出资占 52%,职工股占 48%。企业性质为股份合作制,厂名不变。此后,相继以资产全额转让方式完善改制的还有同福砖瓦三厂(联群村办)等。

2000 年,村办企业改制力度加大,以资产全额转让后,改制为个人独资企业、私营独资企业、合伙制企业等。至年底,采取此种形式改制一步到位的有:同福联星砖瓦厂(联星村)、灵安盛丰制罐厂(西牛桥村)、海越针织整理厂(李家弄村)、灵安环保节能配件厂(蚕桑场村)、奥特皮鞋厂(李家弄村)、红光家用电器厂(茶家斗村)、史桥蔬菜厂(金太庙村)、史桥印刷厂(桑园桥村)、史桥桑园蔬菜厂(桑园桥村)、史桥辉煌荧光灯厂(史桥村)、史桥华升电光源厂(自由村)、同福惊涛羊毛衫厂(联合村)、新亚杭白菊制品厂(新农村)等。

到 2001 年年底止,境内村办集体企业基本完成改制。

商办工业

境内的商办工业主要是供销合作社办工业。1958 年,灵安公社供销部食品厂(属商办手工业工场),年末职工数 12 人,主要产品是糖果糕点。

1961 年 9 月,永丰合作缝纫小组从南日公社供销部划出,独立核算,自负盈亏。1962 年称史家桥缝纫组,主要生产男装、棉大衣、衬衣等各类服装,由南日供销社归口管理。职工 2 人,年产值 1300 元。

1965 年 3 月,灵安水作社(生产豆制品)从手工业联社系统归口调整为商办集体企业,由灵安供销社归口管理。史桥缝纫组从南日供销社归口调整为由手工业联社归口管理。

1984 年,灵安供销社与李家弄村联营建办建筑防水材料厂,6 月份试产成功,7 月正式投产。1985 年 3 月,灵安供销社与朱家门村联营的灵安春光丝织厂投产,有绸机 10 台。

1987 年,同福供销社投资 25 万元,利用原有的仓库,建办同福舒美袜厂,5 月投产。次年,生产锦纶丝袜 74 万双,产值 97.4 万元,利润 15.6 万元。1987 年,灵安春光丝织厂因管理不善,亏本。供销社采取措施,改变多头领导,终止联营,由供销社一家办,同时加强内部管理,进行技术改造,经营有所好转。

表 8—19　　1990 年灵安、同福供销社工业企业概况一览表

企业名称	厂　址	年末职工数	工业总产值（万元）	主要产品
灵安食品厂	灵安镇	11	13.12	糕点 29.28 吨，巧克力 0.43 吨
灵安春光丝织厂	灵安镇	38	30	各类丝织品 3.11 万米
建筑防水材料厂	灵安镇李家弄村	52	95.7	各种防水涂料 608.7 吨
同福舒美袜厂	同福乡龙王庙	79	84	植绒袜 30.5 万双，锦纶丝袜 17.8 万双

说明：建筑防水材料厂为灵安供销社与李家弄村联营企业

1991 年，灵安供销社食品厂、春光丝织厂因受市场行情及内部管理等主客观因素影响，销售困难，产品积压，经营每况愈下。到 1992 年 11 月，两个厂累计亏损 8.6 万元，且扭亏无望。12 月，经市供销总社批复同意，灵安食品厂、春光丝织厂关闭。

1993 年，灵安供销社利用原春光丝织厂的设备，再投入 35 万元，增加 20 台织机及辅助设备，成立“富达丝织厂”，内部实行承包责任制，7 月投产。至年底生产电力纺 10.4 万米，产值 150.5 万元。是年，灵安供销社退出与李家弄村联营的防水材料厂，同福供销社关闭舒美袜厂。

1996 年，由于丝绸行业不景气，灵安供销社被富达丝织厂占用大量资金，周转困难，影响经营。决定对丝织厂予以关闭，厂房向外出租。1999 年厂房、设备全部转让给最后的承租人。至此，境内不再有商办集体工业。

第三节　改革开放后的民营工业

中共十一届三中全会后，境内个体、私营工业迅速发展。1981 年，史桥私营企业主縻海球开办海球工艺品厂。生产以新奇、实用、趣味为特点的儿童学习、智力开发用品——磁力写字板。

1984 年开始，境内出现一批联户办企业。是年 7 月 3 日，经县乡镇企业局批复同意，创办 2 家联户企业，分别是灵安乡惠桥村的灵安惠桥彩蛋加工厂和茶家斗村的灵安联合家具厂。随后，至 1985 年 3 月，先后开办的联户企业有同福鸿运领带服装厂、灵安红光家用电器厂、同福第二针织厂、灵安第二西式服装厂、灵安杭白菊精制加工厂、同福家具沙发厂、灵安乡第二家具厂、同福联胜脱模油厂等。

1986 年，海球工艺品厂生产的磁力写字板获全国十佳儿童用品金奖，企业快速发展，产品畅销全国。1988 年，海球工艺品厂扩建后更名为浙江海球磁力写字板有限公司，是年生产磁力写字板 115.69 万块，产值 925 万元，占史桥全乡工业总产值的一半有余。1990 年，史桥乡有个体工业 3 家。

1991 年，浙江海球磁力写字板有限公司与史桥乡工办签订协议书，承包史桥乡毛纺厂针织车间，承包期一年，上缴净利润 5 万元。1992 年 4 月，利用山区劳力、资源优势，在遂昌创办浙江海昌针织服装总厂，生产“縻老大”牌针织产品。1993 年 7 月，与港商合资，组建浙江縻老大时装有限公司，生产“縻老大”牌系列服装。

1994 年，史桥乡党委政府坚持集体、私营经济同步发展，对私营企业热情支持、热心服务、适时引导、督促其合法经营健康发展，全乡 26 家工业企业中，有私营企业 14 家，其中縻老大时装有限公司成为私营企业的龙头，年产值 6056.78 万元，占全乡工业总产值的 50%。是年 12 月，浙江縻老大针织有

限公司在桐乡经济开发区新购标准厂房2幢，计9500平方米；新建生产、办公、生活等辅助设施4150平方米。引进西德产圆筒针织机4台、棉毛圆筒针织机12台、日本产花式平缝机150台、台湾产横机40台、国产螺纹圆筒针织机38台。生产各种中高档内衣。1995年，浙江麋老大公司被国家工商行政总局评为全国500家最大私营企业之一，被桐乡市政府列为“优势工程”企业。

表8—20　　1995年境内合作经营、私营、个体工业企业主要财务状况一览表

金额单位：万元

乡　镇	工业企业数	工业总产值（当年价）	年　末从业人员	实收资本	本　年应缴税金
灵　安	63	888.8	424	80.7	11.8
同　福	94	828.5	600	53.8	21.5
史　桥	48	139.3	215	12.6	0.2

资料来源：《桐乡市第三次工业普查资料》(1995)

1995—1996年，市乡镇企业局先后批复同意设立桐乡市良林制罐有限公司(灵安)、园林包装有限公司(灵安)、峰惠包装有限公司(灵安)等私营企业。

1996年，新组建的麋老大集团成为桐乡首家私营企业集团。是年底，灵安镇有合作经营和个体工业企业63家，职工432人，总产值6360万元。

1997年6月，同福乡党委、政府印发《关于加快发展民营工业经济的若干意见》，9月灵安镇党委、政府印发《关于加快发展个体私营经济若干意见》，均把发展民营经济作为富民强乡的重要途径，建立乡镇领导联系个私大户制度，把个私经济发展列入村干部任期目标责任制，并明确一系列扶持政策和激励措施。

自1997年开始，由于外部市场和内部管理等多方面原因，麋老大公司经营状况急转直下，是年亏损1091.8万元。1999年，进入半停产状态。2001年，麋老大公司因无法偿还银行巨额贷款，桐乡市农业银行对作为贷款抵押物的“麋老大”商标三年使用权进行公开拍租，被浙江俊人马公司和宁波人头鸟公司以770万元获得。2004年，两家公司又通过竞拍以752万元取得了该商标的所有权。2005年9月麋老大时装有限公司关闭。

2000年，同福惊涛羊毛衫厂、新亚杭白菊制品厂、史桥辉煌荧光灯厂、史桥蔬菜厂、灵安红光家用电器厂、奥特皮鞋厂等一批村办集体企业改制为个人(私营)独资企业。2000年后，境内新注册成立的企业均为民营企业，其形式有个人独资企业、有限责任公司、股份有限公司等。

2002年10月，同福乡党委、政府印发《关于进一步促进个体私营经济发展的若干意见》，进一步明确引导、扶持个体私营经济的政策措施，鼓励个体私营企业进工业园区集聚生产经营，鼓励个私企业培育新产品，促进产品升级。

表8—21　　2004年凤鸣街道个私工业分村一览表

村　名	单位数（个）	从业人员数（人）	工业总产值（万元）	工业增加值（万元）	销售收入（万元）	利　税（万元）
合计	2650	5319	46485.92	11144.3	44845.3	1277.6
红旗村	28	277	5889	1486	5623.0	369.0

续表

村　　名	单　位　数（个）	从业人员数（人）	工业总产值（万元）	工业增加值（万元）	销售收入（万元）	利　　税（万元）
灵安村	29	568	4564	1289	4453.8	136.7
路家园村	27	238	2882	710	2766.2	27.6
西牛桥村	15	85	647	172	622.2	8.0
李家弄村	281	236	2001	482	1923.4	74.2
环南村	12	54	734	227	645.8	10.0
桑园桥村	572	905	3083	791	2803.7	121.3
史桥村	782	1050	5490	1264	5446.6	229.0
长新村	876	999	3643	952	3534.5	123.0
集镇	28	907	17552	3772	17026.0	178.9

资料来源：桐乡市档案馆馆藏档案，卷宗号 80—2006—307 《凤鸣街道基础数字汇编》

2012 年 4 月，桐乡市政府出台《“个转企”工程实施意见》，推出一系列优惠政策，支持引导已经工商登记的个体工商户转型升级为企业，鼓励个体工商户做大做强，促进其向规范的企业和公司方向发展。凤鸣街道采取积极有效措施，重点引导、分步推进，至年底完成“个转企”4 家。

至 2012 年年底，全街道有规上工业企业 59 家、规下工业企业 540 家，全部为民营企业。还有个私工业户 2922 户。

第四节　中外合资工业

1992 年开始，随着桐乡对外开放步伐的加快，境内一些乡镇企业利用原有的厂房、场地、设备等存量资产，引进国外（境外）的资本、技术和管理资源，兴办嫁接型合资企业，成为境内首批三资企业。是年 7 月，县计经委、外经委批复同意，桐乡造漆厂与加拿大米兰高兰有限公司合资组建嘉兴松翔化学有限公司，项目总投资 70 万美元，注册资本 50 万美元（折人民币 270 万元）。其中桐乡造漆厂出资 37.5 万美元（折人民币 202.5 万元），占注册资本的 75%，以现有厂房、设备和自有流动资金出资；外方出资 12.5 万美元（折人民币 67.5 万元），占注册资本的 25%，以现汇出资。生产经营多彩涂料及高档油漆。合资经营期限 12 年。8 月，县计经委、外经委批复可行性研究报告，由灵安床上用品厂与台湾巨崴企业股份有限公司合资经营桐乡银凤来床上用品有限公司，项目总投资 70 万美元，注册资本 50 万美元。其中灵安床上用品厂出资 35 万美元（折人民币 189 万元），占注册资本的 70%，以现有厂房、设备作价投入；台湾巨崴公司出资 15 万美元，占 30%，以现汇投入。生产经营各类丝绵被、被套、晚装睡衣等床上用品系列产品。合资经营期限 11 年。境内 1992 年批准建办的还有桐乡国际途杭菊制品有限公司（桐饶杭白菊联营厂与香港陈维纯先生合资经营）、嘉兴凤鸣毯业有限公司（嘉兴第二毛毯厂与台胞蒋文先生合资经营）、嘉兴海河蔬菜食品有限公司（史桥海河蔬菜调味厂与香港万事达贸易公司合资经营。1995 年 2 月停产）。

1993 年 4 月，县计经委、外经委批复同意，嘉兴白水泥厂与香港东航有限公司在同福乡合资经营嘉兴天龙有色金属有限公司，项目总投资 140 万美元，注册资本 100 万美元（折人民币 574 万元）。其中嘉兴白水泥厂出资比例占70%，计401.8万元人民币，以人民币现金出资；香港东航出资比例占30%，计30万美元，以现汇出资。生产销售各种铝型材。合资经营期限12年。成为境内首个新建型的合资企业。是年6月，县计经委、外经委批复同意，浙江海球磁力写字板有限公司与香港神州画板在史桥集镇合资经营糜老大时装有限公司，项目总投资288万美元，注册资本208万美元(折人民币1187.68万元)。其中海球公司出资比例占75%，计890.76万元人民币，以部分厂房、设备和部分流动资产作价及部分人民币现金出资；香港神州画板出资比例占25%，计52万美元，以现汇出资。生产和销售各类时装。合资经营期限12年。成为境内首家私营企业引进境外投资的合资企业。1993年，境内经批准组建的合资企业还有嘉兴金凤凰制衣有限公司(同福丝厂与香港东航有限公司合资经营)、嘉兴双飞龙铜材有限公司(桐乡市飞龙铜材厂与香港东航有限公司合资经营)、嘉兴金凤凰床上用品有限公司(同福床上用品厂与香港罗迪企业公司合资经营)、嘉兴隆益商用办公用品有限公司(史桥福利制品厂与香港隆益实业有限公司合资经营)。

1995年5月，市计经委、外经委批复同意，嘉兴金都丝绸实业公司与香港东航有限公司在同福乡合资经营嘉兴金都针织有限公司，项目总投资85万美元，注册资本60万美元。其中金都丝绸实业出资比例占70%，计42万美元，以厂房作价和部分人民币现金出资；香港东航出资比例占30%，计18万美元，以现汇出资。生产销售针织面料。合资经营期限12年。是年批准组建的还有桐乡中仪鞋业有限公司(灵安皮鞋总厂与台湾统杰纸器股份有限公司合资经营)。

1996年11月，桐乡银凤来集团有限公司与新加坡宝岛(新)私人有限公司合资组建桐乡宝岛羽绒制品有限公司，注册资本100万美元，其中桐乡银凤来公司出资25万美元，新加坡宝岛私人有限公司出资75万美元。主要经营羽绒、羽绒制品及相关床上用品等。(后变更为外商独资企业)

表8—22　　　　1996年境内三资企业经营情况一览表

金额：万元

企业名称	开工年月	地　址	投资方式	总产值	外汇收入	利润总额
嘉兴金凤凰床上用品有限公司	1994.10	同福乡联中村	港澳台资与大陆合资经营	201.11	2.52	－3.63
桐乡银凤来床上用品有限公司	1992.10	灵安镇永兴路	中外合资经营	78	22.5	938.05
嘉兴松翔化学有限公司	1992.10	灵安镇	中外合资经营	2820.5	—	128.31
桐乡国际途杭白菊制品有限公司	1992.12	同福乡联中村	港澳台资与大陆合资经营	83.7	—	－48.23
嘉兴凤鸣毯业有限公司	1994.8	同福乡草庵头	港澳台资与大陆合资经营	1669.07	—	－105.47
加凤丝绸制品联营公司	1990.12	同福乡	港澳台资与大陆合资经营	3405.94	—	－109.79
嘉兴双飞龙铜材有限公司	1993.9	同福乡新农村	港澳台资与大陆合资经营	18646.97	—	163.43
嘉兴天龙有色金属有限公司	1993.5	同福乡新农村	港澳台资与大陆合资经营	3263.32	—	－93.25

资料来源：桐乡市档案馆馆藏档案，卷宗号41—12—255　桐乡县统计局《1996年三资企业经营情况年报》

2000年8月，市计经委批复同意，中外合资"嘉兴天女镜业有限公司"项目建议书。浙江天女集团有限公司、湖南省湘潭市大河贸易有限公司和香港黄振初先生在灵安镇合资建办嘉兴天女镜业有限公司。项目总投资150万美元(折合人民币1245万元)，注册资本120万美元(折合人民币1000万元)。其中浙江天女出资300万元人民币，占30%；湘潭大河贸易出资450万元人民币，占45%；香港黄振初以现汇出资30万美元(折合人民币250万元)，占25%。从事玻璃镜片、玻璃制品、塑胶制品的生产、销售。合资期限15年。是年获批的合资企业还有桐乡市宏阳服饰有限公司(由桐乡市宏立针织有限责任公司与香港李明志合资建办)。

2002年11月，浙江嘉名染整有限公司注册成立，由桐乡市嘉名针织实业公司和浩沙国际(香港)有限公司共同出资组建。投资总额700万美元，注册资本350万美元，其中嘉名针织出资247.1万美元，占70.6%；浩沙国际出资102.9万美元，占29.4%。同月，由天女集团稀土永磁有限公司与香港天毅实业有限公司合资建办的浙江天恩磁性材料制造有限公司登记设立。公司总投资278万美元，注册资本200万美元，其中：稀土永磁出资150万美元，占75%；香港天毅出资50万美元，占25%。2002年登记设立的合资企业还有同源针织制衣有限公司(地址：同福工业区)。

2008年11月，浙江嘉名染整有限公司举办外来劳动者技能培训班

2003年，经省人民政府批准，设立嘉兴加拿大枫叶涂料有限公司，注册资本32.8万美元，其中加拿大枫叶涂料(香港)有限公司16.498万美元占50.3%，自然人吕品良出资13.022万美元，占39.7%；浙江普惠担保有限公司出资3.28万美元，占10%。(中外合资，2010年4月无锡中资股转让给中资企业嘉兴普惠担保有限公司)。经营范围：生产销售水性涂料、油性涂料。2011年9月，公司股权全部转让给王建刚、陈炳生。公司性质由原来的台港澳侨投资企业变更为内资企业。

2004年9月，中都家纺有限公司创立，由桐乡爱妮家纺有限公司和台商陈介斌共同投资，注册资本168万美元。2008年，公司地址变更为凤鸣街道福严工业区。2009年3月，减资至42.7779万美元(爱妮家纺27.7811万美元，占64.94%；陈介斌14.9968万美元，占35.06%)。

2006年10月，浙江博尔服饰有限公司在同福工业园区成立，为外商独资企业，由香港博尔实业有限公司出资，总投资235万美元，注册资本180万美元，主要从事服装、服饰制品、床上用品、皮鞋的生产、销售。2008年减资为总投资120万美元，注册资本93.3825万美元。

2007年，浙江新东方油墨集团有限公司与新加坡(香港)华光树脂股份公司合资，成立浙江桐乡新东方油墨有限公司，注册资本1200万美元，地址桐乡经济开发区凤鸣分区，专业生产塑料凹版油墨、聚氨酯胶粘剂的生产和销售。

2009年6月，桐乡泰美来轻合金有限公司将所有股权全额转让给新加坡天秤国际集团有限公司。转让后，公司名称不变，性质由原来的中外合资企业变更为外商独资企业，注册资本由原来的30万美元增至45万美元，经营范围由原来的"铝型材的生产销售"变更为"铝型材的生产、自产产品的销售；经营进出口业务(不含进口商品分销业务)"。同年11月，桐乡市正辉针织有限公司在市经济开发区凤鸣分区三期设立，公司为塞舌尔共和国恒丰投资控股有限公司的独资企业，总投资300万美元，注册资本21万美元。经营针织面料、服装、服饰产品的生产和自产产品的销售。2011年，因产品升级和节能降耗的需要，总投资增加到338.8万美元，注册资金增加到237.2万美元。

2010年，浙江通宝表面处理设备科技有限公司在市经济开发区凤鸣分区成立，为百利宝(香港)国际集团有限公司的独资企业，注册资本400万美元，其中现汇出资200万美元，以专有技术折价出资200万美元。从事表面处理机械设备生产销售。

至2012年年底，凤鸣街道有外商投资企业11家(含港、澳、台胞投资)，其中中外合资6家，外商独资5家。

第五节　工业管理体制

城镇集体工业

50年代中期，私营工商业社会主义改造后，境内形成首批城镇集体所有制手工业企业。1957年，县手工业合作社联合社成立后，境内各手工业生产合作社(组)均归其主管。1960年，手工业合作社(组)下放给人民公社，由人民公社管理。1962年，公社化时下放给公社的手工业合作社(组)恢复原来体制，实行独立核算、自负盈亏，回归县手工业联社主管。此后手工业的县级主管部门曾先后改为手工业局、工业交通局、二轻工业局。1984年改称县二轻总公司。

境内商办集体工业，归县(市)商业局(供销社)主管，由企业所在地的基层供销社(灵安供销社、同福供销社，史桥属南日供销社)归口管理。

社(乡镇)队(村)办和民营工业

50年代农业合作化时期，境内社队工业尚处于起步阶段，数量少、规模小，区、乡政府均无专设的工业管理机构。1958年，"大办工业"时期，灵安公社建立了工业部。1961年，公社工业部改称工业组。其后公社工业管理机构的名称曾几度变更，1973年称企业办公室，1983年政社分设时改称经济联合社(简称经联社)。1984—1985年，灵安、史桥、同福三乡先后成立工业公司，主管乡办工业，指导村户办工业。1987年改称工业办公室。

1992年，根据县委、县政府关于在全县逐步组建乡镇农工商实业总公司的部署。9—10月，灵安镇、史桥乡、同福乡先后建立农工商实业总公司，原乡镇工业公司同时撤销。农工商实业总公司为合作经济组织，具有法人资格，行使乡镇集体经济资产所有权。1995年6—11月，根据上级关于开展农村集体资产管理体制综合改革的精神，境内3个乡镇的农工商实业总公司变更为资产经营总公司，负责乡镇集体资产的运作和管理。

1998年，随着乡镇企业体制改革工作的推进，企业资产形态发生了根本性变化，乡镇集体资本从工业企业中逐步退出，民营经济成为乡镇工业的主体。根据市人民政府有关文件精神，对境内乡镇政府管理企业的职能机构作出调整。1999年5月，灵安镇、同福乡均建立了经济管理办公室(简称经管办)，负责对本辖区企业的规划、指导、监督、协调和服务。2002年8月，凤鸣街道、同福乡经管办更名为经济发展服务中心，其职能不变。2007年10月，同福乡并入凤鸣街道，境内工业由合并后的凤鸣街道经济发展中心主管。

第二章　工业门类

五六十年代，境内工业门类只有农产品加工、建材等很少几个。经过几十年的发展，至2012年，已形成比较齐全的工业门类。按照国家统计局行业分类标准，凤鸣街道规上企业行业分布有农副食品加工、纺织、服装服饰、皮革制品和制鞋、木材加工和木制品、造纸和纸制品、化工原料和化学制品、医药制造、化学纤维制造、橡胶和塑料制品、非金属矿物制品、黑色金属冶炼及压延加工、有色金属冶炼及压延加工、通用设备制造、电器机械和器材制造、计算机通信和其他电子设备等16个大类。其中纺织、化工、化纤、服装与服饰、皮革与制鞋、有色金属加工等为境内的支柱产业。

表8—23　　2012年凤鸣街道规上工业企业分行业工业产销总值一览表

指　标　名　称	计量单位	产销总值	比上年同期增减%
总　　计	万元	610329.60	15.69
农副食品加工业	万元	3237.30	－2.08
纺织业	万元	171314.30	3.19
纺织服装、服饰业	万元	26392.80	5.20
皮革、毛皮、羽毛及其制品和制鞋业	万元	10238.00	－1.61
木材加工和木、竹、藤、棕、草制品业	万元	3809.70	30.35
造纸和纸制品业	万元	14025.30	2.47
化学原料和化学制品制造业	万元	85962.60	30.20
医药制造业	万元	6160.20	192.33
化学纤维制造业	万元	67136.80	7.98
橡胶和塑料制品业	万元	7526.10	49.45
非金属矿物制品业	万元	18064.60	－4.75
黑色金属冶炼和压延加工业	万元	2374.20	－35.59
有色金属冶炼和压延加工业	万元	171821.20	33.59
通用设备制造业	万元	2361.30	999999.00
电气机械和器材制造业	万元	19905.20	2.11

资料来源:《凤鸣街道2012年经济和社会发展统计公报》，由街道统计中心提供

第一节　化学原料及制品业

境内的化工行业起源于“大跃进”时期。1958年灵安公社创办化工厂，12月开工，因原料困难及产品不合格，到1959年5月停产。期间生产土化肥1120吨，活性炭135公斤，产值3.9万元(1957年不变价)。

1980 年,桐乡灵安知青造漆厂建成投产(后更名为桐乡造漆厂),主要产品有合成桐油和清漆。1981 年,有职工 47 人,生产油漆 103.2 吨,产值 30.96 万元(1980 不变价)。

1984 年,灵安供销社与李家弄村联营建办建筑防水材料厂。1986 年,其产品 JG 型防水冷胶料和乳化沥青产品通过嘉兴市级鉴定,获嘉兴市科学技术进步奖。是年生产防水材料 400 多吨,产值 39 万元。

1986 年,桐乡造漆厂已成为全县化工行业中产值、销售超百万元的 4 家企业之一。是年,桐乡造漆厂有员工 108 人,总产值 315 万元,销售收入 604 万元,固定资产原值 44 万元。1988 年,中黄醇酸磁漆被评为省优产品。是年实现产值 1562 万元,创税利 308 万元,人均产值和税利均居全省同行业之首。1989 年,桐乡造漆厂开发成功 902 汽车专用漆,天女牌聚氨酯清漆、A04—9 氨基烘干磁漆获省优质产品称号。1992 年,桐乡造漆厂在全省 71 家大中型石化企业综合经济效益考评中位居第一。是年,桐乡造漆厂拓展经营,投资控股创办中外合资嘉兴松翔化学有限公司,开发多彩涂料,至年底共生产多彩涂料 427 吨,实现利润 150 余万元。

1993 年 12 月,桐乡造漆厂与惠桥村联办的天女助剂厂建成投产,生产油漆催干剂等化工助剂。次年实现产值 440 万元,创税利 60 万元。

1994 年,以桐乡造漆厂为核心组建浙江天女集团,天女牌商标被认定为浙江省著名商标。1995 年,生产聚氨酯油漆 1626 吨,产值 1915.5 万元,销售收入 2139.1 万元。天女牌油漆被列为首批"浙江省地方工业名牌产品"。1997 年,经农业部审定,浙江天女集团被确认为国家级乡镇企业集团。是年生产油漆 21582 吨,实现产值 2.1 亿元,创税利 2038 万元,其中利润 1218 万元,人均利税额 8.6 万元,综合经济效益名列全国同行业榜首。

1998 年浙江天女集团公司分立为制漆有限公司和稀土永磁有限公司。天女制漆有限公司为浙江省涂料工业协会副会长单位,主要产品有红丹防锈漆、乳胶漆、聚氨酯漆－2、聚酯漆、稀释剂、保型电子绝缘涂料等油漆和涂料。天女牌油漆被认定为浙江名牌产品,有 9 个产品获省优、部优称号。2000 年,天女集团制漆公司开发各色水性丙烯酸烘漆,属绿色环保产品,为轻工、电器、金属家具、仪器仪表等提供涂饰和保护。2002 年又成功开发新产品卷钢涂料,涂覆后一次烘干成型,投放市场即备受用户青睐,主销本省及上海、江苏、山东、湖北等地。

2003 年,嘉兴加拿大枫叶涂料有限公司(合资企业)注册成立,生产销售水性涂料(不含化学危险品)、油性涂料(聚氨酯漆、硝基漆、环胺树脂漆、氟碳树脂漆、丙烯酸乳胶漆)。随后,立科化工有限公司、恒立化工有限公司先后建成投产,均从事纺织印染助剂类的生产销售。

2004 年,天女制漆有限公司研发弹性外墙涂料、有机硅耐高温漆、船舶专用漆、钢结构专用防腐涂料等一批新产品,技术达到国内领先和国外同类产品水平。2005 年,研发环保型高固绝缘漆和水眼镜专用镜背涂料两项新产品通过省级鉴定,高固绝缘漆的环保指标达到欧盟颁布的 ROHS 环保指令要求;水眼镜专用镜背涂料质量达到国外同类产品水平。公司 2006 年获得国家免检产品资格,"天女"商标 2007 年被认定为中国驰名商标。

2007 年,浙江桐乡新东方油墨有限公司(浙商与香港合资)入驻桐乡经济开发区凤鸣分区,专业从事塑料凹版油墨、聚氨酯胶粘剂的生产和销售。项目总投资 2 亿余元,建成万吨级食品包装用油墨和无溶剂胶粘剂生产线。2009 年 3 月,浙江桐乡新东方油墨有限公司建成投产,为中国环境标志产品认证企业,是年完成总产值 1.01 亿元,销售收入 6618.4 万元。

2009 年,天女集团通过国家火炬计划重点新技术企业认定;同时被列为嘉兴市实施企业技术标准战略试点单位。是年，凤鸣街道规模以上化工企业除了天女集团外，还有灵安防水材料有限公司、英德林化工有限公司和灵安林虎助剂厂，年产值和销售收入均在500万元以上。

2010年，浙江天女集团制漆有限公司成为全国涂料行业重点骨干企业和浙江省最大的油漆生产企业之一。产品附加值、单位产品综合能耗和企业赢利能力连续10多年在国内涂料行业中处于领先。

至2012年年末，凤鸣街道有规模以上化学原料及化学制品制造企业2家（天女制漆、东方油墨），从业人员762人，资产总额6.49亿元。2012年实现工业总产值9.57亿元，主营业务收入9.4亿元，利税总额1.47亿元。是年，境内规模以下化工企业中工业总产值1000万元以上的还有灵安建筑防水材料有限公司、禾润化工有限公司，年产值分别为1116万元、1331万元。

第二节　纺织业

境内的纺织业主要有丝绸、棉纺织、麻纺织、印染、经编等子行业。（注：生产厂家为适应市场竞争的需要，兼营多个子行业或跨行业的情况也较为常见）

丝绸

境内的丝绸业发端于农民家庭缫土丝、打绵线、织绸绢。据解放初期崇德县乡村个体手工业调查数据，1952年灵安区缫土丝（农民兼营商品性手工业）有465户，土丝产量80010市两。

工厂化缫丝始于1966年，同福丝厂开始建造，次年4月建成投产，是全县较早建成的社办丝厂之一，为国营丝厂代缫加工“农工丝”（土丝）。1968年又建成同福徐家庙丝厂。

1970年，同福丝厂生产50/70农工丝约1.88吨，产值42.67万元。1971年开始生产白厂丝，年产量15.61吨，产值63.7万元（70不变价）。

1978年，灵安公社办起绸厂。7月投产，至年底生产软缎被面1543条，产值2.2万元。1981年，灵安绸厂有六二式织机10台、多背涤纶机2台，年产软缎被面2.2万条、涤纶2.6万米，产值48.35万元（80不变价）。

1984年10月，同福丝织厂建成投产，有丝织机20台。1985年生产羽纱21.4万米、美丽绸1.4万米、尼丝纺2.78万米，年产值75.4万元。

1985年11月，同福绸厂建成投产，有ZK272提花机11台、K84丝织机37台。1988年生产被面2.8万条、羽纱35.4万米。产值263.8万元。

1984—1994年，村办丝绸企业有金新丝织厂（新农村）、史桥丝织厂（自由村）、灵安春华绸厂（红胜村）。还有灵安供销社的春光丝织厂等。

1986年，史桥乡组建史桥丝织总厂，以总厂为龙头，带动5个村办小丝织厂。1987年2月投产，年产被面9138米、美丽绸845.6米、织锦缎1410.8米，产值15.86万元。是年，同福乡建办同福丝毯厂，购置地毯织机30台，生产丝织地毯。

1988年，同福丝厂和徐家庙丝厂共生产白厂丝85吨，出口产品销售额350.07万元。

1990年，灵安镇新建灵安丝厂，有120台缫丝机。

1993年8月，灵安绢纺厂开业，至年底生产绢丝34吨。是年，村办丝绸企业还有灵安丝织厂（西牛桥村）、春华绸厂（红胜村）、永丰丝织厂（史桥）等。

1994年9月，史桥乡农工商实业总公司与广西梧州市缫丝厂联营的桐乡市嘉梧联营丝厂建成开业，生产白厂丝。有 D301A 自缫机 5 组。

1994 年，同福乡在原有同福丝厂、金凤来制衣有限公司、嘉兴市金都丝绸实业公司的基础上，成立桐乡市同福丝绸总厂，实行集团化一条龙经营。是年，同福丝绸总厂生产白厂丝 200.96 吨、丝织品 86.76 万米、服装 32.78 万件。

1997 年，同福徐家庙丝厂生产白厂丝 49.43 吨，产值 809.8 万元。嘉梧联营丝厂生产白厂丝 47.6 吨，产值 993.6 万元。

由于市场需求和竞争格局的变化，桐乡缫丝产能严重过剩，影响经济健康发展，缫丝行业整顿势在必行。根据市政府的统一部署，同福乡在全市率先实施拆机压台，走出缫丝行业结构调整第一步。1998 年 4 月 10 日，桐乡市缫丝行业拆机压台第一锤现场会在同福乡新农村丝厂召开，省级有关部门、嘉兴市政府、桐乡市委、市政府的领导到会讲话，桐乡市各有关部门、乡镇领导出席现场会。是年，境内关停非定点缫丝企业 3 家，拆机压台共 288 台，其中同福乡新农村丝厂 96 台、徐家庙丝厂 144 台，史桥乡永丰丝织厂 48 台，圆满完成市定计划。

桐乡缫丝压台拆机第一锤现场会（同福丝厂）

1998 年，境内集体企业改制后的民营丝绸企业有嘉梧丝厂（史桥）、金都丝绸实业公司（同福）、华灵丝绸有限公司（灵安）。

2002 年，桐乡市南秀丝语工艺品有限公司创立，专业从事真丝围巾、数码高端围巾、防晒披肩等产品开发、生产、销售。公司通过法国 BV 认证和 ISO9001－2008 国际质量体系认证，产品销往北美、欧洲、澳洲等区域。2009 年，实现工业总产值 519 万元，销售收入 504 万元。

2011 年，永立针织有限公司投资 782 万元，实施年产 120 吨高档绢丝混纺提花针织面料技改项目，引进具有国际水平的 UCC548 多功能双面电子选针大提花针织大圆机 6 台，生产高支高密的绢丝和桑蚕丝混纺提花针织面料。

2012 年，凤鸣街道生产蚕丝 158.75 吨。规模以上丝绸企业有雪松丝绸有限公司、华灵丝绸有限公司，主营业务收入分别为 4817.8 万元和 3013.1 万元。其中雪松丝绸有限公司在全市 15 家缫丝行业中，销售收入排名第四。规模以下企业中销售收入 1000 万元以上的丝绸企业还有南秀丝语工艺品有限公司等。

棉、麻纺织

境内的棉纺织业源于农民家庭纺棉纱、织土布、织袜、织带。除农民生活自用外，还进入集市交易。据崇德县乡村个体手工业调查数据，1952 年灵安区农村妇女织土布出售的有 260 人。

1969 年，灵安公社有社办企业工农兵纺织厂，1970 年改称灵安公社纺织厂。1973 年有铁木布机 7 台，年生产土布 6.73 万米。1988 年，灵安纺织厂生产棉白布 37.54 万米，产值 40.93 万元。

1987 年 8 月，由桐乡县麻纺厂（灵安）与省经济协作公司联营组建的桐乡县灵安麻纺织厂投产，至年底，生产麻袋 181 万条。产值 433.4 万元。

1988 年 12 月，由灵安纺织厂与杭州第三棉纺厂联合投资建办的杭州第三棉纺厂灵安联营厂投产，有 513C 细纱机 6 台。1989 年生产 21S 棉纱 106.3 吨，年产值 116.9 万元。1992 年，杭三棉灵安联营厂有员工125人，总产值316万元，销售收入311万元，利润－30万元，固定资产原值359万元。

1997年，浙江新澳纺织集团桐乡华信有限公司生产精纺色纱、白纱42.32吨，混纺色纱16.8吨，总产值478.9万元。

1998年，嘉兴金都针织有限公司生产布202.34万米，产值411万元，销售收入457.3万元，利润总额－121万元。

2003年8月，桐乡市美达纺业有限公司在史桥集镇注册成立，主要经营混纺纱的生产、销售。

2008年，东怡纺织有限公司投资1500多万元，在市经济开发区凤鸣分区建新厂区，占地30多亩，年底投入试生产，以生产细纱等原材料为主，出口日本、香港、欧洲等地。2009年被列为市级重点项目，5月完成设备安装并投产，至年底工业产值2583万元。

2011年，桐乡市正辉针织有限公司（合资企业）新增38万美元投资，引进德国德乐S39172单面小提花针织大圆机4台，形成年产棉纬编提花布264吨的生产能力。

2012年，浙江嘉名纺织有限公司和金业纺织有限公司双双进入凤鸣街道亿元企业行列，主营业务收入分别为1.93亿元和1.36亿元。

毛纺织

1985年，史桥乡开始建毛纺厂，1987年1月投产。8月与杭州佳乐贸易公司联营，建办桐乡县精毛纺织厂，年产精纺全羊毛针织绒112吨，产值778.54万元。是年建厂的还有同福毛纺厂。

1987年5月，同福乡开始建设桐乡第一毛毯厂。1988年7月与上海毛毯厂联营项目投产，拥有TK212毛织机12台，至年底生产全毛毛毯3.43万条，产值548万元。是年，桐乡第一毛毯厂冠名嘉兴市第二毛毯厂。1991年，杭菊牌65010全毛水波纹提花毯被国家纺织工业部评为优质产品。1992年，与台商合资成立嘉兴凤鸣毯业有限公司，生产经营各类机织毛毯。

1993年4月，史桥羊绒整理厂建成开业，至年底，羊绒及胚布整理468.35吨，产值1405万元。

1996年，史桥鸿运精纺针织厂生产针织绒103.1吨，产值346.19万元。

1997年，由新澳集团对史桥精毛纺织厂（鸿运精纺针织厂）并购重组后组建的新澳集团桐乡华信发展有限责任公司，生产精纺色纱21.11吨、精纺白纱21.21吨、混纺色纱16.8吨，总产值478.9万元。

2006年，桐乡市东怡纺织有限公司创立，生产销售针织混纺纱、羊绒制品、针织面料等。2012年工业总产值4121万元，主营业务收入4106.1万元。

印染

境内的印染业起源于民国时期，在龙王庙有新正和染坊。新中国成立初期，境内有3家染坊，分别是灵安的东仁和、龙王庙的新正和、徐家庙的何仁泰。1954年，3家染坊共有从业人员10人，资本金7987元，主要是为农户家庭生产的土布、绸、绢等进行染色加工。1956年手工业合作化中，3家私营染坊与饴糖、制绳合并，组建灵安综合生产小组。1957年代农民印染土布、绸缎1.24万米。此后几十年，尽管体制多变，机构撤并分合，但灵安的印染业一直未曾中断，2012年，百年老店东仁和染坊虽生意萧条，店主赵宝荣仍坚守此传统作坊，不忍轻易舍弃，《嘉兴日报》为此专版刊文《灵安染店：一个家族的百年沧桑》。

境内现代工业化的印染业，出现在改革开放后的经济快速发展时期，一些上规模的纺织企业为提高效益，实现一条龙生产，配置了印花染色以及后整理生产线。

2002年11月，浙江嘉名染整有限公司（中外合资）成立，是境内规模最大的纺织印染和后整理专业生产厂家。2004年1月投产，当年实现主营业务收入4647万元，净利税1070万元，年产各种染整面料4000万米(折8000吨)。2005年技改投入2600余万元，购置进口染色机26台以及开幅定型机、拉幅烘干机、预缩机等先进设备。2006年实现销售收入1.6亿元，创利税2500万元。2007年，公司投资880万美元，购置进口印花机、定型机、染色机等设备，新增2200万米高档针织面料印花生产线。2009年，再次投入4350万元，实施新增1100万米印花针织面料技改项目，购置进口印花机、定型机等染整设备。

2011年，华灵丝绸有限公司实施年产50万米植绒印花技改项目，新建植绒印花车间，新增1条植绒印花生产线。

至2012年，嘉名染整有限公司已拥有香港ECO－8环保型多环松式染色机和ECO－38常温染色机、香港立信振波松式干布机、门富士2.4M和2.6M定型机、德国进口克郎茨2.6M定型机和呢毯定型机等国际一流的生产设备。还拥有先进的整套检验设备，建立化学分析室、试样室和物理测试中心，为染化料进仓质量和染整产品质量提供保障。

经编

1985年1月，同福经编厂建成投产，有经编机8台，年产蚊帐布6.06万米、外衣布4.6万米，产值192.7万元。1993年，投入61.8万元进行技术改造，添置251丝织机20台，以及并丝机、摇纤机等设备。

1994年10月，灵安丝厂投资引进先进经编设备，创办灵安经编厂。1997年灵安经编厂投资850万元，引进德国产SOL4F大提花圆机2台，148型2台、MK7T型2台，引进设备技术先进，适合任何针织花型和品种的织造，有效提高产品档次。2000年，灵安经编厂又投资910万元引进大圆机12台。2000年11月，灵安经编厂改制为股份制企业——桐乡市嘉名针织实业有限公司。2007年3月成立浙江嘉名纺织有限公司，主要生产各类高档功能性差别化绿色环保内衣和运动衣针织面料，年生产能力1.5万吨。2009年开发50S细旦竹纤维弹性内衣面料、相变智能调温牛奶蛋白抗紫外线面料等12个高功能性省级新产品，实现年主营业务收入4.56亿元，利润2919万元，缴纳税金2232万元。

2002年11月，浙江汇丰经编针织有限公司创办，注册资本1658万元。专业生产各种家纺面料和高档经编针织服装鞋帽面料。公司位于桐乡市经济开发区凤鸣分区。2005年，有德国进口经编机10台以及配套国产设备，年产各种经编面料2900吨。2006年投入427.8万元，引进德国HKS经编机3台，形成年产900吨高仿真超细化纤短毛绒(仿麂皮绒类高档经编面料)生产线。到2012年，已拥有经编生产设备26台套，关键设备均为具有世界领先技术水平的德国卡尔迈耶HKS3M－E32经编机，年产能6000吨，产品销往浙江、上海、江苏、广东等地，并批量出口到欧美和东南亚地区。

2003年3月，桐乡市宝马经编有限公司注册成立，主要经营经编织物、针织品、纺织面料的生产销售。搬迁后与申亿经编有限公司合并。2011年总产值4075万元，销售收入4030.9万元。

2012年，凤鸣街道规模以上经编生产企业有嘉名纺织、汇丰经编、宝马经编等公司；规模以下企业中，总产值500万元以上的还有富宏经编有限公司，其总产值为771万元。

床上用品

1986年，同福乡建办绣绒床上用品厂，购置工业绣绒床罩机14台。

1989年8月，灵安床上用品厂建成投产，是桐乡第一家专业生产蚕丝被、床上用品的规模型厂家。1990年获"浙江省出口商品保证企业"称号。1992年，工业总产值4458万元，产品销售收入3450万元，利税总额455万元。丝绵被获国优精品博览会金奖，产品出口日本、美国、德国、荷兰等21个国家和中国香港、中国台湾地区。

1992年7月，桐乡县天中山床上用品厂(同福乡办)开业，生产丝绵被等床上用品。是年10月，灵安床上用品厂与台胞合资建办桐乡银凤来床上用品有限公司，1993年生产丝绵被4.78万条、绗缝被1.35万条，总产值1049.27万元，销售收入1028.29万元，创税利254.23万元。产品出口台湾、香港、德国等地，出口产品交货值966.17万元。

1994年10月，嘉兴金凤凰床上用品有限公司(合资企业)投产，生产各类蚕丝被、绗缝被。1996年实现总产值201.11万元，销售收入190.56万元。

1995年8月，嘉兴市体改委、计委、经委批复同意组建浙江桐乡银凤来集团。以桐乡银凤来床上用品有限公司为核心层，桐乡家具厂等4家企业为紧密层，以及多家参股企业共同组成。是年11月，银凤来集团公司开发羽绒制品技改项目，总投资865万元。新建羽绒生产流水线以及厂房3000平方米。产品从原来单一生产手拉蚕丝被，发展到开发精梳定型蚕丝被、全棉被套、真丝睡衣裤、无纺布西装罩等五大系列，上百个规格品种，产品出口日本、德国、美国、意大利、奥地利等16个国家和中国香港地区。1997年生产蚕丝被66.87万条、被套16.68万条，总产值8778.1万元。2001年"银凤来"获浙江省著名商标。

2004年在市经济开发区凤鸣分区注册成立的华宏家纺有限公司，产品有化纤被、羊毛被、真丝被、被套、床垫等床上用品，主要出口日本。

2008年，中都家纺有限公司(合资企业)扩建占地面积50亩的新厂区，厂址由原同福集镇变更为凤鸣街道福严工业区。是年总产值3036万元，销售收入3033.9万元。其生产的蚕丝被、化纤被等床上用品远销日本、韩国及欧洲市场。

2009年，"银凤来"商标被评为浙江省著名商标和嘉兴名牌产品，并经国家纤维质量监督检验中心检验审核，获得"天然纤维标志产品证明商标准用证"和"生态纤维制品标志证明商标准用证"(两证书为"纯真丝"产品的权威认证)。

至2012年年末，境内有规模以上纺织业企业26家，从业人员2901人，资产合计14.66亿元。2012年实现工业总产值18.5亿元，主营业务收入18.54亿元，利税总额1.51亿元。占全街道经济总量的30%以上，纺织业在工业产业结构中以绝对优势居于首位。

表8—24　　2012年凤鸣街道纺织业规模以上工业企业主要经济指标统计表

单位：万元

序号	单位名称	工业总产值	资产合计	固定资产合计	主营业务收入	利润总额	利税总额	本年应付工资总额	全部从业人员平均人数
1	桐乡银凤来有限责任公司	2258	3752	898	2258	19	67	232	65
2	浙江嘉名控股有限公司	10118	17545	2126	10118	608	753	243	79
3	桐乡市金业纺织有限公司	14182	7776	1152	13605	92	898	470	148
4	桐乡市迅亿纺织有限公司	3029	499	328	3032	257	362	60	29
5	浙江嘉名染整有限公司	40938	39669	16201	43004	1706	3534	2055	654
6	桐乡富利来针织有限公司	2176	2423	1355	2176	41	143	65	23

续表

序号	单位名称	工业总产值	资产合计	固定资产合计	主营业务收入	利润总额	利税总额	本年应付工资总额	全部从业人员平均人数
7	桐乡市嘉锐针织有限公司	2046	1772	587	2064	21	56	87	29
8	桐乡华宏家纺有限公司	2939	1294	165	2939	147	276	361	100
9	桐乡市华琦针织有限公司	2005	1337	582	2005	244	286	99	30
10	桐乡市嘉鸿针织有限公司	2242	1857	520	2282	171	271	99	26
11	浙江东怡纺织有限公司	4121	4353	1823	4106	83	235	423	118
12	浙江嘉名纺织有限公司	19416	10444	3204	19265	1304	2403	697	113
13	桐乡华灵丝绸有限责任公司	2927	5400	2915	3013	92	101	220	74
14	桐乡市美达纺业有限公司	6856	2983	1450	6817	160	456	433	116
15	浙江汇丰经编针织有限公司	10719	11114	2966	10339	33	972	389	101
16	桐乡市光明针织有限公司	5093	2398	819	5176	97	362	180	52
17	桐乡市宝马经编有限公司	2815	1907	962	2814	—16	245	127	46
18	桐乡市雪松丝绸有限公司	4747	4989	567	4818	113	341	395	102
19	桐乡新开源制衣有限公司	6962	3451	1800	6962	267	401	608	144
20	桐乡中都家纺有限公司	5055	3015	1326	5057	329	646	693	112
21	桐乡市永泰针织有限公司	4841	3203	338	4677	36	167	290	85
22	桐乡市永立针织有限公司	3275	2575	1317	3275	122	223	193	54
23	桐乡市飞力纺织有限公司	4514	2136	1113	4379	122	289	179	47
24	浙江德凯帐篷股份有限公司	3907	2268	1204	3727	158	319	57	16
25	桐乡赐来福工程网布有限公司	3859	3324	1140	3221	262	442	140	40
26	桐乡新家园纺织有限公司	2902	1310	445	2862	37	54	62	21

资料来源：市统计局提供的2012年《凤鸣街道规模以上工业企业主要经济指标年报》

第三节　服装、服饰业

境内的服装、服饰业源于旧时的裁缝作坊。1954年灵安有友农、春记、南新等3家成衣作坊；徐家庙有新生、天福等2家成衣作坊。5家作坊从业人员6人，资本金640元。1956年私营手工业社会主义改造中，组建灵安镇缝纫生产小组，主要业务是加工服装，1957年总产值1.39万元。此后，缝纫组曾先后合并到灵安综合社、灵安服装印染社、桐乡纺织厂。

1961年，永丰合作缝纫小组为南日供销社归口管理的商办工业，1962年称史家桥缝纫组，主要生产男装、棉大衣、衬衣等各类服装，年产服装2129件，产值9950元。

中共十一届三中全会后，服装业从手工业作坊发展成机械化、自动化程度较高的现代工业。1980年11月，灵安服装厂建成投产。次年，生产男女服装3.21万件，总产值49.01万元(1980不变价)。

1984年11月，灵安镇建办的美尔西式服装厂投产，次年加工西装2.06万套(件)，产值13.86万元。

1990年5月，史桥乡建办的海桐针织服装厂投产，年产精毛健美裤12.19万条、精纺羊毛衫0.55万件，产值413.11万元。

1992年，一批村办服装企业先后建办，有灵安制衣厂(李家弄村)、红灵羊毛衫厂(茶家斗村)、史桥官楼羊毛衫厂(官楼村)、史桥时装羊毛衫厂(金太庙村)等。

1993年10月，史桥羊毛衫厂建成开业。1994年生产羊毛衫5408件。

1993年3月，史桥乡私营企业海球磁力写字板公司与港商合资，创办的浙江糜老大时装有限公司开业，主要生产各类针织服装。1995年，生产针织服装131万件，其中棉毛类62万件、毛纱类58万件、羊毛衫11万件。销售收入7025.4万元，创税利767万元(工业普查数据)。1996年，糜老大时装有限公司实现总产值2.69亿元，销售收入1.48亿元。“糜老大”商标在中央电视台、《人民日报》等媒体上投巨资做广告，“糜老大”品牌风靡全国，羊毛衫内衣市场占有率曾一度居同行业榜首。“糜老大”商标成为浙江省著名商标和中国驰名商标(司法认定)。1997年，服装市场销售不畅，各地代理商出现巨量退货，占用大量流动资金，加上银行的巨额贷款，糜老大公司经营状况急转直下，企业开始陷入困境，是年亏损1091.8万元。

1996—1997年，史桥工艺丝织厂和桐乡市惊涛羊毛衫厂(同福私营企业)分别生产羊毛衫2.61万件和7.57万件，产值分别为68.25万元和571.7万元。

1998年，受亚洲金融危机影响，服装业外贸订单大幅减少，价格急剧回落，全市服装行业普遍无利润，近半企业亏损。是年，境内唯一的服装行业规上企业——同福乡的嘉兴金凤来制衣有限公司生产真丝服装13.95万件，总产值600万元，销售收入509万元，利润为负69万元。

1999年，糜老大公司进入半停产状态。后因无法偿还银行巨额贷款，抵押资产和库存商品陆续经拍卖等方式偿还债务。2005年9月糜老大时装有限公司关闭。

2000年后，宏立针织有限责任公司与港商在同福经济园区合资建办“桐乡市宏阳服饰有限公司”，项目总投资17.11万美元。经营各类服装、服饰产品及服装面料、辅料的生产和经营。

2002年，桐乡市新开源制衣有限公司在同福成立。建办初期主要经营丝针织及服装生产、销售、印染。

2010年10月，凤鸣街道举办“雅意杯”服装制作职工技能竞赛

2004年，桐乡市雅意服饰有限公司在同福工业区成立，专业生产中高档休闲女装。迷上MERRYSAM女装品牌，融合中西文化韵味和时尚元素，成为境内率先跻身电子商务的女装品牌。

2005年，大昌制衣有限公司实施技改项目，投资4600万元，引进CMS330TC电脑提花横机100台，配套国产手摇横机100台、套口机40台及其他设备，形成年产21万件特种纤维针织衫的生产能力，其中真丝织花衫6万件、羊绒提花衫15万件。

2009年，阳光针织制衣有限公司投资999万元，引进德国CMS530HP电脑提花横机20台。

2010年，工业总产值和销售收入均跃上1亿元台阶。

2010年，同福工业区的外商独资企业博尔服饰有限公司总产值3362万元，销售收入3438万元。

至2012年年末，境内有规模以上服装服饰企业4家，从业人员382人，资产合计5735万元。2012年实现工业总产值1.14亿元，主营业务收入1.09亿元，利税总额582万元。规模以下服装服饰企业中主营业务收入500万元以上的还有鸣煌时装、水滔滔服饰、诚越制衣、牵手时装等公司。

第四节　金属冶炼和压延加工业

黑色金属冶炼和压延加工

境内黑色金属冶炼和压延加工业，起始于1958年的"大办钢铁"。是年10月，灵安公社办起钢铁厂，厂址在崇福镇西门外，12月份迁址灵安镇。主要产品有生铁和炒钢(即把生铁加热到熔化后，在熔炉中加以搅拌，借空气中的氧把生铁中所含的碳化掉，从而得到钢的一种工艺)等。至年底，生产钢11.26吨、生铁37.23吨。至1959年，各生产大队还建了一批炼铁炉，为了完成炼铁指标，动员群众"砸锅卖铁"，回炉"炒钢"。全民参与的大炼钢铁运动，违背了经济规律，造成了严重损失，在随后出现的国民经济困难时期，境内炼钢炼铁炉全部关闭。

1993年3月，同福特种线材厂建成开业。至年底，生产线材(轧花钢材)3930吨，产值1533.1万元，销售收入843.1万元，创税利5.25万元。

2007年，浙江腾宇不锈钢管有限公司在同福注册成立，专业生产不锈钢各种口径的焊管、无缝管、不锈钢角钢、不锈钢槽钢等。是年，通过ISO9001—2000质量管理体系认证及压力管道许可证。公司引进德国等离子生产线，有智能分条、笼式成型、内外焊道处理及整形、测径设备，配备水压测试、X射线探伤、涡流探伤、光谱分析、化学分析、机械性能测试等装置。年产各类不锈钢管5000吨，为嘉兴市特钢行业协会副会长单位。

至2012年年末，浙江腾宇不锈钢管有限公司为境内唯一的规模以上黑色金属冶炼和延压加工企业，从业人员65人，资产总额964.5万元。2012年生产焊接钢管1339吨，主营业务收入2374万元，税利121万元。规下企业中总产值500万元以上的还有桐乡市福强建材有限公司，年产值784万元。

有色金属冶炼和压延加工

1993年批准建立的合资企业嘉兴天龙有色金属有限公司、嘉兴双飞龙铜材有限公司，均为较早进入同福工业区的企业，主要生产各种无氧铜杆、铜材系列产品。

1994年3月，同福砖瓦铜材厂建成投产，年产3毫米铜材4230.53吨。是年，市乡企局批复同意，由同福联胜村投资37.5万元，建办桐乡市胜达铝锭厂，从事铝锭加工、制造。

1995年，嘉兴双飞龙铜材有限公司生产无氧铜丝5916吨，产值1.75亿元，销售收入1.47亿元。被国家农业部、乡镇企业局、中国乡镇企业协会评为行业最大规模乡镇企业。是年，桐乡市运河铜管厂创办，当年生产管材150吨。次年生产铜棒638.99吨、铜管151吨、管坯1282.88吨、挤压管150.04吨，总产值4796.58万元。

1996年，史桥铜材塑料制品厂(原福利塑料制品厂，1994年技改后新增铜带系列)生产铜带材98.92吨，产值227.93万元。是年，天龙有色金属有限公司、双飞龙铜材有限公司两家企业共实现工业总产值2.19亿元。

嘉兴双飞龙铜材有限公司生产车间一角

1997年，嘉兴双飞龙铜材有限公司改制后，对生产设备不断改造更新，达到年产5万吨的产能，且年最好销售达28亿元，位居桐乡市工业30强。是年，同福资产经营公司与运河铜管厂合资建办嘉兴宏峰铜业有限公司，制造和销售T2牌号各种规格紫铜管。

1998年诸暨海亮集团收购桐乡运河铜管厂，组建桐乡海亮铜管有限公司。是年生产铜管2378.5吨，产值4003万元。

至2012年年末，嘉兴双飞龙铜材有限公司为境内唯一的规模以上有色金属冶炼和延压加工企业，从业人员55人，资产总额9286.6万元。2012年生产铜材33769.7吨，主营业务收入15.1亿元，税利4497万元。规模以下主营业务收入500万元以上的还有桐乡泰美来轻合金有限公司（铝型材生产销售）。

第五节　皮革制品和制鞋业

境内的制鞋业由上鞋作坊发展而来。1954年灵安镇有上鞋作坊4家，从业人员4人，资本额148元。1956年手工业社会主义改造中组建灵安镇制鞋生产小组。1957年灵安制鞋组工业产值3900元。

中共十一届三中全会后，乡镇企业兴起，制鞋业开始形成规模化生产。1980年，灵安公社皮鞋厂（创建于1973年）改扩建后，年产值达到8.7万元。1985年1月，灵安镇建办的福利皮鞋厂投产，年产皮鞋2.63万双，产值31.08万元。1989年，将停产歇业的灵安皮鞋厂旧设备等资产26.29万元及职工88名一并转入灵安福利皮鞋厂。

1986年11月，史桥乡建办的史桥皮鞋厂投产，1988年产皮鞋4.78万双，年产值125.32万元。1989年10月，史桥皮鞋二厂建成投产。1990年，生产皮鞋2.67万双，产值82.16万元。

1992年，境内有同福联合皮鞋厂、联群皮鞋厂、奇丽特皮鞋厂、踏运皮鞋厂、联合皮件厂等5家村办企业，生产皮鞋和皮革制品，全年产品销售收入共106.75万元。

1994年，灵安皮鞋总厂，引进国外全自动设备，年产皮鞋25.82万双，产值1542.6万元。

1999年，嘉兴市皮尔世绅鞋业有限公司在市经济开发区凤鸣分区成立，主要生产各类女鞋。2009年，销售收入1031.5万元。

2002年3月，桐乡市诚兴皮草制品有限公司成立，专业生产加工皮草服装服饰，产品80%出口欧洲和大洋洲。

2005年，卓怡鞋业有限公司（合资企业）建成。2007—2008年，“卓怡”先后获中国驰名商标和浙江省著名商标称号。2010年，拥有6条先进的制鞋生产流水线，员工600余人，日产量6500双，工业总产值3346万元，为境内规模最大的女鞋生产

2009年6月5日，市第三届职工技能操作运动会暨“卓怡”杯皮鞋制作操作比赛在凤鸣街道举行

企业，被中国皮革协会列为中国真皮名鞋重点培植企业，在行业和销售市场享有较高知名度。

2004 年，桐乡市百世鞋业有限公司在同福经济园区注册成立，主营产品女式皮鞋，拥有制帮流水线 4 条、成型流水线 2 条，年产量 100 万双。

至 2012 年年末，境内有规模以上皮革制品和制鞋企业 3 家（百世、卓怡、皮尔世绅），从业人员 343 人，资产合计 3686 万元。2012 年实现工业总产值 9061 万元，主营业务收入 9031 万元，利税总额 431 万元。规下企业中主营业务收入 1000 万元以上的还有大盛鞋业有限公司。

第六节　化纤制造业

1986 年 4 月，同福福利弹力丝厂建成投产，至年底共生产涤纶弹力丝 132.28 吨、丙纶弹力丝 36.78 吨，产值 214 万元，销售收入 201 万元。是年 10 月，桐乡县华丰化纤厂（同福）建成投产，主要从事涤纶弹力丝的生产销售。

1992 年，同福乡建办同福丝线厂和工业用丝厂，分别从事化纤丝加捻并线和丙纶工业用丝的加工、生产。

1993 年 8 月，天花工业用丝厂更名为嘉兴市华强合成纤维厂。1994 年生产高强丙纶丝 907.54 吨、涤纶丝 1675 吨。1996 年投入 580 万元进行技改扩产，购置 KV406 纺丝机 1 台、KV505 牵引机 4 台以及其它配套设备，新增涤纶长丝年产能 1400 吨。1997 年投资 550 万元，技改扩建 POY 生产线，淘汰 2 条涤纶短丝生产线，新增 KV406 纺丝机螺杆 6 支、VC443 牵引机 10 台，新增年产能涤纶长丝 4000 吨。

1995 年 4 月，同福乡创建嘉兴金泰合成纤维厂，主要产品为涤纶短丝。投产后因市场变化，短丝产品滞销，企业经营困难。1996 年 7 月，决策调整产品结构，减少 2 条短丝生产线，转产涤纶长丝。至年底，生产涤纶长丝 299.8 吨、涤纶短丝 1531.9 吨，产值 1813.64 万元。1997 年，嘉兴金泰合成纤维厂对上年末改并处于停产状态的 2 条短纤生产线再行改造，全部转产涤纶长丝。

1996 年，嘉兴凤鸣毯业有限公司（同福）生产腈纶毯 2.54 万条、腈纶胚毯 1.65 万条、腈纶纱 34.6 吨，化纤类产品产值 792.21 万元。

2003 年，龙翔化纤有限公司投入 314.4 万元，实施 POY 预取涤纶长丝技改项目。2008 年实现工业产值 6944 万元，销售收入 6788.5 万元。

2009 年，桐乡市永瑞化纤有限公司在凤鸣同福工业区成立，主要经营化纤加弹丝的生产、销售。

2010 年 5 月，浙江方圆聚合纤有限公司在经济开发区凤鸣同福分区成立，产品以聚合锦纶、锦纶 HOY 丝为主，有年产 3.5 万吨锦纶切片生产线 2 条，年产 1.5 万吨锦纶 HOY 丝生产线 2 条。2012 年实现销售收入 4.5 个亿，是桐乡化纤行业的后起之秀。

境内的主要化纤生产企业还有桐乡市海源化纤有限公司、神源纺织有限公司，均在同福工业区。

至 2012 年年末，境内有规模以上化纤制造企业 6 家，从业人员 383 人，资产合计 3.89 亿元。2012 年实现工业总产值 6.7 亿元，主营业务收入 6.65 亿元，利税总额 3979 万元。

第七节　建筑材料和建材制品业

砖瓦

境内的砖瓦企业起步于 50 年代后期。1957 年，灵安乡第五高级社（路家园）建有砖瓦厂，年末职工40人，总产值1.25万元，年产青砖50万块。1958年公社化后称同福砖瓦厂，为路家园队办企业。

1967年，同福公社联胜大队和联庄大队各建小砖瓦窑1只。1969年转为公社所有，并在两地各增小窑1只。1970年6月，同福小窑建成投产，有土窑2座，主要生产青砖、平瓦、土瓦（1984年停办）。是年，史桥砖瓦厂改扩建，投产24门轮窑1座。灵安红胜大队砖瓦厂生产青砖91.7万块、土瓦79.6万张，年产值3.7万元。

1978年，同福砖瓦一厂投产，设24门轮窑1座。

1979年8月，灵安砖瓦厂建成投产，有24门轮窑1座。1981年生产红砖3238万块，产值96万元。次年5月，史桥砖瓦厂建成投产，有24门轮窑1座。随着轮窑的兴起，传统工艺的土窑逐步被淘汰。

1981年3月，（灵安）前进砖瓦厂建成投产；6月，同福砖瓦二厂建成投产；各有轮窑1座。至年底，2个厂共生产红砖4457.7万块，产值143.8万元，全年平均职工数392人。

1986年，境内年工业产值、销售收入超百万元以上的砖瓦企业有灵安砖瓦一厂、灵安砖瓦二厂、同福砖瓦厂、史桥砖瓦厂等4家，共有员工1120人，工业总产值585万元，销售收入926万元，创利税377万元。

表8—25　　1991年境内乡（镇）办砖瓦企业情况统计表

金额单位：万元

企业名称	属　地	总产值	销售收入	利润总额	固资原值	员工人数
前进砖瓦厂	灵安镇	109	108	－13	10	185
灵安砖瓦厂	灵安镇	111	121	－10	92	142
同福砖瓦厂	同福乡	249	235	7	108	242
史桥砖瓦厂	史桥乡	214	157	－1	134	241

资料来源：桐乡市档案馆馆藏档案，卷宗号41—11《各乡办企业1991年报》

1994年10月，史桥乡长新建材厂开业。至年底，生产标准红砖525.79万块。

1997年，同福砖瓦三厂生产九五红砖4763万块，产值599.1万元，销售收入614.5万元。是年，史桥新型墙体材料厂生产水泥砌块砖1.22万块，产值2.1万元。

90年代中期开始，砖瓦行业存在的一些弊端愈加凸显，资源浪费、环境污染、竞争无序、效益低下，严重影响经济的可持续发展。

表8—26　　1998年境内砖瓦生产企业情况统计表

单位：万元、万块、平方米、立方米

企业名称	企业性质	窑数	门数	总资产	所有者权益	总负债	总产量（折标）	取土量	销售收入	实缴税金	利润
灵安砖瓦厂	私营	1	24	346	52	312	3999	64700	501	36	41
前进砖瓦厂	私营	2	48	676	107	568	5985	96830	652	41	52
史桥砖瓦厂	镇集	2	44	1169	176	993	6376	160280	680	50	－124

续表

企业名称	企业性质	窑数	门数	总资产	所有者权益	总负债	总产量（折标）	取土量	销售收入	实缴税金	利润
同福砖瓦厂	乡集	1	28	304	90	213	4249	63730	474	16	9
同福砖瓦三厂	村集	1	28	337	6	331	4240	74000	508	15	5
联星砖瓦厂	村集	1	18	214	－71	286	1800	38000	266	9	4

资料来源：1999年1月《桐乡市砖瓦生产企业情况调查汇总表》（市发改局档案1999年第92卷）

1999年3月，市政府出台《桐乡市砖瓦行业整顿实施意见》，按照“合理布局、统一规划、分步实施”的整顿原则，决定用4年时间对全市砖瓦行业开展拆窑整顿，压缩砖瓦生产能力。是年底，境内史桥砖瓦厂实施炸窑（爆破拆除烟囱）。2000年1月，同福砖瓦厂炸窑关停。2003年1月，按照全市第三期炸窑计划，前进砖瓦有限公司炸窑成功。

2005年5月31日，市政府出台《关于深化完善砖瓦行业整顿实施意见》，按照“尊重实际，源头控制、有序推进、鼓励转产、依法整顿”的原则，实施第二轮砖瓦行业整顿。列入2005年关停计划的同福联星砖瓦厂按时实现关停。2006年灵安砖瓦有限公司顺利关停。次年2月，灵安砖瓦厂烟囱实施定向爆破。至此，凤鸣街道完成砖瓦行业清理整顿任务。

经过整顿和调整，境内仅剩2家砖瓦生产企业。2012年，史桥砖瓦有限公司和同福砖瓦有限公司工业总产值分别为847万元和948万元。

水泥

1980年11月，同福水泥厂建成投产，有1.6M×7立窑1座。1981年生产矿渣硅酸盐水泥1.36万吨，工业总产值64.12万元（1980年不变价），职工127人。

1986年1月，市计经委批复同意，同福水泥厂1984年通过技改新建机立窑部分改为桐乡运河水泥厂。至年底，运河水泥厂生产矿渣水泥4.18万吨，产值375.93万元。

表8—27　　1991年境内乡办水泥企业情况一览表

单位：万元

企业名称	属地	总产值	销售收入	利润总额	固资原值	员工人数
同福水泥厂	同福乡	1023	1079	11	389	365
运河水泥厂	同福乡	1122	996	14	539	274

资料来源：桐乡市档案馆馆藏档案，卷宗号41—11《同福乡1991年企业年报》
说明：是年，同福水泥厂和运河水泥厂矿渣水泥产量分别为5万吨和6.01万吨

1992年，同福水泥厂二号线改产白水泥技改项目获批，投资498万元，采用回转窑取代二号窑，生产白水泥，年产能3.5万吨。项目竣工后分立为桐乡特种水泥联营厂，是嘉兴首家生产特种水泥的企业，至年底生产白水泥6856.4吨。1993年更名为嘉兴白水泥厂。

1995年，桐乡运河水泥厂生产水泥8.8万吨，实现销售2700万元，为市级重点企业。1996年投入205万元进行设备技改，新增球磨机1台、500KVA发电机组1组以及其他配套设备。

1996年，嘉兴白水泥厂生产白水泥4.76万吨、灰水泥5.92万吨，总产值4746.55万元，销售产值

4902.6 万元。

针对水泥行业小企业多、属淘汰的设备多、污染严重、效益低下的现状，根据省水泥行业结构调整的总体要求和安排，市政府决定自 2000 年开始对水泥行业实行整顿，同福乡按实施计划拆除同福水泥厂直径 2.2 米×8 米机立窑 1 座，停办同福水泥厂。

2005 年 2 月，市政府印发《关于加快淘汰水泥机立窑工作的实施意见》，淘汰并拆除全市所有机立窑。

2012 年，为促进水泥行业节能减排和结构调整，淘汰落后产能，根据市政府《关于深化水泥行业结构调整工作实施方案》的要求，淘汰 3 米以下水泥磨机，按时对运河水泥有限公司∅2.4×13.0m 磨机 1 台予以淘汰。是年，全街道 2 个规上企业生产水泥 49.24 万吨，其中散装水泥 32.79 万吨。

建筑预制件

1979 年 9 月，路家园大队筹建水泥构件厂，承接来料加工和自营加工业务。1980 年 6 月，有在册员工 20 人，月产值 1.2 万元。9 月经县社队企业局批准正式建办建筑水泥构件厂。

1984 年，同福水泥制品厂建成投产。年产五孔板、挂瓦板等 1000 立方米，产值 16.5 万元。1988 年改扩建后，年产水泥预制构件 2530 立方米、纸袋 137.8 万只，产值 147.89 万元。

1987—1989 年，境内有史桥水泥制瓦厂（史桥村办）、同福联新村水泥预制厂、同福联合村水泥预制厂等村办建筑构件厂，产品主要为水泥多孔板及小构件。

1992 年，境内有灵安红卫预制场、红联预制场、同福运河沟管厂、联建预制场、史桥综合厂等 8 家村办水泥构件预制场，年产品销售收入 98.65 万元。

1994 年 10 月开始，市建筑业管理处根据国家关于混凝土预制构件生产企业资质管理的规定，对境内相关企业进行考核检查、现场抽样检测后，对具备预应力圆孔板生产能力，产品质量符合要求的，准予进入建设市场，并于 1995 年 3 月公布合格企业名单。境内有灵安建筑水泥构件厂（三级资质）、灵安路家园构件厂（四级资质）、灵安镇桥梁队（四级）、灵安镇红卫水泥构件厂（四级）、灵安镇红联水泥制品厂（四级）。

2003 年 5 月，浙江华为混凝土制品有限公司注册成立，主营混凝土制品、水泥制品、建筑打桩柱、空心打桩管。主营业务收入 2004 年 1005.8 万元，2008 年 4783.6 万元，2012 年 2003.2 万元。

至 2012 年年末，境内有规模以上建筑材料和建材制品企业 4 家（运河水泥公司、嘉兴白水泥厂、华为混凝土制品公司、高翔建筑材料公司）。从业人员 201 人，资产合计 1.03 亿元。2012 年实现工业总产值 1.65 亿元，主营业务收入 1.64 亿元，利税总额 1458 万元。

第八节　农副食品加工业

境内的农副食品加工业主要有杭白菊制品、蔬菜制品、粮油制品、传统糕点、豆制品、调味品、酒类等。其中，杭白菊制品和蔬菜制品为当地代表性特色产业。

杭白菊加工（参见第七编《农业·杭白菊》）

蔬菜加工

境内是桐乡榨菜、小黄瓜等蔬菜主产区之一。50 年代后期，社办蔬菜厂日渐兴起。1958 年 10 月，灵安公社蔬菜厂由淀粉厂和蔬菜加工厂合并而成，次年生产酱制蔬菜 198.63 吨、腌制蔬菜 1214.29 吨，年产值 16.9 万元（1957 不变价）。1963 年 5 月停产。

进入 70 年代，社办蔬菜厂又开始恢复发展。1972 年，灵安公社蔬菜厂加工榨菜 125 吨多，年产值

7.03万元(1970不变价)。随后,同福公社也办起蔬菜厂。

农村实行联产承包责任制后,史桥一带的农户单家独户建水泥窖腌制鲜榨菜,制成半成品或成品榨菜上市出售的甚多。后逐步形成规模化生产。1979年,史桥海河蔬菜调味厂建成投产。随后,境内先后办起灵安伟江菜厂、杨家菜厂、龙王庙菜厂等一批蔬菜加工企业。

1984年,史桥海河蔬菜调味厂生产加工榨菜305吨、咸菜274吨,年产值34.15万元(1980不变价)。1987年,史桥全乡加工蔬菜类1485.4吨,品种有铝箔真空小包装榨菜、坛装甲级榨菜、各类酱腌菜等,内销主要是江苏、上海、广东等地,外销主要是马来西亚、新加坡、日本等国家和中国香港地区。

1988年,同福蔬菜厂加工榨菜660吨,以及大头菜、小黄瓜等,年产值46万元。同福菌种厂生产的盐水蘑菇占县进出口公司出口蘑菇总收购量的50%以上。是年,史桥乡新办食用菌菌种厂,生产蘑菇、香菇、地平菇以及菌种等。

1991年,桐乡全县提供出口产品的食品生产企业中,境内有灵安蔬菜厂和同福菌种厂等2家,年出口交货值共139万元。1994年,史桥乡的中外合资企业嘉兴海河蔬菜食品有限公司,总产值29.31万元,销售收入24.05万元。是年,史桥乡有村办蔬菜厂10家,企业个数和产值均超过全乡村办工业的一半以上。

1998年,灵安镇有蔬菜加工企业8个,年加工榨菜100吨,实现产值264万元,生产的小包装菜片、菜丝行销全国各地,"杨师傅""张老大"等品牌已具有一定的市场竞争力。

乡(镇)、村企业改制后,蔬菜加工业均以私营小企业和个体加工厂运作。至2012年,境内蔬菜加工企业有灵安伟江蔬菜厂等,以及个体蔬菜加工厂8家。

其他食品加工

民国时期,灵安有人和油坊。解放初期,灵安满余桥农民油坊,为合伙制性质,资本额1906万元,雇佣人员15人,生产设备有木榨车9部。1952年加工食用植物油34.56吨,其中菜油25.4吨。

1954年,灵安及其周边集镇和农村,有豆腐、制面、茶食、糖坊等食品作坊21家。1956年,手工业合作化中,制面和饴糖二业与印染合并成立灵安综合生产合作小组。

人民公社化期间,最早出现的社办工业中,农副产品加工业占了很大的比重。1959年,灵安公社6个社办厂中,有稻谷加工厂和酿酒厂。是年,灵安稻谷加工厂碾米3358吨、加工面粉20.3吨;酿酒厂生产白酒15.23吨(折50度)。还有商办工业并入人民公社的供销部食品厂,主要生产糖果、糕点,年产值9.42万元。

60—70年代,公社下属的各生产大队机埠也从事农副产品加工业,主要是为社员碾米及加工饲料。1970年,同福公社8个大队机埠农副产品加工年产值共计4.92万元。

1985年,史桥乡桑园村投资29万元,建办粮食深加工企业,用淀粉和大米生产葡萄糖和饴糖。

1988年1月,灵安供销社食品厂投产,是年生产糕点69.4吨,总产值15.19万元。

2002年5月,灵安伊好蔬菜食品厂建立,主要从事鸭蛋加工生产。2003年伊好牌国标皮蛋、咸蛋被评为浙江省优质产品。2004年,引进韩国的先进技术,有多功能洗蛋机2台、真空包装机8台、全自动高温杀菌机1台,生产的伊好牌咸蛋、国标皮蛋、土鸡烤蛋等产品,销往昆明、沈阳、南京、宁波、山东、天津、北京、广州等地。2006年通过国家AAA级绿色食品认证,并获浙江省农业博览会优质奖。2009年,灵安伊好蔬菜食品厂更名为桐乡市伊好食品有限公司,"伊好"牌商标获浙江省著名商标。2010年,伊好食品有限公司加工销售鸭蛋3348吨,工业总产值3172万元,销售收入3214.5万元,税利124.1万元。

2002年后,境内粮食加工企业还有史桥集镇的万隆米厂和雪花粮油公司,分别从事大米加工和小麦粉生产。

至2012年年末，境内有规模以上农副食品加工企业3家（远福茶业、春发菊业、伊好食品），从业人员54人，资产合计4984万元。2012年实现工业总产值9397万元，主营业务收入8674万元，利税总额955万元。

第九节　其他工业

造纸和纸制品业

1957年，队办企业同福龙王庙的造纸厂建厂，公社化后称灵安公社同福造纸厂（联民生产队办）。1959年年底有职工109人，年产纸浆80吨，坑边纸2万块，总产值5.2万元。1957—1958年，灵安公社第四、五、六生产大队均办有纸浆厂，分别称灵安公社第一、第二、第三纸浆厂，主要产品为坑边和土纸。1960年，灵安化肥蔬菜厂生产手工纸及纸板54.7吨、土纸浆131.7吨。

1989年，同福乡联合村建办同福联合纸制品厂，主要生产水泥包装纸袋。

1997年，同福包装纸箱厂生产双瓦楞纸箱127万平方米、单瓦楞纸箱77.1万平方米，产值557.2万元。

2001年注册成立的纸箱生产加工企业有同福富强包装纸业有限公司、灵安永利纸箱厂等。

2003年9月，桐乡市嵘月包装材料有限公司成立。2009年4月变更为浙江嵘月包装有限公司。主要生产纸板、纸箱、纸盒等产品。2010年引进德国产BHS五层瓦楞纸板生产线1条、7层瓦楞纸板生产线2条、MAX Group永锦达印刷机1台，年生产能力2亿平方米，成为境内包装生产骨干企业。

至2012年年末，境内造纸和纸制品规模以上企业仅嵘月包装有限公司1家，从业人员143人，资产合计1.08亿元。2012年生产箱纸板3.86万吨，工业总产值1.4亿元，主营业务收入1.4亿元，利税总额775万元。规模以下企业中工业总产值1000万元以上的还有浙江天琦包装材料有限公司（主要从事高档包装用纸的生产销售）。

橡胶和塑料制品业

1975年3月，灵安工程塑料厂建成投产。1988年生产高压乙烯管83吨、高压串线管27吨、塑料撕裂带8吨，产值65.69万元。

1983年4月，二轻企业灵安竹器社更名为桐乡县灵安二轻塑料厂，开始转产聚乙烯打包带。至年底，生产聚乙烯打包带35.7吨，工业总产值15.66万元(80年不变价)。

1989年1月，史桥乡建办的天宇磁性材料厂投产，生产磁性写字板壳、磁性笔，年产值83万元。1992年更名为史桥福利塑料厂，生产医用塑料轴套、塑料衣架、电线骨架盘等，年产值51.3万元。

1992年，桐乡市舒乐橡塑材料有限公司成立，2000年后入驻市经济开发区凤鸣分区，拥有全套英国进口聚氨酯软质泡沫（海绵）生产及加工设备，年产各种海绵2500吨。产品用于服装、鞋帽、箱包、家具、体育用品、装潢、汽车、摩托车、自行车等行业。销售地域主要为浙江、江苏、上海、安徽、河北等省市，并出口韩国、美国、日本、欧洲等国家和地区。

1996年，史桥铜材塑料制品厂生产塑料制品102.6吨，产值144.94万元。

2000年，桐乡市恒发海绵有限公司成立，入驻同福工业区。专业生产慢回弹海绵、再生海绵、定型海绵、异型海绵、高阻燃海绵、高回弹海绵、特硬海绵等各种海绵制品，以及EPE片材、EPE棒材、管材等。产品销往浙江、上海、江苏、山东、安徽等省市，并出口日本、美国、欧洲、东南亚等国家和地区。

2003年，桐乡市恒佳贸易有限公司（史桥）成立，专业经营PE缠绕膜的生产销售。产品主要有机用缠绕膜、手用缠绕膜和分切膜等，年产量3500吨。

至2012年年末，境内有规模以上橡胶和塑料制品生产企业3家，从业人员99人，资产合计5648万元。2012年实现工业总产值7526万元，主营业务收入7362万元，利税总额761万元。

电气机械和器材制造业

1980年，同福公社联建大队建办日光灯管厂，以上海电子管二厂生产的半成品，进行装配成品40—60瓦日光灯管，自行组织销售。

1991年，灵安镇建办桐乡县灵安电器厂，从事日光灯节能器的加工制造。

1992年，桐乡联营电子器材厂（同福）与上海复旦大学电光源系技术协作，开发国内先进水平的YDE—型节能型电子整流器产品，技改项目总投资48.62万元。1993年注册科喜商标。

2002年2月，桐乡灯具厂出口灯具生产线技改项目在凤鸣街道工业园区竣工投产，随后又实施扩建技改。2006年，桐乡灯具厂列全市出口20强企业第7位。2008年更名为浙江豪庭灯饰有限公司。主要产品有LED橱柜灯、射灯、台灯、落地灯等多种室内灯具，产品出口量达98%以上，主要销往美国、东南亚及欧洲各国。是年，"豪庭"牌灯饰被认定为浙江省名牌产品。

2011年，豪庭灯饰有限公司投资500万元，新建自制装配流水线4条，新增年产50万台灯具的生产能力。

至2012年年末，境内电气机械和器材制造规模以上企业仅豪庭灯饰有限公司1家，从业人员358人，资产合计1.88亿元。2012年生产灯具及照明装置764.91万套（台、个），工业总产值1.99亿元，主营业务收入1.93亿元，利税总额2198万元。

通信和其他电子设备制造业

1987年11月，灵安村与县广播电视服务公司合资联办桐乡县广播电视设备厂，根据中央广播电视部规定农村有线广播收听工具更新换代的要求，生产有线广播音箱，年产5万余只。

1997年6月，浙江天女集团投资980万元的高性能稀土永磁项目建成投产。稀土永磁产品广泛应用于通信、汽车、计算机、医疗、国防军工、航空航天等产业，当年出口交货值1230万元。1998年9月，天女集团稀土永磁有限公司正式注册成立，是年实现产值1400万元，销售1200万元。1999年实现产值1800万元，销售1700万元。

2001年，原史桥福利塑料厂改制为嘉兴正基电子有限公司，从事通信天线、塑料制品的生产销售。拥有50—850T各型电脑注塑机20余台。具有自主产品研发、模具制造、注塑生产能力。产品获国家发明专利、实用新型专利等。

至2012年年末，境内有规模以上通信和其他电子设备制造企业2家（稀土永磁、正基电子），从业人员165人，资产合计1.01亿元。2012年实现工业总产值4450万元，主营业务收入4127万元，利税总额166万元。

第三章　工业园区

境内工业园区始建于1994年。是年7月，市政府决定，建立首批4个经济园区，同福经济园区为其中之一。1999年10月，为加快个私经济集聚，培育区块特色经济，市政府批建3个乡镇经济园区，同福经济园区又列其一。2000 年 11 月，市政府批准灵安镇创办桐乡市化学工业园区，为全市较早批准设立的特色工业园区。2003 年 10 月，根据市政府《关于清理整顿经济开发区、工业园区的实施意见》，凤鸣工业园区（桐乡市化学工业园区）整体纳入市经济开发区，称桐乡市经济开发区凤鸣分区；同福经济园区更名为同福工业区。2007 年 10 月，同福乡并入凤鸣街道后，原同福工业区改称凤鸣同福分区（含福严工业区、天花荡工业区）。2009 年初，凤鸣街道成立招商局，配强招商队伍，以杭州、温州等地为重点，多层次、全方位开展招商活动。年内新签项目 17 个，其中杭迁企业 10 个、外资企业 3 个，总投资 3 亿多元。经过多年的建设，工业园区成为境内经济新亮点，在吸引投资、整合资源、集聚发展上显现出综合优势和规模效应。至 2012 年，凤鸣街道有工业园区（分区）2 个，累计已开发面积 2261 亩，基础设施投入 6632 万元，进区企业 86 家，企业总用地面积 1407 亩，建筑面积 64.52 万平方米，固定资产投入 15.66 亿元，年末从业人员 4332 人。2012 年，进园企业工业总产值（现价）48.19 亿元，利税总额 1.65 亿元，实际利用外资 182.63 万元。（数据来源：《嘉兴市工业区建设发展情况统计年报》）

表 8—28　　2002—2012 年凤鸣街道（同福乡）招商引资情况一览表

单位：万美元

年份	凤鸣街道				同福乡			
	合同外资	实际外资	项目数（个）		合同外资	实际外资	项目数（个）	
			新批	增资			新批	增资
2002	153	38.5	2	—	110	37.0	1	—
2003	300	89.6	—	—	120	30.2	2	—
2004	列入市经济开发区				53.33	122.1	—	—
2005	列入市经济开发区				39.48	101.27	—	—
2006	列入市经济开发区				360.13	109.36	—	—
2007	218	41	1	—	12	58	1	—
2008	150	200	—	—	2007 年 10 月同福并入凤鸣，上栏数据至 9 月底。			
2009	645	390	2	—				
2010	500	405	1	—				
2011	27	273	—	—				
2012	—	183	—	—				

资料来源：各年度《桐乡统计年鉴》

第一节　市经济开发区凤鸣同福分区（同福工业园区）

1994 年 7 月，市人民政府决定建立崇福、同福、乌镇、民兴 4 个经济园区，同福成为全市首批经济园区之一。10 月 14 日，浙江省委常委梁平波到同福视察，并为园区题词。

同福经济园区位于同福乡天花荡（320 国道西、桐洲公路二侧沿线）。实施三大开发（工业园区开发、草庵头集镇开发、福严寺开发）同步推进，其中工业用地 116 亩。至 1997 年年底，工业园区基本完成“四通一平”（通路、通水、通电、通电话线；平整场地）。入园企业有华强合成纤维厂、金泰合成纤维厂、飞龙铜材有限公司、天龙有色金属有限公司等4家，固定资产投资1.62亿元，总产值7.3亿元，占全乡工业总产值的70%。

1998年，同福乡在草庵头集镇建个私工业园区，总面积18亩，建标准工业厂房5幢。为吸引外地本地个体私营业主入园，乡党委政府出台一系列优惠政策。是年，有惊涛羊毛衫厂等5家个体私营企业落户园区，年工业总产值2450万元。

根据市委、市政府《关于进一步加快园区建设鼓励个私经济集聚的若干意见》，培育特色经济，1999年10月，市人民政府批复同意建办羔羊、同福、石门等3个经济(工贸)园区。同福经济园区规划用地总面积300亩，其中建成区153.6亩，扩展区征用土地146.4亩，列入集镇总体规划。园区类型为工贸结合型，分工业区和商贸区两大块。工业区以轻纺业和杭白菊深加工为主导产业。是年，同福乡成立园区管理办公室，加快建设步伐。一期征用土地115.43亩，建造标准厂房12幢以及基础设施建设，共投资654万元。

2000年，启动工业园区二期工程，投资245万元，在新农村征用土地142亩。至2003年，同福乡工业区投入资金436.6万元，新扩土地361亩，形成化纤、服装、农产品加工的企业格局。

2002年12月，经市政府同意扩区后，同福经济园区规划总面积5.15平方公里，列入集镇总体规划。

2006年年底，工业区已开发面积62.7公顷，入驻企业56家(其中投产企业49家)，其中规模以上企业27家，合资企业4家，新竣工投产企业4家，在建企业7家，职工2545人。全年工业区实现工业产值8.56亿元，创税利4440万元，工业增加值1.2亿元。

2007年10月，同福乡并入凤鸣街道后，原同福工业区改称市经济开发区凤鸣同福分区。是年，凤鸣同福分区投资105万元，完善工业区道路绿化、亮化设施；投资700万元，新建标准厂房7000平方米；2个园内企业项目开工建设，投入资金1000余万元。

至2012年年末，凤鸣同福分区已开发面积983亩，累计基础设施投入2196万元，进区企业31家，2012年现价工业总产值23.55亿元，利税总额4378万元。

第二节 市经济开发区凤鸣分区

2000年11月14日，市人民政府批复，同意灵安镇建办桐乡市化学工业园区。园区位于灵安镇北320国道两侧，近靠市经济开发区，交通便捷，地理位置优越。规划总面积1000亩，首期开发320国道两侧，新征土地380亩。灵安镇成立桐乡市化学工业园区领导小组，下设管理办公室，建立新兴化学工业园区基础建设有限公司，主要负责工业园区基础设施配套建设。一期工程先期建设项目主要为道路硬化、绿化配套等基础设施。

2001年11月，凤鸣街道办事处印发《关于加快桐乡市化学工业园区建设的若干意见》，根据化工特色园区的要求，对入园企业的基本条件、优惠政策，以及园区的服务、管理、监督等方面作了规定。是年年底，有11个企业落户园区，企业总投资1238万元。

2002年，凤鸣街道办事处制定《外商投资项目引荐奖励办法》，对符合条件的外商投资项目引荐者实行奖励。年内引进外资项目2个，合同利用外资153万美元，实际到位外资300万港元(折合38.5万美元)。

2003年年底，园区一期工程结束，已开发面积490亩，累计投入基础设施1576万元。

至2005年,园区已初具规模,入园企业有嘉铭针织、嵘月包装等15家,企业总投资1.5亿元。2005年年底工业区企业资产总额5.49亿元,职工2174人,现价工业总产值6.08亿元,出口交货值2.44亿元,创利润3689万元,实缴税金1524万元;园区内中外合资企业3家,实际利用外资212.9万美元。

2006年,桐乡市化学工业园区更名为桐乡市经济开发区凤鸣分区。是年年底,完成分区二期规划编制和论证,轻纺、制罐等20家入区企业完成项目报批。凤鸣分区二期位于一期南侧,东临新板桥港(东宗线),西南为绕城公路,规划用地面积564亩。

2007年,市经济开发区凤鸣分区二期加快建设,进区20个项目有18个开工,共投入资金1亿元。二期基础设施建设由市经济开发区负责实施,至2008年,道路、三水管网(污水、雨水、自来水)、电力设施、蒸汽管网、路灯、绿化等建设基本完成,总计投入资金1200余万元。

至2009年,凤鸣分区三期基础设施建设累计投入1005万元。

2010年,分区新开工企业11家,出让供地面积185.72亩,竣工项目5个,新增生产性投入1.58亿元。

至2012年年末,凤鸣分区已开发面积1278亩,累计基础设施投入4436万元,进区企业55家,2012年现价工业总产值24.64亿元,利税总额1.21万元。

第四章　重点企业选介

2012年年末,凤鸣街道共有规模以上(主营业务收入2000万元以上)工业企业59家,本章择其中年度主营业务收入超亿元以上的13家予以简介。

浙江天女集团制漆有限公司

浙江天女集团制漆有限公司的前身是1980年创办的桐乡县灵安知青造漆厂,1982年更名为桐乡造漆厂,1994年组建浙江天女集团。1997年,公司由原来的镇办集体企业改制为镇集体控股、企业经营者持股的有限责任公司。1998年,公司的镇集体股全额转让给企业经营者,成为全部由经营者持股的私营有限责任公司。同年,企业分立后设立浙江天女集团制漆有限公司,法定代表人:姚珏铭。地址:桐乡市凤鸣街道永兴路1号。占地面积54000多平方米,建筑面积33000多平方米。公司拥有桐乡市天女印铁制罐有限公司和嘉兴市佳同危险化学品运输有限公司两家全资子公司,并参股创办桐乡市茅盾中学和桐乡市求是实验中学,以及桐乡市民泰村镇合作银行和桐乡市银合典当有限公司两家金融服务企业。2012年公司生产油漆3.26万吨,实现产品销售收入3.48亿元,利税总额5736万元,产品附加值、单位产品综合能耗和企业赢利能力连续10多年在国内涂料行业中处于领先地位。

浙江天女集团公司

经过30多年的改革、发展和创新,公司已成为全国涂料行业重点骨干企业和浙江省最大的油漆生产企业之一,担任中国涂料工业协会常务理事单位和浙江省涂料工业协会副会长单位。现有员工230多人，其中大专以上学历人员70多人。公司拥有DCS自动化控制树脂生产装置和PLC控制自动化计量配料油漆生产线，主要生产重防腐涂料、卷材涂料、电子绝缘涂料、建筑涂料、木器涂料、塑胶及UV涂料、地坪涂料等工业和民用涂料，产品主要销往长三角地区并覆盖全国20多个省市。室内装饰装修用溶剂型木器涂料、水性内外墙涂料、钢结构防火涂料和环保型磁环绝缘涂料分别通过国家强制性产品认证、中国环境标志产品认证、消防产品型式认证和美国UL安全认证。

公司不断培育和增强自主创新能力，加快产品结构调整和转型升级，建立省级高新技术企业研发中心、嘉兴市重点企业技术创新团队和武汉理工大学浙江天女涂料技术研究院，重点研发生产水性化、高固体份、光固化等环境友好型、资源节约型涂料新产品，拥有各类专利31件，累计参与制修订涂料产品国家和行业标准15项。公司被认定为国家级高新技术企业、浙江省专利示范企业和浙江省标准创新型企业。公司注重技术基础管理，已通过ISO 9001质量管理体系和ISO 14001环境管理体系等认证，并率先在全省同行业中通过清洁生产审核验收。

1981年开始注册使用“天女”商标，在国内市场上具有较高的知名度和影响力，被认定为中国驰名商标、浙江省名牌产品和浙江省知名商号。

历年来，公司先后被评为全国乡镇企业系统先进企业、中国石油和化工优秀民营企业、浙江省100家最具投资价值中小企业、浙江省诚信示范企业、浙江省AAA级纳税信誉企业、桐乡市十大突出贡献企业等，并被认定为国家级高新技术企业、国家火炬计划高新技术企业和浙江省专利示范企业。

2012年，公司实现工业总产值5.94亿元，主营业务收入5.83亿元，利润4414万元，资产总额3.40亿元，从业人员平均人数444人。

桐乡新东方油墨有限公司

桐乡新东方油墨有限公司是浙江新东方油墨股份有限公司2007年在桐乡注册成立的子公司。位于市经济开发区凤鸣分区，2009年3月完成建设并投产。桐乡新厂区占地面积130亩，已形成年包装用油墨、胶粘剂各10000吨的生产规模。公司注册资金8397万元。主要从事中国软包装行业原料的生产，主导产品有医药及食品软包装用油墨、塑料软包装复合用聚氨酯胶粘剂、PCB液态感光阻焊高分子屏蔽材料(国家高技术产业化示范工程项目)等三大系列。

公司系中国食品包装行业十佳龙头企业、中国油墨行业“十强企业”、中国包装联合会常务理事、中国印刷技术协会常务理事、中国塑协复合膜制品专业委员会常务理事、中国日用化工协会油墨分会副理事长单位。在全国建有100多家销售网络，产品覆盖全国35%的复合包装行业，油墨、聚氨酯胶粘剂产品的销售量居全国前列。

公司产品“东方牌”被评为浙江省名牌产品，并获浙江省著名商标。公司生产的300型耐蒸煮复合油墨、超力福醇溶塑料耐蒸煮表印油墨等被国家科技部列为国家级火炬计划项目、国家级新产品。超力福303FDG－F环保型复合油墨荣获“2012绿色技术大奖”。“食品级水溶性双组分聚氨酯腹膜胶”被列为省重大科技专项。

2010年公司被认定为高新技术企业。拥有省级油墨研发中心，专门从事油墨、胶粘剂新产品的开发及为用户提供技术指导服务。公司产品基本实现环保油墨无苯化生产，环保型无苯无酮油墨和醇水型油墨被国家发改委列为十二五规划产业结构调整中央预算支持项目，且被中国印刷技术协会授予“全国百佳科技创新成果奖”；2011年获得省级新产品七项，市科技项目二项。

2012年，公司实现工业总产值2.66亿元，主营业务收入2.58亿元，利润3641万元，资产总额

2.27亿元，从业人员平均人数250人。

嘉兴双飞龙铜材有限公司

嘉兴双飞龙铜材(控股)有限公司位于凤鸣街道新农村工业区，成立于1993年，主要生产各种规格的无氧铜杆、铜材系列产品。公司旗下的全资公司有桐乡市飞龙铜业有限公司、上海铜越实业有限公司、宁波金腾工贸有限公司、桐乡市华通高速公路服务区经营管理有限公司等，分别从事铜材生产加工、有色金属贸易及高速公路服务区投资建设、经营管理和房地产开发。多年来一直与国内外知名电线电缆、电磁线、原料供应商及高速公路业主等单位保持友好合作关系。公司内部建立科学管理体系，2000年通过GB/T19001－2008/ISO9001:2008国际质量管理体系认证。严格按照体系流程建立恒温、无尘净化的生产车间，拥有先进生产设备和技术，具有一流的产品检测设备，严格质量检测流程，产品保持良好的质量信誉。

2012年，公司实现工业总产值17.18亿元，主营业务收入17.12亿元，利润341万元，资产总额9287万元，从业人员平均人数55人。

浙江嘉名控股有限公司

浙江嘉名控股有限公司前身为桐乡市灵安经编厂，创办于1994年10月，2000年改制为股份制民营企业。

公司位于桐乡市经济开发区凤鸣分区，占地面积10.4万平方米，建筑面积9.2万平方米，拥有浙江嘉名染整有限公司、浙江嘉名纺织有限公司、桐乡市嘉名纺织科技服务有限公司等3家子公司，有员工近千人，总资产5.11万元。是一家集高档面料织造、染色、印花、后整理、科技研发于一体的科技创新型集团公司。主要产品有含蛋白纤维系列产品、生态纤维系列产品、多纤混纺系列产品及各种功能性系列产品。年产针织面料1.5万吨(其中染色面料1.1万吨、印花面料2200万米)。

公司坚持“高起点定位、高标准投入、高水平选择”，经过不断技改，提高生产能力和技术档次，先后从德国、意大利、瑞士、奥地利、日本、韩国、香港等地进口织造、染整、印花及其他后整理设备230多台套，并建有一流的化学分析室和物理测试中心，形成了集高档面料织造、染色、印花、后整理、科技研发于一体的完整产业链发展平台，成为国家纬编针织面料开发基地、中国针织面料创新研发基地、中国针织印染行业具有影响力企业之一。

公司被认定为国家高新技术企业，拥有的省级研发中心、省级企业技术中心。先后参与制定国家和行业标准3项，拥有独占5年许可发明专利1项、自主研发发明专利1项、自主研发实用新型专利22项。2012年被命名为嘉兴市专利示范企业；列入国家火炬计划项目2项、入围中国流行面料5项、省级重大科技专项1项、省级新产品38项，并获得中国针织优秀品牌行业大奖。

2012年，嘉名控股有限公司实现工业总产值1.01亿元，主营业务收入1.01亿元，利润607.8万元，资产总额1.75亿元，从业人员平均人数79人。

浙江嘉名染整有限公司

浙江嘉名染整有限公司系浙江嘉名控股有限公司于2002年11月与民生(香港)国际有限公司投资创办的合资企业，注册资本1000万美元。公司位于市经济开发区凤鸣分区，厂区占地面积7.7万平方米，建筑面积6.49万平方米，员工500多人。是一家生态型、功能性、差别化、多组分混纺纤维针织面料研发与生产的国家高新技术企业，形成了集高档面料织造、染色、印花、后整理、科技研发于一体的完整产业链发展平台，是中国针织印染行业具有影响力企业之一。公司先后从德国、意大利、瑞士、奥地利、日本、韩国等地进口染整、印花及其他后整理设备180多台套；具有浙江省高新技术企业技术研发中心和一流的化学分析室、物理测试中心。其主导产品"含蛋白纤维系列产品""生态纤维系列产品""多纤混纺系列产品""功能性系列产品"及生产技术均处于国内领先水平，被认定为浙江省名牌产品。先后开发的真丝针织面料、亚麻针织面料、纤维素纤维印花面料、童装面料、保暖功能面料等全部实现产业化。公司注重技术创新、产品创新和管理创新，参与制定了国家和行业标准3项，具有授权发明专利2项，授权实用新型专利18项，被认定为中国针织面料创新研发基地、国家纬编针织面料开发基地。先后获得国家级高新技术企业、浙江省绿色企业、浙江省节能先进单位、浙江省工业循环经济示范企业、嘉兴市走新型工业化道路十强企业等荣誉。

浙江嘉名染整有限公司

2012年，公司实现工业总产值4.59亿元，主营业务收入4.3亿元，利润706.3万元，资产总额3.97亿元，从业人员平均人数333人。

浙江嘉名纺织有限公司

浙江嘉名纺织有限公司系浙江嘉名控股有限公司的子公司，是于2007年3月由浙江嘉名纺织有限公司与民生（香港）国际有限公司共同投资创办的合资企业，位于市经济开发区凤鸣分区，注册资本300万美元；厂区占地面积0.87万平方米，建筑面积1.52万平方米，有员工140余人。

公司拥有德国德乐、迈耶西多功能电脑大提花机，德国迈耶棉氨弹力专用大圆机，台湾进口大圆机等先进设备，年生产能力8000吨针织坯布，其产品主要提供给嘉名染整公司。

2012年，公司实现工业总产值2.24亿元，主营业务收入1.93亿元，利润803.6万元，资产总额1.04亿元，从业人员平均人数113人。

浙江方圆聚合纤有限公司

浙江方圆聚合纤有限公司位于桐乡市凤鸣街道同福工业区，成立于2010年5月，注册资金1.28亿元，法人代表俞正福。公司占地面积13.5万平方米，建筑面积8万平方米，是化纤行业的专业制造厂家，桐乡化纤行业的后起之秀。产品以聚合锦纶、锦纶HOY丝为主，有年产3.5万吨锦纶切片生产线2条、年产1.5万吨锦纶HOY丝生产线2条。

公司成立之初就申请并获得ISO9001：2008认证。先后获凤鸣街道重点工业投资企业、桐乡市企业技术中心、桐乡市高新企业研发中心。已获得专利6项，获得省级新产品立项5项。

2012年，公司实现工业总产值5.31亿元，主营业务收入5.01亿元，利润788.9万元，资产总额3.28亿元，从业人员平均人数221人。

浙江豪庭灯饰有限公司

浙江豪庭灯饰有限公司坐落于桐乡市经济开发区凤鸣分区。其前身为桐乡灯具厂，成立于1958年，2008年1月更名为浙江豪庭灯饰有限公司，是由桐乡灯具厂、浙江明瑞亚麻纺织有限公司、嘉兴德盟塑胶有限公司、桐乡市国艺幼儿园、洲泉幼儿园及洲泉宾馆组成的集团型企业。产品主要有照明灯具、亚麻纱以及塑料制品。灯具产品96%以上出口，亚麻产品和塑料制品以内销为主兼顾出口。市经济开发区凤鸣分区豪庭灯饰总厂占地面积5万平方米，建筑面积4万平方米，设15条流水线。拥有技术开发人员45人，管理人员75人，生产员工365人。主要产品有LED橱柜灯、射灯、台灯、落地灯

浙江豪庭灯饰有限公司灯饰组装车间一角

等多种室内灯具，在金属、塑料、玻璃方面的灯具有较强的市场竞争力。年产灯具800多万台，出口量达98%以上。1998年获得自营进出口权，产品销往美国、东南亚及欧洲各国。与IKEA(宜家)有十几年的代理加工合作历史。2000年，公司通过ISO9001质量管理体系认证，产品通过SEMKO、UL、VDE、CE等国际安全认证和中国CCC认证。是桐乡市工业"320工程"龙头企业，桐乡市三十强企业之一。

2012年，公司实现工业总产值1.99亿元，主营业务收入1.93亿元，利润816.5万元，资产总额1.88亿元，从业人员平均人数360人。

桐乡市阳光针织制衣有限公司

桐乡市阳光针织制衣有限公司成立于1998年8月。公司地址：凤鸣街道崇福大道1550号。法定代表人：夏建芬。公司占地面积15000平方米，建筑面积17600平方米。主要产品：羊毛衫、T恤衫。有德国STOLL电脑横机62台、进口电脑平车100多台，年产各类服装100万件。实行从设计中心、生产中心、质监中心、营销中心层层衔接的流水型管理，为企业科学化生产经营及高品质产品奠定了基础。

2012年，公司实现工业总产值1.5亿元，主营业务收入1.43亿元，利润141.4万元，资产总额5124万元，从业人员平均人数498人。

浙江嵘月包装有限公司

浙江嵘月包装有限公司坐落于市经济开发区凤鸣分区，成立于2003年9月，法定代表人吴坤铨。公司占地面积28705平方米，主要生产纸板、纸箱、纸盒等产品。2010年购置先进的德国产BHS五层瓦楞纸板生产线1条、七层瓦楞纸板生产线2条，以及MAX Group永锦达印刷机1台。年生产能力2亿平方米。

2012年，公司实现工业总产值1.4亿元，主营业务收入1.39亿元，利润0.4万元，资产总额1.06亿元，从业人员平均人数141人。

桐乡市金业纺织有限公司

桐乡市金业纺织有限公司(原名桐乡市宏业纺织厂)位于市经济开发区凤鸣分区，2000年5月创建，民营福利企业。法人代表：潘昌全。公司占地36000平方米，总投资5080万元，职工196人。公司拥有国内最先进的纺织设备，上海第一纺机厂生产的201E型精梳机106台、沈阳纺织机械厂生产的FA306A并条机17台、青岛纺织机械厂生产的A186G梳棉机105台等。专业生产用于绢纺、半精纺和毛纺企业混纺产品的精梳棉条产品，产品销往山东、江苏、上海等地。公司已发展成为一家具有一定规模、独特产品优势、占领行业高端客户的创新型企业。

桐乡市金业纺织有限公司生产的顶级棉片

2012年,公司实现工业总产值1.42亿元,主营业务收入1.36亿元,利润91.9万元,资产总额7775万元,从业人员平均人数148人。

运河水泥有限公司

桐乡市运河水泥有限公司,其前身为桐乡运河水泥厂,创建于1984年5月。公司位于桐乡市凤鸣街道建胜村,占地面积5.4万余平方米。经过数十年的挖潜、革新、改造和扩建,已形成年产60万吨32.5、42.5复合硅酸盐水泥生产能力,是浙江省水泥行业协会、上海水泥行业协会会员。公司工艺布局合理,设备设施齐全,自动化程度高,拥有Φ3.2X13米球磨机1台、Φ200X550打散机1台、G120—50辊压机1台。历年来,公司十分注重水泥质量管理,坚持"质量第一、用户至上"的宗旨,倡导科学管理,质量稳定,供货及时,满足顾客要求,出厂的水泥合格率、强度富裕率、袋重合格率均为百分之百。公司生产的"古运河"牌32.5复合硅酸盐水泥、42.5普通硅酸盐水泥,在上海、江苏、杭州、海宁、浙南等地占有较大市场,深受广大用户好评。1998年被国家农牧渔业部评为优质产品,在第二届科技名优新产品博览会上获金奖,并获得中国消费者协会信得过产品等荣誉称号。2012年度获省、市著名商标,在同行业中率先通过ISO9001质量体系与产品质量认证。

2012年,公司实现工业总产值1.21亿元,主营业务收入1.21亿元,利润323万元,资产总额2529万元,从业人员平均人数62人。

汇丰经编针织有限公司

浙江汇丰经编针织有限公司位于桐乡市经济开发区凤鸣分区,2002年11月创办,民营企业,注册资本1658万元,法定代表人沈年福。从事各种家纺面料和高档经编针织服装鞋帽面料生产销售。公司占地面积3万余平方米,建筑面积1.8万余平方米。

公司从2002年3台经编机开始,发展到2012年26台套,关键生产设备全部为具有世界领先技术水平的德国卡尔迈耶HKS3M—E32针经编机,产品年生产能力6000吨。产品销往浙江、上海、江苏、广东等多个城市,并批量出口到欧美和东南亚地区。公司在全市同行业中率先通过了ISO9001质量体系认证和ISO14001环境体系认证。先后获桐乡市文明单位、嘉兴市文明单位、嘉兴市重合同守信用单位、嘉兴市诚信企业、浙江省守合同重信用AA级、桐乡市企业高新技术研究开发中心、桐乡市民营科技企业、桐乡市企业技术中心等称号。

2012年,公司实现工业总产值1.07亿元,主营业务收入1.03亿元,利润32.6万元,资产总额1.11亿元,从业人员平均人数101人。

第九编　商贸服务业

据桐乡档案馆有关史料记载，灵安在清光绪三十三年(1907)就已经有振昌泰酱园。民国年间，灵安镇的商业已成气候，经营门类较全，交易购销渐盛。其时，史桥、龙王庙、徐家庙、伍社庙等农村集市也有规模不等的商业设施，集市贸易颇盛。民国26年(1937)，日本侵略军入侵后，灵安、史桥的商铺被焚毁，集镇商业遭受重创，农村小集市在日军据点间夹缝求生，商家在战火煎熬中艰难经营。战后，商业稍显复苏。中华人民共和国成立后，贯彻"发展经济，保障供给"方针，组建供销合作社，对原有私营商业进行"社会主义改造"，建立粮管所、食品站等国营商业机构，渐而形成以供销合作社为主体，合作商店为辅助，并有国营商业基层部门的商贸服务业构架。1978年，中共十一届三中全会后，随着流通领域改革开放的进程，以及国有、城镇集体企业改制，个体私营商业迅速发展，成为境内商贸服务业的主体。超市、连锁店、综合服务社等新型业态的出现，使商贸流通更显活跃。90年代末开始，同福乡的一批农民企业家，从推销杭白菊产品起步，走出家门，经营承包各地的高速公路服务区，足迹遍及全国20余个省、市、自治区。2007年，凤鸣街道办事处迁址同福集镇后，带动同福集镇(草庵头)三产的发展，商贸服务业布局迅速改观；同时，街道办事处启动灵安集镇新兴路向东延伸建设工程，改进灵安、史桥集镇功能布局，改造老集镇，境内商贸服务业日趋繁荣。据2008年经济普查资料，凤鸣街道有批发零售法人单位35个，从业人员162人。2012年年底，在工商部门登记的个体服务业单位2099户，从业人员3253人。

第一章　私营个体商业

第一节　近代及建国初的私营商业

民国时期，境内的土丝、晒烟、菊花、畜产品交易已较活跃，同时带动了其他各业的发展，私营商铺和摊贩在灵安镇及徐家庙、龙王庙、伍社庙、史家桥等农村集市的经营渐成气候。民国26年(1937)，日本侵略军入侵，境内沦陷，战火弥漫，民不聊生，商铺屡遭焚毁，私商在担惊受怕中艰难度日。抗日战争胜利后，民国35年(1946)崇德县私商复业登记时，灵安有120家商户入册。此后，时局动荡，物价飞涨，货币贬值，私商不堪重负，生意不振，经营萎缩。

解放后，人民政府积极扶持私营商业的恢复与发展。1951年，对私营商业开展重估资产和工商登记发证，灵安区经核准登记的私商有177户，从业人员262人，资本额72337元(已折新币)。其中商业99户，168人；饮服业78户，94人。

1952年，灵安镇共有私营粮商8家(禾丰、新兴、万泰、汪万兴、合兴、陈生丰、朱洪昌、朱益昌)。其中朱洪昌系兼营粮食（主营面条），共有资方 10 人，职工 4 人。禾丰、新兴、万泰、汪万兴、合兴等 5 家粮商曾一度组织灵联粮店，开设 2 家支店，到 12 月份由于资金周转困难，缩小范围，只开一爿。1953 年 11 月，灵联粮店报歇，几个资方转业经营其他。

1953 年，中共中央公布过渡时期总路线，提出逐步实现对农业、手工业和资本主义工商业的社会主义改造的方针。境内的国营和合作社商业根据当地党委政府的统一部署，在掌握一些重要商品货源的基础上，对私营商业实行利用、限制、改造政策，发挥其有利于国计民生的积极作用，调整公私经营所占的比重，为逐步推进私营商业社会主义改造奠定基础。

据灵安镇工商联（筹）1954 年年末调查统计，其时灵安镇及各农村集市有商业、饮食业、服务业私商 146 家（其中坐商 114 户，摊贩 32 户）；从业人员 220 人（其中资方 165 人，家属 36 人，职工 19 人）；资本净值 43393 元（其中流动资产 27211 元，固定资产 16182 元）。经营门类涉及甚广，商业有百货、棉布、南北货、卷烟杂货、酱酒、磁席、茶叶、肉禽蛋、水果、土特产、皮毛、砖石灰、国药、新药等；饮食业有茶馆、面馆、糕团粽子等；服务业主要是理发。

表 9—1　　崇德县灵安区私营商业 1954 年末基本情况调查集合表

金额单位：元

地属	业别	商号名称	从业人员				流动资金情况						负债情况				资本净值				备注
			合计	资方	家属	职工	合计	现金	银行存款	应收账款	存资盘存	其他	合计	银行贷款	应付账款	预收款	其他	合计	流动	固定	
灵安镇	猪肉	王顺兴	2	1	1	—	239	55	—	184	—	—	41	—	41	—	—	495	198	297	
灵安镇	猪肉	朱顺昌	1	1	—	—	—	—	—	—	—	—	—	—	—	—	—	(倒负)	—	—	
	合计	2户	3	2	1	—	239	55	—	184	—	—	41	—	41	—	—	495	198	297	
灵安镇	水果业	于德昌	2	1	1	—	50	4	—	—	46	—	15	—	15	—	—	73	35	38	
灵安镇	水果业	王永茂	2	1	1	—	49	18	—	—	31	—	—	—	—	—	—	57	49	8	
灵安镇	水果业	丁大昌	1	1	—	—	39	7	—	—	62	—	15	—	15	—	—	72	54	18	
灵安镇	水果业	王万顺	2	1	1	—	15	—	—	—	15	—	7	—	7	—	—	108	8	100	
	合计	4户	7	4	3	—	183	29	—	—	154	—	37	—	37	—	—	310	146	164	
灵安镇	茶叶	吴盈泰	2	1	1	—	1399	—	1	13	1163	222	391	—	391	—	—	1311	1008	303	流动资金内包括估征所得税 160 元
	合计	1户	2	1	1	—	1399	—	1	13	1163	222	391	—	391	—	—	1311	1008	303	
灵安镇	卷烟杂货	凯利	1	1	—	—	81	1	—	—	80	—	14	—	14	—	—	364	67	297	
灵安镇	卷烟杂货	王万兴	1	1	—	—	116	4	—	—	112	—	20	—	20	—	—	200	96	104	
灵安镇	卷烟杂货	益大	1	1	—	—	61	1	—	—	60	—	14	—	14	—	—	227	47	180	
灵安镇	卷烟杂货	金新	1	1	—	—	85	2	—	8	75	—	40	—	—	—	40	55	45	10	
灵安镇	卷烟杂货	建新	1	1	—	—	108	1	—	8	99	—	17	—	17	—	—	94	91	3	
灵安镇	卷烟杂货	义昌兴	2	1	1	—	121	1	—	—	111	9	68	—	68	—	—	186	53	133	流动资金内包括估征所得税 9 元

续表

地属	业别	商号名称	从业人员				流动资金情况						负债情况				资本净值				备注
			合计	资方	家属	职工	合计	现金	银行存款	应收账款	存货盘存	其他	合计	银行贷款	应付账款	预收款	其他	合计	流动	固定	
灵安镇	卷烟杂货	华昌	2	1	1	—	143	—	—	8	121	14	6	—	—	—	16	174	127	47	流动资金内包括估征所得税14元
灵安镇	卷烟杂货	华其	1	1	—	—	162	3	—	3	144	12	42	—	42	—	—	319	120	199	流动资金内包括估征所得税16元
灵安镇	卷烟杂货	陈振昌	2	1	1	—	36	2	—	—	34	—	24	—	24	—	—	12	12	—	
	合计	9户	12	9	3	—	913	15	—	27	836	35	255	—	255	—	56	1631	658	973	
灵安镇	烟叶	烟叶合营处	10	5	—	5	7074	242	790	604	1603	3835	1008	—	1005	3	—	8042	6066	1976	流动资金内包括估征所得税2502元
	合计	1户	10	5	—	5	7074	242	790	604	1603	3835	1008	—	1005	3	—	8042	6066	1976	流动资金内包括估征所得税2502元
灵安镇	酱酒	人茂	2	1	1	—	415	48	—	137	208	22	—	—	—	—	—	652	415	237	流动资金内包括估征所得税22元
灵安镇	酱酒	振昌兴	2	1	1	—	714	5	1	145	451	112	120	—	45	—	75	908	594	314	流动资金内包括估征所得税77元
灵安镇	酱酒	东协顺	2	1	1	—	691	23	6	76	366	220	44	—	44	—	—	971	647	324	流动资金内包括估征所得税94元
灵安镇	酱酒	义丰	2	1	—	1	594	44	4	185	235	126	14	—	14	—	—	769	580	189	流动资金内包括估征所得税71元
灵安镇	酱酒	新兴	2	1	1	—	217	2	—	35	150	30	21	—	21	—	—	460	196	264	流动资金内包括估征所得税30元
灵安镇	酱酒	徐义利	1	1	—	—	226	4	—	36	122	64	21	—	21	—	—	269	205	64	流动资金内包括估征所得税32元
	合计	6户	11	6	4	1	2857	126	11	614	1532	574	220	—	145	—	75	4029	2637	1392	流动资金内包括估征所得税326元
灵安镇	南北货	马申昌	3	2	—	1	1197	133	4	60	761	239	80	—	—	—	80	1885	1117	768	流动资金内包括估征所得税239元
灵安镇	南北货	岑復昌	1	1	—	—	300	8	31	—	210	51	511	—	511	—	—	337	—	337	流动负债超过流动资金211元,已在固定资产内减去
灵安镇	南北货	郐万隆	3	1	—	2	1714	97	1	174	670	772	754	—	754	—	—	1171	960	211	流动资金内包括估征所得税407元
	合计	3户	7	4	—	3	3211	238	36	234	1641	1062	1345	—	1265	—	80	3393	2077	1316	流动资金内包括估征所得税646元
灵安镇	棉布	景万昌	2	1	1	—	764	10	1	—	716	37	225	—	80	—	145	779	539	240	流动资金内包括估征所得税34元
	合计	1户	2	1	1	—	764	10	1	—	716	37	225	—	80	—	145	779	539	240	流动资金内包括估征所得税34元

续表

地属	业别	商号名称	从业人员				流动资金情况						负债情况				资本净值				备注
			合计	资方	家属	职工	合计	现金	银行存款	应收账款	存资盘存	其他	合计	银行贷款	应付账款	预收款	其他	合计	流动	固定	
灵安镇	百货	厚得	2	1	1	—	255	2	—	—	248	5	208	—	208	—	—	47	47	—	流动资金内包括估征所得税5元
灵安镇	百货	周生沅	2	1	1	—	343	2	—	100	236	5	162	—	27	—	135	485	181	304	流动资金内包括估征所得税8元
灵安镇	百货	益新	1	1	—	—	196	3	—	—	181	12	127	—	6	—	121	85	69	16	流动资金内包括估征所得税12元
	合计	3户	5	3	2	—	794	7	—	100	665	22	497	—	241	—	256	617	297	320	流动资金内包括估征所得税25元
灵安镇	瓷席	胜丰明	—	—	—	—	32	1	—	—	31	—	70	—	70	—	—	倒负	—	—	
	合计	1户	—	—	—	—	32	1	—	—	31	—	70	—	70	—	—	倒负	—	—	
灵安镇	皮毛	汪慎泰	1	1	—	—	57	28	—	—	17	12	—	—	—	—	—	83	57	26	流动资金内包括估征所得税8元
灵安镇	皮毛	梁丰泰	1	1	—	—	45	15	—	—	3	27	—	—	—	—	—	77	45	32	流动资金内包括估征所得税27元
灵安镇	皮毛	义昌	1	1	—	—	—	—	—	—	—	—	—	—	—	—	—	倒负	—	—	停业已3个月
	合计	3户	2	2	—	—	102	43	—	—	20	39	—	—	—	—	—	160	102	58	
灵安镇	砖瓦石灰	朱震泰	1	1	—	—	189	—	—	11	178	—	124	—	9	14	101	145	65	80	
	合计	1户	1	1	—	—	189	—	—	11	178	—	124	—	9	14	101	145	65	80	
灵安镇	新药	昌麟	1	1	—	—	71	—	—	—	67	4	—	—	—	—	—	259	71	188	流动资金内包括估征所得税4元
	合计	1户	1	1	—	—	71	—	—	—	67	4	—	—	—	—	—	259	71	188	流动资金内包括估征所得税8元
灵安镇	国药	德泰	2	1	1	—	468	55	—	25	359	29	30	—	—	—	30	675	438	237	流动资金内包括估征所得税29元
灵安镇	国药	吴至德	1	1	—	—	341	9	—	18	305	9	36	—	36	—	—	580	305	275	流动资金内包括估征所得税9元
灵安镇	国药	张以仁	2	1	—	1	3265	79	134	588	1970	494	—	—	—	—	—	4156	3265	891	流动资金内包括估征所得税216元
	合计	3户	5	3	1	1	4074	143	134	631	2634	532	66	—	36	—	30	5411	4008	1403	流动资金内包括估征所得税254元
灵安镇	土特产	陈生丰	3	1	1	1	2104	32	102	169	1239	562	197	—	43	154	—	3499	1907	1592	流动资金内包括估征所得税399元
	合计	1户	3	1	1	1	2104	32	102	169	1239	562	197	—	43	154	—	3499	1907	1592	流动资金内包括估征所得税399元

续表

地属	业别	商号名称	从业人员				流动资金情况						负债情况				资本净值				备注
			合计	资方	家属	职工	合计	现金	银行存款	应收账款	存资盘存	其他	合计	银行贷款	应付账款	预收款	其他	合计	流动	固定	
灵安镇	茶馆	新春	2	2	—	—	82	24	4	—	54	—	—	—	—	—	—	302	82	220	
灵安镇	茶馆	望校	2	2	—	—	27	4	2	—	21	—	—	—	—	—	—	85	27	58	
灵安镇	茶馆	共乐	2	2	—	—	127	13	20	—	94	—	—	—	—	—	—	334	127	207	
灵安镇	茶馆	清乐	2	2	—	—	33	14	6	—	13	—	—	—	—	—	—	123	33	90	
灵安镇	茶馆	农民	2	2	—	—	120	53	6	—	61	—	—	—	—	—	—	400	120	280	
灵安镇	茶馆	民乐	2	2	—	—	95	47	13	—	35	—	—	—	—	—	—	245	95	150	
灵安镇	茶馆	东民	2	2	—	—	72	28	7	—	37	—	—	—	—	—	—	628	72	556	
灵安镇	茶馆	南乐	1	1	—	—	29	—	1	—	28	—	—	—	—	—	—	94	29	65	
灵安镇	茶馆	高正兴	1	1	—	—	34	—	2	—	32	—	—	—	—	—	—	54	34	20	
	合计	9户	16	16	—	—	619	183	61	—	375	—	—	—	—	—	—	2265	619	1646	
灵安镇	面馆	禾丰	3	1	2	—	84	3	—	15	56	19	9	—	9	—	—	121	84	37	
	合计	1户	3	1	2	—	84	3	—	15	56	19	9	—	9	—	—	121	84	37	
灵安镇	糕团	汪国切	1	1	—	—	100	53	—	—	47	—	—	—	—	—	—	133	100	33	
灵安镇	糕团	陈復昌	3	1	2	—	88	49	—	—	39	—	—	—	—	—	—	397	88	309	
灵安镇	糕团	沈万顺	2	1	1	—	34	16	—	—	18	—	10	—	10	—	—	72	24	48	
灵安镇	糕团	项元昌	2	1	1	—	83	6	—	—	77	—	—	—	—	—	—	313	83	230	
	合计	4户	8	4	4	—	305	124	—	—	181	—	10	—	10	—	—	915	295	620	
灵安镇	理发	新春	1	1	—	—	10	5	—	—	5	—	—	—	—	—	—	57	10	47	
灵安镇	理发	虹云	2	1	—	1	4	1	—	—	3	—	—	—	—	—	—	94	4	90	
灵安镇	理发	青年	2	1	—	1	3	3	—	—	2	—	—	—	—	—	—	108	5	103	
灵安镇	理发	新新	2	1	—	1	7	—	—	—	7	—	—	—	—	—	—	251	7	244	
灵安镇	理发	迎宾	1	1	—	—	11	3	—	—	8	—	—	—	—	—	—	83	11	72	
灵安镇	理发	嘻嘻	2	2	—	—	6	4	—	—	2	—	—	—	—	—	—	167	6	161	
	合计	6户	10	7	—	3	43	16	—	—	27	—	—	—	—	—	—	760	43	717	
大众乡	精肉	復昌	1	1	—	—	130	90	—	40	—	—	—	—	—	—	—	174	130	44	
徐家庙	精肉	协和	1	1	—	—	104	31	—	73	—	—	23	—	23	—	—	126	81	45	
	小计	2户	2	2	—	—	234	121	—	113	—	—	23	—	23	—	—	300	211	89	
徐家庙	水果	蔡鹤嵒	1	1	—	—	36	10	—	6	20	—	7	—	7	—	—	43	29	14	
徐家庙	水果	顺兴	1	1	—	—	20	1	—	—	19	—	16	—	16	—	—	4	4	—	
	小计	2户	2	2	—	—	56	11	—	6	39	—	23	—	23	—	—	47	33	14	
徐家庙	酱酒	张恒泰	1	1	—	—	31	9	—	—	22	—	—	—	—	—	—	51	31	20	
徐家庙	酱酒	张恒裕	2	1	1	—	28	1	—	—	27	—	7	—	7	—	—	183	21	162	
	小计	2户	3	2	1	—	59	10	—	—	49	—	7	—	7	—	—	234	52	182	

续表

地属	业别	商号名称	从业人员				流动资金情况						负债情况				资本净值				备注
			合计	资方	家属	职工	合计	现金	银行存款	应收账款	存资盘存	其他	合计	银行贷款	应付账款	预收款	其他	合计	流动	固定	
徐家庙	茶叶	大兴	1	1	—	—	237	10	—	10	217	—	130	—	130	—	—	117	107	10	
	小计	1户	1	1	—	—	237	10	—	10	217	—	130	—	130	—	—	117	107	10	
徐家庙	卷烟	林和	1	1	—	—	33	2	—	—	31	—	—	—	—	—	—	50	33	17	
徐家庙	卷烟	宝和	1	1	—	—	20	3	—	2	15	—	—	—	—	—	—	30	20	10	
徐家庙	卷烟	裕茂	2	1	1	—	275	5	—	30	230	10	60	—	60	—	—	275	215	60	
徐家庙	卷烟	公利	2	1	1	—	264	7	—	45	212	—	169	—	169	—	—	145	95	50	
惠桥乡	卷烟	公顺	1	1	—	—	92	40	—	25	27	—	—	—	—	—	—	94	92	2	
	小计	5户	7	5	2	—	684	57	—	102	515	10	229	—	229	—	—	594	455	139	
龙王庙	杂货	合丰	1	1	—	—	88	4	—	—	184	—	—	—	—	—	—	222	88	134	
	小计	1户	1	1	—	—	88	4	—	—	184	—	—	—	—	—	—	222	88	134	
徐家庙	砖灰	郑荣泰	1	1	—	—	33	5	—	—	28	—	30	—	30	—	—	219	3	216	
	小计	1户	1	1	—	—	33	5	—	—	28	—	30	—	30	—	—	219	3	216	
纪目乡	国药	周养元	2	1	1	—	404	3	—	97	304	—	55	—	55	—	—	450	349	101	
中福乡	国药	保滋大	2	1	1	—	866	22	—	95	749	—	44	—	30	14	—	892	822	70	
徐家庙	国药	邵大全	3	1	1	1	730	1	—	98	631	—	115	—	115	—	—	874	615	259	
	小计	3户	7	3	3	1	2000	26	—	290	1684	—	214	—	200	14	—	2216	1786	430	
徐家庙	土产	协泰	6	6	—	—	4545	10	—	—	2898	1637	2819	—	2819	—	—	2036	1726	310	
	小计	1户	6	6	—	—	4545	10	—	—	2898	1637	2819	—	2819	—	—	2036	1726	310	
大众乡	茶馆	荣华	1	1	—	—	3	1	—	—	2	—	—	—	—	—	—	6	3	3	
太平乡	茶馆	茂盛	1	1	—	—	8	1	—	—	7	—	—	—	—	—	—	15	8	7	
太平乡	茶馆	迎乐	1	1	—	—	5	1	—	—	4	—	—	—	—	—	—	10	5	5	
太平乡	茶馆	永兴	1	1	—	—	14	3	—	—	11	—	—	—	—	—	—	21	14	7	
钱林乡	茶馆	高安	1	1	—	—	29	1	—	—	28	—	—	—	—	—	—	34	29	5	
钱林乡	茶馆	德昌	1	1	—	—	34	6	—	—	28	—	—	—	—	—	—	41	34	7	
钱林乡	茶馆	福寿	1	1	—	—	2	—	—	—	2	—	—	—	—	—	—	2	2	—	
钱林乡	茶馆	民生	1	1	—	—	9	4	—	—	5	—	—	—	—	—	—	34	9	25	
纪目乡	茶馆	聚荣	1	1	—	—	9	—	—	—	9	—	—	—	—	—	—	17	9	8	
纪目乡	茶馆	利农	1	1	—	—	14	3	—	—	11	—	2	—	2	—	—	27	12	15	
惠桥乡	茶馆	义生	1	1	—	—	2	—	—	—	2	—	—	—	—	—	—	6	2	4	
灵安乡	茶馆	农友	1	1	—	—	3	—	—	—	3	—	—	—	—	—	—	5	3	2	
青石桥	茶馆	隆兴	1	1	—	—	3	—	—	—	3	—	—	—	—	—	—	10	3	7	
五社庙	茶馆	光明	1	1	—	—	23	10	—	—	13	—	—	—	—	—	—	83	23	60	
龙王庙	茶馆	盛茂	1	1	—	—	7	2	—	—	5	—	—	—	—	—	—	12	7	5	

续表

地属	业别	商号名称	从业人员				流动资金情况						负债情况				资本净值				备注
			合计	资方	家属	职工	合计	现金	银行存款	应收账款	存资盘存	其他	合计	银行贷款	应付账款	预收款	其他	合计	流动	固定	
龙王庙	茶馆	新龙	1	1	—	—	3	1	—	—	2	—	—	—	—	—	—	49	3	46	
龙王庙	茶馆	合利	1	1	—	—	14	1	—	—	13	—	—	—	—	—	—	36	14	22	
龙王庙	茶馆	义兴	1	1	—	—	61	20	—	—	41	—	—	—	—	—	—	92	61	31	
草庵头	茶馆	惠铨	1	1	—	—	10	2	—	—	8	—	—	—	—	—	—	95	10	185	
徐家庙	茶馆	復兴	2	2	—	—	64	5	—	20	39	—	—	—	—	—	—	64	64	—	
徐家庙	茶馆	荣乐	2	1	1	—	70	3	—	—	67	—	—	—	—	—	—	222	70	152	
徐家庙	茶馆	民新	1	1	—	—	8	4	—	—	4	—	—	—	—	—	—	42	8	34	
徐家庙	茶馆	福和	1	1	—	—	25	2	—	10	13	—	—	—	—	—	—	59	25	34	
徐家庙	茶馆	福圆	1	1	—	—	27	10	—	—	17	—	—	—	—	—	—	177	27	150	
	合计	24户	26	25	1	—	447	80	—	30	337	—	2	—	2	—	—	1259	445	814	
徐家庙	面摊	洽和	3	1	2	—	203	5	—	53	145	—	8	—	—	8	—	250	195	55	
徐家庙	面摊	生源	1	1	—	—	69	5	—	115	49	—	—	—	—	—	—	86	69	17	
	合计	2户	4	2	2	—	272	10	—	68	194	—	8	—	—	8	—	336	264	72	
徐家庙	糕团	凌永兴	1	1	—	—	11	7	—	—	4	—	—	—	—	—	—	35	11	24	
徐家庙	糕团	朱林丰	1	1	—	—	29	18	—	—	11	—	—	—	—	—	—	46	29	17	
徐家庙	糕团	项复兴	1	1	—	—	37	10	—	—	27	—	—	—	—	—	—	50	37	13	
	合计	3户	3	3	—	—	77	35	—	—	42	—	—	—	—	—	—	131	77	54	
大众乡	理发	新华	1	1	—	—	5	1	—	—	4	—	—	—	—	—	—	20	5	15	
太平乡	理发	公兴	2	1	—	1	5	3	—	—	2	—	—	—	—	—	—	23	5	18	
纪目乡	理发	胡正兴	2	1	—	1	4	—	—	—	4	—	—	—	—	—	—	24	4	20	
龙王庙	理发	公兴	2	1	—	1	9	6	—	—	3	—	—	—	—	—	—	34	9	25	
徐家庙	理发	新民	2	1	—	1	2	—	—	—	2	—	—	—	—	—	—	62	2	60	
徐家庙	理发	明星	1	1	—	—	4	2	—	—	2	—	—	—	—	—	—	42	4	38	
草庵头	理发	民生	1	1	—	—	3	1	—	—	2	—	—	—	—	—	—	9	3	6	
	合计	7户	11	7	—	4	32	13	—	—	19	—	—	—	—	—	—	214	32	182	
商业、饮食业、服务业摊贩			—	—	—	—	—	—	—	—	—	—	—	—	—	—	—	—	—	—	
灵安镇	蛋、鸡	朱瑞文	1	1	—	—	29	25	—	—	4	—	—	—	—	—	—	39	29	10	
灵安镇	蛋、鸡	冯启明	1	1	—	—	30	30	—	—	—	—	—	—	—	—	—	35	30	5	
灵安镇	水果	陈爱珍	2	2	—	—	38	1	—	—	37	—	—	—	—	—	—	38	38	—	
灵安镇	水果	吴顺芳	1	1	—	—	6	1	—	—	5	—	—	—	—	—	—	8	6	2	
灵安镇	水果	张子堂	1	1	—	—	15	3	—	—	12	—	—	—	—	—	—	20	15	5	
灵安镇	卷烟	赵乐珍	1	1	—	—	137	2	—	—	135	—	78	—	78	—	—	99	59	40	
灵安镇	卷烟	王四宝	1	1	—	—	67	3	—	—	64	—	—	—	—	—	—	77	67	10	

续表

地属	业别	商号名称	从业人员				流动资金情况						负债情况				资本净值				备注
			合计	资方	家属	职工	合计	现金	银行存款	应收账款	存资盘存	其他	合计	银行贷款	应付账款	预收款	其他	合计	流动	固定	
灵安镇	卷烟	朱玉英	1	1	—	—	69	5	—	—	64	—	—	—	—	—	—	75	69	6	
灵安镇	卷烟	潘美娜	2	1	1	—	81	2	—	—	79	—	28	—	—	—	28	61	53	8	
灵安镇	卷烟	尤金娜	1	1	—	—	90	4	—	2	84	—	—	—	—	—	—	102	90	12	
灵安镇	鲜鱼	汪锡年	1	1	—	—	11	—	—	—	11	—	—	—	—	—	—	83	11	12	
灵安镇	百货	潘金珠	2	1	1	—	249	3	—	—	246	—	—	—	—	—	—	246	246	—	
灵安镇	杂货	李祖宝	1	1	—	—	8	1	—	—	7	—	—	—	—	—	—	9	8	1	
灵安镇	杂货	朱锦华	1	1	—	—	5	1	—	—	4	—	—	—	—	—	—	10	5	5	
灵安镇	杂货	朱阿松	1	1	—	—	20	12	—	—	8	—	—	—	—	—	—	22	20	2	
灵安镇	杂货	岑相和	1	1	—	—	10	10	—	—	—	—	—	—	—	—	—	10	10	—	
	合计	16户	19	17	2	—	865	103	—	2	760	—	106	—	78	—	28	874	756	118	
灵安镇	糕团	赵掌生	2	1	1	—	28	19	—	—	9	—	—	—	—	—	—	81	28	53	
灵安镇	糕团	李三娜	1	1	—	—	3	3	—	—	—	—	—	—	—	—	—	3	3	—	
灵安镇	粢饭	余炎林	1	1	—	—	15	12	—	—	3	—	—	—	—	—	—	15	15	—	
灵安镇	粽子	马美宝	1	1	—	—	11	10	—	—	1	—	—	—	—	—	—	13	11	2	
灵安镇	糕团	徐凤周	1	1	—	—	4	4	—	—	—	—	—	—	—	—	—	4	4	—	
	合计	5户	6	5	1	—	61	48	—	—	13	—	—	—	—	—	—	116	61	55	
太平乡	卷烟	林金松	1	1	—	—	15	5	—	—	10	—	—	—	—	—	—	15	15	—	
青石桥	卷烟	沈宝康	1	1	—	—	12	2	—	—	10	—	—	—	—	—	—	12	12	—	
徐家庙	卷烟	朱美凤	1	1	—	—	28	2	—	—	26	—	—	—	—	—	—	30	28	2	
五社庙	卷烟	徐子春	1	1	—	—	64	5	—	4	55	—	—	—	—	—	—	64	64	—	
五社庙	卷烟	蒋金毛	1	1	—	—	119	26	—	15	78	—	—	—	—	—	—	119	119	—	
五社庙	什货	陈子才	1	1	—	—	2	—	—	—	2	—	—	—	—	—	—	2	2	—	
五社庙	什货	王秋华	1	1	—	—	12	2	—	—	10	—	—	—	—	—	—	12	12	—	
商业摊贩	合计	7户	7	7	—	—	252	42	—	19	191	—	—	—	—	—	—	254	252	2	
徐家庙	糕团	沈慧华	1	1	—	—	16	9	—	—	7	—	—	—	—	—	—	16	16	—	
徐家庙	糕团	顾文毫	1	1	—	—	15	15	—	—	—	—	—	—	—	—	—	24	15	9	
五社庙	粽子	孙菊英	1	1	—	—	5	5	—	—	—	—	—	—	—	—	—	5	5	—	
饮食业摊贩	合计	3户	3	3	—	—	36	29	—	—	7	—	—	—	—	—	—	45	36	9	
五社庙	理发	龚生昌	2	1	1	—	7	—	—	—	7	—	—	—	—	—	—	37	7	30	
服务业摊贩	合计	1户	2	1	1	—	7	—	—	—	7	—	—	—	—	—	—	37	7	30	

第二节　私营商业社会主义改造

1955年，在灵安区商业服务业中，集体经济已占优势，供销合作社基本上掌握了批发环节。从公私比重看，供销社已占48.34%。农副产品的收购除某些小宗土产外，绝大部分已为供销社所掌握，农村市场从而发生根本性变化（详见表9—2）。是年，灵安全区共有私营商业和饮食业194户，从业人员235人，资金42589元，其中流动资金24995元。全区商户分布在集镇和农村中。特点是商户分散，商号较小，家庭夫妻店多，经营商品零星，资本较少，政治复杂，工人极少。根据上级指示，对农村私营商业依照“统筹兼顾，全面安排，积极改造”的方针，进行社会主义改造。扭转了单纯排挤代替的思想，对私营商业开展批发业务，对困难户适当安排，发挥小商小贩经营积极性，活跃农村市场。采用经销、代购、经营小组等形式，把部分私营商业纳入各种形式的改造。

在灵安区党委统一领导下，由城工组牵头，各部门抽出人员：合作社3人，银行1人，税务所1人，粮管所1人，工商联2人，共10人（包括县财贸部工作组2人），组建商改工作组，由城工组长任正组长，合作社主任任副组长，下设2个小组，分头包干。一个组负责灵安镇与钱林乡，另一个组负责天福、中福、同福乡。深入调查，弄清情况，提出改造方案，经县财贸部批复后实施。在统一干部思想的基础上，开展两条道路前途教育与“四比”教育（比新旧社会物价情况、比社会秩序、比社会主义社会优越性、比解放前后小商小贩政治地位）。结合教育，全面发动，提出“积极经营，改善经营，准备货源，迎接旺季，创造条件，争取改造”等口号，社会各阶层形成舆论导向，推动对私改造。通过分组学习，齐头并进，树立榜样，典型介绍，先易后难，成熟的先进行。

表9—2　　灵安镇1955年1—2季度分行业零售公私比重表

行业	经济类型	一季度		二季度		行业	经济类型	一季度		二季度	
		零售额（元）	占比%	零售额（元）	占比%			零售额（元）	占比%	零售额（元）	占比%
棉布	合计	21137	—	15655	—	粮食	合计	70837	—	174108	—
	国营	—	—	—	—		国营	—	—	151806	87.19
	合作社	18212	86.16	12707	81.17		合作社	70837	100	—	—
	私商	2925	13.84	2948	18.83		私商	—	—	22302	12.81
食盐	合计	4878	—	4214	—	百货	合计	12647	—	8462	—
	国营	—	—	—	—		国营	—	—	—	—
	合作社	4878	100	4214	100		合作社	8567	67.73	3872	45.71
	私商	—	—	—	—		私商	4080	32.27	4590	54.29
文具纸张	合计	713	—	578	—	卷什	合计	32057	—	34121	—
	国营	—	—	—	—		国营	—	—	—	—
	合作社	713	100	578	100		合作社	12067	37.65	7395	21.68
	私商	—	—	—	—		私商	19990	62.35	26726	78.32

续表

行业	经济类型	一季度 零售额（元）	一季度 占比%	二季度 零售额（元）	二季度 占比%	行业	经济类型	一季度 零售额（元）	一季度 占比%	二季度 零售额（元）	二季度 占比%
酱酒	合计	23194	—	18601	—	茶叶	合计	3377	—	2995	—
	国营	—	—	—	—		国营	—	—	—	—
	合作社	9419	40.61	5509	29.62		合作社	829	24.55	1338	44.68
	私商	13775	59.39	13092	70.38		私商	2548	75.45	1657	55.32
新药	合计	128	—	288	—	南货	合计	22189	—	20434	—
	国营	—	—	—	—		国营	—	—	—	—
	合作社	30	23.44	35	12.16		合作社	11027	49.7	5642	27.61
	私商	98	76.56	253	87.84		私商	11162	50.3	14792	72.39
磁什	合计	2314	—	3217	—						
	国营	—	—	—	—						
	合作社	1548	66.9	1360	42.28						
	私商	766	33.1	1857	57.72						

资料来源：桐乡市档案馆馆藏档案，卷宗号1—1—324，《崇德县分镇分行业零售公私比重表摘录》

1955年下半年，灵安区对百货、新药、卷烟杂货、食盐、酱酒、茶叶等6个行业的私商，根据“统筹安排”的方针纳入改造。据改造前的1955年6月底统计，全区（包括农村及小集镇）这6个行业共53户，占全区纯商业总户数的50.9%。其中经商48户、摊贩5户，从业人员61人（其中职工2人），占全区总人数43.6%，资金19209元（其中流动资金11804元），占全区总纯商业资金的52.99%。特点是人多面广、经营分散，行业界线不明，政治成分较为复杂等。9月28日开始，先对茶叶、新药两业进行改造。10月15日，召开全区工商界参加的经销挂牌大会，宣布政府批准经销店的户数为茶叶2户、新药1户、新药专柜2户（1户暂不挂牌）。第四季度，接着对酒、烟、盐、百货等4个行业进行改造。至年底，先后分批改造了6个行业48户，包括两个集镇和农村中正式经销百货3户、茶叶2户、卷烟27户、酱酒9户、新药3户、食盐4户，占全区纯商业的46.15%。改造形式为：经销店41户、专柜2户、经销摊5户，其中6户暂不挂牌；参加经营小组有酱酒8户，卷烟19户；组织经营小组4个（灵安2个、徐家庙1个、龙王庙1个）；统一计划，统一进货，分散经营，自负盈亏。通过改造，弃商转农2户，动员放弃兼营3户（酒1户、烟2户）。

表9—3　　1955年上半年灵安镇新药、茶叶行业改造前基本情况表

业别	商号名称	主营或兼营	从业人员（人） 合计	资方	职工	家属	1955年上半年度营业额	盈亏情况 盈	亏	1955年6月底自有资金 合计	流动	固定
新药	昌麟	主营	1	1	—	—	391	—	31	255	66	189

续表

业别	商号名称	主营或兼营	从业人员(人)				1955年上半年度营业额	盈亏情况		1955年6月底自有资金		
			合计	资方	职工	家属		盈	亏	合计	流动	固定
新药	德泰	兼营	2	1	—	1	641	—	115	651	392	259
新药	吴至德	兼营	1	1	—	—	311	5	—	542	255	287
新药	张以仁	兼营	2	1	1	—	1872	100	—	3066	2695	371
新药	王公利	兼营	2	1	—	1	4220	149	—	337	282	55
新药	裕茂	兼营	2	1	—	1	5072	245	—	449	369	80
茶叶	吴盈泰	主营	2	1	—	1	2699	—	147	1046	199	347
茶叶	大兴	主营	1	1	—	—	1577	4	—	181	171	10

资料来源:桐乡市档案馆馆藏档案,卷宗号 33—1—129

表 9—4　1955 年 1—9 月灵安区私营零售商盐、酒、烟、百货四业改造前基本情况统计表

地区	业别	商号	从业人员		1955年6月底资本额		1955年1—9月营业额		主要商品		平均毛利率%	盈余	亏损	向国合进货%	备注
			合计	其中职工	合计	其中流动	累计	每月平均	品名	占营业额%					
灵安	卷烟	凯利	1	—	429	102	2730	303	烟	44.94	14	67	—	80	
灵安	卷烟	汪万兴	1	—	250	137	2565	285	烟	62.74	14.48	86	—	83.36	
灵安	卷烟	益大	1	—	248	83	2921	325	烟	55.01	14.61	263	—	77.15	
灵安	卷烟	金星	1	—	54	46	1903	211	烟	53.10	13	37	—	77.10	
灵安	卷烟	建新	1	—	98	92	2354	262	烟	41.8	13.22	86	—	71	
灵安	卷烟	赵六珍	1	—	135	99	4553	506	烟	66.64	12.81	268	—	86.68	
灵安	卷烟	王四宝	1	—	85	79	2095	233	烟	52.06	16.70	80	—	79.80	
灵安	卷烟	朱玉英	1	—	117	83	2745	305	烟	52.25	14.48	64	—	76.50	
灵安	卷烟	尤金娜	1	—	126	91	2541	282	烟	55.21	13.26	39	—	73.53	
徐家庙	卷烟	宝和	1	—	10	10	1134	126	烟	64.11	11.64	—	3	88.13	
徐家庙	兼卷烟	裕茂	1	—	449	369	6012	668	烟	30.2	13.80	182	—	61.24	
徐家庙	兼卷烟	王公利	1	—	337	282	5683	631	烟	24.17	14.07	151	—	68.50	
徐家庙	兼卷烟	荣乐	1	—	295	95	1966	213	烟	37.67	16.97	8	—	47.75	
徐家庙	卷烟	林和	1	—	45	28	2374	264	烟	54.12	13.19	97	—	67.12	
惠桥	卷烟	公顺	1	—	51	50	1054	117	烟	50.45	12.18	—	25	93.25	
龙王庙	卷烟	合丰	1	—	40	26	3092	344	烟	44.04	13	72	—	80.16	
龙王庙	卷烟	万兴	1	—	93	60	1568	174	烟	64.10	16.17	29	—	71.44	
李家石桥	卷烟	高安	1	—	20	20	612	68	烟	71.41	13.14	—	10	75.18	
李家石桥	卷烟	德昌	1	—	51	41	614	68	烟	53.74	19.16	10	—	61.40	

续表

地　区	业别	商号	从业人员		1955 年 6 月底资本额		1955 年 1—9 月营业额		主要商品		平均毛利率%	盈余	亏损	向国合进货%	备注
			合计	其中职工	合计	其中流动	累计	每月平均	品名	占营业额%					
纪目	卷烟	周养元	1	—	506	401	1571	175	烟	50.98	21.66	70	—	67.43	
纪目	卷烟	汤应高	1	—	58	43	1406	156	烟	54.48	17.78	—	7	60.04	
青石桥	卷烟	沈文初	1	—	20	20	809	90	烟	64.15	11.83	6	—	68	
青石桥	卷烟	张叙龙	1	—	16	16	859	95	烟	70.69	12.43	—	1	72.9	
灵安	卷烟	华其	1	—	345	136	2761	307	烟	77.11	12.10	73	—	98.84	
小计	坐商	24 户	24	—	3818	2409	55922	6208	烟	48.99	14.40	1682	46	76.90	
灵安	卷烟摊	潘美娜	1	—	67	64	3179	353	烟	60.11	14	67	—	83.2	
徐家庙	卷烟摊	朱美凤	1	—	40	30	1913	213	烟	58.03	13.44	24	—	67.42	
伍社庙	卷烟摊	蒋金毛	1	—	151	151	3753	417	烟	54.08	12.60	59	—	58.05	
青石桥	卷烟摊	沈宝康	1	—	52	42	1331	148	烟	69.04	11.40	8	—	71.67	
太平乡	卷烟摊	林金松	1	—	16	14	1152	128	烟	64.36	13.83	24	—	73.95	
龙王庙	卷烟摊	颜文英	1	—	27	27	1072	119	烟	58.39	12.78	20	—	58.61	
钱林乡	卷烟摊	吴金生	1	—	12	12	398	44	烟	32.16	17.16	—	4	31.53	
小计	摊贩	7 户	7	—	365	340	12798	1422	烟	56.25	13.5	202	4	67.77	
灵安	酱酒	振昌兴	1	—	852	526	6823	758	酒	67.71	14.55	336	—	73.41	
灵安	酱酒	东协顺	1	—	984	570	8137	904	酒	72.52	13.96	477	—	86.73	
灵安	酱酒	人茂	1	—	669	402	4029	448	酒	70.39	15.57	194	—	83.05	
灵安	酱酒	义丰	2	1	677	455	7059	784	酒	70.24	18.8	149	—	75.95	
灵安	酱酒	徐义利	1	—	273	211	4491	499	酒	74.24	15.33	238	—	80.67	
灵安	酱酒	新兴	2	—	431	166	5213	579	酒	60.05	19.16	414	—	88.54	
徐家庙	酱酒	张恒裕	2	—	176	46	2454	273	酒	71.23	12.55	—	34	76.14	
徐家庙	酱酒	张恒泰	1	—	64	43	2503	278	酒	68.80	12.96	9	—	78.57	
徐家庙	兼酒	洽和	2	—	267	185	7239	804	酒	29.26	13.64	240	—	55.94	
徐家庙	兼酒	生源	1	—	64	45	308	340	酒	42.76	13.07	58	—	70.19	
小计	坐商	10 户	14	1	4457	2649	51006	5667	酒	61.38	14.30	2115	34	80.45	
灵安	百货	厚得	2	—	104	94	3092	344	百货	92.55	17.32	140	—	83.05	
灵安	百货	益新	1	—	91	66	5319	591	百货	63.37	14.50	303	—	90.20	
灵安	百货	周生源	1	—	731	400	4714	524	百货	60.31	13.02	164	—	98.80	
小计	坐商	3 户	4	—	926	560	13125	1459	百货	96.61	14.63	607	—	92.05	
灵安	食盐	义昌兴	2	—	198	55	4432	492	食盐	69.49	17.63	313	—	91.10	
灵安	食盐	华昌	2	—	202	145	3974	442	食盐	43.72	16.26	232	—	97.77	

续表

地区	业别	商号	从业人员		1955年6月底资本额		1955年1—9月营业额		主要商品		平均毛利率%	盈余	亏损	向国合进货%	备注
			合计	其中职工	合计	其中流动	累计	每月平均	品名	占营业额%					
灵安	食盐	陈振昌	1	—	21	18	2757	306	食盐	45.66	14	116	—	87	
徐家庙	食盐	蔡鹤岳	1	—	36	26	1468	163	食盐	51.49	16.80	12	—	51.49	
小计	坐商	4户	6	—	457	244	12631	1403	食盐	66.76	16.3	67.3	—	87.56	
总计	—	48	55	1	10023	6202	145482	16159	—	59.28	14.47	5279	84	80.3	

资料来源:桐乡市档案馆馆藏档案,卷宗号1—1—327

1955年9月,永丰乡对食盐、卷烟、酒类三个行业的私营商进行改造。该乡有酱酒业6户、卷烟业6户,从业人员16人。大部分在史家桥,其余分布在古店桥、长生桥。特点是小集镇的这几个行业都是夫妻店,流动资金很少,酱酒业中资本最多的徐永盛商号,也不到500元,卷烟什货业的都只有几十元的流动资金。主要靠私商间互相拖欠,银行小额贷款维持经营,资金周转比较困难。改造形式为经销,可保留原有牌号外,挂永丰供销合作社"食盐"或"酒类"或"卷烟"经销店牌子。

表9—5　　1955年永丰乡酱酒盐、卷烟什货行业私营零售商基本情况统计表

行业	商号	地址	店主	从业人员(人)	自有资金(元)			1955年上半年销售	
					合计	固定	流动	营业额(元)	毛利率%
酱酒	徐永盛	史家桥	徐柏初	2	786	300	486	3339	13
酱酒	陈恒盛	史家桥	陈宝坤	2	197	121	78	2148	14
酒盐	陈万昌	古店桥	陈泽民	2	178	37	141	2270	16
酒盐	永昌	史家桥	程祖培	2	118	41	77	2275	16
酱酒油盐	源盛	史家桥	张庭标	2	130	46	84	1743	13
酱酒	钱永茂	长生桥	钱云清	1	234	136	71	1173	11.6
卷烟	朱金记	史家桥	顾杵生	1	108	26	82	1081	13.4
卷烟	蒋辅安	古店桥	蒋辅安	1	41	13	28	985	11.5
卷烟	朱子庭	古店桥	朱子庭	1	35	10	25	910	12
卷烟什货	张通嗣	史家桥	张通嗣	1	61	36	25	1622	11.5
卷烟什货	夏巧珍	史家桥	夏巧珍	1	74	—	74	1978	13.5
卷烟	商兰生	长生桥	商兰生	1	12	2	10	786	11

资料来源:桐乡市档案馆馆藏档案,卷宗号5—1—237,根据永丰乡人民政府《关于食盐、卷烟、酒类三行业改造方案》附表摘录

1956年3月开始,灵安区继续推进对私商和小商贩的改造,分别采取公私合营、合作商店、合作小组等形式,纳入国家计划轨道。

据灵安镇工商联统计，是年底，原有的私商和小商小贩170户，改造为公私合营2个、合作商店5个、合作小组19个，共有从业人员235人。在私营商业社会主义改造中，有11人直接过渡到灵安供销合作社。至此，境内基本完成对私营商业的“社会主义改造”。同时贯彻“统筹兼顾，全面安排”方针，安排经销、代销，合作社让出食油、咸肉、小百货等30余种商品，安排私商经营，全年实际完成营业额449301元。此外，还发动小商贩送货下乡开夜商品展览，开展“经营服务良好月”活动，搞好经营，提高服务质量，积极完成计划。

表9—6　　1956年灵安私营商业社会主义改造情况一览表

项　　目	商店、组个数	门市部、货摊个数	年末从业人员	资本额（元）	全年商品销额、营业额（元）
一、商业	14	86	126	34025	456117
公私合营	2	4	17	10172	53912
合作商店	3	12	27	12553	54741
合作小组	9	65	77	10745	270427
私营企业	—	5	5	555	77037
二、饮食业	7	46	73	7866	95659
公私合营	—	—	—	—	—
合作商店	1	3	15	2689	27249
合作小组	6	39	54	5057	54111
私营企业	—	4	4	120	14299
三、服务业	5	22	36	706	12010
公私合营	—	—	—	—	—
合作商店	1	3	11	74	4723
合作小组	4	18	24	612	6041
私营企业	—	1	1	20	1246

资料来源：桐乡市档案馆馆藏档案，卷宗号41—5—192，崇德县灵安镇工商联1957年1月填报

私营商业社会主义改造后，尚允许少数生活困难、老弱小本、地处偏僻的个体户存在。1963年，灵安登记在册的个体商贩有13户18人，自有资金共计1657元。其中商业11户，16人，分布在水果、日用什货和农村下伸店；服务业2户2人，均为理发店。“文化大革命”时，个体户被全部取缔。

第三节　改革开放后的私营个体商业

1978年，中共十一届三中全会后，社会拨乱反正，经济恢复发展，市场开始活跃。按照“计划经济为主，市场调节为辅”的方针，商品流通领域允许多种经济成分并存，个体商业作为公有制商业的必要补充，开始逐步恢复和发展。零售商业和饮食服务业，因其初次投入较少，创业门槛较低，成为一般农村富余劳动力与集镇待业人员的首选。80年代中后期，出现全民经商热潮，境内私营个体经商又得到

同福林富酒家

较快发展。1998 年以后，灵安、同福、史桥的供销社经营门店和归口合作商店陆续改制，转为私营个体经营。在 1996 年后开发形成的灵安新兴路商业街，60 余家商户全部是私营个体经营户。其中阿八大酒店成为新兴路上的标志性建筑。

2007 年，同福乡撤销建制，并入凤鸣街道，调整后的凤鸣街道办事处迁址同福集镇（草庵头）后，该地的商业服务业迅速发展，逐步形成三纵三横的商业街区，经营者也清一色全是私营个体经营户。其中，林富酒家的小羊肉等湖羊特色菜肴颇具知名度。

2008—2010 年，凤鸣街道办事处根据市政府的统一部署，对“十小”行业进行质量安全整治与规范，通过三年的检查和督促整改等工作，整治规范私营个体商业、服务业小企业 246 家，开展面为 100%。其中小食杂店 106 家、小餐饮店 90 家、小药店 5 家、小农资店 28 家、小美容美发店 12 家、小音像店 1 家、小液化气供应点 4 家。除小餐饮店有 3 家未达标外，其余各行业达标率均为 100%。

2012 年年末，全街道有商业、服务业私营个体商户 1541 家。

第四节　高速公路服务区经营管理

90 年代末，全国高速公路建设进入快速发展期。在境内 320 国道沿线开设杭白菊直销店的多位同福乡农民经销商，感受到沪杭高速公路建成通车截流了 320 国道的车流量，停靠购买杭白菊的客车流量大幅减少，生意越来越难做。他们在市场环境发生变化的关键时刻，敏锐地觉察到高速公路提供的商机，尝试将杭白菊生意逐步从国道沿线转移到高速公路服务区。其中，李梅冬、吴荣千、邵坤元、沈建霖等人，成了走向高速公路服务区的先行者。1998 年开始，他们在嘉兴、上海等几个高速公路服务区承包柜台，专卖杭白菊，收益颇丰，成功地跨出了创业的第一步。随后，他们萌生了外出整体承包服务区的想法。经过对华东、华北部分服务区的实地考察后，在几个服务区成功获得整体承包经营权。随后，他们涉足的地域不断扩大，覆盖面逐步向全国各地延伸。除加油站外，服务区的餐饮、超市、客房、汽修等经营项目和停车、如厕、用水等免费项目，以及保洁、保安、绿化等维护工作，也被他们全都包揽下来。在民营资本介入之前，服务区都由高速公路系统的国企公司经营，机制不活，管理成本高，大多为亏损经营，市场并不看好。所以初始阶段承包标的较低，利润空间大。民营企业入驻后，商品质量、服务态度和内部管理大为改观，承包经营获得了丰盛的收益回报。一两年下来，承包高速公路服务区能快速致富的消息便不胫而走。

先行者的创业成功，吸引了更多的同福籍企业主和个体经营者加入到高速公路服务区经营行列。同福人的经营团队越来越多，他们分别或合伙承包经营管理这些高速公路服务区。从 2002 年开始，在全国各地的高速公路服务区投标会上，大部分竞标的投资主体都是同福人办的企业或个体经营者。中标的经营者们纷纷招募乡里乡亲到各高速公路服务区担任管理人员，带动了境内的劳务输出，拓宽了农民的就业渠道以及致富道路。

2004 年 6 月，河南高速公路发展有限公司对其所属的京珠高速河南段的许昌、漯河、驻马店、普会

嘉通公司经营管理的包茂高速安康西服务区

寺、信阳、灵山和连霍高速河南段的夏邑、宁陵共 8 个服务区的餐厅、客房、超市的经营权进行公开招标，有来自全国各地的 74 个投资主体参加竞标。评标结果，来自桐乡市的 4 家企业（经营者均为同福人）各获得 2 个服务区的承包经营权。8 个服务区的中标价格 3 年总计为 7428 万元。是年，菊韵人家、同辉、同鑫、凯通、银通、嘉通等专业从事高速公路服务区经营管理的公司相继成立，由同福籍经营者领衔的团队开始走上规模化、规范化发展之路。

2004 年 11 月，浙江有线新闻网发布《桐乡农民“掌柜”天下服务区》的新闻，引起社会的关注。随后至 2009 年间，见诸媒体的重量级报道先后有《杭州日报》的《桐乡农民揽下全国 1/6 高速公路服务区》、《钱江晚报》的《桐乡人高速路上当“掌柜”》、《创业家》杂志的《桐乡农民：高速公路上服务区的垄断者》等。境内同福籍人士经营管理全国高速公路服务区一度成为新闻媒体关注的焦点。

2005 年，桐乡市中德商贸有限公司（2008 年改称中盛服务区经营管理有限公司）从经销嘉兴“五芳斋”粽子起步，涉足高速公路服务区经营，在杭金衢高速萧山服务区、沪杭高速长安服务区承揽商场超市加特色项目的经营管理。

力天公司经营管理的日东高速菏泽服务区

2005 年后，又有世通、慧尔、力天、嘉宏、宏业、建业、世纪通等高速公路服务区经营管理公司相继成立。

2006 年，中盛公司正式与嘉兴“五芳斋”公司签署《嘉兴“五芳斋”粽子项目经销框架协议》，授权经营浙江省内 22 对高速公路服务区的“五芳斋”粽子，以及 9 对高速公路服务区的嘉兴“昌记”粽子项目经营权。此后，中盛服务区经营管理有限公司从高速公路服务区专项经营逐步发展到整体经营。

随着高速公路服务区经营的持续升温，同行竞争愈加激烈，高速公路服务区经营权的成交标的翻倍上升，经营成本大幅增加，高利润高收益和稳赚不赔已成为过去，亏本的风险已成为对经营者的严峻考验。高速公路服务区经营企业经历了优胜劣汰和分立重组的过程，菊韵人家投资管理有限公司、同辉高速公路服务区经营有限公司、同鑫投资管理有限公司成为业内 3 家实力最强的公司。

此后，经营者们更注重企业管理水平和内部素质的提高。2007 年，同辉高速公路服务区经营有限公司在桐乡市区开出“小圆满”中式快餐样板店，随后将“小圆满”连锁快餐引入其经营的各高速公路服务区。2008 年 5 月，“菊韵人家”实施连锁管理品牌的植入和运营。2011 年 10 月，注册三大子品牌东方速度(餐饮)、迈力士(超市)、一千零一味(小吃),使顾客在欣赏旅途风景的同时享受到舌尖上的愉悦。随后,业内企业纷纷自创品牌。力天投资有限公司推出连锁品牌塘湾小镇(餐饮)、亿尚客(超市)、百色百味(小吃)。嘉宏高速公路服务区经营管理有限公司推出连锁品牌:“天下一家人”“笑味鲜”“祝师傅”。中盛服务区经营管理有限公司推出中盛驿厨(餐饮)、中盛小食(小吃)、中盛驿购(超市)。

2012 年 10 月,“菊韵人家”与湖南高速广通实业发展有限公司签署潭邵高速湘潭服务区投资管理与经营服务协议。这是全国高速公路服务区领域民营企业首次尝试 BOT 模式(即:企业自行投资建设、自主经营,经营期满后交回资产和经营权),是对传统的租赁承包方式的突破与创新。12 月,“菊韵人家”又在云南签约昆楚高速程家坝服务区 BOT 项目。是年年末,菊韵人家在全国 18 个省市(自治区)连锁经营高速公路服务区 80 对。

据不完全统计,2012 年年末,凤鸣街道籍人士经营管理的高速公路服务区达 300 余对,遍布全国 20 余个省市(自治区)。

表 9—7　　2012 年部分高速公路服务区经营管理公司名录

公　司　名　称	法定代表人	经营者户籍所在地
浙江菊韵人家置业投资管理有限公司	邵坤元	新农村
嘉兴市同辉高速公路服务区经营管理有限公司	李梅冬	新农村
浙江同鑫投资管理有限公司	沈建霖	新农村
嘉兴恒信高速公路服务区经营管理有限公司	沈银荣	新农村
桐乡市银通高速公路服务区经营管理有限公司	吴振东	环南村
嘉兴市嘉通高速公路服务区经营管理有限公司	姜建坤	新农村
嘉兴市凯通投资有限公司	沈建强	合星村
嘉兴市世通高速公路服务区经营管理有限公司	吴兴海	合星村
桐乡市嘉宏高速公路服务区经营管理有限公司	祝长明	新农村
桐乡市中盛服务区经营管理有限公司	吕洪奎	联庄村
嘉兴力天投资有限公司	平卫良	联庄村
桐乡市宏业高速公路服务区投资管理有限公司	姜如洪	新农村
桐乡市建业高速公路服务区经营管理有限公司	卫建江	新农村
桐乡市奥盛高速公路服务区经营管理有限公司	陆建华	建胜村
桐乡市世纪通高速公路服务区经营管理有限公司	王建林	建胜村
桐乡市慧尔高速公路服务区投资有限公司	施建强	中群村
桐乡市裕达高速公路服务区经营管理有限公司	沈作恩	合星村
桐乡市新益高速公路服务区经营管理有限公司	张炳灿	建胜村
桐乡市新团圆高速公路服务区经营管理有限公司	沈国民	合星村
浙江威尔斯高速公路服务区投资管理有限公司	陆晓湖	合星村
桐乡市诚尊高速公路服务区经营管理有限公司	钱卫杰	合星村
桐乡市天翔高速公路服务区经营管理有限公司	夏伟新	建胜村
桐乡市恒通高速公路服务区管理有限公司	吕林强	联庄村

续表

公　司　名　称	法定代表人	经营者户籍所在地
桐乡市中太大酒店管理有限公司	平汉明	联庄村
桐乡市金里高速公路服务区经营管理有限公司	鲍金煜	建胜村
桐乡市华通高速公路服务区经营管理有限公司	吕建洪	合星村
桐乡市同溢高速公路服务区经营管理有限公司	吕柏初	中群村

说明：此表所列的高速公路服务区经营管理公司均为凤鸣街道籍人士创办，且2012年在实际运作的公司(排列不分先后)

表9—8　　2012年凤鸣街道籍人士经营的部分高速公路服务区

所在省份	服务区名称	经营企业(公司简称)
浙　江	杭新景高速桐庐服务区	菊韵人家
浙　江	杭新景高速建德服务区	菊韵人家
浙　江	杭州绕城高速下沙服务区	菊韵人家
浙　江	杭州绕城高速西湖服务区	菊韵人家、凯通
浙　江	杭徽高速临安服务区(部分项目)	菊韵人家
浙　江	杭徽高速龙岗服务区(部分项目)	菊韵人家
浙　江	申嘉杭高速德清服务区	菊韵人家、中盛
浙　江	申嘉湖高速南浔服务区	菊韵人家、中盛
浙　江	龙丽丽龙高速松阳服务区	菊韵人家
浙　江	龙丽丽龙高速灵溪服务区	菊韵人家
浙　江	杭长高速安吉服务区	菊韵人家、中盛
浙　江	杭金衢高速常山服务区(商超)	菊韵人家
浙　江	杭金衢高速球川停车区	菊韵人家
浙　江	沈海高速奉化服务区	菊韵人家、中盛
浙　江	沈海高速慈城服务区	菊韵人家、威尔斯
浙　江	沈海高速杭州湾跨海大桥北岸服务区	菊韵人家、中盛、威尔斯
浙　江	台金高速仙居服务区(合作经营)	菊韵人家、中盛
浙　江	台金高速临海服务区(合作经营)	菊韵人家、中盛
浙　江	台金高速永康服务区(合作经营)	菊韵人家、中盛
浙　江	杭州湾跨海大桥南岸服务区	同辉
浙　江	乍嘉苏高速路口新塍服务区	同辉
浙　江	诸永高速磐安服务区	同辉
浙　江	金丽温高速青田服务区	同辉
浙　江	申嘉湖高速嘉善服务区	同辉
浙　江	跨海大桥北接线南湖服务区	同溢
浙　江	甬金高速东阳服务区	同辉、威尔斯、中盛
浙　江	宁波绕城高速镇海服务区	威尔斯

续表

所在省份	服务区名称	经营企业(公司简称)
浙　江	甬金高速嵊州服务区	同鑫
浙　江	金丽温高速桥头服务区	同鑫
浙　江	杭金衢高速萧山服务区	威尔斯、中盛
浙　江	绍诸高速鉴湖服务区	中盛
浙　江	杭浦高速海宁服务区	奥盛
浙　江	申苏浙皖高速湖州服务区(部分项目经营)	中盛
浙　江	申苏浙皖高速长兴服务区(部分项目经营)	中盛
浙　江	沪杭甬高速长安服务区(部分项目经营)	中盛
浙　江	黄衢南高速仙霞服务区(部分项目经营)	中盛
浙　江	黄衢南高速江山服务区(部分项目经营)	中盛
浙　江	黄衢南高速开化服务区(部分项目经营)	中盛
浙　江	沪杭甬高速绍兴服务区(部分项目经营)	中盛
安　徽	京台高速禹会服务区	菊韵人家
安　徽	广祠高速界牌服务区	菊韵人家
安　徽	合肥绕城高速众兴服务区	菊韵人家、新益
安　徽	合徐高速吴圩服务区	新益
安　徽	合巢芜高速福山服务区	新益
安　徽	合宁高速文集服务区	新益、恒通
安　徽	合肥绕城高速肥东服务区	新益
安　徽	合安高速丰乐服务区	新益
安　徽	合蚌高速龙门寺服务区	新益
安　徽	合安高速陈埠服务区	新益、新团圆
安　徽	沪渝高速顺安服务区	新益
安　徽	合徐高速君王服务区	新益
安　徽	合徐高速庄里服务区	新团圆
安　徽	合徐高速王寨服务区	恒通
安　徽	宁连高速釜山服务区	恒通
安　徽	济广高速长春服务区	威尔斯
安　徽	济广高速辛集服务区	威尔斯
安　徽	滁宁高速嘉山服务区	同溢
安　徽	滁宁高速曹庄服务区	同溢
安　徽	滁宁高速林东半岛服务区	同溢
江　西	济广高速金溪服务区	菊韵人家
江　西	南昌西环线高速湾里服务区	宏业
江　西	沪昆高速上饶服务区	建业

续表

所在省份	服务区名称	经营企业(公司简称)
江　西	沪昆高速鹰潭服务区	建业
江　西	赣粤高速奉新服务区(餐饮)	建业
江　西	赣粤高速峡江服务区(小吃)	建业
江　西	沪昆高速三清山服务区(小吃)	建业
江　西	大广高速南康服务区	威尔斯
江　西	大广高速信丰服务区	威尔斯
江　西	大广高速定南服务区	威尔斯
江　苏	南京第三大桥服务区	菊韵人家
江　苏	南京绕城高速方山服务区	同辉
江　苏	广靖锡澄高速广陵服务区	凯通
江　苏	宁靖盐高速刘陈服务区	凯通
江　苏	盐靖高速兴泰服务区	凯通
江　苏	盐靖高速老圩服务区	凯通
江　苏	盐靖高速新兴服务区	凯通
江　苏	南京长江第二大桥八卦洲服务区	凯通
江　苏	宿迁高速骆马湖服务区	中盛
江　苏	宿迁高速踢球山停车区	中盛
江　苏	宁马高速清修服务区	新团圆
江　苏	沪苏浙高速平望服务区	新团圆
江　苏	宁常高速滆湖服务区	世纪通
江　苏	宁杭高速江宁服务区	世纪通
江　苏	宁杭高速宜兴服务区	世纪通
江　苏	宁杭高速太湖服务区	恒通
湖　南	沪昆高速水府庙服务区	菊韵人家
湖　南	沪昆高速宝庆服务区	菊韵人家
湖　南	沪昆高速醴陵服务区	菊韵人家
湖　南	京港澳高速永兴服务区	菊韵人家
湖　南	京港澳高速苏仙服务区	菊韵人家
湖　南	京昆高速跳马服务区	菊韵人家
湖　南	长常高速太子庙服务区	菊韵人家
湖　南	吉怀高速怀化服务区	菊韵人家
湖　南	京昆高速九华服务区	菊韵人家
湖　南	大浏高速浏阳服务区	菊韵人家
湖　南	大浏高速大围山服务区	菊韵人家
湖　南	永蓝高速阳明山服务区(合作经营)	菊韵人家、中盛

续表

所在省份	服务区名称	经营企业(公司简称)
湖　南	永蓝高速宁远服务区(合作经营)	菊韵人家、中盛
湖　南	永蓝高速蓝山服务区(合作经营)	菊韵人家、中盛
湖　南	吉怀高速凤凰服务区	嘉通公司
湖　南	怀通高速靖州服务区	银通
湖　南	凤大高速南长城服务区	嘉宏
湖　南	京珠高速长沙服务区	嘉宏
湖　南	京珠高速衡山服务区	嘉宏
湖　南	邵怀高速安江服务区	嘉宏
湖　南	潭衡西高速斜坡堰服务区	力天
湖　南	长株高速长沙东服务区(参股合作经营)	宏业
广　东	广湛高速梁金山服务区	菊韵人家
广　东	广肇高速蚬岗服务区	菊韵人家
广　东	绕城高速炭步服务区	菊韵人家
广　东	广湛高速电白服务区	凯通
广　东	深汕高速沙田服务区	同辉
广　西	南梧高速玉林服务区	菊韵人家
广　西	南梧高速容县服务区	菊韵人家
广　西	广昆高速百色服务区	裕达
广　西	广昆高速田阳停车区	裕达
广　西	广昆高速田东服务区	裕达
广　西	广昆高速小林停车区	裕达
广　西	广昆高速隆安服务区	裕达
广　西	广昆高速果化停车区	裕达
广　西	广昆高速坛洛服务区	裕达
广　西	广昆高速中林停车区	新团圆
广　西	岑兴高速山心停车区	新团圆
广　西	广昆高速贵港服务区	新团圆
广　西	岑兴高速北流停车区	新团圆
广　西	岑罗高速筋竹服务区	新团圆
广　西	泉南高速永福服务区	新团圆
广　西	泉南高速全州停车区	新团圆
广　西	全兴高速兴安停车区	新团圆
广　西	泉南高速全州南服务区	新团圆
广　西	包茂高速高田服务区	新团圆
广　西	包茂高速会仙服务区	新团圆

续表

所在省份	服务区名称	经营企业(公司简称)
福　建	福泉高速东进服务区(餐饮)	菊韵人家
福　建	福泉高速大往服务区(餐饮)	菊韵人家
福　建	京福高速塔前服务区	凯通
福　建	漳龙高速朝阳服务区	凯通
福　建	永武高速七峰山服务区	裕达
福　建	永武高速大地停车区	裕达
福　建	永宁高速温郊服务区	宏业
福　建	福银高速沙县停车区(餐、超)	诚尊
福　建	长深高速垄东停车区(餐、超)	诚尊
福　建	福泉高速洛阳江停车区(餐、小、土)	诚尊
重　庆	渝邻高速古路服务区	菊韵人家
重　庆	渝宜高速万州服务区	菊韵人家
重　庆	绕城高速曾家服务区	菊韵人家
重　庆	绕城高速珞璜服务区	菊韵人家
重　庆	渝湘高速黔江服务区(合作经营)	菊韵人家
重　庆	渝湘高速界石服务区	凯通
重　庆	渝湘高速水江服务区	凯通
重　庆	渝湘高速高谷服务区	凯通
重　庆	渝湘高速彭水服务区	凯通
重　庆	渝宜高速云阳服务区	凯通
重　庆	成渝高速荣昌服务区(合作经营)	力天
重　庆	沪蓉高速新立服务区	宏业
重　庆	渝湘高速大观服务区	宏业
四　川	沪蓉高速遂宁服务区	菊韵人家
四　川	京昆高速蒲江服务区	菊韵人家
四　川	成乐高速眉山服务区	菊韵人家
四　川	渝邻高速邻水服务区	菊韵人家
四　川	渝昆高速自贡服务区	菊韵人家
四　川	成仁高速永兴服务区(部分项目)	菊韵人家
四　川	成渝高速资阳服务区	银通
四　川	成渝高速隆昌服务区	银通
四　川	成渝高速内江服务区	银通
四　川	巴陕高速南江服务区	银通
四　川	兰海高速西充服务区	银通
四　川	成德南高速盐亭服务区	银通

续表

所在省份	服务区名称	经营企业(公司简称)
四　川	巴南高速下八庙服务区	银通
四　川	成南高速淮口服务区	同辉
四　川	广巴高速巴中和平停车站	嘉宏
四　川	绵遂高速遂宁东服务区	宏业
四　川	遂内高速安岳服务区	宏业
四　川	成渝高速内江服务区	宏业
四　川	绵广高速新安服务区	宏业
四　川	成绵高速德阳南服务区	宏业
四　川	乐雅高速夹江服务区	宏业
云　南	昆楚高速恐龙山服务区	菊韵人家
云　南	元磨高速墨江服务区	菊韵人家
云　南	昆楚高速程家坝服务区	菊韵人家
云　南	杭瑞高速潞江坝服务区	菊韵人家
云　南	昆磨高速普洱服务区	裕达
云　南	昆磨高速通关停车区	裕达
云　南	昆磨高速研和服务区	裕达
云　南	元磨高速甘庄服务区	裕达
云　南	连霍高速盐湖服务区	裕达
云　南	楚大高速云南驿服务区	中盛
云　南	广昆高速珠街服务区	新团圆
云　南	昆磨高速小勐养服务区	新团圆
云　南	小磨高速勐仑服务区	新团圆
云　南	小磨高速勐腊服务区	新团圆
云　南	昆磨高速尚勇服务区	新团圆
云　南	沪昆高速小海子服务区	威尔斯
山　西	汾平高速孝义服务区	菊韵人家
山　西	京昆高速灵石服务区(合作经营)	菊韵人家、凯通
山　西	京昆高速平遥服务区(合作经营)	菊韵人家、凯通
山　西	大运高速清徐服务区(合作经营)	菊韵人家、凯通
山　西	太长高速榆社服务区	凯通
山　西	太长高速襄垣服务区	凯通
山　西	忻阜高速五台服务区	嘉宏
山　西	大运高速大营服务区	嘉宏
山　西	长晋高速高平服务区	奥盛
山　东	荣乌高速无棣服务区	菊韵人家

续表

所在省份	服务区名称	经营企业(公司简称)
山　东	日兰高速费县服务区	菊韵人家
山　东	日兰高速蒙山停车区	菊韵人家
山　东	青莱高速诸城服务区	同鑫
山　东	青兰高速沂源服务区	同鑫
山　东	青莱高速诸城东停车区	同鑫
山　东	青莱高速诸城西停车区	同鑫
山　东	滨博高速周村服务区	同鑫
山　东	滨博高速高青服务区	同鑫
山　东	同三高速莱西服务区	同鑫
山　东	同三高速胶州服务区	同鑫、诚尊
山　东	同三高速胶南服务区	同鑫
山　东	济荷高速东平服务区	同鑫
山　东	津汕高速滨州服务区	同鑫
山　东	济聊高速齐河服务区	嘉通
山　东	东青高速东营服务区	嘉通、银通
山　东	荣乌高速沾化停车区	银通
山　东	济荷高速梁山服务区	同辉
山　东	京沪高速沂南服务区(合作经营)	中盛、诚尊
山　东	日东高速巨野服务区	力天
山　东	日东高速菏泽服务区	力天
山　东	威青高速即墨服务区	诚尊
山　东	青兰高速杨庄服务区	诚尊
山　东	青兰高速诸葛停车区	诚尊
湖　北	沪渝高速白羊塘服务区	菊韵人家
湖　北	沪蓉高速木子店服务区	菊韵人家
湖　北	沪蓉高速长岭岗服务区	菊韵人家
湖　北	京港澳高速咸宁服务区	菊韵人家
湖　北	京港澳高速大悟服务区	同鑫
湖　北	京港澳高速蔡甸服务区	同鑫
湖　北	京港澳高速东西湖服务区	同鑫、银通
湖　北	京珠高速打靶堤服务区	同鑫
湖　北	汉十高速郧西服务区	同鑫
湖　北	汉十高速安陆服务区	同鑫
湖　北	汉十高速孝感服务区	同鑫、同辉
湖　北	汉十高速随州服务区	同鑫、银通

续表

所在省份	服务区名称	经营企业(公司简称)
湖　北	汉十高速枣阳服务区	同鑫
湖　北	汉宜高速潜江服务区	同鑫
湖　北	汉宜高速八岭停车区	同鑫
湖　北	武汉绕城高速鲁台停车区	同鑫
湖　北	黄黄高速二里湖服务区	同鑫
湖　北	楚天高速枝江服务区	银通
湖　北	仙洪高速应城服务区	银通
湖　北	杭瑞高速通山服务区	银通
湖　北	黄咸高速双溪服务区	银通
湖　北	随岳高速天门服务区	银通
湖　北	随岳高速蕲春服务区	银通
湖　北	汉十高速中岗服务区	银通
湖　北	汉宜高速永安停车区	银通
湖　北	武汉外环高速鲁台服务区	银通
湖　北	汉十高速武当山服务区	银通
湖　北	随岳高速均川服务区	银通、力天
湖　北	随岳高速封江服务区	银通、力天
湖　北	随岳高速京山服务区	银通、力天
湖　北	随岳高速京山停车区	银通
湖　北	京珠高速赤壁服务区	同辉
湖　北	沪渝高速催坝服务区	同辉
湖　北	沪渝高速高家堰服务区	同辉
湖　北	武黄高速鄂州服务区	宏业
湖　北	随岳南高速仙桃服务区	奥盛
湖　北	随岳南高速监利服务区	奥盛
北　京	国道110姜家台服务区	菊韵人家
北　京	京沪高速马驹桥服务区	威尔斯
北　京	京承高速太师屯服务区	威尔斯
北　京	京承高速土沟服务区	威尔斯
北　京	大广高速求贤服务区	威尔斯
天　津	京津高速梅厂服务区	威尔斯
天　津	津蓟高速蓟县服务区	威尔斯
天　津	京津塘高速东丽服务区	威尔斯
天　津	滨保高速小韩庄服务区	同溢
河　北	青兰高速馆陶服务区	同鑫

续表

所在省份	服务区名称	经营企业(公司简称)
河　北	津汕高速渤海新区服务区	宏业
河　北	承德高速遵化服务区	嘉宏
河　北	京藏高速张家口服务区	力天、宏业
河　北	京藏高速怀安服务区	力天、宏业
河　北	京藏高速景家山服务区	力天
河　北	张石高速万全服务区	力天
河　南	京港澳高速漯河服务区	菊韵人家、嘉宏
河　南	京港澳高速许昌服务区	菊韵人家
河　南	宛坪高速镇平服务区(合作经营)	菊韵人家
河　南	宛坪高速西坪服务区(合作经营)	菊韵人家
河　南	宛坪高速西峡服务区(合作经营)	菊韵人家
河　南	郑少洛高速登封服务区(餐饮、超市、汽修)	慧尔
河　南	大广高速封丘服务区(小吃、汽修)	慧尔
河　南	大广高速通许停车区(餐饮、超市、小吃)	慧尔
河　南	兰南高速许昌南服务区	嘉宏
河　南	许平南高速方城服务区	嘉宏
河　南	宁洛高速周口服务区	嘉宏
河　南	二广高速新野服务区	嘉宏
河　南	二广高速南阳服务区	嘉宏
河　南	许平南高速平顶山服务区	嘉宏、新团圆
河　南	南洛高速汝州服务区	奥盛
河　南	二广高速冷水滩服务区	中太大酒店
贵　州	镇胜高速刘官服务区	菊韵人家
贵　州	镇胜高速晴隆服务区	菊韵人家
贵　州	镇胜高速红果服务区	菊韵人家
贵　州	厦蓉高速四格服务区	菊韵人家
贵　州	厦蓉高速天星桥服务区	菊韵人家
贵　州	兰海高速新寨服务区	恒通
贵　州	杭瑞高速湄潭服务区	同溢
陕　西	西宝高速武功服务区	银通
陕　西	京昆高速富平服务区(小吃、汽修)	慧尔
陕　西	京昆高速韩城服务区(小吃、汽修)	慧尔
陕　西	京昆高速澄城服务区(小吃、汽修)	慧尔
陕　西	汉宁高速汉中服务区	嘉宏
陕　西	榆神高速金鸡滩服务区	新团圆

续表

所在省份	服务区名称	经营企业(公司简称)
陕　西	福银高速泄湖服务区	新团圆
甘　肃	青兰高速定西服务区	宏业
内蒙古	宝三高速炮台营子服务区	银通、力天
内蒙古	京藏高速卓资山服务区	力天
内蒙古	京藏高速榆林服务区	力天
内蒙古	二广高速丰镇服务区	力天
内蒙古	二广高速黄家村服务区	力天
内蒙古	赤大高速赤峰服务区	力天
内蒙古	赤大高速桥头服务区	力天
内蒙古	赤大高速乌丹服务区	力天
内蒙古	赤大高速头分地服务区	力天
内蒙古	赤承高速牛营子服务区	力天
内蒙古	大广高速四十家子服务区	力天
内蒙古	京藏高速临河新区服务区	新益
内蒙古	大广高速富裕地服务区	新益
内蒙古	大广高速旺业甸服务区	新益

资料来源:根据有关经营管理公司提供的资料、公司官方网站发布的信息、街道广电站到各服务区实地拍摄的影像资料等整理

附录:

高速公路服务区的资深管家——“菊韵人家”

浙江菊韵人家置业投资管理有限公司(简称菊韵人家)始建于1999年7月,其前身为桐乡市菊韵人家大酒店管理有限公司,是一家以投资经营管理高速公路服务区为主,集房地产、旅游、酒店等为一体的综合性投资管理公司。公司总部设在桐乡市校场东路1758号菊韵大厦。公司注册资金2160万元,法定代表人邵坤元,拥有员工2700余人。至2012年,公司经营管理的高速公路服务区80余对,遍及全国18个省市、自治区。

1998年4月,公司的几位创始人开始涉足经营管理高速公路服务区。1999年7月,公司前身桐乡市光明杭白菊制品有限公司成立。2003年5月,下属省级旅游购物点桐乡品菊中心成立。2004年2月,公司成为中国高速公路服务区首批联谊会理事单位。2004年5月,菊韵大酒店开业。2008年5月,高速公路服务区“菊韵人家”连锁管理品牌开始植入和运营。2008年10月,通过ISO9001:2000国际质量体系认证。2009年2月,与全国1941家旅游公司和2437家客运(物流)公司签订战略合作协议。2009年10月,公司更名为浙江菊韵人家置业投资管理有限公司。2010年1月,公司成立五大管理中心,按区域分管遍布全国18个省市的高速公路服务区日常工作。2011年5月,公司成为浙江

省公路协会会员单位。12 月，公司旗下“东方速度”“迈力士”“一千零一味”三大连锁子品牌面世。2012 年 10 月，公司首个 BOT 项目诞生(湘潭服务区)。2013 年 1 月，公司总部新大楼(菊韵大厦)正式投入使用。

公司实行董事会领导下的总经理负责制，形成总经办、区域营运中心、各服务区的三级管理体系。公司是行业内首家采用全国数字网络管理系统的民营企业，以先进的软硬件设施对遍布全国各省市的服务区实施规范运作、有序经营。公司注重高素质的专业人才的引进与培养，每年组织多次管理知识和业务技能培训，一线服务人员以分区模式培训岗位知识和服务技能，确保持续提升管理和服务水平。公司本着“享顾客满意，谋员工利益，求企业发展，做社会贡献”的企业使命，用文化和理念打造“菊韵人家”品牌，用真诚和友爱汇聚人才，用才智和辛劳创新开拓，坚持服务质量第一，坚持社会效应和经济效益双赢，积极参加各种慈善公益活动，扶贫济困，回报社会。公司的整体服务品质和团队形象得到广泛的关注和认可，成为人民日报《人民论坛》理论调研点，先后获得国家级荣誉 3 项，省市级荣誉 70 余项。

第二章　合作社商业

第一节　机构与体制

民国时期

境内的合作社事业始于 20 世纪 30 年代。抗日战争爆发后，因受战时影响，合作社无法经营而停顿。战后，为复兴农村经济，在民国政府的推动下逐级恢复和组建乡、保合作社和专营合作社。民国 34 年(1945)12 月 16 日，纪目乡合作社经整顿后重新设立，时称“复员登记”。社址：纪目乡路家园，经营业务：生产、信用、供给、消费。有社员 147 人，认购股数 5000 股，每股 10 元。民国 35 年(1946)2 月至 7 月，中塔乡合作社、史桥乡合作社、同福乡合作社、灵安乡合作社相继成立。是年 10 月，纪目、灵安两乡合并，原纪目乡合作社变更为灵安乡纪目保合作社。民国 35 年(1946)至 36 年(1947)，灵安乡第四保、同福乡第八保等一批保合作社也相继成立。民国 36 年 4 月，中塔乡合作社因业务不振，社务废弛，被县政府下令解散。

民国 35 年(1946)崇德县灵安乡合作社新社员名册

乡合作社和保合作社都是兼营合作社，其办社宗旨是扶助社员增加生产、便利运销、流通金融、调节消费及经营其他适当的业务，下设机构有信用部、供销部、生产部、公用部等。这些合作社的功能设计虽较理想，但由于政府的腐败以及时局动荡、经济萧条、货币不断贬值等因素，合作社并没有达到预期的效果，业务量甚微。民国 36 年(1947)到解放前夕，大部分合作社的股金已失去效用，经营业务停顿，合作社组织基本消亡。

表 9—9　　　　民国时期(战后)境内各乡、保合作社申请登记情况一览表

社　　名	社　员　数	股　　数	登记日期 (民国纪年)
纪目乡合作社	147	5000	34.12.16
中塔乡合作社	70	14700	35.2.10
史桥乡合作社	362	140000	35.4.27
同福乡合作社	352	24560	35.5.5
灵安乡合作社	319	329500	35.7.6
灵安乡第四保社	218	23450	35.2.15
同福乡第八保社	181	285	36.5.10
同福乡孙家浜保社	252	586	36.4.11
同福乡第九保社	155	247	36.4.8
同福乡第十保社	121	242	36.5.10
同福乡第十二保社	101	102	36.5.9
同福乡西长浜保社	88	88000	36.4.3
同福乡第十三、十四保社	252	586	36.4.11

资料来源:桐乡市档案馆馆藏档案,卷宗号 271—14—27(80 年代档案馆老编号),《桐乡县供销联社史料选编》
说明:社员数一般为户数,股数的每股金额多少不等

附:

民国 35 年(1946)《崇德县纪目乡合作社桑叶供销部规则》

第一条　本社为便利社员买卖桑叶起见,特设立桑叶供销部(以下简称本部)。

第二条　本部桑叶买卖以社员所产及社员所需要者为原则,如本社桑叶余剩时,应优先运销本县缺少桑叶之各合作社。如本社桑叶有不足时,应先向本县有余剩桑叶之合作社采办之。

第三条　本部桑叶买卖以市价为标准。

第四条　本社社员向本部购买桑叶时,如叶款不能全部付清时,得向本社请求商借三成,于收茧后偿还之,其利息以合作金库利息计算。

第五条　本部设主任一人、办事员二人,专办桑叶供销事宜,并接受本社理事主席及经理之命令办理之。

第六条　本部职员得于是项业务盈余项下提百分之十为酬劳金。

第七条　本部盈余除各项开支与利息,并提存公积金百分之二十、公益金百分之十、职员酬劳金百分之十外,其余按社员交易额比例分配之。

第八条　本部营业期间自五月一日起至五月二十日止。

第九条　本部地址暂设龙王庙。

第十条　本规则经社务会议通过并呈县政府核准施行。

第十一条　本规则如有未尽事宜,悉依本社章程暨合作社法之规定办理之。

(资料来源:桐乡市档案馆馆藏档案,卷宗号 M3—9—118)

新中国成立后

1952 年灵安供销合作社印鉴

建国后，政府十分重视供销合作社的组建和发展，派出干部深入农村广泛宣传，发动农民群众入股，组建供销合作社。1950 年 12 月 14 日，崇德县灵安乡供销合作社成立，社址在灵安镇南大街。1951 年 4 月至 6 月，纪目乡、永丰乡、同福乡、中福乡、天福乡相继成立供销合作社。

1952 年 4 月，根据“以集镇为中心建社”的原则，灵安乡、纪目乡、同福乡、中福乡、太平乡、钱林乡供销合作社等 6 个以乡建社的供销社合并，称灵安供销合作社。

1957 年，桐乡县永丰乡供销社与亭桥乡供销社合并，称丰桥供销合作社。是年 12 月 25 日—28 日，灵安供销合作社召开第三届第一次社员代表大会，总结 7 年来的工作，选举产生了新一届理、监事会和出席县供销社社员代表大会的代表。大会决议的内容还包括社员公益金分配、社员股金分红、协助理事会收回历年赊欠款及股金清理工作等。

“大跃进”时期，1958 年 12 月，以原灵安供销合作社为基础，接收灵安镇及其周围几个小集镇的 7 个合营、合作商店和全部小商小贩 173 人，合并组成灵安人民公社供销部，由公社直接领导，成为国营商业的基层组织。在灵安设生产资料、生活资料、农产品采购、饮食服务等 4 个分部；并下设徐家庙、龙王庙、伍社庙等农村分部。分部实行半独立核算，由公社供销部最终结算盈亏。是年，丰桥、南日两供销社合并后，下放为南日人民公社供销部，史桥属南日公社供销部业务范围。

1961 年，根据中共中央《关于改进商业工作若干规定（试行）草案》精神，重新明确供销社的集体所有制性质。5—6 月，中共桐乡县委财贸部在灵安开展恢复基层供销社试点工作。5 月底从灵安供销部划出一部分小商贩组织合作商店（小组），同时着手恢复供销合作社组织形式。根据广大群众的意愿，自下而上选举产生社员代表，于 6 月 17—18 日召开灵安供销社第四届社员代表大会，选举产生理、监事会，正式恢复供销合作社。同时决定发放 1957 年至 1960 年四年的股息，原有社员 5076 股，股金 12567 元，按年利 8%，一次发给。灵安公社供销部撤销后，钱林、同福从灵安划出，分别组建钱林、同福供销合作社。同福供销合作社下设徐家庙、龙王庙、伍社庙、瓜塔庙等 4 个商店。是年，撤销南日公社供销部，恢复南日供销合作社建制，史桥仍属南日供销社业务范围，设永丰综合性商店。

1962 年，根据上级社指示和社员代表大会决议，灵安供销社开展增扩股工作。在茶家兜大队开展试点的基础上全面铺开，发动群众，增股扩股。共计增股 1240 股，2011 元；扩股 1699 股，5267 元；增扩股总额达 7278 元。扩充供销社自有资金，增强供销社的民办因素，恢复民主管理制度。是年 9 月，同福供销合作社并入崇福供销合作社，为崇福供销社下属的同福综合性商店。

1966 年“文化大革命”开始，“造反派”组织取代供销社的管理机构。1968 年，灵安供销社成立革命委员会。

1971 年 3 月，同福供销社从崇福供销社划出，重新单独组建供销社。是年，县供销社在同福开展贫下中农管理农村商业试点，由公社派驻工作组。1975 年不再实行贫下中农管理。

1978 年 12 月，中共十一届三中全会召开，历史进入了拨乱反正的转折。同月，撤销灵安供销社革命委员会和同福供销社革命委员会，分别改称灵安供销合作社和同福供销合作社。

1983 年 4 月，县委批转县供销社体制改革领导小组《关于我县供销社体制改革实施意见的报告》。要求各级党委政府加强领导，搞好供销社体制改革工作，恢复供销社“三性”（组织上的群众性、管理上的民主性、经营上的灵活性），逐步办成联结广大农民发展商品生产和提供生产服务、技术服务、生活服务的经济联合体。在清理原有供销社社员股金的基础上，大力发动扩股增股，广泛吸收农民和供销社职工入股。同福公社在联建大队搞试点的基础上全面推开，仅6天时间，清理老股11838股，股金35397元；扩股6126股，股金12253元；增股1775股，股金8875元；新老股金合计11304股，股金56519元。入股农户达100%，股金比原来增加59.67%。4月底，同福供销社召开第三届社员代表大会；5月初，灵安供销社召开第七届社员代表大会；分别选举产生新一届理、监事会；在各个村建立社员代表小组，同福和灵安分别下设9个和13个代表小组，经常听取社员代表的意见建议，加强供销社的民主管理。

1984年4月，县委县政府又批转《关于深入进行供销社体制改革的实施方案》，围绕改官办为民办这个核心，突破对农民入股的限制，放手吸收社员股金，扩大民办因素；按照“五个突破”的要求（即在劳动人事制度、分配制度、农民入股、经营范围和服务领域、物价管理制度等五个方面有新的突破），进一步深化体制改革，在恢复供销社的民办性质和经营活力上有新的进展。是年末，灵安供销社和同福供销社的社员股金分别达到29.66万元和29.8万元，占自有流动资金的41.97%和64.32%，分别是“体制改革”前1982年股金总额的14.8倍和8.4倍。

表9—10　　1983—1984年灵安、同福供销合作社增扩股情况一览表

单位：元

社　名	原有股金	1983年增扩股	1984年增扩股	总股金额
灵　安	20063	20208	256280	296551
同　福	35451	21155	241391	297997

资料来源：《桐乡县供销联社史料选编》

1984年起，灵安、同福供销社分别实行内部经营承包责任制，额定基数利润，超利分红。把职工的经营业绩与劳动分红挂钩，在分配制度上开始出现新的突破。是年8月和11月，灵安、同福供销社的企业整顿工作先后达到规定要求，经验收合格，由县企业整顿领导小组审核发证。

灵安供销合作社机构示意图（1984年）

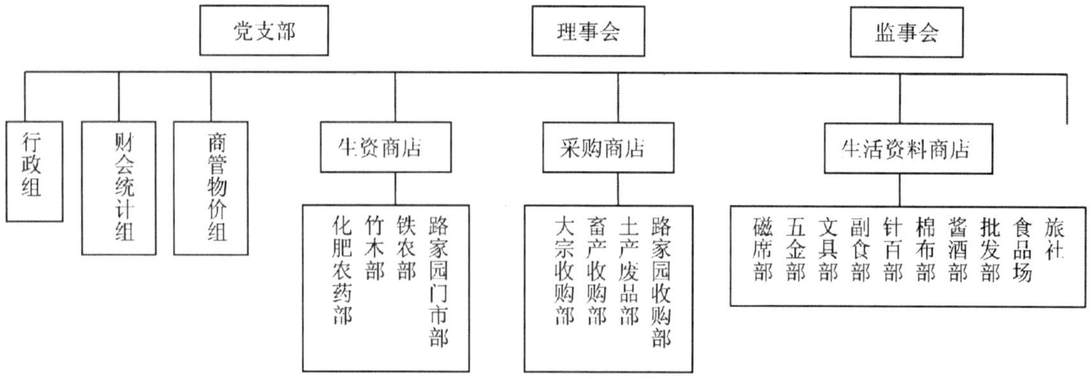

（资料来源：桐档52—3—52）

南日供销合作社史桥综合商店机构示意图(1984年)

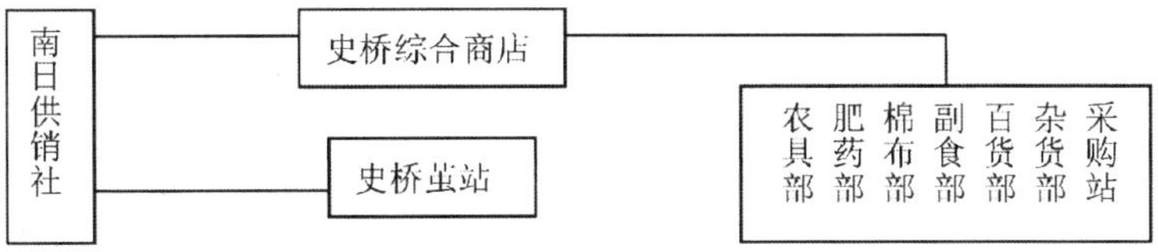

(资料由南日供销社提供)

同福供销合作社机构示意图(1984年)

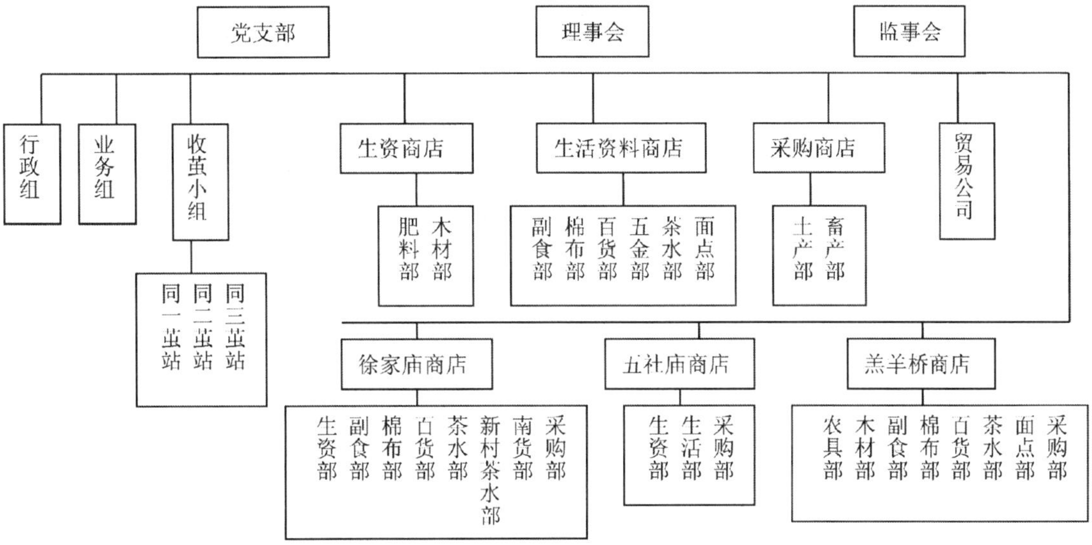

(资料来源:桐档52—3—58)

1986年8月,灵安供销社召开第八届社员代表大会,社务委员会替代原来的理监事会职能,社务委员会会长由农民社员担任,社务委员会下设社员代表小组,加强社员群众的民主管理机制。

1991年度,同福供销社更新观念开拓创新,在商品供应和为农服务中成绩显著,较好地完成了各项年度指标,购销总额4420.8万元,比上年增长48.6%,实现利润31.4万元。被评为全县供销社系统先进单位。

1992年,在全省国合商业企业开展"四放活"(经营、价格、用工、分配)工作中,境内供销社认真贯彻落实,提高在市场经济条件下的竞争能力。是年,同福供销社试行职工风险抵押经营,将职工的经济利益与企业的经济效益联结起来。风险抵押金每人1000元,完不成年度利润计划(或上年同期利润)的,以风险抵押金抵缴,超额完成利润计划的,享有抵押金50%以下的风险奖励。

随着社会主义市场经济的逐步形成,商品流通领域全面放开,供销社适应市场化新格局,加快改革的步伐。借鉴农村联产承包责任制模式,引进个体工商户的机制,推行分营抽本承包。即把门市部(柜组)的营业指标、缴纳承包金指标、分期抽本金额,通过招标承包到人,一定三年。通过分营抽本承包,收回供销社的资本金,由职工自筹资金,自主经营,自负盈亏,自行分配。先在农村生活资料门店实行,然后逐步扩大范围。同福供销社成为县供销社的分营抽本承包试点单位之一。

1993年3月,灵安供销社在生活资料商店的10个门店实行"分营抽本承包",一次性或分期抽回供销社的商品资金,由职工自筹资金,自主经营,自负盈亏,调动职工的经营积极性。到1994年年底止，同福、灵安两社共39个抽本承包柜组的供销社本金已全额抽回。

1996年，灵安、同福供销社实施第二轮抽资承包，除生活线实现抽资承包外，同福社对采购线和车行等其他部门实行风险抵押承包；灵安社对其他部门实行多种形式的经营责任制。

1997年12月，经市供销总社批复同意，同福、灵安供销社对原抽资承包的下属门店实施改制，明晰产权关系，分别办理工商、税务登记，独立承担民事责任。改制后企业性质为股份合作制，全部股份均为职工个人股，其经营场所占用的供销社财产实行租赁。同福、灵安供销社分别有38个和13个经营门店率先实施。农业生产资料商店等政策性行业部门，由职工出资入股，供销社集体参股，改组为股份合作制企业。

1999年，根据市人民政府市长办公会议精神，市供销总社批复同意，灵安、同福供销社进一步深化改革，使之真正成为自主经营、自负盈亏、自我发展、自我约束的市场竞争主体。职工与供销社解除或终止劳动关系，置换身份由供销社支付一次性补偿金，按照基层供销社资产质量状况分别确定补偿标准。灵安供销社按每工龄年400元计算，同福供销社按每工龄年550元计算。对占用的营业用房实施买断(或租赁)。是年，灵安、同福供销社各有13个经营门店办理工商、税务登记，成为独立的法人主体。同福供销社有46名职工置换身份。

2000年，灵安供销社对下属15个经营门店全部实施改制，收回供销社资金，注销原营业执照，由各经营者独立工商登记，自负盈亏。到2000年年底，灵安供销社共计置换职工身份47人，支付一次性经济补偿金31.6万元；原遗属补助人员11人、“62、63”精减人员3人、临时工3人，一次性支付补助后与供销社隔断关系，合计支付11.6万元；退休职工39人移交劳保所，支付移交费用58.5万元；上述几项共计支付改制费用101.7万元。

到2003年年底，灵安、同福供销社已全部帮助改制门店职工做好工商、税务登记，协助购买供销社房产的职工办理产权过户手续，改制后续工作基本完成。

2004年，市供销总社采取托管的形式调整部分基层供销社的运作模式。是年6月17日，分别对同福供销社和灵安供销社实施托管。同福供销社由崇福供销社托管，灵安供销社由梧桐供销社托管。保留被托管基层社牌子，领导班子由调整后的托管方供销社主任、副主任兼任。被托管的基层供销社资产连同债权债务，依据法定中介机构评估，经市供销合作总社审计核查，以文件形式加以确认。其资产所有权不变，仍归属被托管的基层社所有。托管资产的保值增值由市供销总社负责监督检查和考核，经营管理由托管方供销社统一运作。

1950—2012年，历任灵安供销社(供销部)主任：王玉泉、钟月江、沈根生、李晋甫、郭红忠、罗云照、王锦昌、吴三宝、李勤初、黄维耐、潘根荣、沈国荣(1987)、王峰(2004年6月起，由梧桐供销社托管，2家供销社实行“两块牌子，一套班子”)、沈庆华、沈建国。

1951—1952年，纪目乡供销社主任王云标；同福乡供销社主任闵文龙；中福乡供销社主任颜金标。

1951—1957年，历任永丰乡供销社主任：唐竹生、徐子香、谢坤林；丰桥乡供销社主任周芝高。

1961—2012年，历任同福供销社主任：沈继先、程应加、沈钰萍、沈圣木、沈乾荣、沈建国、沈爱勇、(2004年6月起，由崇福供销社托管，2家供销社实行“两块牌子，一套班子”)沈建国、马新民。

第二节　经营业务

50年代初，境内各供销合作社成立时，仅靠一二千元的社员股金开始经营，人员都只有十来名，大多是利用寺庙作为经营场所，以佛台当柜台，从经营油盐酱醋，代销大米，代购烟叶、蚕茧起步，在十分困难的条件下，艰苦创业，不断发展壮大。到1990年，同福供销社商品购销总额达到2974.3万元，实现利润31万元，年末自有资金267.1万元；灵安供销社商品销售总额1970.7万元，实现利润25.6万元，年末自有资金175.4万元。1993年开始，基层供销社经营门店逐步推进改革改制，购销业务基本上转由改制后的私营个体经营，存量资产的管理和保值增值成为供销社的主要任务。2006年后，在新农村建设中，境内供销社依托专业合作社、综合服务社等新的服务平台，部分传统购销业务又有所开展。

农副产品收购

境内是蚕茧、晒红烟、杭白菊、小桑苗、小湖羊皮、绵羊毛、榨菜、土丝、络麻等农副产品的主产区，为供销社的收购和营销提供了丰富的商品资源。

蚕茧

境内是蚕茧主产区之一。蚕茧收购不仅是重要的商业经营项目，也是农民经济收入的主要来源。政府、社会及相关企业历来对蚕茧收购予以高度关注。

2012年5月，伍社庙茧站收购的春蚕茧

民国19年(1930)，程芸生等人在桐乡县长生桥合伙创办长兴茧行，有8乘茧灶，民国30年(1941)被日军焚毁无遗。同期，史家桥建有元大茧行(何时创立不详)，35年(1946)有茧灶4乘，由崇裕丝厂预约收购。抗日战争前，崇德县纪目乡龙王庙有恒盛茧行，行主：于山农。灵安有恒茂茧行和新昌茧行，行主分别为于山农和朱凤栖。恒盛、恒茂、新昌等3家茧行均在沦陷时期被全部拆毁。民国38年(1949)，崇德县合作总社在全县设3个烘茧处，其中一处即为同福乡龙王庙。

解放初期，蚕茧由国营公司、供销社和私商分别收购。1952年起，由国家委托供销社代收代烘。1953年和1954年春茧，灵安供销社均开设灵安茧站(在灵安乡令墅庙)、同福茧站(在同福乡伍社庙)、天福茧站(在天福乡徐家庙)、中福茧站(在中福乡龙王庙)等4个茧站；开茧灶30乘，其中灵安站8乘(柴灶)、同福站10乘(煤灶)、天福站6乘(煤灶)、中福站6乘(柴灶)。

1955年春茧，设天福、中福、灵安3个茧站，开秤最早的6月3日，停秤最迟的6月14日。共收鲜茧134.24吨，投放茧款217488元。3个茧站的每担均价分别为73.43元、73.51元、73.60元。

1956年，灵安供销社的蚕茧代购业务移交给县农产品采购局下设的灵安中心采购站。1957年3月，县采购局灵安采购站并入灵安供销社。是年，灵安供销社收购蚕茧206吨。

1957年春蚕饲养期间，因气候异常，桑叶减产，灵安、钱林、天福三个茧站收购范围，缺叶倒种756张，实际收购蚕茧172.1吨，张收仅为23.6公斤。夏、秋、晚秋三季，收购蚕茧33.8吨(夏茧大部分农业社分掉剥制丝绵)。

1958年夏茧收购，灵安供销社设钱林、灵安、天福3个茧站。钱林站开茧灶4乘，天福站开2乘，灵安站不开茧灶，收进的鲜茧并入钱林站烘茧。是年秋茧收购，设钱林、天福、同福3个茧站，开茧灶16乘，均为煤灶。是年，灵安公社境内共收鲜茧409.7吨。

1959年，春茧实行“五定”(定队、定日、定时、定量、定站)售茧。在确保完成国家计划的前提下，可酌量留给群众一部分，执行上要求将上茧、双宫茧全部卖给国家。灵安公社开设5个茧站收购春茧。

表9—11　　1959年灵安公社春茧划区售茧一览表

站别	站址	售茧生产队
钱林	高家湾	永星、五星、明星、七星、银星、金星、联星、朱家门、建福
同福	五社庙	利星、红星、天星、新星、联合、联中
灵安	令墅庙	灵安、茶家斗、梧桐、惠桥、李家弄
天福	徐家庙	联民、蒋主庙、路家园、西牛桥
城北一	崇福北门	联庄、联胜

资料来源：桐乡市档案馆馆藏档案，卷宗号80—1—8

表9—12　　1959年灵安公社各茧站春茧收烘人员配备一览表

数量单位：人

站别	灶别	灶乘数	站长	副站长	会计付款	制票	总务	验货	助评	司秤	炊事员	小工	民兵	烘工组长	烘副组长	烧火工	烘工	合计
同福	煤	10	1	1	1	1	1	1	1	1	2	12	3	1	1	5	28	60
天福	煤	6	1	1	1	1	1	1	1	1	2	8	3	1	1	3	18	44
灵安	柴	8	1	1	1	1	1	1	1	1	2	9	3	1	1	2	20	45
钱林	煤	12	1	1	1	1	1	1	1	1	2	14	3	1	2	6	36	71
崇福	改	8	1	1	1	1	1	1	1	1	2	7	3	1	1	4	17	43

资料来源：桐乡市档案馆馆藏档案，卷宗号80—1—8
说明：民兵由县兵役局会同公安局指定，小工由各茧站所属管理社、生产队配备

1962年，县委县人委对蚕茧收购实行奖售办法，每收购50公斤，奖售化肥100公斤，棉布10尺，煤油2公斤。

1973年开始，境内各茧站全面使用车子风扇烘茧灶，实现烘茧设备的根本性技术改造，烘力和烘茧质量得以极大提高。

1978年春茧起，根据上级政府的统一部署，全面推广“四定”（定队、定量、定时、定次）计划售茧和“三不售”（不售夜茧、潮茧、毛脚茧），此举有利于保全茧质，维护售茧秩序。是年，同福供销社收购蚕茧290.1吨。

1985年，灵安供销社在蚕茧收购中严格执行价格政策，坚持干壳量检验达到75%以上，共收购蚕茧421.8吨。是年，灵安一站被评为县“四定售茧”先进单位。

1992年，灵安、同福两个供销社蚕茧收购总量创历史最高，达到2467.8吨。此后几年，由于经济的快速发展、劳动力成本的不断提高、土地整理、农村产业结构调整、国家东桑西移产业转移政策的落实推动等因素，境内蚕茧收购量呈明显下降趋势。到1996年，灵安、同福两个供销社蚕茧收购总量只有1246.6吨，比1992年减少近半。

1997年开始，根据省政府有关文件精神，桐乡市实施茧丝绸体制改革，蚕茧由花神丝绸集团公司直接收购，境内各茧站转让给花神丝绸集团公司，结束了蚕茧由供销社为丝绸公司“三代”（代收、代烘、代运）的历史。

2009年，在农业经营体制机制创新中，石门镇东池村等3个蚕业合作社，实行蚕茧自收、自烘、自售，社员享受基础价上浮5%～10%的优惠，丝厂缫丝后再进行第二次返利，此举打破了历来的蚕茧垄断收购格局。2010年，由灵安(梧桐)供销社领办的凤鸣街道路家园村蚕业合作社，中秋茧开始实行蚕茧自收、自烘、自售。是年，收购鲜茧60917公斤，出售后向社员返利2.4万元，年终社员分红5.6万元。2011年和2012年，路家园蚕业合作社收购鲜茧量分别为141024公斤和174857公斤。

晒烟

境内是著名土特产晒红烟的重点产区。晒烟中的高等级烟用于出口，烟色紫红，其味醇厚，质地柔软，用力搓折亦不易破碎。出口作雪茄烟包皮等，国内作土烟丝原料。民国26年(1937)后，烟叶出口受战争影响，销路受阻，价格低落，经营萎缩。

解放后，政府支持和鼓励推销土特产品，搞活流通，打开外销，晒烟价格回升，生产和经营均呈复苏。1952年，位于灵安镇复兴街的灵联烟丝店，合伙经营，加工土烟丝。1952—1953年，加工量14271公斤。

1953年，虽因天旱无雨，影响烟苗生长，境内烟叶单产比上年减产三成左右，但因烟农积极性高涨，种植面积扩大，所以上市数量并不少于1952年。崇德县一共设立9个收购点，其中灵安区有6个，占全县的三分之二。由桐乡县烟麻支公司委托灵安供销社代购。8月7日，灵安收购站率先开始收购，县合作总社集中全县验货人员在灵安站统一目光，实习交流，提高验货技能。

1954年，水涝灾害，烟苗淹死较多，产量减，收购量少。是年，永丰乡供销合作社收购烟叶869担。次年7月，中国专卖事业公司桐乡县批发部委托县合作总社代购烟叶，永丰是其下设代购点之一。灵安镇设有烟叶合营处。

1956年，新烟收购价格维持1955年水平不变，新烟陈烟同价收购，贯彻"优货优价，次货次价"的价格政策。烟叶的等级标准，按照其生长部位、色泽、弹性、油份、长度、损伤等因素划分。价格由县主管部门发文统一执行。

表9—13　　灵安供销合作社1956年晒烟收购牌价一览表

单位：元/斤

品　名	规　格	收购牌价	品　名	规　格	收购牌价
外销大烟	1级	0.635	皮　烟	三级	0.100
	2级	0.553		四级	0.058
	3级	0.457	秋　烟	1级	0.224
	4级	0.387		2级	0.190
	5级	0.310		3级	0.128
内销大烟	6级	0.224	顶烟剔次	—	0.260
皮　烟	一级	0.240	烟　茎	—	0.060
	二级	0.174	挂　黄	—	0.040

资料来源：桐乡市档案馆馆藏档案，卷宗号35－1－1

说明：上表价格系按崇德县农产品采购局、县人委工商科联合文件(56)崇采烟麻字第320号、崇委商字1135号执行

1956年，境内各供销合作社的晒烟收购移交给县农产品采购局下设的各农产品采购站。是年，灵安采购站在天福、中福、灵安设收烟站。8月5—12日，3个站8天时间共收购晒烟44680.85公斤。

1957年3月，县采购局灵安采购站并入灵安供销社。是年，因夏初大雨连绵，烟苗生长不良，严重减产；外流较多(未投售在本区)，且烟农的一部分秋烟年内尚未出售；故年收购量仅为488.5吨。

1962年，县委县人委对烟叶实行奖售政策：烤烟每担奖售化肥25公斤，晒烟每担奖售化肥20公斤，调动了烟农的积极性，烟叶喜获丰收。是年，灵安供销社收购范围12个大队、1个蚕桑场，共收晒烟150.9吨，超额完成县下达的任务。(同福、钱林已于1961年从灵安划出，单独组建供销社)

2010年9月，市烟草公司设点收购烟叶

1963年和1964年，灵安供销社晒烟收购量分别为568.2吨和380.4吨。1963年为历史最高收购量。

同福供销社1961年至1982年的22年间，收购烟片5610吨；灵安供销社1973年至1982年的10年间，收购烟片4350吨。

1991年、1992年，灵安、同福两社晒烟收购量分别为330.5吨和169.1吨。

1993年之后，因基层供销社收购门店改制，市烟草公司不再委托供销社代收晒烟，改由烟草公司自设站点收购。

杭白菊(参见第七编《农业·杭白菊》)

小湖羊皮

境内是小湖羊皮主产区，抗日战争前就是当地农民的重要副产收入之一，主销欧美国家，被誉为“中国软宝石”。第二次世界大战爆发后，外销受阻。50年代，与欧美国家基本没有贸易关系，国内又不合大众需求，故小湖羊皮一度成为滞销土产。

解放初期，小湖羊皮仍以私商经营为主。1953年开始，供销社接受国营公司委托代购。

表9—14　　灵安供销社小湖羊皮价格调整一览表(1956年12月7日起执行)

规　格	单　位	品质比差 %	收购价(元)		调拨价(元)	
			原　价　格	调　整　后	原　价　格	调　整　后
甲　级	张	100	4.84	5.00	5.619	5.80
乙　级	张	80	3.87	4.00	4.523	4.67
丙　级	张	60	2.90	3.00	3.427	3.54

资料来源：桐乡市档案馆馆藏档案，卷宗号35—1—1

说明：根据崇德县农产品采购局崇采计物字第1457号文执行

1957年，灵安、丰桥供销社收购小湖羊皮分别为11384张和5341张。

1962年，县委县人委对小湖羊皮实行奖售办法，按出售金额奖售工业品50%。是年，灵安供销社收购小湖羊皮2300张；1963年和1964年，小湖羊皮收购量分别为4475张和7420张。

1973—1982 年，十年间灵安供销社共收购小湖羊皮 12.7 万张。

1978 年，据嘉兴地区畜产公司统计，全地区有 18 个公社小湖羊皮收购万张以上，同福公社榜上有名，年收购量为 1.23 万张。灵安公社列第二档(5000 张以上的公社)，年收购量为 7898 张。

1983 年，同福供销社收购小湖羊皮 30871 张。

1985 年，灵安供销社，重视市场信息，把好收购质量关，是年收购小湖羊皮 22677 张，创历史最高水平。1986 年，在收购市场多渠道竞争的情况下，同福供销社主动了解行情，积极应对，是年收购小湖羊皮 23882 张，比上年增长 19.3%。

1991 年，县供销系统与省畜产公司直接挂钩小湖羊皮经营业务。是年，同福、灵安供销社的小湖羊皮收购量分别为 13442 张和 4956 张。

1993 年以后，因供销社畜产品收购门店逐步实施改制，成为股份合作制或私营个体经营，供销社不再统计小湖羊皮收购数据。

其他

民国 37 年(1948)10 月，崇德县合作社联合社决定增设柏子加工运销处，崇福镇为第一集柏处，灵安镇为第二集柏处，开展柏子收购。[民国 38 年(1949)集柏处停收]

1951 年 9 月 12 日，崇德县供销合作总社在灵安、龙王庙分设络麻收购站，12 月结束。

1952 年崇德县供销合作总社在灵安分设土丝收购站，6 月 16 日开始收购至 25 日止，9 天时间完成收购任务。灵安站收 8313.5 车，计 1515597 两半。收购量在全县 3 个收购站中居首位。

1954 年 12 月 14 日—16 日，崇德县人民政府召开桑苗苗农代表会，研究讨论决定采购运销办法，并于 24 日向天福、中福、同福、惠桥、纪目、灵安等相关乡镇政府和供销社发出《关于桑苗采购运销手续的通知》，要求贯彻执行《桑苗采购运销办法》(以下简称《办法》)。采取有计划地组织自产自销，自栽自购，限制私商苗贩的活动。各产苗乡组建桑苗运销站，站长由当地政府派员出任，第一副站长由供销社派员出任，第二副站长由群众民主选举产生。该《办法》对桑苗在县内、省内、省外的运销手续分别作出规定。同时，为提高桑苗质量，兼顾蚕农与苗农的利益，在价格问题上减少争执，确定桑苗各个等级的中心价格标准，在买卖双方协议自愿的基础上参照执行。

表 9—15　　桑苗运销站各类桑苗价格一览表(1954 年 12 月 27 日)

(一)嫁接苗

<table>
<tr><th colspan="2">级　别</th><th>长度(市尺)</th><th>围度(市寸)</th><th>价格(元)</th><th>说　明</th></tr>
<tr><td rowspan="2">甲　级</td><td>上</td><td>3.1—3.5</td><td>2.2—2.4</td><td>550</td><td rowspan="10">1.长度、围度超过甲上者，由买卖双方自愿协商为原则。
2.在本级内长度不到而围度超过本级最高标准者，可列入本级。
3.长度为本级最高长度，围度又超过上级最高标准，得列入上一级。</td></tr>
<tr><td>下</td><td>2.8—3</td><td>1.9—2.1</td><td>450</td></tr>
<tr><td colspan="2">乙　级</td><td>2.4—2.7</td><td>1.6—1.8</td><td>400</td></tr>
<tr><td rowspan="2">丙　级</td><td>上</td><td>2.1—2.3</td><td>1.3—1.5</td><td>320</td></tr>
<tr><td>下</td><td>1.7—2</td><td>1.2—1.3</td><td>290</td></tr>
<tr><td rowspan="2">丁　级</td><td>上</td><td>1.4—1.6</td><td>1—1.1</td><td>240</td></tr>
<tr><td>下</td><td>1.1—1.3</td><td>0.8—0.9</td><td>170</td></tr>
<tr><td rowspan="2">等　外</td><td>上</td><td>0.8—1</td><td>0.7—0.8</td><td>110</td></tr>
<tr><td>下</td><td>0.6—0.7</td><td>0.6—0.7</td><td>70</td></tr>
</table>

(二)毛桑

级　别	长度(市尺)	围度(市寸)	价格(元)
大　号	3尺以上	1.3寸以上	160
中　号	2.6—2.9	1.1—1.2	130
小　号	2.3—2.5	0.9—1.1	90

广秧

每市担12万元

资料来源:崇德县人民政府1954年府农(54)字第6151号文(市供销总社1954年短期档案卷)

1957年灵安供销社收购络麻193.4吨、土丝472203两(14.75吨)、绵羊毛11.7吨。在废品收购中,发挥小商小贩的作用,串乡走村流动收购,全年收购废品8257元。是年,丰桥供销社收购络麻82.2吨、绵羊毛7.85吨。

1963年,灵安供销社克服农副产品收购季节性强、本社收购人员不足的困难,发挥小商小贩的作用,在梧桐、茶家兜大队增设临时收购点2个,既加快收购进度,又便利农民投售。是年共收购桑条皮13.75吨。

1980年,桑苗主产区灵安公社和同福公社与当地供销社联合经营桑苗调剂,分别在红旗和龙王庙设桑苗收购站。

1981年,县人民政府批转各地,鲜榨菜统一由基层供销社代购,原则上就厂收购,厂外设点由县统一安排。境内就厂设点收购的有灵安菜厂、路家园菜厂、史桥菜厂;厂外设点的有灵安茧站(1973—1982年,灵安供销社收购榨菜20650吨)。

1990年,灵安供销社收购小桑苗700万株;次年收购660万株。1991年,同福供销社收购小桑苗198.5万株。

1992年,灵安供销社药材行开业,主营枯桑叶、瓜蒌皮籽、僵蚕等小药材;经营方式为收购、批发、代购代销。

1993年后,供销社农副产品收购门店逐步实施改革改制,转为私营个体经营。1996年后,供销社基本退出农副产品收购业务,个体商贩成为市场主角。

2008年5月,供销社依托合星村综合服务社设点收购桑条皮

2007年开始,灵安(梧桐)供销社依托由其组建的凤鸣街道西牛桥综合服务社,开展收购桑条皮业务,是年收购量为40吨,收购金额4万元,平均每50公斤收购价为50元。2008年,同福(崇福)供销社也依托凤鸣街道合星村综合服务社开始桑条皮收购业务。2010年,进一步拓宽经营渠道,提高收购能力,增设石门、同福、草庵头等收购点,是年共计购入桑条皮251.5吨,收购额50.3万元,平均收购价格为每50公斤100元。

表 9—16　　1987—1996 年灵安、同福供销社农副产品收购情况统计表

年份	灵安供销社					同福供销社				
	晒烟（吨）	桑蚕茧（吨）	杭白菊（吨）	鲜榨菜（吨）	小湖羊皮（张）	晒烟（吨）	桑蚕茧（吨）	杭白菊（吨）	鲜榨菜（吨）	小湖羊皮（张）
1987	325.1	459.8	115.1	1055.1	12525	181.6	829.6	123.1	1532.9	36710
1988	183.7	635.4	126.7	1496.0	3903	73.8	980.4	169.0	1461.1	19377
1989	157.2	905.2	116.9	—	9777	95.2	1131.4	119.9	1742.9	12298
1990	155.5	950.9	303.6	1107.4	6444	56.0	1246.5	274.5	1524.2	12953
1991	121.7	1004.1	203.9	2162.3	4956	47.4	1425	364.2	1678.9	13442
1992	236.9	954.9	190.9	942.2	3710	93.6	1512.9	263.3	—	8617
1993	154.8	688.9	338.7	462.5	3121	—	—	428	257.6	2640
1994	—	263.1	7.2	—	—	—	210.4	165.2	—	48
1995	—	803.4	—	—	—	—	1248.1	—	—	—
1996	—	519	—	—	—	—	727.6	—	—	—

资料来源：桐乡县（市）供销社各年度《商品流转统计年报》

农业生产资料供应

肥料

解放前，肥料由私商少量经营，品种主要有豆饼、菜饼、糟渣等。

解放初期，境内供销社主要经营有机肥料，如：饼肥（豆饼、菜饼），以及人粪、垃圾等土杂肥。化肥属于推销商品，因为农民还不习惯使用，数量较少，由供销社为土产公司代销。

从 1954 年起，崇德县实行有计划地合理分配供应商品肥料。分配原则以商品粮产区及经济作物产区为重点，照顾一般。是年，县合作总社分配供应灵安区过磷酸钙 11.4 吨、豆饼 211 吨、肥田粉 267.85 吨。

1955 年，灵安供销社贯彻“农家自积肥料为主，商品肥料为辅”的供肥方针，按照“重点供应，合理分配”的原则，全区分配水稻肥肥田粉 146.53 吨、烟片肥肥田粉 149.4 吨、豆饼 5973 张。是年开始，供销社组织供应上海垃圾、上海大粪。

1956 年农业合作化后，随着农业生产的发展，农民对商品肥料，特别是化学肥料有了更多的信任，化肥普遍得到推广使用，供销社商品肥料的供应逐年增加。但货源有限，肥料供应比较紧张，有些地方甚至出现抢购现象。对此，灵安供销社向群众广泛宣传“农家肥料为主，商品肥料为辅”的供肥方针，发动农民挖坑泥，到杭县、杭州等地挑人粪、茶叶末等，缓解农村缺肥困难。合理分配商品肥料，全年供应化肥 175.85 吨、各类饼肥 480.75 吨。

1957 年，灵安供销社在化肥货源不足的情况下，向江苏等地采购到粒肥 71 吨，供应大粪 7607.8 吨。是年该社供应化肥 651.5 吨。

1959 年，灵安公社供销部大力支持发展农业生产，做好生产资料供应，全年供应化肥 422.35 吨，发动群众自造土什肥 10070 吨，被县委财贸部评为全县农业生产资料供应工作标兵。

1966 年 2—11 月，县供销社农业生产资料批发站，按月分配供应上海大粪，灵安供销社分到 5276

车,同福供销社分到 5261 车,由供销社分配到各生产队,灵安的到宗阳庙提货,同福的到小羔羊提货。

1961—1982 年,同福供销社累计供应化肥 16200 吨,为弥补国家计划供应之不足,想方设法开辟肥源,组织供应土杂肥 87 万担,还供应用作绿肥的草籽种、绿萍等。

1973—1982 年十年间,灵安供销社供应化肥总量达到 10650 吨,组织供应各种杂肥 20 万担。

1986 年,化肥货源十分紧缺,灵安供销社急农民之所急,多次派出人员,四处奔走,组织计划外化肥。全年组织到计划外尿素 260 吨、碳铵 290 吨,一定程度上缓解了供求矛盾。是年,灵安供销社供应化肥 3095.2 吨,比上年增长 60.7%;同福供销社供应化肥 3096 吨,比上年增长 113.3%。

1989 年开始,国家对农业生产资料中的主要商品化肥、农药、农用薄膜实行专营。是年,灵安、同福供销社认真贯彻国务院关于农资专营的决定,配足"三员"(营业员、辅导员、采购员),组建一支适应专营工作的队伍;制定农资专营工作制度和专营纪律;积极组织计划外货源,满足市场需要;凭票、凭证、分配供应的农资商品张榜公布,接受群众监督;健全农资辅导队伍,做好技术宣传和服务;基本上做到农资"货源增加,供应及时,价格合理,服务周到"的要求。全年农资零售额,灵安、同福供销社分别为 293 万元和 316.8 万元,比上年都有 20%以上的增幅;2 个社供应化肥分别为 4006 吨和 3111.8 吨。

1991—1993 年,灵安、同福供销社的化肥总销量分别为 9530.4 吨和 12053.4 吨,年均分别为 3176.8 吨和 4017.8 吨。1994 后,随着农业产业结构的调整,1999 年后取消粮食奖售化肥,农资市场的逐步放开,加上基层供销社经营门店改制的逐步推进,供销社的化肥销量总体上呈现较大幅度的下降。1994—2000 年,灵安、同福两社的化肥年均销量都仅有 1300 多吨。

2004 年,灵安、同福供销社分别被梧桐、崇福供销社托管后,购销数据不再单独统计。

农药

解放前,境内农民一般只用烟末、烟梗等治虫。灾情严重之年,有些田块甚至会颗粒无收。

解放后,境内供销社收购调剂烟梗等土农药,同时开始供应鱼藤精等少量的农药。随后,农药品种逐渐增多,供应数量也逐渐增加。1954 年,灵安供销社供应农药"六六六"粉 38.2 吨,"二二三"乳剂 483 瓶,鱼藤精 407 瓶;供应农药具喷雾器 92 只,喷粉器 11 只。

1959 年 5 月,南日公社供销部史家桥分部发生误售蚕药,造成蚕儿死亡的严重事故。某营业员将 5 公斤"硫酸钠"误作蚕药"硫酸镁"售出,造成 27 张蚕种已经大眠的蚕儿全部中毒死亡,78 张蚕种即将大眠的蚕儿部分中毒死亡。事发后,引起当地党委和主管部门的高度重视,迅速查明原因,将未饲食的"硫酸钠"全部收回,并对相关责任人作出处理。5 月 31 日,中共嘉兴地委财贸部向全地区财贸系统通报此起事故。

1961—1982 年,同福供销社累计供应各种农药 1081.25 吨,1982 年比 1961 年增长 3.9 倍;还供应农药具及配件,如喷雾器、喷粉器等,开展修理服务,支援农村防病治虫。1973—1982 年,灵安供销社累计供应农药 500 多吨,喷雾器 1675 架。

1986 年,灵安供销社在农蚕药销售中,为方便农民购买,实行分装拆零供应,同时利用黑板报宣传辅导科学合理使用农药的知识,配备一名专职农资辅导员,选择 35 户农户作为常年联系户,在 8 个村建立配药站,设立 10 个农药供应点,方便农民购买和使用农药。被评为县农资系统农资辅导先进单位。是年,同福供销社供应各种农药 48.25 吨,比上年增长 13.5%。

1991 年,县供销社在灵安试办庄稼医院。3 月,灵安供销社庄稼医院正式开业。至年底,接受农户咨询 1621 次,接受门诊 229 人,开出处方 173 张,田头出诊 2 次,搞示范试验 2 个。在广秧播种时节，桑农急需除草剂“氟乐灵”，庄稼医院两次赶到嘉兴市农资公司新农药门市部，进货80公斤投放供应，满足桑农的当务之急。

1991－1992年，灵安、同福供销社的农药年均销量分别为59.3吨和59.8吨。1993后，随着农村产业结构的调整、农民植保观念上的变化、农资市场的逐步放开，加上基层供销社经营门店改制的逐步推进，供销社的农药销量总体上呈现较大幅度的下降。1993—2000年，灵安、同福供销社的农药年均销量仅有16.8吨和20.1吨。

农膜

60年代后期，境内供销社开始试销农用薄膜用于早稻育秧，后扩大到经济作物和共育室用膜，货源由县里计划分配。

1991—1993年，灵安、同福供销社的农用薄膜年均销量分别为20.67吨和26.73吨。1993年后，随着基层社经营门店改制的逐步推进，以及农村产业结构调整和耕作制度变化，供销社的农膜销量总体上呈现较大幅度的下降。1994—2000年，两社的农膜年均销量只有11.43吨和5.19吨。

农具

解放前，境内农民使用的农具大多向手工作坊及集市购买，也有工匠上门修制。

解放后，境内基层供销社相继建立农具门市部，经营的品种有铁耙、刮子、千步、稻吉(镰刀)；风车、稻桶、蚕柗、水车及部件、粪桶、牛工具；扁担、土埭、竹柄、草箉、谷笪、领条等。随着农业生产发展，耕作制度改变，新式农具开始推广，农民对农具的需求量增加。1954年，灵安供销社供应打稻机99台，双轮双铧犁8台，耕牛20头，抽水机6台，还下乡巡回传授技术和修理。旧式农具供应农船35只，铁耙、刮子等中小农具销售额5.23万元，比上年增长2倍多。

1957年，推广打稻机列入乡党委中心工作，丰桥供销社积极宣传使用打稻机的优越性，为农民辅导操作技术，同时配合采购站人员深入生产队，订立打稻机与菊花结合合同，待菊花收购时，将购打稻机款扣回，以此办法解决部分农业社缺资金的暂时困难。全年推销打稻机12台，超额完成上级下达的任务。是年，还供应水车部件车骨228只、车辐11753张，以满足抗洪和抢收抢种的需要。

1962年，灵安供销社根据农村生产季节的变化，及时深入社队调查研究，在茶家兜、灵安、李家弄、红旗等4个大队建立联系点。在双夏农具需求调查中得悉，农民对水车部件、粪桶、料子等木制农具的修理和添置需求较多，但国家分配的原料木材很少。为解决这一矛盾，供销社千方百计想办法清仓挖潜，清出库存木料3.5立方米，加工水车8台，安排修理水车用料和加工粪桶、料子；同时还向农村收购树料206担，解决6000只禾木的原料。

1963年，灵安供销社进行农资备货调查，西牛桥大队部分生产队反映烟掠不足，要求供销社多备一点，于是就与竹器社签了800副烟掠的加工合同。但由于竹器社生产量有限，其他竹制农具采取向外公社聘请篾匠11人，到灵安加工的做法。5—9月，外来加工大小谷箩673对、川眼箉206对、谷垫89张，使旺季供应时能满足有余，全年供应各种小农具36311件。

1966年1月，县计划委员会分配计划供应的一批新制蚕匾，按照春蚕蚕种预定数分配到公社，再按实际缺少蚕具的情况落实到生产队，凭公社分配介绍，到当地供销社购买。县分配灵安公社、同福公社各1500只。

同福供销社在1961—1982年间，累计供应中小农具87万件。每种新式农具的出现和推广，供销社职工都下乡下队，田头示范，帮助农民学会使用维修保养技术。还千方百计组织竹木原料，落实修理中小农具20多万件。为支援农田水利建设，累计供应土箕6万多双、扁担7.8万多根，铁耙柄竹9

万多枝。1973—1982 年,灵安供销社累计供应打稻机 450 台,中小农具 78.1 万件。

农村实行家庭联产承包后,农户加强农具保养,延长使用寿命,减少购置。80 年代后农具供应量下降。

1991－1992 年,灵安、同福供销社的中小农具年均销量分别为 1.71 万件和 1.45 万件。1993 年后,随着农村产业结构的调整,基层供销社经营门店改制的逐步推进,供销社的中小农具销量总体上呈现较大幅度的下降,1993－1996 年,两社的中小农具年均销量为 4750 件和 2675 件。1997－1999 年,年均销量仅有 500 件和 367 件。

表 9—17　　1991—2000 年灵安、同福供销社农业生产资料销售情况统计表

年份	灵安供销社				同福供销社			
	化肥（吨）	农药（吨）	薄膜（吨）	中小农具（件）	化肥（吨）	农药（吨）	薄膜（吨）	中小农具（件）
1991	3995.1	61.3	19.7	16190	5486	67.4	23.8	18497
1992	3520.3	57.3	31.5	18048	4025.4	52.2	32.1	10546
1993	2015	25.6	10.8	8200	2542	28	24.3	4300
1994	1746	22.3	25	4600	432	6.5	1.6	3200
1995	1882	17.5	29.1	3900	2256	16.4	14.4	2700
1996	1756	22.1	9.2	2300	1874	29	3.5	500
1997	1231	21.7	5	300	1668	24.9	2.3	300
1998	392	11.8	6	800	830	13.2	9	400
1999	766	10.4	5.3	400	1576	23.9	3.5	400
2000	1682	3.2	0.4	—	677	18.6	2	—

资料来源:桐乡县(市)供销社各年度《商品流转统计年报》

生活资料供应

解放前,生活资料由私商经营,境内各个集镇和农村集市的商家大多经营生活资料。灵安镇的邬万隆南货店、吴盈泰茶叶店、振昌泰酱园,徐家庙的郑荣泰缸甏行,史家桥的徐永盛酱酒店等商号在本地较为有名。

1950－1951 年,境内几家供销社成立之初,即从经营大米、油、盐、糖、火柴、火油等最基本的生活资料起步。

1954 年,国家对棉花和棉布实行统购统销,棉布实行凭票定量供应,私营布店改造为供销社的代销或经销店。

1956 年,副食品货源紧缺,笋干、桃肉、咸肉等商品皆供不应求。灵安供销社虽组织人员到上海、江苏、江西等地采购咸肉、彩蛋、荔枝、笋干、桃肉、黑枣等,金额达 5800 元,但仍不能满足需求。

随着社会主义改造基本结束,农业合作化巩固发展,农民收入增加,对生活资料的需求相应增加。1957 年,灵安供销社在积极向外采购货源的同时,充分利用当地资源,加工旧絮 108 条,鸭蛋加工彩蛋 9085 只,丰富市场供应品种。是年完成生活资料零售 41.87 万元。

农业生产的发展促使农村购买力相应提高,与所需商品供应量相差甚远,加之 1957 年第二期布票对折使用，棉布供应十分紧张。丰桥供销社积极与兄弟单位协商，用南瓜子换购一批土布，不收布票供应市场，一定程度上缓解了棉布供应的紧张局面。

1962年，灵安供销社为丰富生活资料市场供应，开展换购业务，在超额完成收购任务的前提下，用107.1吨烟片换购香烟191690条，161.25吨山薯换购白酒16.1吨，投放市场，减轻副食品供应的压力。是年，火油（煤油）凭证限量供应。

“文化大革命”期间，工业品货源匮乏，供应紧张。1966年5月和7月，为解决农村居民和城镇劳动者中的困难户夏天缺少蚊帐的困难，县人委、县中百公司先后安排分配供应免收票证的纱蚊帐两批。灵安、同福公社共分配到蚊帐255床，用户凭公社介绍信分别到灵安、同福供销社购买。1969年，根据县革委会生产指挥组的安排，手表、缝纫机凭票供应，数量极少，灵安、同福两个公社分到手表仅55只、缝纫机28只。能幸运领到供应票者，灵安公社的须到梧桐中百零售部购买，同福公社的须到崇福中百零售部购买。

据同福供销社第三届、灵安供销社第七届社员代表大会资料记载：1961—1982年，同福供销社累计供应棉布36.6万米、胶鞋6.5万双、毛线0.6万公斤、肥皂85.5万条、火柴1.2万件、食糖700吨、食盐2900吨、香烟14.55万条、酒1200吨。1973—1982年，灵安供销社累计供应棉布43.1万米、胶鞋3.9万双、食盐950吨、火柴3785件、肥皂42万条、食糖413.45吨、香烟79.3万条。

中共十一届三中全会后，经济恢复发展，人民生活水平逐步提高，境内供销社按照“计划经济为主，市场调节为辅”的原则，向外组织紧缺货源，若干耐用消费品的供应量有所增加。同福供销社1978—1982年，累计供应手表2134只、自行车349辆、缝纫机799架、收音机821台、黑白电视机8台。灵安供销社1981—1982年两年，供应手表688只、自行车279辆、缝纫机258架、收音机398台、黑白电视机20台。

1985年，灵安供销社积极向外组织适销对路的货源，丰富生活资料市场供应。全年共组织肉皮、卷烟、笋干等副食品30.76万元。此外，为改变往年丝绵供应紧缺的情况，与永秀乡南松村签订丝绵供货合同，全年向该村丝绵厂进货3吨供应市场，既满足群众需要，又获得较好的经济效益。双夏期间，每天安排6副货郎担，走村串户，送货上门；还增设2个早吃服务部，受到农民群众的好评。

1987年，同福供销社新开一家商场，营业面积653平方米，经营品种1775种，全年营业额155万元。随后，同福供销社针对农村生活资料购买力大量流向城镇的趋势，又在崇福镇开设家电经营部。

1988年，随着物价管理体制改革的推进，商品定价市场化逐步形成，部分群众产生对涨价的担忧，几次出现抢购风潮，影响社会稳定。灵安供销社遵照上级指示精神，一方面抓好自身的管理，不跟风乱涨价；另一方面大力组织货源，增加市场商品的有效供给。重点组织一些耐用消费品投放市场。仅上半年就组织到自行车400辆、电风扇1200台、电视机80台、洗衣机50台、缝纫机200架，再加上县专业公司的基本货源一起投放市场，缓解了6—9月份茧讯后旺季市场的供需矛盾。是年，在安弄街和安心街交会处新建灵安供销社商场，建筑面积1876平方米，内设烟糖、百货、五金交电等3个营业部，改善生活资料经营设施。

1991年，灵安供销社以市场为导向，调整商品结构，拓宽经营范围。针对棉布销量减少，成衣销量增加的市场变化趋势，棉布部增设服装柜台，至年底销售各类服装600多件（套）。

进入90年代，液化气灶、电饭煲等新一代厨房用具成为城乡居民的购买热点，录像机也开始走入寻常百姓家。境内供销社及时迎合市场需求，积极组织货源，投放市场。1992—1994年，灵安、同福供销社共销售电饭煲3945只。1993—1994年，两个供销社共销售液化气灶854只。1992—1996年，同福供销社销售录像机1117架。

1993年后，境内供销社生活资料经营门店率先步入改制历程，从“抽本承包”开始，分步实施民营化改制，销售数据也逐渐从商品流转统计中淡出。

表9—18　　1987—1996年灵安供销社主要生活资料零售情况一览表

商品名称	单位	1987	1988	1989	1990	1991	1992	1993	1994	1995	1996
棉　布	百米	553.57	668.68	376.27	269	246	232	126	—	—	—
化纤布	百米	106.73	92.92	68.79	28	32	46	71	—	—	—
绸　缎	百米	48.13	53.30	38.96	27	28	55	33	—	—	—
泥　绒	百米	9.77	9.44	25.70	16	17	9	8	—	—	—
棉毛衫裤	件	4312	5169	5697	2836	3247	5118	3097	—	—	—
床褥单	条	539	667	993	446	651	745	569	—	—	—
各种服装	件	1861	3901	3609	2856	2051	1428	880	—	—	—
毛　线	公斤	1491	2441	1714	1055	1707	3281	1152	—	—	—
胶　鞋	双	9964	12999	2908	12753	12684	18100	9300	—	—	—
缝纫机	架	223	215	176	118	99	41	38	—	—	—
铝　锅	只	170	116	93	920	1407	2276	1450	40	380	80
电饭煲	只	—	—	—	—	—	1295	300	3	—	—
液化气灶	只	—	—	—	—	—	—	75	22	—	—
手　表	只	585	784	435	283	432	397	294	—	—	—
自行车	辆	444	664	204	178	256	143	27	11	98	58
摩托车	辆	—	—	—	—	—	—	—	—	—	—
黑白电视机	台	26	104	96	338	89	31	13	—	—	—
彩色电视机	台	4	20	8	293	27	9	5	—	—	—
收音机	台	—	—	84	27	130	66	10	22	—	
录音机	台	9	21	27	211	3	—	16	—	—	—
电风扇	台	283	536	363	1674	521	573	473	230	153	113
洗衣机	台	7	46	25	78	24	95	7	3	—	—
电冰箱	台	11	3	5	62	—	41	—	2	—	—
卷　烟	条	63793	55491	29422	18373	5116	28591	200	900	—	—
酒　类	吨	69.7	100.2	61.5	64.1	128.8	130.5	130.7	116	68.3	35.7
食　糖	吨	91.5	60.4	68.6	84.5	59.1	46	40.4	28.7	16	10.3
盐	吨	126.2	152.6	171.2	195.9	141.6	139	125.1	41	128.1	87.9

表9—19　　1987—1996年同福供销社主要生活资料零售情况一览表

商品名称	单位	1987	1988	1989	1990	1991	1992	1993	1994	1995	1996
棉　布	百米	826.22	1036.54	595.98	528	313	311	59	—	—	—
化纤布	百米	165.95	146.12	138.44	103	98	63	134	—	—	—

续表

商品名称	单位	1987	1988	1989	1990	1991	1992	1993	1994	1995	1996
绸　缎	百米	49.71	41.40	51.63	51	51	24	12	—	—	—
泥　绒	百米	40.22	32.78	23.42	27	18	12	7	—	—	—
棉毛衫裤	件	5475	7669	5756	5157	5000	3142	3582	—	—	—
床褥单	条	516	1008	517	341	618	527	256	—	—	—
各种服装	件	2707	3291	2739	1741	2304	1654	850	262	—	—
毛　线	公斤	774	1412	1464	1593	1487	1031	659	—	—	—
胶　鞋	双	12735	12906	1399	15474	14129	11811	4380	—	60	—
缝纫机	架	403	297	230	94	110	59	77	105	71	73
铝　锅	只	43	78	57	654	1017	2004	1130	80	2290	1680
电饭煲	只	—	—	—	—	—	1050	780	517	—	—
液化气灶	只	—	—	—	—	—	—	157	600	—	—
抽排油烟机	只	—	—	—	—	—	—	—	55	45	19
手　表	只	823	885	557	368	477	394	283	50	—	—
自行车	辆	750	492	524	1728	2017	967	262	—	—	—
摩托车	辆	—	—	—	—	—	—	—	—	242	520
黑白电视机	台	808	857	415	338	451	190	191	66	53	51
彩色电视机	台	303	285	292	293	399	183	494	755	470	218
收音机	台	—	—	39	27	5	15	192	188	—	—
录音机	台	782	809	483	211	162	123	169	243	149	64
录像机	架	—	—	—	—	—	15	122	472	351	157
电风扇	台	1797	2032	1236	1674	1643	1437	909	1289	1143	890
洗衣机	台	125	76	46	78	339	219	405	480	381	268
电冰箱	台	53	47	28	62	166	136	288	386	439	268
卷　烟	条	80557	64296	47416	55496	213115	7453	300	—	—	—
酒　类	吨	145.5	131.7	107.0	133.3	322.2	118.6	182.4	162.9	123.3	122.6
食　糖	吨	77.1	108.3	76.9	104.4	112	44.4	59.6	41	38.7	39.8
盐	吨	91.2	113.4	116.1	127.4	171.6	93	96.6	56.4	64.2	59.2

资料来源:桐乡县(市)供销总社各年度《商品流转统计年报》

说明:1.棉布销量含棉花化纤混纺布

2.1993 年后,因基层供销社经营门店抽资承包,统计数据上报不全

灵安旅馆

由于灵安镇距桐乡城区和崇福镇都很近,住宿业客源少,故 80 年代以前,境内登记在册的住宿业单位仅灵安旅馆一家,属合作商店开设在河北居民区一家小旅社,后迁址安弄街靠近 320 国道处,由灵安供销社经营,共有床位 10 多个,从业人员 2 人。主要客源是桑苗、菊花采购商、社办企业业务员、做小生意的生意人等。1988 年,供销社对灵安旅馆进行改造,床位增加到 50 多个,由供销社集体经营。到 1999 年,由于新兴路商业街逐步兴起,灵安商业中心区转移至河南,河北人员稀少,加上旅馆

设置陈旧，生意愈加清淡，在企业转制中供销社将旅馆的全部资产转让给一名转换身份的原职工，旅馆改为其他用途。

第三节　综合服务

境内供销社从50年代初期建社后，围绕当地党委、政府的中心工作，在做好自身经营业务的同时，在防汛抗旱、农田水利建设、新农村建设等工作中，努力发挥供销社的传统优势，开展各方面的综合服务。

1984年，同福供销社在开挖长山河二期工程的工地服务中，努力做好后勤工作，供应额10413元，其中饮食供应1738元，被县出海工程指挥部评为工地服务先进单位。

1999年，境内特大洪灾中，灵安供销社承担了该镇范围内抗洪救灾物资供应工作，千方百计组织抗洪物资，夜以继日奋战在救灾第一线，共供应抗洪草包2500只，确保抗灾物资的需要，受到镇政府的好评。

1998年，同福、灵安供销社分别领办同福杭白菊专业合作社和灵安杭白菊专业合作社，入社菊农分别为20户和46户，农民入股金额分别为3万元和5万元。以上两家专业合作社成立后，在2005年以前，因基层社经营门店改制等原因，经营业务没有实质性开展。2004年，灵安供销社被梧桐供销社托管后，为了做大做强杭白菊专业合作社，2009年原灵安供销社领办的凤鸣杭白菊专业合作社吸收原梧桐供销社领办的梧桐杭白菊专业合作社，凤鸣杭白菊专业合作社规模从原来的46户扩大到111户，入股资金从原来的5万元增加到15万元。与此同时，经营业务也有较大的发展，在所在地西牛村创建菊花收购、加工基地和菊花种植基地，开展菊花收购、加工经营业务，2012年凤鸣杭白菊专业合作社共收购鲜菊花20万公斤，收购额175万元。同福杭白菊专业合作社成立后，入社社员和股本金基本没有大的变化，除开展杭白菊订单服务外，较少开展实际经营业务活动。

2007年10月，灵安(梧桐)供销社参办路家园蔬菜专业合作社。截至2012年年底，该专业合作社有入社成员38名，注册股本5万元，累计销售额172.7万元。

2010年8月，梧桐供销社领办路家园蚕业专业合作社，截至2012年底，有入社员106名，注册股本56万元，投资创办蚕茧收购加工站，2012年共收购鲜茧175吨多，支付收购款600多万元。

在市政府开展的“十村示范、百村整治”工程中，境内供销社积极探索新形势下为“三农”服务的新路子，发挥供销社的组织功能和服务功能，选择人口相对集中，离乡镇较远，具备一定办社条件的村委所在地，以供销社与当地村委会合作联办的形式，整合当地原供销社网点、个体工商户和村级文化体育、医疗卫生等资源，开展创办综合服务社工作。

2006年由灵安供销社和西牛桥村委会联办的凤鸣街道西牛桥村综合服务社

2005年6月，灵安(梧桐)供销社选址凤鸣街道西牛村，与该村村委会联合建办综合服务社，总投资40万元，其中村级经济投资20万元(固定资产)，个私经营业主投资15万元(流动资金)，供销社投资5万元。按照“功能多样化，运作市场化，经营服务连锁化”的要求进行整合。西牛桥村综合服务社的服务项目有农资供应（包括庄稼医院），生活资料零售（东兴连锁超市），农副产品产前、产中、产后服务，电信代理，老年活动室，科普学校，医务室，茶室等。是年6月20日西牛桥村综合服务社正式开业，并通过嘉兴市供销社的考核验收，截至年底，营业额41万元。2012年营业额达222.9万元。

2007年10月8日由灵安（梧桐）供销社领办的桐乡市路家园蔬菜专业合作社成立

2006年10月，灵安（梧桐）供销社联合路家园村村委会，在整合当地经营服务资源的基础上创办路家园村综合服务社，经营服务面积430平方米，设生产资料、生活资料连锁供应，社区医疗服务，及农贸市场、茶室、饮食等经营服务项目，惠及周边村民2800余人。次年，该村综合服务社营业额134.27万元。2012年营业额达658.9万元。

2007年5月，市人民政府下达《关于开展农村合作经济“三位一体”建设实施意见》。要求各乡镇（街道）和供销社要与村庄布点规划相结合，合理选址，加快发展农村综合服务社，在为广大农户提供生产、生活资料销售服务的基础上，不断扩大农村综合服务社服务范围，为农民提供市场信息、技术培训、文化娱乐、医疗卫生等多种服务，使农村综合服务社逐渐成为农村社区服务中心。是年，同福（崇福）供销社与凤鸣街道合星村村委会联合创办合星村综合服务社。该服务社占地3500平方米，经营服务面积800平方米，总投入100多万元，其中供销社投入45万元。服务社设生产资料、生活资料连锁供应，农副产品收购，医疗卫生、文体活动及饮食、茶室、理发室、修理等服务项目。是年10月开张后，成为合星村的经济文化中心和服务中心，惠及村民4000余人，在嘉兴市范围内创办的农村综合服务社中具有示范效应。2008—2012年，该村综合服务社年均营业额128万元。

2012年10月，同福（崇福）供销社联合中群村村委会共同创办中群村综合服务社，经营服务面积600平方米，经营服务内容包括农资超市、东兴便利店、农副产品收购站、理发店、社区医疗站、文化活动室、茶室等，为全村4300余名村民提供生产、生活等综合服务。

截至2012年年底，境内供销社领办、参办各种专业合作社4个，与当地村委会联办村级综合服务社4个。

表9—20　　境内基层供销社领办（参办）专业合作社、综合服务社经营情况一览表

单位：万元

单　　位	2012年	2011年	2010年	2009年	2008年	2007年	2006年	2005年	2004年	2003年
同福杭白菊专业合作社	—	—	—	—	77.02	43.7	2.55	8	6	9
凤鸣杭白菊专业合作社	73.7	123.8	231.4	56.9	35.4	39.2	2.45	2	—	—
路家园蔬菜专业合作社	59.7	25	31.2	38.8	10.3	7.7	—	—	—	—
路家园蚕业专业合作社	598.0	339.4	225.7	—	—	—	—	—	—	—
西牛桥村综合服务社	222.9	189.37	180	247.7	230.04	190.87	160.61	41	—	—

续表

单　　位	2012年	2011年	2010年	2009年	2008年	2007年	2006年	2005年	2004年	2003年
路家园村综合服务社	658.9	707.76	124.4	123.25	132.6	134.27	24.6	—	—	—
合星村综合服务社	126.7	117.2	134	134.5	128	9.7	—	—	—	—
中群村综合服务社	14.6	—	—	—	—	—	—	—	—	—

说明:此表的经营数据,专业合作社为销售额,综合服务社为营业额

第三章　集体商业

第一节　合作商店

1955年下半年至1956年,在私营商业社会主义改造中,灵安区和永丰乡的小商小贩,先后改造组建了一批合作商店和合作小组,由当地供销合作社归口管理。(详见第一章第一节“私营商业社会主义改造”)

1958年10月,灵安区有酱酒、皮毛、棉百、理发、饭店等5个合作商店和刨烟、卷杂、水果、综合、茶水、钱林、徐家庙、龙王庙、伍社庙等9个合作小组,共157人,一起并入灵安人民公社供销部。

1961年5月,中共桐乡县委财贸部在灵安公社供销部开展试点工作,划出一部分在公社化运动时过渡进来的小商小贩,分别组织合作商店和合作小组。第一批落实的有理发、茶水、刨烟等3个合作商店和卷杂、水果、农村下伸点、货郎担等联合组织的合作小组1个,共38人。这几个合作商店(小组)6月份开始运作后,在改善服务态度、发扬民主管理、贯彻“按劳取酬”、调动人员积极性等方面均取得明显的效果。随后,百货、酱酒、面饭等也相继划出,分别组建合作商店。是年,史桥有1个合作商店,称史桥综合商店,由南日供销社归口管理。下设酒酱、小百货、饮食、茶店、面店、糕团等6个门市部,以及古店桥下伸店,共有职工16人。

到1963年,灵安供销社归口管理的有百货、酱酒、面饭、茶店、理发、国新药等合作商店7个(其中商业3个,饮食业3个,服务业1个),网点19个,从业人员161人,自有资金31092元;有水果、茶店、理发、农村下伸店等合作小组6个(其中商业2个,饮食业3个,服务业1个),网点12个,从业人员20人,自有资金1789元。

1979年12月,根据上级有关部门和灵安公社党委的意见,为安排好下乡知青就业,新办集体企业灵安为农饮食商店,设浆粽、大饼油条、茶水三个门市部。由灵安供销社归口管理。

为了更好地贯彻“多劳多得,按劳分配”的原则,经县供销联社批复同意,1983年6—12月,灵安中西药商店实行以浮动工资制为主要形式的经营责任制。职工标准工资的20%浮动,80%固定,浮动部分与企业盈亏挂钩。百杂货商店实行“定额利润,超额分成,短收赔补”的经营责任制。糕团商店、理发商店实行“定额上交,盈亏包干”的经营责任制。实行浮动工资制的还有茶水商店、面饭商店。是年,灵安供销社归口合作商店有10个,从业人员83人,营业额55.6万元,利润1.9万元;自有资金

9.9 万元，其中固定资产净值 9 万元。南日供销社归口的史桥综合合作商店，从业人员 23 个，营业额 19.94 万元，利润 0.42 万元。

1984 年 1 月 1 日起，灵安土产废品合作商店改名为灵安集体春蕾综合商店。主营百货、酱酒、副食品(包括卷烟)，兼营日用杂品等。是年 4 月，经县供销联社批复同意，灵安糕团合作商店实行承包经营责任制，采取"定额利润，超利计奖，缺额赔补"形式。6 月，灵安面饭、理发、茶水、中西药、水作、百杂货、春蕾综合、水果、酱酒等 9 个合作商店也相继实行经营责任制。其中面饭、理发、茶水等 3 个商店实行"定额利润，盈亏包干"；其余 6 个商店实行"定额利润，缺额赔补"的责任制形式。是年 10 月，经县供销联社批复同意，按照集体企业"自愿组合，自负盈亏，按劳分配，民主管理，职工集资，适当分红，集体积累，自主支配"的原则，建立灵安集体商业总店，归口灵安供销社管理。该总店以批发为主，兼代购代销和零售。12 月，该店改名为灵安集体商业购销综合公司。

表 9—21　　　　灵安供销社归口集体商业择年基本情况一览表

年　份	核算单位（个）	年营业额（万元）	实现利润（万元）	自有资金（万元）	其中：固定资产净值（万元）
1978	7	27.3	0.87	—	—
1983	10	55.6	1.9	9.9	9
1987	11	113.6	4.01	14.1	6.8
1991	9	123.2	5.61	38.72	4.61
1999	1	9	—	—	—

资料来源：桐乡市档案馆馆藏档案，卷宗号 52—4—191 等，桐乡县供销合作总社《年度归口集体商业经营情况汇报》等相关资料

1991 年 2 月 6 日，根据集体商业实行规模化经营，组建经济联合体的要求，经县供销社批复同意，灵安春蕾商店并入灵安商业总店。是年 9 月，经省整顿医药市场办公室批复同意，灵安医药合作商店继续受桐乡县医药公司委托，保留药品转批业务。

根据"双方自愿，互惠互利"的原则，经县供销总社批复同意，调整供销社经营网点，扩大经营业务，1993 年 1 月 1 日起，灵安商业总店、酱酒合作商店、医药合作商店、水果合作商店等 4 个归口合作商店并入灵安供销社，原合作商店建制同时撤销。百杂货、茶水、糕团、面饭合作商店及豆制品社等 5 家合作商店合并，成立灵安综合合作商店。

由于市场竞争越来越激烈，合作商店的处境越来越困难，人员老化，业务退化，负担沉重，改制势在必行。根据 1999 年 12 月 8 日市长办公会议纪要精神，市供销总社统一部署，对全市基层社归口管理的合作商店进行全面改制。2000 年，灵安供销社对仅存的最后一个归口合作商店——灵安综合合作商店实施改制。资产变现后，有 12 名职工置换身份，共支付一次性补偿金 96825 元；15 名退休职工支付移交费用后转社保机构管理。注销原有合作商店营业执照，有 5 个门店重新办理个体工商登记。同年，史桥综合合作商店实施改制，6 名职工置换身份，共支付一次性补偿金 44775 元，13 名退休职工支付移交费用后转社保机构管理，有 3 个门店重新办理个体工商登记。从 1956 年私营商业社会主义改造以来，延续了 45 年的归口合作商店体制至此终结。

第二节　农村代购代销店

1956年开始，境内供销社和合作商店在农村设下伸店，代销烟酒、糖果及日用小百货等。

1971年，农村下伸店改称农村代购代销店（简称"两代店"），既供应日常生活必需品，又收购禽蛋等农副产品和废旧物资。两代店人员由农村生产大队调配，业务由供销社管理，资金由供销社垫付，经营利润作生产大队集体收益。

1983年，农村二代店落实经营承包责任制，两代店人员收入由参加生产队年终分红改为以购销手续费结算。

1988年，灵安供销社在11个村均设有两代店。

1993年，供销社自身经营门店实施"抽资承包"后，对农村两代店也采取相应的改革措施。1995年3月，史桥长新村两代店和自由村两代店的铺底商品由南日供销社收回，转为个体经营户。

1998年，根据农村市场经济发展和供销社下属门店体制改革的深化，以及工商、税务部门的规范要求，原来的两代店体制形式已没有存在的必要。是年9月，灵安供销社与西牛桥等12个农村两代店终止关系，同福供销社与草庵等10个农村两代店终止代购代销关系，收回供销社资产（或作价转让），收回工商营业执照，如需继续营业的，自行办理工商、税务登记。

第四章　国营商业

第一节　粮管所

机构沿革

民国36年（1947），崇德县田赋粮食管理处按行政区域下设9个田粮办事处，灵安是其中之一。马问治任灵安田粮办事处主任。田粮处的管理职责主要是粮食产销价格、粮情集编、征实征购、民食军粮、调节供应、积谷派募、粮食保管、粮仓修建监护等。

1949年5月，崇德县解放后，即组建县粮食局，下设4个区支粮库，灵安是其中之一。1951年10月，改称灵安区粮库。1957年10月，改称灵安粮管所。1961年8月，撤销灵安粮管所，其下辖的福严寺仓库移交崇福粮管所，灵安、钱林两个粮站及仓库移交梧桐粮管所。

1956年，梧桐粮管所在灵安设有粮食购销站和油脂购销站。

根据县粮食局文件通知，自1963年12月10日起，撤销梧桐粮管所灵安购销站的证票点，灵安购销站除兼办一般粮票调换手续外，凡是迁移粮、油户口关系，申领粮、油以及其他证票事宜，全部移至梧桐粮管所办理。

1993年，取消粮食统销后，灵安购销站仅存收购业务。2001年取消定购粮后，购销站店面由职工承包经营。至2004年梧桐粮管所改制，灵安购销站撤销。

1949年5月至1961年5月，历任灵安粮管所（含区、支粮库）所长（主任）：辛国楹、庄铭三、萧德舟、郑芝香、萧瑞荣。

粮油购销

收购

1951—1954 年，灵安收购站为粮食部门自营收购站；灵安、太平、大众、中福、同福、天福、钱林、史家桥、永丰等为供销合作社代购代销点；福严寺、高家湾、瓜塔庙、灵安镇为粮食部门与供销合作社联合收购点。

1953 年冬，国家实行粮食统购统销政策，根据农民种粮的实际产量，扣除口粮、种子、饲料粮及其公粮后，对余粮进行计划收购。

1954 年，永丰乡供销社贯彻国家粮食统购政策，动员农民将余粮卖给国家，收购稻谷 725 担(12 月 15 日开始划为联购)、小麦 150.65 担(因水涝灾害，田麦大部分淹没，地麦烂掉)、大豆 2720 担(与稻谷同)、杂粮(蚕豆)433.37 担、柏子 5236 担、菜籽 698.5 担。

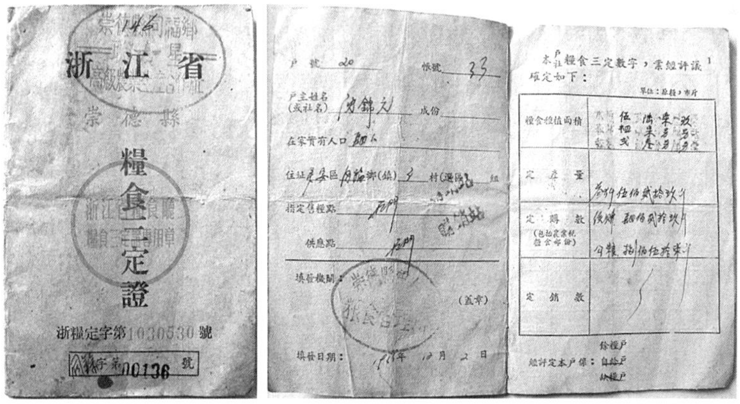

1955 年崇德县同福乡联星高级农业生产合作社社员沈锦元的粮食三定证

1955 年，实行粮食“三定”(定产、定购、定销)。按定产扣除三留粮(口粮、种子、饲料)及实缴公粮数后，余粮户征其余粮的 95%，缺粮户实行定销，自给户不购不销。是年，灵安区粮食“三定”定购任务为 185.44 万斤，纯粮农缺粮户定销 90.05 万斤。其中个体户“三定”直接到户；农业生产合作社采取“先定到社，后定到户”的办法。通过结账，对代金、人口变化、余缺粮户变化、丰产抵口粮、自愿放弃统销等因素进行增减调整后，全区定购任务为 225.72 万斤，定销 103 万斤。截至 1956 年 1 月 14 日，全区实际完成 1955 年统购任务 214.8 万斤，占结账后定购数的 95%，完成比例最高的前 3 名是天福乡、中福乡、同福乡，分别完成 99%、98%、97%。

表 9—22　　1955 年灵安区粮食“三定”结账后任务变动情况一览表

品类：原粮　结账日期：1956 年 1 月 14 日

单位：市斤

乡别	粮食三定				通过结账数			
	定购	定销	其中：合作社		定购	定销	其中：合作社	
			定购	定销			定购	定销
灵安	137054	156408	14448	7882	187515	155753	64593	23708
惠桥	155787	157300	12755	35783	179354	130409	35335	27311
纪目	129303	104853	12360	14217	169803	113472	52511	29932
天福	302796	91076	104932	24317	364150	109242	166136	47174
中福	148534	85364	41293	11514	264197	172176	162152	98808
同福	82764	163497	—	47013	102864	148492	18876	42034
钱林	334784	32916	90781	1650	363191	45288	117085	21379

续表

乡别	粮食三定				通过结账数			
	定购	定销	其中:合作社		定购	定销	其中:合作社	
			定购	定销			定购	定销
大众	321612	26863	44261	—	342414	33055	63896	6644
太平	241754	82246	22669	3354	283662	122053	59773	37765
全区合计	1854388	900523	343499	145730	2257150	1029940	740357	338055

资料来源:湖州市档案馆馆藏档案,卷宗号,崇德县粮食局《崇德县粮食三定结账后任务变化情况表》

1956年,全面实行农业合作化后,粮食“三定归户”改为“三定归社”,统购粮食由农业社集体交售。

1958年起,粮食征购实行包干制度。是年,灵安粮管所的公粮入库工作,自11月24日至12月19日,公粮、统购粮、储备粮基本完成。共入库公粮521.49万斤,扣除水份15.72万斤。由于粮食丰收,各社除留口粮、种子、饲料和完成包干任务外,全公社还向国家出售余粮400万斤。是年,灵安粮管所还收购菜籽81.85万斤,柏子32.29万斤。

“大跃进”期间,受“浮夸风”影响,出现高估产、高征购的偏向,购过头粮,超越农民的承受能力。1961年,国家贯彻“调整、巩固、充实、提高”方针,提高收购价格,调整购销任务,实行粮食奖售(奖售棉布、化肥、食糖、卷烟、胶鞋、絮棉等),调动农民积极性。

1963—1964年,为发展蚕桑生产,对蚕桑重点地区的灵安、同福、南日(含史桥)等公社,按桑苗种植面积,每亩核减粮食包干任务500市斤。对菊花等经济作物也核减部分包干任务。

1965年起,对生产队的粮食征购任务实行一定三年、征购基数不变、丰收超产超购的政策。1971年起,改为一定五年。

中共十一届三中全会以后,国家对原定的粮食征购基数进行调整,以减轻农民负担,增加农民收入。1980年,灵安公社征购任务基数28400百斤,共计减免4100百斤、作为加价任务201百斤,经调整后的征购任务数为24501百斤。实际全部完成,其中现粮入库23339百斤、提升折率354百斤、油菜籽顶任务808百斤。同福公社征购任务基数30785百斤,减免2292百斤、作加价任务882百斤,调整后的征购任务29375百斤。实际全部完成,其中现粮入库28792百斤、提升折率192百斤、油菜籽顶任务391百斤。

1982年,国家对生产队实行粮食征超购任务包干,一定三年。1981年落实的粮食征购基数不变,征购基数以外的包干部分,国家按加价收购。灵安公社、同福公社均完成国家粮食征购包干任务,分别为每年31000百斤和37700百斤。1982年两公社还分别向国家粮站议价出售粮食527百斤和1788百斤。

1983年,境内农村普遍实行家庭联产承包责任制后,变原来集体交售粮食、油菜籽,为分户交售。1985年,取消粮食统购,实行合同定购。

1993年1月1日起,浙江省在全省范围放开粮食购销和价格,原国家粮食定购任务实行指导性计划收购,由各级政府自下而上编报和自上而下下达。桐乡县粮食局出台《关于一九九三年粮食收购指导性计划及有关问题的通知》,将1993年粮食收购指导性计划57700吨,分解到各乡镇,灵安镇890吨、同福乡1200吨、史桥乡500吨。由各粮管所按计划与各村签订粮食定购合同。品种为小麦、早籼谷、晚粳谷、晚糯谷。原定“三挂钩”换成平议差价,作为价格外补贴(即价外加价)发给签合同农户,每50公斤稻谷3.74元,小麦4.2元。

1997年市场粮价大幅下跌，定购粮价与市场粮价价格倒挂，购销倒挂，压库严重。为减少农民损失，议购粮全部按保护价收购。

随着市场粮价的连续下跌，定购粮收购价也逐年下降，到2000年晚粳谷回落到每50公斤63元。是年桐乡市下达灵安镇和同福乡的定购粮分别为756吨和638吨。此后，不再下达粮食定购指导性计划任务；粮食价格政府不再定价，完全由市场调节。

销售

1953年11月，国家实行粮食统销政策，私营粮商一律不准私自经营粮食，只能由粮食部门委托其代销。灵安的4家私营粮商（灵联粮店、陈生丰、朱洪昌、朱益昌）去向各异：灵联粮店报歇；朱洪昌不再兼营粮食，只经营面条；朱益昌也转为经营面条；陈生丰转营土药材和榨菜加工自销（因其转营后亏本，1955年4月经县商改办批复同意，安排其为灵安区粮管所代销店，承担灵安、惠桥2个乡和纪目乡第四村的粮食供应）。1953年，对农村缺粮户实行粮食计划供应，划区设点，由供销社代销。灵安区共设8个点，灵安乡、纪目乡、天福（徐家庙）、中福（龙王庙）、同福乡、太平乡、钱林乡等7个供销合作社分别负责供应所在乡；县粮食购销公司设点负责供应大众乡。

1954年，向灵安、同福、史桥等小集镇的非农户口居民发放购粮证，凭证定量供应。

1955年，农村实行粮食“三定”。是年，县粮食局核定灵安区农村缺粮人口定销粮食103万斤（1956年1月14日结账数）。

1958年，灵安粮管所共销售粮食378.4万斤、油脂33万斤、种谷45.6万斤、蚕豆小麦种子53.9万斤、豆饼（供应烟片肥）42.4万斤。是年大办公共食堂，实行吃饭不要钱，粮食浪费严重，统销粮数量剧增，致使粮食供应紧张。

1960年，粮食产量锐减，存粮严重不足，入不敷出，缺粮农民一度以瓜菜杂粮充饥。1961年，国家通过减购增销，帮助群众度过困难时期。1964年后，粮食产量连年递增，粮食供应趋于正常，农村基本不缺粮。

1987年开始，扩大议价销售粮比例，平价粮销售量逐步下降，1990年，境内粮食部门经营的粮油销售机构有灵安粮油购销站和史桥粮油供应站，分别为梧桐粮管所和南日粮管所下辖。

1993年1月1日起，全县同步取消粮食统销，取消粮油、饲料票证。由县粮食局出台粮食销售指导价，粮食部门实行同行议价，协调价格。由于粮站的挂牌价和市场价有一定差距，所以境内非农居民购粮主要仍以粮食部门的粮油供应站为主。

1998年以后，粮食销售真正实现全面开放，自由竞争。各大小超市和遍布集镇、农村的个体便民店成为粮油零售的主要经营单位。

粮食市场

为便利农民之间的品种调剂、互通有无，打击粮食投机活动，减少国家供应负担，桐乡、崇德两县于1954年6月起，先后在7大镇和较大的乡村集镇建立35个由生产者与消费者直接进行粮油品种交换的国家粮食市场。1955年3月，粮食市场经过整顿，调整为19个，灵安粮食市场为其中之一。1957年，由于受“左”的指导思想影响，把粮食市场看成是资本主义自发势力的集中场所。是年11月，灵安和县内各粮食市场同时关闭。

1962年，根据中央和省里有关文件精神，县粮食局、县供销社、县市管会联合下达关于开放粮食集市贸易的通知，允许生产队、社员以及城乡消费者个人，在集市购买自己消费需要的粮食，但原则上限于产销之间的余缺调剂和品种交换，不许私商插手经营，不许农民远途运销。同时决定在全县建立12

个国家粮食市场，有组织有计划地开展粮食集市交易。灵安是其中之一。

1966年“文化大革命”开始，灵安粮食市场关闭。

1973年3月，在全县重点地区恢复了22个粮食交易市场，灵安是其中之一。粮食市场交易限在粮站内进行。

1979年12月起，粮食市场常年开放，允许农民和完成粮油征购任务的生产队出售多余的粮油及其制品，但不准投机倒把、长途运销、买卖粮油票证。

1990年后，粮食市场完全放开经营，自由交易。

粮食储存

解放后，粮仓不足，政府拨用寺庙等改建仓库，境内的福严寺也成为粮食仓库。1952年年底，灵安区粮库有分仓4个，号仓19个，仓容量605万市斤。50年代，境内用庙宇作为粮食仓库的，除福严寺外，还有瓜塔庙、草庵里、天福庵等。

1958年公粮入库521.5万斤，余粮收购400万斤，带来仓房不足的困难，灵安粮管所向铜勺浜、金家浜、高家湾借用民仓入库58.5万斤。

1960年，灵安粮管所推广使用粮食检验仪器，检验出队（生产队），检验入库，掌握粮食水份的实际含量，有利于粮食“三包”奖赔政策的正确执行，有利于粮食的储存保管。是年，全公社共化验粮食1588.76万斤，正确程度达80％以上。其中联庄、永星、梧桐等生产队128笔52.12万斤的检验正确程度达到100％。

1971年8月，国家在杭申公路沿线落实战备马草储备任务，灵安、同福公社各2万斤。是年，县粮食局还在灵安陈家漾建战备仓1座，容量为750吨。

80年代以后，粮食库存猛增，售粮、储粮难，一时成为突出矛盾，按照乡乡有粮仓的目标，县粮食局在史桥也建仓设点。

至1993年，境内的国有粮仓有灵安、陈家漾、史桥等3处。

第二节　食品门市部

境内的肉禽蛋购销，解放前及解放初期均由私商经营，肉铺自收自宰生猪，销售猪肉。1951年，境内各基层供销社成立后，也逐步涉足肉禽蛋经营。据灵安镇工商联（筹）调查统计，1954年，灵安镇及徐家庙等农村集市共有私营肉店4家，经营鸡、蛋、鱼的摊贩16户。是年，永丰乡供销社收购毛猪431.43担、鸡蛋114.47担。1955年，灵安供销合作社供应饲料与农业社签订毛猪结合合同，使供销社有计划地收购毛猪，农业社需要的饲料由供销社保证供应，以纪目乡为重点，其他乡为辅，共签订毛猪结合合同22份，订购毛猪101只，供应饲料8660斤。1956年食品公司崇德县公司在灵安设有非独立核算的食品购销站，年末固定人员6人；归口管理的合作小组门市部和私营店全年零售额共计38653元。

表9—23　　1957年灵安食品购销站收购实绩统计表

生猪（头）	绵羊（头）	活鸡（只）	活鸭（头）	鸡蛋（斤）	鸭蛋（斤）	家兔（只）	销售总值（元）	鲜猪肉（头）	鲜羊肉（头）	生产羊（头）	咸腊肉（斤）	彩蛋（个）	咸蛋（个）
3868	1625	5674	270	27225	2128	2094	115320	1787	313	291	10727	35080	7731

资料来源：桐乡市档案馆馆藏档案，卷宗号80—1—3

1958年后的“大跃进”时期，肉禽蛋由人民公社供销部经营。因猪源锐减，供应紧张，提倡“城镇尽量少吃肉，农村基本不杀猪”。肉店除节日期间凭票定量供应外，日常销售几乎中断。1961年恢复基层供销社后，肉禽蛋仍由供销社经营。1962年，猪、羊、禽、蛋收购由公社下达计划到生产大队，与供销社签订合同。是年灵安供销社收购生猪392头、菜羊558头、鲜蛋153担、菜兔3700只、家禽1500只。农村实行卖猪留肉，城镇居民凭票供应每人每月0.5公斤。

1970年成立梧桐食品商店，下设9个门市部，灵安是其中之一，三间门面，经营肉禽蛋等商品。同福肉店为崇福食品商店所辖，史桥肉店为屠甸食品商店所辖。时下，境内的生猪、禽、蛋收购，由县食品公司下指标到各公社，由当地食品门市部收购。灵安是生猪主产区，养殖业基础好，门市部收得多，超额完成任务，基本上每年都被梧桐食品站评为先进门市部。

1984年，生猪取消计划收购，实行派购任务。1985年，灵安乡生猪派购任务为7500头，乡政府依据“四三三”比例（即40％按承包土地、30％按农业人口、30％参照前3年生猪出售实绩），将派购任务分解到各村，由食品站定时定点安排好生猪收购。禽蛋派购任务为每户蛋1斤、禽1只。灵安食品门市部每年均能按时完成生猪和禽蛋的派购任务，肉票由食品门市部发放。

1985年后，肉价放开，随行就市，个体肉摊增多，灵安门市部开始承包经营食品。市场竞争愈演愈烈，国营商业失去了计划经济时期的优势，经营越来越困难，尽管也上街摆摊，努力促销，但还是无法扭转经营萎缩的困境。1990年前后，境内的各食品门市部先后撤销，原职工由县食品公司分流安置。

根据市政府转发市屠工屠商管委会《关于在全市推行生猪定点屠宰集中检疫统一纳税分散经营管理办法的实施意见》。1999年，灵安镇、同福乡先后建定点屠宰场，实行生猪定点屠宰、集中检疫、统一纳税、分散经营。

2006年3月，根据市政府常务会议讨论通过的《桐乡市生猪定点屠宰场设置调整意见》，按照统一规划，合理布局，鼓励规模化、机械化屠宰的原则，对全市原有定点屠宰场设置进行较大幅度的调整和撤并。同福屠宰场于2010年9月14日撤销，同福一带的肉商由石门食品有限公司配送肉品；灵安屠宰场自然淘汰，灵安一带的肉商自由选择就近的定点屠宰场进货。

表9—24　　1999－2010年生猪定点屠宰情况统计表

年份	合计加工数量（头）	灵安（凤鸣）屠宰场				同福屠宰场			
		加工数量（头）	检验检疫情况（头/公斤）			加工数量（头）	检验检疫情况（头/公斤）		
			整头	局部	内脏		整头	局部	内脏
1999	4050	2175	—	—	—	1875	—	—	—
2000	10499	6124	6	88	117	4375	6	140	74
2001	11300	7225	12	99	139	4075	3	93	93
2002	11175	7025	6	121	109	4150	1	70	74
2003	10975	6900	2	109	118	4075	—	72	69
2004	11320	7100	—	131	128	4220	—	90	123
2005	8850	6375	—	120	174	2475	—	73	103
2006	5400	3500	—	75	51	1900	—	54	65
2007	2197	422	—	40	17	1775	—	47	33

续表

年份	合计加工数量（头）	灵安（凤鸣）屠宰场				同福屠宰场			
		加工数量（头）	检验检疫情况（头/公斤）			加工数量（头）	检验检疫情况（头/公斤）		
			整头	局部	内脏		整头	局部	内脏
2008	2050	2050	—	—	—	统计数据并入凤鸣屠宰场			
2009	1975	1975	2	—	—	统计数据并入凤鸣屠宰场			
2010	1050	1050	—	—	—	9月14日同福屠宰场撤销			

资料来源：桐乡市屠工屠商委员会历年《桐乡市生猪定点屠宰场年报表》
说明：1999年为10—12月数据

据街道经发中心对个体经营户的统计调查，2012年境内有经营鲜（咸）肉、禽蛋、水产品的个体户55户，分布在同福、灵安、史桥集镇的集贸市场以及各个农村集市。

第五章　集市贸易

第一节　集　　市

境内皆为水乡，自古以来，居民临河聚居，以自产物品互易，渐成集市。民国时期，除灵安集镇外，还有徐家庙、龙王庙、伍社庙、青石桥、史家桥、古店桥、长生桥等农村集市。灵安集镇和徐家庙等几个规模较大的农村集市，商业服务业门类较齐全。南货、酱酒、百货、绸布、卷烟杂货、肉鱼禽蛋、茶食糖果、国药、米店、面店、糕团、豆腐、理发、茶店，凡生活所需，几乎一应俱全。收购行业还经营蚕茧、土丝、晒烟、畜产品等等。麻雀虽小五脏俱全，其商贸服务业的功能并不亚于县内的一些大镇。而另外几个乡村小集市，则商铺较少，以摊贩为主，肩挑手提，沿路设摊，凌晨上市，近午即散。

表9—25　　民国35年（1946）崇德县同福乡茶肆调查表

地址	店主姓名	设置茶位数	每日营业平均碗数	现售茶价（元）
徐家庙	倪俊发	6	20	100
徐家庙	李圣和	7	25	100
徐家庙	杨宝殿	6	25	100
徐家庙	朱清田	6	15	100
徐家庙	吕掌生	6	20	100
徐家庙	彭和尚	3	5	100
徐家庙	吕金龙	6	25	100
徐家庙	徐柏生	6	20	100
徐家庙	龙凤掌	6	15	100
徐家庙	张聚龙	2	10	100

续表

地　址	店主姓名	设置茶位数	每日营业平均碗数	现售茶价(元)
徐家庙	陈玉珍	5	15	100
马家桥	乔宝兴	2	10	100
双木桥	钟宝发	6	15	100
双木桥	钟金龙	8	15	100
龙王庙	胡万荣	7	40	100
龙王庙	颜有松	5	15	100
龙王庙	闻掌荣	4	12	100
伍社庙	王之福	11	13	100
伍社庙	钱金龙	9	13	100
伍社庙	王宝堂	8	13	100
伍社庙	朱连山	10	13	100
青石桥	沈妙生	7	20	100
青石桥	李小王	6	15	100
青石桥	曹南德	6	20	100
青石桥	沈金龙	5	10	100
青石桥	邢阿八	7	15	100

资料来源:桐乡市档案馆馆藏档案,卷宗号 M3－6－115,《崇德县同福乡茶肆调查表》民国 35 年 12 月

解放后,人民政府鼓励恢复经济活跃市场,境内集市兴盛,经营门类齐全。据灵安镇工商联(筹)1954 年年末调查统计,灵安集镇及各农村集市有商业、饮食业、服务业私商 146 家,其中摊贩 32 家。商业经营门类有百货、棉布、南北货、卷烟杂货、酱酒、磁席、茶叶、肉禽蛋、水果、土特产、皮毛、砖石灰、国药、新药等;饮食业有茶馆、面馆、糕团粽子等,以茶馆居多,全区大小集市有茶馆 33 家,成为农村集市的标志性行业;服务业主要是理发。

表 9—26　　1954 年末灵安区私营工商业统计汇总表(商业、饮食业、服务业)

地　属	业　别	商号户数	从业人员				资本净值			备　注
			合　计	资　方	家　属	职　工	合　计	流　动	固　定	
农村集市	饮食业	茶　馆　24	26	25	1	—	1259	445	814	
		面　摊　2	4	2	2	—	336	264	72	
		糕　团　3	3	3	—	—	131	77	54	
	饮食摊贩	糕　粽　3	3	3	—	—	45	36	9	
灵安镇	饮食业	茶　馆　9	16	16	—	—	2265	619	1646	
	饮食业	面　馆　1	3	1	2	—	121	84	37	
	饮食业	糕　团　4	8	4	4	—	915	295	620	
	饮食摊贩	糕　粽　5	6	5	1	—	116	61	55	
小计	—	51	69	59	10	—	5188	1881	3307	

续表

地属	业别	商号户数	从业人员				资本净值			备注
			合计	资方	家属	职工	合计	流动	固定	
灵安镇	商业	猪肉 2	3	2	1	—	495	198	297	
		水果业 4	7	4	3	—	310	146	164	
		茶叶 1	2	1	1	—	1311	1008	303	
		烟杂 9	12	9	3	—	1631	658	973	
		烟叶合 1	10	5	—	5	8042	6066	1976	
		酱酒 6	11	6	4	1	4029	2637	1392	
		南北货 3	7	4	—	3	3393	2077	1316	
		棉布 1	2	1	1	—	779	539	240	
		百货 3	5	3	2	—	617	297	320	
		瓷席 1	1	1	—	—	倒负	—	—	
		皮毛 3	2	2	—	—	160	102	58	
		砖石灰 1	1	1	—	—	145	65	80	
		新药 1	1	1	—	—	259	71	188	
		国药 3	5	3	1	1	5411	4008	1403	
		土特产 1	3	1	1	1	3499	1907	1592	
农村集市	商业	精肉 2	2	2	—	—	300	211	89	
		水果 2	2	2	—	—	47	33	14	
		酱酒 2	3	2	1	—	234	52	182	
		茶叶 1	1	1	—	—	117	107	10	
		卷烟 5	7	5	2	—	594	455	139	
		杂货 1	1	1	—	—	222	88	134	
		转灰 1	1	1	—	—	219	3	216	
		国药 3	7	3	3	1	2216	1786	430	
		土产 1	6	6	—	—	2036	1726	310	
灵安镇	商摊贩	蛋鸡鱼 16	19	17	2	—	874	756	118	果烟杂百
农村集市	商摊贩	卷什 7	7	7	—	—	254	252	2	
小计	—	81	128	91	25	12	37194	25248	11946	
灵安镇	服务业	理发 6	10	7	—	3	760	43	717	
农村集市	服务业	理发 7	11	7	—	4	214	32	182	
	服摊贩	理发 1	2	1	1	—	37	7	30	
小计	—	14	23	15	1	7	1011	82	929	
商饮服	合计	146	220	165	36	19	43393	27211	16182	
其中:	摊贩	32	—	—	—	—	—	—	—	

资料来源:桐乡市档案馆馆藏档案,卷宗号1—1—216,《崇德县灵安区私营工商业1954年末基本情况调查综合表》

境内的集市大多沿河港而设。河港为旧时交通要道，沿河设市既方便农民出市，又便于商家货物运输。灵安集镇傍灵安港，史桥集市沿石泾塘，龙王庙集市傍五龙漾，徐家庙集市沿六里港……集市一般由上岸店铺和下岸店铺构成对面街。有些下岸店铺还建有水阁，颇具水乡集市特色。境内集市的另一特点是大多在寺庙附近，寺庙是聚集人气之地，烧香迎会，人流如潮。

2012 年伍社庙集市一隅

伍社庙集市

民国时期的伍社庙集市基本上全在伍社庙里，古戏台下面有南货店，两边上的厢房里开有茶馆店、理发店等。里面土地殿、观音殿两边的厢房里也有店铺。民国 35 年(1946)前，新正和染坊就开在地狱堂后侧的厢房里。还有那些不占店面的摊贩，就在庙里找个合适的场地，摆摊做生意。伍社庙集市的兴起，主要是在抗日战争期间，日本人占据石门，伍社庙一带的农民都不敢到石门去买东西，伍社庙的集市就慢慢兴发起来。

徐家庙集市

解放前，除了灵安集镇以外，农村集市就规模言，当数徐家庙规模最大。抗日战争期间，日本侵略者占领崇德，农民进城要查良民证，因而大都不敢进城，于是纷纷就近到徐家庙购物，集市因此渐渐红火起来。徐家庙集市沿六里港北岸呈东西向一条街布局，自徐家庙殿宇往西，至花园木桥西侧，长约 300 米左右。有打铁铺、缸甏石灰行、羊肉面店、茶店、米店、酒店、药店、染店、糕团店、南货店、理发店、肉店等各行业，一应俱全。解放后，徐家庙集市的这条街一直未变，供销社在徐家庙开设商店，经营生活资料、生产资料和农副产品收购业务，同一茧站也设于此。食品公司崇福食品站定期来此收购毛猪。90 年代后，随着境内经济的发展，乡村公路为村民提供了日益便捷的出行方式，同福草庵头集镇的兴起，加上南面毗邻的虎啸中夫庙集市的发展，使购买力流向发生进一步变化，徐家庙集市越来越冷落。到 2012 年，徐家庙仅剩 1 家经营日常生活用品的小店，1 家茶馆店为照顾老年村民的需求，勉强撑着门面，每天早市有 20 来个茶客的生意。曾经兴盛一时的集市已渐趋沉寂。

龙王庙集市

龙王庙形成农村集市的时间甚早。在五龙漾(五条河港交汇的漾潭)西北角，其中一条河港经龙王庙前而过(出海工程开挖后称长山河)，庙宇西侧是一条东西向的小街，有各式小店铺，最多时有 6 家茶店，还有茧行、木行、材铺、豆腐店、杂货店、理发店等。50 年代，灵安供销社在龙王庙设有分部。1961 年，同福供销社从灵安析出单设后，总部设在龙王庙，经营各种生活资料、生产资料，收购农副产品，业务门类较齐全。此后，龙王庙集市遂更见兴旺。1985 年，长山河三期工程开挖拓宽时，这条集市对面街只保留了上岸店铺。1986 年，同福供销社总部搬迁草庵头。后随着草庵头集镇的兴起，龙王庙集市逐渐衰落。到 2012 年，龙王庙集市只剩桥南桥北 6 家小店铺，其中副食店 2 家、理发店 2 家、蔬菜和农机配件店各 1 家。

史家桥集市

史家桥集市也有数百年历史，位于史家桥(原为一孔石拱桥)周边，商铺沿石泾塘分布在河南河北两岸。解放初，史家桥仅酱酒盐和卷烟杂货业就有徐永盛、陈恒盛、陈万昌、永昌等商号 7 家。此外，还有南货店、药店、茶店、理发店等，店面虽小，门类较全。此后，行政区域多次调整，集镇建设发展滞缓。计划经济时期，集镇商业主要以供销社和合作商店为主。1983 年开拓长山河史桥段(旧称石泾塘)时，河南岸商铺拆除。1984 年 11 月，史桥从南日乡析出建乡后，乡政府着手改造史桥集镇，沿长山河北岸筑新街路，供销社、信用社等单位临街建造三层营业楼。沿街有 56 间门面的小商品经营房，商业网点涵盖百货、棉布、五金、日用杂品、副食品、农业生产资料等行业，水乡集市渐兴。1991 年，在原老集市北面建史桥大街，商业中心向北转移，随着史桥农贸市场的建成，逐步形成新集市。至 2012 年，史桥大街两侧有个体商铺 45 家，经营日常生活用品、副食品、餐饮及理发、修理等居民服务业。

草庵头集市

此外，境内的农村集市还有草庵头、小羔羊，均为 60 年代后形成。草庵头集市自 1969 年供销社在此开设商店后逐渐形成。1984 年同福供销社在草庵头设有生资、生活、采购等 3 个商店 10 个门市部。1992 年建起农贸市场。供销社经营门店改制后，个体商业、服务业发展迅速。随着周边小集市的萎缩，草庵头集市渐趋兴盛。2008 年凤鸣街道办事处迁址后，草庵头集市作为凤鸣街道的商品集散中心地位更加凸显。2012 年，商业、服务业网点达到 263 个，超过灵安集镇。

小羔羊集市

小羔羊地处同福、羔羊、芝村三乡交界，京杭运河畔。旧时原为运河上一渡口。1966 年，联胜大队在小羔羊建砖窑，后厂家逐步增多。七八十年代，此处有内河客轮停靠码头和桐洲公路客车停靠站，交通方便，客流量渐多，自然形成农村集市。同福供销社在此开设商店，有 8 个门市部，同时设有茧站，集市渐趋兴盛。1993 年，同福乡政府投资 50 万元，新建小羔羊农贸市场。90 年代后期，随着草庵头集镇的兴起和供销社经营门店的改制，小羔羊集市逐渐冷落。至 2012 年，小羔羊尚有 8 家个体小店，分别经营农副产品收购、农业生产资料、副食品、点心、理发等。

第二节　庙会与物资交流会

1955 年崇德县灵安区物资交流大会便章

解放前，境内的庙会成为民间商品交流的一个重要平台，其中影响最大的是福严寺庙会(香讯)。每逢六月廿八，福严寺庙会热闹非凡，前后十来天时间，香客、游人以及前来赶市的商人、摊贩及流动艺人，人山人海，福严寺港以及护寺河内泊满船只，水泄不通，买卖的商品以农副产品和生活日用品为主。据年长者回忆，龙王庙也曾有庙会。

解放后，由政府倡导和推动，物资交流会逐渐取代传统的庙会，成为沟通城乡商品交流的新形式。

1953 年春节前，灵安镇召开冬季物资交流会，购销总额 36514 万元，供应和收购均基本满足群众需要，对密切城乡交流，活跃市场起到积极作用。3 月 18 日又召开春季物资交流会，会期 4 天，购销总额 43835 万元。其中供应 30125 万元，合作社占 27.75%，国营占 7.1%，私商占 65.15%；收购 13710 万元，合作社占 3.85%，国营占 26.28%，私商占 69.87%。农民在交流会上买到平时镇上买不到的生产工具，售出土丝、旧铜等物品。还通过交流会及时回笼大批投放的桑秧款。

1955 年，根据中共崇德县委财贸部指示精神，在灵安区委领导下，成立以供销社为主的灵安区秋季物资交流大会筹备组，到灵安乡五星社、惠桥乡四村一个组进行供销情况调查，在此基础上制定购销计划，向各方面组织货源。同时，通过广告、黑板报等各种形式，向农民宣传。召开物资交流大会的目的主要是：将已获丰收的工业原料，如土烟叶等农副产品及时收购；大力推销工业品、手工业品等，以满足农民生活改善和生产发展需要；落实对私商经营的安排，发挥其作用；进一步活跃市场，繁荣农村经济。9 月 3—6 日，灵安区秋季物资交流大会召开，到会农民 19000 余人，成交金额 52619 元，其中收购 28696 元，供应 23923 元。供应总额中，私营商业 17893 元，国合商业 6030 元。灵安镇公私商业力量较薄弱，在物资供应上远不能满足农民需求，因此农民往往要抽出一定劳力，去崇德、桐乡、石门等地买卖。这次交流大会组织外地区商、摊贩 70 余户，以及国营中百、中专、中纱三公司的支援，基本上满足了群众要求。此外，交流大会上还宣传"粮食三定""农业合作化"、税法等，演出越剧、杂技表演等。但是，这次交流大会上，农民需要的如小猪、绵羊、咸肉、皮蛋等一些商品还是无货可买。

1956 年，为进一步扩大商品流通，支援农业生产，满足农民需要，灵安镇组织私商各行业到农业生产社举办夜商品展览会。由镇城工组、工商联、合作社联合研究，选择农户比较集中的建福高级农业合作社为试点，由供销社直接组织私商各行业参加商品展览（生产资料由供销社展览）。6 月 19 日晚上，夜商品展览会在建福农业社举办，有私商南货、酱酒、棉布、百货、磁席、卷杂、茶叶、新药、茶食、水果、白铁修旧等 17 个行业参加（糕团寄售少量食品），供销社带去生产资料。当晚和次日晚上，共计营业额 461 元，占灵安镇上两天总营业额的 40%。是年，共组织去农业社开夜展览 52 次，总营业额 4363 元。1957 年，经当地党政部门同意，丰桥供销社在史桥也召开物资交流会。

1962 年，境内各基层供销社普遍在晚上举办农村物资交流会，又名"夜销会"。

1985—1986 年，灵安供销社先后去崇福、西牛桥、路家园、红旗村举办展销会，巡回展销商品有 600 余种，销售额 5.6 万元，深受群众欢迎。

1989 年 10 月 10 日－11 日，同福供销社举办展销会，下属各综合性商店集中到乡政府所在地草庵头，设摊展销，以一般日用生活资料商品为主，2 天销售额 11.25 万元。12 月中旬还在新农村龙灯桥举办展销会。

1990 年，灵安、同福供销社分别举办元旦展销会（同福社在羔羊举办），2 天时间销售额分别达到 15 万元和 6.36 万元。是年 6 月 22－23 日上午，同福供销社在徐家庙茧站举办商品展销会，一天半时间销售额 3.9 万元。其中销售电风扇 39 台、电视机 10 台、洗衣机 5 台、自行车 11 辆。

90 年代后，市场购销网点众多，商品充裕，流通顺畅，有关部门不再举办展销会。

第三节　专业市场与集贸市场

桑苗市场

境内灵安、同福一带是桑苗主产区，历来以盛产桑苗而闻名，民国时期年产 500 万株上下，约占全省总量的 50%。上市季节，路边桑苗堆积，绵延百米，外地客户纷纷前来收购，聚客成市。

桐乡市档案馆馆藏档案（卷宗号 30－1－105）载：解放初期，灵安区惠桥、天福、中福等乡均组织桑苗运销合作社，向本省各县及外省推销桑苗。实生苗（一年生的称广秧），主要运销本省嘉兴、吴兴、德清、长兴、海宁、崇德、桐乡等县。接木苗（嫁接苗）主要运销本省吴兴、德清、嘉兴、长兴、海宁、崇德、桐乡、海盐、杭县、嵊县、诸暨、临安、新登等县，以及江苏省的无锡、苏州、吴江、宜兴、金坛、溧阳、江阴、武进、镇江、昆山等县。1951 年春，惠桥、天福、中福、纪目等乡共运销桑苗 589.24 万株，其中实生苗

2009年3月，凤鸣街道种植的小桑苗进入销售旺季，山东和河南客商纷纷开车前来采购

203.69万株、接木苗385.55万株，销售总值108157.31万元。桑苗运销量占崇德县桑苗产区7个乡（另有肇昌、虎啸、芦母）的83%。

1979年后，桑苗交易日趋活跃，每年10月底至翌年清明前，商贩云集，设点收购。灵安镇、同福乡沿公路两旁桑苗收购点星罗棋布，自然形成桑苗交易集散地，人气极旺。1990年，仅灵安桑苗市场就有收购点30余个，桑苗成交超过2亿株，广秧成交1.5亿株。是年，梧桐工商所与灵安蚕桑场村联合投资20万元，建立桑苗专业市场，占地5.2亩。但因交易日盛，场地狭窄，大量的交易仍聚集在公路两旁进行，甚至占据公路路面，车为之塞，人为之阻，影响交通，且存在安全隐患。1994年同福乡投资100多万元，建起占地20余亩的桑苗市场，吸引了除台湾、西藏以外的各省、市、自治区客户前来引种调苗，年成交量达2亿株。1997年，同福乡政府建立湖桑苗市场管委会，加强桑苗市场管理，规定凡经营桑苗的单位和个人必须按指定地点（同福桑苗市场）设摊收购，严禁在嘉德公路、宏运路等交通要道两侧设摊经营。1998年同福乡被嘉兴市委市政府命名为“桑苗之乡”。2001年，在桑苗、广秧交易旺季，公路两旁收购、堆放、整理、装车等情况时有发生，影响环境和交通安全。为此，同福乡政府把桑苗、广秧交易秩序管理作为一件大事来抓，建立领导小组，职能部门和各村协同配合，对经营大户分类指导，划定范围和地段，以解决桑苗收购中的突出问题。此后，境内的桑苗交易大多分布在经营大户所在的各村中，且颇具规模。2005年9月，灵安苗木专业合作社与贵州省毕节市建立桑苗销售合作项目，全年供应小桑苗1000万株，销售额288万元。2008年6月，凤鸣街道被中国特产之乡推荐暨宣传活动组织委员会授予“中国桑苗之乡”称号，小桑苗销往全国20个省29个县（市），并出口越南等国家。2013年，凤鸣街道产桑苗3亿株，其中商品苗2.6亿株，占产苗总量的83%。

集贸市场

境内的集市贸易历来都是农民、商贩沿路设摊交易形成的露天市场。1956年，实行私营商业社会主义改造，限制集市贸易。1957年，逐步放开国家领导下的农村自由市场。“文化大革命”期间，集市贸易上市品种除蔬菜外，其他寥寥无几。

1962年7月4日，灵安供销社根据上级有关搞活农村市场的指示精神，成立集市贸易服务部，恢复三类农副产品的历史流通习惯，沟通城乡之间、地区之间的物资余缺调剂，活跃农村市场。是年，集市贸易服务部收购南瓜6020担，其中5000担运销上海、南昌等城市；帮助农民余缺调剂生产羊288头、小猪103头；向平湖、上海等地组织生猪、水产、水果、笋干等紧俏商品供应本地市场；集市贸易部每天有鲜肉供应，还增设鲜鱼部，平抑物价，缓解群众有钞票买不到东西的状况。

1978年底，全面放开集市贸易，对国家规定的一、二类农副产品，允许农民在完成国家收购计划后可上市出售。随着集市贸易从露天市场到棚内市场、室内市场，集市贸易由原来互通有无、调剂余缺的自然经济逐步向商品经济规范化市场发展。

1984年，灵安的集市贸易成交额为300万元。1989年7月，灵安镇创办集贸市场。

1992 年 11 月，同福农贸市场开业，占地面积 5400 平方米，建筑面积 2234.79 平方米，坐落于同洲公路南侧，中群南路东边，经营商户 43 户。1994 年 4 月，史桥农贸市场建成投入使用，有摊位 25 个。境内各乡镇农贸市场先后告别露天市场，进入室内交易。1995 年，同福乡在草庵头集镇宏运路北段，投入 105.9 万元，新建农贸市场，有摊位 40 个，1996 年建成并投入使用。1997 年灵安镇新建农贸市场，有摊位 30 个。

表 9—27　　2001 年境内集贸市场情况统计表

市场名称	创办时间	投资总额（万元）	占地面积（平方米）	建筑面积（平方米）	摊位个数	年成交额（万元）
灵安集贸市场	1989.7	46	1105	802	522	1883
同福农贸市场	1992.11	38.6	4005	1078	188	569
史桥农贸市场	1994.4	102.8	2666	1800	90	3128

资料来源:《桐乡年鉴》2002

2010 年 7 月，根据市政府《关于农村小菜场整治与规范工作实施意见》，对已登记发证的同福农贸市场，加强日常监管，严格执行“四项管理制度”(食品准入、快速检测、信用记录、卫生保洁)。对境内的无证小菜场，不具备市场名称登记条件，但有固定场所和设施，为群众生活所必需的，作为当地的便民交易点。确定灵安菜场等 4 个为便民交易点，由街道对其进行安全检查，发现问题及时整改。由主办单位负责日常管理，确保食品质量安全。对以农民自产自销为主、设施简陋或基本无设施、交易时间短的临时性集市，由街道和所在村(社区)落实专人负责日常管理。

表 9—28　　2010 年凤鸣街道农贸市场和便民交易点分布情况表

名　　称	类　别	地　址	举办单位
同福农贸市场	农贸市场	同福集镇	凤鸣街道
灵安村菜场	便民交易点	文华小区	灵安村
文华菜场	便民交易点	文华小区	环南村
灵安菜场	便民交易点	灵安集镇	凤鸣街道
史桥菜场	便民交易点	史桥集镇	凤鸣街道

资料来源:桐政办发〔2010〕103 号文

2012 年，史桥、灵安、同福等 3 个农贸市场总占地面积 11678 平方米，总投资 211.6 万元。

第十编　交通　邮电　电力

公路交通发达以前，境内居民外出全靠步行或乘航船（一种载客的橹摇木船），十分不便。民国25年（1936），杭善公路崇德段通车，境内始有公路。民国时期，境内邮政仅有灵安邮政代办处，代办民间信札往来传递。民国36年（1947）后，崇德县乡村电话管理所在境内架设电话线路，灵安、同福与崇德、桐乡之间先后开通电话。

中华人民共和国成立后，境内水陆交通、邮政电信逐步改善，但发展缓慢，其设施建设水平低下。1961年，境内始有灌溉用电，随后陆续用上生活照明电。中共十一届三中全会后，地方经济发展加快，推动了境内交通、邮政和电力等基础设施建设的快速发展。80年代，水上客运桐乡至长安、桐乡至乌镇、桐乡至高桥、桐乡至硖石等航线均在境内设停靠点。320国道拓宽，桐乡至洲泉公路通车，境内交通明显改善。90年代实现村村通公路，2000年后实现村村通公交。邮政和通信事业也迅速发展，从摇把子电话到自动电话，从BP机（无线寻呼）到“大哥大”（第一代手机），从“小灵通”到移动电话的普及，通信工具不断升级换代，互联网宽带进入寻常百姓家。境内电力供给从经常拉闸断电的紧缺时期，经过不断投入增容，开展新农村电气化建设，节约用电、有序用电，供需达到基本平衡，电力促进经济发展，造福人民生活。

第一章　交　　通

境内交通便捷，京杭古运河沿西侧而过，出海工程长山河与灵安港横贯相连；320国道（旧称杭善公路、杭枫公路）和桐洲公路在境内呈丁字形分布，交会于新农村；水陆衔接，支干相连，形成四通八达的交通网络。

第一节　水路交通

航道

境内主要航道有京杭古运河、长山河、康泾塘、南日港等。京杭古运河江南段亦称“杭申甲线”，被誉为“黄金水道”，属干线航道，流经境内里程5.8公里。支线航道有长山河、康泾塘、南日港等，流经境内里程分别为13.6公里、7.3公里和3.2公里。此外，还有灵安港、六里港、三界桥港、牛德金港、新板桥港、店介塘港、黑板桥港、中路过桥港等，河港纵横，水运便利。

抗日战争中水路交通曾遭敌伪摧残，水道严重阻塞，抗日战争胜利后逐步修复。杭善公路灵安段桥坝系崇、桐两县船只往来之水陆交通要道，虽在民国33年（1944）略开小道，免以影响农民田禾灌溉，船只往来仍诸感不便。民国36年（1947）4月中旬，灵安乡公所征集各保民夫，发起开掘，以复旧道。千余民工经15天劳作，始竣其事。开掘面积阔2丈4尺，深2丈1尺。日军侵华期间，境内运河主干道亦遭严重破坏。民国37年(1948)《浙江水利建设月刊整治嘉属运河工程纪要》记载："抗战以来，河身未见变迁，惟若干处堵塞。在崇德县境，太公渡及小羔羊，即有两处，共长150公尺以上之地区，须挖下土方12000余立方。"民国35年(1946)12月，运河太公渡小羔羊清除阻塞工程开工，民国36年(1947)7月竣工，挖土12553土方。同时利用河水干旱低落之时，清除河底留存的桩木，以利水运。

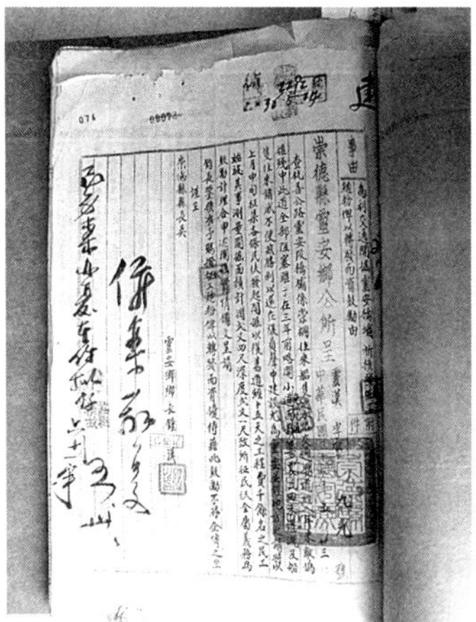
民国三十六年(1947)灵安乡公所关于开掘灵安桥坝呈崇德县长的公文

表10—1　民国36年(1947)同福乡疏浚航道工程情况一览表

施工地点	疏浚长度	起　　土	实施办法	开工日期	完工日期
七家桥/陆洞桥	1310米	2160公方	发动民工	35.12.26	36.1.18
杨树港	1180米	2360公方	发动民工	36.3.2	36.4.5

资料来源:《桐乡县交通志》1991版

解放后，人民政府重视航运事业，境内航道经过多次疏浚、拓宽及开挖，城乡、村镇之间水道畅通无阻，通航能力大幅提高。

表10—2　　1952—1985年境内疏拓航道情况一览表

航道名称	境内起讫地点	疏拓规模			疏拓年月	疏拓后通航吨位	备　注
		面宽(米)	底宽(米)	河床高程			
六里港	运河一长山河	25	3	0	1952年冬	30	
中路过桥港	灵安港一石门界	24	2.5	0	1957年、1976年、1978年	30	分三期
康泾塘	康泾塘一梧桐界	30	8	−0.5	1969年冬	60	
灵安港	长山河一康泾塘	25	4	0	1973年冬	40	
长山河史桥段	史家桥	49.5	20	−1	1983年10月	100	
长山河	运河一启新桥	49.5	20	−1	1985年12月	60	

资料来源:《桐乡县交通志》1991版(境内起讫点由农经中心提供)

据1979年县航管部门统计，途径境内的支线航道有7条。

表10—3　　1979年境内支线航道情况一览表

航　线　名　称	全　长(公里)	境内起讫地点	通航船舶吨　位	水　深(米)	底　宽(米)
梧桐一高桥	16.14	古店桥一史桥村	30	1.5	8
梧桐一灵安一单桥	14.79	古店桥一马头墙	40	1.7	7
梧桐一崇福	21.67	灵安岔口一六里港口	20	0.9	4
		徐家庙支线	20	0.9	4

续表

航 线 名 称	全 长（公里）	境内起讫地点	通航船舶吨 位	水 深（米）	底 宽（米）
跨凤桥一史家桥	3.18	顾家埭一史家桥	30	1.5	8
跃进桥一史家桥	14.95	广成埭一史家桥	10	1	3
龙王庙一羔羊	4.22	龙王庙港口一羔羊	15	1.1	8

资料来源:《桐乡县交通志》1991版(境内起讫点由农经中心提供)

1983年,长山河二期工程史家桥段(新日桥至史桥砖瓦厂)疏拓,长0.75公里,可通100吨级船舶。1984年冬,长山河二期工程竣工,史桥段全长5.5公里(启新桥至新日桥、史桥砖瓦厂至蒋主庙桥)。1985年10月,开挖面丈港作为长山河配套工程,全长2公里,河面宽30米,灵安港至长山河的航程得以缩短,水运能力进一步提高。

疏浚后的灵安港(2008年12月摄)

灵安港为境内航运和灌溉的大动脉,因多年来两岸受水流冲击坍塌严重,河泥淤积剧增,河床抬高,影响交通和引水。1990年冬,灵安镇政府决定对灵安港西段进行开挖,东至面丈港配套工程相接,西至龙王庙长山河相连,全长3900余米,河面宽度25米,深度为吴淞高程零,发动民工4000余人进行拓浚。

境内的干线航道有杭申甲线和东宗线。杭申甲线(杭州至苏州)桐乡段起自大麻百富砖瓦厂,终至濮院新运桥,长度41.77公里。途径境内长度5.8公里。1990年,对杭申甲线羔羊段进行疏浚。1995年开始,杭申甲线按四级航道标准,全线改建,分段实施。境内段于1996—1998年完成改造,航道宽度50～60米,水深2.5米,能通航500吨级船舶。随后实施护岸工程,使航道两岸绿树成荫,航道标志齐全。东宗线桐乡段起自乌镇戴家村,终至长山河(杭平申线)。2008年4月开始,实施东宗线嘉兴段航道改造二期工程,自桐乡市区振兴西路大桥沿新板桥港,经灵安港至长山河,全线以四级航道标准建设。至2010年,灵安港以北已完成,灵安港至长山河段尚未完工。(2012年底尚未完工)

90年代后期开始,航道疏浚不再采取大规模发动民工的方式,而是转为以挖泥船等机械操作为主。2004—2010年,凤鸣街道先后对灵安港分段分期实施多次拓浚,提高了灵安港的航运、泄洪、引水等功能。

水运

客运

民国36年,有汽轮客运航班桐乡—长安、石门—长安途径境内。

民国37年(1948),海宁县硖石镇住民胡传忠申请将自有快船一艘,行驶于灵安至硖石一线,每日来回一次,载重量50担。根据崇德县民营船舶登记暂行办法规定,由当地商号具保,灵安东横街的协泰烟行为其具保。是

50年代徐家庙至崇德轮船票

年5月，崇德县政府批复该船主于27日将船驶县城北门码头检丈报核。

解放初期，崇德至境内各乡均有客运线路，或轮船，或民船(俗称航船)。

表10—4　　1952年崇德县水路客运至境内各乡情况一览表

乡名	里程	交通工具	票价(元)	行驶时间(小时)	乡名	里程	交通工具	票价(元)	行驶时间(小时)
灵安镇	27	轮船	2400.00	1	同福乡	12	民船	1000.00	1
中福乡	10	轮船	1200.00	1	纪目乡	15	民船	2000.00	1
天福乡	15	轮船	1200.00	1	惠桥乡	18	民船	2000.00	1

资料来源:湖州档案馆馆藏档案,卷宗号39—1—8
说明:①起点均为崇德县城;②表中币值为旧币

据1985年浙航嘉兴分公司桐乡营业站各航线客轮情况记载，桐长区间航线(桐乡—长安)、长乌区间航线(长安—乌镇)均在福严寺设停靠站。桐高区间航线(桐乡—高桥)、桐硖区间航线均在古店桥、史家桥设停靠站。1990年，福严渡到乌镇的票价为1.2元。此后，由于公路建设快速发展，乘坐客轮的旅客逐年减少，水路客运逐渐衰退，客轮在境内的停靠班次也减少为每天1～2班。

1994年6月，全市水路客运业终止，境内不再有客轮停靠，水路客运完成历史使命。

80年代桐乡到硖石的客轮途径域内

货运

境内农副产品运输历来以农船水运为主。随着社办企业的兴办，轮窑、水泥厂生产的建材产品，对运输需求迫切。1976年，同福公社组建运输社，从上海长江航运局购来铁、木结构报废船壳一只，经修理后安装4110型主机作为拖轮，并配有拖驳7只，吨位119吨，主要承担社办砖瓦厂、水泥厂的建材产品运输。

1980年，灵安公社有挂桨机船16只，其中12个生产大队各1只，灵安供销社、公社电影队、公社塑料厂、灵安预制厂各1只。机型均为S195，除茶家斗大队、建福大队为木船外，其余均为水泥船。吨位最大是预制厂的挂桨机船为15吨，红胜大队和灵安供销社的为7吨，其余均为5吨。

1981年，同福乡运输社将4110型拖轮更换为4135型钢质拖轮(仍为上海购入的旧船)，配水泥拖驳11只，其中30吨7只、20吨4只，共计吨位290吨。1984年，向嘉兴第二造船厂订购50吨钢驳5艘，其中更换原20吨水泥驳报废4艘、新增1艘。使船队总吨位增加到450吨。1986年后，水运市场逐步放开，个体船舶运输渐兴。至90年代中后期，乡镇集体运输社(队)相继解体。

进入20世纪，随着经济的发展，水泥船安全系数小，航速低，性能差，经济效益低，污染严重等缺陷日益显露。自2002年下半年开始，根据市政府的统一部署，凤鸣街道和同福乡政府在境内淘汰拆解水泥船舶。交通部门停止办理新增水泥船舶入港登记，各船舶修造厂停止新建、改建水泥船舶。2003年，凤鸣街道淘汰拆解水泥船94只，完成年度拆解任务。2004年各砖瓦厂自用的水泥船置换为钢质船。经过两年的努力，凤鸣街道和同福乡均完成淘汰拆解水泥船任务，水泥船舶自此退出境内水上运输。2005 年 1 月起，交通部门禁止各类水泥船舶在航道上行驶，运输船舶逐步向钢质化、落舱化、大吨位方向发展。

80 年代开始，钢质挂桨机船载货量大，船体坚固航速快，受船户欢迎。进入 21 世纪后，因其变速箱暴露在外，噪声大，易污染水源，2004 年市政府统一部署淘汰钢质挂桨机船工作。船主可选择拆解报废、落舱改造和拆除挂桨机动力改驳船 3 种方式，政府给予适当补助。至 2007 年 10 月，境内钢质挂桨机船全部淘汰。

2003 年，浙江天女集团下属彩钢厂原料钢板来自上海，货物运输量较大，为此配套组建天女滨海航运队。至是年底，该队有货运机动船 6 艘，当年运量 2700 吨，在全市首开工业企业办水运的先例。2004 年 7 月，12 艘货船全部到位营运，全年实现运量 26880 吨。此后，主要业务是承接桐昆、新凤鸣等化纤龙头企业的原料运输，以及水泥建材等货物的运输。

2005 年，凤鸣街道拥有货运船舶 29 艘(不含同福乡)。个体货运船舶的载重量逐步向大吨位发展，2005 年前一般都在百吨以下。2006 年开始购置一、二百吨级的，2010 年后出现 300 吨以上的。其中最大一艘载重量 465 吨。2006—2012 年，境内又有 28 艘货船在市港航管理处进行营运船舶登记，均为个体运输户，其中李家弄村有 10 户，占了登记船舶数的一半多，其余分布在灵安、西牛桥、红旗、桑园桥、环南、新农村、联建、联胜、中群等村。至 2012 年，天女滨海航运队自有船只 12 艘，外部挂靠船只 5～10 艘，全年实现运量 43320 吨、营业收入 510 万元。

渡口

清乾隆年间绘制的《石门镇至杭州府仁塘栖和县镇大营道里图》(北京大学图书馆馆藏)，在运河桐乡段标有两个渡口：福严渡、太公渡，均在境内。

解放后，人民政府十分重视渡口安全管理。1959 年，境内渡口均通过航管处港航监督组织的核检，设置渡口、渡船安全标志，制定渡口、渡船安全守则。逐步实现渡口领导、渡口制度、安全措施三落实。1972 年，又通过县航管所的全面复查，坚持经常性安全教育，节日前组织重点检查。

表 10—5　　1985 年境内渡口情况一览表

名称	位置		摆渡形式	渡船			渡口管理单位
	航线	地点		定额	渡工姓名	船质	
太公渡	杭申甲线	太公渡	自摇收费渡口收入	20 人	轮流	水泥	同福乡
福严渡	杭申甲线	福严渡	自摇摆渡渡口收入	20 人	钟月堂	水泥	同福乡

资料来源：《桐乡县交通志》1991 版

说明：太公渡渡船由同福乡联合村 1 队负责轮流

1987 年以后，境内两个渡口的渡船相继更新为钢质渡船，提高渡运的安全系数。1990 年，县财政安排同福乡渡船修理补助经费 1500 元，用于福严渡、太公渡两艘渡船的修理。

1991 年，全县有 8 个渡口，其中境内有 2 个，为同福乡的太公渡和福严渡。

随着交通事业的迅速发展，境内陆路交通条件越来越方便，渡口已逐步失去存在的必要。1992 年，太公渡停止渡运。1997 年 12 月 31 日，经市交通局批复同意，撤销福严渡，同时收回渡船及渡船证、渡工证。至此，摆渡这种古老的交通方式在境内消失。

第二节　陆路交通

公路

民国24年(1935),省办杭善公路崇德段开始兴筑,民国25年(1936)12月通车,境内始有公路。1980年10月,新农村至洲泉公路建成通车,成为境内第一条县道。90年代,乡镇、村公路建设迅速发展,实现村村通公路。至2012年,境内已形成以国道、省道为主骨架,县道、乡道为干线,村道为支线的公路交通网络。

国道(省道)

320国道,旧称杭善公路、杭枫公路。1981年11月,国家计委、经委、交通部定该公路为国家干线公路,编号为G320,称320国道(上海至云南瑞丽),桐乡段长32.46公里,途经境内4.7公里,起讫地点为王金汇桥至龙灯桥。

民国24年(1935)4月,省政府以工代赈建造杭善公路(杭州至嘉善),崇德县负担灵安镇至海宁科同桥段,全长17公里。各乡镇划段包干,民工经费采取"以工代赈""义务摊派"两种办法处置。民国25年(1936)7月建成通车,灵安设站,成为崇德县除县城外唯一通公路的集镇。但未及一年,抗日战争爆发,公路遭受破坏,交通遂废。直至1958年,修复杭善公路濮院至崇福南门段,1970年修建崇福南门至海宁余家渡桥段,接通杭州,灵安又受惠于杭善公路的交通之便。1978年杭枫公路(即杭善公路)桐乡段由原来的泥结碎石路改建为渣油沥青表处路面。1989年,拓宽改建为水泥混凝土二级公路,路基宽15米,路面宽12米,两边各设1.5米宽硬路肩。1995年,320国道改双向两车道为双向四车道。2003年,改造为一级公路,改水泥路面为沥青砼路面,路基宽25.5米。

县道

至2012年,境内有县道4条,途经境内里程10.7公里。

新羔线　凤鸣街道新农村(320国道口处)至石门镇安全村(崇新线交叉口),全长8.92公里。境内起讫地点:新农村(320国道口处)至小羔羊,长6.31公里。原称新洲公路(新农村至洲泉),1980年10月建成通车,泥结碎石路路面,为桐乡县第一条民办公助的公路,同福段由同福公社抽调劳力修筑,土方工程和青苗补偿由县补助,包干使用。路面工程和桥梁工程费用县、乡各承担一半。由于该公路是利用原机耕路、机耕桥,以民办公助性质改建的一条等外级公路,载重标准10吨以下,路面宽度3.5米,仅容许单向通行,随着经济快速发展,行车密度和重型车辆增加,交通瓶颈现象凸显。1986—1987年,改造新农村至羔羊段桥梁4座,并将此路段按三级公路技术标准进行改建。1995年,改沙石路面为沥青混凝土路面。1999年6月,经市长办公会议协调,市计经委批复同意,新农村至洲泉公路同福段改建工程先实施同福集镇路段,改建全长1034米,路基宽度18米,行车道宽15米,水泥砼路面,两侧绿化带各1.5米,非机动车道宽各3米。工程投资228万元,先由同福乡自筹垫付,市交通局列入2000年道路建设计划,上

老桐九线史桥段1995年始栽植梧桐树,现已树荫蔽日,被誉为桐乡最美的"梧桐大道",全长3.4公里

报市政府补助解决。2001年,新羔线改建为二级沥青混凝土路面,路基宽16米,路面宽15米。

桐九线　史桥村至高桥镇九里桥,全长8.46公里。途经境内长3.7公里。桐九线原称桐高公路(桐乡至高桥)。1987年10月,桐高公路桐乡至南日段竣工通车,泥结碎石路面,史桥乡始通公路。2001年完成"砂改油"(泥结碎石路面改沥青路面)工程。2003年分水墩桥(史桥村)至徐家桥3.6公里拓宽改造为沥青混凝土路面,路基宽8.5~9米,路面宽7米。至2010年,全线均为沥青砼路面。

屠新线　屠甸镇至新农村(320国道口),全长18.04公里,建于1996年。途经境内起讫地点:太河荡至新农村(320国道口处),长度1.7公里,路基宽8~18米,路面宽4.5~15米,沥青砼路面水泥砼路面兼有。

高铁线　桐斜线(迎宾大道口)至桐九公路沪杭客运专线高铁站,全长2.19公里。境内起讫地点:花墙门—南港上,长度2.9公里,2010年9月完工,沥青砼路面,路基宽24.5米,路面宽21米,双向四车道。

乡道

80年代初,境内乡道均为乡间小道和机耕路。随着乡镇企业的发展,解决交通瓶颈问题引起社会关注,"要致富,先筑路",各乡镇纷纷筹资在原机耕路基础上填土平路修筑泥结碎石公路。此后,乡村公路得到快速的发展,农村发展环境、农业生产环境和农民生活环境明显改善。

90年代中期,境内各乡镇多方筹资,将泥结碎石路乡道改建沥青路面(俗称"黑色化")。1996年,灵安镇投资496万元实施镇级公路黑色化工程,是年5月开工,1997年9月竣工。其中浙江天女集团公司出资360万元、镇政府投资85万元、市交通局补助51万元。新增土地80亩,建造桥梁3座,将原通往各村的碎石公路全部拓宽改造成5米宽的沥青路面公路,总长度13.8公里。

1996年9月开始,同福乡实施环乡公路建设,总长12.08公里,途径全乡8个村。1997年,同福乡有公路17.2公里,其中黑色化公路5.16公里。

1999年,市政府召开专题会议,就灵安至史桥公路建设问题进行研究和协调。确定灵安至史桥公路按四级公路技术标准建设,一期砂石路面估算总投资207.637万元,由市财政补助105万元。

2004年,实施同石公路(同福至石门,后称民茅线)福严寺段1.4公里道路拓宽工程,总投资500多万元。工程自2002年年底开始房屋拆迁,土地征用,三线搬迁和道路规划,2003年主要实施了路面浇筑、桥梁施工和标志标线的设置,改造后路面从7米拓宽到16米,解决了福严佛教文化旅游开发的交通瓶颈问题。

2007年,同福至石门公路二期工程正式启动(乡道),途经境内起讫地点:三圣堂桥至姚家浜,长3.5公里。

2008年,凤鸣街道推进康庄工程建设,投资665万元,改造维修联村公路、通组道路55公里。

2012年年末,凤鸣街道共有乡道6条,总长34.17公里,均为沥青碎石和水泥砼路面。

表10—6　　2012年境内乡道概况一览表

路名	起讫地点	里程(公里)	路面情况			技术等级	建成或改建年月
			路基宽(米)	路面宽(米)	路面结构		
灵史线(Y810)	灵安集镇至史桥集镇	4.958	18~7.5	12~6	沥青砼 水泥砼	二级、三级	1999

续表

路名	起讫地点	里程（公里）	路面情况			技术等级	建成或改建年月
			路基宽（米）	路面宽（米）	路面结构		
灵同线（Y829）	灵安村至石门同星桂花村	8.039	6～5.5	5	沥青碎石	四级	2004
红西线（Y835）	红旗村至西牛桥	3.574	6	5	沥青碎石	四级	1999
新合线（Y836）	新农村至合星	6.959	6～5	5～4.5	沥青砼	四级	2004
新史线（Y837）	新农村公墓至桐九线	3.891	6.5	5.5	水泥砼	四级	2004
民茅线（Y823）	三圣堂桥至八字桥	6.749	16	15	水泥砼	四级	1999

资料来源:《桐乡市交通志》2015 版

村道

80 年代，境内农村道路大多为机耕路或不足 1 米宽的水泥路，路况差、路面窄、桥梁负载低，由各村自建自管。

1990 年冬，同福乡政府决定，逐步建筑新农村至徐家庙丝厂、联合村至砖瓦厂、长山河至蔬菜厂、联庄砖瓦厂至龙王庙等 4 条简易公路。乡政府负责路基放样、统一标准、质量要求。土方任务由土地所在村利用劳动积累工负责整平，以后在全乡性工程的土方任务中剔除。此后，市财政与乡镇各负担 50％资金支持村道建设，各乡镇陆续建设村道，与乡道贯通。

1996 年 5 月，灵安镇为改善村道的路面状况，开始将通各村的道路改造成沥青路面，委托市交通工程公司实施。一条是灵安镇往西经朱家门、西牛桥、路家园、惠桥，再上 320 国道；另一条是 320 国道往东到灵安砖瓦厂。2 条道路共计长度 8 公里。在原有路面的基础上铺筑 5 米宽的沥青路面，总厚度 20.5 厘米。是年灵安镇率先实现村村通油路（沥青路面）。

2001 年完成同福集镇至原联群村段、龙王庙经徐家庙至 320 国道、同洲公路至乡敬老院段公路的黑色化工程。三段公路全长 9058 米。其中集镇至原联群村 2988 米，龙王庙经徐家庙至 320 国道 5170 米，同洲公路至乡敬老院 900 米，浇筑路面宽为 5 米，共计浇筑面积为 45290 平方米。

2003 年 4—10 月，实施村级公路改造工程，共投资 348 万元，对见茶线至环南村、灵史线至长新村、320 国道至路家园村、320 国道至西牛桥村等 4 条村级公路，总长 11.7 公里，按准四级标准改造。2004 年，完成桐洲公路至八字桥全长 2.8 公里的村级道路黑色化工程。

2010 年，凤鸣街道投资 85 万元硬化通村道路 2.4 公里。2012 年，投资 25 万元完成李家弄村生态公墓道路硬化。全街道通村公路全部实现硬化，其中达到准四级以上公路标准的超过 90％。

至 2012 年，凤鸣街道共有村道 63 条，总长 73.35 公里，均为沥青碎石和水泥砼路面。

表 10—7　　2012 年凤鸣街道村道路线一览表

路线名称	路段属地	里程（公里）	公路等级	路面结构
桐九线—浜底头	桑园桥村	2.129	等外	水泥
浜西—钱家斗	桑园桥村	1.081	四级	水泥
桐九线—俞家浜	桑园桥、史桥	2.166	四级	水泥

续表

路线名称	路段属地	里程(公里)	公路等级	路面结构
前埭咤—顾家埭	史桥村	1.165	四级	水泥
河东—车家兜	史桥村	1.854	四级、准四级	水泥
顾家埭—河西	史桥村	0.523	准四级	水泥
大道地—李家角	合星村	0.866	准四级	水泥
邱家埭—庙前村	史桥村	0.677	四级	沥青
桐九线—土城里	桑园桥村	1	四级	水泥
油车桥—魏家埭	长新村	2.051	四级	沥青
古店桥—长新桥	长新村	2.956	四级	水泥
卫生院—道地桥	李家弄村	2.558	四级	水泥
李家弄—公墓	李家弄村	1.274	四级	水泥
史桥公墓—俞家门	史桥村	0.49	等外	水泥
320国道灵安东车站—亭桥公路	红旗村	1.17	四级	沥青
沈家—320国道	红旗村	1.163	等外	水泥
路家园组—高家浜	路家园村	1.532	准四级	沥青
同石公路—同家浜	合星村	0.621	准四级	水泥
唐家村—320国道	红旗村	1.665	四级	水泥
第九中学—蒋家浜	灵安村	0.539	四级	沥青
同石公路—屯桥头	合星村	0.818	准四级	水泥
同石公路—金家村	合星村	0.691	准四级	水泥
路家园—公墓	路家园村	1.983	准四级	水泥
潘家洋—路家石桥	路家园村	0.903	四级、准四级	水泥
小李家埭—马家湾	中群村	1.57	准四级	水泥
同石公路—黄家角	合星村	0.647	准四级	水泥
中群—全德庙	中群村	0.448	四级	水泥
乐家门—公墓	西牛桥村	0.834	四级	水泥
东牛桥—同心村	灵安村	0.464	准四级	水泥
火化场—马头墙	桑园桥村	0.59	四级	水泥
善罗头—秀花浜	长新村	0.674	四级	水泥
泥水浜—陈家里	史桥村	0.591	等外	水泥
阳光制衣—环南村	环南村	0.801	三级	水泥
陈家洋—都家埭	灵安村	1.175	四级	水泥
施家里—顾家坝南	灵安村	1.141	准四级	水泥
魏家桥—长庆桥机埠	长新村	0.46	四级	水泥
魏家埭—朱家门	长新村	0.567	四级	水泥
永宁—俞家门	长新村	0.555	四级	水泥

续表

路　线　名　称	路段属地	里程(公里)	公路等级	路面结构
西昌桥—蚕桑场	红旗村	1.981	等外	水泥
史家埭—朝北屋组	灵安村	1.803	准四级	水泥
牛桥北—屠家浜	西牛桥村	0.54	准四级	水泥
唐家村—浜西	桑园桥村	1.081	准四级	水泥
魏家埭—钟家弄	长新村	1.367	准四级	水泥
绕城公路—天仁桥	灵安村	1.075	准四级	水泥
秀才桥—木工厂	灵安村	1.173	准四级	水泥
钟家弄—史桥	史桥村	1.083	四级	水泥
鱼船汇—洞桥头	中群村	0.497	四级	水泥
新羔线—观音桥	联胜村	0.497	四级	水泥
钟家浜—顾家坝	灵安村	0.925	四级	水泥
新农村—茅家浜桥	新农村	1.922	四级	水泥
新羔线—谈家门	中群村	1.139	四级	水泥
屠新线—亭桥	新农村	0.898	四级、准四级	水泥
屠新线—南墙门	新农村	0.404	四级	水泥
王家村—柴家斗	联庄、中群	3.753	三级、四级	水泥
新羔线—俞家桥	新农村	1.036	准四级	水泥
石桥头—杨园新村	联庄、联胜	3.412	四级	水泥
新羔线—庙东村	联胜村	0.597	准四级	水泥
同石公路—李家角	合星村	1.041	准四级	水泥
太平桥—中群村	中群村	0.546	准四级	沥青
柴家埭—永昌庙	中群、合星	2.643	准四级	水泥
新羔线—堰坝头	联庄村	0.655	四级	沥青
堰坝头—三斗村	联庄村	0.399	四级	水泥
同石公路—福严寺	合星村	0.492	二级	沥青
合计	—	73.351	—	—

资料来源:凤鸣街道交管站提供

道路

集镇道路

解放前,灵安集市简陋,街道狭窄。民国38年(1949)2月,崇德县政府呈省建设厅《崇德县灵安镇街道等级表》记载,灵安的街道有中街和东市街,宽度分别为2.1米和2米。还有一条街市与公路连接的小道,称为安弄。

解放初至70年代,灵安集镇的道路设施发展迟缓,主要街道为石板路面,其他道路均为碎石泥路,遇到天雨,路面积水,泥泞不堪。1973年疏拓灵安港后,集镇道路始有改善。1984年后,集镇建设按总体规划实施，道路状况明显改观。至1988年，镇西新建的新兴路、振兴西路和永兴路总长860米，路幅10～20米。集镇7条主要街道均浇筑了混凝土。

1984年11月，史桥从南日乡析出建乡后，集镇道路建设加快，1986年，沿长山河修筑东西全长425米，路幅9米的集镇大街(新日桥北堍至史桥茧站，混凝土路面)(此处据桐乡市档案馆馆藏档案148—1—129记载，与民政局地名办提供的数据有出入)。1991年，在老集镇北面建新的史桥大街，长250米，宽24米，并在街路两侧规划实施新的商业区。原史桥集镇大街改称文化街(2011年命名为文化路)。

90年代中期开始，同福乡加快改善集镇道路状况。1999年2月，中群路(后称宏泰北路)同福集镇段动工建设，全长620米，工程总面积7440平方米，总投资78万元，同年9月完工。随后，又建宏运路、宏峰路、富通路(后称宏通路)等集镇道路。形成了以同福路、富通路、富民路(后称宏民路)和中群路、宏峰路、宏运路为主体的"三横三纵"道路框架。2001年同福乡建设环集镇道路，总长600米，路幅8米，总投入25万元；行道改造总面积2500平方，总投资10万元。

2004—2005年，凤鸣街道为改善集镇形象和投资环境，分二期新建灵安大道(灵安路)，维修新兴路全段，总投资337万元。灵安大道全长600米，路幅24米。

园区道路

1994年，同福经济园区(后称同福工业园区、市经济开发区凤鸣同福分区)创设后，同福乡政府十分重视园区道路建设，至1995年，一条近2公里长、21米宽的园区大道已投入使用。随后，乡政府(凤鸣街道办事处)按照市经济开发区凤鸣同福分区建设规划，相继建成同晖路、同园路、同佳路、同业路、同盛路、同语路、同恒路、同福东路等。至2012年，市经济开发区凤鸣同福分区有干道、支道共9条，其中东西向4条、南北向5条。

2000年，桐乡市化学工业园区(后称市经济开发区凤鸣分区)创设后，灵安镇政府对园区建设从基础设施抓起，2001年即启动主干道(后命名为敬业路)工程。随后，镇政府(凤鸣街道办事处)按照园区建设规划相继建成佳业路、宏业路、振业路、凌业路、富业路、延业路、广业路、诚业路、强业路、展业路、华业路、建业路、金业路等。至2012年，市经济开发区凤鸣分区有干道、支道共14条。

表10—8　　2012年灵安集镇道路一览表

道路名称	起点(东、南)	终点(西北)	路长(米)	路宽(米)	走向	路面	命名时间	备注
安弄街	河北路	320国道	200	4	南北	水泥混凝土	—	1970年建成
安全路	新兴路	河南路	170	7	南北	水泥、沥青	1985	
河北路	灵安茧站	320国道	450	4	东西	水泥混凝土	2005	
河南路	灵安路	安全路	350	4	东西	水泥混凝土	—	1970年建成
灵安路	凤鸣天女中心小学	二环南路	700	24	南北	水泥混凝土	2004	
赵家角路	灵安路	安全路	230	7	东西	水泥混凝土	2011	
新兴路	卓怡鞋业公司	320国道	592	24	东西	水泥混凝土	1987	1985年建成

表 10—9　　2012 年同福集镇道路一览表

道路名称	起点(东、南)	终点(西北)	路长(米)	路宽(米)	走向	路面	命名时间	备注
同福西路	中群村小桥头	羔羊大桥	3000	24	东西	沥青	—	
宏泰南路	环乡公路	同福路	580	24	南北	水泥混凝土	2005	
宏泰北路	同福路	长山河	630	24	南北	水泥混凝土	2005	
宏运路	同福路	长山河	600	18	南北	水泥混凝土	2005	
宏峰南路	环乡公路	同福路	570	21	南北	水泥混凝土	2005	
宏峰北路	同福路	宏民路	300	21	南北	水泥混凝土	2005	
宏盛南路	如城针织厂	同福路	200	6	南北	水泥混凝土	2005	
宏盛北路	同福路	长山河	600	6	南北	水泥混凝土	2005	
同福路	同福 3 号桥	金都针织厂	1000	24	东西	水泥混凝土	2005	
宏通路	宏泰北路	宏盛北路	480	18	东西	水泥混凝土	2005	原名富通路
宏民路	宏泰北路	宏盛北路	480	15	东西	水泥混凝土	2005	原名富民路
宏福路	同福路口	沈其自然村	200	16	南北	水泥混凝土	2006	
宏康路	同福社区卫生服务中心	同福路	250	8	南北	水泥混凝土	2005	

表 10—10　　2012 年史桥集镇道路一览表

道路名称	起点(东、南)	终点(西北)	路长(米)	路宽(米)	走向	路面	命名时间	备注
史桥大街	南日公路	马家桥	250	24	东西	水泥混凝土	2005	1991 年始建
文化路	凤鸣中心小学史桥分校	史桥茧站	300	5	东西	水泥混凝土	2011	1986 年建，原称史桥集镇大街
马家桥路	文化街	史桥大街	100	2.5	南北	毛石	1985	

文化路数据与桐档记载不符，经街道城建交管办余炜杰按图纸测量数据约为 370 米，路宽数据难以确定。

表 10—11　　2012 年文华小区道路一览表

道路名称	起点(东、南)	终点(西北)	路长(米)	路宽(米)	走向	路面	命名时间	备注
安业路	崇福大道	安民路	1318	6	南北	水泥混凝土	2005	
安民路	崇福大道	安业路	1185	8	南北	水泥混凝土	2005	
滨东路	环城南路	校场西路	1459	6	南北	水泥混凝土	2005	
滨西路	环城南路	校场西路	1484	6	南北	水泥混凝土	2005	
安庆路	环城南路	校场西路	1450	8	南北	水泥混凝土	2005	
同德路	滨西路	环城南路	1957	18	东西	水泥混凝土	2005	原名新农路
同仁路	滨西路	环城西路	1600	5	东西	水泥混凝土	2006	
同心路	滨西路	环城西路	1600	5	东西	水泥混凝土	—	
同运路	滨西路	环城西路	1600	5	东西	水泥混凝土	2006	

表 10—12　　2012 年市经济开发区凤鸣分区道路一览表

道路名称	起点(东、南)	终点(西北)	路长(米)	路宽(米)	走向	路面	命名时间	备注
敬业路	新板桥港	320 国道	380	26	东西	水泥混凝土	2006	
佳业路	新板桥港	320 国道	540	11	东西	—	2006	
宏业路	二环南路	敬业路	743	9	南北	—	2006	
振业路	崇福大道	二环西路	661	12	东西	—	2008	
凌业路	崇福大道	二环西路	350	9	东西	—	2008	
富业路	凌业路	二环西路	700	5	—	—	2008	
延业路	敬业路	崇福大道	764	7	—	—	—	
广业路	富业路	同胜路	699	18	南北	—	2005	
诚业路	延业路	崇福大道	237	9	南北	—	2008	
强业路	二环西路	中路过桥港	658	9	东西	—	2010	
展业路	金业路	史桥门自然村	360	9	东西	—	2010	
华业路	320 国道	建业路	500	7	东西	水泥混凝土	2010	
建业路	灵安港畔	振业路	800	9	南北	水泥混凝土	2010	
金业路	华业路	振业路	670	7	南北	水泥混凝土	2010	

表 10—13　　2012 年市经济开发区凤鸣同福分区道路一览表

道路名称	起点(东、南)	终点(西北)	路长(米)	路宽(米)	走向	路面	命名时间	备注
同业路	同盛路	西长浜	500	8	东西	水泥混凝土	2006	
同盛路	320 国道	同福东路	200	14	南北	水泥混凝土	2005	原名永盛路
同语南路	同业路	同福东路	200	8	南北	水泥混凝土	2005	
同语北路	同福东路	丝尔服饰公司	250	8	南北	水泥混凝土	2005	
同佳北路	同福东路	华为混凝土公司	500	8	南北	水泥混凝土	2011	原名同德路
同恒路	同福东路	西长浜	300	18	南北	水泥混凝土	2005	原名新晨路
同晖路	同语北路	同兴路	250	6	东西	水泥混凝土	2006	
同园路	同语北路	同恒路	540	6	东西	水泥混凝土	2006	
同福东路	320 国道	同福 3 号桥	3000	24	东西	沥青	2005	

资料来源：以上各一览表均摘自《桐乡地名词典》(市民政局编)

桥梁

民间桥梁

境内为江南水乡，河港交叉，自古以来桥梁众多。“出门即遇桥”，水乡人的日常生活、生产与桥梁息息相关，密不可分。

1937 年，日军侵华，八年抗战，境内遭毁坏桥梁颇多。战后，民间要求修复桥梁、恢复交通的呼声急切。一般都由地方要员和乡民代表等负责发起，经费来源主要通过民间劝募，以及按照崇德县奖励兴办地方公益事业暂行办法呈请县政府拨补。民国 37 年(1948)10 月，灵安集市的小石桥(俗称灵安小桥)开始修建，40 天后完竣，总计费用(米)100 石。

表 10—14　　**灵安小桥建造工程价目表**

民国 37 年 11 月 4 日

项　目	价　格	说　明
两桥堍工料承包费	(米)55 担	由桐乡戚财松石匠承包
桩木	(米)15 担	向长安购进
桥面枕木 11 条	(米)10 担	—
桥面转及水泥	(米)10 担	—
桥栏材料及桥面桥栏工杂费	(米)10 担	—
合计	(米)100 担	—

资料来源:桐乡档案馆馆藏档案,卷宗号 M3—9—115

表 10—15　　**灵安小桥建造收支预算表**

民国 37 年 11 月 4 日

收　入	科　目	支　出	说　明
1500 元	—	—	当时按价 20 元可作 75 石,收起款项 1200 元,米价已高,只能抵作 32 石
谷 40 石	请求拨补		当时按 100 石　请求标准
	桥堍工料承包费	米 55 石	已付 32 石
	桩木	米 15 石	借付 12.5 石
	桥面砖水泥枕木	米 20 石	未付
	桥栏材料及桥面工杂费	米 10 石	未付
米 56 石	合计	米 100 石	募款收入因米价高涨抵作 36 石,故收支相差甚远。

资料来源:同表 10—14

上羊石桥位于运河(崇石段)东岸小羔羊港口,为同福乡与虎啸乡南北往来必经之要道。民国 29 年间(1930),被敌拆毁,后仅以木条数根勉强通越,久未修理,愈加不堪行走。民国 37 年发起重建,经费由地方劝募并呈请县政府拨补,并将崇石路太公渡段旧有桥面废石 3 块移拨用于此桥兴筑。

表 10—16　　**崇德县同福乡重建上羊桥经费支出概算书**

民国 37 年 9 月

款	项	目	科　目	支出金额	备　注
一			修建上羊桥全部经费	49.5 石	
	一		材料	27.5 石	
		一	桩木	9.5 石	计 30 支
		二	石料	13 石	排柱石 2 块 8 石,条碎石 5 石
		三	杂用器具	5 石	包括毛竹麻皮装运费及赔偿借用工具等
	二		工资	22 石	
		一	石匠工资	22 石	需 220 工,每工食米 1 斗
		二	小工工资	—	参照国民义务劳动服役办法抽用

资料来源:同表 10—14

桐乡文史资料第33辑《桐乡古桥》，收录境内1949年前建造的民间桥梁136座。至2012年境内尚保存较好的古桥梁有福严寺桥、东牛桥、睦长桥、南李家桥、凝秀桥、晟官桥、天顺桥、万兴桥、修善桥、油车桥等。

福严寺桥　原名劝农桥，俗称寺桥，位于寺前埭村福严禅寺正门前数十米，南北走向，横跨于寺港上，单孔石拱桥。桥长10米，净跨4米，宽2.5米，高4.5米。券顶石宽大厚重，拱券为并排竖列石板8块，堆砌整齐，形制较为少见。两侧桥耳尚存，桥耳极大。两端均有7级踏步。该桥建于清代，桥体保存尚好，桥上栏板多为新建。2010年9月被列为市级文物保护单位。

东牛桥　位于灵安村东牛桥组，南北走向，横跨于东牛桥浜上，单孔平梁石板桥。桥长12.5米，净跨4.5米，宽0.9米，高5.38米。桥面由两块长条石板并列构成，两端原各有两级踏步，后被村民用五孔板覆盖以便行车。该桥建于清光绪己亥年(1899)。

南李家桥

睦长桥　位于李家弄村吴家门组，东西走向，横跨于睦长桥港上，三孔平梁石板桥。桥长15米，净跨11.8米，宽0.9米，高5.9米。主孔桥板为两块并排石板构成，两侧桥孔上均为单块石板，石板略宽。两端桥板均为武康石，中间两块石板为花岗岩。竖壁形桥柱，有桥耳。该桥始建于清代，具体年份不详。石桥保存较好，但已废弃不用。

南李家桥　位于朱家门村朱家门组，南北走向，横跨于李家石桥港上，三孔平梁石板桥。桥长16.2米，净跨9.8米，宽1.1米，高5米。桥面由三块石板并列构成，南侧石板仅有一块，较其他桥板略宽。竖壁形桥柱，有桥耳、踏步，桥面东侧修有铁栏杆。该桥建于清代，桥体保存较好。

凝秀桥　位于桑园桥村桥口组，南北走向，横跨于石匠浜上，三孔平梁石板桥。桥长18米，净跨14米，宽1.2米，高5.2米。桥面每孔均由两块长条石板并列构成，竖壁形桥柱，两侧有桥耳，两端有踏步(后被五孔板覆盖)。该桥始建于清代，具体年份不详，构件保存尚好。

晟官桥　位于联庄村油车桥组，东西走向，横跨于金家桥港上，三孔平梁石板桥。桥长18米，净跨14米，宽1.2米，高5米。桥面每孔均由两块长条石板并列构成，竖壁形桥柱，两侧石基堆砌严密。该桥始建年代不详，清光绪三十四年(1908)由里人重建。原构件保存完整，但已不再用于通行。

天顺桥

天顺桥　又称天仁桥，位于红联村顾家坝组，南北走向，横跨于顾家坝浜上，三孔平梁石板桥。桥长12.5米，净跨9.7米，宽1米，高5.4米。原桥面每孔均由两块并列的长条石板构成，后被加宽了一块水泥板，以方便往来。桥面西侧有铁栏杆，中间桥板两侧均刻有“颜文思独立天顺桥”字样。该桥始建于清代，具体年份不详，整体风貌保存较好。

万兴桥　位于路家园村俞家里组，东西走向，横跨于龙东浜上，三孔平梁石板桥。桥长14米，净跨10.25米，宽0.8米，高6.28米。桥面原中孔石桥板断裂后，改用水泥板架设，东西两侧桥面均为石板。竖壁形桥柱，桥耳两对。该桥建于清代，年份不详，整体风貌保存依旧。

修善桥　又称秀才桥，位于李家弄村麻皮兜组，东西走向，横跨于陆家浜上，三孔平梁石板桥。桥长11米，净跨8.7米，宽0.9米，高6米。桥面每孔均由两块石板并列构成，竖壁形桥柱，有桥耳。该桥为清代所建，构件完整，保存较好。

油车桥　位于长新村油车桥组，呈东南—西北走向，横跨于油车桥港上，三孔平梁石板桥。桥长14.4米，净跨9.6米，宽1.2米，高6.5米。桥面每孔均由两块长条石板并列构成，竖壁形桥柱，有桥耳4对，两端各有6级踏步。该桥为清代所建，年份不详。石桥整体保存较好，构件完整，风貌依旧。

丁车桥　位于中群村鲇鱼兜组，中群村至联新村公路东侧。南北走向，横跨于一条断头浜上，三孔平梁石板桥。桥长12米，净跨10米，宽1.2米，高4米。桥面由三块长条石板连接而成，每孔上仅有一块石板。竖壁形桥柱，由两块长条石构成，上垫桥耳支撑桥板。该桥所建年代不详，原貌保存完好。

丁车桥

东木桥　位于长新村东木桥组，东西走向，横跨于小河浜上，三孔平梁石板桥。桥面每孔均由两块并列的长条石板构成，两侧以水泥板加宽。竖壁形桥柱，原桥耳已被水泥板覆盖。该桥所建年代不详，整体保存尚好，基本构件完整。

永兴桥　又称东蔡桥，位于西牛桥村西园村组，南北走向，横跨于黑板桥港上，三孔平梁石板桥。桥长15米，净跨10.8米，宽1.15米，高6.23米。桥面每孔均由两块长条石板构成，宽窄不均。竖壁形桥柱，两端原桥基后用水泥重新修砌过。该桥所建年代不详，原桥构件保存尚好。

起龙桥　又称“鱼家桥”(音)。位于灵安村东牛桥组，东西走向，横跨于河浜上，三孔平梁石板桥。桥长15米，净跨12米，宽1.2米，高5.5米。桥面每孔均由两块长条石板并列构成，竖壁形桥柱。此桥原在灵安至西牛桥村的交通要道上，后因桥南新路的开通而废弃。所建年代不详，后经改建，原貌保存较好。

太平桥　位于桑园桥村汤家门组，南北走向，横跨于小河浜上，单孔平梁石板桥。桥面由两块长条石板并列构成，竖壁形桥柱，两侧均有桥耳，两端各有5级踏步。该桥所建年代不详，整体保存较好。

腾桥　位于中群村龙王庙组，南北走向，横跨于灵安浜上，三孔平梁石板桥。桥长16米，净跨13米，宽1.2米，高4.5米。原石桥板后被水泥覆盖，侧面可见原桥建筑风貌。竖壁形桥柱，桥耳为圆角形。该桥所建年代不详，原桥构件保存完好。

境内中华人民共和国成立前建造的民间桥梁还有：

万安桥：三孔平梁石板桥，位于三条子港上。

助先桥：三孔平梁石板桥，位于新农村南墙门组一条浜上。

登龙桥：三孔平梁石板桥，位于堰坝头浜上。

东太师桥:三孔平梁石板桥,位于双元浜上。

西太师桥:单孔石拱桥,位于双元浜上。

水角桥:三孔平梁石板桥,位于孙家浜上。

新木桥:三孔平梁石板桥,位于长山河上。

石桥头桥:单孔平梁石板桥,位油车浜上。

上洋桥:单孔平梁石板桥,位于长山河上。

姚家桥:三孔平梁石板桥,位于长山河上。

李庄进桥:单孔平梁石板桥,位于长山河上。

牛桥浜桥:单孔平梁石板桥,位于牛桥浜上。

边家桥:三孔平梁石板桥,位于六里港上。

藤桥头桥:单孔平梁石板桥,位于联合村藤桥头组一条小港上。

永昌庙桥:单孔石拱桥,位于联合村永昌庙西组一条小港上。

三界桥:三孔平梁石板桥,位于灵安港上。

东伍社桥:单孔平梁石板桥,位于东浜上。

青石桥:三孔平梁石板桥,位于长山河上。

聚龙桥:三孔平梁石板桥,位于长山河上。

周家桥:单孔平梁石板桥,位于罗家浜上。

思姑桥:三孔平梁石板桥,位于联中村杨树浜组一条小港上。

东板桥:单孔平梁石板桥,位于联中村李家角组一条小浜上。

小桥头桥:单孔平梁石板桥,位于联中村小桥头组一条小浜上。

蔡家桥:三孔平梁石板桥,位于灵安港上。

黄家角桥:三孔平梁石板桥,位于联星村黄家角组一条港上。

张家石桥:三孔平梁石板桥,位于联星村蔡家埭组一条港上。

铁公桥:三孔平梁石板桥,位于联群村马家湾组一条港上。

朱砂桥:三孔平梁石板桥,位于联群村吕家埭组一条港上。

南插桥:三孔平石板桥,位于联群村柴家兜东组一条浜上。

张家村桥:单孔平梁石板桥,位于张家村浜上。

洪洞桥:单孔平梁石板桥,位于张家桥浜上。

元里桥:三孔平梁石板桥,位于新板桥港上。

龙子桥:三孔平梁石板桥,位于龙子浜上。

青洋桥:二孔平梁石板桥,位于韩家村浜上。

寿里桥:单孔平梁石板桥,位于湾里村浜上。

李店桥:三孔平梁石板桥,位于李家桥港上。

塘安桥:单孔平梁石板桥,位于塘安浜上。

丈大桥:单孔平梁石板桥,位于俞家浜上。

双利桥:三孔平梁石板桥,位于新板桥港上。

南木桥:单孔平梁石板桥,位于双坟桥港上。

茶家儿桥:单孔平梁石板桥,位于茶家兜浜上。

顺板桥:单孔平梁石板桥,位于茶家兜桥港上。

小石桥:单孔平梁石板桥,位于茶家兜村蔡家村组一条小浜上。

乌板桥:三孔平梁石板桥,位于目官桥港上。

唐家木桥:三孔平梁石板桥,位于目官桥港上。

千步石桥:单孔平梁石板桥,位于茶家兜浜上。

万安桥:三孔平梁石板桥,位于蔡家村浜上。

安全村小桥:单孔平梁石板桥,位于安全村浜上。

狮子木桥:单孔平梁石板桥,位于石丈港上。

念伍桥:三孔平梁石板桥,位于鲶鱼桥港上。

目官桥:三孔平梁石板桥,位于目官桥港上。

倪家浜桥:单孔平梁石板桥,位于倪家浜上。

蒋主庙桥:三孔平梁石板桥,位于长山河上。

和睦桥:单孔平梁石板桥,位于沙泥浜上。

跳桥:单孔平梁石板桥,位于跳桥浜上。

江南桥:三孔平梁石板桥,位于长山河上。

和尚桥:单孔平梁石板桥,位于汤团泾桥港上。

万新桥:三孔平梁石板桥,位于长山河上。

万代桥:三孔平梁石板桥,位于百丈港上。

西河坝桥:单孔平梁石板桥,位于西河坝上。

庆丰桥:单孔平梁石板桥,位于沈家浜上。

西昌桥:三孔平梁石板桥,位于长山河上。

惠利桥:三孔平梁石板桥,位于百丈港上。

通汝桥:三孔平梁石板桥,位于百丈港上。

李安桥:三孔平梁石板桥,位于李家石桥港上。

陆安桥:单孔石拱桥,位于李家浜上。

顺新桥:三孔平梁石板桥,位于太平桥港上。

秀才桥:单孔平梁石板桥,位于秀才桥浜上。

顺新桥:三孔平梁石板桥,位于太平桥港上。

鱼家桥:三孔平梁石板桥,位于太平桥港上。

小桥头桥:三孔平梁石板桥,位于小桥浜上。

建龙桥:三孔平梁石板桥,位于黑板桥港上。

小金桥:单孔平梁石板桥,位于横家浜上。

王板桥:三孔平梁石板桥,位于长山河上。

旺树桥:三孔平梁石板桥,位于高家浜上。

小桥:单孔平梁石板桥,位于梅家浜上。

永兴桥:单孔平梁石板桥,位于纪目墩浜上。

和家桥:单孔平梁石板桥,位于木桥浜上。

小桥:三孔平梁石板桥,位于龙东浜上。

蒲鞋桥:三孔平梁石板桥,位于蒲鞋桥浜上。

三官堂桥:单孔平梁石板桥,位于三官堂浜上。

南环桥:单孔平梁石板桥,位于黑板桥港上。

纪目桥:单孔平梁石板桥,位于纪目桥浜上。

严家石桥:三孔平梁石板桥,位于张家石桥浜上。

坍石桥:三孔平梁石板桥,位于李家弄浜上。

张家木桥:单孔平梁石板桥,位于张家木桥浜上。

张家石桥:三孔平梁石板桥,位于张家石桥浜上。

总官堂桥:单孔平梁石板桥,位于李家弄浜上。

尚书桥:三孔平梁石板桥,位于李家弄浜上。

世观活桥:三孔平梁石板桥,位于俞家浜上。

长庆桥:三孔平梁石板桥,位于西张港上。

安乐桥:单孔平梁石板桥,位于东张港上。

青河桥:三孔平梁石板桥,位于北张港上。

长生桥:三孔平梁石板桥,位于石泾塘上。

东木桥:单孔平梁石板桥,位于西张港上。

鱼四娘桥:三孔平梁石板桥,位于南新桥港上。

小里桥:三孔平梁石板桥,位于石泾塘上。

冯家木桥:三孔平梁石板桥,位于石泾塘上。

姚家石桥:三孔平梁石板桥,位于油车桥港上。

徐家桥:三孔平梁石板桥,位于双园村港上。

魏家里小桥:单孔平梁石板桥,位于魏家浜上。

牛桥:单孔平梁石板桥,位于牛桥浜上。

严家环桥:单孔平梁石板桥,位于六家浜上。

太平桥:三孔平梁石板桥,位于俞家门浜上。

马家桥:三孔平梁石板桥,位于马家桥港上。

长福桥:三孔平梁石板桥,位于石泾塘上。

小八字桥:三孔平梁石板桥,位于油车桥港上。

老新日桥:三孔平梁石板桥,位于石泾塘上。

宋家浜桥:单孔平梁石板桥,位于宋家浜上。

八字桥:三孔平梁石板桥,位于石泾塘上。

史家桥:二孔平梁石板桥,位于石泾塘上。

桂花石桥:单孔平梁石板桥,位于桂花浜上。

太平桥:单孔平梁石板桥,位于姚家浜上。

陈家门小桥:单孔平梁石板桥,位于陈家浜上。

马家桥:三孔平梁石板桥,位于潘家浜上。

龙泾桥:三孔平梁石板桥,位于范家浜上。

顾娘桥:三孔平梁石板桥,位于笠帽汇港上。

骑家桥：三孔平梁石板桥，位于笠帽汇港上。

楼下小石桥：单孔平梁石板桥，位于杨园浜上。

南大园小桥：单孔平梁石板桥，位于南大园浜上。

解放后，人民政府重视民间桥梁建设，按照经济发展的需要，逐步对民桥进行拆建、改建、新建，以民办公助等形式解决民桥建设资金。一些塌损的石桥、木桥逐步被钢筋水泥结构的现代桥梁所替代。至1982年，境内有民桥(非公路桥)323座，其中钢筋水泥结构的桥梁142座、石桥159座、木桥22座。

表10—17　　1982年境内民桥(非公路桥)统计表

单位：座

公　社	合　计	钢筋砼拱桥	钢筋砼平桥	钢梁桥	石拱桥	石平桥	木　桥
灵安	135	19	35	2	2	69	8
同福	111	8	49	—	10	36	8
南日公社史桥片	77	12	15	2	1	41	6
总计	323	39	99	4	13	146	22

资料来源：桐乡档案馆馆藏档案，卷宗号56—1—160，县水利局《桥梁普查资料(1982)》

说明：南日公社史桥片指1984年析分为史桥乡的8个行政村区域

80—90年代，境内步入经济发展快速时期，在交通建设、水利建设、集镇建设过程中，逐年拆除、改造危桥，新建、改建了一批桥梁。据凤鸣街道农经中心提供的2002年灵安镇桥梁明细表(不含同福乡)，非公路桥梁共有183座，其中行人桥98座，机路桥85座。行人桥中尚存建国前建造的古桥36座，其余均为建国后所建。

随着境内村村通公路的实现，一些机耕路桥、行人桥逐步被新建和改建的公路桥所替代。但不少钢筋混凝土结构的现代公路桥仍沿用了原来民间桥梁的旧称，如唐家木桥、周家石桥等。

据交通部门调查统计，2007年境内有非公路桥梁250座，其中凤鸣街道146座、同福乡104座。大多为钢筋混凝土桥梁，尚有少量石桥保存下来，而木桥则已消失殆尽。

附：

清嘉庆《石门县志》所载千乘乡桥梁

瓜塔泾，桥十二

八字桥　孙砖桥　南石桥(俗呼和尚庄桥)　边家桥　京报旨桥　报先桥(宋嘉泰间里人徐公权公范建，明正德十二年重修，桥左闻家溇，北通沙木泾)　章家石桥　朱家桥(靳《志》在东九都)　徐家庙桥　柘林桥(东接天长河，南通石人泾)　羊眼桥(通沙木泾小港)　荡心桥(界天荒荡)

李庄泾，桥四

李庄泾桥　孙家石桥　东港平桥　郑家桥

沙木泾，桥十七

上阳桥　姚家桥　青石桥(明宣德间建，东闻家溇，通瓜塔泾)　聚龙桥(在龙舌渚，左右诸泾环绕，南通洪河，接桐乡界） 龙进桥 横板桥 星桥 獭毋禁桥 和尚桥 蒋主庙桥 西庄桥 张家石桥（俗呼北万安桥，南港通卜店市） 南万安桥（在南港） 周家石桥（在南港） 陆家石桥（达卜店市） 万代桥（在北港，通洪河） 洪河桥（洪《志》，在天长河，正德十一年建。民因邑令洪异开河，故名。）

福严泾，桥五

劝农桥（靳《志》作福严亭桥，亦名凤凰桥。旧有石亭，久废。） 钟家桥（达徐家泾） 砖桥 伍社庙桥 马家桥

徐家泾，桥十六

三界桥（靳《志》作三家桥，明弘治间建。） 永兴桥（俗呼大界桥。靳《志》，弘治中徐方建。） 五社桥（洪《志》，宝祐三年，中书省供检文字钟琳重建。） 万魁桥（旧以木，名万桂桥，明正德间蔡盘始易以石，万历间蔡志道重建，改今名。亦称蔡家桥。）

表 10—18　　2007 年境内非公路桥梁明细表

桥梁名称	所跨河流名称	桥梁宽度（米）	桥梁跨径（米）	净空高（米）	桥梁结构与式样		桥梁技术状况		所在行政村
					上部结构	下部结构	等级	存在问题	
管楼桥	管楼浜	6.15	17.5	5.35	平板	桥台	三类	中断	史桥村
马介桥	南桥港	4.2	11.4	5.5	平板	桥台	三类	—	史桥村
姚家湾木桥	南桥港	1.5	10	4.95	平板	桥台	三类	—	史桥村
油车桥	南桥港	5	13.3	6.05	拱	台	四类	—	史桥村
太平桥	太平桥港	3	10	5.65	平板	桥台	三类	—	史桥村
庙前村木桥头桥	—	1.8	12	5.15	平板	桥台	三类	—	史桥村
邱介埭桥	邱介埭港	1.5	10	5.45	梁板	平板	三类	—	史桥村
东浜桥	东浜港	4.4	14.2	5.85	平板	桥台	三类	—	史桥村
西浜桥	西浜	4.6	8	4.6	梁板	—	四类	—	史桥村
徐家桥	徐家港	1.5	13.4	6.5	右板	左台	四类	—	史桥村
腾桥	南日港	3.4	36	8.3	拱	台	四类	—	史桥村
钟家弄木桥	钟家弄浜	1.9	4.8	5.35	平板	台桥	三类	—	史桥村
牛桥	牛桥港	14	7.8	5.65	右板	左台	三类	—	史桥村
岳家木桥	南日港	3.4	34	7.8	拱	台	三类	—	史桥村
唐家木桥	南日港	3.4	34	7.8	拱	台	四类	—	史桥村
姚家门前水管桥	姚家门前浜	2.9	5	5.85	右板	左台	三类	—	史桥村
环桥头	姚家门前浜	3.4	4	5.9	板梁	台	三类	—	史桥村
高家桥	沈家斗浜	1.4	5	5.65	板	台	三类	—	史桥村
东浜桥	沈家斗浜	5	18	6.3	拱	台	三类	—	史桥村
严家环桥	姚家门前浜	5	22	6.5	拱	拱	四类	—	史桥村
严家桥	严家桥浜	5	14	6.5	拱	拱	四类	—	史桥村
史家桥	长山河	5.1	56	8.4	拱	拱	四类	—	史桥村

续表

桥梁名称	所跨河流名称	桥梁宽度（米）	桥梁跨径（米）	净空高（米）	桥梁结构与式样		桥梁技术状况		所在行政村
					上部结构	下部结构	等级	存在问题	
陆柒桥	南日港	5	30	8.36	拱	拱	三类	拱片分断	史桥村
启新桥	长山河	5.6	46	8.3	拱	—	三类	主拱已断	史桥村
长凤兜长山河沿线桥	姚介浜	5.4	13.2	5.55	板	—	三类	—	桑园桥村
长凤桥	姚介浜	1.5	12	—	板	—	四类	—	桑园桥村
长凤兜浜桥	长凤兜浜	54	5.7	—	板	台	三类	—	桑园桥村
长山河沿线木桥头桥	木桥浜	5.4	14	—	拱	—	三类	—	桑园桥村
董家浜长山河沿线桥	董家浜	5.4	13	5.65	板	—	三类	—	桑园桥村
董家木桥	董家浜	2.5	10	—	板	板	三类	—	桑园桥村
木桥头桥	木桥头浜	4.4	10.8	—	板	台	四类	—	桑园桥村
木桥头南桥	木桥头浜	2.5	11.5	5.8	板	台	四类	—	桑园桥村
土城里机耕桥	土城里浜	4.4	10.5	5.95	拱	台	三类	—	桑园桥村
城里南木桥	土城里浜	1.4	12	5.63	平板	土台	三类	—	桑园桥村
银秀桥	桥口港	18	21.6	5.95	石板	石柱	三类	—	桑园桥村
熊家村机耕桥	桂花浜	15	11.5	5.65	平板	台	四类	—	桑园桥村
桑园桥	桑园桥港	2	22	6.9	石板	石柱	三类	—	桑园桥村
桂花石桥	桂花浜	2.1	9	—	板	台	三类	—	桑园桥村
万年桥	马头墙浜	2.8	10	5.65	板	台	三类	—	桑园桥村
汤家门石桥	汤家浜	1.1	40	—	右板	台	三类	—	桑园桥村
谢家木桥	南日港	3.6	46	7.5	拱	台	四类	—	桑园桥村
永丰桥	南日港	3.6	56	7.5	拱	小拱	四类	—	桑园桥村
龙青桥	野和斗浜	1.6	15	—	右板	左柱	四类	—	桑园桥村
北油车桥	油车桥浜	1.3	9.8	—	右板	左柱	三类	—	长新村
姚家石桥	油车桥浜	2	8.5	—	板	台	三类	—	长新村
沈家石桥	油车桥浜	2.2	—	7.3	板	台	三类	—	长新村
油家石桥石坝桥	凌家舍	2.5	8.8	6.8	板	台	四类	—	长新村
凌家舍	凌家舍	2	12	—	板	台	三类	—	长新村
西凌桥	长山河	5	52	8.3	拱	台	三类	—	长新村
小里桥	长山河	2.5	46	—	钢架	柱	三类	—	长新村
江家门桥	江家门桥	5.6	14	7.68	拱	台	三类	—	长新村
东木桥石桥	东木桥浜	1.5	10.6	—	右板	左柱	四类	—	长新村
沈家门前石桥	沈家门前浜	1.8	5	—	板	石台	四类	—	长新村

续表

桥梁名称	所跨河流名　　称	桥梁宽度	桥梁跨径	净空高	桥梁结构与式样		桥梁技术状况		所　在行政村
		（米）	（米）	（米）	上部结构	下部结构	等级	存在问题	
清河桥	西张浜	3.1	7.4	—	板	台	四类	—	长新村
安乐桥	安乐浜	2.2	7	6.7	板	台	三类	—	长新村
长庆桥	长庆桥港	5.6	18	7.9	拱	台	三类	—	长新村
严家里石坝桥	长庆桥港	4.5	14	—	板	台	三类	—	长新村
祈家桥	顾娘桥港	7.5	16.3	5	板	台	四类	—	李家弄村
顾娘桥	顾娘桥港	2.5	11.2	5.1	板	台	三类	—	李家弄村
南大元桥	华木浜	1.5	6.7	2.7	板	台	三类	—	李家弄村
马家桥	古店桥浜	5.5	22.4	6.1	板	拱	三类	—	李家弄村
北大元桥	北大元浜	1.5	6.7	2.5	石板	石台	三类	—	李家弄村
修善桥	麻皮兜浜	1.5	11	3.5	石板	柱	四类	—	李家弄村
李新桥	花果兜浜	2.5	13	2.5	板	台	四类	—	李家弄村
上水桥	花果兜浜	2.5	16.1	4	板	台	三类	—	李家弄村
花果兜石坝桥	花果兜浜	3.8	16	4	板	台	三类	—	李家弄村
麻皮兜桥	麻皮兜浜	2	11.1	3.6	石板	柱	三类	—	李家弄村
张家石桥	张家石桥浜	1.5	12.2	3.6	石板	石柱	四类	—	李家弄村
张家木桥石坝桥	张家石桥浜	3	4.7	4.1	板	台	三类	—	李家弄村
张家木桥石板桥	张家石桥浜	2	10.9	3.2	石板	石台	三类	—	李家弄村
张家木桥	张家木桥浜	2.5	12.2	3.6	板	台	三类	—	李家弄村
严家石桥	严家石桥浜	3.3	13.2	3.5	梁板	台	三类	—	李家弄村
土翁石桥	油介门浜	2.1	14	3.4	板	台	四类	—	李家弄村
南李家桥	朱家门浜	1.2	10.9	5.75	右板	右柱	四类	—	李家弄村
启龙桥	东片桥浜	1.25	13.4	4.05	石板	石柱	四类	—	灵安村
东牛桥	东牛桥浜	5.1	11.8	5.2	梁板	台	三类	—	灵安村
老东牛桥	东牛桥浜	1	9.9	5.15	石板	石墩	三类	—	灵安村
顺新桥	东牛桥浜	1.5	14.55	5.95	石板	石柱	三类	—	灵安村
朱家门桥	朱家门浜	3.4	12.2	5.35	板	台	四类	—	灵安村
秀才桥	秀才浜	2.6	14.6	5.75	板	柱	三类	—	灵安村
秀才桥2桥	秀才浜	1.5	11.1	5.45	板	柱	三类	—	灵安村
钟家木桥	灵安港	4	31.8	7.05	拱	拱	三类	—	灵安村
刘家桥	灵安港	3.8	25.6	7	拱	拱	三类	—	灵安村
全钱楼	钟路过桥港	2.6	28.2	6.5	拱	拱	四类	—	灵安村
李家石桥	李介浜	1.5	15.8	5.7	石板	石柱	四类	—	灵安村
李介石桥水泥桥	李介浜	2.1	12.1	5.4	板	台	四类	—	灵安村

续表

桥梁名称	所跨河流名　称	桥梁宽度（米）	桥梁跨径（米）	净空高（米）	桥梁结构与式样		桥梁技术状况		所　在行政村
					上部结构	下部结构	等级	存在问题	
天仁桥	天仁桥浜	1.5	11.6	5.7	石板	石柱	三类	—	灵安村
钟路古桥	施家里浜	3.8	17.4	—	拱	台	三类	—	灵安村
和睦桥	潘家浜	2.7	21.7	6.45	拱	台	三类	—	灵安村
余祥桥	钟路古桥	4	25.5	7.65	拱	台	四类	小拱已断	灵安村
龙顺桥	钟路古桥	2.9	19.6	—	拱	台	三类	—	灵安村
牛桥	牛桥浜	2.8	10.8	5.65	板	台	三类	—	西牛桥村
草鞋桥	草鞋桥浜	3.5	3	5.15	台	板	三类	—	西牛桥村
蒲鞋桥	蒲鞋桥浜	3	8.5	5.25	板	台	三类	—	西牛桥村
屠家村桥	南河浜	3.5	5	5.65	板	台	四类	—	西牛桥村
湾里木桥	牛桥浜	2.5	10.4	5.75	板	台	四类	—	西牛桥村
南环桥	黑板桥港	4.3	15	6.4	拱	台	三类	拱片变形	西牛桥村
南木桥	黑板桥港	2.9	21	7.2	拱	台	三类	—	西牛桥村
永兴桥	黑板桥港	1.1	10.8	6.4	右板	右柱	三类	石柱已断	西牛桥村
万代桥	面丈港	4	38	7.95	拱	拱	四类	—	红旗村
蚕桑场桥	西河北港	3.6	20	5.85	板	台	三类	—	红旗村
庆丰桥	沈家浜浜	1	10	5.65	石板	台	三类	—	红旗村
惠尼桥	面丈港	5	38	7.95	拱	拱	三类	—	红旗村
陆家里水泥桥	陆家里浜	1.8	12.8	4.25	板	台	三类	—	红旗村
红旗桥	长山河	5	56	8.35	拱	台	四类	—	红旗村
木桥头木桥	木桥头浜	5	15	5.35	板	台	四类	—	红旗村
木桥头水泥桥	木桥头浜	4.5	19	6.05	板	台	四类	—	红旗村
曹将门桥	和尚桥港	2.2	14	6.15	板	台	三类	—	红旗村
严家坝桥	和尚桥港	5.3	18	6.55	梁板	台	三类	—	红旗村
太母金桥	和尚桥港	2.8	11	5.95	板	台	三类	—	红旗村
陈家角桥	凤仙桥浜	2.2	10.5	5.75	板	台	四类	—	红旗村
陆家木桥	西湖北港	2	21	5.65	板	柱	三类	—	红旗村
高家浜桥	高家浜浜	5	29	6.85	板	台	三类	—	红旗村
姚家浜桥	姚家浜	5	18	6.05	板	台	三类	—	红旗村
无家浜桥	无家浜	5	26	65.65	板	台	三类	—	红旗村
和尚桥	和尚桥港	3.5	10.5	2.3	板	台	四类	—	红旗村
江南桥	长山河	5	56	9.35	拱	拱	四类	—	红旗村
蒋家浜桥	蒋家浜	5	20	5.65	板	台	四类	—	红旗村
吕家角桥	吕家角浜	2.5	5.8	5.23	板	台	三类	—	红旗村

续表

桥梁名称	所跨河流名　称	桥梁宽度（米）	桥梁跨径（米）	净空高（米）	桥梁结构与式样		桥梁技术状况		所　在行政村
					上部结构	下部结构	等级	存在问题	
吕家角木桥	吕家角浜	1.8	9.6	4.05	石板	石台	三类	—	红旗村
钟家角石桥	钟家角浜	1.5	12	4.85	板	台	三类	—	红旗村
和睦桥	沙泥浜	3	11	5.05	板	台	四类	—	红旗村
沈家浜桥	沈家浜浜	5	24	6.05	板	台	三类	—	红旗村
西间坝石桥	西间坝港	1.5	10	5.45	板	台	三类	—	红旗村
新屋里石桥	西净化桥港	1	17.2	5.45	板	台	三类	—	红旗村
新龙桥	黑板桥港	1.4	16.8	6.35	拱	柱	三类	—	路家园村
黑龙桥	黑板桥港	4.5	16.8	6.34	梁板	台	四类	—	路家园村
太平桥	周家园浜	1.5	9.5	5.55	板	台	四类	—	路家园村
新农桥	灵安港	3.8	35.8	7.85	拱	台	三类	—	路家园村
小桥头桥	小桥浜	2.6	15.7	5.35	板	台	三类	—	路家园村
王板桥	长山河	5.2	56	—	拱	台	三类	—	路家园村
小金桥	小桥浜	55	10.5	4.05	板	台	四类	—	路家园村
杀牛桥	高家浜浜	2.3	13.1	5.55	板	台	三类	—	路家园村
红星桥	长山河	5	56	7.85	板	台	三类	—	路家园村
梅家埭桥	梅家浜	1.5	10.8	4.35	板	台	三类	—	路家园村
永兴桥	纪目墩桥	3.4	10.4	6.35	板	台	三类	—	路家园村
万兴桥	狼汤浜	1.2	10.9	6.25	板	柱	四类	—	路家园村
路家石桥	路家石桥	3.2	20.8	5.05	板	台	四类	—	路家园村
禾家桥	禾家桥浜	2.3	13.7	5.55	板	台	四类	—	路家园村
建新桥	禾家石桥港	1.7	18.5	5.75	板	柱	三类	—	路家园村
狮子浜桥	狮子浜	1.5	11.8	2	板	台	三类	—	路家园村
思加桥	李店桥港	3.4	15	6.35	拱	台	三类	—	路家园村
李店桥	李店桥港	1.5	15	6.85	板	柱	四类	—	路家园村
人民桥	灵安港	4.4	22.5	7.2	拱	台	三类	—	路家园村
灵安大桥	灵安港	4.4	22.5	7.2	拱	台	三类	—	路家园村
灵安集镇石桥	朱家角浜	4	4	5.9	板	石台	三类	—	路家园村
万安桥	三条子港	5	24	3.5	圆洞拱	—	二类	无	新农村
洋眼桥	六里港	4	22	5	双曲拱	—	二类	无	新农村
东长浜桥	东长浜	3.5	15	2	实心板梁	—	二类	无	新农村
日辉桥	六里港	5.5	19	3.5	实心板梁	—	二类	无	新农村
水角桥	孙家门浜	3	14	2.4	实心板梁	—	二类	无	联庄村
沈其村桥	草庵浜	5	33	4	圆洞拱	—	二类	无	联庄村

续表

桥梁名称	所跨河流名　称	桥梁宽度	桥梁跨径	净空高	桥梁结构与式样		桥梁技术状况		所　在行政村
		（米）	（米）	（米）	上部结构	下部结构	等级	存在问题	
龙进桥	长山河	5.5	60	5.7	刚架拱	—	二类	无	联庄村
蔡家桥	三界桥港	4.5	18	3	实心板梁	—	二类	无	合星村
红卫桥	三界桥港	3	25	3	实心板梁	—	二类	无	合星村
黄家各桥	马家桥浜	5.	13	2.5	实心板梁	—	二类	无	合星村
寺前桥	寺港	2.5	13	1.5	实心板梁	—	二类	无	合星村
三界桥	三界桥港	2.5	18	2	实心板梁	—	二类	无	合星村
杨家浜木桥	杨家浜	4.5	13.5	2	实心板梁	—	二类	无	建胜村
西桥	庙东村浜	5	14	1.5	实心板梁	—	二类	无	建胜村
丫叉木桥	王塘淹浜	4	16	2.5	实心板梁	—	二类	无	建胜村
新木桥	东葛村浜	5.5	15	2.3	实心板梁	—	二类	无	建胜村
观音大桥	金家村浜	5	21	3	刚架拱	—	二类	无	建胜村
上阳桥	长山河	4.5	70	5	桁架拱	—	二类	无	建胜村
宋家浜桥外	宋家浜	5	21	3	刚架拱	—	二类	无	建胜村
夏家桥	太河港	5	25	3	圆洞拱	—	三类	无	新农村
姚家木桥	邵家浜	2.5	11	3	石头板梁	—	三类	无	新农村
金家浜桥	金家浜	2.6	26	3.5	双曲拱	—	三类	无	新农村
鹏家桥	查林桥浜	3.5	15	2.5	实心板梁	—	三类	无	新农村
花圆桥	六里港	2.5	23	3	实心板梁	—	三类	无	新农村
坝先桥	六里港	3.5	34	3.5	双曲拱	—	三类	无	新农村
周家石桥	三条子港	4	26	3	双曲拱	—	三类	无	新农村
同福桥	草庵浜	5	33	4	圆洞拱	—	三类	无	联庄村
夏世角桥	平家岗浜	1.7	16	2	实心板梁	—	三类	无	联庄村
竹园里桥	西长浜	2	13	1.9	实心板梁	—	三类	无	联庄村
京报旨桥	六里港	4	30	4	双曲拱	—	三类	无	联庄村
新龙桥	北港	2	17	3.5	实心板梁	—	三类	无	中群村
鲇鱼港桥	鲇鱼浜	5	13	3	实心板梁	—	三类	无	中群村
小桥头桥	小桥浜	2.5	22	2	实心板梁	—	三类	无	中群村
朱钟桥	三圣堂港	4.5	21	3	圆洞拱	—	三类	无	中群村
南蔡桥	三圣堂港	3.5	22	3	双曲拱	—	三类	无	中群村
河南桥	吕家埭浜	3	11	2	实心板梁	—	三类	无	中群村
木桥浜桥	钱家埭浜	4.5	18	3	刚架拱	—	三类	无	合星村
牛德金桥	牛头金港	4	17	3	实心板梁	—	三类	无	合星村
石坝桥	马家桥浜	2.5	7	3	实心板梁	—	三类	无	合星村

续表

桥梁名称	所跨河流名　　称	桥梁宽度（米）	桥梁跨径（米）	净空高（米）	桥梁结构与式样		桥梁技术状况		所　在行政村
					上部结构	下部结构	等级	存在问题	
太平桥	东葛村浜	3	10	1.8	实心板梁	—	三类	无	建胜村
宋家浜桥内	宋家浜	2.5	12	2	实心板梁	—	三类	无	建胜村
观音桥	金家村浜	3.5	16	2.5	实心板梁	—	三类	无	建胜村
边家桥	六里港	4	27	3.5	双曲拱	—	三类	无	建胜村
南日桥	六里港	3.5	28	3.5	双曲拱	—	三类	无	建胜村
荡心桥	六里港	2.7	20	2.5	实心板梁	—	四类	部分栏杆断裂	新农村
太河荡桥	太河荡港	5.5	25	3.5	实心板梁	—	四类	部分栏杆断裂	新农村
登龙桥	堰坝头浜	4.8	15	2.8	刚架拱	—	四类	部分栏杆断裂	联庄村
塔水桥	双元埭浜	2.5	10	2.6	实心板梁	—	四类	石头建成部分石头松动	联庄村
长浜桥	西长浜	1	14	2.5	实心板梁	—	四类	无栏杆	联庄村
石桥头桥	石桥头浜	1.5	13	1.8	石头拱	—	四类	部分石头松动	联庄村
王家村桥	孙家浜	2	15	1.8	实心板梁	—	四类	桥面有坑槽开裂等	联庄村
南高羊桥	金家桥港	2.5	8	3	实心板梁	—	四类	无栏杆	联庄村
思姑桥	杨树港	2	14	2.5	实心板梁	—	四类	无栏杆	中群村
范家角桥	东浜	1.8	9	2	实心板梁	—	四类	部分栏杆断裂	中群村
柴家斗木桥	庙浜	2.5	15	3	实心板梁	—	四类	栏杆变形锈蚀	中群村
吕家埭桥	吕家埭浜	1.8	8	2	实心板梁	—	四类	无栏杆	中群村
钱家埭桥	木桥浜	4	11	2.5	实心板梁	—	四类	桥面有坑槽开裂等	合星村
万块桥	蔡家桥浜	4	11	2.5	实心板梁	—	四类	部分栏杆断裂	合星村
石桥头桥	王家浜	4	10	2	实心板梁	—	四类	部分栏杆断裂	合星村
转向木桥	东葛村浜	1.5	15	2	实心板梁	—	四类	无栏杆	建胜村
周家谷桥	宋家浜	2	10	2.5	实心板梁	—	四类	无栏杆	建胜村
元埠桥	宋家浜	2	19	2.5	实心板梁	—	四类	无栏杆	建胜村
唐安桥	邵家浜	1.5	13	2.5	石头板梁	—	五类	无栏杆	新农村
倪家埭桥	倪家埭浜	3	15	1.7	砖头拱	—	五类	无栏杆，部分砖头松动脱落	新农村
俞家木桥	东长浜	1.5	15	2.5	实心板梁	—	五类	无栏杆	新农村

续表

桥梁名称	所跨河流名称	桥梁宽度（米）	桥梁跨径（米）	净空高（米）	桥梁结构与式样		桥梁技术状况		所在行政村
					上部结构	下部结构	等级	存在问题	
沈家门桥	东长浜	2	14	2.5	实心板梁	—	五类	无栏杆	新农村
唐家桥	凌家浜	2.5	13	2.5	实心板梁	—	五类	无栏杆	新农村
李洋角桥	金家桥港	2.5	13	3	实心板梁	—	五类	无栏杆	联庄村
藤桥头桥	三界桥港	1.8	18	3.5	实心板梁	—	五类	石头建成部分石头松动	中群村
农具厂桥	三界桥港	2.5	25	4	双曲拱	—	五类	部分栏杆断裂	中群村
周家木桥	罗家浜	1.2	11	2.5	石头板梁	—	五类	无栏杆	中群村
陈文浜西桥	西浜	1.5	15	2.5	实心板梁	—	五类	部分栏杆断裂	中群村
铁公桥	三圣堂港	2.5	24	3.5	双曲拱	—	五类	部分栏杆断裂	中群村
双木桥	三圣堂港	2	18	4	实心板梁	—	五类	栏杆变形锈蚀	中群村
丁车桥	鲇鱼斗浜	0.7	12	3.5	石头板梁	—	五类	有石头建成无栏杆	中群村
跨港桥	杨树浜	5	26	3	刚架拱	—	五类	部分栏杆断裂	中群村
西罗家浜木桥	郎家里浜	1.5	11	2.5	实心板梁	—	五类	无栏杆	中群村
渡桥	长横浜	1.2	13	1	实心板梁	—	五类	无栏杆	合星村
藤桥	永昌庙浜	1.5	18	2	实心板梁	—	五类	无栏杆	合星村
庙桥	永昌庙浜	1.5	12	2.5	石头板梁	—	五类	无栏杆	合星村
永昌庙桥	永昌庙浜	2	11	2	实心板梁	—	五类	无栏杆	合星村
桂花树桥	东葛村浜	2	16	2	实心板梁	—	五类	无栏杆	建胜村
杨树浜桥	杨家浜	3	15	2	实心板梁	—	五类	无栏杆	建胜村
东桥	庙东村浜	1.8	10	2	实心板梁	—	五类	有石头建成无栏杆	建胜村
夏叉木桥	王塘淹浜	1	15	1.5	实心板梁	—	五类	无栏杆	建胜村
圣堂桥	东葛村浜	1.2	5	1.5	石头板梁	—	五类	无栏杆	建胜村
金家村木桥	金家村浜	1.5	16	2.5	实心板梁	—	五类	无栏杆	建胜村
照户村桥	照户村浜	1.5	12	1	石头板梁	—	五类	有石头建成无栏杆	建胜村
牛桥浜桥	牛桥浜	1.5	10	2	石头板梁	—	五类	有石头建成无栏杆	建胜村
新村桥	凌家浜	3	14	2.5	实心板梁	—	一类	无	新农村
虞家埭桥	虞家埭浜	3	13	2.5	实心板梁	—	一类	无	新农村
金家桥	金家桥港	4.8	18	2.5	实心板梁	—	一类	无	联庄村
晟官桥	金家桥港	4.2	22	2.2	刚架拱	—	一类	无	联庄村
油车桥	永福桥浜	4.5	13	2	实心板梁	—	一类	无	联庄村
永福桥	永福桥浜	5	13	2	实心板梁	—	一类	无	联庄村

续表

桥梁名称	所跨河流名　称	桥梁宽度	桥梁跨径	净空高	桥梁结构与式样		桥梁技术状况		所　在行政村
		（米）	（米）	（米）	上部结构	下部结构	等级	存在问题	
洋湾里桥	西长浜	3	13	2	实心板梁	—	一类	无	联庄村
罗家桥	郎家里浜	4.5	15	2.5	实心板梁	—	一类	无	中群村
郎家里桥	郎家里浜	5.5	19	2.5	实心板梁	—	一类	无	中群村
南浜头桥	农场浜	6	14	2	实心板梁	—	一类	无	中群村
福严寺桥	寺港	6.5	21.5	3.5	实心板梁	—	一类	无	合星村
八字桥	长横浜	4	13	2.5	实心板梁	—	一类	无	合星村
福严桥	—	3.5	5	2	实心板梁	—	一类	无	合星村
金家村桥	金家村浜	3.5	14	1.5	实心板梁	—	一类	无	建胜村
李装金桥	宋家浜	5	22	2	实心板梁	—	一类	无	建胜村

资料来源：市交通局《2007 年桥梁普查资料》

公路桥梁

据 1982 年桐乡县桥梁普查资料，境内有公路桥梁 9 座，其中杭申公路 5 座，桐洲公路 4 座。

表 10—19　　1982 年境内公路桥梁一览表

桥　　名	桥位所在地	桥型结构	荷载标准	净跨（米）	孔　数	桥面宽（米）
王金汇桥	灵安茶家斗	箱型板	汽—13	9	1	7.5
土家斗桥	灵安茶家斗	钢筋砼平桥	汽—13	3	1	7.2
灵安桥	灵安灵安	双曲拱	汽—13	30	1	7.5
惠桥	灵安惠桥	钢筋砼平桥	汽—13	7.5	1	7.5
红旗桥	灵安红旗	砖拱桥	汽—13	6	1	6.3
人民桥	同福联庄	砖拱桥	—	5.5	1	4
洋桥头桥	同福联庄	箱型板	—	18	3	4
同福二号桥	同福联庄	整体拱波	—	18	1	4
同胜桥	同福联胜	砖拱桥	—	8	1	4.5

资料来源：桐乡档案馆馆藏档案，卷宗号 56—1—160　县水利局《桥梁普查资料(1982)》

1987 年 10 月，桐高公路(后称桐九线)桐乡至南日段竣工通车，境内新增 3 座县级公路桥梁。其中熊家村桥跨径 13 米，荷载为"汽—15"；新日桥跨径 46 米，荷载为"汽—10"(原为长山河航道桥梁)；邱家埭桥跨径 13 米，荷载为"汽—15"。

90 年代开始，随着境内县、乡(镇)、村三级公路建设迅速发展，公路桥梁数量大幅增加，桥梁规模和设计荷载不断升级。1996 年，屠新线(屠甸镇至新农村)建成通车，境内再增 2 座县道公路桥，其中太河荡桥跨径 13 米，I 型梁结构，公路—Ⅱ级；天成桥跨径 8 米，板梁结构，公路—Ⅱ级；两座桥均建于

1986年。

2001年，新羔线同福段4座公路桥改建为板梁或空心板梁结构，荷载达到“汽—20”标准。2005年建造的桐斜线(高铁线)境内段有南花墙桥(公路—Ⅱ级)、长山河大桥(公路—Ⅰ级)、谢南桥(公路—Ⅰ级)。2007年，桐九线境内段的新日桥改建为跨径58米，宽度8米的中型公路桥。

80、90年代开始，随着境内乡村公路的迅速发展，原来的一些机路桥和行人桥相继拆建、改为公路桥梁。据市公路段统计，2009年境内乡村公路桥梁有76座。

表10—20　　2009年凤鸣街道乡村公路桥梁一览表

桥梁名称	所在地	公路路线	桥梁跨径（米）	桥面净宽（米）	上部结构	设计负荷等级	技术状况评定
五社庙桥	合星村	民丰—茅桥埭	20	15	简支梁桥	公路—Ⅱ级	一类
姚家桥	合星村	民丰—茅桥埭	46	5	桁架拱	公路—Ⅱ级	三类
胜丰桥	建胜村	民丰—茅桥埭	8	7	简支梁桥	公路—Ⅱ级	三类
俞家桥	新农村	新农村—合星	8	5	简支梁桥	公路—Ⅱ级	三类
仙鹤桥	新农村	新农村—合星	13	5.5	简支梁桥	公路—Ⅱ级	二类
高道庙桥	联庄村	新农村—合星	6	5	简支梁桥	公路—Ⅱ级	三类
龙王庙桥	联中村	新农村—合星	50	4.5	桁架拱	公路—Ⅱ级	三类
杨树浜桥	联中村	新农村—合星	6	5	简支梁桥	公路—Ⅱ级	二类
马家桥	合星村新农村	新农村—合星	8	5	简支梁桥	公路—Ⅱ级	三类
新兴桥	灵安集镇	灵安—史桥	32	7	桁架拱	公路—Ⅱ级	三类
王家木桥	灵安集镇	灵安—史桥	10	5	简支梁桥	公路—Ⅱ级	三类
万安桥	李家弄村	灵安—史桥	16	7	简支梁桥	公路—Ⅱ级	三类
油车桥	长新村	灵安—史桥	18.5	7	简支梁桥	公路—Ⅱ级	三类
章南汇桥	桑园桥村	灵安—史桥	36	7	简支梁桥	公路—Ⅱ级	二类
马家桥	桑园桥村	灵安—史桥	25	7	简支梁桥	公路—Ⅱ级	二类
灵安一号桥	灵安村	灵安—同星	16	5	简支梁桥	公路—Ⅱ级	二类
灵安二号桥	灵安村	灵安—同星	25	5	简支梁桥	公路—Ⅱ级	三类
灵安三号桥	灵安村	灵安—同星	10	5	简支梁桥	公路—Ⅱ级	二类
灵安四号桥	灵安村	灵安—同星	13	5	简支梁桥	公路—Ⅱ级	一类
新建桥	灵安村	灵安—同星	11	5	简支梁桥	公路—Ⅱ级	二类
庆丰桥	西牛桥村	灵安—同星	13	5	简支梁桥	公路—Ⅱ级	二类
盛家木桥	红旗村	红旗—西牛桥	8	5	简支梁桥	公路—Ⅱ级	二类
严家坝桥	红旗村	红旗—西牛桥	13	5	简支梁桥	公路—Ⅱ级	二类
路家园桥	路家园村	红旗—西牛桥	25	5	简支梁桥	公路—Ⅱ级	二类
路家木桥	路家园村	红旗—西牛桥	17.7	4.8	简支梁桥	公路—Ⅱ级	三类
太平桥	长新村	新农村—史桥	18	7	简支梁桥	公路—Ⅱ级	三类
东木桥	长新村	新农村—史桥	18	7	简支梁桥	公路—Ⅱ级	三类

续表

桥梁名称	所在地	公路路线	桥梁跨径（米）	桥面净宽（米）	上部结构	设计负荷等级	技术状况评定
唐家木桥	史桥村	新农村—史桥	89	7	简支梁桥	公路—Ⅱ级	一类
池塘洋桥	桑园桥村	桐九线—俞家浜	14	5	桁架拱	公路—Ⅱ级	二类
八字桥	史桥村	桐九线—俞家浜	46	5	双曲拱	公路—Ⅱ级	三类
南八士桥	史桥村	桐九线—俞家浜	13	4	简支梁桥	公路—Ⅰ级	一类
俞家浜桥	史桥村	河东—车家兜	8	3	简支梁桥	公路—Ⅱ级	三类
打铁桥	史桥村	邱家埭—庙前村	16.5	4.5	桁架拱	公路—Ⅱ级	三类
长新桥	长新村	油车桥—魏家埭	46	4.8	桁架拱	公路—Ⅱ级	四类
钱家门桥	长新村	古店桥—长新桥	13.5	5.3	桁架拱	公路—Ⅱ级	四类
新兴二号桥	李家弄村	卫生院—道地桥	13	5	简支梁桥	公路—Ⅱ级	三类
新兴三号桥	李家弄村	卫生院—道地桥	13	2.8	简支梁桥	公路—Ⅱ级	三类
新兴四号桥	李家弄村	卫生院—道地桥	18	5	简支梁桥	公路—Ⅱ级	三类
塍长桥	李家弄村	卫生院—道地桥	6	5	简支梁桥	公路—Ⅱ级	三类
木桥头桥	李家弄村	卫生院—道地桥	8	5	简支梁桥	公路—Ⅱ级	三类
古店桥	李家弄村	卫生院—道地桥	7	3	双曲拱	公路—Ⅱ级	三类
道地桥	李家弄村	卫生院—道地桥	28	3	双曲拱	公路—Ⅱ级	三类
冯家木桥	李家弄村	李家弄—公墓	46	3.2	桁架拱	公路—Ⅱ级	四类
王板桥	路家园村	路家园组—高家浜	46	4	双曲拱	公路—Ⅱ级	三类
杀牛桥	路家园村	路家园组—高家浜	6	3	简支梁桥	公路—Ⅱ级	四类
红星桥	路家园村	路家园组—高家浜	46	4	双曲拱	公路—Ⅱ级	三类
凤仙桥	红旗村	唐家村—320 国道	16	4.8	简支梁桥	公路—Ⅱ级	三类
念五桥	灵安村	第九中学—蒋家浜	8	4.5	简支梁桥	公路—Ⅱ级	三类
八字桥	合星村	同石公路—屯桥头	9	3.5	简支梁桥	公路—Ⅱ级	二类
小桥浜桥	路家园村	路家园—公墓	8	3.2	简支梁桥	公路—Ⅱ级	三类
建农桥	路家园村	路家园—公墓	24	3	双曲拱	公路—Ⅱ级	三类
建福桥	路家园村	潘家漾—路家石桥	23	3.4	简支梁桥	公路—Ⅱ级	三类
南浜头桥	中群村	小李家埭—马家湾	8.5	5	简支梁桥	公路—Ⅱ级	二类
黄家石桥	合星村	同石公路—黄家角	7	4.5	简支梁桥	公路—Ⅱ级	三类
林家木桥	西牛桥村	乐家门—公墓	8	2.2	简支梁桥	公路—Ⅱ级	三类
泥水门桥	史桥村	泥水浜—陈家里	13	4.2	简支梁桥	公路—Ⅱ级	二类
西昌桥	红旗村	西昌桥—蚕桑场	46	4.5	双曲拱	公路—Ⅱ级	三类
蚕桑桥	红旗村	西昌桥—蚕桑场	17	4	双曲拱	公路—Ⅱ级	三类
水闸桥	灵安村	史家埭—朝北屋组	6	3	简支梁桥	公路—Ⅱ级	二类
长庆桥	长新村	魏家埭—钟家弄	18	5	简支梁桥	公路—Ⅱ级	二类
中路过桥	灵安村	绕城公路—天仁桥	17.4	3.4	双曲拱	公路—Ⅱ级	五类

续表

桥梁名称	所在地	公路路线	桥梁跨径（米）	桥面净宽（米）	上部结构	设计负荷等级	技术状况评定
凌家木桥	新农村	新农村—茅家浜桥	8	5	简支梁桥	公路—Ⅱ级	二类
邵家浜桥	新农村	新农村—茅家浜桥	8	5	简支梁桥	公路—Ⅱ级	二类
平安桥	新农村	新农村—茅家浜桥	8	5	简支梁桥	公路—Ⅱ级	二类
周家石桥	新农村	新农村—茅家浜桥	18	6	简支梁桥	公路—Ⅱ级	二类
茅家浜桥	新农村	新农村—茅家浜桥	6	5.5	简支梁桥	公路—Ⅱ级	二类
青石桥	中群村	新羔线—谈家门	50	5	桁架拱	公路—Ⅱ级	三类
助先桥	新农村	屠新线—南墙门	8	4.5	简支梁桥	公路—Ⅱ级	二类
渔船汇桥	中群村	王家村—柴家斗	50	5	桁架拱	公路—Ⅱ级	三类
蒋官桥	中群村	王家村—柴家斗	29	5	简支梁桥	公路—Ⅱ级	二类
柴家斗桥	中群村	王家村—柴家斗	20	4.5	双曲拱	公路—Ⅱ级	四类
夏家斗桥	建胜村	石头桥—杨园新村	13	5	简支梁桥	公路—Ⅱ级	二类
杨家村桥	联庄村	石头桥—杨园新村	9	5	简支梁桥	公路—Ⅱ级	三类
梅家村桥	联庄村	石头桥—杨园新村	5	5	简支梁桥	公路—Ⅱ级	三类
陈会角桥	联庄村	石头桥—杨园新村	8	5	简支梁桥	公路—Ⅱ级	三类
太平桥	中群村	太平桥—中群村	7	4.5	简支梁桥	公路—Ⅱ级	二类

资料来源：凤鸣街道交管站提供

2009年11月，胜丰桥改建，桥梁跨径由原来的8米改为10米。是年，长新桥改建，由原1孔跨径46米改为3孔跨径16米+20米+16米。是年改建的还有凤仙桥和建福桥。2010—2011年改造的有冯家木桥、西昌桥、渔船汇桥、龙皇庙桥、八字桥、王板桥、红星桥、青石桥等，均为原料的1孔桥改3孔桥，跨径为16米+20米+16米。是年拆除的有道地桥。2012年，长庆桥改造，由原1孔跨径18米改为3孔跨径5米+10米+5米。是年拆除的有古店桥。

客运

长途客运

1959年，桐乡至崇福客运班车开通，途径境内，每天4个班次。1960年增加到每天6个班次。1966年增加到每天10个班次。1973年，开通桐乡—临平、杭州的客车，途径境内。桐乡至临平每天4个班次，至杭州每天2个班次。1980年，桐乡至洲泉客车开通后，境内交通更加便捷。桐乡—杭州（临平）、桐乡—崇福、桐乡—洲泉、桐乡—大麻、桐乡—长安、桐乡—高桥等客车均在灵安和新农村停靠。桐乡—洲泉的客车还在同福停靠。1989年，史桥建汽车站，桐乡至高桥的客车在史桥停靠。灵安、同福、史桥的车站为乡镇代理站。1993后，客运市场放开，短途客车改为“招手即停、上车买票”，原有的乡镇代理站逐渐废弃。2004年，实施城乡公交一体化，二级公交（桐乡客运中心至乡镇的公交车称二级公交）替代了原来县城至乡镇的短途客车（中巴）。

表 10—21　　1990 年 12 月桐乡汽车站至境内各站里程票价表

站　名	里程(公里)	票价(元)	站　名	里程(公里)	票价(元)
史　桥	6	0.30	新农村	9	0.50
灵　安	5	0.30	同　福	13	0.70

资料来源:《桐乡市交通志》2015 年版

城乡公交

2003 年 12 月,境内第一条三级公交(乡镇至行政村的公交车称三级公交)K309 开通(崇福小商品市场至同福集镇,后延伸至中群村),为全市首批开通的三级公交。至 2007 年,境内已开通二级公交线路 7 条、3 级公交线路 4 条,二、三级城乡公交之间实现零距离换乘,境内实现"村村通公交"。

表 10—22　　2012 年境内城乡公交一览表

线　路	单程(公里)		停靠站(个)		境内停靠站点
	总长	境内长度	全程	境内	
K341 高桥—新农村	9.8	1.7	18	4	太河荡、天烦桥、变电所、新农村
K309 小商品市场—中群村	10.5	6.3	25	14	运河水泥厂、杨园新村、夏家兜、郑家埭、建胜村委、福严寺路口、东杆村、同福工业园区、同福集镇、幼儿园、渔船汇桥、洞桥头新村、蒋管桥、中群村
K328 崇福车站—福严寺	8.1	3.2	19	9	运河水泥厂、杨园新村、夏家兜、郑家埭、建胜村委、福严寺路口、姚家桥、合星村、福严寺
K203 桐乡—福严寺	21.6	2.7	40	6	三圣堂桥、长旺埭、天横庄、合星村、合星村委、福严寺
K211 桐乡—崇福	19.5	4.8	23	5	西南公交站、灵安集镇、惠桥、新农村、新农村村委
K212 桐乡—大麻	34.5	4.8	35	5	西南公交站、灵安集镇、惠桥、新农村、新农村村委
K221 桐乡—洲泉	28.5	10.3	45	16	西南公交站、灵安集镇、惠桥、新农村、天花荡、同福开发区、西长浜、龙王庙、联庄村西、顾家埭、凤鸣街道办事处、同福集镇、同福工业园区、东杆村、福严寺路口、金家村
K262 桐乡—骑塘	21.1	5.2	28	6	花墙门、杨家门、史桥集镇、史桥村、庙前村、徐家桥
K264 桐乡—亭桥	15.3	5.2	26	6	花墙门、杨家门、史桥集镇、史桥村、庙前村、徐家桥
K286 桐乡—史桥—凤鸣街道	18.4	12.2	24	15	花墙门、杨家门、史桥集镇、史桥村、庙前村、唐家木桥、东木桥、长新村、太平桥、小里桥、太河荡、天顺桥、变电所、新农村、凤鸣街道
K348(K312) 史桥—西牛桥—史桥	20.6	20.6	28	28	史桥、马家桥、姚家浜、油车桥、高家门、李家弄村、天女小学、灵安卫生院、新兴路口、振业路建业路口、桐乡九中、朱家门、崔家浜、西牛桥、建福、路家园、路家石桥南荡、严家坝桥、红旗村(返回经新兴路口—史桥,停靠站点相同)

资料来源:此表所列各路城乡公交里程数据由市汽车运输有限公司提供

此外，城乡公交高铁线 K281、K282、K284 在境内的花墙门、史桥杨家门、史桥、姚家门前、南港上等站点停靠。桐乡市区公交 3 路、8 路均在境内西南公交站停靠，14 路在西南公交站、320 国道佳业路口、灵安港、新兴路公交站停靠。

个体客运

1993 年客运市场放开后，境内因地处城郊接合部，个体客运发展具有地利优势，从事客运的个体经营户数量增长较快。据街道经发中心对个体经营户的统计调查，2012 年境内有个体客运 128 户，其中出租车客运 34 户、三轮车客运 36 户、中巴(面包车)客运 26 户。

五、货运

2005 年，凤鸣街道拥有农用车 125 辆。是年 7 月，嘉兴市佳同危险化学品运输有限公司成立，为浙江天女集团制漆有限公司的全资子公司，经营范围危险货物运输(易燃液体类)。2011 年拥有危险货物运输专用车辆 12 辆，其中普通货车 10 辆，厢式货车 2 辆，总载重吨位 97.23 吨，全年货物运输量 2 万吨。主要经营天女制漆有限公司在江浙沪一带的油漆产品运输。

境内的货运车辆除了营运的以外，还有一些企业自备自用的非营运车辆。据桐乡市交警大队车辆管理所提供的统计数据，2012 年凤鸣街道有非营运货车 25 辆，其中大型货车 10 辆、中型货车 3 辆、小型货车 12 辆。

据街道经发中心对个体经营户的统计调查，2012 年境内有拖拉机、小货车、电瓶车等个体货物运输户 507 户。

第三节　交通管理

管理机构

90 年代始，随着交通事业的发展，乡镇一级的交通管理机构相继建立。1991 年 1 月，史桥乡建立交通管理站。6 月，灵安镇建立交通管理站。1992 年 11 月，同福乡建立交管理站。2002 年，灵安镇交管站改称凤鸣街道交通管理站。2007 年 10 月同福乡并入凤鸣街道后，交管站相应合并。

2006 年 12 月，市公安局交警大队一中队在凤鸣街道设立道路交通安全警务站，配备协管员 6 人。

交通秩序管理

随着经济的发展，灵安集镇港域运输繁荣，船只停靠拥挤紊乱现象突出，为加强集镇水上航行管理，维护交通秩序，1992 年，灵安镇政府决定建立灵安集镇船舶管理站。管理范围以灵安集镇为中心，东至蔬菜厂，西至造漆厂后刘家桥，南至面丈港万代桥。凡进入该区域停靠并过夜的船只，须持驾驶证、航行证、船舶证到船舶管理站登记，按规定标准缴纳管理费，由船管员指定地点停靠。

1996 年 8 月，灵安镇政府印发《灵安镇城镇机动车辆停放管理办法》，为确保 320 国道安全畅通，维护灵安集镇道路交通秩序，规定所有机动车辆必须停放在灵安镇机动车停车场内，新兴路、安弄街、河北路、河南路、小学路、安全路以及 320 国道 20 米以内不得停放机动车辆。同时，对违章乱停的处罚和停车场收费标准作出了规定。

1999 年 4 月，灵安镇政府批转镇交管站《关于灵安镇镇村公路管理暂行办法》，规定任何单位、个人不得在公路及公路用地范围内摆摊设点、堆放物品、倾倒垃圾、设置障碍、挖沟引水，利用公路边沟排放污物或进行其他损坏、污染公路和影响公路畅通的活动等，共有 8 个条款的强制性规定，以及相关的奖励与处罚措施。

2001年，同福乡政府成立水上交通安全管理委员会，由乡长任主任，分管领导任副主任，交管站和各村主任为成员，办公室设在交管站。乡水上交通安全管理委员会本辖区的水上交通安全管理工作，配合水上交通安全管理部门开展辖区内的水上交通安全管理和秩序整治，对村一级的水上交通安全管理工作进行检查和考核。同时在各行政村成立水上交通安全管理组，负责掌握本村水上交通安全管理信息，对手续不齐、来路不明、买卖不过户、有肇事嫌疑的船舶及时反映报告，保护本村段航道交通设施。

2003年，凤鸣交管站采取宣传、设点、分片等多种形式，推动养路费征收，全年征收养路费19.62万元。

2008年11月，凤鸣街道办事处印发《凤鸣街道农村桥梁管理办法(试行)》，对除集镇规划区内、国道、省道、县道以外的农村桥梁管理作出规定。内容包括桥梁建设计划、立项、招标、设计、施工、验收、资金来源以及各项基础管理。

交通设施养护

公路养护

1988年底，同福乡投资5万余元，在全县率先实施乡间公路安装路灯工程，起讫地段为乡政府至小羔羊大桥的公路旁，全长3300米，安装高压路灯68盏。为夜间行车和乡办企业员工夜班往返提供照明。

1991年，境内的公路养护，320国道由县公路段负责。县乡公路由县乡公路养护站负责(2000年并入市公路段)。乡道、村道由镇、街道设置的交通管理站负责养护管理。2008年建立凤鸣街道公路养护站，负责境内乡道、村道的养护管理。市财政每年按乡道、村道里程数给予不同标准的补助资金。2010年度，凤鸣街道乡村公路大中修工程里程为104.19公里，其中乡道30.84公里，村道73.35公里。共获得市财政补助资金55.34万元。

2012年，凤鸣街道办事处将道路建设列入年度主要实事工程之一，共投入资金260多万元，其中投资150万元进行灵史线大中修，全长2.7公里，宽6米；投资29万元，完成320国道平面交叉道口建设；投资25万元，完成李家弄村生态公墓道路硬化1.3公里；投资56万元，进行了道路维修与安全设施安装，其中长新村(砖瓦厂)道路维修投入资金8万元。

桥梁养护

县道桥梁由县(市)公路管理段负责养护，乡道、村道桥梁由所在乡镇(街道)交管站负责养护。进入90年代，随着经济发展和公路建设的加快，各种机动车辆急剧增长，使得一些等级较低的桥梁不堪重负，有的桥梁渐成危桥，为交通安全带来隐患。

2007年，桐九线境内段的新日桥被列为危桥改造重点工程，省财政补助210万元，改建为跨径58米，宽度8米的公路中桥。2008年凤鸣街道对5座农村危桥实施改造工程，分别为王郑桥、南八字桥、腾桥头桥、范家角桥、杀牛桥。改建后的桥梁荷载等级均为公路—II级。2009年对8座农村危桥实施改造工程，分别为木桥头桥、沈家石桥、陆家木桥、建福桥、王家村桥、牛桥、凤仙桥、胜丰桥，荷载等级均为公路—II级。

2009年8月，市人民政府批转市交通局《长山河桥梁阶段性专项整治方案》，对长山河运东段桥梁中部分存在病害的桥梁和丧失承载能力的危桥实施整治。长山河运东段桥梁共34座(含已拆除或坍塌的3座)，其中所在地为凤鸣街道的21座(列入整治的17座，其中长新桥为重建)。除国道桥梁蒋子庙桥和县道桥梁史桥新桥、新日桥由市公路管理机构负责外，乡道、村道、其他道路桥梁均由所在地凤鸣街道办事处负责养护管理。所需投资95万元，财政补助90%，其余由街道办事处负责筹集。整治措施主要是修复具有修复价值的桥梁构件，以保证桥梁的正常运行，科学合理设置限载标志，拆除或封闭危桥等。新日桥、长新桥重建工程于9月开工，年底前完成。其余危桥改造工程分别于2010年和2011年完成。史家桥仅拆不建。

表10—23　　2009年境内长山河桥梁基本情况一览表

桥　名	结构形式	所在道路	状况描述	整治措施
上阳桥	桁架拱	其他	桥台位移、多处断裂、未修复	修复构件、限制车辆通行、加强观察
姚家桥	空心板梁	乡道	基本完好	—
青石桥	刚架拱	村道	桥台位移	加强观察
渔船汇桥	桁架拱	村道	桥台位移、断裂、已修复	修复构件、加强观察
龙皇庙桥	桁架拱	村道	桥台位移	加强观察
金井桥	刚架拱	其他	桥台位移、断裂、未修复	修复构件、限制车辆通行、加强观察
王板桥	刚架拱	其他	桥台位移、多次断裂、修复再断	修复构件、限制车辆通行、加强观察
红星桥	刚架拱	其他	桥台位移	限制载重砂石料车辆通行，加强观察
江南桥	刚架拱	其他	桥台位移、断裂、未修复	修复构件、限制车辆通行、加强观察
蒋子庙桥	空心板梁	国道	基本完好	
红旗桥	刚架拱	其他	桥台位移	限制车辆通行、加强观察
西昌桥	桁架拱	村道	桥台位移	加强观察
冯家木桥	桁架拱	村道	桥台位移、断裂、已修复	修复构件、限制载重车辆通行、加强观察
小里桥	钢桁架梁	其他	构件锈蚀严重	防腐性维修、更换桥面板、加强观察
西凌桥	刚架拱	其他	桥台位移	限制车辆通行、加强观察
长新桥	—	村道	已拆除	重建预应力钢筋混凝土桥
史家新桥	系杆拱	县道	基本完好	—
史家桥	桁架拱	其他	桥台位移、多处断裂、未修复	封闭交通、加强观察
新日桥	桁架拱 贝雷钢片	县道	桥台位移、多处断裂、锈蚀严重	拆除老桥重建，再拆除贝雷钢片桥防腐
八字桥	桁架拱	村道	桥台位移、断裂、已修复	限制载重车辆通行、加强观察
启新桥	贝雷钢片	其他	锈蚀	防腐性维护、加强观察

资料来源：桐政办发〔2009〕113号文

说明：长新桥重建预应力钢筋混凝土桥，跨径51米，净宽5米

2010年，凤鸣街道农村危桥改造工程，涉及桥梁7座，分别为转向木桥、田上头桥、李家石桥、小桥头桥、太马金桥、新家园桥。改造后的桥梁荷载均为公路—II级。

2012年，凤鸣街道办事处将危桥改造列入年度主要实事工程之一，共投资100万元，完成农村危

桥改造5座(长庆桥、李家角桥、严家坝桥、路家石桥、万兴桥),拆除危桥1座(古店桥),并对6座小民桥安装栏杆。

交通事故案例

案例一　1997年12月8日,灵安镇路家园村朱家里组朱某某无证驾驶挂机船,载着本组及周家园组共12人,去海宁周王庙买蚕沙(作羊饲料)。返回途中因船舶超载,与大吨位及落舱机船频繁交汇时,水浪不断泼入,引起船舱进水,在杭申线同福运河水泥厂航段发生沉船事故,造成12人落水5人死亡的重大交通事故。经"12·8"水上交通事故调查处理小组现场勘察及调查取证后,经市港航监督处鉴定和审定,认定该事故系船主、驾驶者朱某某违反《中华人民共和国内河交通安全管理条例》等有关法律法规,违法搭客、严重超载、无证驾船导致船舶自沉的重大恶性交通事故,被移送司法部门追究刑事责任。

案例二　1996年10月17日,天台县汽运公司一辆牌号为浙JG8097大客车由江苏常熟载客驶回天台,途经320国道桐乡新农村路段时,与余杭市塘栖镇莫家桥村村民莫良福驾驶的浙AA7164厢式货车剧烈相撞,造成莫良福及厢式货车内乘员共7人死亡、2人受伤的特大交通事故。

第四节　车船修造与机驾培训

车辆维修

灵安地处县城之郊,杭申公路沿线,随着经济的发展,客商往来趋频,车流量密集,从80年代中期开始,汽车修理服务业开始发展。

1986年12月,境内首家汽车修配厂——灵安浙北汽车修配厂开始筹建,为蚕桑场村村办企业,地址在灵安集镇320国道旁。1988年2月通过竣工验收后投产。1993年投资扩建厂房,增加配件品种。1994年营业收入85.8万元。

1987年4月,经县乡镇企业局批复同意,灵安镇新建汽车修配厂及停车场,为镇办集体企业。项目总投资32万元,占地面积2300平方米,其中附属设施(招待所、饭店)400平方米、停车场1300平方米。总建筑面积3000平方米。于1988年1月注册登记,6月通过竣工验收。

1992年,县水利农机局批复同意,由同福乡水机站在草庵头集镇开办汽车修配厂,为站办集体企业。

史桥船厂

90年代中后期,集体企业改制后,境内的车辆修理服务业均为个体经营。据街道经发中心对个体经营户的统计调查,2012年境内有个体汽车修理业5户,个体自行车、电瓶车、摩托车等其他车辆修理业55户。

船舶修造

1992年,建办桐乡县史桥船舶修造厂(私营),厂址史桥集镇西,法人代表丁连华。该厂位于长山河史桥航段,占有岸线135米,初建时以生产100吨级钢质挂桨机船为主,1993年造船18艘,共1440吨位。2003年,造船53艘,计

4110吨位，创历史最高值。1999年，更名为桐乡市史桥连华船舶修造厂。至2005年，全市持有省船舶检验局颁发的生产许可证的修造船厂有5户，史桥连华船舶修造厂为其中之一，为乙类船舶修造企业，具有生产500～800吨级钢质船舶能力。2006年11月变更为桐乡市迎宾船舶制造有限公司。2010年，厂区占地面积3000平方米，固定资产100万元，员工13人(其中技术人员7人)。是年建造钢质船舶11艘，计4032吨位(客户自购钢板加工)，年产值90万元。此后，作为水运业的上游产业，造船业普遍不景气，迎宾船舶制造有限公司基本无船可造，转入以船舶维修保养为主要业务。2011年被嘉兴市经贸委评定为三类Ⅲ级船舶修造企业。2012年维修保养船舶20艘，计2600吨，年产值30万元。

表10—24　　1993—2012年(若干年份)迎宾船舶制造有限公司生产情况一览表

年　份	修造船舶(艘)	吨位(吨)	年　份	修造船舶(艘)	吨位(吨)
1993	18	1440	2005	17	1219
1994	22	1328	2006	11	2043
1995	38	1133	2009	9	2917
2001	5	1080	2010	11	4032
2002	16	2509	2011	18	2340
2003	53	4110	2012	20	2600
2004	18	3114			

资料来源：1993—2010年数据摘自《桐乡市交通志》2015版。2011—2012年数据由迎宾船舶制造有限公司提供

机驾培训

2004年3月，桐乡市福原驾驶员培训中心有限公司(桐乡福原驾校)成立，为民营企业，从事汽车驾驶员、摩托车驾驶员培训业务，注册资本200万元，法人代表潘德荣(2008年10月变更为王亚明)。公司地址：凤鸣街道合星村姚家桥北埯。福原驾校面积15600平方米，其中场地13200平方米，教室及综合办公楼1200平方米，场内设施齐全，固定资产800万元。至2012年，公司拥有教练小轿车68辆，从业人员78人，其中管理人员10人、理论教员3人、教练操作员65人，其中技师3人、高级职称15人、中级职称47人。2011年度获得桐乡市汽车教练员技能比武团体第一名。2012年培训合格驾驶员3247人，累计培训合格驾驶员15742人。

第二章　邮　　电

境内的邮电事业始于民国时期，崇德邮局在灵安镇设有代办所，代办信函、包裹、汇票等邮政业务。民国36年(1947)后，崇德县乡村电话管理所在境内架设电话线路，灵安、同福与崇德、桐乡之间先后开通电话。县乡村电话管理所在灵安设分所，在同福乡草庵设支所。解放后，人民政府重视邮电事业，境内邮电机构网点随行政区划变动和经济发展状况，曾多次作出调整。中共十一届三中全会

凤鸣邮政支局、电信支局

后，邮电通信进入现代化发展阶段。邮政业务种类不断扩大，函件、包件、汇兑、报刊发行、邮政储蓄、集邮等一应俱全。电信业务从单一的固定电话，逐步发展到电报、无线寻呼、移动电话、无线市话（小灵通）、互联网宽带等；农村电话中继线路逐步实现电缆化，进而实现光缆化；电信设备从人工交换机到程控电话连网，2012 年境内固定电话机拥有量 9600 余台，移动电话普及家家户户，互联网宽带接入乡村农家，农村信息化建设促进经济发展，惠及人民生活。

第一节　邮　政

机构

抗日战争以前，崇德邮局在灵安镇设有代办所，代办人为周生源广货号周梅春。民国 25 年（1936），崇德县邮政局在徐家庙开办邮政村柜。境内沦陷后，邮政机构被迫停止营运，灵安邮政代办所、徐家庙邮政村柜停业。

民国 33 年（1944），崇德、桐乡两县政府均设立递步哨组织，县设总哨所，区设支哨所，乡镇设分哨所。主要职能是送递各级政府机关的公文、情报等，如有附属机关及其私人信件、报纸等，在时间上可能的情况下代力附带，其余概不负专送责任。灵安区支哨所设在中塔乡，上承崇德县总哨所，下联灵安、纪目、景云等各乡分哨所。游击区情况多变，递步哨所常随县、区政府活动。抗日战争胜利后，邮政恢复，递步哨随之撤销。民国 35 年（1946）4 月，灵安邮政代办所复设。

1949 年 5 月，崇、桐两县解放，人民政府接管邮政机构。1953 年，崇德县乡村电话管理所灵安交换所兼办邮政业务。1954 年成立灵安邮电所，服务范围除灵安乡（镇）外，兼管同福乡。在不够条件开设邮电所的乡级小集镇徐家庙设邮电代办所，发给信箱、邮戳等邮政用品，代办部分邮政业务，由县邮电局按其业务收入的比例付给酬金。

1962 年，灵安为邮电支局。在龙王庙设邮电代办所，代办单位：同福供销社；在史家桥设邮电代办所，代办人：沈慧敏。在徐家庙设邮票代售处。

1963 年，贯彻精简机构精神，撤销灵安邮电支局，改为灵安邮电所。撤销徐家庙邮票代售处，改设邮电代办所。

1973 年，灵安邮电所在徐家庙、龙王庙、五社庙设邮票代售处，并在本所及各邮票代售处分别设信箱 1 只。南日邮电所在史家桥设信箱 1 只。

1986 年，同福乡邮电所新建邮电通信用房 300 平方米，由原来的专办电信业务转为兼办部分邮政业务。

1990 年，灵安邮电所有职工 5 人，年业务收入 20.96 万元。是年 10 月，根据灵安镇总体规划安排，原镇工办汽车修理车间转让给灵安邮电所作局房建设用地。灵安邮电所综合楼于 1992 年 7 月竣工，建筑面积 502 平方米。

1996 年，同福乡邮电所新大楼建成，占地 3200 平方米，建筑面积 823 平方米。

1998年8月起，桐乡市邮政、电信分业经营，市邮政局在灵安设邮政所，在同福设邮政代办所。1999年起，进一步提升邮政形象，改善服务环境，相继对灵安、同福等邮政网点用房进行标准化改造，进一步加快信息化步伐，逐步启用电子化支局系统。

2001年7月，灵安邮政所升格为邮政支局。是年年末，灵安邮政支局更名为凤鸣邮政支局。2005年3月，经报请省邮政局同意，撤销同福邮政代办所，设立同福邮政所。

2004年起，境内邮政机构实现邮政办公自动化，并先后开通启用邮件分拣、报刊发行、集邮、机要等邮政业务计算机处理系统。

2006年，凤鸣邮政支局在邮政通信工作中成绩显著，被桐乡市邮政局评为先进集体。

2008年，凤鸣街道与同福乡的邮政单位合并，名称仍是凤鸣街道邮政支局。当年服务业务类：邮政储蓄、汇兑、电子商务、特种专递、信函、包裹印刷品。2008年业务收入51.44万元，翌年，业务收入增加至138.34万元。

2012年2月，针对村级邮政网点建设相对滞后，农村邮件不能妥善投递到户的状况，根据市政府关于开展村邮站建设工作要求，凤鸣街道作出具体部署，明确职责，落实经费，制定标准，选址装修，招聘培训村邮员，全力推进村邮站建设。村邮站日常经费及村邮员薪酬，由市财政对每个站每年定额补助12000元，街道平均定额补助6300元(含村邮员意外伤害险300元)，邮政局按业务量支付拓展类业务酬金。是年，全街道14个建制村均设立了村邮站，实现邮政公共服务在村一级全覆盖。

2012年年末，凤鸣邮政支局有员工7名，营业终端机4台，其中邮政终端1台、储蓄终端3台，邮政日戳(凤鸣)2个(凤鸣支局提供)。同福邮政所有员工4名，营业终端机4台，其中邮政终端1台、储蓄终端3台，邮政日戳(同福)1个。

同福邮电(邮政)所历任所长(主任)(1981—2012年)：顾利学、周海江、史明杰、徐海忠。

凤鸣邮政所(支局)历任所长(支局长)(2002—2012年)：杨建设、朱萍、濮利红、杨佳杰、史明杰。

邮路

民国35年(1946)，灵安邮政代办所复设后，灵安至崇德邮路，邮件往来委托于阿生民船运送，每月运费800元。

1954年灵安邮电所的邮件由航船发崇德经转。60年代改为公路邮运，发桐乡经转。70年代县局自办干线汽车邮路后，改交杭州—嘉兴邮车接转。

表10—25　　1963年境内邮路及农村投递邮件线路表

起　讫	类　型	交通工具	单程长度(公里)	班　别	班均发运量(公斤)
灵安—汽车站	普邮运	步班	0.3	逐日	1.5
崇福—同福	普投	步班	27	逐日	2.6
桐乡—灵安	机投	自行车	6	隔日	0.5
桐乡—龙王庙	普邮运	木船	11	间日	1
桐乡—玲群	普投	步班	13.8	间日	1

资料来源：桐乡档案馆馆藏档案，卷宗号41—6—200　1963年《县邮电局统计年报》

说明：灵安邮电所配备邮用自行车1辆(损坏停用)

1987 年，史桥邮电所有邮路 36 公里。

1990 年，灵安邮电所有农村投递线路 2 条，日行程 77 公里。

1991 年，灵安邮电所新建营业用房，从原来的灵安镇河南路搬迁至永兴路 3 号(320 国道旁)。市局的邮政班车直接到灵安支局，原接送邮件的灵安集镇至灵安汽车站邮路随之取消。

2012 年，境内有邮路 3 条，单程长度 133 公里。

表 10—26　　　　2012 年灵安邮政支局投递邮路情况一览表

邮　　路	交通工具	单程长度(公里)	班　　别	班均运量(公斤)
凤鸣线	自行车	48	周六	30
城投线	自行车	10	逐日	13
同福线	摩托车	75	周六	40

资料来源：灵安邮政支局提供

说明：周六班即每周 6 班。同福线摩托车为私有公助，车辆系投递员自有，汽油费由支局补助

业务

函件

民国 36 年(1947)，灵安邮政代办所日均函件数为收 50 件、发 30 件。代办所还办理汇票、代售印花税票等业务。是年 4—6 月，收寄挂号快递包裹 48 件，月均经售邮票 4.36 万元。8—9 月代售印花税票 6000 元。10 月，经售邮票 35 万元，办理汇票 65 万元，汇费收入 4.8 万元。

解放后，函件种类有信函、明信片、印刷品等。1960 年，对机关单位交寄大宗函件实行整寄整付，加盖“邮资已付”戳记寄发。1973 年，灵安邮电所除收寄信函、明信片、印刷品等平常函件外，还收寄挂号、特挂、保价等给据函件业务。

1983 年，灵安邮电所在小羔羊增设邮票代售处。是年，境内的邮票代售处还有徐家庙、龙王庙、五社庙，以及史桥(由南日邮电所下设)。信筒、信箱 7 只，其中灵安 2 只，徐家庙、龙王庙、五社庙、小羔羊、史桥各 1 只。1988 年，信函交寄要求使用标准信封，书写邮政编码。灵安、同福的邮政编码均为 314505。

1992 年起，开办邮政贺年(有奖)明信片业务，成为机关团体、企事业单位以及民众个人之间新年致贺的礼仪佳品。2009 年，灵安邮政支局和同福邮政所函件业务量共计 17084 件。2012 年，灵安邮政支局和同福邮政所函件业务量共计 38863 件。

包件

民国 36 年(1947)，灵安邮政代办所已办理包裹业务。是年 4—6 月，收寄挂号快递包裹 48 件。

解放后，增设快递小包、保价包裹等包件业务。进入 90 年代，随着民营快递、托运等物流机构的迅猛发展，邮政包件业务受其影响，逐年减少。2001 年 8 月 1 日起，邮政开办国内快递包裹业务。2012 年，灵安邮政支局和同福邮政所包裹业务量共计 1261 件。

汇兑

民国 36 年(1947)，灵安邮政代办所已办理汇票业务。是年 10 月，办理汇票 65 万元，汇费收入 4.8 万元。

解放后，邮政汇兑业务种类有普通汇票和小额汇票，以个人小额汇款为主。2001 年 12 月，市邮政局开通邮政电子汇兑系统，凤鸣邮政支局正式开办邮政电子汇兑业务，改变了邮政汇兑业务传统的手

工处理、邮路传递和资金清算方式，加快了汇兑传递时限。同时，还开通现金一现金24小时(隔日)到达的电子汇款业务。2002年开通4小时和实时到达的加急、特急邮政电子汇款业务。

报刊发行

解放初期，报刊发行仅有《浙江日报》《农民日报》等。1957年后，普及报刊发行。改革开放后，报刊种类和发行量均增多。邮政机构配合乡镇政府做好党报党刊发行工作。进入21世纪，受电子报刊、网上阅读等新兴媒体的冲击，邮政机构的报刊业务比八九十年代有所减少，但仍保持较广泛的覆盖面，中央到地方的各级党报均订阅到各个行政村和企业。

2009年，凤鸣邮政支局(含同福)报刊投递邮路中有日报点179个、期报点103个，发行、投递各种报刊537份，其中《人民日报》88份、《求是》39份、《浙江日报》183份、《今日浙江》57份、《钱江晚报》88份、《都市快报》88份、《科技金融时报》50份。报刊流转额25830元。

2012年，凤鸣邮政支局(含同福)共发行各类报刊848份。其中《人民日报》96份、《求是》42份、《浙江日报》205份、《今日浙江》60份、《都市快报》115份、《钱江晚报》105份、《科技金融时报》50份。报刊流转额310400元。

表10—27　　2009—2012年凤鸣邮政支局经营业务情况统计表

年　份	业务收入合计(万元)	邮　政　业　务　量			
		函件(件)	包裹(件)	速递物流(件)	报刊(份)
2009	102.01	15619	971	1189	848
2010	117.35	12511	605	935	915
2011	182	9729	602	623	955
2012	160.52	35029	656	673	1078

资料来源：凤鸣邮政支局提供

注：1.业务收入合计含邮政储蓄、保险等代理金融业务、代理信息业务、集邮业务；

2.2010年，特快专递改为速递物流。

表10—28　　2009—2012年同福邮政所经营业务情况统计表

年　份	业务收入合计(万元)	邮政业务量(件)		
		函　件	包　裹	速递物流
2009	58.52	1465	489	604
2010	64.82	1444	470	702
2011	77.62	1384	487	845
2012	116.60	3834	605	671

资料来源：同福邮政所提供

说明：业务收入合计含邮政储蓄、保险等代理金融业务、代理信息业务、集邮业务

集邮

桐乡市邮政、电信分营后，灵安邮政支局开办集邮业务。2005年起，同福邮政所开办集邮业务，供应各类集邮品和纪特邮票年册等。

表 10—29　　2009—2012 年境内邮政机构集邮业务情况一览表

单位:万元

年　份	凤鸣邮政支局	同福邮政所	合　　计
2009	6.81	0.25	7.06
2010	9.80	0.19	9.99
2011	22.75	0	22.75
2012	9.74	8.46	18.20

资料来源:桐乡市邮政局提供

邮政储蓄

90 年代,境内邮政机构先后开办邮政储蓄业务。1998 年,邮政储蓄网点实现全市通存通兑。2004 年 12 月,按照市银监会要求,同福邮政储蓄代办网点由原市邮电联营站管理调整为市邮电局自办(年鉴)。2010 年,在灵安支局和同福所各设 ATM 机(自动取款机)1 台。2012 年,凤鸣邮政支局和同福邮政所的年末邮政储蓄余额共计 11054 万元,比 2009 年增长近一倍。

表 10—30　　2009—2012 年境内邮政储蓄情况统计表

金额单位:万元

年　份	凤鸣支局营业厅	同福邮政所	合　　计
2009	3439.36	3034.93	6474.29
2010	7476.52	3413.80	10890.32
2011	8374.71	4507.25	12881.96
2012	6233.19	4821.19	11054.38

资料来源:同福邮政所提供

第二节　电　信

机构

民国 37 年(1948),崇德县乡村电话管理所在灵安设分所(由警察所兼办),交换机未购到前暂设支所,装机 5 门;在镇上商店设零售处,装机 1 门。同时,在同福乡草庵设支所。

表 10—31　　民国 37 年(19480 崇德县乡村电话管理所在境内设分支机构一览表

名　　称	地　　点	负　责　人	线路里程	备　　考
灵安分所	灵安警察分驻所	方鑫华	22 公里	在交换机未购到前暂设支所
同福支所	草庵	陆毅人	9 公里	—

资料来源:桐乡档案馆馆藏档案,卷宗号 M3—15—59

1953年，崇德县乡村电话管理所下设灵安交换所（兼办邮政业务）。1954年成立灵安邮电所，服务范围除灵安乡外，兼管同福乡。

1979年，在同福乡设邮电代办所（专办电信业务）。1980年9月，县人民政府为了加强乡村电话管理，批准成立桐乡县公社（乡）邮电所联营管理站（简称联营站）。境内除灵安公社已设有邮电机构外，同福公社小总机于1981年加入联营站，代办电信业务。1984年，行政区划调整，史桥从南日乡析出设乡后，其乡办电话小总机也加入联营站。1985年设史桥邮电代办所（专办电信业务）。1987年，史桥邮电所电话总机容量100门，安装电话机61架。

1992年，史桥乡小总机进入自动电话网后，史桥乡电信代办所自然撤销。

1998年8月起，邮政、电信分业经营，市电信局在灵安、同福设电信所（同福为联营站代办）。1999年，在史桥新建程控电话交换模块局。2000年完成灵安模块局的扩容工程和史桥局房建设。

2000年7月，市电信局更名为浙江省电信公司桐乡电信局，灵安、同福的电信机构不变。2001年10月，灵安镇改称凤鸣街道后，灵安电信所改称凤鸣电信所。

2006年，凤鸣、同福电信所分别委托村委会、小店等，开展以充值交费为主要业务的网点拓展工作，落实电信属地服务。在各行政村设置村级电信代理点，办理部分电信业务。

2007年10月，同福乡并入凤鸣街道后，其电信机构也相应合并，称凤鸣电信支局，设在灵安集镇，在同福设电信营业厅。

2012年年末，凤鸣电信支局共有员工9人（其中电信局编制3人）。下设电信营业厅1个，村级代理点10个。

凤鸣电信所（支局）历任所长（支局长）（2002—2012年）：费勤学、周慧玉、李慎、董继强、潘敏。

线路

民国36年（1947），境内乡村电话线路修建进展较快。3月，崇德至灵安电话线路建成通话，全长12公里。随后，灵安至高家湾、灵安至桐乡、崇福至灵安、崇德至同福的电话线路也相继建成通话。

表10—32　民国37年(1948)崇德县乡村电话管理所在境内架设电话线路概况一览表

话线起讫地点	里程（公里）	通话日期
崇德至同福乡	5	36年11月
灵安总机至钱林乡	4	36年2月
灵安总机至灵安乡	1.5	37年8月
灵安总机至灵安零售处	0.03	37年8月
崇德至灵安田粮办事处	6	37年11月

资料来源：《崇德经济建设概要》民国38年2月崇德县政府编印（市档案馆馆藏）

解放后，土改期间境内电话线路陆续修复。1962年，各公社设立小交换机，灵安邮电支局至各公社的中继线路，均为架空明线。

表10—33　　　1963年境内公社以上电话线路情况一览表

线路起讫地点	杆路长度(杆公里)	线条长度(对公里)
桐乡—灵安	0.20	5.72
灵安—同福	6.15	6.15
灵安—钱林	4.13	4.15

资料来源:桐乡档案馆馆藏档案,卷宗号41—6—200　1963年《县邮电局统计年报》

1973年,灵安、同福农村电话中继线(含灵安集镇)杆路长度37.5公里,架空明线线条长度26.8对公里。1978年开始,境内农村电话杆线逐步使用电缆。1988年,境内实现农村电话中继线路电缆化。

表10—34　　　1990年境内农话中继电缆一览表

单位:公里

电缆起止点	皮　　长	芯线长(对)	其中:实用芯线长(对)
新农村—同福	3.3	7	7
桐乡—史桥	5.5	55	33
桐乡—灵安	4.8	10	10
灵安—同福	3.5	7	7
灵安邮电所集镇电缆	1.5	37	33

资料来源:桐乡档案馆馆藏档案,卷宗号41—10—264

1993年,实施灵安镇的电信管道、线路扩容改造工程。是年,建设开通崇福一同福农话光缆,基本实现境内农话中继传输光缆化。1994—1995年,实施灵安镇电信杆线扩容工程及住宅小区配线工程。1996年起,每年扩大通信线路建设投资,配合实施电话村(社区)建设,以局方、村集体、社区居委会、村民或居民多方出资的合作方式,加大各镇村农话中继杆线改造扩容与管道建设。

业务

民国38年(1949)3月份,崇德县乡村电话管理所灵安分所话费收入87920元,在全县7个分所中排名第4位。

附:

崇德县乡村电话管理规则

一、本县乡村电话为统一管理俾增加通话效能起见,特订定本规则。

二、本县各机关团体、学校、工厂、商店、住户如须挂机直接通话者,应先径向本县乡村电话管理所申请,依照下列规定签报县政府权衡缓急及申请先后核定装设之,但以支配门数额满为限。

1.各据点处所(管理分所或支所每个乡镇设一处),由县自备材料话机装设交各指定处所负责人代办。

2. 非据点处所之各机关、团体、学校应自备话机，由县供应材料装设，但需增设线路距离在 1 公里以上，仍应自备材料。

3. 公营机关或工厂、商号、住户应自备材料话机，由县协予装设。

以上各单位装设电话所需干电概需自备。

三、装有话机直接通话单位应预缴押机费十万元，但该单位经费列入县预算者得以保证书代之。

四、装有话机之单位除管理分所或支所外，如须与部线通话者，应自行迳向交通部崇德电讯代办所办理通话手续，话费自行结付。

五、各装有话机之公务机关乡线通话，应以本机关为限，绝对不能借与商店或住民通话，违则停止其通话。

六、本规则经呈准县政府核定施行，并分报专署暨建设厅备案。

（资料来源：《崇德经济建设概要》民国 38 年 2 月崇德县政府编印）

解放后，人民政府重视农村电信事业的发展，逐步增加杆路，境内乡乡接通电话。1958 年开始，灵安邮电所使用话传经转电报。1962 年，灵安邮电支局为全县办理电报业务的 11 个局所之一，同时办理长途电话业务。灵安公社自设小总机接通各村电话。1963 年，灵安邮电所有电话交换机 1 部/50 门（实占 24 门），会议电话终端机 2 部，电话用户 22 户（电话机 49 部）。灵安公社小总机和同福、史桥农村电话交换所各有交换机 1 部，与境内各生产大队均接通电话。

表 10—35　　1963 年境内农村电话交换所设备情况表

名　　称	设置地点	交　换　机			连接电话（部）
		部　　数	容量（门）	实占门数	
灵安	灵安	1	30	12	15
史家桥	史家桥	1	10	10	9
同福	草庵	1	10	8	12

资料来源：桐乡档案馆馆藏档案，卷宗号 41—6—200　1963 年《县邮电局统计年报》

表 10—36　　1963 年境内各公社生产大队通话情况一览表

公　　社	大　队　名　称
灵安	梧桐、蔡家村、茶家斗、路家园、西牛桥、顾家浜、惠桥、红旗、朱家门、建福、李家弄、蚕桑场（共 13 个大队）
同福	联民、联星、联合、联庄、联中、联勤、联建、联胜（共 8 个大队）
南日（史桥片）	永丰、联丰、新民、长新、官楼、西张门、玲群

资料来源：桐乡档案馆馆藏档案，卷宗号 41—6—200　1963 年《县邮电局统计年报》

1978 年，省邮电局实施农话更新改造工程，桐乡县涉及 4 个公社，灵安为其中之一，在灵安至同福埋设地下电缆，同时在灵安建 5 平方米测试房 1 个。

70 年代至 80 年代前期，农村电话线路一般为单线，在有线广播播出时间，干扰杂音很大，基本无法通话。1984年，同福乡政府投资3万元，在全县乡一级率先将部分明线改为光缆，改善了农话的通话质量。

80年代中期，灵安邮电所开通至县局载波专用话传电路，处理电报业务。1988年，利用电缆载波开通传真电报电路。是年灵安、同福、史桥先后开通半自动电话。1989年底，同福乡有电话机145只，2台100门交换机，通信线路22.3杆公里，其中电缆13.4皮长公里。

1990年12月，同福乡开通自动电话，结束了人工交换机的历史。是年，灵安邮电所设100门磁石交换机1台，年末实占容量88门，电话用户70户。

表10—37　1990年境内参加县联营站各乡办电话交换所机线设备及资金情况一览表

乡　名	总机容量（门）	实占容量（门）	话机总数（部）	杆线长度（公里）	电缆长度（公里）	明线长度（对公里）	更新改造资金（万元）	积累资金（万元）	固定资产（万元）
史桥	100	73	75	7.65	2.75	4.29	0.92	1.31	2.20
同福	200	151	135	25	12.40	31.95	3.83	2.39	8.50

资料来源:《桐乡县志》(1996版)

1991年，新增崇福支局至同福代办所电报电路1路。(桐档41—11—25)是年，境内有电报电路2路，其中桐乡—灵安为电缆载波，崇福—同福(代)为实线电缆。灵安、同福的通报方式均为传真。1992年，桐乡—灵安、崇福—同福的电报电路均转为光缆。

1991年，灵安镇启动自动电话建设，根据“统筹规划，条块结合，分层负责，联合建设”的方针，镇政府和县邮电局签订协议，由镇政府筹集部分建设资金后，县邮电局将灵安镇的电话用户(包括原镇办小总机用户)全部开通全国直拨。灵安邮电所原100门磁石交换机更新为200门自动交换机。自动电话开通联网后，镇办小总机随之撤销。1992年，史桥乡内电话纳入自动电话交换网，并开通全国长途直拨。至此，境内一镇二乡全部实现程控电话联网，基本建成传输光缆化、交换程控化的通信网，进入全国长途自动网。

1995年，全市新建7个农村程控电话交换点，同福乡为其中之一。是年，同福乡被市人民政府授予“支持邮电通信建设先进乡镇”称号，并颁发锦旗予以表彰。1996年，境内程控电话装机量1326部，其中灵安镇527部、同福乡618部、史桥乡181部。1998年，市电信局在灵安新增DDN(数字数据网)通信节点。2000年年末，同福乡电话装机量2812部，百户家庭电话拥有量49.3部。

2004年，境内实现村村通宽带。通过先进的光缆传输技术与互联网平台，完成“网络连乡村，信息进万家”的农村信息化建设。2005年，市电信局对灵安宽带接入点原百兆接入提升为千兆接入，提高了宽带网络的速度和稳定性。

2005年6月，寻呼用户全部转为移动电话用户。7月，寻呼基站关闭。是年，市电信分公司在凤鸣街道新建无线市话(小灵通)网络，境内居民用上价格低廉的小灵通。2008年5月，开通同福小灵通网络。此后，随着移动电话网络的普及、手机资费的降低，小灵通数量逐步萎缩。

随着现代通信业的发展，电报业务逐渐被其他通信业务所替代，2005年12月1日起，电报业务正式停办。

2008年始，境内开展农村信息化建设、农民信箱平台等基础信息服务平台、建设农村信息化示范村、开通嘉兴金农网、建设万村联网工程等工作。至2009年年底，凤鸣街道的农村信息化示范村为西牛桥村，其他13个村均为合格村。

2011年，中国电信桐乡分公司按照统一标准，对同福营业厅进行卖场化改造，突出电信3G手机的演示和功能介绍，让客户在营业厅亲身体验互联网手机带来的全新感受，提升电信营业厅主动服务和全方位服务能力。

2012年，全街道14个行政村全部建有门户网站，并及时更新和管理。是年，凤鸣电信支局（含同福）拥有固定电话用户9609户，移动电话用户5870户，互联网宽带用户6295户，在境内设有公用电话20部。全年主营业务收入1096万元。

表10—38　　2012年中国电信桐乡分公司在境内机构经营情况一览表

单　位	固定电话	移动电话	宽带用户	主营业务收入（万元）
灵安支局	5770	4160	4123	751
同福所	3839	1710	2172	345

资料来源：中国电信桐乡分公司提供

移动通信

2005年，中国移动通信集团浙江有限公司（以下简称中国移动桐乡分公司）在凤鸣西牛桥村新建数字移动通信基站。2006年，中国移动桐乡分公司同福营业厅开业。2007年，推出“一机双号”“移动E管家”“飞信”“无线宽带”“手机证券”等业务。并陆续在灵安、同福等地设立特约代销店12家。2012年中国移动桐乡分公司同福营业厅营业收入130万元。至年底，中国移动桐乡分公司在境内建有基站16个、分布系统2个、直放站2个，移动信号在境内覆盖率达100%。

第三章　电　　力

1961年，新安江——杭州电网延伸至桐乡县，境内始有农业排灌用电，随后陆续用上生活照明电。电动机械逐步取代人工劳作，电灯和家用电器逐步成为生活用电的主要受益内容。90年代前，境内由桐乡、崇德、石门、高桥等变电所出线供电。1994年后，凤鸣变电所、同福变电所相继建成，境内供电设施大为改观。根据县（市）电力部门的统一部署，境内各乡镇积极开展新农村电气化建设、节约用电、有序用电，电力供需逐步从经常拉闸断电到实现基本平衡，电力促进境内经济发展，造福人民生活。

国家电网凤鸣供电营业厅

第一节　供　电

1961年9月,35千伏桐乡变电所建成投入运行(1987升压为110千伏变电所)。桐乡变电所10千伏出线有4回,灵安线为其中之一。1962年,境内建成以农业灌溉为主的农村电网,各生产大队全部通电。

1979年,石门变电所2号主变压器由SFSZ1－15000－110/38.5/6.6千伏调为SFS－20000－110/38.5/11千伏,并新增同福、羔羊两个公社社办企业合用的10千伏出线1回。

1980年8月,同福、芝村、虎啸3个公社的社办企业和县属二轻丝网厂共同集资,将崇福变电所1号主变压器增容扩建,增设同福水泥厂等用户专线4回。

1989年12月30日,高桥变电所技改工程竣工投入运行,出线共有7回,史桥线为其中之一。

表10—39　　1990年桐乡电网在境内的10千伏线路概况一览表

项目 电源	线路名称	线路长度(公里)	电杆(基)	主干线长(公里)	干线导线型号	配电变压器总容量台/(伏·安)
桐乡变电所	灵安113线	45.876	485	8.574	LGJ－50	51/2823
虎啸变电所	同福211线	28.109	323	7.575	LJ－70、50	42/2380
	福水218线	6.852	91	3.878	LJ－70	10/2640(用户专线)
高桥变电所	史桥171线	7.400	80	7.040	LJ－70、50	25/1943

资料来源:《桐乡县电力工业志》(1996版)

1994年12月,桐乡市第一座220千伏变电所凤鸣变电所建成投运。凤鸣变电所位于同福乡新农村,占地43.3亩,投资3953万元,220千伏双凤线也同期建成,线路由海宁双山变至桐乡凤鸣变,全长18.34公里,成为桐乡第一条220千伏输电线路。

1995年9月,桐乡市第一座采用全微机保护,具有综合自动化功能的35千伏同福变电所建成投运,总投资885万元。一期工程安装1万千伏安主变压器1台,35千伏进线2回,10千伏出线6回,变电站综合自动化监控装置一组。

1997年2月,凤鸣变电所二期扩建新增15万元千伏安主变压器1台,投入资金1298.38万元,7月投入运行。

2001年,随着桐乡市化学工业园区首期开发的进程,用电量激增,原灵安807线已无法满足用电需求。2002年,凤鸣街道与市供电局协商确定,由110KV桐南变新引出一回10KV线路,路径沿320国道西侧,转移原灵安线负荷,供化学工业园区用电。建设10KV化学工业园区线路,以及原灵安807线园区段线路和光缆改道,投资100万元,由凤鸣街道和市供电局各承担各半。

2003年4月,对凤鸣变电所老设备及自动化改造,实现变电所无人值班。2004年7月,新增15万千伏安主变压器1台。至2005年年末,凤鸣变电所共有3台主变压器,总容量为45万千伏安,220千伏出线3回,110千伏出线10回,35千伏出线6回。向石门、崇福、高桥等中部区域供电。

2004年,根据市政府《关于鼓励工业企业购置自发电设备的通知》精神,境内乡镇相继出台补助政策,鼓励工业企业购置自发电设备。

至2012年,境内共有供电线路11条,其中桐南变3条、新区变1条、同福变6条、凤鸣变1条。

表10—40　　2012年凤鸣街道所辖供电线路一览表

变电所名称	供电线路名称
桐南变	灵安807线、西灵813线、滨西818线
新区变	新西S784(带灵新S798线)
同福变	永昌1072线、同镇1073线、新农1074线、华强1075线、联建1076线、天花1077线
凤鸣变	35KV新天456线

资料来源:凤办〔2012〕63号《关于印发〈凤鸣街道2012年度有序用电工作方案〉的通知》

第二节 用 电

1961年,依托新安江、杭州大电网延伸,桐乡县以农业电力排灌为主体的供电网络开始向境内各生产大队供电。1962年,全县建成以农业排灌为主体的农村电网,境内各生产大队的农田实现电力排灌,并带动了农副产品加工用电。同时,在用电服从"先生产后生活"的原则下,农村生活用电缓慢发展。至1964年,仅在有公用配电变压器的公社集镇少数农户或大队开会、放电影时用电。

1966年后,各生产队根据农户的迫切要求,因陋就简,从就近电力排灌机埠接线引入农户,装灯照明。农业排灌、翻耕、脱粒和农产品加工用电迅速增加。后因"文化大革命"的干扰,电力建设滞后,供需矛盾渐趋突出,限电拉闸逐年递增。

70年代,社队工业开始崛起,各公社丝厂、砖瓦厂陆续投产,使工业用电量迅速增加。社队工业用电中,以水泥、砖瓦为主的建材工业居首,其次是化纤、蚕丝、毛、麻、棉等纺织工业。至1973年,境内农户照明基本普及。

80年代,随着农村经济的发展和农民生活改善,工业用电快速增长,农户家中各类家用电器逐渐增多,用电量剧增,电力供需失衡。部分企业为减少停电带来的损失,陆续购置柴油发电机组,自发自用。1986—1988年,灵安镇先后有砖瓦厂、皮鞋厂、蔬菜厂、纺织厂、造漆厂、杭三棉联营厂等企业购置发电机组,自发自用,以解燃眉之急。1988年,总用电量达437.56万千瓦时。

进入90年代,国民经济由治理整顿转入高速增长,用电量大幅增加。1996年,境内二乡一镇用电总量5731.81万度,其中生活用电569.11万度,生产用电5162.70万度。

表10—41　　1996年境内各乡镇用电情况统计表

单位:度

乡镇	用电总量	生活用电	生产用电
灵安镇	7642772	2255743	5387029
同福乡	45998302	2562553	43435749

续表

乡　镇	用电总量	生活用电	生产用电
史桥乡	3676978	872806	2804172
合　计	57318052	5691102	51626950

资料来源:《桐乡市第一次农业普查资料汇编》(1996)

2000年,灵安镇和同福乡的乡镇工业用电量分别为1104.61万千瓦时和7614.32万千瓦时。随着经济快速发展和人民生活水平提高,家用空调普及,境内用电量持续大幅增长。2001—2008年,八年间境内工业用电量增长近一倍。

表10—42　　2001—2008年凤鸣街道、同福乡工业用电量统计表

单位:万千瓦时

年　度	凤鸣街道	同福乡	年　度	凤鸣街道	同福乡
2001	1326	6520	2005	3456	9033
2002	1546	6969	2006	3966	10329
2003	2569	7879	2007	4168	12791
2004	2727	7347	2008	15368	—

资料来源:各年度《桐乡统计年鉴》

2011年,凤鸣街道总用电量19828.01万千瓦时。其中居民生活用电量1463.27万千瓦时。

2012年,全街道总用电量20319.68万千瓦时。其中居民生活用电量1564.48万千瓦时。在生产用电中,规上工业企业用电13121.14万千瓦时,其中用电1000万千瓦时以上的企业有方圆聚合纤、运河水泥、嘉名染整、双飞龙铜材等4家。

第三节　新农村电气化建设

1988年,桐乡县被列为全省首个大电网供电的农村初级电气化试点县。根据县电力部门的统一部署,境内各乡镇积极开展创建用电"标准村""合格村"工作。按照省定标准,对电管组织、村级电工、用电管理、低压线路、配电装置、用电设备及保安措施等进行整顿改造。

1992年,灵安镇确定在朱家门村开展首个用电标准村建设,采取村级经济出一点,发动群众集一点等办法,多方筹资投入村级低压线路、用电设施的改造,年内通过了县农电总站的验收。至1993年,全镇12个村中有10个村成为用电合格村,2个村成为用电标准村。至1997年,灵安镇共改造配电房25只、低压线路150公里、整改农户户内线3680米、安全型落火箱2000只,总投资355万元。建成6个用电标准村、2个用电小康村。

至1998年,同福全乡8个村全部达到用电标准村。在此基础上投入200多万元对联建、联群、联合3村实施用电小康村建设。

2006年,国家电网公司部署桐乡市等11县(市)开展新农村电气化建设试点。市人民政府成立新农村电气化建设领导小组，并与各乡（镇）、街道签订“电网建设工作责任书”。凤鸣街道办事处出台《关于推进新农村电气化建设实施意见》，进一步改造和优化农村电网，降低电能损耗，提高电能质量、供电能力和用电水平，提升农村电力管理水平和供电服务质量。2007 年，凤鸣街道合星村、路家园村、史桥村、灵安村、西牛桥村、新农村村被市级有关部门授予“桐乡市新农村电气化村”称号。是年 12 月，凤鸣街道顺利通过由嘉兴市经贸委牵头组成的新农村电气化考评验收组的考评验收。至 2008 年全街道实现村村电气化。

2012 年 8 月 13 日，市供电局电工在灵安镇配电台区安装配变

第四节　用电管理

机构

1962 年，境内各公社先后建立机电排灌管理站（简称机电站），对机、电、水实行统一管理。

1973 年，境内各大队先后建立由大队干部、贫下中农和电工参加的用电管理组，负责低压线路运行维护，装接生产队和农户的各种用电设备，电能计量分表，定期抄表收费等工作。是年 12 月，各公社增设专职电工，加强安全用电管理。

1983—1984 年，县农电总站在境内各公社设立用电管理站（简称农电站），村一级设立用电服务部。乡（镇）用电管理站为乡（镇）集体事业单位，受乡（镇）政府和县农电总站双重领导，贯彻执行上级有关农电管理的方针政策和规程制度，编制全乡（镇）低压电网的发展计划，组织实施低压线路的整修改造，对村电工进行技术业务指导和考核，组织开展安全用电大检查，落实各项安全用电措施，负责管辖范围内电能计量表的安装接电、抄表、收费、上缴，合理安排用户的用电时间和负荷，推广节约用电措施，按照有关规定查处违章用电，协助上级主管部门做好事故调查和处理，每年初与县农电总站签订《安全经济承包合同》，按月考核，年终结算。

1985 年，各村建立用电管理小组（简称电管组），一般配备 3～5 人，主要负责全村低压线路、照明线路的新建、整修和日常维护运行，每月按时对用电户抄表、收费、上交电费等工作。村电管组由村委会和乡农电站双重管理。

1988 年，同福乡用电管理站和该站站长朱春华分别荣获国家能源部授予的“全国优秀乡电管站”和“全国优秀电工称号”。1991 年度，灵安镇、同福乡双双被县农电总站评为先进乡（镇）农电站。灵安镇红旗村、同福乡联建村分别被评为用电管理先进班组。

1999 年 6 月，撤销境内各乡镇电管站，设置乡镇用电营业所，隶属于所在区域供电所。灵安用电营业所隶属于梧桐供电所，同福用电营业所隶属于石门供电所。同时，各乡镇建立村级用电服务部，负责村及村以下产权电力设施的管理服务工作。乡镇的村级用电服务部主任由分管副乡（镇）长兼任，副主任由供电营业所所长兼任。2000 年，灵安、同福用电营业所双双被省供电局命名为农电示范窗口。

2002年，灵安供电营业所更名为凤鸣供电营业所。

2007年10月，撤销原凤鸣供电营业所和同福供电营业所，合并成立凤鸣供电营业所(所址在原同福供电营业所)。同时在原凤鸣供电营业所设置凤鸣供电营业所灵安分所。

2009年10月，凤鸣供电营业所与石门供电营业所合并为石门供电营业所，所址设在石门镇。

2010年9月，石门供电营业所在同福集镇设立凤鸣供电营业厅。

境内由县(市)电力局任命的电管站(营业所)历任负责人：

史桥电管站：朱雪荣(1986.10—1994.10)、沈国良(1994.10—1999.2)。

灵安电管站(用电营业所)：钟发根(1984.4—2002.3)。

同福电管站(用电营业所)：朱春华(1983.12—2002.8)、汤根学(2002.8—2007.10)。

凤鸣供电营业所：柴学根(2002.3—2005.8)、朱伟兴(2005.8—2009.12)。

管理体制

1984年，桐乡县开始实行集资办电，向省电力开发公司认购集资办电份额，以弥补缺口电量。1985年，灵安乡投资5.62万元参加集资办电，认购首期集资办电0.0562股，每年可享用集资用电量28.1万度。此后，灵安镇又先后认购第二期、第三期集资办电各1股。至1997年，三期集资办电的返还本金和收益全部兑付。

1999年，桐乡市作为全省试点市(县)，全面实施“两改一同价”(改造农村电网、改革农电管理体制、实现城乡同网同价)。按照国务院[1999]2号文件关于“乡及以下农电集体资产可以采取自愿上交、无偿划拨的方式由县级供电企业管理，并由其承担管理责任”的规定，凤鸣街道、同福乡用电营业所的人财物由原来的受所在乡镇和电力部门双重管理改为由电力部门统一管理。

2000年11月开始，城乡用电实现同网同价。是年，凤鸣、同福用电营业所加强和完善用电营销管理，全面推行“五统一”(统一电价、统一发票、统一抄表、统一核算、统一考核)和“三公开”(电量公开、电价公开、电费公开)，加强营业窗口建设，推行规范化服务。

2002—2003年，境内各行政村将原有农村集体电力资产本着“自愿上交，无偿划拨”的原则，全部移交市供电局管理。由供电部门负责维护、管理、检修、改造等工作。各村配合供电局做好政策处理、电费催交、安全运行等工作。

计划用电

1978年1月，桐乡县成立计划用电、节约用电、群众办电领导小组，下设办公室(1984年3月改称县人民政府“三电”办公室)，根据对用电负荷、用电量的预测，编制阶段用电计划。境内各乡镇按照县“三电办”分配的年度、月度用电指标，分解落实到企事业单位和行政村，按月结算、节约归己，超用加价。按照“保证重点、兼顾一般，适度倾斜的分配原则，对上调产品(化肥、红砖、水泥)按上调基数分配电量，农村排灌按每亩25千瓦时进行分配，农村商品粮基地安排补助电量，对出口创汇企业和人民生活必需品生产用电优先安排。同时对10千伏城镇线路、农村综合线路和工业专线实行负荷率和灯峰负荷率考核，尽力保证灯峰照明用电。

1979年，10千伏灵安线线管会开展群众性计划用电管理，把平均日负荷率从86.4%提高到91.6%，并根据广大农户的要求，专门订立保照明用电管理制度，违者罚款处理。次年初，灵安线线管会与县电力公司梧桐管理站签订全县首份《让电力，保照明供用电合同》，灵安线全线照明用电得到保证。随后，灵安经验在全县各线管会得以推广，实现“停机不停线，限电不拉闸”。

80年代始，随着城乡人民生活水平的提高，各类家用电器纷纷进入平常百姓家，居民和农民生活用电量迅速增加;乡镇企业迅速发展,工业用电量也随之快速增长。1983 年,县电力部门贯彻落实电力工业部《农村人民公社电力管理办法(试行)》。是年 12 月起,实行电量包干办法。年度包干,分月结算,节约归己,超用加价。1984 年县"三电办"分配到各乡的电量是根据 1983 年个用户的实际用电量为基数,按 93%折算。境内各乡政府再分解到各企业、单位、行政村、个体户,包干使用,严格掌握,谁超谁负。各村包干电量不包括农业排灌和社员生活用电,但农业排灌用电全年每亩水田耗电量必须控制在 25 度以内,生活照明按每人每月 1.8 度计算。是年,灵安乡包干电量为每月 15.42 万度。

1989 年开始,实行分时电量考核,由乡镇政府和县"三电办"签订分时计量考核协议,再由乡镇按各条供电专线分别考核到各用电企业、单位和行政村,按总实用电量计算,分日峰、灯峰和低谷实行指标考核,低谷超用有奖,日峰、灯峰超用受罚。

90 年代初期,用电量增长迅速,"停二开三""停三开四"的状况,几乎涉及所有企业。1990 年开始,县计经委《能源消耗定额管理工作暂行规定》实施,对全县 52 家工厂实行用电单耗定额管理和考核,境内同福水泥厂为其中之一。在部分工厂实行用电单项定额管理的同时,应用技术手段强化计划用电管理,实行峰谷电量考核,挖掘低谷用电潜力,对七机二炉(水泥球磨机、制砖机、饲料粉碎机、金属拉丝机、锯板机、碾米机、电焊机和电壁炉、化铁炉)高能耗设备安排在深夜用电。1990 年,县计经委、三电办分配给灵安镇统配电量 90.08 万千瓦时,比上年减少 15.90 万千瓦时。债券和建设资金兑现电量 8.47 万千瓦时,比上年增长 1.49 万千瓦时。全镇电量缺口率 45%。为了把有限的电量充分利用好,采取切块包干的办法分配到各村和企事业单位。镇工业按上年实用电量的 26%分配,债券和建设资金兑现电量按谁出钱谁受益的原则分配,农业排灌用电按每亩 25 千瓦时全年定额分配,生活照明用电按上年末人口每人每月 2.4 千瓦时下达。

表 10—43　　1982—1990 年同福水泥厂产品单位耗电量统计表

计量单位:千瓦·时/吨

年　份	1982	1983	1984	1985	1986	1987	1988	1989	1990
单位耗电量	81.92	79.23	81.76	85.45	84.30	81.83	84.94	87.26	93.23

资料来源:《桐乡县电力工业志》(1996 版)

1996 年后,电力供需矛盾趋于缓和。1999 年 6 月政府机构改革,桐乡市不再下达计划用电指标,撤销各镇三电办建制。

进入 21 世纪后,出现新一轮电力供需矛盾。从 2003 年下半年起,全市呈现严重缺电现象。针对前所未有的电力供需矛盾,2004 年,市政府成立有序用电领导小组,市府办下发《2004 年桐乡市有序用电方案》,在力保城乡居民基本生活用电(晚间灯峰)、关系人民生活的重点单位用电及重大活动用电的前提下,合理安排用电负荷,设置 4 套方案,实行"谁超限谁"的原则,严肃有序用电纪律。凤鸣街道落实有序用电方案,实行"让电于民,力保灯峰,违者停止供电"的管理办法,在启动 A、B、C、D 四套方案的情况下,对灵安 807 线、西灵 813 线、史桥 171 线,分别实行不同的用电安排;对砖瓦企业实行每天 16 小时停用或 24 小时全停的措施。

2005 年后,桐乡电网季节性、阶段性缺电严重,对两高一低(高能耗、高污染、低附加值)企业实行让电、限电;全面实施总量分摊,乡镇(街道)包干、自我平衡、超负拉线,适时调整的属地管理办法。在迎峰度夏前对100千伏以上用户加装负荷控制器,投运实时监控系统,拉闸限电现象明显下降,基本保证了迎峰度夏期间城乡居民灯峰用电。

2010年,市政府办公室下发《2010年电力需求侧管理和有序用电工作方案》,按照"统筹兼顾、确保重点","先生活、后生产","限得下、用得上"的有序用电基本原则,实行分级控制,乡镇(街道)级负责,按照"四定"(定企业、定设备、定负荷、定时间)原则,科学、合理地采取企业错避峰。凤鸣街道包干的11条线路为桐南变的灵安807线、西灵813线,新区变的华木797线、灵新798线,同福变的永昌1072线、同镇1073线、新农1074线、华强1075线、联建1076线、天花1077线,凤鸣变的35KV新天456线。全街道可用负荷:生活用电(2010年除夕生活负荷)3894千瓦;夏季生产负荷分配比例:时段1(8:00—11:00)1.95,时段2(11:00—17:00)1.87,时段3(17:00—22:00)2.03。全市15户错峰用户中,境内涉及2户,分别为福水1071线的同福水泥厂和运河水泥厂,核定5月早高峰最大负荷为1100KW和1600KW,A级错峰后保留负荷为500KW和600KW,B、C、D级错峰后保留负荷均为200KW。

2011—2012年,继续实行电力需求侧管理和有序用电工作方案,每年的基本原则和总体要求基本类同,具体办法和指标略有调整。

安全用电

60年代中期至70年代初,境内用电处于初期发展阶段,农村用电尚不规范,随意拉线、"拦腰线""地爬线"等情况较为常见,断线、触电事故时有发生。为此,境内各级领导把安全用电作为一项主要工作来抓,加强安全宣传教育,落实相应安全措施。每年农村用电高峰季节,各公社电管站与生产大队电工一起,深入田头巡回检查,宣传安全用电知识,张贴安全用电图解宣传画,通过广播宣传、放映电影前插播等方式,普及安全用电常识,提高群众的安全用电意识。

2007年2月,市电力部门实施农村贫困户表后线整改工程,在史桥村困难户沈凤祥家更换户内线路

1983年,县供电局与桐乡一中校办厂合作研制三相四线总体保护漏电保护器,在同福等公社试用,取得较好效果,并逐步在全县推广使用,被誉为"保命器"、"救命器"。

90年代始,每年在"蚕茧收烘""夏收夏种"及"秋收冬种"期间,各乡镇电管站开展安全用电百日竞赛活动,组织安全用电检查,重点是检查配电设备、农网线路和用电设备,指导安全用电,及时处理用电设备故障,落实整改措施,排除事故隐患。1993年,灵安电管站每月组织人员对保安器、配变、中性点不接地等进行检查,及时处理发现的问题。全年摇测电动机752台、电缆线110条、家用电器8216台,对不合格的电气设备当场整改,或限期整改并落实修理责任。对农户建房或临时用电,必须由电工安装保安器后方可用电,有效避免了触电事故的发生。

1998年1月23日夜,一场罕见暴雪造成灵安镇110KV线路4处压断,串户线、低压线100余处压断,路家园王板桥配变烧掉,使灵安807线全线跳闸停电。灵安电管站当夜组织镇、村全体电工进行巡视和抢修,至凌晨1点,干线恢复供电。经过一天半的奋战，全镇恢复送电。

2012 年年末，全街道 14 个行政村用电户 18457 户，共安装触电保护器总保 427 只，全年有效动作 276 次，其中包括因导线断线、树木碰及线路短路和漏电、用户设备故障漏电、自然灾害造成的断线或倒杆等，有效起到保护人民生命财产安全的作用。境内自推行安装家保（家庭触电保护器）和总保（电管部门管理的触电保护器）后，30 多年未发生人身触电死亡事故。

附：

农电事故案例

案例一　1979 年 4 月 23 日，灵安公社东风大队吴家门生产队吴金海（30 岁），用电烙铁修理喷雾器时，误把三线插头的零线插头插入了两线插座的相线孔造成触电，经抢救无效死亡。

案例二　1986 年 3 月 29 日，史桥乡为新建毛纺厂安装电力设备，该乡电管站站长偕同乡砖瓦厂一名电工去南日砖瓦厂参观。该厂 10 千伏负荷控制器 C 相上桩头支柱绝缘子击穿、控制器外壳带电未被察觉；安装时又遗漏接地装置。在参观中史桥乡电管站站长左手碰及负荷控制器操作手柄时发生触电。史桥砖瓦厂电工见状，即去拉操作手柄（欲断电源）亦触电，两人一起倒地。陪同参观的南日砖瓦厂厂长再去拉操作手柄，在旁的该厂保全工制止不及，遂用手拉厂长，两人又触电倒地。经送上海电业医院抢救治疗，史桥乡电管站长左臂全部和右小腿以下截肢，南日砖瓦厂厂长右手截肢。

第十一编 财税 金融

民国时期及以前，乡镇一级不设财政，其收支款项由县财政统一结算。中华人民共和国成立初，乡镇财政属县级财政的预算单位。1956 年，境内各乡分别建立乡一级财政。1958 年建立人民公社后撤销乡财政，各项收支由县预算管理。1983 年，撤销人民公社体制，乡一级政府属县级财政的预算单位，其收支由县财政管理。此后，随着乡镇经济发展和财政体制改革，1985 年，桐乡县在灵安镇试点建立乡财政。1986 年各乡(镇)均建立乡财政。县(市)对乡镇实行财政超收分成体制，乡镇财政的收支规模逐年扩张，对社会各项事业的投入快速增长，乡镇经济和社会发展加快。2012 年，凤鸣街道财政总收入 8733.29 万元，财政总支出 8491.87 万元。

民国时期，嘉兴和崇德、桐乡两县的税赋征收机构曾在灵安设置派出机构，负责征收烟税、田赋、房捐等。中华人民共和国成立后，简化税制，平衡税负，逐步建立起新的税收制度。1950 年，灵安设税务所。1958 年后，曾先后改称灵安财政所、办事处、税务所。1966 年，灵安税务所并入梧桐税务所，灵安设税务稽征组。此后境内的税务管辖机构几经变化，而企业和个人履行公民义务自觉纳税始终如一。随着经济的快速发展，企业效益提高，个人收入增加，缴纳税收的总量也与日俱增。2012 年，凤鸣街道缴纳国税、地税合计 19035 万元。

境内的金融单位以农村信用社为主。民国时期就有从事信用业务的合作社。新中国成立后，人民银行在灵安设立营业所(1963 年撤销)。1954 年，随着农业合作化运动的推进，境内各乡先后办起信用合作社，帮助农民解决资金困难，打击高利贷，支持农业生产。此后信用社业务从小到大，稳步发展，随着体制改革的不断深化，信用社已成为境内金融业的主力军。2012 年，凤鸣信用社的年末存款余额为 121966 万元、贷款余额为 91361 万元。境内的保险业务自 80 年代开始逐步发展，财产保险、人寿保险、养老保险、政策性农业保险等覆盖面不断扩大，惠及越来越多的民众。信用体系建设中涌现出一大批信用村、信用户，为境内金融业的健康、持续发展夯实基础。

第一章 财 税

第一节 财 政

机构

民国 24 年(1935)前，县、乡(镇)两级均不设财政。民国 24 年，设县级财政后，区、乡镇经费列入县财政预算。

表 11—1　　民国 34 年度(1945)灵安区署行政支出概算书

科　目	概算数(元)	说　　明
职员薪	11040	区长 1 人月支 140 元,指导员、技佐、会计员各 1 人月各支 85 元,事职员 2 人月各支 65 元
雇员薪	1200	雇员 2 人月各支 50 元
勤工工资	1440	区丁 3 人月各支 40 元
菜蔬津贴	10800	区丁 3 人月各支 300 元
开会费	4800	直报直销月列 400 元
川旅费	24000	直报直销月列 2000 元
办公费	36000	委任经理制月列 3000 元
合　计	89280	—

资料来源:桐乡市档案馆馆藏档案,卷宗号 M3—4—41

说明:本概算系按所颁甲种区署编制给予表编列。该署经费暂比照领支,惟人数应根据已经报委者为准。薪给加成五十成(暂支三十成),生活补助费月各支 2500 元(暂各支 1200 元)

抗日战争胜利后,崇德、桐乡两县撤销区署,乡镇由县直辖。核定乡镇公所人员编制,办公经费由县预算按月拨付。同时,明确乡镇为县以下自治组织,各乡镇建立财产保管委员会,负责稽核、保管乡镇公有款产之收支整理。民国 35 年(1946)3 月,同福乡财产保管委员会成立。随后,境内各乡镇相继成立财产保管委员会。其时各乡镇经费入不敷出,运作十分困难。物价指数日蒸,县预算月拨金额无几,与乡镇公所必须支付款项相差甚巨,资金无法周转。当年灵安乡公所实际支出除按县预算数额外,每月尚不敷 568025 元,10—12 月累积数 1704075 元。经乡民代表讨论推举委员审查后呈报县长,要求予以弥补。县长吴耐冰复:“经费困难,各乡镇均属同样情形。候明年度统筹酌情增列,不得自行筹支。”

表 11—2　　民国 35 年崇德县灵安乡公所经常费支出不敷预算书

金额:元

项　目	每　月 支出金额	10—12 月 支出金额	备　　考
办公费	70000	210000	—
文具纸张	15000	45000	包括信纸信封、纸墨笔砚等
印刷簿籍	5000	15000	包括账册、表格、簿籍等
书报费	10000	30000	报纸及图书等
邮电川旅	15000	40000	寄发信件及员丁因公出差川资等
消耗杂费	25000	75000	包括茶水、薪炭、油火、草纸及其他一切什用
设置费	20000	60000	添置零星用具
修缮费	10000	10000	修理一切用具
各保用费	160000	480000	全乡十六保,每保办公费二千元,保长四千元,干事四千元

续表

项　　目	每　　月 支出金额	10—12 月 支出金额	备　　　　考
员丁待遇	495835	1487505	—
员丁薪补	333835	1001505	本所员丁九人
员丁膳食	162000	486000	每人每月一万八千元
民众文化用费	60000	180000	现有民众讲座四座，拟即日添二座。每座每月经费一万元
会议费用	30000	90000	—
乡务会	10000	30000	每月约需开会一次之什费
代表会	10000	30000	每月约需开会一次之什费
财产保管会	10000	30000	每月约需开会一次之什费
招待费用	45000	135000	因公务接洽之宾客来所每天约三人，每人以一餐或其他应酬之什费
共计	890835	2672505	本所应支出之总数
县预算月拨数	322810	968430	表式一纸另附
月支不敷费数	568025	1704075	该项不敷数应切实设法筹补

资料来源：桐乡市档案馆馆藏档案，卷宗号 M3—4—30　灵安乡公所民国 35 年 10 月编报

中华人民共和国建立初期，乡村收支单独编制预算，以农业税附加为收入来源。1953 年，县建立预算制度后，乡镇财政属县级财政的预算单位，一般年份没有独立的预决算制度。

1956 年 5 月，根据浙江省人委关于建立乡财政的文件精神和桐乡、崇德两县的具体部署，境内各乡分别建立乡一级财政。乡财政的收入主要是农业税附加，桐乡县按农业税附加征 5.5%，崇德县按农业税附征 5%。1957 年，增加营业税、所得税附加项目。乡财政的支出，主要用于文教事业、行政费和农村交通水利建设等。1958 年建立人民公社后撤销乡财政，各项收支并入县预算管理。1983 年 10 月，撤销人民公社体制，建立乡人民政府。乡一级政府属县级财政的预算单位，其收支由县财政管理。

1985 年 8—9 月，县财税局在灵安镇进行建立乡（镇）级财政的试点。11 月，县政府发文批复县财税局《关于灵安镇建立乡（镇）财政若干问题的请示报告》，同意灵安镇建立乡（镇）财政的实施办法（详见附录），灵安的试点经验为全县建立乡（镇）级财政奠定了基础。至 1986 年，灵安、同福、史桥等 3 个乡（镇）均建立乡财政。乡镇财政建立后，各乡镇设财政组（后改称财政办），组长（主任）由乡镇长兼任，总会计由县财税局聘任。乡镇财政组（办）接受县财政局业务指导。

附：

县政府批转县财税局《关于灵安镇建立乡（镇）财政若干问题的请示报告》（节录）

一、乡（镇）财政的管理体制

按照“统一领导，分级管理”的原则，以及正确处理好中央与地方，县与乡（镇）的财政关系和权、

责、利相结合的要求，并根据县现行财政体制，宜定为“划分范围，核定收支，收支挂钩，超收分成，超支不补，一定一年”的财政管理体制。

1.划分范围：按灵安镇财政总收入，划分为县财政收入、乡（镇）财政收入和县乡（镇）共享财政收入三个部分。

(1)县收入：凡属国营工商企业、供销社企业（包括基层供销社）和县以上集体企业收入，以及建筑税、奖金税、能源交通重点建设基金，为县财政收入。对乡（镇）不核定任务，不分成。

(2)乡镇收入：凡属乡（镇）、村企业，合作商店（组），联户企业。个体工商户所得税，以及农业税（包括附加）、农林特产税、契税和乡（镇）级其他收入，为财政级财政收入。实行收支挂钩，超额分成。

(3)县乡（镇）共享收入：城市维护建设税的30%部分为县分成收入，70%为乡（镇）分成收入。

支出范围：凡属正常性的乡（镇）级文化、广播、教育、卫生、计划生育、农林、水利、抚恤与社教事业费、行政管理费以及用各种事业费开支的人员经费，归乡（镇）财政支出；凡一次性补助的专项资金，如小型农田水利、桥梁建筑、块石河岸，以及临时性各种补助，由县财政（包括主管部门）根据实际情况，逐项下达指标，归县财政支出，实行专款专用。

2.核定收支，收支挂钩，超收分成：

(1)乡（镇）财政收入的核定：原则上按照划分范围，以上年度的实际为基数，由县下达收入计划到乡（镇）。如有政策性较大变动，由县财政作必要的核实和调整。

(2)乡（镇）财政支出的核定：按照划分范围的原则，每年年初由县财政（包括主管部门）下达支出计划，核定到乡（镇）。

(3)收支挂钩：即乡（镇）财政的固定收入（工商所得税、农业税包括附加）减除核定乡（镇）财政包干支出，为乡（镇）应上交县财政的固定数额。对固定数额须保证上交，减少收入要减少支出，不足的部分由乡（镇）自求平衡。

(4)超收分成比例定为：对乡（镇）的固定收入，按核定基数其超收部分乡（镇）可得15%的分成收入。对产品税、增值税、营业税，按核定基数其超收部分乡（镇）可得3%的分成收入。其他工商税、农林特产税、契税，按核定基数其超收部分乡（镇）可得30%的分成收入。

3.乡（镇）级财政不设金库，一切税款和其他财政收入，必须全部按时解缴金库，不准截留，不准移用。乡（镇）的财政支出由财（包括主管部门）政按月预拨，年终按体制规定结算。

乡（镇）财政的一切财政收支活动，必须按照县财税局的有关规定，严格掌握资金使用范围，不得违反。

乡（镇）财政超收分成收入，主要用于各项事业费，支持生产和教育、卫生等事业的发展，严格控制非生产性开支。

（资料来源：桐乡市档案馆馆藏档案，卷宗号80—1—135 桐政〔1985〕88号文件）

1998年10月，史桥乡并入灵安镇。2001年，灵安镇改称凤鸣街道。2007年10月，同福乡并入凤鸣街道。境内乡镇（街道）财政办随行政区划调整而作相应撤并。

财政管理体制

乡镇（街道）财政管理体制由县（市）政府确定，根据国家政策变化适时调整。

1986—1988年，境内各乡（镇）实行县财政统一管理下的“划分范围，额定收支，收支挂钩，超收分成，超支不补，一年一定”的财政管理体制。

表 11—3　　1986 年境内乡镇财政超收分成返回情况表

单位:元(列至角分)

单　　位	返回总计	城市维护费返回数	超　收　分　成		
			实际返回数	应返回数	预先返回数
灵安镇	39070.44	26364.91	12705.53	51205.53	38500
同福乡	21778.27	5608.22	16170.05	26270.05	10100
史桥乡	7353.63	1508.19	5845.44	8945.44	3100

资料来源:桐乡市档案馆馆藏档案,卷宗号 50—3—302,县财税局《1986 年返回乡镇财政超收分成情况表》
说明:超收分成包括三税收入、固定收入、其他收入

1989 年起,乡镇财政体制改为"核定基数,递增上缴,超收分成,超支不补,一定两年"。

表 11—4　　1989 年境内乡(镇)财政超收分成返回计算表

单位:元(列至角分)

项　　　　目	灵　　安	同　　福	史　　桥
基数分成	271164.39	17352.13	51367.92
城建税分成	102925.98	17288.86	4220.23
耕地占用税分成	5687.24	10408.75	6494
分成合计	379777.61	45049.74	62082.15
扣上解中央 5%	9741	6673	6957
扣预拨超收分成	55000	—	2000
扣城建税预拨款	78800	12800	2800
扣 1988 年倒挂数	—	45556.33	—
应返回乡镇财政数	236236.61	* 19979.59	50325.15
实际返回乡镇财政数	236236.61	10408.75	50325.15
乡镇财政 1989 年倒挂数	—	30388.34	—

资料来源:桐乡市档案馆馆藏档案,卷宗号 148—1—104,县财税局桐财预(90)第 78 号文《关于返回乡镇财政超收分成的通知》
说明:城市维护费分成和耕地占用税分成系专款资金,实行专款专用

1991 年,财政体制改为"划分收支,核定基数,递增上缴,超收分类分成,超支不补,一定两年"。1993 年改为"划分收支,核定基数,分档环比递增,超收分类分成,超支不补,一定两年"的体制。是年,同福乡收入基数 359.02 万元。其中集体收入基数 328.65 万元(含 44.88 万元的农业税收入任务),个体收入基数 30.37 万元。支出基数为 32.47 万元。集体收入递增率为 8%。

1994 年,根据省对市(县)的分税制改革方案,以及考虑保持乡镇财政体制实施期限的连续性,对 1993 年体制中有变动的工商税收、农业税、城建税等税种基数实行调整,其余递增比例、超收分成办法等政策不变。

1995 年,实行"划分收支,核定基数,总额分成,定额补助(或递增上交),自求平衡,一定两年"的财政体制。乡镇财政收入以 1994 年度实绩为基数;支出以 1994 年支出基数+超收分成+专项分成实

绩十当年度固定补助为基数。总额分成按收入总额25%的比例分成。是年，同福乡财政收入基数274万元，支出基数83.78万元，其中定额补助基数15.28万元。

表11—5　　1995年境内乡镇财政体制计算表

单位：元（以下填至角分）

项　　目	灵　安　镇	同　福　乡	史　桥　乡
1.乡镇财政收入总额	4131524.23	3123710.40	1925785.78
2.乡镇财政总额分成收入数(1×25%)	1032881.06	780927.60	256446.45
3.市财政固定补助或递增上缴基数	1300	152800	133100
4.市财政本年拨入经费数	722500	728300	310900
5.乡镇财政1994年收入基数	677500	685000	18000
6.乡镇财政本年后备基金提取数(2－5)1×20%	52351.25	19185.52	—
7.市财政应从乡镇财政中扣划的春夏茧资源费	22460	19736	10060
8.乡镇财政1994年止倒挂数	107676.42	—	—
9.市财政应补拨分成收入数(2±3－4－6－7－8)	236869.81	166506.08	－39089.97

资料来源：桐乡市档案馆馆藏档案，卷宗号80－2－284/110－4－75《1995年乡镇财政体制计算表》

1997年，实行“划分收支、核定基数、收支挂钩、总额分成、定额补助、自求平衡、一定两年”的体制。

1998年，根据省对桐乡市分税制财政体制实施方案，财税改革进一步深化，国税、地税机构正式分设，以及乡镇的社会经济发展现状等情况，调整乡镇财政体制，实行“划分收支、分税分成、核定基数、差额上缴、转移支付、一定三年、自求平衡”的体制。

2001年，实行“划分收支、核定基数、增收分类分成、转移支付、自求平衡”的体制。乡镇固定收入超过基数超收的市得部分收入全额留给乡镇，低于基数相应调减支出基数；市与乡镇共享收入（增值税除外）低于收入基数的相应调减支出基数，超过基数的市得部分收入按不同乡镇类型确定分成比例。市对凤鸣街道和同福乡实行5∶5分成；增值税分成按实际缴纳增值税比上年增长6%以上部分，其超收后的市得部分，与乡镇7∶3分成，经税务、审计部门检查补缴的税款等按上述分成办法乡镇得50%。同时建立最低财力保障线制度，年终结算时，如乡镇实得人均财力达不到最低财力保障线，市财政按统一口径计算的乡镇财政供养人口给予补足。

表11—6　　2001年境内乡镇财政体制收支基数核定一览表

单位：万元

乡　　镇	收　入　基　数			支　出　基　数		
	乡镇固定收入基数	市与乡镇共享收入基数	增值税基数	统一基数	单列基数	附：基本支出基数
灵安镇	163.47	570.85	455.69	444.79	—	444.79
同福乡	92.92	111.19	249.03	271.93	—	271.93

资料来源：桐乡市财税局提供

说明：(1)统一基数指按文件规定确定的基数；(2)单列基数指原市属学校转为乡镇学校后的人员经费；(3)基本支出基数指按文件规定测算的经费

2002年，实行“确定收支范围和基数，划分税种，分类分成”的财政体制。与中央共享税种的市级部分实行专项分成，以同口径计算的上年决算数递增6%为基数，超收部分扣除上缴省20%后，市与乡镇按6∶4分成；其他各项收入实行总额分成，扣除上缴省20%后，市与乡镇按5∶5分成。

表11—7　　2002年凤鸣街道、同福乡财政体制收支基数核定表

单位：万元

单位名称	收入基数				支出基数
	增值税25%部分	企业所得税50%部分	个人所得税50%部分	其他各项税收收入	
凤鸣街道	396.84	244.32	112.06	372.62	580.16
同福乡	330.28	12.00	20.31	119.19	337.20

资料来源：桐乡市财税局提供

当年，桐乡实行农村税费改革。改革后出现的乡镇（街道）资金缺口，市财政根据公共财政的要求及各乡镇（街道）经济发展水平、财政收支状况，区别对待，市财政合理负担，实施分类补助。转移支付系数的确定，根据公正与合理的原则，按照预算内财力、城镇和农村教育附加计算的人均可用资金划分为三类。凤鸣街道划入第二类，转移支付系数1；同福乡划入第三类，转移支付系数1.5。

2004年，对乡镇街道财政收支基数作适当调整。由于当年1月1日起免征农业税，乡镇街道财政由此影响财力部分的75%，市财政给予转移支付，相应增加乡镇街道财政支出基数。计划生育社会扶养（抚养）费从当年1月1日起全额缴入国库，按其他税收收入分成标准与乡镇街道财政实行体制分成。原预算外资金专项分成办法不再执行。

表11—8　　2004年度凤鸣街道和同福乡财政体制收支基数核定表

单位：万元

镇乡（街道）名称	收入基数					支出基数
	与中央共享税收入小计	增值税25%部分	企业所得税40%部分	个人所得税40%部分	其他各项收入小计	
凤鸣街道	745.37	369.28	134.27	241.82	372.62	651.560
同福乡	528.05	397.96	77.85	52.24	119.19	459.528

资料来源：市财政局《关于下达桐乡市2004年镇乡街道财政体制收支基数的通知》（桐财发〔2004〕67号）

2006年，实行“确定收支范围和基数，划分种类，收支挂钩，一定三年”的财政体制。乡镇街道可用财力与体制收入总量实行定比同步增长，房地产开发经营业和建筑安装业的营业税和企业所得税实行单独比例分成，按核定的收入基数，超收分成15%，短收扣减10%。是年，凤鸣街道和同福乡收入范围体制内分成分别为360.13万元和257.92万元；房地产建筑业分成，均未完成基数，分别扣减5.85万元和0.51万元。

表 11—9　　2006 年凤鸣街道、同福乡财政体制结算表

单位：万元

项　　目	凤鸣街道	同福乡	项　　目	凤鸣街道	同福乡
一、收入范围体制内分成	360.13	257.92	短收扣减 10%	5.85	0.51
2006 年决算收入	1819.01	667.99	三、出租房税收分成	—	—
收入基数	1439.55	529.57	收入实绩	—	—
减：调整收入基数	—	10.69	收入基数	—	—
实际执行收入基数	1439.55	518.88	超收分成 70%	—	—
增长比例	1.2636	1.2874	减：体制内已分得	—	—
支出基数	285.00	200.34	四、企业补助上解 20%	16.00	3.30
收入范围内可用财力	360.13	257.92	五、固定补助	21.60	18.40
体制内超收分成	75.13	57.58	六、其他补助	17.04	120.00
二、房地产建筑业分成	−5.85	−0.51	七、当年可用财力	376.92	392.51
收入实绩	214.20	16.54	八、当年已拨款数	304.06	230.73
收入基数	272.71	21.65	九、年终决算应找补	72.86	161.78
超收分成 15%	—	—			

资料来源：桐乡市财税局提供

2007 年，同福乡并入凤鸣街道后，境内归并为一个财政核算单位，凤鸣街道的财政规模进一步扩大。合并当年，凤鸣街道财政可用财力(一般预算)为 1036.46 万元。

2009 年，实行“划分收支、核定基数、超收分成、歉收赔补、自求平衡、一定三年”的财政体制。凤鸣街道按上一年收入范围内的收入实绩为基数，实行环比超收分成，市与街道实行 3∶7 分成；对未完成收入基数的，其短收部分按超收分成比例同比例扣减支出基数，扣至基本财力保障基数为止。

表 11—10　　2009—2010 年凤鸣街道财政体制结算表

项　　目	2009 年	2010 年	项　　目	2009 年	2010 年
一、体制内分成	1141	1310	超收分成 15%	3	3
当年决算收入	3189	3426	短收扣减 10%	—	—
收入基数	3440	3189	1. 执行按体制计算分成部分	—	1310
增长额	−250	237	2. 执行按基本保障基数计算部分	1141	—
支出基数	1141	1141	二、上解支出	8	26
基本保障基数	1141	1141	1. 企业享受政策补助上解 30%	8	26
体制内超收分成	−175	166	三、其他补助收入	208	270
收入范围内计算的可用财力	966	1307	1. 年终一次性补助	208	270
加：房地产建筑业分成	3	3	四、当年可用财力	1341	1554
收入实绩	171	174	五、当年已拨款	1096	1491
收入基数	154	154	六、年终决算应找补	245	63

资料来源：桐乡市财税局提供

2012年，桐乡市人民政府印发《关于进一步调整和完善镇（街道）财政管理体制的意见》的通知。市对镇（街道）实行“划分范围、核定基数、分类分档、超收分成、歉收赔补、自求平衡”的财政管理体制。

镇（街道）财政收入范围。除市级财政收入范围外，各镇（街道）行政区域内所属的单位和个人缴纳的增值税、企业所得税、个人所得税、营业税、城市维护建设税、房产税、印花税、城镇土地使用税。

镇（街道）财政支出范围。根据财权与事权相统一的原则，各镇（街道）财政应承担本级政府（办事处）机构运转所需支出及本地区经济、事业发展和社会管理所需要的支出，按支出功能分类包括：一般公共服务支出、农林水事务支出、教育支出（包括幼教、成教等）、科学技术支出、公共安全支出、文化体育和传媒支出、社会保障和就业支出、医疗卫生支出、节能环保支出、交通运输支出和其他支出等。全市12个镇（街道）按照经济发达程度、财政收支规模、要素集聚状况等因素，分为3类。凤鸣街道为第二类镇（街道），其当年地方财政收入地方留成超过上年实绩部分超收分成比例为80%，地方留成超过18%以上部分，超收分成比例提高10个百分点。

乡镇财政收入

1986年建立乡镇财政后，其财政收入来源主要有预算内资金、预算外资金和乡镇自筹资金三部分。预算内资金是县（市）政府按照确定的乡镇财政体制分配给乡镇的资金，包括体制分成收入、县（市）补助收入等；预算外资金有教育事业费附加、农业发展基金、计划外生育费、补助收入等；乡镇自筹资金有乡（镇）办企业税后留利上交、社会性支出资金（乡镇企业从税前利润中提取10%用于社会公益事业，1994年调整为在乡镇企业所得税中划拨10%）、乡镇办事业收入、乡规民约罚没款收入、其他收入等。

农村教育事业费附加是乡镇财政预算外收入的主要来源之一，农村教育事业费征收成为确保教育经费日常开支、学校教学正常开展和保障教职工生活的重要工作，境内各乡镇均十分重视教育事业费附加的征收。1987年，同福乡政府对全乡14个乡办企业和8个村办企业全部征收教育事业费附加（经核实1986年利润亏损的不列入征收范围），按1986年度核实利润的6%计征。对供销社和信用社按当年缴纳三税（产品税、营业税、增值税）的1%计征。乡办企业上交的教育事业费附加，抵本年度考核利润。

此后，教育事业费附加征收办法曾按照县政府相关文件作过多次调整。

1988年，灵安镇财政总收入71.49万元，其中体制分成收入24.13万元，县补助收入12.92万元（含工商三税和集贸三税增收分成），农村教育事业费附加6.7万元，企业留利上交2.5万元，社会性支出基金13.89万元，农业发展基金8.18万元，乡规民约罚没收入0.1万元，其他收入3.07万元。是年，史桥乡财政总收入29.27万元，其中体制分成收入12.76万元，县补助收入9.9万元（含工商三税和集贸三税增收分成），农村教育事业费附加2.61万元，企业留利上交0.39万元，农业发展基金2.39万元，乡规民约罚没收入0.3万元，其他收入0.92万元。

1989年，灵安镇对镇、村属企事业单位的农业发展基金按职工人数每人每月5元计提；社会性开支按实现利润的9%计提。

表 11—11　　1989 年境内乡镇财政预算收入一览表

单位:元(以下填至角分)

项　　目	灵　安　镇	同　福　乡	史　桥　乡
乡镇按体制计算应得分成	625730.61	268838.74	199452.15
1.预算收入分成	517117.39	241141.12	188737.92
2.城市维护建设税分成 77.6%	102925.98	17288.86	4220.23
3.耕地占用税分成 20%	5689.24	10408.75	6494
县(市)补助收入	73438.20	57318	81405.20
本年预算收入合计	699168.81	326156.94	280857.35

资料来源:桐乡市档案馆馆藏档案,卷宗号 80—1—248、110—2—33、148—1—66《1989 年度乡镇财政决算表》

表 11—12　　1989 年境内乡镇财政预算外资金和自筹资金收入一览表

单位:元(以下填至角分)

项　　目	灵　安　镇	同　福　乡	史　桥　乡
(一)预算外收入	116397	161148.11	47796.81
1.教育事业费附加	116397	161148.11	47796.81
2.农业税附加	—	—	—
(二)自筹资金收入	223223.26	1099217.71	61204.54
1.乡镇办企业留利上交	120000	700000	25100
2.事业单位上交	—	—	—
3.社会性支出基金	17982.14	220000	—
4.农业发展基金	41700	156506.11	18870
5.乡规民约罚没收入	15500	—	17059.80
6. 其他收入	28041.12	22711.60	174.74

资料来源:桐乡市档案馆馆藏档案,卷宗号 80—1—248、110—2—33、148—1—66《1989 年度乡镇财政决算表》

1991 年,“八五计划”开始实施。境内各乡镇努力落实治理整顿、深化改革和紧缩财政的各项措施,工农业生产稳步发展,产值增长,效益提高,乡镇财政收入也随之增加。据乡人代会财政决算报告记载,是年同福乡财政总收入 93.52 万元,完成预算收入的 103.9%。其中农业发展基金收入 18 万元,教育事业费附加 28.24 万元,社会性支出资金 18 万元,企业利润上交 18 万元,其他收入 11.28 万元。

1993 年,灵安镇经济快速发展,财政收入随之增长。镇人代会财政决算报告记载,是年镇财政总收入为 249.04 万元,完成年初预算收入数的 135.6%。其中上年结余 48.64 万元,社会性开支收入 42.53 万元,农业发展基金收入 5.28 万元,教育费附加收入 71.6 万元,乡规民约罚款收入 21.33 万元,超税分成收入 21.81 万元,其他收入 37.85 万元。

表 11—13　　1995 年境内乡镇财政预算收入一览表

单位:百元

项　　目	灵　安　镇	同　福　乡	史　桥　乡
预算收入分成	10372	9397	3955
县(市)补助收入	1393	1049	1657
本年预算收入合计	11765	10446	5612

资料来源:桐乡市档案馆馆藏档案,卷宗号 80—1—284、110—4—75、148—1—316《1989 年度乡镇财政决算表》

表 11—14　　1995 年境内乡镇财政预算外资金和自筹资金收入一览表

单位:百元

项　　目	灵　安　镇	同　福　乡	史　桥　乡
一、预算外资金收入	9107	15128	2319
1. 各项附加收入	8557	10180	2061
农业税附加	322	—	—
教育事业费附加	7271	10180	1739
	1286	—	—
2. 其他收入	550	4948	258
农业发展基金	223	2423	—
收回周转金占用费	256	—	—
其他	71	2525	258
二、自筹资金收入	42762	25471	233
1. 乡镇办企业收入	35750	9700	200
2. 社会性支出资金	1400	8000	—
3. 乡镇办事业收入	396	6800	—
4. 乡规民约罚没收入	1619	—	—
其中:土地罚没款	794	—	—
5. 其他收入	3597	971	33
其中:利息收入	95	29	33

资料来源:桐乡市档案馆馆藏档案,卷宗号 80—1—284、110—4—75、148—1—316《1989 年度乡镇财政决算表》

1996 年,境内经济继续保持较快的发展速度,经济效益明显提高,为财政收入的增长奠定了基础。据乡(镇)人代会财政决算报告记载,是年灵安镇财政总收入 975.97 万元,完成预算数 120.3%。其中预算内收入 226.85 万元,教育费附加等预算外收入 110 万元,企业上缴社会性开支、企业土地使用费及资产占用费等自筹资金收入 577.28 万元,其他收入 46.47 万元,上年结转收入 15.37 万元。是年同福乡财政总收入 596.01 万元,完成预算收入的 136.7%。其中预算内收入 125.9 万元,教育事业费附加 141.31 万元,农业发展基金 20.37 万元,企业上缴利润(其中上年结转农贸市场投资 85 万元)278.64 万元,其他收入 29.79 万元。

同福乡人代会财政决算报告记载,1998 年同福乡财政总收入 657.28 万元,完成年初预算的

105.67%。其中预算内收入121.48万元，教育事业费附加收入174.54万元，农业发展基金收入5.35万元，企业上交124.87万元，其他收入231.04万元。

2001年，凤鸣街道(不含同福乡)体制分成收入583.16万元，基金收入271.29万元(其中：农村教育费附加收入239.74万元)，专用资金收入625.36万元(其中乡镇企业上缴利润140万元、土地转让收入216.49万元、其他收入199.86万元、统筹资金收入36.53万元，上级补助收入32.40万元)。

2003年，同福乡财政体制分成收入552.21万元，预算外资金收入253.04万元(其中企业上缴利润70万元、事业单位上交5万元、其他收入178.04万元)。上级补助收入499.06万元。

2006年，市政府印发《关于进一步完善"以市为主"义务教育管理体制的实施办法》，教育附加实行100%市统筹(以其中5%和15%分别专项补助乡镇幼儿、成人教育和学校建设)。

2007年同福乡并入凤鸣街道后，财政收入快速增长。2008年，街道财政总收入4610.58万元，其中一般预算收入1292.58万元，基金预算收入150.25万元，专用基金收入3167.75万元。

2012年，凤鸣街道财政总收入8733.29万元，其中一般预算收入3627.64万元，基金预算收入2452.12万元，专用基金收入2653.53万元。

乡镇财政支出

乡镇财政支出主要是乡镇行政管理费、支农支出、集镇建设费、各种事业费(教育、文体、卫生、医疗、广播、交通、计划生育、优抚社救等)以及其他支出。

1988年，同福乡财政支出98.59万元(至1989年2月底)，比上年增支6.12万元。其中数额较大的有农业事业费15.35万元，交通事业费18.6万元(浇筑水泥路8.02万元，乡村公路道路及深埋暗管等费10.58万元)，教育事业费17.6万元，卫生水改事业费10.96万元，社会福利事业费6.74万元，集镇建设费5.38万元。

表11—15　　1989年境内乡镇财政预算资金支出一览表

单位：元以下填至角分

项　　目	灵安镇	同福乡	史桥乡
一、事业行政费	302937	281107.20	242234.06
1.支援农村生产支出	4445	2000	5000
2.农林水利等部门事业费	5590	10883	4540
3.工业交通等部门事业费	—	1000	14100
4.文教卫生事业费	209644.75	208591	113878.26
其中：教育事业费	163548.09	168010	89603
5.科学事业费	500	500	—
6.其他部门事业费	3700	2500	800
7.抚恤和社救事业费	26507.20	20964	6900
8.行政管理费	52550.05	34669	86915.80
9.其他支出	10100	—	—
二、城市维护费	93042.30	—	—
合计	395979.30	281107.20	242234.06

资料来源：桐乡市档案馆馆藏档案，卷宗号80—1—248、110—2—33、148—1—66《1989年度乡镇财政决算表》

表 11—16　　1989 年境内乡镇财政预算外资金和自筹资金支出一览表

单位：元以下填至角分

项　　目	灵　安　镇	同　福　乡	史　桥　乡
城市维护费	90	—	—
支援农村生产支出	15724.60	—	—
农林水事业费	63636.50	102144.01	
交通——道路桥梁支出	500	153268.20	15591.83
文化事业费	2015.23	1621.32	500
教育事业费	118624.23	203399.75	56860
卫生事业费	7063.6	127703.66	1056
公费医疗事业费	2000	—	—
广播事业费	—	3500	—
计划生育事业费	22603.88	11100	—
行政管理费	11247.13	240001.21	3774.81
公检法支出	26819.90	—	37400
其他支出	48834.89	288806.90	6310.50
合计	301435.36	1131545.05	139217.74

资料来源：桐乡市档案馆馆藏档案，卷宗号 80—1—248、110—2—33、148—1—66《1989 年度乡镇财政决算表》

1991 年，同福乡财政总支出 91.28 万元。其中数额较大的有农林水利事业费 13.85 万元，教育事业费 36.56 万元(人员经费、办事费等日常经费 21.02 万元，中学基建工程 15.04 万元)，交通事业费 5.67 万元(民桥经费 2.77 万元，沿塘桥补助 1 万元，公路建设及水泥路维护 1.9 万元)，计划生育事业费 2.39 万元，卫生事业费 2.04 万元。

1992 年，灵安镇财政总支出为 120.53 万元。其中所占比重较大的有教育事业费 42.23 万元(中小学经费 21.93 万元，村校改造补助 20.3 万元)，占 35.04％；农业事业费 13.23 万元(其中水泥渠道、机泵改造、圩区改造经费 4.06 万元)，占 11.02％；公益事业费 11.7 万元(道路建设、桥梁建设、护岸费等)，占 9.7％；行政经费 11.39 万元，占 9.45％。

表 11—17　　1995 年境内乡镇财政预算资金支出一览表

单位：百元

项　　目	灵　安　镇	同　福　乡	史　桥　乡
一、支援农村生产支出类	117	—	—
二、农林水利气象等部门事业费	260	30	20
三、城市维护费类	971	—	—
四、文教卫生事业费类	5458	4872	2360
五、科学事业费类	21	—	—

续表

项　　　目	灵　安　镇	同　福　乡	史　桥　乡
六、其他部门事业费类	—	—	120
七、抚恤和社会福利救济费类	877	855	284
八、行政管理费类	1360	3523	2050
九、其他支出类	—	120	—
本年支出合计	9064	9400	4834

资料来源:桐乡市档案馆馆藏档案,卷宗号 80—2—284、110—4—75、148—1—316《1995 年度乡镇财政决算表》

表 11—18　　　　1995 年境内乡镇财政预算外资金支出一览表

单位:百元

项　　　目	灵　安　镇	同　福　乡	史　桥　乡
支援农村生产支出	532	1461	465
其中:小型农田水利	532	1061	—
公共设施维护支出	—	1174	—
文教卫生事业费支出	8557	14390	5284
其中:教育事业费	8557	14390	5143
卫生事业费	—	—	121
广播事业费	—	—	20
其他部门事业费	—	—	492
其中:乡财政经费	—	—	111
行政管理费支出	—	—	3087
抚恤和社会救济费	—	—	254
其他支出	327	—	2846
本年支出合计	9416	17025	12428

资料来源:桐乡市档案馆馆藏档案,卷宗号 80—2—284、110—4—75、148—1—316《1995 年度乡镇财政决算表》

表 11—19　　　　1995 年境内乡镇财政自筹资金支出一览表

单位:百元

项　　　目	灵　安　镇	同　福　乡	史　桥　乡
科技三项费用	8	—	—
城市维护费	1400	350	—
交通——道路桥梁支出	6108	6558	—
支援农村生产支出	3684	—	—
其中:小型农田水利	3684	—	—

续表

项　　目	灵　安　镇	同　福　乡	史　桥　乡
农林水事业费	3498	—	—
文教卫生事业费	8303	2019	157
其中：文化事业费	373	166	—
教育事业费	5288	—	—
卫生事业费	957	1262	—
广播事业费	717	580	—
计划生育事业费	1168	11	157
其他部门事业费	1322	585	—
其中：乡财政事业费	308	60	—
行政管理费	10882	628	—
抚恤、社救支出	234	988	—
公检法支出	2754	2000	870
其他支出	8203	5829	298
本年支出合计	46396	18957	1325

资料来源：桐乡市档案馆馆藏档案，卷宗号80—2—284、110—4—75、148—1—316《1995年度乡镇财政决算表》

1997年，同福乡财政支出总额559.78万元，其中农林水利事业费46.72万元(其中环村公路水利设施13.57万元、圩区建设改土造田10.75万元)，教育事业费188.25万元(其中日常经费117.05万元、实验楼基建22.7万元、教工宿舍22.6万元)，交通事业费70.95万元(其中星合公路油渣路面35.6万元、乡村道路11.74万元、4座民桥16.15万元)，城建支出85万元(农贸市场投资上年结转)。

2000年，灵安镇财政总支出1043.35万元，主要用于对农业的投入、农村道路桥梁的建设、教育卫生事业和行政事业人员的经费开支。其中教育事业费407.88万元，农林水利事业费124.1万元，行政管理费支出115.57万元，卫生经费111.5万元(其中改水经费58.14万元)，公益事业费79.6万元(其中道路建设39.1万元，桥梁支出40.5万元)。

2003年，同福乡财政总支出1553.3万元，其中农林水利事业费116.85万元(其中土地整理37.53万元、运河绿色工程30.03万元)，教育事业费471.31万元(其中人员经费439.97万元、基建支出31.34万元)，交通事业费106.95万元(其中通村公路硬化32万元、桥梁经费26万元、上年路桥工程结转39.41万元)，村镇建设经费126.58万元。

2004年，凤鸣街道财政总支出2835.53万元。其中一般预算支出1142.69万元，基金预算支出319.6万元(其中文教部门基金支出307.39万元)，预算外支出1373.24万元(其中农业、教育、卫生、广电、城建环保、行政、计生等部门事业费支出1266.07万元，抚恤和社会保障支出65.54万元)。

同福乡并入凤鸣街道后，2008年凤鸣街道财政总支出4160.45万元，其中一般公共服务支出811.81万元，占19.51%；城乡社区事务支出727.23万元，占17.38%；农林水事务支出668.32万元，占16.06%；医疗卫生支出338.32万元，占8.12%；工商金融等事务支出327.53万元，占7.87%；社会保障和就业支出293.96万元，占7.07%。

2012年,街道财政总支出8491.87万元,其中城乡社区事务支出2657.39万元,占31.29%;农林水事务支出1227.75万元,占14.465;一般公共服务支出1186.93万元,占13.98%;医疗卫生支出511.19万元,占6.02%;社会保障和就业支出501.77万元,占5.91%;教育支出480.24万元,占5.66%;交通运输支出412.21万元,占4.85%。

表11—20　　2008年至2012年凤鸣街道财政收支情况统计表

单位:万元

年份	收支科目	一般预算收入	基金预算收入	专用基金收入	合计
2008年	上年结余	420.86	0.92	142.1	563.88
	收入合计	1292.58	150.25	3167.75	4610.58
	其中:收入	1043.82	8.26	1753.84	2805.92
	补助收入	248.76	141.99	1413.91	1804.66
	支出合计	1409.6	150.49	2600.36	4160.45
	其中:一般公共服务	451.93	—	359.88	811.81
	公共安全	—	—	—	0
	教育	17.29	8.5	88.6	114.39
	科学技术	10	—	28.73	38.73
	文化体育与传媒	17	—	58.42	75.42
	社会保障和就业	200.16	44.42	49.38	293.96
	医疗卫生	201.98	—	136.34	338.32
	环境保护	—	—	112.76	112.76
	城乡社区事务	154.33	77.45	495.45	727.23
	农林水事务	229.38	—	438.94	668.32
	交通运输	50	16.62	133.16	199.78
	工商金融等事务	57.53	—	270	327.53
	其他支出	20	3.5	428.7	452.2
	本年累计结余	303.84	0.68	709.49	1014.01
2009年	上年结余	303.84	0.68	709.49	1014.01
	收入合计	1645.27	459.84	2961.21	5066.32
	其中:收入	1340.88	4.85	1558.11	2903.84
	补助收入	304.39	454.99	1403.1	2162.48
	支出合计	1679.81	460.01	3550.7	5690.52
	其中:一般公共服务	521.57	10.03	403.04	934.64
	公共安全	—	—	—	0
	教育	17.52	5.01	107.55	130.08
	科学技术	10	—	5.5	15.5
	文化体育与传媒	18	—	128.72	146.72

续表

年份	收支科目	一般预算收入	基金预算收入	专用基金收入	合计
2009年	社会保障和就业	223.3	42.44	36.71	302.45
	医疗卫生	221.4	—	163.07	384.47
	环境保护	—	—	108.42	108.42
	城乡社区事务	261.12	402.53	791.57	1455.22
	农林水事务	316.9	—	724.84	1041.74
	交通运输	30	—	277.13	307.13
	工商金融等事务	60	—	307	367
	其他支出	—	—	497.15	497.15
	本年累计结余	269.3	0.51	120	389.81
2010年	上年结余	269.3	0.51	120	389.81
	收入合计	1845.85	1779.62	4218	7843.47
	其中:收入	1553.74	5.08	1914.98	3473.8
	补助收入	292.11	1774.54	2303.02	4369.67
	支出合计	1797.55	1569.84	3495.8	6863.19
	其中:一般公共服务	482	—	559.29	1041.29
	公共安全	—	—	—	0
	教育	18.61	5.18	60.85	84.64
	科学技术	14.48	—	33.3	47.78
	文化教育与传媒	18	—	63.34	81.34
	社会保障和就业	314.09	67.69	58.03	439.81
	医疗卫生	277.04	—	78.52	355.56
	环境保护	50	—	154.12	204.12
	城乡社区事务	112	1481.97	447.96	2041.93
	农林水事务	357.33	—	755.71	1113.04
	交通运输	94	—	327.77	421.77
	工商金融等事务	60	—	300	360
	其他支出	—	15	656.91	671.91
	本年累计结余	317.6	210.29	842.2	1370.09
2011年	上年结余	317.6	210.29	842.2	1370.09
	收入合计	2538.63	80.44	3610.48	6229.55
	其中:收入	2137.09	6.61	1721.38	3865.08
	补助收入	401.54	73.83	1889.1	2364.47
	支出合计	2145.24	290.1	4413.08	6848.42
	其中:一般公共服务	521.59	—	591.68	1113.27
	公共安全	—	—	—	0

续表

年　份	收　支　科　目	一般预算收入	基金预算收入	专用基金收入	合　　计
2011年	教育	25.94	6.39	—	32.33
	科学技术	35	—	6.83	41.83
	文化教育与传媒	18	—	71.4	89.4
	社会保障和就业	481.56	71.83	48.39	601.78
	医疗卫生	301.52	—	174.97	476.49
	环境保护	50	—	200.49	250.49
	城乡社区事务	161.32	209.88	789.9	1161.1
	农林水事务	447.31	—	430.4	877.71
	交通运输	43	—	1017.25	1060.25
	工商金融等事务	60	—	250	310
	其他支出	—	2	831.77	833.77
	本年累计结余	710.99	0.63	39.6	751.22
2012年	上年结余	710.99	0.63	39.6	751.22
	收入合计	3627.64	2452.12	2653.53	8733.29
	其中:收入	3139.89	6.67	737.62	3884.18
	补助收入	487.75	2445.45	1915.91	4849.11
	支出合计	3800.96	1882.12	2808.79	8491.87
	其中:一般公共服务	736.02	—	450.91	1186.93
	公共安全	42	—	—	42
	教育	473.6	6.64	—	480.24
	科学技术	84.15	—	—	84.15
	文化教育与传媒	24	—	79.88	103.88
	社会保障和就业	359.71	85.09	56.97	501.77
	医疗卫生	411.72	—	99.47	511.19
	环境保护	195.04	—	176.81	371.85
	城乡社区事务	204.5	1787.28	665.61	2657.39
	农林水事务	1078.09	—	149.66	1227.75
	交通运输	92.13	—	320.08	412.21
	工商金融等事务	100	—	280	380
	其他支出	—	3.11	529.4	532.51
	本年累计结余	537.67	570.63	−115.66	992.64

资料来源:凤鸣街道财政办提供

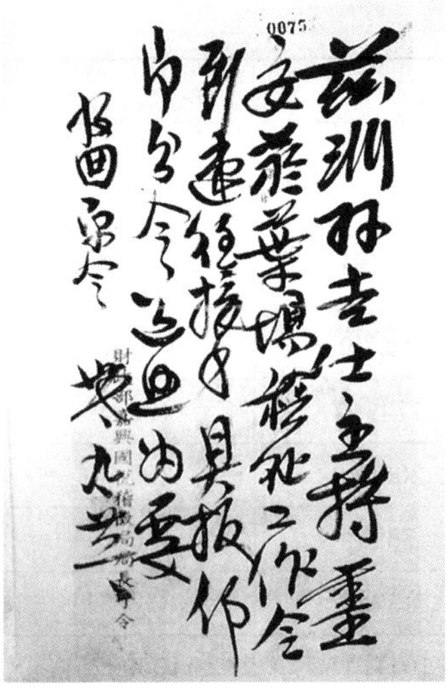

民国 37 年(1948)财政部嘉兴国税稽征局局长手令——派孙吉士主持灵安烟叶场稽征工作

第二节 税 收

机构

民国 17 年(1928),桐乡征收局(统捐局)在灵安派驻巡船(《桐乡财税志》1998 版)。民国 35 年(1946),崇德县税捐稽征处在石湾、梵山设有分处,境内灵安乡、同福乡归石湾分处征收,纪目乡归梵山分处征收(桐档 M3—5—25)。是年,财政部浙江区嘉兴货物税分局在灵安设烟场,直接派员驻征烟叶货物税。因灵安烟叶产量颇丰,出口商大都在此设行收烟,江北船只也载米运油来此易烟。因河港分歧,舟小易驶,每有走私情事。为此,税务部门采取措施加强稽征工作。民国 37 年(1948),嘉兴国税稽征局(货物税分局)派孙吉士前往灵安烟场主持稽征工作,并配置协助稽征人员 2 名,同时还在灵安、屠甸、濮院、石湾、炉头安排巡回督征人员 1 名、轮流督导人员 2 名。

表 11—21　　嘉兴国税稽征局驻灵安烟场稽征员半年度报告表

民国 37 年(1948)7 月至 12 月止

场概况	辖区	稽征实况	上期结转数量	控制情形	控制土烟叶经纪行栈及烟农售卖情形,并随时实行调查缉私工作	附 注
	崇德县灵安镇		2780 市斤			因烟叶收获期为 7 月,故上期无收获量(生产量)
	产制商家数		本期生产数量			
	20 家		825760 市斤			
	产制货品		本期运销数量			
	土烟叶		452980 市斤			
	成品产制经过		本期实存数量	征收费用	派驻人数	
	3 月播种 7 月收获,成品全赖人工。		372780 市斤		3 人	
			本期共缴税款		半年度共支薪费用	
	全年生产量		271493.98 金圆		1830 金圆	
	825760 市斤		税款解缴情形		半年度收支百分比	
			全数解国库		0.66%	

资料来源:桐乡市档案馆馆藏档案,卷宗号 M8—9—213

民国 37 年(1948),崇德县田赋粮食管理处在灵安设有办事处,负责灵安、同福、钱林 3 个乡的田赋征收。办事处配主任、股长、稽征员、催粮员、催粮警、公役各 1 人。

中华人民共和国建立后,1950 年 3 月,崇德、桐乡两县国税和地税机构合并,分别成立两县税务局。崇德县税务局下设灵安税务所,辖灵安乡、纪目乡、惠桥乡、同福乡、中福乡、天福乡、钱林乡、太平乡、大众乡。1951 年和 1952 年,灵安税务所税收实征数分别为 184399.9 万元和 257708.8 万元,分别占崇德县实征总数的 15.07%和 13.23%。

1956 年 3 月,撤区并乡后,灵安税务所管辖钱林乡、同福乡、灵安乡。1958 年 4 月,称灵安财政所。11 月,改称桐乡县财政局灵安办事处。1959 年 9 月,复称灵安财政所。1961 年 8 月,撤销财政所,复设灵安税务所,辖灵安、钱林两个公社(同福公社划归崇福税务所管辖)。1966 年 3 月,灵安税务所改为稽征组，归梧桐税务所管理。史桥乡区域，行政建制虽屡经撤并，但税务一直由南日财税所管辖。

凤鸣街道建制后，地税管理仍延续原来的格局。原史桥乡区域归南日所，原灵安乡区域归梧桐所，原同福乡区域归崇福所。国税征收则整个凤鸣街道区域全部归梧桐国税所管理。

农业税赋

民国元年(1912)，农业税赋按清代额征银米合并正杂项目，折征银圆。征银部分每银一两折征银圆1.50元，加征粮捐0.30元作为国、省税，称为地丁；另外附征县税(后称特捐)，按原赋银每两折征0.69元。征米部分称抵补金，每赋米一石折征银圆3元。民国21年(1932)，农业税赋称田赋，分上下两期征收。上期即原地丁，按原赋银一两折征银圆1.80元；下期即原抵补金，按原赋米一石折征银元3.30元。实有各项附加也按上述折率计算。

民国26年(1937)，境内重新划分征粮区域(区以自治区为范围，图以乡镇区域为范围)。同福乡为五区七图、八图、九图；纪目乡为五区十图、十一图、十二图；灵安乡为十二图、十三图、十四图。

民国26年(1937)，境内沦陷，田赋停征。民国28年(1939)，随田定率筹征田亩捐。民国30年(1941)按田亩捐率折算每亩应纳稻谷数，再按不同年份的稻谷价格实收法币。

抗日战争期间，农户除缴纳公粮外，还须缴纳军粮。

表11—22　　民国33年度(1944)军公粮分乡统计表

乡　名	保　数	应征公粮	应征军粮	合　计
灵安乡	10	62230	29270	91500
同福乡	11	68453	32197	100650
纪目乡	9	56007	26343	82350
中塔乡	13	68453	38057	118950

资料来源：桐乡市档案馆馆藏档案，卷宗号M2—5—173

附：

民国34年(1945)9月6日，同福乡公所呈文崇德县政府："奉钧署训令内开：'查该乡应拨军粮五十石，务限本月十五日前征齐，扫数解缴，直接解运县仓，如有延违，即以延误军机论罪，仰遵照为要。'等因奉此，已征齐十市石，正拟直解县仓，忽准钧署方特务长汇敏来所声称'顷奉区座面谕，将该军粮解运区仓，俾便汇解。'"9月15日，该乡乡长沈贵祺呈文石湾区区长沈延平，称"查职乡应筹之国军食米，除前已解送五市石外，今又续解十五市石。"

9月7日，灵安乡公所为抢征公粮事呈文崇德县政府："查本乡三十三粮征年度开始奉派抢征公粮，业经由县府暨各部队提罄，另无支付准备，本所为应敷今后支付公粮，业已于八月十九日召开乡保长联席会议，续征公粮一万五千市斤，除分别摊派各保以作准备外，理合备文呈报。"

(资料来源：桐乡市档案馆馆藏档案，卷宗号M3—11—215)

民国34年(1945)抗日战争胜利，当年田赋、公粮全部豁免。民国35年(1946)始，田赋征收实物，按战前正附总额，每赋元征实稻谷3斗，征借1斗，省、县公粮9升，合称"三征"。其他带征之附加也征收实物。此后，田赋带征公粮及积谷，税赋日益沉重。还有各种地方杂费，如：绥靖费、塘工费、水利费、自治教育费等。当时稻谷亩产一般仅一石二斗，农民不堪重负，抗缴情绪愈烈。民国35年(1946)1月10日晨，同福乡乡民

200余人，手拿蓑衣箬帽，打锣为号集合出发，赴杭州省政府告荒，社会舆论哗然，《东南日报》曾为此刊文。民国36年(1947)田赋开征至12月底，崇德全县征收迄尚未及三成。县政府颁发训令，实行田赋督征总动员，紧急催征田赋，限期民国37年(1948)2月上旬前须全数征足，完不成任务者均以贻误军粮论罪。并向各个乡派驻总督征员，调用警力强征。派往灵安乡的总督征为县警察局长周文元，同福乡总督征为县田粮处第二科长，调用警察局灵安分驻所和同福保警队班的警察参加督征，强征暴敛，境内民众苦不堪言。民国36年(1947)11月28日，福严禅寺住持古华呈文恳请豁免田赋："窃本寺为邑内唯一胜地，抗战期内历受敌伪摧残，至今田荒地瘠，迄未苏复。窃以完粮纳税乃国民天职，本寺所置田地贰佰数拾亩，依照本年应缴赋额虽巨至六七十石，已疲于负荷，然未尝敢以违抗。唯有地基四十五亩，无非竹木殿宇，无丝毫生产可资赋抵。为此，不得已申请转恳田粮机关俯将地基四十五亩赋额予以豁免，以轻民负，不胜企祷之至。"后经同福乡公所转呈崇德县县长兼田粮处长吴耐冰。是年底，吴耐冰令同福乡长陆毅仁转知，以"依法无据，碍难照准"为由，不予豁免。截至38年(1949)2月，县田粮处灵安办事处37年度的田赋和带征公粮仅收起不足七成三。

表11—23　民国37年(1948)崇德县田粮处灵安办事处田赋实物收起数额表

实物单位：市石

额征数			实际收起数		
合计	征实	征借	合计	征实	征借
21219175	12125243	9093932	15439098	8822342	6616756

资料来源：桐乡市档案馆馆藏档案，卷宗号M3—6—18《崇德县田粮管理处37年田赋收数统计资料》

表11—24　民国37年(1948)县田粮处灵安办事处田赋带征公粮及积谷实物数额表

实物单位：市石

公粮			积谷收起数
额征数	收起数	收起成数	
3637573	2646703	72.76%	882260

资料来源：桐乡市档案馆馆藏档案，卷宗号M3—6—18《崇德县田粮管理处37年田赋收数统计资料》

1949年境内解放后，公粮、田赋、公柴合并称为农业税，按计征面积统一征收。

1950年，根据中央人民政府《新解放区农业税暂行条例》，农业税以户为单位，按农业人口人均农业收入累进计征。农业收入计算以土地常年稻谷产量为标准。是年，桐乡县以150斤为起征点，崇德县以120斤为起征点。

表11—25　1950年灵安区应征农业税计算表

农业户数	农业人口		土地(亩)		产量与负担(市斤)			应征税额中的代缴税款(市斤)
	负担	不负担	农业土地	不纳税土地	应产量	扣除起征点后负担产量	应征税额	
8495	37927	332	68350	4713	28092548	27587922	5921829	90654

资料来源：《桐乡县财政税务志》(1998版)表5—23

说明：不负担农业税人口为未达农业税起征点的农业人口，不纳税土地为未达起征点土地，"应征税额中的代缴税款"为佃户代业主交纳税额

1953年起，执行“种多少田，应产多少粮，依率计征，依法减免，增产不增税”的政策。

表11—26　　1953年境内6个乡农业税任务完成情况一览表

数额单位：稻谷市斤

乡别	依率计算数	社会减免额		应征数	实征数	尾欠数
		数额	户数			
中福	714291	28277	214	686014	686014	—
天福	659222	24727	143	634495	634495	—
同福	667959	29044	110	638915	638915	—
灵安	737290	24060	123	713230	713230	—
惠桥	628325	17058	99	611267	611098	169
纪目	595988	10856	67	585132	585117	15

资料来源：桐乡市档案馆馆藏档案，卷宗号30—1—246

1955年，农业税地方附加改为对农业人口常产人均在350斤以上户，按正税附征5%。

表11—27　　1955年境内6个乡农业税任务统计表

乡名	户数			人口数		计征数				减免数	应征数
	纳税	免征	合计	非农	农业	定率计征数	附加数	公田租	合计		
灵安	1108	4	1112	219	4118	722203	35848	7347	765398	19332	746066
惠桥	1004	5	1009	69	3649	593440	29328	5463	628231	12801	615430
纪目	968	—	968	61	3951	621588	30662	7274	659524	14158	645366
中福	1224	1	1225	107	5041	702557	34328	2557	739442	18640	720802
天福	1040	5	1045	104	4103	637522	31404	4507	673433	16922	656511
同福	920	4	924	77	3875	647082	32219	405	679706	19158	660548

资料来源：桐乡市档案馆馆藏档案，卷宗号41—5—2　《崇德县各区各乡(镇)1955年度农业税任务统计表》

1958年，《中华人民共和国农业税条例》公布后，崇德、桐乡两县平均征税率为18.1%，附加率15%。而后，逐步调低税率，减轻税负。1963年至1995年，境内农业税正税率一直保持在11.1%的水平(农业税附加率1964年后一直为15%)。而随着农业产量大幅度提高，实际税负大幅度降低。此外，还实行灾情减免和社会减免，对困难户给予适当照顾的政策。

农业税征收以现粮为主，委托粮食部门代收，折币缴库。农业合作化后，纳税人由农户个人转变为社队集体。1983年推行家庭联产承包责任制后，改为农户直接缴纳，具体操作时，征收机关仍以村民小组为纳税单位。

1985年4月，经县财税局批复，对属国家建设征用的计税土地，一律扣除农业税任务。灵安乡因开挖长山河征用的151.95亩土地(含田、地、竹园,涉及4个村),从是年起扣除计税土地面积,并相应扣除计税产量及正附税额。

1988年,将原估产定率计征中的水产收入、小土特产加征、随售随征各品种统一列入农林特产农业税。1991年,县财税局批复同意,对拓宽灵安港而开损的24.876亩耕地(涉及灵安镇的6个村),从是年起核减农业税计税土地面积,并相应核减农业税计征税额。1995年1月1日起,蚕茧农业特产税采取源头征收办法,即委托农业部门在预订(或发放)蚕种时,按订种张数向订购蚕种的单位和个人代收代缴。蚕茧农业特产税的征收标准:春、夏、秋等各季蚕种统一规定为10元/张(1996年起减半征收,每张蚕种5元)。2002年7月,根据省委、省政府有关文件,桐乡市启动农村税费改革,减轻农民负担。是年7月1日起取消农业特产税。对2001年预订蚕种时,向农户收取的蚕桑农业特产税,全额退还到农民手中。

2003年,市财政局批复同意凤鸣街道因桐高公路拓宽、高速公路连接线、绕城公路等三项建设项目征用计税土地,分别为71.314亩、503.586亩、341.7亩,从是年起核减其农业税面积,并相应核减农业税计税产量和正附税额。

2004年开始,国家实行减征或免征农业税的惠农政策。经桐乡市政府常务会议研究决定,2004年1月1日起桐乡全市范围内免征农业税,延续两千多年的农业税最终废止。

工商税收

民国时期,境内征收的工商税收有盐税、屠宰税、使用牌照税、货物税、契税、印花税、营业税、所得税、利得税、丝捐、茧捐、烟捐、酒捐、桑秧捐、桑(青)叶捐、羊毛捐、吐头捐、猪羊捐、房捐、警捐等。

民国35年(1946),灵安是崇德县9处房捐征收点之一。其周围5里内之住户,不论商房民房,出租自用,一律并计实施编查。

中华人民共和国建立后的50年代,境内征收的税种主要有货物税、工商业税、利息所得税、印花税、屠宰税、娱乐税等。灵安税务所的货物税税收占崇德县5个税务所和县局总量的24.64%。因境内是晒烟主产区,货物课税数量中烟叶占全县总量的41.35%。

表11—28　　1952年度灵安税务所货物税税收分目统计表

单位:千元

税收合计	占全县%	烟酒类	饮食品类	纤维皮毛类	工业品类	矿竹木类
1507370	24.64	1462518	4921	8659	31119	153

资料来源:桐乡市档案馆馆藏档案,卷宗号41—5—20 《崇德县税务局税收统计资料》

表10—29　　1951—1952年灵安税务所主要应税货物课税数量统计表

单位:斤

年度	白酒	漏水酒	皮(张)	羊毛	烟丝	烟叶	饴糖	水产	植物油
1951	1050	17983	381	3060	11775	819233	11911	9815	54404
1952	1322	21058	3684	6805	12992	1353867	10886	13328	76080

资料来源:桐乡市档案馆馆藏档案,卷宗号41—5—20 《崇德县税务局税收统计资料》

50年代初，营业税、所得税是工商业税的主要税种。境内多为集镇、农村，工商企业中无国营企业，除供销合作社外，均为私营和小商小贩，经营规模较小，故工商业税税收只占全县总量的7.82%。根据1950年12月国家公布的《工商业税暂行条例》，征收管理采用自报查账、依率征收，自报公议、民主评定，定期定额三种计征方式。崇德县对国营和合作社企业都采用自报查账方式征收，对私营个体则采用以上三种计征方式。

表11—30　　1952年度灵安税务所直接税税收分目统计表

单位：千元

税收合计	占全县%	工商业税				利息所得税	印花税
		营业税	所得税	临时商业税	摊贩业税		
935244	7.68	397396	456393	27355	4535	84	49511

资料来源：桐乡市档案馆馆藏档案，卷宗号41—5—20　崇德县税务局税收统计资料

表11—31　　1952年灵安税务所工商营业额分经济性质统计表

单位：千元

营业额总计	国营	合作社	公私合营	私营			
				合计	查账	民主评议	定期定额
12555906	—	6148626	—	6407280	405550	5751896	249834

资料来源：桐乡市档案馆馆藏档案，卷宗号41—5—20　崇德县税务局税收统计资料

解放初，屠宰税按牲畜标准重量，根据市场价格的10%核定应纳税额，报验纳税后在牲肉上加盖验戳。农村自养、自宰、自食(俗称三自)的牲畜免征屠宰税。1952年度，灵安税务所地方税税收134384千元，其中屠宰税134229千元、娱乐税155千元。1953年将屠商缴纳的印花税、营业税及附加并入屠宰税，税率为13%。(1982年实行按头定额征收，2002年7月10日起桐乡市停止征收屠宰税)

表11—32　　1951—1952年崇德县灵安税务所屠宰税税源统计表

单位：千元

项目	1951年			1952年		
	头数	税额	占全县%	头数	税额	占全县%
猪	1316	81773	12.75	2176	120122	13.37
羊	1383	10939	6.79	1653	14107	6.73
牛	0.5	30	6.40	—	—	—

资料来源：桐乡市档案馆馆藏档案，卷宗号41—5—20　崇德县税务局税收统计资料

1957年，灵安税务所实征商品流通税(羊毛)2500元、货物税(烟叶)115800元、营业税36400元、所得税25000元、印花税980元、屠宰税30000元、利息所得税190元。实征税收合计211400元。(桐档80—1—3)1958年，货物税、商品流通税、营业税、印花税合并为工商统一税。

表 11—33　　1951—1964 年灵安税务所工商各税收入统计表

单位:万元

年　份	1951	1952	1953	1954	1955	1956	1957	1958	1959	1960	1961	1962	1963	1964
金　额	18	26	25	15	—	22	21	—	17	20	22	29	45	24

资料来源:《桐乡县财政税务志》(1998 年版)表 6—12

随着生产资料公有化,国家规定对土地不准买卖,契税在执行中一度停顿。1965 年,县税务局在同福公社 15 个生产队进行契税清理试点,共征契税 11080 元。1966 年"文化大革命"开始后,契税处于无人管理状态。中共十一届三中全会后,契税征管得到改进和加强。

1973 年,工商统一税并入工商税。1984 年,工商税分解为产品税、增值税、盐税和营业税。

1985 年,开征城市维护建设税、奖金税和工资调节税。

1986 年,国家《房产税条例》颁布,桐乡县于 1987 年开征房产税,其中炉头、大麻、灵安三镇暂缓征收。1988 年灵安等三镇列入征收范围。2006 年 7 月 1 开始,桐乡市房产税征收范围扩大到除同福乡行政区域外的所有行政区域。2007 年,市政府办公室文件批复,将同福乡政府所在地列为工矿区(包括乡工业集中区和福严寺景区),具体为东至 320 国道、南至六里桥港、西至京杭大运河、北至长山河及福严寺工商区。对同福乡工矿区开征房产税。2008 年,同福乡撤乡并入凤鸣街道后,境内全部纳入房产税的征收范围。

1987 年,开征个人收入调节税。对非农业建设占用耕地,征收耕地占用税。1988 年,灵安镇耕地占用税入库为 30432 元。

1994 年,《中华人民共和国增值税暂行条例》实施。增值税纳税人分为两类:一般纳税人根据不同的货物实行基本税率 17%,低税率 13%或零税率;小规模纳税人,实行 6%的征收率征收。增值税是境内企业纳税的一大税种。

企业所得税由国税、地税机构按照国家规定的管理范围分别征收。1994 年,《中华人民共和国企业所得税暂行条例》实施,实行 33%的比例税率。根据财政部和国家税务总局文件,对年应纳税所得额 3 万元以下企业,暂减按 18%的税率征收;对年应纳税所得额 10 万元以下企业,暂减按 27%的税率征收。2008 年《中华人民共和国企业所得税法》实施,内资、外资两个企业所得税法合并,取消外商投资企业和外国企业所得税"二免三减半"税收优惠政策,实现内外资企业的所得税公平负担。企业所得税税率调整为 25%;非居民企业所得税,适用税率为 20%。企业所得税是境内企业纳税的第二大税种。

表 11—34　　1994 年同福乡入库工商税收与上年对比表

金额单位:百元

税　　种	1994 年度	1993 年度	增长率%
合计	47352	41143	15.1
产品税	—	251	—
增值税	40567	30461	33.2
营业税	3858	7996	−51.8

续表

税　　种	1994 年度	1993 年度	增长率%
集体企业所得税	1037	660	57.1
城乡个集工商所得税	612	629	−2.7
个人收入调节税	—	24	—
车船使用税	—	2	—
屠宰税	95	96	−1
印花税	217	3	7133.3
消费税	8	—	—
城市维护建设税	515	949	−45.7
耕地占用税	430	67	541.8
工商税收税款滞纳金补税罚款收入	13	5	160

资料来源：桐乡市档案馆馆藏档案，卷宗号 110—4—80《1994 年度同福乡入库税收与上年对比表》

1989 年，开征城镇土地使用税。灵安镇为农村小城镇，税额低于七大镇，每平方米年税额为 0.2 元（七大镇为 0.40 元，其中梧桐大街路段 0.60 元）。是年，灵安镇城镇土地使用税入库为 12955 元。2006 年 7 月，市政府调整城镇土地使用税等级划分标准和适用税额，凤鸣街道二级地段（绕城公路以内除一级地段外的区域）适用税额 1.50/每平方米，三级地段（除二级地段外的其他区域）适用税额 1.00/每平方米。2006 年年底前，城镇土地使用税对外商投资企业和外国企业暂免征收。

2007 年 5 月，桐乡市人民政府办公室下发《关于同意同福乡工矿区开征房产税和城镇土地使用税的批复》。同意同福乡政府所在地列为工矿区，按有关规定征收房产税和城镇土地使用税。开征房产税和城镇土地使用税的区域为：同福乡政府的所在地（包括乡工业集中区和福严寺景区），具体为东至320 国道、南至六里桥港、西至京杭大运河、北至长山河及福严寺工商区。城镇土地使用税等级定为三级地段；适用税额每平方米 1.00 元/年。房产税和城镇土地使用税的开征日期从 2007 年 1 月 1 日起。同福乡撤乡并入凤鸣街道后，2008 年 1 月 1 日起，境内全部区域纳入城镇土地使用税的征收范围。

2006 年 5 月，乡镇拆并行政区域重新划定后，城市维护建设税税率调整为桐乡市区绕城公路内 7%，同福乡范围内 1%，其他范围 5%。同福乡并入凤鸣街道后，2008 年 1 月起，凤鸣街道全境均为 5%。

2010 年 10 月凤鸣街道"纳税人之家"首届代表会议

2006 年 7 月 1 日起，桐乡市房产税的征收范围扩大到除同福乡行政区域外的所有行政区域。2007 年 5 月 11 日《桐乡市人民政府办公室关于同意同福乡工矿区开征房产税和城镇土地使用税的批复》，将同福乡政府所在地列为工矿区，区域为：同福乡政府的所在地（包括乡工业集中区和福严寺景区)，具体为东至320国道、南至六里桥港、西至京杭大运河、北至长山河及福严寺工商区。2007年1月开始，对同福工商区开征收房产税。2008年同福乡撤乡并入凤鸣街道后，境内纳入房产税的征收范围。

2004—2012年，境内缴纳国税总计151832万元(2004－2007年不含同福乡)，其中增值税44438万元，占国税总数的29.27%。

2004—2012年，境内缴纳地税总计35886.18万元，其中企业所得税14127.88万元，占地税总数的39.37%，个人所得税8287.33万元，占23.1%。

税收工作中，对于查实的偷税漏税案件，依法进行查处。

2008年3月，桐乡市史桥砖瓦有限责任公司生产8.5红砖报多孔砖偷逃税案，经查实，发现该公司在2006年1月至2007年9月期间采取把实心砖销售收入申报为多孔砖销售收入，隐匿多孔砖销售收入的手段，少申报销售收入711.13万元，少缴增值税878622.08元，核定产量后应补增值税27.46万元。合计补缴增值税115.32万元。

表11—35　　2004—2007年凤鸣街道、同福乡缴纳国税情况表

单位：万元

年度	凤鸣街道						同福乡					
	税收合计(含调库)	增值税	企业所得税	外企所得税	利息所得税	免抵调库	税收合计(含调库)	增值税	企业所得税	外企所得税	利息所得税	免抵调库
2004	3319	1883	12	474	60	891	1684	1477	16	59	33	98
2005	3634	2291	29	42	23	1248	1972	1687	48	100	13	124
2006	4912	3173	274	257	—	1208	2277	1914	74	140	0	149
2007	3727	3112	72	230	—	313	3102	2479	122	157	0	344

资料来源：桐乡市国税局提供

表11—36　　2008—2012年凤鸣街道缴纳国税情况表

单位：万元

年度	税收合计(含调库)	增值税		免抵调		企业所得税		附列资料：出口退税
		内资企业	外资企业	内资企业	外资企业	内资企业	外资企业	
2008	8368	5817		2208		204	139	1719
2009	9624	5822		3031		297	474	2128
2010	8128	4692	1004	509	564	410	949	2858
2011	9402	6739	1112	173	97	755	526	3271
2012	12575	7534	1259	970	1244	1190	378	4428

资料来源：桐乡市国税局提供

表 11—37　　2004—2012 年凤鸣街道缴纳地税情况表

单位：万元

税　　种	2004 年	2005 年	2006 年	2007 年	2008 年	2009 年	2010 年	2011 年	2012 年
营业税	382.14	394.72	362.68	343.09	322.75	334.01	375.51	439.87	1228.98
个人所得税	527.52	909.96	801.23	1047.51	1058.76	884.63	996.26	989.03	1072.43
城市房地产税	—	—	—	78.55	117.30	−5.00	—	—	—
土地增值税	—	—	—	—	—	—	—	—	35.46
城市维护建设税	100.86	180.66	223.01	323.76	393.89	359.86	412.43	723.42	799.23
房产税	68.78	81.12	139.86	175.89	210.24	256.51	272.81	359.38	477.55
城镇土地使用税	7.65	19.24	54.60	132.58	453.28	402.51	359.71	471.42	569.31
印花税	8.64	40.41	87.81	114.06	110.87	99.75	158.89	209.00	201.92
企业所得税	1504.17	1109.43	2001.68	2050.69	1586.47	726.70	1468.82	1604.67	2075.25
合计	2599.76	2735.54	3670.87	4266.13	4253.56	3058.97	4044.43	4796.79	6460.13

资料来源：桐乡市财税局提供

第二章　金　　融

第一节　金融机构

人民银行营业所

1952 年 10 月，中国人民银行崇德县支行在灵安集镇设立灵安营业所。1958 年，桐乡、崇德两县合并，人民银行崇德县支行并入桐乡县支行。崇德县人民银行灵安营业所改称桐乡县人民银行灵安营业所。

1958 年 10 月，实行“人民公社”化。根据“两放、三统、一包”（即下放人员、下放资金，统一政策、统一计划、统一流动资金管理，包财政任务）的财政贸易管理办法，将农村信用社和人民银行的基层营业所合并下放给人民公社管理，称人民公社信用部。实行两块牌子、一套班子。人民银行灵安营业所与灵安信用社合并后成为灵安人民公社信用部。

1961 年前后，撤销人民公社信用部，恢复原人民银行的基层营业所及农村信用社建制。

1963 年 5 月，人民银行桐乡县支行下文撤销灵安营业所，7 月 1 日正式停止营业。

人民银行灵安营业所历任主任（负责人）：（1952—1963 年）李长兴、马星瑞、余振华、李德华、余丽仙、商芝芳。

（资料来源：《桐乡市金融志》初稿—桐乡人民银行金融志办提供）

农村信用社

民国 18 年（1929）6 月 28 日，崇德县第五区纪目村无限责任信用合作社成立，入社 11 人，股本 11 元，为崇德县最早的信用合作社。随后，瓜塔联合村夏家兜、顾家埭村等地相继成立无限责任信用合作社。后因农村经济萧条，信用社规模小、资金少，难以发展。民国 26 年（1937），日军入侵，崇德、桐乡两县沦陷，信用社停业。

抗日战争胜利后，境内信用合作社有所恢复。此外，灵安、纪目、同福、史桥等乡均有乡合作社和保合作社，其性质为兼营合作社，除生产合作、供销合作外，也兼营金融。按合作社章程规定，一般都设有信用部。但由于当时时局动荡，经济萧条，货币不断贬值等因素，这些合作社实际业务量甚微，大多形同虚设，名存实亡。

1951年10月，永丰乡成立信用合作社。1954年，境内农村在开展合作化运动中，以自愿互利为原则，组建信用合作社，以帮助农民解决困难，打击高利贷，补充国家农贷之不足。是年9月，根据中共崇德县委指示，中共灵安区委在纪目乡试办信用合作社，同时在天福乡试办信用部。

灵安供销合作社天福乡信用部于1954年9月14日成立，共吸收存款1323万元，存款户145户，占全乡总户数的15.87%；发放贷款495万元，其中生产贷款214万元，生活贷款281万元。

在取得试点经验的基础上，10月1日起在灵安、惠桥、钱林、中福、同福等乡开展组建信用合作社（信用部）工作。至10月中旬，均先后召开成立大会并开展业务。10月20日止，参加信用社（部）的户数5905户，占建社（部）乡总户数的88%；股金到账7384万元（含天福、同福两信用部基金400万元），占认股金额的82.11%；吸收存款13722万元，余额8731万元；放款总额8584万元，余额5685万元，相当于灵安区当时农贷余额的10%以上。

表11—38　灵安区各信用社（部）缴股、存款、放款情况表（1954年10月20日止）

金额单位：万元

社别	办社乡户数		参加户占总户数%	已缴股金	占认股数%	存款情况		放款情况		转存银行	备注
	总户数	参加户数				总额	余额	总额	余额		
灵惠社	1908	1700	89	2753	81	880	880	424	424	2959	灵安、惠桥两乡合办
纪目社	827	805	92.5	1415	87.8	4594	2037	1720	1670	1459	—
钱林社	898	801	90	1480	92.4	2028	2028	1259	1254	2170	—
中福社	1162	947	92	1336	70.6	242	242	28	28	1360	—
小计	4795	4253	89	6984	82.11	7744	5187	3431	3376	7948	—
天福部	990	890	90	拨入基金200	—	3517	1671	2033	1919	200	参加户数是供销社社员户数
同福部	847	762	90	拨入基金200	—	2462	1874	390	390	1650	—
合计	6632	5905	88	7384	—	13723	8732	5854	5685	9798	—

资料来源：桐乡市档案馆馆藏档案，卷宗号1—1—205

至1955年年底，境内灵安、纪目、惠桥、同福、中福、天福、永丰等乡均建立信用合作社。1956年1月，崇德、桐乡两县行政区域分别实行撤区并乡，信用社建制也相应撤并，境内设置灵安、同福、丰桥（含原永丰乡、亭桥乡）等3个信用社。

1958年，建立人民公社，实行政社合一体制。农村信用社下放给人民公社管理，称人民公社信用部，管理区下设信用分部，各生产大队设信用服务站，由公社信用部统一经济核算。灵安信用分部和同福信用分部为灵安公社信用部所辖，永丰信用分部为南日公社信用部所辖。

表 11—39　1956 年 2 月—1958 年 10 月境内农村信用社主任及专职干部情况表

社　名	理事会主任	会 计 员	社　址
同福乡信用社	孙春龙	钟金康	草庵头
灵安乡信用社	朱月明	王正财	灵安集镇
丰桥乡信用社	汪荣顺　赵洪寿	韩络松　张月娥	楼下村

资料来源:《桐乡市金融志》初稿—桐乡人行金融志办提供

1958 年 11 月,桐乡、崇德两县合并后,镇乡区域规模不变,金融机构不变。

1961 年 4 月,根据中共中央《农村人民公社工作条例》(修正草案),调整人民公社规模,同福从灵安公社划出,设立同福人民公社。9 月,县委发文,恢复全县信用合作社的民主管理组织和制度,明确信用社是农村群众性的集体金融组织,以公社为单位设立信用社,召开社员代表大会,恢复理事会、监事会机构。10 月,灵安和同福分别设立信用合作社。

1963—1965 年,随着国民经济的调整、巩固、充实、提高,境内信用社业务也得到较快的发展。灵安、同福两信用社的年末存款余额 1965 年比 1961 年分别增长 2.6 倍和 3.5 倍。

1966 年开始的"文化大革命",使农村经济受挫,严重影响信用社业务。1967 年,灵安、同福两信用社的年末存款余额比 1966 年大幅下跌,跌幅分别为 33.3%和 48.3%。

1977 年,国务院发出《关于整顿和加强银行工作的几项规定》,再次明确信用社是集体金融组织,又是国家银行在农村的基层机构。根据这一规定,对不设银行营业所的公社所在地信用社,先后都加挂银行营业所牌子,信用社和营业所合署办公,人员统一安排,业务统一处理,账目分别核算。境内信用社与银行营业所合署办公。

1984 年 1 月,撤销人民公社建制,改社、队为乡、村,境内信用社完成以乡建社,成为农业银行领导下的农村合作金融组织。是年,国务院 105 号文件转发《中国农业银行关于改革农村信用社管理体制的报告》,提出要把农村信用社办成真正的合作金融组织,恢复其合作性质,即恢复信用社组织上的群众性、管理上的民主性和经营上的灵活性。是年 11 月,史桥从南日乡划出,设立史桥乡。次年 1 月增设史桥信用社。

1987 年,由各农村信用社入股的县信用合作联社成立,境内灵安、同福、史桥等 3 个乡(镇)信用社均成为县信用联社的社员社。是年年底,灵安信用社下设红旗、西牛桥、路家园等 3 个服务站,同福信用社下设运河分社、徐家庙分社和五社庙服务站,史桥信用社下设古店桥和长新 2 个服务站,3 个信用社共有职工 49 名。

表 11—40　1987 年境内农村信用社经营业务情况表

金额单位:百元

社　名	存　款		贷　款			利　润
	总余额	储蓄余额	总余额	流动贷款	设备贷款	
灵安	78597	59037	58468	49320	7830	93492
同福	107989	101096	64233	53353	7950	41891
史桥	29344	27037	27359	22716	3300	4270

资料来源:《桐乡市金融志——信用联社资料长编》

1996年8月，国务院下发《关于农村金融体制改革的决定》，重点是改革农村信用社管理体制。是年，农村信用社与农行脱钩，其业务管理和金融监管分别由市信用联社和人民银行承担。

1998年10月，乡镇区域调整，史桥乡并入灵安镇。12月，史桥信用社并入灵安信用社，史桥改设分社。灵安信用社下设3个储蓄所，4个储蓄点。

2001年10月，乡镇行政区域调整，灵安镇改为凤鸣街道，灵安农村信用合作社更名为凤鸣街道农村信用合作社。

根据国务院《关于深化农村信用社改革试点方案》精神，明晰产权关系，强化约束机制，增强服务功能，2004年8月，凤鸣街道农村信用社召开第一次代表大会，讨论通过《凤鸣街道农村信用社章程》，选举产生理、监事会，吴小毛任理事会理事长，项建荣任监事会监事长。12月，股份合作制的桐乡市农村信用合作联社成立，实施一级法人核算体系。次年1月，全市农村信用社和市农村信用合作联社合并。境内凤鸣信用社、同福信用社均成为市信用联社的非独立核算分支机构。

2007年10月，同福乡并入凤鸣街道后，信用社机构也相继合并。次年6月，经中国银监会嘉兴监管分局批复同意，桐乡市信用合作联社同福信用社更名为桐乡市农村信用合作联社凤鸣信用社。同时将原桐乡市农村信用合作联社凤鸣信用社降格为桐乡市农村信用合作联社凤鸣信用社灵安分社。

至2012年年底，桐乡市农村信用合作联社凤鸣信用社有灵安、新农村、开发区、史桥等4个信用分社，员工41人。

境内信用社历任主要负责人：

灵安（凤鸣）信用社：（建社—2008年）朱月明、张品江、钱汉章（代）、李志生、陈波涛、吴小毛、顾峥乐。

同福信用社：（1956—1958年）孙春龙（1955—1958）钱老倌（1962—2008）陈万坤、邵子林、顾海波、李志生、朱建伦、汪治跃（代）、陆松全、周树新、朱建民、钟爱利。

史桥（永丰、丰桥）信用社：（1951—1999年）唐云松、汪荣顺、陆鸿飞、赵洪寿、姚建文、章伟良、沈美健、吴建国。

凤鸣信用社：（2008—2012）：顾峥乐、徐海峰。

农村合作基金会

农村合作基金会是由乡、村集体经济组织和社员按照自愿互利、有偿使用原则而建立的股份制社区性资金互组组织。根据上级有关文件精神，1995年8月经市农经委批准，同福乡农村合作基金会成立。10月8日，在草庵头集镇挂牌服务。合作基金会由同福乡农工商实业总公司、联庄村经济合作社和双飞龙铜材厂、华强合成纤维厂等9个企业法人共同出资组建，注册资本174万元。

农村合作基金会成立后，通过筹资和自身积累，在本区域范围内融通资金，在一段时间内成为农村资金市场的一个组成部分，为乡镇企业、个私经济、种养业户缓解资金供求矛盾发挥了一定的作用。

表11—41　　1998年同福乡农村合作基金会资金营运情况表

单位：万元

资产总计	其中基础股金	收入合计	支出合计	利　润	审核后利润
925.03	174.00	136.02	88.35	47.67	47.67

资料来源：《桐乡市志・金融编资料长编》（该资料由桐乡市农业经济局提供）

1998年以后，全省各地的农村合作基金会总体上出现经营风险和“资不抵债”现象。1999年8月，市政府印发《关于贯彻落实〈浙江省清理整顿农村合作基金会实施方案〉的通知》，对全市14个乡镇农村合作基金会进行全面的清理整顿。是年11月，同福乡农村合作基金会经清产核资，资产总额8808673.37元，呆账准备金245020元，负债总额9041961.37元，资大于债732元。根据人民银行上海分行《关于做好农村合作基金会并入农村信用社管理工作的通知》，经人民银行桐乡市支行审核，转报人民银行嘉兴市中心支行同意，12月21日，同福乡农村合作基金会并入同福农村信用合作社。

2002年3月，市人民银行、农经局、信用联社组成联合检查组，对原农村合作基金会并入农村信用社的贷款情况进行逐笔检查，其中原同福乡农村合作基金会并入信用社时贷款余额585.5万元，检查时贷款余额439.8万元，贷款质量形态为：正常383.5万元，呆滞56.3万元。

保险机构

1986年开始，中国人民保险公司桐乡支公司（以下简称人保桐乡支公司）先后在同福、灵安、史桥设立保险代办处，聘请专职代办员，在人保桐乡支公司和所在乡镇保险委员会领导下开展工作。

1996年，人保桐乡支公司分设为人保财险桐乡支公司和人保寿险桐乡支公司（后改称中国人寿桐乡支公司），其在境内的业务网点也相应分设财险、寿险两块。同福的财险、寿险代理处分别由财险、寿险桐乡支公司崇福办事处所辖，灵安和史桥的财险、寿险代理处分别由财险、寿险桐乡支公司业务部所辖。

2002年，财险和寿险两公司撤销境内的保险代理处。经保监会批准，在8月和12月，中国人寿桐乡支公司和人保财险桐乡支公司分别在同福集镇宏运路设立营销服务部。灵安、史桥的财险、寿险业务分别由两公司业务部直接办理。

第二节　金融业务

存款

中华人民共和国成立初期，由于农村生产力落后，人民生活尚较贫困，百废待兴，境内金融机构存款余额较少。1952—1956年，人民银行灵安营业所年末存款余额均在10万元以下。1957年上升到22.49万元。随后，因“大跃进”和人民公社化运动对经济的负面影响，年末存款余额出现大幅下滑。1959年年末存款余额仅5.69万元。

1963年7月1日，人民银行灵安营业所停止营业。1964年，灵安、同福2个信用社年末存款余额25.98万元。1965年和1966年，分别为51.24万元和68.91万元。受“文化大革命”影响，1967年存款余额大幅回落至40.84万元。1968年开始，逐步复苏回升，进而稳步增长。1970年突破100万元，1978年突破200万元。

1987年，借改革开放东风，境内经济开始腾飞，信用社各项存款持续稳步增长。是年，灵安、同福、史桥等3个信用社各项存款余额合计2158.47万元。

80年代末开始，办理存取款手续一般都用电脑操作，还装上电视录像、警报器等。90年代后期始，建立储蓄联网通存通取。

1995年开始，国有银行向商业化转轨，中信银行、交通银行、嘉兴商业银行等外地金融机构纷纷落户桐乡，存款竞争愈演愈烈，境内信用社扬长避短，发挥农村网点优势，建立激励机制，激流勇进，继续保持稳步增长态势。1997年,灵安信用社年末存款余额突破1亿元,2002年突破2亿元。2003年同福信用社年末存款余额达到12066万元。2005年末,灵安、同福2个信用社各项存款余额合计4.58亿元,比1995年同比口径(含史桥)增长242.8%。

表11—42　　2005年境内信用社人民币存款情况统计表

单位:万元

社　　名	各项存款年末余额	比上年增减额	比上年增减%	年　末职工数	职工人均收储存款	全县14家信用社排名
凤鸣信用社	25697	2007	8.5	24	1071	9
同福信用社	17111	2037	13.5	19	901	12

资料来源:《桐乡市金融志·信用联社资料长编》

2007年,同福信用社并入凤鸣信用社后,年末各项存款余额达到5.76亿元。此后,凤鸣信用社进一步树立"存款立社"思想,克服困难,开拓营销,挖掘新储源,培育增长点,存款余额年年攀上新台阶,2012年达到12.2亿元,比2007年增长111.8%。

储蓄存款

1954年,境内乡乡建信用社时,储蓄品种单一,只办理活期储蓄,凭折存取。农民经济拮据,信用社存款余额水平低。1959年6月末,灵安信用社农村储蓄存款余额3.44万元,平均每户存款额3.70元(数据为2个信用分部的存款余额)。1959—1961年,经历三年困难时期,农民食不果腹,经济极度贫困。1962年,灵安、同福2个信用社合计年末社员存款余额仅6700元。1963年后,信用社储蓄存款开始逐步回升,1966年灵安、同福2个信用社合计年末社员存款余额16.61万元。受"文化大革命"对农村经济的影响,1967年年末社员存款又大幅下降至10.93万元。此后几年一直处于徘徊状态,1971年开始进入较快的上升态势,至1978年末,灵安、同福2个信用社合计年末社员存款余额75.4万元。储蓄存款占全部存款余额的37.29%。

中共十一届三中全会后,信用社的储蓄品种不断增加,先后开办活期、定期、零存整取、定期定额以及承包户存款等,在收储方式上,除加强柜面服务外,根据不同储源和农户意愿,采取灵活多样方式揽储。在农副产品收购旺季,到收购点设摊服务,年终收益分配期间开展储蓄预约和现场服务;对乡镇企业员工年初自愿认储,按月由企业代存零存整取有息有奖储蓄;对承包户、专业户推行存贷挂钩,以存定贷。同时还积极参与农行举办的各类有奖储蓄。1987年,灵安、同福、史桥等3个信用社年末储蓄存款余额合计为1871.7万元,占全部存款余额的86.68%。

2009年10月凤鸣信用社开展反假币咨询活动

1989—1991年,史桥信用社千方百计筹集资金,把资金筹集、组织资金放在各项工作首位。3年共吸收储蓄存款2327.28万元,其中三站(茧站、粮站、食品站)服务收储800余万元。1991年6月底储蓄余额677.47万元,比1989年末

371.54 万元增加 305.93 万元，增长 182%。

1993 年后，境内各信用社先后参与全市信用社举办的首期有奖储蓄、桑塔纳汽车有奖储蓄、贺岁有奖储蓄等。

1995 年，灵安、同福、史桥等 3 个信用社年末储蓄存款余额分别为 5156.65 万元、5009.75 万元和 1958.63 万元，分别占全部存款余额的 88.5%、95.6%和 85.4%。

1998 年开始，全市农村信用社所有网点实现通存通兑，方便储户存取(2001 年，嘉兴市信用社和农村合作银行通存通兑，2002 年全省通存通兑)。2000 年 4 月 1 日开始，储蓄存款实行实名制(须提供身份证)。

2005 年年末，凤鸣、同福 2 个信用社各项储蓄余额 3.81 亿元，占全部存款余额的 89.02%。

表 11—43　　2005 年境内信用社人民币储蓄情况统计表

单位：万元

社　　名	各项储蓄年末余额	比上年增减额	比上年增减%	年　末职工数	职　　工人均收储	全县 14 家信用社排名
凤鸣信用社	22796.9	1349.9	6.3	24	590	8
同福信用社	15351.6	2246.6	17.1	19	808	11

资料来源：《桐乡市金融志·信用联社资料长编》

2012 年，凤鸣信用社在境内有 5 个储蓄网点，年末储蓄存款余额 107912 万元，比上年同期增长 11.39%。

对公存款

五六十年代，境内信用社的对公存款主要是农村社队存款。1961—1978 年间，农村社队存款占全部存款的比重一直较高。1961 年，灵安、同福 2 个信用社合计年末社队存款余额 4.68 万元，占全部存款余额的 71.2%。1970 年为 55.97 万元，占 87.1%。此后占比开始下降，1971、1972 两年仍在 80%以上。1973 年开始，随着社队企业的发展，信用社存款统计口径增列社队企业存款类目，是年灵安、同福 2 个信用社合计年末社队存款余额和社队企业存款余额分别为 46.73 万元和 4.96 万元，占全部存款余额的比例分别为 57.9%和 6.1%。至 1978 年，灵安、同福 2 个信用社合计年末社队存款余额和社队企业存款余额分别为 53.24 万元和 5.81 万元。占比分别为 55.6%和 6.1%。此后，对公存款余额占全部存款余额的比例渐次降低。

信用社对公存款除农村社队(乡镇、村)存款、社队(乡镇、村)企业存款外，还有境内党政机关、企事业单位存款等。

表 11—44　　1961—1978 年灵安、同福信用社年末存款余额统计表

单位：百元

年　　份	灵安信用社				同福信用社			
	合　　计	社员存款	社队存款	社队办企业存款	合　　计	社员存款	社队存款	社队办企业存款
1961	657	189	468	—	610	130	480	—

续表

年份	灵安信用社				同福信用社			
	合计	社员存款	社队存款	社队办企业存款	合计	社员存款	社队存款	社队办企业存款
1962	135	45	90	—	367	22	345	—
1963	745	205	540	—	436	108	328	—
1964	1293	456	837	—	1305	271	1034	—
1965	2377	771	1606	—	2747	571	2176	—
1966	3459	1162	2297	—	3432	499	2933	—
1967	2308	755	1553	—	1776	338	1438	—
1968	3842	939	2903	—	3895	541	3354	—
1969	4060	783	3277	—	3756	619	3137	—
1970	6423	826	5597	—	4497	733	3764	—
1971	7016	1114	5902	—	5762	681	5081	—
1972	8274	1610	6664	—	7393	1515	5878	—
1973	8073	2904	4673	496	9864	2519	6465	880
1974	8063	3254	4137	672	8840	2534	5547	759
1975	7916	2615	4490	811	7117	2218	4694	205
1976	9775	2981	5975	819	9558	2542	5905	1111
1977	8677	3179	4834	664	8393	2658	5095	640
1978	9572	3667	5324	581	10648	3873	5327	1448

资料来源:《桐乡县30年金融统计资料汇编》(1949—1978)第二册,人民银行行桐乡县支行编

1995年,灵安、同福、史桥等3个信用社年末对公存款余额分别为364.61万元、231.52万元、208.19万元。

2000年后,境内信用社的对公存款客户主要是工业企业、供销社、乡镇(街道)机关、事业单位等。2012年,凤鸣信用社对公存款年末余额为13359万元。

贷款

民国时期,金融机构在境内的贷款甚微。民国35年(1946),中国农民银行通过崇德县10个乡镇合作社发放农业贷款,其中境内有纪目乡合作社和灵安乡合作社被列为发放机构;全县有3个合作社获蚕业生产贷款(蚕本贷款),境内纪目乡合作社为其中之一;获桑苗嫁接贷款的全县仅2个合作社,均在境内,为纪目乡和中塔乡合作社。

表11—45　　民国35年(1946)境内合作社发放农贷情况一览表

金额单位:元

贷款主持机关	贷放合作社	贷款性质	贷款金额	备注
中国农民银行	纪目乡合作社	紧急农贷	220000	
中国农民银行	灵安乡合作社	紧急农贷	50000	

续表

贷款主持机关	贷放合作社	贷款性质	贷款金额	备　　注
中国农民银行	纪目乡合作社	蚕本贷款	1094000	
中国农民银行	纪目乡合作社	桑苗嫁接贷款	982400	每支桑苗嫁接贷给 8 元
中国农民银行	中塔乡合作社	桑苗嫁接贷款	852000	

资料来源：桐乡市档案馆馆藏档案，卷宗号 M3—2—96

1952 年后，人民银行灵安营业所开始向境内农民（社队）提供水利、种子、农具、肥料等农业项目的低息贷款，提供粮油、生猪预购定金和商品流转的贷款。1955 年年末集体农业贷款余额 3.67 万元，1956 年为 15.23 万元，1957—1962 年间，最低年末社队贷款余额为 1958 年的 6.85 万元，最高为 1960 年的 28.62 万元。同时，还向供销社、食品站等单位提供农副产品收购和商业设施建设提供贷款。1955 年末商业贷款余额 8.46 万元，1956—1962 年间，最低年末商业贷款余额为 1957 年的 3.95 万元，最高为 1959 年的 66.76 万元。工业贷款对象主要是手工业合作社，1952—1962 年间，仅 3 年有年末工业贷款余额，分别为 1956 年 1.37 万元、1958 年 7.63 万元和 1959 年 1000 元。

表 11—46　　1952—1963 年县人民银行灵安营业所贷款年末余额统计表

单位：百元

年份	工业贷款	商业贷款	社队农业贷款	合　　计	年份	工业贷款	商业贷款	社队农业贷款	合　　计
1952	—	88	40	128	1958	763	2369	685	3817
1953	—	—	42	42	1959	10	6676	1343	8029
1954	—	—	—	—	1960	—	4829	2862	7691
1955	—	846	367	1213	1961	—	4293	2588	6881
1956	137	861	1523	2521	1962	—	1095	1844	2939
1957	—	395	868	1263					

资料来源：《桐乡县 30 年金融统计资料汇编》（1949—1978）第 1 册（人行桐乡县支行编）

境内信用社自建社以来，始终坚持为农服务的宗旨，融通农村资金，取之于农，用之于农，贷款规模从小到大，信贷结构不断完善，以适应农村经济的发展，为农民生活和农业生产提供资金支持。

1954 年 10 月，灵安、纪目、惠桥、中福、天福、同福等 6 个乡信用合作社创立时，即把调剂农村资金，解决农民生产生活中的困难，打击高利贷，作为首要任务。至 10 月 20 日，放款总额 8584 万元，余额 5685 万元，相当于灵安区当时农贷余额的 10%以上。

随着农业生产合作社的普及，信用社服务农村，支持农业生产、农民生活的融资功能日益显现。

社队贷款对象以生产大队和生产队为主。帮助社队解决购买耕牛、农船、农业机械以及治水改土、建造蚕室畜牧场等发展粮畜桑生产的资金需求。1962 年，灵安、同福两个信用社年末社队贷款余额合计 1800 元，1967 年为 5.16 万元，1972 年达到 10.51 万元。进入 70 年代，社队办企业兴起，1974 年信用社贷款余额统计分设社队办企业贷款（生产费用贷款和生产设备贷款）项目。是年灵安、同福两个信用社年末社队办企业贷款余额合计 9.15 万元,1976 年为 25.53 万元,1978 年为 44.61 万元。

六七十年代,信用社还向社员群众发放个人贷款,帮助社员解决购买化肥、种子、农具等农业生产资料的资金需求。1961 年,灵安、同福两个信用社年末社员贷款余额合计 5.66 万元,1967 年为 8.25 万元,1972 年为 4.83 万元,1978 年为 5.6 万元。

表 11—47　　1961—1978 年灵安信用社贷款余额统计表

单位:百元

年　份	社队贷款余额		社队办企业贷款余额		社员贷款余　额	合计贷款余　额
	生产费用贷款余额	生产设备贷款余额	生产费用贷款余额	生产设备贷款余额		
1961	—	—	—	—	302	302
1962	5	—	—	—	165	170
1963	—	—	—	—	173	173
1964	8	—	—	—	182	190
1965	3	—	—	—	322	325
1966	57	—	—	—	412	469
1967	380	—	—	—	538	918
1968	332	—	—	—	448	780
1969	370	—	—	—	411	781
1970	185	—	—	—	340	525
1971	298	—	—	—	289	587
1972	339	—	—	—	252	591
1973	198	—	—	—	188	386
1974	191	—	615	—	177	983
1975	23	—	1040	0	245	1308
1976	0	50	947	816	295	2108
1977	22	81	1130	480	388	2101
1978	4	60	1795	1193	424	3476

资料来源:《桐乡县 30 年金融统计资料汇编》(1949—1978)第 2 册(人行桐乡县支行编)

说明:1972、1973 年社队和社队办企业生产费用和设备贷款合并在社队生产费用贷款

1974 年社队生产费用和设备贷款合并在一起

表 11—48　　1961—1978 年同福信用社贷款余额统计表

单位:百元

年　份	社队贷款余额		社队办企业贷款余额		社员贷款余　额	合计贷款余　额
	生产费用贷款余额	生产设备贷款余额	生产费用贷款余额	生产设备贷款余额		
1961	—	—	—	—	264	264
1962	13	—	—	—	120	133

续表

年　份	社队贷款余额		社队办企业贷款余额		社员贷款余　　额	合计贷款余　　额
	生产费用贷款余额	生产设备贷款余额	生产费用贷款余额	生产设备贷款余额		
1963	—	—	—	—	142	142
1964	3	—	—	—	134	137
1965	8	—	—	—	172	180
1966	17	—	—	—	262	279
1967	136	—	—	—	287	423
1968	87	—	—	—	260	347
1969	162	—	—	—	268	430
1970	138	—	—	—	296	434
1971	761	—	—	—	284	1045
1972	712	—	—	—	231	943
1973	52	—	—	—	188	240
1974	443	—	300	—	181	924
1975	36	—	150	0	180	366
1976	2	43	560	230	174	1009
1977	13	20	948	630	143	1754
1978	0	111	793	680	136	1720

资料来源:《桐乡县30年金融统计资料汇编》(1949—1978)第2册(人行桐乡县支行编)

说明:1961、1963年的生产费用贷款余额为留良、上市、虎啸、芝村、同福、高桥、骑塘等7个信用社合计数,分别为10百元和30百元。1972、1973年社队和社队办企业生产费用和设备贷款合并在社队生产费用贷款;1974年社队生产费用和设备贷款合并在一起

中共十一届三中全会后,信用社的信贷业务随着境内经济发展而日益扩大。贷款对象遍及集体企业、乡镇企业、个私企业、农业联产承包户等。各信用社组织农村信贷员队伍,划片包干,走村串户,为贫困农户生产、生活中的资金困难雪中送炭,为专业户、重点户勤劳致富锦上添花。1987年,灵安、同福、史桥等3个信用社年末贷款余额合计为1500.6万元,其中流动贷款1253.89万元,设备贷款190.8万元。

1989—1991年,史桥信用社积极支持乡村工业和农业生产的发展,三年中共发放各项贷款4155.51万元,其中农业贷款328.07万元。1991年6月底贷款余额630.03万元,比1989年末299.67万元增加330.36万元,增长210.24%。

1991年后,信用社执行从紧的信贷政策,对农业贷款实行倾斜。1995年,灵安、同福两信用社年累计发放农业贷款合计107万元,其中种植业贷款84万元,养殖业贷款23万元。

1993年同福信用社新大楼开业

表 11—49　　1995 年 4 季度灵安信用社农业、其他贷款情况一览表

单位:万元

项目 \ 内容	本期余额	本年累放		
		贷款合计	集体贷款	农户贷款
合计	90	162	41	121
一、农业贷款	—	—	—	—
其中:种植业贷款	17	41	41	—
养殖业贷款	9	23	—	23
二、其他贷款	—	—	—	—
农户、个私、其他工业贷款	19	32	—	32
农户、个私、其他商服业贷款	45	57	—	57
生活、扶贫贷款	—	9	—	9

表 11—50　　1995 年 4 季度同福信用社农业、其它贷款情况一览表

单位:万元

项目 \ 内容	本期余额	本年累放	
		贷款合计	集体贷款
合计	37	49	49
一、农业贷款	—	43	43
其中:种植业贷款	37	43	43
养殖业贷款	—	—	—
二、其他贷款	—	6	6
农户、个私、其他工业贷款	—	—	—
农户、个私、其他商服业贷款	—	—	—
生活、扶贫贷款	—	—	—

资料来源:桐乡市档案馆馆藏档案,卷宗号 165—1—134　桐乡市信用联社《1995 年第 4 季度农村信用社农业、其他贷款情况表》

1998 年起,加大对个体经济的支持力度,帮助其解决资金困难。进入 21 世纪,农民专业合作社成为信用社农贷的新亮点。2009 年,支持农业龙头企业发展,在贷款上予以倾斜。

2012 年,凤鸣信用社在风险可控的前提下,积极开拓信贷市场,支持小微企业发展,各项贷款稳步增长。年末各项贷款余额 91362 万元,比年初增长 22.76%。其中小微企业贷款 51461 万元,比年初增加 10272 万元;个人经营性贷款 26242 万元,比年初增加 1201 万元;公司类贷款余额 63867 万元,贷款户数为 96 户,比年初增加 12 户。

表 11—51　　1987—2006 年凤鸣信用社存贷款统计表

单位:万元

年份	灵安(凤鸣)信用社			同福信用社			史桥信用社		
	各项存款	支持农业	支持工业	各项存款	支持农业	支持工业	各项存款	支持农业	支持工业
1987	785.97	—	584.69	1079	9.7	632.3	293.5	—	273.6
1988	901	—	558	1102	23.92	743.08	323	—	286
1989	1159	—	639	1118	7.8	797	392	—	300
1990	2168	—	869	1703	50	1122	628	26	564
1991	2484	10	1070	2242	136	1653	608	20	630
1992	2478	19	1300	2549	537	1263	1155	21	778
1993	2913	7	1760	3041	974	1063	1115	0.3	1015
1994	5704	5.3	2980	5209	38	2673	1875	—	1664
1995	5522	26.2	3280	5241	37	3120	2294	—	2103
1996	5825	63	3599	4393	36	3350	2092	—	2299
1997	6858	62	3920	4849	—	4747	2487	—	2467
1998	10276	103	6338	5161	24	4687	—	—	—
1999	12053	—	7111	6249	125	4796	—	—	—
2000	13559	1515	4895	8571	1056	3436	—	—	—
2001	15065	1164	6732	9259	1128	4990	—	—	—
2002	15577	2215	6685	9366	1876	4752	—	—	—
2003	20087	4675	7625	12066	2663	5450	—	—	—
2004	23690	7518	6482	15074	3822	5874	—	—	—
2005	25696	6245	6564	17111	6950	3907	—	—	—
2006	28772	6354	5906	20560	12876	—	—	—	—

资料来源:凤鸣信用社提供

表 11—52　　2007—2012 年凤鸣信用社存贷款统计表

单位:万元

年度	存款						贷款		
	总社	新农村分社	灵安分社	开发区分社	史桥分社	合计	支持工业	支持农业	合计
2007	18350	5201	19395	6643	8033	57631	—	—	—
2008	18720	5207	20712	7493	9012	61144	16465	24006	40471
2009	24339	6208	21791	10197	10661	73196	18031	32723	50754
2010	29835	7959	28148	13077	13882	92901	22720	39527	62247
2011	37706	9744	29656	18102	16438	111646	27234	47189	74423
2012	41766	10880	30637	20829	17854	121966	27495	63866	91361

资料来源:凤鸣信用社提供

附:

民间借贷

解放前,境内百姓为操办婚事、买地建房或遇青黄不接,急需用钱时,迫于生计,不得不向他人告贷。民间借贷有互助性的,也有高利贷者趁机盘剥。

境内民间自发的互助性借贷形式,比较典型的是“钱会”(俗称合会、起会)。如某人急需用钱,邀集亲朋好友,起个会,约定举会次数、会款数额、会款收付等事项。合会人数少则几个,多则十几个,起始人收“头会”,以后每逢会期用骰子摇会,摇出点数多的人收会,直至末会收齐终止。这种形式直至建国初期尚在流行,后逐渐淡出。

解放前,高利贷盛行,名目繁多。春借一石,秋还二石,利上滚利,压得借债人叫苦不迭,甚至家破人亡,民间把借高利贷喻为“吃盐卤”。解放初,境内高利贷仍较猖獗。据灵安区有关调查资料显示,1949年至1954年上半年,杭州灵隐寺五师太在天福乡四村王湾自然村放出高利贷970万元,月息30分到20分。1954年,该村仍有3户借高利贷,12组12户中就有6户借高利贷。此后,党和政府组织信用合作社,发放农民生产生活贷款,通过政策和经济手段,打击和遏制高利贷活动。(桐档1—1—205)

解放后,50年代在集镇学校、供销社等企事业单位建立互助储金会,限于本单位人员自愿参加。额定储金会基金,会员按月交款,额满停交。会员经审批借款,定期归还,不计利息,纯属互助性质的民间借贷。

80年代后,随着经济的快速发展,境内的民间借贷出现新的变化。有企业内部集资、招募职工带资进厂、自然人之间的相互借贷等(上述均限于法律允许范围内的民间借贷行为)。

银行卡

随着金融业务的发展以及现代电子通信技术的介入,银行卡成为可以跨地区使用的金融产品。2005年,市信用联社开办丰收卡(借记卡)业务,境内凤鸣、同福两信用社当年发放347张。使用便捷的丰收卡一推出就为群众所接受,2006—2007年,境内两个信用社共发放丰收卡3645张。2008年两社合并后,凤鸣信用社丰收卡年发放量猛增,达到4099张,超过前三年总和。2009年,市信用联社推出丰收小额贷款卡业务,一次授信,二年有效,循环使用,随借随还。2012年,凤鸣信用社开始发放丰收卡小额贷款卡,当年发放7张(2013年发放283张)。至2012年年底,凤鸣信用社累计发放丰收卡16712张。

与银行卡发放使用相配套,ATM机等终端设备在信用社营业网点和公共场所陆续安装,方便客户存取款业务。2008年,凤鸣信用社在本部安装了第一台ATM机。至2012年年底,凤鸣信用社已在同福、灵安、开发区、史桥等地安装ATM机7台。

债券

国库券

1982年起,国家向社会公众发行国库券。1982—1984年发行的国库券,集体认购的年息4%,个人认购的年息8%,每期国库券发行后第六年,开始还本付息,以国库券号码尾数对号归还,每年偿还20%,10年内全部还清。1985年发行的国库券,期限5年,集体认购的年息5%,个人认购的年息9%。1986—1988年,集体认购的年息6%,个人认购的年息10%。1988年后,都为个人认购,期限一般为3—5年,年息最高是1993年(一)期15.86%,最低是1992年(二)期9.5%。

境内各公社(乡、镇)自1982年起,十分重视国库券发行,积极宣传发动,由公社(乡、镇)发文分配到各村和企事业单位,落实国库券认购任务,企业和个人踊跃认购,及时足额完成上级下达的国库券推销任务。1982年,县财政局分配灵安公社个人认购19400元。灵安公社管委会分解落实认购任务,认真做好政策宣传和思想工作,坚持自愿原则,发动群众积极认购国库券。

表11—53　　1982年灵安公社个人认购国库券任务分配表

单位名称	认购金额(元)	单位名称	认购金额(元)
红　胜	1557	蚕桑场	706
茶家斗	1155	朱家门	1077
灵　安	1372	建　福	1060
红　联	1340	西牛桥	1657
李家弄	1837	路家园	1287
惠　桥	1018	社办企事业	4000
红　旗	1334	合计	19400

资料来源:桐乡市档案馆馆藏档案,卷宗号80—1—89　1982年4月灵安公社管委会《关于做好国库券认购工作的通知》

表11—54　　1987年同福乡国库券认购任务分配表

单位:元

村(单位)	职工人数	任务指标	单　位	职工人数	任务指标
新农村	—	1500	联合	273	1100
联庄	—	1300	联群	127	800
联建	—	1500	联中	278	1500
联胜	—	1500	联星	48	800
村小计	—	10000			
水泥厂	395	6025	运河水泥厂	273	4195
老丝厂	235	2400	弹力丝厂	127	1320
新丝厂	497	5020	绸厂	278	2830
砖瓦厂	289	4435	供销公司	48	675
玻纤厂	157	1600	工办	22	440
农具厂	168	2570	农办	12	240
菜厂	20	300	派出所	4	80
水泥制品厂	74	1160	汽车队	6	120
建筑社	185	1900	兽医站	3	60
机电站	8	120	桥梁队	4	80
电影队	5	100	菌种厂	20	300
经编丝织厂	174	1790	菊花晶厂	57	600
企事业单位小计	3061	38360			
合　计		48360			

资料来源:桐乡市档案馆馆藏档案,卷宗号110—1—402　同福乡政府《关于认真做好1987年国库券认购工作的通知》附表

1987 年，境内一镇二乡共认购国债 11.447 万元，均超额完成县下达的任务。

表 11—55　　1987 年境内一镇二乡国债认购完成情况统计表

金额：万元

乡　　镇	县分配数	实交款数	完成％
灵安镇	39970	42505	106.34
同福乡	48360	48590	100.48
史桥乡	22170	23375	105.44
合　计	110500	114470	103.59

资料来源：桐乡县财税局《1987 年国库券推销工作总结》附表

1990 年，境内一镇二乡共认购国库券和特种国债共 18.35 万元，均 100％完成县下达的任务。

表 11—56　　1990 年境内一镇二乡国债认购完成情况统计表

金额：万元

乡　　镇	国债任务	其中：			完成任务％
		国库券缴款	特种国债缴款	合计缴款	
灵安镇	4.44	3.949	0.54	4.489	100.1
同福乡	9.90	9.8	0.10	9.90	100
史桥乡	4.01	3.2	0.81	4.01	100

资料来源：桐乡县财税局《1990 年国债推销工作总结》附表

1995 年起，国库券发行不再分配任务，由各国债销售系统自行推销，并可上市转让。

保值公债

1989 年，国家发行保值公债，期限 3 年，到期一次还本付息，利息按银行三年定期储蓄存款利率浮动，加保值补贴率，再补加一个百分点，其利息收入免征个人收入调节税。境内各乡镇积极宣传发动，鼓励企事业单位和个人踊跃认购，共计落实保值公债任务 14.09 万元，其中灵安镇 5.08 万元、同福乡 6.82 万元、史桥乡 2.19 万元。

企业融资债券

境内的企业融资债券始于 1992 年。其时，乡镇企业发展迅猛，所需资金远远超出银行、信用社的信贷负荷。向社会发行企业短期融资债券成为缓解重点骨干企业资金需求的一种有效形式。是年 9 月，经桐乡县人民银行批准，同福丝厂发行企业短期融资债券 100 万元，由桐乡证券业务代理处代理发行。随后，桐乡特种水泥厂和桐乡运河水泥厂先后发行 100 万元和 50 万元的企业短期融资债券，由桐乡证券业务代理处、同福信用社和农行崇福营业所代理发行。

1993 年，中国人民银行出台《企业债券管理条例》。是年，境内有同福丝厂、灵安绢麻纺织厂、嘉兴市第二毛毯厂、灵安床上用品厂、灵安皮鞋总厂、嘉兴白水泥厂等先后发行企业债券，额度均为 100 万元，期限为 1 年或 9 个月，年利率 10.2％～14.4％。由农行崇福营业所、灵安信用社、中行崇福办事处、桐乡证券业务代理处等金融机构代理发行。

1994 年，境内有同福丝厂、嘉兴市第二毛毯厂、华强合成纤维厂、桐乡加凤丝绸制衣联营公司等企业发行企业债券，额度均为 100 万元，期限为 9 个月，年利率 11.5%～14.4%。由农行崇福营业所代理发行。

1995 年，根据中国人民银行浙江省分行的通知精神，人行嘉兴市分行发出通知，暂停审批企业发行短期融资券。

保险

1986 年开始，人保桐乡支公司在境内各乡镇逐步开展保险代理业务。1987 年，同福保险代办处办理各项保险业务 2114 万元。

财产保险

境内各乡镇保险代理处设立初期，经营的主要财险险种有企业财产险、家庭财产险、机动车险、货运险等。1987 年，同福乡有 68%的农户参加家庭财产保险。（桐档 110－2－359）1991 年，人保桐乡支公司同福代办处财产保险收入 15.5 万元，其中：企业财产险 6.17 万元、家庭财产险 9.33 万元。1992 年，同福代办处财产保险 14.59 万元，其中企业财产保险 6.8 万元，家庭财产保险 7.79 万元。1996 年，人保桐乡支公司财险、寿险分业经营后，其在境内的代理处也相应分设经营。1997 年，人保财险桐乡支公司同福代理处保费收入 147.3 万元。2002 年，同福代理处改为人保财险桐乡支公司同福营销服务部，主要业务包括企业财产保险、家庭财产保险、雇主责任险、货物运输险、产品质量险、车辆险等。

表 11—57　　1991—1997 年同福保险代理处财产保险保费收入统计表

单位：万元

年　份	保费总额	其中：		年　份	保费总额	其中：	
		企业财产险	家庭财产险			企业财产险	家庭财产险
1991	15.5	6.17	9.33	1995	75.06	50.28	24.78
1992	14.59	6.8	7.79	1996	82.03	56.87	25.16
1993	34.02	16.42	17.6	1997	86.4	65.2	21.2
1994	55.05	39.36	15.69				

资料来源：同福乡政府统计办公室各年度《全乡社会经济发展统计公报》

表 11—58　　1997—2005 年人保财险桐乡支公司同福代理处(营销服务部)财产保险情况一览表

年　　份	1998	1999	2001	2003	2004	2005
保费(万元)	141.2	136	118.6	90.4	77.6	64.8

资料来源：财险同福营销服务部各年度总结(缺 2000 年、2002 年数据，无从查考)

人寿保险

1986 年起，人保桐乡支公司即在境内开展人寿保险业务。1990 年以前的业务主要是养老金保险、人身意外伤害险、独生子女健康保险等。1992 年，同福乡人身保险保费 37.87 万元。1996 年，财险、寿险分设后，中国人寿在灵安、同福、史桥三个区域业务一直发展良好。主要业务有人身意外保险、健康保险、独生子女保险、分红保险、养老金保险，以及各种定期寿险等。

表 11—59　　1991—1997 年同福保险代办处人身保险保费收入一览表

年　份	1991	1992	1993	1994	1995	1996	1997
保费(万元)	72.1	37.87	94.59	70.15	37.81	65.59	35

资料来源:同福乡政府统计办公室各年度《全乡社会经济发展统计公报》

表 11—60　　2001—2012 年中国人寿桐乡支公司同福营销服务部年交保费统计表

年　份	年交保费(万元)		年　份	年交保费(万元)	
	10 年期	短　期		10 年期	短　期
2001	78.14	—	2007	72.78	135
2002	19.84	—	2008	152.31	177
2003	38.25	—	2009	167.53	1160
2004	84.83	—	2010	110.52	435
2005	112.85	—	2011	145.30	638
2006	109.65	30	2012	207.23	31.23

资料来源:中国人寿桐乡支公司提供

说明:2012 年短期险保费 31.23 万元仅为一名业务员的不完全统计,其中:全家福村民意外险保费 19.51 万元,企业意外险 11.72 万元

政策性农业保险

2006 年 4 月,桐乡市作为浙江省首批试点县市,率先启动政策性农业保险。省、市政府通过财政补贴、以险养险等方式支持、推动政策性农业保险项目的开展。凤鸣街道办事处和同福乡政府把政策性农业保险作为一项民生工程,建立乡(街道)、村两级网络体系,逐步引导农户树立良好的保险意识,协助“共保体”(人保财险公司等保险机构共同组成),组织指导农户办理投保手续,协助收缴保费、报案、定损和理赔等工作,使农户享受到政策性保险带来的好处,为受灾农户迅速恢复生产提供经济支撑。2007 凤鸣街道和同福乡共有 31 户参保猪养殖险,投保数量 7782 头,保险金额 313.68 万元,保险费 5 万元,当年理赔 44 件,赔款金额 10.91 万元。此外,是年境内农户参保的险种还有鸡养殖险、鸭养殖险、能繁母猪养殖险等。至 2012 年,凤鸣街道农户参保的政策性农险险种又陆续增加油菜、大麦、小麦等种植保险险种。2012 年,全街道参加政策性农业保险 697 户,保险金额 2099 万元,保险费 106.07 万元,综合赔付率 70.01%。

表 11—61　　2012 年凤鸣街道农户承保政策性农业保险一览表

金额:万元

承保总户数	保险金额	保险费	财政补贴	农户自缴	已结赔付		综合赔付率
					件　数	赔款额	
697	2099.00	106.07	79.94	26.13	80	49.76	70.01%

资料来源:人保财险桐乡公司《2012 年政策性农业保险统计报表》

说明:综合赔付率含 12 月 31 日止未结估损金额 24.5 万元

表 11—62　　2012 年凤鸣街道农户承保政策性农业保险分险种一览表

金额:万元

险　种	投保数量	户　数	保险金额	保费收入
大小麦保险	770.55 亩	140	23.12	1.73
油菜保险	320.11 亩	400	9.60	0.48
水稻种植险	732.00 亩	4	29.28	2.20
生猪养殖险	16920 头	7	996.00	46.25
鸡养殖险	30.3 万只	8	706.00	37.20
鸭养殖险	7 万只	2	164.00	7.95

资料来源:人保财险桐乡公司《2012 年政策性农业保险统计报表》
说明:除上列险种外,还有 136 户参保能繁母猪险,投保数量 1710 头,财政补贴 1735 头,保险费 10.26 万元,参保率 98.56%

2007 年,桐乡首次开办政策性农村住房保险,每户保额 1.8 万元,每户保费 10 元,其中省财政补贴 3 元,市财政补贴 4 元,农户自交 3 元(凤鸣街道在实际操作时,农户的 3 元由街道财政承担)。在保修期内,由于保险房屋遭受自然灾害或意外事故造成倒塌,符合保险条款规定的,承保人将获得一定数额的赔偿。2007 年,境内投保政策性农村住房险的农户 11289 户,签单保费 112890 元。至 2012 年,每年参保户数和保费基本保持稳定。

表 11—63　2007—2012 年凤鸣街道(含同福乡)政策性农村住房保险承保统计表

金额:元

年　份	上年统计年签农户数	投保农户数	其中:五保户/低保户	签单保费数	其中省财政	市财政	农户自缴
2007	11941	11289	203	112890	33867	45765	33258
2008	11144	11300	147	113000	33900	45641	33459
2009	11144	11336	202	113360	34008	45950	33402
2010	11144	11333	332	113330	33999	46328	33003
2011	11137	10560	309	105600	31680	43167	30753
2012	14667	11287	272	112870	33861	45964	33045

资料来源:人保财险桐乡公司《2012 年政策性农村住房保险统计报表》
说明:“上年统计年签农户数”,2007 年为 2005 年统计数,2010 年为 2008 年统计数,其余均为上年统计数

附:

政策性农保理赔案例

1.2012 年 11 月,凤鸣街道西牛桥村的吕海林蛋鸡养殖场内保险的蛋鸡因受大肠杆菌病等感染,经兽医救治无效,死亡蛋鸡 1550 只,经人保财险桐乡支公司查勘定损,给予保险赔款 29000 元。(人

保财险桐乡支公司政策性农保理赔报告单复印件）

2.2012年12月，凤鸣街道长新村的姚学强养殖场内保险的生猪因受猪肺疫病感染，经兽医救治无效，死亡生猪48头，经人保财险桐乡支公司查勘定损，给予保险赔款8792.90元。（人保财险桐乡支公司政策性农保理赔报告单复印件）

3.2011年2月9日，凤鸣街道西牛桥村村民沈元因火灾烧毁房屋，经人保财险桐乡支公司查勘定损，给予保险赔款7200元。（人保财险桐乡支公司2011年农房险赔款清单）

第三节 信用建设

2002年3月，桐乡市启动创建信用村、信用户工程。2003年12月，凤鸣街道红旗村被市信用村（户）建设领导小组授予“信用村”荣誉称号。2007年，专业合作社被列入信用创建活动。2010年，经桐乡市农村信用评定领导小组审核批准，凤鸣街道中群村为新增信用村，2009年前评定的路家园村、联庄村、红旗村、长新村、西牛桥村、新农村村、环南村等7个信用村，通过复评。同福双丰畜牧生态养殖专业合作社通过信用专业合作社复评。境内新增信用户200户，通过复评的信用户1707户。至2012年年末，凤鸣街道共有信用村8个、信用专业合作社2个、信用户1709户。

第十二编　村镇建设

旧时，境内小集镇和农村集市较多。除灵安镇外，还有徐家庙、龙王庙、伍社庙、史家桥等小集镇或农村集市，周边散布着一两百个自然村落，村民上集市购买生活用品和生产资料，出售农副产品，形成原始的民间物资交流，尤以早市为盛。集镇街道为石板路或泥路，通往乡村均为泥路小道，交通主要依赖水路，凭舟楫往来，故集镇均傍水而建。

解放初至70年代前，集镇和村庄发展一直处于自然状态，变化甚小。70年代后，政府加大对水利和交通建设的投入，开河筑路，带动集镇和村庄的建设。70年代灵安港的疏拓，80年代长山河出海工程的开挖，促使灵安集镇和史桥集镇开始改变面貌，1980年，桐(乡)洲(泉)公路的建成通车，促进了同福(草庵头)集镇的兴起。中共十一届三中全会后，经济加快发展，人民生活水平显著提高，政府鼓励小集镇建设和村庄的集聚，各乡镇均编制建设规划，分期实施，有序推进。筑路建桥，实现村村通公路。自来水、用电、文化教育、医疗卫生、农贸市场等镇村公用事业和配套设施日趋完善。进入21世纪，新农村建设成为政府为民办实事的重要内容，“两新工程”将镇村建设与城乡一体化接轨。设计新颖的农民住宅楼鳞次栉比，农民新村和集镇社区建设发展迅速，镇村面貌今非昔比。截至2012年年底，街道内同福(草庵头)、灵安、史桥等3个集镇和文华小区已初具规模，7个村级社区中心点在加紧建设中。与镇村建设相配套的公共资源有农贸市场3个、中小学4所、中心幼儿园1所(下设7个教学点)、公共图书馆2个、文化活动中心16个、文化茶馆3个、影剧院1个、敬老院2个、社区卫生服务站13个。农村自来水普及率99%以上。

第一章　集镇建设

第一节　同福(草庵头)集镇

建国前后，中福乡政府设于草庵头。1956年，中福、同福、天福三乡合并后，草庵头一直为同福乡(公社)所在地。1969年起，供销社在此开设商店，集市渐成规模。1980年，桐洲公路建成通车，在草庵头设停靠站。1982年新建电影院。1984年建自来水厂。有商店10余家及信用社、卫生院、乡中学等事业单位。毛纺厂等乡办企业也在此建厂。位于同福乡中心地段的草庵头，逐步成为一个新兴集镇，附近有龙王庙、小羔羊、徐家庙、伍社庙等农村集市作依托。

1986年3月，县城建环保局批复同意《同福集镇建设规划》。集镇性质定为同福乡的政治、经济、文化中心，城乡商品流通的集散地，根据地方资源和现有工业基础，着重发展农副产品加工业。集镇人口发展规模远期为3000人，平均建设用地控制在40平方米/人，其中生活居住用地不超过27.4平方米/人。

至1990年，同福集镇镇区面积0.18平方公里，总人口2000人，其中非农人口120人，街道总长400米，公共设施有影剧院、中学、小学、自来水厂、卫生院、文化站各1所(处)。

1992年，始建农贸市场。90年代后期，随着供销社门店改制，周边的小集市淡出，草庵头集镇逐渐兴盛发展，形成规模。

90年代起，同福乡政府逐步加大对草庵头集镇建设的投入。1994年，乡财政投入150万元，对草庵头集镇进行开发建设，按照“一年打基础、两年初见效、三年大变样”的目标扎实推进。住宅小区日益增多，第三产业快速发展，集镇的投资环境明显改善。1996年，草庵头集镇建设进一步加快，邮电大楼、政法大楼、合作基金会大楼相继建成并投入使用。28户农户迁入集镇区建房经商。1997年3月，同福乡政府在同福集镇投资建造同福文化中心，占地面积为1923.43平方米。结构布局为大楼、影剧院附属用房和小型花园。主体楼三层，内设录像厅、摄影房、广播机房、有线电视机房、图书阅览室、放映室、成人教育兼多功能厅，共计造价200万元。

1998年6月，同福集镇总体规划(1997—2010年)经过市、乡二级的实地测绘、科学论证、精心编制，于1998年6月由市政府批准认可，开始实施。并完成宏峰路北段路面的浇筑，开辟富民路东、西两段，新筑富通路和宏运路的延伸段工程。投资69万元建设中心小学新教学楼。是年年底，同福集镇面积0.28平方公里。

1999年，同福乡实施小城镇建设。新筑中群路、宏运路、宏峰路、富通路等主要街道，设有供销社、中小学校、金融中心、卫生院、公安派出所、治安联防队、文化中心、电管站、广电站、邮电所、合作基金会、保险代理处、自来水厂、个私工业园区、毛毯厂、金都公司、建筑公司、水机站、桥梁队等企事业单位。至2000年，集镇建成区面积达0.28平方公里，集镇区居住人口2390人，形成“三横三纵”的道路格局。是年，乡政府投资350万元，硬化同福路、中群路、宏峰路，并实施“亮化、绿化”工程，新建草坪2254平方米，新建绿化隔离带1700米。

2001年，同福环集镇道路总长600米，路幅8米，总投入25万元；行道改造总面积2500平方米，总投资10万元；绿化、下水道投入15万元，三项投入共50多万元。2002年，启动老农贸市场拆迁。是年，同福乡支出城市维护费300万元。2004年，同福集镇开发建设，拍卖出让商住土地23间，实施中学以西桐洲公路以南区块的商住房开工建设，完成宏峰路北段东侧的配套设施建设、对集镇市场进行修缮。

2007年10月，同福乡行政区划整体并入凤鸣街道，办事处驻地由灵安集镇迁驻同福草庵头集镇。2009年，同福集镇依街而建的商住楼200多间，住宅小区5幢公寓，农贸市场2800平方米，年成交额达800多万元，并建有小桑苗交易市场。2010年，完成同福农贸市场停车场建设和同福集镇绿化。

2012年，草庵头集镇区面积0.4平方公里，户籍人口306人。主干道路有同福路、宏泰路、宏峰路等。集镇有农贸市场1个，商业、服务业网点263个，社区卫生服务中心、小学、幼儿园各1所，街道文化体育中心、市图书馆分馆各1个，以及体育健身场、文化茶馆等文体设施。

第二节 灵安集镇

灵安集镇历史悠久，民国前镇区狭小，居民较少，主要是以灵安港东西两岸为依托而建造民舍、商铺，向为附近农村商品主要集散地。安弄街、河北路主要以各杂货店、服务摊点为营生，经营门类广泛。河南路除一部分店面外，还开设农具加工铺房、灵安诊所等。抗日战争期间，日军纵火焚烧，整个灵安集镇被烧毁，仅剩河北路东头（陈善娜家）几间木屋。据民国38年《崇德经济建设概要》记载，民国37年(1948)，灵安集镇街路只有东街、西街两条，路宽仅2米。

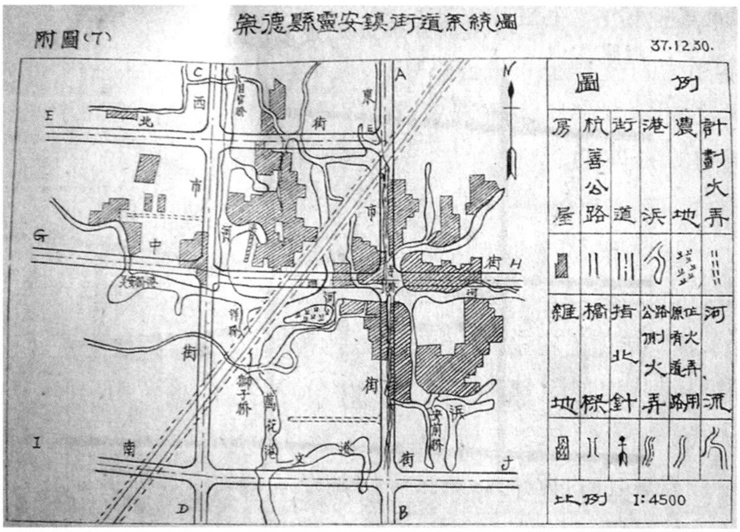

民国37年(1948)崇德县灵安镇街道系统图(《崇德经济建设概要》)

建国初至60年代，灵安集镇建设滞缓。70年代，由于灵安港开挖，灵安集镇进行重新布局定位，改建河北路、河南路，两侧店面拆除新建，形成河北以供销社系统商业门市部、居民新村为主体，配套中小学校区的新格局。70年代后期，河南路东建起影剧院、政府办公楼，安全路改建卫生院。

1982年，为有利于公社所在地集镇街道的建设和维护，县财政拨款补助3000元，其余资金自筹，将灵安集镇南横街浇筑为水泥路面。1984年，在灵安大桥至邮电所、粮管所、信用社的450米街路浇筑水泥路面。1987年，在灵安集镇建自来水厂。1988年开始，在320国道西侧辟建新兴路，长500米，宽10米。

1990年，灵安镇用于集镇建设的资金为13.44万元，占总支出的11.6%。集镇有定名道路6条，总长度2035米，平均宽度4.90米，沿街工业、商业、文化、通讯、集市贸易、居民住宅等设施杂陈，农村集镇特色十分鲜明。早市赶集的周边群众每天千余人次。

表12—1　　灵安集镇道路一览表

路　名	走　向	起讫地段	长　度	宽　度	路面结构	备　注
河南路	东西	安全路至灵安菜厂	410	3	混凝土	1973年改建
安全路	南北	河南路至兽医站	300	3	混凝土	1980年改建
安弄街	南北	河北路至汽车站	145	3.20	混凝土	1989年改建
河北路	东西	320国道至茧站	530	3.50	混凝土	1973年改建
新兴路	东西	320国道至棉纺厂	500	10	混凝土	1988年新建
小学路	南北	小学至灵安村标牌厂	150	3.50	混凝土	1989年改建

资料来源：《桐乡县城乡建设志》

1992年5月，县政府批复同意灵安镇总体规划，城镇性质定为：灵安镇的政治、经济、文化中心，桑苗、杭白菊等农副产品的重要产地，轻纺、造漆工业为主的小城镇。城镇规划发展面向农村，服务于农村。城镇发展规模：人口远期(2000年)发展规模为4000人左右，城镇建设用地控制在33.62公顷内，人均建设用地不超过84.05平方米。城镇发展方向和布局：以新兴路为主干道，向两翼展开的城镇规划结构，重点发展主干道西侧。杭枫公路以东布置较集中的商业设施和公建设施，增加灵安镇对外的辐射力和吸引力；杭枫公路以西、灵安港以南以布置工业用地为主，另作专业规划。

1993年开始，按照灵安镇总体规划，着手旧镇改造和新兴路开发。1994年，灵安镇投入城市维护费15.35万元。1995年后，迁址新建农贸市场，1996年，以灵安港南侧为中心兴建灵安新兴路两侧商住楼。新兴路的建成使灵安集镇出现南移新格局。是年，灵安镇集镇建设支出38.23万元。

1997年，灵安集镇拓宽安全路，同时改造农贸市场，总投资342.1万元，其中道路改造286.4万元（桥梁、房屋、拆迁、安置费），农贸市场改造（包括公共厕所）55.7万元。安全路拓宽至1.6米，长120米，拆除房屋面积5232.4平方米，改造桥梁一座，新建房屋面积4860平方米。农贸市场总占地面积1921平方米，其中大棚式月台面积490平方米，商业用房面积885平方米。是年，灵安镇十二届二次人代会通过《关于灵安镇总体规划（修订）的决议》，对灵安集镇进行重新规划，规划方向北靠320国道一侧发展，向市区靠拢，与市经济开发区接轨。规划近期（2000年）人口规模为3600人，远期（2010年）人口规模5900人。用地规模2000年为0.35平方公里，2010年为0.585平方公里。

1998年10月，行政区划调整，原史桥乡整体并入灵安镇。镇政府驻地灵安集镇建设进一步加快，全年集镇建设支出达到48.79万元。全镇初步形成以兴新路为轴心的纵横贯通的小城镇道路格局。镇区面积得到扩大，市政设施不断完善，新建农贸市场，城镇绿化覆盖率达到28.3%。

2000年8月，经市政府文件批准，灵安镇总体规划进行调整。2001年，凤鸣街道安全路及史桥集镇街道延伸，硬化路面8700平方米，工程投资34.8万元，配套工程5万元，总投资39.8万元。

2003年，灵安镇城市维护费为33万元。2004年，凤鸣街道加大集镇建设力度，投资300万元，完成灵安大道河南段550米道路的征迁、浇筑、三线架设和亮化工程。灵安大道的建成，改善了灵安集镇面貌。

2005年，灵安镇城市维护费为23.4万元。2006年，配合桐乡市创建全国卫生城市工作，灵安集镇开展环境卫生整治，集镇面貌得到较大改善。是年，城市维护费为30万元。

2008年，桐乡市政府文件批准，成立国有桐乡市灵安集镇功能区开发建设有限公司，负责建设操作灵安功能区设计开发建设。

2011年，修编灵安集镇规划，提高该集镇的集聚度。2012年6月开始，在灵安集镇灵安大道西侧建造中心幼儿园，总用地面积12100平方米，总建筑面积7238.96平方米，2013年9月投入使用。

2012年年末，集镇建成区面积0.59平方公里，户籍人口374人。主干道路有新兴路、灵安大道、河北路等，有商业、服务业网点163家，卫生院、小学、幼儿园各1所，文化活动室、体育健身场、文化茶馆等文化设施各1个。

第三节　史桥集镇

史桥集镇位于长山河两侧，清光绪《桐乡县志》即载有"史家桥"地名。民国时期史家桥河北路店面林立，河南店面稀少。日军侵华，史桥集镇毁于日机轰炸，街巷尽为废墟，抗日战争胜利后重建。

解放后，史桥集镇长山河北侧街区渐兴。但交通仅靠水路，商品经济不发达，集镇发展不快。1984年11月，史桥从南日析出设乡，史桥集镇为乡政府驻地后，即着手改造小集镇。是年，长山河开挖，集镇重新布局，供销社、信用社等单位沿街建造三层营业大楼，沿长山河建56间小商品营业用房，河北路形成商贸一条街，早市兴盛，史桥集镇面貌大为改观。临街有乡中学（初中）一所，还有粮管所、邮电代办所、蔬菜厂等企事业单位。桐乡至骑塘的航船在史桥客运码头停靠。1986年建成史桥大街，长425米，宽10米，成为集镇商业中心。1987年10月，桐乡至高桥公路建成，史桥集镇始通公路，设停靠站。

1988年，县城建环保局批复同意史桥集镇建设规划。集镇性质定为史桥乡的政治、经济、文化、生活服务中心，以农副产品加工为主的商品交换集散地。集镇规模远期(2000年)为3000人，每人平均建设用地控制在69.40平方米，其中生活居住用地人均为26.57平方米。集镇总体布局东西两头适当控制，主要向长山河南岸发展，以形成一个集中、紧凑的布局。

根据史桥集镇发展规划，乡政府加快集镇建设，以适应经济发展和生产、生活、流通、服务等方面的需要。1989年，史桥集镇建自来水厂，年供水量10.8万吨，受益饮用5000余人。1990年，史桥集镇镇区面积0.22平方公里，户数119户，非农人口276人，街路总长276米，公共设施有中学、小学、幼儿园、自来水厂、卫生院、文化站各1所(处)。

1992年，史桥乡政府投入7万元，在乡政府后征地10亩，开始新建史桥大街，1995年竣工。商住户27户由乡政府统一规划，农户自建。1994年4月，史桥农贸市场投入使用。市场的商住综合用房，由乡政府统一规划建造后出售给用户，共34户2550平方米。以史桥大街为中心，东接桐九线，西连马家桥的史桥集镇新区块形成。此后，供销社门店改制，个私商业逐渐增多。1998年，史桥集镇建设支出为11.33万元。是年10月，行政区划调整，原史桥乡整体并入灵安镇，史桥集镇建设纳入灵安镇政府统一规划和实施。

2012年，集镇区域面积0.3平方千米，户籍人口157人。集镇主干道路为河北路、史桥大街，有商业、服务业网点118家，设有信用社分社、卫生院分部，有小学、幼儿园各1所，文化活动中心、体育健身场各1个。

第二章　乡村建设

第一节　农户建房

解放前，农民生活困苦，不少贫苦农民和外乡人徙居者搭建草棚居住。一般农民建砖木结构平房，青砖砌墙或泥打墙，土瓦盖顶，板门板窗泥地平。数家甚至更多农舍东西向连接成埭，相距不远的数埭农舍形成自然村落。

解放初，农舍情况变化不大。1963年后，经济开始恢复，农民陆续翻建住房。大门间、灶头间(过路)、一楼一底(楼上卧室、楼下储存间)、猪羊棚，南北纵向连接，直至后门，俗称“一直落”。

1978年中共十一届三中全会后，随着农村联产承包责任制的推行，农村经济发展，农民生活改善，住房更新换代快，建房热一浪接一浪。一般都建楼房，部分农户建造三层楼，而且档次逐年提高，趋向于单家独户建，或兄弟合建楼房，讲究外观新颖，阳台通风透亮，设专用卫生间，注重装饰装潢，富裕农户则建别墅式农宅。

1986年，灵安镇政府根据国家土地管理法和上级政府有关文件精神，结合本镇实际情况，对全镇农民建房用地进行清理，并对今后建房用地作出规定。凡按规定面积，指定地点建房的，每平方米分配供应平价民房用砖200块。

1984—1990年,同福乡4932户村民新建住宅6167间,计17.19万平方米。1987—1990年,史桥乡村民建房4367间,总面积10.37万平方米,其中住宅3468间,居住条件明显改善。

1992年,同福乡有305户农户建房,建楼房933间、平房67间。1996年建房农户253户,全年竣工房屋2530间,其中住宅1518间。

1996年,灵安镇制定《农村居民建房用地管理实施细则》,明确规定农户建房必须严格按照村庄规划和村庄建设留用地规划实施,在充分利用宅基地和村庄内闲地的基础上,合理安排建设留用地,并对用地限额标准、税费缴纳、建前审批、建后验收、违规处罚等作出规定。1990—2002年,灵安镇农户平均每年扩建新房1500户,年均新房建筑面积15万平方米。2002年,全镇农村人均居住面积50平方米。

2005年,凤鸣街道农户建房417户。2008年,开展"企业联农户、扶贫建新房"活动,由天女集团、嘉名染整、卓怡鞋业等9家企业结对资助9户困难农户危旧房改造,总资助金额20.36万元。

2008年后,农户建房纳入"两新工程"(新市镇、新社区)建设。

第二节　新农村建设

最早的新农村建设之举萌发于1959年,由同福公社联民大队投资和群众集资,在靠近杭申公路的竹人浜空旷地上,新建两排整齐、规格统一的平房共50余间,建筑面积1500余平方米,每排长度100余米,两排间距6～7米。供当地农民开设茶店、缝纫、剃头、杂货等店铺,供销社也在此开设农业生产资料、小百货门市部。此举开创农村统一建房的新模式,同福"新农村"之名由此而得,成为全县唯一以"新农村"命名的地名。公社、大队还投资在凌家浜机埠设置10千瓦发电机,让新农村及附近200多户农民用上电灯,成为全县农村最早的用电单位。

1981年,灵安公社建福大队列为嘉兴市第一批农村水改试点单位之一,集资2.89万元,县和公社给予少量补助,建成县内第一家大队(村)办自来水厂。当年受益262户1345人,全大队家家户户饮用自来水。1987灵安朱家门村建成县内第一个"电视村"。

1995年,经市政府批复同意,同福乡在全市农村率先实施新村规划。凡农户移地、新建房屋都必须按照新村规划的要求进行建设,禁止无规划建房,加速农村住宅新区建设的步伐。

1996年开始,同福乡正式实施以"五统一"(统一规划、统一层次、统一高度、统一门前、统一设计)为标准的新村规划,依法确定104个新村规划点,500多户农户迁入新村,杨元村等10个新村示范点初露端倪,改变了原来"年年建新房,不见新村庄"的局面。是年,灵安镇和史桥乡也编制了村庄规划。

1998年,灵安镇和同福乡分别制定《社会主义新农村建设三年规划》(1998—2000)。提出三年规划的目标任务:每个村新农村达标率(省定90年代村级新农村标准)每年分别达到50%、15%、15%;农民人均收入4800元以上,农户新家庭达标率80%以上。以及规模企业家数、集体可支配资金、五好村党支部个数等指标。

1999年,灵安镇根据撤乡并镇后的实际情况,对1996年制定的村庄规划作适当调整。2000年,同福乡也对村庄总体规划进行调整,将原来的104个村庄调整为83个。减少村庄布点,扩大村庄规模,集聚人口,减少基础设施的重复建设。

2005年10月,中共十六届五中全会通过《十一五规划纲要建议》,提出要按照"生产发展、生活宽裕、乡风文明、村容整洁、管理民主"的要求,在新的历史时期扎实推进社会主义新农村建设。2006年,

文华小区一隅

中共中央以“一号文件”发布《关于推进社会主义新农村建设的若干意见》。各乡镇认真贯彻落实中央文件精神，不断深入推进新农村建设。

2004年开始，桐乡市经济技术开发区三期开发征地，涉及境内农户拆迁数量众多，作为拆迁安置点建设环南小区。环南村的庙后头等30个自然村和灵安村的董家里等21个自然村的拆迁户率先迁入该小区。此后，三期扩征的拆迁农户也安置迁入该小区（2007年更名为文华小区）。2004年7月至2008年，共有1504户农户（环南村851户、灵安村653户）拆迁至文华小区。2009年，小区占地面积892.17亩，入住18686人，其中常住人口5781人（失地农民），外来人口12905人。小区主要设施有环南村办公大楼，河东、河西两个菜场，配有中心幼儿园、小学各1所，建有胜利体育馆（2009年完工），健身设施、篮球场、文化茶馆各1处，网吧5处，卫生服务中心1处。各项基础设施完善，是桐乡市管理示范小区之一。（该小区除了门牌703－906号，1828－2087号属梧桐街道管理外，其余均为凤鸣街道所辖）

2007年，凤鸣街道加快新农村电气化村建设，逐步实现城乡用电一体化，满足新农村发展的新需求。是年，路家园、史桥、西牛桥、灵安、新农村、合星等6个村通过了电气化村验收。

“两新”工程建设

2008年9月，市委市政府在全市启动“两新工程”（新市镇、新社区）建设，推进农房改造集聚，加快城乡一体化建设。

2009年10月，凤鸣街道编制完成7个村中心新社区规划，对村域布局、基础设施、居民点建设、新建措施等方面进行详细规划（参见附录一）。11月，同福新社区（联庄村）完成规划编制，分三期实施。同福新社区（联庄村）作为凤鸣街道的新社区试点工作启动，第一期80亩土地进入基础设施建设。

2010年，凤鸣街道办事处出台“1＋7”（“1”由史桥、灵安、环南、同福等4个集镇型新社区组成；“7”包括长新村、路家园村、西牛桥村、新农村村、建胜村、合星村、中群村等7个村中心新社区）“两新”工程建设空间布局，总规划农户8675户，总用地4338亩，结合桐乡市经济开发区第四期（新能源产业园）征迁和灵安功能区建设，重点实施灵安社区新市镇建设。出台《进一步深化“两新”工程建设，加快农房改造集聚的若干政策意见》，决定从2009年度起，凡当年度进入新中心社区达到30户以上（含30户）的，按每户1万元标准补助基础设施费到中心社区所在村。今后按自然年度考核，按新增户数以每户1万元标准予以补助；达到30户后，给予试点村300万元，其他村200万元贷款三年贴息补助。是年，完成灵安集镇安置房配套设施及绿化，完成同福集镇绿化和

2010年7月，街道干部与施工方共商加快实施灵安新社区工程事宜

农贸市场停车场建设。

2011 年 3 月，灵安新社区规划完成编制（参见附录二）。该社区面向全街道集聚，规划总户数 3203 户（其中安置户数 1972 户），总规划用地 162 公顷（其中安置用地 84.35 公顷），首期入住居民 983 户。是年，灵安新社区建设启动，成为桐乡市最大的城乡一体新社区建设示范点，也是嘉兴市 100 个农村土地综合整治示范项目试点区域之一。灵安新社区基础设施配套工程项目包括高新二路、灵安大道和桥梁工程，总投资 614 万元，由桐乡市凤鸣新市镇投资开发有限公司负责实施。灵安新社区自 5 月 12 日第一户农房动工建设，至年底已开工建房 700 户，涉及 31 个村民组农户搬迁。同福新社区（联庄村）和新农村、合星村中心点也初现形象。全街道集聚农户 1368 户。

2011 年 8 月，街道办事处为推进“两新”建设，加快农房改造集聚，健全长效管理机制，简化审批程序，有序推进村庄建房，促进城乡统筹发展，制订《凤鸣街道农村居民建房管理实施细则》。全街道居民点按“1＋7”模式规划。新社区农房的建筑层数均控制在 4 层以内，建筑檐口高度均控制在 13.2 米以内；房屋布置推广联立式，控制独立式，鼓励公寓式；建筑外观根据各村、点实际按美观、实用要求独立设计、建设。在履行依法审批程序，取得相关许可证后方可开工建设，竣工后须经有关部门验收合格。除 4 个集镇型新社区和 7 个农村中心社区外，其他地方一律不得进行农房的新建、扩建。是年，灵安新社区共涉及 31 个村民组，650 户农户已进入新社区开工建房。同福新社区也基本完成安置区域的基础设施建设。

2012 年，两新建设持续推进，夯实各新社区、集聚点的基础设施建设。街道 8 个集聚点全面开工建设，竣工和在建农户达到 213 户。灵安新社区、同福新社区共有农户 750 户入住，水电等基础设施逐步完善，其中灵安新社区在 2011 年开工建设 650 户的基础上，2012 年已竣工和在建农户 111 户。2013 年初基本完成灵安新社区安置房建设任务。同福新社区（联庄村），合星村钟家浜组 34 户农户安置房已全面开工建设，2013 年初基本完成房屋屋面结顶。

附一：

《凤鸣街道新农村村庄规划》（2009 年 10 月）第四章《村域布局规划》：

一、总体布局结构：以功能为基础，以道路为骨架，结合自然地貌条件，形成“四轴、两片、六组团”。“四轴”：分别为由 320 国道和规划萧山通道北接线形成的纵向道路景观轴线以及由洲甸公路和屠新线形成的横向景观轴线。“两片”：指村域北部的凤鸣工贸片区和南部的村庄建设片区。“六组团”：分别为一个小型村级工业园组团，一个生态畜牧园组团，一个生态墓地组团以及三个居民点组团。

二、居民点布局规划：将现有村庄进行整治与整合，改变上轮规划居民点偏多，规模偏小，基础设施和社会服务设施配套难度大的状况，本轮规划新村居民点 3 个，其中中心居民点总户数 306 户，规划新建户数 298 户；沈长新村居民点总户数 259 户，规划新建户数 239 户；新铁村居民点总户数 88 户，规划新建户数 73 户。

规划居民点名称	居民点包含小组名称
中心居民点	荡心桥、卫家埭、徐家门、虞家埭、唐庵村、姚家角、姚家里、邵家浜、南墙门、邵家里、坟洋里、凌家门、凌家浜、太湖荡、周家石桥、羊眼桥东、羊眼桥西
沈长新村居民点	倪家埭、陆家兜、金家浜、东长浜南、东长浜北、沈家门前、沈家门后、俞家桥、田心里
新铁村居民点	查林桥、新农庄、铁店埭、蔡家门

三、居住建筑用地：共3块，分别位于3个居民点，规划总用地面积约28.85公顷。

四、公共建筑用地：主要位于中心居民点内，结合村委会配套建设卫生服务站、文化活动室、老年活动室、幼儿园等公益服务设施以及综合店、食品店、便民店、理发店等经营性公共服务设施。规划公共建筑总用地面积约1.9公顷。

五、生产建设用地：一片为工业用地位于屠新线北侧，另一片为生态畜牧园用地位于屠新线东侧，规划总用地面积约10.16公顷。

六、公用设施用地：位于村域东部、屠新线东侧的生态墓地，规划总用地面积约3.07公顷。

七、对外交通用地：主要为萧山通道北接线、320国道、洲甸公路和屠新线，规划总用地面积约8.67公顷。

八、道路广场用地：村部通组道路在原有的基础上进行改建或扩建，一般为5—8米左右。居民点内结合绿地建设共规划休闲广场面积0.12公顷。规划道路广场总用地面积约6.87公顷。

九、绿化用地：规划于村庄入口处设置一村级公园，总用地面积约0.7公顷；同时结合高压走廊和滨河绿地的建设于居民点内设置数个大小不等的休闲绿地；于对外道路和村庄主要道路两侧设置宽度不等的防护绿地。规划绿化总用地面积约14.12公顷。

附二：

《凤鸣街道灵安新社区规划》(2011年3月)之六《新社区布局规划》：

1.总体布局结构

依据场地结构形态及相关控制要求，以道路、河流为依托，充分考虑分期建设要求，形成“一轴、两心、五组团”的功能结构。“一轴”：指沿高新二路形成的功能景观轴。“两心”：指位于规划区中心的商业中心和位于规划区西北角的行政中心。“五组团”：指规划形成的4个居住组团和1个公建组团。

2.用地布局

(1)住宅布局：规划形成的4个居住组团与外围主要交通道路之间以绿化和道路隔离，组团之间以小区干道连接，住宅形式以两户连体住宅为主，单户住宅为辅。强调布局控制，以满足每户住宅的通风。采光及景观等要求。住宅之间南北间距不小于1∶1.3，东西间距按最低2.5米控制。按照本地传统习俗，住宅布置排列规整。组团式布局共1836户。

(2)公共服务设施布局：因本社区位于城镇建成区，规划在社区中安排了较为完善的公共服务设施，主要有教育中心、文化活动中心、物业管理、治安、商业网点、小菜场、体育活动设施等。

主要技术指标

<table>
<tr><th colspan="2">项　目</th><th>面　积</th><th colspan="2">项　目</th><th>面　积</th></tr>
<tr><td colspan="2">总用地</td><td>162.00公顷</td><td rowspan="3">其　中</td><td>道路用地</td><td>5.08公顷</td></tr>
<tr><td rowspan="3">其　中</td><td>安置用地</td><td>84.35公顷</td><td>绿地</td><td>28.36公顷</td></tr>
<tr><td>公共设施用地</td><td>16.85公顷</td><td>水域</td><td>13.82公顷</td></tr>
<tr><td>二类居住用地</td><td>13.54公顷</td><td colspan="2">安置户数</td><td>1972户</td></tr>
</table>

村庄整治

村庄整治是建设社会主义新农村的重要举措之一。2004年开始，凤鸣街道和同福乡按照市委市政府的统一部署，全面开展“百村示范，千村整治”工作。成立村庄整治领导小组，制定整治规划，落实专项措施，治理“脏、乱、差、散”，改善村容村貌，加快村级基础设施建设，增强村民的文明意识。

2005年，同福乡对联庄村全村26个村民小组进行整治。全面清理违章建筑，拆除危房160平方米。全村对42000平方米“赤膊墙”实行补助粉刷，在乡政府补助4元/平方米的基础上，村集体经济又补助3元/平方米。完成通组道路硬化5300米。通组道路的建设标准均达到宽度大于3米，路面均为水泥面层；排水、排污系统基本齐全。对村境内4800米的河道进行整治，建造护岸420米；同时清理河道内白色污染物、废弃物等。人均庭院绿化面积（包括乔木、灌木、花、草）达到5平方米的农户在65%以上，单位庭院绿化率18%以上。完成绿化14000平方米。合计耗资193.63万元。是年8月，凤鸣街道环南村、红旗村村庄整治列入全市规划，并通过市级验收。全街道村庄整治投入资金506.97万元，基本实现道路硬化、环境洁化、民居美化、河道净化、村庄绿化的“五化”要求。

2006年，凤鸣街道开展垃圾集中收集处理及村庄整治工作，长新村通过市级整治村验收。投入80多万元，做好桐乡市城乡供水一级管网施工，凤鸣街道段管网建设共3280米，年内完工。投入资金70万元，改造街道农村自来水二、三级管网30公里，受益农户1600户。新建环南村、李家弄村、长新村3个村级文化活动中心（室）。农村有线电视入户率82.3%，广播入户率93.1%，自来水入户率96.7%。同福乡新农村村整治村渠，砌石护岸。以东邻亭桥的南墙门组为整治重点，实施河道清淤及道路修筑、砌筑护岸，全长1600米，砌筑压顶高程（吴淞）3.8米。

2007年，凤鸣街道为村庄整治共投入资金812.1万元，硬化道路24.31公里，净化河道12.85公里，绿化村庄79530平方米，美化民居74730平方米，新建垃圾箱250只，配备健身活动场所10个。实施通村沥青公路改造11.5公里，联村通组道路改造26.88公里；改造危桥8座，维修桥梁18座。完成路家园、西牛桥、史桥、合星村等4个村的村庄整治。

2008年，红旗、环南两村实施村庄整治，共投入资金506.971万元，其中市拨资金20万元，街道投入（含开发区）400.76万元，村自筹（含结对企业资助86.211万元）。道路硬化投入资金367.87万元，已完成连村通组水泥路22.6公里，共浇筑路面93480平方米。河道净化投入资金11.391万元，共疏浚小河小浜4条，总长2.52公里，清理河面漂浮物197.5吨、河边杂草杂树和生活垃圾252吨，疏浚河底淤泥约1700立方米。环境洁化投入15.54万元。村庄绿化投入资金104.14万元，完成绿化面积177.96亩。民居美化15360平方米，新建民舍全部消灭赤膊墙，投入资金8.03万元，消灭赤膊墙19700多平方米。

2008年，新农村村一隅（整治前）

2008年，新农村村一隅（整治后）

2009年，中群村扩面提升村、灵安村和红旗村省级整治村（生活污水治理村）、中群村和路家园村省级整治村的创建开始启动。投入资金145万元，实施建胜村、新农村村、联庄村三级管网工程，惠及农户1700户。13个整治村建立长效管理制度，9个村创建为市级生态村。

2012年，凤鸣街道健全村庄整治长效管理工作考核办法，以“四边一点”（桥边、路边、河塘池边、垃圾房边、村民居住点）为重要考核范围。实施新农村村的“四星级村”及环南村的“三星级村”创建，通过了西牛桥村的省级整治村的验收。做好河道长效保洁考核督查，特别对重点难点河道进行专项整治，在灵安港专门配备保洁船和保洁员。实施水环境综合治理“河长”制。深入开展“森林桐乡、美丽乡村”建设活动。全年超额完成204亩重点防护林建设及302.5亩村镇绿化建设任务。长新村和红旗村创建成为桐乡市级“绿化示范村”。全面加强农村养殖污染治理，全年共治理养殖户30户，总投入资金205.2万元。组织实施长新村、红旗村、中群村嘉兴市级生态村和建胜村、路家园村桐乡市级生态村创建工作。是年，街道办事处投入资金2200万元，改造村级管网324公里，基本完成农村饮水安全工程。

附三：

凤鸣街道农村居民建房管理实施细则

（2011年8月16日）

根据《中华人民共和国城乡规划法》、《桐乡市农村居民建房管理办法》（桐政令第73号）和桐乡市规划建设局“关于进一步加强农村居民建房管理的实施意见”的要求，为大力推进我街道的“两新”建设，加快农房改造集聚，健全长效管理机制，简化审批程序，有序推进村庄建房，促进城乡统筹发展，结合本街道实际，制订本实施细则：

一、农村居民建房管理的基本原则

（一）坚持统一规划原则

根据上级有关“两新”建房的农房改造集聚有关规划，结合本街道实际，全街道居民点按“1＋7”模式规划，“1”由“史桥新社区”、“灵安新社区”、“环南新社区”、“同福新社区”等4个集镇型新社区组成；“7”包括“长新村中心新社区”、“路家园村中心新社区”、“西牛桥村中心新社区”、“新农村村中心新社区”、“建胜村中心新社区”、“合星村中心新社区”、“中群村中心新社区”；在上述新社区规划中，农房的建筑层数均控制在4层以内，建筑檐口高度均控制在13.2米以内；房屋布置推广联立式，控制独立式，鼓励公寓式；建筑外观根据各村、点实际按美观、实用要求独立设计、建设。

（二）坚持“四个必须”原则

一是必须坚持“建新先拆旧”原则：新房建设放样前，其老房必须拆除完毕。

二是建房必须执行新标准原则：全街道区农村居民建房一律执行《桐乡市农村居民建房管理办法》（桐政令第73号）。

三是建房必须进入规划新社区原则：全街道区（除城市规划区内部分待拆迁的村、组）农村居民建房必须进入上述4个集镇型新社区和7个农村中心社区，其他地方一律不得进行农房的新建、扩建。

在规划新社区外有农房经鉴定确为危房的，在不改变房屋原有位置、占地面积、建筑面积、层高、总高、式样的前提下，由农户申请，行政村审核，街道规划建设管理站和国土资源管理所备案后，可进行加固、重建。

四是建房必须遵循自愿原则:农户建房一律由其自行申请,行政村初审,街道审查核准。

(三)坚持“四到场”制度

“四到场”制度即农房建设中“选址”、“放样”、“砌基”、“验收”等四个环节必须由管理人员到场验收制度。这一制度的实施,能有效地监控整个过程,及时发现和解决问题和隐患,减少和杜绝违规行为的发生,确保农房建设有序进行。

1. 农户提出建房申请后,行政村、街道规划建设管理站、国土资源所派管理人员实地踏看,根据新社区建设规划图(或详细规划图)初步选好建房位置,并由街道规划建设管理站按照新社区建设规划图(或详细规划图)出具《农房建设选址规划图》。

2. 农户在取得《乡村建设规划许可证(副本)》(农村中心新社区)或《建设工程规划许可证(副本)》(集镇型新社区)后,在开工日的前3天通知行政村放样,届时,由行政村、街道规划建设管理站、国土资源管理所派管理人员按选址规划图实地放样,放样时,持证泥木工或施工员必须到场。放样完毕,由管理人员、业主、持证泥木工(放工员)会签放样单。

3. 当房屋施工至基础完成(或即将完成)时,农户必须通知行政村,由上述管理人员按《农房建设选址规划图》进行验收。凡发现房屋位置偏移、占地面积变动、地坪线抬高(或降低)等问题,必须责令改正,并对持证泥木工(施工员)提出警告,改正完毕后再行验收。对验收合格的,会签好验收单。

4. 房屋建成(集镇型新社区的粉刷完成、农村中心新社区的结顶)后,由行政村、街道规划建设管理站、国土资源管理所对其进行验收,发现问题,责令解决,验收合格的,会签好验收单。

(四)坚持依法审批原则

农村居民建房必须按照规定的宅基地面积和法定程序、审批权限进行报批。对不符合规定的申请事由,各单位和部门要耐心解释,努力取得建房申请人的理解和支持。

二、农村居民建房的管理职责和审批程序

凤鸣街道办事处受桐乡市规划建设局的委托,负责办理本行政区农房建设的审批和监督管理工作。市规划建设局负责核发《乡村建设规划许可证》(《建设工程规划许可证》)正本。

农村居民建房审批程序如下:

1. 申请建房户须如实填写《农村居民建设用地申请审批表》,经所在村村民委员会讨论通过后,将该户申报的本户人口、申请宅基地面积、建房选址等情况在村公示栏内张榜公示,公示期限为7日。

2. 经公示无异议后,申请建房户向街道规划建设管理站提出选址申请,由街道规划建设管理站会同国土资源管理所和村委会实地踏看和核实选址情况;国土资源管理所核实公示情况。

3. 经实地踏看符合规划的,由街道规划建设管理站出具《农房建设选址规划图》(7个村中心社区)或《农房建设选址规划图》及“规划条件”(4个集镇型新社区),街道办事处审批核发《建设项目选址意见书》和《建设用地规划许可证》(7个农村中心新社区仅“一书”)。

4. 申请建房户取得由桐乡市人民政府批准的《农村居民建房用地申请审批表》后,持所在村委会出具的“旧房拆除证明”、有相应施工资质的施工企业资质证书(施工员须带证前来)或《桐乡市村镇建筑工匠资质等级证书》(持证人须前来)向街道办事处申请开工,经街道办事处依法审查,核发《乡村建设规划许可证》(副本)(7个村中心新社区)或《建设工程规划许可证》(副本)(4个集镇型新社区)后,方可开工建设。

5. 房屋竣工后,由街道规划建设管理站会同国土资源管理所、村民委员会对房屋进行验收,验收合格的，向桐乡市规划建设局申请核发《乡村建设规划许可证》(农村中心新社区)或《建设工程规划许可证》(集镇型新社区)。

三、农村居民建房的质量安全管理

农村居民房屋的建设施工，必须由具备相应资质的施工企业或有证泥木工承担，严禁无证承担农房施工任务。

施工企业或泥木工匠必须严格按照经批准的农村居民建房设计图纸进行施工，不得擅自修改，确保农房施工质量。街道规划建设管理站要加强对泥木工匠的培训和管理，提高泥木工匠的质量安全意识和技能、技术水平。

施工企业或泥木工匠必须对工程质量和施工安全负责。承担施工任务时，必须与业主签订工程施工承包合同、施工安全合同，并落实人身安全保险。在办理开工手续时，须将《工程施工合同》、《施工安全合同》、人身安全保险凭证一并报街道规划建设管理站备案。

四、农村居民建房的法律责任

1. 除4个集镇型新社区外，农村居民未依法取得规划主管部门颁发的有关规划许可文件或未按照规划许可文件的规定进行建设的，由街道办事处按照《中华人民共和国城乡规划法》的规定，责令停止建设、限期改正，逾期不改正的，依法强制拆除。

2. 在4个集镇型新社区，农村居民未依法取得规划主管部门颁发的有关规划许可文件或未按照规划许可文件的规定进行建设的，由桐乡市城市管理行政执法部门按照《中华人民共和国城乡规划法》的规定，作出责令停止建设或限期拆除的决定，当事人不停止建设或逾期不拆除的，依法采取查封施工现场、强制拆除等措施。

3. 施工企业不按照工程设计文件或施工强制性标准进行施工的，由桐乡市建设行政主管部门按照《浙江省建筑业管理条例》的规定给予警告，处于一万元以上十万元以下的罚款。

4. 村镇建筑工匠擅自修改农村居民建房设计图纸或未按设计图纸施工的，由桐乡市建设行政主管部门按照《浙江省村镇规划建设管理条例》的规定，责令停止施工，限期改正，处一万元下罚款。

5. 负责农房管理的工作人员玩忽职守、滥用职权、徇私舞弊，由监察机关或所在单位给予行政处分；构成犯罪的，依法追究刑事责任。

第三章　建筑业

第一节　建筑企业

境内的民间建筑工匠由来已久，集镇与乡村均有泥水(匠)、木匠、石匠、漆匠等，从事民间建房、筑桥等建筑业务。在较长的历史时期内，均呈分散经营状态，一般由兄弟、亲友、师徒组合施工。有“一泥水，三服侍”之说，即一个泥水匠要配三个小工(辅助工)。如遇一些较大业务，则同行之间邀集凑伙，临时组成施工团队，工竣则散。

50年代初，灵安成立泥木工会，协调各施工团队的业务关系。1956年，灵安的泥、木工按照政府安排，参加手工业合作化，组建灵安建筑合作小组，有组员30人。1957年11月，灵安建筑小组朱松兴作为代表出席崇德县手工业合作社联合社第一届代表大会。1959 年,县建筑工程公司在灵安设建筑工程队。

1960 年 12 月,灵安建筑社下放给灵安人民公社领导。1961 年 9 月,重新划归县手工业管理科领导。是年,灵安建筑社有员工 14 人,年产值 1.1 万元。1962 年,县建筑公司灵安建筑工程队撤销,人员并入当地建筑社。

1969 年 6 月,灵安公社创办建筑社。同年 9 月,同福公社创办建筑社。公社建筑社主要承建农民住房和乡村小型建筑工程。

1976 年 1 月,同福乡建立桥梁队,为乡镇集体企业。主要承担乡境内民桥建设,承建新洲公路桥梁及长山河护岸、沿塘桥等。

1984 年 12 月,灵安镇建办桥梁队,业务技术由县水利农机局指导,经济独立核算。是年,同福建筑社与新生、羔羊两个乡建筑社合并组建县第二建筑工程公司。

1985 年,灵安镇惠桥村的泥、木工组建惠桥建筑工程队,有员工 94 人。

1986 年,按照灵安镇集镇规划,灵安建筑社搬迁至杭申公路西侧,灵安机电站南端,新建五层办公大楼、仓库、食堂及附属设施共 1320 平方米,总造价 14.56 万元。是年。灵安乡建福村、灵安村为解决农村剩余劳动力出路,利用本村泥木工多,有一定技术力量等优势,组建村建筑工程队。

当年,根据建筑企业营业管理的有关规定,由省、市主管部门核定建筑企业的技术资质。县第二建筑公司(新生、同福、羔羊工程队合并)为暂定三级;灵安建筑社、灵安第二建筑社、灵安红光建筑工程队、灵安红旗建筑工程队等 4 家为四级以下建筑施工企业。1987 年,同福建筑工程队被嘉兴市城乡建设局核准为暂定建筑四级。

1987 年 11 月,灵安乡建筑社被吸收为桐乡县第二建筑联合公司成员单位。次年,朱家门等村也建立村建筑队。

1989 年 11 月,灵安镇政府根据上级有关建设市场和建设队伍治理整顿的要求,对镇的 8 个建筑工程队伍(其中 2 个因管理不善已自行倒闭)进行整顿,撤销联户和村级建筑工程队,按有关规定吊销灵安建筑工程大队、红旗建筑工程队、灵安第二建筑工程队、红光建筑工程队、广亚建筑工程队等 6 个单位的营业执照,并取消法人资格。撤销的建筑工程队财产按质论价,连同人员一起并入灵安建筑社。调整后的灵安建筑社实行独立核算、自负盈亏,隶属关系和性质不变,仍为镇办集体。

2002 年,灵安建筑工程公司承建的桐乡市国税局大楼工程获嘉兴市"南湖杯"优质工程奖

1990 年,同福乡桥梁队通过省水利厅、城乡建设厅、交通厅的复审,继续被评定为水利水电建筑四级企业,可承建单跨 20 米以下,全长 30 米以下的县乡公路桥梁。灵安镇桥梁队为水利建筑施工非等级企业,兼营分包公路、小桥。是年,灵安建筑社在全省施工企业资质复查审核中,被省建设厅批准为建筑施工四级企业。

1991 年 3 月,经县计经委批复同意,灵安建筑社更名为灵安建筑工程公司。1992 年 4 月,同福建筑工程队更名为同福建筑工程公司。企业性质、隶属关系不变。

1995 年 9 月,史桥乡在建筑社原有设备的基础上，增设公路建设工程项目，建办史桥公路工程队，为乡办集体企业，主要承接县、乡级沥青路和混凝土公路建设，河埠、河岸等建设业务。

1997年9月，嘉兴市城乡建设委员会同意桐乡市7家原暂定三、四级建筑企业资质转正，其中境内有企业3家，分别为浙江天女集团桐乡天女建筑发展有限公司（工民建三级）、灵安建筑装饰工程部（建筑装饰三级）、史桥建筑社（工民建四级）。是年，灵安建筑公司实施转制，灵安镇资产经营公司将所属灵安建筑公司的全部资产及预制厂的流动资产转让给原企业经营者伍荣林，经评估、调整后的资产转让价为60万元，三级建筑企业资质不作评估，由经营者使用。原债权债务由受让者承担。

1999年3月，同福乡建筑工程公司改制为同新建筑工程公司。是年10—11月，市建设局根据《村庄和集镇规划管理条例》和《桐乡市村镇建筑工匠资格管理规定》，对全市1073名村镇建筑工匠进行培训和年检，并分别确定甲、乙、丙三个资质等级，灵安镇53人和同福乡38人均被确定为甲级资质建筑工匠，并发给《建筑工匠资质证书》。

2000年，市体改委批复同意灵安建筑工程公司改制为有限责任公司，资产实行全额转让。评估后的所有者权益64万元，以权益部分抵付皮鞋厂所欠工程款的形式全额转让给原经营者伍荣林，并将灵安建筑工程公司改组为桐乡市灵安建筑工程有限公司，注册资金为人民币180万元。原企业的债权债务由改组后的新公司承担。是年4月，灵安桥梁队改制为桐乡市灵安新兴水利桥梁工程队。5月，史桥建筑社更名为桐乡市荣城建筑有限公司。

2004年1月，市经贸局批复同意灵安桥梁队改制。企业资产评估为4.22万元，经双方协商后，街道农经服务中心以7.3万元的价格转让给个人，企业性质改为个人独资，原债权债务由改制后的企业承担。

2009年3月，灵安建筑工程公司与华立建设有限公司（河山）合并后，组建浙江巨城建设有限公司，公司设在河山镇。

2012年，境内建筑业企业有亚都建设集团有限公司凤鸣分公司和灵安桥梁队。个体建筑业单位331户，从业人员1491人。

第二节 建筑业务

解放前，民间建房大多为包工不包料，俗称“清包工”。也有点工形式的，按日付酬，木匠工价高于泥水匠。施工设备简陋，木匠沿用斧头、锯子、凿子、刨子等传统工具。泥水匠的传统工具则有泥刀、泥夹、泥桶等。

解放初，建筑施工业务以集镇小型项目和民房修建为主。1953年灵安成立建筑工会后，由建筑工会统一调配施工业务。

60年代，境内建房开始由砖木结构向砖混结构和钢筋混凝土结构发展，混凝土搅拌机、砂浆机逐步取代原始的手工拌料。

70年代起，境内若干有一定技术力量的建筑企业开始向外地承揽业务。1979年，灵安公社建筑社完成竣工面积22500平方米，经营总收入25.39万元，利润4.7万元。同福公社建筑社完成竣工面积32230平方米，经营总收入15.40万元，利润3.7万元。1980年上半年，灵安公社建筑社进入上海承建工程，完成竣工面积831平方米。同福公社建筑社进入大中城市施工，完成竣工面积4300平方米。

1982年，灵安公社建筑社承建上海新六饭店地下室加固工程。

1985年，灵安镇惠桥村的泥、木工组建惠桥建筑工程队，有员工94人，先后承建县城建局开发公司主楼、省建材工业设计院宿舍、崇福标准件厂宿舍、桐乡丝织厂浴室及锅炉房、南日财税所等工程项目，建筑面积共6855平方米。是年，同福乡桥梁队在新农村至德清公路建设中，承建施工汽15级8米板桥梁2座、汽15级10米空心板桥梁1座、汽15级16米工字型桥梁1座，各桥桥面宽均为8.5米。是年，长山河工程疏通后，承建草庵浜桥、同福桥30米圆洞拱桥2座（均为汽10级桥梁，桥面宽5.5米）、汽6级20米钢桥梁1座，桥面宽4.4米。还施工块石护岸1552米。

1987年8月，同福建筑公司承建的浙江调速电机厂职工宿舍竣工，建筑面积2147平方米，为5层混合结构，被县建筑主管部门评为优良工程。是年，同福乡桥梁队承建同福一号桥等3座桥梁，承建长山河及草庵浜护岸3675米。

1988年，同福建筑社（桐乡二建公司同福建筑工程队），包括桥梁队在内，有职工373人（其中进城镇施工人数279人），5吨汽车和1.5吨工具车各1辆，拌和机6台，卷扬机18套，砂浆机23台，为城乡集体和个人完成建筑面积4.5万平方米，施工汽15级空心板灌注桩桥2座，年度施工产值456万元。是年，县城乡建设环境保护局开展全县建筑工程质量抽查，被抽检的有灵安镇建筑队负责施工的灵安镇棉纺织厂车间及附属房工程、灵安红旗建筑队负责施工的灵安招待所和桐乡云龙阁综合楼工程、灵安建筑大负责施工队的桐乡城南炼麻厂工程、史桥乡建筑队负责施工的桐乡土管局职工宿舍工程。以上4家均为等外级企业，总体上质量堪忧，受检项目不符合要求的较多。对此，县城建环保局要求采取积极的补救措施，进行返修、整改，保证工程质量达到合格要求。

1990年，灵安建筑社承建灵安供销社路家园茧站扩建工程，总建筑面积1180平方米。10月开工的灵安邮电所综合楼工程，为三层砖混结构，建筑面积502平方米，工程造价21万元（1992年7月竣工），经县城建环保局质量检验，评定为优良工程。是年，同福乡承建的桐乡医药用品厂中药提取车间竣工，建筑面积425平方米，2层框架结构，被评定为优良工程。

1991年6至9月，灵安建筑工程公司承建灵安镇工业供销公司办公、仓库综合楼，建筑面积606平方米。是年，灵安建筑工程公司被县建筑工程管理处评为县级优胜企业，其承建的桐乡县计生委指导站工程被评为优胜建筑工程。

1992年，灵安建筑工程公司承建的灵安邮电所工程竣工，该工程建筑面积502平方米，工程造价21万元；是年，同福建筑工程公司承建的同福信用社综合楼工程，为五层砖混结构，建筑面积1761平方米，造价70.1万元。这两个建设工程，均被县城建环保局评为优良工程。至1995年，同福建筑公司有施工队8个、管理人员30人、职工200余人，为四级建筑施工企业。

1993年，同福建筑工程公司承建同福乡政府职工宿舍工程，为五层砖混结构，建筑面积2500平方米，造价75万元，被评为优良工程。是年，灵安建筑公司和同福建筑公司共完成施工产值222.9万元，施工面积92882平方米，竣工面积54759平方米，建筑业增加值54.94万元。

1994年，灵安建筑工程公司有建筑工程队9个、水泥构件厂1个，承建施工项目28个（年内竣工13个），有6处被评为优良工程，总产值3629.81万元。是年，灵安建筑工程公司被评为全市建筑系统先进企业，史桥建筑工程队被评为全市建筑系统质量管理优胜企业。

表 12—2　　　　　1997 年建筑业企业生产经营情况统计表

企业名称	施工产值（万元）	竣工产值（万元）	工程竣工个数	其中：优良工程	施工面积（m^2）	竣工面积（m^2）	固定资产原值（万元）	实现利润（万元）	上交税金（万元）	平均职工人数	建筑业增加值（万元）
灵安建筑工程公司	1618	1939	12	5	37104	30215	414	1.4	53.2	508	592.8
天女建筑发展有限公司	1506	1506	16	2	15830	15830	489.6	0.3	33	265	362.7
同福建筑工程公司	1531.5	1446.5	8	5	12167	10347	397.1	16.3	1.5	493	453.5
史桥建筑社	302.8	355	3	1	4068	3280	89.8	—	0.8	116	118.5
同福水利工程桥梁队	201.8	201.8	6	—	—	—	98.6	0.1	2.9	34	61.8
灵安装饰工程部	507.7	391.7	15	—	—	—	86.2	4.1	9.4	80	145.3

资料来源：《桐乡统计年鉴》(1998)

说明：灵安建筑工程公司、天女建筑发展有限公司为三级建筑企业，同福建筑工程公司、史桥建筑社为四级建筑企业，同福水利工程桥梁队为四级桥梁企业，灵安装饰工程部为四级装潢企业

1998 年，市建设局开展“凤鸣杯”优秀工程奖评审，旨在促进建筑企业创名牌工程的积极性，提高工程的建筑质量水平。灵安建筑工程公司承建的梧桐镇国税所征税大楼获优秀工程奖，同福建筑工程公司承建的桐乡邮电局石门支局宿舍楼获表扬工程奖。

2000 年，同新建筑工程有限公司实现施工产值 1318 万元，工程竣工 11 个，其中优良工程 4 个。房屋施工面积 16160 平方米，竣工面积 9518 平方米。实现利润 32.4 万元。

2001—2002 年，灵安建筑工程公司承建的桐乡市梧桐完全小学教育实验楼工程和桐乡市国税局办公大楼工程，被嘉兴市城乡建设委员会、嘉兴市建筑业协会授予“南湖杯”优质工程奖。至 2005 年，该公司还承建茅盾实验小学宿舍楼工程、桐乡城市污水处理工程、技工学校教学楼工程、茅盾实验小学学生宿舍工程等。先后获得省建筑安全文明标准化工地 3 项、嘉兴市文明施工安全生产标化工地 6 项、桐乡市“凤鸣杯”优秀工程 9 项、秀洲区“长虹杯”优质工程 1 项等荣誉。2005 年，灵安建筑工程公司主营业务收入 1.09 亿元，利润总额 24 万元。

第十三编　政党　社团

1949年5月，桐乡、崇德两县相继解放。8月，中共崇德县委组建灵安区委。桐乡县永丰乡归中共屠甸区委领导。1954年境内各乡先后建党支部(总支)。1957年各乡建党委。此后，随着党员数量的增加，境内党的基层组织逐步延伸至各行政村和机关企事业单位。各级党组织领导并发动人民群众投入社会主义革命和建设。"文化大革命"期间，境内党组织一度被迫停止活动。中共十一届三中全会后，党的工作重心转移到以经济建设为中心上来，坚持四项基本原则，实行改革开放，党组织的领导核心作用进一步加强，引领境内经济和各项社会事业高速发展。2012年，凤鸣街道有党支部90个，党员1938名，其中正式党员1906名。

建国后，在中国共产党的领导下，工会、青年团、妇联等群众团体按照法律和章程独立自主地开展工作，发挥各自的作用。至2012年年底，全街道有单独基层工会87个、联合基层工会24个，共有会员9343名；基层共青团组织50个，在册团员626名；基层妇代会58个。

第一章　中国共产党

第一节　党的组织

区、乡镇(街道)党组织

灵安区委

1949年5月，崇德县解放。时灵安、同福两乡隶于崇德县石门区。8月，崇德县增设灵安区，组建中共灵安区委，隶属中共崇德县委，驻地灵安镇。1950年5月机关整编，划乡建乡，灵安区委辖灵安、纪目、惠桥、钱林、太平、大众、同福、中福、天福9个乡党支部。1956年2月，崇德县实行撤区并乡，撤销中共灵安区委。1958年2月，建立中共灵安区工作委员会，辖灵安、同福、钱林3个乡党委，驻地同福乡。1958年10月，境内实现人民公社化，撤销灵安区党工委，建立灵安人民公社党委。

表13—1　　中共灵安区委领导班子成员名录

机构名称	职　务	姓　名	任　职　时　间	附　　注
中共灵安区委	书　记	王福欣	1949.08—1950.01	1949年8月建立
	副书记	吴世祥	1949.10—1950.05	
	副书记	侯三鑑	1950.03—1950.05	

续表

机构名称	职　务	姓　名	任　职　时　间	附　　注
中共灵安区委	副书记	侯三鑑	1950.05—1951.05	1950年5月机关整编，划乡建乡，灵安区委辖灵安、纪目、惠桥、钱林、太平、大众、同福、中福、天福9个乡支部
	书　记	侯三鑑	1951.05—1952.08	
	书　记	辛国楹	1953.09—1954.04	
	书　记	高相城	1954.02—1956.05	
	副书记	王子修	1951.05—1952.09	
	副书记	辛国楹	1952.12—1953.09	
	副书记	吴骏福	1954.02—1954.05	
	副书记	钟甫文	1954.05—1956.06	
	副书记	陈祖林	1955.09—1956.07	
中共灵安区工委	书　记	孙子青	1958.02—1958.06	1958年2月，建立灵安区工作委员会

资料来源:《中国共产党浙江省桐乡县组织史资料》《中国共产党桐乡市凤鸣街道委员会组织史资料》

灵安乡党组织

1949年5月，崇德县解放。时灵安乡隶于崇德县石门区。8月，灵安乡从石门区划出，建立灵安乡党支部，隶属于灵安区。

1956年2月撤区并乡，灵安乡、惠桥乡、纪目乡合并为灵安乡。5月，灵安乡建立党总支。1957年10月，经崇德县委批准正式建立灵安乡党委。

1958年10月，崇德县实现人民公社化。撤销灵安乡党委，建立中共灵安人民公社委员会。公社党委设常务委员会和监察委员会。灵安人民公社管辖灵安、同福(除联丰社，即今崇福镇中夫村)、钱林区域。下设9个大队党总支。以原高级社的基础建立10个生产队核算单位党支部。1959年3月，撤销9个大队，改名管理区，建立管理区党总支。1959年10月，召开灵安公社第一次党代大会，选举产生中共灵安公社第一届委员会。

1961年4月，贯彻中央《农村人民公社工作条例》(即“六十条”)，调整社队规模，灵安公社党委调整为灵安、同福、钱林三个公社党委，撤销管理区党总支。

1968年6月，受到“文化大革命”冲击，各公社党委被迫停止工作。1970年5月，建立革委会党的核心小组，9月恢复公社党委。1976年10月，粉碎江青反革命集团后，调整灵安公社党委。1981年7月，召开中共灵安公社第五次党员代表大会，选举产生中共灵安公社第五届委员会。

1983年12月，政社分设，灵安公社党委改为灵安乡党委。1984年3月，召开中共灵安乡第六次代表大会，选举产生中共灵安乡第六届委员会。1985年11月，乡改建制镇，中共灵安乡委员会更名为中共灵安镇委员会。1987年2月，召开灵安镇第七次党员代表大会，选举产生中共灵安镇第七届委员会。1990年3月，灵安镇党委建立党的纪律检查委员会。

1998年10月，史桥乡并入灵安镇。11月调整党委、纪委领导班子。

表 13—2　中共灵安乡委员会(总支委员会)、中共灵安公社(乡、镇)委员会领导班子成员名录

机构名称	职　务	姓　名	任　职　时　间	附　　注
灵安乡党支部	书　记	张子加	1954.04—1956.01	
	副书记	朱宝松	1954.04—1955.09	
灵安乡党支部	支部书记	赵掌权	1956.02—1956.05	1956 年 2 月,灵安乡、惠桥乡、纪目乡合并为灵安乡
	副书记	沈文荣	1956.02—1956.05	
	副书记	路浩松	1956.02—1956.05	
灵安乡党总支	书　记	赵掌权	1956.05—1957.03	1956 年 5 月,灵安乡建立党总支
	书　记	陆子林	1957.03—1957.10	
	副书记	沈文荣	1956.05—1957.10	
	副书记	路浩松	1956.05—1957.10	
	副书记	赵掌权	1957.03—1957.10	
	副书记	顾翠娟	女,1957.03—1957.10	
中共灵安乡委员会	书　记	李锦成	1957.10—1958.02	1957 年 10 月,正式建立灵安乡党委
	书　记	杨德业	1958.02—1958.10	
	副书记	顾翠娟	女,1957.10—1958.10	
	副书记	李锦成	1958.02—1958.08	
中共灵安人民公社委员会	书　记	吴子元	1958.10—1958.11	1958 年 10 月,建立灵安公社党委
	副书记	田玉墀	1958.10—1958.11	
	副书记	杨炳荣	1958.10—1958.11	
	副书记	沈连生	1958.10—1958.11	
	副书记	顾洪林	1958.10—1958.11,不脱产	
	副书记	王金潮	1958.10—1958.11,不脱产	
	监委、副书记	赵掌权	1958.10—1958.11	
灵安公社党委	书　记	吴子元	1958.11—1961.02 实际离任 1960.10	1958 年 11 月,崇德、桐乡两县合并
	副书记	田玉墀	1958.11—1961.06	
	副书记	杨炳荣	1958.11—1961.06	
	副书记	沈连生	1958.11—1961.06	
	副书记	顾洪林	1958.11—1959.11,不脱产	
	副书记	王金潮	1958.11—1959.10,不脱产	
	副书记	沈掌发	1959.01—1960.06	
	副书记	赵掌权	1960.02—1961.06	
	副书记	陆其炎	1960.07—1961.06	
	副书记	刘天亮	1960.06—1961.06	
	书　记	厉永臣	1960.10—1961.06	
	副书记	徐关松	1960.10—1961.06	
	监委、副书记	赵掌权	1958.11—1959.10	

续表

机构名称	职　务	姓　名	任　职　时　间	附　　注
灵安公社党委	书　记	厉永臣	1961.04—1968.06	1961年4月，灵安公社党委调整为灵安、同福、钱林三个公社党委
	副书记	沈根生	1961.08—1968.06	
	副书记	赵掌权	1962.11—1968.06	
	副书记	缪昌仁	1965.12—1968.06	
	副书记	沈阿金	1966.04—1968.06	
灵安公社党的核心小组	组　长	万连芳	1970.05—1970.09	1970年5月，建立革委会党的核心小组
中共灵安人民公社委员会	书　记	万连芳	1970.09—1972.05	1970年9月恢复公社党委
	书　记	缪昌仁	1972.05—1976.10	
	副书记	邱耀庭	1970.09—1973.11	
	副书记	顾振华	1972.04—1976.10	
	副书记	顾锦祥	1973.03—1976.10	
灵安公社党委	书　记	缪昌仁	1976.10—1983.02	1976年10月，粉碎江青反革命集团后，调整灵安公社党委。1981年7月，召开中共灵安公社第五次党员代表大会
	书　记	汪品浩	1983.02—1984.01	
	副书记	顾锦祥	1976.10—1977.03	
	副书记	顾振华	1976.10—1977.03	
	副书记	沈根生	1977.03—1980.05	
	副书记	黄顺虎	1980.04—1984.01	
中共灵安乡委员会	书　记	汪品浩	1984.01—1985.11	1983年12月，灵安公社党委改为灵安乡党委
	副书记	朱金德	1984.01—1985.11	
	巡视员	黄顺虎	1985.04—1985.11	
中共灵安镇委员会	书　记	汪品浩	1985.11—1987.02	1985年11月，灵安乡党委改称灵安镇党委
	副书记	朱金德	1985.11—1987.02	
	巡视员	黄顺虎	1985.11—1987.12	
中共灵安镇委员会	书　记	汪品浩	1987.02—1989.04	1987年2月，召开灵安镇第七次党员代表大会，选举产生中共灵安镇第七届委员会
	书　记	沈洪发	1989.04—1990.02	
	副书记	朱金德	1987.02—1988.02	
	副书记	陈传生	1989.01—1989.11	
	副书记	朱金甫	1989.03—1990.02	
	副书记	俞和林	1989.11—1990.02	
	委　员	朱金甫	1987.02—1989.03	
	委　员	曹圣林	1987.02—1990.02	
	委　员	卫洪标	1987.02—1989.11	
	委　员	沈子林	1989.11—1990.02	
	委　员	王长坤	1989.11—1990.02	

续表

机构名称	职　务	姓　名	任　职　时　间	附　　注
中共灵安镇委员会	书　记	沈洪发	1990.02—1992.12	1990年2月，召开中共灵安镇第八次代表大会，选举产生中共灵安镇第八届委员会
	书　记	柏利勇	1992.12—1993.02	
	副书记	俞和林	1990.02—1992.12	
	副书记	朱金甫	1990.02—1992.12	
	副书记	吴汉明	1992.12—1993.02	
	副书记	陆德林	1992.12—1993.02	
	委　员	沈子林	1990.02—1990.12	
	委　员	王长坤	1990.02—1990.08	
	委　员	曹圣林	1990.02—1992.12	
	委　员	王掌琪	1991.05—1993.02	
	委　员	李炳贵	1991.09—1992.06	
	委　员	吴炳华	1992.06—1993.02	
	委　员	曹建奎	1992.06—1993.02	
	委　员	朱炳华	1992.06—1992.12	
	委　员	施金美	女，1992.12—1993.02	
中共灵安镇委员会	书　记	柏利勇	1993.02—1993.06	1993年2月，召开灵安镇第九次党员代表大会，选举产生中共灵安镇第九届委员会
	书　记	蔡玉奇	1993.06—1996.01	
	副书记	陆德林	1993.02—1996.01	
	副书记	吴汉明	1993.02—1996.01	
	副书记	杨学江	1994.12—1995.10	
	副书记	魏士荣	1995.10—1996.01	
	委　员	吴炳华	1993.02—1995.01	
	委　员	王掌琪	1993.02—1996.01	
	委　员	施金美	女，1993.04—1994.03	
	委　员	曹建奎	1993.02—1994.09	
	委　员	宋建明	1994.03—1996.01	
	委　员	王有刚	1995.10—1996.01	
	委　员	曹月仙	女，1995.10—1996.01	
	委　员	邱海潮	1995.11—1996.01	
中共灵安镇委员会	书　记	蔡玉奇	1996.01—1997.11	1996年1月，召开灵安镇第十次党员代表大会，选举产生中共灵安镇第十届委员会
	书　记	魏士荣	1998.03—1998.11	
	副书记	魏士荣	1996.01—1998.03	
	副书记	陆德林	1996.01—1998.11	
	副书记	吴汉明	1996.01—1998.11	

续表

机构名称	职　务	姓　名	任　职　时　间	附　　注
中共灵安镇委员会	委　员	王有刚	1996.01—1998.11	1996年1月，召开灵安镇第十次党员代表大会，选举产生中共灵安镇第十届委员会
	委　员	曹月仙	女，1996.01—1998.11	
	委　员	邱海潮	1996.01—1998.11	
	委　员	宋建明	1996.01—1998.11	
	委　员	王掌琪	1996.01—1998.11	
中共灵安镇委员会	书　记	许松泉	1998.11—1999.01	1998年10月，史桥乡并入灵安镇。11月调整党委、纪委领导班子
	副书记	邱海潮	1998.11—1999.01	
	副书记	沈元林	1998.11—1999.01	
	副书记	周炳兴	1998.11—1999.01	
	委　员	王有刚	1998.11—1999.01	
	委　员	倪金松	1998.11—1999.01	
	委　员	王掌琪	1998.11—1999.01	
	委　员	俞桂南	女，1998.11—1999.01	
中共灵安镇委员会	书　记	许松泉	1999.01—2001.10	1999年1月，召开中共灵安镇第十一次代表大会，选举产生中共灵安镇第十一届委员会
	副书记	沈元林	1999.01—2001.10	
	副书记	邱海潮	1999.01—2001.10	
	副书记	周炳兴	1999.01—2001.10	
	委　员	王有刚	1999.01—2001.10	
	委　员	王掌琪	1999.01—2001.10	
	委　员	俞桂南	女，1999.01—2001.10	
	委　员	倪金松	1999.01—2001.10	

资料来源：《中国共产党浙江省桐乡县组织史资料》《中国共产党桐乡市凤鸣街道委员会组织史资料》

同福乡党组织

1956年2月，崇德县实行撤区并乡。同福、中福、天福3乡和虎啸乡的六、七2个村合并为同福乡，建立同福乡党支部。5月，同福乡党支部改为中共同福乡总支。1957年10月，建立同福乡党委。

1958年10月，崇德县实现人民公社化。撤销同福乡党委，行政区域并入灵安公社。1961年4月，调整社队规模，同福公社从灵安公社划出，建立同福公社党委。

1968年至1970年，党组织受到“文化大革命”冲击，被迫停止活动。1970年5月，建立同福公社革委会党的核心小组，7月恢复公社党委。1976年10月，粉碎江青反革命集团后，调整同福公社党委班子。1981年7月，召开中共同福公社第四次代表大会，选举产生中共同福公社第四届委员会。

1983年12月，政社分设。原中共桐乡县同福公社委员会改为中共桐乡县同福乡委员会。1984年1月，召开中共同福乡第五次代表大会，选举产生中共同福乡第五届委员会。1990年3月，同福乡党委建立党的纪律检查委员会。2007年10月，撤销同福乡建制，并入凤鸣街道，同福乡党委同时撤销。

表 13—3　中共同福乡委员会(支部委员会)、中共同福公社委员会领导班子成员名录

机构名称	职　务	姓　名	任　职　时　间	附　　　注
同福乡党支部	书　记	张杏娥	女,1954.09—1956.01	
中福乡党支部	书　记	沈掌发	1954.09—1956.01	
天福乡党支部	书　记	朱茂发	1954.04—1955.12	
	书　记	祝金昌	1956.01—1956.01	
中共同福乡党支部	书　记	沈掌发	1956.02—1956.05	1956 年 2 月建立同福乡党支部
	副书记	成连坤	1956.02—1956.05	
	副书记	张杏娥	女,1956.02—1956.05	
中共同福乡党总支	总支书记	沈掌发	1956.05—1957.01	1956 年 5 月,同福乡党支部改为中共同福乡总支
	书　记	马星瑞	兼,1957.01—1957.09	
	副书记	成连坤	1956.05—1957.01	
	副书记	张杏娥	女,1956.05—1957.01	
	副书记	沈掌发	1957.01—1957.09	
中共同福乡委员会	书　记	沈掌发	1957.10—1957.12	1957 年 10 月,建立同福乡党委
	书　记	杨德业	1957.12—1958.02	
	书　记	孙子青	兼,1958.02—1958.06	
	副书记	沈连生	1957.10—1958.10	
	副书记	祝金昌	1957.10—1958.10	
	副书记	田玉墀	1958.02—1958.10	
	副书记	沈掌发	1958.02—1958.10	
同福公社党委	负责人	田玉墀	1961.04—1961.06	1961 年 4 月,同福公社从灵安公社划出,成立同福公社党委
	书　记	田玉墀	1961.06—1962.07	
中共同福公社委员会	书　记	田玉墀	1962.07—1966.07	1962 年 7 月,召开同福公社第三次党员代表大会,选举产生中共同福公社第三届委员会
	书　记	徐关松	1966.07—1968.04	
	副书记	张长意	1962.11—1968.04	
同福公社党的核心小组	组　长	徐关松	1970.05—1970.07	1970 年 5 月,建立革委会党的核心小组
中共同福公社委员会	书　记	徐关松	1970.07—1970.12	1970 年 7 月,恢复同福公社党委
	第一副书记	景张明	1971.01—1971.05	
	副书记	陈益清	1971.02—1976.10	
	书　记	张景明	1971.06—1976.10	
同福公社党委	书　记	景张明	1976.10—1978.12	1976 年 10 月,粉碎江青反革命集团后,调整同福公社党委
	书　记	沈子浩	1978.12—1983.12	
	副书记	陈益清	1976.10—1982.01	
	副书记	倪荣林	1982.05—1983.09	

续表

机构名称	职　务	姓　名	任职时间	附　　注
同福乡党委	书　记	王建芳	1984.01—1987.02	1983年12月，同福公社党委改为同福乡党委
	副书记	诸柏生	1985.11—1987.02，聘用	
	副书记	朱新夫	1987.03—1987.02	
中共同福乡委员会	书　记	王建芳	1987.02—1990.02	1987年2月，召开同福乡第六次党员代表大会，选举产生中共同福乡第六届委员会
	副书记	朱新夫	1987.02—1988.04	
	副书记	诸柏生	1987.03—1988.04	
	副书记	李爱林	1989.03—1990.02	
	副书记	沈柏明	1989.11—1990.02	
	委　员	李爱林	1987.07—1989.03	
	委　员	谈汉洪	1987.03—1989.11	
	委　员	陈柏田	1987.03—1990.02	
	委　员	王坤松	1987.03—1990.02	
	委　员	沈柏明	1988.05—1989.11	
	委　员	李爱林	1987.07—1989.02	
	委　员	王锡元	1989.11—1990.02	
中共同福乡委员会	书　记	王建芳	1990.02—1992.06	1990年2月，召开同福乡第七次党员代表大会，选举产生中共同福乡第七届委员会
	书　记	徐雪坤	1992.06—1993.02	
	副书记	李爱林	1990.02—1993.02	
	副书记	沈柏明	1990.02—1991.09	
	副书记	胡文泉	1991.09—1992.12	
	副书记	杨洪清	1992.06—1993.02	
	副书记	王坤松	1992.12—1993.02	
	委　员	王锡元	1990.02—1993.02	
	委　员	王坤松	1990.02—1992.12	
	委　员	王长坤	1990.08—1993.02	
	委　员	朱建松	1991.03—1992.12	
	委　员	徐金甫	1992.12—1993.02	
中共同福乡委员会	书　记	徐雪坤	1993.02—1995.06	1993年2月，召开同福乡第八次党员代表大会，选举产生中共同福乡第八届委员会
	书　记	王坤松	1995.10—1996.01	
	副书记	李爱林	1993.02—1995.03	
	副书记	杨洪清	1993.02—1996.01	
	副书记	王坤松	1993.02—1995.10	
	副书记	傅镇亚	1995.10—1996.01	
	委　员	王锡元	1993.02—1995.03	

续表

机构名称	职　务	姓　名	任　职　时　间	附　　注
中共同福乡委员会	委　员	徐金甫	1993.02—1995.10	1993年2月，召开同福乡第八次党员代表大会，选举产生中共同福乡第八届委员会
	委　员	王长坤	1993.02—1996.01	
	委　员	吕松发	1995.10—1996.01	
	委　员	沈建顺	1995.10—1996.01	
中共同福乡委员会	书　记	王坤松	1996.01—1999.01	1996年1月，召开同福乡第九次党员代表大会，选举产生中共同福乡第九届委员会
	副书记	傅镇亚	1996.01—1998.11	
	副书记	杨洪清	1996.01—1998.11	
	副书记	盛月良	1998.11—1999.01	
	副书记	朱生泉	1998.11—1999.01	
	委　员	王长坤	1996.01—1999.01	
	委　员	吕松发	1996.01—1998.11	
	委　员	沈建顺	1996.01—1998.11	
	委　员	吕慧芳	女，1997.02—1998.11	
	委　员	方建学	1998.11—1999.01	
	委　员	魏娟美	女，1998.11—1999.01	
中共同福乡委员会	书　记	王坤松	1999.01—2001.03	1999年1月，召开同福乡第十次党员代表大会，选举产生中共同福乡第十届委员会
	书　记	姚叙才	2001.03—2002.01	
	副书记	朱生泉	1999.01—2001.03	
	副书记	盛月良	1999.01—2000.07	
	副书记	俞少杰	2000.07—2002.01	
	副书记	平建国	2001.03—2002.01	
	委　员	方建学	1999.01—2001.10	
	委　员	魏娟美	女，1999.01—2001.10	
	委　员	王长坤	1999.01—2001.10	
	委　员	陆玉芬	女，2001.10—2002.01	
	委　员	钱锦松	2001.10—2002.01	
	委　员	周锡富	2001.10—2002.01	
	委　员	陈玉坤	2001.10—2002.01	
	委　员	潘根田	2001.10—2002.01	
中共同福乡委员会	书　记	姚叙才	2002.01—2005.03	2002年1月，召开同福乡第十一次党员代表大会，选举产生中共同福乡第十一届委员会
	书　记	包晓敏	女，2005.03—2006.10	
	副书记	平建国	2002.01—2003.03	
	副书记	俞少杰	2002.01—2003.06	
	副书记	包晓敏	女，2003.04—2005.03	
	副书记	沈永础	2003.06—2005.08	

续表

机构名称	职　务	姓　名	任　职　时　间	附　　　注
中共同福乡委员会	副书记	章建祥	2004.10—2006.10	2002年1月，召开同福乡第十一次党员代表大会，选举产生中共同福乡第十一届委员会
	副书记	金雪根	2005.08—2006.10	
	委　员	陆玉芬	女，2002.01—2006.08	
	委　员	陈玉坤	2002.01—2004.10	
	委　员	周锡富	2002.01—2004.10	
	委　员	钱锦松	2002.01—2006.10	
	委　员	潘根田	2002.01—2006.08	
	委　员	谢树彬	2004.10—2006.08	
	委　员	陈　杰	2004.10—2006.03	
	委　员	许小婷	女，2005.08—2006.10	
	委　员	蔡忠浩	2006.03—2006.10	
	委　员	李建浩	2006.08—2006.10	
	委　员	李新海	2006.08—2006.10	
	委　员	方建国	2006.08—2006.10	
中共同福乡委员会	书　记	包晓敏	女，2006.10—2007.10	2006年10月，召开同福乡第十二次党员代表大会，选举产生中共同福乡第十二届委员会。2007年10月，撤销同福乡建制，并入凤鸣街道，同福乡党委成员自行免去
	副书记	金雪根	2006.10—2007.10	
	副书记	章建祥	2006.10—2007.10	
	委　员	方建国	2006.10—2007.10	
	委　员	许小婷	女，2006.10—2007.10	
	委　员	李建浩	2006.10—2007.10	
	委　员	李新海	2006.10—2007.10	
	委　员	蔡忠浩	2006.10—2007.10	

资料来源：《中国共产党浙江省桐乡县组织史资料》《中国共产党桐乡市凤鸣街道委员会组织史资料》

史桥乡党组织

1949年5月，史桥乡解放后，受桐乡县屠甸区委领导开展工作。1954年，建立永丰乡党支部。

1956年2月，永丰乡与亭桥乡合并为丰桥乡，成立丰桥乡党支部。随着党组织建设的不断加强和党员队伍的发展，1957年2月，成立丰桥乡党总支。1957年11月，成立丰桥乡党委，下辖支部11个(包括亭桥乡部分)。

1958年10月，桐乡县实现人民公社化。丰桥乡并入南日公社，党组织隶属南日公社党委。

1984年11月，史桥乡从南日乡划出，新建史桥乡党委。1987年2月，召开史桥乡第六次党代会，选举产生第六届党委会。1990年2月，史桥乡党委建立党的纪律检查委员会。1998年10月，史桥乡并入灵安镇，11月撤销史桥乡党委、纪委。

表 13—4　中共永丰乡委员会(支部委员会)、中共史桥乡委员会领导班子成员名录

机构名称	职务	姓名	任职时间	附注
永丰乡党支部	书记	杨金芳	1954—1956.02	1954年,建立中共永丰乡支部
	副书记	夏永山	1954—1956.02,不脱产	
丰桥乡党支部	书记	沈圣华	1956.02—1956.11	1956年2月,永丰乡与亭桥乡合并为丰桥乡,成立丰桥乡党支部
	书记	蒋松甫	1956.11—1957.02	
	副书记	杨金芳	1956.02—1957.02	
	副书记	朱文浩	1956.02—1957.02	
	副书记	沈圣华	1956.11—1957.02	
丰桥乡党总支	书记	蒋松甫	1957.02—1957.11	1957年2月,成立丰桥乡党总支
	副书记	沈圣华	1957.02—1957.10	
	副书记	朱文浩	1957.02—1957.05	
丰桥乡党委	书记	张楚江	1957.11—1958.10	1957年11月,成立丰桥乡党委
	副书记	蒋松甫	1957.11—1958.10	
史桥乡党委	副书记	孟金祥	1984.11—1985.11	1984年11月,史桥乡建立
	副书记	钟明才	1986.01—1987.02	
中共史桥乡委员会	书记	钟明才	1987.02—1990.02	1987年2月,召开史桥乡第六次党代会,选举产生第六届党委会
	副书记	俞顺龙	1987.02—1990.02,聘用	
	副书记	俞月明	1988.01—1989.11	
	副书记	吴汉明	1989.11—1990.02	
	委员	俞月明	1987.02—1988.01	
	委员	许新农	1987.07—1990.02	
	委员	曹月康	1987.02—1990.02	
中共史桥乡委员会	书记	钟明才	1990.02—1992.12	1990年2月,召开史桥乡第七次党代会,选举产生第七届党委会
	书记	俞顺龙	1992.12—1993.02	
	副书记	俞顺龙	1990.02—1992.12	
	副书记	吴汉明	1990.02—1992.12	
	副书记	杨国民	1992.12—1993.02	
	副书记	朱金甫	1992.12—1993.02	
	委员	许新农	1990.02—1991.12	
	委员	曹月康	1990.02—1993.02	
	委员	钱春其	1992.04—1993.02	
	委员	徐锡堂	1992.06—1993.02	
中共史桥乡委员会	书记	俞顺龙	1993.02—1994.03	1993年2月,召开中共史桥乡第八次代表大会,选举产生中共史桥乡第八届委员会
	书记	周汉江	1994.03—1995.10	
	书记	杨学江	1995.10—1996.01	
	副书记	朱金甫	1993.02—1995.10	

续表

机构名称	职　务	姓　名	任　职　时　间	附　　注
中共史桥乡委员会	副书记	杨国民	1993.02—1994.03	1993年2月，召开中共史桥乡第八次代表大会，选举产生中共史桥乡第八届委员会
	副书记	庄锦松	1994.03—1995.10	
	副书记	庄永生	1995.10—1996.01	
	副书记	周炳兴	1995.10—1996.01	
	委　员	徐锡堂	1993.02—1996.01	
	委　员	钱春其	1993.02—1995.03	
	委　员	曹月松	1995.04—1996.01	
	委　员	朱爱琴	女，1995.10—1996.01	
中共史桥乡委员会	书　记	杨学江	1996.01—1998.11	1996年1月，召开中共史桥乡第九次代表大会，选举产生中共史桥乡第九届委员会
	副书记	庄永生	1996.01—1998.11	
	副书记	周炳兴	1996.01—1998.11	
	委　员	朱爱琴	女，1996.01—1998.11	
	委　员	徐锡堂	1996.01—1998.11	
	委　员	曹月松	1996.01—1998.11	

资料来源：《中国共产党浙江省桐乡县组织史资料》《中国共产党桐乡市凤鸣街道委员会组织史资料》

中共凤鸣街道委员会

2001年10月，灵安镇改称为凤鸣街道，新建中共凤鸣街道委员会。2002年1月，召开凤鸣街道第一次党员代表大会，选举产生中共凤鸣街道第一届委员会。

2007年10月，行政区域调整，同福乡区域并入凤鸣街道，新建中共凤鸣街道委员会。2011年12月，召开中共凤鸣街道第三次代表大会，选举产生中共凤鸣街道第三届委员会。

表13—5　　中共凤鸣街道委员会领导班子成员名录

机构名称	职　务	姓　名	任　职　时　间	附　　注
中共凤鸣街道委员会	书　记	赵学明	2001.10—2002.01	2001年10月，灵安镇更名为凤鸣街道，设街道办事处
	副书记	邱海潮	2001.10—2002.01	
	副书记	徐荣坤	2001.10—2002.01	
	副书记	沈伟平	2001.10—2002.01	
	委　员	肖元松	2001.10—2002.01	
	委　员	吕慧芳	女，2001.10—2002.01	
	委　员	杨华禹	女，2001.10—2002.01	
	委　员	宋霄峰	2001.10—2002.01	
	委　员	李锦泉	2001.10—2002.01	
中共凤鸣街道委员会	书　记	赵学明	2002.01—2004.02	2002年1月，召开中共凤鸣街道第一次党员代表大会，选举产生中共凤鸣街道第一届委员会
	书　记	张林洪	2004.02—2006.12	

续表

机构名称	职务	姓名	任职时间	附注
中共凤鸣街道委员会	副书记	邱海潮	2002.01—2004.03	2002年1月，召开中共凤鸣街道第一次党员代表大会，选举产生中共凤鸣街道第一届委员会
	副书记	徐荣坤	2002.01—2006.08	
	副书记	沈伟平	2002.01—2003.06	
	副书记	葛柏金	2003.06—2006.12	
	副书记	肖元松	2004.10—2006.08	
	副书记	张建根	2004.10—2006.12	
	委　员	肖元松	2002.01—2004.10	
	委　员	吕慧芳	女，2002.01—2004.10	
	委　员	杨华禹	女，2002.01—2003.06	
	委　员	宋霄峰	2002.01—2004.10	
	委　员	李锦泉	2002.01—2006.08	
	委　员	陈新悦	女，2004.10—2006.12	
	委　员	沈国峰	2004.10—2006.12	
	委　员	蔡忠浩	2004.10—2006.03	
	委　员	沈伟忠	2006.08—2006.12	
	委　员	钟建芳	2006.08—2006.12	
中共凤鸣街道委员会	书　记	张林洪	2006.12—2007.04	2006年12月，召开凤鸣街道第二次党员代表大会，选举产生中共凤鸣街道第二届委员会
	书　记	李云飞	2007.04—2007.10	
	副书记	葛柏金	2006.12—2007.10	
	副书记	张建根	2006.12—2007.10	
	委　员	沈国峰	2006.12—2007.10	
	委　员	陈新悦	女，2006.12—2007.10	
	委　员	钟建芳	2006.12—2007.10	
	委　员	沈伟忠	2006.12—2007.10	
中共凤鸣街道委员会	书　记	李云飞	2007.10—2010.02	2007年10月，行政区域调整，同福乡区域并入凤鸣街道，撤销中共同福乡委员会
	书　记	葛柏金	2010.02—2011.12	
	副书记	葛柏金	2007.10—2010.02	
	副书记	金雪根	2007.10—2008.03	
	副书记	张建根	2007.10—2011.12	
	副书记	章建祥	2007.10—2011.10	
	副书记	郁　欢	2011.01—2011.12	
	委　员	沈国峰	2007.10—2011.03	
	委　员	陈新悦	女，2007.10—2009.08	
	委　员	蔡忠浩	2007.10—2008.05	
	委　员	李建浩	2007.10—2008.09	

续表

机构名称	职　务	姓　名	任　职　时　间	附　　注
中共凤鸣街道委员会	委　员	沈伟忠	2007.10—2011.12	2007年10月，行政区域调整，同福乡区域并入凤鸣街道，撤销中共同福乡委员会
	委　员	钟建芳	2007.10—2011.12	
	委　员	范炳田	2008.05—2011.10	
	委　员	王柱明	2009.09—2011.10	
	委　员	吴霞萍	女，2009.09—2011.12	
	委　员	姚国中	2011.10—2011.12	
	委　员	章金康	2011.10—2011.12	
中共凤鸣街道委员会	书　记	葛柏金	2011.12—	2011年12月，召开凤鸣街道第三次党员代表大会，选举产生中共凤鸣街道第三届委员会
	副书记	张建根	2011.12—	
	副书记	郁　欢	2011.12—	
	委　员	姚国中	2011.12—	
	委　员	吴霞萍	2011.12—	
	委　员	章金康	2011.12—	
	委　员	钟建芳	2011.12—	
	委　员	沈伟忠	2011.12—	
	委　员	潘　星	2011.12—	

资料来源：《中国共产党浙江省桐乡县组织史资料》《中国共产党桐乡市凤鸣街道委员会组织史资料》

基层党组织

1954年以后，随着党员数量的增加和各乡党组织的建立，党的基层组织逐步延伸至行政村和机关企事业单位。1955年，同福乡有3个党支部，40名党员，其中女党员2名。1956年灵安乡有12个党支部。1957年，永丰乡党委辖13个党支部。其中：原史桥乡区域有党支部5个，党员46名。1961年，中共灵安公社委员会辖15个党支部；中共同福公社委员会辖10个党支部，209名党员，其中女党员26名。1987年12月，灵安镇有12个村党支部，13个企事业单位（包括机关）党支部，428名党员。1988年1月，中共史桥乡党委下辖16个支部，其中8个村支部、7个企事业单位支部、1个机关支部，共有236名党员。1988年年底，同福乡有30个党支部，518名党员，其中女党员55名。2008年年底，凤鸣街道有111个党支部，1679名党员，其中女党员299名。2012年底，凤鸣街道有90个党支部，1938名党员，其中正式党员1906名。

第二节　党的建设

组织建设

1949年灵安解放后，通过剿匪反霸斗争和土地改革运动培养了一大批积极分子。1953年7月，成立中共灵安区临时党支部，同时在灵安乡发展第一位党员张子加。以后陆续发展一批党员，为建立基层党组织打下基础。1955年，贯彻“严肃慎重”的建党方针，清理和纯洁队伍，处理不合格党员。

1957年,执行省委《关于暂时停止吸收新党员工作的通知》和《关于农村基层党组织在社教和整风运动中停止转正手续的通知》,党员发展基本停止。1957年10月—11月,分别建立灵安乡党委、同福乡党委和丰桥乡党委,并在原合作社的基础上建立党支部。

1958年10月,建立中共灵安人民公社委员会,并提出"火线入党"的口号,吸收一批新党员。1959年,继续发展新党员。

1978年冬,中共十一届三中全会以后,各公社党委多次对党组织进行整顿,全面纠正"文化大革命"期间及其以前的"左"倾错误,拨乱反正,把党的工作重心转移到社会主义现代化建设上来;对新中国成立以来各个时期的历史案件,本着"实事求是,有错必纠"的原则,进行全面复查,凡属冤假错案,一律平反昭雪,恢复名誉。同时,按照积极慎重的建党方针,注重在知识分子中发展党员。

1985年6月开始,按照中央部署,对各级党组织分期分批进行整党。1988年,按照"坚持标准,保证质量,改善结构,慎重发展"的十六字方针,要求发展党员必须经过1～2年的培养考察,严格把好质量关。1989年,重点抓好后进支部建设,配好支部书记,以增强党的战斗力。开展坚持四项基本原则,反对资产阶级自由化的教育;在共青团中开展"学推"(学习党章,推荐优秀团员为建党对象)活动,党员发展进入规范化轨道。

1990年,在党员中开展以经受"三个考验"(即执政、改革开放、和平演变)为主题的共产主义信念系列教育,全面推行民主评议党员活动,将党员教育、管理、监督融于一体。10月,在农村开展党的基本路线教育。

2004年,以"先锋工程"和"壮大工程"为抓手,切实加强村基层党组织建设,在2003年红旗村党总支被市委树立为全市先锋工程"五好"示范村的基础上,又确定环南村、史桥村为2004年先锋工程"五好"村创建单位,通过示范带动,巩固创建成果,扩大创建面,提高各村党组织战斗力。同时抓好西牛桥村集体经济"壮大工程",实施项目一个。"先锋工程"和"壮大工程"的实施,进一步增强村党组织的战斗力和向心力。以党员议事会制度为载体,切实加强非公有制企业的党建工作。天女集团支部通过嘉兴市级非公有制企业示范党组织验收。开展纪念"七一"建党节系列活动。召开纪念建党83周年党员大会,表彰环南村等4个先进党组织和69名党员积极分子,安排7800元慰问26名困难党员。新确定建党对象21名。7月1日,组织18名新党员到嘉兴南湖举行入党宣誓仪式。街道共调整支部人员18人,发展新党员15名,有19名预备党员按期转正。

2006年,继续在村一级开展"五星党组织"等一系列创建活动,以先锋工程建设为重点,加强农村基层党组织建设,有2个村通过先锋工程验收。新发展党员15名,转正36名。

2007年,同福乡撤销建制,其行政区域整体并入凤鸣街道。街道党委统一领导班子和干部群众思想,严肃政治纪律、财经纪律、组织纪律和工作纪律,召开班子会议、机关干部会议和行政区划调整座谈会,确保行政区划调整工作顺利进行。创新市级党代表定期活动机制,率先在全市建立政协委员、市级党代表联合活动制度。以"五星"党组织创建为依托,推进农村基层组织先锋工程创建活动。全面开展以联事、联户为主要内容的农村党员"双联"活动,全街道共有296名农村党员参与"双联"活动,联系农户1253户。落实党内关爱机制,慰问229名老党员、老干部、老先进和困难党员。加强非公企业党建工作,采取班子成员联系企业,下派党建工作指导员等措施,以单建或联建形式,实现非公企业党组织全覆盖,其中单建非公企业党支部6家。新发展党员22名,转正40名,共有入党申请人员197名,入党积极分子182名。

2008年,针对区划调整后党组织现状,对52个党(总)支部进行整合规范,并新建1个合作社党支部。按照市委的统一部署，全面完成村级组织换届选举工作。依托"五星"党组织创建，扎实推进先锋工程建设，并全面深化农村党员"双联"活动。落实党内关爱机制，全年慰问"三老一困"人员229名。做好党员发展工作，新吸收和转正党员共52名。

2009年，开展行政村和企业五星党组织创建和农村党员"双联双诺双带"活动，健全流动党员管理办法，建立外出服务区流动党员党支部。加强党员发展工作，全年发展党员26名，预备党员转正41名。

2010年，以先锋承诺、先锋服务、党员先锋日、先锋品牌建设四大活动为载体，开展"菊乡先锋"创先争优活动，引导全街道党组织和党员创建先进基层党组织、争当优秀共产党员。深化村、企"星级党组织"创建工作。调整优化10个党组织领导班子，新建新东方油墨公司、永泰针织公司、中心幼儿园3个党支部，实现了街道新经济组织、新社会组织党建"双覆盖"。实施远程教育"农企对接"工程，支持党员群众创业创新。重视党员发展工作，举办入党积极分子培训班1期，发展新党员34名，转正67名。开展建党89周年主题庆祝活动，慰问50年以上党龄老党员200名。

2010年3月凤鸣街道召开党建工作会议

2011年，重视推优入党工作，举办入党积极分子培训班二期，发展新党员35名，转正60名。开展"红细胞"培育工程，新建阳光制衣、春风服装、博尔服饰、雅意服饰、华虹家纺5个党支部，实现非公企业党组织覆盖率100%。同辉公司、嘉名公司被评为嘉兴市"发展强、党建强"先进企业。

2012年，浙江嘉名控股有限公司党支部被评为嘉兴市先进基层党组织、桐乡市"菊乡先锋"先进基层党组织。开展"四联四强"走访服务活动，推进党员干部进组入户"拉家常"，建立网格化、点对点直接联系服务群众工作长效机制。实施"进百村住千家联万户"实践活动。加强"三小组长"队伍建设，全面开展"小岗位大作为"千名组长先锋行动。提升两新组织党建工作水平，实施非公有制企业"五比示范"活动。开展"网络党建"，基层党组织党建微博全覆盖，"史桥发布""嘉名党建"等成为较有影响力微博。建立街道级和村(企事业单位)党代表工作室各1个。全年发展党员32名，转正53名。

思想作风建设

1964—1965年，境内各公社党委组织党员干部学习《毛泽东选集》，结合社会主义教育运动，进行"反修防修"的宣传教育。同时，开展"农业学大寨""工业学大庆""全国学人民解放军"的活动。

1966年5月，"文化大革命"开始，各级党组织相继瘫痪。1970年5月后，党组织陆续恢复活动，党员陆续恢复组织生活，但党的组织工作未走上正轨。1974年，又进行"批林批孔"运动，突击入党、突击提干。1975年，贯彻《中央对浙江省委报告的批示》(中共中央〔1975〕16号文)，着手整顿党的组织，纠正"双突"错误。

1976年10月，粉碎江青反革命集团，"文化大革命"结束。1977年，组织党员学习《毛泽东选集》第五卷。1978年下半年，通过"实践是检验真理的唯一标准"的思想解放运动，冲破"两个凡是"的思想误区。

1986年，适应改革开放和经济建设的需要，以"新时期共产党员形象"为主题开展教育活动。是年始，试行"抓阵地网络，抓主题教育"的党员教育形式，陆续建立乡镇党校。1987年，乡镇党委组织开展以“如何发挥党支部的战斗堡垒作用和党员的先锋模范作用”为主题的讨论，并进行为“四化”建功立业的教育活动。1989年，以学习中共十三届四中、五中全会精神为重点，开展“学焦裕禄、学雷锋，做合格干部、合格党员”系列活动。

1993年开始，按照党要管党和从严治党的方针，着重抓领导班子思想作风建设、基层组织建设和党员的教育管理，以增强党的凝聚力，提高党的战斗力。开展“双学双做”“党旗在我心中”的思想教育活动，提高党员素质。同时完善《党建工作制度》《党风责任区制度》和《机关干部学习制度》，促进党风廉政建设和思想作风建设。1997—1999年，学习倡导“讲学习、讲政治、讲正气”，坚持以邓小平理论武装全党，强化党员、干部的思想政治教育。

2005年，以保持共产党员先进性教育为契机，以“争五星”（班子星、素质星、管理星、服务星、实力星）、“创六好”（班子建设好、党员素质好、制度执行好、共建工作好、合作共事好、作用发挥好）为载体，全面加强党的建设。根据市委的统一部署，街道27个党（总）支部888名党员分二批参加保持共产党员先进性教育。开展了建党节“八个一”系列活动，召开纪念建党84周年表彰会，表彰红旗村等5个先进党组织和65名党员积极分子。

2006年，以党委中心组学习、街道党校为阵地，邀请专家学者作讲座辅导，广泛开展中共十六届五中、六中全会精神，保持共产党员先进性、社会主义荣辱观、学习《江泽民文选》等主题教育活动。

2007年，广泛开展“作风建设年”、中共十七大精神学习教育活动。2008年，党委班子以身作则，参加市委双休日论坛和中心组学习，全年开展集体学习10余次。加强党支部和党员学习教育，通过党员学习日、报告会、主题教育等形式，广泛开展中共十七大、十七届三中全会精神学习和“树新形象、创新业绩”主题实践活动。通过学教活动，增强党员干部的政治理论素质和实践思考能力，转变党员干部的工作作风。

2009年，在全街道上下广泛开展学习实践科学发展观活动，完成学习调研、分析检查和整改落实三个阶段各项工作任务。坚持求真务实的学风，强化街道党委中心组理论学习，充分发挥现代远程教育平台作用，不断提高街道、村两级党员干部理论素养，树立科学发展的理念，形成干事创业、清正廉洁的新风。

2011年，广泛开展学习中共十七届五中、六中全会精神和胡锦涛总书记“七一”讲话。以“菊乡先锋”创先争优活动为切入点，结合纪念建党90周年纪念活动，加强党员党性意识教育，在党员队伍中开展“一句话”承诺活动。2012年，以学习贯彻中共十八大精神和浙江省、桐乡市第十三次党代会精神及纪念建党91周年活动为契机，深化党员学习教育。

第三节　党的纪律检查

纪检组织

1958年10月，建立人民公社。根据上级部署，中共灵安人民公社委员会设监察委员会。1966年5月，受“文化大革命”冲击，党委和党的监察工作机构被迫停止工作。1970年10月，恢复成立公社党委后，确定一名党委委员分管纪检工作。1984年，中共桐乡县委任命各乡、镇党委纪检委员，明确纪律检查工作由党委副书记分管，配专职纪检干部1名。1990年2月，根据上级文件精神，灵安镇、同福乡和史桥乡相继建立党的纪律检查委员会。中共乡镇纪律检查委员会（简称“纪检委”，下同）由同级党的代表大会选举产生，任期与党委相同。通常由党委分管党群工作的副书记兼任纪检委书记，党委纪检委员任纪检委副书记。2001 年和 2007 年两次行政区域调整后，均设中共凤鸣街道纪律检查委员会，配备书记、副书记。

表 13—6　　境内各乡镇纪检委主要领导名录

单位名称	职　务	姓　名	任　职　时　间	附　　注
中共灵安镇纪检委	书　记	朱金甫	1990.02—1992.12	1990 年 2 月，召开中共灵安镇第八次代表大会，选举产生中共灵安镇纪律检查委员会
	书　记	吴汉明	1992.12—1993.02	
	副书记	曹圣林	1990.02—1992.12	
	副书记	施金美	女，1992.12—1993.02	
	书　记	吴汉明	1993.02—1996.01	1993 年 2 月，召开中共灵安镇第九次代表大会，选举产生中共灵安镇纪律检查委员会
	副书记	施金美	女，1993.02—1994.03	
	副书记	宋建明	1994.03—1996.01	
	书　记	吴汉明	1996.01—1998.11	1996 年 1 月，召开中共灵安镇第十次代表大会，选举产生中共灵安镇纪律检查委员会
	副书记	宋建明	1996.01—1998.11	
	书　记	周炳兴	1988.11—1999.01	1988 年 10 月，史桥乡并入灵安镇，11 月调整纪委领导班子
	副书记	俞桂南	女，1988.11—1999.01	
	书　记	周炳兴	1999.01—2001.10	1999 年 1 月，召开中共灵安镇第十一次代表大会，选举产生中共灵安镇纪律检查委员会
	副书记	俞桂南	女，1999.01—2001.10	
中共史桥乡纪检委	书　记	吴汉明	1990.03—1992.12	1990 年 3 月，中共史桥乡第七次代表大会召开，选举产生中共史桥乡纪律检查委员会
	书　记	朱金甫	1992.12—1993.03	
	副书记	许新农	1990.03—1991.12	
	副书记	钱春其	1992.04—1993.03	
	书　记	朱金甫	1993.03—1995.10	1993 年 3 月，中共史桥乡第八次代表大会召开，选举产生中共史桥乡纪律检查委员会
	书　记	周炳兴	1995.10—1995.12	
	副书记	钱春其	1993.03—1995.03	
	副书记	曹月松	1995.10—1995.12	
	书　记	吴汉明	1990.02—1992.12	1990 年 2 月，中共史桥乡第七次代表大会召开，选举产生中共史桥乡纪律检查委员会
	副书记	许新农	1990.02—1991.12	
	书　记	朱金甫	1993.02—1995.10	1993 年 2 月，中共史桥乡第八次代表大会召开，选举产生中共史桥乡纪律检查委员会
	书　记	周炳兴	1995.10—1996.01	
	副书记	钱春其	1993.02—1995.03	
	副书记	曹月松	1995.10—1996.01	
	书　记	周炳兴	1996.01—1998.11	1996 年 1 月，中共史桥乡第九次代表大会召开，选举产生中共史桥乡纪律检查委员会
	副书记	曹月松	1996.01—1998.11	

续表

单位名称	职　务	姓　名	任　职　时　间	附　　　注
中共同福乡纪检委	书　记	沈柏明	1990.02—1991.09	1990年2月，中共同福乡第七次代表大会召开，选举产生中共同福乡纪律委员会
	书　记	胡文泉	1991.09—1992.08	
	书　记	杨洪清	1992.08—1993.02	
	副书记	徐金甫	1992.12—1993.02	
	书　记	杨洪清	1993.02—1996.01	1993年2月，中共同福乡第八次代表大会召开，选举产生中共同福乡纪律委员会
	副书记	徐金甫	1993.02—1995.10	
	副书记	王长坤	1995.10—1996.01	
	书　记	杨洪清	1996.01—1998.11	1996年11月，中共同福乡第九次代表大会召开，选举产生中共同福乡纪律委员会
	书　记	盛月良	1998.11—1999.01	
	副书记	王长坤	1996.01—1998.11	
	副书记	魏娟美	女，1998.11—1999.01	
	书　记	盛月良	1999.01—2000.07	1999年1月，中共同福乡第十次代表大会召开，选举产生中共同福乡纪律委员会
	书　记	俞少杰	2000.07—2002.01	
	副书记	魏娟美	女，1999.01—2001.10	
	副书记	陆玉芬	女，2001.10—2002.01	
	书　记	俞少杰	2002.01—2003.06	2002年1月，中共同福乡第十一次代表大会召开，选举产生中共同福乡纪律委员会
	书　记	沈永础	2003.06—2005.08	
	书　记	章建祥	2005.08—2006.10	
	副书记	陆玉芬	女，2002.01—2006.08	
	副书记	李新海	2006.08—2006.10	
	书　记	章建祥	2006.10—2007.10	2006年10月，中共同福乡第十二次代表大会召开，选举产生中共同福乡纪律委员会
	副书记	李新海	2006.10—2007.10	

资料来源：《中国共产党浙江省桐乡县组织史资料》《中国共产党桐乡市凤鸣街道委员会组织史资料》

表13—7　　凤鸣街道纪检委主要领导名录

职　务	姓　名	任　职　时　间	附　　　注
书　记	沈伟平	2001.10—2002.01	2001年10月，灵安镇更名为凤鸣街道
副书记	吕慧芳	女，2001.10—2002.01	—
书　记	沈伟平	2002.01—2003.06	2002年1月，召开中共凤鸣街道第一次代表大会，选举产生中共凤鸣街道纪律检查委员会。
书　记	葛柏金	2003.06—2004.03	—
书　记	张建根	2004.10—2006.12	—
副书记	吕慧芳	女，2002.01—2004.10	—
副书记	陈新悦	女，2004.10—2006.12	—

续表

职　务	姓　名	任　职　时　间	附　　　注
书　记	张建根	2006.12—2007.10	2006年12月，召开中共凤鸣街道第二次代表大会，选举产生中共凤鸣街道纪律检查委员会
副书记	陈新悦	女，2006.12—2007.10	—
书　记	张建根	2007.10—2010.09	2007年10月，同福乡并入凤鸣街道
书　记	郁　欢	2011.01—2011.12	—
副书记	李建浩	2007.10—2008.09	—
副书记	王柱明	2009.08—20011.10	—
副书记	章金康	2011.10—2011.12	—
书　记	郁　欢	2011.12—	2011年12月，召开凤鸣街道第三次党员代表大会，选举产生中共凤鸣街道纪律检查委员会
副书记	章金康	2011.12—	—

资料来源：《中国共产党浙江省桐乡县组织史资料》《中国共产党桐乡市凤鸣街道委员会组织史资料》

党风廉政建设

2004年，贯彻落实《桐乡市反腐倡廉防范体系建设实施意见》，以建立完善反腐倡廉防范体系为目标，制定和完善街道纪检监察工作制度，把构建反腐倡廉防范体系融入街道政治、经济、文化和社会生活各个领域。在7月至9月份，开展"严禁赌博、拒绝贿赂"专题教育活动。活动中，对2名参与赌博的党员给予党纪处分。

2005年，街道纪委抓党风廉政建设，把加强对党员干部的教育，提高党员干部的政治思想素质摆在十分重要的位置。街道纪委依纪查处3名党员违纪参与赌博案、1名党员违纪淫亵案，其中1名党员受到留党察看一年处分、1名党员受到严重警告处分、2名党员受到警告处分。

2006年，坚持从严治党方针，建立健全惩治和预防腐败工作体系，认真查处违纪案件，切实维护党的严肃性和纯洁性。制定和完善党风廉政建设有关规定，签订责任书，建立领导干部述职述廉评议制度，严格执行公务接待、外出参观考察等有关规定。

2007年，共查处违纪案件5起，处理党员6名。制定和完善党风廉政建设有关规定，签订责任书。全面推行重大事项报告制度和建设工程招投标制度，严格做好50万元以下工程公开招投标工作，办理招标项目24个，节约建设资金155万元。开展村(社区)、非公企业纪检组织建设，14个村和1个社区全部建立纪检小组。

凤鸣街道党建、党风廉政建设会议

2008年，严肃查处违纪案件8件，处理党员8名，其中开除党籍1名。制定和完善党风廉政建设有关规定，建立健全领导干部述职述廉评议制度，在全市率先开展村干部上岗前廉政知识闭卷考试，新建企业纪检小组12个。探索廉政文化新形式，建立廉政书屋、廉政图书角。加强招投标统一平台建设，全年开展招投标 17 次，节约建设资金 58.3 万元。加强廉政教育，共开展廉政教育会议和讲座 3 次，播放廉政教育片 6 本。加强机关效能建设明查暗访，出台有关规定，贯彻“六条禁令”和“五不承诺”。

2009 年，探索开展农村廉情预警机制建设，建立村级廉情监察员制度，进一步夯实农村基层党风廉政建设。贯彻上级厉行节约有关要求，完善街道机关内部管理制度。查处违法违纪党员 5 名。

2010 年，开展“廉政树形象、勤政促发展”专题教育活动，组织党员干部学习《廉政准则》。健全纪检监察信访工作网络，聘任村纪检组长为纪检监察信访协调员。史桥村、路家园村、中群村被市纪委评为“四星”级农村基层党风廉政建设示范村，新农村村被评为嘉兴市级农村基层党风廉政建设示范村。查处各类违纪案件，协助市纪委处理违纪党员 2 名。

2011 年，制定下发《凤鸣街道开展廉情预警机制建设实施办法》，通过发布“绿、黄、红”三色廉情指数，切实加强农村基层党风廉政建设。通过会议的形式，全街道 120 名党员领导干部开展《廉政准则》和《实施办法》的学习。组织招投标 29 次，节约 42.5 万元。协助市纪委处理违纪党员 1 名，街道纪委处理违纪党员 4 名，其中 1 名村干部挪用资金，3 名党员参与赌博。在查处案件的同时，加强和重视纪检信访工作，共收到群众来信来电 3 件，调处 2 件。

2012 年，全面开展党员“净化工程”。落实党风廉政责任制，健全惩治和预防腐败工作体系。创新党内监督方式，继续开展“一把手”阳光权力行动。街道成立机关效能检查组，抽调“二代表一委员”和驻村干部参与监督，每月对街道机关、事业单位和村(社区)进行一次效能检查。坚持从严治党方针，全年查处党员违法违纪案件 5 件，其中违反环境保护法案件 2 件，妨害社会管理秩序案件 1 件，醉酒后危险驾驶机动车案件 2 件，共处理违纪党员 5 名，其中开除党籍 2 名，党内警告 3 名。共处理群众来信来访 4 件，其中网络投诉 2 件。

第四节　党的代表大会

中共灵安公社(乡、镇)代表大会

中共灵安公社第一次代表大会于 1959 年 10 月召开。选举产生中共灵安公社第一届委员会。

中共灵安公社第四次代表大会于 1970 年 9 月召开。选举产生中共灵安公社第四届委员会。

中共灵安公社第五次代表大会于 1981 年 7 月召开。选举产生中共灵安公社第五届委员会。

中共灵安乡第六次代表大会于 1984 年 3 月召开。选举产生中共灵安乡第六届委员会。

中共灵安镇第七次代表大会于 1987 年 2 月召开，选举产生中共灵安镇第七届委员会。

中共灵安镇第八次代表大会于 1990 年 2 月 25 日至 26 日召开。正式代表 84 名，实到 83 名。选举产生中共灵安镇第八届委员会，委员 6 名；中共灵安镇纪律检查委员会，委员 5 名。

中共灵安镇第九次代表大会于 1993 年 2 月 25 日至 26 日召开。正式代表 108 名，实到 101 名。选举产生中共灵安镇第九届委员会，委员 7 名；中共灵安镇纪律检查委员会，委员 5 名。

中共灵安镇第十次代表大会于 1996 年 1 月 27 日至 28 日召开。应到代表 111 名，实到代表 94 名。选举产生中共灵安镇第十届委员会，委员 9 名；选举产生中共灵安镇纪律检查委员会，委员 5 名。

中共灵安镇第十一次代表大会于 1999 年 1 月 5 日至 6 日召开。应到代表 123 名，实到代表 120 名。选举产生中共灵安镇第十一届镇委员会，委员 8 名；选举产生中共灵安镇纪律检查委员会，委员 5 名。

中共同福乡代表大会

中共同福公社第三次代表大会于1962年7月召开。选举产生中共同福乡第三届委员会。

中共同福公社第四次代表大会于1981年7月召开。选举产生中共同福乡第四届委员会。

中共同福乡第五次代表大会于1984年1月召开。选举产生中共同福乡第五届委员会。

中共同福乡第六次代表大会于1987年2月召开。选举产生中共同福乡第六届委员会，委员6名。

中共同福乡第七次代表大会于1990年2月23日至24日召开。正式代表120名，实到120名。选举产生中共同福乡第七届委员会，委员5名；中共同福乡纪律检查委员会，委员5名。

中共同福乡第八次代表大会于1993年2月25日至26日召开。正式代表120名，实到112名。选举产生中共同福乡第八届委员会，委员7名；中共同福乡纪律检查委员会，委员5名。

中共同福乡第九次代表大会于1996年1月27日至28日召开。选举产生中共同福乡第九届委员会，委员6名；选举产生中共同福乡纪律检查委员会，委员5名。

中共同福乡第十次代表大会于1999年1月8日至9日召开。应到代表105名，实到代表99名。选举产生中共同福乡第十届委员会，委员6名；选举产生中共同福乡纪律检查委员会，委员5名。

中共同福乡第十一次代表大会于2002年1月8日至9日召开。应到代表54名，实到代表53名。选举产生中共同福乡第十一届委员会，委员8名；选举产生中共同福乡纪律检查委员会，委员5名。

中共同福乡第十二次代表大会于2006年10月26日至27日召开。应到代表56名，实到代表52名。选举产生中共同福乡第十二届委员会，委员7名；选举产生中共同福乡纪律检查委员会，委员5名。

中共史桥乡代表大会

中共史桥乡第六次代表大会于1987年2月召开。选举产生中共史桥乡第六届委员会。

中共史桥乡第七次代表大会于1990年2月24日至25日召开。正式代表66名，实到66名。选举产生中共史桥乡第七届委员会，委员5名；中共史桥乡纪律委员会，委员5名。

中共史桥乡第八次代表大会于1993年2月26日召开。正式代表90名，实到87名。选举产生中共史桥乡第八届委员会，委员6名；中共史桥乡纪律委员会，委员5名。

中共史桥乡第九次代表大会于1996年1月8日召开。应到代表69名，实到代表67名。选举产生中共史桥乡第九届委员会，委员6名；中共史桥乡纪律委员会，委员5名。

中共凤鸣街道代表大会

中共凤鸣街道第一次代表大会于2002年1月18至19日召开。应到代表57名，实到代表53名。选举产生中共凤鸣街道第一届委员会，委员9名；选举产生中共凤鸣街道纪律检查委员会，委员5名。

中共凤鸣街道第二次代表大会于2006年12月12日至13日召开。选举产生中共凤鸣街道第二届委员会，委员7名；选举产生中共凤鸣街道纪律检查委员会，委员5名。

中共凤鸣街道第三次代表大会于2011年12月10日至11日召开，应到代表77名，实到代表75名。选举产生中共凤鸣街道第三届委员会，委员8名；选举产生中共凤鸣街道纪律检查委员会，委员5名。

第二章　社会团体

第一节　工　　会

组织建设

1994 年 8 月，建立史桥乡工会。1995 年 4 月，建立灵安镇工会，同时工会第一次代表大会召开，选举产生灵安镇第一届工会委员会。1995 年 5 月，建立同福乡工会。

2002 年 3 月，凤鸣街道工会第一次代表大会召开，选举产生凤鸣街道工会第一届委员会。2005 年 11 月，凤鸣街道工会第二次代表大会召开，代表名额 76 名，选举产生凤鸣街道工会第二届委员会，俞月明任主席。2007 年 10 月，凤鸣街道和同福乡合并，新成立凤鸣街道工会委员会。2011 年 3 月 30 日，召开凤鸣街道总工会成立大会暨第一次代表大会，代表名额 85 名。凤鸣街道总工会第一届委员会由 11 名委员组成。

表 13—8　　　　境内乡镇(街道)工会主要领导名录

组织名称	职务	姓名	任职时间
灵安镇工会	主席	吴汉明	1995.04—1998.11
	主席	周炳兴	1999.07—2001.10
同福乡工会	主席	杨洪清	1995.05—1998.11
	主席	盛月良	1999.10—2000.11
	主席	俞少杰	2000.11—2003.07
	主席	沈永础	2003.07—2006.04
	主席	章建祥	2006.04—2007.10
史桥乡工会	主席	周金浦	1994.08—1996.01
	主席	周炳兴	1996.01—1998.10
凤鸣街道工会(总工会)	主席	沈伟平	2002.03—2003.10
	主席	葛柏金	2003.10—2005.07
	主席	俞月明	2005.07—2008.04
	主席	吴永平	2008.04—2011.04
	主席	郁　欢	2011.04—2011.11
	主席	劳伟根	2011.11—

资料来源:《中国共产党浙江省桐乡县组织史资料》《中国共产党桐乡市凤鸣街道委员会组织史资料》

工会活动

2007 年，凤鸣街道工会坚持以建立稳定协调的劳动关系为着力点，整合维权资源，加强与劳动、司法、安监、信访等部门的联系合作，形成工会维权新格局。开展《中华人民共和国工会法》、《中华人民共和国劳动合同法》和《女职工劳动保护条例》的宣传，在集镇和企业中开展了6次维权服务活动，发放宣传资料2500多份，受益1800多人次。开展创建劳动关系和谐企业活动，有18家企业达到三星级标准，其中浙江天女集团有限公司被嘉兴市委、市政府授予"五星级劳动关系和谐企业"称号，浙江嘉名染整有限公司被桐乡市委、市政府授予"四星级劳动关系和谐企业"称号。完善合同制度，规范劳动用工行为，继续在企业中签订劳动合同、工资协商、集体合同和女职工专项协议，加强非公企业推行职代会制度，建制率达93.5%。厂务公开推行面达90%。开展困难职工调查摸底，对34名困难职工建立档案，落实人员帮扶结对。

2008年，全街道共有规模以上企业63家，规上企业全部从业人员7902名。已建工会企业58家(其中4家从属于村联合工会、6家企业从属于企业联合工会)；新组建独立工会10家(其中规上企业8家、规下企业2家)。2008年年末，全街道工会会员总数7762名，企业工会会员总数占全部从业人员比例达91%以上。街道工会积极开展丰富多彩的群体性文体活动：一是职工乒乓球比赛，共有31支基层代表队参加，运动员106名；二是职工趣味运动循环赛，并在循环赛的基础上选拔参加市"春蚕杯"职工迎奥运健身运动会，取得团体总分第六名的成绩；三是与街道团委联合举办"创业创新"演讲比赛，参赛选手16名，涉及单位15家；四是会同街道民政办开展"奉献爱心、情系灾区"的抗震救灾活动，全街道职工捐款28万元。

2009年，新组建成立东怡纺织、百世鞋业、恒宏鞋业、腾宇不锈钢、春风服装五家公司的企业独立工会，并建立了职代会制度。同时，依托街道工业区联合工会，把街道工业区内的小企业及时纳入联合工会，新增企业10家，发展会员770名。在全街道企事业单位中开展争创"工人先锋号"活动，嘉名染整公司染色车间、雅意服饰公司缝纫车间、舒乐橡塑公司发泡工艺组获市里表彰。

2010年，工会坚持"党建带二建、工建促党建、党工共建"的思路，将工会组建工作列入重要议事日程。结合党政班子走访联系企业安排，对未建工会企业进行调查摸底。与宣传、劳动、团委、妇联等部门联合开展文化进企业、进示范户活动；与宣传部门联合，以嘉名公司为试点，开展企业职工文化建设示范工程，并在嘉名、雅意服饰两家公司实施职工书屋建设。

2011年，全街道工会组建率达到92%，其中联合工会18家(覆盖企业244家)；独立工会63家；入会会员总计8973人。新创建3家三星级劳动关系和谐企业(新东方油墨有限公司、桐乡市华宏家纺有限公司、桐乡市卓达制衣有限公司)。

2012年，工会建会率达到99.5%、会员入会率95.7%。其中联合工会18家，覆盖企业315家；独立工会87家；会员总计9343人。分别在6月底和10月底举办两期基层工会主席培训班，对街道所属单建工会及联合工会主席进行培训，提升工会干部自身能力和发挥基层工会组织作用。

第二节　共青团

组织建设

1949年9月，境内开始中国新民主主义青年团建团工作。1950年2月，建立崇德县灵安区团工委。1952年，团工委改建为团委。1950年，灵安、惠桥、纪目三乡建立团总支。1953年，桐乡县永丰乡建立新民主主义青年团支部。1956年2月撤区并乡，成立灵安乡团总支、同福乡团总支。1957年6月，新民主主义青年团更名为共产主义青年团(简称共青团)，10月，灵安乡、同福乡团总支分别改为团委。1958年10月人民公社化，组建灵安公社团委，隶属桐乡县团委。1966年"文化大革命"爆发，镇、公社团组织停止活动。1970 年开始，陆续恢复团组织活动。1985 年 8 月 13 日，召开史桥乡第一届团员代表大会，选举产生史桥乡团委。2005 年，凤鸣街道有团员 439 名，22 个基层团组织。2008 年 9 月，共青团凤鸣街道第二次代表大会选举产生共青团凤鸣街道第二届委员会，韩莎里任书记。2010 年，街道团委设有专职团委书记 1 人，副书记 1 人，共有团委委员 7 名，基层团组织 44 个，在册团员 897 名。2011 年 12 月，共青团凤鸣街道第三次代表大会召开，选举产生共青团凤鸣街道第三届委员会，顾颖婷任书记。2012 年，凤鸣街道在册团员 626 名，基层团组织 50 个。

表 13—9　　境内乡镇(街道)团委主要负责人名录

组织名称	职　务	姓　名	任职时间	备　注
灵安区团工委、团委	书　记	李建中	兼，1950.02—1950.05	1950 年 2 月，建立灵安区团工委。1952 年，团工委改建为团委
	书　记	王子修	兼，1950.05—1952.06	
	副书记	沈之恒	1951.10—1952.05	
	书　记	沈之恒	1952.06—1953.04	
	书　记	张建林	1954.06—1956.02	
灵安乡团总支	书　记	赵金松	1951.09—1953.10	1950 年，灵安、惠桥、纪目三乡建立团总支
	书　记	陆锦祥	1953.10—1956.01	
惠桥乡团总支	书　记	吴文浩	1950.05—1956.01	
纪目乡团总支	书　记	王贵年	1951.05—1953.01	
	书　记	沈文荣	1953.01—1956.01	
灵安乡团总支	书　记	张六宝	1956.02—1958.09	1956 年 2 月撤区并乡，成立灵安乡团总支
灵安公社团委	书　记	张叙宝	1958.10—1958.11	1958 年 10 月人民公社化，组建灵安公社团委，辖灵安、同福、钱林
灵安公社团委	书　记	张六宝	1958.11—1960.09	1958.11，崇德、桐乡两县合并
灵安乡(公社)团委	书　记	张六宝	1961.06—1962.11	1961 年 4 月，调整公社规模，成立灵安、同福、钱林三个公社团委。1984 年 1 月，公社团委改为团委
	书　记	朱雪荣	1962.11—1968.06	
	书　记	朱永权	1970.11—1978.11	
	副书记	钟明才	1978.11—1980.11	
	书　记	朱金甫	1980.11—1984.01	
	书　记	俞长荣	1984.01—1985.11，聘用	
灵安镇团委	书　记	俞长荣	1985.11—1993.09	1985 年 11 月，灵安乡改灵安镇
	书　记	吴锦初	1993.09—1998.12	
	书　记	徐永强	1998.12—2000.02	
	书　记	李新海	2000.03—2002.07	
永丰乡团支部	书　记	周胜其	1953—1956.02	1953 年，永丰乡成立新民主主义青年团永丰乡团支部
丰桥乡团总支	书　记	周舜其	1956.02—1958.09	1956 年 2 月，撤区并乡，成立新民主主义青年团丰桥乡团总支

续表

组织名称	职　务	姓　名	任 职 时 间	备　　注
史桥乡团委	书　记	章金康	1985.03—1990.03	1984年11月，史桥乡由南日公社划出，建立史桥乡团委
史桥乡团委	书　记	黄伟明	1991.03—1998.10	1984年11月，史桥乡由南日公社划出，建立史桥乡团委
同福乡团总支	书　记	张叙宝	1956.02—1958.09	1956年2月撤区并乡，成立团乡团总支
同福公社团委	书　记	成连坤	1961.06—1961.09	1961年4月，调整公社规模，成立灵安、同福、钱林三个公社团委
同福公社团委	书　记	朱泉荣	1961.10—1966.03	1961年4月，调整公社规模，成立灵安、同福、钱林三个公社团委
同福公社团委	书　记	沈继先	1966.05—1968.04	1961年4月，调整公社规模，成立灵安、同福、钱林三个公社团委
同福公社团委	书　记	陈松庆	1970.09—1974.10	1961年4月，调整公社规模，成立灵安、同福、钱林三个公社团委
同福公社团委	书　记	姚文松	1974.11—1979.04	1961年4月，调整公社规模，成立灵安、同福、钱林三个公社团委
同福公社团委	书　记	姜雪宝	女，1979.04—1981.09	1961年4月，调整公社规模，成立灵安、同福、钱林三个公社团委
同福公社团委	书　记	吴松青	1981.09—1983.05	1961年4月，调整公社规模，成立灵安、同福、钱林三个公社团委
同福乡团委	书　记	诸柏生	1983.05—1985.02，聘用	1983年10月，政社分设，同福公社改为同福乡
同福乡团委	书　记	吕慧芳	女，1985.02—1985.11，聘用	1983年10月，政社分设，同福公社改为同福乡
同福乡团委	书　记	顾伟楚	1985.11—1987.04，聘用	1983年10月，政社分设，同福公社改为同福乡
同福乡团委	书　记	朱建平	1987.04—1988.06	1983年10月，政社分设，同福公社改为同福乡
同福乡团委	书　记	朱建松	1988.07—1992.12	1983年10月，政社分设，同福公社改为同福乡
同福乡团委	副书记	屠鹃香	女，1990.11—1993.09	1983年10月，政社分设，同福公社改为同福乡
同福乡团委	书　记	屠娟香	女，1993.09—1995.11	1983年10月，政社分设，同福公社改为同福乡
同福乡团委	书　记	姚建明	1996.01—1998.12	1983年10月，政社分设，同福公社改为同福乡
同福乡团委	书　记	赵兴华	1998.12—2000.03	1983年10月，政社分设，同福公社改为同福乡
同福乡团委	书　记	吴伟东	2000.03—2003.03	1983年10月，政社分设，同福公社改为同福乡
同福乡团委	书　记	金朱平	2003.03—2003.11	1983年10月，政社分设，同福公社改为同福乡
同福乡团委	书　记	姚洪强	2003.11—2007.10	1983年10月，政社分设，同福公社改为同福乡
凤鸣街道团委	书　记	李新海	2002.07—2006.08	2001年，撤销灵安镇设立凤鸣街道。2007年10月，同福乡区域并入凤鸣街道
凤鸣街道团委	书　记	朱建林	2006.08—2008.03	2001年，撤销灵安镇设立凤鸣街道。2007年10月，同福乡区域并入凤鸣街道
凤鸣街道团委	书　记	韩莎里	女，2008.03—2009.08	2001年，撤销灵安镇设立凤鸣街道。2007年10月，同福乡区域并入凤鸣街道
凤鸣街道团委	书　记	顾颖婷	女，2009.08—2012.09	2001年，撤销灵安镇设立凤鸣街道。2007年10月，同福乡区域并入凤鸣街道

资料来源：《中国共产党浙江省桐乡县组织史资料》《中国共产党桐乡市凤鸣街道委员会组织史资料》

团的活动

2005年，街道团委以“三五”学雷锋为契机，开展青年志愿者服务活动。组织志愿者慰问困难学生，上街义务劳动，清洁卫生。2005年推优13人，其中6人入党。

2006年，在街道合作医疗筹资工作中，街道团委积极参与，向文化示范户宣传合作医疗知识。在社会主义新农村建设中，广大团员青年人人动手，模范带头，形成全民参与的良好氛围。是年推优14人，其中2人入党。

2007年，街道团委举办“我为团旗添风采”演讲比赛，来自街道各行政村及企事业单位团组织的12名代表参加。开展凤鸣街道“十佳美德少年”评比。36个团支部与党组织签订了党团共建责任书。

2008年，街道团委把提高团干部的素质作为年度团工作的重点，把年纪轻、知识高、热爱团工作的团员青年及时补充到团干部队伍中。同时，不断壮大团员队伍，新发展团员260名。

2009年，考察选拔优秀团员青年担任村团支部书记，14个村基本由大学生村官担任团支部书记，平均年龄24.3周岁，大专及以上文化程度占80%，有9名团支部书记进入村“两委”班子。

2010年，以重大节日为契机，加强党团意识教育。围绕“五四”运动91周年，组织开展各类表彰纪念活动；在“七一”建党节期间，以“创先争优活动”为切入点，以“党在我心中，志愿者先行”为主题开展系列活动。

2011年，以“倡导文明，弘扬新风”为主题，联合开展系列文明活动。一是春泥计划，街道将15户青少年活动之家分别与文明单位结对，帮助改善青少年活动之家硬件设施。二是“崇学奖”，对各村在校学生的学习状况和中高考情况进行摸底，在暑假期间隆重举行表彰仪式，共表彰优秀学生87名，累计奖金58100元。

2012年，街道团委组织志愿者联合劳动局团委开展敬老院慰问活动。“美丽乡村”义务植树，建设点清扫。是年4月，凤鸣街道首支新居民志愿者服务队在环南村设立。

第三节　妇　　联

凤鸣街道纪念“三八”妇女节100周年表彰大会暨“十大魅力女性”颁奖大会

组织建设

1950年5月，以灵安、惠桥、纪目三乡为基础，建立乡一级妇代会组织。6月，建立灵安区民主妇联。

1956年1月，成立灵安乡妇女联合会。2月，成立丰桥乡妇女联合会，1958年10月撤销丰桥乡，并入南日公社。

1958年10月，成立灵安公社妇联。1961年6月，灵安公社调整规模，灵安、同福、钱林分别成立公社妇联。

1984年11月，史桥乡从南日乡析出，建立史桥乡妇女联合会。1986年4月，召开史桥乡第一届妇女代表大会。1989年9月，召开史桥乡第二届妇女代表大会，选举产生新一届乡妇联成员。1996年11月，召开史桥乡第四次妇女代表大会，选举产生新一届妇联成员。

2002年9月26日，召开同福乡第十四次妇女代表大会，选举产生新一届妇联成员。

2007年8月，召开凤鸣街道第二次妇女代表大会，选举产生凤鸣街道第二届妇联。2012年9月，召开凤鸣街道第三次妇女代表大会，选举产生凤鸣街道第三届妇联。

表 13—10　　　　　　　境内乡镇(街道)妇联主要负责人名录

组织名称	职　务	姓　名	任职时间	备　注
灵安区民主妇联	主　任	周树英	女,1950.06—1951.04	1950 年 6 月,建立灵安区民主妇联
	主　任	王梅英	女,1951.07—1952.08	
	副主任	吴才娜	女,1952.08—1954.02	
	副主任	李金定	女,1954.02—1954.11	
	副主任	顾翠娟	女,1954.11—1956.02	
灵安乡妇代会	主　任	董巧生	女,1950.05—1956.01	1950 年 5 月,以灵安、惠桥、纪目 3 乡为基础,建立乡一级妇代组织
惠桥乡妇代会	主　任	吴才娜	女,1951—1956.01	
纪目乡妇代会	主　任	许美英	女,1950.05—1956.01	
灵安乡妇联	主　任	李美生	女,1956.01—1957.06	1956 年,撤区并乡
	主　任	吴才娜	女,1957.10—1958.02	
	主　任	李金定	女,1958.02—1958.10	
灵安公社(乡)妇联	主　任	顾翠娟	女,1958.11—1959.03	1958 年 10 月人民公社化,组建灵安公社妇联 1961 年,调整公社规模,成立灵安、同福、钱林三个公社,妇联组织也相应改设
	主　任	俞月琴	女,1959.03—1960.02	
	主　任	王如珍	女,1960.02—1960.04	
	副主任	姚惠清	女,1960.02—1961.06	
	主　任	罗云仙	女,1961.06—1968.06	
	主　任	罗云仙	女,1971—1972.05	
	主　任	金银娥	女,1972.05—1977.03	
	主　任	吴月英	女,1979.04—1983.01	
	主　任	沈美娜	女,1983.01—1985.11	
灵安镇妇联	主　任	钱满琴	女,1985.11—1987.07	1985 年 11 月,灵安乡改灵安镇
	主　任	徐娟珍	女,1987.07—1988.08	
	主　席	姜雪宝	女,1988.08—1993.09	
	主　席	俞娟红	女,1993.09　1997.02	
	主　席	范雪娥	女,1997.02—2001.12	
史桥乡妇联	主　任	姚爱宝	女,1956.02—1956.10	
	主　任	魏彩英	女,1956.10—1958.04	
	主　任	陈金娥	女,1958.04—1958.10	
	主　任	徐文珍	女,1984.11—1989.09	
	主　任	沈王英	女,1989.09—1997.02	
	主　任	魏娟美	女,1997.02—1998.10	
同福乡妇联	主　任	张克如	女,1956.02—1957.10	1956 年 2 月,撤区并乡,成立同福乡妇联
	主　任	费惠英	女,1957.10—1958.10	

续表

组织名称	职　务	姓　名	任 职 时 间	备　　注
同福公社(乡)妇联	主　任	王玉璇	女,1961.06—1968.05	1961 年,调整公社规模,同福公社从灵安公社划出,成立同福公社妇联
	主　任	张杏娥	女,1971.07—1979.03,不脱产	
	主　任	邵桂娥	女,1979.04—1981.09	
	主　任	姜雪宝	女,1981.09—1985.10	
	主　任	吕慧芳	女,1985.11—1998.12	
	主　任	徐小婷	女,1998.12—2005.09	
	主　任	沈丽萍	女,2005.09—2007.10	
凤鸣街道妇联	主　席	吴爱英	女,2001.12—2005.03	2001 年,撤销灵安镇设立凤鸣街道。2007 年同福乡并入凤鸣街道
	主　席	钱陈晨	女,2005.03—2009.05	
	主　席	韩莎里	女,2009.05—	

资料来源:《中国共产党浙江省桐乡县组织史资料》《中国共产党桐乡市凤鸣街道委员会组织史资料》

妇联活动

2005 年,街道妇联创新文明家庭创评方式,率先引入道德评议机制。新建成“文明家庭”752 户,“学习型家庭”711 户,“绿色家庭”369 户,建成率分别为 61.2%、10.2%和 5.1%。

2006 年,街道妇联与农经中心联合举办蚕桑科技培训班,参加培训 132 人。在浙江天女集团和桐乡垦青拉链有限公司开展劳动力转移培训,培训内容包括理论技术、操作技能、务工指南和职业道德,完成培训 635 人,其中女性 312 人,全部实现转移就业。

2012 年,凤鸣街道妇女联合会第二届执行委员会(扩大)会议

2007 年,召开凤鸣街道第二次妇女代表大会,选举产生凤鸣街道妇联第二届执行委员会。新建非公企业妇代会一家,在维杜拉、赛信两家企业建立流动人口妇女组织。

2008 年,实施“女性素质工程”,增强女职工的岗位竞争能力和务农妇女的科技致富能力。启动“万名妇女学礼仪”活动,15 名受街道妇联表彰的“好婆婆 好媳妇 好女儿”向广大妇女发出倡议,120 名妇女骨干带头签名响应。

2009 年,街道妇联把“平安家庭”创建纳入到建设“平安凤鸣”工作中。全街道建成“平安家庭”9831 户,建成率 78.8%。评选“平安家庭”标兵户 15 户。

2010 年,开展“巾帼文明岗”创建、监督、复查、管理工作。全街道共有巾帼文明岗 6 个,其中嘉兴市级巾帼文明岗 1 个。发挥“巾帼志愿者”队伍作用。利用春节、三八节、七一节、重阳节等契机,到村、集镇、妇女文化示范户、敬老院等开展政策、法律知识宣传和修补鞋子、测量血压等便民服务活动 10 多次。

2011 年,街道 14 个行政村完成妇代会换届,妇代会主任平均年龄 38 岁,队伍更加年轻化、知识化。新东方油墨有限公司单独成立妇代会。春风服装有限公司、博尔服饰有限公司和同源制衣有限公司成立联合妇代会。

2012年，开展“孝顺好、恩爱好、家教好、勤俭好——幸福的家”系列主题活动，弘扬孝老爱亲、夫妻恩爱、科学家教、勤俭节约、绿色低碳的文明风尚。西牛桥村王久林家庭被评为桐乡市十佳勤俭好家庭。把“平安家庭”创建工作作为参与社会治安综合治理、服务社会和谐稳定的重要载体，共创建平安家庭90多户，平安家庭入户宣传率达到100%。以“绿色（健康）家庭”为切入点，提升家庭生活质量，倡导绿色低碳，形成良好习惯。以“学习型家庭”为切入点，倡导全民学习、终身学习的理念，通过家庭引导全体市民做学习型公民，推动学习型社会建设。

第十四编　政　　权

民国时期，境内政制多变。民国 19 年(1920)7 月，各区设自治区公所，配区长。民国 22 年(1933)撤区并乡，设乡公所，配乡长。此后，多有变换。解放前夕，称乡公所。1949 年 5 月解放后，境内建立区、乡两级人民政府，设区长、乡长。1956 年 1 月，撤区并乡，设乡人民委员会。1958 年 10 月，改为人民公社管理委员会。1968 年，成立公社革命委员会。1980 年 6 月，撤销"革委会"，恢复公社管理委员会。1983 年 10 月，改为乡人民政府。1985 年 11 月，灵安乡改灵安镇，乡政府改为镇政府。2001 年 10 月，撤销灵安镇建立凤鸣街道，设市人民政府凤鸣街道办事处。2007 年 10 月，同福乡并入凤鸣街道，街道办事处体制延续不变。

境内的人民代表大会制度始于 1953 年。是年 11 月，灵安、纪目、惠桥三乡先后召开第一届人民代表大会，选举乡人民政府乡长和副乡长。1954 年 3 月，同福乡召开第一届人民代表大会。"文化大革命"期间，镇、乡人民代表大会停止工作。1980 年 6—7 月，灵安乡、同福乡先后召开第七届人民(社员)代表大会。1990 年以后，各镇乡人民代表大会，始设人大主席团常务主席。2001 年设凤鸣街道后，由市人大常委会派驻办事机构，称市人大常委会凤鸣街道工作委员会，设主任、副主任。

第一章　建国后的行政机构

第一节　区和乡镇人民政府

灵安区人民政权机构

1949 年 5 月，灵安、同福乡属石门区政府管辖，隶崇德县。8 月，灵安、钱林、同福三乡从石门区划出，建立灵安区人民政府，隶崇德县，驻地灵安集镇，设区长。1950 年 5 月，灵安区人民政府改称灵安区公所，辖灵安、纪目、惠桥、同福、中福、天福、钱林、太平、大众 9 个乡。1956 年 2 月，撤区并乡，灵安区公所撤销。

表 14—1　　　　灵安区人民政府(区公所)主要领导名录

机构名称	职务	姓名	任职时间
灵安区人民政府	区长	侯三鑑	1949.08—1950.05
灵安区公所	区长	侯三鑑	1950.05—1951.05
	区长	王子修	1951.05—1952.09

续表

机构名称	职务	姓名	任职时间
灵安区公所	区　长	辛国楹	1952.12—1953.09
	区　长	温端操	1953.09—1954.09
	副区长	张大昇	1950.05—1951.05
	副区长	辛国楹	1951.春—1952.12
	副区长	温端操	1953.02—1953.09
	副区长	沈之恒	1953.02—1956.06

资料来源:《中国共产党浙江省桐乡县组织史资料》《凤鸣街道组织史资料》

灵安区各乡人民政权机构

1949年7月,建立灵安乡人民政府,下设15个村。1950年5月,灵安乡划分为灵安、惠桥、纪目3个乡,各乡政府分别管辖5个村。1956年2月,撤区并乡,灵安、纪目、惠桥三乡合并,建立灵安乡人民委员会,隶属崇德县人委领导。1958年10月,政社合一,建立灵安人民公社管理委员会,管辖原灵安、同福、钱林三乡。1959年3月,灵安人民公社下设9个管理区,其中灵安、惠桥(纪目)管理区属灵安区域范围。1961年4月,调整人民公社规模后,灵安公社管理委员会,以原灵安乡行政区域为其辖区。同年,召开灵安公社第五届人民代表大会第一次会议。1968年6月,成立灵安公社革命委员会。1976年粉碎江青反革命集团后,仍旧沿用灵安公社革命委员会的名称。1980年6月27日,召开灵安公社第七届人民代表大会第一次会议,恢复管理委员会。1983年10月,政社分设,撤销灵安人民公社,建立灵安乡人民政府。1984年6月15日至16日,召开灵安乡第八届人民代表大会第一次会议。1985年11月,灵安乡改灵安镇。1987年4月,召开灵安镇第九届人民代表大会第一次会议,选举产生镇长、副镇长等。1998年10月,乡镇区域调整,史桥乡并入灵安镇。为确保扩并工作顺利进行,11月,建立灵安镇行政工作领导小组。1999年1月,灵安镇召开第十三届人民代表大会第一次会议,选举镇长、副镇长。2001年10月,撤销灵安镇,设凤鸣街道,镇人民政府改为市人民政府凤鸣街道办事处。

表14—2　　灵安区各乡(镇)政府和凤鸣街道办事处主要领导名录

机构名称	职务	姓名	任职时间	备注
灵安乡人民政府	乡　长	董海志	1949.07—1949.10	1949年7月,建立灵安乡人民政府
	乡　长	范进泉	1949.10—1950.05	
灵安乡人民政府	乡　长	陈寿其	1950.05—1952.05	1950年5月,灵安乡划分为灵安、惠桥、纪目3个乡
	乡　长	朱宝松	1953.11—1955.09	
	乡　长	邱张庆	1955.09—1956.02	
	副乡长	徐士杰	1950.05—1951.06	
	副乡长	朱宝松	1951.05—1953.10	
	副乡长	吴荣芳	1953.11—1954.07	
	副乡长	张子加	1953.11—1956.02	
	副乡长	邱张庆	1954.11—1955.09	
	副乡长	张六宝	1955.09—1956.02	

续表

机构名称	职　务	姓　名	任　职　时　间	备　　注
惠桥乡人民政府	乡　长	钟金祥	1950.05—1953.09	1950年5月,灵安乡划分为灵安、惠桥、纪目3个乡
	乡　长	朱锡堂	1953.11—1956.02	
	副乡长	沈树连	1950.05—1951.02	
	副乡长	顾美堂	1950.11—1952.01	
	副乡长	朱锡堂	1952.01—1953.10	
	副乡长	徐锦高	1953.11—1956.02	
	副乡长	陆彩文	女,1953.11—1956.02	
纪目乡人民政府	乡　长	钱柏生	1950.05—1953.03	
	乡　长	沈文荣	1953.11—1956.02	
	副乡长	朱树堂	1950.05—1953.03	
	副乡长	朱芝田	1953.11—1955.11	
	副乡长	乐　娥	女,1953.11—1956.02	
	副乡长	钱洪文	1955.11—1956.02	
灵安乡人民委员会	乡　长	邱张庆	1956.02—1957.10	1956年2月,撤区并乡,建立灵安乡人民委员会
	乡　长	赵掌权	1957.10—1958.10	
	副乡长	张权山	1956.02—1956.10	
	副乡长	邱张庆	1957.10—1958.10	
灵安公社管理委员会	社　长	田玉握	1958.10—1961.06	1958年10月,由灵安乡、钱林乡、同福乡合并建立
	副社长	沈掌发	1958.10—1959.01	
	副社长	凌有年	1958.10—1959.11	
	副社长	顾翠娟	女,1958.10—1959.03	
	副社长	张子芳	1958.10—1961.06	
	副社长	傅宝年	1958.10—1961.06	
	副社长	朱贵森	1959.03—1959.09	
	副社长	方炳泉	1960.02—1961.06	
	副社长	朱宝松	1960.02—1961.02	
	副社长	邱张庆	1961.02—1961.06	
灵安公社管理委员会	社　长	赵掌权	1961.06—1966.04	1961年4月调整人民公社规模,调整为灵安、同福、钱林三个公社
	社　长	沈阿金	1963.11—1966.05; 1964.11—1966.04 抽调搞社教	
	副社长	邱张庆	1961.06—1968.06	
	副社长	顾锦祥	1964.12—1968.06	
	副社长	罗云仙	女,1966.04—1968.06	
灵安公社革命委员会	主　任	厉永臣	1968.06—1970.05	1968年6月,成立灵安公社革命委员会
	主　任	万连芳	1970.05—1972.05	

续表

机构名称	职　务	姓　名	任职时间	备　　注
灵安公社革命委员会	主　任	缪昌仁	1972.05—1980.07	1968年6月，成立灵安公社革命委员会
	副主任	顾锦祥	1968.06—1970.12	
	副主任	张思根	1968.06—1980.05	
	副主任	王惠兴	1968.06—1980.03	
	副主任	孔庆新	1970.05—1979.02	
	副主任	邱耀庭	1970.05—1973.11	
	副主任	顾振华	1972.04—1977.03	
	副主任	顾锦祥	1973.03—1977.03	
	副主任	沈根生	1977.03—1980.05	
灵安人民公社管理委员会	主　任	黄顺虎	1980.07—1984.01	1980年6月取消公社革命委员会。恢复公社管理委员会
	副主任	钟明才	1980.07—1982.05	
	副主任	沈士兴	1980.07—1983.12	
	副主任	朱雪荣	1980.07—1984.01	
	副主任	张永堂	1980.07—1984.01	
灵安乡人民政府	乡　长	朱德金	1984.01—1985.11	1983年10月，政社分设，建立灵安乡人民政府
	副乡长	钱山荣	1984.01—1984.12	
	副乡长	范海明	1984.07—1984.11	
	副乡长	王文松	1984.11—1985.11	
灵安镇人民政府	镇　长	朱金德	1985.11—1988.01	1985年11月，灵安乡改灵安镇
	镇　长	陈传生	1989.03—1989.12	
	镇　长	俞和林	1990.04—1993.03	
	镇　长	陆德林	1993.03—1996.03	
	镇　长	魏士荣	1996.03—1998.11	
	副镇长	王文松	1985.11—1989.12	
	副镇长	张学兴	1987.05—1993.03	
	镇长助理	高永才	1988.05—1990.04	
	镇长助理	施金美	女，1989.12—1990.04	
	副镇长	施金美	女，1990.04—1993.03	
	镇长助理	高永才	1990.04—1990.06	
	镇长助理	娄庆典	1990.12—1992.11	
	镇长助理	吴炳华	1992.06—1993.03	
	镇长助理	汪小平	1992.06—1993.03	
	镇长助理	俞月明	1992.12—1993.03	
	镇长助理	朱炳华	1992.12—1993.03	
	副镇长	朱炳华	1993.03—1998.11	

续表

机构名称	职　务	姓　名	任　职　时　间	备　　　注
灵安镇人民政府	副镇长	汪小平	1993.03—1996.03	1985年11月,灵安乡改灵安镇
	副镇长	俞月明	1993.03—1998.11	
	镇长助理	吴汉明	1995.10—1996.03	
	镇长助理	张永堂	1995.10—1996.03	
	副镇长	吴汉明	1996.03—1998.11	
	副镇长	张永堂	1996.03—1998.11	
灵安镇行政工作领导小组	组　长	邱海潮	1998.11—1999.01	1998年10月,史桥乡并入灵安镇。11月,建立灵安镇行政工作领导小组
	副组长	王有刚	1998.11—1999.01	
	副组长	朱炳华	1998.11—1999.01	
	副组长	项建荣	1998.11—1999.01	
	副组长	杨华禹	女,1998.11—1999.01	
灵安镇人民政府	镇　长	邱海潮	1999.01—2001.10	1999年1月,灵安镇第十三届人民代表大会第一次会议召开
	副镇长	王有刚	1999.01—2001.10	
	副镇长	朱炳华	1999.01—2001.10	
	副镇长	项建荣	1999.01—2001.10	
	副镇长	杨华禹	女,1999.01—2001.10	

资料来源:《桐乡县(市)组织史资料》《凤鸣街道组织史资料》

史桥(永丰、丰桥)乡人民政权机构

1950年3月,建立永丰乡人民政府,由中共屠甸区委委派永丰乡乡长,乡政府驻地地心里。1950年6月,乡政府驻地移至盛隆茂(现桑园桥村马家桥组)。隶屠甸区公所。

1953年11月,永丰乡召开第一届人民代表大会。1956年2月,全县撤区并乡,永丰乡与亭桥乡合并为丰桥乡。同年3月,召开第二届人民代表大会第一次会议,建立丰桥乡人民委员会。

1958年10月,政社合一,丰桥、南城两乡合并成立南日人民公社。1984年11月,政社分设后,史桥从南日乡析出,设史桥乡。是年12月,史桥乡召开第八届人民代表大会第二次会议,选举产生史桥乡人民政府正、副乡长。1987年4月,召开第九届人民代表大会第一次会议,产生新一届乡政府。1998年10月,乡镇区域调整,史桥乡并入灵安镇。

表14—3　　史桥(永丰、丰桥)乡政府主要领导名录

机构名称	职　务	姓　名	任　职　时　间	备　　　注
永丰乡人民政府	乡　长	张福堂	1950.03—1951.05	1950年3月,建立永丰乡人民政府
	乡　长	姚子松	1951.05—1954.03	
	乡　长	姚金荣	1954.03—1956.02	
	副乡长	沈金荣	1950.03—1951.05	
	副乡长	钟长龙	1951.11—1954.03	

续表

机构名称	职　务	姓　名	任　职　时　间	备　　注
永丰乡人民政府	副乡长	杨金芳	1954.03—1956.02	1950 年 3 月，建立永丰乡人民政府
	副乡长	俞廷槐	1954.03—1956.02	
丰桥乡人民委员会	乡　长	姚金荣	1956.02—1957.02	1956 年 2 月，永丰乡与亭桥乡合并成丰桥乡
	乡　长	谢坤林	1957.02—1957.11	
	乡　长	蒋松甫	1957.11—1958.10	
	副乡长	赵德高	1956.02—1956.11	
	副乡长	俞廷槐	1956.02—1957.12	
	副乡长	魏彩英	女，1956.02—1656.06	
	副乡长	朱文浩	1956.10—1958.04	
	副乡长	朱长荣	1956.10—1957.12	
	副乡长	苗金莲	女，1956.10—1958.09	
	副乡长	章福林	1956.10—1957.12	
	副乡长	姚金荣	1957.02—1958.10	
	副乡长	张元发	1958.01—1958.10	
史桥乡人民政府	乡　长	俞顺龙	1984.11—1993.03	1984 年 11 月，史桥乡从南日乡分出建立。1998 年 10 月，史桥乡并入灵安镇
	乡　长	杨国民	1993.03—1994.03	
	乡　长	庄锦松	1994.03—1995.10	
	主持政府工作	庄永生	1995.10—1996.02	
	乡　长	庄永生	1996.02—1998.10	
	副乡长	陈美仙	女，1984.11—1987.03	
	副乡长	范海明	1987.04—1992.12	
	副乡长	苏炳松	1987.04—1993.03	
	副乡长	杨初清	1993.03—1995.10	
	副乡长	朱永兴	1993.03—1995.10	
	副乡长	苏炳松	1994.03—1995.04	
	副乡长	项建荣	1995.04—1998.10	
	副乡长	周炳兴	1996.02—1998.10	
	副乡长	王建煜	1996.02—1998.10	

资料来源：《浙江省桐乡市组织史资料》《凤鸣街道组织史资料》

同福乡人民政权机构

1949 年 7 月，建立同福乡人民政府，隶属石门区。1949 年 8 月，属灵安区政府管辖。1950 年 5 月划分为同福、中福、天福 3 个乡，分别建立乡人民政府，隶属灵安区人民政府管辖。1956 年 2 月，撤区并乡，同福、中福、天福 3 个乡合并为同福乡，并划入虎啸乡的第六、第七两个村，合并后的同福乡政府隶属崇德县政府领导。

1958年10月，同福、灵安、钱林3乡合并建立灵安人民公社，同福划为公社下辖的一个管理区，同福管理区有联民、联庄、联胜、联合、联中5个生产大队。1961年4月，灵安人民公社析分为同福、灵安、钱林三个公社。公社设领导机构公社管理委员会。

1966年"文化大革命"开始后，公社领导班子受到冲击，处于瘫痪状态。1967年春，成立公社人武部生产办公室主持日常工作，隶属县人武部领导。1968年4月1日成立同福公社革命委员会。

1976年10月，粉碎"江青反革命集团"，结束"文化大革命"，公社行政工作日趋正常。1980年7月召开七届人代会，撤销公社革命委员会，恢复选举产生公社管理委员会。

1983年10月机构改革，政社分设，恢复建立同福乡人民政府，1984年4月召开八届人代会，选举产生正副乡长。2007年10月，行政区域调整，撤销同福乡，并入凤鸣街道。

表14—4　　同福(中福、天福)乡政府主要领导名录

机构名称	职务	姓名	任职时间	备注
同福乡人民政府	乡长	陈正高	1949.07—1949.08	1949年7月，建立同福乡人民政府
	乡长	杨德业	1949.08—1950.05	
同福乡人民政府	乡长	范发祥	1950.07—1953.08	1950年5月同福乡划分为同福、中福、天福3个小乡，隶属灵安区人民政府领导
	乡长	闵文龙	1953.08—1954.03	
	乡长	张柏林	1954.03—1956.02	
	副乡长	陈阿堂	1950.05—1950.12	
	副乡长	方炳泉	1950.12—1952.04	
	副乡长	闵文龙	1952.04—1953.08	
	副乡长	张柏林	1953.08—1954.03	
	副乡长	张杏娥	女，1954.03—1956.02	
中福乡人民政府	乡长	朱锡坤	1950.05—1951.05	
	乡长	沈掌发	1951.05—1956.02	
	副乡长	沈掌发	1950.05—1951.05	
	副乡长	颜松泉	1951.05—1953.06	
	副乡长	朱雪荣	1953.06—1954.06	
	副乡长	朱夏毛	1953.07—1954.10	
	副乡长	朱春荣	1954.06—1956.02	
天福乡人民政府	乡长	吴骏福	1950.05—1951.02	
	乡长	吕金龙	1951.03—1953.03	
	乡长	祝金昌	1953.03—1956.02	
	副乡长	钱炳洲	1950.05—1951.02	
	副乡长	祝金昌	1951.03—1953.03	
	副乡长	张叙宝	1953.03—1955.03	
	副乡长	沈万仁	1955.03—1956.02	

续表

机构名称	职　务	姓　名	任　职　时　间	备　　注
同福乡人民委员会	乡　长	祝金昌	1956.02—1958.10	1956年2月，撤区并乡，同福、中福、天福3个小乡合并为同福乡，并划入虎啸乡的六、七两个村
	副乡长	韩闾如	1956.02—不到任	
	副乡长	汤荣生	1956.02—1957.07	
	副乡长	陈金松	1956.10—1958.10	
	副乡长	姚加林	1956.10—1958.10	
	副乡长	张达珍	1957.10—1958.02	
同福公社管理委员会	社　长	刘天亮	1961.06—1961.08	1961年4月，灵安人民公社调整为同福、灵安、钱林三个小公社
	社　长	张长意	1961.08—1968.04	
	副社长	朱宝松	1961.09—1962.06	
	副社长	沈掌发	1963.06—1968.04	
同福公社革命委员会	主　任	徐关松	1968.04—1970.12	1968年4月，成立同福公社革命委员会
	主　任	景张明	1971.06—1979.11	
	主　任	沈子浩	1979.01—1980.07	
	副主任	陈益清	1968.04—1980.07	
	副主任	顾学明	1968.04—1980.07	
	副主任	陈柏春	1968.04—1977.03	
	第一副主任	景张明	1971.01—1971.06	
同福公社管理委员会	主　任	陈益清	1980.07—1982.01	1980年7月，成立同福公社管理委员会
	主　任	倪荣林	1982.02—1983.09	
	副主任	成洪庆	1980.07—1983.10	
	副主任	朱金德	1980.07—1982.05	
	副主任	沈洪发	1980.07—1982.05	
同福乡人民政府	乡　长	倪柏荣	1983.10—1984.04	1983年10月，政社分设，成立同福乡人民政府。2007年10月，同福乡并入凤鸣街道
	乡　长	朱新夫	1984.04—1988.01	
	乡　长	李爱林	1989.03—1995.03	
	乡　长	王坤松	1995.03—1996.03	
	乡　长	傅镇亚	1996.03—1998.11	
	主持政府工作	朱生泉	1998.11—1999.01	
	乡　长	朱生泉	1999.01—2001.03	
	乡　长	平建国	2001.03—2003.04	
	乡　长	包晓敏	女，2003.04—2005.09	
	乡　长	金雪根	2005.09—2007.11	
	副乡长	成洪庆	1983.10—1987.03	
	副乡长	诸柏生	1984.06—1987.04	
	副乡长	顾伟楚	1987.04—1989.12	

续表

机构名称	职　务	姓　名	任　职　时　间	备　　注
同福乡人民政府	副乡长	李爱林	1988.03—1989.03	1983年10月，政社分设，成立同福乡人民政府。2007年10月，同福乡并入凤鸣街道
	副乡长	陈柏田	1990.04—1998.11	
	副乡长	杨初清	1990.04—1992.12	
	副乡长	夏爱荣	1990.04—1993.03	
	副乡长	范汉明	1993.03—1993.09	
	副乡长	沈建明	1993.09—1995.06	
	副乡长	夏爱荣	1994.03—2001.10	
	副乡长	王锡元	1995.03—1998.11	
	副乡长	方建学	1999.01—2001.10	
	副乡长	沈永础	1999.01—2004.02	
	副乡长	陈玉坤	2002.01—2004.10	
	副乡长	张明松	2002.01—2007.11	
	副乡长	卫洪标	2002.01—2006.08	
	副乡长	谢树彬	2004.10—2006.08	
	副乡长	劳伟根	2004.10—2007.11	
	副乡长	李建浩	2006.08—2007.11	

资料来源:《中国共产党浙江省桐乡县组织史资料》《凤鸣街道组织史资料》

第二节　凤鸣街道办事处

街道办事处机关

2001年10月，撤销灵安镇，设凤鸣街道，镇人民政府改为市人民政府凤鸣街道办事处。街道办事处作为市人民政府的派出机关，受市人民政府领导，行使市人民政府赋予的职权。2007年10月，行政区域调整，同福乡并入凤鸣街道，街道办事处管辖区域扩大。

街道办事处机关的主要职责为:促进经济发展，加强社会管理，搞好公共服务，维护社会稳定，巩固基层政权。

表14—5　　市人民政府凤鸣街道办事处主要领导名录

职　务	姓　名	任　职　时　间	备　　注
主　任	邱海潮	2001.10—2004.03	2001年10月，撤销灵安镇，设置凤鸣街道。2007年10月，同福乡区域并入凤鸣街道
主　任	葛柏金	2004.03—2010.09	
主　任	张建根	2010.10—	
副主任	肖元松	2001.10—2004.10	
副主任	项建荣	2001.10—2006.07	

续表

职　务	姓　名	任职时间	备　注
副主任	缪爱明	2001.10—2006.09	2001年10月，撤销灵安镇，设置凤鸣街道。2007年10月，同福乡区域并入凤鸣街道
副主任	陈建林	2001.10—2006.07	
副主任	沈国峰	2004.10—2011.03	
副主任	俞利华	2006.07—2007.10	
副主任	胡金松	2006.07—2009.09	
副主任	徐学新	2006.08—2007.10	
副主任	劳伟根	2007.10—2011.10	
副主任	方建国	2007.10—2011.10	
副主任	朱耿勤	2009.09—2009.12	
副主任	姚国中	2011.10—	
副主任	姚新田	2011.10—	
副主任	计春丽	2011.10—	

资料来源：《桐乡县(市)组织史资料》《凤鸣街道组织史资料》

办事处内设机构

2008年，中共桐乡市委、市政府办公室联合下发《凤鸣街道机关职能配置、内设机构方案》及《凤鸣街道事业单位综合设置方案》。明确机关内设机构为4个职能科室，其主要职能：

党政办公室(招标采购管理办公室)　协助街道领导处理日常事务；负责街道机关的综合协调、依法行政、政策调研、政务监督；负责文秘、信息、档案、保密及后勤管理等工作；负责招投标及采购的监督管理。设置岗位10个，分别为主任、副主任、法制、秘书、信息、文书、保密、档案、后勤管理、招投标。

综合治理办公室(司法所)　负责本街道政法和社会治安治理，综合协调平安建设；抓好法制宣传和依法治理；负责治保调解队伍建设，协调社会治安基础防范；负责信访、调解、公共安全应急管理和市长电话办理，化解各类社会矛盾和民间纠纷；负责流动人口管理；指导企业内保工作；做好"归正"人员帮教和社区矫正工作。

设置岗位11个，分别为主任、副主任、政法、综合治理、法律援助、司法、调解、社区矫正、信访、市长电话、流动人口管理。

财政办公室(农村经营管理办公室，会计核算中心与其合署办公)　贯彻执行国家财经法律、法规，维护财经纪律；负责编制本级财政预算方案，搞好财政决算，管理预算内外资金等工作；负责对街道、村公有资产和财务的管理和监督；负责农村土地承包合同管理、农民负担监督管理、农村专业合作经济组织指导和管理等工作；依法进行会计核算，实施会计电算化；管理集中核算单位的会计档案；组织核对集中核算单位财产等实物管理情况；负责内部审计，制止、纠正违反国家财经纪律的行为。设置岗位7个，分别为主任、副主任、财政监管、审计、会计、出纳、农经管理。

计划生育办公室(计划生育服务站与其合署办公)　贯彻落实人口与计划生育的法律法规，落实目标管理责任制；负责人口与计划生育宣传教育，负责育龄妇女的信息管理和人口与计划生育统计；

落实计划生育各项奖励和优惠政策；协助查处计划生育违法案件；负责对村（居委会）人口与计划生育工作的业务指导、督促、检查；负责流动人口的计划生育管理服务；开展计划生育术前术后系列服务，做好避孕药具的管理和发放；负责独生子女病残儿童和节育手术并发症的调查、上报。设置岗位5个，分别为主任、副主任、计划生育管理、计划生育服务、计划生育统计。

除设置上述综合性办公室外，还设有纪检、监察、组织、人事、老干部、宣传、统战、民族宗教、人大、政协、武装、人防、工会、共青团、妇联、科协、老龄、关心下一代、农业经济、工业经济、第三产业、科技、教育、文化、体育、卫生、统计、城镇管理、村镇建设、交通管理、安全生产、土地管理、环境保护、劳动就业、社会保障、民政、残联、社区建设等岗位。

2008—2012年，凤鸣街道机关编制均为45名。

街道所属事业单位

根据2006年《中共桐乡市委、桐乡市人民政府关于桐乡市镇乡机构改革的实施意见》精神，结合新组建后街道实际情况，经市组织人事部门同意，对街道所属事业单位的职能作进一步清理，将行政管理职能划归行政机关；将生产经营性和有偿服务的职能剥离出来，按市场化操作；将公益性服务职能进行整合，综合设置4个事业机构。

经济发展服务中心（劳动保障管理所、安全生产监督管理站、统计中心） 承担本辖区内招商引资的宣传推介和工业区建设，协助企业做好项目报批服务，搞好科技、人才服务工作，提供促进经济发展的政策咨询服务等工作；负责辖区内的劳动就业与保障工作；负责处理管理权限内的劳动争议纠纷；负责辖区内安全生产管理；承担本辖区的各项统计、调查和分析工作，为政府经济决策及社会需求收集并提供信息服务。设置岗位11个，分别为主任、副主任、招商引资、行政审批服务、劳动保障、工业区建设、科技、人才、安全生产（质量技术监督）、统计、信息。

农业经济服务中心 承担本街道农业、蚕桑、畜牧业、渔业、林业和农机新技术引进、试验、示范和推广，动植物病虫害及灾情的监测、预报、防治、处置，农产品生产过程质量安全的监管与配套服务，农业生态环境和农业投入品使用监测，农业公共信息服务和技术培训，水利建设，防汛抗旱和水资源管理等工作；负责农村能源的利用和开发。设置岗位15个，分别为主任、副主任，农技、蚕桑、植保、畜牧、动物防疫、渔技、林技、水利、农机、多种经营、农业监测、农业信息、农村能源。

社会事业服务中心（文化体育站、城乡居民合作医疗管理站） 组织开展群众文化活动，普及科学文化知识；组织开展群众文化艺术创作、表演，开展文化（示范）户、校园、企业、社区、广场文化活动；组织开展群众性体育活动；负责文化体育设施管理；收集、整理、保护民族、民间文化艺术遗产；协助管理文化体育市场。负责辖区内城乡居民合作医疗的日常管理和报销工作。设置岗位5个，分别为主任、副主任、文化、体育、合作医疗。

城乡建设交通管理服务中心（规划建设管理站、交通管理站、环境卫生管理所） 负责辖区内村镇建设规划的编制和实施；负责农户建房的管理；负责泥木工的管理；负责建筑市场管理；负责集镇的市容市貌、环境卫生、园林绿化和市政公用设施的维护与管理；负责街道道路路政管理和养护管理。设置岗位7个，分别为主任、副主任、村镇建设、市容市貌管理、交通管理、环境卫生、绿化。

2008—2012年，街道事业单位人员编制均为48名。

第二章　人民代表大会

第一节　历届代表会议

1956年，崇德县选举委员会曾进行基层选举情况调查。灵安、同福两乡情况见表14—6、表14—7。

表14—6　　**灵安、同福两乡选举情况调查表**

填报单位名称：选举办公室　　主受机关名称：崇德县选举委员会

填报单位地址：崇德县人民委员会　　实际报出日期：1956年12月18日

单位区别	总人口数			有选举权的人数			实际参加选举的人数			无选举权的人数			
	合计	男	女	合计	男	女	合计	男	女	合计	剥夺选举权	精神病患者	不满十八岁
灵安乡	12420	6860	5560	7629	4013	3616	6188	3730	2458	4791	68	15	4708
同福乡	14191	7828	6363	9419	5030	4389	7093	3734	3359	4772	46	20	4706

资料来源：湖州档案馆馆藏档案，卷宗号42—4—5

表14—7　　**灵安、同福人大代表、乡人委组成人员情况调查表**

单位区别	单位数	代表和委员总人数		性别		党派				民族												代表和委员的到任人数
													农民									
				男	女	共产党	青年团	民主党派	无党派	汉族	少数民族	工人	贫	中	军人	机关工作人员	文教卫生	科学技术	工商企业	其他		
灵安	1	代表数	70	57	13	40	9	—	—	70	—	1	53	11	—	—	3	—	2	—		21
		委员数	15	13	2	13	1	—	—	15	—	—	13	—	—	—	1	—	1	—		5
同福	1	代表数	68	58	10	21	12	—	—	68	—	—	46	20	—	—	1	—	1	—		60
		委员数	11	9	2	6	2	—	—	11	—	—	6	5	—	—	—	—	—	—		11

资料来源：湖州档案馆馆藏档案，卷宗号42—4—5

灵安乡（镇）人民代表大会会议

1953年11月，召开灵安乡第一届人民代表大会第一次会议，选举朱宝松为乡人民政府乡长，张芝加、吴荣芳为副乡长。

1956年2月，召开灵安乡第二届人民代表大会第一次会议，选举邱掌庆为乡人民委员会乡长，张乾山为副乡长。

1958年10月，召开灵安乡第三届人民（社员）代表大会第一次会议，会议选举田玉墀为灵安人民公社社长，沈掌法、凌有年、顾翠娟、张子芳、付宝年为副社长。

1961年3月，召开灵安乡第四届人民（社员）代表大会第一次会议。应到代表213人。选举田玉墀为灵安人民公社社长，朱宝松、吕天民、凌有年、张杏娥为副社长，选举出席县第四届人民代表大会代表28名。

1963年6月，召开灵安乡第五届人民（社员）代表大会第一次会议。应到代表257人。选举赵掌乾为灵安人民公社社长，邱掌庆、罗云仙为副社长。

1966年3月，召开灵安乡第六届人民（社员）代表大会第一次会议。应到代表172人。选举沈阿金为灵安人民公社社长，邱掌庆、顾锦祥、罗云仙（女）为副社长。

1980年6月27日至29日，召开灵安乡第六届人民（社员）代表大会第一次会议。应到代表265人。选举黄顺虎为灵安人民公社管理委员会主任，朱雪荣、沈士兴、张永堂、钟明才为副主任。

1984年6月21日至22日，召开灵安镇第八届人民代表大会第一次会议。应到代表110人。选举朱金德为乡人民政府乡长，钱山荣、范海明为副乡长。

1987年4月20日至21日，召开灵安镇第九届人民代表大会第一次会议。应到代表59人，实到代表53人。选举朱金德为镇人民政府镇长，王文松、张学兴为副镇长。

1990年4月21日至22日，召开灵安镇第十届人民代表大会第一次会议。应到代表74人，实到代表71人。通过沈洪发为镇人民代表大会主席团常务主席；选举俞和林为镇人民政府镇长，张学兴、施金梅为副镇长。

1993年3月22日至23日，召开灵安镇第十一届人民代表大会第一次会议。应到代表79人，实到代表71人。通过柏利勇为镇人民代表大会主席团常务主席；选举陆德林为镇人民政府镇长，朱炳华、汪小平为副镇长。

1996年3月8日至9日，召开灵安镇第十二届人民代表大会第一次会议。应到代表53人，实到代表51人。选举陆德林为镇人民代表大会主席；选举魏士荣为镇人民政府镇长，朱炳华、吴汉明、张永堂、俞月明为副镇长。

1999年1月15日至16日，召开灵安镇第十三届人民代表大会第一次会议。应到代表60人。选举沈元林为镇人民代表大会主席；选举邱海潮为镇人民政府镇长，王有刚、项建荣、朱炳华、杨华禹（女）为副镇长。

纪目乡人民代表大会会议

纪目乡第一届人民代表大会第一次会议于1953年11月8日至10日举行。应到代表32人，实到31人。选举沈文荣为乡人民政府乡长，朱芝钿、乐娥、钱洪文为副乡长。

惠桥乡人民代表大会会议

惠桥乡第一届人民代表大会第一次会议于1953年11月举行。选举朱锡堂为乡人民政府乡长，徐锦高、陆彩文为副乡长。

史桥乡人民代表大会会议

1984年12月31日，召开史桥乡第八届人民代表大会第一次会议。应到代表100人，实到代表87人。选举俞顺龙为乡人民政府乡长，陈美仙为副乡长。

1987年4月，召开史桥乡第九届人民代表大会第一次会议。应到代表50人。选举俞顺龙为乡人民政府乡长，范海明、苏炳松为副乡长。

1990年3月29日至30日，召开史桥乡第十届人民代表大会第一次会议。应到代表60人，实到代表60人。通过钟明才为乡人民代表大会主席团常务主席；选举俞顺龙为乡人民政府乡长，苏炳松、范海明为副乡长。

1993年3月10日，召开史桥乡第十一届人民代表大会第一次会议。应到代表60人，实到代表58人。通过俞顺龙为乡人大主席团常务主席；选举杨国民为乡人民政府乡长，杨初清、朱永兴为副乡长。

1996年2月7日至8日，召开史桥乡第十二届人民代表大会第一次会议。应到代表47人，实到代表45人。选举杨学江为乡人民代表大会主席，苏炳松为副主席；选举庄永生为乡人民政府乡长，周炳兴、王建煜、项建荣为副乡长。

同福乡人民代表大会会议

1954年3月，召开同福乡第一届人民代表大会第一次会议，选举张柏林为乡人民政府乡长，张杏娥为副乡长。

1956年2月，召开同福乡第二届人民代表大会第一次会议，选举祝金昌为乡人民委员会乡长，汤荣生、韩闾如为副乡长。

1958年4月，召开同福乡第三届人民代表大会第一次会议。（内容无查考）

1961年6月，召开同福乡第四届人民（社员）代表大会第一次会议。选举刘天亮为同福人民公社社长。

1963年6月，召开同福乡第五届人民（社员）代表大会第一次会议。选举张长意为同福人民公社社长，沈掌法为副社长。

1966年4月15日，召开同福乡第六届人民（社员）代表大会第一次会议。应到代表175人。选举张长意为同福人民公社社长，沈掌法为副社长。选举出席县六届人民代表大会代表8名。

1980年7月13日至15日举行同福乡第七届人民（社员）代表大会第一次会议。应到代表230人。选举陈益清为同福人民公社管理委员会主任，沈洪发、朱金德、成洪庆为副主任。

1984年6月24日至25日，召开同福乡第八届人民代表大会第一次会议。应到代表115人。选举朱新夫为乡人民政府乡长，成洪庆、诸柏生为副乡长。

1987年4月9日至11日，召开同福乡第九届人民代表大会第一次会议。应到代表60人，实到代表60人。选举朱新夫为乡人民政府乡长，顾伟楚为副乡长。

1990年4月14日至15日，召开同福乡第十届人民代表大会第一次会议。应到代表75人。实到代表73人。选举王建芳为乡人民代表大会主席团常务主席；选举李爱林为乡人民政府乡长，陈柏田、杨初清、夏爱荣为副乡长。

1993年3月11日至12日，召开同福乡第十一届人民代表大会第一次会议。应到代表80人。选举杨洪清为乡人民代表大会主席团常务主席；选举李爱林为乡人民政府乡长、陈柏田、范汉明为副乡长。

1996年3月15日至16日，召开同福乡第十二届人民代表大会第一次会议。应到代表54人，实到代表52人。选举杨洪清为乡人民代表大会主席；选举傅镇亚为乡人民政府乡长，王锡元、陈柏田、夏爱荣为副乡长。

1999年1月27日至28日，召开同福乡第十三届人民代表大会第一次会议。应到代表54人，实到代表52人。选举曹炳飞为乡人民代表大会主席；选举朱生泉为乡人民政府乡长，方建学、沈永础、夏爱荣为副乡长。

2002年11月22日至23日，召开同福乡第十四届人民代表大会第一次会议。应到代表54人，实到代表 54 人。选举姚叙才为乡人民代表大会主席，倪金松为副主席；选举平建国为乡人民政府乡长，陈玉坤、沈永础、卫洪标、张明松为副乡长。

2007 年 1 月 22 日至 23 日，召开同福乡第十五届人民代表大会第一次会议。应到代表 54 人，实到代表 53 人。选举包晓敏为乡人民代表大会主席，倪金松为副主席；选举金雪根为乡人民政府乡长，劳伟根、李建浩、张明松为副乡长。

第二节 历届县（市）人民代表

凤鸣街道市人大代表换届选举

1958 年，灵安公社产生的桐乡县第三届人民代表大会代表，共 30 名：

李金凤（女） 张子方 倪应生
曹光华 邱德堂 何美清（女）
赵掌乾 张大升 陈恒丰
严召林 蒋四州 锺发荣
曹琴娥（女） 范月仙（女）
徐雨良 鲍美文（女） 方炳泉
孙琴娥（女） 高相城 徐 林
詹 睿 徐柏寿 李大龙
李宝珠（女） 顾洪林 王雪珍（女）
沈云庆 沈掌发 俞小宝 路慎安

1961 年，桐乡县第四届人民代表大会代表，境内共有 23 名。

灵安公社 13 名：

钱荣生 曹光华 沈应生 何美清（女） 张芝芳 李金凤（女） 朱金伦
朱松林 王品生 沈学丰 叶光灿 张长子 赵掌权

同福公社 10 名：

徐鸣生 张杏娥（女） 顾翠娟（女） 詹 睿 凌长宝（女） 顾洪林 张美仙（女）
田玉墀 盛长田 张长意

1963 年，桐乡县第五届人民代表大会代表，境内共有 16 名。

灵安公社 9 名：

赵掌权 钱荣生 王品山 谢世莲（女） 何美清（女） 朱三宝（女） 卫宝林
曹光华

同福公社 7 名：

张长意 顾翠娟（女） 顾洪林 徐洪生 夏洪泉 倪炳菊 张杏娥（女）

1979 年，桐乡县第七届人民代表大会代表，境内共有 26 名。

灵安公社 13 名：

王应华 朱庭龙 沈根生 时其生 陈兴珠（女） 周美堂 俞山宝
闻月文（女） 莫维华 徐锦高 高大荣 顾昌林 曾广志

同福公社 13 名：

王联舟　方炳泉　沈柏龙　李志浩　李洪林　张美琴(女)　陈益清
陆华春　陆福江　祝龙松　姚雪生　顾志宏　黄继明(女)

1984 年,桐乡县第八届人民代表大会代表,境内共有 19 名。

灵安乡 9 名:

朱金德　莫维华　沈根生　潘晓栖　朱明炎　朱光耀　沈跃芬(女)
董竖福　沈柏林

同福乡 10 名:

王松庆　吴金兰　朱新富　李志浩　马守忠　李金千　吕建洪
何坤尧　高秀超　顾娟华(女)

1987 年,桐乡县第九届人民代表大会代表,凤鸣街道域内共有 19 名。

灵安镇 8 名:

王松奎　朱金梅　朱金德　伍荣堂　李长兴　沈国荣　周美珠(女)
郦能忠

同福乡 7 名:

马守忠　王松庆　叶松奎　吕剑洪　朱新夫　徐如学　凌张荣

史桥乡 4 名:

吕胜一　张金石　张雪洪　俞顺龙

1990 年,桐乡县第十届人民代表大会代表,凤鸣街道域内共有 21 名:

灵安镇 8 名:

王金宝(女)　沈年福　沈彩珍(女)　吴梅龙　金士堂　钟明熙　俞和林
郦能忠

同福乡 8 名:

平明汉　沈月夫　沈建顺　李爱林　张雪英(女)　周建兴　顾娟华(女)
崔连甫

史桥乡 5 名:

邢虎春　沈梓康　俞顺龙　谢雪芬(女)　糜海球

1993 年,桐乡县第十一届人民代表大会代表,境内共有 21 名。

灵安镇 8 名:

严德祥　陆德林　金惠芳(女)　郦能忠　俞虎兴　姚贵松　姚惠清(女)
徐长福

同福乡 8 名:

王坤松　朱丽萍(女)　杨洪清　李爱林　沈月夫　陈利剑　陈炳元
崔连甫

史桥乡 5 名:

杨国民　吴建国　沈茂兴　沈晓红(女)　张玉娟(女)

1998 年,桐乡县第十二届人民代表大会代表,境内共有 16 名。

灵安镇 6 名:

严德祥　吴娟芬(女)　陆娟英(女)　姚贵松　夏卫法　魏士荣

同福乡 6 名：

朱林甫　陈玉良　钱山荣　徐宝珠（女）　黄惊涛　傅镇亚

史桥乡 4 名：

朱如江　庄永生　张雪芬（女）　穆鸣龙

2003 年，桐乡县第十三届人民代表大会代表，境内共有 17 名。

凤鸣街道 10 名：

王炳良　严秋明（女）　严德祥　吴娟芬（女）　邱海潮　宋有林　胡惠萍（女）
俞德荣　姚生铭　徐荣坤

同福乡 7 名：

平建国　池晓明　沈荣明　张雪英（女）　陈柏春　姚叙才　黄惊涛

2007 年，桐乡县第十四届人民代表大会代表，凤鸣街道 17 名：

王建华　王炳良　朱利忠　朱芳英（女）　吴娟芬（女）　肖元松　张林洪
陆香娜（女）　姚海滨　葛柏金　包晓敏（女）　孙　琦　吴荣千　沈学利（女）
金雪根　徐宝珠（女）　凌坤江

2012 年，桐乡县第十五届人民代表大会代表，凤鸣街道 19 名：

王元江　王月平（女）　王永兴　王伟英（女）　王金龙　王建华　王海燕（女）
朱春林　吴娟芬（女）　张建根　沈学利（女）　沈建霖　陈雪良　姚海滨
莫炳荣　顾利敏　钱杏花（女）　唐汉昌　蔡娇雅（女）

第三节　人大机构

乡镇人大主席团

根据《浙江省乡镇人民代表大会主席团组织条例》，1990 年初，各乡镇在召开第十届人民代表大会第一次会议时，始设人大主席团。是年，灵安镇、史桥乡、同福乡均设人大常务主席。

在本级人民代表大会闭会期间，乡镇人大主席团常务机构主要职能是：组织代表学习、宣传宪法和法律、法规；联系本级人代会代表在本行政区域内的上级人代会代表；组织代表进行执法检查、视察、调查等活动；检查督促代表提出的议案和建议、批评、意见的办理工作；反映代表和群众对本级人民政府工作的建议、批评、意见；做好召集本级人代会下次会议的准备工作；办理与乡镇人代会工作有关的其他事项。

表 14—8　　境内各镇乡人大主要领导名录

乡镇名称	职　　务	姓　　名	任　职　时　间
灵　安　镇	常务主席	沈洪发	1990.04—1993.03
	常务主席	柏利勇	1993.03—1994.03
	常务主席	蔡玉奇	1994.03—1996.03
	常务主席	陆德林	1996.03—1999.01
	常务主席	沈元林	1999.01—2001.09

续表

乡镇名称	职　务	姓　名	任　职　时　间
史　桥　乡	常务主席	钟明才	1990.03—1993.03
	常务主席	俞顺龙	1993.03—1995.03
	常务主席	周汉江	1995.03—1996.02
	常务副主席	苏炳松	1995.03—1996.02
	人大主席	杨学江	1996.02—1998.10
	人大副主席	苏炳松	1996.02—1998.10
同　福　乡	常务主席	王建芳	1990.04—1993.03
	常务主席	杨洪清	1993.03—1996.03
	人大主席	杨洪清	1996.03—1998.01
	人大主席	曹炳飞	1999.01—2001.03
	人大主席	姚叙才	2002.11—2005.09
	人大主席	包晓敏	女，2005.09—2007.01
	人大副主席	倪金松	2002.11—2007.10
	人大主席	包晓敏	女，2007.01—2007.10
	人大副主席	倪金松	2007.01—2007.10

资料来源：《桐乡市人民代表大会志》《中国共产党浙江省桐乡县组织史资料》《凤鸣街道组织史资料》

市人大常委会凤鸣街道工委

2001年9月，桐乡市行政区域调整撤销梧桐镇、灵安镇和炉头镇，新设立梧桐、凤鸣、龙翔3个街道。10月8日市人大常委会通过《关于设立街道工作委员会的决议》，决定设立3个街道工作委员会（以下简称街道工委），是市人大常委会派驻街道的办事机构，在市人大常委会和街道党委的领导下开展工作，级别与街道党委、行政机构相同，主任、副主任由人大常委会任免。11月，市人大常委会任命凤鸣街道工委第一任主任（见表）。

市人大常委会街道工委的主要职责是：保障宪法、法律、行政法规和市人大及其常委会决定、决议在凤鸣街道区域内的遵守和执行；开展宣传教育，提高人民群众的法制意识，推进民主政治建设；制定和组织实施街道工委工作计划，定期向市人大常委会汇报工作；在市人大闭会期间，联系和组织街道区域内的人大代表开展相关工作；接待和处理人大代表和人民群众来信来访，督促街道办事处办理人大代表的批评、意见和建议；办理市人大常委会和主任会议交办的有关事项。

表14—9　　市人大常委会凤鸣街道工委主要领导名录

职　务	姓　名	任　职　时　间
主　任	徐荣坤	2001.11—2006.08
主　任	肖元松	2007.04—2009.12
主　任	朱春林	2011.12—
副主任	项建荣	2007.02—
副主任	倪金松	2007.11—2009.09

资料来源：《桐乡市人民代表大会志》《凤鸣街道组织史资料》

第十五编　军事　法治

凤鸣街道春秋时为吴越争战之地。天花荡(旧称天荒荡)系吴越古战场之一。抗日战争期间,日伪军多次到境内扫荡掳掠,焚烧民房。国民革命军第六十二师、地方游击队及广大民众曾在灵安集镇、蒋主庙桥、篾竹村等多处与敌激战,毙伤日伪军多名。

民国35年(1946)10月,国民政府颁布修订后的《兵役法》,规定兵役分为常备兵役、补充兵役、国民兵役三种。兵员的征集,经身家调查、体格检查、抽签、征集四大顺序,俗称"抽壮丁"。中华人民共和国成立后,于1955年颁布《中华人民共和国兵役法》,将服兵役和参加民兵法定为每一个役龄公民的应尽义务,并规定实行预备役制度。1986—2012年,境内共有591位公民应征入伍,9166人成为基干民兵。

民国2年(1913),县警察局在灵安设派出分所。民国33年(1944),改设警察分驻所。新中国成立后,1950年4月,县公安局在灵安区设公安员。1954年6月,改称公安特派员。1959年4月,灵安公社设公安员。此后各公社、乡镇均设置派出所,负责地方治安。

第一章　军　　事

第一节　兵　役

民国时期的兵役

民国22年(1933)6月17日,国民政府颁布中国历史上第一部《兵役法》。民国26年(1937)8月30日发布征兵命令,开始全国范围的统一征兵。抗日战争军兴,《兵役法》未得实行。27年,浙江省政府颁布《浙江省战时纳金缓役暂行办法》。抗日战争胜利后,35年(1946)10月,国民政府颁布修订后的《兵役法》,规定兵役分为常备兵役、补充兵役、国民兵役三种。常备兵役、补充兵役皆分为现役、预备役两种。常备兵和补充兵的征集,依法须经身家调查、体格检查、抽签、征集四大顺序,俗称"抽壮丁"。

在壮丁调查统计后,各乡镇编成适龄壮丁名册送县。县政府军事科将本年奉配兵额按人口比例分配至各乡镇。剔除应免缓役者后,抽定服常备兵役者的签号顺序,然后将填有被征壮丁姓名、住址、签号的征集票发至各乡镇公所。各乡镇队副、保队副将被征壮丁带至县,体检合格后送入县新兵征集所,经短期训练后送交团管所新兵大队。实际征兵中,仍盛行抓丁、买丁。

民国35年(1946)临时征兵,同福乡配额13名,已征12名,欠征1名;灵安乡配额13名,已征9名,欠征4名。民国36年(1947),灵安乡、同福乡各征兵17名。

除正规部队外,团管区、省保安队都要征集新兵。当年未足额的,下年还须补征。

民国36年(1947),灵安乡、同福乡各配征2名。民国37年(1948),灵安乡配征6名,同福乡配征5名,上年欠征1名,合计也是6名。民国38年度提前征集配额:灵安,22名,同福,22名。

表15—1　　同福乡35年度已征新兵原籍有眷应领安家费调查册

单位:元(法币)

姓　名	拨　交　日　期	眷属驻地	应领安家费	备　考
范德松	卅五年十一月廿五日	范家谷	2000000	—
沈云峰	卅五年十一月廿五日	金家村	2000000	—
马雪山	卅五年十一月廿五日	马家湾	2000000	—
沈宝堂	卅五年十二月六日	金家村	2000000	—
姚锡铨	卅五年十二月六日	马家桥	2000000	—
孙文才	卅五年十二月六日	孙家村	2000000	—
朱伯生	卅五年十二月六日	新木桥	2000000	—
马海乾	卅五年十二月六日	马家湾	2000000	—
马德甫	卅五年十二月六日	朱家门	2000000	—
王松贵	卅五年十二月六日	庙西村	2000000	—
谭坤茂	卅六年四月十七日	谈家门	5000000	—

资料来源:桐乡档案馆馆藏档案,卷宗号M2—5—118

表15—2　　同福乡奉令提征38年度团区新兵安家补助米配筹表

单位:石

保　别	保长姓名	安家米分配数	保　别	保长姓名	安家米分配数
第一保	黄松乾	39.29	第九保	沈文康	43.20
第二保	沈叙宝	39.29	第十保	张宝敬	39.29
第三保	姚永铨	35.36	第十一保	朱茂丰	39.29
第四保	姚松浩	39.29	第十二保	李宝松	39.29
第五保	李叙生	35.36	第十三保	孙贵发	39.29
第六保	张贵卿	35.36	第十四保	沈金龙	37.32
第七保	陈振桐	43.20	合计	—	550.00
第八保	朱寿忠	45.17			

资料来源:桐乡档案馆馆藏档案,卷宗号M2—5—432

附一:

民国36年(1947)10月9日
同福乡保长暨乡民代表联席会议讨论提案(节录)

一、奉电配征浙省保安队新兵案

1.征集方式与兵额分配:以志愿兵为主,以票征为辅。兵额分配根据县府配定征额,计新兵5名,抽签抽定应征之保负责征送。

2.即席推定抽签代表，抽定第一、五、十一、十三、十四保各负责征送省保安队新兵1名。

3.补助安家费筹募方式：以全乡富力等级普遍筹集，赤贫者免筹。抽定征兵之保仍负筹集责任。

4.安家费数额：暂定每名新兵补助安家费糙米25石。

二、35、36、37年度奉令所征团管区及省保安队新兵之补助安家费，其筹募糙米数额因事实上有困难，未能按照县府规定数字筹拨，均经先后提高，应予追认案

三、本年度15、16、17年出生男子免缓役申请事宜因限期迫促，业经先行转呈，事前未及提交贵会审查，应请补行审查案

四、请审本年度适龄壮丁免缓役申请案

疏浚店家塘河港津贴民工稻谷87石5斗，如何运用案。

（资料来源：桐乡市档案馆馆藏档案，卷宗号M2—5—409）

附二：

崇德县同福乡乡民代表暨保长兵役座谈会

日期：卅六年七月六日下午一时

地点：同福乡公所纪念厅

出席：（略）

行礼如仪

主席：陆毅人

主席报告：1.此次征兵之情形　2.此次征兵本乡之配额　3.此次征兵拟如何决定办理　4.各保及龄壮丁数目

讨论事项：

（一）本乡配额十七名，众议雇志愿壮丁，其分配请公决案议决。1、一保雇一名。2、其余三名由各保现役及龄壮丁四十名以上费雇全。第七、八、九三保应负责各再雇一名，其安家费由各保平均负担。

（二）各保雇志愿壮丁其安家费拟如何筹集案，议决：由实足二十岁至三十五岁壮丁负担，但其二十六岁至三十五岁负担半数。

（三）各保雇志愿壮丁无着，中签应召壮丁安家费拟是否拟筹集补助请公决案，议决：应筹集给予安家费。

（四）志愿壮丁安家费数字请决定案，议决：约白米十石左右。

（资料来源：桐乡市档案馆馆藏档案，卷宗号M2—5—434）

附三：

民国12年度同福乡缓役、免役名单

21周岁至25周岁的壮丁符合规定条件的，允许提出免役或缓役申请。

民国12年(1923),同福乡缓役23名:

沈坤龙	郭阿二	朱文龙	陈永浩	徐伯生	朱德虎	徐仁昌
陆叙坤	陈聚龙	吕坤豪	吕松林	张炳荣	姜华寿	姚金奎
徐新南	平芝松	李树洪	高小丫头	朱有青	孙仁顺	徐明德
杨珠宏	成世春					

免役1名:钱进山

(资料来源:桐乡市档案馆馆藏档案,卷宗号M2—5—413)

附四:

民国35年度,浙北师管区司令部发布各地缓役、免役名单

同福乡

缓役十六名

方金荣	孙子林	朱云松	姜佐舟	朱炳发	姚荣仙	龚士荣
李子明	吕长荣	王春毛	姜华寿	蔡永宝	朱家福	周掌林
朱万丰	陈金标					

免役七名

张永宣	王阿六	顾顺忠	沈长荣	殷雪寿	顾雪林	钟贵芬

合计二十三名

灵安乡

缓役二十六名

张伯龙	吴雪钦	沈渭清	沈尚林	包礼忠	钟宝龙	周正坤
范如康	闻金其	周文标	张金奎	张聚兴	钱亥生	钱坤生
蒋庭龙	张友林	周胜山	徐寿年	莫鸣权	张文陵	陆伯龙
朱松云	钱锦标	曹锡康	梅阿金	沈万荣		

免役十三名

沈宝龙	卜金毫	顾荣槐	邢寿生	高虎金	顾应学	高德章
钟学祥	张子文	闻洪坤	顾金标	钟良辅	周柏华	

合计三十九名

(资料来源:桐乡市档案馆馆藏档案,卷宗号M2—5—413)

新兵征集后,发放安家费。安家费或以法币或以糙米计数,且每年的标准不一。35年(1946),每名壮丁入伍后,发放安家费法币5万元。(附M2—5—393中壮丁费发放存根照片)

中华人民共和国成立后的兵役

1955年7月30日,颁布《中华人民共和国兵役法》,将服兵役和参加民兵法定为每一个役龄公民的应尽义务,并规定实行预备役制度。1956年1—6月,进行建国后第一次预备役统计归档发证。1958年起,实行民兵与预备役相结合的制度,预备役人员编入基干民兵受训。

志愿兵役制

1951—1954年，国家实行志愿兵役制。朝鲜战争期间，中国人民志愿军入朝参战。辖区内灵安、同福等乡镇深入动员，组织适龄青年报名参军，抗美援朝，保家卫国。境内有多人参加志愿军。

义务兵役制

1955年7月，颁布《中华人民共和国兵役法》，开始实行义务兵役制，规定每个公民都有服兵役的义务。每次征兵，各乡镇人民政府成立征兵办公室，乡镇人武部负责征兵的各项具体事项。动员适龄青年报名，做好兵役登记，进行目测，符合条件的送县体检站检查，体检合格者再进行政治审查，然后由县兵役机构选定，发给入伍通知书。通常每年征兵一次，以春、冬季为多。

义务兵与志愿兵相结合的兵役制

1978年，全国实行义务兵役制为主体，义务兵与志愿兵相结合的制度。1984年5月31日，全国人大审议通过重新修订的《中华人民共和国兵役法》。规定国家武装力量由人民解放军、武装警察部队及民兵组成，实行以义务兵为主体的义务兵与志愿兵相结合，民兵与预备役相结合的兵役制度。

中华人民共和国成立后，各个时期的征兵对象、侧重点、政审标准、体检标准、文化程度的要求，服役年限等均有不同。入伍者文化素质逐年提高。

2006年，光荣入伍

2000年，灵安镇从9月19日开始进行兵役登记，历时三个月。并开展《兵役法》《征兵工作条例》等法律、法规的宣传教育，优化征兵工作大环境。最后有18名应征青年入伍。这批新兵，全是共青团员，高中以上文化程度4名，占22.2%。

预备役制

1955年起，根据《兵役制》规定实行预备役制。每年对在部队服役期满，年龄在28岁以下的退伍军人，登记为预备役。根据国家需要，随时准备入伍。1965年，停止预备役登记。1981年10月，国务院、中央军委通知，恢复预备役登记。1984年，按新颁《中华人民共和国兵役法》规定，实行民兵与预备役相结合的兵役制度。编入基干民兵组织的人员，年龄在28岁以下的退伍军人，以及经过预备役登记的28岁以下的专业技术人员编入第一类士兵预备役；包括普通民兵和经过预备役登记的18～35岁的男性公民编入第二类预备役。军官预备役包括退出现役转入预备役的军官，授予预备役军官军衔的退伍士兵、专职人民武装干部、民兵干部和专业技术人员。1988年，灵安镇组建预备役部队通信排，有士兵13名，其中党团员5名，退伍军人4名。

第二节　驻军与地方武装

驻军

国军陆军第六十二师

民国27年(1938)后，曾在灵安等地坚持敌后游击战，直至31年(1942)撤离县境。师长陶柳，士兵大多为三湘子弟，作战勇敢，纪律严明。抗战前驻扎于平湖、海盐一带，抗战初期曾参与淞沪战役，战后退守浙东。该师三六八团、三七二团等行军时必身背竹箬制的斗笠，轻装出入，故当地民众呼为“箬帽兵”。

国军陆军12后方医院

民国37年(1948)11月11日，12后方医院300余名伤兵进入福严寺。嗣后，崇德县各乡镇每月按日奉派柴伙、蔬菜。38年(1949)1月2日、17日，同福乡每天奉派柴伙2500斤、蔬菜800斤，1月10日、25日，灵安乡每天奉派柴伙2500斤、蔬菜700斤；3月3日、18日，同福乡每天奉派柴伙75担，3月10日、25日，灵安乡每天奉派柴伙75担。

地方武装

民国时期的地方武装，境内主要有崇德县抗战自卫大队、国民兵队、民众自卫队等。

崇德县抗战自卫大队

民国28年(1939)初，崇德县抗战自卫大队成立。抗战爆发后，同福乡征送补充崇德县民众自卫大队兵员25名。至35年(1946)2月，共有队丁401名，分驻于县城、石湾、灵安、洲泉等地。

国民兵队

民国35年(1946)，各乡镇奉令成立国民兵队，乡镇长兼任队长。时同福乡国民兵队由乡长陆毅人兼任队长。中塔乡国民兵队于35年4月成立，6月，集中各保保队副在乡队部整训。

(资料来源:【桐档 M2—5—359】)

民国35年(1946)5月后，灵安、纪目、中塔、同福等乡奉令筹组国民兵队并开始训练。由各保自选壮丁轮流充任，每乡队员20名左右。役龄男子过去曾受训360小时以上者为甲种国民兵，其余为乙种国民兵。是年9月，奉令裁撤。

民众自卫队

民国36年(1947)8月，崇德县民众自卫总队成立。县长兼总队长，下辖灵安等5个大队，每个大队辖3个乡镇中队。

中华人民共和国成立后的地方武装，主要有崇德县中队、人武部等。

崇德县中队

1949年6月，中共崇德县委组建崇德县中队。灵安设区分队。7月，崇德县中队与中国人民解放军二十三军六十九师二零六团警卫连合并，成立崇德县警卫连。8月，该连扩编为崇德县大队，灵安设区中队。1951年1月，奉浙江省军区命令，崇德县大队改编为中国人民解放军浙江第一军分区独立第七营。辖2个连及城关、灵安、洲泉、石门4个区中队。1951年4月，奉省军区令，撤销独立第七营。

人武部

解放初，灵安区建立地方武装，配备武装干部。1951年5月，根据中共中央、中央军委指示，区人武部隶属军事系统领导，相当于连级建制由县人武部管辖。1954年10月，根据中国人民解放军总参谋部指示，撤销区人武部。1959年9月，建立灵安人民公社人武部。1961年，同福、灵安等公社先后建立人民武装部，配备专职武装干部。1984年1月起，公社人武部一律改称乡人武部。基层人武部是基层开展民兵工作和兵役工作的指挥者和组织者。乡镇人武部受同级地方党委、政府和县人武部双重领导。

民兵组织

中华人民共和国成立初，境内已有群众武装组织，后统称民兵。1953年，对民兵进行审查整顿，将志愿民兵制改为法定的普通民兵制。1956年10月，以高级农业生产合作社为单位对民兵进行普遍整顿，乡设队部，社设中队部，下设分队、小队。1958年，“大办民兵师”，规定凡16—50周岁的男女青壮年，身体好、政治纯洁、成分好的都要参加民兵。1962年，始将民兵分为普通民兵、基干民兵、武装民兵三种。是年9月初某日，同福公社联民大队民兵连长沈金松抗洪时跃入水中，用躯体挡住凌家浜堤坝缺口。1969年，灵安、同福各组建民兵武装连。1978年9月，同福丝厂女民兵班出席嘉兴军分区表演赛，表演队列、刺杀、打拳和射击，受到好评。该班班长姜雪宝立三等功。1985年，民兵工作贯彻落实中共中央“减少数量，提高质量，抓好重点，打好基础”的方针，做到民兵组织与生产行政机构相一致，与战时兵员动员相适应。1988年，灵安、同福组建民兵应急分队。1999年，执行上级指示，适当压缩基干民兵规模，调整民兵组织，加强政治建设，提高训练质量，优化整体结构，完善法规制度，突出抓好民兵应急分队和专业技术分队建设，提高民兵执行任务的能力，努力建设一支规模适当、布局合理、重点突出、可靠管用的基干民兵队伍。

1999年遭百年不遇的“6·30”特大洪水，同福乡民兵应急小分队紧急动员，投入抗洪，堵缺口、筑堤岸，连续奋战两天两夜不休息。2006年，凤鸣街道民兵在“三个文明”建设中发挥生力军作用，带头执行急、难、险、重突击任务和“平安凤鸣”创建活动。创建国家卫生城市过程中，有30名基干民兵参与执勤。抗击台风“桑美”时，认真做好抗台值班和村民转移等工作。同时还协助公安部门开展夜间巡逻设卡，维护社会治安。

第三节　军事设施

春秋时，游屯泾为吴国养马场，纪目墩为五千吴兵牧养处。

日伪时期，同福徐家庙东首杭善公路西畔，曾建有碉堡一座。抗战胜利后，同福乡乡长陆毅人于民国36年(1947)8月2日呈文崇德县政府，拟将该碉堡拆售以充乡公所迁建费用，未获准许。县政府批文称：“……查本县境内敌伪建筑具有军事价值之工事，曾奉令查明保留并经绘列图说，计共保留碉堡十七座。……该乡徐家庙东首杭善公路西畔碉堡一座亦在保留之列，所请拆售价款拨充乡公所迁修经费，应毋庸议，并仰将该座碉堡妥善保管，毋使倾圮。至该乡公所迁至草庵地方办公一节，尚无不当，应予照准。”嗣后，因碉堡倾圮，获准拆除，得旧砖15000块。出售后全部充作乡公所修葺费用。

日军占领时期，在同福乡太公渡筑有炮台。抗日战争胜利后拆除。

第四节　抗日战争事略

民国27年(1938)3月，浙西行署青年营第五支队在杭善公路一带开展游击战。附近20余个村落惨遭日伪军焚毁，被毁房屋200余间，损失牲畜200余头。同月，国军第十集团军二十八军六十二师配合徐州会战，牵制江南日军北调，遂由师长陶柳率领，北渡钱江，挺进敌后，向海盐、海宁日军发起攻击。该师分部进入崇德、桐乡等地，曾在灵安附近与日军激战七昼夜。29日，六十二师三六八团某部在蒋子庙桥伏击进犯灵安之日军，击毁军车2辆。

民国28年五六月间，金家村、三圣堂、三界桥、渡家埭等村落曾先后遭敌机袭击，计炸毁房屋30余间，炸死老妇、孩童各1人，牲畜十余头。

民国28年(1939)5月24日，百余日军从桐乡出发，分三路包抄灵安。第一路从公路东侧思家桥方面进犯;第二路沿公路直逼灵安;第三路从西侧的灵安村朱家角入侵。六十二师三六八团所属的一个班在茶家兜坟堂前放哨，与思家桥进犯之敌接火，因寡不敌众，牺牲5名战士，遂南撤至太平桥团部驻地。团部立即派出两个班直插灵安镇狙击敌人。战士们抓住战机，利用有利地形灵活作战，同时向三路敌军开枪。日军一时间晕头转向，便胡乱开枪，自相残杀。此时，两班战士乘敌混战之际，快速运动至白蔷里，并从朱家角插到敌军背后，出其不意，袭击敌人。日军腹背受敌，迅即溃败，逃回桐乡城内。是役，打死日军20多名，伤多名。

民国32年(1943)冬，驻于灵安的孙英杰部在海宁路仲截击外出扫荡的日伪军告捷。

民国33年(1944)八九月间，崇德县自卫队曾三次与前往灵安胁迫征赋的日军伊藤部队作战，歼灭日军50余人。

民国33年(1944)8月1日，崇德县自卫大队在游击区发动民工500余人，以快速突击法破坏杭善公路外姚庙至灵安段约5公里路基。崇德县自卫大队一大队分别于8月23日、9月10日、9月15日三次与前往灵安胁迫征赋的日军伊藤部队作战，共毙伤日伪军81名，自卫队伤亡53名。

同年8月23日，崇德县国民兵团自卫第一大队在灵安篾竹村与日军伊藤部队遭遇，激战两小时，敌军伤亡三十余人。己方亦多有伤亡。第一中队阵亡官兵有中尉分队长颜关雎(32岁，浙江永康人)准尉分队副郑行焯(24岁，浙江昌化人)、吴国全(25岁，浙江昌化人)，上士班长周耀橡(24岁，浙江浦江人)，中士班长颜桂林(27岁，浙江孝丰人)，下士班长陈勇根(21岁，浙江于潜人)、陈志英(31岁，江西玉山人)、陶光生(21岁，浙江昌化人)、江木春(32岁，福建进和人)，上等列兵孙炳生(30岁，浙江临安人)、曹绍金(19岁，浙江富阳人)、张和宝(22岁，浙江孝丰人)，一等列兵费德兴(29岁，浙江吴兴人)等13人。第二中队有准尉分队副蒙启文(33岁，广西隆山人)，上士班长林水(27岁，浙江龙泉人)等2人阵亡。另有大队部上尉周海清(40岁，广西玉林人)、准尉黄邦荫(36岁，广西南宁人)，第一中队下士班长黄祖炎(24岁，浙江浦江人)、柴阿狗(24岁，浙江临安人)，上等列兵潘涛(26岁，江西广丰人)、祝福仁(24岁，江西广丰人)等失踪。

桐乡市档案馆馆藏档案卷宗号M3－13－67有民国33年12月27日大众乡乡长呈灵安区署报告，称日伪军占据石门湾后，民国33年(1944)又派兵驻守单桥。平时常窜至各保骚扰，需索无厌。每日每保必须供应香烟费5000元，菜油5斤，鸡2只，肉2斤，柴10担。上述物品，每日须按时送至。此外，还须缴付木料经费，百姓不堪重负。

抗日战争期间，民间各种“抗日”武装林立，鱼龙混杂。各支武装力量大多自立门户，自筹军饷。常出没乡间城镇，征粮派款。民国34年(1945)1月30日，纪目乡突来叶某，率短枪兵5名，自称挺进纵队支队分队长，欲向乡公所提取军粮100石。时纪目乡乡长钟汉呈灵安区署报告称:“经过多时谈判，结果用武力压迫，不得已允许30石代金，并言定明日缴付半数，后日完全缴清。惟该叶分队长虽有公示、短枪，并无正式提粮证。”(桐档M3－13－62)

抗日战争期间，境内各界人士深明民族大义，共赴国难，坚持抗战，不少人为国捐躯。为日伪军无辜杀戮的，也不在少数。抗日战争胜利后，崇德县政府，大众、灵安乡公所曾举行抗战阵亡官兵暨死难同胞追悼会。

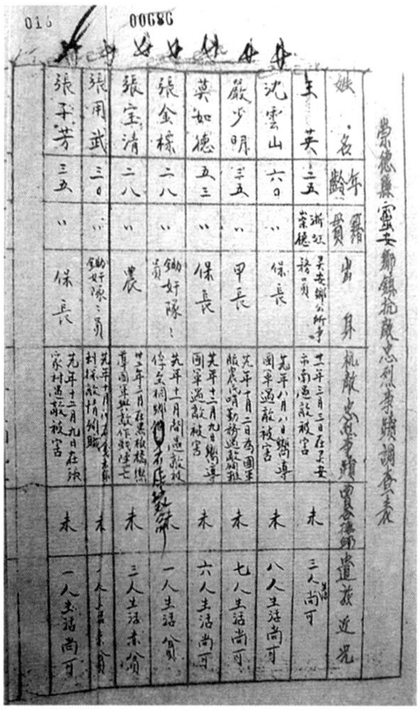

民国 34 年(1945)崇德县灵安乡抗敌忠烈事迹调查表

《崇德县纪目乡抗敌忠烈事迹调查表》载,钱青,紀目乡人,杭州中医专门学校毕业。32 年(1943)任崇德县自卫第二总团指导员。在河山乡萧庄作战阵亡,时年 40 岁。王阿三,25 岁,初小毕业,在本县中塔乡与敌伪接火阵亡。钱伯庆,25 岁,初小毕业,到同福乡刺探敌情被敌捕杀。高阿四,23 岁,初小毕业,在塘西五河乡接火阵亡。

《崇德县灵安乡抗敌忠烈事迹调查表》载,王英,25 岁,灵安乡公所事务员,31 年 3 月 3 日在灵安市南遇敌被害。沈云山,60 岁,保长,29 年 8 月 8 日向导国军遇敌被害。严少明,35 岁,甲长,29 年 10 月 2 日放哨时遇敌被害。莫如德,53 岁,保长,29 年 12 月 9 日向导国军遇敌被害。张金标,28 岁,锄奸队队员,29 年 11 月间遇敌被俘至桐乡,不屈,毙命。张宝清,28 岁,农民,32 年 3 月在黑板桥向导国军与敌作战阵亡。张用武,30 岁,锄奸队队员,29 年 10 月间在钱林乡刺探敌情时殉职。张子芳,35 岁,保长,29 年 12 月 9 日在张家村遇敌被害。

《灵安乡抗战殉职官兵暨死难同胞调查表》载录的死难同胞有 36 人,名单如下:

沈耀泉32 农	张武荣米商	张荣堂	严进坤	朱章乐	沈金泉	朱顺林
陈德元	赵唐氏	王宋氏	赵宝生	汪胜源商	汪财源上等兵	张永和
徐陈氏	张本龙	沈云山	莫德元	莫如德	莫子芳	莫姚氏
吴荣陶	高张氏	顾在琴	陆惠生	陆登山	张阿三	陆文余一等兵
顾龙生	朱新操	朱胜发	陈德贤			

莫仲文巡长,日军扫荡时被俘,民 27 年 7 月 8 日死于陆家门　　徐新洪　　王　英灵安乡公所事务员

朱家格酒商

除人员伤亡外,民众的财产损失尤为严重。

“民 26 年冬敌人窜扰,27 年调查所得,关于敌人窜扰浙西时被焚烧的城镇及各地死亡的人数统计如下:灵安乡:被焚房屋 3079 间,纪目乡被焚房屋 873 间,同福乡被焚房屋 100 余间。”(《浙西初期抗战史话》(藏浙江图书馆))

其时,盘踞城中的敌伪军常四处骚扰。民国 33 年(1944)11 月 26 日上午,驻在崇德城里的敌伪军出扰中塔乡第三保,将保长杨建全家中所有衣服、被布等物劫去,内有派募的绵被一条、绵衣四套,并将二男四女村民掳至城中。(桐乡档案馆馆藏档案,卷宗号 M3—13—37)

第二章　法　　治

第一节　机构设置

民国 2 年(1913),县警察署在灵安设派出分所。民国 18 年(1929)《浙江民政月刊》第十五期载,

崇德县“除县警所外，有洲泉、石湾、高桥、灵安四分所。灵安在县之东北，管辖钱林一区。四分所均以巡长一名，督率巡逻之责。巡警十名，轮流守岗。警额太少，亟宜加强。四分所各添巡警五名。”民国21年(1932)，灵安设公安第五分局。民国22年(1933)，裁撤灵安第五分局，改为派出所。民国23年(1934)，又将该所裁撤。镇设有警察分驻所。民国33年(1944)，灵安设警察分驻所。

表15—3　　民国33年(1944)9月灵安区警察分驻所警员花名清册

职　别	姓　名	年　龄	学　历
巡　官	颜宝佃	39	初小毕业
巡　长	蔡生斌	28	肇昌小学毕业
副巡长	周银汉	29	—
办公警	朱家豳	31	初小毕业
一等警	朱文浩	25	初小毕业
二等警	蔡福林	23	—
二等警	朱永林	23	—
二等警	邢洪发	25	—
三等警	陈子煜	25	—
三等警	陈福和	24	—
三等警	许金铨	23	—
三等警	朱廷夫	26	—
三等警	曹正林	26	—
三等警	周　林	25	—
三等警	乐文浩	24	—
伙　夫	管法荣	45	—

资料来源：桐乡市档案馆馆藏档案，卷宗号M2—1—8

民国36年(1947)，崇德县警察局灵安分驻所长警箕斗名册：

巡　　官：方鑫华　34岁　平湖人　第三战区干训团第一期步科毕业

三等巡长：张　显

一等警士：徐锡藩　叶宏法

二等警士：胡树森　陈长福　方新观

三等警士：刘复兴　沈凤鸣　陈麒英　何步德　吴明华　胡贤豪

伙　　夫：朱志坤

合　　计：十三名

资料来源：桐乡市档案馆馆藏档案，卷宗号M2—1—8

1950年4月，灵安区设公安员。1954年6月，改称公安特派员。1959年4月，灵安公社设公安员。12月，重建梧桐派出所，灵安地区社会治安，归梧桐派出所管理。1965年，设南日派出所，原史桥乡区域社会治安，属南日派出所管理。1981年9月，灵安、同福等公社各配备一名公安助理员（属公社编制）。1984年始，灵安、同福、南日等乡先后设立派出所。其中灵安派出所设立于1985年4月。1985年，灵安乡改为灵安镇，乡派出所也随之改称镇派出所。1988年10月，原由南日乡派出所管辖的史桥改设民警值勤室。1995年11月，设史桥公安派出所。1999年1月15日，史桥乡并入灵安镇后，史桥派出所也随之撤销。2001年11月1日，灵安派出所更名为凤鸣派出所。2006年2月，增设城南派出所，与凤鸣派出所合署办公，管辖灵安、史桥、开发区等。2007年11月，同福乡撤销后并入凤鸣街道，同福派出所也随之并入凤鸣派出所。

第二节　社会治安

取缔反动会道门组织

抗日战争胜利以后，当局曾颁布《浙江省各区县防止非法道教流行实施办法》。民国三十六七年间（1947—1948），同福乡及其附近地区一贯道猖獗。民国37年（1948）6月《同福乡公所查获一贯道案件登记簿》载，该乡境内曾在多处查获一贯道布道案件：马家桥，首犯陈明浩、陈月芳父子；周家木桥，首犯陈桂员；王家村，首犯胡老虎（福庆）；孙家门，首犯李宝坤；柴家兜，首犯张士龙。查获后，责令道徒一律退道。参加一贯道者须写具《保证书》，改过自新。民国37年（1948）10月15日，第三保保长姚永铨向同福乡乡长陆毅人报告：“本年十月十四日下午八时许，据密告本保马家桥陈明浩家中有自塘西方向潜来外乡一贯道点传师二人，正聚众设坛非法传教。”姚永铨等前往查禁时，被陈明浩之子陈月芳等拦腰抱住，两点传师乘机将姚二人痛殴，随即遁去。事后，陈月芳具结悔过。

附一：

具保证书孙贵庆，今向同福乡公所保证，徐伯生因信仰一贯道，致在家中摆设香坛，并邀同信徒男女约三十人之数不时集会，兹经贵乡张乡队副侦悉传讯到所，讯明属实。兹保证人愿负随传随到责任，如有意外情事发生，保证人愿负完全责任，具保证书是实。

中华民国三十六年八月十九日
具保证人：孙贵庆
被保人：徐伯生

附二：

具保证书人龚文元、陈文浩，今向崇德县同福乡公所保证，陈月芳悔过自新，脱离一贯道邪教，嗣后决不（再有）秘密结社、设坛传教等同样事件发生。如有违犯，保证人甘愿负完全责任，并受连带处问（分）。特具保证书是实。

中华民国卅七年十月十七日
具保证书人：龚文元　陈文浩

附三：具保证切结人张贵连

崇德县同福乡保证本乡柴家兜人张士龙一名，因于卅七年十月卅日上午十二时在本乡柴家兜六号门牌参加一贯道非法组织，并领导传教。经当场查获属实。兹以尚属初犯，而无政治背景，合依本省各区县防止非法道教流行实施办法，具结脱离，免予追究。嗣后如有再犯情事，保证人员愿受连带处分。特具保证切结是实。

中华民国卅七年十月卅一日

保证切结人：张贵连

被保人：张士龙

被保人：陈月芳

（资料来源：桐乡市档案馆馆藏档案，卷宗号 M3—13—123）

中华人民共和国成立以后，政府加大打击、取缔一贯道等反动会道门组织的力度。1952年八九月间，崇德、桐乡两县人民政府先后发出布告，取缔一贯道、同善社、九宫道三种反动会道门组织，设立登记处，进行全面登记，并劝告道徒退道。

一贯道等被取缔以后，大部分中小道首表示悔改，停止活动，广大受骗道徒与之断绝关系，但仍有少数顽固分子和漏网潜逃的反动道首，无视政府法令，暗中恢复坛堂，串联道首，发展道徒。1954年4月，纪目乡一贯道大道首闻宝庆，自封“皇帝”，刻铸玉印，制“兵吏册”，购办龙凤衣饰、用具和白衣、白旗，取年号为“种子元年”，并设立“一、二、三号公馆”，组建“白阳军”，图谋“登基称帝”，组织暴乱。四处恢复坛堂共62处，参与道首348人，发展原有道徒1387人，活动地区涉及到崇德县的30个乡镇，桐乡县的6个乡以及德清、海宁县的3个乡镇。1958年崇德县并入桐乡县后，少数一贯道残余道首又在灵安、同福等地多次进行复辟活动。对于一贯道的历次复辟活动，公安机关均及时侦破，予以集中打击，为首者被依法严惩。

治安管理

旧时，赌博盛行。民国36年(1947)，还发生同福乡第六保钟家埭钟某因索取赌资引起纠纷而殴打同保蔡家埭吴柏荣致死一案。（桐档 M2—1—46）

民国时期，地方演戏醵神，亦须向乡公所出具保证书，不聚众赌博。

附：

具保证切结人朱圣山、顾家文等，今向崇德县同福乡公所保证，本乡草庵地方于三十七年四月十六七两日举行蚕花五神赛会(自四月十六日起至十七日止)，如有聚众赌博或逾越限期及发生意外非法情事，具保证切结人愿负完全责任，具保证切结是实。

具保证切结人：朱圣山　顾家文　顾子浩　孙聚金　孙子乾

（资料来源：桐档 M3—15—97）

入门盗窃亦时有发生。民国36年12月28日，同福乡乡长陆毅人向崇德县县长报告称，本乡第十二保一甲(桑园埭)公民李宝坤、李宝龄、李宝龙、李宝生等十九日晚十一时左右，忽来盗贼，乘人熟睡之际，挖门入户，偷去糙米、烟叶及家用器物多件，损失巨大，不胜负担。

李宝坤：伏烟130斤，火炉1个，酒壶2把，钉鞋1双，单衣2件，布5尺，面盆1个，篰2对。

李宝龄：菊花10斤，蜡扦1对，面盆1只，钉鞋1双，锡茶壶1把，夹衣3件，扁担2根。

李宝龙：锡蜡扦1对，菊花12斤，铜锡壶共4把，铜面盆1个，锡壶1个，米粉2斗，凉伞1顶，套鞋2双，钉鞋1双，篰1对，箩头篰1对，扁担2根。

李宝生：黄豆5斗，淘白糯米3斗，套鞋2双，糙米5斗，钉鞋1双，学生制服1付，羊毛头绳2斤，铜面盆2个，火炉1个，箭1对，扁担2根，新绵袄1件。（资料来源：桐档M2—6—97）

1949年1月24日凌晨，村民葛金荣家中失窃，被偷走物品如下：糙糯米一石二斗，菊花四十五斤，锡酒壶二把，棉花褥子五斤，鞋子一双，绵絮裤一条，毛线巾一条，扁担3根，箭五只，叉袋三只，洋面袋一只。（资料来源：M3—13—13）

中华人民共和国成立后，社会治安状况逐渐好转。

1993年4月11日，灵安村（今凤鸣街道灵安村）一名5岁小女孩被害。其母不堪忍受打击，也服毒自尽。凶手系女孩堂叔，事发后畏罪潜逃。18年后，在山西太原落网。

2005年，凤鸣街道查破刑事案件63起，查处治安案件157起，打击处理刑事犯罪嫌疑人25名，劳动教养5名，治安拘留65名。

凤鸣街道社会治安实行网格化管理组团式服务

2011年，强化巡逻设卡工作，筑牢道路、场所管控防线，减少可能转化、引发命案的"两抢"和入室盗窃犯罪。积极开展宣传教育，提高美容美发、建筑工地、废旧收购和"黑车"司机等易受不法侵害对象的防范意识。做好因家庭婚恋纠纷、债务纠纷等可能导致矛盾激化并引发激情杀人的高危人群和边缘人员的控制疏导工作，防止因民间纠纷转化成刑事案件甚至命案。同时，将治安复杂区域、农村偏远地区、流动人口聚集区、案件高发区等作为重点，进行网格化划分，将整个街道辖区划分为1个大网格，4大巡区（即文华小区、灵安、同福、史桥），9个小巡区，20个巡逻防控点，实行车步巡相结合，正常巡逻与重点巡逻相结合，公开巡逻与秘密控制相结合，全天候24小时巡逻，在20个巡逻防控点中，每天安排出1名巡防队员带领各村专职巡防队巡防设卡。街道派出所2011年共化解各类社会矛盾纠纷1492起，其中现场当场调解1352起，到派出所调解140余起。

2012年8月，破获撬盗保险箱的犯罪团伙，抓获犯罪嫌疑人5个。经查，2011年11月份后，该犯罪团伙分别流窜于桐乡、海宁、嘉善、湖州等地的工厂企业撬盗保险箱23起，涉案价值26万余元。是年，查处"涉黄涉赌涉毒"各类案件37起，刑事拘留18个、赌博团伙1个，社区戒毒8人，治安处罚127人，查处场所6家，各类赌博机46台。

2011年11月21日至2012年11月20日，共接处警3756起。接报刑事警情数868起，其中刑事立案652起，破获各类刑事案件184起，刑事打击90人，（其中侵财型犯罪嫌疑人51名，盗窃团伙3个）；抓获网上逃犯5名；受理治安行政案件1214起；查处治安行政案件88起，调解纠纷1492起，行政处罚232人，其中行政拘留105人次，罚款处理127人次。

2012年，针对辖区地域范围广，地理位置负复杂，在认真分析辖区发案特点的基础上，重新划分原有的巡防区域。根据现有巡防力量、辖区发案特点，将治安复杂区域、农村偏远地区、流动人口聚集区、案件高发区等作为重点，进行网格化划分，将整个街道辖区划分为1个大网格，4大巡区（即文化小区、灵安、同福、史桥），9个小巡区，20个巡逻防控点，实行车步巡相结合，正常巡逻与重点巡逻相结合，公开巡逻与秘密控制相结合，全天候24小时巡逻，在20个巡逻防控点中，每天安排出1名巡防队员带领村的专职巡防队开展巡防设卡工作。是年通过网格化巡逻，辖区刑事案件发案率比去年明显下降，抓获各类违法犯罪人员93名，刑事拘留26名，行政拘留73名，治安罚款93名，查获管制刀具13把，枪支2把，查获被盗车辆28辆，辖区治安状况明显好转。全年共查处"涉黄涉赌涉毒"各类案件37起，社区戒毒8人，治安处罚127人，查处场所6家、各类赌博机46台。

第三节　司法调解

民事调解

民国35年(1946)12月，崇德县各乡镇成立调解委员会。桐档M2—6—18载，同福乡调解委员会组成成员为以下数人：

主任委员：邵庆山，48岁，语溪小学毕业，曾任乡长12年，县参议员

委　　员：胡品全，42岁，私塾5年，田粮征收员，乡民代表会主席

委　　员：陈惠昌，27岁，石湾小学毕业，曾任三青团浙支嘉分团干事

委　　员：徐坤年，48岁，私塾3年，现任乡民代表

委　　员：沈山风，34岁，私塾3年，现任乡民代表

委　　员：朱大文，60岁，私塾3年

委　　员：李正年，44岁，私塾2年，现任乡民代表

附：调解案例一

调　解　书

申请调解人　沈德龙　30岁　桐乡县乐安兜

方祥源　55岁　同福乡第十二保东长浜

方应山　47岁　同上

沈汝山　49岁　同上

对造人　顾应龙　48岁　同福乡第十六保瓜塔庙

王金振　33岁　同上

调解缘由　缘于本年四月十日本乡草庵一带民众发起赛神迎会之际，申请调解人沈德龙曾约同金家浜、东长浜一班民众乘兴参加，惟因出发时未曾行过瓜塔庙，致于返归时遭瓜塔庙民众顾应龙等殴打，受伤人方洪福经就医治，计用去医药费八十五万元正，并因而损失什物若干(品类、数量详见原报告)。事后由沈德龙等报告乡公所，移送乡调解委员会调解。

调解概要　一、由对造人顾应龙、王金振负责赔偿医药费八十五万元、损失费廿五万元。限于四月卅日、五月五日以前分两期缴清。

调解成立日期　中华民国三十六年四月二十五日

(资料来源：桐乡市档案馆馆藏档案，卷宗号M2—6—21)

附：调解案件二

民国37年(1948)，沈雪英(女，17岁)与邢耀生(男，22岁)发生婚约纠纷，10月25日，调解委员会

予以调解，双方同意如下调解意见：

一、当事人沈雪英、邢耀生自和解成立之日起，两人愿解除婚约，嗣后两造婚嫁各不干涉。

二、由原告沈雪英赔赎被告邢耀生损失费，计食米九石五斗。于三七年十二月七日一次付清。

（资料来源：桐乡市档案馆馆藏档案，卷宗号M3－14－42）

中华人民共和国成立后，乡镇均设置调解委员会。其成员由7～11人组成，镇（乡）长和司法助理员为当然委员，其余由工会、农民协会、民主妇联、青年团等人民团体推选，镇（乡）长任主任委员。村一级大多建立调解小组。

1954年3月，政务院颁布《人民调解委员会暂行组织通则》。此后，镇（乡）调解组织明确人民调解工作性质、任务、组织、纪律、工作方法以及进行调解工作必须遵守的原则，开展工作始有法定依据。

1958年，建立人民公社后，以公社为单位建立治保调解委员会，生产大队及企事业单位设治保调解分会或治保调解小组。

“文化大革命”时期，调解委员会处于瘫痪状态。

1973年，境内灵安、同福乡恢复设立调解委员会。1984年，灵安、同福等乡各配备一名司法助理员，并设司法办公室（简称司法办）。1998年，组建司法所。2007年，受理纠纷100起，调处成功100起，事事有答复，件件有着落。2009年，调解疑难复杂案件101件，调解成功率为100%。

2012年上半年，结合各村村级领导班子的换届选举，调整充实人民调解委员会组成成员，有5人新任调解委员会主任，有4位调解委员会主任担任村主要领导职务。开展星级调解委员会建设和等级人民调解员评选，李家弄村人民调解委员会、凤鸣街道人民调解委员会申报为四星级人民调解委员会；红旗村、桑园桥村、中群村、长新村、新农村村、联庄村人民调解委员会申报为三星级人民调解委员会。朱剑森、张海华、沈伟强申报为二级人民调解员，商利洪、张林东、闻春才、顾镇桦、徐晓明、俞云松申报为三级人民调解员。是年，街道、村两级调解委员会受理纠纷126起，调处126起。全年调结125起（其中书面协议83件，口头协议42件），包括赔偿纠纷63起，邻里纠纷23起，婚姻家庭纠纷22起，生产经营纠纷2起，合同纠纷1起，其他纠纷14起。

归正人员与社区矫正对象管理

境内各乡、镇（街道）政府（办事处）加强归正人员帮教和转化工作，全面掌握归正人员的基本情况，逐个落实到具体组织、单位和责任人。与归正人员签订帮教协议书，开展结对帮教，因人施教，做到不失控，不漏教，对重点对象定向监测调查，定期或不定期地开展谈心活动，在生活上帮助，思想上帮教，工作上帮扶。

2006年，全街道有归正人员49人，皆为刑释人员。其中表现好的20人，表现一般的27人，表现较差的2人。该49名归正人员，在私营企业做工的17人，外出打工的11人，在家务农的8人，待业的3人，其他10人。

2007年，全街道有归正人员52名，其中刑释人员51名。文化程度为：小学13名，初中36名，高中1名，大专1名。全年落实帮教人员49名。在外打工19名，在家务农6名，回原单位3名，在个体私营企业打工19名，待业1名，其他1名。

同福乡并入凤鸣街道后，2008年，全街道有归正人员129人，通过全面调查，对所有归正人员的基本情况均列表记载，重点人员及时回访，做到底子清，情况明。同时，做好社区矫正工作。到11月底，接收社区矫正人员43名，解矫29名。

2009 年，新接收社区矫正对象 17 人，按期解矫 11 人。

2011 年初，街道办事处主任与各村签订《安置帮教和社区矫正工作目标管理责任书》，共接收矫正人员 12 人，解矫 18 人（其中 1 人收监，1 人交通事故死亡），全街道实有社区矫正对象 22 人。年内，在浙江恒力佳有限公司建立社区矫正劳动基地。

2012 年，共接收矫正对象 12 名，解矫 18 名（其中 1 名收监，1 名交通事故死亡），实有社区矫正对象 22 名。当年，与市人民检察院联合建立工作联络站和工作教育站，安装电视机，运用影像进行教育；与浙江恒力佳有限公司联合建立社区矫正劳动基地。联庄村社区一名矫正对象，2009 年 10 月 21 日因聚众斗殴被市人民法院判处有期徒刑 2 年 9 个月，缓刑 3 年，该人在 2012 年三四月间，因赌博、吸毒被公安机关第二次治安处罚，6 月 8 日市公检法裁定收监。

是年，凤鸣街道有归正人员 160 名，各村、社区重视对归正人员的帮教工作，确定至少二对一进行帮教，基本做到一人一卷，每季回访不少于 30%。

第十六编　民　　政

民国时期，域内各乡镇的民政事务由崇德县政府民政科直接管理。新中国成立后，灵安区配备民政助理员1名，配合县政府民政科做好优抚、复员和退伍军人安置、社会救济、救灾救济、婚姻登记、游民遣返等工作。1956年撤销区建制后，由各乡镇文书兼职民政工作，受托办理婚姻登记等事项。1979年后，民政工作把农村扶贫、“五保”老人供养、残疾人保护与就业、社会福利、地名管理等项列入职能范围。1984年3月，灵安同福两乡各配备专职民政助理1名。1992年，灵安镇、同福乡、史桥乡建立民政办公室（简称民政办）。2007年10月，撤销同福乡建制，其行政区域并入凤鸣街道，成立凤鸣街道民政办。2012年，凤鸣街道民政办（含残联办公室）共有工作人员5名。工作职责主要为优抚安置、救灾救济、扶贫帮困、城乡居民最低生活保障、“五保”老人供养、残疾人保障、殡葬改革、老龄工作以及地名管理等。全街道有敬老院2所；设立街道居家养老服务中心1个、农村社区居家养老服务站9个；重点优抚对象35人享受补助，义务兵优待金发放33.26万元；城乡居民养老保险累计参保人数11083人；福利企业安排残疾人就业117人，近千名残疾人享受到补助、救济和各种优惠政策；建有生态墓地4个，殡葬改革成果得以巩固。

第一章　优抚安置

第一节　优待抚恤

优待

建国后，人民政府对农村缺乏劳动力的烈军属、伤残军人和带病回乡复员军人贯彻群众优待和国家辅助相结合的方针，在生产、生活上给予照顾，使他们在生活上不低于当地一般农民的实际生活水平。

互助组、初级农业生产合作社时期，对缺乏劳动力的烈军属的耕地，实行代耕制度。代耕义务由16周岁至55周岁的正半男劳力负担。1955年，灵安区有烈军属116户，474人，共有田459亩、地599亩。代耕田292.6亩，代耕地374亩。其中烈属1户，5口人，有田3.13亩、地6.3亩。代耕田2.75亩、代耕地6.3亩。

建立高级农业生产合作社以后，代耕制度已不能适应。1957年春耕生产前，贯彻中共崇德县委要求，对境内缺乏劳动力的烈军属实行优待劳动日制度，由所在农业社负担，负担面得以扩大。

1981年，农村推行家庭联产承包责任制后，改优待劳动力为优待现金，由乡镇实行统筹统支，优待标准逐年提高。1985年，灵安乡决定从当年起，现役军人每人每年补助金从原来的220元提高到320元。同福乡从1986年起，对现役军人家属提高优待标准。基本优待费为每月40元，全年480元。1988年，灵安乡政府决定，现役军人优抚费，由396元调高至540元。

1990 年,灵安镇在全镇统一筹集义务兵养老保险。保险费采取一次趸交办法,缴费标准为每人 400 元。保险费来源:一是从各单位落实义务兵个人优待中扣除 300 元,二是镇财政补助 100 元。领取养老金的起期为女 55 周岁,男 60 周岁。当年起,现役军人(义务兵)优待费标准为每人每年 550 元。1995 年,同福乡决定适当提高现役义务兵优待标准,从原来的每人每年 1200 元提高到 1800 元。1999 年 1 月 1 日起,义务兵家属优待金从每人每年 2500 元提高到 2700 元。

2001 年起义务兵家属优待金标准按当地人均收入 75%发给,优待金标准提高到 3600 元。此后,随着地方经济发展水平及消费指数的提高,优待金标准继续逐步提高。2012 年,优待金标准达到每年 13850 元,全街道有义务兵 52 人,共发放义务兵家属优待金 77.56 万元。

表 16—1　　2004—2012 年凤鸣街道义务兵优待金发放金额一览表

年份	义务兵人数	优待金发放标准	合计金额	年份	义务兵人数	优待金发放标准	合计金额
2004	—	4200	110200	2009	56	9035	505960
2005	—	4500	—	2010	51	10190	570640
2006	33	4500	184500	2011	48	11000	572000
2007	53	7500	397500	2012	52	13850	775600
2008	55	8150	448250				

资料来源:凤鸣街道民政办提供

抚恤

建国后,国家对烈士家属、因公牺牲军人家属和革命伤残军人实行抚恤。1950 年—1952 年,对烈士家属及因公牺牲或病故军人家属发给一次性抚恤粮;1953 年开始改发一次性抚恤金,并向其家属发给牺牲、病故证明书。1955 年,灵安区有军属 116 户 474 人;有烈属 1 户 5 人。自 1985 年起,对烈士、因公牺牲、病故军人直系家属实行终身抚恤制度,按月发给抚恤金。对革命伤残军人,按不同伤残等级,分在职和在乡两种标准实行抚恤。1997 年,同福乡共发放现役军人优抚费 11 万元,抚恤事业费 11.16 万元。2012 年,全街道享受终身抚恤金待遇的烈军属有 6 户 8 人。有在职伤残革命军人 1 人,全年计发保健金 10575 元;在乡伤残革命军人 3 人,全年计发放抚恤金 39072 元。

补助

对烈士及病故、失踪军人家族中的孤老以及带病回乡不能参加劳动而生活特别困难的复员、退伍军人,除群众优待外,政府实行定期定量补助。建国初期发放救济粮。1952 年,灵安区灵安乡 1 村吴钟氏 70 岁,每月粮 20 斤增发 5 斤;灵安乡 3 村,陈品祥父母 60 多岁,每月粮 30 斤增发 5 斤。1963 年,定期定量补助对象扩大到年老体弱、生病、生活有困难的复员、退伍军人。

1984 年后,逐年扩大定补面,提高补助金。1990 年,全街道 1954 年 11 月 1 日前入伍的复员、退伍军人和精简职工中的复员、退伍军人全部享受定补。2002 年开始,对在乡务农且无固定收入的 1954 年前复员、退伍军人和 1954 年后复员、退伍军人且年龄在 60 周岁以上的,分别实行定额补助。2005 年,全街道 1954 年后复员退伍军人 60 周岁及以上的有 18 人,共发放补助金 13600 元;有困难优抚人员 5 名,共发放救济款 5000 元。2006 年起,对复员、退伍军人提高补助金,其中 1954 年前复员、退伍军人补助标准按每年市人民政府公布月人均收入的 70%计算,当年每月补助为 470 元;1954 年

11月1日后复员退伍军人年龄在60—65周岁的每年补助500元,66周岁—70周岁每年补助800元,71周岁及以上者每年补助1200元,年终一次性发放。2007年,按照相关政策,给予符合条件的退伍士兵以适当补助。是年,街道向参加对越自卫反击战的退役士兵3人给予享受政策补助。2008年,共有8名参战退役士兵和9名涉核部队退伍士兵享受政策补助。2012年,全街道1954年前复员退伍军人24人,共发放补助金277632元;1954年后复员退伍军人60周岁及以上95人,共发放补助金71600元。

表16—2　2005—2012年在乡60周岁以上退役军人生活补助款发放情况一览表

年　份	人　数	合计(元)	年　份	人　数	合计(元)
2005	18	13600	2009	61	53800
2006	29	23000	2010	60	48600
2007	29	23000	2011	76	60200
2008	55	48900	2012	95	71600

资料来源:凤鸣街道民政办提供

在乡重点优抚对象的门诊医疗费用按其年优抚金标准比例补助,包干使用,超支不补。享受补助对象为革命烈士、因公牺牲军人、病故军人的家属等“三属”、无工作单位七至十级残疾军人,在乡复员军人,带病回乡退伍军人、无工作单位参战退役人员及其它参与核试验人员。

表16—3　2012年凤鸣街道重点优抚对象门诊补助名单一览表

姓　名	属　别	补助金额(元)	姓　名	属　别	补助金额(元)
顾梅生	烈属	1730	沈洪生	老复	1009
朱满香	因公属	1586	李庆福	老复	1009
沈柏华	因公属	1586	吴潮云	老复	1009
吴海生	病故属	1442	平有生	老复	1009
沈美宝	病故属	1442	夏洪泉	老复	1009
陈春仙	病故属	1442	王金南	老复	1009
吴金玉	病故属	1442	姚茂洪	老复	1009
张金仙	病故属	1442	金宝清	老复	1009
李掌荣	老复	1009	张明忠	老复	1009
范柏年	老复	1009	蔡金海	老复	1009
范荣生	老复	1009	孙金昌	老复	1009
刘文跃	老复	1009	李松年	老复	1009
郎福康	老复	1009	张龙寿	老复	1009
张凤歧	老复	1009	范月忠	老复	1009
邢校生	老复	1009	俞德庆	老复	1009
沈龙年	老复	1009	张叙宝	老复	1009
张圣标	老复	1009	张胜曦	八级伤残军人	1066
沈炳和	老复	1009			

资料来源:凤鸣街道民政办提供

说明:表中“老复”指1954年10月31日之前复员的军人

街道还在每年“八一”建军节和春节，展开拥军优属慰问活动，慰问优抚对象和现役军人家属，营造拥军爱民、军民和谐的双拥氛围。

第二节　退伍、复员军人安置

1958年，开始办理义务兵役制军人退伍安置。按照“人哪里来，回到哪里去”的原则，凡从农村入伍的，仍回原籍从事农业生产；入伍时在镇企事业单位工作的，由原单位恢复其工作；入伍时家在城镇但无固定职业的，由劳动部门根据其技术特长、文化程度等妥善安排，不受劳动部门招工指标的限制。1979年对越自卫还击作战后，境内农村入伍的伤残退伍军人和参战立三等功的退伍军人可在城镇工作，同时转为非农户口。农村实行家庭联产承包责任制后，各乡镇对退伍军人中的扶贫对象，优先安排进乡镇企业就业。

1999年开始，退伍军人安置分货币安置和发放补助金两种，城镇退伍军人货币安置金为每人20000元，农村退伍军人补助金为每人5000元。2005年分别提高到每人25000元和8000元。

2004年至2012年，全街道累计有退伍军人218人，均作安置。

表16—4　　2004年—2012年凤鸣街道退伍军人人数统计表

年　份	人　数	安置金(元)	年　份	人　数	安置金(元)
2004	16	42200	2009	55	448250
2005	15	238500	2010	29	338816
2006	15	136400	2011	25	300250
2007	18	175440	2012	20	251180
2008	25	276500			

资料来源：凤鸣街道民政办提供

第二章　社会救助

第一节　扶贫帮困

大病医疗救助

2005年，境内开始实施城乡困难群众医疗救助。按照《桐乡市城乡困难人员医疗救助暂行办法》的规定，参加桐乡市合作医疗或桐乡市城镇职工基本医疗保险并持有《最低生活保障证》《特困职工优惠证》的困难群众，一年度内累计医疗费用自负超过5000元以上的，及其他因长期患各种重大疾病严重影响基本生活，或当年因重大疾病医疗费用超过家庭总收入的3倍至4倍，造成实际生活水平低于城乡最低生活保障标准的城乡困难家庭，可享受大病医疗救助。

表 16—5　　2006—2012 年凤鸣街道城乡困难群众医疗救助情况统计表

年　份	户　数	金　　额	年　份	户　数	金　　额
2006	79	22370	2010	120	371300
2007	20	44870	2011	95	706300
2008	112	448300	2012	18	231600
2009	94	339100			

资料来源:凤鸣街道民政办提供

附:

凤鸣街道红旗村钟家角组村民顾某,2007 年初在灵安村拆迁户建筑工地施工时不小心从二楼摔下,头部遭受重创致当场昏迷。经过桐乡、嘉兴两地医院全力抢救,前后花掉医药费 14 余万元,虽然当时保住性命,但却失去知觉,变成植物人。2007 年 10 月 22 日因医治无效死亡。顾某遗孀钟某,43 岁,一直在家务农,儿子在江西读大学。钟某家庭仅靠政府每月 200 元的低保金和务农收入维持,巨额的外债、儿子大学的学费,沉重的经济压力已危及家庭的基本生存需求。钟某向民政部门申请大病医疗救助,经审核批准,民政部门给予救助金额 3.39 万元。

(资料来源:凤鸣街道民政办)

扶贫建房

1997 年开始,采取"民政局补一点、乡镇扶一点、村里出一点、贫困户自筹一点"的办法,对农村低保户实施扶贫建房工程。2004 年落实扶贫建房 4 户,3 户在年内建成,1 户在 2005 年建成。2005 年继续安排 4 户扶贫建房,发放扶贫建房款 2.7 万元,其中红旗村羊眼庄、长新村范家浜二名退伍军人困难户分别发给 8000 和 10000 元的扶贫建房费。2006 年安排 5 户扶贫建房,其中 1 户低保户,共发放扶贫建房款 5 万元。

上图为长新村困难户钟汉江原住房,下图为该户改建后的新居

2007 年桐乡市开展"百局扶百户、扶贫建新房"活动,凤鸣街道 4 月份落实"百局联户"扶贫建房 7 户,其中 1 户低保户,共发放扶贫建房款 14 万元。5 月份安排局级困难家庭扶贫建房户 3 户,残疾困难家庭扶贫建房户 3 户,安排资金 10.8 万元。年底,全部竣工通过验收。

2008 年,加大危旧房改造工程力度,成立困难群众危旧房改造工作领导小组。年初开展困难户危旧房调查摸底工作,落实市长实事工程扶贫建房 43 户 84.99 万元。其中,民政局安排 17 户,落实补助资金 27 万元;11 个企业结对 9 户,资助金 20.36 万元;市残联安排残疾家庭 7 户,落实补助资金 7.67 万元;市慈善总会和街道分会安排 10 户,落实补助资金各 10 万元;街道财政配套资金 9.96 万元。年底全部竣工并通过验收,家家搬迁新居。

2009 年，市长实事工程扶贫建房 24 户 22.62 万元。其中，民政局安排 10 户，落实补助资金 12.76 万元；市残联安排残疾家庭 2 户，落实补助资金 1.2 万元；市建设局安排危旧房维修户 2 户，落实补助资金 45.6 万元；街道财政配套资金 4.1 万元。

2010 年，落实扶贫安居建房 8 户 12.8 万元，其中，民政局救助 9.6 万元，街道财政落实配套资金 3.2 万元。

2011 年，落实扶贫安居建房 13 户，其中回乡退伍军人建房 1 户。补助资金 20.4 万元，其中，民政局救助 15.6 万元，街道财政落实配套资金 4.8 万元。

2012 年，落实扶贫安居建房 11 户，其中残疾人家庭建房 5 户。补助资金 20.9 万元，其中，民政局救助 14 万元，市残联救助 2.5 万元，街道财政落实配套资金 4.4 万元。

临时救助

桐乡市档案馆馆藏档案资料（卷宗号 M3－13－24）载，抗战胜利后，曾成立崇德县社会救济事业协会，拨款临时赈济贫民。民国 35 年（1946）8 月 20 日，该会核定配发同福乡国币 26000 元，合并救济旧衣，于 23 日上午由协会派员监发。

中华人民共和国成立后，人民政府对城乡贫困居民及孤寡老人、病残人员等进行临时救助或定期定量补助，同时发动社会互济。在历年春节前夕组织慰问工作，为困难户及困难职工送上党和政府的温暖。

1997 年，同福乡共支付社会救济事业费类 46.55 万元。其中老年人优待金 8.84 万元，敬老院支出 3.33 万元，老年人活动室支出 2 万元。

2004 年，一般困难救助 30 户 1.1 万元，其中：火灾及雷击户 3 户。2005 年对台风后屋面墙壁受损严重的 7 户农户，为他们向民政部门申请重建、修建救助经费 3.9 万元，救助一般困难户 11 户，解决资金 9100 元，缓解他们的燃眉之急。2006 年，为困难户申请救济款 16.3 万元，年终慰问贫困户、贫困党员 285 户，发放慰问金 7.47 万元。2007 年，调整市级机关、部门扶贫结对的 6 户困难家庭，对因病、因灾、因残、因意外事故造成生活困难的家庭，实行临时救济，共救济 21 户，发放救济金 2.85 万元。慰问贫困户、贫困党员 285 户，发放慰问金 7.47 万元。2008 年临时救济 206 户 436 人，发放救济金 8.16 万元；灾害救助 53 户 196 人，发放救济金 4.5 万元。2009 年临时救济 356 户 1096 人，发放救济金 14.12 万元；灾害救助 36 户 135 人，发放救济金 2.3 万元。

2010 年临时救济 145 户 404 人，发放救济金 7.89 万元。2011 年临时救济 385 户 665 人，发放救济金 18.32 万元。2012 年临时救济 241 户 384 人，发放救济金 10.67 万元。春节前慰问困难户 171 户，发放慰问金 3.01 万元。

第二节　最低生活保障制度

境内自 1997 年始，实行城乡最低生活保障制度，按城镇月人均生活费 140 元、农村月人均生活费 80 元的标准，对差额部分予以补充。

2002 年，凤鸣街道享受最低生活保障对象 110 户 246 人，其中城镇 3 户 5 人，农村 107 户 241 人。全年累计发放保障金 14.50 万元；2003 年，凤鸣街道享受低保 156 户 338 人，其中城镇 6 户 11 人，农村 150 户 327 人。全年累计发放保障金 23.66 万元。2004 年，按城镇每人每月 230 元，农村每人每月 120 元的标准落实低保对象，全街道 161 户 348 人列入低保，发放低保金 26.02 万元。2005 年，按城镇每人每月250元，农村每人每月150元的标准落实低保对象，经调查摸底和公平、公正、公开及动态管理，全年列入低保139户315人，发放低保金30.20万元。2006年，对全街道的所有低保户进行排摸清查，有47户家庭退出低保，新列入低保13户。

2007年，按城镇每人每月270元，农村每人每月170元的标准落实低保对象，年初有低保户105户182人，年内有6户家庭退出低保，6户新列入低保，5户根据实际变更低保享受额标准，做到应保尽保，应退尽退。全年发放低保金26.92万元、物价补贴1.76万元、低保户慰问金2.34万元、低收入家庭慰问金1.14万元。合星村三圣堂村民陈某，聋哑人，离异，劳动能力差，经济收入低，一人养育读中学的儿子，生活困难。是年10月，街道将其列入低保家庭，每月享受救助金450元，直到2012年8月，陈娟文儿子应征入伍，该家庭从低保户转为低收入家庭，享受救助金350元。

2008年，全街道有低保家庭241户518人。发放低保金54.08万元、低保户物价补贴1.16万元，合计65.66万元，人均补差达到省市标准。同时，分别在1月和7月进行低收入家庭的调查摸底工作，将人均收入在2500～4000元的家庭列为低收入家庭，全街道共有132户400人。

2009年，新增低保户30户84人，注销低保户15户23人。至年底，全街道享受最低生活保障对象241户550人，其中城镇10户16人，农村231户534人。全年累计发放保障金88.98万元，分3次发放低保慰问和一次性生活补贴及基本生活物价补贴共计11.70万元。同时由市财政为低保户及重点优抚的对象发放农村合作医疗保险补助，共计282户552人4.42万元。是年，新增低收入家庭7户19人，注销低收入家庭20户69人。至年底，全街道有低收入家庭124户377人，其中城镇2户8人，农村122户369人。发放低收入家庭救助款6.90万元。

2010年，新增低保户15户38人，注销低保户31户53人。至当年底，全街道享受最低生活保障对象228户538人，其中城镇9户15人，农村219户523人。累计发放保障金88.71万元。分3次发放低保慰问和一次性生活补贴及基本生活物价补贴11.78万元。同时由市财政为低保户及重点优抚的对象进行农村合作医疗保险补助，共计1006人10.06万元。全年新增低收入家庭3户4人，注销低收入家庭21户74人。至年底，全街道有低收入家庭106户317人，其中城镇2户8人，农村104户309人。发放低收入家庭救助款6.20万元。

2011年，新增低保户18户44人，注销低保户28户69人。至年底，全街道享受最低生活保障对象219户514人，其中城镇14户22人，农村205户492人。全年累计发放保障金120.37万元。分4次发放低保慰问和基本生活物价补贴，共计金额26.23万元。是年，新增低收入家庭2户7人，注销低收入家庭32户96人，其中3户12人转入低保家庭。至年底，全街道有低收入家庭76户223人，其中城镇2户8人，农村74户205人。发放低收入家庭救助款5.25万元。分3次发放基本生活物价季度补贴4.33万元。凤鸣街道建胜村庙东村南村民董某患有心脏病多年，丈夫因身患癌症去世，花去大量医疗费，家里还有上初中的儿子和年近七旬的婆婆需要赡养，负债累累，生活困难。是年3月起，董某家庭开始享受低保救助，每月救助金340元。2012年，其家庭月收入增加到2500元左右，人均收入超出低保标准，故注销其低保户资格。

至2012年年底，全街道享受最低生活保障对象186户409人，其中城镇9户10人，农村177户399人。全年累计发放保障金113.69万元。分5次发放低保慰问和基本生活物价补贴，共计金额26.71万元。是年，提高提低收入家庭标准，对人均收入在4200～6300元的家庭列为低收入家庭。至2012年底，全街道有低收入家庭51户140人，其中城镇2户8人，农村49户132人。发放低收入家庭救助款3.80万元，分3次发放基本生活物价季度补贴2.44万元。同时对低收入家庭中的11名重度残疾人，发放生活补助金5.48万元。是年12月1日起，调整城乡居民最低生活保障标准。城镇居民最低生活保障标准从每人每月470元提高到520元，农村居民最低生活保障标准从每人每月350元提高到400元，增幅分别达到10.63%、14.28%。

表16—6　　桐乡市历年低保标准调整情况一览表

单位：元

年份	标准		年份	标准	
	城镇	农村		城镇	农村
1997	140	80	2008	300	200
2000	182	92	2009	340	240
2001	210	106	2010	400	280
2003	230	120	2011	470	350
2005	250	150	2012	520	400
2007	270	170			

资料来源：桐乡市民政局社救科提供

第三章　慈善事业

2007年8月，开始筹建桐乡市慈善总会凤鸣街道分会。进行宣传发动，吸收会员，多方募集慈善基金。截至2007年10月19日，全街道捐款数额161.19万元。其中，街道机关事业单位的人员都参加募捐活动，共收到捐款3.08万元，各村、社区及所在企业捐款39.86万元，事业单位捐款20万元，规模以上及园区企业捐款98.86万元。是年，市慈善总会凤鸣街道分会(筹)为10户大病户发放慈善救助款11200元，为环南村、李家弄村、红旗村的5名孤儿申报浙江省慈善总会万向慈善基金结对助学，并为考入高校的困难家庭子女2名学生申请市慈善总会慈善资助，由慈善机构每年出资3000元帮助他们完成大学学业。

2008年3月13日，桐乡市慈善总会凤鸣街道分会召开成立大会，由20名理事组成第一届理事会，审议通过《桐乡市慈善总会凤鸣街道分会章程》《桐乡市慈善总会凤鸣街道分会资金募集管理办法》。是年5月12日发生汶川大地震，全街道各单位和广大民众踊跃捐款捐物，共募得善款105.99万元，皮衣12件(价值7200元)。全年为凤鸣街道113户395人发放慈善救助款18.30万元。对17名孤儿发放慈善结对助学金2.97万元，对当年考入高校困难家庭子女8名大学新生申报市慈善总会慈善资助，每位获得资助3000元；又拨付补助金3.2万元，资助10名历届大学生。

2009年，开展“慈善一日捐”活动，募得善款8.20万元。对特别困难的群众，实行慈善救助11户398人，发放救助金19.95万元，其中慈善总会救助5.7万。对16名孤儿发放慈善结对助学和慰问金5.35万元；对10名新增贫困大学生和13名历届贫困大学生发放慈善助学金9.2万元，其中光彩事业结对2名和桑园桥村个私企业主动结对1名。当年，由市慈善总会牵头，街道分会和桐乡同新食品有限公司开展“杭白菊生产型扶贫”活动，有35户困难农户参加，共发放生产型扶贫农药化肥及技术培训资金1.89万元，发放杭白菊亩产收入补助及奖金3.98万元，境内扶贫工作从“输血型”扶贫转向“造血型”扶贫。

2010年，在全街道营造浓厚的“重慈善、献爱心”氛围，有225个单位414名个人参与慈善捐款活动，共筹得捐款162.14万元。对特别困难的群众，实行慈善救助137户497人，发放救助金27.1万元，其中总会救助6.8万元，街道救助20.3万元。对16名孤儿发放慈善结对助学和慰问金5.22万元，对11名新增贫困大学生和13名历届贫困大学生发放慈善助学金8.3万元，其中光彩事业结对1名。当年，继续开展“杭白菊生产型扶贫”活动，新增、调整15户困难户，共有50户困难农户参加活动，发放生产型扶贫农药化肥及技术培训资金2.70万元。

2011年，有20个单位297名个人参与“慈善一日捐”活动，共筹得捐款4.13万元。对特别困难的群众，实行慈善救助119户453人，发放救助金25.2万元，其中总会救助7.2万元，街道救助18万元。对7名孤儿发放慈善结对助学和慰问金1.38万元，对16名新增贫困大学生和14名历届贫困大学生发放慈善助学金12.95万元，其中光彩事业结对6名、企业结对1名。当年，继续开展“杭白菊生产型扶贫”活动，共有48户困难农户参加活动，发放生产型扶贫农药化肥及技术培训资金2.70万元，同新公司发放菊花投售补助奖励金8.89万元。

2012年，红旗村慈善工作站成立暨慈善帮扶基金捐款仪式

2012年，有18个单位284名个人参与“慈善一日捐”活动，募得捐款3.5万元。11月，在红旗村开展村级慈善工作站的试点工作，募得善款25.63万元。2012年年底完成14个村的慈善工作站全覆盖。对特别困难的家庭实行慈善救助，共123户476人，发放救济金28.55万元，其中总会救助11.4万元，街道分会救助17.15万元，对10名新增贫困大学生和14名历届贫困大学生发放慈善助学金16.5万元，其中光彩事业结对2名。

第四章　社会福利

第一节　敬老院和“五保户”供养

新中国成立初，生活困难的鳏寡孤独人员主要由群众互助解决，后由农村互助组无偿代耕，同时，民政部门发放救济粮款，救济贫困户。

1956年农业合作化后，根据“国家辅助集体，集体负责个人”的原则，由集体给予五保供给（保吃、保穿、保住、保医、保葬，孤儿则改保葬为保教），要求不低于当地一般农业社社员水平。1979年起，实施生产队集体供养为主、政府适当补助救济相结合的办法。1983年，县民政部门对五保户进行普查登记。“五保”供给标准从每人年均120元增至152元，还分送给每位五保老人棉大衣一件。1984年以后，陆续分送蚊帐、棉被、短大衣等物。

1987 年，同福乡政府创办同福敬老院。

1989 年，灵安镇政府创办灵安敬老院。2001 年灵安撤镇设立凤鸣街道后，改称凤鸣街道敬老院。

2004 年，同福乡政府投入 60 万元，对同福敬老院扩建翻新。凤鸣街道办事处对原李家弄村小学校址进行改造，成为凤鸣街道敬老院新址，并于 2005 年 1 月迁址。

2007 年 10 月，同福乡并入凤鸣街道后，原凤鸣街道敬老院改称为凤鸣街道凤鸣敬老院，原同福敬老院改名为凤鸣街道同福敬老院。凤鸣敬老院坐落在李家弄村沈家门组 55 号，总建筑面积 1100 平方米，床位 32 张。房间配有电风扇，卫生、沐浴设施，有老年健身器材、专用洗衣房、食堂，是一座设施齐全、环境宽敞、布局合理的集五保供养和社会化养老为一体的敬老院。同福敬老院在中群村青石桥自然村辖区内，总投资 160 万元，占地面积 1333 平方米，总建筑面积 950 平方米，绿地面积 1000 平方米，床位 48 张，主要为集中供养五保老人。

2012 年，凤鸣敬老院和同福敬老院共有工作人员 8 人，入院老人 35 人。入院集中供养的五保老人，其供养标准为每人每月伙食费 225 元、零用钱 50 元。

第二节　残疾人保障

建国初期，人民政府对生活困难的残疾人给予定期定额救济和临时救济。1956 年农业合作化后，对有困难的残疾人由集体给予适当照顾。1984 年起，政府对福利企业实行优惠政策，境内相继开办乡(镇)村福利工厂，安置残疾人就业。

1999 年起，境内按照上级规定，实施按比例安置残疾人劳动就业的政策。企业按在职职工总数(含固定工、合同工、临时工)1.5%的比例安置残疾人就业。安置人数达不到规定比例或安置残疾人有困难的单位，每少安排 1 名残疾人，按本市上年度职工年人均收入 60%交纳残疾人就业保障金。残疾人就业保障金由乡镇负责收取后，上交市残联。

2001 年，实行残疾人就业保障金征、退两条线管理，采取先征后退、统一收取、统一计退、统一管理办法，由市财政、税收、残联设立专门工作机构。

2002 年 5 月，凤鸣街道残疾人联合会成立，并召开第一次代表大会。此后，由街道残联牵头，上级残联和社会各界的支持，先后组建西牛桥村残疾人养猪、蛋鸡基地，联系农经部门邀请养殖专家来基地讲课，传授养猪防病知识，带动残疾人家庭及农户养殖，为他们提供科技知识，增强基地的创收能力，保障残疾人及周边农户受益。

2003 年后，残疾人就业保障金由地税代征。至 2005 年，街道残联与各企事业单位联系协调，累计安置 80 人次残疾人进单位工作。残疾人养殖基地根据残疾人的残疾类别，安排残疾人进扶贫基地从事简单的劳动，先后安置 8 名残疾人进基地工作。鼓励残疾人自谋职业，争取残疾人小额贷款贴息政策。至 2007 年底，全街道有残疾人种养大户 20 户和残疾人个体工商户 32 户。

2007 年 7 月，凤鸣街道召开残疾人联合会第二次代表大会。全街道 11 个村、1 个社区和 2 个福利企业都成立残疾人协会，为残疾人提供各种服务。2008 年，全街道共推荐 23 名残疾人就业，其中个体就业 5 人。在“全国助残日”期间，市、街道领导共走访残疾人家庭 49 户，发放慰问金 10600 元；配合市残联为 20 名残疾人送去坐便器，赠送残疾人轮椅车 11 辆，赠送电信充值卡 8 张，收音机 4 台，为路家园村王板桥组一残疾人送去 21 寸彩电 1 台。春节期间，慰问残疾人家庭 65 户，发放慰问金 4.62

万元；临时补助残疾人家庭81户，补助金额共计2.98万元；嘉名、汇丰有限公司捐赠助残慰问金0.36万元；慈善救助25户，发放救助金4.5万元。以上共计15.08万元。

2012年，全街道共有嵘月包装材料有限公司、宏(金)业纺织厂、嘉名针织实业有限公司等福利企业3家。安排117名残疾人就业，享受优惠政策从事个体经营和种养殖业的残疾人有647人，残疾人就业人数占符合就业条件的残疾人总数的96%；落实残疾人家庭最低生活保障户81户192人，其中残疾人132人，月享受低保金占总最低生活保障金的47.9%，全年发放低保金52.51万元。45户141人残疾人家庭获得临时救济，发放救济款2.54万元；新增生活不能自理补助残疾人12人，因死亡或转居家安养等原因终止而生活不能自理的残疾人，补助15人。当年，有57名生活不能自理的残疾人享受生活补助，全年共发补助款13.5万元。42名重度残疾人享受居家安养补助，全年共发补助金13.41万元。8名重度残疾人享受集中托养补助，全年共发补助金7.94万元。为白内障患者进行手术治疗59例，补助资金6.5万元。此外，还资助特困残疾人家庭子女上学37人，计4.23万元。

第三节　老龄工作

按国际公认的老龄化社会标准(老年人占总人口10%)，凤鸣街道自80年代始步入老龄化社会。

2005年，街道新建3个老年活动中心，老年电大招收学员35名，办理高龄老人优待证192张。

2006年，省政府颁布《浙江省老年人优待证制作和管理办法》后，原有市(县)人民政府制作的《老年优惠证》统一换发为《浙江省老年优待证》(简称《优待证》)。《优待证》分红、绿两种卡，70周岁及以上老年人办理红卡，60～69周岁老年人办理绿卡。持《优待证》的老人，可半价优惠或免费进入公共文化体育健身活动场所及旅游景点；乘车可优先购票、进站、检票、上下车；到医院就诊，免收普通门诊挂号费(包括急诊、复诊挂号费，不包括专家门诊挂号费及诊疗费)。当年，办理老年人优待证2824张。

2007年，凤鸣街道总人口30539人，其中老年人有5061人，占街道总人口的16.6%，老龄化程度高于全省平均值。是年，长新村和史桥村列入规范化老年人活动中心的争创工作规划。老年电大两次招生，招收新学员40名。根据市老龄办要求，对全街道70周岁以上老年人现有的生活保障状况进行摸底调查，为第二年出台的优待政策提供依据。全街道有70周岁以上老人2608人，其中70～79周岁老人中，有保障老人542人，无保障老人1364人；80周岁以上老人中，有保障老人193人，无保障老人509人。全年共办理高领老人优待证487张，其中60周岁优待证133张，70周岁以上优待证179人，换证173人，从而为老人乘车、就医、旅游等有关社会活动提供方便。在桐乡市“十佳”评选中，路家园村的钱小寅获得“桐乡市十佳热心老人”称号。

2008年，街道按市政府统一部署，在推行城乡居民社会养老保险，实现养老保险全覆盖的同时，对未享受社会养老保险、各类社会保障(按月定期补助)或已享受社会保障但享受标准低于(等于)城乡居民最低生活保障金标准的年满70周岁的高龄老人，实行养老基本生活补助。补助标准为：70～89周岁的，城镇居民每人每月补助80元，农村居民每人每月补助50元；90周岁(含)以上的，城镇居民每人每月补助150元，农村居民每人每月补助90元。

2009年，红旗村、联庄村、合星村3个村开展“星光老年之家”创建并通过验收，其余9个村的老年活动中心(室)活动正常。

2010年9月，开展农村居家养老服务建设的试点工作，分别在街道敬老院设立居家养老服务中心，在红旗村、西牛桥村设立农村社区居家养老服务站，在灵安社区设立城市社区居家养老服务站，提高社区居家养老服务的功能和作用。

2011 年，在建胜村、环南村、新农村村设立农村社区居家养老服务站，市民政局补助 3 万元，提高社区居家养老服务的功能和作用。李家弄村和新农村村开展“星光老年之家”的申报创建并通过验收，市民政局补助 2 万元；其余 9 个村均列入“星光计划”，市民政局补助 5 万元。老年活动中心（室）活动正常，丰富了老年人的精神文化生活。

2012 年，路家园村、桑园桥村、灵安村设立农村社区居家养老服务站，市民政局补助 3 万元，西牛桥、红旗村、合星村、李家弄村和新农村村 5 个村创建“星光老年之家”。2008—2012 年，累计办理老年人优待证 3402 张。每年重阳节期间，对 90 周岁以上高龄老人和 80 周岁以上残疾老人进行走访慰问，同时配合市老龄办对境内退休的老村干部上门慰问。

第四节　城乡居民养老保险

2008 年 1 月 1 日起，《桐乡市城乡居民社会养老保险实施办法》正式实施，将原来无法享受企业养老保险的城乡居民全部纳入社会养老保险体系。实行个人缴费、政府补贴、集体经济补助相结合。参保人员年满 60 周岁后，按月领取养老金，终身享受。养老待遇主要由基础养老金和个人缴费账户、缴费补贴账户养老金及缴费年限养老金三部分组成。缴费标准，农村居民分 3 档，城镇居民分 2 档，参保人可根据自身情况选择其一。个人缴费金额占缴费基数的 8%，财政补贴占 5%（其中 3% 补贴个人，2% 补贴统筹基金）。市人力社保局在凤鸣街道设立人力社保所，具体负责此项工作。街道成立城乡居民社会养老保险领导小组，下设办公室，同时建立联村（社区）、企业指导小组，齐抓共管。通过宣传发动，落实工作措施，是年全街道参保人数达到 5594 人，完成市政府下达指标的 133.2%。2009 年起，参保人员分类将“农村居民”“城镇居民”改为“有地居民”“无地居民”。缴费标准每年均有上调，个人缴费比例和财政补贴仍为 8% 和 5%。至 2012 年年底，全街道参保人数累计 11083 人。

表 16—7　　　2008 年度凤鸣街道城乡居民社会养老保险缴费标准参照表

单位：元

缴费基数	个人缴费金额（8%）	财政补贴金额（5%）		个人账户合计（8%+3%）
		补贴个人（3%）	统筹基金（2%）	
农村居民（三选一）				
9117	730	274	183	1004
13400	1072	274	183	1346
17680	1415	274	183	1689
城镇居民（二选一）				
13400	1072	402	268	1474
17680	1415	531	354	1946

表 16—8　　2012 年度城乡居民社会养老保险缴费标准参照表

单位：元

缴费基数（三选一）	个人缴费标准（8%）	财政补贴金额（5%）				个人缴费账户和缴费补贴账户合计
		缴费补贴	缴费年限补贴	统筹基金	补贴合计	
有地居民（三选一）						
14365	1100	215	215	288	718	1315
20926	1640	215	215	288	718	1855
27487	2180	215	215	288	718	2395
无地居民（三选一）						
14365	1100	215	215	288	718	1315
20926	1640	413	215	418	1046	2053
27487	2180	610	215	549	1374	2790

说明：有地居民参保缴费的财政补贴统一以上上年度嘉兴市农村居民人均纯收入（14365）的 5%计算。无地居民参保缴费的财政补贴按选择的缴费基数乘于 5%分别计算，而其中缴费年限补贴统一按上上年度嘉兴市农村居民人均纯收入（14365）的 1.5%计算

表 16—9　　2008—2012 年城乡居民养老保险参保情况表

单位名称	参保人数					
	2008 年	2009 年	2010 年	2011 年	2012 年	累计
史桥村	390	56	251	159	21	877
桑园桥村	358	35	205	110	27	735
长新村	395	45	166	183	43	832
李家弄村	398	24	153	102	17	694
环南村	13	1	191	5	0	210
灵安村	273	45	219	145	15	697
红旗村	451	65	184	156	21	877
路家园村	353	47	132	123	28	683
西牛桥村	259	23	113	92	11	498
新农村	525	56	198	177	28	984
联庄村	551	50	119	221	58	999
建胜村	512	33	185	166	28	924
合星村	540	52	125	222	40	979
中群村	538	39	181	229	46	1033
社区居委会	38	4	9	10	0	61
合计	5594	575	2431	2100	383	11083

资料来源：以上三表均由凤鸣街道人力社保所提供

第五章　殡葬改革

中华人民共和国成立后，政府倡导丧事简办，反对迷信活动。70年代初，提倡棺木深埋，不留坟头，不立墓碑。70年代末，开始提倡火葬。1986年12月，桐乡县人大八届十次会议通过《关于殡葬改革》的决议。1987年3月，县人民政府颁发《桐乡县殡葬管理暂行办法》，自1987年4月1日起，城镇推行火葬，7月1日起，农村全面推行火葬。境内各乡镇把殡葬改革列入乡规民约，进行广泛宣传。1988年，境内火化率达到100％。

2005年1月，凤鸣街道根据市委、市政府《关于建设生态墓地深化殡葬改革的实施意见》和《桐乡市生态墓地建设管理暂行办法》，启动第二轮殡葬改革，全面推行生态葬法。是年，境内共建造生态墓地4个，地址分别在史桥村、李家弄村、西牛桥村、同福太湖荡。自2005年1月起，死者骨灰集中至生态墓地安放。

2008年，随着桐乡市经济开发区的土地征用，境内相关村的坟墓搬迁数量大量增加，原有的墓地规模已不能适应丧户进入生态墓地的要求。为巩固第二轮殡葬改革成果，街道进一步完善生态墓地基础设施建设。投资4.5万元，对李家弄、西牛桥生态墓地进行绿化；投资6.5万元，对李家弄墓地排水进行改造；投资6.05万元，对李家弄、太湖荡两处墓地排设安装自来水管道；投资7万元，新筑墓穴2530个。

至2012年，全街道有生态墓地4个，墓穴22850个。

表16—10　　　　2007年凤鸣街道公益性公墓(墓地)基本情况调查表

墓地名称	建设时间	占地面积	规划墓穴数	投资总额(万元)	绿化覆盖率(％)
史桥生态公墓	2004.9	30.5亩	6204	91.4	80.5
同福生态公墓	2004.11	17.5亩	1530	120	90
李家弄生态公墓	2004.10	30.6亩	7575	85.2	80.9
西牛桥生态公墓	2004.11	23.6亩	5011	64.7	81.2

资料来源：凤鸣街道民政办提供

第十七编 教　　育

境内教育，民国前主要是私塾。小学教育，始于民国初期，时大多以小规模的复式教学为主。民国后期，崇德县纪目乡成立中心国民学校，同福乡在福严寺建立荣河小学(后改名为崇德县同福乡中心国民学校)，桐乡县史桥乡陈家浜创办启新学校，小学教育开始规模办学。

新中国成立后，境内教育事业快速发展，社会扫盲教育、职业教育和业余教育也得到重视，尤其是中共十一届三中全会以后，贯彻中央有关教育改革精神，振兴教育，逐步实行九年制义务教育，发动工人、农民、干部参加函授、自学考试，创办成人文化技术学校，成立社区学校，教育事业进入一个新的发展时期。

第一章 私　　塾

民国以前，境内教育主要是私塾。富贵之家聘师在家教读子弟，兼收少量亲友、邻里子弟伴读，称坐馆或家塾，塾师吃住均在主人家，薪金相对其他塾师要高，逢年过节，家长还给糕团、粽子、年糕之类；塾师私人设馆收费教授生徒，称门馆、教馆、学馆、书屋或私塾，地点大都在祠堂、庙宇租赁房屋，塾中只收男生，或有个别女生，学生人数、年龄和文化程度参差不齐。学生入学年龄不限，自五六岁至二十岁左右的都有，其中以十二三岁以下的居多。学生少则一二人，多则可达三十人，并可随时入学和退学，农忙时少，农闲时多。学习年限一般为三四年，穷苦子弟一两个月者亦有之。

境内塾师一般多为一人，大的村塾则不定，如史桥的南港上庵私塾有 2 名塾师。私塾的教材不统一，清末时仍沿用旧教材，分初、中、高三等。初等教材主要有《百家姓》《千字文》《神童诗》《三字经》《千家诗》《唐诗便读》《鉴略》《廿一史弹词》《龙文鞭影》等。中等的有《大学》《中庸》《论语》《孟子》等。高等所读之书，为《十三经》。学生入塾后由塾师个别教授。年幼儿童先识“方块字”，识至千字左右后，教读《三字经》《百家姓》《千字文》。亦有直接教读《四书》的。教法大多为先教学生熟读背诵，然后在适当的时候由教师逐句串讲。除读书背诵外，有习字课，从先生扶手润字开始，再描红，再写映本，进而临帖。学童粗解字义后，则教以作对，为做诗做准备。《四书》读完后，即读《五经》等。

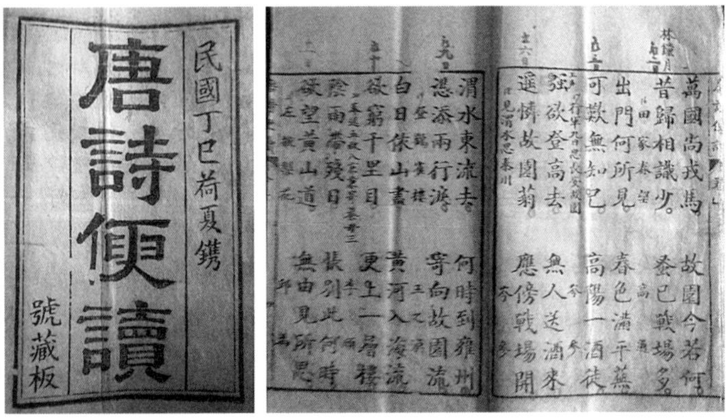

民国时期私塾教本

进入民国后，始有《国文》《算术》《自然》等新式教材，俗称“洋书”。以后便新旧并存，各取所需，由塾师依据家长要求，并视学生文化程度而定。有修身、国文、算术、读经、体操、游戏等课程。国文、读经采取复式教学形式，其他课则全塾学生合上。部分采用小学教科书，但没有完全放弃传统蒙学教材。

私塾的教学时数，有“短学”“长学”之分。“短学”一般是一至三个月不等，家长对这种私塾要求不高，只求学生日后能识些字、能记账、能写对联即可。而“长学”每年农历正月半开馆，到冬月才散馆。其“长”的含义，一是指私塾的先生有名望，其教龄也长，二是指学生学习的时间长，学习的内容也多。

乡村私塾塾师在蒙养教育阶段，十分注重蒙童的教养教育，学生入学、放学，均须向先生、父母、长辈鞠躬行礼。明礼、重道，如对蒙童的行为礼节，像着衣、叉手、作揖、行路、视听等都有严格的具体规定，为学生之基本修养。在教学方法上，完全采用注入式。

民国后，私塾逐渐被学校代替。抗日战争爆发，时局动荡，日伪骚扰，学校星散，一些地方人士和回乡教师自办私塾收徒教学，一为谋生，二为抵制汪伪政权推行的奴化教育。战后，多数私塾并入当地学校，但农村尚有少数存在。

新中国建立之初，对私立学校，一般采取保护维持、加强领导、逐步改造的方针。1952 年 9 月，教育部指示各地接办私立中小学。随后，私塾有的被并入小学，有的主动关门。到 50 年代后期，私塾基本绝迹。

表 17—1　　境内清末至民国时期私塾一览表

地　　点	私塾名称	塾师姓名	学生人数	备　　注
合星村	长生庵私塾	吴德宝、陆锦如	20 多名	沈鉴华、朱美金提供
合星村	大道地私塾	姓名不详	10 多名	张赛夫、张治国提供
合星村	三界桥私塾	陆夔龙	20 人左右	陆伟声提供
中群村	谈家门私塾（后至胜古庵）	郑登庸	10 多名	张赛夫、郑善芳提供
中群村	柴家斗私塾	许贵昌	20 人左右	张照林、郎顺福提供
中群村	颜家埭私塾	沈阿四（小名）	20 人左右	罗金荣、颜剑明、徐雪归、沈建东等人提供
建胜村	照户村私塾	钱九林	10 多名	钱美娥、陈树泉提供
建胜村	夏家兜私塾	朱某庆	10 多名	陈树泉提供
史桥村	姚家门前私塾	商武生	15 人左右	钟关金、商楚江提供
史桥村	钟家弄私塾	王芬管	10 多人	黄贵珍、商楚江
史桥村	南港上庵私塾	王芬管、蒋永西	10 多人	黄贵珍、商楚江
灵安村	秀才桥私塾	豆腐店官（小名）	12 人左右	钟剑华提供
灵安村	顾家里私塾（持续时间半年左右）	顾英浩	12～13 人	钟剑华提供
新农村	俞家桥私塾	姜柏荣	10 人左右	姜炳泉、朱锡坤提供
新农村荡心桥	天花庵私塾	倪贵三	10 人左右	朱剑森提供
联庄村	西长浜	吴翡章	20 人左右	邵民惠提供

续表

地　　点	私塾名称	塾师姓名	学生人数	备　　注
联庄村杨家村、王家村交界处	黄道庵	钟何等人	20人左右	邵民惠、徐雪归提供
西牛桥村	西元村私塾	钟阿庆	20人左右	李文娥提供
西牛桥村	蒲鞋桥私塾	不详	10人左右	钱小寅提供
西牛桥村	屠家村私塾	不详	10人左右	钱小寅提供
路家园村	纪目私塾(1922年创办)	钟德寿	10多人	钟圣甫、钱小寅提供
路家园村	钱德庵私塾	朱坤隆	10多人	钟圣甫、钱小寅、朱善根提供
环南村	梧桐村私塾	莫福明	30人左右	莫汝人、莫春和提供

第二章　学前教育

第一节　发展概况

民国以前，境内无正规的幼儿教育。

新中国成立后，农村普遍推行互助合作。农忙时节，通常几个自然村合办季节性托儿园，农闲时停办。50年代在伍社桥陆姓村民家办起幼儿班和托儿班各1班，幼儿30人左右，以照管为主，间或教以数学、图画、识字、唱歌等内容。

1955年后，贯彻公办民办并举的办学方针，政府鼓励厂矿企业、机关团体、街道居民区和农业合作社办园。1956年，创办幼儿园。在此前后，部分乡村开始开办幼儿班，幼儿教育渐渐扩展到农村。

1958年，“大办钢铁、大办粮食”，大批妇女走上生产第一线，幼儿入园人数急骤增加，各地普遍举办常年或季节性幼儿园(班)，各生产大队皆有托儿所，但巩固率极低，次年，多数队办幼儿园停办。

1963年，各大队举办幼儿园，地点在村民家，房屋简陋、破旧，入托儿童多，后陆续停办。十年“文革”期间，同福伍社庙小学附设幼儿班始终坚持长年办学。当时每2～3个自然村举办一个幼儿园，工资由大队发，业务归小学指导。

70年代中后期，境内幼儿教育蓬勃发展，各公社陆续开办幼儿园，大都附设于小学。1974年同福小学在园幼儿258人，1975年212人。1979年，同福公社幼儿园共招收9班，217名幼儿，平均每班24人，教职工11人，幼儿教师称教养员。1980年，入园幼儿增至248人。

表17—2　　1980年同福公社各村入园幼儿基本情况一览表

学　校	联民1	联民2	联民3	联　庄	联　建	联　胜	联　星	联　合	联　中	合　计
人　数	29	29	22	27	25	29	30	29	28	248

资料来源：同福小学档案室 1987—2

表 17—3 **1980 年灵安公社各村入园幼儿基本情况一览表**

学 校	东风	红合	惠桥	红旗	红卫	建福	红心	庆丰	红胜	红光	红联	灵安	合计
人 数	51	27	23	24	21	0	26	14	35	31	32	0	194

资料来源:九中档案室 1987—4

1982 年,同福公社中心小学创办中心幼儿班,附属于同福中心小学,教师 1 人,同时负责对全公社幼儿教师的业务指导。是年,同福公社共有幼儿班 11 个,新招幼儿 215 名,在园幼儿 280 名,教师 11 名,其中高中学历 2 人,初中学历 6 人,小学学历 3 人。灵安幼儿园创办于 1983 年,附设于中心小学内,招收 1 个班,36 名幼儿。史桥幼儿园创办于 1985 年,有 1 班,28 名幼儿,学制为一年,后规模不断扩大。同时几家规模较大的工厂也先后开办幼儿班。

1983 年,同福乡扩建幼儿园活动场所 560 平方米。灵安公社中心学校发动师生向儿童捐赠图玩具等活动器材。

1984 年,同福乡人民政府发文要求达到每个学龄儿童授完一年学前教育的目标。

1986 年,同福乡幼儿教师工资自 1 月 1 日起,由乡统一集资,按月发放。同时增拨 500 元作为添置和修理幼儿班课桌和教学设备。至 1987 年,幼儿入园数量有较大提高。是年 10 月,灵安、同福幼儿教师首次去崇福镇参加桐乡妇联、教育局组织的普通话业务比赛,史桥幼儿教师在城南乡政府参加普通话业务比赛。境内各乡镇推荐 6 名幼儿教师在桐乡教师进修学校参加一年制幼儿教师职业班学习。是年,境内各乡镇幼儿园响应党中央"增产节约、增资节收"的口号,自制幼儿玩具并去教育局参加展览。同福公社对幼儿教师普加工资,最低每月 51 元,最高 62 元。

1988 年后,幼儿入园人数逐年有所回落。1989 年,凤鸣街道 4～6 岁儿童入园率 100%。

20 世纪 90 年代初,幼儿教育开始分段教育,学制改为 2～3 年。1995 年,史桥中心、金太庙、史桥村幼儿在园人数 87 人,其中女幼儿 39 人。至 1996 年,灵安镇有教学班 12 个,幼儿 417 名,教师 12 名;同福乡有教学班 15 个,幼儿 611 名,教师 17 名。管理体制为乡管校办。

表 17—4 **1995 年同福乡幼儿园在园幼儿、教师情况统计表**

幼儿园名称	班级数	幼儿人数		教职工人数		教师学历		
		在园幼儿数	其中女幼儿	教职工	其中专任教师	高中	初中及以下	取得合格证人数
中心幼儿园	3	120	61	4	4	—	4	2
联庄幼儿园	1	51	24	1	1	1	—	1
东风(太湖荡)幼儿园	1	27	13	1	1	—	1	—
新农村幼儿园	1	35	14	1	1	—	1	—
徐家庙幼儿园	1	47	23	1	1	—	1	—
联建幼儿园	1	42	25	1	1	—	1	—
联胜幼儿园	1	41	23	1	1	—	1	—
联星幼儿园	1	48	25	1	1	—	1	1
联合幼儿园	1	37	17	1	1	—	1	—

续表

幼儿园名称	班级数	幼儿人数		教职工人数		教师学历		
		在园幼儿数	其中女幼儿	教职工	其中专任教师	高中	初中及以下	取得合格证人数
联群幼儿园	1	25	7	1	1	—	1	—
联中幼儿园	2	60	30	2	1	1	1	1
合计	14	533	262	15	15	2	13	5

资料来源:同福小学档案室藏档案,卷宗号 1995—2

1997 年 9 月,桐乡市人民政府决定,全市幼儿教育事业由市教委归口管理,幼儿园人员、经费仍按“谁主办谁负责”原则,渠道不变。

1998 年,在同福乡通过“拨、征、捐、节”等多种途径,投资 150 多万元在草庵集镇易地新建同福中心幼儿园,总面积为 3740 平方米,其中建筑面积 1895 平方米,户外活动场地 1452 平方米,绿化面积 960 平方米。是年,同福乡公开招聘中专毕业以上的幼儿教师 4 名,并送诸暨市海亮幼儿园实习。

2000 年 8 月,史桥乡并入灵安镇,史桥幼儿园并入灵安镇中心幼儿园,部分村幼教学点实行撤并。境内共有 2 个中心幼儿园、22 个村幼儿园,40 个班级,1318 名幼儿,专任教师 43 人。

表 17—5　　2000 年凤鸣街道幼儿园基本情况一览表

乡镇	学校名称	班数	幼儿人数					专任教师人数	教师学历				教师职称(人)			专业训练时间(人)		
			合计	3周岁	4周岁	5周岁	6周岁		大专	中专(幼师)	高中	初中	一级	二级	未定级	一年	半年	未培训
凤鸣街道	茶家斗	2	47	1	18	18	10	1	—	1	—	—		1	—	1	—	—
	红联	1	26	—	9	14	3	1	—	—	—	1	—	—	1	—	—	1
	红胜	1	32	—	12	16	4	1	—	1	—	—	—	1	—	1	—	—
	西牛桥	2	51	—	11	28	11	1	—	1	—	—	—	1	—	—	1	—
	朱家门	1	27	—	8	11	8	1	—	1	—	—	—	1	—	—	1	—
	路家园	1	30	—	3	18	9	1	—	1	—	—	—	1	—	1	—	—
	惠桥	1	40	—	13	21	6	1	—	1	—	—	—	1	—	1	—	—
	红旗	1	25	—	7	14	4	1	—	1	—	—	1	—	—	1	—	—
	自由村	1	23	1	6	11	5	1	—	—	—	1	—	—	1	—	—	1
	玲群	1	27	—	7	13	7	1	—	—	—	1	—	—	1	—	—	1
	史桥完小	3	106	6(其中2周岁1人)	28	58	14	3	—	2	1	—	2	—	1	2	—	1
	长新	2	65	—	21	32	12	2	—	—	1	1	1	—	1	1	—	1
	史桥	1	39	—	6	25	8	1	1	—	—	—	1	—	—	—	—	1

续表

乡镇	学校名称	班数	幼儿人数					专任教师人数	教师学历				教师职称（人）			专业训练时间（人）		
			合计	3周岁	4周岁	5周岁	6周岁		大专	中专（幼师）	高中	初中	一级	二级	未定级	一年	半年	未培训
凤鸣街道	建福	1	25	—	10	10	5	1	—	1	—	—	1	—	—	1	—	—
	李家弄	1	58	—	22	23	13	1	—	1	—	—	—	1	—	—	1	—
	中心幼儿园	2	68	5	19	30	14	3	—	2	1	—	1	1	1	1	1	1
	合计	22	688	13	200	342	133	22	1	14	2	5	9	6	7	9	4	9
同福	中心	7	251	18	71	116	44	10	—	7	1	2	—	—	—	4	—	—
	东风	1	27	—	7	12	8	1	—	—	—	1	—	—	—	—	—	—
	新农村	1	47	—	13	19	15	1	—	—	—	1	—	—	—	—	—	—
	徐家庙	2	49	3	10	22	14	2	—	—	1	1	—	—	—	—	—	—
	建胜	2	87	4	17	37	29	2	—	—	1	1	—	—	—	—	—	—
	联星	2	71	—	8	34	29	2	—	—	1	—	—	—	—	1	—	—
	联合	1	33	1	6	15	11	1	—	—	1	—	—	—	—	—	—	—
	中群	2	65	—	15	26	24	2	—	—	1	1	—	—	—	—	—	—
	合计	18	630	26	147	281	174	21	—	7	7	7	5	3	13	5	—	—

资料来源:街道各幼儿园档案室

2001年,凤鸣街道幼儿园被桐乡市教育局认定为桐乡市一级幼儿园。

2002年,境内乡镇成立幼儿教育管理办公室,组建中心幼儿园,招聘园长,下辖2个中心幼儿园。

2003年初,市政府确立幼儿教育由镇乡(街道)政府管理的体制。是年,凤鸣街道幼儿园被嘉兴市教育局评为嘉兴市首批达标乡镇中心幼儿园。

2005年,全街道5周岁幼儿入园率达100%。凤鸣街道中心幼儿园、同福乡中心幼儿园作为社会公益类准公益性事业单位,其事业单位法人地位得以确立,为幼儿教育的规范化管理奠定基础。2006年,茶家斗幼儿班更名为环南幼儿班、李家弄幼儿班全部并入中心和环南幼儿班,红联幼儿班并入朱家门幼儿班,建福幼儿班并入路家园幼儿班。是年民办同福小精灵托儿所成立,地址在姚家汇南。2007年,凤鸣街道幼儿园被桐乡市教育局评为桐乡市平安校园。

2007年开始,街道幼儿园十分注重对幼儿的德育教育,除开展丰富多彩的幼儿文艺会演活动外,还经常开展幼儿折纸比赛、七巧板比赛、幼儿拍球、跳绳、讲故事比赛、幼儿绘画、书写比赛。并注重家校联系和亲子教育,举办祖孙三代魅力家庭趣味赛。

2008年1月,街道办事处共投资300多万元创建新区分园,建筑面积2673平方米。8月,同福幼儿园与凤鸣街道幼儿园合并,中心幼儿园设在凤鸣街道同福集镇,全街道共有1个中心5个教学点,32个班级,1168名幼儿,教职工60人。是年,境内教职工积极探索教育教学的新思路和新方法,管理工作均按照嘉兴市一级幼儿园标准进行整改,改善办园条件,规范办园行为,推进幼儿园精细化管理,全面落实素质教育,提高教育质量。是年,凤鸣街道中心幼儿园被桐乡市人民政府命名为桐乡市文明单位。

2009年,凤鸣街道幼儿园共有23个班级,768名幼儿,教职工34人,专任教师23人,实现1个中心5个教学点基本布局模式。教师学历:本科1人,大专14人,中专8人,学历合格率100%。有幼儿高级教师8人,幼儿一级教师14人,未定级1人。

2010年举行巧手妈妈环保时装制作比赛、制作风铃比赛。是年,凤鸣街道中心幼儿园被桐乡市教育局命名为嘉兴市一级幼儿园。2011年,举办祖孙三代水果拼盘比赛、庆六一游园活动。2012年,又举行幼儿唱歌比赛。

2012年,凤鸣街道幼儿园占地面积4435平方米,总建筑面积2673平方米,每班活动室面积平均为88平方米,有配套的办公室、午睡室、卫生间。辅助用房有多功能厅、储藏室、保健室、厨房等。是年7月,街道中心幼儿园整体工程开始建造,总面积12100平方米,建筑面积7238.96平方米。按省一级幼儿园的标准设计建造,内设18个配套设施齐全、现代化的教室和各专用教室。

表17—6　　1990—2012年凤鸣境内幼儿园基本情况一览表

学年	乡　　镇	园数	班数	在园幼儿数				教职工数			
		计	计	其中小学附设(学前班)	计	其中小学附设(学前班)	女幼儿	计	园长	教师	保健员
1990	灵安镇、同福乡、史桥乡	4	36	29	704	569	314	40	—	40	—
1991	灵安镇、同福乡、史桥乡	6	39	24	1079	687	538	41	—	41	—
1992	灵安镇、同福乡、史桥乡	19	41	12	1811	468	738	45	1	44	—
1993	灵安镇、同福乡、史桥乡	—	37	12	1257	498	—	37	—	37	—
1994	灵安镇、同福乡、史桥乡	1	41	—	1264	—	—	44	—	44	—
1995	灵安镇、同福乡、史桥乡	3	37	9	1227	282	—	40	—	40	—
1996	灵安镇、同福乡、史桥乡	3	36	1	1274	32	—	40	—	40	—
1997	灵安镇、同福乡、史桥乡	3	36	2	1333	63	—	43	—	43	—
1998	灵安镇、同福乡、史桥乡	3	39	—	1310	—	—	45	—	45	—
1999	灵安镇、同福乡、史桥乡	3	39	—	1231	—	—	47	—	47	—
2000	凤鸣街道、同福乡、	2	38	4	1317	139	—	33	—	43	—
2001	凤鸣街道、同福乡	2	60	924	1571	—	785	51	1	46	—
2002	凤鸣街道、同福乡	2	38	522	1316	—	793	47	—	46	—
2003	凤鸣街道、同福乡	2	34	230	1214	—	332(其中同福不详)	41	1	40	—
2004	凤鸣街道、同福乡	2	35	492	1131	—	526	50	2	44	4
2005	凤鸣街道、同福乡	2	33	445	1168	—	471	50	2	44	4
2006	凤鸣街道、同福乡	2	32	400	1112	—	450	50	2	43	4
2007	凤鸣街道、同福乡	2	29	414	1139	—	463	53	2	41	10
2008	凤鸣街道中心幼儿园	1	32	436	1168	—	463	60	3	40	17

续表

学年	乡　　镇	园数	班数	在园幼儿数				教职工数			
		计	计	其中小学附设（学前班）	计	其中小学附设（学前班）	女幼儿	计	园长	教师	保健员
2009	凤鸣街道中心幼儿园	1	32	384	1124	—	402	57	3	42	12
2010	凤鸣街道中心幼儿园	1	32	447	1133	—	467	61	3	37	21
2011	凤鸣街道中心幼儿园	1	32	444	1143	—	420	54	3	36	15
2012	凤鸣街道中心幼儿园	1	32	474	1163	—	545	60	3	49	10

资料来源：1. 桐乡市 1990—2012 年教育事业统计资料。2. 同福幼儿园档案室

第二节　幼儿园简介

凤鸣街道新区幼儿园

凤鸣街道新区幼儿园

新区幼儿园坐落于文华小区，创建于 2008 年 1 月，耗资 300 多万元。占地面积 4435 平方米，建筑面积 2673 平方米。每班活动室面积平均88 平方米，有配套的办公室、午睡室、卫生间，辅助用房有多功能厅、储藏室、保健室、厨房等。2008 年 1 月份搬入 4 个班级，幼儿数 147 名。2008—2009 年，添置教育、教学设备，耗资十多万元。幼儿园以师资队伍建设为根本，以教育科研为抓手，推进新课程改革与实践活动。2012 年 9 月，共有 9 个班级，在园幼儿数 379 名。2008 年后，凤鸣街道中心幼儿园历任园长、副园长王少伟、沈生惠、颜玲娥、李爱芳。

凤鸣街道同福幼儿园

同福幼儿园（原同福乡中心幼儿园）位于同福集镇，为浙江省三级 A 类幼儿园。该园 1982 年创办，1998 年易地新建，总面积 3740 平方米，建筑面积为 1895 平方米。

桐乡市凤鸣街道同福幼儿园

该园设有 8 个班，教职工 26 人，教职工与幼儿的比率为 1∶11。教师中 90％已取得幼儿园教师资格证，合格学历 100％，90％的教师是大专以上毕业。教学楼位于于繁花秀木之中，多功能大、中、小型玩具分散在绿荫深处，并铺设具有软化功能的彩色塑胶地砖。设有大型综合体能活动器械，具有乡土特色的区角、玩沙池、音乐舞蹈教室等。

凤鸣街道中心幼儿园先后获得十佳示范单

位、桐乡市文明单位、桐乡市平安校园、桐乡市桐乡市巾帼文明示范岗、教育工会先进集体、桐乡市卫生单位等荣誉。

第三章　小学教育

第一节　民国时期的小学教育

民国元年(1912),南京临时政府教育部颁发《小学校令》,学堂改称学校。小学分为初等小学校(4年)、高等小学校(3年)两级。高等小学校由县设立;初等小学校由城镇设立。随小学之增设,境内私塾逐渐减少。

民国21年(1932)以后,乡村初级小学、短期小学、简易小学逐渐增多,是年,浙江省颁发《小学生课程暂行标准》,规定设置的课程为国语、社会、自然、算术、劳作、美术、体育、音乐等八门。境内小学的课程基本按此标准开设,但社会课均改为公民课。要求学生对三民主义有简明的概念,笃信力行;童子军列为必修课,设童子军教练员。成立童子军组织,训练分初级、中级、高级,以“智、仁、勇”作为修养的标准。

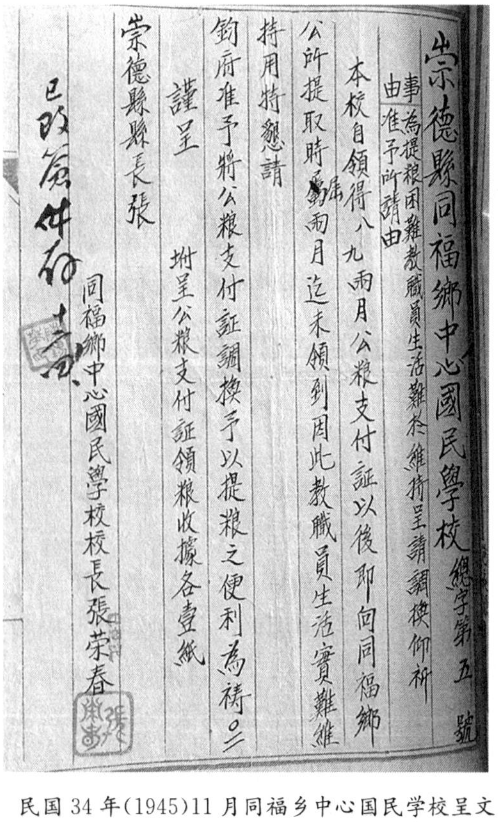
崇德縣同福鄉中心國民學校 總字第五號
事由 為提粮困難教職員生活難予維持呈請調换仰祈准予所請由
本校自領得八九兩月公粮支付証以後即向同福鄉
公所提取時[illegible]兩月迄未領到因此教職員生活實難維
持用特懇請
鈞府准予將公粮支付証調换予以提粮之便利為禱
謹呈
附呈公粮支付証領粮收據各壹紙
崇德縣縣長張
同福鄉中心國民學校校長張荣春

民国34年(1945)11月同福乡中心国民学校呈文

民国23年(1934),崇德县颁发《乡镇学校办理须知》,又把各初级小学校名改以校址所在地命名。

民国26年(1937)12月,崇德沦陷。乡村初级小学也相继关闭,教师四散,学生失学。在抗日游击区除恢复原有一些小学外,还设立流动学校。这些学校采用敌来我暂时疏散,敌去我立即复课的办法坚持教学。一些爱国人士还自发创办小学和私塾,收读战时失学学生并进行抗日教育。是年,崇德县第五区第四初级小学(纪目乡中心国校)因受战事影响而停顿。

民国28年(1939年)春,崇德县第五区第四初级小学改名为石湾区纪目墩初级小学。

民国31年(1942),境内学校有10多所。32年(1943)10月,石湾区纪目墩初级小学因敌伪清乡复遭遣散。

抗日战争后期,日伪开展大规模的“清乡”。后又加强奴化教育。民国33年(1944)秋,梵山区中塔乡瓜塔庙国民小学恢复办学,因儿童增加,添聘助教1名。同福乡在福严寺开辟20间房屋作校舍,建立荣河小学。是年,该校教师10人,学生200名左右。

表 17—7　民国 33 年(1944)崇德县同福乡中心国民学校教职员名册

姓　名	性　别	年　龄	籍　贯	住址及通讯方法	永久通讯处	学　历
张荣春	男	40	崇德	同福乡本校	同福乡大道地	
蔡希元	男	35	崇德	同福乡本校	景云乡蔡家坝	
蔡生祥	男	26	崇德	同福乡本校	景云乡蔡家坝	
郭复隆	男	40	崇德	同福乡本校	肇昌乡御驾桥	浙江省立第二中学师范部本科毕业
严绍灵	男	37	崇德	同福乡本校	崇福镇西门内胡合兴烟号	嘉兴秀洲中学高中毕业
骆蔼茜	女	31	崇德	同福乡本校	崇福镇蒋家街七号	
周纶昭	男	31	崇德	同福乡本校	石湾镇南市	上海私立中学高中部毕业、国立武汉大学肄业
钟文秀	女	27	崇德	同福乡本校	崇福镇横街立总管零壹号	崇德县立女子师范讲习所毕业
马问淩	女	27	崇德	同福乡本校	崇福镇北街140号	
钱　珏	女	27	崇德	同福乡本校	崇福镇县桥南堍茶号内	

资料来源：桐乡市档案馆馆藏档案 M3—1—47，其中教员学历资料来源为 M3—8—58

是年，纪目乡纳入灵安区，石湾区纪目墩初级小学改名为灵安区第四保国民学校。11 月，由于学龄儿童众多但学校少且办学规模小，纪目乡公所向灵安区公所申请增设纪目乡第六保国民小学，聘请沈松鹤任校长。

表 17—8　民国 33 年(1944)9 月崇德县灵安区纪目乡人口总数及壮丁学龄儿童统计表

保　别	甲　数	男	女	学龄儿童		人口总数
				男	女	
第一保	九甲	303	232	85	26	535
第二保	十甲	193	239	73	22	432
第三保	九甲	394	211	87	35	605
第四保	十甲	305	233	116	28	528
第五保	九甲	313	257	118	23	570
第六保	九甲	309	263	98	25	572
第七保	十甲	277	237	78	32	514
第八保	十甲	303	207	110	24	510

资料来源：桐乡市档案馆馆藏档案，卷宗号 M2—5—194

民国34年(1945)4月,桐乡县史桥乡长山桥西北侧陈家浜创办私立启新学校,校长商守先。是年8月,启新学校建成。新校址西北约一里许的蛤蚆墩私立溥育小学停办,并入启新学校,招收新生120多人。是年,抗日战争胜利后,推行国民教育,各小学一律改称国民学校。

表17—9　　民国34年(1945)第一学期境内国民学校概况表

序号	校　名	地　址	校　长	教员数	学生数	备考(平均)	教学方式	考核方式
1	崇德县中塔乡第三保国民学校	瓜塔庙	施东来	1	55	45	采用普通教学方式兼用自学辅导方法	月考、学期考,注重平时
2	崇德县中塔乡第六保国民学校	徐家庙	沈鉴清	1	42	36	编列课程表分班教授,采用选择、填写、是非法等	月考、学期考
3	崇德县中塔乡第七保国民学校	西长浜	邵守庄	1	41	37	采用普通教学方式兼用自学辅导方法	月考、学期考,注重平时
4	崇德县中塔乡第九保国民学	孙家浜	沈静华	1	不详	—		
5	崇德县纪目乡第四保国民学校	纪目墩	钟康寿(乡长兼校长)	4	98	84	根据课程标准采用普通教学方式,抓住要点激发兴趣、奖励、自动研究	月考、学期考,注重平时
6	崇德县纪目乡第五保国民学校	李王庙后	胡荣	1	68	—	启发式	平时测验、月考、学期考
7	崇德县纪目乡第六保国民学校	全德庵	章秉渊	1	42	30	同教材同教授(是非法、选择法、问答法、填充法)	月考
8	崇德县纪目乡第六保国民学校	西元村	不详	1	32	25	注重实用、激发兴趣、奖励自动研究	日常考核
9	石湾区同福乡柴家兜国民学校	同福乡柴家兜	丰铭	1	49	—	民国30年(1941)9月	
10	石湾区同福乡荣家桥国民学校	同福乡荣家桥	陆震余	1	42	—	民国30年(1941)9月	
11	石湾区同福乡第三保国民学校		王乘光	1	—	—		

资料来源:桐乡市档案馆馆藏档案,卷宗号M3－8－163

民国35年(1946)春,石湾区纪目墩初级小学改名为崇德县纪目乡中心国民学校。3月23日,北日、史桥教育联合会在启新学校召开,出席者30人。5月,启新国民学校更名为私立启新学校。是年桐乡县政府下文将启新定为全县唯一的示范学校。7月,启新学校颁发首届学生毕业证书,是年共有8名学生毕业。民国35年(1946)、民国36年(1947),全县小学毕业生会考,启新一、二两届毕业生全部合格,名列全县榜首。全县运动会,启新小学囊括小学田径各项的男女个人第一,并获团体总分第一。民国35年(1946),长山桥旅沪实业家陆梓樵回乡为父亲陆士元祝寿,将所收全部礼金并自己出资,凑足100石米款,捐赠启新小学作为奖学基金。并成立“士公奖学金委员会”以此基金所生利息奖励优秀学生。

表 17—10 民国 35 年(1946)崇德县纪目乡学校教职员履历表

校名	姓名	性别	年龄	籍贯	学历	经历	担任职务	任职年月(民国)
崇德县纪目乡中心国民学校	钟康寿	男	31	崇德	杭州宗文中学毕业	曾任小学教员、校长 6 年及区署指导员,现任乡长、县参议员	校长	31.2
	章友兰	女	25	杭州	省立金华中学高中部毕业	曾任中心学校教员、校长四年半	级任兼教导部主任	35.3
	汪 静	男	43	崇德	崇德县立旧制第一高等小学毕业	曾任小学教员、校长十余年	级任兼总务部主任	34.8
	钟 椎	男	26	崇德	崇德县立石湾高小毕业	曾任小学校长 3 年、教员 2 年	级任	35.8
	田耀华	女	26	山东滋阳	山东泰安私立女子中学高中部毕业	曾任中学及小学教员 5 年	级任	35.8
	朱辅仁	男	43	崇德	崇德县立旧制第三高等小学毕业	县立灵安中心国民学校校长 2 年	科任	35.10
	钱 本	男	44	崇德	桐乡乙种农校毕业	曾任龙王庙小学校长 5 年,李王庙小学校长 2 年	级任	35.10
崇德县纪目乡第四保国民学校	胡 荣	女	35	崇德	杭州师范小学教育函授班毕业	历任小学校长、教员十年	校长	34.9
	庄宝珊	女	34	海盐	嘉兴县立女中肄业 2 年	历任小学教员 4 年	教员	34.10

资料来源:桐乡市档案馆馆藏档案,卷宗号 M3—8—193

民国 35 年(1946 年)下半年,同福乡福严寺的荣河小学(简师附小),距离简师过远,故全体学生迁至崇福镇第十一号联立国民学校原址,福严寺所遗原校址因屋宇轩敞,环境优美,故乡公所在原址筹建同福乡中心国民学校。此为同福乡第一所完全小学。民国 36 年(1947)1 月,更名为同中虎三乡联合学校。

民国 36 年(1947)4 月,全县整编保甲,随后学校又作部分调整。各地保校向以保次为校名,乡镇保甲调整频繁,校名也屡有更改,故规定各校冠以地名称呼。是年上半年,启新学校学生增至 200 多人,从原有的复式班全部改为 1～6 年级的单式班。启新小学改名为启新国民学校,教师工资由县教育科发给。8 月,又更名为史桥乡中心国民学校。民国 36 年(1947)秋,因学生不断增多,校舍紧张,将塘南文化社的社产 30 多亩土地卖掉,得款在启新校区东面高地建造七楼七底木结构大楼一幢。

民国 37 年(1948),纪目乡中心国民学校定名为崇德县灵安乡中心国民学校。是年,启新小学又成立助学金委员会。助学金共设 100 股,校长吴友唐及赵俊、商守先、沈廷辅等人各出资 10 股,其余由社会人士和启新教师分别捐赠。

第二节　新中国成立后的小学教育

1949年4月，崇德县解放。5月，政府接管原灵安乡中心国民学校，在原校址（纪目墩）创办县立灵安完全小学。1950年5月，搬入灵安庙基。灵安乡灵安国民学校定名为灵安初小，地址在灵安镇。原崇德县同福乡划分为同福（伍社庙）、中福（草庵头）、天福（徐家庙）三乡，隶属灵安区，乡小校长分别为周志衡、汪静、俞林森。8月，史桥乡中心国民学校更名为启新里完全小学。

表17—11　　1949年下半年崇德县境内灵安、同福小学一览表

区别	校别	所在地	学生数							教员
			一	二	三	四	五	六	计	人数
灵安	县立灵安完小	灵安乡纪目墩	66	35	28	18	10	9	166	6
	灵安初小	灵安乡灵安镇	23	22	13	8	—	—	66	3
	李王庙初小	灵安乡李王庙	21	10	—	—	—	—	31	1
	伍社庙初小	同福乡伍社庙	8	3	10	7	—	—	28	1
	柴家兜初小	同福乡柴家兜	13	9	4	6	—	—	32	1
	永昌庙初小	同福乡永昌庙	16	13	—	1	—	—	30	1
	徐家庙初小		—	—	—	—	—	—	—	1
城关	桑园桥初小		16	15	5	7	—	—	43	3
	启新里完小		48	34	23	24	23	30	182	9

资料来源：《桐乡县教育志》第90页

1951年8月，启新里完全小学更名为百福完全小学。

1952年，各校级任教师改称班主任，学生称教师改“先生”为“老师”，取消童子军，建立中国少年儿童队（后改中国少年先锋队）。境内各小学采用符合新民主主义教育宗旨的新编教科书。小学学制为四二制，组织业余政治文化学习。是年，灵安区共有完小学校6班，初小学校50班。境内各小学均实行校长责任制。

1953年，小学教育事业纳入国家建设计划轨道，整顿巩固、稳定发展，教育质量逐渐提高，基本上做到村村有小学。是年，灵安区共有完小1所，乡校9所，村校27所。

表17—12　　1953年崇德县灵安区学生数统计表

数量	初级班							高级班				总计
	一	二	三	四	计	复式	共计	五	六	复式	计	
班级	3	2	1	0	6	28	34	1	1	3	5	39
学生数	607	454	297	173	1531	—	—	95	52	—	147	1678

资料来源：桐乡市档案馆馆藏档案，卷宗号30—1—253

1954 年，崇德县灵安完全小学更名为崇德县灵安区中心小学。同福乡中心小学在伍社庙易地新建 4 个标准教室，在校内新辟小操场和篮球场。2 月，原史桥中心小学更名为永丰乡小学。是年，李家弄小学建起第一所苏式学校。

1955 年 8 月，原中福乡中心小学、天福乡中心小学、同福乡中心小学合并为同福乡中心小学，地址在同福乡伍社庙。1955 年 8 月，百福完全小学更名为屠甸区第二中心小学。

原同福乡伍社庙小学

1956 年，原崇德县惠桥乡、纪目乡、灵安乡 3 所初小合并，创办崇德县灵安区中心小学，校址灵安镇。是年，同福、史桥等地也先后增设学校。

至 1957 年底，基本上完成对旧教育的改造，逐步建立起符合当地实际的初等教育体系。1957 年后，“反右”扩大化，境内有多名小学教师被错划为“右派分子”。

1958 年，贯彻“教育为无产阶级的政治服务，教育为生产劳动相结合”的教育工作方针，开展“教育革命”，贯彻“两条腿走路”多种形式的办学方针。小学由所在社镇文教委员会管理。是年，境内小学生总数增加，学龄儿童入学率 95％左右。

建立人民公社后，1959 年 1 月，灵安区中心小学和同福乡中心小学改称灵安公社第一、第二中心小学。是年，灵安公社第一中心小学抽出 50％的教师“大炼钢铁”。同福乡征用天花荡大队（即新农村村）土地 4 亩，建造校舍。

1960 年秋，中心小学进行五年一贯制试点，试行《浙江省 1960—1961 学年度五年一贯制学校试行教育计划（修改稿）》。是年 2 月，灵安公社李家弄小学被评为浙江省 1959 年文教方面社会主义建设先进集体（教育系统），派代表参加全省文教群英会。6 月，李家弄小学作为全国社会主义建设先进单位，派代表参加了在北京召开的全国文教群英会。

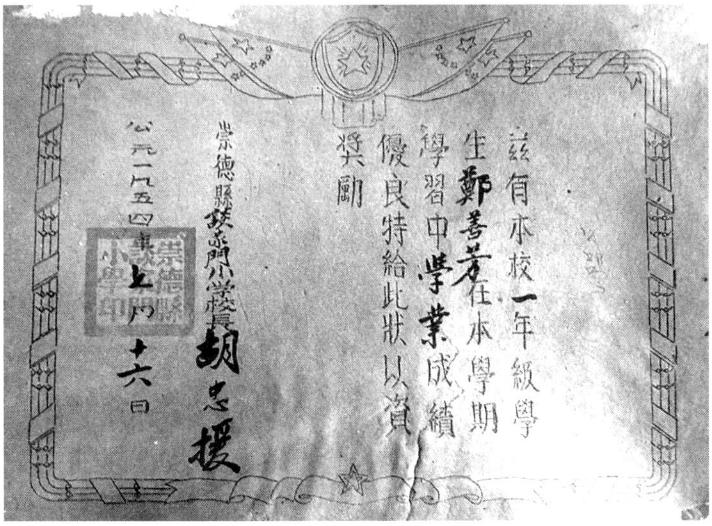

茲有本校一年級學生鄭善芳在本學期學習中學業成績優良特給此狀以資獎勵

崇德縣談家門小學校長 胡志援

公元一九五四年上月十六日

1954 年崇德县谈家门小学奖状

1961 年，贯彻“调整、巩固、充实、提高”八字方针，境内小学和在校学生比上年均有减少。灵安公社仍调整为三个小公社。灵安公社第一中心小学更名为灵安公社中心学校，灵安公社第二中心小学更名为同福公社中心学校。屠甸公社第三中心小学更名为百桃公社中心小学。

1962 年，继续贯彻以调整为中心的八字方针，精简机构和人员，境内有部分学校由公办转为民办，在校小学生数又有所减少。

1963 年 3 月，中央下达《全日制小学暂行工作条例(草案)》。明确小学教育的任务是“为社会主义建设事业培养劳动后备力量和为高一级学校培养合格的新生”。按新的教学计划,各小学课程设周会(进行道德品质和时事政策教育)、语文(包括讲读、作文和习字)、数学(包括算术、珠算)、历史、地理、自然、生产常识、体育、音乐、图画、手工等11门。下半年开始,农村开始兴办简易小学。形式多种多样,有隔日制、半日制、早班、午班、巡回学校、季节性小学、识字班等。各小学普遍开展学习雷锋活动。

1964年4月,省教育厅颁发《浙江省农村简易小学教育计划(草案)》。对农村简易小学的教学提出明确要求。规定简易小学学制为4年,通过学习使学生的语文、算术基本达到全日制初小四年级水平。开设周会、语文、算术、农业常识四门课程。同年,全国推行“两种教育制度”,上述各种简易小学改称耕读小学。同福公社2～3个自然村办一所耕读学校,学生30人左右,一个班级有三个年级,教师实行复式教学。

1965年10月,根据省教育厅通知,废止中小学《学生守则》,学校一律以毛泽东的“身体好、学习好、工作好”和“好好学习、天天向上”作为教育学生的标准。冬,各学校开展向毛主席的好战士——王杰同志学习的活动。是年,开展教育学大庆活动。

1966年,“文化大革命”开始,各小学成立红小兵组织,“停课闹革命”。学校党政负责人无法工作,学校教育处于瘫痪状态,各校由师生推代表组成临时领导班子,处理学校日常工作。境内耕读小学全部停办,学龄儿童入学率迅速下降。

1967年下半年,境内各小学陆续“复课闹革命”,学校教育秩序混乱。

1968年,各学校开始建立革命委员会或教育革命委员会,各公社学校属贫管会领导。同福公社中心小学从伍社庙迁至同福草庵头,伍社庙小学更名为联星韶山小学,联庄小学更名为东方红小学。

1969年,学校贯彻毛泽东“五·七”指示,开展学工、学农、学军活动。8月,灵安公社小学全部下放到村校,中心小学改设初中班。

1970年,境内小学普遍实行五年一贯制。是年秋经百桃和南日公社磋商决定,百桃公社中心小学将小部分校舍划归南日官楼、自由两村外,其余全部由百桃拆至百桃公社所在地西侧北石桥重新建造。

1971年8月,灵安公社小学更名为桐乡县灵安公社中心学校。是年,学校实行“开门办学”,再次办农场。1972年,学龄儿童入学率升至93%。

1974年,提倡“学校办到家门口”,境内各公社小学生人数达历史高峰。但由于学校过于分散,给教学管理和办学条件的改善带来困难。中心小学附设初中班,挤占小学师资、校舍和设备,同时因师资缺乏而大量增加民办教师和代课教师。

1976年10月,粉碎“四人帮”,境内各公社撤销学校贫管会。

中共十一届三中全会以后,拨乱反正,落实政策,调整小学领导班子,整顿小学教师队伍,建立正常的教学秩序。1980年灵安公社有小学11所,在校生共计2289人,教师89人。同福公社有小学12所,在校生2389人,教师77人。

表 17—13　　　　1980 年灵安、同福公社小学基本布局一览表

学校名称		一		二		三		四		五		计	学生数	教师数			
		班级	人数	班级	人数	班级	人数	班级	人数	班级	人数			公办	民办	代课	合计
灵安公社	东风	1	45	2	84	2	81	1	54	1	59	7	326	2	8	—	10
	红合	1	9	1	23	1	27	—	20	—	—	3	79	1	2	1	4
	惠桥	1	31	1	30	1	26	1	26	1	42	5	155	1	4	1	6
	红旗	1	36	1	40	1	38	1	38	1	52	5	204	1	6	—	7
	红卫	1	25	1	30	1	34	1	33	1	38	5	160	—	6	—	6
	建福	1	29	1	25	1	29	1	27	1	32	5	142	1	4	1	6
	红心	1	33	1	53	1	39	1	40	1	40	5	225	—	6	1	7
	庆丰	1	44	1	38	1	40	1	45	2	61	6	228	1	6	1	8
	红胜	1	45	1	37	1	47	1	40	1	57	5	226	—	6	1	7
	红联	1	37	1	30	1	31	1	43	1	35	5	176	2	4	1	7
	灵安	1	45	1	45	1	42	1	44	1	53	5	229	2	5	—	7
	合计	11	44	13	468	13	468	12	442	12	495	61	2289	12	62	7	89
同福公社学校	新农村小学	1	33	1	49	1	43	1	40	2	73	6	238	—	8	—	8
	徐家庙小学	1	24	1	37	1	40	1	35	2	37	5	173	1	5	—	6
	东风小学	1	26	1	30	—	19	—	13	—	—	3	83	—	4	—	4
	联庄西片	1	42	1	43	1	45	1	42	1	43	5	215	1	6	—	7
	联庄东片	1	55	1	47	1	50	1	51	1	45	5	248	1	6	—	7
	联建	1	23	1	44	1	47	1	49	1	26	5	159	—	4	—	4
	联胜	1	38	1	45	1	32	1	43	1	43	5	201	—	6	—	6
	联星	1	50	1	52	2	71	1	45	2	70	7	278	—	9	—	9
	联合	1	33	1	38	1	42	1	45	1	42	5	200	2	4	—	6
	联群	1	30	1	39	1	40	1	34	1	40	5	183	1	5	—	6
	联中	1	36	1	42	1	42	1	42	1	60	5	222	1	6	—	7
	联中谈家门	1	34	1	25	1	28	1	27	—	—	1	114	—	5	—	5
合计		12	424	12	491	12	499	12	466	11	479	12	2389	9	68	—	77

资料来源：九中档案室 1987—4，同福小学档案室 1983—1

当年开始境内学校调整布局。同福公社原 13 所小学撤并为 9 所，原联中大队的大队学校、龙王庙小学、谈家门小学 3 所学校合并至联中学校。是年，同福公社中心学校征用土地 8.5 亩，扩建校舍 192 平方米，新辟操场 2000 平方米。

1982 年，灵安公社决定在灵安镇附近的东风大队长溇上生产队投资 22 万元，重建灵安公社初中和中心小学二幢教学楼 1590 平方米，教师办公、师生宿舍 1060 平方米及厨房 100 平方米。

1983 年 10 月，政社分设，学校恢名为乡镇中心学校。是年，同福乡集资 15080 元易地建造联民学校（徐家庙）。

1984 年，境内学龄儿童入学率 99%，巩固率 97%以上，普及率 94%以上。是年，乡中心小学与乡初级中学分设。是年，同福乡建立乡中心小学。8月，联中学校开始拆建新校舍，共投资35600元。下半年，同福乡小学开始调整，原39班调整为27班，复式班由原15班调整为3班。1985年1月7日，县委、县府发出《桐乡县中小学领导管理体制的暂行规定》，境内各校实行分级管理，乡镇成立教育委员会，试行校长负责制、教师聘任制和岗位责任制。是年，桐乡县教育局在同福乡召开教育布局调整现场会。省督导组到同福乡中心小学督导检查。省教委副主任郑厨等前往建胜完小检查、察看。是年，灵安乡中心小学更名为灵安镇中心小学。

1985年，同福乡调整小学布局，将8个村9所完小合并为5所，并减少9个复式班。

1986年后，桐乡县有计划地实施义务教育，境内新建一批学校。8月，灵安镇中心小学正式建校设班，原初中校舍由灵安村小学迁住，灵安村小学同时撤销。同福乡投资121798元建造新农村小学(其中村自筹资金61000元)。是年，同福乡小学从12所调整到7所27班，学生1084人，教师41人。12月，同福乡新建的新农村完小交付使用，该校建筑面积976平方米。

1987年，同福乡小学进一步调整撤并，大村设一所小学，小村两村合并协商选址重建校舍。是年，杭州西湖区等各地教育领导，先后到同福乡中心小学进行考察。

1988年，同福乡联建、联胜小学合并，并易地新建建胜小学，校址在联胜郑家埭，建筑面积925平方米，投资20万元。同福乡小学通过调整撤并，最终形成“一中心四完小”的布局。

1990年，境内各乡镇相继完成村小布局调整和校舍改造。是年，境内共有小学22所，教职工333人，在校学生6904人，每万人中有小学生694人。

表17—14　　1990年灵安、同福、史桥等乡镇小学情况汇总一览表

乡镇名	校名	校址	班数	学生数	教职员数	
					总数	其中:集体办
灵安镇	灵安镇中心	小学路	7	283	19	3
	红旗村小	红旗村	3	73	3	3
	建福村小	建福村	4	147	6	3
	蚕桑场小学	蚕桑场	1	23	1	1
	红胜村小	红胜村	5	144	9	7
	惠桥村小	惠桥村	5	158	7	4
	朱家门村小	朱家门村	4	76	4	2
	红联村小	红联村	5	126	6	4
	茶家兜小学	茶家兜	2	40	2	—
	李家弄村完小	李家弄村	6	192	8	5
	西牛桥村完小	西牛桥村	6	183	8	6
	路家园村小	路家园村	2	67	2	1
同福乡	同福乡中心	同福集镇	2	373	19	3
	新农村完小	新农村村	3	246	10	6
	建胜完小	联胜村	7	274	11	5
	联星完小	联星村	6	261	10	5
	联中完小	联中村	6	258	9	4

续表

乡镇名	校名	校址	班数	学生数	教职员数	
					总数	其中:集体办
史桥乡	史桥乡中心	史桥集镇	4	194	10	1
	桑园桥村小	桑园桥村	5	175	9	3
	长新村	长新村	4	118	5	2
	自由村小	自由村	4	103	4	3
	金太庙村小	金太庙	2	51	2	—
	史桥村小	史桥村	4	118	5	3
	玲群小学	玲群村	2	52	3	1

资料来源:《桐乡县教育志》

表 17—15　　1990 年境内小学校园、校舍面积一览表

校别	总占地面积	总建筑面积				
		计	教学用房	行政用房	生活用房	
					计	其中宿舍
灵安乡小	13230	4976	4319	386	271	55
同福乡小	11199	4699	2590	250	1859	1021
史桥乡小	6845	2302	2078224	114	—	—
灵安镇小	2975	1437	884	123	430	322

资料来源:《桐乡县教育志》

表 17—16　　境内初等教育"四率"情况一览表

学年	乡镇	入学率			巩固率			毕业率			普及率		
		7—11 周岁儿童总数	已入学 7—11 周岁儿童总数	入学率 %	学年初学生数	学年末学生数	巩固率	上学年毕业班人数	实际毕业生数	毕业率 %	14 周岁人口数	14 周岁小学毕业结业人数	普及率
1990	灵安镇	1246	1228	98.6	1502	1496	99.6	210	210	100	208	177	85.1
	同福乡	1156	1151	9906	1400	1396	99.7	199	199	100	190	174	91.6
	史桥乡	643	643	100	801	808	100.9	78	79	101.3	142	136	95.8

资料来源:《桐乡市教育局教育事业统计资料》

1991 年,浙江海球磁力写字板有限公司投资 120 万元兴建史桥乡教育中心,占地面积 6660 平方米,建筑面积 1562 平方米。

1992 年,逐步扩大中心校规模,撤并规模较小的村小,学校数量相对减少。

1993 年,灵安小学六年级语文统考名列全市农村小学第一。史桥中心小学适龄儿童入学率达到 100%,小学毕业生升初中率 98.5%。

1995年,投入资金360万元,灵安中心小学搬迁至钟家浜,新校区占地面积11466平方米,建筑面积5710平方米。是年,同福乡7~15岁少年儿童入学率达98.3%。

表17—17　　1995年境内小学基本情况一览表

单　位	教学点	班数	学生数	教职工数		占地面积	建筑面积	生活用房	建筑投资	设备状况	办公用房	
				专任教师数	职工数						教室数	办公室数
灵安镇中心小学	中心	10	455	20	2	11466	5710	1947	360万	省定Ⅱ类	16	8
	李家弄	6	232	7	—	1480	678	38	—	满足要求	8	2
	茶家兜	3	113	1	—	1330	610	34	—	满足要求	7	1
	红胜	2	77	2	—	832	530	18	—	满足要求	6	2
	红旗	3	90	3	—	1039.5	478	30	—	满足要求	5	1
	惠桥	4	120	4	—	1120.3	548.72	36.72	—	满足要求	6	2
	西牛桥	3	107	4	—	1464	542	30	—	满足要求	6	2
	路家园	2	82	1	—	1153	536	24	—	满足要求	6	2
	建福	3	91	3	—	1207.27	600	24	—	满足要求	6	2
	红联	2	64	2	—	649.66	472	24	—	满足要求	6	2
	朱家门	2	68	3	—	967.15	478	30	—	满足要求	6	2
合　　计		40	1499	50	2	22708.88	11182.72	2235.72	—		78	26
史桥乡中心小学	史桥中心	9	426	18	—	6660	1562	646	—	省定Ⅱ类	10	6
	长新	5	167	5	—	1080.5	357	20	—	满足要求	5	1
	玲群	2	63	3	—	863	239	15	—	满足要求	3	1
	史桥村小	3	100	5	—	1430	430	46	—	满足要求	6	2
	自由	2	50	3	—	973	348	32	—	满足要求	5	1
合　　计		21	806	34	—	11006.5	2936	759	—		29	11
同福乡中心小学	同福中心	8	409	—	—	5867	4333	2472	—	省定Ⅱ类	15	8
	联星完小	6	130	—	—	3328	521	84	—	满足要求	7	2
	建胜小学	7	282	—	—	2809	925	162	—	满足要求	9	4
	联中完小学	6	259	—	—	767	445	29	—	满足要求	8	3
	新农村小学	6	280	—	—	2273	901	389	—	满足要求	10	4
合　　计		32	1452	53	5	15044	7125	3136	—		49	32

资料来源:相关学校提供,同福小学档案室

1996年,进一步增加对教育的投入,改善办学条件。境内农业教育费附加(农业部分)征收94.12万元。其中灵安镇29.54万元,同福乡37.23万元,史桥乡18.35万元。是年,同福乡中心小学被认定为二星级学校。

1997年,同福乡普及九年制义务教育,小学生入学率99.9%,在校学生巩固率100%,中学生巩固率99.6%。1996年至1998年，全乡教育投入不断扩大，用于校舍改造及设施建设总投入35万元，基本完成农村中小学校舍的改建。是年，同福小学开始开设学生暑期兴趣班，内容有书法、音乐、美术、舞蹈、写作等课程。是年4月，凤鸣天女小学被嘉兴市教育委员会评为兴市中小学日常行为规范达标学校。

1998—1999年，同福小学组织学生分别向灾区和省残疾儿童入学基金会捐款3378.12元、3200元，又为本乡特困儿童捐款1000余元。各校积极参加桐乡市“知澳门、爱祖国”征文比赛，多名学生获奖。是年，同福中心小学筹资85万元原地拆建1433平方米的东教学大楼。完小五、六年级学生全部集中乡中心进行教学。是年6月，同福小学建造2个电脑房，每个机房配置25台电脑，总计投入10万元。2000年，灵安中心小学及各教学点学生入学率、巩固率均达100%，学校共有班级61个，学生2401人，教职工116人，其中专任教师114人。8月，史桥乡中心小学并入灵安镇中心小学。10月，学校更名为灵安中心小学。

表17—18　　2000年境内小学各校基本情况统计表

学校名称	校名	校址	班级数	学生数							专任教师数
				一年级	二年级	三年级	四年级	五年级	六年级	合计	
灵安镇	中心小学	钟家浜	10	68	53	97	56	104	107	485	31
	李家弄	李家弄村	6	42	48	48	38	44	54	274	11
	茶家斗	茶家斗村	6	27	33	34	26	32	38	190	9
	红胜	红胜村	5	26	28	28	22	34	—	138	6
	惠桥	惠桥村	3	42	—	—	47	—	45	134	6
	西牛桥	西牛桥村	3	26	28	—	—	—	43	97	4
	路家园	路家园村	3	31	34	—	—	36	—	101	5
	建福	建福村	2	—	—	39	48	—	—	87	4
	红旗	红旗村	2	—	45	27	—	—	—	72	3
	史桥完小	史桥集镇文化路1号	14	66	91	103	96	120	136	612	31
	史桥村小	史桥村	3	27	27	—	21	—	—	75	4
	长新	长新村	4	37	33	29	37	—	—	136	6
同福乡	中心完小	草庵头	20	112	96	106	97	323	308	1042	38
	新农村	新农村	4	65	55	53	54	—	—	227	7
	建胜	郑家埭	4	52	51	49	52	—	—	204	7
	联星	伍社庙	4	56	56	55	58	—	—	101	7
	中群	成坟浜	4	53	52	50	47	—	—	97	7

资料来源：凤鸣天女小学、同福小学档案室提供

2001年，灵安、同福通过“省级教育强乡镇”验收。因乡镇行政区划调整，灵安中心小学、史桥中心小学分别更名为凤鸣天女小学、史桥完小。是年11月，凤鸣天女小学被嘉兴市教育委员会评为嘉兴市继续教学先进学校。

2002年，境内小学学校数及教学点13所，在校学生4456人，专任教师184人。是年，外来民工子弟入学列入学龄儿童管理，鼓励外来民工子弟进入境内学校随班就读。是年，同福乡投资120万元建造标准小学综合楼。10月，同福小学获全国青少年中华美德读书教育活动组织奖。12月，凤鸣天女小学被中共嘉兴市委、嘉兴市人民政府授予“嘉兴市文明单位”称号。

2003年，经省教育厅批准，桐乡市作为全省48个基础教育课程改革省级实验区之一，从秋季正式启动国家新一轮基础教育课程改革实验工作。各校全面动员和部署基础教育课程改革实验工作。是年，各中心小学设立心理辅导室或心理咨询室，配备专(兼)职心理辅导老师。5月，凤鸣天女小学被评为嘉兴市“中小学实验教学先进集体”。

2004年，凤鸣天女小学在灵安路331号易地新建。新校区占地面积26249平方米，建筑面积8850.12平方米，投资1300万元。是年8月，凤鸣天女小学获全国青少年读书教育活动组织委员会全国青少年“祖国明天更美好”读书教育活动组织奖。

2005年1月，凤鸣天女小学被浙江省教育厅生产设备供应处、浙江省教育装备和勤工俭学管理中心评为“浙江省中小学教育装备工作先进集体”，3月，被浙江省教育厅评为“浙江省义务教育二类标准化学校”，5月又获“嘉兴市德育教育先进集体”荣誉，9月，被嘉兴市教育局、嘉兴市语言文字工作委员会评为“嘉兴市语言文字规范达标学校”。是年，原凤鸣天女小学的分校茶家兜小学易地新建，一期投入资金650万元，校区占地面积50012平方米，建筑面积3586平方米。年内，同福乡小学进一步进行学校布局调整，原建胜、中群小学的学生全部进入中心学校就读。

2001年到2005年，加大境内各小学投入，教育设施装备经费显著增长，全街道乡中心以上学校教学仪器配备均达到1类，实现班班“两机一幕”进课堂；中心小学以上所有学校均建有图书馆(室)，村校有藏书室或图书角；在抓好计算机学科教学的同时，以计算机技术的广泛应用为重点，推进中小学计算机辅助教学与辅助管理，加快教育信息化、网络化建设步伐，实现信息资源共享，全面推动教育教学质量和学校管理水平的提高；加强软件建设和师资培训，各校都配备专兼职实验员、电教员、图书管理员。并采用专项督导评估及召开现场会等手段进一步规范管理。

2006年5月，凤鸣天女小学被浙江省教育厅评为“浙江省示范小学”，7月，获全国青少年“让世界充满爱”读书教育活动中获组织奖。8月，中群小学、合星小学、建胜小学、新农村小学撤并至同福小学工作完成。

2007年2月，凤鸣天女小学获嘉兴市中小学基础道德主题教育活动三等奖。3月，同福小学新四层教学楼竣工，凤鸣天女小学被嘉兴市教育局评为“嘉兴市中小学标准化实验室”。12月，凤鸣天女小学被评为“嘉兴市陶行知研究会实验学校”。

2008年3月，同福小学被评为“浙江省示范小学”。是年，凤鸣天女小学获“07年度嘉兴市青少年科技创新大赛优秀组织奖”、浙江省2008年度“浙江省活力健康百校对抗赛”优秀奖等荣誉。12月，同福小学获“嘉兴市绿色学校”荣誉。

2009年，凤鸣街道有小学2所，在校学生3142人，教师177人。是年，凤凰路小学二期共投资金700万元，增加建筑面积5498平方米。是年9月，同福小学南新四层教学楼开始动工。

表 17—19　　　　2012 年境内各小学的办学条件情况一览表

学校名称	学校占地面积	校舍建筑面积	教学及辅助用房							行政办公用房	生活用房	其他用房	计算机（台）	图书（册）
			小计	教室	实验室	图书室	微机室	语音室	体育馆					
天女小学	26249	8860	2880	2340	180	180	180	180	—	2374	2275	1331	218	24647
天女凤凰路校区	50012	12614	4830	3078	214	225	214	—	1099	2660	1884	3240	195	25189
天女史桥校区	8960	3316	570	480	60	30	—	—	—	180	974	1592	28	4200
同福小学	15366	8083	3647	2998	199	290	160	—	—	624	1173	2639	192	49374

资料来源：桐乡市教育局 2012 学年教育事业统计资料

表 17—20　　　　1990－2012 年境内小学基本情况一览表

学年	学　校	学校数（其中完小）	教学点数	毕业生数	招生数	班级数								在校学生数							其中女生
						合计	一年级	二年级	三年级	四年级	五年级	六年级	复式班	合计	一年级	二年级	三年级	四年级	五年级	六年级	
1990	灵安中心	25	0	488	523	107	20	21	16	17	15	14	4	3475	622	789	618	592	600	554	1751
1991	灵安小学	22	—	551	936	100	10	12	20	17	15	15	11	3557	441	557	782	617	592	598	1664
1992	灵安小学	21	—	596	429	99	16	14	14	22	15	8	3	3378	444	401	549	533	613	589	1561
1993	灵安小学	21	3	588	686	93	20	14	12	13	18	14	—	3484	704	425	402	551	536	617	1628
1994	灵安小学	21	—	613	921	95	23	17	11	11	13	18	—	3787	938	689	427	402	547	784	1764
1995	灵安小学	21	—	784	745	95	19	21	18	12	11	13	—	3718	747	923	690	422	394	542	1772
1996	灵安小学	21	—	542	683	97	17	17	22	18	11	10	2	3840	683	748	916	680	422	391	1845
1997	灵安小学	20	—	391	712	97	18	16	17	21	15	9	1	4137	712	682	749	902	672	420	2012
1998	灵安小学	17	—	419	711	100	17	18	15	16	19	14	1	4420	711	712	678	748	900	671	2180
1999	灵安小学	14	5	671	756	99	18	17	16	15	15	18	—	4497	756	714	706	676	747	498	2090
2000	灵安小学	11	6	898	776	99	1220	17	16	16	15	15	—	4372	776	758	713	704	676	745	2176
2001	灵安中心小学	9	—	423	415	60	12	11	10	10	8	9	—	2381	416	390	415	402	388	370	1194
	同福小学	5	五、六年级在中心	322	336	39	7	8	6	6	6	6	—	1982	336	384	342	309	310	301	955
2002	灵安中心小学	8	红胜、惠桥 1－5 年级，西牛桥 1－4 年级。	—	—	—	—	—	—	—	—	—	—	2437	442	409	388	413	396	389	1200
	同福小学	5	联星、中群保留 1－3 年级	—	—	—	—	—	—	—	—	—	—	2019	350	339	381	339	306	304	972
2003	灵安中心小学	8	红胜、惠桥 1－5 年级，西牛桥 1－4 年级。	389	329	61	10	11	11	10	10	9	—	2446	329	455	424	410	428	400	—
	同福小学	5	—	304	145	40	7	7	7	7	6	6	—	1374	344	349	341	376	341	305	—

续表

学年	学校	学校数（其中完小）	教学点数	毕业生数	招生数	班级数								在校学生数							其中女生
						合计	一年级	二年级	三年级	四年级	五年级	六年级	复式班	合计	一年级	二年级	三年级	四年级	五年级	六年级	
2004	灵安中心小学	4	—	—	—	28	3	4	5	4	6	6	—	2403	304	347	469	441	411	431	—
	同福小学	4	新农村、建胜、联星 1—5 年级	—	—	40	6	7	7	7	7	6	—	999	91	153	149	111	155	340	—
2005	灵安中心小学	4	路家园 1—4 年级	—	—	51	7	7	8	10	10	9	—	1019	142	87	132	191	231	236	—
	同福小学	3	新农村、联星 1—4 年级	—	—	40	5	6	7	7	7	8	—	1326	99	135	196	205	323	368	—
2006	凤鸣天女中心小学	3	—	—	—	51	6	8	8	9	10	10	—	1798	234	262	279	328	447	428	943
	同福小学	1	—	—	—	34	5	5	5	7	6	6	—	1634	201	192	232	342	343	324	836
2007	凤鸣天女中心小学	3	—	—	—	48	9	7	7	7	8	10	—	1889	312	262	265	286	319	445	902
	同福小学	1	—	—	—	32	4	4	4	5	7	8	—	1497	180	208	199	228	338	344	785
2008	凤鸣天女中心小学	3	—	—	—	47	8	9	8	7	7	8	—	1762	277	315	266	281	299	324	848
	同福小学	1	—	—	—	30	4	4	4	5	5	8	—	1376	196	192	213	208	227	340	714
2009	凤鸣天女中心小学	3	—	—	—	44	7	8	9	6	7	7	—	1745	294	288	327	267	275	294	842
	同福小学	1	—	—	—	30	4	5	5	5	5	6	—	1182	146	200	188	220	208	220	600
2010	凤鸣天女中心小学	3	—	—	—	42	8	7	7	7	6	7	—	1907	383	330	313	341	274	266	915
	同福小学	1	—	—	—	28	4	4	5	5	5	5	—	1122	147	153	209	190	217	206	560
2011	凤鸣天女中心小学	3	—	—	—	59	10	11	10	10	10	8	—	2707	446	528	447	455	462	369	1251
	同福小学	1	—	—	—	25	3	4	4	5	4	5	—	1046	128	150	159	211	185	213	528
2012	凤鸣天女中心小学	3	—	—	—	61	10	10	11	10	10	10	—	2633	449	429	487	415	425	428	1192
	同福小学	1	—	—	—	21	3	3	3	4	4	4	—	924	107	130	144	159	202	182	461

资料来源：桐乡教育局历年教育事业统计资料

第三节　小学选介

凤鸣天女中心小学

凤鸣天女中心小学原名灵安中心小学，已有 83 年办学历史。2012 年，学校有 51 个教学班，2146

名学生，专任教师97人。

学校出台《名师工程实施办法》，为教师实现自身价值搭建平台。2002年12月，承办“桐乡市村校教育管理工作现场会”，2003年，首批通过桐乡市学校制度建设验收。凤鸣天女中心小学以“面向全体学生，全面发展学生，培养个性与特长”为办学方针，促进学生全面发展。

凤鸣天女中心小学

学校迄今承办三次市级现场会，学校被授予“浙江省义务教育二类标准化学校”“浙江省教育装备先进集体”“嘉兴市文明单位”“嘉兴市日常行为规范达标学校”“桐乡市语文、数学双优质学校”等荣誉称号共计三十多项，2012年学校又被确定为桐乡市“三星级学校”。

历任校长(或主持工作)：俞悦康、蔡剑清、叶宗孝、孙锡年、朱跃人、甘进昌、柴炳荣、陆慎安、许孙美、李永祥、张婉英、陆福钦、王松奎、吕剑洪、钱芝静。

凤鸣同福小学

凤鸣同福小学(原名为同福乡中心小学，2007年并入凤鸣街道，更名为凤鸣同福小学)坐落于草庵头集镇。

凤鸣同福小学

学校先后被命名为桐乡市二星级学校、桐乡市课程改革与学习主题构建培训活动“先进学校”、桐乡市小学农村组“数学优质学校”、桐乡市“绿色学校”、07—09学年桐乡市小学“语数双优质学校”、桐乡市首批少先队工作示范学校、浙江省示范小学、嘉兴市“绿色学校”。

2012年，学校有30个教学班，1192名学生，占地面积17640平方米，总建筑面积7756.04平方米。

教学仪器、电教设备、音乐美术体育等教学器材的配备上都达到省小学教育技术装备达标，图书39183册，达到省级标准。学校还拥有校园计算机网络、广播音响、电话通讯、闭路电视四大系统。

历任校长：汪静、周志衡、劳西康、徐品文、吕荣祥、朱宾扬、张庭玉、王月生、张建章、吕荣祥、徐锦才、王继明(女)、陆载良、吕建洪、叶洪根、卢金虎、费甫金。

第四章　中学教育

第一节　中学教育概况

1958年8月，灵安公社创办崇德县第四初级中学。

1959年1月，崇德第四初级中学更名为灵安初中。是年，全面开展勤工俭学。灵安公社初中班学生将课桌椅搬到了炼钢工地。

1961年7月，贯彻"调整、巩固、充实、提高"八字方针，县文教局采取保留、合并、停办等措施对全县中学进行调整。全县仅保留6所初中，境内的灵安初中为其中之一。

1963年，各中学开展学习雷锋活动，贯彻中共八届十中全会决议，强化阶级和阶级斗争教育，开展访贫问苦，请三老(老贫农、老工人、老红军或老干部)作忆苦思甜报告，组织学生进行社会调查，写村史、家史、社史、厂史，以及校史。

1965年，同福小学开办初中班，学校更名为同福公社中小学。

1966年6月，"文化大革命"开始，学校成立红卫兵组织，停课闹革命。学校党政工团组织机构瘫痪，规章制度被取消。

1967年，学校继续停课，部分师生卷入派性斗争。六七月间，有人冲进学校，校舍遭到严重破坏，教学仪器、课桌椅和床铺用具损失殆尽，师生先后有人遭毒打。

1968年，学校建立革命委员会。是年，同福公社伍社庙小学、新农村小学举办戴帽子初中，各招1个初中班，每班17～18人左右。

1970年，提倡读初中不出大队，读高中不出公社，各小学均开办"戴帽子"初中班。是年，同福联庄大队学校首次招收初中1个班，学生40名左右。

1971年，中学开展军训野营活动。灵安中学设立贫管委。

1972年9月至1973年8月，南日公社长新大队初中与东风大队初中合并，在南日永丰大队永丰庙建立南日公社永丰初中。

1973年9月，永丰初中迁入史桥集镇。

1974年9月，永丰初中更名为南日史桥中学，教职工7人，学生130人。

1975年上半年，同福公社联建大队设置学农分校，建造教室、办公室、伙房、教工宿舍。

1976年，初中学生持续增长，同福、灵安、史桥各公社均办起高中部。是年，灵安公社中小学生总数为3173名，教师102名，灵安公社五七中学开始举办农业中学。史桥中学办高中1个班，初中5个班，学生252人，教职工11人。

表17—21　　1976年上半年灵安公社中学布局基本情况一览表

大队名(校)	初一	初二	农业	小计
庆丰	29	42	—	81
红心	50	54	—	104
东风	48	42	—	90
红胜	38	—	—	38
五七中学	108	105	56	269
合计	278	248	56	577

资料来源：九中档案室1987—4

1977年后，建立学校正常教学秩序，贯彻党对知识分子的政策，调动师生的积极性。学生受到良好的文明礼貌教育、法制教育，学习雷锋、张海迪等英模人物，勤奋学习蔚然成风。10月，史桥中学新建3间教室、1间储藏室。境内各公社中心学校招收高中班学生。其中同福公社招收1届2个班,共计111名学生,有教师6名。是年初中下放到联庄大队。

同福公社初中1977届学生合影

1978年,贯彻以调整为中心的八字方针,从实际出发,调整初中,采取并点、撤销办法,予以整顿。各公社中心学校停招高中新生,只设初中班,恢复校长制,恢复由教育行政部门直接领导管理的体制,学校工作逐步转移到以教学为中心的轨道。学校教学秩序良好,教育教学质量好转。年内,灵安红心高中(路家园)首届2班学生68人高中毕业,灵安中学1班39名学生高中毕业。南日史桥中学更名为南日公社史桥初中,并开始设立初三班。是年,中央决定为被错划的“右派分子”改错,教师中被错划的“右派”全部得到纠正,重新走上工作岗位或担负新的职务。对“文化大革命”中的案件也进行复查,凡冤案、错案一律予以平反。广大初高中毕业生踊跃报名参加中高考。

1979年,实施教育部重新颁发的《中学生守则(试行草案)》,校纪、学风好转。学校建立由党支部、行政、工会、共青团及教师代表组成的校务委员会,民主选举校务委员会成员,依靠群众,共同管理学校。是年,灵安公社报考高中、中专人数82名,其中中专英语2人。报考高校文科18人,高校理科6人。同福公社报考高中中专43人,高中技校1人,初中中专86人,初中技校2人。同福公社高中选拔10名学生参加桐乡五七大学参加高复半年,结果10名学生全部上线,上线人数名列桐乡同类学校前茅。境内各校初二毕业改制为初三毕业。下半年,高中全部停办。

灵安中学1978届高中毕业留念

同福高中1979届高二(2)班毕业留念

表17—22　　同福公社1979年中学布局基本情况一览表

大队	校名	学生数	班级数			校舍设备			办学形式		校址
			一年级	二年级	三年级	教室数	其他房屋	课桌(套)	全日制	半日制	(小地名)
联民	新农村学校	119	2	1	—	—	—	—	√		新农村

续表

大队	校名	学生数	班级数			校舍设备			办学形式		校址
			一年级	二年级	三年级	教室数	其它房屋	课桌（套）	全日制	半日制	（小地名）
联庄	西片学校	136	1	1	1	4	—	—	√		草庵头
联建	大寨学校	49	1	1	—	3	—	—	√		庙东村
联胜	联胜学校	68	1	1	—	—	—	—	√		葛家埭
联星	伍社庙学校	66	1	1	—	—	—	—	√		伍社庙
联合	联合大队学校	63	1	1	—	—	—	—	√		永昌庙
联群	联群大队学校	30	1	—	—	—	—	—	√		吕家埭
联中	联中大队学校	111	1	1	1	—	—	—	√		道士庄
同福公社高中		94	—	2	—	2	6	50	√		草庵头
太湖荡农中		36	—	1	—	1	10	20		√	太湖荡

资料来源:同福小学档案室 1979

1980 年,同福公社中心学校有初一 3 个班,初二初三各 1 个班,高中学生 95 人。灵安公社初中一年级录取 3 个班学生,分别在中心学校、茶家兜、建福学校就读。是年,灵安初中设建福分校,全公社设初中 2 所,学生 549 人。下半年,同福公社太湖荡五七学校关闭,该校初三班 32 名学生全部转入新农村学校就读,高中班停止招生。

1981 年,同福公社联建、联庄学校附属初中班停止招生,初中生全部转入中心学校就读。是年,同福公社中心学校初一、初二、初三各 2 班,学生 232 人。

1982 年,境内各中学进一步制定和健全学校各种规章制度。运用各种规章制度管理学校使各项工作有章可循,稳定教学秩序,促进教育质量的提高。是年,境内各校开始制定教育事业发展初步规划。是年,联中学校的初中学生转入同福中心学校就读。灵安初中从 222 名初二学生中择优录取 94 名初三学生,分别录取在灵安中心学校和建福分校。9 月,史桥初中更名为南日公社史桥学校,并建造 3 间楼房,2 间平房。学生 296 人,初一、初二、初三各 2 个班,教职工 20 人。

1983 年 8 月,同福公社兴建初中教学大楼,建筑面积 1170 平方米,投资 13.5 万元。是年,联庄、联中、联胜学校初中班学生全部转入同福公社中心学校就读。初中教学点为联星学校和联民学校。1984 年,各校以“教育要面向现代化、面向世界、面向未来”为指导方针,加快教改步伐。同福、灵安、乡镇学校先后实现初中与乡中心小学的分设。史桥乡初中更名为南日公社史桥初级中学。是年始,初中在校学生数开始回升。初中三年级发展“初三分叉”职业教育,使学生学有所得,学有所长。当年,同福初中有教学班 11 个,学生 573 人。是年上半年,同福乡初中教学实验楼竣工交付使用。8 月,灵安乡投资 30 万元易地新建中学教学楼、宿舍楼、食堂,地址在灵安大队种子场荡田,占地面积 4 亩 8 分,建筑面积 2800 平方米。9 月,建福分校停止招生,学生全部转入灵安初中本部就读。是年,史桥初中拆建 4 个教室,改建二层楼 7 间,教室 6 个。

1985 年 3 月,同福乡建立乡教育委员会,乡长任教委主任。9 月始,灵安初中、同福乡初中设置职业班,此后逐年开办职业班。各校试行“校长负责,教师聘任,岗位责任”管理体制。是年,同福乡初中首次出台初三教师教学成果奖励措施，并对初三学生实行奖学金制度。年内，同福初中考上中专 7 人，高中 35 人。灵安初中初三学生中考中专上线 4 人，高中 24 人。10 月，灵安初中征地 11.62 亩扩建操场等教学基础设施，其中操场用地 6551 平方米。同年，灵安初中建福分校撤并。

1986 年，《中华人民共和国义务教育法》颁布，境内逐步实施九年制义务教育规划。是年，灵安初中更名为灵安镇初级中学，当年录取中专 9 人，录取高中 26 人。同年，同福初中毕业生升高中 59 人、上中专 14 人。

1987 年，各初中实行初中毕业会考制度，各中学开始建立电化教学放像点。是年，同福乡征用 6.5 亩土地扩建中心学校操场。灵安初中师生自己动手平整操场跑道、开辟篮球场。

1988 年，境内各校全面实施九年制义务教育，98％的小学毕业生升入初中，中学教师首次开展专业技术职务评聘。是年收取教育费附加共计 13.93 万元，其中同福 4.41 万元，灵安 6.23 万元，史桥 3.29 万元。1983 年以来，各乡镇发动群众集资办学，捐资助教，多渠道筹措教育经费，修建拆建部分村校，添置教学仪器设备。1988 年，灵安初中考上中专 4 人，技校 2 人，高中 17 人。

1989 年，史桥初中学生巩固率达到 100％，三年中共输送中专学生 14 人，高中段学生 134 人，升学率达 43.4％。

1990 年，境内有初中 3 所，教学点 2 个，保持一乡一所独立初中的格局。共有班级 22 个，学生 935 人，教职员工 63 名，其中专任教师 55 人。是年，灵安初中初三升学考试成绩优异，报名 69 人，上省中专线 8 名，医士代培 1 名，广播电视中专 10 名。10 月，史桥乡史桥教育中心交付使用。该教育中心投入 180 万元，其中糜海球捐资 120 万元。中学教学楼 1420 平方米，小学教学楼 1201 平方米，教师宿舍 698 平方米。

1991 年，同福乡初中征地 21 亩，易地新建工程破土动工。全乡集资办学款 41.2125 万元。

1992 年，灵安镇办学集资 21 万元。全镇共投资中小学教育经费 93 万元，改造 4 所村校。7 月 16 日，国家教委、计委及省有关部门到同福乡进行检查验收教育费附加和校舍情况。是年，同福乡通过“双基”（即基本普及九年义务教育和基本扫除青壮年文盲）验收，同福乡初中投资 100 万元的教学大楼竣工并交付使用，该校占地面积 13747 平方米，建筑面积 2579 平方米。1992—1993 年，灵安初中考取高中、中专人数均名列桐乡市各初中第一。1992 年，史桥乡社会事业进一步发展，乡财政新建乡教育中心，投资 138.4 万元。史桥初中举办初职班，对初三年级实行分叉教育，招收丝织专业学生 60 名。

1994 年，同福乡初中升入桐高 10 人、中专 20 人、普高 44 人。

1995 年，同福乡、灵安镇、史桥乡青少年法制学校在同福乡初中、灵安镇初中、史桥乡初中分别建立。是年，同福乡 17 周岁九年制义务教育完成率、普及率分别为 98.32％和 87.10％。1996 年，灵安初中学生升学率在全市名列前茅，在星级评比中，获得两星级学校称号，灵安镇被市政府授予“希望杯”金杯。同福初中综合实验大楼竣工并交付使用。学校面积扩至 20156 平方米，实验楼 1627 平方米。

1999 年 9 月，史桥初中更名为灵安镇史桥初中。

2000 年 7 月，史桥初中撤并到灵安初中。9 月，按照《桐乡市学校布局调整规划》，学校管理体制下放，由各乡镇教委管理。

2001 年，同福初中南教学大楼竣工并投入使用，建筑面积 969 平方米，8 个教室，4 个办公室。中小学入学率、巩固率均达到 100％。各乡镇深入实施科教兴乡（镇）战略，进一步加强中小学教学工作，初中生在校生巩固率达到99%。11月，灵安初中更名为桐乡九中。

2002年，凤鸣街道、同福乡继续推进教育改革，促进基础教育均衡发展。规范学校管理，杜绝义务教育阶段任何形式的选拔考试，完善初中教育质量评价方法。按照上级统一部署改革中考招生制度，首次实施普通高中招收保送生。

2003年，凤鸣街道、同福乡初中巩固率99.5%以上，初中升高中率90%以上。是年，凤鸣街道派出所与桐乡九中、同福初中开展警校共建。同福初中评为浙江省农村示范初中。

2003年3月，桐乡九中被命名为“嘉兴市文明单位”。中小学还进行禁毒、远离艾滋病教育，建立健全各校异常情况报告员网络。

2004年，境内九年制义务教育普及率100%，初升高比例达87.5%。是年中考，同福初中毕业生中有15人达到桐乡市高级中学公费生录取线，重点班以上55人，比上年增加33人，普高上线149人，教育质量名列农村初中前茅。

2006年，12月份举行的全市初三文理科素质调研中，桐乡九中有30名学生分获一、二、三等奖，钱幼蕾以324分列全市第二名。凤鸣同福初中九年级学生中有14人被桐乡高级中学录取，63人上择优分数线，初升高比例达95%以上。市级立项课题获批3项，创历史新高。

2007年，各校积极组织教师观看《改革开放30年》专题片，抓住教育时机为全体教师作师德讲座。桐乡九中体育教研组获得浙江省农村义务教育新课程改革先进教研组。10月，同福乡并入凤鸣街道，同福初中更名为凤鸣同福初中。九年级中考中，桐乡九中学生俞琳慧以728分列桐乡市择优生第一名和保送生第五名。

2008年，凤鸣同福初中投资21万元新增广播电视系统一套，教室配备闭路电视，新增学生电脑20台，教室、办公室安装防盗门。

2009年，市恒基集团在联庄村设立“恒基崇学奖”，资助品学兼优的学生

2009年，2所中学在校学生1859人，教师113人。是年，桐乡市教育局“加强教育过程管理，实现初中轻负高效”课题开题暨现场会、九年级数学和科学中考研讨会在九中召开。桐乡九中被嘉兴市教育局评为嘉兴市中小学标准化实验室、被桐乡市环保局、桐乡市教育局评为桐乡市绿色学校。同福初中征地5亩，建筑面积扩至22910平方米。

2010年，境内各校加强学校内部管理，推进素质教育。是年，桐乡九中被评为2010－2012年度桐乡市教育科研基地学校。

2011年，桐乡市语文青年教师教学能力成长研讨会在九中举行。桐乡九中被桐乡市教育局确定为桐乡市初中“轻负担、高质量”数学学科基地。该校公开选拔中层领导，通过公开报名、竞聘、面试、考察等程序，选拔学校中层正职1名、副职1名。是年，该校2名教师分别获桐乡市双高课、优质课一等奖，8名教师论文分别获嘉兴市一、二等奖。桐高提前招生考试中，桐乡九中推荐的14名学生全部考上桐高，完成教育局分配指标的130%。是年，凤鸣同福初中上半年通过三星级复查、素质教育的综合评估和标准化实验室的验收。投资30多万添置新电脑房、多媒体等设备，暑期投入15万元新建学生停车棚，翻修学校操场跑道。年内，凤鸣同福初中“双高课”评比和说课比赛有2名教师获现代片第一名。桐乡保送生提前考试中该校学生共上12人，6月份的升学考试中初升高比例达到99.34%。

2012年，境内学校以效能建设为抓手，深入实施素质教育。7月，桐乡九中原地改扩建工程开始施工。该校2012年12月被命名为“桐乡市三星级学校”、桐乡市禁毒示范学校、综合治理先进单位，是年，凤鸣同福初中投入近200万元修建学校操场的塑胶跑道和塑胶篮球场，同时翻修教学楼和行政楼。

表17—23　　1990—2012年境内初中基本情况一览表

学年	学校	学校数	初中点	毕业生数	招生数	班级数				在校学生数				在校学生中	
						合计	一年级	二年级	三年级	合计	一年级	二年级	三年级	女学生	住宿生
1990	灵安初中	1		176	197	9	4	2	3	392	197	66	129	183	56
	同福初中	1		149	189	8	4	2	2	327	189	76	62	139	20
	史桥初中	1		91	76	5	2	1	2	216	76	47	93	105	—
1991	灵安初中	1		98	218	10	5	4	1	469	218	186	65	222	—
	同福初中	1		59	181	10	4	4	2	425	181	173	71	173	30
	史桥初中	1		90	135	6	3	2	1	254	135	75	44	121	26
1992	灵安初中	1		39	254	13	5	4	4	634	254	209	171	304	45
	同福初中	1		67	206	12	4	4	4	548	206	175	167	249	—
	史桥初中	1		43	133	8	3	3	2	332	133	135	64	159	—
1993	灵安初中	1		144	260	14	5	5	5	717	260	249	208	317	—
	同福初中	1		167	197	12	4	4	5	559	197	198	164	255	—
	史桥初中	1		59	127	9	3	3	3	392	127	135	130	191	—
1994	灵安初中	1		208	249	15	5	5	5	757	249	258	250	347	—
	同福初中	1		160	231	13	5	4	4	623	231	190	202	288	—
	史桥初中	1		129	136	9	3	3	3	375	136	120	119	177	—
1995	灵安初中	1		249	274	15	5	5	5	779	185	166	176	250	—
	同福初中	1		200	341	16	7	5	4	753	341	231	181	341	—
	史桥初中	1		120	158	9	3	3	3	414	158	135	121	197	—
1996	灵安初中	1		258	220	15	5	5	5	729	220	265	244	319	—
	同福初中	1		170	220	16	4	7	5	783	220	342	221	388	—
	史桥初中	1		212	92	8	2	3	3	368	92	155	121	174	—
1997	灵安初中	1		243	145	13	3	5	5	628	145	221	262	265	—
	同福初中	1		213	166	15	4	4	7	712	166	216	330	353	—
	史桥初中	1		130	73	7	2	2	3	317	74	93	150	148	—

续表

学年	学校	学校数	初中点	毕业生数	招生数	班级数				在校学生数				在校学生中	
						合计	一年级	二年级	三年级	合计	一年级	二年级	三年级	女学生	住宿生
1998	灵安初中	1		259	132	11	3	3	5	498	132	145	221	216	—
	同福初中	1		329	178	12	4	4	4	556	178	167	211	270	—
	史桥初中	1		150	98	6	2	2	2	264	98	76	90	124	—
1999	灵安初中	1		162	232	10	5	2	3	470	232	109	129	220	—
	同福初中	1		211	230	13	5	4	4	572	230	174	168	268	—
	史桥初中	1		90	141	7	3	2	3	313	141	97	75	153	—
2000	灵安初中	1		220	582	26	12	9	5	1226	582	416	228	580	—
	同福初中	1		168	302	15	6	5	4	707	302	229	176	337	—
	史桥初中	—		—	—	—	—	—	—	—	—	—	—	—	—
2001	桐乡九中	1		228	413	29	9	12	6	1196	413	212	571	674	—
	同福初中	1		176	312	17	6	6	5	838	313	298	227	413	—
2002	桐乡九中	1		353	411	29	8	9	12	1331	353	413	565	656	—
	同福初中	1		298	226	18	6	6	6	913	298	315	300	448	—
2003	桐乡九中	1		371	565	25	8	8	9	1128	371	350	407	—	—
	同福初中	1		302	295	18	6	6	6	906	296	294	316	—	—
2004	桐乡九中	1		—	—	24	8	8	8	1046	337	360	349	—	—
	同福初中	1		—	—	18	6	6	6	883	293	296	294	—	—
2005	桐乡九中	1		—	—	23	7	8	8	985	300	329	356	—	—
	同福初中	1		—	—	18	6	6	6	889	313	287	289	—	—
2006	桐乡九中	1		—	—	20	6	7	7	911	299	294	318	464	—
	同福初中	1		—	—	18	6	6	6	924	334	308	282	460	—
2007	桐乡九中	1		—	—	19	7	6	6	901	313	300	288	446	—
	凤鸣同福初中	1		—	—	18	6	6	6	940	298	335	307	459	—
2008	桐乡九中	1		—	—	20	7	7	6	927	327	311	289	452	—
	凤鸣同福初中	1		—	—	18	6	6	6	932	310	292	330	469	—
2009	桐乡九中	1		—	—	20	6	7	7	884	254	323	307	428	—
	凤鸣同福初中	1		—	—	18	6	6	6	892	295	307	290	458	—
2010	桐乡九中	1		—	—	18	5	6	7	757	202	241	314	360	—
	凤鸣同福初中	1		—	—	17	5	6	6	795	195	293	307	419	—
2011	桐乡九中	1		—	—	15	4	5	6	580	151	197	232	278	—
	凤鸣同福初中	1		—	—	15	4	5	6	644	175	181	288	332	—
2012	桐乡九中	1		—	—	15	5	4	6	483	154	149	180	252	—
	凤鸣同福初中	1		—	—	14	4	5	5	523	175	169	179	274	—

资料来源：桐乡教育局历年教学资料统计

第二节 中学简介

桐乡九中

桐乡九中位于灵安集镇西三育路，创办于1958年，原名崇德四中，后改名为桐乡市灵安初级中学，2000年8月史桥初中并入灵安初中，2001年11月更名为桐乡市第九中学。占地23319平方米，2012年有20个教学班，在校生911人，教职工64人，其中中学高级教师2人、中学一级教师32人，专任教师学历合格率100%，其中大学本科学历44人，正在进修本科学历17人。

学校注重硬件建设，教学设施齐全。有教学楼3幢，250米田径场1个，电脑房2个(共有计算机96台)，多媒体综合教室1个，60座现代化的语音室1个，标准劳技室1个，按一类标准配备的实验室4个，还有图书室、音乐室、阶梯室等。

学校以“求实、高效、和谐、发展”为校训，坚持以德育为首，以教学为中心，充分发挥教科研基地学校的作用，以科研为先导，向管理要质量，全面贯彻党的教育方针，努力培养学生的创新精神和实践能力，大力实施素质教育，取得显著成绩，体育、音乐等学科已成为学校特色学科。

历任校长(或主持工作)：张婉英(女，中学贫管会主任)、夏伯雄、蔡明洪、顾荣坤、章吾毛、周洪江、沈坤甫、沈桂兴、金洪潮、张美金。

桐乡市凤鸣同福初中

凤鸣同福初中位于桐乡市凤鸣街道集镇，1969年建校，1984年中小学分设，校名为同福乡初级中学。1992年移地新建，1995年建综合楼，2000年建造南教学楼，2007年并入凤鸣街道，更名为凤鸣同福初中。2009年又征地4.13亩，新建篮球场一个。2012年占地面积23345平方米，建筑面积5300多平方米。现有计算机机房、语音室、图书室、多媒体专用教室、音、体、美、劳专用教室各1个，理化生专用实验室3个，建起校园网和校园广播站。全校有18个教学班，892名在校生，54名专任教师，专任教师学历合格率100%，其中本科率81%，具有中级以上职称28人，占专任教师总人数的52%。学校2001年2月被评为桐乡市三星级学校，2002年6月被评为省农村示范初中，2003年被评为嘉兴市文明单位。

2009年配备教师电脑47台，每位教师人手一台。2008年9月为各班安装闭路电视系统，又为初三各班安装多媒体设施。2008年12月为各个教室配备视频展示台，新增理化生实验室配备实验器材22400元，购买实验桌56只。校图书室有图书26675册。

学校每年升入桐高人数15人左右，名列全市农村初中前茅，初升高比例达98%以上。学校先后被评为浙江省农村示范初中、桐乡市三星级学校、嘉兴市文明单位。

历任校长(或主持工作)：王月生、张建章、吕荣祥、徐锦才、黄继明、姜勋江、顾荣坤、曹德根、汪林洋、王晓伟。

第五章　职业教育与成人教育

第一节　职业教育

浙江省桐乡农业技术学校

1958年4月创办的崇德县初级农业技术中学(简称崇德农校),有4个班,6名教师,147名学生。半工半读。校址先设在崇福镇,后迁至同福五社庙福严寺内。1959年4月,与校址在原桐乡县农场的桐乡县农业技术学校(简称桐乡农校)、浙江省桐乡县中等农业技术学校(简称百桃农校)合并,择校址于石门镇郊南观音堂,定名为桐乡县农业技术学校,为全日制学校。1960年10月,贯彻农校、农场、农科所三合一精神,学校迁至同福天花荡,与县农科所、红专试验场合一。1961年4月,根据"大办农业、大办粮食"精神,输送230名学生到农业第一线,5月20日,学校停办。

桐乡县中等农业技术学校

1958年,桐乡县文教局在启新小学附设创办桐乡县中等农业技术学校。1959年4月农校从启新析出迁往同福天花荡。

灵安公社农业中学

1959年,灵安公社开办农中,地址在钱林高家湾,学生28名,教师1名。1961年初停办。

天花荡农业中学

1959年,灵安公社党委决定天花荡高堂庙建立农业中学,校名天花荡农中。农业中学为社办(民办)的半耕半读的半日制学校,为公社培养初级农业技术人员。由联民生产队划给学校15—20亩土地供农中试验,联庄生产队暂划部分土地解决学生食用蔬菜。1959年招收1班,共55名,其中同福35名、灵安20名。农业中学校长顾洪林。

桐乡县农业中等技术学校

1964年10月,桐乡县文教局、农业局联合在同福公社福严寺内创立桐乡县中等农业技术学校,两局各派一名学校负责人,招生1个班,教师3名,学生40名,学制二年。1968年10月,学校停办。

学农分校及桐乡县同福公社太湖荡五七中学

1975年,桐乡二中在同福公社联建大队建造校舍,建立学农分校。招收1个班40名学生,学生亦工亦农,实行半日制教学(1977年该届学生毕业后停止招生)。1976年3月,开办桐乡县同福公社太湖荡五七中学,共举办2期,首届招收农业高中新生1个班,学制一年半,教师3人,贫农代表10人,学生52人,1977年9月学生毕业。当年9月招收第二届学生50名。公社拨给实验基地20亩,由农工及住校生种植。1978年底第二届学生毕业回乡务农,部分学生报考普高,农中停办。

同福乡初中附设职业班

1984年9月,招工科生1班,50人,教师2人。1985年根据企业发展需要,续招1班,50人,学生如期结业,全部分到企业就业。职业班停办。

第二节　成人文化教育

民国22年(1933),境内民教馆、各级小学均附设民众夜校,除部分教师任课外,县教育局另行聘请夜校业余教员,经费多为教育局拨款。

民国26年(1937),抗日战争爆发,成人教育结合壮丁训练班,共办六期。抗日战争时期,游击区各学校仍推行成人教育。民国32年(1933)上半年,崇德县游击区共办成人班38班,入学学生约1300人;妇女班8班,入学学生共250人。上述成人班和妇女班部分在今凤鸣街道区域。

民国35年(1946),崇德县实施"肃清文盲三年计划"。3月5日,崇德县境内各中心国民学校纷纷举办民众夜校,以16～35岁的失学民众为教育对象,除学习课本外,注重便条、简函、记账、珠算的练习,由小学教师兼任教师。民国36年(1947)5月,崇德县纪目乡选择路家园、李王庙、西牛桥、江南桥四处成立民众讲座,纪目乡乡长钟汉任主任,中心学校教员、联保学校校长、乡公所干事、民众代表任副主任。是年7月,崇德县同福乡成立民众讲座,选择龙王庙、青石桥、伍社庙、双木桥四处,由县参议员、同福乡乡长陆毅人任主任,中同虎三乡联立中心学校校长郭宗任副主任,联保学校校长、教员、乡公所干事、乡民代表主席任讲师。境内各乡镇的民众学校民国37年(1948)停办。

民国36年(1947)下半年,境内实施"肃清文盲三年计划",民教馆、中心学校、国民学校及部分警察分所、乡公所附设成人班、妇女班,以16足岁以上35周岁以下失学民众及16～30岁之失学妇女为对象,以初级班为主,每学期办1期,每期2个月左右,每天上课2小时。由小学教员、简师学生兼课,除教授课本知识外,注重便条、简函、记账、珠算之练习,并注重灌输一般公民常识。

中华人民共和国成立后,成人教育由县人民政府文教科主管。1949年冬,境内各乡村创办冬学,组织农民利用冬闲和晚上时间,以省发《农民识字课本》为教材,进行识字教育和时事形势教育,教师由小学教师、乡村干部等兼任。1950年11月,崇德县成立冬学委员会,加强农民冬季扫盲教育。

1951年春,不少冬学转为农民业余学校(简称民校),坚持常年学习。

1952年10月,崇德县成立扫除文盲委员会。境内各民校和冬学推行"速成识字法",大规模扫盲。培训民师,试办识字速成法实验班,创办工农速成初等学校,各乡均配备农民业余学校校长,教学方法采取突击识字。

1953年,纠正冒进,整顿农村业余教育师资队伍,工农速成初等学校、速成识字班陆续停办,学员转入常年民校学习。

1954年下半年,境内各乡镇以农业生产合作社、互助组为单位,贯彻"以社办学"方针,开办冬学和民校,采取结合政治和生产,就地取材、因地制宜的方法,对学员进行政治、文化、技术综合性教育。

1955年,境内乡镇民校创办业余高小班,不忙多学,小忙少学,大忙不学,坚持常年办学。

1956年11月,崇德县成立扫除文盲协会,境内各乡相继成立扫盲协会,并设立常委会,分片负责检查、辅导民校扫盲工作。

1957年下半年,浙江省扫盲、民校现场会在同福乡召开。

1958年,农民教育实行"文化跃进",提出"一年基本扫盲,三年扫尾"的口号,开设扫盲班、业余高小班、业余初中班。除班级教育外,还有小组学习、田间学习、工地学习、茶座学习、食堂学习、包教包学、送子上门、见物识字等多种学习形式。扫盲干部、农村兼职教师和学校教师投入扫盲运动,中小学生也成为扫盲小先生,一时间,扫盲"跃进"遍及乡村处处。

1960年，境内每个公社配备业余教育专职干部2人，在公社党委和县文教局领导下进行工作。

1961年，各公社成立业余教育委员会或领导小组，确定专人监管，公社中心学校和农村小学开办民校，培训骨干民师。是年底，农村办起各种形式的业余学校，配合农村社会主义教育运动，进行政治、文化、技术三结合教育，各级业余学校普遍增设政治、珠算、会计簿记、农村应用文、毛笔字等课程，结合生产，学习电力、农药、化肥、选种等知识。

1964年1月，县组织业余教育干部、扫盲辅导员成立检查组，抽查石门、梧桐等11个公社79个生产队101所民校，同福公社谈家门民校学习扫盲课本第二册的12名学员参加测试平均成绩70分，教育质量名列全县前茅。

1966年，“文化大革命”开始后，县扫盲领导机构陷于瘫痪，农民业余教育停顿。

1971年，农村各地创办政治夜校，以学习马列主义和毛泽东著作、学习政治时事为主要内容。后来辅以县文教局编写的脱盲教材，既学政治，又学文化，改称为政治文化夜校。1978年底中共十一届三中全会以后，恢复农民业余教育，各地先后办起青年扫盲班、少年识字班、农民文化提高班等，开展以扫盲为重点的农村业余教育。

1978年，中共十一届三中全会后，农民教育进入一个新阶段。是年11月，国务院发出《关于扫除文盲的指示》，要求各地采取措施，分别于1980年、1982年或稍长一点时间内，基本扫除少年、青年、壮年文盲。境内开展以扫盲为重点的农村业余教育。

1979年，灵安公社开展扫盲业余教育，春季9个大队共开办20个扫盲班，学生723人。夏季4个大队开设8个扫盲班，入学学生167人。1980年开始，从事扫盲业余教育的民师报酬由大队公益金支出。

1981年1月，桐乡县社队企业局和教育局提出关于开展农村社队企业职工业余教育的意见和措施。要求社队企业招工用人，要实行文化考核，择优录用；已招收的文盲要限期脱盲；社队企业的干部应具有初中以上文化水平，未达到初中文化水平的，要通过学习，在两三年内努力达到。是年，各公社及部分社办厂办起农村企业职工业余文化学校，继续进行扫盲教育，办好业余小学和业余初中，并按照县教育局提出的“15周岁以下少年文盲半文盲要由全日制学校包下来”的意见，举办半日制少年识字班。9月，灵安公社中心学校在各大队学校要抓好一个点，以点带面，在本年冬季和下年春季组织学员入学。

1983年，浙江省下发《加强农民教育工作的通知》，要求加强扫盲工作的组织考核和验收。各公社、大队增加扫盲教育投资，制定扫盲计划，分工包干负责，举办农民扫盲班、文化提高班、妇女识字班等。

1984年开始，同福、灵安、史桥各选派10名优秀青年进各类大中专院校定向培养，期满后回乡工作，成为当地技术骨干。是年，灵安乡各村成立扫盲领导小组。同福乡政府出台《关于搞好教育工作的若干规定》，并成立乡扫盲领导小组，提出两年内基本实现无文盲乡。是年暑假，同福乡举办业余高小班6班，毕业、结业96人，达到全乡基本无文盲标准要求，全乡青壮非文盲率82.11%。

1985年，同福乡组织1984年秋以来脱盲的青壮年进行复习，验收抽考112名学员，平均83.5分，13名学员得100分。是年，同福乡经市县两级验收，实现老、壮、少基本无盲乡。灵安镇、史桥乡也于1985年完成扫盲任务，通过验收。各乡在抓好正规学校的全日制基础教育的同时，还注重抓好成人教育和业余教育，部分乡办企业办起职工文化技术夜校、建立青年之家，扩大教育阵地。是年，同福乡筹办业余夜初中、夜高中，聘请全日制中学老师兼课。

1986年以后，各乡逐步建立和完善农村成人教育网络，坚持政治文化、技术业务一起抓，遵循“按需施教，学用结合”的原则，继续实施扫盲计划，重点抓好岗位培训和职工技术等级培训，开展农、牧、渔、副实用技术培训，有计划地发展成人学历教育，农村成人教育工作进入一个新阶段。是年，同福乡人民政府被嘉兴市人民政府评为教育体制改革先进集体，灵安镇镇长朱金德被评为先进个人。

1987年，通过贯彻学习全国成教会议精神，成教工作的重点转向乡镇企业职工的思想、政治、文化和法制教育，开展以岗位职务培训为重点的企业职工培训，积极开展农业实用培训。灵安、同福、史桥等乡镇先后办起成人教育中心，发挥其统筹成教工作的职能作用，建培训基地，办职工学校，分脱产、业余、函授等形式，开展岗位培训；组织农业承包户，尤其是专业户参加各种类型的短训班和讲座，传授应用技术。

1988年，各乡逐步建立和完善农村成人教育网络，在办好乡镇成教中心的同时，引导和协助乡镇企业、村民委员会发展企业职工学校和农民文化技术学校。此后数年间，各乡成教中心紧扣经济发展中热点问题，转变职能积极为经济建设服务，坚持以岗位培训为重点，以服务生产为指向，积极开展各类教育培训，开办企业厂长（经理）岗位培训班，车间主任为主的中层管理干部培训班、班组长轮训班、中级工培训班、高级工培训班、会计培训班、蚕桑专业教学班，各种农业技术培训班、扫除剩余文盲的扫盲班，配合有关部门搞好双基教育和普法教育，配合妇联、科协、共青团做好农村妇女“双学双比”“农函大”等项工作。

1991年，境内灵安、同福、史桥成教中心有专职教师3人。

1994年，同福、灵安先后建立成人文化技术学校。灵安镇实行成教、职教、普教三教统筹结合，办学成绩显著。是年，同福乡选送企业职工参加大专、中专函授学习。灵安镇设立业余技术学校，配备有关教育设施，外聘或请本镇专业技术人员担任教师，开展各类技术培训，内容包括粮食、蚕桑、多种经营及企业管理等方面。

1995年，同福乡各村建立成人文化教学点。是年，全乡完成203名扫盲任务，扫盲率97.84%，脱盲巩固率97.9%。该乡组织农民参加农函大或中专专业学习，对通过考试成绩合格者给予50—100元奖励。企业职工参加中等以上专业自学，毕业后由所在单位给予奖励。是年，同福乡开办财务管理、统计培训等专业培训班，该乡32位学员管理专业中专班毕业。

1996年，同福乡又通过省级示范性学校评估验收。是年，同福乡人民政府被桐乡市授予“希望杯”银杯。

1998年，史桥、灵安成教中心合并。

1999年，同福乡开设“专业证书”大专班和“乡村经济管理”中专班。凡具有高中文化程度，5年以上岗位专业工龄，所学专业对口，年龄30岁以上人员均可报名大专班。年龄在18～45岁，具有初中学历以上文化程度的村级后备干部及优秀农村青年可报名中专班。

2003年，同福乡青壮年人口非文盲率为99.67%，脱盲巩固率达到100%。

2008年1月，凤鸣街道成立社区学校，依托成校现有办学条件，与街道成校合署办公，并成立社区教育领导小组。3月，凤鸣街道各村（居委会）都建立社区教育教学点。

2010年，成教中心累计举办各类培训103期，受训人数达8328人。

2011年，街道成教中心通过各种形式累计培训47项，投入资金约495900元，受训人数20087人次。

2012年，街道成校围绕教育富民、构建和谐社会，为本街道的经济建设和社会发展服务这一宗旨，开展一系列教育培训活动，其中街道社区学校的3个教育实验项目经桐乡市社区教育领导小组评比获一等奖。是年，街道社区学校配合街道劳保所、农经中心开展企业职工劳动技能培训、农民劳动力转移培训以及农民种养殖技能技巧培训，培训人数共计1000多人次，同时对本街道各村受训的学员进行成人高中的文化课程教育培训168人，预备劳动力培训学员共25人，组织党员积极分子培训、安全生产管理培训、科普志愿者培训、村干部培训、计生培训、老年人健康知识培训、农村土厨师培训班等，共20087多人次参加培训。

第三节　自学考试

1984年下半年，浙江省高等教育自学考试开考。同年8月，浙江省高等教育自学考试桐乡工作站成立。

1985年开始，自学考试每年举行2次。

1988桐乡县第二批自考毕业生中，境内有3人报考。

1994年，境内各乡镇成教中心建立自学考试联络点。

1996年，史桥乡教育委员会颁发《高等教育自学考试助学奖励办法》，凡各单位参加自考的考生，每考及格一门课程，凭单科合格成绩单，给予50元奖励，考生毕业，凭毕业证书，大专给予300元奖励，中专给予150元奖励。

1998年，史桥乡成立高等教育自学考试领导小组。

1999年，同福乡、灵安镇、史桥乡先后成立高等教育自学考试工作站。至2005年，同福乡、灵安镇、史桥乡自考工作站先后被评为桐乡市一星级和二星级自考工作站。

1994年至2012年，境内共有113人获得自考大专或本科毕业证书。

第六章　教师队伍

第一节　师资状况

科举时代，遍布街道各地学塾的塾师大多由秀才或老童生充任。清光绪二十八年(1902)，学塾改办学堂，学堂负责人称堂长或监督，学堂教员由堂长聘任。

抗日战争期间，崇福沦陷，教员流散，或辞教避战乱，或不愿进日伪学校从教而自办私塾。同福、灵安、史桥属游击区，由县政府主持和管理国民教育和教师。

1951年9月，嘉兴初师、德清初师创办。随着师范教育的发展，陆续有初师和速师(一年制师资速成班)毕业生分配到境内学校任教；湖州师范、平湖师范每年也有毕业生分配到境内学校任教；1953年至1955年，每年保送一批年轻的小学教师去嘉兴、德清、海宁初级师范学习(两年制)。1953年，部分教师参加湖州师范中师函授(1957年，中师函授改属嘉兴师范)。

1957年冬至1958年春，中小学教职员参加整风“反右”学习会。

表 17—24　　1979 年同福公社教师学历情况调查表

学校	教师人数	初小	高小	初中	高中(中专)	初师	普师
联中大队学校	14	2	6	3	1	1	1
联民大队学校	18	1	2	8	7	—	—
联庄大队学校	20	—	7	4	9	—	—
联建大队学校	8	—	3	1	4	—	—
联胜大队学校	11	—	1	5	3	—	2
联星大队学校	16	—	3	4	5	2	2
联合大队学校	5	—	4	1	—	—	—
合计	92	3	26	26	30	3	5

资料来源：同福小学档案室 1979 年档案资料袋《1979 年教师分布情况统计表》

1980 年，同福公社组织教师参加学历进修。是年，同福公社初中教师 34 人，其中专任教师 30 人，公办教师 18 人；小学教职工 68 人，其中公办教师 13 人，民办及代课教师 55 人。各大队 12 所学校 77 名教师，中师毕业的仅 1 人，高中毕业 26 人，初师或初中毕业 18 人，小学毕业 32 人。下半年，同福公社共有 40 名教师参加初师函授。

1981 年起，嘉兴师专逐年有毕业生分配到境内各学校，合格学历的中学教师比例随之提高。同时，县教师进修学校经常培训、轮训在职教师，因而中小学教师的文化素质和合格率亦不断提高。是年，同福公社学校出台意见，鼓励在职教师进修提高，同时对民办教师每月补贴 12 元，按季发放。1981 年后，逐年有浙江师范学院、嘉兴师专等大专院校及平湖师范、嘉兴师范、海宁师范的毕业生分配至境内各乡镇学校任教。

1982 年，对在编民办教师的政治思想表现、工作态度、业务能力、教育效果、文化程度和健康状况进行全面考核。对不适宜任教的民办教师做好辞退、安置工作，继续任用的民办教师逐步择优招收为公办教师。同福公社 2 名教师评为一类教师，33 名教师评为二类教师。是年，灵安中心学校 25 名教师中，大专学历 3 人，中专或高中文化 15 人，初中或初师学历 7 人，有 9 名教师组织保送进修或本人离职读书，提高学历，先后转为公办教师。

1983 年 9 月，桐乡县组织中小学教师开展过教材有关业务考试，教师的教育教学能力有较大提高。5 月，同福公社小学 39 名教师参加考试，有 24 名教师合格。是年，同福公社中学有教职工 29 人，专任教师 27 人，其中民办教师 9 人，代课教师 2 人；同福小学有教职工 56 人，其中民办教师 39 人，代课教师 3 人。初中专任教师中大专学历 2 人，中师学历 18 人，高中学历 6 人。小学专任教师中，普师毕业 8 人，高中毕业文化程度 11 人，简师或初师毕业 4 人，初中文化程度 14 人。是年，境内中小学教师积极参加学历进修，提升业务能力。同福公社共有 25 名教师录取为中师函授学员，并聘请黄昌松、盛月娥为同福公社中师函授教学班语文、数学辅导教师。

1984 年，同福乡中小学教职工 84 人，专任教师 75 人，其中民办、代课教师 47 人，占教职工总数 56%。

1986 年 10 月，根据国家教育委员会的规定对不具备合格学历的中小学、幼儿园教师，实行考核证书合格制度。对不具备合格学历的教师，在参加教材教法考试取得合格证书后，参加《专业合格证书》

的文化专业知识考试,部分原不具备合格学历的中小学、幼儿教师因此取得专业合格证书。1987年,开始实行中小学教师职称改革。

1988年6月,对中小学教师首次实行专业技术职务评聘。受聘教师由校长发给聘任书,聘任书注明聘任期限与职务。

1989年上半年,史桥初中有6名教师参加大专函授,1人参加大专自考,1人参加专业合格考试。

1990年,境内小学专任教师115人,其中小学高级教师8人,占专任教师总数的6.96%;小学一级教师43.48人,占41.74%。初中专任教师67人,其中中学一级教师4人,占5.98%;中学二级教师24人,占35.82%。

表17—25　　1990年境内小学专任教师学历统计表

类别	总人数	中专、高中毕业		高中毕业以下		初师、初中肄业及以下	
		人数	占总数%	人数	占总数%	人数	占总数%
灵安小学	39	24	61.5(含高中毕业)	11	28.2	4	10.3
同福小学	47	20	42.6(含高中毕业)	13	27.7	14	29.8
史桥小学	29	17	58.6(含高中毕业)	9	31.0	3	10.3
合计	115	61	—	33	—	21	—

资料来源:桐乡县历年教育事业统计

表17—26　　1990年境内初中专任教师学历统计表

类别	总人数	高校专科毕业		中专、高中毕业		高中毕业以下	
		人数	占总数%	人数	占总数%	人数	占总数%
灵安中学	20	9	45	6	20.0	5	25.0
同福初中	20	12	60.0	7	35.0	1	5.0
史桥初中	15	5	33.3	10	66.7	—	—
合计	55	26	—	23	—	6	—

资料来源:桐乡县历年教育事业统计

1985年至1990年,同福乡中小学有17名教师通过脱产或业余进修,取得相应合格学历。1990年,同福乡中小学教师学历合格率分别为48%、64.28%。

1999年,在试行教职工聘任制基础上,进一步明确聘任及高聘、低聘、待聘、缓聘、内退的条件,完善聘任办法,加大聘任制力度。聘任人员全部签订《聘任合同书》。

2002年,桐乡市教育局全面开展教师资格申请工作,教师职业资格面向全社会放开,申请教师资格认定除各级各类教育机构正式在编任教人员外,社会人员具备条件也可申请。提出申请后参加普通话水平等级测试、教育学及心理学培训考试,接受教育教学能力考察。教育局教师资格认定指导中心对申报人员进行资格审定、考核、考试,符合条件人员,颁发全国通用教师资格证书。社会人员教师资格认定分幼儿园、小学、初中、高中、中等职业学校六类。

2002年至2004年,同福乡中小学各技能学科均配备专职教师,中小学、幼儿园教师学历合格率均为 100%，小学教师大专学历占 70.4%，初中教师本科学历占 46.3%，原有代课教师全部清退。学校设立名师工程建设规划、措施和奖励办法。

2006 年，境内师资队伍建设稳步推进，是年，凤鸣同福初中具有中学一级教师职称者有 21 人，占 42%，本科学历教师（含正在进修者）有 44 人，占教师总数 88%，6 名教师具有中小学心理健康教育上岗资格。

进入 21 世纪以后，境内学校在加强师德建设的同时，积极实施“名师工程”“青年教师培养工程”，鼓励教师参与教科研工作，动员教师参加继续教育。每年加大财政投入，实施农村教师素质提升工程。同时通过从外地引进高等师范类本、专科毕业生，面向社会公开招聘农村初中教师等途径，师资紧缺矛盾进一步缓解。各校人事制度改革不断深化，教师工作法制化建设加强，教师队伍活力逐步增强，涌现一批教育科研先进个人，有的教师通过竞聘走上学校领导岗位。1991 年至 2012 年，教师高一层次学历比例逐年上升，职称进一步优化，教学业务能力不断提高。境内中小学校已有 20 多名教师获桐乡市学科带头人荣誉称号，50 多名教师获桐乡市骨干教师荣誉称号。中学教师在嘉兴市级及以上获奖的教育教学论文约 100 余篇；小学教师在嘉兴市级及以上获奖的教育教学论文 200 余篇。

表 17—27　　1990—2012 年境内小学专任教师学历情况一览表

学年	学校	专任教师总数	本科毕业及以上的	专科毕业	中专毕业	高中毕业	高中毕业以下	初师及初中肄业及以下	学历合格率（%）	超标率（%）
1990	灵安小学	39	—	—	24	—	11	4	10.3	—
	同福小学	47	—	—	20	—	13	14	29.8	—
	史桥小学	29	—	—	17	—	9	3	10.3	—
1991	灵安小学	37	—	—	22	2	13	—	—	—
	同福小学	49	—	—	18	5	26	—	—	—
	史桥小学	31	—	—	16	5	10	—	—	—
1992	灵安小学	41	—	—	25	2	14	—	—	—
	同福小学	53	—	—	26	2	23	—	—	—
	史桥小学	31	—	—	18	5	8	—	—	—
1993	灵安小学	46	—	—	35	1	10	—	—	—
	同福小学	53	—	—	27	2	24	—	—	—
	史桥小学	31	—	—	18	5	8	—	—	—
1994	灵安小学	47	—	—	37	1	9	—	80.85	—
	同福小学	54	—	—	34	2	18	—	66.67	—
	史桥小学	34	—	—	26	2	6	—	82.35	—
1995	灵安小学	50	—	—	45	1	4	—	92.00	—
	同福小学	54	—	—	43	1	10	—	81.48	—
	史桥小学	34	—	1	26	2	5	—	85.29	—

续表

学年	学　　校	专任教师总数	本　科毕业及以上的	专科毕业	中专毕业	高中毕业	高中毕业以下	初师及初中肄业及以下	学　历合格率（%）	超标率（%）
1996	灵安小学	59	—	—	51	1	7	—	88.14	—
	同福小学	59	—	1	47	1	10	—	83.05	—
	史桥小学	33	—	1	27	2	3	—	90.91	—
1997	灵安小学	61	—	1	55	1	4	—	93.44	—
	同福小学	60	—	1	49	1	9	—	85.00	—
	史桥小学	35	—	1	30	2	2	—	94.29	—
1998	灵安小学	66	—	5	56	2	3	—	95.45	—
	同福小学	63	—	8	47	1	7	—	88.89	—
	史桥小学	38	—	3	31	1	3	—	92.11	—
1999	灵安小学	66	—	6	55	3	2	—	96.97	—
	同福小学	66	—	8	52	5	1	—	98.48	—
	史桥小学	41	—	3	35	1	2	—	95.12	—
2000	灵安小学	114	—	16	92	5	1	—	99.12	—
	同福小学	70	—	15	49	5	1	—	98.57	—
2001	灵安小学	111	—	20	91	—	—	—	100.00	—
	同福小学	74	—	17	57	—	—	—	100.00	—
2002	灵安小学	116	—	37	79	—	—	—	—	—
	同福小学	74	—	28	45	—	—	—	—	—
2003	灵安小学	107	—	39	68	—	—	—	—	36.45
	同福小学	68	—	33	35	—	—	—	—	48.53
2004	灵安小学	104	1	48	55	—	—	—	—	47.12
	同福小学	71	—	49	22	—	—	—	—	69.01
2005	灵安小学	108	4	64	40	—	—	—	—	—
	同福小学	74	7	50	17	—	—	—	—	77.03
2006	凤鸣天女小学	97	4	73	20	—	—	—	—	79.38
	同福小学	72	8	50	14	—	—	—	—	80.56
2007	凤鸣天女小学	98	5	64	29	—	—	—	—	70.41
	同福小学	70	11	46	13	—	—	—	—	81.43
2008	凤鸣天女小学	98	10	63	25	—	—	—	—	74.49
	同福小学	67	26	32	9	—	—	—	—	86.57
2009	凤鸣天女小学	94	26	48	20	—	—	—	—	78.72
	同福小学	66	21	38	7	—	—	—	—	89.39

续表

学年	学校	专任教师总数	本科毕业及以上的	专科毕业	中专毕业	高中毕业	高中毕业以下	初师及初中肄业及以下	学历合格率（%）	超标率（%）
2010	凤鸣天女小学	90	26	45	19	—	—	—	—	78.89
	同福小学	63	24	33	6	—	—	—	—	90.48
2011	凤鸣天女小学	98	37	42	19	—	—	—	—	80.61
	同福小学	56	21	30	5	—	—	—	—	91.07
2012	凤鸣天女小学	103	45	48	10	—	—	—	—	90.29
	同福小学	47	17	27	3	—	—	—	—	93.62

资料来源：1. 桐乡市教育局历年教育事业统计资料汇编；2. 其中 2002 年、2005 年基本情况由各校提供

表 17—28　　1990－2006 年境内初中专任教师学历情况一览表

学年	学校	合计	高等学校本科毕业及以上		高校专科毕业		中专毕业		高中毕业		高中毕业以下的	
			计	占总数%	计	占总数%	计	占总数%	计	占总数%	计	占总数%
1990	灵安初中	20	—	—	9	45	6	20.0	—	—	5	25.0
	同福初中	20	—	—	12	60.0	7	35.0	—	—	1	5.0
	史桥初中	15	—	—	5	33.3	10	66.7	—	—	—	—
1991	灵安初中	21	—	—	9	42.9	5	23.8	2	9.5	5	23.8
	同福初中	21	—	—	12	57.1	6	2806	3	14.3	—	—
	史桥初中	15	—	—	5	33.3	10	66.7	—	—	—	—
1992	灵安初中	25	1	4.0	12	48.0	5	20.0	2	8.0	5	20.0
	同福初中	21	1	4.8	14	66.7	4	19.0	2	9.5	—	—
	史桥初中	13	—	—	8	61.5	5	38.5	—	—	—	—
1993	灵安初中	30	1	3.3	17	56.7	5	16.7	1	3.3	6	20.0
	同福初中	23	2	8.7	16	69.6	3	13.0	2	8.7	—	—
	史桥初中	16	—	—	10	62.5	6	37.5	含高中毕业以下学历超标率%			
1994	灵安初中	31	1	—	19	—	4	—	7	—	—	—
	同福初中	23	2	—	16	—	3	—	2	—	—	—
	史桥初中	18	—	—	14	—	4	—	—	—	—	—
1995	灵安初中	33	1	—	23	—	4	—	5	—	—	—
	同福初中	28	4	—	19	—	3	—	2	—	—	—
	史桥初中	15	—	—	12	—	3	—	—	—	—	—
1996	灵安初中	34	3	—	24	—	2	—	5	—	—	—
	同福初中	34	4	—	26	—	3	—	1	—	—	—
	史桥初中	18	—	—	18	—	—	—	—	—	—	—

续表

学年	学　校	合计	高等学校本科毕业及以上		高校专科毕业		中专毕业		高中毕业		高中毕业以下的	
			计	占总数%	计	占总数%	计	占总数%	计	占总数%	计	占总数%
1997	灵安初中	36	3	—	27	—	3	—	3	—	—	—
	同福初中	35	5	—	28	—	1	—	1	—	—	—
	史桥初中	18	1	—	17	—	—	—	—	—	—	—
1998	灵安初中	34	3	—	26	—	3	—	2	—	—	—
	同福初中	33	4	—	27	—	1	—	1	—	—	—
	史桥初中	17	1	—	16	—	—	—	—	—	—	—
1999	灵安初中	32	1	—	33	—	1	—	1	—	—	—
	同福初中	32	4	—	27	—	1	—	—	—	—	—
	史桥初中	17	1	—	16	—	—	—	—	—	—	—
2000	灵安初中	56	8	—	48	—	—	—	—	—	—	—
	同福初中	32	5	—	26	—	1	—	—	—	—	—
	史桥初中	并入灵安初中										
2001	桐乡九中	61	12	—	49	—	—	—	—	—	—	—
	同福初中	40	9	—	30	—	1	—	—	—	—	—
2002	桐乡九中	61	12	—	49	—	—	—	—	—	—	—
	同福初中	40	9	—	30	—	1	—	—	—	—	—
2003	桐乡九中	60	20	—	40	—	—	—	—	—	—	—
	同福初中	40	18	—	22	—	—	—	—	—	—	—
2004	桐乡九中	58	34	—	24	—	—	—	—	—	—	58.62
	同福初中	41	21	—	20	—	—	—	—	—	—	51.22
2005	桐乡九中	59	—	—	—	—	—	—	—	—	—	—
	同福初中	44	28	—	16	—	—	—	—	—	—	—
2006	桐乡九中	64	43	—	20	—	1	—	—	—	—	—
	同福初中	44	27	—	17	—	—	—	—	—	—	—

资料来源：1.1990—2005年桐乡市教育局历年教育事业统计资料汇编；2.2006年学校档案室

第二节　待遇与地位

工资待遇

抗日战争以前，小学教师每月月薪给之最高额为32元，最低额为8元。除少数月薪达到20元外，多数教师的收入不能维持其正常生活，甚至有穷一年力，而所得不能糊一口者。那时不仅待遇低，且常欠薪。抗日战争期间，抗日游击区学校的教育经费无从着落，完全靠地方筹给，教员领不到月薪成为常事。崇德县教员最高工资34元，最低只有2元。

民国34年(1945)，教师薪给靠各校校董提供或向地方筹集。教师的工资每人每月为一石大米，且不能按时领到。

民国35年(1946)5月，小学教师待遇由每月1.6万元(法币，下同)增至2.8万余元，再发食米3斗，折代金1万元左右，合计法币3.9万元。当时乡村雇佣农工每工3千元，教师一月所入，仅抵农工13天工资。该年上半年，启新小学校长商守先筹借不到钱款，教师工资无着落，有两个月不发工资。

解放初，乡镇完全小学每人每月平均薪给原则规定为大米1石2斗(90公斤)，教师的薪给高低，通过民主评定决定。初级小学均为民办，平均每人1石2斗(90公斤)，教师的薪给来源由乡文教委员会在施教区劝募。个别地区的乡村初小教师每月只能领到大米30公斤。这些地区为补足教师待遇，实行教师到学生家吃饭，由学生家庭轮流供膳的制度。

1950年2月，完小教师工资改为折实单位计算，一般每月发50个折实单位，约计旧人民币30万元左右。1951年4月起，小学教师又改为发薪米，完小每月支120公斤(校长不超过140公斤，教导主任不超过130公斤，工友75公斤)，民办初小教师一律100公斤。

1952年12月，改革工资制度，开始定级评薪，以“工资分”为单位计算。1954年8月，中小学调整工资，将旧级换为新级，一部分教师又提一级。提级、换级工作至12月结束。当时小学教师中工资最高是完小校长，原为25级180分，换新级为9级190分；工资最低是2名初小教师，每人90分。

1956年，全县教学系统进行工资改革，实行货币工资制，教师工资有较大幅度提高。调整后小学教师平均月工资由30.51元调整为39.09元。

1959年上半年，少数骨干教师增加一级工资。1963年又一次调整教职工工资。

1973年，对民办教师实行公分加补助，每人每月由县补助15元，同时对1966年底前担任民办教师的每人增资4元。

1974年，对工资偏低的教职工工资作调整，改善低工资教职工的生活。

1977年与1979年，先后两次增加教职工工资，每次升级面为40%。

1980年，开始发放班主任津贴(中学每月4～6元，小学每月4～5元)。民办教师班主任津贴按公办教师班主任津贴执行。

1981年10月起，教职工升一级工资，平均每人每月增资7.16元，境内中学教师月增资最高者9元，最低6元；小学教师月增资最高者8元，最低5.5元。

1983年，同福公社管理委员会决定对民办教师工资实行统筹，根据文化程度、教龄、考核类型和工作情况评定基本工资等级，并实行浮动工资制。灵安公社对民师经济报酬实行工资制，国家补助部分按月直接发给本人，大队支付部分按月发放，民办教师任教的班级不得随意停课，因公外出的差旅费应予报销。幼儿教师报酬享受民师待遇。

1984年，同福乡对教师工资实行一定补助，对民办、代课教师工资实行按月发放。是年，同福乡对民办、代课教师工资实行全乡统一集资，按月发放。1985年，史桥乡也对民办教师工资按月发放，并适当提高福利待遇。

1985年1月起，对教师实行教龄补贴(教龄5年以上3元，10年以上5元，15年以上7元，20年以上10元)。同年，进行工资改革，实行以职务工资为主的结构工资制加工龄补贴。从1985年第一个教师节开始，在农村任教的公办教师又上浮1～2级工资。民办教师工资有较大提高，初中民办教师每月工资从1984年的平均50.67元提高到93.67元，每月增加43元，增长84.86%。小学民办教师每月工资从1984年的平均49.71元提高到88.76元，每月增加39元，增长78.46%。

1986年，民办教师的工龄津贴与教龄津贴合在一起称工教龄津贴，按10年、10～15年、15～20年和满20年以上的不同档次分别为6元、10元、14元、18元。9月，境内全体公办教师进行体格检查。是年，同福乡政府对中小学代课教师、幼儿教师实行岗位工资制，提高中小学代课教师、幼儿教师的工资报酬。

1987年10月起，中小学、幼儿园的专任教师，工资标准提高10%，学校行政人员和其他人员向上浮动一级工资。年人均工资2278元。

1989年10月起，各类学校教职工（含离退休人员）普加一级工资，此外，对15%的在职人员再增一级。

1990年，公办教职工年人均工资为2587元（含补贴）。同时也相应提高民办教师的工资待遇。是年，境内民办教师平均工资2150.20元（含各种奖金），平均月工资179.18元。

1995年，同福乡中小学代课教师、幼儿教师人均工资在原有基础上每月增加80元，略高于全乡企业职工平均工资水平。

2006年，公办教师年人均5万元左右。2010年1月1日起教师实行绩效工资。2013年教师平均工资7万元左右。

退休待遇

民国37年（1948）4月10日，教育部颁布《学校教职工退休条例》，规定按服务年限多寡，享受不同退休待遇，最高标准是服务30年以上可享受原工资的55%年退休金。

建国后，教职工实行退休制度，享受退休待遇。1957年，境内某小学教师退休，原月工资30.08元，退休金按月发15.04元。以后，陆续提高退休工资的标准。1986－1990年，满30年以上工龄，解放战争时期参加工作的教职工，退休金按原工资100%发给；1952年底前参加工作的按95%发给；1953年1月后参加工作的按90%发给。1991年9月起，满30年教龄的均补足到100%发给。随着退（离）休教职工人数的逐年提升、居住地进一步分散等实际情况，各学校都把退管工作纳入学校的工作计划，按照有关规定配备好退管工作的专（兼）职干部，退管工作制度逐步健全，管理机制不断完善，国家出台的有关退（离）休教职工各项政策规定得到落实，退休教工合法权益得到保障。退休教师大多老有所学，老有所乐，晚年生活充实。

福利待遇

1952年起，教职工享受公费医疗待遇，随后，教职工子女亦实行统筹医疗。教师长病假，领取病假工资。女教职工享有56天产假，产假期工资照发，难产或双生，增假14天。1986年1月起，对计划内生育的24岁以上女教职工产假延长90天。家在外地的教职工按规定享受探亲假。生活有特殊困难的教职工，酌情领取补助金。因公或因病死亡的教职工，其家属按规定领到丧葬费和抚恤金。死者配偶或直系亲属（父、母、子女）因年老或未成年，在生活上不能自立，则领取遗属生活费。

1984年和1985年，同福乡共投资10.5万元新建1幢三层教工宿舍楼，分给18户教工居住，其中5户住套间，平均每户居住面积50平方米。1985年10月，灵安乡投资15万元建造教工宿舍1200平方米。1987年，同福乡投资8.5万元再建造1幢教职工宿舍楼。

1985－1986年，同福乡对公办教师家属子女优先照顾安排进乡办企业工作，同时决定本乡公办教师建房一律按村民一样分配建房基地，水泥、砖瓦等平价优惠供应。

1994年8月，同福乡动工建造30套教工宿舍，每套面积78平方米，总投资150多万元。1995年后，有的通过房改，取得房屋产权，有的领到一次性住房补贴。1998 年及以后参加工作的教师提高住房公积金比例。此后，每年组织年老、体弱的教师及先进教育工作者去风景胜地疗养，定期组织全面体检。

1995 年，同福乡对教育成果奖投入 43000 元，并组织教师到北京、青岛、上海、宁波等地参观学习。

政治地位

中华人民共和国成立后，教师被确定为国家工作人员。1950 年，各校建立教育工会。1952 年以来，经常在教育系统评比先进，对教育工作者进行表彰、奖励。

1978 年，中共中央决定为被错划为“右派分子”的人改错。至此，境内中小学教师中被错划的全部得到改正，重新走上工作岗位或担负新的职务。并对“文革”中的冤案、错案一律予以平反，为蒙冤受屈的教职工落实政策。

1983 年 6 月，境内各学校从事儿童少年工作 25 年以上的教师获全国儿童少年工作协调委员会统一颁发的“园丁”荣誉纪念章，是年同福公社黄继明、黄昌松、季道言、丁立成、茅隽、邵民惠、陆逸、郑云华获“园丁”荣誉纪念章，灵安公社、史桥公社钱万荣、丰明珍等人获此荣誉。1985 年 9 月 10 日第一个教师节起，嘉兴市人民政府逐年向从事教育工作满 30 年的教育工作者颁发光荣证书，桐乡市（县）人民政府向从事农村教育工作满 25 年的教育工作者颁发光荣证书。每逢春节、教师节，市领导和教育局领导都慰问和看望教职工。

2012 年，凤鸣街道 212 名教师中，有 2 名为市人大代表，有 5 名为市党代表，3 名教师任市政协委员。2012 年，全街道在职教职工中有中共党员 93 名，中共党员占教职工总数 43.87%。近 30 年来，街道教育工作者中有 7 人（次）被评为嘉兴市级以上先进教育工作者、优秀教师、劳动模范等荣誉称号。

表 17—29 境内教师获荣誉与奖励情况一览表（嘉兴级以上）

序号	姓名	性别	出生年月	籍贯	荣誉称号	授予时间及单位	所在单位
1	王松奎	男	1960.7	桐乡	春蚕奖	2004 年 省教育厅	凤鸣天女中心小学
2	章金祥	男	1963.7	桐乡	春蚕奖	2008 年 省教育厅	凤鸣天女中心小学
3	钱芝静	女	1969.7	桐乡	春蚕奖	2012 年 省教育厅	凤鸣天女中心小学
4	朱新江	男	1972.5	桐乡	优秀教师	2009 年 嘉兴教育局	桐乡市同福初中
5	丁立成	男	1937.11	德清	浙江省普及初等教育工作先进工作者	1983 年 省教育厅	桐乡县同福联星小学
6	徐雪芬	女	1972.5	桐乡	浙江省义务教材试验先进工作者	1995 年 省教育厅	桐乡县同福乡中心小学
7	吕剑洪	男	1957.9	桐乡	嘉兴市中小学普及实验教学工作先进个人	1997 年 嘉兴教育局	桐乡县同福乡中心小学

资料来源：街道各学校提供

第十八编　科　　技

历代以来，境内主要是稻作、蚕桑、晒红烟等传统生产技术，分散的个体农业，祖祖辈辈按传统方法，凭实践经验，使用祖传的农(蚕)具从事生产，长期处于产量不高、丰歉不稳的状态。民国时期，崇德县先后建立农业推广所、蚕业指导所，境内乡镇派员参加技术培训，尝试推广水稻良种和改良蚕种，但收效甚微。解放后，人民政府重视科技事业，通过大专院校毕业生分配、在职进修培训、外地调入等途径，境内科技人员逐年增多，科技事业逐步发展。特别是改革开放以后，乡镇、村工业发展迅速，农业科技含量不断提高，科技成为第一生产力，得到高度重视，乡镇(街道)财政和企业的科技投入逐年增加。各类科技组织如雨后春笋，群众性科技活动经常开展，科技成果不断涌现。1995 年，灵安镇、同福乡被桐乡市委、市政府评为“科技达标先进乡镇”。2006—2012 年，天女新型涂料研发中心、嘉名针织面料研发中心、新东方油墨研发中心先后被认定为省级高新技术企业研发中心，春发菊业、伊好食品分别被认定为省级农业科技企业和省级农业科技研发中心。至 2012 年，全街道有 26 家企业累计申报国家专利 250 项。

第一章　科技队伍　科技活动

第一节　科技队伍

民国时期，凤鸣街道境内有少量医务、农技人员，占人口比例不足 0.1%。

新中国成立后，经大专院校毕业生分配、在职进修培训、外地调入等途径，境内科技人员逐年增多。

1963 年，同福、灵安、南日各公社及所属生产大队都成立农业科学实验领导小组，生产队都成立农业科学实验小组，根据县政府有关部门规划的粮食、绿肥、蚕桑、油料、畜牧等科研项目开展活动。

中共十一届三中全会后，拨乱反正，大部分科技人员调整归队，基层科技活动次第开展。同福、灵安、南日各公社先后成立农民自筹、自办、自得益的技术服务组织——农村专业技术协会，成为农村科普网络的重要组成部分。1979 年度《桐乡县农业统计资料汇编》载，当年灵安，南日，同福三个公社分别有大队农科站 9 个，22 个，8 个；人员分别为 70 人，242 人，83 人。

1980 年 4 月，桐乡县科协恢复活动，县级各协会、学会陆续成立。境内全民单位、集体单位、乡镇企业的各类专业技术人员以及农民技术人员积极参加科协组织的活动。

1983 年，同福公社成立科学技术普及协会，发展会员 98 名。

1987 年，同福乡被评为“科技达标先进乡”。

1989 年，灵安镇、史桥乡、同福乡科学技术委员会相继成立。1990 年，灵安镇科技协会成立各科普小组，共有 15 个村、企事业单位参加并成立 15 个科普小组。

1990 年，桐乡造漆厂成立涂料技术研究所。

1991 年，灵安镇的桐乡造漆厂、同福乡的嘉兴第二毛毯厂被评为桐乡县科技工作先进集体。桐乡造漆厂的姚锦泉被评为桐乡县科技工作先进个人。是年底，境内 3 个乡镇分别建立乡镇科委，灵安镇、史桥乡、同福乡科学技术委员会主任由分管科技工作的副乡镇长兼任，均配备兼职科技管理员。

1993 年 8 月，桐乡市人民政府曾在石门、虎啸、同福 3 个乡镇尝试选派科技乡、镇长助理。其主要职责是加强调查研究，帮助所在地制定和完善科技发展规划，引进和推广适合当地农村经济发展的先进实用技术和科技成果，开展科普宣传和科技培训，提高农民科学文化素质，增强农民致富本领。至年底，灵安镇企业中有 19 人获得中等技术专业职称，70 人获得初级专业技术职称，3 家企业通过标准化验收。10 月，桐乡造漆厂被评为“桐乡市科技工作先进集体”，桐乡三意生物技术研究所的陈浩轩被评为“桐乡市科技工作先进工作者”。

1994 年，灵安镇制定科技达标实施方案，加强镇科委的自身建设和领导，由镇长兼任科委主任，镇财政安排一定的科委办公活动经费。在全镇 12 个村和 8 个重点镇办企业、2 个重点村办企业建立科技进步领导小组，其中造漆厂、防水材料厂建立厂办科研所。有 4 家企业与科研院校挂钩合作，并从外地聘请技术人员 5 名，选送 72 人次到外地参加技术培训。灵安镇各村、企业单位建立科技进步工作领导小组。共有 12 个村、13 家企业 75 人为各单位领导小组成员。是年，灵安镇有各类技术人员 50 多名，占企业职工总数的 2%以上。全镇有农民技术员 97 名，占农业总人口 0.05%以上。同福乡科委被评为“桐乡市 93 年度先进工作单位”，灵安镇科委的孙建树被评为“市科技管理先进个人”。灵安镇科委获“94 年度乡镇先进科委”荣誉，史桥乡科委徐月华被评为“乡镇科技管理先进个人”。

1995 年，灵安镇、同福乡被桐乡市委、市人民政府评为“科技达标先进乡镇”。是年，同福乡建立以农技站、水机站、农电站和畜牧兽医站为主体的科技服务网络。同福乡嘉兴白水泥厂、嘉兴市第二毛毯厂分别成立科研所，一方面承担企业内部的新产品、新工艺开发任务，另一方面开展对外的技术交流、技术转让和技术服务。是年 9 月，同福乡科协的“铝型材氧化着色”获桐乡市“金桥工程”项目一等奖。嘉兴华强合成纤维厂的朱林甫被评为“桐乡市科技工作先进个人”。

至 1997 年，灵安镇、同福乡先后实现科技达标。1997 年，华强合成纤维厂等 4 家企业组建技术创新科研组，增强企业对新技术引进、消化吸收和创新能力。

1998 年，灵安镇镇村企业拥有各类技术人员 235 人，具有高级职称 5 人，中级职称 41 人，初级职称 189 人，其中大专学历 40 人，中专学历 73 人。镇科协设有专业学组 3 个，科技小组 10 个，科普小组 20 个，有会员 123 名。

1999 年，灵安镇镇、村企业有 235 位科技人员具有各类专业技术职称，其中高级职称 5 人，中级职称 41 人，初级职称 189 人。科技人员中，大专学历以上 40 人，中专学历 75 人。镇科协有专业学组 3 个，科技小组 10 个，科普小组 20 个，有会员 123 名。

全街道 1999 年度共评定和晋升农民技术人员 262 人，其中高级职称 5 人，中级职称 44 人，初级职称 213 人；大专以上学历 46 人，中专学历 81 人。上述科技人员分属农经、种植、果蔬、水产、畜牧、水利、农机、土管等 10 个行业。

2002 年，同福乡有各类科技小组 33 个，厂办科技研究所 4 个，各类科技人员 365 人。是年，又引进外地科技人员 32 名。

2003 年，境内共引进企业人才 13 名，组织或举办行政管理、财务会计、工程等专业技术人员的培训班6次，800多人接受培训。

2004年，选举产生同福乡科协第六届委员会。浙江天女集团有限公司、桐乡市春发菊业有限公司成立企业科协。

2005年，浙江天女集团制漆有限公司、桐乡市春发菊业有限公司被评为“2004—2005科技工作先进集体”。同福乡政府闻玉田、浙江天女集团制漆有限公司姚生铭被评为先进个人。

2006年，天女新型涂料省级高新技术企业研究开发中心被命名为省级科技研发中心。

2007年，同福乡有各类科普小组22个，厂办科研所3个，各类科技人员400多人。

2008年11月，街道建立科普学校。是年，调整街道科学技术委员会成员，沈国锋任主任，姚长鑫任副主任。

2009年，全街道14个村、1个社区中，创建嘉兴市级科普村9个，桐乡市级科普村5个。是年，凤鸣街道有608人获各类专业技术职称，其中企业431人，农民技术人员177人。凤鸣街道科协连续5年被桐乡市科协评为先进集体，并获“金桥工程”组织奖。

2010年，浙江嘉名控股有限公司科学技术协会成立，并召开第一次代表大会。是年，街道有科普组织25个，中高级职称人数145人。

2011年8月，新东方油墨有限公司被桐乡市科技局认定为桐乡市科技型中小企业。是年，该公司的新东方环保型油墨高新技术研究开发中心先后被认定为桐乡市高新技术研究开发中心及嘉兴市高新技术研究开发中心。

2012年底，新东方油墨有限公司的研发中心被认定为浙江省高新技术企业研究开发中心。该公司被评为“桐乡市十佳科技进步企业”，王太林被评为“桐乡市科技先进个人”。

表18—1　　　　凤鸣街道高新技术研究开发中心名录

序号	企业名称	研发中心名称	级别	认定时间
1	浙江天女集团制漆有限公司	天女制漆技术省级高新技术研发中心	省级	2006浙发科条〔2006〕144号
2	浙江嘉名染整有限公司	嘉名针织面料高新技术研究开发中心	省级	2009浙发科条〔2009〕293号
3	新东方油墨有限公司	新东方环保型油墨高新技术研究开发中心	省级	2012浙发科条〔2012〕178号
4	浙江豪庭灯饰有限公司	豪庭灯饰LED灯具高新技术研究开发中心	桐乡	桐科〔2012〕34号
5	新东方油墨有限公司	浙江省环保油墨工程技术研究中心	浙江省级	浙科发条〔2013〕165号
6	浙江司达特汽车用品有限公司	司达特汽车用品高新技术研究开发中心	桐乡市级	桐科〔2013〕78号
7	桐乡市恒发海绵有限公司	恒发海绵高新技术研究开发中心	桐乡市级	桐科〔2013〕79号
8	浙江汇丰经编针织有限公司	汇丰经编针织高新技术研究开发中心	桐乡市级	桐科〔2013〕80号
9	浙江新棉纺织有限公司	新棉纺织高新技术研究开发中心	桐乡市级	桐科〔2013〕81号

续表

序号	企业名称	研发中心名称	级别	认定时间
10	桐乡市泛亚复合材料有限公司	泛亚复合材料高新技术研究开发中心	桐乡市级	桐科〔2013〕82号
11	浙江方圆聚合纤有限公司	方圆聚合纤差别化纤维高新技术研究开发中心	桐乡市级	桐科〔2013〕83号
12	桐乡市致远环保科技有限公司	致远节能环保科技高新技术研究开发中心	桐乡市级	桐科〔2013〕84号

资料来源:桐乡市科技局提供的相关数据

表 18—2　　凤鸣街道市级以上科技型企业名录

企业名称	类型	归口管理单位
桐乡市宇名水性色浆有限公司	市级科技型中小企业	凤鸣街道
浙江天女集团稀土永磁有限公司	市级科技型中小企业	凤鸣街道
嘉兴天女镜业有限公司	市级科技型中小企业	凤鸣街道
桐乡市立科化工有限公司	市级科技型中小企业	凤鸣街道
桐乡市史桥工艺丝织有限公司(已停产)	市级科技型中小企业	凤鸣街道
嘉兴凤鸣家纺有限公司(已更名为桐乡市中都家纺有限公司)	市级科技型中小企业	凤鸣街道
嘉兴金都针织有限公司(已更名为桐乡市永泰针织有限公司)	市级科技型中小企业	凤鸣街道
桐乡市同福铁艺装饰材料厂	市级科技型中小企业	凤鸣街道
桐乡圣铭纺织有限公司	市级科技型中小企业	凤鸣街道
桐乡市恒发海绵有限公司	省级科技型中小企业	凤鸣街道
桐乡市舒乐橡塑材料有限公司	省级科技型中小企业	凤鸣街道
嘉兴市正基电子有限公司	省级科技型中小企业	凤鸣街道
浙江司达特汽车用品有限公司	省级科技型中小企业	凤鸣街道
桐乡市同新食品有限公司	省级科技型中小企业	凤鸣街道
桐乡市伊好食品有限公司	省级农业科技企业	凤鸣街道
桐乡市同福双丰畜牧生态养殖专业合作社	市级农业科技企业	凤鸣街道

资料来源:凤鸣街道经发中心提供

第二节　科技活动

农业科技活动

清光绪二十三年(1897),省蚕学馆派员进行技术指导,境内开始逐步推广改良蚕种。

民国23年(1934),省政府确定崇德为蚕业改良区域,春季配发改良种,限制饲养土种。境内农户饲养春蚕开始以改良种为主。

民国35年(1946),崇德县设立农业推广所,以推广良种、化肥和加强宣传,扩大冬作、治虫为业务。

民国37年(1948),崇德县招收20名女练习生,参加蚕桑讲习班学习,除授课外,注重催青、育蚕等技术实习,境内也派人参加。

中华人民共和国建立后,人民政府依靠科技进步,发展社会经济,群众性的科学技术普及工作得到重视,科研活动进一步展开。

1957年春,境内各乡镇成立科学技术普及协会分会,开展科普活动,向村民传授科学技术知识,解释自然现象,破除迷信。1957年开始,灵安在令墅庙举办水稻技术训练班,同福、灵安共有260人参加,大面积推广双季稻。

1958年,提倡群众性技术革命、技术革新。城乡基层建立科技研究小组,参加人数众多。是年建立农业技术推广站和试验场。

1960年,境内各地引进推广早籼矮脚南特良种,亩产比高杆品种增加50公斤左右,至此,早稻高杆品种被矮杆品种代替。是年,灵安公社联胜生产队十四小队夏蚕饲养技术革新得到推广。灵安公社联庄大队开展春花水稻三熟制试验,丰产丰收。是年,进行增产示范、技术示范和科学实验规划经验介绍。

“文化大革命”时期,科技队伍受到冲击,科协停止活动。唯有桐乡县早稻、晚稻、春花技术短训班年年举办,每期2—3天,培训内容以实用专业知识为主,灵安、同福、史桥各公社、生产大队分管农业的领导和农技人员,种子、栽培、植保人员,公社试验场、种子场场长,以及部分生产队代表,每年都参加培训。

1973年7月,桐乡县设立推广优选法办公室,境内各行业推广华罗庚优选法。

1979年以后,灵安、同福、史桥各公社先后成立农业专业技术协会,以技术传授为主要手段,开展农业科技示范、科技教育工作。协会致力于促进发展多种经营,推广科技成果,搞好产前、产中、产后一条龙服务。同福公社农作物综合防治技术研究会,开展科学种田和农作物病、虫、草、鼠综合防治,在粮食作物降低成本,提高产量上取得经验。

1980年代初,桐乡县提出“科技兴县”战略,各种技术培训活动广泛开展,境内越来越多的科技人员参加有关部门举办的外语培训班、计算机技术培训班、新的国家标准宣讲会和各种应用技术培训班。同福公社蘑菇厂引进新品种,开展菌种培育,承担提供全县60%的菌种,对蘑菇专业户进行技术指导,并与日商株式会社开展技术交流。

1983年3月,灵安、史桥、同福各公社都派出干部、社员参加县政府举办的农村科技交流会。此后,食用菌种研究与推广,平菇凤尾菇推广,长毛兔优质高产试验等成为农村科协组织的科学实验课题。是年,境内部分村组开始推广节柴灶。

1986年,境内农村科学实验活动又添新课题,其中包括蘑菇高产优质栽培试验,桑园综合开发等。

1987年,同福乡坚持“一优二高”新路子,推广优质良种6.5万公斤,统一供种面积7000多亩,供种率85%,处于全县领先地位,同时建立粳杂示范方100多亩。推广氨化养羊技术,举行三次现场技术操作观摩,270余人受训,并在1200多户农户中推广,占全乡总户数的26.67%,氨化养总羊头数已超过6000头。同福乡科协获省、市“金桥工程”一等奖。是年,利用广播开展各类技术讲座326人次,征订各类科技报刊2460份,提供科技信息50多条。乡团委组织开展大型科普宣传活动2次,组织企业参加各类科技成果展览会、信息发布会、科技成果交易会、技术洽谈会等154人次。

1988年4月，桐乡县制定实施暂行办法，技术市场开始在境内出现。8月25日，省农科院、粮油食品进出口公司组团去日本考察，同福菌种厂参团随行。

1990年，同福乡在春蚕饲养期间，对桑叶利用石灰水进行消毒处理，春蚕损失降到最低限度。应用和推广稻麦模式栽培技术配方施肥，促进粮油生产稳定发展。

1991年，灵安镇在茶家兜开展稻麦模式栽培、配方施肥、病虫综合防治等中心示范试验，粮食增产10%以上。

1994年，境内推广养蚕二回育技术，平均每张蚕种增收17元。是年，同福乡全年提供稻麦良种及新品种1万多斤，举办农事与科技广播节目30多次，举办培训班2期，专业会20多次，建立种养业联系户30多户，试验示范78亩次，各项试验6个，开展咨询服务3000多人次。

1995年，灵安镇、同福乡通过桐乡市科技达标验收。全年举办农事与科技广播节目30多次，举办培训班2期，专业会20多次，建立种养业联系户30多户，试验示范78亩次，各项试验6个，开展咨询服务3000多人次。推广直播稻、直播菜、杂交稻、化肥全层基肥等新品种、新技术。

1997年，同福乡的旱育稀植栽培技术在早稻、单季晚稻和连作晚稻连续示范推广，面积517.9亩，与常规栽培相比，早稻亩增70公斤，晚稻亩增31.8公斤。

1998年，灵安镇先后组织供应推广优质良种1.9万公斤，统一供种面积4300多亩，供种率48.9%，同时建立粳杂示范方100亩。实行统一供种的1100亩粳杂晚稻平均单产624公斤，比其他田块亩增38公斤，3200亩常规稻平均单产581公斤，比其他田块亩增49公斤，100亩粳杂示范方平均单产644.8公斤，比其他田块亩增112.8公斤。全镇共增产粮食209880公斤，增效33.58万元。

1999年，凤鸣街道积极创建农业科技企业和农业科技园区，发展效益农业科技示范基地，加快生物技术、信息技术和农业科技成果推广、应用和产业化，开展农村劳动力素质培训，提高农业科技水平，推动农业产业结构调整。以“富民、惠民和崇尚科学”为核心，推进新农村科技示范村建设，提高农业综合生产能力，提高农民生活质量、改善农村生态和生活环境。是年，开展蔬菜无公害栽培生产技术、晚粳稻新产品97—59引种示范等科技活动，引进方格簇养蚕1400张。

2000年，推广“育711”湖桑苗接条5500斤；水稻“二无工程”面积5363亩，节约成本8.08万元，综合社会效益30.4万元；蔬菜无公害栽培——防虫网推广应用；蝇蛆（网箱）养黄鳝取得成功。银杏人工授粉及其嫁接技术的推广应用，比普通银杏产量提高20—30倍；推广榨菜丰产栽培技术12000亩，平均亩产达1900公斤。

2002年，同福乡科技经费19.9万元，用于建立新品种桑苗基地、百万头湖羊工程、效益农业达标奖励、科技培训等。品种桑基地共繁育“育711”、“农桑12”和“盛东一号”等新品种1.2亿株，增收40多万元。

2003年，凤鸣街道重视发展效益农业示范基地和农业龙头企业建设，发挥科示范户作用。全年共举办各类培训班8期，培训1500多人次。同时还推广农业先进适用技术，共推广新品种27个，使用配套新技术15项。主要是无公害蔬菜、杭白菊、优质品种桑、高档苗木等，适用技术覆盖率88.5%，良种覆盖率90%以上。

2004年，同福乡开展科技扶贫工作，科技示范户带动5户贫困户实现脱贫；加大科普示范基地建设，中群村建设品种桑基地，蛋鸡养殖场，黄鳝养殖基地，无公害杭白菊等4个基地。乡科协发放科普宣传资料6000多份，举办各类培训班5期，受训人数1700余人。

2006年，农经中心申报的科技计划有，露地速生叶菜无公害生产新技术、槜李提前挂果科研成果、伊好食品厂的无铅皮蛋。抓农业先进适用技术推广，推广新品种20多个，推广实用配套新科技10项。完善科普村建设，注重抓好无公害蔬菜、杭白菊、优质品种桑、高档苗木新品种等新兴名、特、优经济作物的发展。种植无公害杭白菊1300余亩；优质品种桑5627余亩，高档苗木1100余亩。全街道适用技术覆盖率90%以上，良种覆盖率98%以上。

2008年，凤鸣街道申报落实1个国家级有机食品—“田野菊海”牌杭白菊、4个无公害农产品、3个绿色农产品。新建浙北地区最大的现代化高标准畜禽生态养殖园区——新农村双丰牧业园。

2009年，街道科协和有关单位一起开展下村上街科普宣传6次，农机咨询服务200多人次，印发农机资料1.5万余份，广播农机讲座10次。开展崇尚科学，反对封建迷信活动，及时制止上千人的“拜桥忏”活动。开展各类农村实用技术培训12次，1250人次。举办一年制农函大培训班12期，与绿色证书结合，有485名学员获得绿色证书。抓科技扶贫，组织困难户与兽医站结对子。

2010年底，春发菊业区域科技创新服务中心成为桐乡市级科技创新服务中心。桐乡市春发菊业有限责任公司、桐乡市伊好食品有限公司被认定为省级农业科技企业。桐乡市同新食品有限公司被认定为桐乡市农业科技企业。

至2013年，全街道以科技活动为支撑建立的农业特色基地有13个，涵盖杭白菊和蔬菜种植、畜禽饲养等产业。

表18—3　　凤鸣街道农业特色基地名录

特色基地名称	数　量	地　点	备　注
出口无公害杭白菊基地	250亩	中群洞桥头	2013年
春发菊业	280亩	合星永昌庙、中群吕家埭、建胜姚介埭	2013年
同福双丰生态养殖专业合作社	常年存栏母猪550头，肉猪6000头	新农村太湖荡	2006年建造
春耕蛋鸡专业合作社	常年存蛋鸡6.5万羽	新农村太湖荡	2006年建造（浙江省首家引进全自动蛋鸡养殖设备）
启新蛋鸡专业合作社	常年存蛋鸡3.6万羽	史桥村	
吕海林蛋鸡专业合作社	常年存蛋鸡1万羽	西牛桥	
吴小田蛋鸡专业合作社	常年存蛋鸡1万羽	中群村	
西牛桥村无公害杭白菊基地	705亩	西牛桥村	2006年
路家园村杭白菊基地	263亩	路家园村	2006年
史桥村大棚蔬菜基地	15亩	史桥村	2006年
长新村大棚蔬菜基地	12亩	长新村	2006年
灵安村速生肉鸡养殖基地	年产20万羽	灵安村	2006年
西牛桥生态蛋鸡养殖小区	20万羽	西牛桥村	2006年

资料来源：凤鸣街道经发中心提供

工业科技活动

1964年，原同福公社徐家庙丝厂由人工缫丝改成机械缫丝，改进工艺技术，提高缫丝效率和产品质量。后改进缫丝轴头，试行轴头分档缫丝，大大提高缫丝产量。

1986年4月，天女油漆厂的酚醛系列油漆被列入桐乡市及嘉兴市科技新产品开发计划。

1995年，灵安镇获得桐乡市级“希望杯”(科技)竞赛铜杯。

1997年，同福乡华强合成纤维厂、双飞龙铜材厂、金泰合成纤维厂等8家企业与中国纺织大学、东南大学、浙江丝绸工学院、浙江大学等大专院校进行科研合作，并请大专院校、科研所技术专家到企业进行技术指导、技术培训，开展技术信息咨询。

1998年，浙江天女稀土永磁有限公司不断进行技术改造，提高生产能力和产品系列化程度，并一次性通过IS09002质量体系认证，产品远销美国、德国、日本、荷兰、新加坡等国家和香港、台湾地区。同福乡的三利亚铝业公司投资3500万元，开发高科技项目，建立轻合金表石陶瓷化处理工业试验基地。

1999年，浙江天女稀土永磁有限公司永磁土材料被列为省级“火炬计划”项目，并获桐乡市技术创新一等奖。

2000年，凤鸣街道申报民营科技企业2家。天女集团的高性能钐钴永磁稀土材料被省科技厅推荐为国家科技中小型技术创新基金项目，各色水性丙烯酸烘漆和高性能钐钴永磁稀土材料被评为省级新产品。

2001年，凤鸣街道持续不断加大《专利法》宣传力度，加强专利执法管理和企业培训，提高全社会知识产权意识，营造良好的知识产权法律环境，专门制定专利奖励政策，开展专利示范企业创建工作。

2002年7月，凤鸣街道办事处发布并实施《凤鸣街道科学技术奖励办法》，落实专项资金26.87万元，设科技进步奖、新产品开发奖、企业名牌奖、科学管理奖、企业升级奖、金桥项目奖、农业丰收奖、文教卫创新奖等8个奖项，鼓励企业以科技促进生产力持续发展。是年，全街道共申报省级新产品计划3项，桐乡市级科技计划3项，多家中小企业获得资助资金。是年，境内科技经费实际支出24.09万元，占财政实际支出的1.76%。

2003年，街道科技经费实际支出26.87万元，占财政总支出的1.65%。全街道各企业用于科技投入210万元。是年，凤鸣街道抓好各类新产品开发，全年共上报桐乡市创新项目和科技计划项目12个，省级新产品1个。嘉兴天女镜业有限公司和桐乡市同新食品有限公司同时申报嘉兴市第四批民营科技企业。是年，境内企业共申报各类科技计划12项，其中省级新产品1项，申报技术创新项目3项，申报实用技术推广项目5项，有7项被市科技局立项。

2005年，凤鸣街道重视科技投入，科技经费实际支出38.3万元，占街道财政支出的1.92%。实施县级以上科技项目10项，申报省级新产品计划5项(其中省科技厅文件确认立项4项)，即天女集团制漆公司环保型高固绝缘漆、水银镜专用背涂料，天女集团镜业公司真空镀膜镜子，仁禾电器有限公司室内空气杀菌器，秩球电器有限公司生产的USB数字音响。其中环保型高固绝缘漆、水银镜背涂料通过省级新产品鉴定。桐乡市科技重点项目(技术创新)立项1项，一般科技项目立项4项。各企业共申报外观设计专利16个，实用技术发明1个。高新技术产业增加值占工业增加值的比例达到26.73%，规模以上企业技术开发经费占产品销售收入的1.8%。

2006年，凤鸣街道科协鼓励实施金桥工程实行奖励政策，并对企业单位申报项目经办人给予奖励。是年，共申报“金桥工程”项目5项。其中，街道科协研究开发的特种防腐燃料氰胺锌被评为当年度“金桥工程”优秀项目。申报国家火炬计划一项，即高耐沾污弹性外墙涂料；嘉名染整公司分散染料胶囊化染色新技术的研究应用、天女制漆公司节能水性涂料的开发及产业化2项科技成果申报省级重点项目。嘉名染整公司被命名为桐乡市高新技术企业。是年，境内企业共申报各类科技计划20项，其中省级新产品计划8项，其中6项被省科技厅立项。申报国家专利项目(外观设计专利)12项。

2007年，启动实施“浙江科技信箱”工作。实际科技经费支出28.5万元，占财政总支出的1.98%。制订完善《凤鸣街道科学技术奖励办法》。全年共申报各类科技计划16项，由桐乡市级立项15项，申报省级新产品计划8项，其中6项由省科技厅立项。申报桐乡市级民营科技企业1家，申报外观设计专利18项、发明专利2项。是年，街道继续加强对知识产权的宣传，开展知识产权相关法律法规的普及，共举办实用技术讲座22次，出黑板报18期，分发技术资料2.5万份，上门服务2800人次。

2008年，凤鸣街道安排科技经费实际支出65.5万元，占街道实际支出数的1.63%。各相关企业全年投入资金2亿多元，扩充科技设备，改造传统产业，科技转化取得新进展，新增销售收入5亿多元。4个企业申报“金桥工程”项目5项。是年，全街道共申报各类科技项目22项，其中重点项目6项，新产品计划6项，科研项目3项，省级新产品2项，国家级火炬计划2项。是年，嘉名染整公司申报省级高新技术企业获得成功，天女制漆公司被命名为高新技术企业。

2010年，街道科协加强与高校的联系合作，为企业牵线搭桥，先后四次与企业一起共赴武汉、嘉兴等地开展科技对接、交流考察，开展产学研结合。是年，武汉理工大学—浙江天女涂料研究院、嘉兴乘合新材料有限公司与嘉兴学院生物与化工学院合作的新型环氧地坪材料研究开发中心先后成立。10月，浙江天女集团与以色列PIHMENTAN公司科技合作洽谈。浙江天女集团制漆有限公司与武汉理工大学、浙江嘉名染整有限公司与北京服装学院共建创新。11月，凤鸣街道科协申报的嘉兴市级“金桥工程”项目嘉名染整公司与浙江理工大学的涤棉混纺织物——浴法染色工艺的研究开发通过验收。

2011年4月，新东方油墨有限公司的产品W－8800/7700无溶剂胶粘剂、聚醚(酯)多元醇共聚物连接料被列入桐乡市科技计划项目。是年，浙江嘉名染整有限公司的进口印染设备节能减排提质增效及安全性提升新技术开发项目，得到省科技厅重大科技专项和优先主题国际科技合作项目立项，获得50万元支持。共申报桐乡市级“金桥工程”项目4项，即天女制漆公司与武汉理工大学的高光耐磨US光固化塑胶漆，嘉名染整公司与浙江理工大学的新型功能性针织面料的研究与开发，浙江乘合新材料公司与嘉兴学院的新型高分子环氧地坪卷材。

2012年，街道科普经费支出142244元，辖区内人均科普经费达到2.80元。制订和完善《凤鸣街道科普工作考核奖励办法》，将村干部日常工作与科技科协工作挂钩，实行奖惩。

第二章　科技成果

第一节　农业科技成果

1995年，同福乡的“国际途”牌杭白菊获第二届中国科技新产品名优产品博览会金奖。

1999 年，同福乡联胜村沈顺宝以银杏、杭白菊种植，灵安村朱家门黄金祥以乳鸽养殖，被命名为“省级农村科技示范户”。

2002 年，凤鸣街道灵安村的无公害蔬菜、红旗村和同福乡新农村的花卉苗木、中群村的养兔基地被评为桐乡市第二批市级农村科技示范户。是年，同福乡的“品种桑基地”被桐乡市委、市政府命名为十八大示范基地之一，“杭白菊无公害基地”被省政府命名为“浙江省无公害农产品基地”。春发杭白菊厂升级为嘉兴市民营企业。

2006 年桐乡市灵安伊好蔬菜食品厂被桐乡市科技局命名为桐乡市农业科技企业。是年，伊好食品厂加工生产鸭蛋 2200 吨，创产值 1150.7 万元，销售 1149.8 万元，实现利税 100 多万元。

2007 年，桐乡伊好食品厂通过省科技厅验收，被评为省级农业科技企业。

2008 年，凤鸣街道申报落实 1 个国家级有机食品（“田野菊海牌”杭白菊），4 个无公害农产品（“伊好牌”咸蛋皮蛋、“春发牌”杭白菊、“田野菊海牌”杭白菊、“金娃娃牌”杭白菊）、3 个绿色产品（“伊好牌”咸蛋皮蛋、“春发牌”杭白菊、“田野菊海牌”杭白菊），“田野菊海”商标被认定为中国驰名商标，“春发”商标被认定为浙江省著名商标，“伊好”商标被认定为嘉兴市著名商标。

2009 年，路家园村獭兔养殖户钱林华成为省级科技示范户。

2010 年，桐乡市春发菊业有限责任公司被认定为省级农业科技企业。桐乡市同新食品有限公司被认定为桐乡市级农业科技企业。桐乡市春发菊业有限责任公司农业科技研发中心、桐乡市伊好食品有限公司农业科技研发中心被认定为省级农业科技研发中心。

第二节　工业科技成果

1991 年，天女制漆厂的 901 汽车漆、303 快干树脂漆被列入省级科技计划项目。同福乡的嘉兴第二毛毯厂成功推出三色高级水波纹毛毯，该产品经浙江省纺织产品质量监督检测站测试，各项指标均优于纺织部规定的标准要求，填补省内空白，被纺织部评为部优产品。是年，该厂研究的防蛀毛毯通过省级鉴定。

1993 年，天女制漆厂的高级聚酯漆被列入省级科技计划项目。至 1993 年年底止，灵安镇已有部优新产品 1 只，省级新产品 7 只。

1994 年，灵安镇该镇开发新产品 8 项，省级新产品鉴定 2 项，申报县级科研及新产品开发 1 次。同福乡的嘉兴白水泥厂开发的“早强白水泥”、华强合成纤维厂开发的“高强丙纶丝”评为省级新产品。浙江天女制漆厂的 FPET 改性系列油漆、丙烯酸高级内外墙乳胶漆被列入省级科技计划项目。

2001 年，浙江天女集团稀土永磁有限公司的高性能钐钴稀土永磁材料列入国家级科技计划项目。2007 年，浙江天女集团制漆有限公司的环保型高固磁环绝缘漆再次列入国家级科技计划项目。2010 年，浙江嘉名染整有限公司的天然有机锗抗疲劳保健氨纶汗布列入国家级科技计划项目。

2002 年，以市场为导向，抓新产品开发。全年共申报各类科技计划 6 项，新产品销售收入占街道工业销售的 15%。2003 年，共申报各类科技计划 12 项，其中申报省级新产品 1 项，技术创新项目 3 项，桐乡市级新产品计划 3 项，实用技术推广项目 5 项。是年，同福乡开展新产品试制计划 12 项，其中春发杭白菊厂的“新型塑料折簇”和三利亚铝材厂的冷却腔表面陶瓷化项目申报省科技计划，三利亚铝材厂的冷却腔表面陶瓷化项目填补国内空白。凤鸣家纺被确认为桐乡市民营科技企业。凤鸣家纺有限公司成立厂办科研所，与上海毛纺研究所共同开发 4 只新产品，年创利润百万元，产品打入日本市场。

2003年，新产品销售收入占全街道工业销售比重的15.5%。同福乡共完成科技项目申报10项。吉盛表面技术有限公司的PECC表面陶瓷化背投影电视冷却腔CRT技术已分别被省科委、嘉兴市科委列入省火炬计划、省新产品计划和嘉兴市新产品计划；凤鸣家纺有限公司的高回弹网眼床垫和竹纤维毛巾分别列入桐乡市技术创新项目和桐乡市科技计划。凤鸣家纺有限公司的高回弹网眼床垫和星海电器厂的风冷塑料造粒项目申报桐乡市金桥工程项目。同新食品有限公司先后被评为桐乡市民营科技企业和嘉兴市民营科技企业，金都针织有限公司被评为桐乡市民营科技企业。

2006年，桐乡市天女集团制漆有限公司被列为省级专业示范企业。桐乡市灵安轶球电器有限公司的USB数字音响通过桐乡市重点科技项目验收。同福乡的嘉兴加拿枫叶涂料有限公司、同福铁艺装饰材料厂评为桐乡市民营科技企业。浙江嘉名染整有限公司被认定为桐乡市高新技术企业。浙江嘉名染整有限公司的嘉名针织面料研究开发中心、浙江天女集团制漆有限公司的天女制漆技术研究开发中心被认定为桐乡市第五批高新技术企业研究开发中心。浙江天女集团制漆有限公司的天女制漆技术研究开发中心被认定为第三批嘉兴市高新技术研究开发中心、2006年第一批省级高新技术研究开发中心。2006年，申报科技计划10项，其中省级新产品计划5项，省厅立项4项，申报一般科技项目5项，申报国家专利外观设计专利17项。全年街道负责申报的项目共获科技奖励36.52万元。

2007年，汇丰经编公司被认定为桐乡市级民营科技企业。嘉名染整公司被认定为嘉兴市级高新技术企业。是年，全年申报科技项目21项，已立项18项，已完成专利51项。浙江天女集团制漆有限公司环保型高固绝缘漆(三组份)计划项目被列入国家火炬计划项目，是年，该公司入围浙江省专利示范企业。

2008年，长新、环南、灵安三个村分别被桐乡市和嘉兴市科协命名为科普示范单位。4月，嘉兴加拿枫叶涂料有限公司新研发的“环保型纳米水性抗菌木器装修漆新科技计划”项目在第三届杰出华商大会财富领袖论坛上被授予“最具投资价值的项目”。

2010年，浙江嘉名染整有限公司的68NM美雅碧纤维70%羊毛30%+30S60%超细晴纶40%铜氨纤维+36D杜邦氨纶双面布、抗菌防臭瑜伽运动面料、相变整理面料、秋冬时尚保暖针织面料被列入2010年第二批“浙江省新产品计划”。浙江嘉名染整有限公司的双股羊毛铜氨羊绒混纺针织面料、牛奶天丝及锦纶混合功能面料、超细莫代尔锦纶、锦包氨及莫代尔三层布、50S超细莫代尔紧密纺氨纶汗布、羊毛天丝混纺纤维面料，浙江天女集团制漆有限公司的水性聚酯彩板涂料、水性醇酸防腐涂料被列入2010年第三批“浙江省新产品计划”；是年，浙江天女集团制漆有限公司、浙江嘉名染整有限公司、新东方油墨有限公司被认定为高新技术企业。

2011年，浙江天女集团制漆有限公司、新东方油墨有限公司被评为桐乡市科技合作示范企业。浙江嘉名染整有限公司(日本东升工业株式会社、意大利阿里奥利公司)的进口印染设备节能减排提质增效及安全性提升新技术开发为2011年度省重大科技专项计划项目。浙江嘉名染整有限公司的远红外环保运动型针织面料、天然可降解芦荟保健针织面料、莫代尔亚麻及棉混纺针织面料、亲肤保健功能针织面料被列入2011年第一批浙江省新产品计划。浙江嘉名染整有限公司的40S竹纤维/胶原蛋白混纺弹性功能面料、新型超柔莫代尔弹性针织面料被列入2011年第二批浙江省新产品计划。新东方油墨有限公司的水融性双组份聚氨酯胶粘剂、超力福功能性油墨、双组份铝塑复合专用聚氨酯胶粘剂、超力福无苯无酮复合油墨被列入2011年第三批浙江省新产品计划。是年，浙江天女集团制漆有限公司通过国家级高新技术企业复评。是年，桐乡市致远环保科技有限公司被认定为浙江省民营科技企业。

2012 年，街道共申报并验收桐乡市级"金桥工程"项目 3 项，即天女制漆公司与武汉理工大学合作研发的水性醇酸防腐涂料、嘉名染整公司与浙江理工大学合作的冰爽系列内衣面料的研究与开发、新东方油墨有限公司与浙江新东方油墨股份有限公司合作的烟草包装用材料的开发。是年，浙江天女集团制漆有限公司的快干节能卷材涂料的研制及在快速生产线上的应用被列入桐乡市重点科技计划项目。该企业的环保型高固环氧绝缘漆、低表面防腐底漆、防底层变色的纳米有机硅抗紫外线清漆、环保高固快干防锈漆被列入浙江省科技计划项目。新东方油墨有限公司的超力福 3322 高性能通用型油墨成为第一批省级新产品。

表 18—4　　　　凤鸣街道域企业已获得授权发明和实用新型专利一览表

企业名称	专利名称	授权公告日期	专利号	备注
	一种低 VOC 含量醇酸涂料及其制备方法	2010.10.06	ZL 2008 1 0060019.X	发明专利
	一种涂料用的功能树脂及其制备方法	2011.06.08	ZL 2008 1 0060020.2	发明专利
	反应釜热交换装置	2010.02.10	ZL 2009 2 0120241.4	实用新型专利
	热交换器保护罩	2010.02.10	ZL 2009 2 0120237.8	实用新型专利
	涂料生产反应釜自动控制装置	2010.02.17	ZL 2009 2 0120240.X	实用新型专利
	均质搅拌浆片	2010.02.17	ZL 2009 2 0120236.3	实用新型专利
	自动洗桶装置	2010.02.17	ZL 2009 2 0120238.2	实用新型专利
	快开快关阀	2010.02.24	ZL 2009 2 0120239.7	实用新型专利
	油漆桶清洗机	2010.10.06	ZL 2009 2 0310941.X	实用新型专利
	油漆搅拌机	2010.10.06	ZL 2009 2 0310949.6	实用新型专利
	油漆过滤机	2010.10.20	ZL 2009 2 0310948.1	实用新型专利
	储罐容量自动控制装置	2012.10.24	ZL 2012 2 0181465.8	实用新型专利
	储罐温度控制装置	2012.10.24	ZL 2012 2 0181503.X	实用新型专利
	变频电机调漆釜	2012.10.24	ZL 2012 2 0180509.5	实用新型专利
	调漆釜防坠落装置	2012.10.24	ZL 2012 2 0180558.9	实用新型专利
	调漆釜自带电子称重设备	2012.10.31	ZL 2012 2 0181464.3	实用新型专利
	生产环氧卷材底漆背漆的高效全封闭研磨桶	2013.11.06	ZL 2013 2 0344539.X	实用新型专利
	低 VOC 水性醇酸钢结构涂料的树脂储存输送装置	2013.11.06	ZL 2013 2 0348167.8	实用新型专利
	高耐久型氟碳卷材面漆的合成树脂装置	2013.11.20	ZL 2013 2 0348120.1	实用新型专利
	高耐久型氟碳卷材面漆的并行自动进料系统	2013.11.20	ZL 2013 2 0347864.1	实用新型专利
	厚膜型重防腐工业涂料的合成生产控制装置	2013.11.20	ZL 2013 2 0344572.2	实用新型专利
	环保型高固磁环专用绝缘漆的生产专用设备	2013.11.06	ZL 2013 2 0344536.6	实用新型专利
	生产低 VOC 水性醇酸钢结构涂料的专用装置	2013.11.20	ZL 2013 2 0344495.0	实用新型专利
	厚膜型重防腐工业涂料的搅拌装置	2013.11.20	ZL 2013 2 0344045.1	实用新型专利

续表

企业名称	专利名称	授权公告日期	专利号	备注
新东方油墨有限公司	油墨高速分散机的定位装置	2011	ZL2010201677717	实用新型专利
	油墨高速分散机的进料装置	2011	ZL2010201672287	实用新型专利
	油墨高速分散机的抽真空保护装置	2011	ZL2010201671778	实用新型专利
	油墨高速分散机的分散罐结构	2011	ZL2010201681619	实用新型专利
	液态感光阻焊油墨及其制备方法	2012	ZL2009103123553	发明专利
	无苯无酮复合油墨的分散机装置	2012	ZL2011205049177	实用新型专利
	醇水型复合油墨磨砂机的进料装置	2012	ZL2011205049586	实用新型专利
	柔版醇溶纸张油墨分散机抽真空保护装置	2012	ZL2011205049571	实用新型专利
	水性柔版油墨分散机的定位装置	2012	ZL201120504830X	实用新型专利
	高温反应釜回流装置	2013	ZL2010201671551	实用新型专利
	砂磨机内置冷却结构	2013	ZL2010201681799	实用新型专利
	油墨生产系统的立体配置结构	2013	ZL2010201672268	实用新型专利
	油墨砂磨机的进料输送装置	2013	ZL2010201671867	实用新型专利
桐乡市致远环保科技有限公司	一种沉淀池过滤装置	2013	ZL201320195863.X	实用新型专利
	一种废气脱硫治理装置	2012	ZL201220576651.1	实用新型专利
	一种折板式气体分布板	2012	ZL201220623084.0	实用新型专利
	一种新型电除雾器铅重锤装置	2012	ZL201220593772.7	实用新型专利
	一种电除雾器阳极管清理装置	2012	ZL201220574460.1	实用新型专利
	一种静电除油器的海绵钛阳极管	2012	ZL201220576815.0	实用新型专利
	一种有机废气洗涤塔填料的结构	2012	ZL201220576650.7	实用新型专利
浙江汇丰经编针织有限公司	条绒复合面料	2013	ZL 2013 2 0370054.8	实用新型专利
	拉毛单面复合面料	2013	ZL 2013 2 0365326.5	实用新型专利
	花点绒复合面料	2013	ZL 2013 2 0366157.7	实用新型专利
	斜纹短毛绒复合面料	2013	ZL 2013 2 0365328.4	实用新型专利
	压皱短毛绒复合面料	2013	ZL 2013 2 0365327.X	实用新型专利
	超纤短毛绒复合面料	2013	ZL 2013 2 0374573.1	实用新型专利
	短毛绒复合面料	2013	ZL 2013 2 0303168.0	实用新型专利
	单面绒复合面料	2013	ZL 2013 2 0374572.7	实用新型专利
	无纺麂皮绒复合面料	2013	ZL 2013 2 0374571.2	实用新型专利
	面料	2013	ZL20133 0164530.6	外观专利
	面料	2013	ZL201330164279.3	外观专利
	面料	2013	ZL 2013 3 0164242.0	外观专利
	面料	2013	ZL20133 164242.0	外观专利
	面料	2013	ZL 2013 3 0164336.8	外观专利

续表

企业名称	专 利 名 称	授权公告日期	专 利 号	备 注
浙江汇丰经编针织有限公司	面料	2013	ZL20133 163573.2	外观专利
	面料	2013	ZL20133163655.7	外观专利
	面料	2013	ZL201330163571.3	外观专利
	面料	2013	ZL201330164421.4	外观专利
	面料	2013	ZL 2013 3 0163656.1	外观专利
	面料	2013	ZL 2013 3 0165417.X	外观专利
	面料	2013	ZL 2013 3 0165361.8	外观专利
	面料	2013	ZL 2013 3 0165412.7	外观专利
	面料	2013	ZL 2013 3 0165413.1	外观专利
	面料	2013	ZL 2013 3 0165392.3	外观专利
	面料	2013	ZL 2013 3 0165328.5	外观专利
	面料	2013	ZL 2013 3 0165393.8	外观专利
	面料	2013	ZL 2013 3 0165416.5	外观专利
	面料	2013	ZL 2013 3 0165362.2	外观专利
	面料	2013	ZL 2013 3 0165463.X	外观专利
	面料	2013	ZL 2013 3 0165427.3	外观专利
	面料	2013	ZL 2013 3 0165445.1	外观专利
	面料	2013	ZL 2013 3 0165446.6	外观专利
	面料	2013	ZL 2013 3 0165447.0	外观专利
	面料	2013	ZL 2013 3 0165368.X	外观专利
	面料	2013	ZL 2013 3 0165443.2	外观专利
	面料	2013	ZL 2013 3 0165430.5	外观专利
浙江嘉名控股有限公司	一种凝胶一溶胶抗菌剂及其制备方法和应用	2007.5.2	ZL200510023393.9	发明专利
	海斯莫尔混纺织物的染整技术	2012.3.30	ZL201010560095.4	发明专利
	面料弹性回复测试仪	2010.2.10	ZL200920119291.0	实用新型专利
	蒸汽蒸化机辅助升温保温装置	2010.2.10	ZL200920119292.5	实用新型专利
	热交换器活络支架	2010.2.10	ZL200920119290.6	实用新型专利
	黑瓷导纱嘴	2010.3.17	ZL200920119293.X	实用新型专利
	针织布蒸汽熨烫缩率测试台	2010.3.17	ZL200920119289.3	实用新型专利
	印花机布面毛屑吸收器	2010.3.17	ZL200920119295.9	实用新型专利
	自动计时防泼测试仪	2011.1.26	ZL201020188804.6	实用新型专利
	色泣牢度批量测试仪	2011.1.26	ZL201020189315.2	实用新型专利
	污水脱色装置	2011.4.6	ZL201020264849.7	实用新型专利
	染色生产中水深度处理装置	2011.4.6	ZL201020264485.2	实用新型专利

续表

企业名称	专　利　名　称	授权公告日期	专　利　号	备　　注
浙江嘉名控股有限公司	烟熏牢度测试仪	2012.3.21	ZL201120290899.7	实用新型专利
	淋雨测试仪	2012.3.14	ZL201120290669.0	实用新型专利
	天然远红外发热薄款保暖针织内衣面料	2012.3.12	ZL201120409217.X	实用新型专利
	抗辐射保健双面纬编针织内衣面料	2012.3.12	ZL201120408747.2	实用新型专利
	抗疲劳保健平纹弹性针织内衣面料	2012.3.16	ZL201120408801.3	实用新型专利
	天然抗菌润肤保健平纹针织内衣面料	2012.5.17	ZL201120408813.6	实用新型专利
	绿色生态纬编平纹针织内衣面料	2012.3.16	ZL201120409070.4	实用新型专利
	绿色低碳抗菌防紫外线针织面料	2012.3.16	ZL201120409218.4	实用新型专利
	飘香驱蚊平纹弹性针织内衣面料	2012.4.1	ZL201120409219.9	实用新型专利
	紫外线屏蔽纬编平纹弹性针织内衣面料	2012.3.16	ZL201120409246.6	实用新型专利
	天然新型双面纬编保暖内衣针织面料	2012.5.29	ZL201120409052.6	实用新型专利
	双面纬编高弹性天然纤维保暖针织内衣面料	2012.5.29	ZL201120408750.4	实用新型专利
	丝棉丝光平纹针织面料	2012.12.5	ZL201220259969.7	实用新型专利
	自然弹弹性针织面料	2012.12.5	ZL201220259927.3	实用新型专利
	高支高密丝光双面针织面料	2012.12.5	ZL201220259950.2	实用新型专利

表 18—5　　境内企业已通过省级新产品鉴定的产品名称及时间一览表

企业名称	通过鉴定的省级新产品名称	通过时间
浙江天女集团制漆有限公司	猪油醇酸树脂氨基烘漆	1987 年
	低毒(不用铅)油漆	1988 年
	氨基快干烘漆	1989 年
	C—9 石油树脂系列油漆	1989 年
	901 汽车漆	1991 年
	303 快干树脂漆	1992 年
	多彩内墙涂料	1992 年
	高级聚酯漆	1994 年
	FPET 改性系列油漆	1995 年
	丙烯酸高级内外墙乳胶漆	1995 年
	各色水性丙烯酸烘漆	2000 年
	环保型高固绝缘漆(三组份)	2005 年
	水银镜专用镜背涂料	2005 年
	UV 光固化耐黄变涂料	2010 年
	耐腐蚀轮毂漆	2010 年
	水性环氧防腐涂料	2010 年
	水性聚酯彩板涂料	2012 年
	水性醇酸防腐涂料	2012 年

续表

企业名称	通过鉴定的省级新产品名称	通过时间
新东方油墨有限公司	超力福 3321F 型多用途复合油墨(后来改为 3322)	2011 年
	超力福 3311NT－M 型无苯无酮复合油墨	2011 年
	WRJ－8800/7700 双组份无溶剂聚氨酯胶粘剂	2011 年
	水溶性双组份聚氨酯胶粘剂	2011 年
	超力福无苯无酮复合油墨	2011 年
	超力福功能性油墨	2011 年
	双组份铝塑复合专用聚氨酯胶粘剂	2011 年

第三节　申报专利

2005 年,共申报外观设计专利 16 只,实用技术发明 1 只,其中天女制漆公司被嘉兴市、桐乡市科技局命名为专利示范企业。

2008 年,街道科协继续加强对知识产权的宣传,开展知识产权相关法律法规的普及,提高全社会知识产权的保护意识,同时积极开展专利申报。是年,共申报外观设计专利 27 项、发明专利 3 项、实用技术 5 项。

2009 年,街道域各企业完成专利 35 项(发明专利 3 项、实用技术 3 项)。卓怡公司“卓怡牌”商标被认定为“中国驰名商标”。嘉名染整公司获 2008 年度“省级高新技术企业”称号。

2011 年,浙江天女制漆公司通过科技合作,已申报发明专利 2 项,授权 1 项;浙江乘合新材料有限公司通过科技合作申报并授权发明专利 4 项,实用新型专利 4 项。是年,浙江天女集团制漆有限公司被认定为省级专利示范企业。

至 2013 年,累计有 26 家企业和个人进行自主知识产权的申报,累计申报国家专利 250 项,其中申请国家发明专利 22 项,实用新型专利 129 项。

表 18—6　　　1978—2012 年凤鸣街道获市级以上科技奖励项目一览表

项　目　名　称	完成单位及 主要完成人员	授奖部门、时间	获　奖　等　级
环保型高固绝缘漆	天女集团制漆有限公司	2006	嘉兴市科学技术进步优秀奖
低 VOC 含量醇酸涂料及其制备	天女集团制漆有限公司	2012	嘉兴市科学技术进步三等奖、
低 VOC 含量醇酸涂料及其制备	天女集团制漆有限公司	2012	浙江省化学工业科学技术三等奖
功能树脂及其制备涂料	天女集团制漆有限公司	2013	浙江省化学工业科学技术三等奖
洁白无瑕	浙江嘉名染整有限公司	纺织产品开发中心、中国纺织信息中心,2013	中国流行面料综合二等奖

续表

项目名称	完成单位及主要完成人员	授奖部门、时间	获奖等级
长绒棉亚麻混纺印花丝光面料	浙江嘉名染整有限公司	中国印染行业协会，2013.4	中国优秀印染面料二等奖
丝光印花针织T恤面料	浙江嘉名染整有限公司	中国印染行业协会，2013.4	中国优秀印染面料一等奖
高支高密丝光印花T恤面料	浙江嘉名染整有限公司	中国印染行业协会，2014.4	中国优秀印染面料二等奖
长绒棉亚麻混纺印花丝光面料T恤面料	浙江嘉名染整有限公司	中国印染行业协会，2013.4	中国优秀印染面料二等奖
绿色节能抗菌防紫外线针织面料	浙江嘉名染整有限公司	中国印染行业协会，2014.4.15	中国优秀印染面料一等奖
高支高密丝光印花T恤面料	浙江嘉名染整有限公司	中国印染行业协会，2014.4.15	中国优秀印染面料二等奖
丝光印花针织	浙江嘉名染整有限公司	中国纺织工业联合会，2012.11	针织内衣创新贡献奖
绿色节能抗菌防紫外线针织面料	浙江嘉名染整有限公司	中国纺织工业联合会，2012.11	针织内衣创新贡献奖
双面伊人	浙江嘉名染整有限公司	中国印染行业协会，2014.4	中国流行面料优秀奖
炫彩双色	浙江嘉名染整有限公司	纺织产品开发中心、中国纺织信息中心，2014.2	中国流行面料优秀奖

资料来源：桐乡市科技局提供的相关数据。“*”为项目协作单位

表 18—7　　1982—2012 年凤鸣街道域获省级以上科技奖励项目一览表

项目名称	完成单位及主要完成人员	授奖部门、时间	获奖等级
降低环保型高固绝缘涂料中卤素含量的研究	浙江天女集团制漆有限公司	科技局、2011	三等奖
天然有机鍺抗疲劳保健氨纶汗布	浙江嘉名染整有限公司	科技局、2011	三等奖
紫外线屏蔽整理针织内衣面料	浙江嘉名染整有限公司	嘉兴市人民政府、2009	2009 年度嘉兴市科学技术进步奖三等奖
无机抗菌针织内衣面料	浙江嘉名染整有限公司	嘉兴市人民政府、2012	2009 年度嘉兴市科学技术进步奖三等奖

资料来源：桐乡市科技局提供

表 18—8　　桐乡市各级专利示范企业名录

序号	企业名称	认定年份(桐乡级)	认定年份(嘉兴级)	认定年份(省级)
1	浙江天女集团制漆有限公司	2005	2005	2007
2	浙江嘉名染整有限公司	2012	2012	—
3	桐乡市同新食品有限公司	2012	—	—
4	新东方油墨有限公司	2013	—	—
5	浙江司达特汽车用品有限公司	2013	—	—

资料来源：凤鸣街道经发中心提供

第四节　企业研发中心选介

天女新型涂料省级高新技术企业研究开发中心

天女研发中心研发人员工作场景

天女新型涂料省级高新技术企业研究开发中心前身是桐乡造漆厂涂料研究所，1990 年组建。2000 年，浙江省经贸委批准为省级技术中心，2006 年，浙江省科技厅批准组建为省级高新技术企业研究开发中心，2013 年，被认定为嘉兴市重点企业技术创新团队。

中心设立树脂合成研究室、油漆涂料研究室、涂装应用研究室、理化分析室、半成品检测室、成品检测室、项目管理办公室和知识产权管理办公室等部门，科研用房面积 1300 多平方米，拥有国内外先进的涂料研发仪器设备，现有研发人员 30 多人，专业从事高性能、水性化功能涂料新产品、新技术、新工艺的研究开发。

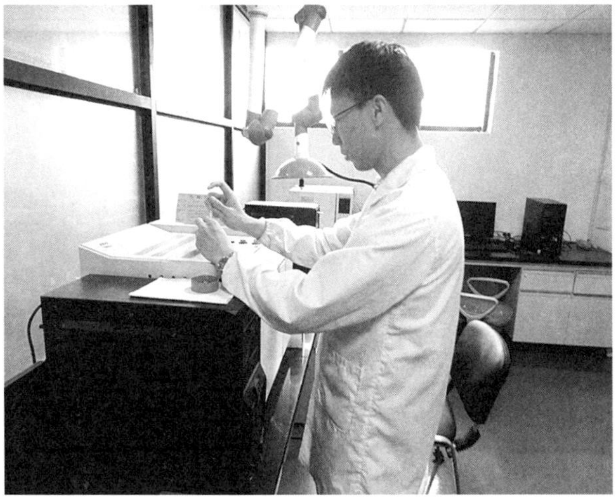

新东方油墨研发中心研发人员工作场景

新东方油墨有限公司研发中心

2012 年，公司研发中心有工作人员 53 名，直接从事研究开发的人员 49 名。公司厂区建筑面积 35700 多平方米，研发中心面积 3300 多平方米。2013 年实现销售收入 3.7 亿元，企业研发经费投入 1500 万元。股份公司 1998 年开始设立新东方油墨研究开发中心，专门从事塑料凹版油墨、胶粘剂新产品的开发，2007 年桐乡公司成立后，股份公司研发团队全部搬迁至桐乡，同北京大学、江南大学、台州职业技术学院签订校企合作框架协议。公司的产品有 RP 电线电缆油墨、水性油墨、耐蒸煮塑料凹版油墨、聚氨酯胶粘剂等。目前，公司已在全国建立涵盖 100 多家企业的销售网络，产品覆盖全国 30%复合包装企业，油墨、聚氨酯胶粘剂产品的销售量排在全国前列。

浙江嘉名染整有限公司省级高新技术企业研究开发中心

浙江嘉名染整有限公司省级高新技术企业研究开发中心有科研人员 46 人，其中大专以上研发人员 40 人，高级技术职称人员 2 人，硕士研究生 2 人，管理和服务人员 5 人。2009 年 2 月—2009 年 12 月，公司在原有检测人员及设备的基础上，新建测试中心，引进检测检验专业人才，并添置先进检测检验设备、设施。

公司以科技为依托，以省级高新技术企业研究开发中心为载体，以科技投入为支撑，致力于技术创新和产品创新，走新型工业化道路，不断增强自主创新能力，不断提升公司科技实力和市场竞争力。2009 年～2013 年，公司拥有独占 5 年许可发明专利 1 项、自主研发发明专利 2 项、自主研发实用新型

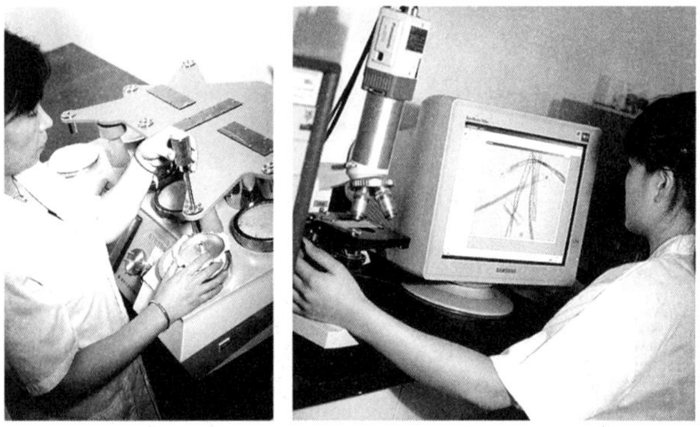

嘉名染整研发中心研发人员工作场景

专利31项，完成国家火炬计划项目3项、省级重大科技专项1项、省级科学技术成果登记10余项、省级新产品共70多项、桐乡市科技计划项目4项，中国印染优秀面料一等奖1项，二等奖2项，入围中国流行面料10项，其中综合二等奖1项，优秀奖2项，中国优秀印染面料一等奖1项、二等奖2项，形成一批差别化多功能环保型的高档新型纤维材料产品。2012年获中国针织优秀品牌行业大奖。

第十九编　文化体育和广播电视

凤鸣街道，古属吴越争战之地，境内有古战场、纪目坡、游屯泾等文化遗存。

梁天监二年(503)，福严禅院创建于此。寺院屡毁屡建，80年代改革开放以后，经过恢复建设，已成为远近驰名AAA级佛教文化旅游胜地。境内有市级以上文物保护单位5处。不可移动的文物凡44处。

历经千余年的沧桑岁月，境内存有众多的非物质文化遗产。2008年曾进行该项普查，普查项目1500多项，18个普查类别，非物质文化遗产普查立项164项。

民间素来注重口头文学的创作，民间传说、民歌演唱，量大意丰。戏剧演出，或邀客班，或民间艺人组团自演，古已有之。中共十一届三中全会以后，文化建设日益重视，文化设施逐渐增多，文化事业的管理日趋规范。2006年以后，文化示范户应运而生。当年，环南村、新农村村的文化活动中心通过全市村级文化阵地建设考核验收；李家弄村、长新村、中群村、建胜村通过村级文化活动室考核验收。2010年，凤鸣街道创建成为省级"东海文化明珠"。

境内体育事业不断发展，多次举办体育赛事。新闻广播事业从无到有。1968年，境内安装有线广播喇叭。至2012年，数字电视已经进入寻常百姓家。

第一章　文　　化

第一节　遗址和名胜

古战场

境内有天花荡，旧名天荒荡，在今新农村村和联庄村。相传为吴越古战场。清嘉庆《石门县志·补遗(上)》载："崇桐之交，所称吴越战场者，大荡二，小荡五六，旷阔极目，林莽不生，遍野荒茅瓦砾。至今燐青鬼啸，阴雨时无敢独行。旧传太宰嚭填塞街巷，以习车战，未知是否?"

纪目坡

纪目坡在今路家园村。系吴越争战时遗迹，已湮没。《方舆纪要》卷九十一载"崇德县东北有纪目坡，吴王夫差募兵教养于此。"

元至元《嘉禾志》卷十四《古迹》载："在千乘乡，高十丈，周回三百步，环以水。邑士朱天麟幼时见坡侧钟生家运土得旧石碑，断阙漫灭，大略谓吴王夫差募兵五千人，教养于此，由是筑之，上置亭以候烽火。名曰'纪目'者，立纲纪而有条目也。此非春秋之文，殆后世复营缮于是坡，乃追述之辞也。"

清光绪《石门县志》卷一载"纪目坡在千乘乡，高十丈，周三百步，环以水泾，邑士朱天麟幼时见坡侧钟生家运土得旧碑，断缺漫灭，大略谓夫差募兵五千人，牧养于此。名曰‘纪目’者，立纪纲而有条目也。此非春秋之文，殆后世营缮追述之辞。按今十二都有纪目墩，墩侧有纪目庙。”

游屯泾

今凤鸣街道合星村与石门镇桂花村之间界河名牛德金港，或为游屯泾之讹？明万历《崇德县志》载：“（纪目）坡西北七里有游屯泾，亦以驻兵得名，俗讹为牛墩。按，今十三都有游屯桥及牛墩泾巷。”

千乘乡

《方舆纪要》卷九十一载“纪目坡相接者，又有千乘乡，夫差阅兵于此，车凡千乘。”

怡堂

明万历《崇德县志·古迹》载：“在千乘乡，阅、开、闢、阐昆弟同居，故名。”民国《浙江通志稿》第三十四册《名胜古迹考》载：“在千乘乡。蔡氏阅、开、闢、阐昆弟同居于是。邑人为立桂华里，与莫氏媲美。乡南清白池，相传为漕台蔡开、祭酒蔡闢所浚。”

清白池

明万历《崇德县志·古迹》载：“在千乘乡南蔡桥北。相传蔡漕台开、祭酒闢所浚。遗址尚存。”

东湖

明万历《崇德县志·古迹》载：“广数亩，与清白池相近，遗迹存。”

路家园遗址

位于灵安镇路家园村南部，纪目墩北侧，距县城约 6 公里，因处地而得名。面积 6 万平方米。文化层 80～110 厘米不等。内涵丰富。据出土的鱼鳍形鼎足、丁字形鼎足、豆把、骨镞、石网坠以及玉佩、玉管、玉珠等器物考证，属良渚文化类型。1981 年公布为桐乡县第一批文物保护单位。

市级文物保护单位——伍社庙古戏台

伍社庙戏台

位于凤鸣街道合星村，属清代古建筑，2003 年公布为桐乡市第四批文物保护单位。

福严寺方丈厅

位于福严禅寺内，属清代建筑。2010 年公布为桐乡市第五批文物保护单位。

福严寺桥

即劝农桥，位于福严禅寺前数十米，故民间惯称寺桥，又称凤桥。单孔石拱桥，属清代建筑。桥长 10 米，净跨 4 米，桥宽 2.5 米，高 4.5 米。桥面宽阔，式样整洁。券顶石宽大厚重，拱券为并排竖立石板 8 块，堆砌整齐，形制较为少见。石板做工甚粗，无雕花。两侧桥耳极大，至今尚存。桥南北两端均有七级踏步，每级踏步由若干小石板铺成。2010 年公布为桐乡市第五批文物保护单位。

毛主席语录碑

位于红旗村新屋里，60 年代“文化大革命”时期制作，内容为毛泽东《送瘟神》七律二首。2010 年公布为桐乡市第五批文物保护单位。

表 19—1　　凤鸣街道不可移动文物汇总表(44 处)

编号	名　称	地址及位置	年　代	类　型	简　况
1	天顺桥	凤鸣街道建胜村夏家兜	清代	古建筑	单孔平梁石板桥，东西向，保存一般
2	福严寺方丈厅	凤鸣街道合新村村委西北	清代	古建筑	坐北朝南五开间木结构楼房，硬山顶，带前廊。保存完好
3	福严寺桥	凤鸣街道合新村福严寺前	清代	古建筑	单孔石拱桥，南北向，桥踏步平缓，原为寺桥，现已弃用。保存完好
4	伍社庙戏台	凤鸣街道合新村村委东北	清代	古建筑	古戏台为歇山顶建筑，飞檐，坐南朝北，保存完整，气势恢弘。市级文物保护单位
5	庙桥	凤鸣街道合新村伍社庙东侧	清代	古建筑	三孔平梁石板桥，东西向，桥面由单块略弧形桥板铺就，保存较差，桥西段石级已毁，废弃使用，成旱桥
6	晟官桥	凤鸣街道联庄村油车桥组	清代	古建筑	三孔平梁石板桥，东西向，保存较好
7	西太师桥	凤鸣街道联庄村桑园埭组	清代	古建筑	单孔石拱桥，南北向，桥墩保存较好，桥面已铺浇水泥
8	东太师桥	凤鸣街道联庄村桑园埭组	清代	古建筑	单孔平梁石桥，南北向，仅存桥板两块，已废弃使用
9	万金桥	凤鸣街道联庄村石桥头组	清代	古建筑	单孔平梁石板桥，南北向，桥墩保存较好，桥板已换成水泥板
10	藤桥	凤鸣街道中群村龙王庙组	清代	古建筑	三孔平梁石板桥，南北向，桥面已铺浇水泥，保存较好
11	毛泽东头像	凤鸣街道中群村龙王庙组	中华人民共和国	其他	戴五角星军帽毛泽东画像四幅，位于腾桥北部一家农户墙面上，20 世纪 70 年代文革遗迹
12	丁车桥	凤鸣街道中群村鲇鱼斗组	清代	古建筑	三孔平梁石板桥，南北向，桥面为单板，较窄，保存较好
13	永兴桥	凤鸣街道西牛桥村西园组	清代	古建筑	三孔平梁石板桥，东西向，又称东尺桥，保存一般
14	东牛桥	凤鸣街道灵安村东牛桥组	清代	古建筑	单孔平梁石板桥，南北向，保存较好
15	小金桥	凤鸣街道路家园村黄家角组	民国	近现代文物	单孔平平梁石板桥，东西向，桥面单板，保存一般
16	起龙桥	凤鸣街道灵安村东牛桥组	清代	古建筑	三孔平梁石板桥，东西向，保存较好
17	路家园遗址	凤鸣街道路家园村路家园组	新石器时代	古遗址	良渚文化遗址，文化层厚 80～11cm，南北宽 200 米，东西长 300 米。市级文物保护单位，保存较好
18	新龙桥	凤鸣街道路家园全德庙河东组	民国	近现代文物	三孔平梁石板桥，东西向，上铺水泥。保存一般
19	路家园养蚕共育房	凤鸣街道路家园全德庙河东组	中华人民共和国	近现代文物	坐北朝南，保存一般，现被当地人用做储存室

续表

编号	名　　称	地址及位置	年　　代	类　　型	简　　　况
20	路家园文革礼堂	凤鸣街道路家园村村委南侧	中华人民共和国	近现代文物	坐北朝南，典型的文革礼堂建筑，面阔三间，大门西侧有对联一副，保存一般
21	万兴桥	凤鸣街道路家园村余家里组	清代	古建筑	三孔平梁石板桥，保存较好，两边新修有护栏，桥身东西跨向
22	永安桥	凤鸣街道灵安村李家门组	清代	古建筑	三孔平梁石板桥，保存不佳，桥板已毁，现为水泥板，桥墩、石基尚存，桥成南北走向
23	南李家桥	凤鸣街道灵安村李家门组	清代	古建筑	三孔平梁石板桥，保存较好，南北跨向，东侧修有新护栏，桥两侧植物繁茂
24	顺新桥	凤鸣街道灵安村景树园组	民国	近现代文物	三孔平梁石板桥，东西跨向，保存不佳，两边桥堍倾斜严重，已废弃
25	天顺桥	凤鸣街道灵安村天仁桥组	清代	古建筑	三孔平梁石板桥，南北跨向，保存较好，西侧修有新护栏，现仍是交通要道
26	红旗桥	凤鸣街道灵安村秀才桥组	清代	古建筑	三孔平梁石板桥，仅剩中间两块桥板，原名秀才桥，1968 年改名为红旗桥，将原桥名凿去，刻上“红旗桥”字样，“秀”字仍依稀可辨
27	张家桥	凤鸣街道李家弄张家石桥组	民国	近现代文物	三孔平梁石板桥，东西跨向，保存较好，两边桥板较早，中间的一侧桥板有民国重修痕迹
28	修善桥	凤鸣街道李家弄张麻皮兜组	清代	古建筑	三孔平梁石板桥，东西跨向，保存较好，已废弃，两边植物丛生
29	睦长桥	凤鸣街道深河水务集团内	清代	古建筑	三孔平梁石板桥，东西向，保存一般，已不通行
30	北大园小桥	凤鸣街道李家弄北大园组	清代	古建筑	单孔平板石桥，保存一般，南北跨向，仍是当地居民通行要道
31	凝秀桥	凤鸣街道桑园桥 08＃门前	清代	古建筑	三孔平梁石板桥，有改建痕迹
32	太平桥	凤鸣街道桑园村汤介门组	清代	古建筑	单孔石板桥，南北跨向，保存较好
33	龙青桥	凤鸣街道桑园桥野和斗组	清代	古建筑	三孔平梁石板桥，保存一般，已改建，修有新护栏，桥板铺有水泥
34	崇庆桥	凤鸣街道史桥村赵家门组	民国	近现代文物	三孔平梁石板桥，南北跨向，保存较好，已废弃，有民国改建痕迹
35	永富桥（徐家桥）	凤鸣街道史桥村泥司门组	清代	古建筑	三孔平梁石板桥，南北跨向，两边桥堍为近期改建，部分桥板为老构件
36	牛桥	凤鸣街道史桥村牛桥头组	清代	古建筑	单孔平梁石板桥，东西跨向，由三块桥板构成，中间桥板为水泥桥板
37	长新村文革礼堂	凤鸣街道长新村	中华人民共和国	近现代文物	典型文革礼堂建筑，坐西朝东，面阔三间，进深九间，第一间为楼
38	东木桥	凤鸣街道长新村	清代	桥涵码头	单孔平梁石板桥，东西向跨东木桥港，保存较好

续表

编号	名　　称	地址及位置	年　　代	类　　型	简　　况
39	长新村机埠	凤鸣街道长新村沈家埭组	中华人民共和国	近现代文物	青砖砌成的平房，面阔三间，进深两间，位于姚家浜东侧，紧邻公路，现已废弃
40	油车桥	凤鸣街道长新村油车桥组	清代	古建筑	三孔平梁石板桥，东南一西北跨向，两边各有六级台阶，已被水泥铺盖
41	文革养蚕共育房	凤鸣街道长新村油车桥组	中华人民共和国	近现代文物	坐北朝南六开间平房，带前后廊，墙上有文革标语
42	西河坝桥	凤鸣街道红旗村村委旁	清代	古建筑	单孔平梁石板桥，桥面三块石板，中间石板略细，两侧桥板上刻有“西河坝桥”字样
43	毛主席语录碑	凤鸣街道红旗村新屋里	中华人民共和国	近现代文物	水泥宣传牌，上有毛泽东《送瘟神》等诗词两首，周围有同时期的大礼堂等建筑
44	庆丰桥	凤鸣街道红旗村沈家浜组	清代	古建筑	单孔平梁石板桥，桥面两块石板，两侧各有两级石级

资料来源：凤鸣街道文化站提供

第二节　非物质文化遗产

清光绪三十二年(1906)，灵安路家园人钱介山与释允中等人在本地创办钱林印社成立，这是桐乡境内成立的第一个印学团体，比西泠印社的创建仅晚两年。

2008年5月29日，嘉兴市在凤鸣街道组织召开非物质文化遗产普查工作现场会，各县市的基层文化站站长等50多人到会。普查工作组10多位成员，会同凤鸣街道各村(居)多位普查人员，共用四个多月时间，按照不漏村庄、不漏线索、不漏艺人、不漏项目“四个不漏”的要求，走遍全街道15个村(居委会)，先后调查100多名以“五老”人员为主体的普查对象，普查项目1500多项，并记录下一批有价值的音像资料，这些基本成果包括民间文学、民间手工技艺、生产商贸习俗、岁时节令等18个普查类别，基本摸清本地区非物质文化遗产项目的传承人、表演者、讲述者等情况，凤鸣街道的非物质文化遗产资源存量得以详尽掌握。

凤鸣街道组织非物质文化遗产调查

凤鸣街道非物质文化遗产立项的普查项目有164项，占普查线索全部项目18大类的11.5%。普查项目以民间文学、民间手工技艺、民间信仰、生产商贸习俗、岁时节令、人生礼仪等项目居多，其中民间文学53项，民间音乐12项，民间舞蹈1项，戏曲1项，曲艺1项，民间美术1项，民间手工技艺14项，民间信仰15项，生产商贸习俗8项，消费习俗4项，人生礼仪22项，岁时节令9项，民间知识2项，游艺、传统体育与竞技16项，传统医药4项，其他1项。这次普查结果，基本实现村村有项目，15个村(居委会)中，10条以上的有11个村(居委会)。

凤鸣街道列入桐乡市非物质文化遗产代名录的有:

第一批:皮影戏(与乌镇同被列入)

第二批:桐乡蚕歌(与河山镇同被列入)

第三批:杭白菊传统加工技艺、福严寺传说、采花落(五梅花)传统舞蹈

第四个世界文化遗产系列活动,桐乡市"守护精神家园"原生态非物质文化遗产日展演,凤鸣街道演出《上梁新调》。

第三节 民间文化

民间传说

蒲鞋桥

凤鸣街道西牛桥村有自然村称"蒲鞋桥"。该村坐落在崔家浜北面,东邻梧桐街道同心村沙滩,北面是一片开阔的荡田,西连屠家村。

说起这座桥,81岁的王久林回忆起自己父亲曾经讲过的故事蒲鞋桥在石桥建成前叫王家里村。过去这里有一座木桥,村民出门办事,或者去田间地里干活都需经过这座木桥。但是木头容易霉变腐烂,经常修桥,特别是挑着担子经过时十分危险。当年王金兴的祖父王雪昌挑着一担烟叶过桥时,曾因桥身不堪重负坍塌而落水,差点送了性命。从那时起,王家里的人便下决心要把这座木桥改建成石桥。如今已83岁的王月娥讲起了当年的故事:村上比较能干的王豁德、王雪昌等人,千方百计筹集资金,。他们先是到附近村上去挨家挨户写疏(募款),可那个时代的平民百姓,能有多少余钱来捐献?附近四面八方的村人都写到,也凑不齐造桥的款子。怎么办呢?王豁德等人便想出了一个办法,就是发动家家户户编织草鞋,走村串户去销售,用卖蒲鞋的钱来建桥。由于他们村的人编织蒲鞋的手艺精湛,所以倒也有人买。经过几年的努力,每年销售蒲鞋居然积得了二十来担米钱。大家计算一下觉得造桥的款子已经筹集得差不多了,于是在民国6年(1917)秋天,王家里老木桥被拆除,开始新建石桥。

经过一年多时间,新石桥建成了,石桥师傅要结账了,王豁德、王雪昌等负责造桥事务的人把所有的钱都聚拢在一起,却发现还是少了一担米的钱。大家都很着急,这可怎么办呢?石匠师傅知道此种情事后,就对大家说:"你们造这座桥花了不少心血,尚少这部分钱就给我一些蒲鞋吧,我到别的地方去造桥,就将这些蒲鞋带去,发给小工们穿,把你们卖蒲鞋攒钱造石桥的精神也传给他们。"石匠师傅的话让全村人感动不已,纷纷要求石匠师傅给石桥取个桥名。石匠师傅想了想说:"你们靠卖蒲鞋换钱造了这座石桥,就叫'蒲鞋桥'吧。"大家听了,异口同声说"好!"于是石匠师傅拿起凿子,在桥头一块石块上凿上了"蒲鞋桥"三个字。从此,"王家里"这个村名就改成了"蒲鞋桥"。

2011年平整土地时,因为有一条村级公路要经过这里,于是蒲鞋桥改造成了水泥平桥。从此,这里的人们再也看不到蒲鞋桥原来的模样,但凿在石桥上的"蒲鞋桥"三个字依然还在,全村56户人家的门牌上,也依然清楚地写着"蒲鞋桥"这三个字。

钱堂阿爹

小河穿过天花荡北边,河的两岸是同福乡与灵安乡交界处,这一带流传着一段《钱堂阿爹遇奇事出钱重修龙井桥》的故事。

灵安乡李王庙附近，有位财主名叫钱堂阿爹。有一天，他和同乡摇船到杭州烧香，带着一对大蜡烛，粗似柱子。到灵隐一看，真是热闹非凡。钱堂阿爹手捧大蜡烛，兴冲冲地挤到香炉前。烧香人都在磕头作揖，求佛保佑，可是钱堂阿爹并未依样画葫芦，他请小和尚点燃那对大蜡烛，想恭恭敬敬磕个头，再是虔诚作个揖。想不到小和尚并没有按他的要求做，只让他在别家进香用的蜡烛前作一下揖就算了事。这时钱堂阿爹心里有点不开心，于是走进灵隐寺的殿里拜大佛。大佛似乎会意，微微笑。钱堂阿爹才离开灵隐寺，回到船埠头，管船的航船户对钱堂阿爹说："大阿爹你万事细心，今天你太粗心了，烧香你带来的那对大蜡烛没有拿去用。"钱堂阿爹心中有点不明白，急忙到船舱里一看，自己买的那对大蜡烛果然还静静地躺在船里。这时他无心游山玩水，命航船户迅即返航。回来时，他归家心急，船行到灵安乡路家园，又急急忙忙上岸步行回家。上岸时他看到许多石匠正在叮叮当当凿石磨，他十分惊讶，就问石匠们："你凿这么多石磨派什么用？"石匠们异口同声对钱堂阿爹说："为了辗碎钱堂阿爹而凿石磨。"这时钱堂阿爹的心里大吃一惊，疾步回家，到了家中，他把这天遇到的奇事原原本本地说与妻子听。妻子要他多积善，做好事。随后他与妻子商定拿出钱重修天花荡北边河上行人无法通过的那座龙井桥。接着，钱堂阿爹东买石料，西聘工匠，重修龙井桥。中途，钱堂阿爹病危，临终前嘱咐他的儿子，一定要把这座龙井桥修筑好。但是石匠们看到钱堂阿爹的儿子小，就将筑龙井桥的石料卖掉了三分之一。钱堂阿爹的儿子与石匠们争执，却无济于事。当即晚上钱堂阿爹显灵，训斥工匠们。石匠吓得魂飞魄散，跪地求饶，后来石工匠们把石料精雕细琢，把这座龙井桥修筑的很牢固，几百年来从未塌损。同时钱堂阿爹为人做好事，灵魂督程重修龙井桥，受到后世人的尊敬。

注：1. 龙井桥位于同福乡龙王庙五龙漾东侧，桥名"金井龙桥"，当地民间俗称"龙井桥"。

2. 此桥于1985年开挖长山河时拆除，1987年长山河开挖工程竣工后重筑。

民间歌谣

凤鸣蚕歌

一家过去二家来，家家人家大发财。南边来个放蛇佬，家家人家都走到。大娘娘，做人好来为人好，三十六分稳牢牢。脚踹扶梯步步高，男女老小哈哈笑。上白棉凳拷一拷，送送这个放蛇佬，娘舅上山采枇杷，枇杷园里一朵花，松鼠吃了半朵去，外甥吃了一只坏枇杷。

串花闹五更

一更里，跳过墙，身靠子栏杆，望见娇娘。望见娇娘红凳坐，十指尖尖绣鸳鸯。二更里，园门听，巧巧姑娘开门笑盈盈，双手搭在郎背上，便把哥哥叫几声。三更里，进香房，手拨子栏杆坐牙床，双手撩开红绫被，鸳鸯枕上去风光。四更里，月过西，细皮白肉舍不得你，肉手弯弯勾上枕，叫声哥哥到五更。五更里，天明亮，金鸡报晓啼叫二三声，鸳鸯枕上把郎摇，一摇二摇，摇不醒郎，三摇四摇，摇醒了你，叫一声哥哥睡到天明。天明亮，小星高，乐逍遥。从来一点不怕鲜花采，要采的鲜花到者来，隔墙一枝茉莉花二开，恨不得连根拔起来，东边来了一位花大姐。百样的花名报上来。月月红的姐姐，十姐妹花面郎，芙蓉花的帐子，腊梅花的床，水仙花的枕头兰花被，绣球花的褥子铺在床，皮球花的帐勾，玉簪花的席，牡丹花的栏杆，芍药花的窗，金菊海棠便把行灯照，牡丹花的小姐进香房。清晨早起把菱花镜，梳起油头桂花香。口上胭脂桃花景，脸上的花抹抹花儿香。洛阳花的肚兜在胸膛，身穿一件蝴蝶枝的小夹袄，鸡冠花的裙子随在里旁，金银花的鬓发，木香花两点，石榴花裤子玫瑰花镶，月季花的膝裤凤仙花的带，玉兰花的裹脚白为霜。荷花宫鞋长三寸，赛过当年陈妙常，轻轻走起几步梅花路，春风吹过百花香。

送郎山歌

送郎送到纱窗边，推开纱窗看青天，拜拜天地爷，总要不下雨，倘若下了雨，害我等几天；送郎送到房门边，掉转头来笑盈盈，大洋铜老钞票，常常送进来，香水肥皂买进来；送郎送到灶头边，小妹妹这种头发好比乌云团；送郎送到大门边，大门菩萨朝我笑起来，一转来看阿拉年纪轻，二转来看阿拉私情拆否开；送郎送到八字桥，八字桥头有只土地庙，土地菩萨笑起来，初一月半买点香来点个烛；送郎送到照相馆，照相馆里大家来照相，情哥哥拍一照，好比是个李纯阳，小妹妹拍一照，好比山西白牡丹；送郎送到火车站，买一张头等票，阿哥到上海，问你阿哥到上海，去了几时来，少则少来十来天，再来看小妹。

上梁歌

脚踏云梯步步高，轻移细步踏龙腰。一脚踏在龙腰里，良辰吉时正黄道。

金漆台子四角方，香炉蜡台在南方。红烛高烧结双穗，檀香紫烟上九霄。

一个猪头红喷喷，一把大刀开龙门。香油浇热水淋，吃得六神笑盈盈。

一只金鸡光光啼，里生骨头外生皮。嘴里嚼起葱韭蒜，后头扯起顺风旗。

鲁班台上一个鱼，身上穿起百兜衣。五湖四海都游到，今朝游进府上金盆里。

一粒黄豆滴溜圆，黄昏浸来起早牵。豆腐师傅真能干，浇出千张豆腐干。

一粒糯米两头尖，下半日淘来黄昏牵。当家娘娘手段好，年糕叠成宝塔尖。

一个荸荠滴溜圆，住在泥里过半年。厨上师傅好手段，剥掉蒂头成古老钱。

一支甘蔗紫兮兮，紫皮甘蔗出塘栖。

一只橘子红冬冬，薛仁贵跨海去征东。征东征西全是薛仁贵，唐皇驾前好册封。

一只鲜藕七巧通，住在泥里过一冬。两头透起双荷叶，雪中荷花结莲蓬。

……

农家房子造好后，由泥水匠和木匠合唱《上梁歌》，喝好图吉利。

木匠作头师傅唱一句，下面的泥水匠、木匠会拖腔帮唱(衬词)；也有先由木匠唱一句，再由泥水匠唱一句。

在每一段后，有一拖腔。

新上梁歌

脚踏云梯步步高，吉时良辰房子造。泥水木匠手段好，房子造的呱呱叫。

脚踏云梯步步高，上梁新诗唱今朝。新房当家陆阿笑，好比芝麻开花节节高。

脚踏云梯步步高，想起当年陆阿笑，毛竹椽子树桁条，泥墙泥壁蜜蜂洞眼不得了。清水瓦片薄削削，风吹雨打难牢靠。

党的政策实在好，奔向小康一起跑。生产能手陆阿笑，效益农业搞得妙。大棚蔬菜反季搞，四季瓜果接得牢。联产承包起劲道，农业收成不得了。媳妇妮子才学高，科技办厂效益好。铜钿银子无其数，钞票进账木佬佬。

脚踏云梯步步高，阿笑房子造得妙。四周树木象园林，门前花台布得巧。当中牡丹花中王，奇草异花四边绕。

抬脚移步正厅前，石狮迎客两厢边。自动门窗真稀奇，人到门前门自开。大理石铺地光闪闪，照得宾客满笑脸。

跨一脚来进正厅，正厅里边看得清。落地时钟当中放，四壁书画挂端正。应时鲜花四边放，立柜空调靠边厅。

进一层来又一层，举脚进了厨房门。厨房用具电气化，件件用具都称心。烧饭洗碗不用人，名牌冰箱加智能。

上楼梯来步步高，不锈钢扶手把得牢。三脚两步楼门到，书房里边早来到。满架书报两边靠，朝南正中放电脑。信息快捷市面灵，网上也可搞供销。

移步推开卧室门，幽香扑鼻人清醒。宽敞明亮光柔和，红樱桃地板光洁又新颖。丝绵被头加鸭绒，床上铺垫是“梦神”。拉开床头柜来看，净是营养好补品。智能空掉墙上挂，一年四季都是春。人人都说仙宫好，仙宫比此差十分。

脚踏云梯步步高，步步升高屋面到。琉璃瓦闪光眼发耀。民族式别墅四角翘。屋顶风光别样妙，看尽农村新面貌。公路笔直通四海，来往汽车穿梭跑。近看田野象棋盘，远眺高楼入云霄。

脚踏云梯步步高，农民生活乐淘淘。格种日子哪里来？饮水思源要记牢。富民政策党指引，全靠党的好领导。展望前程霞满天，宏伟蓝图众手描。

（桑苗）嫁接

男合：

三月里的小雨四月里的风，
湿漉漉的桑苗湿漉漉的梦，
春天嫁接桑苗旺呀，
小伙的剪刀赛女红，
一插桑苗一回头呀，
就怕那蚕娘看不中。

女独：

蚕娘走地头呀，
望眼看不够，
不看小伙青春的脸，
只看挥动剪刀的手，
春嫁的桑苗土里插呀，
根根情意浓。

男合：

六月里的骄阳七月里的雷，
热辣辣的桑苗热辣辣的汗，
夏日桑苗勤管理呀，
小火日夜忙不归，
桑苗树上桑叶绿呀，
专等着采桑的蚕娘妹。

女独：

地里桑叶绿呀，

屋里蚕儿肥，
桑果果长在哥哥的树，
蚕丝丝绕在麦秆子回，
朝花夕拾勤有获呀，
蚕娘心儿醉。

男合：
十月里的秋风腊月里的梅，
红红火火的桑苗红火火的年，
冬季桑苗销售旺呀，
小伙个个喜上眉，
桑苗苗扎根肥沃地呀，
正月里娶得蚕娘归。

女独：
桑苗绿千里呀，
红妆十里随，
娶亲的桑苗陪嫁的蚕，
幸福的笑脸赛红梅，
蚕农的生活如锦绣呀，
歌声天天飞。

合唱：蚕乡高唱富裕歌，
好日子天天在嫁接，
桑苗苗栽出情和意呀，
蚕茧茧抽丝织和谐。

拜香调

流传于浙北杭嘉湖平原的江南丝竹音乐，始于清末，此地古属吴越疆界，故也有人称其为“吴越丝竹”。曲目由民歌小调发展而成。挑选样子齐整、身材较好的8—10个男女搭配而成。

杭嘉湖一带农村流传的拜香丝竹：“拜香”是当地一种民间宗教信仰的习俗活动，活动中所唱的调子称“拜香调”，其伴奏乐器为丝竹类，行奏中乐队有时也单独演奏，故称之拜香丝竹。乐曲多为短小的单曲，曲调朴实平稳极少加花装饰，音调与当地民歌、滩簧有血缘关系，地方特色浓郁。乐队用丝竹加木鱼、引磬、小镲、哑铃等小件打击乐器演奏。

采桑山歌

(合)：蔷薇花开四月中，　　家家户户养蚕忙。
(男)：片片桑叶嫩又绿(嗳)，　　(女)：姐妹采桑难有空。
(女)：勿是小妹变心肠，　　勿是小妹良心丧。
(男)：阿哥晓得小妹心，　　实在是养蚕季节忒格忙。

(合):朝采桑来晚采桑，　　　日夜还要守蚕房。
(女):心挂两头把哥牵，　　　叠好桑叶忘记放。
娘要囡儿鹅毛拿，　　　捏牢鹅毛呆思量，
收得"乌娘"千千万，　　　好比千万颗心吊肚肠。
(合):来采桑来去采桑，　　　贴面碰着小情郎(小姣娘)。
(男):一日勿见胜三秋，　　　(女):手牵情哥问短长。
(女):衬衫内衣勤换洗，　　　吃饭要细嚼慢咽防噎伤。
早起早睏自当心，　　　闲花野草切莫碰。
(男):叫声小妹把心放，　　　阿哥心中只有你个小姣娘。
小妹勿要吊肚挂肠记心上，　　　养好"宝宝"事一桩。
(女群):娘问囡儿今朝为啥慢?　　　(女):桑树品种勿一样。
昨日是荷叶白皮大种桑，　　　今朝是鸡脚黄莲扯皮桑。
荷叶白皮好拿叶又多，　　　一枝桑树好掸一箩筐。
鸡脚黄莲叶薄又是小，　　　大半日辰光难掸一箩筐。
(群合):蚕吃三口树头鲜，　　　日夜长大粗又壮。
千万龙蚕结银茧，　　　银光一片白茫茫。
采得银茧丝来做，　　　缺少人手邀工帮。
邀得哥哥是好手，　　　做得好丝人赞赏。
(男):做丝热得满头汗，　　　(女):小妹心疼只好心中藏。
(女):扯个毛巾替哥擦把汗，　　　(男):甜得阿哥满心房。
(女):叫声阿哥今年蚕罢收成好，　　　你要早挽媒人把亲讲。
(群合):但等腊梅花开来迎亲，　　　并蒂花开结成双。

荒年山歌

正月梅花初露春，这里省里苦死人。嘉庆皇帝二五年，光绪皇帝出荒年。
二月杏花白如霜，拿了铜钿去买糠。八十铜钿呒买处，柚树皮剥得精打光。
三月桃花红澄澄，家家人家上山换红灯，上山换到西下山去，只见红灯不见栈。
四月蔷薇叶里青，蜜蜂细雨不肯晴。落煞蚕豆麦要金，哪有来蚕豆麦蹋饼。
五月石榴火红藤，上爿到下爿去，只见青秧不见栈。
六月荷花透水旺，家家户户买秧苗。大户人家种得青旺旺，小户人家一片清水汩汪汪。
七月鸡冠紫兮兮，七钱银子买斗糙尖米。大户人家吃得米腥气，小户人家吃点米里皮。
八月桂花阵阵香，候等南瓜芋艿来救荒。南瓜么旱来没得生，芋艿没来精打光。
九月金菊是重阳，重阳过去稻花香。
十月芙蓉代牡丹，蹲浪割稻坐浪甩。三亩田四分共一担，上上风车不见栈。
十一月如香花开，娘叫女儿苦心童，乐双镯子送上公。
十二月腊梅开来冻里冻。
由胡琴伴奏，一人演唱。

第四节 文化单位、文化示范户和文化设施

文化单位

凤鸣街道文化站

1952年1月，初建灵安镇文化站。1974年9月—1976年9月，灵安、同福公社先后恢复和建立民办文化站。1983年1月，全县完成“政社分设”，取消人民公社体制，原灵安、同福公社文化站分别改称灵安镇、同福乡文化站。1996年4月8日，同福乡文化站与电影队合并，称同福乡文化影视管理站。1998年10月31日，乡镇区域调整，撤销史桥乡建制，其行政区划并入灵安镇。史桥乡文化站也随即并入灵安镇文化站。2001年10月，行政区域调整，灵安镇改设为凤鸣街道，文化站随之改称凤鸣街道文化站。2007年10月，撤销同福乡建制，原同福乡行政区域并入凤鸣街道，文化站也相应合并入凤鸣街道文化站。

1986年2月成立同福乡文化艺术中心。1989年8月，同福乡成立社会文化管理小组。2009年7月8日，成立凤鸣街道文化市场管理领导小组。

凤鸣街道文联

1986年2月24日，通过《桐乡县同福乡文学艺术工作者协会章程》。

2013年12月31日，凤鸣街道文学艺术界联合会成立。下设文学创作、音乐舞蹈、曲艺戏曲、书法美术、摄影5个组。有会员66人。其中文学创作组有会员13人，音乐舞蹈组有会员14人，曲艺戏曲组有会员16人，书法美术组有会员11人，摄影组有会员12人。张建根任街道文联第一届委员会名誉主席，陈根兴任街道文联第一届委员会主席，邵国良任街道文联第一届委员会副主席兼秘书长。第一届委员会有陈根兴、韩莎里、姚佳梅、马亚林、朱金梅、邵国良、张跃娟、徐林奎、许剑洪等9名委员。桐乡市文联主席王士杰将“凤鸣街道文联”牌匾授予街道文联。

桐乡市图书馆凤鸣街道分馆

1980年5月，同福公社图书室原有书籍857册，连环画224册。清理后，可借阅书籍376册。当年新购进各类书籍150册。1992年，有藏书3768册。1997年，有藏书4216册。2007年，凤鸣街道图书室建筑面积120平方米以上，藏书12186册，当年新购图书1800册。

2008年12月31日，凤鸣街道建成桐乡市图书馆凤鸣街道分馆，成为首批建立图书分馆的镇街道之一，图书30000多册。投入30万元将文化中心二楼歌舞厅彻底改造，设置书库、阅览室、电子阅览室等；投入10万元购置书架（少儿书架）、阅览桌及办公家具。阅览座位达到80座以上；添置15台电脑、防盗仪、扫描仪等设备，耗资近10万元；征订2009年度书刊160种。2009年，全年共办图书借阅证874张，外借图书共37961册，年流通总量74134人次。2010年1—6月，街道图书分馆办理借阅证814张，外借图书18728册，到馆39328人次。当年，获桐乡市“图书馆分馆工作先进”荣誉。

网吧

表19—2　　境内开设的网吧一览表

序号	许可证号	单位名称	法人	经营地址	经营项目	电话	注册资金（元）	面积（平方米）
1	嘉桐网第006号	桐乡市凤鸣海梦网吧	夏　军	桐乡市凤鸣街道文华小区613－614号	150	13282305838	1000000	480

续表

序号	许可证号	单位名称	法人	经营地址	经营项目	电话	注册资金（元）	面积（平方米）
2	嘉桐网第 015 号	桐乡市深蓝网吧	陈玲敏	桐乡市凤鸣街道环南小区 3 区 156、157 号	150	13656835657	500000	590
3	嘉桐网第 018 号	桐乡市梧桐绿洲网吧	高秋萍	凤鸣街道环南小区 49—50 幢	120	15958323455	500000	300
4	嘉桐网第 041 号	桐乡市凤鸣舒逸休闲网吧	蔡林娜	桐乡市凤鸣街道环南小区 2 区 111、112 号	200	13819040927	700000	500
5	嘉桐网第 073 号	桐乡市凤鸣海浪网吧	张国琴	桐乡市凤鸣街道文华小区 163—164 号	150	13819388027	1000000	430
6	嘉桐网第 089 号	桐乡市宏福网吧	邵玉良	同福文化中心	80	13511377232	100000	200

资料来源：凤鸣街道文化站提供

文化示范户

2006 年，同福乡有凌生海、祝柏明等 31 户文化示范户。2009 年，凤鸣街道有 88 户文化示范户，其中有 4 户被推选为桐乡市级“特色文化示范户”，中群村朱毛根、西牛桥村王美芬被推荐为省级文化示范户。2010 年，凤鸣街道被评为“桐乡市级先进文化示范户”的有红旗村庄明跃、西牛桥村王建林、新农村沈新元、建胜村曹春根等 4 户，各奖励现金 1000 元。同年，村级文化建设管理考核补助汇总，计人民币 119280 元。其中村级（包括文化示范户、文化茶馆）文化设施维护费，每村 1500 元；环南村（文化活动、文化队伍）补助 4000 元；桑园桥村、红旗村（文化活动）各补助 2000 元；路家园村（文化队伍）补助 2000 元。

文化设施及管理

初创时，三乡镇文化活动室只在镇机关办公楼设一间办公室、一间图书室。1992 年，史桥乡落实乡文化站站舍 200 平方米。1999 年同福乡在乡影剧院改建为同福乡文化站文化活动中心，面积 1050 平方米，内设棋类室、乒乓室、书画室、桌球室、歌舞厅、摄影室、图书室等。

1999 年 4 月，根据中共桐乡市委(99)23 号文件关于“简政放权，政事分开，凡由乡镇事业单位承担的行政管理职能，原则上均交归乡镇政府机关”的精神，全市 24 个乡、镇文化站全部移交给乡、镇政府管理。

2007 年凤鸣街道与同福乡合并，在东片史桥集镇新建 800 多平方米文化活动室，内设乒乓室、棋类室、书画室、图书室等，成功创建“嘉兴市级东海文化明珠工程”。2008 年凤鸣街道整合资源，先后财政投入 100 多万元，新建扩建文体中心，室内面积达 2100 平方米，室外场地 1200 多平方米。内设中心剧场、排练小舞台、教育培训室、健身室、电子阅览室、乒乓球室、综合展览室、图书分馆等 8 个室。

2007 年，凤鸣街道在西牛桥村召开“村级文化管理”现场推进会，印发工作台账，进一步规范村级文化管理工作。完善文化设施建设管理体系，一是实施每年对街道文化设施的补助机制，安排专项经费用于图书、运动器材的补充、更新；二是制订创建文化活动中心（室）的补助政策，街道、村两级对文化示范户进行补助，街道每月每户补助 30 元，村每月每户补助 20 元。

2009 年，同福集镇新建体育广场和路家园文化茶馆。有 8 个村的村级文化活动室升级为活动中心。嘉名公司获桐乡市首个“企业文化建设标兵单位”称号。

表 19—3　凤鸣街道 2009 年度村级文化活动中心(室)考核得分及补助一览表

序号	村名	综合得分	档次	补助金额(元)
1	西牛桥村	94.5	一档	6000
2	建胜村	94.5		6000
3	灵安村	93	二档	4000
4	中群村	93		4000
5	新农村村	92		4000
6	合星村	91.5		4000
7	史桥村	91.5		4000
8	桑园桥村	91.5		4000
9	环南村	91.5		4000
10	联庄村	91		4000
11	李家弄村	91		4000
12	路家园村	91		4000
13	红旗村	90		4000
14	长新村	87.5		4000
合计				60000

资料来源:凤鸣街道文化站提供

表 19—4　凤鸣街道 2009 年度村级重大文体设施补助一览表

序号	村名	投入情况	地点	补助金额(元)
1	红旗村	187510	村部	8000
2	新农村村	58447	徐家庙	6000
3	中群村	66332	洞桥头	6000
4	建胜村	15132	村部	3000
5	合星村	15000	三位一体	3000
6	灵安村	34400	文化中心	3000
7	史桥村	—		1000
8	桑园桥村	—		1000
9	长新村	—		1000
10	李家弄村	—		1000
11	环南村	—		1000
12	路家园村	—		1000
13	西牛桥村	—		1000
14	联庄村	(街道体育广场建设)		4000
合计				40000

资料来源:凤鸣街道文化站提供

表 19—5　　凤鸣街道 2009 年度村级重大文体活动(队伍建设)补助一览表

序　号	村名(个人)	补助金额(元)	序　号	村名(个人)	补助金额(元)
1	史桥村	2000	5	合星村	2000
2	桑园桥村	2000	6	路家园村	2000
3	灵安村	2000	7	钱小寅	1000
4	红旗村	2000	合　计		13000

资料来源:凤鸣街道文化站提供

表 19—6　　凤鸣街道 2011 年度村级文化建设管理考核补助汇总表

序　号	村　名	考核补助(元)		设施补助(元)	活动(队伍)补助(元)	文化户(文化茶馆)补助	小　计(元)
1	环　南	6000	(一档)	11000	2000	1680	20680
2	新农村	6000	(一档)	10500	—	1320	17820
3	中　群	6000	(一档)	4500	1000	1440	12940
4	史　桥	4000	(二档)	1000	—	1080	6080
5	桑园桥	4000	(二档)	1000	—	1080	6080
6	长　新	4000	(二档)	1000	—	1080	6080
7	李家弄	4000	(二档)	1000	—	1080	6080
8	灵　安	4000	(二档)	1000	—	1080	6080
9	红　旗	4000	(二档)	1000	—	2520	7520
10	路家园	4000	(二档)	3000	2000	1680	10680
11	西牛桥	4000	(二档)	1000	—	1080	6080
12	联　庄	4000	(二档)	1000	300	1080	6380
13	建　胜	4000	(二档)	1000	—	1080	6080
14	合　星	4000	(二档)	1000	1000	1680	7680
合计		62000		39000	6300	18960	126260

资料来源:凤鸣街道文化站提供

说明:1. 村级(包括文化示范户、文化茶馆)文化设施维护费每村补助 1000 元;

2. 环南村(文化活动、队伍)2000 元,路家园村(文化活动、队伍)2000 元,联庄村队伍 300 元,中群村队伍 1000 元

3. 村级文体建设补助为村工作经费补助,不作为个人奖励

表 19—7　　凤鸣街道 2012 年度村级文化体育设施管理考核补助汇总表

序　号	村　名	考核补助(元)	设施补助(元)	活动(队伍)补助(元)	文化户(文化茶馆)补助	小　计(元)
1	环　南	6000	5000	2000	720	13720
2	灵　安	6000	8000	2000	360	16360
3	新农村	6000	6000	1000	360	13360

续表

序　号	村　　名	考核补助（元）	设施补助（元）	活动(队伍)补助（元）	文化户（文化茶馆）补助	小　　计（元）
4	联　庄	6000	6000	1000	360	13360
5	合　星	6000	6000	1000	720	13720
6	史　桥	4000	1000	1000	360	6360
7	桑园桥	4000	1000	1000	360	6360
8	长　新	4000	1000	1000	360	6360
9	李家弄	4000	1000	1000	360	6360
10	红　旗	4000	1000	1000	360	6360
11	路家园	4000	1000	2500	720	8220
12	西牛桥	4000	1000	3500	360	8860
13	建　胜	4000	1000	1000	360	6360
14	中　群	4000	1000	1000	360	6360
合计		66000	40000	20000	6120	132120

资料来源:凤鸣街道文化站提供

说明:村级补助用于文体设施建设,不作为个人工作奖励。其中活动队伍补助中环南、灵安两村排舞点补助1000元,西牛桥文体活动补助2500元,路家园队伍建设1500元。环南、路家园、合星三村文化茶馆补助360元,其余一村一户文化示范户水电补助360元/户

第五节　文艺演出

抗战胜利以后,民间经常在节会或菩萨诞日请剧团演戏。

民国35年(1946)12月7日,当地村民颜松全、胡万荣等呈报乡公所,以为“抗战以来,人民惨痛难宣,七八年窒息,未尝有正当之娱乐。兹因民生稍安,又值农民空闲之时,为提倡民间正当娱乐及祛除国民历年来惨痛之心,爰定越剧,演剧六天,自本(十二)月八日起至十三日止。除已向县税处缴纳娱乐捐外,理合报告钧长,准予开演,并乞饬派任务队维持秩序,并请转呈县府备案。”

民国36年(1947)2月4日,为徐家庙土主诞辰(九・二十七)事,当地村民向乡公所报告,是日为酬神之期,“民等按照旧规邀请四方庙董议订定京绍三友剧团在徐家庙内表演一昼夜。”当时,境内高道庙、永昌庙、瓜塔庙均先后请外地戏班演戏。是年8月6日,延聘绍剧长乐舞台在胜果庵开演卖戏四天。8月26日至30日,在伍社庙举行绍剧游艺会。农历九月廿八日为高道庙土主诞辰之日,“往年俗例皆醵资演剧以贺庆,兹经四方公议,在诞日延聘三友剧团公演一日夜。”农历九月卅日为永昌庙土主诞辰之日,当地村民亦议决,延聘三友剧团公演一日夜。

草庵头其时有宗王庙,祀明嘉靖时抗倭之名将宗礼。同年农历十月十九日,十保朱圣山、二保朱大文、十二保顾加文等联名呈文同福乡公所,为抗倭民族英雄宗礼将军诞辰演戏,称“溯明封忠勤大都督宗礼将军乃抗倭民族英雄,春秋祀飨,历有惯礼。兹恭逢宗礼将军诞辰纪念,为表彰忠烈,以激发人民爱国情绪起见,爰于本(十)月廿一日假草庵宗王殿庭敬演寿戏一全台。”并具切结,演戏时如有发生

祸端及聚众赌博抽头等不法情事，概由具切结人负完全责任。

1988年9月，同福乡选送作品参加崇福区第二届农民书法美术展。1992年1月，同福乡选送节目参加崇福片禁赌宣传文艺演出。灵安镇文化站每年组织书画比赛、文艺演唱。灵安电影院连续三年获“桐乡县文化系统全面优胜单位”荣誉。2007年，凤鸣街道举行迎元旦暨“嘉兴市文化大篷车下乡”广场文艺演出。2008年2月4日，举办“新年我们一起过——慰问桐乡新居民文艺演出”。2009年4月28日，在街道体育广场举办“迎五一文艺晚会”。同年还举办“庆祝建党八十八周年 迎接建国六十周年”红歌大合唱比赛，2010年9月25日，在环南村篮球场举办“迎国庆新居民大型文艺晚会”。同年，举办“新居民文化活动周”卡拉OK比赛。

2012年11月，凤鸣街道举办“喜迎十八大诗歌献给党”巡演活动

2011年，“心随艺动”桐城民星大舞台赛事，凤鸣文体站排舞“青春飞扬”获最佳风采奖。越剧“杨开慧”选段进入复赛。并举行桐城民星大舞台凤鸣专场暨迎国庆广场文艺晚会。2012年11月5日，“喜迎十八大”在凤鸣巡回演出。

同福乡、凤鸣街道积极组团，参加历届桐乡市群众文艺“菊花奖”会演。《上梁新调》获桐乡市第一届群众文艺“菊花奖”会演金奖。2005年10月，桐乡市第二届群众文艺“菊花奖”会演，同福乡参演的节目有舞蹈《锄菊女》，凤鸣街道参演的节目有舞蹈《鱼趣》。2009年，组团参加桐乡市第三届群众文化“菊花奖”会演，演出歌舞“水车情歌”，获金奖。桐乡市第四届群众文艺“菊花奖”社会、个人专场初赛，凤鸣街道参赛的节目有舞蹈《环保时装秀》、民间小调《赞马鸣王》、快板《凤鸣十大变化》。2012年，桐乡市第五届群众文艺“菊花奖”会演，凤鸣街道演出的《菊花吟》获银奖。“舞动桐城·共创和谐”全市企业排舞大赛，嘉名染整有限公司排舞《唐伯虎点秋香》参赛。

第六节　“东海文化明珠”工程创建

1995年以后，境内各乡镇按照浙江省“东海文化明珠”工程建设的要求，逐步推进“东海文化明珠”创建。特别是桐乡市行政区域调整，设置凤鸣街道后，街道党委、办事处重视“东海文化明珠”工程的创建工作。将此项工作列入党委、办事处议事日程，组建创建工作领导小组，街道党委副书记任组长，党委宣传委员任副组长。不走形式，注重实效，作为一项重要的民生工程来抓。从资金投入、设施建设、资源整合，活动开展等方面，加强农村文化阵地建设。2007年，凤鸣街道获嘉兴市级“东海文化明珠”称号。2010年，获省级“东海文化明珠”称号。

硬件建设

2002年，街道文化站与街道体委合并成立文化体育站。在史桥集镇新建文化活动中心，投入资金30万元，按标准添置文体设施。中心共有建筑面积600平方米，内设图书阅览室、信息资源共享室、教育培训室、排练室、乒乓室、老年活动室、文化艺术档案室等。图书阅览室藏书12186册，新购图书1800册。

2005年始，实施村级文化建设计划。至2007年，实现村级文化活动中心(室)全覆盖。村级文化活动中心(室)配备篮球场、乒乓桌、电视录像、棋牌、图书和健身器材。全街道建起45户文化示范户。2007年街道、村两级用于文化事业的经费为80万元,其中街道财政支出50万元(包括文化中心基础设施建设经费、各项文体活动经费、文体设备费、图书购买费等),村支出30万元。

2008年投资35万元,对街道文化中心二楼进行彻底改造装修,建成市图书馆凤鸣分馆;又投资25万元建成文体小广场。同年,还新购置了数码放映机,为文艺小分队配备了灯光音响设备。

2009年,投入30多万元,翻盖、整修文化中心剧场。

2010年,将一楼原出租的台球室改建成乒乓室,将网吧改造成综合展览室。文化中心室内场地建筑面积达到2100平方米,内设多功能活动厅、综合展示厅、排练厅、图书馆分馆、教育培训室、文化信息资源共享服务室、乒乓室、健身室、办公用房、老年活动室等。其中多功能厅建筑面积800平方米,图书馆分馆建筑面积550多平方米。当年新购图书23万册,订阅报纸杂志150多种,每周开放时间40小时。室外场地1200多平方米,设有篮球场、门球场、健身路径等。

2012年5月,凤鸣街道排舞训练营

2012年,全街道14个村(社区)都建有活动中心(室),室内活动场地都在150平方米以上。每个村都配备电脑,实现文化信息资源共享工程全覆盖。全街道43户文化示范户、3家文化茶馆活动正常开展。建立流动书库和VCD片库,每月流动图书1000册以上,VCD片100多部。

软件建设

随着文化阵地的逐步扩大,凤鸣街道鼓励开展各种群众喜闻乐见的文化活动和读书活动,让广大村民都能参与到丰富文化活动中来,满足人民群众日益增长的精神文化需求,净化社会空气。组建文艺小分队下村入户,将优秀的文艺节目和先进文化及时带给村民。培育和壮大文化骨干队伍,共组建文艺队、舞蹈队、摄影队、合唱队、戏曲队等5支文化团队。

2003年,凤鸣街道舞蹈小分队表演的《上梁新调》获桐乡市群众文艺"菊花奖"金奖。2006年,嘉名公司在桐乡市企业文化月"新桐乡人"广场文艺会演中获银奖。2007年,以村组文化、校园文化、机关文化、企业文化等形式,开展群众性文体活动12次,街道舞蹈队表演的《水车情歌》获桐乡市群众文艺"菊花奖"金奖,街道合唱队在桐乡市企业职工大合唱比赛中获铜奖。2009年,举办"凤鸣——濮院青年歌友会""假日小导游比赛""'七一'红歌合唱会"、演讲比赛、"雅意之夜文艺晚会"等7场次活动。举办戏曲专场32场,观众8000多人次。43家文化示范户每家都安排4次文化下户活动,内容包括电影、录像、科普宣传、计划生育宣传、农技知识讲座、青少年教育、妇女维权、法制宣传、国防教育等。全年在农村举办各类文化活动150多场次,参与观众14000人次。共放映电影192场。2010年先后举办元宵灯谜大家猜、"庆五四,迎世博"有奖知识竞答、"创卫"专场文艺演出、戏曲专场演出、"新居民,新社区"文艺演出等活动。

在组织开展健康向上的各种群众文化活动的同时,还配合市文体稽查大队加强对文化市场的监管。对全街道的网吧、歌舞厅、音像店等8家营业性场所业主进行法律、法规的教育培训,对不符合标准的场所,按要求限期整改。对无证游戏房、书摊进行清理,收缴部分游戏机、非法出版物、盗版音像制品。

第二章　体　　育

第一节　体育团体和体育设施

2004 年 5 月 21 日，桐乡市老年人体育协会同福乡分会成立。创建“省级小康型老年体育街道”。2008 年 7 月 8 日，成立桐乡市体育总会凤鸣街道分会，钟建芳任主席。

表 19—8　　凤鸣街道本级文体中心体育设施汇总表

类型＼内容	序号	地　址	面　积	设施：器　材	设施：件　数	开展项目
篮球场	1	凤鸣街道文体中心	608	篮球架	1 套	篮　球
门球场	1	凤鸣街道文体中心	300	球场、门框	1	门　球
台球室	1	凤鸣街道文体中心	100	台球	4	台　球
	2	健郎台球室	50	台球	2	台　球
	3	同福星光台球室	—	台球	2	台　球
	4	雪龙台球室	—	台球	2	台　球
室内乒乓球室	1	凤鸣街道办事处	30	乒乓球桌	1 只	乒乓球
	2	凤鸣街道文体中心	50	乒乓球桌	1 只	乒乓球
其他设施	1	凤鸣街道文体中心	50	体质测试器材	1	健　身
	2	凤鸣街道文体中心	200	健身路径	10	健　身
	3	凤鸣街道老年活动室	200	健身路径	10	健　身

资料来源：凤鸣街道文化站提供

第二节　体育活动

2006 年 5 月至 11 月举行的桐乡市第十五届运动会，凤鸣街道获镇、乡、街道组团体总分第三名。

2006 年 12 月，凤鸣街道举办首届乒乓球比赛。凤鸣街道首届老年体育运动会，男子组比赛项目有定点投篮、自行车慢车、钓鱼、立定跳远等；女子组比赛项目有定点投篮、钓鱼、立定跳远等。2008 年，凤鸣街道举行第二届“庆五一，迎五四”全民乒乓球比赛。2009 年 8 月，举行全街道中老年象棋比赛。

2011 年，建胜村参加嘉兴市村级体育俱乐部三人制篮球赛，获一等奖。

2012 年 4 月 20 日，凤鸣街道举行第二届全民运动会。共有 28 支代表队参赛。6 月 9 日组队参加

2012年凤鸣街道第二届全民运动会

嘉兴市创强乡镇乒乓球比赛。7月8日组团参加全市老年棋类比赛。8月15日参加市全民健身日启动仪式系列活动(太极、乒乓球、广播体操、三人篮球)。8月,桐乡市举行第九套广播体操比赛,凤鸣街道以95.13分的成绩获三等奖,乒乓球团体赛三等奖。当年,在桐乡市第四个"全民健身日"系列活动的体育小康村三人制篮球赛上,灵安村获二等奖,联庄村获三等奖。12月5—6日,在文化中心举行太极拳培训,约600人次参加。12月28日参加桐乡市太极拳比赛。

附:

巩固体育创强成果　营造幸福和谐凤鸣(节录)

——凤鸣街道迎接省级体育强镇复评工作汇报材料

2008年,凤鸣街道体育创强成功之后,2010年又创建省级东海文化明珠工程、小康型老年体育街道。街道党委、办事处一直把建设"实力凤鸣、文明凤鸣、和谐凤鸣"为奋斗目标,通过广泛开展群众性全民健身活动,不断满足人民群众日益增长的文化体育需求,充分发挥群众体育对社会经济发展的推动作用,努力使体育事业与经济建设相互促进,为建设实力、文明、幸福、和谐的凤鸣做有益的探索和扎实工作,呈现出体育设施、队伍、活动齐头并进,蓬勃发展的良好势头。

一、统一思想,提高对省级体育强镇的认识

创建省级体育强镇以满足全街道广大人民群众日益增长的体育文化需求为出发点,加快公益性体育设施建设,加强体育组织网络建设,不断完善群众体育服务体系,优化业余训练体制,培养体育后备人才;以增强人民体质、提高全民整体素质为落脚点,广泛开展群众性体育活动,丰富群众业余文体活动,努力促进体育事业的全面进步。

1.创建省级体育强镇是贯彻落实科学发展观,构建社会主义和谐社会,建设社会主义先进文化,全面实施全民健身计划纲要,加快体育事业的发展,推进文明城镇建设,推动经济、社会发展的必然要求。

2.创建省级体育体育强镇是提高人的素质,促进人的全面发展的一项重要举措,是符合党和政府的要求和广大人民群众的意愿的一件实事。体育事业是党和政府十分重视的一项提高全民身体素质的工程,对我国建设社会主义新农村具有重要的意义和作用。加快体育事业发展,推动社会主义新农村建设同样具有十分重要的现实意义;体育运动是强身健体、有效改善广大群众的体质健康状况、提高生产力水平和生活质量的有效途径。

3.创建体育强镇是顺应民心的工程,是加快我街道新农村建设步伐,不断提高广大群众的生活水平,改善生活质量,提高广大群众身体素质和健康体质的迫切需求。我街道广大群众一直就喜爱体育运动,自发组织的各类文化体育活动有声有色、蓬勃发展、人心所向,具有深厚的群众基础。因此,加强体育事业建设,增加对体育事业的投入是顺应民心,为广大人民群众服务的好方法、好方向。创建浙江省体育强镇，是为了健全组织，构建群众体育服务体系；实施《全民健身计划纲要》，广泛开展群众体育活动；加快体育设施建设，满足群众体育健身要求；加强学校体育工作，保障竞技体育可持续发展；发展社会体育，推进体育社会化；以体育服务为重点，发展体育产业，促进社会全面进步。

二、围绕文明城镇建设，认真做好省级体育强镇创建复评工作

近年来，凤鸣街道的群众体育有着辉煌的成绩，去年在桐乡市第十六届运动会上获镇乡街道组团体总分第八名和多个集体单项运动获得前五的好成绩。2011 年 10 月，街道选送的建胜村篮球队，参加嘉兴市体育局举办的三人篮球比赛上获一等奖。2011 年 11 月街道选送的排舞《青春旋律》获得市“民星大舞台”总决赛的最佳风采奖。今年 6 月，街道乒乓球队参加了嘉兴市体育局举办的创强乡镇乒乓球比赛，也取得了较好成绩。历届党委、政府十分重视体育工作，把它作为精神文明建设的重要内容来抓，体育事业发展列入街道整体建设的社会发展规划。

1. 建立创建工作机制，健全体育强镇创建复评体系。

首先是成立工作班子，做到组织上落实。今年，专门成立办事处主任担任组长，分管领导任副组长的创建复评工作领导小组，组成了有相关部门人员参加的实干班子。其次是制订工作计划，做到制度上落实。制订创建复评工作实施意见，明确要求和具体措施，做到责任到人、任务到人，抓好工作每个环节的督促和检查，保障复评工作的顺利实施。第三是抓好复评活动，做到宣传上到位。我们充分利用广播、电视、横幅、宣传窗等进行宣传发动，全街道上下达成共识，使复评活动做到家喻户晓。

2. 加大体育设施投入，广泛开展群众性体育活动。

针对凤鸣街道原有体育设施相对缺少的现状，几年来，街道党委、办事处十分重视体育基础设施建设，并把体育建设纳入财政预算，并每年财政支出十多万元，用于村级文体设施的投入和维修。街道文体活动中心设有健身房、乒乓球室、排舞训练、老年棋牌室、室外健身点。街道文体小广场，建成了标准篮球场和门球场各一个和健身路径一条。通过创强，扎实推进场地建设，真正实惠了老百姓，使体育爱好者健身有了去处。在建设街道级体育设施的基础上，我们又以村级文化中心(室)为突破口，全面推进村级体育设施建设。街道、村两级体育基础设施的不断完善，为广泛开展群众性体育活动创造了有利条件。街道先后举办了老年运动会(男女立定跳远、女子跳短绳、男子定点投篮、自行车慢车比赛、钓鱼)、全民健身走、乒乓球比赛、象棋比赛等重大活动。尤其是今年 4 月 22 日开幕的第二届全民体育运动大会，赛事高潮迭起，举办 3 个集体项目(拔河、4＊100 米、男子扛米接力)，7 个单项(男女 100 米、男女立定跳、呼啦圈、男子定点投篮、女子一分钟跳绳)、28 支代表队包括老年人和新居民近 700 人次参加。使全民健身活动家喻户晓、深入人心。各村、社区、各规模企业也开展丰富多彩的体育活动项目，如：趣味运动；象棋；跳绳；乒乓球；原子、红五星等体育比赛；健身走等系列体育活动。同时，还有常年坚持体育活动的群众，为数众多，并队伍不断扩大。在全街道各健身点日锻炼的人数日渐增多，尤其是在早晨，跳排舞、太极拳、跑步等健身运动成为一道亮丽风景。学校的体育事业也得到蓬勃发展，最近几年来，街道中学、小学每年举办校运动会。

丰富多彩的群众性体育活动，同时也得到广大外来务工人员的积极响应和参与，2010 年 12 月举办凤鸣街道首届新居民艺术节，外来务工人员积极参与，如新居民乒乓球比赛中，取得了良好成绩，外来人员的参与对他们尽快融入凤鸣，促进和谐社会发挥了积极的作用。

3. 组建体育骨干队伍，努力形成运作机制。

随着体育阵地设施的不断完善，群众性体育活动的广泛开展，吸引了大批体育骨干的积极参与，也孕育了一大批体育团体。经常积极开展培训，三年来举办排舞、太极、广播操等培训班近9期。近几年来，成立了街道老年体协、篮球、乒乓球、凤鸣街道太极类运动队、街道排舞队、羽毛球队等6个体育团队。在每年的节庆期间各体育队伍积极开展丰富多彩的体育活动，丰富全镇群众的文体活动。

凤鸣街道办事处

2012年7月

第三章 广播电视

第一节 广　　播

凤鸣街道广电站前身为广播站。

同福广播站1968年开始筹办，1969年5月1日开始播音。1993年底解聘村专业广播线务员。1994年至1995年广播委托乡农电站代管。1996年1月，同福广播站开始重新组建村广播专职线务员队伍，站内落实专职线务员5名，经费采用村筹集一点，乡财政拨一点，站内自筹一点的办法解决，由站内统一管理，划分区片，责任到人。

1997年2月28日，同福广播站由乡政府大院迁址宏泰北路68号，1997年通过嘉兴市局乡镇一级站验收。当年，同福乡广电事业费支出42.15万元。其中广播站购房16万元，有线电视20万元，其他广电事业费6.15万元。1998年，史桥乡广播事业经费支出1.9万元。

1998年10月，灵安镇广电站与史桥广电站合并，称灵安镇广播电视站。2001年11月改称凤鸣街道广播电视站。驻地仍在灵安镇政府内。2007年10月，凤鸣街道与同福乡合并，两广播电视站合并称凤鸣街道广播电视站，驻地同福草庵头集镇。

1968年广播站创办伊始，一个自然村只有一只喇叭，广播线杆都用毛竹。1972年，毛竹杆换成水泥方杆，后农户家中安装舌簧喇叭、动圈喇叭，1978年广播喇叭入户率达102%。1986年方杆换成6米或7米圆水泥杆，1986年组建专业线务员队伍，全乡共有广播喇叭4619只，入户率达到93.6%。1987年开始对广播喇叭进行广播音箱村改造。1990年以后，同福乡农村广播宣传事业发展较快，广播设备从电子管播音改为使用250W晶体管播音广播机。1991年底完成音箱村改造，共有广播音箱4598只，入户率达到93.2%，有高音喇叭62只(其中企业单位9只)，覆盖全乡8个村。至1997年底，同福乡有广播喇叭4847只。1992年，灵安镇广播喇叭入户率从原来的86%上升至91%。当年，灵安镇广播站被评为全县唯一的一级广播站。

第二节 电　　视

1994年，境内有线电视开始起步，1997年实行光缆联网，站内信号到村到户。1997年，灵安镇有线电视入户率40%。史桥乡新增有线电视用户120户。当年上半年，完成桐乡至同福乡有线电视光缆联网，架设光缆6.5公里，6月份开始在草庵头集镇有线电视安装入户，发展用户36户。灵安镇入户率40%。1998年，同福乡在联庄村、新农村的西半村安装有线电视，新增用户355户。1999年，灵安镇加快有线电视工程建设，当年新增用户205户，入户率达到43.5%。同年上半年，同福乡对全乡其余7个村实行光缆架设到村，电缆架设到每个村民小组。光缆主杆线11.85公里，电缆主杆线70.5公里，新增有线电视用户1080户，名列嘉兴市光缆到村，电缆到组，家家户户可以安装有线电视的乡镇之一。2001年，镇财政投入21万元，全镇新架设、改造光缆23.5公里，新增用户650户，入户率为55.78%。

2001年，灵安镇新架设改造光缆23.5公里，镇财政投入21万元，实现有线电视村村通的目标。同年，同福乡有线电视用户达到2001户，入户率达到38%，广播音箱4272只，入户率达到81.09%，通响率98.5%。2002年有线电视用户达到3117户，入户率达58.5%，广播音箱4418只，入户率达到83.8%，通响率98.7%。2003年在新农村实施广播音箱改调频音箱800只，采用铜轴电缆替代铁丝传输广播信号的历史。至2004年，同福乡有线电视入户率75%，广播入户率96.85%。

2006年，长新村、史桥村、联庄村名列桐乡市第四批数字电视示范村。

2007年，同福有线电视用户达4276户，入户率达81%，广播音箱4426只，入户率达85.6%。当年11月，同福与凤鸣街道广播电视站合并后，有线电视用户10635户，入户率达85%。

2008年，在灵安村进行数字电视安装试点，安装数字电视354户，转换率达86.8%。

2009年，合星村数字电视安装716户，转换率达97.2%，调频音箱715只。

2010年2月，红旗村数字电视安装，调频音箱改造，安装数字电视820户，转换率达101.8%，安装调频音箱717只。截至2010年12月底，有数字电视4928户，有线电视5559户，入户率达84.3%，广播音箱（调频）10645只，入户率85.6%。光缆主杆线90.88公里，电缆主杆线170.58公里，地埋管线8.1公里。

2012年4月，新农村数字电视整转821户，共装数字机顶1140只。是年末，数字电视用户达到9927户，有线电视708户，转换率达到93.3%，调频音箱10852只，入户率87.2%。互动电视、宽带用户安装启动，互动电视197只，宽带913户。

第二十编　医药卫生

2012 年，凤鸣街道成立红十字会

解放前，境内百姓生活贫困，缺医少药，传染病流行猖獗，是血吸虫病重灾区。建国后，人民政府重视医药卫生工作，培养医卫人员，建设医疗设施，开展爱国卫生运动，群众医疗条件改善，健康状况好转。特别是改革开放以来，城乡卫生保健列入乡镇政府的重要工作。进入 90 年代，同福乡、灵安镇、史桥乡先后建立初级卫生保健委员会和初级卫生保健办公室，负责境内的卫生保健工作。医疗卫生事业快速发展，医卫队伍逐渐壮大，医疗技术不断进步。同时，着力抓好公共卫生、妇幼保健、预防免疫和疾病防治，实施新型医疗合作，建立健全医疗保障制度，城乡居民的健康水平显著提高。1997—2000 年，同福乡和灵安镇先后被命名为“桐乡市卫生集镇(镇)”、“嘉兴市卫生城镇”。惠桥村、红旗村、联庄村和联建村先后被命名为“嘉兴市卫生村”。2002 年，同福乡被命名为“浙江省卫生乡”。2010 年，凤鸣街道被命名为“浙江省卫生街道”。2012 年，全街道设有卫生院 2 个、社区卫生服务站(中心)12 个、民营(个体)医疗机构 1 个。共有医疗卫生专业技术人员 106 人，其中高级职称 1 人，中级职称 15 人。全街道建立爱国卫生组织 25 个，有管理人员 120 名，公共卫生管理员 25 名，环卫保洁人员 125 名，除“四害”专(兼)网络人员 33 名。

第一章　医疗卫生机构

第一节　凤鸣街道卫生院

1952 年，灵安区的个体医生由政府引导，贯彻“面向工农兵、预防为主、团结中西医、卫生工作与群众运动相结合”的方针，自由结合成立灵安中西医联合诊所。诊所位于灵安集镇晏弄，并设有同福分诊所、伍社庙分诊所和钱林分诊所。7 月，成立灵安区卫生工作协会。

1958 年 8 月，灵安中西联合诊所更名为灵安人民公社医院，设址于灵安集镇安全路。辖有钱林保健站、同福保健站、红星保健站、中福一保健站和中福二保健站。公社医院建院时工作人员 13 人，其中卫技人员 12 人。1976 年，公社医院院舍总建筑面积 634.30 平方米，其中医疗用房 460 平方米，生活用房 174.75 平方米。

1978年7月，灵安人民公社医院更名为桐乡县灵安乡卫生院。1987年10月，桐乡县灵安乡卫生院更名为桐乡县灵安镇卫生院。1990年末，医院占地面积为1675平方米，总建筑面积1375平方米，医疗用房建筑面积757平方米。生活用房618平方米。医院总投资金额16.9万元，其中上级拨款金额3万元，乡(镇)支助12.4万元，自筹3.4万元。1992年，增设放射科。

1995年1月，嘉兴市卫生局批准灵安镇卫生院为二级卫生院。10月，市计划经济委员会审批同意灵安镇卫生院迁建工程，在灵安集镇振兴路东南侧新建院舍2300平方米，计划总投资175万元。11月破土动工建造。1996年11月8日，灵安镇卫生院搬迁入位于灵安路139号新址。卫生院占地面积为7903.48平方米，总建筑面积为2294.44平方米，医疗用房建筑面积为1924.24平方米。同年，撤销中医外科。

1998年1月，灵安镇卫生院纳入全民事业单位序列，取得医士级以上职称的在职在编集体身份人员，同时转为全民性质，核定编制22人。2月，被评定为"桐乡市文明单位"。是年，增设皮肤科、骨伤科。史桥乡并入灵安镇后，原史桥乡初保办主管的防保任务划归至灵安镇卫生院，在原史桥乡政府办公楼内设灵安镇卫生院史桥分院。

2002年7月，鉴于市内行政区域的调整，灵安镇卫生院更名为桐乡市凤鸣街道卫生院。2006年，撤销产科。2007年，增设公共卫生服务科。2008年1月，被评定为桐乡市市级规范化社区卫生服务中心，下属五个社区卫生服务站同时被评定为桐乡市市级规范化社区卫生服务站；

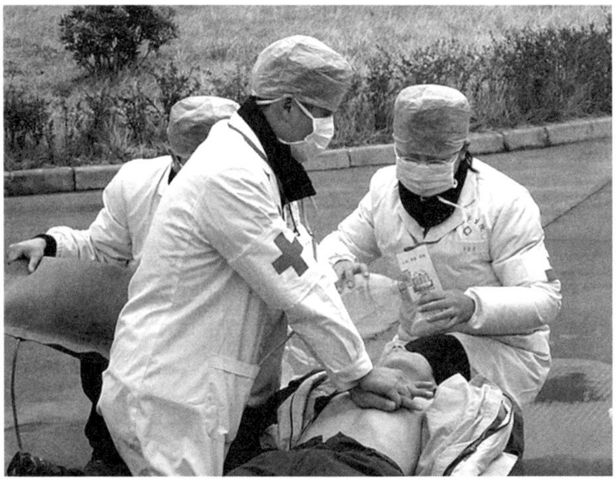

2011年3月1日，凤鸣街道卫生院医务志愿者参与民防演练

2012年7月30日，因规划征迁，凤鸣街道卫生院新建辅助用房、扩建医疗用房，新增面积325平方米，时凤鸣街道卫生院用房面积为2649.44平方米。是年底，凤鸣街道卫生院有在职职工60人，其中在编26人，编外10人，乡村医生18人，勤杂工6人。其中有高级职称1人，中级职称11人，担负着凤鸣街道管辖区内约3万人的医疗、预防、保健、康复、健康教育、计划生育技术指导等任务。设有7个临床医疗保健门诊(内科、外科、妇产科、儿科、注射室、药房、公卫科)，5个医技科室(放射、检验、B超、心电、药剂)，下设7个社区卫生服务站。凤鸣街道卫生院有进口彩色多普勒超声仪、进口B超仪、日产心电图机、气管插管全套、进口全自动尿液分析仪、全自动血球计数仪，全自动生化分析仪、多功能牵引床、红外乳腺检查仪、微波治疗器、多普勒胎心仪、口腔科综合治疗机及洁牙机等多种医疗设备，急救能力较强，能及时为临床一线服务，是一所全民所有制、非营利性综合卫生院。

表20—1　　凤鸣街道卫生院历任负责人名录

起始时间	机构名称	职　务	姓　名	任 职 时 间
1952.2	灵安中西联合诊所	主　任	朱辅良	1952.2—1954.12
		主　任	王　化	1955.1—1956.5

续表

起始时间	机构名称	职　　务	姓　　名	任　职　时　间
1952.2	灵安中西联合诊所	主　任	范金林	1956.6—1958.7
		副主任	王　化	1952.2—1954.12
		副主任	朱辅良	1955.1—1956.5
		副主任	王　化	1956.6—1958.7
1958.8	灵安人民公社医院	负责人	卫金荣	1958.8—1958.12
		代理负责人	费济良	1958.10—1958.12
		院　长	丁　一	1959.1—1959.6
		院　长	赵高郡	1959.7—1961.5
		院　长	陈安金	1961.6—1962.9
		院　长	卫金荣	1962.10—1968.10
		革委会组长	卫金荣	1968.11—1978.6
		副院长	卫金荣	1959.1—1959.6
		副院长	卫金荣	1959.7—1961.5
		副院长	金若虚	1961.6—1962.9
		副院长	卫金荣	1961.6—1962.9
		革委会副组长	王爱勤	1971.9—1978.6
		革委会副组长	朱锦伦	1971.9—1973
1978.7	灵安乡卫生院	院　长	卫金荣	1978.7—1983.9
		院　长	孙学良	1984.10—1987.3
		院　长	董金芳	1987.4—1987.10
		副院长	孙斌宏	1983.10—1984.10
		副院长	董金芳	1984.10—1987.3
1987.11	灵安镇卫生院	院　长	董金芳	1987.11—1990.11
		院　长	周秀麒	1990.10—1993.3
1993.3	灵安镇卫生院	院　长	周秀麒	1993.3—1995.12
		院　长	俞士华	1996.1—2002.6
		副院长	倪森伟	1997.10—2002.6
2002.7	凤鸣街道卫生院	院　长	俞士华	2002.7—2011.12
		院　长	沈斌林	2011.12—
		副院长	倪森伟	2002.7—2011.3
		副院长	沈关宏	2010.12—2011.12
		副院长	钱建伟	2011.12—
		副院长	孙　强	2011.12—

资料来源:凤鸣街道卫生院提供

表 20—2　　凤鸣街道卫生院房屋情况表

统计时间	房屋面积(平方米)	其中	
		工作用房(平方米)	生活用房(平方米)
1976 年	634.3	460	174
1990 年	1375	757	618
2010 年	2294.44	1924.24	370.2
2011 年	2324.44	1924.24	400.2
2012 年	2649.44	2249.24	400.2

资料来源:凤鸣街道卫生院提供

表 20—3　　桐乡市凤鸣街道卫生院 1991—2012 年床位数及业务情况统计表

年　度	核定床位(张)	开放床位(张)	主要业务情况			
			门诊人次	住院人次	业务总收入(万元)	收支结余(万元)
1991	8	4	21800	764	26.9645	0.8437
1992	8	8	30380	255	41.3968	2.0798
1993	8	8	26711	279	56.9549	4.5113
1994	8	8	23313	232	85.3581	3.6842
1995	8	8	21277	282	101.7930	6.6241
1996	8	8	19067	203	94.9004	8.1365
1997	18	20	27308	184	97.3602	7.7123
1998	18	14	22005	101	114.5669	10.9841
1999	18	16	20965	107	107.2726	2.2985
2000	18	16	23316	54	131.7723	3.6221
2001	18	12	25648	78	160.6300	4.9118
2002	18	12	2588	92	156.9572	4.3173
2003	18	8	32356	82	245.0200	5.1600
2004	18	8	80173	45	440.8200	8.1900
2005	18	8	94848	83	486.5300	22.8300
2006	18	8	104222	42	454.2600	15.2800
2007	18	8	81465	17	528.6700	21.8200
2008	18	8	80892	6	580.3100	28.0200
2009	18	8	95667	5	707.2700	94.3800
2010	18	8	100503	7	751.4500	67.5400
2011	18	8	122543	0	596.7276	—97.1677
2012	18	8	124885	0	667.1756	—49.9938

资料来源:凤鸣街道卫生院提供

第二节　凤鸣街道同福卫生院

1961年10月，桐乡县同福人民公社中医联合诊所成立，设址于同福龙王庙，有医务人员10名，下设徐家庙、伍社庙分诊所。

1969年，桐乡县同福中医联合诊所由同福龙王庙搬迁至同福草庵头。1975年成立桐乡县同福人民公社卫生院，设徐家庙分诊所和龙王庙分诊所。

1984年10月，同福人民公社卫生院更名为同福乡卫生院，增设羔羊分诊所。1988年6月，同福卫生院门诊、住院综合楼建成并使用；建筑面积1163平方米，造价23万元。1989年，同福乡卫生院增设放射科。

1991年12月，撤销徐家庙分诊所。1992年，嘉兴市卫生局批准同福乡卫生院为二级卫生院。1993年7月被授予浙江省“文明卫生院”荣誉称号。是年12月，建造中药房（原血防用房现药库）265平方米，造价7.37万元。1994年，省卫生厅授予同福乡卫生院“文明卫生院”称号。1995年，添置B超机一台，增设B超室、心电图室。同年，同福乡初保办由同福乡自来水厂迁至同福乡卫生院。1997年6月，建造放射综合楼432平方米，造价30.9万元，购置200mA双床双球管X线机一台。1998年1月，纳入全民事业单位，核定编制21人，取得士级以上职称的在职在编集体身份人员，同时转为全民性质。是年6月，购买原天中山床上用品厂441平方米作药库用房，作价14.6万元。同年12月，新建新农村分诊所。

2002年4月，在建胜村村委会所在地建造建胜村社区卫生服务站，面积255平方米，总造价12.1万元。5月，同福乡卫生院增设口腔科。8月，桐乡市会计核算中心卫生分中心成立，同福乡卫生院财务首批纳入会计核算中心卫生分中心管理。同月，同福乡卫生院开设骨伤科。

2003年5月，投资150万元，在院内新建门诊、住院综合楼，占地2255平方米，建筑面积1750平方米。于2004年7月，综合楼投入使用。2004年7月，新建成中群村社区卫生服务站160平方米，总投资10万元。同年，社区卫生服务站并入卫生院一体化管理，下设新农村、联庄村、建胜村、合星村、中群村5个社区卫生服务站。2005年4月，撤销新农村分诊所。2006年7月，撤龙王庙分诊所，并入中群村社区卫生服务站。

2007年11月，行政区划调整，同福乡并入凤鸣街道，原同福乡卫生院更名为凤鸣街道同福卫生院，院址为凤鸣街道同福路139号。是年，撤销羔羊分诊所。12月，新建合星村社区卫生服务站，并投入使用，建筑面积254平方米，总投入25万元。

2008年1月，凤鸣街道合星村、建胜村、中群村社区卫生服务站被命名为桐乡市规范化社区卫生服务站。2月被省卫生厅命名为浙江省示范预防接种门诊。6月，撤销联庄村社区卫生服务站。9月，改建新农村社区卫生服务站220平方米，总投入25万元。11月，新农村社区卫生服务站被命名为桐乡市规范化社区卫生服务站。

2009年3月，凤鸣街道同福卫生院被市爱国卫生运动委员会授予“桐乡市卫生先进单位”荣誉称号。2010年1月，被市卫生局授予“2009年度医疗质量、安全医疗进步奖”。

2012年，同福卫生院有工作人员46人，专业技术人员中有中级职称4人，初级职称17人，乡村医师16人。设有一个社区卫生服务中心，下辖凤鸣街道中群村、建胜村、合星村、新农村、联庄村5个社区卫生服务站，承担同福地区及周边邻近区县乡镇和外来务工人员共2余万人口的医疗卫生、预防保健工作，是一所集医疗、预防保健、康复、健康宣教、计划生育技术与指导为一体的综合医疗机构。门诊设有内科、外科、妇科、儿科、中医科、口腔科、预防保健科等科室；医技科室有放射科、检验科、B超心电图室、中药房及药库等科室。医院有SSC—370阿洛卡B超机、牙科专用灭菌器、全自动生化分析仪、CGNTEK50＋联尿分析、彩色多普勒超声诊断仪、CX31型生物显微镜、红外乳腺仪CFT—6004、便携式黑白B超、胎心监护仪等先进设备。

表20—4　　凤鸣街道同福卫生院历任负责人名录

起始时间	机构名称	职　务	姓　名	任　职　时　间
1961.10	同福人民公社中医联合诊所	负责人	徐爱珠	1961.10—1975
1975	同福人民公社卫生院	院　长	陈　浩	1975—1980
		院　长	何坤尧	1983.10—1984.10
		副院长	徐爱珠	1975—1984
1984.10	同福卫生院	院　长	何坤尧	1984.10—1988.4
		院　长	金　汤	1988.11—1989.10
		副院长	徐锦鹤	1985.8—1990.9
		副院长	金　汤	1988.11—1989.10
1997.10	同福乡卫生院	院　长	陈志琴	1997.10—2002.7
		副院长	陈志琴	1994.11—1997.10
		副院长助理	方惠千	1997.10—2002.7
		副院长助理	吕春海	1997.10—2002.7
2002.7	凤鸣街道同福卫生院	院　长	富东伟	2002.7—2011.12
		院　长	张建强	20011.12—至今
		副院长	吕春海	2002.7—至今

资料来源：凤鸣街道同福卫生院提供

表20—5　　凤鸣街道同福卫生院1991—2012年床位数及业务情况统计表

年　度	核定床位（张）	开放床位（张）	主　要　业　务　情　况			
			门诊人次	住院人次	业务总收入（万元）	收支结余（万元）
1991	10	10	35750	326	32.1790	0.4409
1992	10	10	41190	303	46.6490	1.7105
1993	10	10	36985	261	48.9196	2.3274
1994	10	10	40792	220	73.8256	4.0776
1995	10	10	39319	179	96.7942	7.1451
1996	10	10	37750	175	103.8156	5.9134
1997	10	10	34590	184	107.8382	4.1787

续表

年度	核定床位（张）	开放床位（张）	主要业务情况			
			门诊人次	住院人次	业务总收入（万元）	收支结余（万元）
1998	10	10	46123	134	118.2774	0.7882
1999	10	10	35276	164	120.3066	−0.5300
2000	10	10	42975	157	142.8950	5.2947
2001	10	10	44646	148	164.0771	4.6528
2002	10	10	43553	115	166.9439	1.0606
2003	10	10	43902	106	195.0500	8.5000
2004	10	10	86185	80	443.1000	13.5000
2005	10	10	69200	56	408.7400	−7.2400
2006	10	10	58819	30	385.6000	−20.4700
2007	10	10	57039	15	426.7500	−57.0000
2008	10	10	51104	21	430.0700	−50.3700
2009	10	10	52846	4	489.25	−28.88
2010	10	10	52350	1	493.71	−110.62
2011	10	10	68149	0	378.2721	−74.9381
2012	10	10	73489	0	417.4220	−70.6701

资料来源：凤鸣街道同福卫生院提供

第三节　卫生服务站（室）

1990年，同福乡、史桥乡和灵安镇分别建立初级卫生保健委员会。至1991年，灵安镇、同福乡先后成立初级卫生保健办公室（简称初保办），负责村保健室的日常管理。1991年3月，整顿乡村医生队伍，实行集体办医，每个村设医疗保健站。乡初保办统一管理村保健站、乡村企业医务室药品购销、医疗收费等事项，并对乡村医生报酬作相应调整，实行基本工资和劳务工资两块核算。根据各村防治任务和业务水平，核定基本月工资。劳务费收入（包括挂号费、出诊费、检查费、注射费）按集体和个人3：7计算分成，年终奖金经乡村两级考核后核定。

2003年，将村卫生室纳入镇村医疗卫生一体化管理。各村相继成立社区卫生服务站。社区卫生服务站担负医疗、预防、保健、康复、健康教育、计划生育、技术指导等职能，站址均设在交通便利、人口密集、就诊方便之处，站与站距离2公里左右，服务人群3000—5000人。每站设有诊疗室、治疗室、输液室、药房等，备有简易诊疗器械、常用药品。2012年凤鸣街道社区卫生服务站年诊疗人次达12.49万人次，小病进社区比例达到92.8%。

表 20—6　　凤鸣街道卫生院各社区卫生服务站基本情况表

站　　名	地　　址	建设年代	建筑面积（平方米）	工作人数	规范化达标时间	服务人口
史桥村社区卫生服务站	史桥集镇	80 年代	430	6	2008.1	6038
环南村社区卫生服务站	文华小区	2008	400	6	2008.7	3378
路家园村社区卫生服务站	路家园村委前	2008	181	3	2009.2	2844
长新村社区卫生服务站	长新村村委对面	2003	130	3	2008.1	3182
红旗村社区卫生服务站	红旗村村委东面	2003	157	3	2008.1	3935
西牛桥村社区卫生服务站	西牛桥村村委前面	2004	118	2	2008.1	2052
灵安村社区卫生服务站	灵安村文华小区	2009	200	3	2009.10	4727
建胜村社区卫生服务站	建胜村村委旁边	2002	255	4	2008.1	3786
中群村社区卫生服务站	中群村村委后面	2004	160	3	2008.1	4336
联庄村社区卫生服务站	联庄村村委对面	2009	190	4	—	4275
合星村社区卫生服务站	合星村村委旁边	2007	254	3	2008.1	4006
新农村社区卫生服务站	新农村村委北面	2008	220	4	2008.11	3966

资料来源：根据凤鸣街道卫生院、凤鸣街道同福卫生院提供的历年资料整理而成

附：

民营(个体)医疗机构

1999 年，翟汉山牙科诊所开业。诊所位于史桥集镇北大街 49 号。主要医疗设备有 3 张牙科综合治疗椅、消毒炉、连体式牙科综合治疗机、银汞胶囊调和机塑封机、微波清洁机等。工作人员 4 名。服务项目有牙齿矫正、二氧化锆全瓷牙、牙齿修复、蛀牙治疗、无痛拔牙等。至 2012 年，翟汉山牙科诊所为境内唯一的民营(个体)医疗机构。

第二章　医疗制度

第一节　公费医疗

境内公费医疗的主要对象是机关、事业单位工作人员，其经费来源为财政拨款。1952 年 10 月开始，凡享受公费医疗的对象凭公费医疗证至指定医疗单位就诊，除住院膳食费、就医路费由个人负担外，门诊、住院医药费全部报销。1958 年 1 月起，改进公费医疗管理制度，门诊医疗费和住院的全部费用(伙食自理)个人负担 10%；挂号费以及除医师处方外的其他营养药品和补药、中药代煎费、未经批准擅自去外地或私人开业医师处方就诊的一切费用、镶牙洁齿、配眼镜、各种美容整形手术费统由个人负担。

1981年起，公费医疗经费试行定额管理，节约留用制度。门诊医疗费定额按每人每年30元拨给单位，由单位自行负责结算医疗费，年终对全年门诊经费有结余人员，50%的定额奖给本人，另50%单位留用。对住院治疗人员，住院经费全年在20元以上者，不能享受门诊经费结余奖励。1983年7月起，对享受公费医疗人员取消原门诊包干和特约记账的办法，实行门诊、住院医药费现金结算后报销的办法。享受人员每人每年定额50元，其中30%发给个人，作就医垫付之用，每次报销扣除30%，扣完后，按100%报销。单位管理，按季向公费医疗办公室结算。1986年1月1日起，实行“定额管理、节约奖励、超支分担”的办法。即全民医疗单位门诊、住院医疗费全额包干；其他行政事业单位门诊、住院医药费定额包干。

1991年，试行《桐乡县公费医疗管理实施细则》，县内公费医疗实行定点就诊和凭证就医；公费医疗经费实行以国家承担为主，适当与享受单位、享受个人挂钩的原则，按系统、分单位定额包干，超支分担的管理办法。1997年，对公费医疗享受人员实行全市统一的个人医疗账户，每年存入200～400元的个人医疗基金，符合报销范围的医疗费采取分段报销的办法。

2001年12月1日起，施行《城镇职工基本医疗保险暂行规定》，公费医疗制度终止。

第二节　城乡合作医疗

传统型农村合作医疗

1969年6月1日，灵安公社实施合作医疗制度。

1987年起，同福乡实行互助医疗保健制度，重点解决住院重病患者的经济负担。按全乡农户（不包括在乡办、村办事业单位已享受医疗保健的人员）每人每年2.50元的标准筹集资金（生不补，死不退）。自愿参加的在乡农户每人每年自缴1.50元。在乡卫生院及以上医院住院治疗病人的医药费，一次性超过20元以上至50元以下（不包括50元）报销20%；50元以上至100元以下（不包括100元）报销30%；100元以上至200元以下（不包括200元）报销40%；200元以上至500元以下（不包括500元）报销50%；500元以上至1000元以下（不包括1000元）报销60%；1000元以上报销70%。

1991年4月1日，灵安镇建立“镇互助医疗基金会”。参加人员每人每年缴纳5元，可按比例报销药费、手术费、注射费。1992年1月1日起，同福乡实行互助合作医疗制度，每人每年上交互助合作医疗费5元，资金集中上交乡互助合作医疗办公室，乡成立互助合作医疗管理领导小组，具体负责互助合作医疗的领导、管理和医药费报销审批。一次性医疗费300元以上按比例分段报销至10000元到顶，报销范围按国家公费医疗标准执行，一年为一个周期，资金短缺部分由乡财政负责拨款。1994年，个人筹集医疗费的标准提高到每人每年8元，报销面也相应放宽。

1994年3月，建立灵安镇补助合作医疗领导小组。6月1日起，灵安镇实行重病医疗互助金制度，把补助重点放到因病致贫的特殊困难户上。补助标准：一次性住院医药费（不包括挂号、护理、床位、水电、输血、滋补性药物、CT检查和其他费用）5000元以上至7000元补助10～15%；7001元至9000元补助12～17%；9001元至11000元以上补助15～20%。医药费补助范围至30000元封顶。

1999年，建立同福乡“大病补偿型”合作医疗基金。该项合作医疗基金采取农民出一点，政府补一点，社会捐一点的办法来筹集，以农民自筹为主。自筹资金实行“一次收取，三年使用”的办法。凡参加“医疗基金”的农户，每人一次性缴纳20元，以户为单位由各村统一办理。参加“大病补偿型”合作医疗的人员，因病住院全年累计医疗费在2000元以上者，凭原始发票、病历卡和合作医疗基金证以及转院证明等凭据申请办理报销手续，经乡初级卫生保健委员会审核后方可报销。“医疗基金”采取存本用息与逐年抽底相结合的办法给付医疗报销款，年终按报销对象的医疗费占全乡可报销资金额的比例给予一次性报销。报销给付的最高额度为每人每年8000元，具体报销比例由乡初保办制定。2000年，凤鸣街道农民个人大病风险型合作医疗参加人数为20946人，参加率77%，筹集资金314040元，街道拨款30000元。

新型城乡居民合作医疗

2002年，启动新型合作医疗制度。新型合作医疗基金筹集采取个人交费与政府补助相结合的办法，农村居民个人交费每人每年20元，市财政按农村总人口每人每年3元标准划拨给市级合作医疗基金专户，镇按农村人口补助每人每年不少于2元，村按总人口每人每年不少于1元补助。个人缴纳的费用以户为单位，由村收缴。核算时间为当年7月1日至次年6月30日。《桐乡市农村合作医疗实施办法》(2002/2003年度)规定参加合作医疗的农民，符合规定的住院医药费和指定病种(糖尿病、肿瘤、慢性肾功能衰竭、精神病、器官移植后续治疗)的门诊医药费视作住院可享受合作医疗报销。报销比例：在结算年度内第一次结报起付点为一次性医药费1000元，1000—10000元部分报销30%；10000—20000元部分报销20%；20000元以上部分报销30%。最高报销额为4万元。2003年，个人继续出资20元，同时提高财政投入力度，市财政补助农村人口每人每年不低于8元，街道财政补助农村人口每人每年不低于5元。是年，同福乡成立合作医疗管理委员会，办公室设在同福乡卫生院(初保办)，负责日常工作。

2004年5月，《桐乡市合作医疗实施办法》(2004/2005年度)出台，合作医疗基金采取“五级筹资、两级管理”办法。即由个人、省财政、市财政、镇乡(街道)财政、村级经济五级筹资。实行市、镇乡(街道)两级基金管理。市级合作医疗基金，由省财政补助款、市财政补助款、社会各界捐款组成，其中市财政按参加对象范围总人数每人每年不少于15元标准补助；镇乡(街道)财政按参加对象范围总人数每人每年不少于10元补助；村按本村参加对象在册总人数每人每年不少于2元补助；个人缴费每人每年不少于25元。财政与个人筹资额之比达到30:25，首次改变合作医疗以个人为主的传统筹资模式。是年，建立同福乡合作医疗监督委员会。

2005年，市政府出台《桐乡市城镇居民参加合作医疗实施意见》，将城镇居民纳入合作医疗参保对象范围。同时，合作医疗核算时间调整为每年1月1日至12月31日。是年，个人出资37.5元(18个月)，政府按应参加人口每人每年补助不低于45元，其中市财政不低于每人27元，镇乡(街道)财政不低于没人18元。

2006年，进一步增加筹资标准，个人出资提高至40元，省、市、镇乡(街道)补助提高至80元。同时提高报销比例(住院报销费用500～1000元报销20%，1000～10000元报销40%，10000～50000元报销50%，50000元以上报销60%)，降低报销门槛(门诊报销取消起报线，住院报销起报线由1000元降至500元)。

2012年，城乡居民合作医疗人均总筹资额度为每人510元。其中个人缴费160元，各级财政补助每人350元。市内定点社区卫生服务站、卫

凤鸣街道2010年度合作医疗工作动员大会

生院(社区卫生服务中心)门诊医药费用报销比例为35%,其他定点医疗机构门诊医药费用报销比例为10%,年度报销额600元。社区卫生服务中心住院医药费用报销起付线为300元,报销比例80%;市级医疗机构住院报销费用起付线为500元,报销比例70%;嘉兴市级以上医疗机构住院医药费用起付线为800元(省级以上1000元),报销比例50%。住院医药费用年度报销总额为12万元。非定点医疗机构住院医药费用报销起付线为1500元,报销比例10%,报销限额1万元。

2012年,凤鸣街道参加合作医疗的人数增至30002人,参保率98.7%;报销267516人次,报销医药费18576335.73万元。

表20—7　　2009年至2012年凤鸣街道新型城乡居民合作医疗参保情况统计表

年　份	参保人数	参保率(%)	报销人次	总报销金额(万元)
2009	34051	92	172096	10598616.80
2010	32240	92.47	190462	13364155.32
2011	30891	94.75	229797	14699864.60
2012	30002	98.7	267516	18576335.73

资料来源:凤鸣街道合作医疗办公室提供

第三章　中医　药业

第一节　中　　医

解放前,灵安镇有私人个体中医诊所3家,分别由朱辅良、王化、费济良等3名中医师开设。1952年,3家个体中医诊所均参加组建灵安联合诊所。至1955年,灵安联合诊所有中医师9名:王祥升(1890—1975),同福乡人,人称"仙家四阿爹",擅长针灸草药,配制蛇药,是远近闻名的"草头郎中";朱辅良(生卒年代无考),灵安人,擅长治疗肾盂肾炎、慢性肝炎;王化(1925—2008),中医内科,擅长心血管、消化及呼吸系统疾病治疗;王永潮(1925—2009),中医外科,对疖、痈等感染有独到治疗之处;王荣奎(1953—),中群村人,擅长针灸,蛇伤治疗;王金康(1919—1986),中群村李家角人,擅长中医针灸。(其余3人,无处查考)

曾在境内行医的还有:福严寺的智南和尚,擅长中医伤科。章文义(虎啸李家坝人),擅长中医妇科、"种痘苗"。

2012年,全街道有中医师4名。同福卫生院设有中医科,采用中医药、针灸治疗内科、外科等疾病。

第二节　药　　业

民国时期,境内曾开设多家药店。据1949年9月统计,境内中西药店有8家,其中:灵安5家,路家园、徐家庙、金家桥各1家。

表 20—8 **1949 年 9 月灵安乡、同福乡中西药店及分布情况简表**

店 名	企业性质	负责人	所 在 地	店 名	企业性质	负责人	所 在 地
张以仁	独资	张文龙	灵安乡灵安	夏氏西药室	独资	许福珍	灵安乡灵安
德 泰	独资	沈徐兴	灵安乡灵安	养元堂	独资	周桂林	灵安乡路家园
徐三和	独资	徐祥林	灵安乡灵安	邵大全	独资	邵庆山	同福乡徐家庙
吴至德	独资	吴振南	灵安乡灵安	保滋大	独资	孙其昌	同福乡金家桥

资料来源:《桐乡卫生志》,1996 年版,第 323 页。

解放后,据 1954 年统计,境内有中西药店 7 家,其中灵安镇 4 家,纪目乡、中福乡、徐家庙各 1 家(参见第九编商贸服务业)。

1970 年至 1973 年,福严寺草药场建立。当时成员有 4 人,包括王有康、李伯兴、蔡伯龙、钟继光。土地面积 9 亩,种植天蓝、地蓝、薄荷草等。药材大多被石门药材公司收购。1973 年之后,土地被联星大队回收,福严寺草药场关闭。

2012 年,凤鸣街道共有个体私营零售药店 17 家。凤鸣街道配有药品安全专管员 1 名和药品监督协管员 2 名,卫生院、社区卫生服务站和零售药店聘有药品安全监测员 31 名,村(社区)配有药品安全信息员 15 名。

表 20—9 **2012 年凤鸣街道药品经营企业统计表**

企 业 名 称	注 册 地 址	企业负责人	经营方式	是否取得 GSP 证
桐乡市南日供销社医药商店石桥门市部	史桥大街	吴炜良	零售	是
桐乡市同福康德药店	中群南路	孔丽秋	零售	是
桐乡市康盛大药房	新兴路 117、119 号	郑开颜	零售	是
桐乡市新千年大药房	环南村张家村组 2 区 120 号	张桂芳	零售	是
桐乡市和善堂大药房	文华小区 215 号	高连芬	零售	是
桐乡市爱民大药房	文华小区 419 号	曹清浩	零售	是
桐乡市益生堂大药房	草庵头宏运路 58 号	袁洪齐	零售	是
桐乡恒德荣大药房	文华小区灵安村 15 区 1843 号	马 强	零售	是
桐乡市安泰大药房	文华小区 1476 号	王继庆	零售	是
浙江东兴商厦股份有限公司医药连锁同福药房	同福集镇宏通路 15 号	沈乾荣	连锁	是
桐乡市宏远大药房	文华小区 266 号	沈丽丽	零售	是
桐乡市幸福大药房	新农村汽车站西	吴爱菊	零售	是
桐乡市服众大药房	灵安村密竹村	魏雪霞	零售	是
桐乡市和元大药房	文华小区 1349 号	高连清	零售	是
桐乡市凤鸣万寿堂医药文华连锁店	文华小区 1154 号	朱爱华	连锁	是
桐乡市颐寿堂医药文兴连锁店	文华小区 1710 号	徐建华	连锁	是
桐乡市同福药房	同福路 139 号	姚月萍	零售	是

资料来源:凤鸣街道爱国卫生运动办公室提供

第四章　卫生防疫

1971年1月，同福人民公社党委、革委会决定，成立同福公社卫生革命领导小组。1980年7月，灵安公社成立爱国卫生运动委员会。1988年，成立灵安镇卫生领导小组，负责全镇卫生工作。1996—1997年，灵安镇、同福乡先后建立爱国卫生运动委员会，下设办公室（简称爱卫办）。主要担负环境卫生、清扫保洁、垃圾清运管理、健康教育、卫生创建以及食品卫生公共卫生监督检查等工作。

第一节　环境卫生与饮食卫生

环境卫生

1989年始，境内镇、乡、街道每年4月都组织开展“爱国卫生月”活动。召开动员大会，发动群众整治环境，组织党员干部和村民参加义务劳动。

1992年，灵安镇开展农村改厕工作，共新建卫生厕所349座。1997年起，农村新建房屋必须建造三格式卫生厕所。

1997年4月，成立由各有关单位参加的同福乡除四害专业队，草庵头集镇各单位、居民户及公共场所均属“除四害”范围，春秋两季开展除“四害”活动。

1998年，灵安镇区沿主要道路的所有单位（个体店）都签订“门前三包”责任书，各路段路长、城监人员经常检查督察“门前三包”责任制的落实。镇区道路设置垃圾箱24只，果壳箱22只。是年，灵安集镇新建公共厕所两座，均为水冲式，专人管理。

1999年，灵安镇区垃圾日产日清运量1.4吨左右。同年，在史桥集镇新建密闭式垃圾箱3只，农贸市场添置垃圾桶2只，共投资0.8万元；红旗、惠桥两个村新建密闭式垃圾箱45只。灵安镇郊建垃圾填埋场一个，砌好围墙，有工作用房一间，距离居民区800米以上卫生防护距离。专人管理，垃圾处理采用集中填埋，消杀覆土压实方法。是年，灵安镇全镇卫生厕所普及率为72%。

2001年，凤鸣街道卫生改厕，159户新建房屋均配套建好卫生厕所，街道户厕总数7810座，卫生户厕6285座，普及率81%。居民总户数7305户，粪便无害化处理3870户，处理率52%。

2002年6月1日起，凤鸣街道爱卫办向灵安集镇范围的所有单位和个体工商户、小商品摊位（除农贸市场菜篮子外）收取卫生处理有偿服务费。

表20—10　　2002年凤鸣街道环境卫生管理有偿服务收费标准

序　号	收　费　范　围	收费标准
1	街道机关、团体、企事业单位（由单位集体支付）	5.00元/月/人
2	各类个体工商户	10.00元/月/户
3	长期个体、水果摊位	15.00元/月/户
4	临时个体水果摊	4.00元/天/人
5	各类饮食店、酒家	10.00元/月

续表

序　号	收　费　范　围	收费标准
6	各类临时摊位	1.00元/天
7	各类桑苗收购站(摊)	10.00元/天
8	各类修理摊	10.00元/月

资料来源：凤办〔2002〕31号文件《关于印发凤鸣街道区域内集镇卫生处理有偿服务工作的通知》

2005年，成立同福乡卫生管理办公室(简称卫办)，主要负责乡村卫生保洁清洁工作。同年开始实行农村垃圾集中收集处理制度。合星村在33个村民组和主要公路交叉道口、福严寺景区周边，统一设立固定垃圾箱45只，落实专职保洁员，每天清理垃圾箱。西牛桥村投入资金4万元，设置101只垃圾箱；投入8万元，对农村垃圾进行集中处理。

2011年5月，凤鸣街道改革卫生保洁管理制度，集镇卫生由爱卫办负责；各村卫生由农村村庄整治长效管理办公室负责。各村全部实行"一户一桶"制，生活垃圾无害化处理率达到100%。

凤鸣街道环卫工作主要是负责三个集镇(同福、灵安、史桥)，两个工业区(同福、灵安)的清扫保洁、垃圾清运、公厕管理以及绿化管理，2个垃圾中转站(灵安、同福)的管理，并将压缩垃圾转运到焚烧厂。2012年配备保洁人员35人，绿化管理人员3人，拖拉机清运员3人，垃圾压缩车转运人员2人，爱卫办管理人员2人。现有2座垃圾中转站、2辆压缩垃圾转运车、3间垃圾中转房、30辆保洁车、200多只垃圾桶，全年开支经费145万元。垃圾全部实行"户集、村收、街道运、市处理"的无害化处理机制，日产日清，密闭清运率达到100%。农村、社区改厕工作不断完善，露天粪坑、棚厕彻底消除，三格式无害化厕所普及率达到70%以上，全街道垃圾、粪便均达到无害化处理要求。

表20—11　　2010年凤鸣街道垃圾收集一体化基本情况统计表

村　名	生活垃圾保洁员	河　道保洁员	拖拉机清运车	三轮车手拉车	垃圾房	垃圾箱	垃圾桶	备　注
史桥村	2	4	1	—	—	105	—	
桑园桥	2	4	1	—	—	48	—	
长新村	7	4	—	2	1	168	832	
李家弄	—	4	1	—	—	40	—	
环南村	35	—	5	35	51	—	—	
灵安村	7	5	3	7	35	25	—	
红旗村	1	4	1	—	—	130	—	
路家园	1	3	1	—	—	43	—	
西牛桥	1	3	1	—	—	152	—	
新农村	4	2	—	4	2	—	1020	
联庄村	4	3	—	4	1	157	—	
建胜村	4	4	—	4	2	198	—	
合星村	4	2	—	4	3	232	1040	

续表

村　　名	生活垃圾保洁员	河　道保洁员	拖拉机清运车	三轮车手拉车	垃圾房	垃圾箱	垃圾桶	备　　注
中群村	5	2	—	3	4	138	1080	5月份开始
街　道	20	—	3	20	2	40	130	
合　计	97	44	17	83	101	1476	4102	

资料来源:凤鸣街道爱国卫生运动办公室提供

表 20—12　　　　2012 年凤鸣街道农村卫生户厕情况调查统计表

序　号	行政村	总户数	总人数	卫生厕所户　　数	普及率%	无害化厕所户数（三格、六格、集中式）	普及率%
1	史桥村	854	3275	827	96.8	427	50
2	桑园桥村	703	2752	669	95.2	353	50.3
3	长新村	827	3169	794	96	676	81.8
4	李家弄村	884	3626	871	98.5	492	55.7
5	环南村	857	3402	857	100	857	100
6	灵安村	1192	4719	1182	99.2	982	82.4
7	红旗村	979	3942	962	98.3	658	67.2
8	路家园村	709	2849	699	98.6	482	68
9	西牛桥村	510	2066	507	99.2	451	88
10	新农村	1086	3875	1082	99.6	918	84.5
11	联庄村	1046	4254	1041	99.5	698	66.7
12	建胜村	990	3811	983	99.3	544	55
13	合星村	1058	3989	1055	99.7	874	82.6
14	中群村	1058	4336	1054	99.6	760	71.8
15	合　计	12754	50065	12583	98.7	9172	71.7

资料来源:凤鸣街道爱国卫生运动办公室提供

饮水卫生

1980 年 7 月至 1981 年 9 月,灵安公社帮助惠桥五队、灵安大队十一队、赵家生产队先后建起 3 个自来水塔,水容量共为 44 吨,700 余人受益。另外,社办企业建立 5 个自来水塔,千余人受益。境内农民开始饮用深井水作水源的自来水。

1984 年,同福乡人民政府在草庵头集镇建同福乡自来水厂。1987 年,同福乡水厂获得“嘉兴市改水先进水厂”称号。是年,在灵安集镇建立灵安自来水厂。在灵安集镇留家桥打第一个深井。1989 年,在史桥集镇建立史桥乡自来水厂。

1992 年,同福乡有水塔 35 个,受益农户 4668 户,19777 人。1996 年,联建、联群、新农村等村 350 多户农户吃上深井水。1997 年,同福乡水厂被评为“桐乡市农村改水先进单位”。是年,灵安镇开始实施第二次改水工作。全镇共设3个供水点，即：天女分厂供水点、经编厂供水点和建福（新建）供水点。天女分厂供水点供给红旗、惠桥、李家弄、蚕桑场4个村；经编厂供水点供给灵安、红胜、茶家兜、红联4个村；建福供水点供给路家园、建福、朱家门、西牛桥4个村。

1998年，灵安自来水厂和同福自来水厂分别改名为灵安镇自来水管理服务站和同福乡自来水管理服务站。灵安镇被评为“桐乡市九八年度农村改水工作先进乡镇”。1999年，灵安镇对东片6个村进行统一规划，对官漤、长新、自由村进行改水，新增自来水用户1196户，新增受益人数4496人，总投资98万元。2000年，对灵安镇东片西张、玲群、桑园桥3个村进行改水，镇政府共投入资金60万元。

2001年，凤鸣街道开始供应地面水。2004年，史桥自来水厂并入凤鸣街道自来水管理服务站（原灵安镇自来水管理服务站）。2006年开始，同福乡全面实施“千万农民饮用水工程”。投入资金307.43万元，铺设二级管网30.75公里。2006年，凤鸣街道对部分村实施城乡供水一体化工作，范围为新农村至原史桥乡官漤村。2007年，凤鸣街道积极稳妥地推进三级管网改造工程，投入资金147.92万元，首先对合星村、中群村两个村实施三级供水管网改造，共铺设管网115.32公里。2008年投入资金73.0419万元，在建胜村实施三级供水管网改造，共铺设管网44.24公里。2009年，投入资金144.2516万元，在新农村、联庄村两个村实施三级供水管网改造，共铺设管网91.62公里。境内实施的“千万农民饮用水工程”，解决不安全饮水人口30140人：实际投入改造资金1548.50万元，铺设UPVC二级管网30.75公里，三级管网251.18公里，涉及原同福乡5个行政村、1个集镇及工业园区，改造农户5273户，受益人口包括本地户籍的21380人，以及外来务工人员8760人，自来水管网覆盖率100%，自来水受益率达99%，比改造前提升1.3%。封闭深井6眼。

2012年，凤鸣街道将农村饮水安全工程列为政府惠民实事工程。主要为保障凤鸣街道农村人口饮水安全。供水范围为史桥、桑园桥、长新、李家弄、环南、灵安、红旗、路家园、西牛桥等9个村，灵安、史桥两个集镇，总投资2269万元。工程于2012年8月16日开工建设，12月28日全部完工，该项工程实际铺设三级管网316.252公里。全街道自来水实行城乡供水一体化，农村自来水普及率99%以上，管网末梢水质符合《生活饮用水卫生标准》。

表20—13 2012年凤鸣街道自来水管理服务站农村自来水用水基本情况表

编号	村名	总户数	用水户数	入户率%	编号	村名	总户数	用水户数	入户率%
1	红旗村	979	972	99.3	9	长新村	827	817	98.9
2	路家园村	709	697	98.3	10	新农村	1086	1065	98.1
3	西牛桥村	510	506	99.2	11	联庄村	1046	1033	98.8
4	灵安村	1192	1174	98.5	12	建胜村	990	980	99
5	李家弄村	884	878	99.3	13	合星村	1058	1045	98.7
6	环南村	857	857	100	14	中群村	1058	1043	98.6
7	史桥村	854	841	98.5	总合计		12754	12606	98.8
8	桑园桥村	703	698	99.3					

资料来源：凤鸣街道自来水服务站提供

食品卫生

1992年，史桥乡在全乡范围内进行食品从业人员二级培训班，培训人数147人；对食品从业人员进行体检，体检人数199人。

1999年，灵安镇有食品生产经营单位73家，从业人员106人，公共场所单位18家，从业人员18人，其发证率、体检率、培训合格率均达到100%，食品卫生抽检合格率为96%。

2000年起，定期举办农村厨师培训，保障农村聚餐卫生。

2004年，凤鸣街道启动农村放心店制度，建立统一台账，将日常检查结果和放心店评优评级有机结合起来。

2006年，凤鸣街道和同福乡加快食品安全"三网"建设，即监管责任网，农村现代流通网，群众监督网。

2008年，按照《桐乡市建立国家级食品安全示范县工作方案》，凤鸣街道成立食品药品监督管理站，与街道卫生办合署办公，创建嘉兴市食品安全示范街道。

2012年5月，凤鸣街道辖区内89名农村土厨师参加农村家宴指导培训班。规范农村家庭聚餐的环境与设施要求、食品的采购和储存办法、加工过程的卫生、厨师个人卫生、申报和管理流程等。并对全体厨师进行免费体检，为合格人员办理健康证和培训合格证。7月，开展食品安全大整治百日行动。对农产品生产加工企业、农业龙头企业进行督导检查，对瘦肉精、农药残留量进行全面检测，对养殖场(户)生产经营行为、进料索证、产地环境记录进行全面检查；对农资商店经营的农药进行抽样检测；对食品生产加工环节、食品流通环节、服务餐饮环节开展企业集体培训和集体约谈，签订承诺书，对各种食品进行全面抽样检测，对证照齐全、持证上岗、管理规范等项目进行逐项检查，对监测检查发现的问题进行整改，着力提高食品生产经营合法程度和管理水平。11月，开展为期一个月的杭白菊生产加工企业专项整治，消除杭白菊质量安全隐患。是年，凤鸣街道创建嘉兴市药品安全示范街道。

表20—14　　2012年凤鸣街道食品安全示范店名单

村、社区	名　　称	负责人
西牛桥村	桐乡市凤鸣王建东副食品店	王建东
联庄村	桐乡市凤鸣建夫副食品店	顾建夫
新农村	桐乡市凤鸣朱杏珍副食品店	朱杏珍
环南村	浙江东兴商厦股份有限公司桐乡环南超市	申国明
灵安社区	桐乡市同福万联超市	杨寿华
灵安村	浙江东兴商厦股份有限公司桐乡文华超市	申国明
李家弄村	桐乡市凤鸣东兴商厦李家弄连锁店	钟玉芬
史桥村	桐乡市凤鸣徐氏副食品店	徐建林
合星村	桐乡市凤鸣东兴商厦金惠连锁店	许金梅
中群村	桐乡市凤鸣沈洪坤副食品店	沈洪坤
长新村	桐乡市凤鸣东兴商厦中仙连锁店	沈中仙
路家园村	桐乡市凤鸣东兴商厦路家园连锁店	钱惠英

续表

村、社区	名　　　称	负　责　人
建胜村	桐乡市凤鸣东兴商厦建胜连锁店	王建兴
桑园桥村	桐乡市凤鸣东兴商厦长新村连锁店	沈杏珍
红旗村	桐乡市凤鸣东兴商厦红旗村连锁店	陆金铨
中群村	桐乡市凤鸣沈松奎副食品店	沈松奎

资料来源:凤鸣街道爱国卫生运动办公室提供

第二节　妇幼保健与预防免疫

妇女保健

旧时,妇女怀孕临盆,大多请接生婆土法接生,有的由自家婆母接生或自产自接。1955 年,灵安妇幼保健站有 2 名妇幼保健员。1976 年,灵安公社有 3 个会接生的赤脚医生;同福公社有 6 个会接生的赤脚医生。

1985 年,同福乡卫生院妇幼保健工作主要致力于孕产妇系统管理,确保孕产妇的健康。全年系统受理建卡 206 人,除 3 名规划外都进行孕产检查。对当年生育的 146 人共进行 993 次产前检查,人均 6.8 次。其中由同福乡卫生院接生的 49 人。1985 年对联建、联胜两村进行妇女病普查 206 人。

1990 年,实施母婴保偿制,由孕产妇与医院签订保健保偿合同,增加孕产妇安全感和医务人员责任感。随着新法接生的普及和孕妇保健工作的加强,产妇死亡率大幅降低。

2001 年,凤鸣街道开展妇女病普查,共查出患病妇女 160 余人次,95%以上妇女病患者得到有效治疗。2012 年,本地孕妇建卡 188 人,建卡率为 99.47%。

儿童保健

1985 年,同福乡参加儿童保健系统管理 307 人,其中 0～1 岁 89 人,占该年龄段儿童总数的 91%;1～3 岁 218 人,占该年龄段儿童总数的 81.4%。确定每月 5、10、15 日为儿童保健门诊日,由专职医生进行检查,指导婴儿的哺养。在儿童节期间,同福卫生院组织医务人员为全乡 0～7 岁儿童 403 人进行健康检查,查出患病儿童 9 人,患病率 2.2%。1985 年婴儿死亡率从 1984 年的 2%下降到 0.7%。

2001 年,凤鸣街道四苗全程接种率达到 98.5%。儿童入托、入幼管理进一步规范,对新入院儿童全部进行体检,查出 3 名患病儿童,并进行及时治疗。

2012 年,全街道幼托机构、学校按照《疫苗流通和预防接种管理条例》,做好入托入学预防接种证查验,落实免疫规划,安全注射率 100%。是年,0～7 岁常住儿童有 1295 人,接种建卡率 100%,疫苗接种率 100%,三个月以上流动儿童建卡率 98%。

预防免疫

建国初,崇德县政府指派医师吴浩然负责灵安区春季种痘督导工作。1979 年开始,境内各乡(镇)实施计划免疫工作。计划免疫对象为出生至 15 周岁儿童。1984 年,乡镇卫生院配备电冰箱,村卫生保健室配备冷藏瓶,所有接种单位配备一人一针、一筒,一人一调匙及小消毒盒等器械。

2000 年,灵安卫生院接种室被批准为规范化计划免疫接种室。2007 年初,同福卫生院申报浙江省示范化接种门诊，并于5月底通过嘉兴市疾控中心验收。是年，同福卫生院五苗接种率96.2%，五苗单接种率98%，流脑、乙脑接种率96.7%，麻疹、脊灰接种率98.6%，应急接种率100%。2008年，根据桐乡市疫控中心意见，投资2.5万元，在环南社区卫生服务站新建规范化免疫规划接种点。

2012年，街道内儿童接种的疫苗主要有卡介苗、脊灰糖丸、百日破、麻疹疫苗、乙肝疫苗、流脑菌苗、乙脑疫苗、甲肝疫苗、风疹疫苗、麻腮疫苗、麻腮风疫苗、白破疫苗等。由于家庭养狗数量不断提升，人被狗咬伤事件时有发生，因此接种狂犬疫苗人数呈增多趋势。境内经过各种疫苗的预防接种后，已消灭天花、鼠疫，其他传染病的发病率亦明显下降。

第三节　血吸虫病防治

血吸虫病俗称"膨胀病"，多通过人、畜粪便，水源传染，危害极大。解放前，灵安镇是血吸虫病重灾区。灵安镇红旗村金家门原有3个小村坊，由于血吸虫病危害，天王桥、祝家浜两个村坊被毁灭，金家浜3户人家中有2户被迫到外地谋生。到解放初，全村只剩下1户人家1个人。据不完全统计，红旗村金家门25户人家有22户绝户。灵安镇蚕桑场村西昌桥，解放前有10户人家，因血吸虫病危害，到解放初期，原夏家里、北角落、吴家里3个自然村遭毁灭，后来该村都是迁来的外乡人。灵安镇蚕桑场村沈家浜，解放初期全村有17户人家，60个人中有13人是血吸虫病患者。灵安镇小石桥原有17户人家，解放前夕被血吸虫病毁灭。灵安镇鲤店桥原有15户人家50余人，由于血吸虫病危害，到解放初期，只剩29人，12户人家中户户查出血吸虫病人。灵安镇路家园村石皮弄原有17户人家31人，由于血吸虫病危害，绝户的有5家，死亡17人，其余12户人家几乎是户户有"灵堂"，家家有"哭声"。"田里长石芦，地里长野竹，田地到处荒，野猪做囤场"，这是当年境内血吸虫病流行时的惨象。

1951年后，各地陆续成立联合诊所。原崇德县对血防工作实行分片负责、经费包干，钱林、洲泉诊所包同福，灵安联合诊所包惠桥。

血吸虫病的分布与钉螺密度有密切的关系，而钉螺感染率的高低，又与人、畜粪便污染程度密切相关，病人人群分布与接触疫水的频度相关。1952年，崇德县开展调查，天福乡河浜钉螺密度450只/0.33平方米。

1953年10—11月，纪目乡检查656人，阳性90人，感染率13.71%。1956年调查，纪目乡钉螺密度，水沟平均为19.4只/0.33平方米(最高达135只/0.33平方米)，河浜平均为13只/0.33平方米。1956年，纪目乡水沟钉螺自然感染率为0.85%。1954年，崇德县选择纪目乡为血防工作基点乡。崇德血防站对纪目乡投入了大量人、财、物，派出血防中心组，常年驻村，进行查病、治病、查螺、灭螺、粪管、水管技术的探索、改进，以及培训防治业务人员，宣传发动群众投入血防工作。

表20—15　　1964年境内血吸虫病流行情况统计表

流行公社	人口数	流行人口数	粪检人数	粪检呈阳性人数	感染率(%)	查出有钉螺面积(平方米)
灵安公社	14509	14509	10845	2844	26.22	80342
同福公社	15979	15979	11160	1547	13.86	87645

资料来源:《桐乡卫生志》1996年版

表 20—16　　1949—1970 年境内各公社有螺面积分布情况一览表

单位：平方米

乡　镇	历　史 有螺面积	河　浜 有螺面积	沟　渠 有螺面积	池　溇 有螺面积	稻　田 有螺面积	其他环境 有螺面积
灵安公社	642698	284014	69612	2220	286852	—
同福公社	165801	68229	21564	322	74626	1060

资料来源：《桐乡卫生志》1996 年版

1971 年，县革命委员会确定以灵安公社红合大队为试点，配合军区医疗队，进行综合防治试点，把查灭螺、查治病、晚血调查、手术切牌、粪水管理等方面的工作结合起来。

1985 年，同福卫生院与同福乡各村签订承包合同，对联庄、联民两个村庄在上半年进行一次普查和验收工作，其他村分别设置监察查螺点 8—10 个，全年进行三次查螺工作，未发现螺点。对历史遗留病人实施治疗，共治疗 11 人。对同福乡中心学校，联中、联民、联星、联合、联建六所学校的在校三、四年级学生进行皮试查病，应查 517 人，实查 510 人，受检率 98.6%，发现阳性 18 例。是年，灵安乡和灵安乡蚕桑场村被评为县级血防先进集体。

1990 年后，境内按照县防疫部门部署，继续开展螺情、病情监测工作，对可疑环境和重点区域进行监测查螺。

表 20—17　　1990 年末境内各乡(镇)血吸虫病流行情况统计表

乡　镇	流行区		历史病人		现有病人			末次粪阳率%	流行程度		历史有螺面积	无螺开始年份
	村数	人口	总数	其中晚血	总数	其中晚血	其中粪阳未治		患病率%	程度		
灵安镇	13	19236	8567	260	11	9	2	0.00	45.8	重	642848	1983
同福乡	8	20847	7780	156	3	3	0	0.00	39.1	重	165801	1980
史桥乡	8	10259	4451	194	14	12	2	0.00	43.4	重	289090	1977

资料来源：《桐乡卫生志》1996 年版

表 20—18　　1949—1990 年境内各公社钉螺及血吸虫病病人分布情况统计表

乡　名	行政村总　数	自然村(村民小组)总　数	钉　螺　分　布				病　人　分　布			
			有螺行政村数	占行政村数的%	有螺自然村数	占自然村数的%	有病人行政村数	占行政村数的%	有病人自然村数	占自然村数的%
灵安公社	12	100	12	100.00	100	100.00	12	100.00	100	100.00
同福公社	8	108	8	100.00	108	100.00	8	100.00	108	100.00

资料来源：《桐乡卫生志》1996 年版

2001 年，凤鸣街道对历史血吸虫病人 400 余人进行体检，查出单阳性 17 人，双阳性 2 人，全部进行治疗。至 2012 年，未发现钉螺和新的血吸虫感染病例。

第二十一编　民　　俗

凤鸣街道地处杭嘉湖平原中部，历经千数百年的传承，民风民俗纯朴淳厚，具有浓郁鲜明的江南水乡特色。清康熙《石门县志》在记述邑内民俗时，就有“重蚕桑，备稼穑，大约淳朴居多矣”之载。丰富多彩的民俗节事，生动活泼的口头语言，显示出境内丰厚的历史文化积淀，当地居民积极向上的精神风貌，以及对未来生活的美好憧憬。

随着时代的进步，社会的发展变化，兴废扬弃，推陈出新，民风民俗也随之发生重大变化。无论衣食住行，还是婚丧嫁娶；无论民间流行节日，还是百姓信仰崇拜，无不如此。诸多的民间习俗或许会在历史的长河里逐渐发生嬗变，甚至湮没，但作为一种文化层面、人们精神生活层面的事物，它具有不可替代的重要价值。在志书中记述“民俗”，意在承载历史，记住乡愁。

第一章　生产生活习俗

第一节　生产习俗

历代以来，境内农村以农为本，往往重农轻仕轻商。此风世代沿袭，影响深远。“衙门前，一蓬烟；做生意，六十年；做田畈，万万年”的谚语流传甚广。农民常将土地比作火肉骨头，油水及肉末无多，但越啃越香，回味无穷。做田畈也是越做越想做，越做越有滋味。

百花生日

江南一带，素以农历二月十二日为百花生日。论时令节候，此时残冬已尽，春天即将来临，百样花卉即将陆续绽放。清顾禄《清嘉录·二月·百花生日》谓：“（二月）十二日为百花生日，闺中女郎剪五色彩缯，黏花枝上，谓之‘赏红’。……蔡云《吴歈》云：‘百花生日是良辰，未到花朝一半春。红紫万千披锦绣，尚劳点缀贺花神。’案：周处《风土记》及《提要录》皆以二月十五日为花朝。然《翰墨记》以二月十二为花朝。《诚斋诗话》：‘东京亦以二月十二为花朝。’”本地花朝日亦有给桃树过生日之习俗：将一块小红纸用稻草绑在桃树主干上，意谓已经为这株桃树过好生日，至于其他的桃树和花果树过不过生日都无所谓。而这枝已经过好生日的桃树有了禁忌，不能修剪，更不能翻掉，否则就要动桃花土，土菩萨要作怪。

开秧门与关秧门

插秧第一天称开秧门，插秧结束这一天称关秧门。开秧门一般在立夏日前几天，若延误时日，必影响收成，故有“立夏日勿开秧门，祖宗大人要哭”之俗语。本地农村一般以二尺四寸（80 公分）为一埭，株距不等，可宽可窄。每埭插秧六棵。埭头之间用种田绳分开，丈量的棒叫量埭棒，一般为二埭

(称双枪)可容二人插秧。第一人称上靠,第二人称下靠,右边先种称沿绳上靠,左边先种称插白上靠,碰巧在田塍边称捕田塍上靠。假使下靠插抢上前来,叫做夹麦疙瘩,意思是上靠坍台(输)了。下田插秧时要喊:"老田公种田特!一揿就牢,一种就到"。插秧时有禁忌,不能手把手递秧把,别人向你要秧,你只能放在田里让他自己去拾;切忌将秧把掼在别人身上,否则人家就要遭殃。若种田绳放在田里过夜,则须将种田棒拔起。民间传说,如种田棒未拔起,老田公就要跪一夜,如此就十分罪过。

蚕生十二

农历十二月十二日是蚕生日,俗称蚕生十二,当夜要请灶君菩萨;家家都要以糯米粉掺入熟的红南瓜做成圆子,其形长圆,似茧子状,民间称作茧子馍馍,或称作十二长圆子,装碗供在灶山上。此外,还须放上甘蔗、荸荠、橘子等水果,燃香点烛,祭祀灶君。同时取出藏于家中的蚕种,撒上少许盐粒,称"腌种",再用布袱包起来,为蚕做生日仪式结束。十天后,即腊月二十三送灶时,再取出蚕种,拨落纸片上的盐粒,用清水冲洗,挂于通风背光处晾干收藏。待来年春天谷雨前后,取出"焐种"。

请栏前菩萨

本地农家,一般都养有猪羊等家畜。每逢重大民俗节日(过年、冬节、清明等),先请六神,后拜太太(祖先),还要到棚头请栏前菩萨(猪)和羊太君。祭拜时用竹筛子代替桁子,筛中放置熟肉一块,鱼一尾,鸡蛋数枚,除碗筷盅子外,还供有栏前菩萨和羊太君两副马幛,酒洒过三巡以后,拜揖化马幛结束。请栏前菩萨意在保佑猪羊饲养顺利。

第二节　生活习俗

饮食

境内农村饮食习惯以大米为主食,一日三餐,一般中午米饭、早晚两餐米粥,或以米粉制年糕、圆子、雪糕等。小麦粉(面粉)为辅食,面制品有面条、包子、饺子、麦糕、面疙瘩等。传统早点有:软糕(或称茶糕,用糯米细粉包裹鲜肉馅或白糖、红糖,做成小方块形状,上蒸笼蒸熟),饺子(用麦粉做成,馅子有鲜肉、豆沙两种),粽子(将糯米裹在粽叶内,用绳子扎紧,里面或嵌猪肉,人称"肉馅粽子";或嵌豆沙、猪油,人称"豆沙粽子";也有将糯米与赤豆等拌和一起,人称"赤豆粽子")。

菜肴烹调,或炒或蒸,或炖或煎。荤菜有鱼(主要有花鲢、白鲢、草鱼、黑鱼、汪刺、鳜鱼以及带鱼、鲳鳊鱼等海鱼)、肉(以猪羊肉为主)、禽(鸡、鸭、鹅等)、蛋等。蔬菜有青菜、白菜、菠菜、卷心菜、萝卜、茄子、地蒲、冬瓜、南瓜、番茄、莴苣、竹笋、芋艿、大蒜、韭菜、豆制品等。调味品有菜油(20世纪八九十年代以后多食用各种调和油)、麻油、酱油、食盐、辣酱、海鲜酱、米醋、白糖、味精、生姜、香葱、黄酒、胡椒粉等。炎夏喜白烧,寒冬好红烧。口味偏淡偏甜。

家常菜有红烧肉、白斩鸡、糖醋带鱼、荷包蛋、炒猪肝、油爆虾、冷切羊肉、红烧鲫鱼、糊辣鳝丝、糖醋排骨、油豆腐炒青菜、黄芽菜烧粉丝、鳓鲞炖蛋(或炖茄子)、洋葱炒肉丝等。

地方特色菜有文武肉烧笋(咸肉、鲜肉、春笋切成块状,去沫加料后合锅重煮,肉酥笋脆,香鲜不腻),鬆冬菜豆瓣汤(蚕豆登场后,去壳,与鬆冬菜一起放入碗中,滴少许菜油,炖熟,其味鲜美爽口),咸蛋拌豆腐(将生豆腐、熟咸蛋混在一起,加入蒜末、麻油、味精后捣碎拌匀食用,为夏季清凉可口凉拌菜),瘤芥菜炒笋(将腌瘤芥菜和春笋切成块状,熬菜油炒熟,清淡鲜美,咬嚼有声)。

改革开放以来,生活水平提高,生活节奏加快,居民饮食结构和饮食方式渐次改变:主食渐减,副食陡增;除在家烧饭做菜以外,多有外出就餐和购买快餐、熟食及方便食品者;早、中餐随意马虎,晚餐

2008年，农村茶馆

较为注重。境内灵安集镇、同福集镇饭馆林立，酒家遍地，就食者大多本地人士。史桥、徐家庙、龙王庙等地，亦开设餐饮场所多家。

饮茶，一般以早茶为主，每日拂晓，乡间小道上即闻足音跫然，各处村庄中绝大部分中老年男性都喜到集市茶馆喝一壶早茶，熟人之间谈天说地，交流各种见闻，外带出售自产农副产品，尤以蔬菜为主。往时，本地农村也有喝中午茶和夜茶的习惯。

逢年过节、婚丧喜事或亲朋好友聚会、职场迎来客往等各种宴请，均须饮酒。春节宴请，称“吃年酒”；结婚宴请，称“吃喜酒”；丧事宴请，称“吃素酒”；生日宴请，称“吃生日酒”；婴儿满月宴请，则谓“吃满月酒”。往时，人们大都饮用散装黄酒或白酒，或农家自酿米酒，俗称“杜搭酒”。“毛焐芋艿杜搭酒”，被视为传统“农家乐”之典型风情。80年代以后，汽酒、啤酒、白酒、黄酒、葡萄酒、药酒等瓶装酒逐渐取代散装酒。茅台、五粮液、剑南春等高档白酒，各种高档葡萄酒，甚至洋酒渐次端上酒桌，消费量激增。同时又有各式饮料现身酒席。

吃新米饭祭天　旧时，流行“靠天吃饭”一说，意为年成好坏，大多取决于天气如何。故每逢新米碾成，第一碗新米饭就要用来祭天，其意为“谢天上菩萨”，既是感谢上苍的赐予，终于农事顺境，新谷登场，又是祈求来年风调雨顺，再获丰收。当日，农家略备菜肴，有的邀出嫁女儿携家人回娘家同餐，俗称“吃新米饭”。灶山上盛放一碗新米饭，燃香点烛。用茶盅盛新米饭置于木盘中，将盘放在屋前场地高凳上，燃香祭天，祭毕方可就餐。

衣饰

旧时，境内农村男性穿对襟土布衫、大腰裤；女性穿大襟土布衫裤。

建国后，男性爱穿中山装，中山装左上口袋插钢笔，成为最时髦打扮。“文化大革命”期间，流行草绿色军便装（无领章帽徽），突现“革命化”“军事化”之时代色彩。70年代末，戴假领头（即无袖小半件衬衣，穿在外衣里面，露出衣领部分）风行一时；“的确良”服装直挺不皱，色彩鲜亮，洗后免烫快干，成为时尚。

改革开放以后，人们思想观念发生巨大变化，服装款式增多，奇装异服层出不穷。时兴西装、夹克衫、航空衫、羽绒衫、滑雪衫、风衣等。裙子有连衣裙、百褶裙、直筒裙、一步裙等。喇叭裤（上细下宽，臀部紧绷，裤脚宽至足以扫地）、女性健美裤（俗称“踏脚裤”）红极一时。喇叭裤不分男女拉链一律开在正前方，从此改变女裤“右侧开口”传统。

90年代，服装色彩日趋亮丽。青年人服装缤纷绚烂，中老年服装亦渐趋花俏。婚纱受到年轻男女热捧。羊毛衫、丝绸服装及皮衣、皮裤、皮裙子等风靡城乡。服装面料趋于薄、轻、软。棉、麻、丝、毛等天然面料及其混纺织物备受青睐。居民选购衣裤，开始讲究品牌。

进入21世纪，穿着追求个性和多变。混搭、叠穿等颇显个性的穿戴风格流行于年轻人中。各式牛仔服装热销，裙装为女性所喜爱。居民大多崇尚自然、环保、舒适、平和，由热衷购买毛料、化纤衣物变为喜好纯棉衣物。运动装和T恤衫具有轻松、简洁、无拘无束等特点，为大众喜爱的休闲服装。

鞋帽

清末民初，穿布袜布鞋。作客时女着绣花鞋。雨天穿钉鞋钉靴（用牛皮做成，靴底钉有多枚钉子以防滑，且用桐油涂抹）。男子戴碗帽（也称瓜皮帽），中老年妇女习惯戴绉纱双叶帽（无顶，护额两侧），小孩戴虎头帽。稍后，男子流行铜盆帽（又称大礼帽）、鸭舌帽、绒线帽。此时市场上始有机织线袜、纱袜及球鞋、橡胶套鞋。

建国初，流行布质八角帽、解放帽，后为呢制解放帽、工人帽。女性一度盛行针织风雪帽。60年代至70年代，解放牌胶鞋盛行，着皮鞋者不多。上海产白色回力牌球鞋一时成为时髦商品。尼龙袜易洗易干、结实耐用，极受消费者欢迎。80年代以来，鞋帽品种款式日渐增多。尼龙袜渐被丝袜和腈棉混纺袜取代。女子穿高跟鞋、连裤袜成为时尚。嗣后，质地、款式、季节、功能各不相同的鞋应有尽有。人们习惯出门穿皮鞋（或旅游鞋、运动鞋）；居家穿拖鞋。橡胶雨靴渐成历史陈迹。老人小孩外，戴帽者越来越少。女性戴帽，不单是御寒遮阳，常作为与衣着配套的一种装饰。

佩饰

女性多用配饰。旧时女性喜戴耳环。耳环以金质、银质居多。女孩7岁左右即戴耳环，成年后，挂项链、戴手镯和戒指；男孩幼时挂“长命锁”“历本袋”“辟邪钱”“银项圈”，脚踝处戴银质摇铃。富家饰物多以金银珠宝制成，贫者则以铜质假珠宝镶嵌。此类佩饰建国后一度废止，80年代起复又流行，大多为金质饰品及玉器。小孩佩戴小木鱼、摇铃、手镯、脚镯等；成人多佩戴戒指、项链、手镯、耳环、挂件等。女性喜用发夹、胸针等饰物。

发型发式

清代，按满族风俗，强令汉族男子蓄发辫。女盘发髻，样式有螺髻、包髻、连环髻、舞凤髻、蝴蝶髻等。辛亥革命后，男子剪去长辫。民国时期，中老年人大多剃平顶、圆顶或光头，青年剃西式分头（俗称西装头），男孩剃桃子头（前脑顶留桃型发式）或荷叶头。女青年大都剪学生头、童花头。

建国后至70年代中期，男子发型发式无甚变化，女青年开始剪短发，亦流行长辫、单辫、双辫。80年代，男性留长发和女性烫发，成为时尚。90年代以后，传统理发演变为美发，烫发、焗油流行，发型发式日渐多样。较为常见的发色有黑色、棕色或金黄色；发型有长发，短发，卷发。女性大多蓄长发，主要发式有马尾式、蘑菇式、波浪式等。男性习惯留短发，主要发式有平顶式、游泳式、分式等。青年人尤其是年轻女子追求时尚，经常变换发式；中老年人常理一种发式。

美容整形

旧时，境内女孩一般在7岁前，就穿耳洞、“缠足”（俗称“绕小脚”）。辛亥革命后废止。民国时期，少有人化妆。

建国后至70年代，女性崇尚朴实、精干，至多冬季擦抹雪花膏一类化妆品，羞于展示女性美。80年代，部分女性开始使用脂粉。此后各种化妆品多如牛毛，青年女性多喜化妆。

住房家具

旧时，农村居民住房大多建于河边、浜角，以平房为主。数户人家并建，坐北朝南一字排行。房屋结构多砖墙瓦顶。每户一开间（约4米），依次为廊屋、大门间，吃饭间、灶间、房间、柴间、猪羊棚等。各家廊屋连通，便于阴雨天串门。屋前均有10余平方米场地，俗称道地，用于摊晒各种物品。乡间还有少量茅屋，泥墙草顶。70年代中后期开始改造或新建住房，多为二层楼，样式多靠间楼，楼上设有走廊、护栏。90年代新建住房，以三层楼为主，开间扩大，进深缩短，样式增多；别墅式住宅渐次增多，砖混结构，人字顶或四坡式琉璃瓦，外墙多用瓷砖、马赛克或涂料粉饰。但缺乏规划，甚为分散。同福乡境内只有杨元新村等少数新村建成。

往时，农村主要使用实木、竹编家具，有八仙桌、长条凳、垫架床、暖橱、箱垫、箱子等。70—80年代，小方桌、床头柜、五斗橱、大衣橱、食品橱、沙发、写字台、三靠床、高低床流行。90年代以来，钢木、软体、人造板以及玻璃、大理石家具渐次出现。家具由分体式变为组合式、嵌入式；风格有古典式、现代式。

建屋

建屋造房，民间历来视为大事，故十分讲究，仪式繁多。主要顺序有开日、破土、落木、定磉、起樞、上梁、安土等，若是旧屋翻新，还有除旧。

开日　即择日。主家提前一月左右请星家选定吉日良辰，星家在一张红纸上罗列除旧、破土、落木、定磉、上梁、立灶、开棚、起坑、安土的具体时间，主家照单执行，万事不更。

除旧　即拆除旧屋，按星家所定时辰，由主家男丁先拆除烟囱、灶山，接着由帮工拆屋除旧。灶山上的灶君牌子用红绸包好，临时放在洁净地方，待新屋建成，重垒新灶时复位。

破土　一般选择五更时分，主家用鱼、肉、酒等请土地菩萨，在建房区域外围翻若干小坑，坑中撒石灰，以示圈地。

落木　即落料，由领班木匠（俗称“木匠作头”）落定木料，表示木匠活儿开始，主家一般要送红包给领班木匠，并请吃糖蛋。晚餐要办落木酒，菜肴丰盛。

定磉　即测定新屋方位，由领班泥水匠（俗称“泥水作头”）撒白石灰定样，晚餐要办定磉酒，酒菜丰盛。主家也要送红包给领班泥水匠，并请吃糖蛋。

起樞　即按星家所定时辰立柱。晚上主家须办酒宴，一般备有酥肉。

上梁　是建屋过程中一个最重要的仪式。一般在寅卯时分进行，也有为取顺利，在辰时进行的。一般由媳妇娘家备猪头一个，猪尾衔在猪嘴中以代全猪；活鲤鱼一尾，活雄鸡一只，外加上梁年糕、水果等，以祭请菩萨（俗称“梁屋子”）。架栋梁（正梁）时，由木匠作头到场操作，手托一盘，盘中盛上梁馒头，沿梯而上，吟唱“脚踏云梯步步高，鲁班先师采仙桃”等上梁歌。唱毕，在上面一一抛下盘中年糕，边抛边唱“金玉满堂，金银财宝用斗量；成双富贵，连中三元；四季发财；五子登科；六六进财香；七子保团圆；八仙来过海；九子九孙都宝贵；荣华富贵万万年”等好口彩歌词。主家在下用红布单接年糕，当唱至最后一句时，木匠作头将所有年糕一起抛下，主家接住时口喊：“重呀！重呀！”随即置于供桌上，斋拜完毕，鞭炮齐鸣，以示庆贺。新屋正梁居中用“顺治”铜钱钉红绸，寓意诸事顺利，并用红纸书写“上梁大吉”字样，两旁柱子上贴“上梁正遇黄道日，立柱恰逢紫微星”等吉利对联。次日，亲朋好友或送钱或送物表示祝贺，主家当晚设酒席宴请亲朋及所有参加建房者，称上梁酒，酒后主家分送上梁年糕。

安土　也称“谢土”。一般在新屋建成一段时间后进行。由主家众男丁在一间新屋中用酒、肉、鱼和素食多样，外加接土圆子及纸头马幛等祭拜土地菩萨。拜毕，此屋封闭七天，不准外人（尤其是女人）踏入，以示对菩萨敬重。安土后，不宜再动土。

另外，还有若干泥水活儿也需要开日，如立灶、起棚、排坑，完工后要用酒肉祭拜灶神、棚头五圣等。

取名称谓

旧时，农村习惯以字辈取名。字辈即指辈分，一个家族或家庭同辈人名字中共用某个字，一般置于姓名中间，如朱森林、朱森木、朱森江、朱森金；亦有置于姓名末字，如同胞手足或辈分相同的族人取名金林、坤林、松林、荣林、建林等。

取名,反映取名者文化素养、情趣爱好、志向期望,具有明显的时代特征。旧时,大多选用“荣”“华”“富”“贵”“光”“宗”“耀”“祖”“福”“禄”“祥”“和”“仁”“义”“德”“高”等字。50 年代,“建”“国”“民”“新”“强”等字使用频率较高,取名建国、建新、跃进者尤多。“文化大革命”期间,“红”“卫”“军”“兵”“伟”等字流行。改革开放以来,“雨”“晨”“宇”“飞”“涵”“博”“欣”“轩”“佳”“思”“琪”“昊”等字大量入名。80 年代取单名成风,重名较多。90 年代之后,取双名增多。独生子女,用父母双姓取名者渐多,姓名甚至多至 4 字,重名减少。

婴儿降生,除取一正式名字申报户口外,常取一个小名作昵称,非正式场合多使用昵称。

建国前,教师及其他有文化者称先生,习艺者称师傅,富有者称老板,地方绅士称先生、老爷。建国初,不分职业、年龄、地位,大都互称同志。80 年代,称“师傅”较为流行。90 年代以后,称“老板”渐成风气。大小工商业主及个体经营摊主,均被称为“老板”;商业服务行业的工作人员对服务对象亦称“老板”。年轻女营业员、服务员统称“小姐”。在工作单位称职务居多。对担任领导职务者,不分正副职,概用简称,如“某乡(长)”“某局(长)”“某所(长)”“某总(经理)”等。对教育界、文化界人士,习惯称“老师”。熟人之间,视年龄大小在姓氏前加“老”“小”相称。向陌生人问讯时,常称“大伯”“大妈”“大阿哥”“大阿嫂”。

第二章　岁时礼仪习俗

第一节　岁时习俗

春节

农历正月初一。旧时,农村居民过春节(俗称过年),自农历十二月廿三日开始,到次年正月十五日结束。其间,有各种习俗。

送接灶神　农历十二月十二日,农村为蚕花菩萨生日,也请灶家菩萨(详见《生产习俗》之《蚕生十二》)。农历十二月廿三晚,各家在供有灶神像的灶龛前摆设水果、糕饼、赤豆糯米饭、清茶等供品,祭请灶神。祭毕,将灶神像放入篾扎送灶棚中,焚化在垫有冬青、柏枝的柴堆上,使其“噼啪”发声,俗称“送灶”。不少人家的灶君堂上面写有“东厨司命”四字,两侧写有“上天奏善事,下界保安康”等字样。除夕夜过子时,户主持香在门外望空长揖,谓之“接灶”。“接灶”后,灶龛中摆入新的灶君像,供品改用年糕或小圆子,俗称“接灶圆子”。

请神祭祖　农历十二月廿八日夜间开始,各家都要请神祭祖,俗称“过年”“请年菩萨”“拜年太太”。先请神,一般在夜间进行。用 2 只或 4 只八仙桌拼搭成供桌,摆上猪头(或一大块肉)、整鸡全鱼、果蔬等供品,供品上盖红纸。供品多少视家境贫富而定,均比其他季节请神为丰。请神次日祭祖,供品需增加若干素菜。向有“敬神菜仍可祭祖”之说,反之祭祖的菜称为残菜,不可敬神。

吃年夜饭　农历腊月三十(小月廿九日),称“除夕”。除夕夜吃年夜饭,意为全家团圆,必须等齐家人后方可就餐。菜肴不一定丰盛,但须有象征吉利、幸福之类菜肴,如发菜谐音“发财”;肉圆子象征团圆;鱼是必备菜,意为“年年有余”。吃饭须盛两次,取成双富贵之意。不吃粥,不淘汤,不剩“饭碗头”。锅中饭须有剩余,称“隔年饭”。用餐毕,长辈给小孩发红包,俗称“压岁钿”。屋内须洒扫干净,旧俗次日年初一不得扫地,否则谓“扫财出门”。

守岁与烧头香　除夕夜燃点大红烛,阖家须子时以后方能就寝,谓之“守岁”。烛不吹熄,任其燃尽。是夜,商家提着灯笼向欠户收讨欠款者络绎于途,因过了除夕夜,年初一至正月十五不能再讨债。当夜,许多善男信女都到庙宇争烧头香,祈求菩萨赐福。时下,多有至福严寺或他处“烧头香”者。近年来,除夕夜从晚上 9 点左右开始,到福严寺烧头香者往往肩摩踵接,一直延续至大年初一。入夜,从福严寺往外延伸,私家车一辆接一辆,蜿蜒数里,若长龙摆尾。人们彻夜不眠,福严寺内外更是人山人海,水泄不通。

拜年　农历年初一系“一元复始,万象更新”之日,故一切尚吉利,求和气。旧日,年初一清晨,须先拜祖宗,次拜尊长,相继出拜亲友,谓之“拜年”。此来彼往,均设宴食,俗称“吃年酒”。是日,小孩穿新衣、戴新帽、着新鞋,尽情玩耍,若有胡闹,家长也克制不打骂。路遇熟人,双方抱拳作揖,互祝“恭喜发财”“春节好”。至亲中若有新婚者,要设宴相邀新郎新娘,俗称“邀新客人”。客人登门须泡糖茶(镬糍与白糖一起冲泡),摆果盘,盘内装瓜子、蜜饯、长生果、寸金糖、麻片糖等(近来多装各色时新糖果),还须芝麻炒年糕,用以待客。年初一,集镇上的工商户一般提早打烊,而卖年画、花爆、糖果的商家,尤其是茶店,比平时生意倒好,故延长营业时间。近年来,过年风俗多有变化。多在年前,遍邀亲友,设席多桌,一次性宴请,年后则少有往来。而趁春节期间外出旅游者,渐次增多。

接财神　农历正月初五,民间称“财神日”。初四夜里就开始设供请神,称之为“接财神”,其礼仪与过年敬神相仿。唯在供桌上方供“五路财神”马幛,祭品有肉、鸡,并悬活鲤鱼一尾,谓之“鲤鱼跳龙门”,祭毕将鲤鱼放生。

元宵节　农历正月十五为元宵节。早上吃青菜年糕,意为春节结束。串亲访友将告一段落,过年待客的“年菜”已经吃完。民间有“拜年拜到正月半,烂溏鸡屎炒青菜”一说。

建国后,过春节的习俗趋向简化。请神祭祖只求形式,供品随意。吃年夜饭不再拘泥于除夕夜,只要家人约定,年前任选一天均可。集镇上选饭店“吃年夜饭”的习俗日渐流行。除夕夜守岁,主要观看电视,至深夜零时钟声敲响,到阳台或室外燃放爆竹,辞旧迎新。拜年除沿袭传统方式外,时兴电话拜年、电子邮件拜年及手机信息拜年等。宴请客人时,几乎所有亲戚都一次或两次全部邀完,时间大都安排在年前。住在集镇上的,也有上饭店请客或请厨师上门掌厨。村民过春节不再整天围着锅台转,大多走出家门休闲娱乐,外出旅游的人也越来越多。机关事业单位春节放长假 7 天,至正月初七或初八陆续上班。

清明节

为二十四节气之第五节。既是时令节气,又是传统大节,民间一向有“清明大如年”之说。每逢清明节,农家大门边插杨柳,男女衣襟前发髻边均戴柳叶,谚称:“清明不戴柳,红颜成皓首”。清明节须裹粽子,还要用糯米粉做成青、白两色的茧型粉团,称“清明圆子”。青色的是用石灰渍好的南瓜叶糅合糯米粉做成,色泽青绿,以“五白二绿”为一帖,故有“清明圆子绿顶头”一说,又有将米粉用木模印成猪头、鸡、鱼形状,俗称“三牲”,用麦芽粉、绵絮头草和糯米粉做成甜麦塌饼。制作甜麦塌饼的流程颇复杂。先是将糯米磨成粉,绵絮头草煮熟后揉入糯米粉中;揉匀后,做成筛笼圈模样蒸熟,再在熟粉中揉入磨成粉末状的麦芽;搓成一个个圆子状,有的还嵌入豆沙等馅,圆子两面黏附芝麻,最后在熯盘上(若无熯盘,则改用铁锅)将甜麦圆子两面熯得焦黄脆松。清明圆子和“三牲”为祭祀蚕花诸神的祭品,甜麦塌饼是寒食。清明前三天,家家户户敬神祭祖,请“蚕花五圣”“马鸣王菩萨”,祈求蚕事丰收,故有“三日清明四日年”之谚。吃清明夜饭要有炒螺蛳、藕嵌糯米、芽蚕豆、马兰头等菜肴。食后将螺蛳壳抛于屋顶，谓“除瓦刺”，可诱瓦刺入壳以免其害蚕；吃藕预示来年蚕丝又长又好；吃芽蚕豆是讨“发家”的好口彩；马兰头等时新蔬菜，则取其色之“青”，以合“清明”之意。

清明前后三天，是祭祖扫墓之日，要“请太太”“上坟”。“请太太”即家祭，为家中祭祀。“上坟”即扫墓，合家聚集于祖坟，摆设供品，点烛焚香，依次作揖磕头；并焚烧纸钱，除草添土，近来又有披挂彩色纸条、献鲜花、纸花之新俗。

清明节，男女老少出游田野，称“踏青”。乡间还有摇船至含山“轧蚕花”，或至洲泉东侧双庙渚（属清河村）观看蚕花胜会。亲友互邀做客，礼节颇郑重。

清明祭祖之俗，建国后一度被视作旧风俗而被禁，改革开放后注重恢复民俗传统，民间过清明节之俗遂逐渐盛行。2008 年起，清明节被列为国家法定节假日。

立夏

为二十四节气之第七节。有吃麻球、香豆腐干、灰鸭蛋、蚕豆之俗。俗谓立夏食麻球，可免蚊蝇叮咬。用竹笋、咸肉、荠葱、豌豆烧饭，名“立夏饭”；将锅子、餐刀等一应炊具携至野外，拾柴烧煮，称“野火饭”，以为食后可以健身。此日，小孩禁坐门槛，旧有“立夏坐门槛，生病床腘坍”之说。将小孩领至野外桑地吃粽子，谓可免“疰夏”。是日，用糯米粉做成“立夏狗”，每人吃一只。吃过“立夏饭”，村上悬大秤，人人称体重，肥瘦有数。女儿出嫁后第一个立夏日，娘家要端立夏饼、羽毛扇子。农家开始用面粉、蚕豆做酱，俗称“杜做酱”。

端午节

农历五月初五，为端阳节，亦称端午日。民间流行吃粽子，有三角锥形和四角枕形两种。《风土记》载：“端午进筒粽，一名角黍，以菰叶裹之如角，故名。”民间多以箬叶裹糯米，内放赤豆或咸猪肉，称“端午粽”。新俗也有干脆从五芳斋等名店购买现成的粽子。吃过端午粽以后，天气虽逐渐转热，然时有冷空气袭来，气温骤然下降的情形，故民间一向流行“勿吃端午粽，寒衣不可松；吃了端午粽，还要冻三冻”的谚语。旧时端午又有吃黄鱼、灰鸭蛋等俗。

2008 年起，端午节为国家法定节假日，放假一天。

六月六

农历六月初六，俗称猫狗生日。以往，每逢此日，大人和小孩都要到河中洗澡，据说可以保身体健康。随着环境污染的加剧，河水不复清澈，此俗渐废。

立秋

为二十四节气之第十三节。1956 年境内改种双季稻后，立秋适逢“双抢（抢收抢种）”农忙之时，又有“双抢不过立秋关”之说。

七夕

农历七月初七夜，传为牛郎织女鹊桥相会之时。时至傍晚，月华初上，清辉洒地，村中孩童，多喜集于一处，点数星星，遥看银河，纳凉夜话。

中元节

农历七月十五日，俗称“鬼节”。境内流行祭拜祖宗，邀亲朋聚餐，名曰“过七月半”。点心有新麦磨粉制成的麦圆子、麦糕、馄饨等。傍晚时，用蚌壳盛放少许菜油，燃亮浸在油中的灯芯草，放置三岔路口，或放入小河里，任其随水漂流，俗称点狗屎灯香。民间传说，此俗乃为鬼来能敲潮烟点火用。

地藏王菩萨生日

农历七月三十（月小为廿九）日为地藏王菩萨生日。是日晚上，家家户户点烛插香于地面，俗称

“插地藏香”。村中孩童多于次日集拢香棒,充作玩具。

中秋节

农历八月十五日为中秋节。旧时,与鬼节相对应,有“人节”之说。中秋节与春节、清明节、端午节同为传统大节。相传此日为月宫嫦娥生日,故有“吃月饼”之风俗。中秋节又为人间团圆节,所谓“月圆人团圆”。

2008年起,中秋节为国家法定节假日,放假一天。

重阳节

农历九月初九为重阳节。旧时,重阳节亦称“登高节”。

按传统观念,“九九”含生命长久、健康长寿之意。1989年,重阳节被定为老人节,遂成老年人特定节日。其时,正值农闲,秋高气爽,故历来有“九月九,三个姑娘上杭州”一说,意即正是出门旅游的大好时节。

冬至

为二十四节气之二十二节,为年终大节,乃有“冬至大似年”一说。农村居民将新糯米做成“冬节圆子”,遍邀亲朋过冬至节,且将冬节圆子分送城里亲戚,城里亲戚则回赠糕饼果点,不得让其空手而归,俗称“回篮”。是日,将在郊外棺木中的故人尸骨,捡入甏内,挖土掩埋,是为入土为安。也有将未成年孩子的棺木焚烧,俗称“烧小棺材”。旧时又有俗语谓“有钱冬至夜,无钱冻一夜”,意谓家况不同,冬至景象亦殊异。农村居民迄今仍保留过冬至习俗。

关于岁时,农村中还有这样的农谚:三月三,鲤古(鲈鱼)上岸滩;四月四,鲤古(鲈鱼)退落水(也称上钓子);五月五,买个黄鱼过端午;六月六,猫狗众牲潮个浴;七月七,买只西瓜切介切;八月八,买只老菱剥介剥;九月九,三个姑娘上杭州。

第二节　礼仪习俗

婚嫁

旧时,农村婚嫁,凭父母之命,媒妁之言,明媒正娶。从说媒、订婚到结婚,程序礼仪烦琐。富家依此行事,平民限于财力,或诸事从简。

男方在订婚、结婚过程中需多次向女方送礼。礼品除金银首饰外,还有礼钱。整个程序大致如下:

1.“对八字”:男方托媒人去女方家提亲,“取八字”(即庚帖,将女方出生年、月、日、时辰八字写于红纸)。2.“排八字”。男方请算命先生测定双方“八字”是否相合。如不合,退回女方庚帖,附送糕点。3.“担茶报吉”:俗称“定亲”。男女双方“八字”相合,男方通过媒人向女方报喜送礼,请求同意这门婚事。并办酒宴请有关亲族,俗称报吉酒,亲族也要送礼钱。4.“话亲”。男方择定婚期,提早数月请媒人告知女方,求其同意。女方要待媒人来回跑二趟才会答应,除含对出嫁女儿依依不舍之情外,一则成双,图个吉利;二则不愿一呼即允,以显尊贵。婚期一俟确定,男女双方须办“话亲酒”,向亲戚朋友公布。5.娶亲:俗称“好日”。结婚之日,新郎亲至女家迎娶新娘。

结婚前,男方要向女家送“拢头”。即新娘结婚用的头饰和衣物。男方将新娘服装、首饰等置于木盘中送往女家。

娶亲通常选择冬天农闲时节,或在早春举行。一般三天排场,第一天请媒人吃蹄子酒称待媒夜饭,叔伯、舅父、姑父等作陪。请齐三司(乐司、厨司、茶司),做好各项准备。第二天上午,男方开拢头

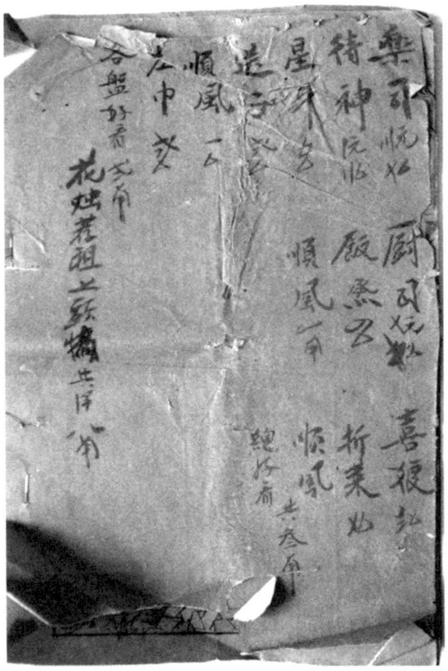

旧时举办婚宴给各色帮工的酬劳清单

船去女家，船中放梳妆台及新娘服饰，舅父或姑父携一官箱前往，内盛正封、堂上、柯礼、尊舅、贺鸾等封筒，由叔伯摇船，称“摇船大伯”。若女家对男家的礼金数量无异议，则留男方来宾吃饭，称落嫁酒；若有争议，男方再添礼金，直至女方满意为止。酒后，拢头船急急转回，准备带上新郎等去娶亲。新郎迎娶新娘前，须先在宅中斋新官，乐司奏乐，新郎等祭祖，称“上头”。陪同娶亲者多为新郎兄弟、堂弟、表弟等至亲青年男性。其时，男方须备多个封筒，有尊舅、堂上、裁衣、厨司、炖茶、挽水等，其用途是：正封，即礼金，数额最大；堂上，送女方父母；贺鸾，给新娘压寿用，一般是一只金戒指，尊舅，送小舅子；厨司，给烧喜酒的；裁衣，给裁缝。此日，新娘穿戴一新，上轿抬至娶亲船。并置于船头。

娶亲船驶至女家河埠时，鸣放炮仗，乐司奏乐，女方有人在此等候，是时女方紧闭大门，男方须将“门封”塞进门去，女方才肯开门，意谓讨个吉利。此后，女家设糕点招待男家娶亲诸人。新娘在内房梳妆打扮，拖延时间，以示尊贵，称“赖台”。新娘出房时，由兄弟抱上船，船开到男家河埠头，新郎舅母或姑母负责招呼上岸，新郎舅父将新娘抱上岸，表示系男方娶来，而非自己走上门来。从河埠到新郎家，新娘须立足麻袋上，且用两只麻袋轮番连接，新娘足不可着地，是谓“接袋”。“接袋”与“接代”谐音，表示新娘以后多子多孙，能为夫家传宗接代。一进家门，即由喜娘牵引拜天地，乐司奏乐，送亲人吃糕茶，小舅子撒喜钱，舅父、姑父举花烛，引新郎、新娘入洞房。与此同时男家帮工忙着抬嫁妆。旧时嫁妆视女方家境而有不同，但火炉、暖橱、衣箱、梳妆盒、子孙桶、锡壶等几种皆为必备。另外，还嫁一对蚕花鸡、两枝蚕花竹、两株桑树、一盆万年青、六张瓦、一只针线团匾、被褥若干条、天叉、地叉各一，天叉为打绵线的叉头，地叉为烧火用的火叉，意谓女儿嫁到男家后，天和地顺，蚕壮粮丰，生活节节高。

新娘落嫁，需准备一凳一桌，凳上置红绸缎，凳下有蚕花笪，铺以红纸，纸上放镯子一双，称“踏镯”，又有蜡台一副，蜡烛一对（不用点燃）。新娘用两只麻袋接出，坐条凳上，父母为其戴上首饰，蒙以红头巾。然后吃糕茶，一口糕，一口糖茶，凡三次。糖茶谓甜甜蜜蜜，糕则喻高子高孙，上好红头巾，新郎新娘并立，此时乐艺师傅高喊：“行礼行礼双行礼，成双新人请抬身”，舅父则将新娘抱入轿中，随行邻里搬嫁妆，鸣爆竹奏乐。

新娘迎娶至夫家后，即行婚礼。乐队奏《喜相逢》乐曲，铳声大振，掌礼人高唱“一拜天地，二拜父母，新郎新娘相对交拜”，新郎新娘则依次行礼。礼毕，花烛引路，一路吹打，进入洞房。喜娘请新人按男左女右并坐床沿，称坐床。随后，新郎用秤杆挑去新娘头盖幞巾，寓意“称心如意”。农村举行婚礼，拜天地时门槛内外各放一椅，一朝北，一面南。大门内置八仙桌两只，桌上设蜡台一副，堆花蜡烛一对、清香三支、水果三种、糕饼三样、干果（枣子、桂圆、核桃）三份，摆寿桃（一盆16个，堆做4层）三盆、盅子（前三后三）6副、面8筒（一边4筒）、星官马幛2副、糖茶2盅。新郎舅父从轿中抱出新娘，新郎在前，新娘在后，新娘先坐朝北椅上，新郎再坐，面南，男方母亲将蚕花接到新房，然后男方父母喂新郎新娘糕茶。糕茶用毕，乐艺师傅喊：“华堂催请接新人，笙歌嘹亮满乾坤，早请堂上深施礼，参拜本命众星君。”此时新郎新娘走至桌子北面，面南并立，乐艺师傅又喊：“天作一对好鸳鸯，龙凤花烛结成双，今日洞房花烛夜，明年养个状元郎，一拜天，二拜地，三拜祖宗，夫妻对拜，送入洞房，”拜天地仪式结束。

婚礼毕，即邀亲朋好友入席。亲朋参加婚礼者，必送贺仪，俗称“人情”。至亲如舅父母、姑父母，姨父母等除贺仪外，还须另行送礼，一般为被服、糯米圆子、米等。

农村喜筵，一般三日排场，菜肴多为鸡鸭鱼肉等荤菜，第二日晚餐正酒时，婆婆（俗称“阿婆娘”）将新娘一一介绍给亲戚长辈，男方至亲长辈馈赠新娘红包（即见仪，俗称“见面钿”）婆婆代新娘回赠毛巾、喜糖，新郎新娘还须向所有来宾分送香烟、喜糖，并敬酒。女方也须设宴，称“出嫁酒”，规模类于男方，费用则由男方负担。宴毕，亲朋好友到新房调笑新婚夫妇，谓“闹新房”，新郎、新娘对所有善意的调笑都不得还以脸色。第三日，一般早餐谢相帮，中餐男方设筵席宴请新娘长辈及新亲。

除男方娶媳，还有入赘（男方到女方家里落户，俗称“招女婿”。入赘女婿改女方姓，所生子女从母姓）、续弦（妻死再娶，俗称“讨填房”）、童养媳（由婆家养育女婴、幼女，待到成年正式结婚）、调门亲（双方均有姐妹未嫁，互换姐妹成亲）、抢亲（未婚男子将私订终身遭父母反对或企图赖婚的未婚女子抢至家结婚成亲）、纳妾（俗称“讨小老婆”）、“接河泥腿”（旧时男子无力娶妻，到寡妇家落户，一般不拜堂，略备薄酌招待长辈，男子不改姓但有继承权）、“叔嫂并亲”（女子丈夫不幸去世，与其弟结合）。

建国后，禁止包办婚姻，实行婚姻自由，一夫一妻。废弃纳妾、拖房、童养媳、抢婚、阴婚等婚姻形式，自由恋爱、自主婚姻渐成风气。《婚姻法》规定，男女双方向乡镇民政部门申请登记，经审查合格发给结婚证书，便成合法夫妻。但民间习俗领取结婚证后须再举办婚礼，向亲友和公众宣告结婚。政府倡导婚事简办，曾出现不办喜宴只发喜糖的茶话结婚、旅行结婚及集体结婚，但均未能普及。农村地区大多沿袭报吉、对八字、定亲、订婚、娶亲等传统礼仪。

改革开放以来，婚嫁程序和礼仪渐趋简化，流行用轿车迎亲、在酒店办喜宴（农村在家办喜宴居多）。

80年代后，居民生活水平大幅提高，婚嫁条件水涨船高。女子出嫁，从男方有房即允进而要求男方建造新房或购置套房；嫁妆从黑白电视机、缝纫机、录音机、陆地台灯、电风扇进而大屏幕彩色电视机、空调、电脑及汽车。农村，往往新旧婚礼混杂，习俗照办，现行新法亦不可少，费用水涨船高。有的农村居民在城镇购房入住，除农村举办婚礼外，还要在城镇另办酒席招待客人。

随着独生子女逐渐进入婚嫁年龄，民间婚嫁风俗又有新变化，或谓之“两头开门”，俗称二头拜家堂。意即既非男方娶媳，亦非女方招赘，与旧时承继两家之礼法稍有相似。举办婚礼前双方都有协定，最为关键的是第一个子女生下后从谁姓。双方因此或争论不休，或协商办事，乃至摸号而定，种种方式，不一而足。若摸号而定，则不管生男生女，摸到为准。此类婚姻，男女户口仍留原籍，两头装修新房。举行婚礼时，采礼互不往来。酒席费用亦各自负担，新婚夫妇须到男家女家两处参拜天地。传统意识浓的家庭，洞房花烛夜新人睡在何家都非常讲究。联姻双方如父、祖两代长辈健在，则新婚夫妇以后须赡养双方祖父母和父母。

寿诞

生儿育女：出生前，外婆家送衣裤、饰物及食品，俗称“催生”。出生后，亲友送滋补食品（红糖、鸡蛋必不可少），俗称“拿蛋汤”。上午送礼，礼品成双，含祝贺孩子“不孤单、能上进”之意。出生第三日，去太君殿供物谢神，在家请太君，办酒席，称之“做三朝”。满月之日，办满月酒，分发红蛋、寿桃，象征吉祥。婴儿剃胎发，称“剃满月头”。将胎发用红布包扎挂在床上，以为可使孩子胆大。一周岁生日，办周岁酒，周岁俗称“拿周”。周岁送礼必有鞋、袜，以祝孩子稳步走路。

父母为孩子生日举行庆祝仪式，俗称“过生日”。每逢儿女生日，母亲都会烧糖蛋或下面条，含“甜蜜、圆满、长寿”之意。

子女为父母生日举行庆祝仪式，俗称“做寿”。旧有“做九不做十”、“做三不做四”之习俗，一般在父母49岁时开始做寿，每10年做一次。寿礼有红包及烛、面、酒、鱼、肉、寿轴等。收礼时要退还一半，称“回篮礼”。吃寿面，并向左邻右舍分送寿面。父母66岁时，女儿(如无女儿，则以外甥女或过继女儿代之)要奉敬66块红烧肉，父母食后，据传可闯过“人逢六十六，阎王请吃肉”之关。此俗流传至今，唯做法渐趋简化：或以肉6大块加6小块代之，或取肉一方块，煮熟后划成66小块。

29岁俗称“韩信关”，做寿可逢凶化吉。代替三十岁这个最早的寿诞。男的一般由岳父家为女婿做寿斋新官。

建国以来，上述礼仪大多沿袭，但形式有所变化。如今，小孩出生、满月、周岁送礼，以红包居多。办满月酒、周岁酒、生日酒及寿酒大多去酒店，亦有在家中办的，寿桃大多换成蛋糕。过生日或做寿，农村的形式相对比较简单。

丧葬

旧时，丧葬有送终、转场、报丧、上庙、守灵、开吊、戴孝、入殓、哭丧、出殡、安葬、素酒、设灵、做七等礼仪。

送终　老人临终前，子女须环侍在侧，听取遗嘱。断气时，子孙手持燃香，跪地嚎哭，称“送终”。断气后，立即替死者脱衣净身，换穿寿衣。同时，撤去蚊帐，遣人去三岔路口焚烧草鞋。

转场　将死者抬至门板上暂放，俗称“转场”。死者躺着的门板称尸场。摆放死者的房屋遂成灵堂，悬挂白色孝帘、遗像，燃安息香。死者头南脚北躺卧，头前放米饭一碗，插竹筷一双，俗称“头边羹饭”，脚后点燃油盏头，谓之“长明灯”。停尸几天不等，停三天称“慢三朝”。

报丧　丧家确定殡殓时辰后，派人或函电向亲友告知死亡、“盖棺”、“出材”日期，即谓“报丧”。亲友对上门报丧者要请吃糖蛋、糖茶等“烟火食”，以消晦气。

守灵　俗称守夜。古人以为人死后三天内要回家探望，因此子女守候在灵堂内，等其灵魂归来。每夜都有亲友伴守，直至死者大殓入棺为止。后来，守灵演变为亲人聚在一起，悼念死者的方式之一。守灵多以三天为限。

开吊　丧家设好灵堂后，接受亲友吊唁称“开吊”。是日，堂中设灵堂，堂前用白布作幔(俗称“孝堂”)，幔前放方桌，供以鱼肉，燃点香烛。至亲须办“羹饭”，自族备蜡烛素仪至灵堂吊唁。亲友吊唁时，不论辈分大小，一律按“死者为大”规矩，上香跪拜；死者子孙跪地回礼。

戴孝　父母亡故，儿女须披麻戴孝。儿子头戴粗麻帽，身穿白长衫，腰束麻草绳，脚穿麻面鞋，为重孝。女儿、儿媳头戴白帽，身穿白衣裙，脚着白面鞋，腰束白布条，俗称“白挺带”。曾孙辈戴红布帽，臂缠红布条，脚穿白帮红跟鞋，身披红披风，出葬时撑红布伞。

入殓　长子捧头，次子捧脚，将死者放入棺中，盖上子盖称为“小殓”。若死者无子则由其女，若无子女则由侄辈代其职。入棺后，放入死者生前所爱之物及冥器，依次叠盖亲友所馈“海被”，子孙所送之被，谓“子孙被”，须覆最上面。晚辈手扯绵兜蒙于尸体之上，称作扯绵箱。儿辈及至亲手持盛米升箩，内插蜡烛，依次绕棺数圈，称“盘蚕花”。时僧道诵经，乐师吹打，女眷哭嚎，最后盖棺敲榫，称为“大殓”。

哭丧　由女儿或媳妇担当。哭时有腔有调有词句。

出殡　俗称“出葬”。出葬行列以开道者、纸扎“引路幡”、僧道乐队、棺材、送葬家人及亲友依次排列。开道者于队前“撒买路钱”(纸剪铜钱)，以免野鬼纠缠。家人披麻戴孝，一路哭嚎。途中，抬棺人如下柱换肩，子孙须下跪致礼。丧家道地上燃烧草柴置“烟火墩”，落葬后，送葬者要绕行返回，跨过“烟火墩”进入丧家，以免亡灵跟随回家；还须饮糖茶，吃糖果，以示除晦。

安葬　无定期。或大殓后即安葬。或用砖木筑“棺材亭子”暂时停放，待选好地基，看风水后择日安葬。死者若为孩童，装入木箱，用稻草覆盖，俗称柴草棺材。至冬至夜，用红绵兜包裹尸骨，搁置在河边杨树叉间。

上庙　死者入殓安葬后，亲友（除长辈外）身着丧服，跟随僧道乐队至当坊庙内烧香，俗称“上庙”。一路号啕痛哭、撒纸钱。回幡棒敲庙门，众人跪入，在庙中各神像前磕头揖拜，烧纸锭锡箔，意为到地狱探亲，求鬼神庇护死者。

素酒　俗称“吃豆腐饭”。出葬前，丧家招待用餐以素为主，豆腐必不可少。高龄老人殁后，不论是否亲朋，都可至丧家讨豆腐干吃，民间有“吃老人豆腐干长寿”之说。出葬时办一餐素酒，称“吃斋”。出葬后，改用荤菜招待。送葬者吃荤吉利，称“吃荤当散”。

设灵　出葬后，丧家在客堂摆桌椅，桌上供死者牌位（又挂死者照片），椅下放死者鞋子，称“设灵”。灵台俗称“座台”。每日由家人供斋饭，名“座饭”。死者为小辈，设座百日撤去；死者为长辈，须设座三年。撤时举行仪式，称“除灵”或“化座”。

做七　死后每七天，家人都要举行悼念活动，至“七七”结束，俗称“做七”。“头七”由出嫁女儿做。二七称二通，由道士摇铃念诵，俗称接丧。“五七”最隆重，要请僧道念经拜忏，超度亡灵；还要宴请亲友（俗称“吃五七酒”），分赠“五七粽子”。“七七”又称“断七”。“七七”过后，至亲方可脱孝。

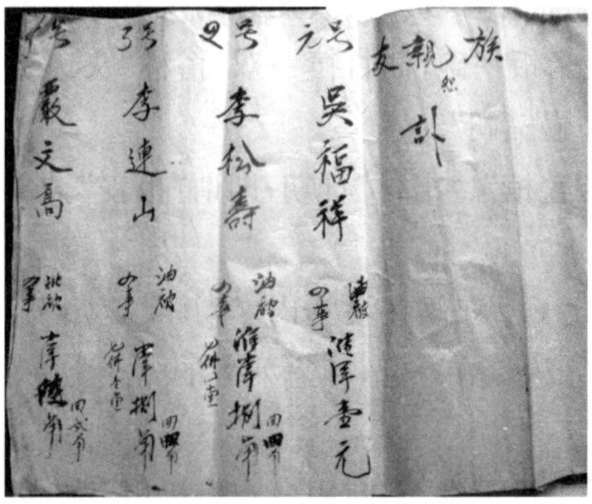

旧时丧礼上亲友送礼的清单

建国后，移风易俗，逐步树立厚养薄葬观念，丧葬礼仪渐趋简化。但报丧、守灵、戴孝、出殡、办素酒等遗风犹存。治丧期间，遗属及亲友臂缠黑纱，妻子、女儿、媳妇加插白色头花。吊唁者多送花圈，至亲好友还送“人情”（白纸封装）、挽幛（绸缎被面）。丧家宴请，以荤菜为主（但必有豆腐）。1987 年实行殡葬改革后，居民去世一律火葬。建立公墓或安息堂，集中存放骨灰盒。20 世纪 80 年代以来，民间相继出现哀乐队、殡葬服务等经营机构。丧家电话联系，即可上门提供布设灵堂、雇请哀乐队、租购素衣黑纱、落实殡葬用车、运载尸体至殡仪馆火葬、安排素酒等一条龙服务。

附：

旧时丧葬仪式复杂而烦琐，而且有浓厚的迷信色彩。老人弥留之际，子女必须侍立左右，直至逝世，俗称“送终”。瞑目时，烧草鞋、雨伞、包袱、香纸、锡箔，叫做“送盘缠”。将遗体置门板上，移至中堂或堂前右侧，头垫七块瓦片，面盖草纸，口含一枚红纸包好的铜钱，脚后点一盏青油灯。同时差人带一把雨伞往亲友家报丧。到亲友家，将雨伞顶朝上，竖于门槛上，亲友接到凶讯，即备礼前往吊丧。女婿送寿桃、粽子、猪头、全鸡、全鹅；一般亲友送香纸、寿被、挽联、绸缎被面等。入殓，俗叫“落材”。殓棺前给死者梳洗更衣，然后由长子捧头，女儿或女婿捧抱进棺材，放入木炭、石灰包，再将亲友送来的“寿被”一一盖上，并由女儿、媳妇报送者姓名，最后合棺，谓称“封材”。

出殡仪式最为隆重，富裕人家，出殡前要请道士做三日天夜道场，超度死者，叫“做功德”。出殡日，要请有地位者宣读祭文，焚烧神像，子女披麻戴孝，足穿草鞋，在孝堂拜见吊孝亲友。出殡时，女婿举坟头伞、背纸钱袋前导。亲友戴白帽、白兜、捧香随后。一路鸣锣击鼓、吹唢呐、散纸钱，直至墓地。棺材入土后，以砖为廓。晚上备“白事酒”宴请送丧亲友，回赠每人毛巾一条，或白布五六尺，谓“谢孝”。建国后，丧礼的封建迷信内容大多废除，葬仪从简，一般以送花圈，佩黑纱、小白花，举行追悼会表示哀悼。

第三章　民间常用词语

第一节　日常用词

天文　气象

日头(太阳)
日头里
太阳头里
热中心里(中午)
月亮头里
阴(亮)头里
阴莽天
还潮天
潮湿天
潮热歇哈
鬼头风
阵头风
(云)崩开来
细莽雨
阵头雨
夹雪夹雨
发风
发大风
上风头
抢风(逆风)
顺风
雾露天
露水格捏
暖热天
小暑黄梅
发大水
旱(大)水年成
平河水港
大水发
檐头水
霍险(闪电)

农事

水车
砻
石臼
牵砻
糙米
粞
砻糠
荒地
熟地
河泥
青紫泥
荡田
水潭
鱼塘(池)
扦步
跳板
河滩
田角落
浜底头
捻河泥(罱泥)
漾潭
鳝笼
田畈
秧田
拔秧凳
铁耙

锄头（读厨）
落谷
箩头箭
羊垃圾
肥田粉
镙子
鳝鱼
掼稻
车水（戽水）
蓑衣
箬帽
草鞋
蒲鞋
钉鞋
乔千
稻拖架
耥耙
田塍
耥田
拔草
羊垃圾
蕰娘丝
小蚕
催青
出火
大眠
采叶
上山（蔟）
绵兜
桑条
桑拳头
广秧（实生苗）
做丝
丝车轴头
早园笋
猪（羊）棚杈
饭瓜
寒豆
裙带豆
野猫
桴炭
蛐蟮
黑鲤头
弯转（虾）
里蒲鱼
鳘鲦鱼
鲶鱼
蚂蝗
苔芯菜
瘤芥菜
黄芽菜
芥菜

饮食

小点心
茶糕
圆子
青馍馍
油墩
油绳
麻球
油炸桧（油条）
状元糕
云片糕
燥糕
糙糕
冰雪酥
蜜糖糕
鸡蛋糕
甜麦坍饼
年糕
打年糕
寿桃
粽子
糕饼果子
半夜饭

羹饭
厚粥
饭掺粥
粉皮
雪糕
豆腐浆
饭米糁(粒,读碎)
白食
食祭(吃的贬义)
酒肆
白斩鸡
甏里菜
腌芥菜
腰窝角(猪肉部位)
饭脚水
饭碗头
米泔水
杜搭酒
山薯烧
忌嘴
开伙舱
熬猪油
甜酒
米饭
酒糟
臭豆腐干
草头(做甜麦塌饼原料)

服饰

洋布
料作
士林布
布衫
帮布衫
衬里布衫(裤子)
长袖子衬衫
圆领衫
夹袄
叉档裤
短脚裤
绞腿布
单布衫
行絮绵袄
长脚管裤子
跳舞裙
大襟
对襟
汗领掛
汗衫
丫髻
碗帽
铜盆帽
鸭舌帽
头绳帽
脚镯
百锁
锁片
项圈
搭钮
长筒袜
短筒袜
布袜
裹脚布
余全(围身)
假衣袖
假领头
换替衣裳
登样
出客
皮拖鞋
绣花鞋
木屐
拷皮衫
围(余)巾
绸爿头(绸手帕)

房屋　生活

厢屋
家堂
退堂
天井
过路
吃饭间
灶披
街沿石
天窗
老虎窗
龙梢
腰门
落地窗
靠街楼
羊棚头
茅坑头
角落里
斜对过
条凳
春凳
角牌凳
太师椅
竹塌
垫家床
板床
杀猪凳
七石缸
担桶
立桶
脚桶
鸡棚(笼)
栏头屋
房里
抽斗柗子
八仙桌
廊下
篓箕

筲(洗)帚
鸡毛掸帚
筷笼(筒)
镬盖
筅帚
蒸笼
蒸架
罩篮
饿煞猫缸
菜橱
碗盏
盅子
面桶
篱
铜勺
油壶
盐钵头
灶头
灶口
灶肚
缸缸灶
煤封笼
火叉
火钳
吹火筒
灶头边
提桶
洋铁桶
烟囱
起火柴
硬柴
稻柴
饭斗
热红气
油盏头
美孚灯
电灯泡

面盆架子
潮面(洗脸)
抹身
皮皂
衣裳
马桶豁筅
楦头
鞋拔子
顶针
裁衣裳
迷头纸
水烟管
茶壶
潮烟管
烟丝
刨烟
烟凳
瓢羹
敲潮烟
洋火(火柴)
洋油(煤油、火油)
洋钉(铁钉)
洋机(缝纫机)
熨斗
裁衣场子

时段

开春
开年
全年
旧年
大(小)年
年脚(底)边
夏至边
老底子
头两日
昨日子
大后日
明朝日子
前年子
月底边
月头上
夜个头
大清早
半夜三更
长远八九
十来日
就格(马上)
慢格点
一生一世
日昼日夜
起早来
夜快边
黄昏头
半夜里
大前日子
晏几日
晏歇
一时三刻
半上昼把
大清老早
撩夜
半个时辰
一支香(工夫)
一支烟工夫

商业

做生意
新货
陈货
货色
找头
拣剩货

脱手
脱空
亏空
出空
学生意
盘缠铜钿
排门板
铜钿银子
猪羊行
广货店
水作店
染坊
剃头店
棺材店
茶馆店
香烛店
桶店
弹棉花店
漆匠店
银匠店
缸甏行
碗店
布摊头
换糖担
馄饨摊
米店
摊头
脚踏车行
轮船码(埠)头
航船户
摆渡船
脚划船
赤膊船
开梢船
快班船
火轮船
机器快班
洋龙房
铜匠担
十六两秤
戥子
白洋钿
鸟洋
保人
酱园
脚班
信壳
龙头(邮票)
邮差
打铁墩头
肉墩头
纸筋石灰
洋瓦
灶元宝
纸码蜡烛
篾竹师傅
泥水师傅
乐人师傅(吹奏乐器的人)
丝弦家
齐头数
黄包车夫
脚班

亲属　社会关系

爸爸
姆妈
亲妈(姑母)
恩娘(小姑)
大妈(伯母)
大伯(伯父)
小伯(叔父)
婶妈(叔母)
爹爹(祖父)
娘娘(祖母)

大娘(媳妇)
大娘阿婶(妯娌)
寄伯娘(爷)
养生娘(亲生母)
养媳妇(童养媳)
丫头(女儿)
老娘(妻子)
阿婆(婆婆)
阿婆娘(婆婆)
阿爹(公公)
老倌(丈夫)
讨丫头(女僮佣)
相帮(佣工)
长工
短工
盘工(互相帮工)
娘姨
上门女婿
招女婿
过继
承继
相帮(褓姆)
弟媳妇
邻舍隔壁
家小
拖油瓶
寄拜儿子

身体动作

颊骨头
眼乌珠
节头管
肋旁骨
汗毛管子
奶奶(乳房)
脚骷加
胸脯头
骷颅头
面孔
绞面
相道
汗臊臭
把尿
阿巴嘴(哑巴)
吊百障
跷脚
拐子
光郎头
和尚头
坍肩胛
小肚子
背脊心里
精赤
滚壮
精瘦
反绑
挑痧
打火罐
扒耳朵
翘嘴巴
长脚怪鸟(喻人长)
圆滚伦墩(喻人胖)
心里痛(胃痛)
下巴
腰弯里
长条子
搭脉
跌打损伤
斜风吹
肚皮痛
翘脚
瓦翘头
平头

婚丧 俗事

好日
看日
报吉
浪船
新官人
新娘子
帖子
大肚皮
做舍母
舍母娘
三朝
回门
放焰口
寿材
座台
牌位
棺材亭子
化座
骨殖甏
落葬
做坟
上坟
羹饭
豆腐饭
挺尸
出棺材
拜忏
灶家菩萨
地藏王香
狗屙墩香
过年
过清明
十月朝
过冬至
拜阿太
做生日
做寿
满月酒
做周岁
红蛋
喜蛋
陌陌人
斋新官
叫魂
掏箩头羹饭

社情 詈语

独家园村
高墩头
有道有兴
小囡囡
大人家
老阿太
自家人
老阿爹
中人
走坊郎中
乖人头
小毛头
小人家
结拜姐妹
客人
外头人
老大姑娘
相公
白相人
书独头
呆木徒
饭桶
烂污货
煨灶猫
现世报
贱骨头

轻相骨头	迍爪爪
脱底棺材	门槛精
佬麻子	跟屁虫
洋货担子	洋盘
出头椽子	十三点
大好佬	弄错榫头
脱空廿三	毛毛头
鸭屎臭	老实头
吭清头	小猾头
猪头三	野人头
三脚猫	二百五
半吊子	度死做
蜡烛	

文化教育娱乐

学堂	看放戏
学生子	戏文
读书人	丝弦家
识字	花鼓戏
教书先生	羊皮戏
放夜学	听劝书
关饭学	说书先生
立壁角	锡锣
拍纸簿	搭板
铜笔套管	放炮仗
墨笔	猜谜子
铅笔刀	打弹子
砚瓦(砚台)	走十六码子篰污坑
带草字	抛钢叉
廿草头	打拳船
竹林头	拜香船
反犬旁	三节棍
走之旁	爬高杆
三点水	挺石鼓墩
箬帽头	揞拳
图司(印子)(章)	滚铁环
红蛋(考试零分)	放鹞子
吊辫子(正好及格)	牌九
历本	麻将

和(一种纸牌)
躺躺板
翘翘板
打没头(潜水)

社会交际

慢伯(用坦)
晏歇会
送人情
还嘴
对口
小气
隔河对港
话嘴话舌头
坍台里势
讲说话
讲闲话
说话听来头
因头势
麻烦
交关
怠慢
呒不
摆酒水
吃牌头
兜得转
打朋
打滑
野豁豁
轻相骨头
乌烟鬼
吞头势
摆架型
搭死掼
寻相骂
做好人
呒把乌(过意不起)
戴高帽子
寻想工
土攀谈
横肚里
哮子发(不负责任的说话)
罪过罪过
落场势
横竖横
辛苦铜钿
大头天话
大头兴晃
跷脚盘子
百热沸烫
精干百燥
咪酥塌烂
绷硬铁骨
犯勿着
悔气
掯翎子
呒花头
洒酒
净吃亏
把柄
要紧关子
明朝会
迟日会
下埭再来
对头帽子
出花头
花头经
扳差头
翻面孔
做人家
听下巴残
夹里污十
底账(准备)
花头
值钿(宠)
乌拉(赖皮)

嚼舌头
出花头
花头经
踢脚绊倒
碧清肆爽
斜头跸脚
暴冷暴热
坍台里肆
云雾团团
踱来踱去
摇头奂尾巴
木仔木啯
奇出怪样
黑漆(出)曼弹
花头花脑
花里百蜡
骨碌四圆
精光滑塌
煞刮丝亮
犟头犟脑
滚壮腊塔
汗毛淋淋
的角四方
黑骨隆冬
活脱势像
投三搭四
轻相骨头
脱底棺材
兮皱百裥
糊拖隰湿
牵丝扳吊
急出乌拉
缠勿灵清
贼皮塌脸
二四二五
半死勿活
闷声(大)发财
面熟陌生
挺胸凸肚
独头独脑
拍手拍脚
时辰八字
怪出怪样
几次三番
七支八搭
死样怪气
前世作孽
干脚燥手
哭出乌拉
睏梦头里
眼花落花
一坍世界
一式一样
寒毛凛凛
浑天倒地
话嘴话舌
铜钿银子
骨轮肆圆
活脱肆像
阴阳怪气
死样活气
死样活气
荡头荡脑
斩刀肆齐
希奇勿煞
搬嘴话舌
拍手拍脚
头五头六
缕乱三千
七搭八搭
云头花朵
木头木脑
木知木觉
搭手搭脚
踢脚绊手
鸡盲搭脚

点点触触
脱头落只脚
独家园村
大推八板
三对六面
上上落落
日长世久
浊清倒浑
阴阳怪气
死蟹一只
心惊肉跳
夹头夹脑
呆不弄冬
昏头跌冲
一塌刮子
怪出怪样
呒头呒脑
大劲共弄
趵来趵去
赤老码子
一滩世界
脱空廿三
板错头
反面孔
别苗头
放野火
勿见得
勿入调
勿爽脆
勿作兴
勿识相
打圆场
搭讪头
讨债鬼
天晓得
听壁脚
便宜
天火烧

摞顺毛
撩(惹)风骚
漏口风
真生活
出风头
戳壁脚
三脚猫
做人家(节俭)
吵相骂
七打八
吃家生
吃轧头
触霉头
杀千刀
吵冷饭
讨惹厌
轻骨头
寻相骂
寻快活
豆腐里寻骨头
寻开心
毛估估
人来疯
骨头呒不三两重
掐扣(正好)
开口饭
轧苗头
轧姘头
轧一脚
轧闹猛
眼泪出
硬碰硬
鸭屎臭
煨灶猫
游码头
有长心
有心思
呒心想

呒搭头
呒数目
呒清头
囫囵吞
重叮叮
硬绷绷
扁塌塌
甜津津
冷丝丝
呆瞪瞪
紧绷绷
扣扣叫
定样样
白白里
勿蚀掉
死板数
细个绕
蹬爪爪
驮死做
打野斜(思想开小差)
瘫肩胛
乱糟糟
滑淇淇
臭哄哄
昏冬冬
苦稀稀
冷丝丝
潮腻腻
浑淘淘
气糟糟
青奇奇
暖开点

第二节　俗语　谚语　歇后语

俗语

新造毛坑三日香。
死要面子活受罪。
兔子勿吃窝边草。
杀只鸡给猢狲看。
瘌痢头儿子自家好。
船到桥门自会直。
一钿逼煞英雄汉。
酱里蛆虫酱里死。
千年文书好合药。
捞出馄饨一碗汤。
勿见棺材勿落泪。
只认衣衫勿认人。
乖人勿吃眼前亏。
勿会种田看上埭。
出头椽子先烂掉。
三里桥头骂知县。
关子头上敲潮烟。
吃家饭撒野屎。
推出山门野和尚。
老鼠管大眠头。
临时上轿穿耳朵。
聪明面孔木(笨)肚肠。
逃了和尚勿逃庙。
勿用厨师酱胖臭。
三代勿出舅家门。
城里城外一样钿。
六十年风水轮流转。
做了皇帝想成仙。
吃饭忘记种田人。
勿当家勿晓得柴米贵。
兔子蟠头勿蟠脚。
打狗要看主家面。
白吃杨梅嫌核大。
迟来和尚吃厚粥。
人心都是肉来做。
刀切豆腐两面光。

芽麦塌饼两面熯。
羊肉勿吃惹身骚。
吃饭勿晓得米价钿。
耶稣自有道理。
鬼吵难为病人。
小利勿可长算。
好记性及勿来烂笔头。
烫粥难为小菜。
眼勿见为净。
长线放远鹞。
河水不犯井水。
长病呒孝子。
豆腐水来做,阎罗王伯伯鬼来做。

谚语

清明断雪,谷雨断霜。
小暑一声雷,倒转做黄梅。
春风勿上树,春雾勿隔宿,春雨滑如油,春霜遭雨怪。
东风急溜溜,难到五更头。
天河对大门,家家吃馄饨。
天河裂角人扯被角。
天河过东过西,家家买过年东西。
三朝雾露发西风。
东鲎日头西鲎雨。
早西夜东风,日日好天公。
夏雨隔田塍。
雾露醒,跳落井。
未吃端午粽,寒衣不可送。
白露身不露,赤膊当猪猡。
西北风一发,懒惰阿嬷急杀。
二月十九晴,烂稻掼田塍。
上看初三,下看十六。
灶家菩萨干脚上天,湿脚落地。
天河对大门,家家吃馄饨。
天河笔直,人睏篾。
天河裂角,人扯被角。
天河过东过西,家家买过年东西。
六月里盖被,十二月里呒米。
西南阵,夏雨没田塍。
春东风雨祖宗,夏东风燥松松。
浓霜晏暖。
立冬无雨一冬晴。
冷在风里,穷在债里。
人情急如债,背了镬子卖。
冬吃萝卜夏吃姜,郎中先生卖药箱。

生煞的性，钉煞的秤。

不听老人言，吃苦在眼前。

勿懂装懂，一世饭桶。

三斤嫩姜勿及一斤老姜。

吃苦勿记苦，老来旺结果。

勿识人头一世苦。

大虫吃细虫，老爷吃相公。

若要好，大做小。

棒头上出孝子，筷头上出忤逆。

罚愿罚得准，监牢里旺犯人。

话嘴搬舌头，吃足大苦头。

勿出骨头勿出核。

城头上出棺材，远打箍罗圈。

笑嘻嘻，勿是个好东西。

癞太婆跳落秤盘里，自以为大。

人心隔肚皮。

三句闲话搭个屁。

清明白条，老叶白挑。

三月清明叶等蚕，四月清明蚕等叶。

天勿怕，地勿怕，只怕头蚕罢。

有人识得四月天，永生永世吃不完。

猪吃百样草，看你找不找。（现代）

清八折，枯八折。

乌花柏子白铜钿。

处暑拔稗，宁可养柴。

麦熟一场尿，蚕熟一昼时。

矮脚母鸡勤生蛋。

一分价钿一分货。

一百洋钿一百货，吃吃饭来撒撒尿，一千洋钿一千货，早是棉花夜是布。

呆人看仙秤。

躲过了初一，躲勿过月半。

疑人勿用，用人勿疑。

一夜勿睏，十夜勿醒。

九子十三孙，老来做孤身。

千年勿断娘家路，万年勿断外婆亲。

毛焐芋艿杜搭酒，强盗来了不停手。

宁跟讨饭娘，勿跟做官爷。

吃勿穷，着不穷，旺不打算一世穷。

乱说嘴巴换糖吃。

冷在风里，穷在债里。

黄胖炒年糕，出力不讨好。

手捏罐头，呒啥话头。

歇后语

瞎六伯看潮——过汛货

两个哑子睏一横头——好来话勿来

石板上掼乌龟——硬碰硬

肉骨头敲鼓——荤（昏）咚咚

螺蛳壳里做道场——盘勿转

三只骰子着（掷）两点——看勿来

包脚布里白虱——脚虱（色）

四金刚摇船——大推八板

吊煞鬼装粉——死要面子

哑巴吃黄连——有口难言

城头上出棺材——远兜箍罗圈

小狗落屎坑——吃饱

外孙携灯笼——照舅（旧）

六节（指）头卦——轮你勿着

萤火虫吃百脚——亮见亮

江西人补碗——自顾自

老鹰拖小鸡——拎了就走

和尚拜丈母——头一通

黄连树下弹琵琶——苦中得乐

老寿星骑狗——自得其乐（鹿）

老虎吃蝴蝶——不经大嚼

四金刚腾云——悬空八只脚

泥菩萨过河——自身难保

荷叶包老菱——里戳出

正梁木做扒灰柄——大材小用

小和尚念经——有口无心

猢狲屁股——坐勿定

黄牛角水牛角——各归各

三个指头撮田螺——稳拿牢

癞痢头撑伞——无法无天

老虎头上拍苍蝇——寻死

棺材横头踢脚——死人肚里有数脉

第二十二编　福严寺

福严寺，位于原同福乡（今属凤鸣街道）境内，迄今已有一千多年历史。全盛时占地50余亩，是浙北一带夙负盛名的禅林古刹。真觉禅师、费隐禅师、隐元禅师、古华禅师等历代高僧曾驻锡于此，对于寺院的发展壮大，贡献甚巨。寺中，有绉云峰、石补钟、马皮鼓、阴阳镜、释迦玉佛等珍贵文物。文人雅士，多有题咏。1963年，绉云峰移置杭州。

千数百年来，屡遭兵燹，迭逢动乱，寺院受损严重。"文化大革命"时，寺院被拆至只剩一间禅房。1990年6月，嘉兴市政府批准福严寺正式对外开放，成为嘉兴市最早对外开放的寺院。嗣后，陆续重建方丈厅、六和堂、天王殿、大雄宝殿、西方圣殿等建筑。2001年5月，建成福严佛教文化苑并对外开放。2003年11月5日，福严寺举行建寺1500周年庆典。2006年12月，福严寺被认定为AAA级旅游景区。

第一章　寺院沧桑

第一节　福严寺沿革

福严寺位于京杭运河东侧，地处桐乡市凤鸣街道（原属同福乡）西北隅，今属合星村。寺前有小河环绕，连通运河，寺东西两侧，也各有一条曲流流淌于朱墙之下。宋陈舜俞《福严禅院碑记》载："邑东北十里，林木蔚然而美者，福严院在其下。院始唐乾符之乙未，邑人钟离裴置之，地有千乘，因名焉。……祥符始年，改赐今额。"清道光时，石门（今崇福镇）蔡锡琳撰《重建福严禅院碑记》，谓："吾石门邑东北十二里，有福严禅院，肇始于唐乾符三年（876），初名千乘院，宋大中祥符元年（1008）易今名。"但铸于清康熙年间，至今尚存寺内之石补钟上的铭文却称该寺创建于南朝梁天监二年（503）。两种说法，前后相差373年。孰是孰非，尚有待史料之进一步发现。

宋徽宗时，有真觉禅师精通医道，因治愈陈太后眼疾，得赐金环磨衲袈裟，敕住此山，为福严禅院第八祖。元至元《嘉禾志》载："福严禅院，在县东北一十二里。考证：唐乾符三年置，为千乘院。宋大中祥符元年，改今名。先是真觉禅师志添云游至京师。徽宗时在潜邸，陈太后病目，真觉咒水治疗有功，许其指占名山住持。真觉乞来此，是为本院第八祖。所赐金环磨衲袈裟一条，上题'遂宁郡王陈美人愿福寿延长施真觉道者当来同成佛果'二十三字。师有《草庵歌》，元祐己巳黄山谷为之书，今皆藏在院。又，真觉请到汀州定光佛，专为祈祷道场雨旸之愆，请祷辄应。旧有七级浮屠，久废，后重建。"《嘉禾志》所载重建之七级浮屠，复毁于元末。千乘阁则毁于明嘉靖间。清顺治十四年（1657），僧通容（费隐禅师）为世祖所赏，来此住锡，复御赐毯衣铁钵诸物。此后数年，殿堂寮舍，百废俱兴。康熙四十七年(1708),又赐金字《心经》一卷。嘉庆六年(1801),寺内大殿毁于火,后由寺僧募建。道光二十二年(1842),净念上人(悟善)住持福严。二十五年(1845),募建罗汉堂及地藏殿,又在地藏殿西辟地数亩,凿池架屋,为放生之所。"池中有英石峰,高丈余,即世所传绉云石也。"此奇石辗转多人,道光二十九年(1849)蔡锡琳载归,贮于福严寺天中山。

清光绪《石门县志》卷一《舆地志》载,在福严禅院前,有福严碧玉井,东西二井相对。井栏并刻"福严碧玉井"五字。

福严寺几度兴废,历朝僧人苦心孤诣,惨淡经营,规模不断扩大,全盛时占地50余亩。殿堂厅室,"壮丽宏敞,凡黄金丹碧之饰,珠贝旃檀之像,莫不妙好庄严。"其时福严寺主要建筑有四殿(天王殿、大雄宝殿、观音殿、西方殿)、五堂(罗汉堂、六和堂、宏法堂、报本堂、斋堂)、两厅(退缘厅、方丈厅)、一亭(挂瓢亭)。僧侣数百人,时称江南名刹。

天王殿位于该寺建筑群之最前端,宽三楹,高二丈余,中供弥勒,弥勒背后为韦陀,四大天王分列两侧,神态肃穆庄严。出天王殿往后即大雄宝殿。此为寺中主殿,宽五楹,高三丈,是该寺建筑群中最高之殿宇。殿中供奉三世如来大佛,两旁靠壁有金装十八罗汉。如来大佛背后为海岛观音壁塑,以及《华严经》善财五十三参中的人物彩塑。塑工精致,气宇轩昂。大雄宝殿往后即观音殿(亦称圆通宝殿),殿宽五楹,高二丈余,内供观音菩萨雕像。观音殿后为西方殿,此殿建于天中山上,殿中供奉阿弥陀佛、观世音、大势至三圣。

五堂之中,以位于寺院南端天王殿东侧之罗汉堂规模最大。堂内所供泥塑金装五百罗汉,千姿百态,神形各异。民国期间,古华继任方丈之后,在对三座重要殿宇进行整修的同时,曾将五百罗汉重塑金身。时丰子恺曾捐赠一尊罗汉。六和堂处寺院西侧,是僧人研读佛经之处。宏法堂、报本堂和斋堂分别处于大雄宝殿和观音殿两侧,共28间,此为外来云游僧侣和雅士的宿食所在。

退缘厅位于寺院西侧,为民国初年方丈古华所建,地处偏辟,环境幽静,古华退缘后长住于此,故名退缘厅。方丈厅在退缘厅北面,为清末方丈智南所建。

挂瓢亭处天中山麓,系清道光年间,净念上人为纪念费隐禅师而建。费隐精通伤科,常挂瓢出诊,为百姓解除疾苦,故名。

福严寺之一亭两厅四殿五堂,多为清代建筑。抗日战争至"文化大革命",殿堂被毁,文物尽失,最后仅存禅房一间。

1986年,民间自发募资开始修复福严寺。1990年6月,嘉兴市政府批准福严寺正式对外开放,成为嘉兴市最早对外开放的寺院。现已有一厅(方丈厅)、一堂(六和堂)及天王殿、大雄宝殿、西方圣殿。

重建之天王殿,宽三楹,高约三丈,重檐下红底金字匾额"天王殿"为赵松年所书。殿中两柱楹联为丰子恺幼女丰一吟所题。联云:"四百八十寺,过眼成墟,幸弥勒又开笑口,乃桐乡众生宏福;一千五百载,回头重兴,喜韦驮再执宝杵,是曹溪佛门威严。"重建之大雄宝殿,宽五楹,高三丈余,匾额为中国佛教协会会长赵朴初题写。

2003年11月5日,福严寺举行建寺1500周年庆典。该庆典活动成为桐乡市第五届菊花节暨撤县建市十周年庆典活动的一项主要内容,浙江省、嘉兴市、桐乡市的有关领导及佛教界人士550余人参加庆典仪式,同时举行福严佛教文化苑历史文化展馆揭牌仪式和焰火晚会。当日,来自江浙沪等地70余家旅游公司的负责人也应邀参加庆典活动,签订旅游合作协议35份。是年,福严景区接待游客19.9万人,实现旅游门票收入61.1万元。

2004年,福严寺景区改变以往"守株待兔"式的接待方式,主动出击,先后与上海、杭州等地旅游集散中心签订带团协议，平均每天有两辆旅游大巴开进福严寺景区，共接待来自上海、杭州的旅游团队500多个，团队游客达2万余人次，加上大量香客的涌入，福严寺景区一年的接待量首次突破30万大关，实现从香客为主向游客与香客并重的转变。

2005年初，成立营销部，在江、浙、沪开展形式多样的促销活动，巩固与上海旅游集散中心、杭州旅游集散中心的合作，并先后与上海等地19家旅行社签订合作协议，团队游客数量增长。

2006年，旅游局组织酒店技能比武活动，与同福乡政府联合举办主题为“品绿色佳肴，游福严景区”的全市星级饭店素菜烹饪比赛。

当年，继续开展AAA级创建工作。景区建立健全创A的组织机构，制定工作计划和实施方案，开展自评检查，创建按计划有条不紊地进行；加强联络协调工作，构筑景区与上级旅游管理部门之间的联络渠道；组织景区学习取经，学习借鉴创A工作成效突出的景区，明确与目标的差距，争取各方对福严景区创建工作的支持与配合，12月份，福严景区顺利通过浙江省旅游区（点）质量等级评定委员会的检查验收，被评定为AAA级旅游景区。

渡口

寺西一里，旧有太公古渡，地属凤鸣街道（原同福乡）合星村。岸沚老树枯藤，河中碧波长流，一舟欸乃，来回渡客。渡工由合星村一队轮流，渡船为水泥平底，定额20人，平均日渡50人次左右。1987年撤渡。又有福严渡，亦在凤鸣街道（原同福乡）合星村。渡船为钢质平底船，定额20人，平均日渡80人次左右，1997年12月31日撤渡，行人绕道。

第二节 福严寺文物

往时寺中收藏有众多古今名人书画，及其他文物古玩。举其要者，有石补钟、阴阳镜、马皮鼓、琉璃玉佛、古瓷弥勒、碑刻，又有苏东坡、朱熹墨迹，以及近现代康有为、于右任、林森、邵力子、圆瑛法师等人书法作品等。历经战乱及社会动荡，诸多文物皆已无存。1993年11月25日，桐乡市博物馆将“文化大革命”期间收藏的康熙十一年（1672）庄亲王手书的“玉晖金铣”匾额和《重建福严寺碑记》、绉云石碑、观音大士造像等文物归还福严寺。同时落实宗教政策，同福乡将木结构方丈厅等数十间配房予以拆还。

挂瓢亭

处天中山麓。清道光间，寺僧悟善募资重建，亭中有石碑，石碑上摹勒通容像。蔡锡琳题记。

绉云峰

又名英石峰，与苏州留园之瑞云峰、上海豫园之玉玲珑世称江南三大名石。绉云峰乃粤产英石，高仅二米半，具嶙峋褶皱之状，有嵌空玲珑之态，形体漏透，造型雄奇，中部故作一折，宽不及半米，细腰楚楚，风姿绰约。有人赞其“形同云立，纹比波摇”；有人惊其“嵌空飞动，疑出鬼工”；有人感叹“春云初起，万叠争飞，嵌空玲珑，莫可名状”。

清光绪《石门县志》卷十一《寺观・福严寺》载：“寺有绉云峰一座，高可二丈许，嵌空玲珑，系吴六奇由粤中送赠海宁查继佐孝廉旧物。道光间，邑人蔡锡琳学博购置寺中，名人题咏甚众。”时蔡锡琳曾在石肩题刻赞语：“具云龙势，夺造化功；来自海外，永镇天中。”峰前置绉云石碑，蔡锡琳书额，戴醇士画石，刘喜海撰文，达受（六舟）和尚书丹。

绉云石自清道光二十九年（1849）移置福严，1963年迁往杭州，成为镇寺之宝凡115年。

石补钟

石补钟为福严禅寺重要文物之一。清嘉庆《石门县志》卷九记载:“寺有石补钟一口,铸时铜汁不足,通容投石补成,声尤清远。”光绪《石门县志》卷十亦载:“福严住持通容募铸大钟,镕时铜汁不足,通容投以石三,钟遂成,声尤清远,四方来观者咸诧为奇迹。”已知费隐通容和尚圆寂于顺治十八年(1661)农历三月,如果按照《石门县志》的说法,石补钟的铸造年代最迟不会迟于该年。

石补钟现置于福严寺钟楼,钟之内壁,三块不规则的石块与钟身融为一体,清晰可辨。钟上铭文,因年代久远,钟体外壁多处文字已遭磨损,漫漶不可辨识。但“清康熙乙巳季冬继席门人灵岳行古及两序职事……”和“杭城易仲华铸造”等字样仍可识别。清顺治十八年,费隐禅师圆寂后,福严禅寺的继席是费隐禅师的嗣法弟子韬明行宗。继韬明行宗成为福严禅寺住持的正是灵岳行古。而且钟铭中还有“浙江前任部院信官赵国祚”“现任部院信官赵廷臣”“巡抚信官蒋国柱”字样。据查证:赵国祚顺治十五年至顺治十八年任浙江总督,故称前任部院;赵廷臣顺治十八年至康熙八年任浙江总督,故称现任部院;文实相符。蒋国柱康熙三年至康熙七年任浙江巡抚,他的名字在钟铭中出现,更是直接否定了顺治十八年铸造石补钟的说法。

故基本可认定:福严禅寺石补钟的铸造年代不是顺治十八年辛丑(1661),而是清康熙四年乙巳(1665)。当然,也不排除费隐在世时已有募铸大钟的计划和动作。而嘉庆《石门县志》和光绪《石门县志》所谓“铸时铜汁不足,通容投石补成”的记载,显然与钟上铭文不符。

福严寺阴阳镜

清康熙八年(1669)杭州易仲华造,致中堂吴宦助。镜系铜质,圆形,直径1.73米,重280余公斤,制作精工,光亮度较高。背面中心有半球状钮,有文字而无花纹,字系正楷阳文,惟捐助者姓名用双钩,显然后人添加。迷信传说,此镜能照见阴司地府,故名阴阳镜。

马皮鼓

清康熙十三年(1674)制。1994年重修时,发现一木板上有文字称:“康熙十三年七月吉日,福严寺制法鼓一面,新安匠人胡敬甫邦仁、胡玉之德成敬造。”鼓面直径2米,现存观音堂内。

释迦玉佛

民国时福严寺方丈古华从缅甸迎入。坐式佛像,高二尺许,晶莹洁白,雕琢精美,面貌丰满,栩栩如生。现供奉于方丈厅楼上佛堂。

梅花碑

清戴熙画,有了义和尚小楷题字,原在福严寺方丈厅对面,嵌入墙内,约二尺长。

第三节　福严佛教文化苑

福严佛教文化苑位于福严寺南,是一处以佛教文化为内涵,集江南园林、宗教朝拜于一体的旅游休闲公园,占地面积66亩,总投资1800万元,1999年动工兴建,2001年5月对外开放。它依托福严寺,以佛教文化为内涵,以地方风情和奇石文化为特色,是集宗教、旅游、休闲等多种功能于一体的文化公园。公园分为东西两苑,总称文化苑。两苑以弯曲的园林道路相隔,沿路种植柏树,既有统一的整体感,又给后面的福严寺带来清丽幽深的感觉。苑外通道两侧建150米长庙市(商业街),庙市的入口处辟一面积为5000平方米的停车场。沿福严寺、文化苑开挖河道,四周环通,绿水萦绕,而景区内则绿树簇簇。景区配套设立素食斋、佛教文化馆,展示中国悠久的佛教文化。整个文化苑由浙江省旅游局佛教文化专家何思源设计，以“圆”为设计基本理念，寓意佛教的圆满、圆融，以体现佛教的“一切皆从圆演变而来”的哲学思想。

西苑以佛教文化为主要内容，采取了开放式的入口设计，配以艳丽的杜鹃花丛，大树冠的柏树。入口采用廊柱式坐灯，兼具寺庙之神秘感与中式园林之幽闲感。正对入口处是一座刻有一头牛的照壁，象征释迦牟尼。因为根据梵语，释迦牟尼意为“最好的牛”，取“辛勤耕耘，埋头弘法”之意。绕过照壁，后面是“法海三藏”。清水碧池中，一只大鼋背负着经藏、律藏、论藏中最早传入中国的经书，象征佛教之传入中国。鼋为鳌首、龙足、龟背，是吉祥之物。

福严文化苑

沿东西轴向的主步道前行，可见五座呈雁翅状排列的石坊，象征佛教中的五轮五大（地、水、火、风、空）。在这五坊中，还有一座雕刻精美的七宝经幢，上刻释迦牟尼的七部著作，为释迦牟尼最早的经书。穿过五坊，水池上有一条由六块大青石铺成的通道，佛语中意为“大乘六度”，大青石上分别凿刻“布施、持戒、忍辱、精进、禅定、智慧”字样，其意为告诫世人只有经历此六种途径，方能从生死此岸到达极乐彼岸。六石之后是心状祭台——发心台，游人面对平面呈新月形、刻有石佛的“佛心相印”浮雕，可以在发心台静心发愿。另有两条南北轴向的游道，从五坊延伸出去可以到达“法轮常转”。此处刻有一个巨大的法论，中心刻佛足印，周边竖六色旗。四个方向建四座小塔：东端建大菩提塔，纪念佛陀成道；南端建阿育王塔，纪念佛陀诞生；西端建转法轮塔，纪念佛陀说法；北端建涅槃塔，纪念佛陀涅槃。法论往后，是一座错落有致的素春斋临路而建，是一组面积较大、全开放的建筑群。素春斋为中国传统的古建筑风格，与其后的福严寺相融相合，相得益彰。旁边，一座精巧细致的定慧亭掩映在翠绿丛中，游人在此可以养心静性，感悟佛教文化的底蕴。然后顺着南北向通道到达佛教中的“性空之门”“般若之门”“解脱之门”。门饰钢杵纹，周围饰莲花。穿过“性空之门”，经过旨在劝导世人为善的“善有善报”石雕组群，到达“茶禅一味轩”。该建筑回旋曲折，门前的花廊，将该建筑与周围园林环境自然融合在一起。一味轩的周围遍植紫竹，在此处可以远观假山上飞泻的瀑布，一潭碧波之上的“佛心相印”浮雕和发心台。沿轩前大道往前，便来到一个半圆形的小广场。从这里，可以登上一座假山，共有 53 级台阶。游人拾级而上，便会看到一块高高耸立的巨石，看似观音，又不是观音，个人可以有不同的观感。沿着山上小径，到“禅空禅房”小坐，纵目四望，园中全景即可尽收眼底。

东苑是典型的江南园林风格布置，旨在反映福严寺悠久的历史和深厚的文化积淀。苑内开挖了约 4500 平方米的水面。主要景点有“福严历史文化园”“恩惠双亭”，以及“瑞云慧照”“玲珑飞来”“绉云奇峰”等英石峰。福严历史文化园位于公园的最南部，为重檐歇山顶建筑，内部用书画等多种形式反映福严寺的沧桑变化，介绍古寺历代的高僧方丈，以及名人足迹、民间传说等。并陈列与福严寺有关的文物古玩。

2011 年 11 月 8 日，桐乡市国有资产管理委员会办公室发文，同意将桐乡市土地储备中心、桐乡市就业管理处、桐乡市广播电视台、桐乡市价格事务所、桐乡市大正建设工程检测有限公司、桐乡市城市建设投资有限公司、桐乡市天宇环保工程有限责任公司、桐乡市公益事业建设投资集团有限公司等单位所拥有的桐乡市福严佛教文化旅游发展有限公司57.791%的股权无偿划转给凤鸣街道办事处下属的桐乡市凤鸣街道经济发展服务中心。

第二章　福严寺诗文

第一节　福严寺诗

崇德道中望福严寺

（宋）杨万里

一径青松露，三门白水烟。殿横林外脊，塔漏隙中天。地旷迎先见，村移眺更妍。客程坐行役，不得泊春船。

再题草庵

（宋）真觉禅师

道人自结把茅新，坐断溪山秋复春。夹竹日开梅数朵，此中曾否着香尘？

挂　　瓢

（清）费隐禅师

半世一瓢何处挂，天空放浪作生涯。萍踪不问云山异，四海谁知是我家。

福严寺诗并序

（清）吴永芳

己亥夏于役会城，舟中暑热，杜少陵发狂大叫，于斯殆甚。适过语溪，憩福严招提，周遭松林掩映，谡谡有声。寺后小亭，尤幽胜，坐卧久之，如遇故人，因颜其匾，更志以诗。

何处福严寺，回旋三两层。云蒸楼半失，钟吼月初升。竹坞迷人径，花蹊露佛灯。沧桑多少事，闲说是山僧。

丛竹深藏月，孤亭半没滩。鹤闲僧共立，花睡客贪看。

偶逢僧语一停桡，曲折山房避俗嚣。雨沫苔痕侵石骨，风敲竹韵杂松涛。病蝉鸣罢林初静，倦鸟飞还天自高。触处生机吟兴发，吾庐错认便挥毫。

山头送日鸦归寺，花里窥人犬吠园。茶熟松窗吟雨脚，凉生石榻拥云根。

语溪棹歌

（清）胡　滢

龙吟虎啸壮观瞻，十里官塘到福严。石径纡回人步缓，罗疏日影弄松髯。

绉　云　石

（清）江　鉴

欃枪夜贯妖星灭，黑气堕地胚胎结。瘴雨蛮烟起蛰龙，突兀叉枒破空出。水风搏激万窍号，日火所炙霜骨立。苍苍黛色补天余，元气淋漓土花碧。将军粤海罢雷霆，百战功成语太平。独把园林贮歌舞，岂无恩怨酬平生。东海先生鲁连者，酒肠侠骨真潇洒。意气倾人壮士悲，能使英雄泪如泻。天涯海角愁无所，此一片石差堪语。把剑论交结素心，举杯邀月成千古。粤山莽莽越山高，万里归来别路遥。感君相识赠君去，奇峰飞压曲江涛。先生垂老将军死，谁向尘埃问名士？举眼悠悠天地宽，但见云根逐流水。水流云散怅如何，賸有寒烟满绿莎。石不能言花自笑，当年池馆夕阳多。

绉云石歌

（清）高登奎

海昌孝廉诗酒豪，浩歌气与秋天高。酒肠芒角破空出，郁作怪石翻云涛。山鬼水怪争不得，耸身飞落军门侧。将军含笑屡呼兄，名园草木皆生色。将军爱石浮红鳞，将军抚石怀远人。尺书招得孝廉至，朝朝醉石忘主宾。有时白云喷石腹，蓬蓬散作鱼鳞甓。题以"绉云"石点头，受知不数将军独。忆昔衡门风雪大，蒙袂辑屦来铁丐。庑下褴褛病鹤客，矫若奇峰拔天外。风尘突见真英雄，痛饮百盏玻璃空。玉山镫下颓不起，惜无醒石吹松风。一朝扣马献奇策，专阃循州战功赫。公余扶醉卧云根，一枕冷云皴瘦石。持此敬为先生寿，山中一夜飞灵鹫。腰间系得岭南云，弄影池塘露奇秀。红牙小掐转歌唇，翠凤参差妙入神。樱桃花底人如玉，瑇瑁筵前月似银。百年池馆成春梦，賸有白云封古洞。舞榭惟看蜗篆萦，珠帘谁听歌声送。扶风豪士颇好奇，披榛斩莽寻残基。购得绉云巧位置，宵来风雨蟠蛟螭。此石遭际亦不偶，奇姿终落奇人手。孝廉已往具眼谁，对石衔杯姑饮酒。

海昌马容海复得查氏绉云石索诗寄题

（清）姚　樟

世上贤豪多混迹，具眼翻愁天宇窄。卓哉乃有查先生，不愧郁林一片石。紫云细甓蓉峰低，淋漓醉墨亲标题。当时千金不易夺，阅世苔浣埋荒蹊。主人多闻兼好事，重拓一弓新位置。心赏不让九华姿，剑酬且仿仇池计。君不见，牛氏奇礓远莫论，石林久折名空存。鸥波亭子月河曲，三品瞥忽移云根。吾乡赵荣禄故庄三品石近为有力者移去。犖载万牛始可徙，惜乎不出酬恩子。楚弓楚得亦何嫌，为尔激昂那及此。呜呼！物色风尘自昔缘，祇今得所宁非仙。他时过访林泉主，为尔下拜心茫然。

绉云石歌用韩昌黎石鼓歌韵并序

（清）马宣诏

昔吴将军六奇未达时游浙西，敝衣行风雪中，与查伊璜孝廉遇，识为非常人，赠资俾图取。吴旋以军功显，提督广东，遣使迎孝廉入署。署有英石，长二丈，玲珑甚，孝廉爱之，题曰“绉云”。吴遣力士载送来浙。孝廉归，辟百可园，立石其中。后入桐溪马氏。邑人蔡笑拈广文得之，置城北千乘禅院。抚今追昔，爰为作歌，于是广文墓有宿草矣。

向闻海昌绉云石，国初名流题咏多。我亦夙抱米颠癖，欲往访之常蹉跎。洛阳学博兴高雅，去年相约招提过。为有古物足鉴赏，非兑之弓和之戈。岫云一朵作墨色，悬黎结绿堪同科。峰如龙拏耸夭矫，洞任蚁穿行委蛇。玲珑初不藉雕刻，光泽何曾经切磋。云此即是海昌物，先时来从珠江沱。延陵将军昔铁丐，曾于查氏霑余波。旋开军府粤岭表，门列罴虎排鹳鹅。遣使敦请故人驾，隆礼卑词非媕婀。将图所报问所好，一拳之外余无他。遂饬麾下亟捆载，远踰高山浮长河。行陆重若舁赑屃，渡水危欲惊蛟鼍。赍来位置园百可，品题两字工镌磨。珍重奚啻拱璧似，直同金屋藏青娥。百年林荒池亦涸，眼看岁月流如梭。惟賸此石巍然峙，其旁已早生乔柯。辗转徙入扶风家，小桐溪畔资吟哦。豪门亦复伤零落，依然荆棘埋铜驼。风销雨蚀块独处，苔纹斑驳蟠蚪蝌。譬如高士性耿介，物色无人遭坎坷。石也盛衰饱阅历，能言应亦唤奈何。今得长揖为丈贺，一语慰藉三摩挲。当世岂乏好古人，山谷非不勤搜罗。爱之未克处之善，作计终嫌多谬讹。兵燹难免历劫坏，反更不如栖岩阿。兹乃携汝托方外，世守永教诸禅和。清池一规特开浚，中央植立无偏颇。镇寺尽援玉带例，敢为石咏居有那。因缘遂从香火结，保护定邀神灵呵。巧偷豪夺总无虑，天中山畔长嵯峨。惜哉中郎不可作，重来抚石徒悲歌。

题绉云石诗

（清）梁绍壬

一片玲珑石，风流说到今。才人感知己，名将报恩心。

绉云石为海昌马容海作

（清）胡骏烈

不负平生万里游，无多长物压归舟。感恩聊作千金报，勋业何如片石留。同是尘埃邀物色，更谁海岳继风流？天生傲骨崚嶒甚，今日逢君一点头。

语溪棹歌

（清）吴曹麟

白凤鲜菱四角尖，蜜筒瓜熟味还甜。两般风味同船去，为赶香时到福严。

蔡琢初画绉云石歌

（清）徐福谦

狂倾一斗金壶汁，举笔纵横写奇石。玲珑绉瘦自天成，高矗云峰逾十尺。
写此石者繄何人，忠惠后人偶戏墨。试问此石根与由，书详一卷《觚賸》雪。
今展此画赋长歌，延陵将军洵奇杰。将军少年落魄时，潦倒风尘谁赏识？
知遇幸逢查孝廉，铁丐之名久耳熟。一朝避雪来庑下，斗酒立倾无醉色。
特解絮袍悯单寒，披衣不谢去无迹。明春重遇西子湖，依旧跣足而露膝。
问彼昔衣今何在？质与酒家偿酒值。问彼曾否读诗书，不读何至今乞食？
孝廉闻之奇其言，英雄岂可终埋没。急命汤沐衣履之，作书资遣投营卒。
慷慨谈兵虎帐中，征闽讨粤树鸿业。君恩不次擢三迁，无何简授开府职。
富贵不负知遇恩，淮阴敢忘一饭德？胥江楼船争相迎，梅岭旌旗欣蔽日。
躬迎驺从拟侯王，答报之礼尊无极。幕府琼筵日日开，歌衫舞袖似云列。
自来名士本风流，金珠美玉不足悦。只有奇石爱摩挲，绉云镌题才人笔。
不图一夕石失去，一旦雷雨生健翮。孝廉归家门庭非，谁人已将园亭葺。
中有一石峙巍然，仿佛将军园中物。想同西湖灵鹫峰，一夜飞渡粤海舶。
家园对此足消磨，觞咏流连无虚夕。岂知怀才天亦妒，灾罹无妄株连及。
将军力奏辨其诬，酬恩知己身不惜。从此尽出橐中金，购买美鬟教音律。
暮年纵情诗酒中，花貌珠履称艳绝。才人老去青娥衰，亭榭荒芜空寂寂。
名园屡易石无主，石不能言空叹息。幸遇风流贤竹林，移云舍石萧寺侧。
恍同玉带留山门，永镇天中山上宅。位置莲池结净因，斯石寿同无量佛。
忆昔浩劫历红羊，石独无恙亭亭立。君今写此入画图，千古石交怀大力。

绉　云　石

（清）沈伯云

触起才肤寸，从龙指顾间。九垓霖雨后，投老入空山。

题绉云石

（清）许瑶光

池苑绉云石，三春魄亦寒。英雄酬德易，风雪识人难。南海鹰扬远，西湖鹤冷看。恰携春暮酒，曲意蒋君弹。

题绉云石

（清）余丽元

绉云赠石固英豪，石供空立见亦高。从此名山千古寿，不知沧海有波涛。

崇德访古华禅兄咏福严寺四景

（民国）太　虚

石补钟

十年前忆旧烟罗，回看云峰岁月磨。数杵钟声闻石补，一湾清流夕阳多。

绉云石

挥金赠石两英豪，留得人间风节高。好与禅林并千古，天中山旁涌云涛。

挂瓢亭

万水千山一钵瓶，红尘白浪醉难醒。归来万事齐收拾，留得高瓢挂此亭。

阴阳镜

古镜当台著眼看，阴阳未判宝光寒。等闲尝尽人生味，只是甜咸苦辣酸。

萧寺停云

（民国）吕在廷

化顽颠头石绉云，云停为忆报恩人。多年历尽风霜剥，移入天中结净因。

野渡僧钟

（民国）吕在廷

月落乌啼霜叶残，钟鸣夜半出林端。敲门听咏高僧到，唤渡声声山寺寒。

游天中山福严寺

（民国）沈昌垣

翠微隐隐白云封，一点艳霞透碧空。驾起神鼇凌斗畔，飞来灵鹫落天中。溪流宛转千乘院，地轴盘廻五社宫。几度登临观胜概，十三泾水下梧桐。

老松受灾百鸟受害

（民国）释古华

寺前老松百尺高，久与贫僧作故交。只望枝条千载茂，谁知刀斧一旦抛。从此不见龙蛇影，屋畔无闻风雨号。最苦飞去白鹭鸟，晚归难觅旧时巢。

福严寺绉云石次陈远斋原唱

（现代）吴渭侠

三生何处问前缘，证得禅心如许坚。曾阅沧桑风景异，几经庭院岁时迁。[①] 漫看兀突云生岫，忽讶空明洞里天。咏到灵根无限感，英雄名士总情牵。[②]

注：①石为清初吴六奇将军赠海宁查伊璜孝廉故物。后归陈素庵相国吴门拙政园。道光间邑人蔡笑拈（即蔡锡琳）自海宁马氏舍入福严寺，戴醇士为之绘图焉。

②七年前，五十七师李团长琰，曾以绉云峰诗索和，旋抗战军兴，殉职大场之役，良用扼腕。

福严寺次李团长元韵

（现代）吴渭侠

福地庄严接树桴，兴来揽胜此清游。云深古寺香烟盛，秋入寒林景物遒。名士流风英石在，隐公遗蜕铁瓢留。凭高蹑蹬情无限，槜李关河一望收。

绉云石次李炎光团长韵

（现代）吴渭侠

赠石故人事亦奇，绉云二字认依稀。空门兀立谁知己，有如英雄未遇时。

谁能胯下识淮阴，漂母而来有海宁。毕竟千金成底事，岿然万古一峰青。

护石当年曾结俦，梵云法雨共悠悠。断麻饶有虞山笔，写入图中欲点头。

清道光间，邑人屈星阶、徐亚陶诸先生与钱塘赵次闲、嘉兴张叔未诸公，曾先后发起护石会，戴鹿床先生为之绘图。

无　题

（当代）李志云

偶过福严寺旧址，殿宇片瓦不存，天中山已成荒丘，惟见道旁斜欹三两石鼓墩而已。

忆昔福严全盛日，衣冠云集朝禅林。香烟缭绕金炉暖，古殿嵯峨琉瓦明。石补钟声传四野，天中山色倾一城。而今只有荒丘在，寂寞路边麦青青。

题绉云石

李志云

踏天割下一团云，流落人间第几春？瘦骨嶙峋终不老，于今声誉满江城。

第二节　福严寺文

福　严　寺

清光绪《石门县志·寺观》

福严禅院，在县东北十二里，唐乾符三年建，名千乘院。宋大中祥符初，改今名。徽宗潜邸时，陈太后病目，僧真觉用咒水愈之，赐金环磨衲袈裟，敕住此山，为本院第八祖袈裟上题“遂宁郡王陈美人愿福寿延长，施真觉道者当来同成佛果”二十三字。师有《草庵歌》，黄山谷为之书，又请到汀州定光佛，雨旸之愆，祷辄应验。旧有七级浮屠，元末毁。千佛阁明嘉靖间废。清朝僧通容（即费隐禅师）为世祖所嘉奖，来此住锡，殿堂寮舍，百废俱修。御赐毯衣铁钵诸物，藏在院中。有石补钟一口，铸时铜汁不足，通容投石补成。康熙中，御赐《心经》一卷。天中山在寺后，止翁亭峙其上吴郡守永芳有诗勒石。竹木阴翳，为邑名胜。嘉庆六年九月，大殿毁。寺僧募建。道光间，僧悟善募建罗汉堂及地藏殿，凿池架屋为放生所，池中峙英石峰即绉云石。并建挂瓢亭，勒通容像于石。同治十三年上巳，许郡守瑶光偕僚属修禊，踵吴郡守故事，有诗勒石。光绪二年三月，观音殿不戒于火，寺僧募建寺有绉云石一座，高可二丈许，嵌空玲珑，系吴六奇由粤中送海宁查继佐孝廉旧物，道光间，邑人蔡锡琳学博购置寺中，名人题咏甚众。

福严禅院碑记

（宋）陈舜俞

佛无二道，末有禅、律，道异徒别，而居亦判矣。崇扉闳然，钟倡鼓和，圆顶大袖，途人如归，环食剑处，不问疏亲者，谓之“十方”；人阖一户，室居而家食，更相为子弟者，谓之“甲乙”。甲乙，非道之当也。朝廷之法，缘人情而治。人大约不欲扰动而卒要之以公。故制曰：其徒愿为十方居者，官听之。近世稍稍有请者，公道之胜，而徒之相向也。崇德介余杭、嘉兴之两间，邑东北十里，林木蔚然而美者，福严院在其下。院始五代乾符之乙未[①]，邑人钟离裴置之，地有千乘，因名焉。圣箓重熙，号命丕昌。祥符始年，改赐今额。历年虽多有徒居之，独廪宇自皇祐庚寅岁，主者志洪，率其属僧，愿为十方。县为之告于郡，郡谨用朝廷之法，即许之。其年七月，县令命僧曰处成主之，成未几弃去，而县亦新令尹矣，又择主曰继式。成、式禅者，而皆出于十方，居中论议招纳，皆不戾公道，而其徒归之。人睨其道之胜，而徒之归如是，而众亦向，钟鼓而食，斧斤而居，求于人，皆乐然与之，唯恐不及。予居嘉兴，小舟及其门不远二舍，尝游于院之甲乙，时若像而殿，若聚而堂，苔沿甓陨，圮坫不支。后三年，游于式之时，前之草莱，则兰若矣；前之瓦砾，则金碧矣。地非特胜也，人非始尚也，道之公而主之者亦才也。噫！天下之事不独是，废兴之由，未有不系于公不公、才不才。公道未尝亡，才固不少，顾择之举之之道如何耳。始成之来，乃见命以记，作而未及成文，后会式，式复以请。院之兴废，则所目击，从且兴感，以及人事，遂不愧而为之辞。时至和二年八月一日，宣德郎、试大理评事、权雄州防御推官陈舜俞记。

语溪福严禅寺重修缘疏

冯梦祯《快雪堂集》卷二十六

语溪之福严去余高阳庄居甚近，而余足迹竟未及也。此月初有老比丘者将兴福严，以题疏请，因

① 嘉兴市地方志办公室编校之元至元《嘉禾志》于此处存疑谓：“院始五代乾符之乙未”句：乾符为唐僖宗年号。乾符之乙未，即乾符二年(875)，尚未进入五代。本志卷十一《寺院·崇德县》作“福严禅院，唐乾符三年置。”光绪《嘉兴府志》卷十九《寺观二·石门县》：“福严禅院在县东北一十二里。唐乾符三年置，为千乘院。宋大中祥符元年改今名。”虽年份略异，然朝代不误。故疑文中“五代”是“唐”之误。然“乙未”与下一年“丙申”文字完全不同，当不致于笔误，未详“三年”是“二年”之误，抑或“乙未”是“丙申”之误？

叩福严所在与其名胜。老比丘出一编，其最著者为觉道者金环摩纳，上有徽宗二十三字御书，盖崇宁间赐物。又有山谷所书《天中草庵歌》，又有极愚禅师课经十万松，皆一时尤物。无论道君、山谷，墨妙可宝，即苍松十万，韵风结阴，夏月手一卷，婆娑其下，岂减列仙之乐！而今皆为子虚乌有矣，伤哉！老比丘名某，貌古而志坚，似能躬兴废之责者。余谓殿堂像设外，当亟谋栽松，令百年后十万苍龙怒号挐攫，为丛林壮观，此后身极愚之事，而语溪善信所乐成者，公其勉之！

止翁亭记

(清)吴永芳

万物皆有所止：天止于上，地止于下；日月止于天，河岳止于地。变化者龙，而止于水；阚哮者虎，而止于山。跃者止于深渊；飞者止于丛木。下逮昆虫蠢动之细，莫不因所止而安其身。止之时义大矣哉！

或曰：止者，至也。至于此而不移，则终于止矣。虽然，止者，至而止之之谓也，至不一至，则止不一止。不贤者求至乎贤，贤者求至乎圣；设未至乎圣，不可谓之止也。譬之行百里者，不能一蹴而至也，或三十而止，或五十而止，而未至于百里，不可谓之止也。河之源，发于昆仑，至积石而伏，非止也；又至于龙门，亦非止也；必至于海，而后谓之止焉。艮卦之象辞，位止是，思亦止是，苟易位而处，思亦随位而止：是以止为思，非以思为止也。故有求所止者，未至于止者也；有得所止者，盖止于至者也。他若知止不殆，又以止而全其身，韩昌黎之谓退之，与朱子之谓遁翁，罔非此意也。止之时义诚大矣哉！

余于己亥中夏，触暑舟行，偶思憩息之所，至福严而止焉，林木蓊翳，修竹参差，赤脚层冰，乐哉斯土！爰葺其旧有之亭，而以余之号名之曰“止翁”，复因浮图具宜之请，而作《止翁说》。知是说者，当思止于至而无止于止，则人人可作止翁观。人人可憩息止翁亭也。浮图名明开，具宜其字也，余嘉其学佛而有儒修，故重韪其请，勒碑以记之。时康熙五十九年中秋。

重建福严禅院碑记

(清)蔡锡琳

盖释教本无为，然惟有为也，而后可以无为，以清静心，誓广大愿，如净念上人，斯可谓大有为者也。

吾石门邑东北十二里，有福严禅院，肇于唐乾符三年，初名千乘院，宋大中祥符元年易今名。徽宗时，真觉禅师志添有疗疾功，乞住此山。国朝顺治十四年，费隐禅师通容来此住锡，世祖章皇帝赐毯衣铁钵。康熙四十七年，圣祖仁皇帝赐金字《心经》一卷。其后来之秀如、实源、智音、明培，亦显然有闻于时。嘉庆六年，大殿毁于火，后殿就圮，殿后罗汉堂亦燎焉，弗复存。后之来此院者，欲行募修之计，以费巨，卒弗胜。道光二十二年三月，净念，名悟善，仁和人，少祝发天台，由临平移住此院，勤修苦行，锐志恢复。远近闻见，富者乐助以资，贫者愿效以力，不待劝募，随念响应。二十四年，乃辟草莱，除瓦砾，庀材鸠工，而创始焉。二十五年正月，于旧基起大法王殿，壮丽宏敞，凡黄金丹碧之饰，珠贝旃檀之像，莫不妙好庄严。殿之东庑，增设饭僧堂、报本堂，库溲庖湢皆具。循而南，建罗汉藏，塑五百大阿罗汉金身。欲望自相求真，因真成觉。殿之西庑，为禅堂，为寮室；西北隅，为丈室，祖堂更列其西；西之南，建地藏殿，殿西辟地数亩，凿池架屋，为放生之所。池中有英石峰，高丈余，即世所传绉云石也。殿极北，地势隆然，起寻丈，为天中山，止翁亭峙其上。于东偏隙地树亭，勒费隐禅师像于石，颜曰“挂瓢亭”。其余圮者植，腐者易，欹拄者整齐之，漫漶者丹雘之。百废俱举，增荣益观。邦之人或僮僮然转以游，叶拱以敬。而净念犹不敢自暇逸，必将振起其教，安集其徒，后之宏大而肆者，正未有艾。计七年中，已縻金钱三千六百万有奇。噫！是役也，非大有为者，又焉能必其成之若是之易且速哉！院有石补钟，以鼓铸时，铜不足，费师投石而成，故名。净念来院之日，忽自作声，净念虽不欲言神异，要于彼教中固有不可思议之功德也。今净念乞为文以记之，考院中有宋至和二年嘉兴陈舜俞碑记，已不存。琳不文，无子厚和仲倡导佛乘之说，为此院增重，而序述兴起之由，以附于四众欢喜赞叹之后，所不敢辞也，是为记。

大清道光二十九年太岁在己酉四月己亥朔，里人蔡锡琳撰文，余杭董炆书丹，里人蔡锡恭篆额。

费隐禅师像碑文

（清）蔡锡琳

吾浙通志，禅师讳通容，号费隐，闽人。年十四礼费山为师，十七参湛然和尚，二十五径庐山谒憨然大师，二十九参天童圆悟和尚于吼山，四十二继席黄檗，移天童，主径山。国朝顺治十四年，来任福严，十八年示寂，年六十九，塔在寺之祖堂后。著有《法语》十四卷、《五灯严统》《挂瓢集》。

绉云石在石门福严寺

（清）徐　珂

康熙初，吴六奇将军赠查伊璜孝廉之绉云石，曾至海盐顾氏，后仍归海宁，为马容海光禄所得，马殁而石尚存。道光己酉，石门蔡小砚学博为马氏之甥，从容海之裔乞之，移置石门玉溪镇之福严禅寺，与里人徐亚陶太守宝谦商搉位置，乃于寺之西偏隙地，开池甃石，特立其中。戴文节公为之作图勒碑。

绉云石记

（清）刘喜海

凡物必有所止，止者至是而不迁之意，不惕其止，则有如过眼烟云，流转莫定。绉云石者，为国初海阳吴六奇将军赠海宁查伊璜孝廉物也。尝读钮玉樵明府《雪遘》一篇，而知孝廉识将军于行士中，解衣赠金。不数年，位至元戎，使不遇孝廉，夹缧老于沟渎耳，安在其为将军也。又读蒋心余太史九种曲《雪中人》一阕，传其赠石事，将军开阃循州，邀孝廉至节署，署中有英石峰，高丈余，孝廉一见奇之，因题曰“绉云石”。一日过其处，忽失石所在。迨孝廉归里，此石已屹立园中矣。盖将军知孝廉好之深，不远数千里，由海舰致之也。无何，孝廉殁，此石属海盐顾氏，后归海宁马氏。道光廿九年己酉四月，石门蔡笑拈锡琳载归，贮城东北十二里福严福寺，乞余记之。余谓笑拈既得此石，曷不贮诸所居之室。或华亭凿池，位置其中，以供朝夕之玩也，乃不据所有，且置诸丛林梵宇中。自世人观之，鲜不以为迂远可笑，而不能自已者。吁！此石之归孝廉，不二百年，已三易主矣。此二百年中，为风雨剥蚀，莫有顾问者，不知几何年。今笑拈此举，则洵乎其有大知识也，吾知此石有知，未曾不感叹孝廉之真，将军之高谊，与笑拈之深心也。然则此石之得所止，实笑拈有以成之，是不可以不记。东武刘喜海撰，西湖南屏住山沙门达受书。

福严寺护石记

（清）俞　樾

查孝廉遇吴顺恪事，至今艳称之。乃观秀水沈起记丐者陆晋事，则孝廉所遇又有陆晋，而其后史案之得免，陆之力也，此亦一异闻矣。然绉云之石至今尚存，查吴奇遘，岂虚也哉？石后转徙至海盐顾氏，海昌马氏。道光之季，石门蔡广文锡琳以千金购之，置城东北福严寺，乱后无恙。同治中，讹传石有灵爽，可卜休咎，投以瓦石，以中为隽。其旁瓦石如积，石亦为之小损。邑人沈明府庆云，以姻家子谒恽太夫人洗蕉老人于吴下，老人命之曰："捍卫候遮，诸君责也。"乃归与屈学博元爔谋，筑垣环之，辟石于后，付键于僧。曲园俞樾悦是举也，命是举曰"护石"。

光绪十三年秋九月樾记并书，胡钁刻石。

绉　云　石

（清）陈其元

吴将军六奇所赠查孝廉伊璜绉云石，道光年间，为石门蔡小砚广文所得，广文置之福严禅院，院距县城十余里，兵燹之后，岿然独存。同治甲子，余乞假省墓，曾往一观。石高长许，极绉、瘦、透之妙，洵奇物也。广文不私于家而施之寺，石丈人所以无恙，否则，亦同其故宅成煨烬耳。吴将军遇孝廉后，至粤东仕明，官副将；入本朝，洊历提督，卒谥顺恪。

绉　云　峰

（清）节　庵

昔孝廉之在幕府也，园林极胜。中有英石峰一座，高可二丈许，嵌空玲珑，若出鬼制，孝廉极所心赏，题曰"绉云"。阅旬往视，忽失此石，则已载巨舰送至孝廉家矣。涉江逾岭，费亦千缗。今孝廉既没，青娥老去，林荒池涸，而英石峰岿然尚存。

挂　瓢　亭

（现代）五亩村人

挂瓢亭，在县西北十二里之福严寺。清道光间，寺僧悟善募资重建，并勒通容像于石。蔡笑拈学博题记。按，通容，字费隐，工诗能画，参学有年，曾谒庐山憨大师，反复纵辩，大喝曰："吾年二十五，气宇吞佛祖，不过古人关，岂蹈今时路。"历主黄蘖、金粟、天童、径山、维摩诸寺。杨廷鉴太史赠诗，有"玉峰今日高天上，万指都教拜下风"之句。顺治间，应邑人曹广之请，住福严五载，百废俱兴，示寂书遗□，含笑而逝。有《挂瓢集》传世，系朝鲜刊印。摘录其《挂瓢》云："半世□□□何处，天空放浪作生涯。萍踪不问云异山，四海谁知是我家。"《过朱泾咏船子和尚》云："当年鼓棹个禅翁，物外生涯渺莫穷。垂线半钓江月冷，系舟两岸蓼花红。驱鳞跃浪机全异，戴笠披云趣不同。撒手波心些子意，令人千古忆高风。”诗有禅理，不入禅语，盖其胸中了悟，深得唐人三昧云。

《西湖志·山水》(节录)

绉云峰，在杭州花圃掇景园，与苏州瑞云峰、上海玉玲珑并称江南三大名石。石通高二点六米，狭腰处仅零点四米，曲折多变，瘦绉有致。石右边刻有张宗祥题“绉云峰”三字。背面刻有“具云龙势，夺造化功。来自海外，永镇天中。”道光己酉笑拈蔡锡琳题。此石原在惠州清广东水陆师提督吴六奇花园，因查伊璜赞赏，遂送至海宁查宅。后查家道中落，石归海盐顾氏，不久又为海宁马氏所得。清道光年间，石门(今桐乡石门镇)蔡锡琳用千金购得，置于福严寺内。一九六三年，杭州市园林管理局将此石运来杭州，放置在花圃盆景室。近又移置“江南名石苑”。

注：《西湖志》，施奠东主编，1995年上海古籍出版社出版。

福严寺的观音大会

(当代)沈新元

每年农历六月十九日，是观音菩萨生日。福严寺每年在这一天，都要举行盛大的观音大会，佛教圣地普陀山普济寺方丈前来主持大会。

观音大会共两天，来自四面八方的善男信女以及看热闹的游客，多达四五千人，虔诚赶来念佛拜观音的信徒约占七成以上，其中尤多老年女性。其打扮都为一式的黑色百褶丝绸长裙，斜襟蓝色上衣，头上戴两片呈八字状包头。

两日之内，她们白天在寺僧带领下参拜各殿菩萨，且不时诵经，入夜，坐于佛殿诵经至天明，佛界称“宿山”。

几千人的生活，全由寺内免费供给。寺内饭堂实行12小时流水作业，所有开支全由富商巨贾施舍捐赠。

第二天，是方丈收徒之日。欲拜方丈为师者，须提前一月预约登记，且有一定名额限制，同时需缴纳寺院一定数额的灯油费。收徒仪式在大雄宝殿广场上，坐在大红地毯后面椅子上的方丈，身穿大红袈裟，头戴嵌有佛像的八角僧帽，酷似唐僧。地毯上置放供弟子跪拜的拜垫。仪式开始，方丈双手合十，口念佛语，接着由寺僧点名，弟子一一上前拜认师父，师父则赠给每个弟子一串佛珠，上挂一片樟木牌，其厚度与一元硬币相仿。樟木牌正面刻有弟子姓名，背面为师父所取法名。已婚女弟子，不能称其姓名，而须称某门某氏。

对于那些年迈的女信徒而言，经过两天两夜的诵经礼佛，体力消耗殆尽，当她们移动小脚，一步三摇地走上红地毯跪拜师父后，大都要旁人帮扶方能站立起来，但此刻她们脸上都堆满笑容，甚至老泪涟涟，因为几十年的夙愿得以实现，从此以后，就成为真正的佛门弟子，且有了自己的佛门法名。

山门之外，是一片长约200米，阔40米的松林。一条石板路贯穿林中。每年农历六月十九日观音会，此路两旁商家棚户栉比，多达六七十家，故人们习称为“树街”。众多店家中，香烛店几乎占了一半，其余则为酒肆饭店、茶馆店、百货店等。还有说唱卖艺、看相算命、要杂看西洋景(幻灯片)、打拳卖膏药之流，应有尽有。绍兴来的戏班子，人称“的笃班”(越剧前身)，几根竹竿一插，用布一围，三尺门板一搭，即成戏台。锣鼓一响，观众便蜂拥而至。其时，寺院之外，锣鼓喧闹，商家吆喝，而寺院之内，则香烟缭绕，诵经礼佛，“一门之隔二重天”。此情此景，虽逝去数十个年头，至今忆及，犹恍若昨日。

忆挂瓢亭与绉云峰（节录）

（当代）沈新元

福严寺天中山东麓，有一座飞檐翘角的古亭，称挂瓢亭。它左侧曲流环寺，亭前有江南名石绉云峰，后靠大片竹林，是个亭藏竹影，而步步摇青的幽静之地，风景很优美。

亭为四柱方形砖木结构，背面砌有粉墙，两边置有厚木板座椅。正面两柱上挂有一副木制抱柱对联，字为阴刻，右联云“寻幽已入神仙境”，左联为“一亭风月满乾坤”。此联与景贴切，字体潇洒遒劲，书者姓名已忘，正中挂有“挂瓢亭”三字横匾。

亭中后墙上，嵌有一块黑色石板，约一尺见方，上刻一尊腰挂葫芦的老僧像，落款处有文字说明，由于石板所嵌位置较高，字体又小，故难于辨认。

最奇特的是石板表面老和尚的全身布满蜘蛛网似的红色线条。这个老和尚究竟是谁？有人猜说是福严寺开山祖僧，也有人说是清初重修福严寺之长老。可以肯定这是一位对福严寺有着杰出贡献的老僧，……

上世纪八十年代，笔者在北京琉璃厂荣宝斋古玩店看到一方印章，其材质与挂瓢亭墙上的石板完全相同，也是布满红色线条之黑色板材。询问店员，得知那是稀有的鸡血石，素有千金难买一印章之说。但挂瓢亭上那块“黑石”，不知后来流落何方？

挂瓢亭前，是一座高六尺，阔四尺的石砌平台。平台四周置有石栏杆，台中耸立一座高达一丈的挺秀巨石。其形似云，纹若波状，绉、瘦、透、漏皆备，此即名冠海内的江南三大名石之一的“”绉云峰。与之齐名的上海豫园的玉玲珑、苏州西园的瑞云峰俱是太湖石，独绉云峰是广东沿海的海侵石。

……

由于绉云峰是在历经数千年的海水冲击下形成，所以石质中含有大量氯化物，成了一个真正的晴雨表：下雨前其表面常常凝水而滴，天晴时气化为云，飘忽峰顶，成为一大奇观。每逢阴天，不少人都去察看峰石表面是否有水，以预测第二天气象变化。

附：

采访沈立人实录

沈立人，福严寺前埭人，退休干部，73岁。

采访时间：2004年6月15日9：10—10：10

采访地点：同福乡政府传达室

采访人：邵国良（同福乡文体站站长）、郑善芳（同福乡政府门卫）

被采访人口述内容：

一、关于古华和尚

我与福严寺古华和尚较早认识，并经常与他谈起福严寺的许多情况。土改时，古华被评为地主成分，他的徒弟智功和尚是贫农成分，理由是古华有许多寺产土地，徒弟智功也是受他剥削的。古华和尚颇感委屈和不解，说土地是十方施主的，哪里是他的私产！他只不过是个寺主，怎么能说是地主呢？

古华曾经对我说起，他的父亲是在南洋开橡胶园的，自己十多岁就出家了。还说他是浙江奉化人。沈立人说，现在不少人都说古华原是国军一个师长级的军官，半路出家。传说有据，查无实证。况且古华和尚早在1964年就圆寂了。

古华又说过，当时五百尊罗汉菩萨装成以后，全部被善男信女认捐过，每尊罗汉都有捐赠人名字的牌子，直至全部认捐完。为了让人再认捐，即将时间最长的名牌除去，如此便有人再认捐了。因此，福严寺的钱财来得颇为快捷。

二、关于六月廿八福严寺寺会（看叮当唧大菩萨）

古华说，寺会始于何时，并无文字记载，只是一些传说，乃是在历史上逐渐形成。

据传，一年四季，福严寺香客不断，香火不绝，寺内僧人欲清净做一天佛事竟不可得。故准备择一吉日，每年于此日广迎香客，举行大庆，平时则可清净诵佛。其时，县太爷每年七月初一会携家眷来寺进香。到时，寺院须备丰盛素宴待客；而知县老爷则布施寺院白银数十两乃至几百两。寺内僧人建言，知县进香既为七月初一，大庆可否定于次日，即七月初二日？然县太爷不赞成此议，以为须让百姓欢庆在前。如此似应定在六月廿九（农历六月月小，仅二十九天）。又以六月廿九与七月初一之间无间隔，洒扫庭院都难有时间，遂定在六月廿八为福严寺大庆之日。此后，六月廿九若遇下雨，民间习称“净街雨”。

定下六月廿八大庆日后，每届此日，四周乡民就从水陆两路赶来。附近的乡民，多走陆路，稍远一点，则纷纷驾船而至。寺桥港中，船只停泊得水泄不通，甚至连京杭运河中，也停泊了许多外地来的农船。众百姓集会福严寺，既是来请神拜佛，也是农忙之后的休闲游乐。是日，寺前热闹非凡，做马戏的，耍猴的，推大洋片的，摆小吃的，打拳卖膏药的，卖糖糕、馄饨的，应有尽有。还有卖凉餐的，据说是采择一种形似木瓜，名唤鸡馒头的藤本攀援植物结出的果实，将它劈开，放入水中烧煮，水汁冷却后凝固成浆糊状，放入食糖后便是凉餐。其味鲜甜可口，且解渴。这种藤本攀缘植物，寺桥（劝农桥）上也有生长。

看叮当唧大菩萨的过程大致如下：先去天王殿、大雄宝殿、观音殿叩拜菩萨，然后去罗汉堂观瞻五百尊罗汉菩萨。福严寺的文物以石补钟、马皮鼓著称。当时，石补钟、马皮鼓都放在大雄宝殿内两侧大柱子间。游客入内，人人皆可敲鼓撞钟。一时间，钟鼓齐鸣，声闻数里之外。福严寺的五百罗汉，皆是金装，塑像高大，差不多有真人大小。而罗汉堂的建筑结构尤为奇特，呈“田”字形，乍一看，间间屋子都是披屋，其实，每间都是正间。据说，当年设计建造罗汉堂的工匠，呕心沥血，劳累过度，罗汉堂建成后不久即去世。

游完罗汉堂，即去寺后天中山观赏绉云石，复至寺前轧热闹，挑吃各种零食。寺院之南，古松参天，荫翳蔽日，六月廿八虽是盛夏，犹凉风习习，人皆不觉炎热。

解放以后，六月廿八寺院大庆似乎有过一、二次，嗣后便逐渐冷落。后来捣毁菩萨，昔日香烟缭绕之地一变而为粮库。历经1958年“大跃进”，人民公社化，三年困难时期，直至1964、1965年，寺院房舍、寺前松林犹在，未有多大变化。1966年“文化大革命”狂飙突起，福严寺遂遭空前的灾难。寺前松林砍伐殆尽，寺内建筑，也几乎拆光。只剩得瓦砾遍地，一片狼藉。

本志编纂者按：该《采访实录》采入本志时，编纂者在不违背原意的前提下，曾作文字上的修改和整理。

第二十三编　人　　物

本编《人物传略》遴选历代有重要贡献或有广泛社会影响的16位已故人物入传。所载人物以出生地在境内者为主，兼及祖籍。

《人物选介》收录者出生地均在境内，有经国务院批准享受政府特殊津贴的专业技术人员、各级劳动模范、省部级以上先进个人9人。部分副处级以上行政职务、副高级以上职称或博士以上学位获得者，计29人。境内其他知名人士2人。

《人物名录》分设革命烈士，劳动模范（含省部级以上先进个人），副处级以上行政职务、副高以上职称或硕士以上学位获得者等三大类，共收录43人。

劳动模范和全国先进个人按荣誉称号授予时间先后排列。其余各类人物均按出生年月先后排列。

第一章　人物传略

蔡　开

蔡开，字子明。祖父蔡材，福建兴化仙游人，宋端明殿学士蔡襄八世孙，曾任平江府（今苏州）副守，后贫不能归，借居崇德县千乘乡，遂入籍崇德。父蔡熙，曾任孝感令。蔡开于南宋淳熙八年（1181）登进士第，历任永兴县尉、隆兴府（今江西南昌）纠曹。后调任德清县令，值军兴征调，也不增加百姓负担。离任之日，百姓挈壶浆攀轩相送。掌管督察的官员也都赞其政绩，遂迁太学博士。后出知邵武郡（今福建邵武市），当地山多田少，岁入不足支，例输官租，一石带籴四斗，胥吏又从中侵吞，百姓生计愈益困难。蔡开至，律民自定籴价，籴价一概随行情浮动，上报朝廷，作为定式，尽杜增收之害。嘉泰二年（1202），改任江南西路转运判官，属郡旱灾歉收，从漕运总量中捐出部分救济灾民，活人甚多。未几，授武昌漕司，兼知岳州，并摄提点刑狱司和提举常平司。是时，蔡开受命清点军营耕牧田地，周密区划，一日而毕，尽革冒名之弊。经清查考核在军营田，岁得谷数十万斛，且准许裁汰兵员将营田佃为己业，军士皆感悦。是岁，卒于官。有《畏斋集》十卷。蔡开重义好施，周济困急必满其意。子蔡督，官司农寺簿。

蔡　辟

蔡辟，字子正，崇德县千乘乡人。博通诸经，入太学，以正直诚信有声誉，人称太学御史。宋庆元五年（1199）登进士，授海陵（今江苏泰州）教授。诸名公众口一词，推荐“以孝友之行可劝薄俗”，任太学正，迁博士。嘉定七年(1214)，出任高邮同知，威惠兼著。兄蔡开卒，竭力请求奉祠而归，以葬其兄。往时其父去世时，开、辟、阅、阐四兄弟在亡父柩前发誓，兄弟同居，永不析产。颜其堂曰“怡世”，人称“孝友之门”。逾岁，入为兵部郎，改监察御史，弹击不避仇怨。任太常少卿，旋知常德府，持江东宪节，声绩愈闻。宁宗继位，召拜国子祭酒。卒，祀乡贤间。子：蔡谟，知瑞州；蔡誉，知高邮。明临淄令蔡新、国子典籍蔡天锡，皆其裔孙。

鲍 恂

鲍恂，字仲孚，元末明初崇德千乘乡(现属桐乡市凤鸣街道)人。明万历《崇德县志》载：“其先嘉兴人。元至治间，父访外族至千乘乡，乐其土厚，遂卜筑以居。”清光绪《桐乡县志》谓其“尝居邑之千金、梧桐二乡。”少时从临川吴澄学《易》，得其要旨。为人慎重，好古力行，学识品行名传天下。元元统间(1333—1335)，得浙江乡试第一名，荐为平江教授、温州路学正，皆未就任。顺帝至元元年(1335)，登进士第。荐为翰林，亦婉辞不就。后张士诚据吴中，聘为教授，坚辞不出。

明洪武四年(1371)，初以科举取士，与侍读学士詹同、司业宋景濂、吏部员外郎原本同召为会试考官。试毕，即辞归乡里。十五年，礼部主事刘庸荐恂与吉安余诠、高邮张长年、登州张绅等明经老儒晋京以备顾问。时恂年八十余，余诠、张长年等亦逾古稀，太祖欲授以文华殿大学士，辅导东宫，且免上早朝，“日晏而入，从容侍对，不久随卿归乡，以终余年，庶不负生平之学。”恂等以年老多疾力辞。返乡后，与贝琼(清江)、程德刚(柳庄)在濮川(今濮院)之西溪，结社讲学，谈经论道，又筑室于殳山泾上，耕桑自乐。自号环中老人，学者称西溪先生。后以事累，卒于外，归葬于千乘乡，祀乡贤祠。

鲍恂工诗，然流传极少。海盐胡氏曾有刊本，亦已久佚。府志引其题画诗“山横红叶晚，寺锁碧云深”，亦属佳句。著作有《西溪漫稿》四卷、《大易钩玄》二十卷、《学易举隅》三卷、《易传大义》等。

朱 绂

朱绂，字佑宸，清代石门县灵安(今桐乡市凤鸣街道)白蔷里人。太学生，世居白蔷里，以耕兼读，乡党称长厚。绂性俭约，重行义。清乾隆二十一年(1756)，遭灾歉收，倡捐平粜，为当道所嘉奖。子三人：朱华，廪生；朱芬，临安训导；朱英，太学生。

朱 华

朱华，字临川，清代石门县灵安白蔷里人。廪生。好学工制艺，禀经酌雅，蔚然经籍之光。与同邑陈万青、吴于宣、陈万全、范成模共为文会，论文讲道，时有“文坛五虎”之称。早年病卒，人共惜之。

朱 芬

朱芬，字香初，清代石门县灵安白蔷里人。廪贡生。官广东感恩知县(据《两浙輶轩续录》卷二十九)。尝从戎黔中。有四支全韵诗《华山怀古》，凡四百五十五字。时阮元为浙江学使，见此诗则极为称赏，曰：“吴门有吴八庚，今又有朱四支矣”。人以“朱四支”称之。《两浙輶轩录》谓其“工古篆石刻”。

《再续印人小传》:"号香初,官别驾,才华富瞻,意气慨慷,尤工篆刻。"《辽海丛书·皇清书史》:"字香初,石门廪贡,官感恩知县。工古篆石刻。"《国朝印识》卷二:"宋咸熙《耐冷谭》:'香初,官别驾,才华富丽,意气慷慨。工古篆刻,尝从军黔中,游华山,赋四支全韵,人呼为朱四支。'"曾绘《从戎图》,自题诗云:"盛时未肯卧林泉,橐笔从戎路八千。贝子旌旗申甲令,夜郎风雪冒丁年。离思怕折关山柳,羽调愁闻相府莲。唯有丹青能缩地,江山万里暮云连。"博览经籍,著有《自知斋诗集》《关南剩稿》。

陆宗游

陆宗游,字慕南,清代石门县灵安人。自幼即发愤攻读,光绪元年(1875)弱冠游泮。素喜丹青,兼工书法。善写人物,工写兼长,工笔仕女,造诣尤深,或重彩,或淡抹,皆能栩栩如生,呼之欲出。偶作写意,则粗犷泼辣,生气盎然。时慕南之工笔仕女画为日商所深爱,重金订购者纷沓。善书法,蝇头小楷、擘窠大字兼擅,无不结体谨严、圆润秀逸。抗日战争爆发,杭善公路(即今之320国道)沿线村镇,焚毁殆尽,慕南字画遗于民间者,竟无片纸留存。

次子陆其大,字宏孚,光绪二十五年(1899)庠生。书法酷肖乃父,大小兼工,颇负时誉。善属文。

钱介山　钱　中

钱介山(1867—1947),号半耕,庠生。悬壶行医。擅篆刻,与释允中诸人创钱林印社于乡里。曾为石门湾于邦柱刻姓名连珠章,边款为"民国七年,半耕作于钱林印社。"学识渊博,尝三读《康熙字典》。

钱中(1898—1984),字端父,生于五月初五端午日,故号五五生,又号不依、行六,崇德灵安纪目乡(今灵安李王庙)人。钱介山子。1920年毕业于浙江省立甲种农业学校。尝执教于崇德简师、德清简师。早年从杭州叶为铭习篆刻,追踪秦汉。又从杭人杨某(号"贫而乐者")学瓷刻。为西泠印社早期社员,与吴昌硕等前辈赏奇析疑,曾共赏一云南人所藏三国时张飞印。后入龙渊印社。早年与父介山、释允中等组织钱林印社,倡导风雅。擅书法,出入于魏碑。辛亥革命后,崇德建吕晚村纪念亭,蔡元培题写"先贤吕晚村先生纪念碑",时崇德县县长毛皋坤撰碑文,钱端父书丹。1927年北伐战争时期加入国民党。曾任国民党崇德县党部多届执行委员或监察委员。抗战前,任崇德县立农业改良场场长、崇德县治虫会常务委员,负责管理崇德县积谷仓。抗战期间,曾任灵安区署指导员、灵安乡副乡长等职。日军占领时期,坚持民族立场,竣拒与日伪合作。解放后,因政历问题入狱20年,1976年出狱。曾为桐乡汽车站题写站名,时无纸笔,即以桌布代笔,写于报纸,后由他人勾勒上墙,而结体严谨,笔锋如常,人皆折服。1984年底病故。妻吴荣,抗战前曾任李王庙小学校长。女钱宗,子钱西。

商世昌

商世昌(1900—1978),桐乡县史桥(今属桐乡市凤鸣街道)人。毕业于浙江工业学校。历任上海美亚绸厂、杭州胜利绸厂、浙江省民间美术研究所织物图案设计员,设计之图案纹样极具民族传统,为海内外人士所深爱。1960年曾参展于莱比锡国际展览会。

吴海山

吴海山(1910—2002),幼名吴陆同,自号桐南逸叟、桐南虎友、大千弟子等,斋号百忍草堂、养心斋等。崇德灵安人。自幼喜爱书画,七、八岁时入桐乡县崇实小学(解放后称梧桐完小)就读,十五岁高小毕业后考入杭州两浙盐务旧制中学,四年毕业后,考入上海美术专科学校,得丰子恺、张大千、张善孖、方介堪等名师亲授。青年时期在桐乡任小学劳美教师,后调任濮院、嘉兴等地任劳美教师,直至抗战开始(一年后又在寿昌、桐庐简师兼任教师)。1937 年 11 月,日军入侵灵安一带,遂背井离乡,开始长达十年的逃亡生涯。其时正值国共合作时期,爱国热情高涨,积极参加抗日战争工作,在寿昌、天台、松阳县政府工作,担任过事物员、秘书、区长等职,大都是负责文稿及总务工作,直到抗日战争胜利后一年返回老家灵安。35 年(1946)9 月担任崇德县灵安区田赋粮食办事处主任,共两年,自觉责任重大,因辞职。1949 年 9 月起,先后执教于乌镇小学、梧桐完小及桐乡第一中学。解放初前往上海执教,并加入上海市美协。1952 年因学生徐学铨案牵连,被错判入狱五年,后返回老家务农,并打成历史反革命分子。"文化大革命"期间多遭磨难,被非法关押,遭批斗无数次,在批斗时被推倒受伤两年之久,家境十分贫寒。直至 1985 年,纠正错案恢复名誉,并享受退休待遇。期间长达三十来年未作画,然对艺术之心未磨灭,勤奋努力,尽管晚年腿伤,仍坚持作画不辍,画风文雅、高洁,醇和。积极参加国内举办的画展,爱国热情不减当年,如特为迎接香港回归画《瑞鹤高鸣图》庆贺,为祝贺澳门回归等喜庆的节日留下了不少画作。

其父陆敬堂,灵安人。陆宗游第六子。入赘吴家,更名吴陆昌,号文熙。擅行草,常书于扇面。能以右腕书反手字,若将反手字置于日光中反观之,则成正字,笔画圆熟,自然流畅,人叹为绝技。

张 憬

张憬(1915—2011),本名张蕊英,崇德县灵安镇人。在民国新思想的影响下,张憬渴望上学读书,但屡遭父亲反对。1927 年,在崇德小学校长徐小淑(近代民主革命志士秋瑾的学生)的帮助下,终于遂愿进入崇德小学。其学习勤奋刻苦,成绩优异,多次跳级,不足三年就小学毕业了。1930 年考入杭州省立女子中学,毕业后于 1934 年考入免学费的杭州师范。此间,张憬爱上了文学,也爱上了教国文的老师朱剑心(海宁濮桥乡人,南宋朱熹的后裔)。朱早年奉父母之命完婚,老家已有妻室儿女。师生恋受到校方非议,朱剑心被学校解聘。1935 年张憬转入杭州艺术专科学校二年级,不久因怀孕辍学。朱剑心应聘衢州初级中学任教,张憬随赴,在此生下第一个孩子后,回桐乡灵安家中暂住。1936 年秋,朱剑心应聘上海商务印书馆函授部任编辑,张憬带着儿子随其定居上海。1939 年,张憬与朋友合资创办上海私立静园小学,白天教书,晚上开始写小说,以稿酬贴补家用。1941 年底,太平洋战争爆发,学校被迫停课关闭,朱剑心因病失业在家,时有三个孩子的家庭重担全落在张憬一人肩上,在困苦中艰辛度日。1947 年,在日军扫荡中,灵安家中二哥惨遭杀害,房子被焚,父母积忿而亡。抗日战争胜利后,张憬离开上海先后在硖石第十一保国民学校、郭店中心小学任校长,在海宁善后救济总署海塘工作医院任挂号员等。随后又失业并患上肺病吐血。朱剑心在上海一所学校任教的薪酬只能维持老家妻儿及亲属的开支。张憬走投无路之时,遇到在绍兴县政府任秘书的傅先生(1948 年任桐庐县县长),答应帮助介绍到绍兴图书馆工作。1947 年底,张憬与朱剑心分手,2 个女儿交给朱,1 个女儿送了人,自己带着儿子去了绍兴，与傅先生同居生活后又育一女。1949年5月杭州解放后，随傅先生来到杭州。1951年2月，傅先生因历史原因被原籍地政府镇压。张憬生活开支无来源，靠替人缝补衣服维持生活。1952年到杭州麻纺厂职工业余学校任教，曾被评为市先进工作者。1954年与丧妻的工人干部姚先生登记结婚。1958年被打成右派，降职降薪，下放农村劳动改造。1962年国家经济困难时，退职回家，帮儿女带小孩。"文化大革命"中，被抄家、批斗，原先保存的书籍、文稿、照片被毁。1979年5月，错划右派得到平反，恢复原职原薪，补发工资并享受退休待遇。2011年10月18日逝于嘉兴东升路老人公寓，享年97岁，葬于桐乡市灵安(西牛桥)公墓。

1941年，张憬在上海因生活所迫开始创作小说。是年2月，其处女作《辞职》发表在《健康家庭》上。此后，她一发不可收，又在《万象》《小说月报》《生意经》等杂志上陆续发表了《蠢动》《让我工作吧!》《万松岭上》等多篇小说，引起文坛的极大关注。当时的《万象》杂志评价："张女士的小说文笔生动，在近年来的女作家群中可说是很少可以与她抗衡的……"1944年，著名文学史家谭正璧先生在《当代女作家小说选》中评价："张憬的笔调非常沉滞，朴质，然而有劲，像在一个冬天在工厂终天不停手工作的人写出的……有了这两位作家做殿后(指书中收选的最后两名作者张憬和燕雪雯)，才使本书有着无限的光荣，永远的生命。"

2008年8月，上海远东出版社出版陈学勇(南通大学文学院教授)、王羽(文学博士、天津师大文学院讲师)编的《太太集——二十世纪四十年代上海女作家小说》，其中选录张憬的作品两篇。2009年4月，陈学勇又出版《民国才女风景》，其中登载采访张憬家人后的专文《张憬，高寿九十四了》，称其"也许是那个时代女作家中唯一在世的一位了。"5月，张震为母亲编的《张憬作品选》在嘉兴图书馆与读者见面，收录已经发现的张憬20世纪40年代发表的作品11篇，以及1988年至2007年的部分诗作。12月，《嘉兴日报》"江南周末"版刊发朱梁峰所撰《张憬，民国才女的世纪传奇》。

俞麦浪

俞麦浪(1920—1949)，别名俞文奎，同福乡新农村太河荡人。1943年5月，在苏南参加新四军，战火中经受了考验，成长为一名智勇双全的革命战士，1944年7月加入中国共产党。解放战争初期，任华东野战军三纵队九师二十七团军教股长。1948年11月，随军参加淮海战役。1949年1月6日，我军向龟缩在河南省永城东北地区的敌军发起最后进攻时，俞麦浪身先士卒，冲锋在前，为战役的胜利牺牲在中原大地上。

范伯生

范伯生(1923—1949)，同福乡联中村范家谷人。解放前，迫于生计，在国民党同福乡政府做伙夫。解放后，积极向人民政府反映社会情况，提供土匪活动线索，表现突出，经组织推荐，成为石门区中队战士，投入剿匪反霸战斗。1949年7月11日，时任区中队班长的范伯生奉命带区中队顾有松、朱龙云两人去同福乡新桥执行任务。途中，顾、朱二人企图叛变投匪，对范伯生软硬兼施，要挟范一起叛逃，范严词拒绝。顾、朱眼看阴谋败露，凶相毕露，行至道士庄时，乘其不备，在背后开枪，范伯生身中数弹，壮烈牺牲。

商守箴

商守箴(1923—2011),原名幼昌,号商正,桐乡史家桥(今凤鸣街道史桥村)人,吴海山妹丈。民国32年(1943)肄业于上海新华艺专,两年后入苏州美专随李咏森习水彩画,翌年复师从胡粹中教授。时校长颜文梁、水彩画大师张眉孙皆十分器重。复追随张眉孙数十年,得其神髓。民国36年(1947)苏州美专西洋画系毕业后执教于上海虹桥中学、上海市教师进修学校凡五十年。

其水彩画大多取材于周边生活,举凡日常生活中司空见惯诸物,经其巧妙构思,无不跃然纸上,画作满溢对生活的一腔热情。其风景画题材广泛,从乡村所见至名山大川,从古朴水乡至现代都市,融中西技法于一体,精纯周到,坚实浑厚,色彩沉稳调和,用笔随意而形实俱在,风格独特。作品入选各级美术展览十余次。发表作品百余幅。1992年举办个展于上海电视台荧展画廊;2000年在台湾高雄金荣画馆举办个展并出版《商守箴水彩画集》。2006年黑龙江美术出版社出版同名画集。生前系上海市美术家协会会员、上海市水彩画研究会会员、民革香山画会会员、颢园书画研究会会员。

朱锡坤

朱锡坤(1929—2003),同福联庄村顾家埭人。1949年参加工作。1950年任中福乡乡长。1952年任崇德县兵役局政集科科长。1955年起,先后调任虎啸乡、留良公社、八泉公社、乌镇公社党委书记,直至“文化大革命”开始。“文化大革命”期间,历任虎啸公社、青石公社党委书记。1975年任桐乡县委副书记,分管农业。1977年先后任德清县县长、县委书记、人大常委会主任。1989年退休后回到桐乡居住,2003年去世。

第二章　当代人物选介

吴骏福

吴骏福(1928—　)别名吴春狗,崇德县同福乡联庄村人。1949年12月入党,1950年入伍。先后担任天福乡乡长、灵安区委宣传干事、副书记、石门区委书记、灵安区委书记等职。1956年任崇德县农林水利局局长。1958年9月,被错划为右派,按二类处理,开除党籍,撤销一切职务,取消行政十八级工资待遇,发生活费,去羔羊公社二大埭大队监督劳动两年。1961年12月,中共嘉兴地委批复同意中共桐乡县委意见,摘除其右派分子帽子。1962年,回同福公社联庄大队参加劳动。1978年12月,安置在桐乡县五七蚕种场工作。1979年4月,中共嘉兴地委批复,同意中共桐乡县委意见,对吴骏福划为右派分子应予改正,恢复党籍,恢复原工资待遇(行政十八级)。随后,安排在桐乡石矿任矿长。1981年调民合公社任党委书记。1984年调县水利农机局为巡视员。1988年12月退休。

钱　宗

钱宗(1930—　)浙江崇德纪目乡(灵安)李王庙人。钱中女。中共党员。崇德简师第一届学生，1950年参军,曾参加抗美援朝战争。1955年转业。历任《人民铁军报》《铁道兵报》记者及会计等职。1987年离休,副处级待遇。

朱夏毛

朱夏毛(1931—　),同福乡联庄村顾家埭人。1949年参加工作,任中福三村民兵连长。1952年到嘉兴分区集训,9月任崇德县同福乡团总支书记。1953年入党,7月任同福乡农委主任。1954年11月调任崇德县农工部干事。1959年7月,任桐乡县洲泉人民公社晚村管理区党总支书记。1961年5月任义马公社党委副书记、社长、副主任。1978年4月任义马公社党委书记。1980年12月任中共洲泉区委书记。1986年区委撤销后,任县委驻洲泉联络组组长。1988年1月调任桐乡县农林局正局级巡视员。1991年10月退休后,继续发挥余热,从事老干部和老年工作,市农经局退休支部连续9年被评为先进党支部,朱夏毛在工作期间,曾多次被评为嘉兴、桐乡两级的先进个人。

陆志青

陆志青(1932—　),桐乡史桥乡新日桥人,1946年在启新小学毕业前夕参加全县会考获第一名。同年7月,毕业后考入省立嘉兴中学。1960年毕业于西北大学有机合成专业(本科),先后执教于西北农学院、山西轻工业学院、汾阳师范学校。1975年调山西维尼纶厂从事建厂及产品聚乙烯醇生产的试车及正式投产的技术管理,主持完成把副产品乙醛经过氧化生成醋酸的生产工艺流程和"聚乙烯醇新品种——1788"的试制工作。1983年调扬州化工厂中试室工作,解决各车间的疑难工艺问题,其间,完成"磷酸三丁酯新生产方法"试验项目等。1988年晋升为高级工程师。1992年入选《江苏省石化医药行业高级人才名录》。

陈士章

陈士章(1932—　),笔名鲁乡,崇德县灵安人。1948年启新小学毕业后报考省立杭初,在近3000名考生中,以第六名的优异成绩被录取为公费生。1961年北京师范学院(今首都师大)中文系毕业后留校任教,先后担任政治辅导员、团总支副书记、教学秘书、党总支副书记、副系主任等职。1980年起专门从事教学工作,任教"文学概论"课。1982年曾任全国文艺理论教师进修班党支部书记。1990年评为副教授。1993年退休。

陈士章文学功底坚实,在从事党政工作期间,仍坚持业余写作。其参与写作的书籍有:《山水诗歌鉴赏辞典》《文学概论新编》《教师百科辞典》《中外中小学生作文辞典》《新编中学古诗文辞典》《全国名校作文大全》等。退休后在《中国体育报》《足球》《球迷》及《现代写作报》《少年博览》《中学生科学报》等报刊上发表文章多篇,其中1997年3月19日《中国体育报》上《三分天下勇胜者》一文获二等奖。

徐初新

徐初新(1933—　),崇德县灵安人。1949年7月启新小学毕业后在一爿小南货店当学徒。1950年朝鲜战争爆发,12月报名参军。1952年2月正式批准入伍,先后在崇德独立营二连、嘉兴警备一团二营六连当战士、助教。1952年6月调往嘉兴人民武装部,历任助理员、秘书、政工科长兼机关党支部书记等职。1976年调嘉兴军分区,负责筹建军分区离职干部休养所。1979年12月被任命为嘉兴军分区离职干部休养所副政委兼党委书记(副团级)。1988年12月退休。

徐初新在几十年军旅生涯中,曾先后数次立功受奖。1970年、1974年被嘉兴军分区政治部通令嘉奖各1次,多次被嘉兴人武部树为先进标兵。

王　政

王政(1936—　),桐乡史桥乡桂花浜人。1954年毕业于启新小学。1960年上海同济大学毕业。1982年在上海重型汽车厂任高级工程师。此后,有六年被评为先进工作者,二次获优秀共产党员称号。任职期间承担有代表性的工程项目有:2000平方米食堂、餐厅、浴室改建工程;1.2万平方米大型矿用汽车项目建设;2000平方米高架主体仓库建设;桑塔纳轿车从年产3万辆到年产30万辆项目的建设改造任务;负责SGM项目——中高级轿车(别克轿车)配套项目建设等。由于王政的高度责任感,处处精打细算,上述项目可节约人民币200万元。其撰写的《钻孔灌注挡土隔水围护桩在大型设备基础坑支护中的应用》发表后,被上海同行普遍采用于厂房大型基础设备,为国家节约大量资财。

沈爱文

沈爱文(1937—　),女,桐乡史桥乡长生桥人。1950年启新小学毕业。1961年浙江大学土木工程系毕业后,分配在水电部新安江工程局,先后承担国家级大中型水电站的设计、施工和技术管理等工作。1988年撰写《新安江和黄坛口两水电站设计施工中的重要技术问题》一文,发表在《中国水力发电史料》杂志,该文受到水电部领导赞誉。1975年,承担宁波北仑港(10万吨级)和镇海港(万吨级)大型港口工程的专业设计和技术管理,为这两个大型港口建设项目作出较完美的设施方案。众多建筑物组成的建筑群,坐落在地质构造十分复杂的海涂上,沈爱文对土建设计图纸提出多项修改建议,经审查,她的设计方案得到核准。施工期间又到现场指导,保证工程质量,缩短工期,为国家节约大量资金和材料。其后,在浙江省电力设计院,先后担任台州、温州、萧山、绍兴、嵊县、嘉善及绍兴钢铁厂、嘉兴民丰造纸厂等十几座大中小型电厂的专业主设计,成绩显著,被评为浙江省电力设计院高级工程师。沈爱文为中国水电学会、杭州市地基基础学会会员和台属联谊会会员。

商影若

商影若(1937—　),女,桐乡史家桥人,1949年启新小学毕业后,先后入读杭州安定中学、山东农学院。毕业后一直从事农业科学研究，曾任贵阳市农科所所长、高级农艺师，贵州省五届政协委员、贵州省七届党代会代表，中国农学会、园艺学会、遗传学会会员、贵州省遗传学会理事。曾获“三八红旗手”称号，国家科委授予先进农科所所长、省授予科技管理先进工作者、省扶贫达标先进、省农业技术先进等荣誉 20 余项，并获国家三部委一等奖、省科技奖 19 项。数十年来先后培育小麦新品种 9 个，撰写论文在《农业科学》上发表，被评为贵阳市有突出贡献知识分子，其事迹曾在贵州省、市报刊和电视台作详细报道，贵阳市总工会曾以“女强人”为专题为她举办事迹展览，其传略编入《中国专家名人辞典》《当代中国自然科学学者大辞典》《中华人物辞海当代文化卷》。系 1992 年首批享受国务院特殊津贴者。

证　书

商影若 同志：

为了表彰您为发展我国 农业技术 事业做出的突出贡献，特决定从一九　　月起发给政府特殊津贴　　证书。

中华人民共和国国务院

国务院

政府特殊津贴第(92)952202号　　一九九二年　月　日

商影若享受国务院特殊津贴证书

方伯荣

方伯荣（1940—　），桐乡史桥乡官溇村人。1956 年桐乡初中毕业保送高中，1959 年桐乡一中首届高中毕业，考入杭州大学。1963 年 7 月至 1986 年 7 月，在平湖师范任教。1986 年 8 月调到嘉兴教育学院，任中文系主任。1987 年评为副教授，1998 年晋升教授职称。2000 年度获得国务院颁发的国家级突出贡献奖。2005 年 1 月嘉兴学院退休。

方伯荣从教 40 多年，教书育人，走教学与科研相结合的道路，培养了一大批德才兼备的好学生。长期来致力于写作学理论研究以及写作实践活动；潜心研究中国古典作家作品和现当代作家作品及其创作经验，应用于写作教学之中。其著作有《高等写作教程》《小学生快乐作文》《历代名赋赏析》、散文集《走过雨雨晴晴》、长篇小说《狂热年代》等共 700 多万字，各类文章先后发表在全国（除了西藏）几乎所有省级刊物上。曾先后获得省社会科学成果奖、省教育科学重大研究成果奖、省教育系统优秀共产党员等奖项和荣誉。方伯荣为浙江省作家协会会员，省鲁迅学会理事，省写作学会理事。

吴德孚

吴德孚（1941.11—　），崇德县灵安镇梧桐村白云桥人。少年时先后在湾里村小学、灵安中心小学就读。1955—1961 年，在崇德中学完成初中和高中学业。后考入浙江农业大学畜牧兽医系。毕业后在桐乡县农林局工作。1982 年，获畜牧兽医师职称。1984 年 6 月，任桐乡县农业局副局长。同年 12 月，任桐乡县科委主任、党组书记。1987 年 9 月，任桐乡县农林局局长、党组书记。1990 年被评为桐乡县级优秀党员。1991 年 1 月，任嘉兴市农科所所长、党支部副书记。1992 年 12 月，任嘉兴市郊区区委书记。1997 年任嘉兴市城市合作银行党委书记、监事长。2000 年 3 月为嘉兴市秀洲区正县级巡视员。2002 年退休。

姚贵松

姚贵松(1942—),红旗村新桥头人。1961年高中毕业后,在桐乡电灌委主要从事测量工作。1962年响应政府号召回乡务农,当过生产队记账员,做过大队的民兵、治保、共青团工作。1966年12月调任灵安公社综合社总会计。次年5月,调至灵安机电站从事农机加工维修、水利管理、物资调配等工作。期间,多次负责全公社的水利建设工程,担任灵安港、中路过桥港等河道开挖的总设计和总施工。1974年筹办灵安工程塑料厂并担任副厂长,负责生产技术管理。1980年,负责筹办桐乡县灵安知青造漆厂,以强烈的事业心和艰苦创业精神,带领全体员工将一个作坊式的知青油漆小厂,发展成为生产经营规模全省同行业最大、综合经济效益名列全国同行业和全省大中型石化工业企业榜首的全国重点骨干油漆生产企业,并成为全国500家最大化工企业和全国乡镇化工百强企业之一。自1994年6月组建浙江天女集团有限公司至2012年,任党支部书记、董事长兼总经理19年。

姚贵松坚持一业为主、多元化经营、专业化管理的发展思路,跨行业创办稀土永磁、镜业、彩钢、玻纤等生产企业。1991年至2010年,天女集团公司累计实现销售收入50多亿元,创利税超过6亿元,上缴税费近3亿元,为国家和地方的经济社会发展作出贡献。公司主导产品天女牌油漆和使用的天女牌商标被认定为浙江名牌产品和中国驰名商标,天女字号被认定为浙江省知名商号。

姚贵松积极奉献社会,热心公益事业,资助乡村道路、桥梁、水利等基本建设,帮助当地村办企业和中小企业创办和成长。天女公司分别出资2400万元和960万元,参与创办桐乡市茅盾中学和桐乡市求是实验中学,捐资100万元用于灵安凤鸣天女小学的搬迁扩建,2002年9月他获得浙江省第十三届"绿叶奖"称号。

姚贵松曾获得"全国优秀乡镇企业家""浙江省劳动模""浙江省优秀企业经营者""浙江省乡镇企业创业标兵"和"嘉兴市优秀共产党员""嘉兴市优秀专业人才""嘉兴市科技带头人"等荣誉称号,1995年4月被授予"全国劳动模范"称号。先后当选为省第八届、第九届人大代表,嘉兴市第三次、第四次党代会代表,桐乡市第十一届人大常委会委员等。

全国优秀电工朱春华荣誉证书

朱春华

朱春华(1953—),同福乡联庄村人。1969年至1975年在同福公社机电站当电工。1975年至2007年任同福乡电管站站长。朱春华在任职期间,表现突出,曾多次被评为省、嘉兴市、桐乡县(市)级"电工先进工作者"称号。1987年9月获中华人民共和国水利部、全国水利工会授予的"全国优秀农村电工"称号。

王士雄

王士雄(1954—),又名王仕雄,同福乡联胜村东葛村人。少年时先后在金家村小学、伍社庙初中就读。“文化大革命”期间被迫辍学,在家刻苦自学有关高中课程。1972—1974年,在联胜小学任教,加入中国共产党,兼任大队团支部书记。1974—1978年,在北京外国语大学攻读国际关系和西班牙语专业,获学士学位。毕业后被选派到外交部和西班牙驻华大使馆工作。1981—1982年,在西班牙外交学院学习外交专业,获硕士学位。回国后至2005年,先后在外交部美大司、欧洲司、办公厅、中国驻委内瑞拉共和国大使馆和中国驻西班牙王国大使馆分别任随员、三等秘书、二等秘书、一等秘书、处长、政务参赞等职。期间,曾为国家主席杨尚昆等国家领导人担任过翻译。2006 — 2012年,先后被任命为中华人民共和国驻巴塞罗那总领事、驻赤道几内亚共和国特命全权大使。由于工作出色,赤道几内亚总统奥比昂授予其国家最高荣誉勋章。主要著作有:世界习俗丛书《西班牙》、散文集《遥远的风铃》、诗集《梦里梦外》等。

钟建清

钟建清(1957—),灵安路家园村人。1971年在路家园初中毕业后,进入桐乡一中读高中。1973年高中毕业后回路家园初中任教。1976年,应征入伍(南京军区)。1977年至1980年就读解放军国际关系学院英语系。1981年起在83450部队、73620部队任职,历任翻译、副科长、科长、副处长、部队长等职。1994年任副译审,2010年任译审。现为军队技术五级。其著作有《英汉网络空间术语与缩略语词典》《无人机系统作战》《情报、监视与侦察协同》等。

李胜华

李胜华(1960—),灵安朱家门村人。1978年,应征入伍(南京军区)。次年去装甲兵教导队学习,1981年任排长,1984年升任连长。1985—1987年,就读解放军西安政治学院。1987年9月至1993年3月,先后在南京军区司令部坦克修理训练大队任正连职、副营职干事。1993年在该部任政治处副主任,1996年任政治处主任。1999年任南京军区装备部73921部队政治委员。2004年11月转业,江苏省农业资源开发局项目办公室副调(处级),2007年6月,任江苏省农业资源开发局党委委员(正处级)。

莫炳荣

莫炳荣(1962—),灵安梧桐村人。1979－1983年,在灵安镇红旗小学代课。1983年11月起任灵安皮鞋总厂副厂长。1989年11月,任灵安镇资产经营总公司副总经理。1995年9月起,任桐乡市嘉名针织实业有限公司(后改名为浙江嘉名控股有限公司)董事长兼总经理,同年获高级经济师职称。

自嘉名公司成立以来,莫炳荣团结带领全体员工,勇于开拓创新,上下齐心协力,把一个名不见经传的小厂,发展成为“国家纬编针织面料开发基地”和“中国针织面料创新研发基地”。2010年获嘉兴市委优秀共产党员称号。2013 年，被嘉兴市人民政府授予嘉兴市劳动模范称号。

陈辛波

陈辛波(1962—)，桐乡史家桥人。1982 年取得浙江大学精密机械专业学士学位，1985 年，取得同济大学机械学专业硕士学位。1991 年 10 月至 1995 年 3 月，留学日本东北大学精密工学专业，取得博士学位。回国后，历经同济大学助教、讲师、副研究员，2002 年起任同济大学汽车学院教授、博士生导师。2000 年 10 月至 2001 年 10 月，为日本东京工业大学智能机械系统工学科访问研究员；2013 年 12 月至 2014 年 4 月，为东京农工大学尖端机械系统部门、Southern Illinois University at Edwardsville，访问学者。曾获 1999 年度上海市高校优秀青年教师荣誉称号。历经数十年的教学与科研实践，形成较宽广的学术视野、研究兴趣和创新能力。研究课题涉及空间机构与机器人机构学、新型机械传动、机电一体化系统集成、汽车底盘、汽车变速器、电动汽车驱/传动系统集成技术等学术和技术领域。负责研制四轮驱动燃料电池微型电动汽车动力平台“春晖一号”，获 2002 年第四届上海国际工业博览会“创新奖”、上海国际汽车城首届创新人才精英赛大奖(精英奖)；参与“汽车多源动力总成集成控制关键技术与应用”，获 2014 年上海市科技进步一等奖；研究成果“一体化单摆臂悬架－轮边减速驱动总成样机及其应用”，以实物和展品说明的方式，参展 2014 中国汽车工程学会年会暨展览会。在《Mechanism and Machine Theory》《机械工程学报》《汽车工程》《同济大学学报》等学术刊物发表论文 100 余篇，其中 SCI/EI 收录 50 余篇，获得授权发明专利 20 余项。

沈金鑫

沈金鑫(1962—)，同福乡建胜村庙河南人。在德国从业后入德国籍，名 Jin Shen。1978 年就读浙江大学电机系本科。1982 毕业后在浙江湖州电机厂任见习工程师。1982 年 9 月至 1985 年 6 月就读浙江大学电机系硕士研究生。毕业后在浙江大学电机系先后担任助教、讲师。1988 年 3 月至 1992 年 5 月，在德国西柏林工业大学电机研究所攻读并获得博士学位。随后，在德国西柏林工业大学电机研究所任研究助理，在加拿大 Engineering Software 有限公司任开发工程师。1994 年获联邦德国柏林工业大学博士学位。1996 年至 2002 年，在 ABB 研究中心(德国)先后担任高级工程师、项目经理、产品经理、研究室主任、产品战略(德国)负责人。2002 年任德国 ABB Utilities GmbH(德国)水工业自动化系统事业分部任全球技术经理。2005 年任 Bystronic Lenhardt GmbH(德国)执行副总裁。2007 年任 Bystronic Glass Machinery (Shanghai)有限公司总经理。2008 年任百超玻璃设备技术(上海)有限公司总经理。2011 年起，任苏世博(南京)减震系统有限公司总经理。沈金鑫先后出版专著(英文)1 部，发表技术论文 30 余篇，发明专利 20 余项。2011 年任 SUSPA (Nanjing)有限公司总经理。期间，先后获得专利 16 项，发表科技论文 29 篇，出版专著 1 部。

吴大红

吴大红(1963—)，桐乡灵安人。受家学熏陶，自少学习中国画，爱好书法。1987 年就读景德镇陶瓷学院陶瓷艺术专业，获学士学位。1998 年就读中国美术学院花鸟画研究生班，获硕士学位。

2006—2007年为中央美术学院书法与绘画比较研究访问学者。先后在《新美术》《美术观察》《中国画》《中国花鸟画》等发表《金农书法与绘画空间特征》论文及国画作品，并编著《少儿美术家教丛书》《老年大学中国画教学丛书》等多套花鸟画教材。现为浙江外国语学院美术系副教授，浙江省中国画家协会会员。2004年其作品《山空寂静》参加浙江省第六届花鸟画展并获优秀奖。2005年《寂静历史高花侧晚风》《蕉林清暑》被《中国书画收藏》收录并收藏。2009年《芦花》参加浙江省第八届女花鸟画家作品展并获铜奖。2012年绘画作品《春花烂漫》参加文化同根·和谐中华——浙江省与台中市两岸女画家艺术交流展并获金奖。

沈坤全

沈坤全(1963—　)，史桥沈家斗人。1979年就读南京工学院电厂热能动力专业本科。1983年起，在上海电力学院任教。1986年9月—1989年3月在东南大学工程热物理专业读研究生，并获得硕士学位。1998年晋升为副教授。2004年任上海电力学院教务处副处长(副处级)。2011年任上海电力学院基建处处长(正处级)。2012年任上海电力学院工程训练中心主任(正处级)。沈坤全自1983年以来，主要从事能源动力的研究和教学。研究成果屡次获奖。1998年度获电力工业部科技进步奖(三等奖)，2001年获上海市育才奖，2009年度获上海市教学成果奖(二等奖、三等奖各1项)，2010年度获上海市科技进步奖(三等奖)，2013年度获上海市教学成果奖(一等奖)。

莫永金

莫永金(1964—　)，灵安梧桐村人。1978～1981年，就读桐乡一中。1981～1985年，就读武汉地质学院(中国地质大学)地球物理勘探专业，获学士学位。毕业后在浙江省第二地质大队工作，1986年起在浙江省第一地质大队(浙江省地质矿产工程公司)工作，任特种工程处副经理，高级工程师(副高职称)。1999年起，曾参与福建省长乐市机场高速公路隧道施工，先后担任桐乡巨石科技大楼、会展中心、嘉兴南湖纪念馆、杭州电子科大图书馆、杭州市市民中心等桩基工程施工项目经理、技术负责人；杭州地铁江锦路站、武林广场站等大型基坑围护地下连续墙施工项目经理。

杨梦蛟

杨梦蛟(1964—　)，史桥乡桑园桥村人。1985年获西南大学学士学位，后在中国铁路科学院铁建所担任研究实习员、助理研究员。1995年任研究室副主任，1998年晋升主任。2001年被铁道部授予研究员职称。2003年任中国铁路科学院铁建所总工程师。2004年任铁道部运输局副调研员。2005年任铁道部运输局副处长。2013年至今，任中国铁路总公司运输局副处长。

杨梦蛟在从事无缝线路和桥梁相互作用的研究中，提出了将轨道结构与桥梁作为整体共同作用的非线性计算模型和新建铁路桥梁墩台顶纵向水平刚度限值及纵向水平力计算办法。在预应力混凝土箱梁试验研究方面，对铁路双线简支箱梁进行了较系统的试验研究，提出了箱梁制造技术和设计改进、施工质量控制要点及有关规范修改建议等。在AM型系列预应力锚具的研制中，应用微动擦伤疲劳机理，解决了夹片式锚具难于同时具有良好静力与疲劳性能的技术难题。在国产钢绞线疲劳性能的研究方面，较系统地提出了低松弛钢绞线疲劳曲线和疲劳强度特征值。在施工监控中，率先在广州丫髻沙钢管混凝土公路拱桥施工监控中，实现了施工全过程的自动测试和转体中的实时监测。AM型系列预应力锚具的研制获铁道部科技成果三等奖，大里营铁路斜拉桥的施工监测获铁道部科技成果二等奖，京秦线常用跨度混凝土 T 型梁桥 200km/h 提速改造加固方法获铁道部科技成果三等奖，高速铁路工务管理模式获铁道科技成果二等奖，京山线沙河特大桥体外预应力技术加固预应力混凝土梁设计获中国科学技术发展基金工程优秀设计奖。历年来发表论文 10 篇，撰写技术研究报告 15 篇，参加编写部颁标准 5 个。

吕德坤

吕德坤(1964—　)，同福联庄村桑园埭人。1983 年起在同福桥梁队工作，先后担任技术员、施工班长、同福桥梁队副队长等职。1995 年 7 月创办桐乡市同福路桥工程有限公司(后更名为恒基建设集团有限公司)，任董事长。2015 年 12 月任恒基建设集团有限公司董事会主席。

自 1995 年以来，吕德坤将一家以路桥建设为主业的小型民营企业，快速发展成为国家市政公用工程施工总承包壹级、房屋建设工程施工总承包贰级、土石方工程专业承包贰级企业。承建工程遍布浙江、上海、贵阳、安徽、江苏、四川等地。他坚持“诚信守法”原则，对内注重对员工的培训和教育，对外树立品牌，注重工程质量，做到“建一方市场，创一块丰碑、树一个形象”。施工工程迄今已获得国家级、省、市级市政金奖多项，“钱江杯”“南湖杯”“凤鸣杯”和各级“文明标化工地”百余项，荣获市政工程质量顶级奖杯“中国市政金杯示范工程”2 次，还获得嘉兴市建筑行业首家“嘉兴市市长质量奖”，创市政行业诸多第一。2010 年，吕德坤获“桐乡市劳动模范”称号，2011 年获桐乡市首届道德模范、嘉兴市诚实守信道德模范，并入选中央文明办主办“中国好人榜”。连续 3 年被评为省建筑行业优秀企业家，2014 年被评为“全国建筑业优秀企业家”。吕德坤现任桐乡市政协常委、桐乡市党外知识分子联谊会副会长、工商联执委、桐乡市建筑学会副理事长、桐乡市个私协会副会长等职。

祝雪妹

祝雪妹(1965—　)，女，史桥乡桑园桥村祝家埭人。1978 年，在史桥中学初中部毕业后，就读桐乡县第三中学高中。毕业后考入浙江大学化学工程学系，1984 年获学士学位，1987 年获硕士学位后在南京动力高等专科学校自动化系助教、讲师，1998 年晋升副教授。2000 年，在南京师范大学电气与自动化工程学院任副教授。2003 年进入德国柏林工业大学就读博士生(浙江大学联合培养)，2005 年获得浙江大学控制科学与工程学博士学位。2006 年至 2007 年，去新加坡国立大学为高级访问学者。2008 年在南京师范大学电气与自动化工程学院获教授职称，为硕士生导师，任该校自动化系党支部书记。

祝雪梅一直从事工业过程自动化、太阳能热发电系统的建模、优化和先进控制的研究，紧跟国际前沿，将理论研究应用到工程实践中。其研究成果太阳能热发电中的高精度追日控制技术，成功应用在我国首座商业化的塔式太阳能电站中，取得了良好的社会和经济效益。主持国家高技术研究发展计划(863)计划子课题，国家自然科学基金子项目，国家人事部工业控制技术国家重点实验室开发基金，江苏省教育厅和企业横向等各类项目 10 多项。获得授权发明专利 7 项，实用新型专利 1 项，发表论文学术 40 多篇，担任多个权威学术期刊的审稿人，1988 年获化学工业部科技进步三等奖(排名第二)。祝雪梅为德国DAAD奖学金获得者,2000年度南京师范大学“优秀中青年骨干教师”,2010年度南京师范大学“巾帼建功先进个人”。

嵇春妹

嵇春妹(1965—　),女,长新村人。毕业于上海医科大学,并先后获得公共健康硕士和医学博士学位,任预防医学助理教授。后去美国深造,1995年9月在美国加州大学戴维斯分校获博士学位(药理和毒理),先后任加利福尼亚大学研究助理、研究员。2000年后,从事工业毒理研究和新药开发,先后任职于拜尔、诺华、强生、依兰等制药公司,设计和执行了10余个新药申请的毒理研究部分;主持或参与了2项新药应用研究及4项市场授权应用。是美国毒理学会会员,具有十余年工业毒理学经验的毒理学家,美国内克塔生物制药有限公司毒理主任(部门总监)。

姚海滨

姚海滨(1965—　),灵安红旗村新桥头人。1982年灵安中学初中毕业。1985年桐乡三中高中毕业后,在桐乡造漆厂工作。1986年3月至1997年1月,先后在桐乡县(市)公安局灵安派出所和交警大队工作。1997年1月至今,任浙江天女集团副董事长、浙江天女集团稀土永磁有限公司总经理。

姚海滨于1999年和2000年先后被评为浙江省质量管理优秀工作者和全国质量管理先进工作者。2001年和2003年,先后被授予桐乡市劳动模范和嘉兴市劳动模范称号。2002年和2004年,先后被授予桐乡市优秀专业人才和嘉兴市优秀专业人才称号。2014年9月获浙江省第二十三届“绿叶奖”。1998年以来,姚海滨先后担任桐乡市第五届、第六届政协委员,当选嘉兴市第五次党代会代表,担任桐乡市工商业联合会(总商会)副会长等职。

陈芨熙

陈芨熙(1966—　),史桥车家斗人,1982年就读浙江大学机械系本科,1989年获硕士学位,后在浙江大学机械工程学院任教,后任副教授。1995年为浙江大学控制理论与控制工程专业博士研究生,1999年获博士学位。主要从事工业工程领域教学和科研。研究方向为制造业信息化、知识管理、绿色制造、生产系统改善。先后参加国家自然科学基金项目3项、先进制造领域国家863项目和国家支撑计划项目8项、浙江省制造业信息化项目6项,在国内外学术刊物上公开发表相关学术论文40余篇,获省部级科技进步二等奖2项、三等奖1项,授权发明专利2项,计算机软件著作权登记30余项。

陈剑慧

陈剑慧(1966—　),同福合星村屯桥头人。1985年,考入浙江大学畜牧兽医专业本科就读。1990年,获得浙江大学硕士学位。2002年,获得中国农业大学博士学位。1992年,在桐乡市科委创办桐乡三意生物技术研究所。1993年,在浙江大学创办浙大阳光公司并出任总经理。1997年至今,任浙大阳光公司董事长。多次获“南通市科学技术进步奖”。2009年荣获“南通市科技兴市功臣”称号。2012年被列为江苏省“科技企业家培育工程”培育对象。2014年度被评为“江苏省有突出贡献中青年专家”。

唐利华

唐利华(1966—),女,史桥乡唐家木桥人。1983年在桐乡三中高中毕业后,就读浙江省轻工业学校(中专)。1986年从省轻工学校毕业后,进入浙江中医药大学工作。1988年至1992年就读浙江医科大学(大专)。2002年至2005年在浙江大学继续学业(专升本)。2007年,在浙江中医药大学获得高级实验师职称。在浙江中医药大学工作期间,主持省教育厅课题1项,参加国家自然基金项目4项,其他厅局级课题10余项。第一作者发表学术论文3篇,非第一作者论文20余篇。参与的科研项目获省政府科技进步奖二等奖1项、三等奖1项,获省教育厅高等学校科研成果奖二等奖1项,获省卫生厅科技创新奖一等奖1项。

吴　忠

吴忠(1968—),同福乡合星村蔡家埭人。1982—1985年,就读桐乡一中。1985—1989年,就读青岛化工学院机械系,获工学学士学位。毕业后在浙江工业大学浙西分校机械系任教。2003年9月获副教授职称,先后任系副主任、主任。2003年11月任衢州学院(筹)图书馆副馆长(主持工作),2007年12月明确为副处级。2010年10月,获副教授职称,12月任衢州学院经贸管理学院党总支书记,正处级。其参与完成的“工程制图电子模型库”项目曾获衢州市政府2001年度科技进步二等奖。2003年参与完成的“工程制图教学内容与教学手段改革”项目获第四届教育部教学成果二等奖。

凌建忠

凌建忠(1968—),同福乡新农村凌家浜人。1987年11月参军,在空军航空兵第十师二十八团服役。1994年在空军航空兵第二十八师八十四团政治处任组织干事(副连职)。1995年12月任机务大队机务一中队政治指导员。1998年任第二十八师政治部组织科正连职干事,后升任副营职干事。2000年任第二十八师政治部组织科副科长。2001年在南京军区空军政治部干部处任正营职干事。2003年任干部处福利科科长。2005年在空军航空兵第十师二十九团任政治处主任。2006年在南京军区空军政治部任干部处副处长兼人才办公室主任。

2011年在空军航空兵第二十九师任政治部主任。2012年任空军航空兵某部旅政委,副师级。

1994、1999、2009年各立三等功一次。

朱树仁

朱树仁(1971—),同福乡联庄村人。1989年就读中国科学技术大学。1993年赴美国深造。1998年在莱斯大学(Rice University)获化学博士学位。之后就职工业界。2006年创办瑞迪克斯制药公司(Radix Pharmaceuticals Inc)。致力于热带病的新药研发。期间,发表论文数十篇,专利五项。朱树仁为美国国立过敏和传染病研究所细菌疾病与微生物学特别研究小组、疗法合作研究小组成员。

卜伟海

卜伟海(1977—　),灵安红旗村人。1990年至1996年,先后就读灵安初中、桐乡一中、桐乡高级中学。1996年作为桐乡高级中学首届毕业生,在高考中获得桐乡市理科第一名,被北京大学录取。2000年和2005年,在北京大学先后获得微电子学学士学位与博士学位。博士期间,师从中国著名微电子学家王阳元院士和黄如院士。参加工作后,一直从事集成电路工艺技术领域国内最前沿的研发工作。2005—2010年,先后在中芯国际与飞思卡尔半导体公司从事工艺及器件的研发。2011年起,任中芯国际集成电路制造(北京)有限公司资深经理,先后任高级工程师和高级研发工程师。在中芯国际产学研联合实验室,负责20—14纳米工艺先导研究,并荣获中芯国际2012年度专利发明人评选活动优胜奖。2011—2014年,作为核心技术人员参与"十二五"国家重大专项"32—28纳米成套工艺研究"中的先导工艺研究课题。曾参与的"超大规模集成电路65—40纳米成套产品工艺研发与产业化"项目获得国家科技进步二等奖、北京市科技进步一等奖。在吴汉明博士北京学者工作室任学术助理,中芯国际北京企业科协秘书长。获得2013－2014年度北京市优秀人才培养计划资助。2015年起作为项目首席专家和课题负责人主持国家863计划重点项目"14纳米以下技术代硅基新型器件及关键工艺技术研究"。2016年起,参与02专项"14nm FinFET产品工艺研发"课题,负责产学研合作。作为主要执笔人参与多个行业或学科国家战略研究项目,《集成电路工业全书》编委。合作发表期刊和会议论文12篇,合作撰写学术著作1部,拥有3项美国授权专利和16项中国授权发明专利。

沈洪垚

沈洪垚(1981—　),同福乡联庄村人。2001年桐乡市高级中学毕业。2001年9月至2005年7月,就读浙江大学机械制造及其自动化专业,获学士学位。2005年9月在浙江大学现代制造工程研究所攻读博士,2010年9月获得浙江大学机械制造及其自动化专业博士学位。此后,在浙江大学控制科学与工程博士后流动站工作,主要从事装备自动化、自由曲面加工轨迹生成和自由曲线插补控制技术研究。2011年起在加拿大英属哥伦比亚大学(The University of British Columbia)制造自动化实验室从事博士后研究工作。2013年起在浙江大学机械工程学院任教。2014年12月聘为浙江大学机械工程学院副教授,制造工程及自动化研究所、流体动力与机电系统国家重点实验室成员。

其主要研究方向是高性能数控加工与增材制造技术,在复杂曲面刀路生成技术、3－5轴曲线光滑插补技术、高精度加工在线误差补偿技术、绿色3D打印技术等方面的专题研究。几年来,主持国家自然科学基金面上项目、国家自然科学基金青年项目、国家博士后基金面上项目一等资助、国家博士后科学基金特别资助、浙江省自然科学基金和浙江省重点科技创新团队子项目等10项。作为核心成员参与"高档数控机床与基础制造装备"科技重大专项"基于敏感点监测的闭环动态综合补偿技术""大型直线滚动导轨精密曲面成形数控磨床",完成补偿控制系统软硬件设计搭建,实现高精度加工过程的在线误差补偿实验论证与现场应用。在工业应用和产业化探索方面,先后参与超精陶瓷数控外圆磨削柔性制造系统、电子回单系统控制器开发、全自动封面机系统开发等产业化项目，完成控制器软、硬件设计与调试，相关项目产品已顺利实现产业化，并取得良好经济效益。在国际重要学术期刊上以第一作者或通讯作者发表SCI论文9篇，EI论文3篇。其中，在机床与制造领域国际顶级期刊International Journal of Machine Tools & Manufacture发表论文1篇。获授权的国家发明专利9项，实用新型专利2项。其发表的《面向高性能数控加工的轨迹生成与误差补偿技术》系列论文获得2012年浙江省自然科学学术奖二等奖。2014年入选浙江大学第四批求是青年学者(Distinguished young scholar)。2015年被评为浙江大学机械工程学院"我最喜爱的老师"。

顾晓强

顾晓强(1981—)，同福乡建胜村庙西村人。2000年就读浙江大学建筑工程学院土木工程专业本科。2004年毕业，获工学学士学位和浙江大学优秀毕业生称号，并获免试推荐进入上海交通大学船建学院防灾减灾工程及防护专业攻读研究生。2007年毕业，获工学硕士学位和上海交通大学优秀毕业生称号，并获全额奖学金赴香港大学留学攻读博士学位，专业岩土工程。期间获香港大学土木工程系杰出助教奖，并于2012年11月获博士学位。2012年4月进入同济大学土木工程博士后流动站做博士后研究，并于2014年1月博士后提前出站，获同济大学优秀出站博士后称号。此后，一直在同济大学土木工程地下建筑与工程系工作，任助理研究员。

顾晓强主要从事土动力学和宏微观土力学等方面研究和教学工作。作为项目负责人主持国家自然科学基金、中国博士后科学基金等多项科研项目，已发表国际SCI等学术论文20多篇。主要学术兼职包括国际土力学与岩土工程学会会员、中国土木工程学会土力学与岩土工程分会土工测试专业委员会委员、中国岩力学与工程学会青年工作委员会委员等，担任Granular Matter、International Journal of Geomechanics等国际期刊的审稿人。曾担任第六届国际环境振动会议(ISEV2013)的大会开幕式主持人和分会场主席，以及第一届全国软土工程学术会议的主要组织者；曾应邀出席第14届欧洲地震工程会议、14届亚洲土力学会议和第14届计算岩土力学国际研讨会，并作口头报告。

王建强

王建强(1981—)，灵安村蔡家村人。1997年至1997年，先后就读灵安初中、桐乡市高级中学。2000年就读陕西西安长安大学资源学院资源勘查工程专业(本科)。2004年就读西北大学地质学系硕士研究生(构造地质学专业，盆地动力学方向)，并取得硕士学位。2007年在西北大学地质学系攻读博士研究生(矿产普查与勘探专业，沉积盆地分析方向)，并取得工学博士学位。2011年7月后，一直在西北大学地质学系任教，讲师。

王建强自2004年以来，一直从事鄂尔多斯盆地中新生代演化、后期改造、原盆面貌恢复及盆一山耦合相关的科研工作；先后参与国家自然科学基金项目、国家科技重大专项及油田企业外协科研项目等近20余项；发表科研论文60余篇，获陕西省高等学校科学技术奖一项。

张俊良

张俊良(1982—　),史桥庙前村人。2001年在桐乡市高级中学毕业,考入中国科学技术大学物理系(本科)。2005年取得学士学位,2005年至2011年在中国科学技术大学物理系攻读博士研究生,获博士学位。此后在中国电子科技集团公司第三十八研究所任工程师、系统设计师。2014年8月起,在宁波大学任讲师。工作期间,主要研究拓扑绝缘体材料在高压下的结构和电输运性质,发现了拓扑绝缘体材料高压下拓扑绝缘性和超导性共存。此后,主要从事科学仪器的研发,已开发基于细胞阻抗分析的细胞检测系统一套。主持国家自然科学基金项目1项,省自然科学基金项目1项,省教育厅科研项目1项,校科研项目2项,参与国家自然科学基金项目2项,省自然科学基金项目1项,校科研项目多项。在PNAS、Scientific Reports等国际学术期刊发表SCI论文多篇。

莫德锋

莫德锋(1982—　),灵安红胜村人。2001年就读西北大学环境工程(本科),2005年在同济大学功读材料学博士研究生,2010年获博士学位。后进入中科院上海技术物理所任副研究员。主要研究方向为微电子封装,材料微结构与失效分析等。先后发表科研论文30余篇,申请国家专利5项。

陈忠坚

陈忠坚(1984—　),同福联庄村人。2003年至2007年,就读浙江大学药学专业,并取得学士学位。2007年起,在浙江大学师从蒋惠娣教授、曾苏教授,攻读药物分析学博士,2012年获得博士学位。研究方向为药物分析学、药物代谢动力学(DMPK)。2012年8月至今,在浙江省肿瘤医院工作,研究方向为食管癌、淋巴瘤防治研究。2014起,主持国家自然科学青年基金项目,81302840,COMT和CYP1A2/3A4介导的儿茶酚黄酮体内代谢及其抗肿瘤作用机制研究。2015年起,参与国家自然科学青年基金项目81402429,snail/miR－375/jak2通路在胃癌细胞侵袭和转移中的作用及其分子机制研究,以及浙江省自然科学青年基金项目LQ14H160002,miR－142－3p异常表达与甲状腺滤泡癌复发转移的相关性及机制研究。2011年至2014年,先后在各专业学术刊物上发表论文6篇。

第三章　人物名录

表23—1　　1987—2013年境内获得劳动模范称号及省部级以上先进个人名录

姓名	性别	出生年月	出生地	工作单位	荣誉称号	授予年份	授予机关
姚贵松	男	1942.8	灵安红旗村	浙江天女集团有限公司	全国劳动模范	1995	国务院
糜海球	男	1946.11	史桥钟家弄	原糜老大时装有限公司	浙江省劳动模范	1989	省人民政府

续表

姓名	性别	出生年月	出生地	工作单位	荣誉称号	授予年份	授予机关
姚海滨	男	1965	灵安红旗村	浙江天女集团有限公司	嘉兴市劳动模范	2003	嘉兴市人民政府
莫炳荣	男	1962	灵安梧桐村	浙江嘉铭控股有限公司	嘉兴市劳动模范	2013	嘉兴市人民政府
朱甫顺	男	1943.10	灵安路家园村	桐乡市银凤来集团有限公司	桐乡市劳动模范	2000	桐乡市人民政府
吕德坤	男	1964.6	同福联庄村	桐乡市恒基集团有限公司	桐乡市劳动模范	2010	桐乡市人民政府
朱春华	男	1953	同福联庄村	凤鸣街道(原同福乡)电管站	全国优秀农村电工	1987	中华人民共和国水利部
姚海滨	男	1965	灵安红旗村	浙江天女玻纤复合材料有限公司	全国质量管理先进工作者	2000	国家质检总局

表 23—2　　行政职务副处以上、副高以上职称或硕士以上学位获得者名录

姓名	性别	出生年月	出生地	行政职务、学位职称	工　作　单　位
沈永年	男	1957	路家园村	教授	浙江大学
张金荣	男	1963.6	李家弄村	副总工程师	杭州地铁集团
姚永明	男	1964.05	建胜村	博士	浙江大学
徐华焜	男	1964.9	长新村	博士	美国牙科学会研究员
孟玉清	女	1964.9	长新村	博士	美国海军医疗中心(海军医院)
姚丙良	男	1964.10	红旗村羊眼庄	正处级	广西交投物流发展有限公司
章建成	男	1967	长新村		省航港
朱连甫	男	1968.05	李家弄村	正处级	浙江省政协港澳台侨委员会办公室、省政协办公厅外事处主任
唐伯华	男	1970.07	史桥村	硕士	浙江创维自动化工程有限公司
周建忠	男	1970.11	建胜村	副处级	浙能金华燃机发电有限公司
张银江	男	1971.11	李家弄村	正团级	武警 8691 部队
沈红娟	女	1973.12	李家弄村	硕士	桐乡市启新学校
钟丽平	女	1979.10	环南村	硕士	上海市民办复旦万科实验学校
夏亚敏	女	1981.5	建胜村	硕士	惠普公司
钟　伟	男	1981.08	合星村	电气工程师	施耐德电器信息技术(中国)有限公司
胡娟梅	女	1981.9	红旗村	博士	苏州大学
陈　虹	女	1982.03	史桥村	硕士	杭州电子科技大学
莫建虎	男	1982.10	环南村	硕士	上海大众汽车有限公司
王娟玉	女	1983.01	史桥村	硕士	香港大学
陈　丽	女	1983.5	灵安蔡家村	硕士	浙江银监局
徐晓峰	男	1983.12	建胜村	硕士	海亮地产总部(上海)
金晓丽	女	1986.6	建胜村	博士在读	中国科技大学

续表

姓名	性别	出生年月	出生地	行政职务、学位职称	工　作　单　位
钱世杰	男	1986.08	环南村	硕士/高级工程师	联发科上海有限公司
罗耀锋	男	1987.11	中群村罗家浜	硕士	Essex Lake 管理咨询公司
颜燕翔	女	1987.11	中群村	硕士	浙江财经大学东方学院
洑　琴	女	1988.07	史桥泥司门	硕士	海盐农经局
陈根强	男	1989.08	中群村庙浜	博士在读	东华大学
闻君侠	男	1989.11	建胜村八字桥	硕士	浙江省立同德医院
鲍晓杰	男	1989.12	建胜村	硕士研究生	浙江大学
郑　超	男	1990.10	建胜村	博士在读	香港大学
钱金标	男		路家园村	副师长	南京军区(已故)

注:本章第二节《人物选介》中已收录者,此表不再列入。

第二十四编　艺　　文

本编含诗词、散文小说两部分，收录与境内人、事相关的诗文。有关福严寺的诗文，归入《福严寺》编内。民间故事、民间唱词则收入《文化》编。

第一章　诗　　词

（宋）陆埈《蔡氏怡堂》

君家孝友栽培旧，满堂春风一字褒。冲气本来均脉络，利心岂复问丝毫。窗阴剩觉荆花合，树影争看桂子高。只恐功名渐催迫，翻思对榻雨萧骚。

（宋）蔡开《题资福院平绿轩》

瞰水地仍敞，开窗望不迷。良畴连远近，秀野混高低。晓起烟千树，春耕雨一犁。道人深乐此，坏衲且幽栖。

（元）鲍恂《龙马图赋》

湛萦河之灵源兮，通渥洼而为一。亘昆仑而长河兮，何澎湃而拍滆。涵神采而不可泯兮，上贯乎房星之垣。伟龙马之特出兮，忽腾跃乎九渊。濯雨露以为仪兮，挟风云以为力。夫何负图以效祥兮，纷总总莫其识。或一六以相比兮，或二七以共居。或三八以同友兮，或九四而并趋。追中数之载稽兮，曰五十而有五。若银河之布星兮，灿历历兮可数。地固不爱其宝兮，匪羲皇其孰知。理先契以俯仰兮，图后出而弗违。吾想夫受图之始兮，廓人文以昭晰。彼龙马之为物兮，特寓道之一器。乾龙时见兮，坤牝贞为离。位乎东兮，坎位以西。震巽旁联兮，艮兑隅列。四维攸布兮，八卦斯设。天道何尊兮，地道何卑？雷风相薄兮，水火顺施。亶羲皇之为心兮，一无形之太极。与斯图以默运兮，妙始终而罔息。信炳炳以昭揭兮，如日月之行天。龙马固不知其何止兮，独斯图以万年。暨龟书之呈祥兮，何三同而二异？究无言之至妙兮，羌禹符而羲契。懿宣民之天纵兮，曷遭时世之孔屯！并凤鸟而为难兮，亦复戏欷乎获麟。藐予质之朴陋兮，徒遑遑以求索。滴寒窗之晓露兮，妄究心以图画。缅斯图之未出兮，慨至道之孰存。岂窅默而难言兮，尚按图而可论。幸明代之际遇兮，阐图书于东壁。吾知龙马其复出兮，又何幸见斯图于今日！

(明)周致尧《访鲍仲孚先生隐居》

溪上斋居好,幽偏事不侵。桑麻存晚计,图史乐初心。岸帻幽窗晓,移床绿树阴。卜邻何代老,从此数相寻。

(明)谢应芳《寄鲍仲孚提举》

风雨萧萧五月凉,阶前书带草应长。心传千古文章印,名重诸公翰墨场。官舍看山闲拄笏,斋居扫地静焚香。野犬别后遥相忆,一榻青苔两鬓霜。

(明)朱逢吉《千乘梨云》(《语溪十二咏》之一)

秋高美梨熟,万朵绛云蒸。曾得君王喜,因为里闬称。春云凝白雪,晓梦入青绫。何必潘郎赋,佳名处处腾。

(明)潘蕃《吴越战场》

吴越兴旺宛目前,游屯泾上草芊芊。夕阳满地生寒色,野烧缘溪断暮烟。麋鹿歌台今往矣,鹧鸪舞殿亦凄然。祇余赐剑当年恨,惆怅东风哭杜鹃。

(清)张观澜《吴越战场》

槜李城南荒草陂,纯钩画戟从容挥。黄尘塞天将指落,战鼓渡江戎马归。千年旧事空遗躅,夜雨阴燐照残镞。土蚀寒骸剥碎青,啾啾冤鬼来相哭。居民畏祟不敢耕,黄茅白苇皆精灵。刲羊载酒日四五,纸钱窸窣酬鲵鲸。吁嗟封豕由天败,雪志夫差心志怠。黑气横军国是危,谁言溺笑犹能再。余过江南觅旧踪,采香芳径暗尘封。胥涛夜夜号寒月,似对疮痍感故宫。

(清)杨炜《吴越战场》

极望平原数十里,芒芒春色为谁绮?烟迷野草绿无垠,乱落桃花泛流水。相传吴越旧战场,当日靡旌且摩垒。英雄气奋属夫差,踊跃交锋决槜李。越兵夜宿千人陂,造饭平明埋釜锜。走马岗头忽起尘,太宰申胥各瞠视。鼓声震炫骇奔雷,一往桃弧共棘矢。奕奕旗旎拄脚麾,奔突三年不敢止。此时杀气正凭陵,此时士卒尽争死。至今尝过国界桥,犹见愁云半空起。精魂飘荡苦无依,月白霜寒悲不已。土人为说耕凿时,败甲朽镞出泥滓。往往阴霾火烛天,霹雳声闻彻遐迩。不堪惨目吊兴亡,多付乌鸢并蝼蚁。吴王霸业易消沉,勾践宁忘会稽耻。

(清)徐巎《白喜教战处》

教吴车战始巫臣，喜也登场步后尘。阵上飞腾驰万骑，军中疾捷碾双轮。白猿术已传邻国，黑犬占犹信佞人。可惜伍胥饶将略，不令驱毂走辚辚。

(清)朱麟应《续鸳鸯湖棹歌》十三首(选一)

游屯曾驻水犀军，洗马池边散牧群。试按图经寻故迹，漫传吴越一江分。

(清)胡滢《语溪棹歌》二十四首(选二)

千丈茫茫古战场，青燐白骨此间藏。丹枫染出千林雪，洒遍平沙一夜霜。（千丈荡即吴越战场，在城东北）

周妃墓下草萋萋，小作徘徊日已西。触动愁思千万缕，林间又听鹧鸪啼。

(清)吴曹麟《语溪棹歌》五十首(选五)

游屯泾上草萋萋，纪目坡边一色齐。惆怅当年曾放牧，渔舟唱过荡东西。（纪目坡在千乘乡。吴王夫差募兵五千人牧养于此。坡西北七里有游屯泾。）

家近东湖清白池，门前流水寄相思。郎心可似波心月，照见依颜憔悴时。（清白池在千乘乡南蔡桥北，相近有东湖。）

情意缠绵对榻间，一窗风雨倍萧闲。居官莫作天涯客，且向怡堂接笑颜。（怡堂在千乘乡，蔡氏阅、开、辟、阐昆弟同居，故名。）

长松修竹荫横塘，福相庄严忆上方。瞻拜人来遥指点，绿荫深处露红墙。

白凤鲜菱四角尖，蜜筒瓜熟味还甜。两般风味同船去，为赶香时到福严。

(清)陈吕《游屯泾》

列骑屯兵到处宜，野田绿水净涟漪。寒溪花发年年碧，想见川迴组练时。（光绪《石门县志》：纪目坡西北七里，在游屯泾）。

(清)朱芬《自题从戎图》

盛时未肯卧林泉，橐笔从戎路八千。贝子旌旗申甲令，夜郎风雪冒丁年。离思怕折关山柳，羽调愁闻相府莲。唯有丹青能缩地，江山万里暮云连。

民国《重九有感》

吾乡几经兵燹，市镇村庄大半焦土，近今由晏城经南日、史桥，沿途瓦砾纵横，目不忍睹，偶成韵语，聊寄禾黍之感。

风高云薄雁南飞，阡陌苍凉草自肥。荒岸木莲悲冷露，残篱新菊泣斜晖。颓垣破壁炊烟绝，野舍孤坟树影稀。今日题糕谁与伴，沧桑禾黍甚依依。

(民国)钟桴《御儿竹枝词》(十九首选七)

曾道春秋事渺茫，至今遗迹话沧桑。沉沙折戟今犹在，尝胆卧薪拜越王。
天花荡里尽桑麻，吴越当年限战车。骑界桥与界溇界，南阡北陌两横斜。
北风猎猎雨丝丝，纪目墩今对遥知。闻说当年曾耀武，即今曾不减当时。
茧市丝行接拖舟，挨次西行如水流。争得一年私蓄货，米柴香烛上杭州。
急管频催七宝刀，笙簧搦攊来凤箫。羊皮脸谱神情绘，箴贬人间善恶昭。
长松百尺迴尘寰，果老禅师去不还。石补铜钟漏沙镬，绉云拳石镇灵山。

(民国)柳雨《在徐家庙》

兀长的石块，路，高低，不平，
一簇簇人在幌动着，
店家站在柜里，可把面庞映在水上，
这是一个诚朴的乡村市集。
虽然是初冬时候，
还没有一些感伤的意味，
红了的柏叶，
更显出新陈代谢的美丽，
成群的鸟雀依旧在枝头上跳跃欢啼，
晚风里，只听到树枝激昂的歌声，
彼此在鼓动着生的勇气。

(现代)张憬《归乡》(1993年作)

一生漂泊头已白，儿孙遥隔各天涯。难求围桌团聚日，独自踽踽返故乡。
老旧皆成地下鬼，年少眉目似不省。儿童怯怯不敢近，故乡已非旧时情。
侄辈举手遥相迎，喜极无语洒泪痕。美酒佳肴问寒暖，情意深深感至亲。
留得青青一方土，为我来日葬残躯。树高千尺叶归根，求得寒日酒一杯。

《归宿》(1997年11月作)

一生漂泊异乡地,晚年桑榆思归途。童年放牧戏耍处,而今白发寄断魂。

第二章　散文　小说

(宋)蔡开《崇福寺经藏记》

御溪吾土也。自顷六龙南渡,驻跸钱塘,遂为要衝。生齿户口,视昔蕃衍,衣冠甲族,彬彬日盛,以至井里街邮、精庐祠寺之制大率类是。岁在庚午夏,崇福经藏成,岿然峻峙,尤足以增兹邑之壮观,过者罔不歆叹。先是,寺有藏在西,建于政和之岁,中更兵火,燎焉弗存。已而因陋就简,成小转轮,为邑人祈禳之地。岂惟土木华严之弗备,而气象萎苶,重为法教羞。比丘修玩一日慨然,发心勇猛,以兴是役为己任。倾倒钵囊,得钱五千缗,手自区画,剋日鸠工。于是远近见闻,忻喜讚相。时则有昭庆军节度使刘懋首出巨木,以建藏心;保义郎沈才施钱三千缗,以助工费。未几,布金毕集,不待劝募,随念响应。规模既定,乃辟故基而作新之。藏方八面,面各九尺,高广合度。外为大殿,壮丽宏敞,与藏相称。梵宫法界,星罗云拱,祕函宝帙,鳞次栉比。黄金丹碧之饰,珠贝旃檀之像,巧侔造化,光媲日月。有大天龙,背涌鲸海,诸天善神,环绕镇护。壁间绘善财童子五十三参相,皆假庄严之妙,以彰变幻之机。胜利崇因,视东南诸刹,盖不多见。总费二万缗有奇,积日三期,役工万有八千。噫,兹事体大,非有愿力者孰能成之如此其易!余自少时即识修玩师,既壮,与之游,相知愈深。其平居粗衣粝饭,戒行孤高,了不退转,故人敬爱之,乐为供施。而师无悭心,悉捐所有,遂能兴起众缘于一弹指之顷,鼎新盛事于六十年颓圮之后,是亦可嘉也已。余闻禅宗西来,教外传心,初无以文字为也。然释迦文佛有不可说佛刹微尘数,正真大教流入中华,为经、为论、为律凡五千四十八卷。双林大士创造法轮,藏祕典,传袭至今,作大利益,夫岂规规然斡转机轴,裒取檀施而已哉!所谓实际理地,不受一尘,佛事门中,不捨一法,师之功用可胜既耶!师本邑人,年十二为僧,遍历丛林,得正法眼藏。不喜住山,不求师号,自名纳碧老人。以辛亥岁六月四日书偈归寂,年七十有四。后六年,其弟前双林老善猷率其徒可瑛、怀璞、智端、妙芬请于余,愿有以纪其事。开既知其颠末,不得辞,于是乎书。庆元三年十一月日,从政郎、新隆兴府录事参军蔡开记。

(宋)辅广《黄降邨记》

予暇日为漵浦、硖川游,西帆将适鸳湖,未抵石门数里,林木郁然,川隰夷旷,可游目骋怀也,则维舟由曲折登焉。遇番番黄发叟从溪浒杖而出,揖曰:"公意有所适耶?抑将有所讯耶?"予未之答,叟引予袂抵其家憩焉。茗碗熏炉,竹几藤床,悠然水竹居也。室之颜曰"黄降",予讶之。叟戚然曰:"吾祖嵩麓山人,申姓,洛产也。苦北寇噬宋,扈跸而南,此里则秦人之桃源、管宁之辽阳、梅福之吴市也。吾祖迹虽吴,而心则洛,故以怀乡之心以名此邨,盖胡马北风怀也。"予叹曰:"悲哉,游子思故乡。汝祖有若思而终于此郇侨焉，其风林非宁翼而眷眷志故壑之鳞者乎？”

予询其名郇之由，则曰：“吾祖意以嵩中岳、黄中色也，其曰黄降，即嵩岳降神义也。”予闻叟言，得乃祖志，则亦戚焉。鸿雁之什，安集怀仁。狐死邱首，不忘所生。盖汝祖之衷，亦汝之戚也。叟以郇之名索记，予曰：“崧高维岳，作镇中土。四岳盘旋，巀嶪中处。天地之有中岳，犹人之有降衷。色之在岳也为黄中，而人之降衷也为恒性。使居是郇者苟黄中是由，而恒性是求，则申伯之志行焉。其耕者不为尹渔者、不为涓出者、不为稷卨申甫，而怡怡蔗境者不为圣世遗民、栒谷之黄耇耶？乃黄降之称名又恒系于郇，而不系诸申氏之裔耶？”叟乃以手加额曰：“命之矣，请书以为此郇重。”嵩岳山人，讳齐，字克禋。而叟则广其名，怀洛其别号也。

(现代)张璟《蠢动》

公共汽车已开始隆隆地发出它的笨重的声音，杂乱的小贩喊叫声，脚步声，再混入一声声悠长的卖报声，把一个死去了的魔王般的都市，立刻又唤醒过来，预备继续施展它的魔术惯技：使每一个人为它生存，为它死亡。

王师母——一个生长乡下的旧式女子，在动乱的大时代中带了两个孩子——阿根和阿英，被王先生接到了上海，开始过起都市生活来。上海的物质文明给予王师母许多惊奇的感觉，早晨起来要刷牙齿；厨房里没有灶，饭和菜都仰仗着一个煤球炉子解决；陡直的扶梯一天要上上落落几十回，住一个亭子间，安置了桌椅和两张小床之外，连回旋的余地都没有；这些都是来自乡间住惯了三四楼房子的王师母所从来没有经历过的，然而她现在却需要这样生活下去。

王师母伺候阿根他爸吃过了早粥，待他上公司办公去了，一早晨的忙碌算是告了一个小结束，她将碗碟收拾一番之后，想联合着前楼的李太太一同去买小菜，才推开一条门缝，恰巧看见李先生，正用手臂挽住了躺着的李太太的颈项，笑咪咪的拉她起来。王太太感到一阵肉麻；一阵脸红，赶紧退了出来。李太太并没有觉得，她忙着在丈夫臂弯里撒娇呢。李先生也是全神贯注地注意着太太的每一个动作；譬如太太的那两片嘴唇儿向上一掀，而一双秋波又微微地对他一飘，你就得紧搂着给她一个不重不轻的吻。这阵太太是举起了一只手臂，头微微向上抬起，老李便把手伸到颈项下，抱太太起来。太太坐了起来，给老李一个电影明星式的微笑。她是常常笑的，因为她曾经照过一张笑的相，有人说她很像狄安娜窦萍，所以她不但常笑，并且也能唱得一口狄安娜窦萍的调儿。李太太一面哼着歌，一面穿衣服，在房中旋了几个圈，忽然站住了，作了一个笑脸，然后过去托住了老李的下巴说：“亲爱的！等你今天下课回来，我们去看一次电影好吗？你想，我们已经一星期不看了！我的精神真感到枯燥呢！连一点享乐也没有。”老李的领带没打得整齐，太太乘便给打好了。老李很想说：“看了戏，这个月的房钱又不够了。”可是结果却是“哦”了一声，默许了。老李开了门，让他们的侍女——阿妹送上一盆脸水来，他没有吃

民国30年(1941年)《万象》杂志发表张憬中篇小说《蠢动》

早粥的习惯，有钱吃些鸡蛋牛奶——没钱就空着肚子。临出门的时候，又过去在太太的脸上吻了一下，也看了一次太太的笑，于是一手插入有些破了口的裤袋内，一手把一头乌黑的西发向后叉了一下，头一仰，只听得皮鞋钉子打得楼梯震天响。

王师母听得李先生已经出去，这才敢走过去，瞧见李太太的时候，又红了一阵脸，不知说些什么好。幸亏李太太早已从镜子内看到了，便招呼道："王师母：早啊！你们乡下人是起惯早的，像我晚上十一二点困倒不在乎，可是一起早就得一天头晕呢。"李太太是一个女权运动的健将，因此，她对于妇女总是抱着同情心，尤其是对于乡下来到上海不久的王师母。

"是呀！乡下起得真早呢！头鸡啼不起来，二鸡啼就一定要起来。要是小夫妻俩睡到太阳升起没起来，就得当作一世的话柄讲呢。我刚嫁给阿根他爸的时候，他爸还在城里读书，他要上学去的那天，我因为隔夜替他理东西理得夜深了，早晨没按时起来，后来便惹得人家总是常当作笑话讲。"王师母显然回想起年轻时的情形来了，脸上微微地红了一下，忸怩地靠在梳妆台畔，瞧着李太太化妆。

"这是你们乡下的风气不开通，夫妻双双困一个晏早，有什么可笑呢？你看：我和老李不是天天如此吗？我们女子为什么要嫁人？还不是为了舒舒服服的吃一些，穿一些；自然也是享乐一阵子。要是仍旧要起早落夜地吃苦，还嫁什么人！？所以我虽然没有小孩子，家中没有什么繁杂的事情，可是我非用个人不可。嘿！告诉你：王太太！你是不晓得的，男人都不是好东西，你如果死心塌地的替他做着，他不但不感激你，等到你把手做粗了，脸做黄了、自然人也老了，他便会给你一个啼笑皆非的名词——黄脸婆！王师母：你别以为忠心耿耿地同丈夫做牛马，丈夫便会欢喜你。其实，男人们所要的是美色，是漂亮，你看：老李对我不是比王先生对你好得多吗？不过，我到底是一个大学毕业生，要是老李对我有半分不是；看他对得起人，我马上出去做事情。我是一个能自立的女性，与你自然不同。……"李太太说着，已经把一头乱蓬蓬的卷毛鸡似的头发，梳成两条服服帖帖的小辫子；于是一面哼着歌，一面又把一个小小的淡蓝色蝴蝶结，放在前额靠右面的那一卷松松的头发旁，把左手撑住了下巴，对镜子作了一个笑容，自己觉得也很满意了，这双灵活的秋波，弯弯的眉儿，尤其是那一口整齐的牙齿，狄安娜窦萍式的笑；虽然在鼻尖略有几点麻点，两颊多了一些雀斑，但只要粉搽得厚一些，这个圆圆脸儿上的那一股笑，是无论如何也掩不住她的美的。

王师母只是呆呆地望着，李太太的这一番天花乱坠的话，早使她听来分不清了。她只是得到一个要领，就是男人们爱的是美色，女人只要装扮，不可做活。李太太是好意，她知道。可是不做活又怎样呢？莫非叫丈夫去做吗？她有些糊涂了。

"李太太，你年纪轻，又会打扮。像我这样快要老死的人，装了一辈子也不会俏的。"王师母说着叹了口气。

"啊呀！你今年可有几十岁了呢？未满四十岁的人，就讲老死，怪不得外国人要说我们中国人是未老先衰，我也不过小你三四岁。来！我来替你打个辫子吧！包你立刻轻下十岁年纪！天又热，满头的头发，披着多讨厌！"李太太站起来替王师母打辫子，王师母嘴里仍是叫着："难看的，要像个老妖怪了。"可是转念一想，到底轻下十年呢！打就打吧！于是不一回，两条小辫子打好了。王师母的身子比较矮胖，但很结实，瞧来像个铺盖，现在铺盖上多了两条小辫子，因为走起路来不大稳当，小辫子也就特别摆动得厉害。

"妈妈，妈有辫辫，英要，英要辫辫。"王师母的儿子阿根，女儿阿英，找她妈找上前楼来，阿英看到妈妈的小辫子，拍着小手，跳着叫着。阿根站在门口，摸了摸和尚头，知道自己没有生小辫子的资格，笑嘻嘻地望望妈。

“英乖，妈妈现在没空，等回也替英生两条辫子。”

“英要，要辫辫，要辫辫，……”阿英看到妈妈并没有替她生小辫子的意思，急得哭了起来。

“阿英这小姑娘真好，只三四岁，已经懂得体面了！好吧！我们去买菜。阿妹！阿妹！快来替阿英打辫子。”阿妹果然来替阿英打辫子了。阿英挂着眼泪，想了想，把小指头放到嘴内，对门口的哥哥现出一种骄傲，歪着头说：“阿哥没辫辫。”

李太太换上了一双高跟鞋，她是穿不惯平底鞋的，尤其是平底的布鞋，一拖一拖的，走起来浑身不得劲。

“王师母呀！你也该去买一双皮鞋穿穿了。在上海，出去不穿一双皮鞋，那还像个什么样？上海地方什么都不打紧，就只有这一身衣衫，却非讲究不可。”

“是呀！我想是也想过的，可是我这一双脚，恐怕买不着一双合式的鞋子呢。再说：阿根的爷又没有什么钱给我花。”王师母叹了口气，知道自己无论如何也赶不上别人了。

“上海地方，只要你有钱，什么都办得到。你去向老王要钱去，你这样省吃省用的，买双皮鞋是不怕他不答应，过几天我同你去定做一双，包你穿着很舒服。”李太太又作了个笑脸，便和王师母一同下楼。可是铺盖到底走得较慢，她还没有滚完扶梯，狄安娜窦萍的笑已经出现在楼下陆太太的房门边了。

“怎么到现在才下来呀！我本想来叫你们了。……”

“别闹！你不知道，我今天在创造一个新女性呢！你看！”

“啊呀！真不错呢！王师母，你今天至少轻了十岁年纪，连我都认不得了。”

铺盖刚滚下楼梯，因为短头发太多，所以在走扶梯时已震下了些头发，直披到额上。她用手掠了一把，有些不好意思地说“我本来不要打辫子的，李太太说好看才……”

“好看得多，这时候不打扮，那是更没时候了。等一等，我去拿个菜篮子。”

假使王师母是铺盖，那么陆太太便是板床了。她只有一副硬绷绷的骨子，你可以想得到，要是用胶水把她胶上墙去，那一定不会跌下来。裁缝司务替她做衣裳很是方便，不必有什么曲线，她是标准的直线尺。只是上面生着一丛乱蓬蓬的扫帚似的黄发，中间结着一根大红绸带。陆太太也是一个“笑”的信徒，她是天生的一张笑口，上帝给她牙齿生得特别长，嘴唇又生得特别短，门牙永远不肯跑到嘴里去，所以不笑也得笑。

两张笑脸带着一个铺盖，便大模大样地进攻小菜场了。

在强烈的阳光照射之下，显得小菜场上的空气十分紧张。在这一个领域内，所拥挤着的多半是老妈子厨司之类的人物，每个人的手里都提着竹篮子，东张西望的，好像在寻找什么。等到篮子里堆满了他们所要的植物动物时，他们就安安心心地提回去，填塞主人的肠胃。此外是太太们尖起喉咙，跟屠户或者鱼贩子争价钱。满足之后，得意地瞧瞧手里的篮子，同时也计算一共用去了多少钱；如果钱还剩的多，说不定便再上店家去买一些香菌开洋之类。微笑常常挂上他们的嘴角。她们估计一下，一斤菜比张妈买的便宜四分钱，一斤肉便宜了五分，于是带了得胜的劲儿，大热天，花二毛钱坐一部黄包车回去吧。

李太太是一个买东西的能手，她满不在乎地走着，看到别人脸上挂着微笑望着篮子的时候，她就用一种亲热的口吻问着：“嫂嫂！多少钱一斤？”当她知道了市价去买的时候，大概至少还可以再便宜一二分钱一斤。她总是于一种不失身份的口吻中去争价钱。陆太太很能做她的助手，譬如李太太价钱闹得僵了，陆太太就上去再加他一二分。陆太太在称的时候，李太太替她抓上一把。而李太太在付钱的时候，陆太太也可以再添一些上去。

王师母总是跟不上她们，她刚刚让开了一个菜篮子，又碰到了一辆黄包车。赶快避过黄包车，又有一辆自由车挡住了她。王师母真想冒火，她抹了一把汗，恨恨地诅咒道："走一步路都这样的困难，这倒运的上海。"她这样想着，从一顶花洋伞底下钻过去，想到摊子上买了一些洋山芋，可是却不见了李太太，她伸长了颈子望，幸亏陆太太今天头上缚着一条大红带，目标清楚，终于给她发现了，连带的瞧见了红带旁的李太太的辫子。结了伴出来的，最后还是结了伴回家。

（略去 4200 字）

星期日，本来大家可以困个晏早，可是王师母仍旧起得很早，她忙着要打小辫子呢！总不好天天叫人家打呀！

王先生起来的时候，王师母已经装扮好了，今天特别显得活泼，仿佛真的轻了十岁年纪。当她拿了一盆脸水到他跟前时，便歪着头，作了一个笑脸，可是因为面部的肌肉太多，便成了个压扁了的肉葫芦，眼梢上的三条皱纹，直冲到太阳穴。

"阿根爸，你看我这样打扮好不好？李太太说我轻了十岁呢。"

王先生并没向她行"注目礼"，他昨天回来的时候，早就看到了，所以他已经不想再看。昨晚趁太太睡着的时候，他曾下过一番研究，却始终想不出太太突然打起两条辫子来的理由，他想："三十多岁的人了，一双小脚，配着两条小辫子……"要是说，他这样拼着命在外面挣钱是为了这两条辫子，那他真要喊冤了。如果上海的伟大只是改造了太太的这两条辫子，那还不如搬回乡下去的好。

王师母招了个没趣，心中很是恼怒。恰巧阿英站在旁边，拉住了爸的衣服，吵着也要洗脸，于是王师母便一把拉了过来，顺便打了她一个嘴巴，骂道："贱货！人家不理你，你还站着干吗？"

王先生对太太瞪了一眼，阿英哭着从妈妈身边奔了过来，王先生已洗好了脸，搀了阿英的手说："别哭，爸抱你到街上去买大饼吃。"可是王师母却拐过去挡住了房门，怒吼吼地道："你自己不理人，叫孩子也不理我吗？孩子是我养的，我同你白做一辈子老娘姨，娘姨也得有工钱呀！我昨天已经同李太太约好，今天我要同她一同上公司买点东西，你给我五十块钱来。"王师母的样子很是威武。

王先生觉得第一次领受了太太的脾气了，并且知道他已经有了背景，原来太太也成了个妇女运动的健将，他想这又是上海的功劳吧？他身边一共有四十块钱，便数了三十块钱丢给了太太，自己回转身向床上颓然地倒了下去。

下午，李太太领了王师母上公司，王师母并没有旗袍，跟李太太借了一件，可是太小，把铺盖扎成了好几节，李太太说又轻了十岁。王先生看得难受，带了孩子上电影院看《小人国》去了，屋子里只剩了老李一个人。（阿妹为了要帮王太太拿拿东西，一同出去了。）

王先生看好了影戏，慢慢地踱回来，阿英走不动，还要抱，所以累得他满身是汗。一进屋子，孩子们早跳着到妈妈身边去要糕糕了。妈妈是满面春风，得意得很，她掏出一个皮球给阿根，又拿了个皮娃娃捏一下，吱吱地叫了，阿英抹了抹鼻子，满意地笑了。王先生也不得不点缀一点笑容，表示对于太太的花钱并不感觉到肉痛。

于是王师母便开始展览她的战利品，一件白地蓝花红点子的麻纱，和一件淡蓝色的纱旗袍料，两双短袜子，两条手帕，一盒扑粉，一盒胭脂，一一陈列在桌上，向着王先生说："唉！东西可真贵，就是这点点，三十块钱已经用得只剩几角了！我们还去吃了一次什么冰淇淋，这热天竟有那么冷的东西，上海真是只要有钱，有钱就什么都舒服。另外，我还定做了一双皮鞋，二十四块钱，半个月后去拿……"太太还要讲下去，可是给王先生的冷脸儿冰住了。

“你好阔气！想想在乡下的时候，用一块钱不是还得问声婆婆吗？现在是你当了家，你是一家的主妇，谁也管不了你了，是不是？”

王太太低着头，她的心中一阵紧一阵的又后悔，又惭愧，正想说几句话，丈夫的声音又起来了：“你上趟公司，就用去了我半个月的薪水，在这样热的天，我就得白忙半个月。我们没有多余的钱，下个月的米怎么办？你要用钱，你去嫁过一个有钱的人。这样下去，只怕我供应不起。”王先生的视线像一支箭，向王师母射来，脸色显得非常难看。

王师母现在是恼羞成怒了，她一听见丈夫叫她再去嫁一个，便好像宣布了她的死刑，再嫁一个不就是离婚吗？自己辛辛苦苦地替他生了两个孩子，现在她却要闹离婚了！离了婚，跟那一个过活去？她想想又羞又怒，终于把所有的发泄都集中在眼泪上，只是向外流，先是无声地流，后来觉得还是不够发泄，便放声哭了起来。阿英看见妈哭，也哭了。惊动了李太太，跑进房间来。看到买来的东西零乱地散在桌子上，便明白了他们吵架的原因。

“王先生！王师母平常是很做人家的，难得用一次钱，就马马虎虎些吧！在上海地方，总要用几个钱的。”李太太劝解着，可是王先生不理她，就像没有听见似的。

王师母的勇气突然增加了许多，她拉散了两条小辫子，哭得格外响起来。同时把头往墙上撞去，本来猴在一边的阿根，这时也吓得哭了。李太太连忙过去，拉住了王师母。王先生却站了起来，拉了阿根和阿英说：“外边玩去，别理睬你妈，你妈是要闹家庭革命了。”

王师母见丈夫在这种情形之下，竟会丢下她走出去，他眼光中的确已没有自己了，一阵悲痛和失望攻上她的心头，她发狂似的跳了起来，一面把头往墙上撞去，一面跑近窗口，哭嚷着道：“我死给你看吧！我不要活了。”说着，把大半个身子向窗槛外扑了出去。李太太拼命拉住她的衣服，一面又大叫：“王先生！老李！来呀！我拉不住了！”

王先生站在房门口，只是严肃地冷笑。王师母见王先生不给她面子，格外的使劲往外扑，她的身子重，力气又大，李太太实在拉不住了，衣服嘶的一声拉破了，人往下一沉，王先生奔过来再要拉住她已经来不及，铺盖跌了下去了，头刚好碰着一块尖角的石块上，脑壳像鸡蛋砸在石子上，黄和白都流了出来。

两分钟之后，弄堂里挤满了人，李太太管了两个孩子，李先生打电话叫救护车，王先生抱起流血的太太，叫唤着，抚摸着，王师母微微地睁开眼来向他望了望，嘴角上挂着悲惨的微笑，似乎在说：“你肯原谅我了吧！？”可是，在救护车将她送进医院之后不久，王师母便咽了气。

丧事过后，王先生接连几天没有去办事，只是关起门坐在家里，除了替小孩和自己出去弄一点吃的东西以外，连小孩也不让他们出门。孩子们虽然没有了妈可是有爸；妈要打，爸不打；孩子们也没有什么不惯。阿英有时要问起妈，爸告诉她是回乡去了。阿根不大相信，呆呆地想了一阵，也找不到什么不能相信的证据。王先生抱着阿英流过几次泪。在晚上，他也想起了往事，他想到他怎样在父亲的命令下和一个素不相识的女子结了婚，他讨厌她那一头发着油臭的发髻，也看不惯她那双走三步退一步的金莲，可是却又在莫名其妙下生了孩子，一个，又一个，……忽然发髻变了两条小辫子，辫子上又沾满了黄白色的脑浆，旁边流出一道鲜红的血，他打了一个寒噤，不敢再想下去了。渐渐地，在他眼前又显出了一个女子，短发旗袍，一双穿着平底皮鞋的天然足，一个可爱而天真的笑脸，他心中感到一阵温暖，软软的，痒痒的，他觉得这仿佛是他的理想，他的诗意，他的美妙梦境，他想去接近这梦境，这诗意，可是忽然又变了，站在他面前的不是那天真可爱的姑娘，而是一张熟识的面孔——李太太。王先生惊叫了一声，他跌进了孤独黑暗的海底，他所觉到的，是一个寂寞无际的黑暗。

一星期以后，王先生一人悄悄地把家具搬走了。人家问他到那里？他的回答只是个苦笑。直到他抱了他两个孩子坐上车子的那天，他才告诉人家三个字：“回乡去！”

王先生走后的第三天，陆太太从娘家回来了。她从李太太的嘴里得到了王先生一家的消息后，怔住了！半晌讲不出话。上嘴唇把牙齿包呀包的包了好几次，才说了声：“真作孽！”

“女人总是吃亏的。”李太太叹着气。

“所以只等老陆打了个电话来，我就连忙回来了。老住在娘家也不是话呀！做了个女人，总只好吃亏一点。”

静默了一回，李太太也似乎有一点感慨，终于说了出来：“近来老李对我，也有些变了，老是整天的不理我，有时同他闹，他便索性往外一跑，你想叫我有什么办法？有时我也想到：不如出去找些事做做吧！可是做事也不是件容易的事，照样要受气的，真是没奈何！……”说完，两人间又归于静默，似乎正在研究一个对付丈夫的至上妙法。

皮鞋声从楼梯上响了上来，老李回来了，进门后看到了两位太太的神气，他想：“又在讨论妇女问题吗？”他懒懒地和陆太太打了个招呼道：“陆太太，今天回来呀？”嘴里敷衍着，心里可想到了陆先生那天所说的话，他笑了，他想：女人的心理真是不可捉摸的，不要她死她拼着要死；真的要她死她却又怕死了要活了，而且活得很好。

“老李，我们刚刚在讲，王师母死得真冤枉，你们男人的心肠太狠了！我将来一定也会给你气死的。”李太太想到为了看影戏，两人曾闹了一场，当时原是故意发发性子的，谁知老李竟当了真，离现在已整整的两个多星期，老李的面孔总是冷冷的，心中真是满腔的难过。

老李不说话，拿了报纸遮住了他和太太间的视线，他很想说：“你们这些女人，不知道安稳一点，偏要想尽办法的“蠢动”，“蠢动”的结果，只有使丈夫更讨厌你们。”可是他只咽下了一口唾沫，一手又翻过了一张报纸。

(当代)钱宗《采菊花》

在秋高气爽，冷暖宜人的初秋，我回到了阔别四年多的故乡。儿时温暖的乡村，是我魂牵梦绕的地方。清晨，我早早的起来，让小路旁带露水的草打湿自己的鞋子。我站在中央高高的田埂上，两边低矮辽阔的田野里种满了整齐划一的桑苗，苗尖上碧绿的桑叶随风摇曳；一垄垄含苞待放的菊花，在薄雾似轻纱般地笼罩下，发出阵阵幽香。东边的一轮红日冉冉升起，暖暖的照向人间；西边的一轮圆月，还不愿意离去。这似梦似幻的故乡晨景，融化了我的心。

十一月四号，故乡的人们开始忙碌起来了——采菊花。这菊花，不是城市里供人欣赏的千姿百态、色彩斑斓的秋菊，而是貌不惊人、中间黄色、四周纯白的一种小圆菊。把菊花蒸熟晒干后，就成了赫赫有名的上等饮品“杭白菊”。江浙一带的人，极喜爱用开水冲泡菊花茶喝。它能润肺、清火、明目、健胃、延年益寿，深受人们的欢迎。待朝阳升起，露水晒干后，全村上至七八十岁老人，下至学龄前儿童，纷纷下到地里采菊花。一片片盛开、雪白的菊花，等待人们去采摘。采菊花，虽不算重活，但一天采下来，也累得腰酸腿疼，直不起腰来。傍晚，男人跳大筐，老人孩子侉小篮，女人背起沉甸甸的编织袋，将菊花送回家。晚上，家家户户烧起火，把菊花均匀地铺在竹编圆筐里，放在炉上蒸。蒸一二分钟后，把熟菊花倒在竹扁上晾晒。蒸菊花也不容易，蒸的时间短了，菊花呈咖啡色，不熟；蒸的时间长了，熟过了头，整盘菊花黏在一起，也影响其营养价值；蒸得适中，呈乳白色，才是好菊花。第一次采了盛开的菊花，待一二日后，那些含苞待放的菊花也开始怒放，如不及时采摘，就会凋谢。雪白的菊花，催促人们快快去摘。有的人家菊花种得多，白天忙不过来，就在夜里加班采摘。明月当空，秋风习习，四周一片宁静，只见辛勤的人们还在忙碌着。这样繁忙的采摘，得延续二十多天，农民们是忙得晕头转向，恨不能多生出几双手来。现在你看，家家户户的门前、凉台、田间，到处都晒满了一片片的菊花，成为故乡特有的一道风景线。

勤劳淳朴的农民，忙完秋菊，就要翻起已嫁接好的桑苗出售给外地，接着要种榨菜……人们在接受大自然慷慨的赐予，也付出辛勤的汗水。"休闲"二字对他们来说是奢侈的，是少有缘分的。当人们在舒适的家里品尝菊花茶，在繁华的城市里感到寞落时，可曾会想到繁忙的农民？

从故乡回来，看到我家门前的空地上，缤纷多彩的菊花竞相开放，有白色、黄色、紫色……美丽动人。有人用画笔，有人用摄影镜头，把秋菊的妩媚姿态永恒地记载下来。而我却偏爱故乡不起眼的小圆白菊，我更爱故乡勤劳淳朴的采菊人。

附录　历史资料辑存

志书横排门类，纵叙史实。然而一部志书的编纂，经常会遇到以下情形：所见资料甚为宝贵，足具存世价值，但若归入某一编中，又不相宜。兹爬梳旧编，蒐罗散佚；集腋成裘，另置一编，曰《历史资料辑存》。

民26年(1937)冬敌人窜扰，27年调查所得，关于敌人窜扰浙西时被焚烧的城镇及各地死亡的人数统计如下：

灵安乡：被焚房屋3079间，纪目乡被焚房屋873间，同福乡被焚房屋100余间。

(资料来源：《浙西初期抗战史话》(藏浙江图书馆))

地方帮会(外一则)

地方帮会实力在战前仅有组织，不起任何作用。嗣后敌占期间，我政府为利用推行政令，造成其扩展机会。兹县境光复，诸项设施皆须纳入正轨，此辈被摒于门外，因之阻力丛生，影响县政之展开实深且巨。

本县系缺粮县。战前计有羊毛、羊皮、丝茧、烟片、柏子、白菊花等大宗特产外销沪、杭、粤等地，一般生活水准不下他县，惟自抗战后交通阻梗，外销阻滞，农村经济顿呈败落。

(资料来源：桐乡档案馆馆藏档案，卷宗号M3—2—143)

敌伪军掳掠

民国33年(1944)11月26日上午，盘踞崇福的敌伪军突然窜至中塔乡第三保，将保长杨建全宅中衣物全部掳去，其中包括募集并须上缴军用的棉被一条、棉衣四套。同时还掳走男女保民6名。

(资料来源：桐乡档案馆馆藏档案，卷宗号M3—13—37)

民国34年《崇德县临时参议会议员候选人名单》

朱　济：56岁，灵安乡人，曾任县区党部执行委员及秘书；

孙文浩：29岁，中塔乡人，曾任教育工作三年，县党部书记长四年；

钟　汉：34岁，纪目乡人，曾任纪目乡乡长，现任区署指导员。

沈徐兴：41岁，灵安乡人，曾任教育工作七年，现任区分部书记；

吴海山：32岁，灵安乡人，曾任教育工作十三年；

吴维新：40岁，灵安乡人，曾任灵安乡乡长五年；

沈贵祺：48岁，同福乡人，曾任同福乡乡长十余年，现任同福乡乡长。

(资料来源：桐乡档案馆馆藏档案，卷宗号)

《崇德县参议会组成人员名册》：

议长：朱济；议员：沈徐兴。

（资料来源：桐乡档案馆馆藏档案，卷宗号 M2—5—230）

保证责任崇德县纪目乡合作社呈县政府文　民国 34 年 12 月 6 日

事由：为呈报本乡合作社召开创立会仰祈核示由

为本社依照《合作社法》及同法《施行细则》暨县各级合作社组织大纲之规定，拟具章程，业已十二月十六日召开创立会，选举理事及监事，收纳应缴股金，组织保证责任。崇德县纪目乡合作社谨将应行登记事项开列于后，并检同章程二份社员名册及创立决议各一份，呈请鉴核，准予登记，颁发登记证。

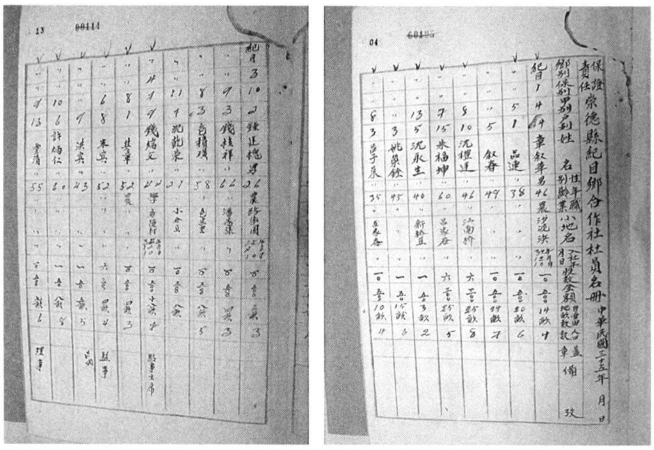
保證責任崇德縣紀目鄉合作社社員名冊　中華民國三十五年　月　日

民国 35 年（1946）纪目乡合作社社员名册

（资料来源：桐乡档案馆馆藏档案，卷宗号 M3—7—35）

民国 35 年崇德县警察局呈文

中塔乡合作社理事会主席张仕镜挪用合作社股金，崇德县政府于民国 36 年（1947）3 月 8 日训令：“以中塔乡合作社理事会主席张仕镜被控挪用股金一案，屡促缴偿无效，仰派警限期缴存合库筹备处。如有顽抗推诿，自应移送司法处依法办理……”，经派员警一再往催，该张仕镜仍未遵缴。迨于本月二十七日传同来局，当由该乡参议员邵庆山出场负责，偕同张仕镜向合作社具结担保，先缴国币贰十万元，余款限一个月内扫数缴清。

（资料来源：桐乡档案馆馆藏档案，卷宗号 M3—7—57）

民国 35 年 1 月 10 日，同福乡民众约二百余人出发至杭州省政府告荒

8 日，第三保青石桥、第六保伍社庙分别贴有纸条，上书：“告荒人同福乡，十二月初八到杭州告荒，到崇德南门去（汽）车路随（聚）会，众等百姓一同春（趁）早，拷锣为号 4，风雨无阻，手拿蓑衣笠帽。”另一纸条上书：“告荒人同福乡，说得礼义廉耻，众姓娱悌，十二月初八日在杭州省政府告荒，崇德南门集会，手拿蓑衣笠帽，打锣为号，风雨无阻。中华民国三十四年布。”

（资料来源：桐乡档案馆馆藏档案，卷宗号 M2—6—311）

崇德县南门外司马桥东街廿七号汪正和粉坊汪荣成自述书

窃民于民国卅三年七月廿五日正在店中营业之时，突来乔装伪保安队张荣春部下匪徒七八名，有负步枪，有执短枪，冲入店中，致被绑架，由东北往石湾方向而去。约计被禁卅余天。后经匪党至店接洽，以伪币十五万元送至徐家庙附近交款。至于藏票地点，因当时以黑布包扎，始终不能明了。特具自述书是实。

（资料来源：桐乡档案馆馆藏档案，卷宗号 M2—6—102）

崇德县政府公函

据本府特务秘书兼石湾区冬防办事处主任沈延平本月九日报称，前伪灵安乡公所乡丁何雪堂（绰号小聋子）为该乡民众群起殴打。查该何雪堂在敌伪占领期内敲诈勒索，为虎作伥，无恶不作，业经拘案，理合将该何雪堂一名送请核办等情。据查，所称确系实情，相应将何雪堂一名移送。

（资料来源：桐乡档案馆馆藏档案，卷宗号 M2—6—311）

民国35年4月13日，纪目乡乡长钟汉呈文崇德县县县长张树德：

查本乡六保七甲朱雪英于敌伪占据时假势欺人，民怨丛生，暗导敌伪下乡，烧杀抢掠，通奸敌伪，乘机搜劫，种种不法行为，业经本乡迭报钧府，严办在案。兹查该妇及姘男史贵兴又在乡间大势造谣，怂恿农民不信地方机关，任意背骂公教人员，且该姘男史贵兴游手好闲，不事生产，如不严加法办，有害行政不浅，理合备文报请钧长鉴核，将该二人拘案严办，以慰人心，否则，乡所信誉丧失殆尽矣！

张树德批示：

呈悉。已令饬县警察局拘办矣。仰即知照。此令。

（资料来源：桐乡档案馆馆藏档案，卷宗号 M2—1—52）

民国35年同福乡乡长陆毅人致崇德县县长吴耐冰函

窃职此次当选同福乡乡长，自知落落庸才，不克胜任，扪心自度，悚惶倍切。……惟查本乡在抗战内为恶势力（帮会）所控制，民众艰苦备尝，倾西江之水，亦难尽述罪行。去秋，敌人投降，河山光复，昔日长安道上之新贵，咸销声匿迹，淫靡之风，亦渐趋弥灭。一年以迄，前同福乡之政，粗具规模，正气亦得伸张，无何前中塔乡境内荼毒深远，恶势力渣滓未清，对乡政前途不无阻碍。此次恶魔孙洪泉二度落网，民众忭切夙恨，人心大快！职查孙洪泉确系前中塔乡罪大恶极之魔鬼，该犯罪行事实已于本年十月廿七日以军字第二十五号呈文列举在案，并续有人民控诉具体事实，窃职为扶持正气，宁息后患，特鉴请钧长详讯法办，以雪民冤，而杜乱滋，不胜迫切之至！谨呈

县长吴

职同福乡乡长陆毅人

（资料来源：桐乡档案馆馆藏档案，卷宗号 M2—5—5）

以下七则材料均从桐档 M2—6—21 中摘录

申请人徐正扬　相对人徐李氏　住同福乡北旱浜

缘申请人有祖遗抵契一纸，系相对人之亡夫徐进年于民国十二年间央徐宝生、徐福田作中，将地田一亩，□借银洋四十元。该款契借多年，迄未清偿。近因向彼催讨，讵料相对人妄称业已还清，且言出不逊，无可理喻。然既已清偿，当时何不将原契取回，且又无过付之人，凭空图赖，昭然若揭！为此请求钧长先行调解，如不获妥洽，再当向司法处起诉。谨呈

同福乡乡长陆

申请人　徐正扬

中华民国三十六年十二月

（后有乡长陆毅人批示：交调委会调解　十二·廿七）

崇德县同福乡第九保办公处　呈　（中华民国三十七年七月二十三日）

案据本保第六甲第　户户长朱福根本年七月二十二日报告称："具报告人朱福根现年三十一岁，居住本保第六甲第　户。因民于民国三十三年四月间有本保第七甲钟柏松自愿将其遗产水田一亩八分（原承粮户）钟有嘉凭中卖绝于民户下，立有割绝官契为凭。其时适因抗战期间，自卖之后，彼竟假借敌伪势力，非但按年租米不还，竟恶意流言，而欲假势凌弱。民畏于淫威之下，忍气吞声，迄今四载。自胜利至今，而彼仍一贯作风，自不反省。今庚民屡向交涉，讵料彼早存不良之心，强词夺理，竟欲吞没产权以为自产。民迫于暴力，缘此沥陈下情，并检同元字第6144号官契一纸，呈请　钧长赐予依法调解，以维民困，迫切待命之至"等情，附元字第6144号官契一纸。据查所称一节，尚属实情，理合检同官契一纸，备文转请鉴案，依法调解，以维地籍之真义。谨呈

乡长陆

同福乡第九保保长　沈文康

（后有乡长陆毅人批示：移乡调委会依法试行调解　七月廿五日）

报告（卅七年七月廿四日下午）

窃查本日下午五时之际，突有着便衣，自称崇德刑警队探员二人，各携木壳枪来辖境朱家门，将住民朱福根非法逮捕，职于闻讯之余，迅驰出事地，探讯实情，并拟保释，以维职责。讵该探员等不予答应，将该住民捆绑前去。查人民有身体自由，宪法上明文制定，保障人权。政府曾三申五令，通饬下级机关饬遵，尤为乡镇自治人员所遵行。凡保民之事，乡保甲长有应负之责，职身忝保长，责难旁贷，否则，易失众望。不意宪政实施伊始，竟有身为刑警探员者，藐视法令，不顾职等职责，深为愤慨，特此报请钧长鉴核，具呈县府，饬查实情，并保释该住民以障人权而维法纪，实为公便。谨呈

乡长陆

职　沈文康　呈

（后有乡长陆毅人批示：转呈县府饬查核释，并请通饬，严予制止非法逮捕，以维人权　七月廿五日）

具呈人　范福山　年六十五岁　住同福乡鹞子墩　农

相对人　范金荣　即郁金荣　住同福乡马家碘（"足"字边）桥

呈为掠契占产侵夺权利申请依法调解，勒令返还以维产权事。民于民初丧偶，中馈犹虚，娶续弦以辅内助。继室前夫所生之子，即金荣随母来归，民视金荣如己出，抚养成人，代为娶妻。不料金荣忘恩，娶妻未久，挈妻归妻娘家，抛弃老父，迄于多年。不幸老妻又于民国三十四年九月身故，民老泪未止之际，乃金荣仗势强将民所有水田壹亩壹分土坐孔字圩占耕，并将契据掠去，认为己有，屡促返还，□未交出，托人去说，终未效果。长此已（以）往，民则生计何所设想？为此叩求　鉴核，请予迅即通知对造，定期调解，勒令返还，不胜顶德。谨呈

同福乡乡公所

具呈人　范福山

中华民国三十七年十月二日

呈　（民国三十六年二月一日）

窃朱彩凤，廿一岁，住本乡十五保四甲五户（油车桥）。父业农。于三十四年十一月间由父母作

主,凭媒招同村朱文家里入赘,讵婚后双方感情异常不洽,且文家里疏懒成习,绝不肯操作,虽屡经劝导,然渠性情乖戾,徒多龃龉,三五年五月间文家里遽尔不言离去,后经着人劝回,然故态不改,感情愈趋恶劣,终于去年五月间离去后迄今不返,经央人往劝二次无效。查此婚事,事前未经彩凤同意,因时文家里之兄朱文先在商守先部服务,父母及氏均畏于权势,实出无奈,彩凤婚后,以既成事实,祇望能安于生活,但视今情形,相处竟若冰炭,彼此势难偕老,嗣以文家里既坚不返归,向男方提议离异以清手续,讵料男方置之不理,视状似必有所需索,窃意事关终身,不得已谨向钧所恳请依法调解,俾解除此徒有虚名之婚姻关系,感德无涯! 谨呈

同福乡乡长陆

氏　朱彩凤谨呈

(后有乡长陆毅人批示:送交调解委员会办理　二月四日)

保证书

具保证书吴甫仁,今向　同福乡乡公所保证,朱德忠因信仰一贯道,致在家内摆设香坛,并邀请信徒男女约三十人之数不时集会,兹被　贵乡张乡队副侦悉传讯至所,讯明属实。兹保证人愿负随传随到责任,如有意外情事,保证人愿负完全责任。具保证书是实。

中华民国三十六年八月十七日　具保证人　吴甫仁

被保人　朱德忠

崇德县同福乡财产保管委员会委员名册(三十六年二月)

主任委员或委员	姓　名	性　别	年　龄	简　　历	现任职务	财产状况	备　注
主任委员	陆毅人	男	27	曾任三民主义青年团浙支嘉分团分队长	同福乡乡长	佳	
委　　员	胡品全	男	43	曾任田赋稽征员	同福乡乡民代表主席	佳	
委　　员	沈贵祺	男	43	曾任同福乡乡长	参议员(应为候补参议员)	佳	
委　　员	徐坤年	男	43	曾任乡民代表	乡民代表	佳	
委　　员	邵德寿	男	乡民代表	佳			

资料来源:桐乡档案馆馆藏档案,卷宗号 M2—1—52

36、37 年度配征本省保安队新兵

36 年度

灵安乡　10817 人,配征 2 人;

同福乡　10450 人,配征 2 人。

37 年度

灵安乡　10817 人,配征 6 人;

同福乡　10450 人,配征 5 人,上年欠征 1 人,合计 6 人。

37 年度下半年配征额

灵安乡　10965 人,配征 3 人,上半年 1 人,计 4 人;

同福乡　10672人，配征3人，上半年1人，计4人。

（资料来源：桐乡档案馆馆藏档案，卷宗号M2—5—409）

同福乡保长暨乡民代表联席会议（36年10月9日）讨论提案

一、奉电配征浙江省保安纵队新兵案

1.征集方式与兵额配置：以志愿兵为主，以票征为辅。兵额分配根据县府配定征额，计新兵5名，抽签抽定之保负责征送。

2.即席推定抽签代表，抽定第一、五、十一、十三、十四保各负责征送省保安队新兵一名。补助安家费筹募方式：以全乡富力等级普遍筹集，赤贫者免筹。抽定征兵之保仍负筹集责任。

3.安家费数额：暂定每名新兵补助安家费糙米25石。

4.征送时间：依照县府限期征送。

二、35、36、37年度奉令所征团管区及省保安队新兵之补助安家费，其筹募糙米数额因事实上困难，未能按照县府规定数字筹拨，均经先后酌量提高，应请追认案。

三、本年度15、16、17年出生男子免缓役申请事宜因限期迫促，业经先行转呈，事前未及提交贵会审查，应请补行审查案。

四、请审本年度适龄壮丁免缓役申请案。

五、疏浚店街塘河港津贴民工稻谷87石5斗，如何运用请公决案。

（资料来源：桐乡档案馆馆藏档案，卷宗号M2—5—409）

为发起筹组烟菊生产合作社祈转呈由（中华民国36年8月26日）

窃民等为谋烟菊之生产与运销，以造福农民起见，于同福乡徐家庙筹组烟菊生产合作社。理合附呈章程、业务计划、发起人名册各一份，备文呈送，仰祈鉴核转呈，准予成立，实为公便。

谨呈

县长吴

附呈章程、业务计划、发起人名册各一份

发起人：叶梦渔、张宝金、姜宝坤、朱寿忠、朱宝荣、吴永宝、王金振

为呈报筹组蚕业生产合作社核准由（民国37年4月13日）

窃文山等为发展蚕丝生产，以充裕农村经济，而达改善农民圣火起见，拟在同福乡徐家庙筹组蚕业生产合作社，办理共同催青、稚蚕共育、合作烘茧等业务，除积极征求社员筹备外，理合备文呈请，仰祈鉴核，准予筹设，实为公便。

谨呈

县长吴

保证责任崇德县同福乡徐家庙蚕业生产合作社

发起人：叶文山、朱锡荣、朱宝荣、吴永宝、吴永高、张寿林、吴富顺

（资料来源：桐乡档案馆馆藏档案，卷宗号M3—7—32）

《塘南特讯》

近以敌伪意欲企图贯通杭善公路，连日来强拉民夫，赶筑堡垒……有敌寇十余名及崇德伪保安队一分队约三四十名，在灵安附近赶筑工事，为我军获悉后，即由孙团第七连为先锋，其余各连及专署行动大队为围攻和掩护部队，于本月十七日(二月)拂晓，向狮子木桥和麺团桥二处据点下令猛攻，一时弹飞如雨，激战二小时，将敌伪军防御尽行摧毁。计是役击毙敌寇五名，伪军十余名，俘获五名，及弹药、钢盔更军用品甚多，我方并无损伤云。

（资料来源：桐乡档案馆馆藏档案，卷宗号 271—19—18《塘南半月刊》34 年 3 月号）

《嘉海桐锄奸大队与敌寇作战纪实》

五月十六日拂晓，斜桥、长安暨周王庙之敌伪军四百余名至崇德，会合崇德敌寇，向东进犯，经扶驾桥直扰亭子桥，其时已在早晨六时许。该敌又转犯南日晖桥，并分路搜索附近村庄。

同日，又有硖石、王店、濮院敌伪军分两路进犯屠甸镇，侵入屠镇市中，时在上午七时左右。镇上所有居民，均已逃避一空，该敌竟大肆抢劫，约半小时后即向西进扰，至史家桥，其时桐乡与灵安之敌军，亦向史家桥镇上来犯，适与由屠镇西侵之敌相会，该两路敌寇见商店均已关闭，居民尽皆逃避，当即防火，将镇上所有草舍瓦屋，焚毁一空，计有百数十间之多。桐乡灵安敌将史家桥房屋烧毁后，当即退去。路经北日晖桥，将该镇上之草舍，亦均如数烧掉。屠镇西犯之敌，由史家桥向南，再犯南日晖桥……

（资料来源：桐乡市档案馆馆藏档案，卷宗号 271—19—18《塘南半月刊》34 年 3 月号）

《夜》

目的地—灵安到达了，弟兄们疾驶往那鬼子兵防御工事周围的铁丝网把防御圈的障碍物都破坏了，……行将待毙的两个哨兵踌躇着在那微月下巡视着。弟兄们中间有一个在低声的说着：“老李，好机会到了，你看，两个鬼子兵不是在那边吗？不要放走了他！”啪！啪的几声响，这两个鬼子果然中了弹，赴鬼门关去了。枪声是越打越激烈了，我们的炮兵很迅速地也在后面发着它的威力，敢死队合锄奸队的某队长奋勇地冲进了灵安敌据点的里面，接连几个手榴弹，惊破了敌人的心胆，焚烧的红火，红遍了灵安的上空。

（资料来源：桐乡市档案馆馆藏档案，卷宗号 271—19—18《塘南半月刊》34 年 3 月号）

《崇桐土风农利见闻录》

田租，分花租与板租。花租随年岁收成之比例，与佃户相约纳其租税；板租在订约时呆板订定。其每年缴租之数量，亦有高租至每亩缴石贰者。惟照例板租在订约时不能太高，折中以八斗为常例。花租亦不以 2 三七五分谷为标准，恒取分半资力对均为通例。地租则以银钱为标准，约比田租减低其半数。但地租都在桑叶收成时付钠，田租多在农历十二月初旬始收缴。田多人家，亦大多是一乡缙绅之家，租米与租折类由业主所规定，佃户亦俯纳，即有短付，次年补追。亦有偿息者，明十六年“二五减租”实施后，农民团体亦于同时受县党部指导相继成立，每年租米缴额，召集佃业双方互议标准，以当年之正产全收获量，减去二五之成本外分半缴纳，折租亦议定公价，如有争执，由佃业仲裁会解决。十七年以后，又改佃业理事局，就地除客籍间有争执外，少纠纷，亦少大田主……。崇德之收租情形亦略同，逊清光绪三十三年十一月二十日，也曾因租米问题发生事端，起源于屠甸与海宁邻接之殷家船地方，其地在今之元帅庙南。荒歉为要求减租见拒，业主中之有力者，请示追比，酿成闹漕之风波。至十二月初三下午，蜂拥入桐乡南门，知事徐公劝谕，因一时人众势汹，报请抚办，初四日由湖防统带周到地弹压，诛造事为首者某湖北人，乃告平息。相传旧闻亦稗史之一也。

（资料来源：桐乡档案馆馆藏档案，卷宗号：271—19—18《塘南半月刊》34 年 3 月号）

同福乡全体民众致石湾区区长的报告

窃民等自抗建之幕开展，迄今在敌伪铁蹄下忍渡奴隶般之生活已八年有余。于此期内，除受尽敌伪之暴杀掳掠猖獗外，去春又逢敌伪之所谓“清乡”，一般乡公所之主持人即乘机鱼目混珠，除使用种种非人道之欺诈蹂躏外，尚在被敌伪所残酷之民间，藉势剥削民脂民膏，以饱私囊。而崇德全县，尤以吾同福一乡为最甚。缘吾乡长阳则受中央节制，为民服务，阴则受敌伪措置，违背法令，藉词勒索，并串同敌伪，擅离职守，往返崇沪、崇嘉、崇杭等地，经营商业，以致民负日益加重，无可聊生。兹幸赖抗战胜利，黑暗打破政府挺入城镇建国，开始光明重见，乡镇干部需告垫定，理令具文呈请钧长，令饬本乡乡长将昔前乡务账目呈报县政府核查，以求公允。

（资料来源：桐乡档案馆馆藏档案，卷宗号：M2—6—314）

同福乡柴家兜村民张阿大等致石湾区区长函

本乡老刀牌大队长陆永昌、副队长陆永初、班长陆才龙、沈金龙、沈仁龙从民国廿六年起，打劫民家数百家，在三十年六月十五日夜，在本乡柴家兜打劫四家，烧死二人。共有强人三十余人，个个面熟，个个面涂粉墨。连夜报告石湾伪军，下日到三家桥、伍社桥起庄（赃）捉人、货物，丝满盈箱，衣被无数，连人带往石湾。乡长沈贵祺即刻保出以后，队部暗藏，现在他家还有长枪二支、手枪一支、手流（榴）弹一个。上年，陆永初强占三家桥妇女一人当老婆。

（资料来源：桐乡档案馆馆藏档案，卷宗号：M2—6—314）

《浙境杌陧不安　劫案续有发生》

（崇德讯）崇德灵安镇于日前自西北方面突来匪徒十余人，身穿便衣，持有短械，挨户洗劫，一小时后鸣枪示威而去。损失在千万元以上。

（资料来源：民国 35 年（1946）7 月 18 日《东南日报》）

《崇德张逆荣椿落网》

（崇德讯）崇德塘东有张荣椿者，于沦陷期间曾任我方自卫大队长、梵山区长、虎啸乡乡长等职。前时与敌伪通气，民 30 年（1941）敌伪发动“清乡”，张逆荣椿投降，担任伪洲泉区区长。胜利后，张混入吴兴，担任警卫队副队长。上月中旬，吴兴县府奉省令将张扣押，于二日介（解）送来崇。

（资料来源：民国 36 年（1947）8 月 5 日《东南日报》）

《崇德警士捉赌误传盗警》

（崇德讯）崇德警局训练员陈锡奇于一日傍晚率领警士十余名，荷枪出城，深夜抵达灵安镇，当在某茶店内捉获赌犯数人，结果由茶店主代付保证金廿八万元了事。讵知邻近住民误为盗匪，仓皇奔逃，一时全镇住民均从梦中惊醒，相率狂奔，跌撞受伤者颇多。后有赌徒某大声疾呼：“是捉赌，勿要逃”,然住民已饱受虚惊。

(资料来源:民国36年(1947)6月12日《东南日报》)

崇德县人民法庭成立

根据本县四个区情况,决定设县庭,兼理城关、石门二区,在洲泉、灵安因距城关较远,各设一分庭。

(资料来源:湖州档案馆馆藏档案,卷宗号35—2—1)

境内寺庙庵堂资料

清嘉庆《石门县志》卷九《祠祀·寺院》载境内寺庙、庵堂:

瓜塔庙在西九都二图。伍社庙在十二都二图。纪目庙在十二都十图。灵安寺在千乘乡南,宋建,顺治戊子重葺。福城院在十二都二图,有正闻禅师瘗骨塔。黄道庵在西九都,宋绍兴间建。长生庵在西九都七图(案:十二都十四图亦有长生庵)。胜果庵在十二都,福严寺僧心珠重建。三官堂在十二都十四图。枯树庵在十三都四图。善财庵在十三都六图。

光绪《石门县志》卷四又云“李王庙,在纪目坡后”,此庙清嘉庆《石门县志》尚未载入。

湖州档案馆馆藏档案(卷宗号43—4—13)有“崇德县人民政府 寺庙僧尼现况调查”,时在1952年。当时境内寺庙庵堂及僧人情况如下载:

中福乡			
胜古庵	僧阿八	菩萨已损毁	
瓜塔庙	僧坤松	菩萨已损毁	
钟夫庙	僧惠中	菩萨已损毁	
天福乡			
高堂庙	僧镜松	菩萨已损毁	
徐家庙	僧永生		
丁相公庙			
天化庵		菩萨已损毁	
同福乡			
福严寺	僧智功	时有僧人2名	菩萨已损毁
长生庵	钱真娜		
金沙庵	僧学禅		
长庆庵			
纪目乡			
纪目庙	僧仰高		
钱德庵			
李王庙	蒋春池		
灵安乡			
令墅庙(道教)	惠泉		

《中共崇德县委关于当前合作化运动的初步总结报告》(1955年10月12日)

在互利政策上又有侵犯中农利益的现象,地租过低,农具折价过低、还期过长,助长了一部分中农不安心留在社内(的情绪)。如灵安乡春季退社的258户中有199户是中农,而带头退社的40户中有29户是上中农,占上中农入社户的一半。

(资料来源:湖州档案馆馆藏档案,卷宗号1—7—32)

全县洗澡会议的有关资料

1963年5月10日至14日,(桐乡)全县召开干部洗澡会议,参加会议的有:支部书记268人,大队长238人,会计237人,共743人(梧桐公社没参加)

第一部分:交代态度排队

第一种,态度好,自觉交代问题,整改决心大,心情舒畅的有566人(其中支书207人,大队长180人,会计179人),占76.1%;

第二种,问题虽已交代,但思想有顾虑,在某些问题上划不清界限的有130人(其中支书41人,大队长44人,会计46人),占17.6%。

第三种,思想顾虑重,问题交代不彻底的45人(其中支书19人,大队长14人,会计12人),占6.1%。

第四种,有抵触情绪,拒不交代的1人(是支部书记),占0.2%。

第二部分:交代了哪些问题?

到会的743人中,阶级立场方面有问题的76人,占10.2%;两条道路斗争方面有问题的123人,占16.5%;经济方面有问题的614人,占82.6%;作风方面有问题的35人,占4.7%(按人次统计,如果凡有二条以上错误的就在二次以上统计)

阶级立场方面有问题的76人中:

1.被地富反坏收买,受贿包庇的6人。

2.与地富反坏交亲结友的65人。

3.备战中向敌人投降自首的2人。

4.给地富反坏安排工作的5人。

第三部分:大队类型

到会的292个大队中,有三种类型:

第一种,基本上没有问题的120个大队,占41.1%;

第二种,一般的144个大队,占49.3%;

第三种,问题严重的28个大队,占9.6%。这28个大队是:

灵安公社5个大队:路家园、蚕桑场、灵安、梧桐、顾家坝。(其余略)

第四部分:典型材料

(一)丧失阶级立场方面:

与资本家认亲。灵安公社灵安大队支部书记朱金伦与上海资本家陈炳忠认亲戚,相互送礼,买化肥损失大队资金2000多元。

(二)两条道路斗争方面:

同福公社联中大队会计李志浩(党员)两只船出租,去年个人收入200多元。

（三）经济方面：

占用国家分配的物资。灵安公社蚕桑场大队支部书记、大队长等5个干部，占用国家分配木材5立方米做棺材及木床等。

（资料来源：湖州档案馆馆藏档案，卷宗号1—15—103）

表附—1　　1964年灵安、同福公社基本情况一览表

单位：元

公　社	农业总户数	生产大队数	生产队数	社队农业户数	农业人口	总收入	其中农业收入	农业税	公积金	公益金	社员分配
灵　安	3183	13	192	3183	14209	2519240	2180893	135581	95297	24854	1474576
同　福	3404	8	184	3404	15885	2509825	2207017	152535	89905	30911	1580752

资料来源：湖州档案馆馆藏档案，卷宗号91—16—5《桐乡县1964年人民公社基本情况》

《安置摘帽人员综合表》(1978年12月20日)

灵安公社全民教师　沈森康

（资料来源：湖州档案馆馆藏档案，卷宗号6—20—24）

表附—2　　每一农业人口负担耕地面积及全年复种指数

公社名	每一农业人口负担耕地				集体耕地全年复种面积	集体耕地全年复种指数％
	全部耕地面积	其中：集体耕地面积				
		合计	田	地		
灵　安	1.19	1.09	0.62	0.47	48182	243.63
南　日	1.25	1.16	0.71	0.45	96106	247.79
同　福	1.09	1.005	0.65	0.355	46135	233.68

表附—3　　每一农业人口，劳动力全年生产粮食及提供商品粮

单位：斤

公社名	每一农业人口生产粮食	每一农业劳动力生产粮食	每一农业人口提供商品粮	每一农业劳动力提供商品粮
灵　安	1194	2434	189	384
南　日	1323	2866	268	474
同　福	1356	2617	232	447

表附—4　　**农村人民公社组织情况**

公社名	大队个数	其中：实行大队核算的	生产队个数	其中：实行四定一奖五统一生产队的	参加粮食分配的	
					户　数	人　数
灵　安	12		100	9	3992	18148
南　日	21		215	60	6833	33247
同　福	8		108		4203	19557

资料来源：以上三表均摘自一九七九年度《桐乡县农业统计资料汇编》(油印本)，1980 年 4 月，桐乡县计划委员会编

《关于对范文汉同志等一百三十一人从原工商业者中区别为劳动者的批复》(桐政〔1980〕85 号)

区别为劳动者名单

灵安供销社：高友联　吕甫周　程方才　朱圣全

区别为小业主名单：灵安供销社：夏叙康　张春喜　姚连庆　冯维锦　董伯生

顾正荣　曹光华　徐岳皋　沈圣年　马湘如　杨长芳

（资料来源：湖州档案馆馆藏档案，卷宗号 6—20—14）

同福乡推行土地适度规模经营

以实行“双田制”为主要形式，争取在十一月上旬之前完成这一工作。

一、口粮田的划分

1. 口粮田标准按人均 0.35 亩划给。

二、责任田的承包办法、义务和责任

1. 责任田承包面积以 5—10 亩为宜。

三、旱地实施有偿使用

旱地(包括专桑地、自留地、猪留地等)。人均 0.2 亩为基本旱地(或专桑)。

（资料来源：凤鸣街道档案室《同福备查卷·关于我乡推行土地适度规模经营的请示》）

后　记

《凤鸣街道志》的编纂起步于2012年。时值二轮修志期间，桐乡境内，已有《洲泉镇志》《崇福镇志》等多部镇志出版，但编纂《街道志》，尚属首次。经过数年辛苦，至2016年8月底，志稿已经总体完成。2017年3月11日举行审稿会。嗣后，根据审稿会上各位专家的意见，再作修改并定稿。

修志伊始，编纂人员即全力以赴，想方设法，多处挖掘，尽力开拓资料的深度和广度。编纂人员多次出入于桐乡市档案馆，馆内所藏的历代有关凤鸣街道的资料，几乎蒐罗殆遍。还专门到湖州市档案馆、嘉兴市档案馆、嘉兴市图书馆等处查找相关资料。文献资料之外，还特别注重调查采访，慎重选择经过检验、真实可信的口碑资料入志。志书中诸如村落内容的有关记载、高速公路服务区的文字，入志人物的不少资料，无一不是修志人员深入基层，深入实际，多次调查，反复核实而得。

本志的修纂，十分注重突出地域的文化个性，着力展示凤鸣街道独具的乡土文化的内涵和魅力。让读者一册在手，记得住乡愁，留得住乡音，忘不了"凤鸣"，从而激发广大读者的怀乡思乡爱乡的情怀。历代以来，同福、灵安一带，是最典型的江南水乡的"百花地面"。蚕桑、杭白菊、晒烟、小桑苗等，特色产业的培育，源远流长，闻名于外。境内又有千年古刹福严禅寺，虽历经劫难，但盛名不衰。八九十年代重建以后，影响愈益扩大。街道辖区内无规模较大的中心城镇，却有着数量可观的农村集镇，历来成为乡村中经济、文化交流的中心，有着独特的历史地位。改革开放以来，境内新生事物不断涌现。一个突出的事例便是各地高速公路服务区的建设、发展，处处都有"凤鸣人"的身影。从上述实际情况出发，志书中专设《福严寺》一编；农村集镇在志书中也占有相当的篇幅；杭白菊在《农业》编中设专章记述；《商贸服务业》中，特设《高速公路服务区经营管理》一节，共占十多页的篇幅。

当代修志，强调"详今明古"。修志人员严格遵循这一原则，重点蒐集、记述当代资料，同时也注意采集历朝历代直至民国时期有存史价值的资料入志。例如抗战胜利以后，各村争相竞演酬神社戏，成为当时农村群众文化生活的一项重要内容。志书对此客观记述，以反映历史的真实面貌。

今凤鸣街道曾分设为灵安镇(乡)、同福乡、史桥乡。追溯各乡镇的建置沿革，其行政区划的设置、撤并及其命名尤为纷繁复杂。在以往的年月，乡镇的每一次撤并，都是档案资料的一次重大毁损。即使是一二十年前的资料，此次修志时也大多已不复存世，编纂人员几乎搜遍了每一个角落，但仍然有不少的档案，已经难觅其踪影，更无论"文化大革命"时期及其以前的资料了。因此在本志中，常有记述"断线"的情形发生，这也成为这部志书的一大缺憾！

本志的修纂，曾得到上级领导、各业务部门以及街道办事处各部门的有力支持，郑善方、沈卫林、朱培松、朱亚萍等人多次积极提供资料，值此志书定稿付印，即将面世之际，谨对上述单位和个人深致谢忱！由于编者的水平有限，以及资料的残缺不全，志中必然还存在种种的差错和缺陷，敬祈各界读者批评指正！

编　者

2017年10月16日